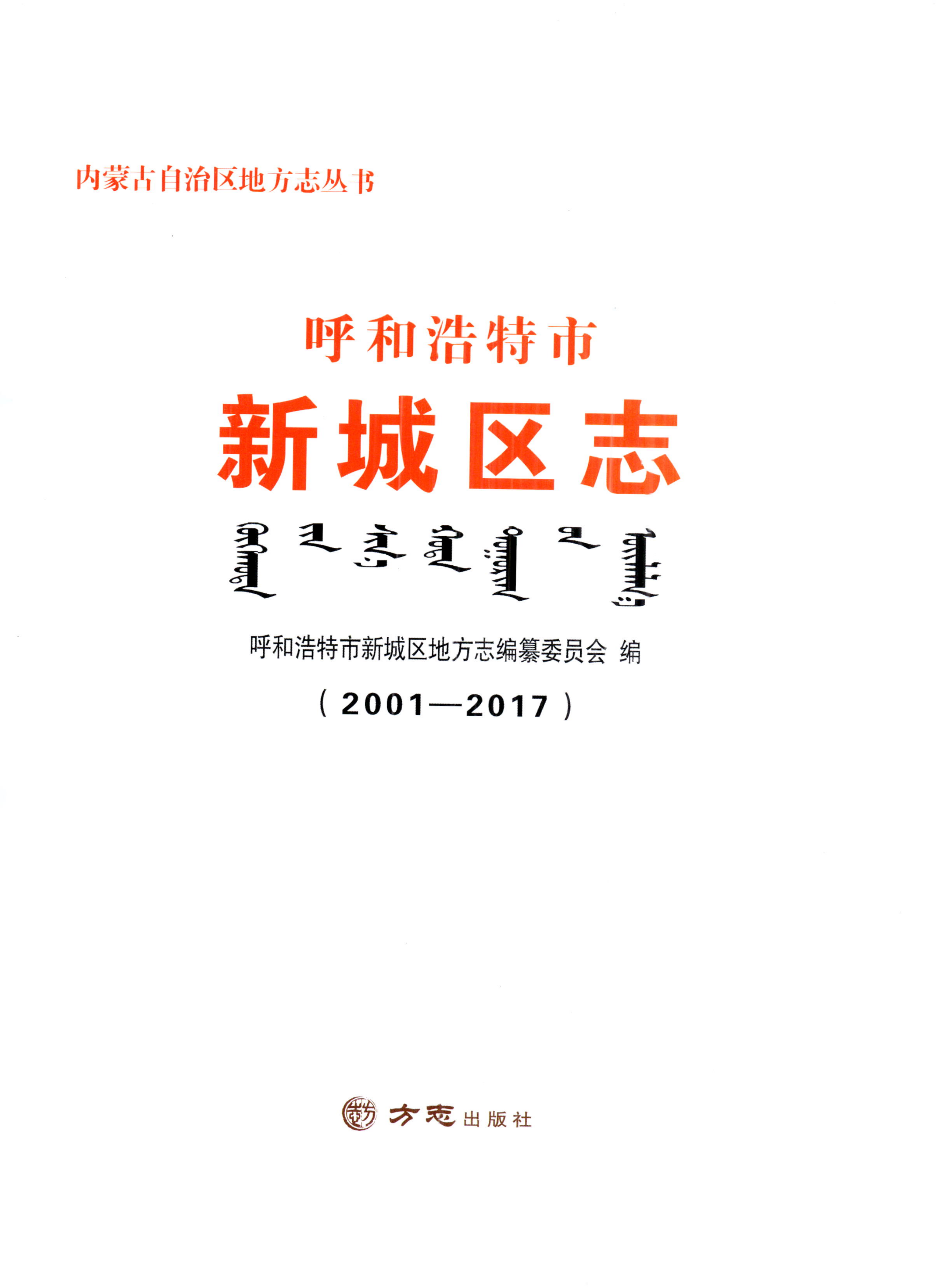

内蒙古自治区地方志丛书

呼和浩特市
新城区志

呼和浩特市新城区地方志编纂委员会 编

（2001—2017）

方志出版社

图书在版编目（CIP）数据

呼和浩特市新城区志：2001--2017 / 呼和浩特市新城区地方志编纂委员会编. -- 北京 ：方志出版社，2020.12

ISBN 978-7-5144-4740-8

Ⅰ. ①呼… Ⅱ. ①呼… Ⅲ. ①区（城市）－地方志－呼和浩特－2001-2017 Ⅳ. ①K292.64

中国版本图书馆CIP数据核字(2021)第008815号

呼和浩特市新城区志（2001—2017）

编　　者：呼和浩特市新城区地方志编纂委员会
责任编辑：李志瑜
出 版 者：方志出版社
　　　　　地址　北京市朝阳区潘家园东里9号（国家方志馆4层）
　　　　　邮编　100021
　　　　　网址　http://www.zgfzcb.cn
发　　行：方志出版社图书经销中心
　　　　　电话（010）67110500
经　　销：各地新华书店
印　　刷：呼和浩特市毓秀印务有限公司
开　　本：889×1194　1/16
印　　张：57.2
字　　数：1233千字
版　　次：2020年12月第1版　　2020年12月第1次印刷
印　　数：0001～2000册
ISBN　978-7-5144-4740-8　　　定价：680.00元

青山圣水 大美新城

- 全国社区建设示范区
- 全国双拥模范区
- 全国科普示范城区
- 国家级“两基”达标先进区
- 全国法制宣传教育先进区
- 全国社区服务先进区
- 全国生态文明先进区
- 全国科技进步先进区
- 全国文化先进区
- 全国综合实力百强区

新城区一角（陈福强摄）

东河景观（陈福强摄）

2017年城市立交桥（陈福强摄）

2017年恼包村新貌（恼包村供图）

水磨村新貌（雷青辉摄）

哈拉沁生态公园（陈福强摄）

中国乳都（李国胜摄）

内蒙古TCL光电科技有限公司（陈福强摄）

银宏生命科技产业园（李国胜摄）

云计算产业基地（陈福强摄）

鲜花港（陈福强摄）

设施农业（陈福强摄）

2008年9月1日，成吉思汗小学落成并投入使用（教育局供图）

2010年9月1日，毫沁营小学建成并投入使用（教育局供图）

保合少镇中心小学（教育局供图）

新营小学（教育局供图）

青山小学实验课（教育局供图）

新城区疾病预防控制中心（疾控中心供图）

新城区医院（卫生局供图）

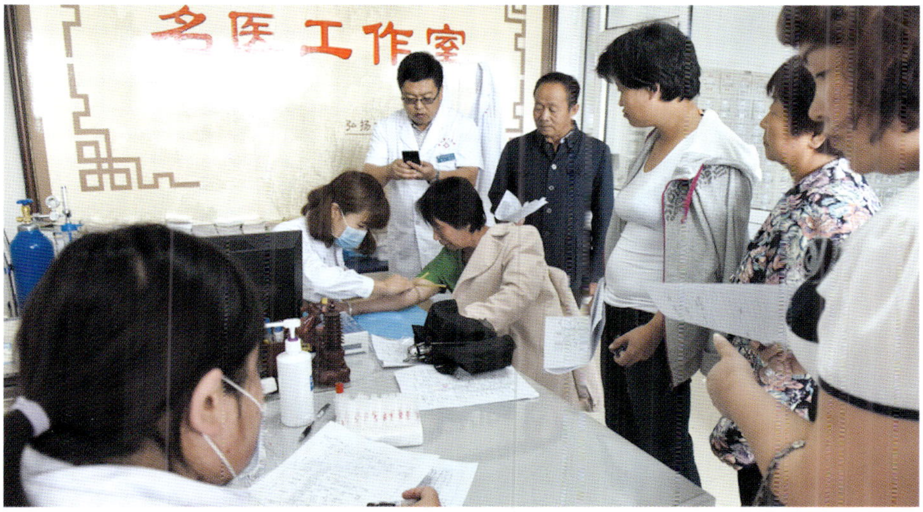

名医工作室（卫生局供图）

建立医疗联合体（卫生局供图）

圣水梁风光(陈福强摄)

哈拉沁一景(周文丽摄)

将军衙署(陈福强摄)

公主府(陈福强摄)

中山东路商业街区(陈福强摄)

互联网众创园(陈福强摄)

渤海商品交易中心(李国胜摄)

领到养老金的村民（民政局供图）

精准扶贫(扶贫办供图)

防震减灾宣传教育（地震局供图）

“博爱送万家”活动(红十字会供图)

为农民发放失地养老保险金（保合少镇供图）

2014年户户通工程(文体广电局供图)

农村便民超市(成吉思汗大街街道办事处供图)

村民喜迁新居(成吉思汗大街街道办事处供图)

内蒙古少数民族群众文化体育运动中心（李俊标摄）

内蒙古博物馆（陈福强摄）

内蒙古科技馆（陈福强摄）

呼和浩特体育场（陈福强摄）

呼和浩特体育中心（陈福强摄）

2019年新城区全民运动会（文体广电局供图）

文化活动（陈福强摄）

《呼和浩特市新城区志》（2001—2017）评审会(陈福强摄)

《呼和浩特市新城区志》（2001—2017）评审委员会合照（陈福强摄）

呼和浩特市新城区志(2001—2017)》编纂委员会
总纂、副总纂及编辑人员

总　　纂　赵永刚

副 总 纂　殷树刚　刘金利

主　　编　杨志峰

编　　辑　杨志峰　乌恩夫　邓庆荣　高铁军　刘　畅

《呼和浩特市新城区志(2001—2017)》编纂领导小组

一、2013 年 6 月—

组　　长　刘　惠　张　锐

副 组 长　武志强　郭双福　云玉明　王志强　李晓燕　任志刚
　　　　　要喜平　郝占成

常务副组长　南　男

成　　员　杨　军　张月厚　李前仁　胡晓宁　修仕军　李淑清
　　　　　党礼义　樊建军　张博文　尹　群　刘维祥　卢艳春
　　　　　杨惠裡　李　强　武亚钢　梁永胜　温瑞祥　云　霄
　　　　　吴红莲　锡　林　任真平　朱瑞祥　张翠丽　刘　瑶
　　　　　秦贵智　马丽萍　方学锋　李少军　张　蓓　高　燕
　　　　　柳彦春　敖　登　李同伴　张惠铭　蔡欣哲　云　捷
　　　　　云　娜　王国华　贾　宏　郗利民　李　睿　韩建民
　　　　　陈玲龙　徐家祥　李作均　李　海　李友鹏　李　欣
　　　　　安瑞卿　胡援胜　庞　俊　梁　洁　贾美华　杨　忠
　　　　　李　红　云国英　张笑凡　周　成　孟常春　武二俊
　　　　　季利民　王淑君　闫　芳　吴　琼　王国平　云　霄
　　　　　闫　龙　刘吉元　温秀芬　牛志刚

二、2018 年 6 月—

组　　长	范志忠					
副 组 长	高启东	杨祥麟	李晓燕	田志刚	李玉蛟	要喜平
	徐相军	李　强	张鹏志	云海峰	任东东	李前仁
	胡晓宁	修仕军	苏虎生			
常务副组长	谢　展					
成　　员	张俊庆	秦贵智	寇海民	吴　琼	赵占英	卜刚毅
	戈二平	张俊秀	云　娜	云振英	尹　群	季利民
	邸海龙	栾世强	周　成	刘　鹏	张继峰	党礼义
	樊建军	张博文	杨志峰	刘维祥	卢艳春	杨连生
	郭贵祥	赵海英	张笑凡	魏天星	田建勇	高俊娟
	温秀芬	闫　龙	云　霄	刘向林	吴红莲	王国平
	武亚钢	杨惠禋	朱瑞祥	张翠丽	蔡欣哲	马丽萍
	吴　真	高　燕	张慧铭	戴彩霞	牛志刚	云　霄
	吴　青	闫　芳	邬广军	王国华	师军柱	孟常春
	唐　亮	云　捷	温瑞祥	张亚东	贾　宏	郗利民
	张俊伟	武二俊	方　达	郭　强	申国栋	任真平
	殷　煌	李　睿	韩建民	云舒敏	李作均	孙克强
	张和生	安瑞卿	戚　英	庞　俊	布　和	吴红霞
	李　育	李　红	云国英	杨　忠	武　斌	高金贵
	付邦友	于　浩				

三、2020 年 5 月—

组　　长	魏红军	范志忠				
副 组 长	高启东	杨祥麟	刘照江	徐相军	张鹏志	任东东
	杨俊良	胡晓宁	云海峰	苏虎生	修仕军	
常务副组长	李　强					
成　　员	张俊庆	寇海民	赵占英	卜刚毅	张俊秀	云振英
	季利民	云　智	庞　俊	党礼义	张　阳	方　达
	吴文兴	郑冬维	刘维祥	卢艳春	郭贵祥	赵海英
	张俊伟	魏天星	刘　昌	刘向林	温秀芬	闫　龙
	李那拉	吴　琼	王国平	武亚钢	吴红莲	任真平
	戈二平	马丽萍	吴　真	戴彩霞	戚　英	高　燕
	安瑞卿	牛志刚	胡　燕	马志刚	王国华	李永红

张广华　武二俊　朱瑞祥　蔡欣哲　樊　庶　贾　宏
周　成　高　欣　李　睿　孙密珍　郭　强　申国栋
殷　煌　李　浬　布　和　吴红霞　史晋光　李　育
刘　虹　杨　忠　武　斌　于　浩

《呼和浩特市新城区志(2001—2017)》提供资料(图片)人员

(按姓氏笔画为序)

卜海东　丁朝霞　弓鹏飞　马　婧　马　兰　马玉婷　乌音嘎
于　浩　云小军　云　艺　云妙英　亢晓君　戈　强　毛慧春
王兴元　王　芳　王春香　王　洋　王　菁　王　鹏　王豪夫
王墨竹　王　慧　王　鑫　王懿霞　冯利忠　冯颂雅　冯菲凡
包庆华　包楚伦　古利河　田美玉　石利英　边小军　乔洋洋
乔艳青　关海龙　刘丽娜　刘　宏　刘建民　刘嘉欣　印可可
吉　哲　吕　泽　吕艳卿　吕　斌　孙朝春　孙　楠　成　林
托　娅　朱　丹　宋之慧　岑雨桐　张　亮　张美玲　张晓明
张爱香　张　艳　张智勇　张　超　张　璐　李小丽　李文华
李　佳　李　晓　李培君　李晶晶　李　琳　吴　青　杨占伟
杨传颖　杨红兵　杨建军　沈　霞　苏　敏　陈阿荣　陈玟廷
陈柯霖　陈　浩　林晨涛　金　锁　侯　颖　哈拉图　查干哈斯
段俊德　贺艳梅　赵晓那　赵晨丽　赵银凤　赵紫阳　赵智慧
郝水丽　钟　华　凌　慧　徐丽娟　徐剑钢　珠　拉　贾　雪
贾　颖　贾耀霞　郭　纳　郭城峰　郭钟鸿　高　妍　高瑞芹
常　锐　曹　义　康秀婷　梁娜蓉　黄　乐　黄国强　温　涛
董立群　韩　乐　韩　英　樊启荣　黎　嵘　霍斑廷　魏　涛

《呼和浩特市新城区志(2001—2017)》评审委员会

主 任 委 员　贺　彪（自治区地方志办公室主任）

副主任委员　查干浪涛（自治区地方志办公室副主任、副译审）

王　珺（呼和浩特市党史、地方志办公室主任、编审）

刘照江（新城区委副书记、政法委书记）

李　强（新城区委常委、办公室主任）

徐相军（新城区委常委、政府副区长）

杨惠裡（新城区人大常委会副主任）

刘智利（新城区政协副主席）

委　　　员　姚思泰（自治区地方志办公室盟市志业务处副处长、副编审）

赵在旺（自治区地方志办公室综合处处长）

赵海渊（自治区地方志办公室综合处二级调研员）

韩　泽（自治区地方志办公室盟市志业务处处长、副编审）

徐媛英（自治区地方志办公室盟市志业务处主任科员）

秦倩倩（自治区地方志办公室综合处副主任科员）

玉　红（自治区地方志办公室盟市志业务处副主任科员）

谢　勇（呼和浩特市党史、地方志办公室副主任）

徐曼雅（呼和浩特市党史、地方志办公室方志科副科长）

孙志杰（呼和浩特市党史、地方志办公室方志科副主任科员）

曹佳杰（呼和浩特市党史、地方志办公室方志科副主任科员）

序

由呼和浩特市新城区地方志编纂委员会编纂的《呼和浩特市新城区志(2001—2017)》编印出版了。这是继《呼和浩特市新城区志》(2006 年版)问世后,又一部全面、翔实地记述新城区跨世纪以来建设成就和发展成果,具有浓郁时代特点、民族特点和地方特色的地方资料性著述。是服务当代、惠及后世的宝贵经验总结,宣传和展示新城区形象的重大举措。该志的出版,是全区各族人民政治生活中的一件盛事,也是全区精神文明建设的又一丰硕成果。对全区经济社会发展具有重要而深远的影响,也必将给后人留下一笔宝贵的历史遗产和精神财富。

新城区地处内蒙古自治区首府呼和浩特市东北部,是名扬中外的大窑文化的发祥地,历史悠久,文化灿烂,人民勤劳,创造出了无数光辉业迹。2001—2017 年,是中国社会发生深刻变革的 17 年,也是新城区发展史上浓墨重彩的 17 年。17 年间,区委、区政府带领全区人民解放思想、与时俱进,深化改革,励精图治、锐意进取,攻坚克难,国民经济健康发展、综合实力显著增强,城市建设日新月异、城乡环境明显改善,社会事业繁荣兴旺、居民生活水平不断提高,开创了首府现代化中心城区建设的新局面。

《呼和浩特市新城区志(2001—2017)》坚持社会主义的修志方向,以马克思列宁主义、毛泽东思想、邓小平理论、"三个代表"重要思想、科学发展观和习近平新时代中国特色社会主义思想为指导,体现唯物论、辩证法的思维和方法,以时事为经纬,横排竖列,以尊重历史事实的科学态度,以翔实的资料,全面反映了新城区各族人民在中国共产党领导下、在改革创新的伟大变革中,在为实现"两个百年目标"的艰辛奋斗中,新城区经济、社会建设等各层面的发展脉络,凸显了新城区经济和社会发展的巨大成就。是一部体例完备、架构合理、符合事实的信史。

盛世修志是中华民族的优良传统,代代相济,永不断章。是承上启下、继往开来,服务当代,有益后世的大事,是新城区建设文化强区有机组成部分。翔实记录新时代新城区各族人民奋力拼搏、砥砺前行的历程和取得的辉煌成就是我们当代人的历史责任。编纂《呼和浩特市新城区志(2001—2017)》是一项浩繁工程,全体编辑人员以"为党立言、为国留史、为民修志"的责任感和事业心,和广大资料员通力协作、精心纂述,付出艰辛劳动。志书的出版发行,是全体编修人员的心血凝聚,也是各级领导和专家、学者支持的结果。为此,在志书出版之际,特向志书编纂人员、基础资料提供人员;向关心、支持志书编修的各级领导和专家、学者致以崇高的敬意和衷心地感谢！

“修志问道，以启未来”。志书记述过去，更主要的是警示当今。习近平总书记说：“学史可以看成败、鉴得失、知兴替”。《呼和浩特市新城区志(2001—2017)》的出版，为全区各级领导干部从历史中借鉴经验、提升工作能力水平、统筹决策提供历史借鉴和依据；为关心支持新城区发展的各界人士了解、认识新城区提供有价值的参考。是全区各族人民共享的精神食粮，亦是一部热爱家乡、热爱人民的生动教材。志书于传承文明、服务社会、借史鉴今、启迪后人意义深远。寄望于全区各族人民读志、传志、用志，继续发扬优良传统，弘扬正气、凝心聚力、不忘初心、牢记使命，奋力开创建设首府现代化新型城区新局面，为新城区经济和社会各项事业发展做出更大贡献！

谨以为序

中共呼和浩特市新城区委员会书记

呼和浩特市新城区人民政府区长

凡　例

一、本志以马克思列宁主义、毛泽东思想、邓小平理论、“三个代表”重要思想、科学发展观、习近平新时代中国特色社会主义思想为指导，坚持辩证唯物主义和历史唯物主义的立场观点和方法，全面真实记载呼和浩特市新城区2001年至2017年间的历史与现状，做到思想性、科学性、资料性相统一，为巩固、拓展改革开放成果和全面建设小康社会服务。

二、《呼和浩特市新城区志(2001—2017)》(以下简称续志)上限2001年，下限2017年。为保证叙事的完整性，上下限适当延伸。《新城区志》遗漏的内容，本志可突破上限记述；《新城区志》下限延伸至2005年的内容，本志从2006年部分续编。

三、续志篇目依照《新城区志》的基本框架，参照各地新编地方志的做法，从新城区实际出发，以凸显经济建设主旋律为基调，体现创新精神、人文理念。设置概述、大事记、专志、人物、附录5个部分。概述、大事记、人物、附录不列入篇章序列，不设章节；专志仍分篇、章、节、目4个层次，横排门类，纵述史实。

四、续志记述范围以2017年度新城区行政区划为准。2001—2017年划出的区域，从本志上限记述至划出年度；新划入的区域，按照详近略远的原则进行记述。

五、续志采用述、记、志、图、表、录等体裁。全志表述以文字为主，辅以图、表，以求图文并茂。概述综述区情，简要记述新城区17年间改革开放的历史过程；大事记以编年体为主，兼用纪事本末体，记述新城区17年间的大事、要事、新事；专志各篇叙而不论，寓褒贬于资料，力求做到“以类系事、事以类从、类为一志”。

六、人物辑录以本籍人物为主，对新城区社会发展有一定推动作用或较大影响者为限；市级以上的劳动模范(先进工作者)，各行各业中成绩卓著、颇有声誉的劳动者，劳动模范以获奖时间先后为序，高级知识分子和其他人物以生年先后为序。其他人物确有突出事迹者，在有关章节中以事系人予以记述。

七、续志采用公元纪年，涉及帝王纪年、年号纪年、民国纪年的内容均括注公元纪年。

八、续志在记述中尽量使用全称。使用简称，必须在每篇第一次使用全称后括注简称。

九、数据以新城区统计局及上级统计部门提供的数据为准，统计局暂缺的，则用有关单位或专业部门提供的数据。

十、度量衡单位依国家标准计量法换算为公制；计量单位名称、符号，文字、数字，标点符号的运用，均按国家相关文件、规定执行。

十一、所用资料的出处，不用脚注。凡需说明、解释的事宜或引文出处，采用节后附或章后附的方式处理。

目　录

第三篇　人口　民族　宗教

第四篇　经济总情

第五篇　农牧水利

第六篇　林　业

第七篇　工　业

第八篇　商贸　旅游

第九篇　财政　金融

第十篇 经济管理

第十一篇　交通 通信

第十二篇　城建　环保

第十三篇　政党　社团

第十四篇　政权　政协

第十五篇　政　法

第十六篇 军 事

第十七篇　人事　劳动　社会保障

第十八篇　民政　扶贫

第十九篇　教育　科技

第二十篇　文化　体育

第二十一篇　媒体　档案　史志

第二十二篇　卫　生

概　述

概　述

新城区位于内蒙古自治区首府呼和浩特市的东北部，东邻乌兰察布市卓资县、南邻呼和浩特市赛罕区，西与回民区接壤，北与武川县相邻，辖1个镇、8个街道办事处和1个自治区级工业园区，设24个行政村、53个社区居委会。为自治区人大、政协和呼和浩特市党政军机关驻地，驻有自治区和呼和浩特市部分大中专院校、科研、新闻、出版单位、呼和浩特长途客运站、铁路客运站和铁路东客站及众多金融保险、邮电、通信机构，是自治区、呼和浩特市的交通枢纽和邮电、通信、金融中心及对外开放的重要窗口。2017年，常住人口61.2万人，其中户籍人口151162户、405563人。是一个由汉、满、蒙古、回等33个民族组成的满族相对集中的聚居区。

新城区总面积661平方公里，东西长约40.5公里，南北均宽37.4公里，辖区地形主要由平原、山前冲积扇、山地三部分构成，山区约占全区面积的60%。城区系大青山南麓山洪冲积倾斜平原，平均海拔为1050米。新城区境内的大青山，东西长约40.5公里，南北宽约10公里，境内主要山峰有料目山、平顶山、蟠龙山、猴山、玉带山、金銮殿山、虎头山、蟠羊山、大梁山、骆驼山、盘家坝、南天门、圣水梁10多座山峰。境内最高峰料木山位于哈拉沁沟东侧，海拔2149.5米。

新城区属中温带大陆性季风气候区，夏无酷暑、冬无严寒。一年四季分明，春季雨少风多，升温快；夏季温热均匀，雨量集中；秋季短促凉爽，昼夜温差大；冬季漫长干冷雪少。霜冻在春秋季出现，春季终霜迟，秋季初霜早。境内降水量分布不均，年际变化大，年平均降水量为410～447毫米之间，年降水量的60%～70%多集中在7—8月份，易形成旱涝灾害。地下水资源丰富且水质好，地表水主要来源于季节性沟河，且分布不均匀，地表水资源极为贫乏。

新城区由于土地贫瘠，自然条件恶劣，防御自然灾害能力薄弱，发展现代化农业受到严重限制。2001年，新城区耕地面积为13670公顷，农作物总播种面积5078公顷。2014年后，新城区因大青山前坡生态综合治理工程，占用大量耕地和基本农田，耕地面积、农作物播种面积呈逐年减少趋势。2017年，新城区耕地面积为5957公顷，农作物总播种面积695公顷。主要农作物有高粱、谷子、糜子、黍子、玉米、蚕豆、芸豆、大豆、油菜籽、胡麻、马铃薯等。

新城区资源较丰富。境内的鸟类和兽类动物资源较为丰富,有脊椎动物218 种;鸟纲173种;两栖爬行纲12种。境内植物据不完全统计有高等植物852种,野生经济植物339种。乔木以次生的白桦、山杨为主,油松和华北落叶松也有少量分布。灌木主要有虎榛子、绣线菊、珍珠梅、黄刺玫等。草本有线叶菊、千里香、白莲蒿、高山紫苑、苔草、蚤缀、白婆纳、多叶粒豆、落草、冰草、冷蒿、扇蓄豆、隐子草、百合、芍药、秦艽、玉竹、黄精、柳叶沙参、唐松草、萎隐草、歪头草、大叶野豌豆、穗长马生蒿、黄芪、党参、柴胡、地榆、刺藜、荨麻等植物。

大青山地区复杂多变的地形地貌,孕育了丰富的矿产资源。有脉金、沙金、花岗石、大理石、云母、石黑、石英石、石灰石、紫石英、铁、黏土、沙石,还有为数较少的铍矿等。金矿、大理岩、建筑用沙石料矿主要集中在成吉思汗大街街道哈拉沁沟、哈拉更沟;红山口三道盘金矿黄金储量也较富集;保合少镇有构造型地下热水(地热资源保健性地热水)。

进入新世纪后,特别是党的十八大以来,区委、区政府全面贯彻落实中央,自治区和市委、市政府的各项重大决策部署,各族干部群众团结拼搏,砥砺前行,紧紧抓住时代赋予的历史性机遇,积极探索科学发展的现实途径,科学应对诸多不利因素,全区呈现出经济建设突飞猛进、社会事业蒸蒸日上、城乡变化日新月异的喜人景象。2001年,新城区地区生产总值为47.3亿元。此后,国民经济增长速度快,持续周期长,从2001年到2012年,国内生产总值以年均20%速度高速增长,是新中国成立以来经济增长最快,持续时间最长的时期。党的十八大后,新城区不断优化产业结构,促进高质量和可持续发展,国民经济进入平稳发展期。到2017年,新城区地区生产总值实现697.77亿元,是2001年的14.8倍,连续五年领跑首府九个旗县区,位居自治区103个旗县区前列。

2001—2017年,是改革开放以来全区发展最快、人民群众得到实惠最多的时期。城镇常住居民人均可支配收入从7087元增长到49149元,年均增加2474元,增长7.1倍。2017年,新城区全体居民人均可支配收入41430元,增速8.4%,人均增加3222元,其人均收入水平较全市平均水平高8315元;城镇常住居民人均可支配收入为49149元,增速82%,人均增加3704元,其人均收入水平较全市平均水平高5631元,位居全市九个旗县区之首。农村常住居民人均可支配收入18955元,比2001年的3507元增长5.4倍,其人均收入水平较全市平均水平高3245元,农民人均纯收入达3780元。

进入新世纪,新城区紧紧抓住党执政兴国的第一要务,加快壮大经济实力。“优三产”提升现代服务业发展水平,构筑服务业发展新优势;“强二产”加快发展高科技产业,全力打造新型产业园区;“精一产”加快发展现代都市农业,进一步提升农业产业化水平。2001年,新城区国民生产总值总值中一、二、三次产业的比重为1∶34.1∶64.9。到2017年,新城区地区生产总值中一、二、三次产业比例为0.3∶9.6∶90.1。从产业结构看,第三产业增加值比重占生产总值达90.1%,占全市第三产业比重的33.5%,在经济发展中处于极为重要的位置，是推动经济增长的主要因素。

新城区第一产业比重在逐年下降，质量在逐年上升。以农业基础设施建设为重点，以节水灌溉为中心的特色产业和以龙头企业为主题的农牧业产业化局面逐步形成。坚持发展优质、高效农业的方针，推进农牧业由粗放经营向集约经营转变，农林牧渔业呈稳步发展态势。2001 年，新城区农林牧渔业总产值 7000 万元。2003 年，新城区通过合理调整和优化农业种植，养殖业结构，由原来的“二元”结构转向粮食、经济作物、饲草饲料“三元”结构。加快推进农业产业化经营，大力发展生态农业等措施，农林牧渔业总产值突破亿元大关。到 2012 年，总产值达到 3.9 亿元。2012 年后，由于党的惠民政策的全面落实，农村经济呈现出协调发展的新局面。2017 年，全区农林牧渔业总产值 3.33 亿元，农林牧渔业增加值 1.88 亿元。农用化肥施用量(折纯)117 吨；农用塑料薄膜使用量 56 吨，农村用电量 1914 万千瓦时，增长 4.25%。

新城区大力开展生态建设，生态环境得到根本改善。一年四季蓝天白云，空气清新。北部大青山春天野花遍野，夏天绿草如茵，秋天遍地金黄，冬天雪山茫茫，风光景致令人神往。2001 年，实施大青山前坡治理工程完成整地 1733.3 公顷，冲积扇整地完成 4466.7 公顷，造林 520 万株(穴)。2002 年，新城区启动大青山前坡及腹地网围封育工程，围封面积 1.2 万公顷。重点实施“天然林保护”“东北、西北、华北三北四期”防护林、退耕还林等工程。在大青山前坡沿山建设全线总长 58.5 公里的生态路。2012 年，全面启动大青山生态综合治理保护工程，实施大青山生态绿化等十大项目建设。新城区在进行生态建设时，结合退耕还林工程，规划建设野马图、碌碡沟、羊圈山 3 个经济林区。2014—2016 年，实施大青山前坡绿化工程，建成 2666.7 公顷生态景观林、哈拉沁生态保护区和万亩草场观光体验区，栽植树木 500 余万株(丛)。实施碳汇造林和森林植被恢复 800 公顷，完成森林抚育 333.3 公顷。荣获全国生态文明先进区和自治区生态建设先进集体。2017 年，林地面积 4.84 万公顷，占总土地面积的 72.4%。森林覆盖率 44.3%，林木绿化率 44.4%。

新城区历届区委、区政府都把“二产强区”作为重中之重来抓，准确把握产业转移的特点和趋势，以工业园区建设和招商引资为突破口，充分发挥资源和地域优势，使工业经济呈现出持续快速发展的态势。2001 年，为突破工业发展瓶颈，不断增强工业发展后劲，努力实现“工业强区”目标，新城区在城区东部塔利村征地规划建设 11 平方公里的呼和浩特鸿盛工业园区，2007 年，升格为自治区级开发区，2008 年，在呼和浩特市“一核双圈”发展规划中定位为高科技研发园区。形成以服装加工、机械装备制造为重点的产业发展格局。2009 年，呼包鄂地区国家信息化和工业化“两化融合”创新实验基地落户园区，以内蒙古软件创意基地为核心的一期建设全面展开。依托这一平台，引进京蒙碳纳米、F-12 高强有机纤维、通信级塑料光纤、工大博远风电装备制造、河套酒业分装配送中心等高科技工业项目 10 个，其中 4 个项目填补了国家空白。2010 年，入园企业达 57 家，全区工业企业为205家,规模以上工业企业3家。2017年,实施市级亿元以上重点项目79项。东河新区产业转型升级,培育大数据、电子信息、生物科技等高端产业集群。联通西北基地一期、TCL光电、银宏生命科技产业园一期等一批重大项目建成运营。猪八戒网、石器时代智能机器人等一批科技创新项目加快集聚。自治区首家大学科技园和大学生创业园拓展“双创”物理空间19万平方米。2017年,入园企业256家,高新技术企业37家,申请专利2567项、授权1422项。自治区大学生创业园被评为全国创业孵化示范基地。全区20户规模以上工业企业,完成现价总产值68.8亿元。规模以上工业企业实现增加值20.2亿元。在主要产品产量中,服装达181.49万件,液晶电视机79万台,商品混凝土达13.4万立方米。规模以上工业企业实现主营业务收入16.94亿元,产品销售率为102.5%。

随着城乡生活条件的明显改善,人民群众的生活水平在逐步提高,以现代服务业为主体的第三产业空前繁荣。2001—2005年,新城区加快调整优化经济结构,主攻社区服务业、旅游业和建材业、高新技术产业、科技教育文化产业等“四大产业”,培育新的经济增长点,服务业发展水平逐步提升。2006—2010年,新城区抓住城市快速扩张的契机,加快商贸、物流、餐饮娱乐等传统服务业的升级改造,发展新兴服务业,构筑新城区服务业发展的新优势。2011—2015年,新城区把服务业发展作为产业优化升级的战略重点,抓住呼和浩特市成为国家服务业综合改革试点城市的契机,发展物流、金融保险、软件信息、商务服务等生产性服务业,引进兴业银行、鄂尔多斯银行、内蒙古蒙银村镇银行、阳光保险公司,建设奈伦国际金融商务中心、太伟方恒金融广场,全区各类金融、证券、保险机构达64家,金融中心地位提升。发展教育、医疗、商贸、餐饮、住宿、娱乐的生活性服务业,服务业发展提质增效。2017年,新城区规模以上服务业企业120家,分布在8个街道办事处、保合少镇和鸿盛园区。占全市395家规模以上服务业企业总数的30.4%,实现营业收入424.67亿元,同比增长12.36%,服务业总量稳居自治区第一。

新城区既有悠久的历史文化底蕴,又有深厚的满蒙文化、草原文化底蕴。有发展休闲度假的优越环境和观光旅游的自然条件,生态旅游开发前景广阔。境内不仅有远古文明的大窑文化遗址、战国“赵长城”、塔布陀罗亥汉墓、红山口摩崖雕刻、清代将军衙署、清和硕恪靖公主府、绥远抗日将士纪念碑、阜安门遗址、多松年烈士故居、满族民居等众多历史人文景观,还有小井沟、劈柴沟、神水梁、了目山、盘龙山、老爷庙等自然风光旅游资源。独具魅力的草原都市风貌、浓郁的民族文化风情和大青山沿线200余平方公里的自然生态资源,为新城区旅游业发展提供了得天独厚的条件。跨入21世纪后,新城区立足独特的旅游资源优势,不断加大旅游资源开发力度,迈出打造大青山“一带三线”生态旅游业的重要步伐,形成成吉思汗影视城、苁蓉山庄、小井沟生态园、青少年素质教育基地、太伟高尔夫休闲度假村等一批新型旅游景点,启动建设神水梁旅游景区、奥淳原生态酒庄园、华新葡萄酒庄园、香岛生态农业观光园、盘龙山旅游景区、保合少旅游集镇、蒙锡功马术俱乐部、面铺窑农家乐、大窑原始文化博物馆等一批新的旅游项目，为旅游业发展打开更为广阔的空间。2012 年，将大青山前坡 127 平方公里区域初步建成首府后花园、北部生态功能区。随着生态综合治理工程和美丽乡村建设工程的实施，新城区加快推动农家乐向民宿业转型，公园向景区提升，以“点状布局、以点带面”的发展形式，发挥旅游融合能力和催化、集成作用，推进文化、交通、农牧业、体育、工业等传统产业 + 旅游，增加旅游内容和配套设施，拓展旅游产业运行空间和发展领域。在全国发展大旅游的背景下，以“一业带百业”的发展新模式，推动新城区“四季全域旅游休闲度假基地”的创建工作。为了促进旅游业发展，新城区每年定期举办“丁香花开旅游节”“阿尔泰游乐美食节”“冰雪旅游节”等一系列旅游节庆活动。以“青山圣水·活力新城”为主题，突出“春花、夏绿、秋彩、冬雪”四季特色，将新城区构建成特色鲜明、服务全区、辐射全国的“全景、全业、全时、全民”的四季全域旅游休闲度假基地。利用区位优势、气候特点，打造“京津冀夏都”、国家级避暑胜地、草原文化展示区、中蒙俄茶叶之路中转站和国际旅游游客集散地。2017 年，新城区实施“旅游 +”战略，发展全域旅游、四季旅游，将军衙署改造完工并重新开放，呼和塔拉会议中心综合功能更加完善。培育形成现代服务业集聚区 12 个，成功申报自治区级现代服务业集聚区 5 个，成为自治区集聚区数量最多、种类最全的地区。共有参加旅游系统评定的星级饭店 12 家，国家 AAAA 级旅游景区 2 家，国家 AAA 级旅游景区 4 家，农家乐接待户 30 家。全年接待游客 678 万人（次）、实现收入 25.4 亿元。

2001 年以来，新城区城乡建设力度不断加大，基础设施日益完善，城区品位和功能明显提升，现代化水平进一步提高。2003 年，按照“拉开城市框架，拓展城市空间”，高起点高标准编制 30 平方公里北区（东起东河，西到赛罕路，南起京包铁路，北至高速公路）建设总体规划。以北区建设为重点，拓展城市空间，加强城市管理，推进城乡一体化进程。构建北区的框架，缓解交通拥挤的现状，提高可持续发展的能力。到 2010 年，形成建成区、成吉思汗街道特色景观区、东河新区 3 个 30 平方公里的城市发展格局。2015 年，坚持城乡统筹、产城融合，大力推动建成区、东河新区和大青山前坡区域协同发展。2017 年，新城区聚焦一城驱动引领、统筹三大区块协同推进，加快建设呼和浩特科技城。城区面积由 1999 年区划之初的 20 平方公里扩大到 80 平方公里，成为一个具有较高现代化水平和浓郁民族文化特色的新型城区。

新城区每年都确定一批事关人民群众切身利益的实事和民生工程，先后解决了集中供热、供气、小街小巷改造、垃圾处理、污水处理、灾害救助等群众关心的热点、难点问题。实施小街巷“穿衣戴帽”“拆凉建绿”工程；建设标准庭院，硬化绿化街道。全面实施北二环棚户区及城市边死角征拆工作，消除城市脏乱差，拓展城市发展空间。2017 年，综合改造老旧小区 182 个，5.2 万户居民的生活环境得到改善。拆除 152 个小区的 3.3 万间凉房，拆除面积 19.6 万平方米，城区彻底告别“凉房”时代。打造丽苑小区、海天花园等特色精品示范小区30个。采取政府引导、逐步向市场化过渡的方式，实现320个老旧小区物业管理全覆盖。

2007年以来，新城区实施麻花板、府兴营两个“城中村”的拆迁改造工程，村民变股民、农民变市民、村庄变社区、农村变城市。整治小哈拉沁沟河道工程。投资修筑黄花窝铺至坝上段8公里乡油路，哈拉沁至乌兰不浪段5.7公里村油路。投资200万元打通保合少至恼包2.6公里水泥路。新建青山大道、圣水梁旅游专线等农村道路200公里，打通大青山“一环”公路，实现村村通公路。推进棚户区改造工程，2014年，三合村、代洲营等6个城中村列入国开行棚户区改造贷款项目。编制完成北部边缘区域控制性详细规划，推进三合村、毫沁营等15个棚户区拆迁改造。2014—2016年，新城区在24个村实施农村“十个全覆盖”工程，补齐全区农村基础设施薄弱、公共服务供给不足等“短板”，优化美化了生态环境，提升了社会保障水平，夯实了农村发展的基础。实现村民生产方式和生活方式根本转变，大青山前坡各村呈现出“村在林中，院在绿中、人在景中”的美景，为提前实现全面小康奠定了坚实基础。

不断加强城区园林绿化，重点实施3.6公里的东河水系和6.7公里的北垣街带状公园建设。城区绿化构建以“公园、广场、游园”为“点”，景观街、出城口、河道绿化为“线”，庭院、社区绿化为“面”“点、线、面”相结合的绿化景观体系。建设东河滨河文化创意公园，在海拉尔东街跨河桥和成吉思汗大桥跨河8个节点布置广场。城区绿化覆盖率达到37%，人均公共绿地面积达到16平方米。不断加大环境保护的整治力度，拆除采暖锅炉，并入联合供暖网，区域交通、环境噪声均达到国家标准要求，饮用水源水质达标率100%，城区烟尘控制区覆盖率达100%，提高“一控双达标”成果。开展城乡环境综合整治，出台《关于进一步加强大青山前坡“两违一污”整治工作的意见》，拆除违法建筑，关停取缔污染企业。把鸿盛园区、大青山前坡纳入城市统一管理，开展东河以东区域乱倒渣土集中整治。结合智慧新城建设和“创城”工作，清理马路市场，规范夜市经营，整顿户外广告，美化建筑围挡，加强垃圾清运。市容环境卫生实行规范化管理，综合整治工作力度不断加大，全面完成爱国卫生各项工作，对户外广告、马路市场等进行重点清理。实施城市精细化管理，对69条重点街巷的外立面、门头牌匾等进行彻底整治。按照欧式、明清和蒙元等风格，打造海拉尔大街、八一市场等23个特色街区。改造提升19处农贸市场，新建气象局西巷和代州营标准化便民市场，取缔人民路、星火巷等一批多年困扰市民出行的马路市场。建设青城驿站城市综合体57座，新建、改建、开放公共厕所785座，群众如厕难问题彻底解决。建立“1+7”路长制、单元长楼长制、半月集中整治行动机制。城区面貌得到较大改观，为市民营造整洁、优美、有序的生产生活环境。

新城区是传统的文化大区，文化源远流长、丰富多彩。在延续与发展创新中形成了独特的地域文化符号，显示出蓬勃生机和强大活力。2001—2017年，新城区不断完善文体服务设施和网络，建设完善呼和浩特体育场、内蒙古体育馆、内蒙古博物院、将军衙署博物院、内蒙古科技馆、内蒙古美术馆、新城区图书馆等一大批文化体育设施；建成区美术馆、农村文化大院、塞外书咖、满族博物馆、今雨楼书画院等一批文化基础设施。推出大型马文化实景剧《千古马颂》、二人台现代剧《万家灯火团结梦》等一批文化精品力作惠民出演。自治区成立六十周年、七十周年庆祝大会、第二届中国—蒙古国博览会、第26届金鸡百花电影节等重大活动均在新城区举办。覆盖城乡的公共文化服务体系更加完善。深入挖掘历史文化底蕴，推出《大青山赋》等一批文化研究作品，申报非物质文化遗产22项，管理辖区内67处不可移动文物。2001年起连续14年获得全国先进文化区称号。

2001—2017年，深入贯彻落实健康中国战略和全民健身国家战略，大力加强全民健身公共服务体系建设。内蒙古少数民族群众文化体育运动中心投入使用，国家北方足球训练基地一期工程主体完工。环大青山100公里自行车骑游道、100公里国家级登山健身步道建成使用，建设笼式足球场182块，健身路径125套，各类体育场馆、室外篮球场、室外门球场等场馆410个，打造了一批全民休闲健身一站式体育中心。自行车骑游、徒步、冰雪运动会等一批户外运动项目晋升为自治区品牌体育活动，广场舞、太极、趣味运动会等带动全民健身成为新城区又一张靓丽名片。举办全国步道登山赛、中蒙俄自行车骑游赛等系列大型体育赛事。新城区以举办赛事为契机，加强体育与旅游融合互动，着力促进体育赛事的大众化和普及化，组织开展各具特色的体育比赛和健身活动，每年开展大中型全民健身赛事活动不少于15项。2017年，全区拥有体育场1个，体育馆1个，赛马场1个，游泳馆12个，室内体育场地90个，室外体育场地272个，人均拥有公共体育场地面积达2.58平方米，实现居民出门10分钟有健身设施的便民服务。

2001年，新城区有医院5所，卫生院3所，床位数142张，卫生系统有455名职工。2001—2017年，新城区医疗保障体系不断完善、医疗卫生水平大幅提升、医疗资源优化。新建疾病预防控制中心等管理机构。由三级综合、专科公立医院牵头组建医疗集团；由新城区医院牵头构建医疗共同体基本框架；三级综合、专科公立医院利用专科优势组建专科联盟。11家医疗卫生机构与三甲医院建立医疗联合体。优质医疗资源向基层延伸，构建医联体基本框架。实施“新家庭计划”，组建家庭医生签约团队113个。4个社区试点开展医养结合工作。7家助产机构与内蒙古医院实现双向转诊。公立医疗机构全部实行药品零差率销售。医院全部实现向社区卫生服务中心的职能转变，有效改善了全区医疗条件和诊疗水平。2017年，新城区有医院29所，卫生院2所，床位数3548张，专业卫生技术人员达到3793人。2001年以来，新城区的人口和计划生育工作以稳定低生育水平、减少出生缺陷、提高育龄群众生殖健康水平、提高群众对计划生育工作的满意程度为目标，深入开展计划生育优质服务区创建活动，全面提高了计划生育管理水平和服务质量。2007年11月，获得“全国计划生育优质服务先进单位”，2008年6月，获得“全国流动人口计划生育信息化建设先进单位”荣誉称号,2015年获得“全区计划生育协会先进集体”,被国家及自治区确立为中日技术合作加强中国中西部地区生殖健康家庭保健服务能力建设项目示范点和国家预防艾滋病项目示范点。2002年、2006年、2010年、2016年被市委、市政府授予“旗县区党政主要领导人口和计划生育目标管理优秀奖”。2017年,全区人口出生率为7.4‰,符合政策生育率为99.6%,人口自然增长率为5.68‰。2001—2017年,新城区疾病预防控制主要进行艾滋病、结核病、布鲁氏菌、手足口病、禽流感防控,前五传染病发病率控制在十万分之二十左右。2003年3月,呼和浩特市出现输入性“非典型性肺炎”病例,新城区贯彻执行国家防控政策,落实防治预案,众志成城、常抓不懈,取得了抗击疫情的伟大胜利。2017年,累计报告艾滋病感染者和病人280人,结核病及可疑症状者111人,手足口病215例,布鲁氏菌新发病例17例,均进行及时的救治与防控。乙肝、卡介苗一类疫苗接种率100%。

进入新世纪以来,新城区实施“科技兴区”战略,科技人员队伍不断壮大,科技成果层出不穷,科技进步对经济增长的贡献率明显增加。2001—2017年,新城区科学技术经费支出每年都保持占本级财政预算支出的1%以上。区本级地方应用技术研发资金每年都能保证一定比例的持续增长,2002年,地方应用技术研究与开发资金为200万左右,2017年,全区应用技术研究与开发资金财政支出达1400万元,累计拨付地方应用技术研究与开发资金一个亿。坚持选聘科技特派员开展科技服务,膜下滴灌技术等一大批科研成果在生产实践中得到转化、推广和应用,科技对经济增长的贡献率不断提高。实施科技计划项目39项,新增国家高新技术企业22家,认定呼和浩特市企业研发中心3家,专利申请数752件。实施一批重大农业科技项目,建设新城区农业科技博览园,打造百草园、鑫冠农业科技园等一批高档次高品位的特色观光项目,建成呼和塔拉草原、5万亩森林公园等生态项目。这些项目成为新城区休闲观光农业和旅游业发展的风向标,首府新的旅游观光休闲度假基地和对外交流的平台。重点支持一批辖区内具有良好发展前景的新型科技企业。项目涉及农业、工业、民用航天等领域。2001—2017年,共实施各类项目500多项,助推全国“科技进步先进城区”的实现。

2001年以来,政府对教育投资逐年增加,扎实推进“教育信息现代化工程”“优质高中建设工程”“名师名校建设工程”,形成高等、中等、初级、小学和幼儿教育协调发展的教育体系完善城乡一体的公共教育体系,中小学校布局优化,学校软硬件设施建设得到加强。2007年以来,举全区之力,投资3亿元新建、改建15所中小学校。教学条件逐步改善,基础教育观念新、师资好、管理优、质量高,受到了社会各界的充分肯定,先后被教育部命名为“校本教研基地区”和“全国两基达标先进区”。2017年,全区有普通中学18所,在校学生34629人;教职工人数3492人。有小学38所,在校学生40259人;教职工人数2339人。有幼儿园49所,在园儿童12798人,专任教师1050人。学龄儿童入学率100%。

中小学校教学质量始终保持全市领先地位。

2001—2017年，新城区民生保障坚实有力，幸福指数显著提升。历届区委、区政府在抓经济建设的同时，更加注重改善民生，按照广覆盖、保基本、多层次、可持续的原则，进一步健全社会保险、社会救助、社会福利、慈善事业相互衔接、覆盖城乡的社会保障体系。2017年，城乡居民养老保险参保人数5320人，参加城镇居民基本医疗保险130320人，新型农村合作医疗参合率99.9%。保障水平不断提高，新增城镇就业7613人，实现再就业2084人，城镇登记失业率控制在3%以内。享受最低生活保障的城镇居民2336人，全年累计发放1542万元；农村人口733人，全年累计发放425万元。筹措资金8.1亿元，为全区24个行政村27750人办理被征地农民养老保险，到龄农民人均每月可享受养老金850元，在全市率先实现养老保险城乡全覆盖。“五保”对象、“三民”人员，城镇“三无”人员以及孤儿供养都做到了应保尽保。通过实施城镇棚户区改造、廉租房建设和发放困难居民住房补贴，城镇困难居民的生活条件明显改善。2008年，制定出台《新城区城乡医疗救助工作实施方案》，截至2017年年末，进行医疗救助640050人次，发放医疗救助金3161.42万元。大病救助，救灾救济、流浪救助以及扶老助残、救孤、济困等慈善事业，都赢得了群众的满意。

2002年，新城区有农业人口5.23万人，其中贫困人口10860余人。2002—2006年，新城区实施千村扶贫开发工程，投入资金155.3万元，发展水浇地66.67公顷，解决1000余人、2000头（只）牲畜饮水困难，使贫困人口人均增收680元，解决温饱1700多人。2005—2013年，新城区在16个村实施整村推进工程，投入资金4330万元，围绕鸡、驴、育肥牛、奶山羊和猪的养殖，农田水利设施、蔬菜大棚、智能温室和农家乐项目建设以及通水、通电、修路等基础设施建设进行扶贫攻坚。2004—2012年，新城区实施产业化扶贫项目7个，投入财政扶贫资金324.4万元。扶持贫困户228户792人。实施金融扶贫、社会扶贫、社会保障扶贫等工程，惠及所有贫困户。2014年，新城区实施精准扶贫，全区建档立卡贫困人口共有842户，1766人，全部在重点贫困村。2014年、2015年两年共脱贫443户，1000人；实现了水磨、恼包、野马图、古路板、甲兰板5个村的整村脱贫。2016年，脱贫399户，766人。截至2017年，新城区建档立卡贫困人口全部脱贫，并无返贫现象。

新城区坚持物质文明和精神文明两手抓，社会事业欣欣向荣，社会发展更加和谐，市民文明程度不断提高，为全区经济和社会发展提供了强大的精神动力支持。2001年以来，开展“讲文明、树新风”“五提倡五反对”活动、“四大”专项整治行动（婚丧喜庆大操大办专项整治行动、崇尚科学反对封建迷信行动、扫黄扫赌专项行动、移风易俗文明殡葬行动）；贯彻落实《公民道德建设实施纲要》，开展爱国主义、集体主义、社会主义教育和职业道德、社会公德、家庭美德教育，广泛深入地开展文明城区、文明社区、文明单位、文明街路、文明村镇、小康文明示范户等群众性精神文明创建评比活动。精神文明建设活动在各行各业、各个阶层蔚然成风,扶贫助学、助人为乐、诚实守信、就业奉献、孝老爱家、邻里和睦等先进事迹层出不穷。截至2017年,新城区创建国家级文明单位5个、自治区级文明单位标兵12个、自治区级文明单位35个、市级文明单位88个、区级文明单位59个、新城区各级文明社区25个;推荐自治区级文明社区3个,推荐晋升市级文明单位10家。有全国文明村1个、自治区级文明村7个、市级文明村3个,各级星级文明户418户。保合少镇入围第五届全国文明村镇候选名单。推荐自治区级星级文明户和文明农民各1个,申报市级文明村镇10个。李文普、孟佳澍入围"中国好人榜"候选名单。入选"内蒙古好人榜"2人、"青城好人榜"7人。新城区被命名为呼和浩特市十佳城区,晋升为自治区七星级文明区。全区上下形成了一种文明礼貌、团结和谐的良好风尚。

2001—2017年,党的建设常抓不懈,时代风尚与日俱增,深入开展科学发展观、党的群众路线教育实践活动、"三严三实" "两学一做"学习教育,按照党员受教育、发展上水平、群众得实惠的要求,取得实实在在的效果。特别是党的十八大以来,深入贯彻落实习近平新时代中国特色社会主义思想,全面加强党的建设,基层党建工作全面推进。通过选派第一书记,切实提高党组织致富带富能力,拓宽发展壮大村集体经济渠道,推动农村产业发展。全区已全部消除集体经济"空壳村",年收入5万元以上占62.5%。扎实开展"六横五纵一环"沿路沿线精品示范社区创建工作,为沿线社区制作作战图、建立进度表,定期召开调研座谈会、工作调度会、现场观摩会,帮助社区理清思路、锻炼队伍、强化落实。沿线35个社区基本实现党建精品示范建设,内蒙党委社区等4个社区接受了全市城市基层党建工作座谈会的现场观摩。非公企业和社会组织"两个覆盖"不断扩大。严格落实双指导员制度,通过向1545家非公企业和94家社会组织选派320名党建指导员,实现党组织和党的工作全覆盖。打造了永泽建设工程项目管理有限公司、朝聚眼科医院等一批党建示范点,接受了自治区现场会观摩。利用"党建直通车"等新媒体, 2000余名党员接受培训。构建流动党员"360"服务体系。各级党组织通过开展以岗位承诺、便民服务为主体题的创先争优(创建先进党支部,争当优秀党员)和无职党员设岗定责、"我为党旗添光彩"等活动,党员队伍的整体素质进一步提高,党群关系更加密切。基层党建工作形式多样,内容丰富,效果明显。党风廉政建设从严从实,警钟长鸣。2001年以来,制定出台《新城区党风廉政建设和反腐败抓源头各项任务分解意见》《新城区党政领导班子和领导干部党风廉政建设责任制考核目标及评分办法》《新城区加强农村基层党风廉政建设工作实施方案》《关于建立新城区农村基层党风廉政建设工作联席会议制度》 等一系列制度,落实党风廉政建设责任制牵头单位和领导干部采取平时监控、专项检查、自查和考核,开展学习《中国共产党廉洁自律准则》《中国共产党纪律处分条例》专项监督检查。2017年,贯彻中央从严治党战略部署,开展"两个责任"落实情况的监督检查,落实主体责任352个、监督责任方面存在的问题168个,建立问题台账,限时整改。推进作风建设,开展了

“一桌席”“二次宴”“公款购买高档白酒”专项整治工作。查处发生“四风”问题和违反中央八项规定精神典型案例17起，给予党政纪处分19人。点名道姓通报曝光100多人，持续释放执纪必严的强烈信号，形成了正风肃纪的有力震慑。2017年，新城区区属党委、党工委17个，党组30个，基层党组织628个。

2001—2017年，新城区人大、政协在推进新城区民主法治建设和促进经济社会发展中发挥了重要作用，统一战线各领域不断发展创新，民族宗教工作进一步加强，区工商联被评为自治区“五好”县级工商联建设示范点。党管武装工作全面推进，工会、妇联、共青团等人民团体的桥梁纽带作用进一步发挥，老干部、关工委、文化协会、老促会等各领域工作不断加强。政法系统各部门围绕大局服务中心作用进一步发挥。公、检、法、司机关坚持开展领导干部接访活动，认真开展矛盾纠纷排查化解工作，社会治安重点地区排查整治，成立大青山、城区、棚户区3个流动法庭和法官工作站，法、检两院依法独立开展工作，社会公平正义得到切实保证。妥善处理信访突出问题，积极推进“平安新城”建设，全区民主渠道畅通、法治环境良好。

过去17年的建设成就和巨大变化充分证明，只有坚持中国共产党的领导，坚持改革开放、因地制宜、实事求是，创造性地贯彻党的一系列方针、政策，不断完善发展思路，坚定不移地维护团结和谐发展环境，才能使地区的各项事业不断发展进步。回顾过去，新城区发展步伐矫健，变化巨大，成就辉煌，为构建首府现代化新型城区奠定了坚实基础。展望新时代，风潮正涌，重任在肩。新城区各族干部群众要坚持以习近平新时代中国特色社会主义思想为指导，深入学习贯彻中共十九大和十九届二中、三中、四中全会精神，统筹推进“五位一体”总体布局，协调推进“四个全面”战略布局，在市委、市政府和区委的坚强领导下，坚持稳中求进工作总基调，坚持新发展理念，坚持推进高质量发展，坚持以供给侧结构性改革为主线，统筹推进稳增长、促改革、调结构、惠民生、防风险工作，保持经济持续健康发展和社会大局稳定，奋力开创首府现代化新型城区新局面，在新起点上实现新的跨越！

大事记

大事记

2001 年

1 月 7 日　中共新城区八届三次全委(扩大)会议举行。审议通过区委常委会题为《解放思想 更新观念 开拓创新 与时俱进实现富民兴区新跨越》的报告。

1 月 10—13 日　政协呼和浩特市新城区第五届委员会第三次会议在内蒙古军区招待所召开。

1 月 11—14 日　新城区第十三届人民代表大会第三次会议在内蒙古军区招待所召开。

1 月　呼和浩特市新城区人民检察院设立网站,4 月正式开通。

△ 新城区鸿盛工业园区成立。

2 月　新城区人民检察院被最高人民检察院评为“全国人民满意检察院”。

3 月 8 日　新城区开展纪念“三八”国际妇女节演讲比赛活动。

3 月 12 日　中央军委副主席迟浩田、全国人大常委会副委员长布赫到新城区视察大青山前坡生态治理工程并参加植树劳动。

3 月 30 日　区直属机关党工委开展庆祝中国共产党成立 80 周年党的知识竞赛活动。

3 月　新城区人民检察院《检查之窗》创刊,首期发行。

4 月 10 日　新城区组织开展呼和浩特市第六届科普活动宣传周。

4 月 29 日　新城区完成撤乡建镇移交工作。毫沁营乡改建为毫沁营镇,撤销小井乡并入保合少乡,形成城区为 7 个街道办事处,农区为 1 乡 1 镇行政区域建制。各街道办事处调整合并居委会,将原有的 103 个居委会合并为 59 个社区居委会。

5 月 11 日　新城区旅游局成立。

5 月 14 日　区直属机关党工委开展红旗党支部、先进基层党组织、优秀共产党员和优秀党务工作者评比表彰活动。

5 月 20 日　国家西部大开发办公室副主任王治宝到新城区视察大青山前坡治理工作。

6 月 2—5 日　新城区风沙源治理工程通过自治区验收小组的检查验收。

6 月 11 日　新城区制定《进一步开展社会治安综合治理工作的实施意见》。

6月　新城区人民检察院批捕科被全国青年文明号活动组委会评为“全国青年文明号信用建设示范创建单位”。

7月1日　新城区“三五”普法工作被自治区党委、政府评为普法先进区。

7月　新城区举办“庆祝建党八十周年”为主题的第十一届草花展。

8月3日　区直属机关党工委举办学习江泽民同志“七一”讲话培训班。

8月20日　新城区开展创建关心下一代工作先进社区居(村)委会活动。

8月　新城区与驻军部队签订50年不变的生态绿化协议书。

△　沙梁村奶牛养殖示范小区开工建设。占地13.47公顷,可容纳养殖户112家。

9月3日　东风路街道办事处被自治区禁毒办推荐为全国第一批创建“无毒社区”工作示范点领先单位。

9月　新城区被自治区文明委命名为“自治区六星级文明城区”。

10月　毫沁营镇麻花板小学通过晋升市级示范学校的检查验收,在九旗县区检查验收学校中总分第一。

△　新城区开展人口及劳动力变动抽样调查。

11月　上新营村文化中心工程竣工。是毫沁营镇农村第一个集影剧院，图书阅览室、活动室、会议室于一体的封闭式文化中心。

12月5日　新城区区机关新办公大楼落成。新建大楼的配套设施及机关大院占地总面积12公顷。大楼主体8层,地下1层,总建筑面积为1.5万平方米。主楼和配楼可容纳区委、人大、政府、政协和人武部各机关500多人办公。主楼内设有容纳150人的中型会议室及专门会议室、接待室,在配楼中设有容纳300多人的大型会议室。院内休闲绿地和广场的面积有6万平方米。

本年　讨思浩村实施“万亩农田建设开发项目”工程,建设高效农业示范基地。

△　新城区完成毫沁营镇小城镇总体规划和建设规划,编制府兴营等4个“城中村”的总体规划和控制性详细规划。

2002年

1月16—19日　政协呼和浩特市新城区第五届委员会第四次会议在内蒙古军区招待所召开。

1月17—20日　新城区第十三届人民代表大会第四次会议在内蒙古军区招待所召开。

2月7日　在全国检察机关第五次先进集体、先进个人“双先”表彰会上,呼和浩特市新城区人民检察院被授予“全国模范检察院”荣誉称号。

3 月 新城区社区建设指导委员会成立。

4 月 呼和浩特市质量技术监督局新城区分局成立。

5 月 14 日 《呼和浩特市新城区党政机构改革方案》经市委、市政府批准，新城区党政机关开展机构改革。

5 月 18 日 新城区人民政府在前广场举行奋进路开工奠基仪式，市委副书记、市长柳秀，副市长王刚参加仪式。

5 月 23 日 新城人民检察院荣获“全国模范检察院”荣誉庆功大会在内蒙古政府礼堂举办。

5 月 水泉村小流域项目通过国家验收，完成生态治理面积 20.17 平方公里。

6 月 新城区党员干部理论教育宣讲团成立。

7 月 10 日 一家村绿色科技示范园区动工，园区分为养殖区、花卉园艺区、食用菌区和喷灌区，总面积 112 公顷。是由军民共建，集观光和农业生产为一体的科技示范园区。

8 月 6 日 新城区首届农民文化艺术节在毫沁营镇下新营村剧场开幕。

8 月 21 日 共青团中央副书记杨岳到新城区人民检察院检查指导“青年文明号”工作。

8 月 28 日 新城区交通局成立。

10 月 15 日 奋进路西段建成通车。

10 月 30 日 自治区政法委副书记刘怀北、市委政法委综治办主任王江望一行到新城区检查严打整治治安防范工作。

10 月 新城区制定《新城区公务员学法用法依法行政培训实施方案》。

△ 农区小井沟小流域项目通过国家验收，完成生态治理面积 9.84 平方公里。

11 月 9 日 自治区双拥办检查验收新城区双拥工作。

11 月 新城区完成改造旧街巷，拓宽 29 条街巷道路，配套下水管道，铺设柏油路面，总长度为 1.06 万延长米，总面积为 14.43 万平方米。

12 月 新城区政协编撰的《新城区文史资料》第一辑（满族专辑）出版。

同年 新城区实施“社区福利服务星光计划”，投资 1514 万元建成 31 个社区老年活动中心，分布在 7 个街道办事处的居民区。总面积 2.45 万平方米，其中建筑面积 1.29 万平方米，室外活动面积 1.16 万平方米。

△ 新城区共投入资金 1.27 亿元，新建 8 个便民市场、4 个专业市场，总面积 10.92 万平方米。

△ 新城区将地处山区、生存条件恶劣的群众进行搬迁，采取集中和分散相结合的办法，全年搬迁移民 324 户、1119 人。在保合少村东南方建设一处规模为 256 户、965 人的移民新村，分散移民主要集中在毫沁营镇各村。

△ 新城区对林区实施网围封育，围封线路东起保合少村，西至红山口村，途经 15

个行政村,围封长度达 120 公里,利用围杆 1.5 万余根,丝网 72 万延长米,围封面积 120 平方公里。

△ 哈拉沁大沟动工兴建“抽水蓄能水库”,水库总容量 7000 万立方米。在滴水淖山梁上修建蓄水池,池下安装水力发电机组,“余电时蓄水,用电高峰时发电”。

△ 新城区对呼包高速公路以南、京包铁路以北、赛罕路以东、哈拉沁沟以西 30 平方公里的区域编制北区规划。编制出台《新城区主次干道、36 条小街巷及鼓楼立交桥四大块规划整治方案》。

2003 年

1 月 8 日 中共新城区八届四次全委(扩大)会议举行。会议审议通过吕景瑞代表区委常委会所作的题为《全面贯彻“三个代表”重要思想 与时俱进 开拓创新 为提高新城区的综合竞争力而努力奋斗》报告。会议回顾 2002 年的主要工作,分析当前形势,明确提出 2003 年全区工作的总体要求、目标任务和工作措施。

1 月 23—25 日 政协呼和浩特市新城区第五届委员会第五次会议在内蒙古军区招待所召开。

1 月 24—26 日 新城区第十三届人民代表大会第五次会议在内蒙古军区招待所召开。

2 月 新城区制定未成年人教育三年规划。

3 月 5 日 新城区发生“非典型肺炎”疫情,开展抗击“非典”战役。

3 月 新城区社会保障局成立。

4 月 6 日 托克托县发生地震,新城区范围内有震感。

4 月 10 日 新城区举办 2003 年职工运动会。

4 月 25 日 新城区下发《关于切实做好非典型肺炎防治期间维护社会稳定工作的通知》。

5 月 10 日 东街街道办事处进行小街道改造工程。

5 月 16 日 自治区党委政法委副书记刘怀北、市委政法委副书记王洪峰、市综治办主任王江望等自治区、市政法综治系统领导视察长海、公安厅两个社区,实地考察政法干警,综治干部在社区开展防控“非典”的工作情况。

5 月 南店村被确定为自治区千亩无公害农业产品基地。

△ 内蒙古大青山太伟运动休闲度假村落户新城区古路板村。

6 月 由内蒙古博物馆投资的内蒙古大窑文化博物馆在新城区保合少镇大窑村动工建设。

7 月 1 日 新城区开展“大力解放思想,优化开放环境”教育活动。

7月 奋进路更名为成吉思汗大街。

8月4日 新城区人民法院成立毫沁营镇法庭。

8月18日 中共新城区委员会、新城区人民政府印发《关于进一步加强关心下一代工作意见》。

8月20日 中共新城区第八届委员会第五次全体(扩大)会议举行。会议审议通过吕景瑞代表区委常委会所作的工作报告,审议通过会议决议(草案)。

8月 司法部部长张福森一行到新城区检查指导工作。

9月2日 自治区审计厅厅长长江、呼和浩特市审计局局长吴贵武到新城区指导审计工作。

9月12日 东街街道办事处社保中心成立。

9月 完成成吉思汗大街西段非机动车道和人行便道的铺装,哲里木路建成通车;成吉思汗大街东段机动车道建成通车,配套的7条专业管线完成。

10月22日 民政部检查验收海拉尔东路街道办事处最低生活保障的发放及下岗职工再就业工作。

11月18日 海拉尔东路街道办事处星光老年之家落成。

△ 新城区举行"新城区新北区建设"新闻发布会。

12月2日 最高人民检察院党组成员、纪检组组长叶青纯等领导一行到新城区检察院视察工作。

12月7日 民政部对新城区居民最低生活保障工作进行检查。

12月18日 中山东路街道办事处迁往乌兰恰特东街姑子板巷开源房地产综合楼。

本年 科学技术协会成立。

△ 新城区人民检察院对内蒙古日报社的重点投资项目开展职务犯罪预防工作。

△ 新城区《呼和浩特市北区分区规划》编制完成。

△ 新城区34名处级干部和176名科级干部填写核查领导干部礼品登记、收入申报和重大事项报告调查登记表。建立廉政档案。

△ 新城区食品生产纳入生产许可证管理。

△ 北京太伟控股集团投资兴建内蒙古太伟度假村。

2004年

1月5日 政协呼和浩特市新城区第六届委员会第一次会议在内蒙古军区招待所召开。

1月10—13日 中共新城区第八届委员会第六次全体(扩大)会议举行。会议审议通过吕景瑞代表区委常委会所作的题为《解放思想 抓住机遇 再创发展新优势 再夺发展新成绩》的报告。明确提出今后一个时期全区经济社会发展的总体思路和2004年全区工作的目标任务。

1月11—14日 新城区第十四届人民代表大会第一次会议在内蒙古军区招待所召开。

2月 新城区开展“千里文明大通道”活动。

3月10日 区直机关开展“争创文明局室、文明职工,当好人民公仆”活动。

3月11日 新城区开展文化下乡活动,丰富农村人民群众的文化生活,举办音乐、舞蹈为主的文艺演出活动。

3月18日 自治区援建社区图书室赠书仪式在学府花园社区举行。

4月1日 自治区政协副主席许柏年在海拉尔东路街道办事处长海社区,检查指导社区科普工作。

4月19日 新城区举办2004年职工运动会。

5月26日 新城区旅游局旅游质量监督管理所成立。

5—9月 新城区第五届社区居委会换届选举。

6月7日 新城区开展庆“七一”系列活动。

7月20日 劳动和社会保障部副部长布正发到海拉尔东路街道办事处检查并指导工作。

7月21日 新城区人民检察院接受并通过最高人民检察院“文明接待室”的验收。

8月13日 新城区园林所升为准科级事业单位。

9月3日 新城区人大机关党支部和人大离退休党支部合并。

9月 毫沁营镇三合村村民住宅小区竣工,大部分村民入住小区。

10月10日 区委政法委下发《全区集中处理涉法涉诉信访突出问题第一阶段工作方案》的通知。在市实验中学举行全区45名法制副校长聘任仪式。

10月18—20日 新城区在党员干部培训中心五楼会议室,举办两期十六届四中全会精神科级干部轮训班。

10月20日 新城区关工委命名长海社区居委会关工委、上新营村关工委等39个居(村)委会关工委为“全区首批居(村)委会示范关工委”。

10月 新城区开展“全国第一次经济普查”。

12月28日 新城区命名实验中学关工委等14个关工委为“新城区首批中小学校、幼儿园示范关工委”。

同年 结核病控制项目启动,成立《新城区结核病项目规划领导小组》,把结核病控制列入区、乡两级政府和村民委员会的一项扶贫工程,并对肺结核患者进行归口管理。

△　新城区32名处级领导干部按照中共中央国务院关于党政机关厉行节约制止奢侈浪费行为的若干规定和领导干部廉洁从政的有关规定就配偶、子女从业情况进行自查公示和收入申报。对新任的17名科级干部进行岗前廉政谈话，同55个党政班子的81名主要领导进行廉政工作谈话，55个党政班子和208名领导干部按规定进行述职述廉。

△　根据国务院办公厅《关于开展土地市场治理整顿严格土地管理的紧急通知》要求，新城区暂停审批耕地转非农用地建设。

△　实施“内蒙古太伟运动休闲度假村”项目开发，古路板、水磨两个行政村完成项目开发征地204.3公顷。

△　新城区为三卜树村、上新营村、沙梁村、哈拉更村办理村民住宅小区用地手续，解决移民及村民的住房困难问题。

△　新城区启动麻花板村、府兴营村“城中村”的改造任务。麻花板新村住宅小区、麻花板旧村改造项目、东风悦达起亚汽车城、天骄花园、兴盛鼎置业有限公司、维多利汽配城、滨海新城、呼和佳地、内蒙古体育馆用地等21宗项目通过初审，呈报市国土资源局。

2005年

1月10日　中共新城区第八届委员会第七次全体(扩大)会议召开。会议同意吕景瑞代表区委常委会所作的《抓住机遇 迎难而上 为早日实现新城区经济社会跨越式发展而努力奋斗》的报告。明确提出2005年全区工作的总体思路和目标任务。

1月19—21日　政协呼和浩特市新城区第六届委员会第二次会议在内蒙古军区招待所召开。

1月20—22日　新城区第十四届人民代表大会第二次会议在内蒙古军区招待所召开。

1月25－26日　新城区文明办协同自治区文明办、市文明办对10个新晋升的自治区级文明单位进行考核验收，同时对26个自治区级文明单位进行届期制检查。

1月　新城区开展“保持共产党员先进性教育活动”。

3月7日　自治区高级人民检察院副检察长杨怀武到新城区人民检察院就有效发挥民事行政审判监督职能进行专题调研。

3月20日　区综治办组织各乡镇、办事处、政法系统各部门在新华广场进行综治宣传，内容包括社会治安综合治理、严打、禁毒、邪教危害，预防青少年违法犯罪，群防群治和《中华人民共和国交通安全法》等有关内容。

3月28日　自治区文明办副主任陈东岗一行到新城区调研“首府文明通道”。

4月1日　区建设局与下新营村委会在110国道以北，靶场驾校以西投资兴建园林绿化基地,占地面积 6.67 公顷。

4 月 11 日　按照新城区党政联席会议《关于区社区服务中心办公用房的会议纪要》,区社区服务中心办公大楼产权归区文体局,管理使用权归区社区服务中心。

4 月 21 日　东街街道办事处与自治区科技厅、林业厅、呼和浩特市科技局、林业局成为结对共建单位。

△　毫沁营镇哈拉沁小沟发生矿难,因山体滑坡造成 5 人遇难。

4 月　新城区行政效能投诉中心成立,为区纪委所属副科级事业单位。

5 月　呼和浩特体育场开工建设。

6 月 15 日　新城区开展庆祝建党八十四周年系列活动。

6 月　新城区 2005 年 1%人口抽样调查工作全面展开。全区统计工作暨统计从业资格培训会议召开。

△　司法部副部长张军对新城区基层司法行政工作进行调研,视察毫沁营镇司法所。

△　毫沁营镇麻花板村"山水小区"开工建设。

7 月 3 日　区维护稳定办公室制定《"213"重点人员"五包"方案》。成立包掌握情况、包解决困难、包教育转化、包稳控管理、包依法处理"五包"工作领导小组,开展教育转化和稳控工作情况的督促检查工作。

7 月 8—9 日　自治区第五届星级文明城区竞赛活动检查组对新城区进行检查验收。

7 月　新城区开始实施农村最低生活保障和农村大病医疗救助。

8 月 9 日　新城区承办全国十城市(区)政协联谊会,台州市路桥区政协、舟山市普陀区政协、重庆市渝中区政协、义乌市政协、武汉市硚口区政协、石家庄市新华区政协、昆明市官渡区政协等参加联谊会,就"构建社会主义和谐社会"进行研讨。

8 月 11 日　呼和浩特市人民检察院检察长、部门负责人到新城区人民检察院检查指导工作。

8 月 12—14 日　新城区社区第二届"伊利液态奶杯"乒乓球公开赛,在呼铁少年宫举办。

8 月　新城区安全生产监督管理局成立。

9 月 20 日　自治区"四五"普法依法治理检查验收组副组长、自治区党委政法委副书记宋喜德带队到新城区检查验收。

9 月　由内蒙古奥淳酒业有限公司投资的奥淳原生态酒庄园落户新城区保合少乡碌碡沟村。

10 月 1 日　阿尔泰游乐场建成开园,占地 26.67 公顷。

11 月　新城区关工委命名中山里东社区居委会关工委、哈拉更村关工委等 38 个基层关工委为达标关工委。

12月5日 新城区开展2005年全国法制宣传日宣传活动。

12月29日 中共新城区第八届委员会第八次全体(扩大)会议举行。会议同意区委常委会《立足科学发展 构建和谐新城 努力开创新城区经济和社会各项事业发展的新局面》的报告。会议明确提出2006年工作的总体思路、目标任务和关于制定新城区国民经济和社会发展第十一个五年规划的建议。

同年 毫沁营镇府兴村村民住宅小区竣工,部分村民入住。

△ 区计划生育局更名为人口和计划生育局。

△ 由内蒙古科工贸集团有限公司实施小井沟生态旅游园的建设工程,完成工程投资1000万元。内蒙古新域农业科技有限公司兴建无公害生产基地,实施三期续建工程。引进呼和浩特市塞尚成套有限公司投资,兴建环保砖生产基地并落成投产。建成新城区第一个煤炭交易市场。

△ 区科技协会编印三册科普丛书《健康教育》《绿色环保》《社区法律》,共计6000册,免费向全区公众发放。

2006年

1月7—10日 政协呼和浩特市新城区第六届委员会第三次会议在内蒙古军区招待所召开。

1月8—11日 新城区第十四届人民代表大会第三次会议在内蒙古军区招待所召开。

1月17日 新城区社区建设指导委员会成立,机构规格定为准科级事业单位,归民政局管理,核定科级领导职数2名,人员编制7人。

1月 新城区第一次农牧业普查筹备工作开始。

3月1日 新城区制定《2006年社会治安综合治理宣传月活动安排》。

3月20日 新城区接待办公室成立。

3月 新城区建设局园林所在鸿盛高科技园区内规划新建园林绿化基地1处,集花卉、苗木繁育、义务植树、文物保护、观光游览为一体,占地16.3公顷。

4月14日 自治区林业厅为新建老缸房社区出资11万元,支持社区建设。

4月18日 呼和浩特市人大常委会视察组,到新城区人民检察院视察基层建设等情况。

4月26日 新城区党政机关开展“做党的忠诚卫士、当群众的贴心人”主题实践活动。

5月16日 区直属机关党工委开展“学党章、守纪律、尚廉洁、作表率、知荣辱”主题教育活动。

6月7日 区委政法委员会制定《创建“平安新城”活动实施方案》。

6月17日 新城区第二次乡镇机构改革。根据呼和浩特市人民政府关于同意新城区增设街道办事处的批复,将毫沁营镇政府改为“成吉思汗大街街道办事处”、保合少乡改建保合少镇。

6月21日 新城区委举办纪念建党85周年暨先进表彰大会。

6月 中山东路街道办事处首家实施居民家庭情况信息卡的采集。

7月1日 新城区第六届村民委员会换届选举工作依法进行。

7月12日 新城区党员干部培训中心揭牌成立。

△ 新城区对部分社区进行撤并。

7月13日 新城区政协承办呼和浩特市九旗县区政协联谊会第27次会议,围绕《中共中央关于进一步加强人民政协工作的意见》,探讨旗县区政协工作的规律。

7月20日 新城区制定出台《抓紧核查新城区企业军转干部等“三方面人员”》方案。

8月2日 呼和浩特市24家机关单位与新城区社区结对共建。

8月22日 中共呼和浩特市新城区第八届委员会第九次全体(扩大)会议举行。会议通过《关于召开中国共产党新城区第九次代表大会的决议》《关于第八届委员会提交中国共产党新城区第九次代表大会报告的决议》,审议区第九次党代会的有关事项,会议同意第八届委员会提交中国共产党呼和浩特市新城区第九次代表大会的报告。

8月26日 中共呼和浩特市新城区第九次代表大会在武警内蒙古总队招待所召开。会议听取和审议中国共产党呼和浩特市新城区第八届委员会工作报告和中国共产党新城区纪律检查委员会工作报告;选举中国共产党新城区第九届委员会委员、候补委员,中国共产党呼和浩特市新城区纪律检查委员会委员和出席中国共产党呼和浩特市第十届代表大会代表。

8月28日 劳动保障部就业促进会副会长王文龙到海拉尔东路街道办事处事务所进行调研指导。

△ 中共新城区第九届委员会第一次全体(扩大)会议举行。会议选举产生中共新城区第九届委员会常务委员会委员和书记、副书记,会议通过纪律检查委员会第一次全体会议选举结果的报告。

8月 毫沁营村还迁小区一期工程开工建设。总占地面积(含规划道路)23公顷,总建筑面积为34万平方米。

9月28日 新城区科技协会第三次代表大会召开。

9月 新城区红十字会机构单独设置,隶属中共新城区委。

△ 新城区中山东路街道劳动保障社会化平台落成启动。

△ 新城区首届农民运动会在成吉思汗大街街道上新营村召开。

10月21日 新城区开展文体、科技、法律、工商、国防、卫生、治安、环保、道德、交通安全、烟草专卖“十一进”社区活动。

10月31日 区委政法委制定《新城区清理整顿铁路沿线废旧金属收购站点专项行动方案》。

11月 成吉思汗大街街道党工委深化“三级联创”和“双联双推”活动，集中19个行政村党组织成员开展整顿教育活动。

12月11日 新城区政协网站建成并投入使用。

12月28日 新城区关工委命名内蒙古军区第四干休所革命军人荣誉室为新城区关工委革命传统教育基地。

12月31日 新城区国土资源分局制定出台内蒙古大青山太伟运动休闲度假村一期工程建设项目《征地补偿安置方案》。

12月 召开新城区红十字会第二次会员代表大会，选举产生新城区红十字会第二届理事会。大会选举产生新城区红十字会第二届理事会会长、副会长。

同年 在哈拉更村西营自然村后山坡上建起一座宏大的寺院“莲池龙泉净寺”，占地1.33公顷。农历每月初二、十六为活动日。

△ 新城区防疫站正式更名为呼和浩特市新城区疾病预防控制中心，机构规格为正科级。全球基金第五轮艾滋病项目正式启动。

△ 新城区文明办协助市文明办对14个申报市级文明单位的单位进行考核验收。

2007年

1月10日 中共新城区第九届委员会第二次全体(扩大)会议举行。会议听取和审议区委常委会《把握机遇 真抓实干 为推进新城区经济社会发展再上新台阶而努力奋斗》报告，明确提出2007年经济社会发展的总体要求和目标任务。

1月16—19日 政协呼和浩特市新城区第六届委员会第四次会议在子钰大酒店召开。

1月17—20日 新城区第十四届人民代表大会第四次会议在内蒙古军区招待所召开。

1月 新城区农村合作医疗工作全面实施。合作医疗制度实行农民个人缴纳、集体适当扶持财政给予资助的筹资机制。

△ 第二次全国农牧业普查入户调查工作启动。

2月15日 市政府副市长包钢等到新城区调研社区建设工作。

2月19日 呼和浩特鸿盛工业园区管理委员会成立。

△ 新城区兽医局成立。

2月28日 新城区经济责任审计办公室成立，属审计局二级机构，副科级单位。

3月8日 区妇女联合会与区关工委联合在全区开展争创“家庭教育示范户”活动。

3月9日 市政府副市长云忠义等一行到新城区调研社区建设工作。

3月10日 自治区领导储波等到新城区保合少镇开展义务植树活动。

3月26日 新城区机关党组织开展以“我为大庆做贡献，建设和谐内蒙古”为主题的系列活动。

3月30日 自治区党委宣传部、自治区文明办、自治区直属机关党工委、市委、市政府在新华广场举办自治区暨呼和浩特市开展“迎大庆、讲文明、树新风”活动启动仪式，新城区四大班子领导参加仪式。

4月13日 全市社区建设工作现场观摩交流会在新城区召开。呼和浩特市人民政府副市长云忠义出席现场观摩交流会。

4月17日 新城区印发《呼和浩特市新城区村级主要负责人经济责任审计暂行办法》。

5月22日 海拉尔东路街道办事处东库街税务所挂牌成立。

5月 新城区组织开展“博爱互助金”募集工作。募集捐款13.28万元。

6月13日 自治区高级人民检察院副检察长郑锦春率领工作组，到新城区人民检察院调研指导工作。

△ 市政府信息管理中心、区社区办和东街街道办事处共同筹备的新城区信息化和谐社区网络开通。

△ 区委政法委办公室成立。

6月25日 第17个全国“土地日”，区国土资源分局组织开展大型宣传活动。

6月27日 中山东路街道办事处团结社区红十字会挂牌成立。

7月5—6日 自治区第六届星级文明城区竞赛活动检查组对新城区参赛工作进行检查验收。

7月24日 自治区高级人民检察院副检察长、政治部主任张敏等对新城区人民检察院开展社会主义法制理念教育活动进行考核检查验收。

7月 区旅游局编制完成《呼和浩特市新城区大青山生态休闲旅游区总体规划》。

8月初 新城区政协编撰的《新城区文史资料》第二辑(满族专辑)出版。

8月6日 中国民主建国会新城区关心下一代学校成立。

8月24日 中共新城区国家税务机关纪律检查委员会成立。

8月 “中国西部第三届文化产业博览会”在内蒙古国际会展中心开展，新城区展出满族服饰用品和满族的手工剪纸。

△ 自治区成立60周年大庆前期，中央代表团在自治区范围内实施“万村书库”工

程，新城区讨思浩村、哈拉更村、三合村、保合少村、水磨村等5个村各获赠8个品种的文化设施，每个村图书室获赠物品折合人民币约28万多元。

9月3日 新城区人民检察院对市国有土地转让出售的拍卖活动进行现场监督。

△ 东街街道办事处老缸房社区服务中心竣工投入使用。

9月7日 新城区印发《新城区审计局跟踪调查和督促落实实施办法》。

9月21日 中山东路街道办事处团结社区、新华社区、中山社区、人民社区、迎宾南路社区进行社区换届选举，新城区社区换届选举工作全面开展。

10月 内蒙古香岛生态农业开发有限公司在古路板村投资兴建香岛生态农业产业园。

11月28日—12月1日 政协呼和浩特市新城区第七届委员会第一次会议在子钰大酒店召开。

11月29日—12月2日 新城区第十五届人民代表大会第一次会议在内蒙古军区招待所召开。

11月 新城区组织辖区内的11个社区试点开展“无假日、错时制”工作，即周一至周五的中午、双休日或节假日每天有工作人员值班。

△ 成吉思汗大街街道办事处“南店滨水新村”住宅小区一期工程竣工，大部分村民入住，占地20公顷，投资2.5亿元。

12月26日 取消毫沁营信用社，合并组建呼和浩特金谷农村合作银行。毫沁营信用社改称为呼和浩特金谷农村合作银行青山支行。

同年 新城区计划生育协会成立，机构规格为股级，为区卫生局所属事业单位，核定事业编制10名。

△ 新城区文化艺术界联合会组织“五个一工程”作品的选送工作，选送《呼和浩特新城区文史资料》第二辑(满族专辑)和驻区退休干部夏桂楣版画国画选集参加评选。

△ 新城区印发《新城区加强农村基层党风廉政建设工作实施方案》《关于建立新城区农村基层党风廉政建设工作联席会议制度的通知》，将农村基层党风廉政建设工作任务分解到各镇党委、政府以及区有关部门、纪委监察局各科室。

△ 新城区开展呼和浩特市第四批科普文明街道和科普文明社区创建工作。

2008年

1月3日 中共新城区第九届委员会第四次全体(扩大)会议举行。

1月 蒙锡功马术俱乐部落户新城区奎素村。

△ 区红十字会组织开展“红十字博爱送万家”送温暖活动，救助800余户生活困难家庭，10户因患有白血病、尿毒症、恶性肿瘤等重大疾病导致生活困难的家庭。

2月1日 区政府投入60余万元资金,为街道办事处实行无假日社区的干部发放电动自行车300余辆。

2月15日 市政府副市长包钢到新城区调研社区建设工作。

2月28日 东街街道办事处老缸房社区创立全自治区先进社区,迎接国家、自治区及相关部门的观摩。

3月20日 新城区人民检察院与新城区工商分局共同建立的预防职务犯罪教育基地揭匾启用。

3月22日 自治区人民政府副主席雷•额尔德尼一行到东街街道办事处老缸房社区视察、慰问低保户家庭。

5月6—7日 中山东路街道办事处同北京中艺盛佳文化传播有限公司共同承办2008年首届"廉政文化"中国书法、书画名家作品展现笔会。

5月13日 新城区开展为"5•12"汶川特大地震灾害灾区人民捐款活动,红十字会共接收捐款66.52万元,捐物价值8.13万元。

5月 新城区纪律检查委员会下发党风廉政建设工作实施意见及2008年农村基层党风廉政建设工作要点。

6月3日 区国土资源分局对成吉思汗大街街道办事处大青山前坡无证开采砂石资源的采砂场和筛砂点进行集中清理整顿。

6月18日 市文明办对初选拟报国家级文明单位先进单位的呼和浩特边防指挥学校、中国网通(集团)有限公司呼和浩特市分公司、呼和浩特供电局进行初检指导。

7月15日 迎奥运火炬传递活动在呼和浩特市进行。

7月22日 中共新城区第九届委员会第五次全体(扩大)会议举行。区委委员、候补委员出席会议,区纪委委员及有关方面负责列席会议。会议回顾总结全区2008年上半年工作,安排部署下半年工作。

7月29日 新城区第十五届人民代表大会第二次会议在内蒙古军区招待所召开。

8月6日 呼和浩特市国土资源局新城分局成立国土资源应急管理办公室,制定应急措施以及各部门工作要求。

8月20日 中山东路街道办事处新华社区邻里服务中心落成投入使用。

8月30日 新城区人民检察院新建办公楼基础工程建设立项。

8月 新城区人力资源和社会保障局实行居民劳动保障和劳动监察网格化管理。

△ 新城区召开"三级媒体"新闻通报会。自治区党委、市委两级宣传部门领导,中央、自治区、市三级媒体共54人应邀到会。

9月1日 成吉思汗街小学落成并投入使用。

9月3日 海拉尔东路街道办事处军区社区服务中心揭牌。

10月9日　自治区社区建设工作会议观摩团在东街街道老缸房社区、西街街道曙光社区观摩新城区社区建设情况。

10月28日　工业和信息化部副部长杨学山、自治区政协副主席肖黎声、市政府副市长赵刚，在新城区老缸房社区参观和指导社区信息化建设情况。

10月　开展第二次全国经济普查单位清查工作；开展人口和劳动力抽样调查工作。

△　呼和浩特体育馆建成并投入使用。

11月6日　新城区关工委命名丽苑社区等20个社区阅览室为"全区第二批社区关爱书屋"。

11月13日　区审计局出台《新城区审计局关于规范审计现场秩序的规定》。

12月3日　海拉尔东路街道办事处行政区域进行调整，社区居民委员会由原来的12个调整为9个。

△　迎新路街道办事处机场路第一社区更名为新春社区，机场路第二社区更名为如意社区，西街办事处西街社区更名为西落凤街社区。

12月　新城区文明办召开新城区精神文明建设工作表彰暨培训会议，会议对2007年度6个区级文明单位、2个爱国主义教育基地、37个精神文明建设工作先进集体、37个先进个人进行命名表彰。

同年　位于南店住宅小区西南侧的哈拉沁河上的"海东路"公路大桥动工建设。

△　塔利村在村南新建庙宇一处，将塔布佗罗亥古钟、古碑置新庙内。庙宇定名为"塔布佗罗亥召"每年农历十二月二十一日为召庙活动日。

△　成吉思汗大街街道办事处"民生服务大厅"正式挂牌服务。有合作医疗、养老保险、农村低保、城市低保、再就业培训、职业介绍、残疾人服务等专柜，各行政村建成服务于本村的"民生服务室"。

△　新城区文化协会成立。

△　新城区引进内蒙古香岛生态有限公司，建设日光温室，该项目占地64.13公顷。

2009年

1月6日　中共新城区第九届委员会第六次全体会议举行。会议听取和审议区委常委会工作报告，回顾总结2008年的主要工作，深刻阐述面临的"四大新机遇"和"四大新优势"，明确提出2009年经济社会发展的总体要求和目标任务。

1月8日　召开全区政法工作会议，对政法工作中成绩突出的地区、单位和个人给予表彰奖励，号召各地区、单位、各政法机关，全体政法干警、综治、维稳干部努力工作、开拓进取，推动社会治安综合治理、维护社会稳定工作深入开展。

1月9日　新城区第一届冰雪旅游节在新城区大青山太伟滑雪场举办。

1月14—16日　政协呼和浩特市新城区第七届委员会第二次会议在子钰大酒店召开。

1月15—17日　新城区第十五届人民代表大会第三次会议在军区招待所召开。

1月　新城区开展第二次全国经济普查登记。

△　区红十字会组织开展“红十字博爱送万家”救助800余户生活困难家庭。

2月13日　新城区经济工作会议召开。

2月16日　中共新城区委员会办公室、新城区人民政府办公室印发《关于建立健全新城区关心下一代工作长效机制》的实施意见。

2月18日　新城区青年创业实践基地挂牌成立。

2月20日　新城区召开2009年农村工作会议。

3月11日　新城区召开2009年党建工作会议。

3月12日　新城区召开创建全国和谐社区建设示范单位工作会。

3月　新城区开展深入学习实践科学发展观活动，制定开展学习实践科学发展观活动的实施方案。

△　中共新城区纪律检查委员会第四次全体(扩大)会议召开。

4月2日　呼和浩特市创建国家森林城市会议在新城区召开。

4月10日　自治区纪律检查委员会书记张力调研新城区村民监督委员会工作。

4月17日　新城区全国第二次经济普查工作结束。

4月23日　海拉尔东路街道办事处体校巷社区率先在社区引进缴费“一站通”便民服务。

4月26日　新城区首届“丁香”旅游节在新城区将军衙署开幕。

4月28日　呼包鄂地区国家信息化和工业化融合创新实验基地揭牌暨内蒙古软件创意示范基地开工奠基仪式在鸿盛工业园区召开。

4月30日　呼和浩特市博物馆修复工程完工，正式开馆。

5月22日　新城区人民检察院新办公楼举行奠基仪式。

5月　自治区统计局对新城区经济普查工作进行质量验收。

△　新城区制定出台《新城区义务教育学校绩效工资实施方案》，开展九年义务教育学校实施教师绩效工资工作。

6月23日　自治区人民政府主席巴特尔慰问老缸房社区居民。

6月　新城区政务服务中心成立。

7月18日　新城区人民政府与内蒙古河套酒业集团有限公司正式签约，投资5亿元在鸿盛工业园区兴建占地5.33公顷的河套酒业呼和浩特生产分装配送中心。

7月24日　呼和浩特市人大常委会主任吴一薇等一行到海拉尔东路街道办事处体校

巷社区居委会进行视察，参加社区落成暨邮政"一站通"缴费便民业务投入使用揭牌仪式。

8月9日 "小井沟杯"第三届历史文化名城围棋邀请赛在新城区小井沟生态园举办。

8月25日 中共新城区第九届委员会第七次全体会议举行。

8月28日 新城区举办呼和浩特市"两化融合暨现代服务业"创新发展论坛。

8月 呼和浩特市文明办副主任张金阳对新城区开展迎国庆精神文明创建活动进展情况进行督查。

△ "莫拉克"台风对台湾造成重大灾害。新城区红十字会向新城区各界发出呼吁，募集捐款1.8万余元，通过市红十字会转往台湾红十字会组织，用于改善受灾群众的境况。

9月3日 新城区在保合少镇甲兰板村成立自治区第一家村民监督委员会。

9月18日 新城区深入学习实践科学发展观参观活动第二批总结暨第三批动员大会召开。

9月24日 成吉思汗公园建成开放。

9月27—28日 由呼和浩特市委、市政府主办，市发改委、市信息办和中共新城区委、区政府承办的"首届金融集聚区专题研讨会"和"首府(两化融合)暨现代服务业创新发展论坛"举行。

9月29日 新城区在呼和浩特市铁路体育馆举办"唱响红歌颂祖国"庆祝中华人民共和国成立60周年歌咏大赛。

10月14日 市委副书记杨飞云与市委组织部、市民政局、市委办公厅相关人员一行到新城区社区和学校，就基层党建工作进行调研。

10月20日 新城区第十二次民族团结进步表彰大会召开。

10月30日 自治区民政厅厅长吴金亮、呼和浩特市副市长包钢对海拉尔东路街道办事处体校巷社区居委会进行调研。

10月 东风路司法所、锡林北路司法所、海拉尔东路司法所、中山东路司法所、西街司法所5个规范化创建司法所接受内蒙古司法厅的考核验收。

△ 呼和浩特市首家"青少年关爱服务中心"在新城区迎新路街道办事处如意社区正式挂牌成立。

△ 新城区投资1000余万元完成对92个老旧住宅小区的改造管理。

11月10日 呼和浩特市首家国家级体育俱乐部暨公安厅社区国家级体育俱乐部揭牌。

11月17日 自治区旅游局规划处、质监处领导及部分旅游企业负责人参观考察新城区旅游工作。

11月19日 新城区古路板野生动物驯养繁育基地和野生动物救助中心挂牌成立。

11月24日 新城区为3个农村社区购置发放办公用车。

12 月 1 日 多松年故居廉政教育基地正式落成,举行揭匾仪式。

12 月 9 日 由区委宣传部和党员干部培训中心联合组织召开的“理论宣讲大比武”活动总结表彰大会,对 10 个优秀组织集体、10 位优秀宣讲员和 10 个优秀教案予以表彰。

12 月 24 日 副市长包钢对社区信息网格化建设工作进行调研。

12 月 中山东路街道办事处中山社区办公用房落成使用。

△ 新城区按照“一体化管理、一站式办公、一条龙服务”的要求,把就业服务、医保、劳动监察、劳动仲裁设立在新城区市民服务中心。

△ 中山东路街道办事处成立公共服务站。

同年 新城区有效控制甲型 H1N1 流感。

△ 新城区成立经济适用房、廉租房办公室。

△ 建立讨思浩无公害蔬菜种植科普示范基地和萨能奶山羊科普示范基地。

△ 按照市国土资源局金土办公室的统一安排和工作部署,新城区实施“金土工程”。

△ 新城区投入资金 4 亿元,实施校舍安全工程,计划分 5 年,对 36 所学校进行加固和重建。

2010 年

1 月 5 日 自治区第一巡回检查组组长、自治区人大常委会常委布和朝鲁一行到东街街道老缸房社区调研巡视新城区学习实践科学发展观的开展情况。

△ 中共新城区第九届委员会第九次全体会议举行。会议通过区委常委会报告工作,总结 2009 年工作,研究部署 2010 年工作。

1 月 12—14 日 政协呼和浩特市新城区第七届委员会第三次会议在子钰大酒店召开。

1 月 13—15 日 新城区第十五届人民代表大会第四次会议在内蒙古军区招待所召开。

1 月 22 日 新城区召开全区政法工作会议,对政法,信访工作中成绩突出的地区、单位和个人给予表彰奖励,与各单位签订综合治理目标责任状。

1 月 新城区公证处划归呼和浩特市司法局管理。

△ 区建设局对 2009 年农村危房改造完成状况进行摸底调查。

△ 区红十字会组织开展“博爱一日捐、温暖千万家”活动,救助 1200 余户生活困难家庭。筹资 1.2 万元救助 12 名因患尿毒症、癌症、白血病等重大疾病,导致生活困难的群众。

3 月 1 日 新城区开展创建学习型党组织活动。

3月15日　新城区旅游咨询服务中心成立。

3月29日　新城区成立社区工作办公室，为区政府所属副科级事业单位，原新城区社区建设指导委员会办公室撤销。

△　公安分局开展“绿色风暴”第16次集中统一行动暨严厉打击车站周边卖淫嫖娼违法犯罪专项行动，同时制定长效整治机制。

3月30日　新城区社区工作暨公共服务工作会议召开。

4月9日　中山东路街道办事处迎宾南路社区新的社会阶层人士协会成立。

4月20日　新城区预防腐败研究会成立。

4月22日　区直属机关党工委举办学习中共十七届四中全会精神培训班。

4月26日　新城区在将军衙署举办第二届“丁香花开”旅游节。

4月　新城区开展创先争优活动。

△　新城区老区建设促进会成立。

△　区红十字会为青海省玉树地震灾区募集捐款24.28万元。新城区开展向云南旱灾地区捐款活动，接收捐款32.87万元，转赠西南旱灾地区，用于抗旱救灾各项活动。

5月　区统计局编印完成《2009年国民经济和社会发展统计公报》。召开第二次全国经济普查表彰会暨第六次全国人口普查动员大会。

6月4日　新城区完成第三次全国国民体质监测工作。

6月5日　是第三十八个世界环境日，新城区开展节能减排宣传活动。

6月10日　自治区科技厅副厅长马强、市政府副市长刘菊茹一行考察新城区部分二农业、科技项目。

6月22日　新城区召开全区干部大会，传达自治区西部盟市经济工作座谈会和呼市干部大会会议精神。

6月26日　是全国“禁毒日”，区委政法委在博物院广场举行大型宣传活动；在新城区所有中小学进行“珍爱生命，远离毒品”活动。

△　中国航天科工集团第六研究院F—12高强有机纤维50吨产业化项目开工奠基仪式在呼和浩特市鸿盛工业园区举行。

6月　自治区文明办对新城区公共文明指数进行全面测评。

7月8日　新城区产学研合作交流会在华辰大酒店举行。自治区科技厅、市科技局、中科院及新城区主要负责人出席交流会。

7月17日　国务院秘书局公报室主任许亚春督查调研新城区政府信息公开工作开展情况。

7月18日　中共中央政治局常委、中央纪律检查委员会书记贺国强，内蒙古自治区党委书记、自治区人大常委会主任胡春华，自治区党委副书记、自治区人民政府主席巴特尔，到新城区东街街道老缸房社区参观调研，看望社区工作人员，了解社区工作情况。

7月20日 新城区召开第二次经济普查总结表彰暨第六次人口普查动员大会。

7月26日 中纪委驻国家计生委纪检组组长勾清明等考察东街街道老缸房社区，考察指导社区建设以及人口计生工作。

8月11日 我国首个肢残人活动日，新城区组织各社区开展以“肢残人活动日”和“消除障碍 快乐畅行”为主题的专题板报宣传活动。

△ 新城区学生资助管理中心举行首批贫困大学生生源地信用助学贷款合同签字仪式，辖区60余户受助贫困大学生家庭到现场签署贷款协议。

8月11—13日 全国十城(市)区政协联席会三届六次会议在新城区举行。

8月17日 全国人大常委会副委员长、党组成员、全国妇联主席陈至立到新城区东街街道老缸房社区考察指导、调研社区工作。

8月29日 新城区举办2010年“新城杯”职工篮球赛。

8月 区畜牧局开展以对生鲜乳收购站、生鲜乳运输车辆为重点的执法专项整治工作。

△ 新城区党政机关公务员、企事业单位人员及教师5400余人参加法律知识考试。

9月1日 毫沁营小学建成投入使用。

9月8日 新城区在内蒙古人民会堂召开庆祝第二十六个教师节暨表彰大会。

9月16日 新城区人民政府与兴业银行呼和浩特分行在胜利街东口小广场举行胜利街绿地共建签约揭碑仪式。

9月19日 呼和浩特市关心下一代工作西部论坛会议与会人员，到长海社区参观考察关心下一代工作。

9月25日 新城区在旧博物馆门前举行庆祝新修订的《中华人民共和国保守国家秘密法》颁布实施宣传活动。

9月 自治区第一所社区科普大学在新城区海拉尔东路街道办事处体校巷社区成立。

10月13日 呼和浩特市廉政文化宣传教育工作现场会在新城区召开。全市各旗县区纪委领导及基层纪检工作人员参加会议。

10月14日 新城区举办的“红色记忆，振奋中国”主题放映活动拉开帷幕。

10月18日 自治区党委组织部副部长、人力资源厅党组书记、厅长赵世亮到新城区调研人事劳动和社会保障工作。

△ 新城区国税局展开大规模拉网式漏征漏管清理整顿行动。

10月22日 新城区团委、教育局联合主办“阳光智慧计划 希望爱心传递——新城区捐资助学活动”。

10月27日 东风路街道丽苑社区“民生 索意”爱心专项基金会成立。

10月 新城区开展第六次全国人口普查入户摸底工作。

11月3日 市政协副主席银孝督办呼和浩特鸿盛工业园区委员提案落实情况。

11月15日 市委常委、常务副市长赵江涛，副市长刚布和考察新城区农业、工业、城建、社区建设等工作开展情况。

11月16日 区纪委开展全区科级党员领导干部廉政谈话工作，举行首批干部廉政谈话会。

11月19日 自治区党委宣传部副部长张太平带领自治区、市两级党委宣传部负责人到新城区调研理论宣讲工作开展情况。

11月20日 自治区质监局副局长谢绍清带领自治区食品安全整顿工作督察组督查新城区2010年食品安全整顿工作。

11月 新城区通过革命老区“一村一品”项目建议书，争取到老区促进会资金150万元。

12月2日 自治区团委副书记高润喜带领团委试点工作督导组督导检查新城区迎新路街道办事处如意社区加强共青团组织格局创新和社区团建试点工作开展情况。

12月4日 新城区举行主题为“弘扬法制精神，促进社会和谐”的法制宣传活动。

12月11日 由中共新城区委、新城区人民政府主办的新城区第二届冰雪旅游节开幕及太伟滑雪场高级雪道开通仪式在太伟滑雪场举行。

12月24日 中共新城区第九届委员会第十次全体会议举行。会议同意市委常委、区委书记刘惠代表区委常委会所作的报告工作，审议通过《中共新城区委关于制定新城区国民经济和社会发展第十二个五年规划的建议》。

12月25日 呼和浩特市第一个现代化高铁站——呼和浩特东站开始试运营。

12月31日 新城区人民政府法制办公室成立，为新城区人民政府工作部门。

同年 新城区政府开展机构改革。

△ 中央投资660万元专项基金，支持新城区推进医药卫生体制改革，改善基层医疗卫生条件。

△ 中山东路街道办事处辖区非公企业内蒙古巴彦塔拉有限责任公司建成“市级党建示范点”

△ 新城区疾控大楼主体建设完工。

△ 区纪委新建山水小学廉洁教育基地，新城区国税局廉政教育基地，新城区地方税务局、新城区人民检察院廉政教育基地，在东街街道办事处成立预防职务犯罪廉政教育基地暨检察工作站。

2011 年

1 月 15—17 日 政协呼和浩特市新城区第七届委员会第四次会议在华辰酒店召开。

1 月 16—18 日 新城区第十五届人民代表大会第五次会议在军区招待所召开。

1 月 28 日 新城区“文化、科技、卫生三下乡”在面铺窑村集中开展送文化、送科技、送卫生、送法律、送健康活动。

1 月 区红十字会组织开展“博爱一日捐、温暖千万家”为主题的送温暖活动。救助2600 余户生活困难家庭,救助重大疾病生活困难群众 50 名。

2 月 17 日 江苏省人民政府办公厅政府信息公开办公室观摩团,观摩海拉尔东路街道办事处体校巷社区。

3 月 1 日 自治区党委书记胡春华视察新城区重点项目呼和浩特青少年活动中心和新城家园保障性住房项目。

3 月 4 日 成立新城区旅游质量监察大队,为新城区旅游局所属全额拨款股级事业单位。

△ 呼和浩特市 2011 年“春风行动”启动仪式在新华广场举行,活动主题是“搭建劳务对接平台,帮你尽早实现就业”。

3 月 5 日 是中国青年志愿者服务日和“学雷锋纪念日”,新城区团委牵头组织青年志愿者慰问五保老人和开展学雷锋活动。

3 月 10 日 新城区召开民兵工作会议。

3 月 11 日 新城区党委换届暨党建工作会议在区党政办公楼西配楼三楼会议室召开。

3 月 22 日 新城区召开 2011 年农村工作会议。

△ 新城区召开学习杨善洲先进事迹座谈会。

3 月 29 日 新城区 2011 年护林防火工作会议在新城区农村党员科技培训中心举行。

3 月 30 日 人力资源和社会保障部副部长胡晓义一行到新城区劳动服务大厅考察人力资源和社会保障工作。

△ 新城区民政工作暨社区工作会议召开。

3 月 31 日 呼和浩特市城市管理现场会在新城区召开。

△ 新城区召开 2011 年安全生产工作会议。

4 月 11 日 自治区党委常委、纪委书记张力,自治区纪委副书记额尔德尼调研新城区经济社会发展情况和纪检监察工作。

4月12日 中共新城区第九届委员会第十一次全体会议举行。会议审议通过《关于召开中国共产党新城区第十次代表大会的决议》。

4月20日 召开新城区社区建设工作协调会。

4月21日 新城区召开2011年全区政务服务工作会议。

4月22日 新城区档案工作会议召开。

4月25日 区团委纪念五四运动92周年暨表彰大会召开，新城区广大青年团员参加大会。

4月26日 蒙古国乌兰巴托市观摩团到海拉尔东路街道办事处体校巷社区观摩。

4月28日 新城区第十次党代表大会代表选举工作动员大会在党政办公楼西配楼三楼会议室举行。

4月 新城区人民检察院根据上级检察院《关于在全区检察机关开展诉讼监督年活动的实施方案》的精神，制定机关工作方案，全面开展“诉讼监督年”活动。

5月13日 以弘扬“和谐、团结、拼搏”精神为主题的2011年新城区运动会在呼和浩特市人民体育场召开。

5月18日 “大美公主府”文化旅游系列活动在新城区固伦恪靖公主府拉开帷幕。

5月19日 中共新城区第九届委员会第十二次全体会议举行。

5月19—20日 区教育局在内蒙古艺术学院音乐厅举办“唱红色经典，展教师风采”主题红歌演唱活动。

5月24日 中国共产党呼和浩特市新城区第十次代表大会在军区招待所召开。会议听取和审查中国共产党呼和浩特市新城区第九届委员会的报告和新城区纪律委员会的报告；选举中国共产党呼和浩特市新城区第十届委员会、新城区纪律检查委员会和出席中国共产党呼和浩特市第十一次代表大会代表。

5月27日 中共新城区第十届委员会第一次全体会议举行。会议选举产生中国共产党呼和浩特市新城区第十届委员会常务委员会委员和书记、副书记；批准中国共产党呼和浩特市新城区纪律检查委员会第一次全体会议选举产生的书记、副书记和常务委员会委员人选。

△ 召开新城区第十届纪律检查委员会第一次全体会议，选举产生新一届常务委员会，常委7人，委员19人。

5月 区司法局和新城区交警大队成立交通事故纠纷调解委员会。调解案件120件。成功结案83件。区司法局会同新城公安分局成立司法所和公安派出所“公调对接”机制试点。两个试点处理案件86件。

6月1日 自治区人民政府主席巴特尔到新城区第二幼儿园看望孩子们。

6月7日 中国关心下一代工作委员会主任、全国人大常委会原副委员长顾秀莲到长海社区视察关心下一代工作。

6月11日 由新城区人民政府主办的“新城区都市观光农业建设成果展暨香岛第二届花卉果蔬观赏采摘节”在香岛农业产业园开幕。

△ 区直属机关党工委开展纪念建党90周年党史知识竞赛活动。

6月23日 新城区召开庆祝中国共产党成立90周年暨表彰大会,回顾党90年的光辉历程和新城区经济社会建设取得的成就,表彰先进、鼓舞士气。

△ 安徽省马鞍山市观摩团到海拉尔东路街道办事处长海社区参观。

7月9日 广西壮族自治区南宁市民政局考察团考察海拉尔东路街道办事处体校巷社区。

7月13日 新城区与北京大地风景旅游规划院签订协议,《呼和浩特市新城区大青山生态休闲旅游区总体规划》修编工作全面启动。

7月19日 新城区召开党风廉政建设工作表彰会。

△ 成吉思汗大街街道办事处爆破移除红山口老虎山顶危岩体,安全隐患得到排除。

7月底 区红十字会网站正式上线运行。

7月 区纪委在内蒙古美术馆举办“新城区庆祝中国共产党成立九十周年暨廉政书画展”。

8月18日 成吉思汗大街街道办事处南店村被征地农转非人员领到医疗保险证。南店村符合条件的2243人加入医疗保险,在全市19个列入改造的“城中村”中第一个率先完成失地农民的社保和医保工作。

8月23日 东河注水工作正式开闸放水,引用哈拉沁水库库区蓄水向东河注水。注水总量达到10万立方米。

8月25日 TCL内蒙古液晶产业园在呼和浩特市鸿盛工业园区举行开工奠基仪式。

8月26日 新城区举行东河学校开工奠基仪式。

8月30日 中共中央政治局委员、书记处书记、组织部部长李源潮到东街老缸房社区视察指导。

8月 区统计局开展“人口变动情况抽样调查”。

9月1日 感动呼和浩特事迹报告会在新城区召开,来自呼和浩特市各个行业的6名感动人物向新城区广大干部职工讲述先进事迹。

9月23日 成吉思汗街道办事处一家村举行“城中村”改造安置房项目开工奠基仪式。

9月24日 新城区产业发展规划论证会召开。

9月25日 呼和浩特市首家办税区——新城区地税局第一办税区正式落成揭牌。

9月28日 新城区古路板林场棚户区改造工程举行奠基仪式。

9月 区红十字会开展“博爱一日捐,助你上大学”活动,投入5万元救助50名大学生。

10 月 14 日 新城区在小井沟素质教育基地举行廉政警示教育展厅揭匾仪式。

10 月 18 日 成吉思汗街道办事处毫沁营村“城中村”改造安置房项目沁丰园项目开工奠基。

10 月 19 日 新城区征兵工作会议召开。

10 月 20 日 新城区廉租房第二批获得配租资格的 214 户家庭领取新房钥匙，入住新城家园小区。

10 月 21 日 呼和浩特市九旗县区政协第三十八次联谊会在新城区举行。

10 月 22 日 山西省朔州市朔城区街道办事处观摩团观摩中山东路街道中山社区。

10 月 24 日 市委常委、组织部部长张平江一行考察成吉思汗大街街道办事处麻花板社区和塔利村。

10 月 25 日 中国联通与呼和浩特市人民政府签署协议，中国联通西北（呼和浩特）基地项目正式落户鸿盛工业园区。

11 月 1 日 新城区举行一家村“城中村”改造村民安置房、产业用房开工奠基仪式。

11 月 4 日 市委常委、纪委书记吴艳刚来新城区调研经济社会发展情况和党风廉政建设情况。

11 月 5 日 新城区人民检察院迁址新办公大楼。

11 月 29 日 新城区科技协会承办自治区城区科普工作现场会。

12 月 28 日 中共新城区第十届委员会第四次全体会议举行。

12 月 31 日 中山东路街道办事处 139 名原“五七工”人员正式纳入企业职工养老保险体系。

同年 新城区革命老区促进会争取到“整村推进”整合资金试点项目国家试点嘎查村一个，重点扶持保合少村。

△ 新城区编制完成新城区产业发展规划和新城区旅游发展规划。

2012 年

1 月 5 日 民建新城区关心下一代学校更名为新城区关心下一代学校，隶属于新城区关工委。

1 月 8—10 日 政协呼和浩特市新城区第七届委员会第五次会议在内蒙古军区招待所召开。

1 月 9—11 日 新城区第十五届人民代表大会第六次会议在内蒙古军区招待所召开。

2月4日 中共中央组织部副部长沈跃跃与自治区创先争优活动领导小组副组长、办公室主任荣天厚考察新城区。

2月 保合少镇奎素村5万亩森林公园经市委、市政府批准立项建设。

3月7日 新城区表彰2011年度机关党建工作先进党组织、优秀党务工作者、优秀共产党员。

3月14日 新城区“社区网格化服务管理”启动。

3月15日 自治区党委组织部副部长董树君一行到麻花板社区和讨思浩村进行调研。

3月16日 自治区首届旅游产业发展大会在内蒙古饭店隆重举行,新城区作为重点旅游旗县区参加大会。

3月26日 新城区创先争优评议会在塔利村花卉基地召开。

3月31日 区国土资源局根据《关于加强旗县区国土资源门户网站建设的通知》精神,成立政府信息公开领导小组,配备专人负责门户网站建设维护及信息报送。

3月 召开中共新城区第十届纪律检查委员会第二次全体(扩大)会议。

4月6日 新城区农村社区党组织建设工作例会在成吉思汗大街街道办事处召开。

4月28日 新城区第三届红山口生态杏花节在红山口村启动。

5月4日 下新营村一个非法传销组织被捣毁。

5月14日 内蒙古自治区2012年反腐倡廉宣传教育工作会议在呼和浩特市举行,与会人员观摩山水小区廉政文化社区。

△ 自治区纪委副书记韩世华到麻花板社区考察廉政文化建设。

5月30日 新城区流动儿童生活园落户下新营村。

5月31日 区统计局编印完成《2011年国民经济和社会发展统计公报》。

6月11日 市政协副主席鲁剑钧带领市政协调研组,对新城区创新社区管理工作进行调研。

6月15日 区档案局(馆)设立新城区地方志编纂委员会办公室。

△ 新城区法制研究咨询投诉中心成立,为法制办所属股级事业单位,核定事业编制5名,设办公室主任1名。

6月19日 新城区食品药品监督管理局开展食品安全宣传进校园、进工地活动。

6月26日 新城区在政府广场前开展以“预防青少年吸食合成毒品”为主题的禁毒宣传活动。

6月29日 新城区交管大队完成“神舟九号”返回舱返京交通保障任务。

7月3日 市国土资源局新城分局组织编印的《国土资源管理知识手册》,发放到区直各部门、乡(镇)、村。

7月12日 自治区人大内务司法委员会副主任潘永如一行到海拉尔东路街道办事处体校巷社区参观调研。

7月24—28日 连续强降雨，成吉思汗大街街道办事处、保合少镇辖区内部分村、社区发生雨涝灾害。

8月3日 自治区纪委常委、监察厅副厅长兼行政效能监察室主任朱俐萍一行调研新城区行政效能监察工作。

△ 市食品药品监督管理局纪检书记梁玉萧带队的市食品安全工作督查组，督查新城区食品安全工作。

8月12日 自治区食品药品监督管理局组织各盟市食药局局长组成检查组，观摩、指导新城区比塞塔商业街餐饮服务单位。

△ 大青山前坡生态改造主题公园土地流转补偿费由300元/亩/年增加到1000元/亩/年。

8月14日 自治区纪委党风室主任张黎明一行调研指导新城区城市社区党风廉政建设工作。

8月19日 内蒙古自治区首届体育大会自行车家庭骑游活动在新城区大青山南麓举行。

8月20日 新城区成立创建国土资源节约集约模范区工作领导小组，开展推进国土资源节约集约模范县(市)创建活动。

8月30日 铁路小区便民市场开业。

△ 新城区地震局成立。

8月31日 新城区举行新城牧歌旅游招商合作项目发布暨签约仪式。

8月 根据呼和浩特市红十字会《关于向巴彦淖尔市遭受洪涝灾害灾区灾民捐款的通知》精神，区红十字会使用“博爱一日捐”募捐款3万元支援巴彦淖尔市洪涝灾区。

9月1日 新城区青山小学改建完工投入使用。

9月12日 哈尔滨市民政局社区建设指导委员会考察组，参观海拉尔东路街道办事处体校巷社区工作。

9月13日 由中共新城区委员会、新城区人民政府主办的“呼和浩特市首届农民书画作品邀请展”开展。

△ 呼和浩特农民书画院在南店村挂牌成立。

9月16日 由中共新城区委员会、新城区人民政府承办的“2012年呼和浩特市全国科普日活动启动仪式暨社区科普大学新华分校开学典礼”在中山东路街道新华社区邻里服务中心举行。

9月18日 呼和浩特市爆发群众保卫钓鱼岛反日游行活动。

9月22日 呼和浩特市旅游协会、区旅游局携中商旅行社在新城区西落凤街社区食全食美小广场举办以“普及旅游知识、让人与自然和谐相处”为主题的“旅游文化进社区”活动。

9月23日 成吉思汗大街街道办事处一家村撤村改居。

9月28日 新城区颐和生态科技园立园项目剪彩仪式在保合少镇恼包村举行。

9月30日 成吉思汗大街街道办事处南店村撤村改居。

10月10日 锡林浩特市民政局局长带队的考察团考察学习新城区社区建设工作。

10月11日 人力资源和社会保障部副部长王晓初考察东街街道劳动保障事务所。

10月27日 大青山国家登山健身步道落成仪式暨秋日登高全民健身登山活动在保合少镇水磨村举行。

11月12日 市国土资源局新城分局保合少国土所落成投入使用。

11月21日 中共新城区第十届委员会第五次全体会议举行。

11月24—27日 政协呼和浩特市新城区第八届委员会第一次会议在内蒙古军区招待所召开。

1月25—28日 新城区第十六届人民代表大会第一次会议在内蒙古军区招待所召开。

△ 呼和浩特市大青山太伟滑雪场正式开场。

12月18日 新城区农村集体土地确权登记发证工作通过验收完成。

同年 区经济和信息化局设置商务综合行政执法队、商务服务业管理中心、信息技术中心为股级事业单位。

△ 新城区青山小学改建完工投入使用。

△ 东河公园建成开放。

△ 新城区人民政府委托呼和浩特市煤窑沟游览景区管理公司管理圣水梁景区，正式接待游客。

2013年

1月8日 新城区人民检察院在自治区检察机关首次启动办理未成年人案件聘请合适成年人履行法律职责的工作。

1月9日 自治区民政厅机关党委专职副书记康文彪到新城区专题调研农村社区建设工作。

1月10日 市食品安全工作考核评价组考核评估新城区2012年食品安全工作。

3月8日 新城区召开党建工作会，各地区、各单位负责人参加会议。

3 月 11 日　新城区项目服务中心成立。

△　新城区大青山生态保护综合治理委员会成立。

△　内蒙古自治区大学科技园管委会管理办公室成立。

3 月 15 日　区工商分局在华联超市润宇店前广场举行“3·15 国际消费者权益日”宣传活动。

3 月 18 日　锡林郭勒盟正蓝旗纪委考察调研组考察学习新城区廉政风险防控工作先进单位的经验和做法。

3 月 20 日　呼和浩特市人民检察院检察长到新城区人民检察院调研指导工作。

3 月 28 日　新城区 2013 年人力资源和社会保障、民政社区、残疾人工作会议召开。

4 月 3 日　新城区 2013 年人口计生、文化体育、食品药品和卫生工作会议召开。

4 月 13 日　新城区人民政府印发和实施《新城区发展规划(2011—2020)》《新城区儿童发展规划(2011—2020)》。

4 月 18 日　自治区纪委副书记巴建光调研新城区行政审批制度改革情况。

4 月 19 日　自治区政务公开领导小组到体校巷社区验收政务服务与电子监察系统的应用情况。

4 月 20 日　四川省雅安市发生 7.0 级地震。区红十字会紧急行动，接受社会各界向雅安地震灾区捐款 8 万余元，全部捐款转交市红十字会。

5 月 6 日　新城区人民检察院案件管理工作中心全面启动，案管中心面积 300 平方米，受理大厅 100 平方米。

5 月 19 日　新城区运动会召开。

5 月 22 日　呼和浩特满族文化促进会第一次会员大会召开，呼和浩特满族文化促进会揭牌成立。

5 月 23 日　内蒙古新拓生态投资发展有限公司成立。

5 月 25—27 日　呼和浩特市创建全国文明城市指挥部委托国家统计局内蒙古调查总队住户专项调查处，模拟测评新城区创建全国文明城市工作。

5 月　区统计局编印完成《2012 年国民经济和社会发展统计公报》，启动第三次经济普查工作。

△　东风路街道办事处对东影北街统建楼实行棚户区改造。

6 月 1 日　新城区关工委组建“未成年人思想道德建设小小志愿者”和大学生志愿者队伍。

6 月 6 日　新城区社区矫正志愿者实践基地在内蒙古工业大学金川校区启动并正式开展工作。

6 月 9 日　内蒙古自治区大学科技园管理有限责任公司成立。

6月13日　新城区关工委在全区民营企业中成立联合关心下一代工作委员会。

6月17日　新城区食品安全宣传周活动的正式启动。

6月18日　新城区金融办公室成立。

△　新城区农村牧区工作部成立。

6月20日　新城区文明城市创建工作正式接受自治区测评。

△　东街街道办事处对河西社区和党委社区的8个小区进行改造。

6月26日　区司法局组织开展"6• 26"禁毒宣传活动。

6月27日　新城区开展应急预案演练。

7月3日　新城区拆迁管理办公室更名为房屋征收管理办公室。

7月4日　新城区举办首届"青山圣水•活力新城"旅游文化节。

7月12日　"呼和浩特中山东路街道企业联合会"成立。

7月26—27日　自治区检察工作科学发展抽样评估工作组，到新城区人民检察院开展预评估工作。

7月27日　新城区举行重走茶叶之路大型活动。

8月9日　自治区文明办专职副主任锡林、综合处处长贺学礼到新城区塔利村，专题调研农村精神文明建设及农民思想道德建设工作。

8月21日　自治区科协党组书记、常务副主席马强一行到新城区考察大青山生态保护综合治理工程实施情况。

8月22日　新城区开展全区药品打击药品违法生产行为、打击药品违法经营行为；加强药品生产经营规模建设、加强药品监管机制建设"两打两建"专项行动。

8月　内蒙古金绿源观光旅游开发股份公司投资建设的新城牧歌开工建设。

9月1日　新城区委、区政府聘请铁甲护卫入驻校园，全面加强校园安全保卫工作。

9月11日　新城区环城河道建设管理办公室正式成立。

9月12日　自治区综治办副主任且国山一行对新城区进行调研指导。

9月12—13日　新城区开展辖区内公共娱乐场所统一清查行动。

9月18日　新城区聘任法制副校长工作启动。

9月25日　新城区人民检察院检察官文联正式成立，首届"检察文化周活动"举办。

10月11日　自治区人民政府副秘书长姜华，自治区党委组织部副部长、自治区人力资源和社会保障厅党组书记、厅长萨仁考察内蒙古自治区大学生创业园的基本情况。

10月　新城区开展大青山生态保护和打击违法违建用地专项治理工作。

11月4日　市委副书记、政法委书记赵江涛一行到海拉尔东路办街道事处网格指挥中心调研办事处网格化综合信息平台工作开展情况。

11月20日　中央综治办二室副主任卢仓报一行到新城区调研"智慧城区"建设工作。

△ 自治区纪委副书记巴建光一行到新城区，调研贯彻落实《中共中央关于全面深化改革若干重大问题的决定》、关于强化权力运行和监督体系及反腐倡廉制度执行情况。

11 月 中国科协科普部将党的群众路线教育实践活动联系点定在呼和浩特市新城区。

12 月 4 日 中国科协调研组由科普部副部长辛兵带队到新城区实地考察调研科普工作开展情况。

△ 区司法局开展“12•4”普法宣传活动。

12 月 24 日 中共新城区第十届委员会第六次全体会议举行。会议的主要任务是，贯彻落实中共十八大和十八届三中全会及自治区九届九次全委(扩大)会议精神，总结区委常委会 2013 年工作，研究部署 2014 年工作。

12 月 30 日 新城区举办社区工作现场观摩会。观摩 8 个街道精品示范社区的特色、亮点工作。

同年 保合少镇奶山羊养殖基地、海拉尔东路街道体校巷社区申报 2013 年国家科普惠农、科普益民项目。

△ 新城区在呼和浩特市率先推广疫苗冷链无缝对接，装配 1 台疫苗冷链运输车、双电源、双压缩机冷库 1 个。

△ 新城区迎接 2013 年自治区文明城区测评工作。

2014 年

1 月 3 日 区关工委印发《关于进一步开展创建五好基层关工委活动的意见》。

△ 《呼和浩特市新城区大青山旅游景区总体规划》系列规划编制完成。

1 月 17 日 新城区举行呼和浩特市大青山休闲旅游观光农业园区基础设施建设项目可行性研究报告评审会。

1 月 24—26 日 政协呼和浩特市新城区第八届委员会第二次会议在内蒙古军区招待所召开。

1 月 25—27 日 新城区第十六届人民代表大会第二次会议在内蒙古军区招待所召开。

1 月 新城区开展党的群众路线教育实践活动第二批活动。

△ 第三次全国经济普查开始登记阶段。

△ 区红十字会组织开展“红十字博爱送万家”活动，救助 2200 余户生活困难家庭，对 97 名患有癌症、白血病、尿毒症等重大疾病导致生活困难的辖区群众、困难职工进行救助。

2 月 25 日　市人口和计划生育委员会督查新城区成吉思汗大街街道办事处落实国家农村计划生育和家庭奖励扶助制度、计划生育家庭特别扶助制度、长效节育措施奖励制度等“三项制度”工作开展情况。

3 月 26 日　新城区开展综治宣传月活动。开展以“贯彻落实十八届三中全会精神，推进社会治安综合治理”为主题的集中宣传。

3 月 28 日　市双拥办常务副主任、民政局副局长杨笑寒一行到海拉尔东路街道办事处军区社区进行调研座谈。

△　新城区司法行政工作会议召开。

4 月 1 日　小哈拉沁河道正式复工建设。

4 月 1—20 日　新城区开展“千名党员干部下基层、听民意、访民情”活动，入户向居民征求意见。

4 月 13 日　新城区第三届红山口生态杏花节暨大青山文艺巡演启动仪式在红山口村的杏园里举行。

4 月 16 日　中央综治办调研新城区综合治理情况。

4 月 21 日　兴安盟观摩团在新城区海拉尔东路街道办事处参观指导体校巷社区网格化管理建设平台。

4 月 28 日　由中共呼和浩特市委、市人民政府主办，中共新城区委、区人民政府承办的“记忆历史、尽责圆梦”丁香文化旅游艺术节在内蒙古将军衙署博物院举行。

4 月　区审计局进行新城区团结小区老旧小区改造竣工决算审计，开创工程审计第一例。

5 月 6 日　新城区召开 2014 年旅游工作会议。

5 月 19 日　2014 年新城区“5·19 中国旅游日”暨“旅游进社区”宣传咨询活动在锡林郭勒北路街道办事处举行。

5 月 29 日　中国科协副主席陈章良一行实地考察调研新城区科普工作开展情况。

6 月 11 日　成吉思汗大街街道办事处大青山前坡土地流转农民养老保险初审工作全面展开。

6 月 19 日　自治区食品药品监督管理局副局长杨凤屹一行到新城区检查指导工作。

6 月 20 日　国家统计局抽查新城区第三次经济普查情况。

6 月 24 日　自治区食品药品监督管理局副局长杨凤屹一行对新城区校园食品安全进行专项检查。

6 月 25 日　自治区食品药品监督管理局餐饮服务监督处处长冯尔民一行对新城区市政府西巷的食品安全示范街餐饮经营单位进行检查指导。

6 月 26 日　自治区食品药品监督管理局局长杨玺一行对鸿盛工业园区的两家食品

加工企业进行走访检查。

△ 新城区司法局组织开展“6·26”禁毒宣传活动。

6月 “重走茶叶之路”驼队归来。

7月8日 新城区执法部门联合组成执法队伍，对塔利村的违章建筑依法进行强制拆除。

7月16日 按照《中央和国家机关公务用车制度改革方案》，新城区实施公车改革。

7月23日 自治区食品药品监督管理局副局长张永强，市食品药品监督管理局副局长李惠森对哈尔滨市汇鑫园食品有限公司呼和浩特市分公司的生产车间、原辅料库房进行全面复查督导工作。

8月1日 全市文明礼仪活动走进一家村社区。

8月5日 银川市政法委一行11人到新城区智慧城区指挥中心参观学习。

8月6日 自治区党委常委、市委书记那顺孟和一行参观考察内蒙古自治区大学生创业园。

8月15日 区国土分局制定下发《呼和浩特市国土资源局新城分局国土资源管理所标准化管理制度》。

8月 云南鲁甸发生6.5级地震，新城区红十字会响应市红十字会呼吁，募集捐款3.1万元，全部捐款交市红十字会用于灾后重建工作。

9月1日 成吉思汗街道办事处准物业服务全面启动。

9月10日 市人大教科文卫委员会及市、区两级人大代表调研指导新城区食品药品监督管理局工作。

9月27日 自治区综治办副主任李英玲一行督查新城区重点工作。

9月30日 是我国第一个烈士纪念日。为庆祝中华人民共和国65周年华诞，新城区各单位举行缅怀革命先烈和升旗仪式。

9月 自治区人民政府第23次常务会议确定在原鹰翔水泥厂及周边建设国家北方足球训练基地。

10月17日 自治区高级人民检察院常务副检察长韦亚力一行到新城区人民检察院调研指导深化检务公开工作。

10月 万亩草场项目开工建设。

△ 新城区机关事业单位实行社会统筹与个人账户相结合的基本养老保险制度改革。

11月6日 市食品药品监督管理局纪检书记庆格乐图一行到新城区就食品药品监督管理工作和党风廉政建设工作开展情况进行检查指导。

11月7日 自治区禁毒办、市公安局禁毒支队领导到新城区就毒品问题重点整治地区提交的摘帽请示开展考核验收工作。

11 月 14 日 成吉思汗大街街道办事处榆树沟村民饮水问题得到解决落实。

11 月 17 日 自治区妇联领导考察呼哈路、南苑社区儿童活动中心。

11 月 18 日 市人大代表调研考察新城区人民检察院反贪污贿赂工作。

11 月 20 日 区关工委在迎新路街道办事处召开关心下一代工作品牌活动现场会。

12 月 4 日 新城区司法局开展“12•4”普法宣传活动。

12 月 17 日 自治区文明城市测评组核查新城区创城工作。

12 月 18 日 包头市人民检察院副检察长张东升一行到新城区人民检察院考察交流。

12 月 29 日 新城区将原有法制办公室的职能职责划入政府办公室。

△ 文化体育广播电视局更名为文化体育和广播电影电视局。

12 月 31 日 中共新城区第十届委员会第七次全体会议举行。会议的主要任务是，深入贯彻落实中共十八大、十八届三中、四中全会和自治区党委九届十三次、市委十一届六次全委会议精神，全面总结 2014 年工作，安排部署 2015 年工作。

同年 中国科协为新城区配发首辆科普大篷车。

△ 新城区人民政府进行机构改革。

△ 质量监督管理局取消自治区垂直管理，改为由市级半垂直管理。食品监管职能划转到食品药品监督管理局。

2015 年

1 月 8 日 呼包集间动车组开行，自治区首趟动车从呼和浩特东站驶出。

1 月 10—12 日 政协呼和浩特市新城区第八届委员会第三次会议在内蒙古军区招待所召开。

1 月 11—13 日 新城区第十六届人民代表大会第三次会议在内蒙古军区招待所召开。

1 月 15 日 新城区人民检察院行贿犯罪档案查询网上预约平台正式上线。

1 月 16 日 哈拉更村一家农民专业合作社的蔬果储藏基地完工并通过区级部门验收。

1 月 22 日 新城区开展第二次全国地名普查。

1 月 23 日 市食品药品监督管理局领导到新城区检查指导工作。

1 月 30 日 新城区人民检察院对未成年人犯罪案件试行“捕诉监防一体”新的工作模式。

2 月 15 日 自治区妇联主席胡达古拉一行到内蒙古自治区大学生创业园考察工作。

2 月 区红十字会组织开展“红十字博爱送万家”活动。投入 45 万元的资金对辖区特困家庭给予生活救助。

3 月 5 日 学雷锋日，新城区属各单位志愿者服务队开展困难帮扶和走访慰问活动。

3 月 12—15 日 区属各单位千名党员干部包村包户，在沿山 18 个村进行新农村建设工程调查摸底工作。

3 月 13 日 新城区 2015 年民政、社区工作会议召开。

3 月 18 日 保合少镇恼包村文化产业园区开工建设。

3 月 24 日 呼和浩特市食品药品协管员工作推进会暨培训会启动仪式在新城区食品药品监督管理局举行。

△ 市卫计委到新城区成吉思汗大街街道办事处调研 2015 年国家“三项制度”工作开展情况。

4 月 1 日 自治区食品药品监督管理局局长杨玺，市食品药品监督管理局局长焦鸿，到新城区调研食品药品安全工作和机构建设情况。

4 月 2 日 成吉思汗大街街道办事处三合欣社区居民进行福利房分配。

4 月 8 日 新城区旅游工作会议召开。

4 月 10 日 生盖营村百草园项目迁坟工作完成。

4 月 14 日 区关工委在职业学院举办主题为“社会实践长才干、服务社会做贡献、践行社会主义核心价值观”的大学生进社区社会实践活动启动。

4 月 16 日 自治区高级人民检察院纪检组长岳世光到新城区人民检察院调研督导规范化司法行为专项整治活动。

△ 市人民检察院督导组到新城区人民检察院调研督导重点工作开展情况。

4 月 29 日 区住建局组织监察队、质监站人员对中润加油站进行拆除。

4 月 成吉思汗街道各村党支部开展支部换届选举工作，至月底，13 个行政村新一届党组织机构产生。

5 月 8 日 市“两委”换届选举督导组到新城区进行工作调研指导。

5 月 12 日 新城区开展推进简政放权放管结合“放管服”改革。

5 月 15 日 新城区组织开展“深入学习贯彻习近平总书记系列重要讲话精神和十八届四中全会精神巡讲活动”。

5 月 16 日 新城区举办学生、职工运动会。

5 月 19 日 “中国旅游宣传日”新城区主会场在苏雅拉广场举行宣传活动。

5 月 20 日 工信部秘书长王彬一行到新城区，实地考察调研新城区青少年科普工作开展情况。

5 月 21 日 自治区卫计委调研新城区国家流动人口动态监测工作。

5月22日 市、区、街道三级领导调研生盖营村新农村建设工作。

5月28日 市食品药品监督管理局领导到新城区调研指导工作。

5月 2014年《新城区统计年鉴》编撰完成。

6月2日 麻花板社区第五届文化节开幕。

6月3日 市食品药品监督管理局一行3人，到新城区食品药品监督管理局进行调研指导。

6月11日 新城区人民政府聘请北京达征咨询有限公司王达博士团队就如何能更加准确的运用法治思维和法律手段推进征拆工作，对区国土资源局干部进行培训。

6月15日 撤销原市民服务中心党支部，支部内原有党员转入新城区政府办党支部。

6月17日 内蒙古昌瑒国际物流有限公司与荷兰一家知名公司进行马铃薯产业链项目会议研讨会暨签约仪式。

6月19日 由自治区科协、市科协主办，新城区科协、老缸房社区承办的以“尚德守法 提升食品安全法治化水平”为主题的2015年全国食品安全宣传周社区科普讲座暨“天韵滋润，健康相伴——食品安全宣传周暨老缸房社区端午节无公害蔬菜主题活动”在东街办事处老缸房社区举办。

6月26日 新城区司法局组织开展“6·26”禁毒宣传活动。

7月1日 中国共产党成立94周年纪念日，呼和浩特市“中国梦、魅力呼和浩特”九旗县区的书法、美术、摄影作品展在呼和浩特民族美术馆开幕。

7月3日 新城区“食品安全进超市”主题宣传活动召开。

7月17日 市红十字会在成吉思汗大街街道办事处“博爱·寸草心”第五季学生捐助仪式。

7月29日 新城区召开2015年呼和浩特文艺工作座谈会。

7月31日 东街街道办事处老缸房社区荣获“全国和谐社区建设示范社区”。

7月 区统计局开展1%人口抽样调查工作。

8月3日 市警备区司令员卢建永、政治部主任张伟到海拉尔东路街道办事处对应急排建设情况进行检查。

8月4日 市食品药品监督管理局食品药品安全工作督查组督查新城区2015年上半年食品药品安全工作。

8月10日 自治区纪委副书记巴建光一行到新城区调研“基层基础建设年”活动开展情况。

8月11日 住房和建设部领导考察麻花板山水小区。

8月17日 新城区成立纪念抗战胜利70周年庆典领导小组，制定下发工作方案，确保抗战胜利70周年庆典期间的安全稳定。

8 月 21 日　最高人民检察院一行到新城区人民检察院调研指导工作。

△　市革命老区农业科技示范基地举办网信业务骨干培训班。

8 月 27 日　新城区在呼和浩特博物馆举办《"铭记历史 筑梦中华"纪念抗日战争暨世界反法西斯战争胜利 70 周年》大型书画展，通过文艺作品宣传抗日战争胜利的意义，宣传中国人民抗日战争中所表现出的不怕牺牲，前赴后继、英勇战斗的爱国精神。

8 月 28 日　自治区卫计委调研新城区改革生育服务工作。

8 月 29 日　环境保护部领导一行对新城区创建国家级生态建设示范区进行技术评估。

8 月　新城区迎接全市"六五"普法验收工作。

9 月 15 日　成吉思汗大街街道国土资源中心管理所、保合少镇国土资源中心管理所更名为成吉思汗大街街道国土资源管理所、保合少镇国土资源管理所。

9 月 23 日　新城区人民检察院建立自动轮案体系源头把控确保司法公正。

9 月 25 日　民政部领导一行检查指导新城区彩票公益金用于社区事业的开展情况。

△　区文联、文化协会、关工委、中山东路街道办事处共同承办"庆中秋•迎国庆——齐创和谐社区助力青少年健康成长"庆祝活动，200 余名市民参与。

9 月 28 日　区委宣传部、教育局、团委、关心下一代工作委员会联合发文命名"多松年中队""高凤英中队"，并组织命名仪式。

9 月 30 日　新城区首家村级工会联合会塔利村工会召开第一次全体会议。

9 月　国家足球训练基地哈拉沁村征拆工作全面展开。

△　自治区红十字会在呼和浩特市开展"红十字光明行"贫困白内障患者复明手术项目，新城区有 33 名贫困白内障患者接受免费复明手术。

10 月 20 日　全国妇联党组书记、副主席、书记处第一书记宋秀岩参观内蒙古自治区大学生创业园，考察内蒙古自治区大学生创业园及巾帼女子创业基地的建设情况。

10 月 21 日　呼和浩特市 12349 便民为老服务中心在新城区启动。

10 月 23 日　中国—蒙古国博览会在呼和塔拉会议中心开幕。国务院副总理刘延东和蒙古国副总理策•奥云巴特尔共同出席首届中国—蒙古国博览会开幕式暨中蒙合作高层论坛。

10 月　自治区创城测评组测评考核新城区。

△　自治区党委办公厅、政府办公厅下发《关于精简和规范社区工作的通知》，为社区工作减负，新城区各地社区逐步回归居民自治定位。

△　自治区全面启动实施新农村建设工程，新城区新农村工程建设随之开展。

11 月 1 日　东风路街道北二安居小区因居民使用天然气不当，造成三单元五楼燃气爆炸。

11月 工信部、解放军总装备部为新城区配置一架退役歼教—5飞机，用于开展国防科普教育基地科普工作。

12月4日 区司法局开展“12·4”普法宣传活动。

12月15日 新城区属国有企业呼和浩特市宏盛城市发展建设有限责任公司重组。

12月18日 新城区人民检察院延展控审职能，服务地区经济社会发展。

△ 新城区环城河道管理办公室撤销。

12月20日 中共新城区第十届委员会第八次全体会议举行。会议听取和讨论区委书记张锐代表区委常委会作的工作报告，审议通过《新城区委关于制定国民经济和社会发展第十三个五年规划的建议》。

12月 中央文明办实地暗访新城区创建文明城市工作。

同年 区经济信息化局职责调整；区人口和计划生育局与区卫生局进行机构整合，所有职能全部划入新成立的新城区卫生和计划生育局。

△ 新城区完成行政执法主体资格清理和确认工作。推行行政权力清单制度。

2016年

1月13日 自治区、市、区三级食药部门为新城区华联超市滨海店颁发两证合一后呼和浩特市的第一张“食品经营许可证”，也是全自治区的第一张。

1月15—17日 呼和浩特市新城区第八届委员会第四次会议在内蒙古军区招待所召开。

1月16—18日 新城区第十六届人民代表大会第四次会议在内蒙古军区招待所召开。

1月19—20日 市食品药品安全委员会安全工作考核评价组对新城区2015年食品药品安全工作进行考核。

1月27日 新城区开展百姓关注热点食品安全专项治理活动。

1月28日 兴安盟妇联主席参观视察呼哈路社区的家庭教育指导中心。

2月1日 新城区发放2016年第一批农村大病医疗救助。

2月2日 中共新城区第十届委员会第九次全委(扩大)会议举行。会议听取和讨论了区委书记张锐代表区委常委会作的工作报告，部署2016年工作。

2月6日 新城区第十一届纪律检查委员会第二次全体会议召开。

2月27日 中共新城区委、新城区人民政府印发《关于进一步做好关心下一代工作的实施意见》。

3月1日 内蒙古少数民族群众文化体育运动中心开工建设。

3月2日　新城区乡风文明大行动暨讨思浩村“天仓节”民俗活动举行。

3月4日　新城区200名志愿者参加自治区2016年“学雷锋”主题活动月启动仪式暨首府“志愿青城”志愿服务集中活动，新城区开展学雷锋活动月活动。

△　新城区取消社区各类行政工作任务102项，落实社区去行政化工作。

3月16日　新城区人民检察院开展“3·15”消费者权益日法治宣传活动。

3月17日　新城区召开2016年民政、社区工作会议。

3月23日　区直机关党工委组织各机关单位、驻区企业开展“区长杯”五人制足球比赛。

3月25日　新城区以“加强法制引领，深化综合治理”为主题，在阿尔泰广场开展新城区社会治安综合治理集中宣传活动，发放《法律知识宣传册》100余份。

3月29日　新城区实施执法监察网格化管理。

3月31日　新城区国土资源信息化建设启动金土工程和“一张图”及核心数据库建设工作。

4月1日　新城区召开全区旅游工作会议。

4月6日　东街街道微信公众号正式上线。

4月19日　自治区妇联验收评定丽苑社区自治区“关爱儿童友好家园”示范点建设工作。

4月21日　东街街道河西社区获中宣部办公厅命名的“百个社区宣传思想文化工作示范点”。

4月25日　东风路街道召开北二安居小区“11·1”事故后续处理情况新闻通报会。

5月1日　新城区全面实施营业税改增值税改革。

5月8日　2016年内蒙古首届马拉松(呼和浩特站)开赛。

5月10日　区直机关党工委开展学党章、学习近平总书记系列讲话，做合格党员“两学一做”学习教育。

5月15日　成吉思汗大街街道办事处举办5·15国际家庭日“关爱家人健康创造幸福生活”健康知识讲座。

5月17日　区红十字会印发《关于进一步加强学校红十字会工作的通知》，组织区属中、小学校开展示范基层组织建设活动。

5月20日　新城区开展“地球5·20(我爱你)”公益活动。

△　市总工会领导到成吉思汗大街街道办事处塔利村参观指导。

5月22日　中央政法委副秘书长、中央综治办主任陈训秋，到海拉尔东路街道办事处观摩指导街道综治中心的创建工作。

5月　“自治区科协院士专家工作站”项目正式落户新城区。

△ 新城区首次开展“四众”企业(为大众创业万众创新提供众创、众包、众扶、众筹等支撑平台的企业)专项调查。

6月7日 由中华环保联合会、自治区环保厅主办,市环保局承办“2016年中央财政支持社会组织参与社会服务项目活动”。

6月8日 区委宣传部、文明办在锡林郭勒北路街道办事处举办“悠悠粽香飘新城·德润青城文明行”——“端午”主题文化活动。

6月15日 三合村社区召开《三合村剩余福利房有偿分配等相关内容》的村民代表大会。

6月21日 新拓公司对圣水梁景区进行全面接管。

△ 新城区开展干部群众民主推荐、党组织集体研究推荐、组织部门综合考察甄选“两推一选”副科级干部工作。

6月22日 自治区法制办公室督查调研新城区开展行政审批制度改革工作。

△ 内蒙古自治区大学科技园管委会管理办公室撤销。

6月28日 自治区党委常委、市委书记那顺孟和一行到团结小区社区部分老党员和困难党员家中走访慰问。

6月29日 新城区开展第十一次代表大会党代表选举相关工作。

7月15日 市园林局考核小组对新城区园林部门申报的山水小区及鸿德国际学院两个园林式住宅小区及园林式单位进行实地查验。

△ 区直机关党工委召开中国共产党新城区直属机关代表大会。

△ 鄂尔多斯市观摩团到团结小区社区参观交流。

7月19日 新城区对辖区内非煤矿山进行大检查、大排查、大整治行动。

7月20日 国家旅游局副局长杜江一行5人对呼和塔拉草原、雅玛图森林公园、水磨民俗村进行考察调研。

7月22日 首届中蒙俄三国旅游部部长会议在呼和浩特召开。会议期间,内蒙古、福建、安徽等8省区与俄、蒙两国共同成立“万里茶道”国际旅游联盟。

7月23日 “丝绸之路国际汽车拉力赛”呼和浩特赛段在新城区举办。

7月25日 呼和浩特市昕城建设发展投资有限责任公司成立,是新城区属国有独资公司。

7月27日 中共中央政治局委员、中央统战部部长孙春兰考察内蒙古自治区大学生创业园,自治区党委书记、自治区人大常委会主任王君,自治区党委常委、市委书记那顺孟和陪同。

7月30日 中共新城区第十届委员会第十次全体会议举行。区委委员、候补委员出席会议,区纪委委员和有关方面负责人列席会议。会议决定中国共产党呼和浩特市新城区第十一次代表大会定于2016年7月底前召开。会议通过大会的主要议程和代表名额、分配原则及产生办法。

8月1日 新城区开展"两学一做"学习教育农村党员亮身份，比承诺、比践诺；社区党员亮身份，比觉悟、比贡献；机关党员亮身份，比担当、比作为；窗口和服务行业党员亮身份，比服务、比效率；"两新"组织党员亮身份，比技能、比业绩"五亮十比"活动。

8月2日 中共呼和浩特市新城区第十一次代表大会在内蒙古军区招待所召开。会议听取和审查中国共产党呼和浩特市新城区第十届委员会的报告和新城区纪律委员会的报告；选举中国共产党呼和浩特市新城区第十一届委员会、新城区纪律检查委员会和出席中国共产党呼和浩特市第十二次代表大会代表。

8月4日 中共新城区第十一届委员会第一次全体会议举行。区委委员、候补委员出席会议，区纪委委员列席会议。会议选举中国共产党呼和浩特市新城区第十一届委员会常务委员会委员和书记、副书记；批准中国共产党呼和浩特市新城区纪律检查委员会第一次全体会议选举产生的书记、副书记和常务委员会委员人选。

8月6日 2016年全国群众登山大会暨呼和浩特"纽崔莱杯"第十二届万人登山活动在大青山国家登山健身步道举行。

8月10日 《长安》杂志社编辑部副主任陈劲松等领导观摩海拉尔东路街道办事处网格管理中心。

8月12日 自治区食品药品监督管理局监督检查组到新城区开展生产企业"飞行检查"。

8月18日 新城区全面开展征兵工作。

8月19日 区住建局组成3个新农村建设自检自查验收小组，对危房改造、街道硬化和安全饮水进行全面验收。

8月22日 新城区各街道组织召开"两委"换届工作。

8月26日 呼和浩特市宏盛公司成立青蓝书友会。

9月3日 中共新城区第十一届委员会第二次全体会议举行。区委委员、候补委员出席会议，区纪委委员和有关方面负责人列席会议。会议推选新城区出席自治区第十次党代会代表。

9月9日 新城区首批18家非公单位成立关心下一代工作委员会。

9月19日 新城区承办自治区第七届农村牧区精神文明建设经验交流会的现场观摩活动。新城区保合少镇、水磨村、成吉思汗大街街道办事处、讨思浩村、生盖营村及哈拉沁地质公园接受观摩。

9月22日 新城区对校园周边治安环境进行检查。

9月27日 区文明办正式迎接自治区文明城市（区）工作测评，完成自治区文明城市（区）测评。

9月29日 新城区人民检察院远程接访联通上级院与第三方共同释法说理。

9月30日 中共新城区卫生和计划生育局机关委员会、中共新城区住房和城乡建设局机关委员会、中共新城区发展和改革局机关委员会、中共新城区城市管理行政执法局机关委员会成立。

10月11日 市政府主要负责人调研指导新城区双创中心承办的全国“双创周”活动呼和浩特场馆的搭建工作。

10月12日 全国“双创周”活动盛大开幕，自治区党委副书记、自治区主席布小林一行到内蒙古分会场呼和浩特场馆，就云计算大数据产业、众创空间、文化创意产业、科技创新工作进行调研。

10月31日 新城区创新创业服务中心成立。

11月15日 自治区食药局副局长杨凤屹一行考察自治区党代会期间食品安全驻会保障工作。

△ 自治区、市两级督察组到海拉尔东路街道办事处检查指导中共十八届六中全会学习贯彻情况。

11月 新城区完成2016年人口变动抽样调查正式调查。

12月4日 区司法局开展“12•4”普法宣传活动。

12月8日 区社区办对各街道办事处2016年度社区建设重点工作进行考核。

12月11—14日 新城区迎接中央测评组对全国文明城市创建工作测评。

12月15日 呼和浩特市昕城建设发展投资有限责任公司子公司呼和浩特市昕城物业服务有限责任公司成立。

12月26日 自治区党委常委、宣传部部长白玉刚等一行到新城区双创基地调研指导。

12月29日 中共新城区第十一届委员会第三次全体会议举行。区委委员、候补委员出席会议，区纪委委员和有关方面负责人列席会议。会议总结区委常委会2016年工作，研究谋划2017年工作。

12月31日 新城区24个行政村全部纳入呼和浩特市被征地农民养老保险体系，享受待遇人员达到9000余人，人均月养老金达到1050元。

12月 新城区完成第三次全国农业普查前期准备工作和自然资源资产分布状况普查准备工作。

2017年

1月4日 自治区总工会副主席张宽治一行检查指导新城区扶贫帮扶工作。

1 月 6 日　新城区 2017 年文化、科技、卫生“三下乡”活动在保合少村开场。

1 月 13 日　中共新城区第十一届委员会第四次全体会议举行。区委委员、候补委员出席会议，区纪委委员和有关方面负责人列席会议。会议研究推荐新城区出席中共十九大代表事宜。

1 月 16 日　市委组织部领导走访慰问海拉尔东路街道办事处军区社区党委困难党员。

1 月 19 日　北京清城同衡大健康科技研究院副院长张劲松、项目中心主任张达，到海拉尔东路街道办事处公主府社区综合服务中心新址考察。

1 月 20 日　宏盛公司与北京融友控股集团有限责任公司签订智能机器人产业园区合作框架协议。

1 月 24 日　区文明办开展“爱在新城·德润青城”成果展示暨新城区第二届道德模范颁奖典礼。

2 月 1 日　新城区开展编修《保合少镇总体规划》《呼和浩特市北部边缘区规划》。

2 月 8 日　召开新城区第十一届纪律检查委员会第二次全体会议。

2 月 10 日　新城区第六届“冰雪情韵”体育旅游文化节新闻发布会在大青山大伟滑雪场召开。

2 月 14 日　新城区食品药品监督管理开始开展重拳治理“五小”行业。

2 月 15 日　自治区人民政府副秘书长、大数据管理局局长胡丰，副市长王继平调研新城区双创基地。

2 月 18 日　中共新城区第十一届委员会第五次全体会议举行。区委委员、候补委员出席会议，区纪委委员和有关方面负责人列席会议。

2 月 21 日　新城区举行乡风文明大行动暨讨思浩村“天仓节”民俗活动。

2 月 23 日　新城区环境卫生综合整治“路长”“片长”持证上岗。

2 月 25—27 日　政协呼和浩特市新城区第八届委员会第五次会议在内蒙古军区招待所召开。

2 月 26—28 日　新城区第十六届人民代表大会第五次会议在内蒙古军区招待所召开。

2 月 27 日　新城区大青山生态建设局成立。

3 月 1 日　新城区第一幼儿园讨思浩分园开园。

3 月 5 日　新城区属各单位开展学雷锋公益活动。

3 月 6 日　副市长王继平一行到新城区双创基地调研指导工作。

3 月 7 日　市人大常委会主任云建东一行到东风路街道办事处考察环境卫生、餐饮综合整治工作开展情况。

3 月 8 日　新城区第一幼儿园一分园开园。

3月14日 自治区人大常委会副主任、总工会主席杭桂林一行视察新城区总工会工作。

3月22日 新城区召开政法工作会议。贯彻落实中央、自治区党委以及市委政法工作会议精神,安排部署政法工作。

3月24日 区属国有企业昕城建设投资发展有限公司办理中华人民共和国房地产开发企业暂定资质证书。

3月30日 新城区永久基本农田划定成果通过市级初验。

3月31日 新城区100套廉租房分配工作完成。

4月1日 新城区开展“雁过拔毛”式腐败问题专项整治。

4月6日 市委组织部领导调研新城非公经济党建工作。

4月11日 蒙古国工会联合会主席格·阿木古郎巴特尔一行在新城区观摩工会阵地建设情况。

4月19日 新城区召开全区旅游工作会议。

4月20日 新城区开展缉枪治爆和打击“黄赌毒”违法犯罪专项行动。

4月23日 新城区第六届生态杏花节开园仪式在红山口村举行,活动以“魅力红山口,青山杏花村”为主题。

4月24日 自治区党委常委、宣传部部长白玉刚对新城区乡风文明建设进行实地调研。

4月24—27日 按照《新城区治安重点地区“红旗街”综合整治实施方案》,“红旗街”各项综合整治工作有序推进。

5月2日 新城区召开2017年度社区工作会议。

5月4日 自治区民委副主任萨楚日勒图一行在东街街道党委社区督导检查社区民族工作。

5月5日 中央维稳办“一带一路”国际合作高峰论坛维稳安保工作督导组调研督导新城区“一带一路”论坛期间维稳工作部署情况。

5月6日 2017年“魅力新城区、放飞中国梦”敕勒林海风筝节开幕。

5月9日 新城区军、警、民联动群防群治启动仪式在区政府广场举行。

5月10—12日 新城区举办职工、学生、农民运动会。

5月11日 包头市委常务副秘书长李新春一行12人到迎新路街道团结小区社区观摩调研。

5月12日 市人大常委会副主任李博宏带领市人大常委会委员、人大代表执法督察新城区特种设备安全监察工作。

5月18日 新城区开展退役士兵信息登记工作。

5月23日 市委讲师团一行,到海拉尔东路街道办事处实地调研基层讲堂建设情况。

5月24日 海拉尔东路街道体校巷社区“电大书屋”正式挂牌，市广播电视大学为体校巷社区捐赠图书3504册。

△ 新城区举行“二十证合一”营业执照颁发仪式。自治区政府副主席常军政等为32家企业颁发营业执照。

5月31日 自治区人民政府副主席艾丽华在呼和塔拉草原调研指导工作。

5月 新城区哈拉沁法治文化广场、社区矫正法制教育基地开工建设。

△ 区统计局出版《2011—2015新城辉煌“十二五”》统计年鉴。

6月1日 国家工商总局党组书记、局长张茅一行在内蒙古国家大学科技园，考察小微企业公共服务网上平台、内蒙古云计算大数据创新中心建设运行等情况。

6月3日 国务院办公厅政府信息与政务公开办一行调研新城区政务公开工作开展情况，并参观智慧新城指挥中心。

6月5日 市委常委、宣传部部长王雪峰一行到海拉尔东路街道办事处检查指导卫生整治工作。

△ 副市长王继平到呼和塔拉草原调研指导工作。

6月16日 新城区在哈拉沁生态公园举办文明旅游主题活动暨文明旅游系列活动启动仪式。

6月20日 召开新城区2017年依法行政工作会议。

6月22日 自治区党委宣传部到迎新路街道团结小区社区调研精神文明建设工作。

6月28日 生态环境部副部长黄润秋到呼和塔拉草原调研指导工作。

6月30日 国务院安委会巡查组对新城区阿尔泰游乐园进行安全生产情况检查。

△ 内蒙古少数民族群众文化体育运动中心建成。

7月2日 中央及地方党报领导、党报网站总裁、编辑、专家学者等，到呼和塔拉草原调研指导工作。

7月3日 新城区面向社会在行政相对人中公开选聘100名行政执法义务监督员。

△ 广西壮族自治区人大观摩团，到呼和塔拉草原观摩。

7月4日 自治区餐饮食品安全保障观摩会与会人员对新城区“厨房革命”及示范街创建情况现场观摩、指导。

7月6日 自治区党委常委、宣传部部长白玉刚等领导到迎新路街道团结小区，参观迎新路街道志愿服务阵地及活动开展等情况。

△ 四川省观摩团，到呼和塔拉草原观摩。

7月7日 市委副书记、代市长冯玉臻在呼和塔拉草原调研指导工作。

7月12日 自治区人大常委会副主任那顺孟和到呼和塔拉草原调研指导工作。

7月18日 新城区人民政府与浪潮集团签订关于成立大数据公司合资协议。

7月26日 呼和浩特市昕天璟建设有限公司成立,昕城公司为股东之一。

7月27日 国家发展改革委地区司副司长张东强到呼和塔拉草原调研指导工作。

7月29日 自治区党委常委、组织部部长曾一春到呼和塔拉草原调研指导工作。

8月2日 新城区开展安全生产大检查。

8月3日 新城区文联、文协邀请张达志、李井泉、黄厚等将领子女齐聚新城区,追忆父辈们抗日的足迹,共商红色文化的传承、保护与利用。

8月5日 自治区党委常委、纪委书记刘奇凡一行到新城区调研纪检监察工作开展情况。

8月8日 自治区成立70周年庆祝活动在内蒙古少数民族文化体育运动中心召开。

8月11日 台湾屏东市斯文里里长郭明贤一行30余人组成的台湾村里长参访团,在迎新路街道团结小区社区进行考察。

8月17日 新城区举办行政执法单位法律知识竞赛初赛,18个执法单位72名执法人员参加初赛笔试。

8月19日 市政协副主席、民革呼和浩特市委员会主委孙清宾在生盖营村调研新农村建设及少数民族经济发展情况。

8月23日 新城区双创服务项目启动仪式暨第一期法律培训在呼和浩特京师律师事务所举行,培训主题为"公司法律风险防范",有60余家小微企业代表参加培训。

8月30日 新城区综合治税平台启用。

9月1日 区文联承办的"2017·翰墨丹青描胜景"第二届内蒙古汉蒙满书画名家作品展在内蒙古美术馆开展。

△ 赛罕区观摩团一行30多人到新城区海拉尔东路街道办事处海天花园小区观摩社会主义核心价值观主题公园。

9月8日 市委政法委检查督导组,对新城区红旗街、西客站两个挂牌整治单位进行检查督导。

9月9日 市教育局局长吴长春一行到海拉尔东路街道办事处督导检查创建全国文明城市和环境卫生综合整治情况。

9月12日 新城区"笔墨飘香 魅力青城2017年'金鸡百花画影人'全国美术作品展"在中信大厦开幕。

9月13日 安徽省铜陵市委常委、纪委书记盛九江一行到团结小区社区学习观摩。

9月14日 国家质检总局产品质量安全隐患排查和整治督导组特种设备安全督导组,对新城区的阿尔泰游乐园、火车东站和西部天然气世洁车载加气站特种设备安全工作进行督查。

9月15日 海拉尔东路街道办事处开展团校巷棚户区改造回迁分配工作,228户居民通过抽签分得安置房。

9 月 16 日　第 31 届中国电影金鸡奖典礼暨第 26 届中国金鸡百花电影节颁奖晚会在内蒙古少数民族群众文化体育运动中心举行。

9 月 19 日　国务院安全生产大检查第 29 综合督查组对新城区鸿盛园区开展安全生产大检查。

9 月 20 日　安徽省铜陵市铜官区考察团一行赴海拉尔东路街道网格中心参观“智慧新城”平台创建工作。

9 月 21 日　自治区党委宣传部副部长韩昀祥一行带领近百位旗县区宣传部负责人，到新城区双创示范基地参观指导。

9 月 26 日　第二届中国—蒙古国博览会暨中蒙俄合作高层论坛在呼和塔拉会议中心开幕。

9 月 27 日　新城区召开换届选举工作会议。

9 月 29 日　市工商局党组书记、局长苏云喜到区工商分局检查迎接中共十九大安全稳定工作和国庆、中秋期间政务值班、廉政建设情况。

△　自治区换届工作第一指导督查组，市换届工作第五指导督查组成员对新城区第十七届人民代表大会换届选举宣传工作进行督查指导。

10 月 10 日　新城区召开十九大期间信访维稳工作会议，专题部署相关工作。

10 月 11 日　市换届工作第五指导督查组副组长李彩庭，督查组成员王萍、孟俊峰到新城区街道社区对第十七届人民代表大会换届工作进行督查指导。

10 月 15 日　副市长周强就中央环保督查整改问题落实情况到新城区进行实地督导。

10 月 16 日　市督导组鲁剑均一行到锡林北路街道督导街道安全生产和维稳工作。

10 月 18 日　区属各单位、部门组织全体干部职工集中观看中共十九大开幕式，聆听习近平总书记代表十八届中央委员会向大会作的报告。

10 月 19 日　呼和浩特市党外知识分子联谊会新城区分会成立。

10 月 24 日　新城区开展以“守纪律、强作风、树形象”为主题的专题思想政治教育。

10 月 30 日　自治区首家社会组织创新创业示范园正式开园。

10 月 30—31 日　新城区迎接自治区创建文明城区实地测评。

11 月 3 日　新城区成吉思汗大街街道呼哈路社区“为老服务餐厅”试点启动，这是新城区第一家“为老服务餐厅”。

11 月 9 日　新城区第十七届人民代表大会各选区举行投票选举。

11 月 17 日　自治区党委常委、统战部部长王莉霞到社会组织创新创业示范园调研。

△　第一家农民专业合作社联合党支部——呼和浩特市静雅家园种植农民专业合

作社和新城区野马图裕丰种植农民专业合作社成立联合党支部。

11月22日 新城区安全生产委员会组织辖区企业推广使用智慧式用电安全管理系统。

11月23日 由新城区医院、保合少镇卫生院、成吉思汗大街街道社区卫生服务中心、迎新路社区卫生服务中心、东风路社区卫生服务中心、锡林郭勒北路社区卫生服务中心、海拉尔东路社区卫生服务中心组成的新城区医共体成立。

11月24日 呼和浩特市各旗县区组织部门领导观摩指导星火巷社区党建精品示范社区创建工作。

△ 新城区车曼行汽车服务中心成立党支部，这是呼和浩特市第一家个体工商户党支部。

△ 区政府办公室印发《新城区健康扶贫工程推进方案》，新城区建立健康扶贫专项保障救助基金。

11月27日 自治区、市委、区委三级领导对锡林郭勒北路街道人大换届选举工作进行督查指导。

11月28日 中共呼和浩特市新城区第十一届委员会第七次全体会议召开。

12月4日 第四个国家宪法日，区人民法院举行宪法宣誓活动。

12月4—7日 政协呼和浩特市新城区第九届委员会第一次会议在内蒙古军区招待所召开。

12月5—8日 新城区人民代表大会第十七届委员会第一次会议在内蒙古军区招待所召开。

12月8日 锡林郭勒北路工商所召开个体私营经济组织联合党支部成立大会。是新城区第一家个体私营经济组织联合党支部。

12月9日 东风路街道办事处由原来东影北街与光华将东口交汇处搬迁至光华街外贸巷南口。

12月11日 新城区物业管理局更名为物业服务中心。

△ 区审计局成立新城区内部审计管理中心和经济责任审计办公室。

12月12日 市委副书记、代市长冯玉臻一行到新城区成吉思汗大街街道办事处兴松小区南棚户区考察清洁取暖替换工作。

△ 新城区监察委员会成立。

△ 区食品药品监督管理局在呼和浩特市医疗废物处置中心进行集中销毁没收非法药品医疗器械行动。

12月14日 新城区城市管理行政执法局更名为城市管理综合执法局。

12月18日 内蒙古自治区大学科技园管理有限责任公司搭建信息化云平台项目，

对园区网络综合服务平台进行升级改造。

12月19日 新城区被自治区民政厅列为低保无纸化办公自治区唯一试点地区。

12月21日 市推进依法行政工作领导小组第一考评组对新城区人民政府2017年度法治政府建设情况进行实地考评。

△ 新城区园林局成立。

12月25日 市人民检察院党组书记、代检察长宝音德力格尔一行到新城区人民检察院调研指导工作。

12月26日 共青团新城区非公有制经济组织工作委员会成立。

12月27日 《新城区最低生活保障行政执法规范性文书》被民政部评为2017年创新成果典型案例，在全国交流会议上作典型发言。

12月28日 按照市委、市政府举办首届呼和浩特国际美食博览会要求，新城区在海拉尔东路809街打造新城区美食年货一条街。

12月 新城区全面推行河长制工作，印发《新城区全面推行河长制工作方案》，区河长制办公室（区农牧业水利局）制定印发河长制六项工作制度。

第一篇

政区

第一章　建置区划

第一节　地理位置

新城区位于呼和浩特市区东北部，地理坐标北纬 40° 48′～41° 7′，东经 111° 35′～112° 5′。东以大青山为界与乌兰察布市卓资县相连，南与赛罕区接壤，西与回民区毗邻，北与武川县交界。东西最大距离 40.5 公里，南北最大距离 37.4 公里，总面积 561 平方公里。为呼和浩特市党、政、军机关、自治区各大中专院校、新闻、出版、科研等单位的所在地，区内驻有呼和浩特火车站、长途汽车站、邮电、通讯、金融机构，京包铁路和 110 国道横贯全境，交通四通八达，是呼和浩特市对外开放的门户。人民政府驻成吉思汗大街 29 号，距呼和浩特市人民政府 5 公里。

第二节　建制沿革

新城区是大窑文化的发祥地，位于保合少镇大窑村南山的大窑文化遗址，证明在距今 50 万年以前到 1 万年以前，史前相当长的时期内就有人类在大青山一带从事制造石器的活动，在这里劳动、生息、繁衍。

公元前 300 年，赵武灵王在阴山南麓设置云中郡。秦汉时期，在这里仍设云中郡，属武泉县，出现了汉族与匈奴等少数民族杂居的局面。

东汉末年，北魏政权建立后，属盛乐都城管辖。北魏迁都平城后，将归顺的敕勒族安置在这一带，属敕勒川一部分。

隋朝在这里先后属榆林总管府、云州总管府，隋大业元年(605 年)，云州改为定襄郡。

唐朝在这里为云中都护府，又称单于都护府。五代十国时期，契丹于公元 947 年建立了辽国，这里始设丰州，此后，金袭辽制、元袭金制，称西京路丰州，这里属富民县管辖。

明朝建立后，属丰州卫。明嘉靖十一年(1532 年)，阿拉坦汗率土默川部驻牧丰州滩，这里为土默川一部分。明崇祯七年(1634 年)，后金占据呼和浩特北区，这里为土默特左翼都统管辖。

新城区是由清代建造的“绥远城”，俗称“新城”而得名。清代前期，清朝政府为巩固其在北方的统治,雍正十三年议定在归化城东北建造驻防城。乾隆四年(1739 年)六月竣工。此“新城”即为今新城地区的主要部分。乾隆六年(1741 年),设归绥道,即归化、绥远为一道,隶属山西巡抚,是山西诸道之一。

民国 2 年(1913 年)绥远与山西分治,改绥远城将军为行政长官,同年,将“归化”和“绥远”两城合并为“归绥县”。民国三年(1914 年),设立“绥远特别行政区”,改行政长官为都统。民国 18 年(1929 年),改绥远特别行政区为绥远省,改都统为主席,省会设在原归绥县城区,并改名为归绥市。下辖四个区,原绥远城区、火车站归第一区管辖。

民国 26 年(1937 年)10 月,日军侵占归绥,改归绥市为“厚和特别市”。全市设 6 个镇,今新城城区为第五镇、火车站为第六镇。

民国 34 年(1945 年)8 月,抗战胜利后,国民党恢复归绥县,厚和市复称归绥市。全市设 6 个区,原绥远城区为第五区、车站为第六区。同年,建立了中共归绥县委员会。

民国 37 年(1948 年)10 月,归绥县人民政府正式成立。民国 38 年(1949 年)9 月 9 日,绥远省和平解放,1950 年 1 月 20 日,归绥市人民政府成立。1951 年,归绥市五区、六区合并为第一区,区政府驻关帝庙街。

1953 年 11 月 8 日,归绥市第一区首届人民代表大会召开,第一区正式改称新城区。1954 年,新城区政府迁往建设街。1954 年 4 月 25 日,归绥市改称呼和浩特市。

“文化大革命”期间,新城区更名为东风区。1979 年,恢复新城区原名。2001 年,新城区人民政府迁到成吉思汗大街。

第三节　行政区划

2001 年初,全区设小井乡、毫沁营乡和保合少乡 3 个乡人民政府和海拉尔东路、东风路、中山东路、东街、西街、迎新路、锡林郭勒北路 7 个街道办事处。

2001 年 4 月,全区第一次乡镇机构改革,将小井乡建制撤销,将隶属于小井乡的野马图、古路板、水磨、大东沟、黄花、小井、塔坝、什字、德胜 9 个行政村并入保合少乡,合并后的保合少乡共辖行政村 21 个,乡政府驻地为保合少村;将隶属于小井乡的讨思浩、姚家湾、榆树沟 3 个行政村并入毫沁营乡,合并后的毫沁营乡撤乡建镇,共辖行政村 21 个,镇政府驻地毫沁营村;各街道办事处调整合并居委会,将原有的 103 个居委会合并为 59 个社区居委会。机构改革后全区设 1 个乡、1 个镇和 7 个街道办事处,辖 42 个行政村、59 个居委会。

2002 年,新城区撤销毫沁营镇姚家湾村、榆树沟村,保和少乡大东沟村、小井村、什字村、塔坝村、德胜村、黄花窝铺村、灯炉素村、坝底村、小东沟村、界台村等 12 个行政村建制。迎新路街道办事处撤销幸福小区社区建制,新增人和社区。将 1 乡 1 镇 7 个街道办事处的村委会调整为 30 个，社区居委会调整为 59 个。

2004 年，锡林北路街道办事处撤销塞北关社区建制；海拉尔东路街道办事处合并团校巷社区、华新社区为气象局东巷社区，迎新路街道办事处合并迎新西路社区、迎新中路社区、迎新东路社区为团结小区社区，社区调整为 55 个。

2006 年 6 月 17 日，全区第二次乡镇机构改革。根据呼和浩特市人民政府关于同意新城区增设街道办事处的批复，将毫沁营镇人民政府改为"成吉思汗大街街道办事处"、保合少乡改建保合少镇。全区辖 1 个镇，8 个街道办事处，毫沁营镇撤销新城村建制，将麻花板村、三合村、府兴营村更名为麻花板社区、三合欣社区、府兴社区；西街街道办事处撤销构件街社区、东风路街道办事处撤销光华街南社区建制；东风路街道办事处合并兴安北一社区、兴安北二社区为兴安北社区，合并光华街北一社区、光华街北二社区为光华街社区，合并海东北社区、海东南社区为海东社区，锡林郭勒北路街道办事处合并中山里西社区、中山里东社区为中山里社区。村委会调整为 26 个，社区居委会调整为 51 个。

2007 年，西街街道办事处撤销巨隆昌街社区、胜利街社区、建设街社区；东街街道办事处撤销元贞永街社区、南马神庙街社区建制，社区居委会调整为 47 个。2008 年，根据《新城区人民政府关于机场一等三个社区更改名称的批复》。迎新路街道办事处机场路第一社区更名为新春社区，机场路第二社区更名为如意社区，西街办事处西街社区更名为西落凤街社区。成吉思汗大街街道办事处将一家村、南店村更名为一家村社区、南苑社区。调整后，行政村为 24 个、社区为 49 个。2009 年 2 月 24 日，海拉尔东路街道办事所属的铁路小区和呼哈路社区划入成吉思汗大街街道办事处，成吉思汗大街街道办事处所属的新城村划归东街办事处。中山东路街道办事处撤销人民社区建制；西街街道办事处将西街社区、护城河社区更名为西落凤社区、星火巷社区；调整后，行政村为 24 个、社区为 48 个。

2016 年，东风路街道办事处新增祥园社区、迎新路街道办事处新增水岸社区、成吉思汗大街街道办事处新增苏雅拉社区、北苑社区、东河社区。调整后，行政村为 24 个、社区为 53 个。截止到 2017 年底，全区设保合少镇，成吉思汗大街、海拉尔东路、锡林郭勒北路、中山东路、西街、东街、东风路、迎新路 8 个街道办事处和鸿盛园区，辖 24 个行政村，53 个社区居委会。

2001 年新城区行政区划一览表

表 1-1-1　　　　单位:个

镇、街道名称	驻地	下辖村、社区名称	辖村、社区数
保合少乡	保合少村	保合少村、古路板村、庄子村、恼包村、水泉村、甲兰板村、野马图村、大窑村、奎素村、水磨村、面铺窑村、大东沟村、小井村、什字村、塔坝村、德胜村、黄花窝铺村、灯炉素村、坝底村、小东沟村、界台村	21 村
中山东路街道办事处	迎宾南路	新华社区、迎宾南路社区、中山社区、团结社区、人民社区	5 社区
东街街道办事处	南马神庙街	东库街社区、党委社区、护城河北街社区、护城河南街社区、元贞永社区、南马神庙街社区、老缸房街社区、河西社区	8 社区
东风路街道办事处	光华街	芳汀花园社区、东影北街社区、昭君新村社区、丽苑社区、兴安北一社区、兴安北二社区、光华街北一社区、光华街北二社区、光华街南社区、海东北社区、海东南社区	11 社区
迎新路街道办事处	迎新东路	幸福小区社区、展览馆北路社区、迎新西路社区、迎新中路社区、迎新东路社区、机场路第一社区、机场路第二社区	7 社区
海拉尔东路街道办事处	八一社区	公主府社区、团校巷社区、华新社区、八一社区、内蒙古军区社区、哲里木路社区、体校巷社区、内蒙古工业大学社区、公安厅社区、呼哈路社区、长海社区、铁路小区	12 社区
西街街道办事处	建设街社区	艺术厅北街社区、艺术厅南街社区、曙光街社区、西街社区、聚隆昌社区、胜利街社区、护城河社区、建设街社区、构件街社区	9 社区
锡林郭勒北路街道办事处	三角线社区	车站西街社区、车站东街社区、三角线社区、中山里东社区、中山里西社区、电前社区、塞北关社区、	7 社区
毫沁营镇	毫沁营村	毫沁营村、代洲营村、上新营村、下新营村、红山口村、哈拉沁村、哈拉更村、生盖营村、乌兰不浪村、讨思浩村、三卜树村、塔利村、沙梁村、麻花板村、一家村、三合村、新城村、南店村、府兴营村、姚家湾村、榆树沟村	21 村

2017年新城区行政区划一览表

表 1-1-2

镇、街道名称	驻地	下辖村、社区名称	辖村、社区数
保合少镇	保合少村	保合少村、古路板村、庄子村、恼包村、水泉村、甲兰板村、野马图村、大窑村、奎素村、水磨村、面铺窑村	11村
中山东路街道办事处	迎宾南路	新华社区、迎宾南路社区、中山社区、团结社区	4社区
东街街道办事处	南马神庙街	东库街社区、党委社区、护城河北街社区、护城河南街社区、老缸房街社区、河西社区	6社区
东风路街道办事处	昭君新村社区	芳汀花园社区、东影北街社区、昭君新村社区 丽苑社区、兴安北社区、光华街社区、海东社区、祥园社区	8社区
迎新路街道办事处	新春路	人和社区、展览馆北路社区、团结小区社区、新春社区、如意社区、水岸社区	6社区
海拉尔东路街道办事处	高日和西巷	八一社区、气象局东巷社区、体校巷社区、长海社区、公主府社区、内蒙古军区社区、公安厅社区、内蒙古工业大学社区、哲里木路社区	9社区
西街街道办事处	北垣街西口	星火巷社区、曙光街社区、艺术厅北街社区、艺术厅南街社区、西落凤社区	5社区
锡林郭勒北路街道办事处	三角线社区	车站西街社区、车站东街社区、三角线社区、中山里社区、电前社区	5社区
成吉思汗街道办事处	毫沁营村	毫沁营村、代洲营村、上新营村、下新营村、红山口村、哈拉沁村、哈拉更村、生盖营村、乌兰不浪村、讨思浩村、三卜树村、塔利村、沙梁村、呼哈路社区、雁花板社区、三合欣社区、一家村社区、南苑社区、苏雅拉社区、北苑社区、东河社区、府兴社区、铁路小区社区	13村、10社区

第二章　镇、街道

第一节　保合少镇

保合少镇位于新城区东北部。东邻赛罕区榆林镇，南接赛罕区巴彦镇，西与成吉思汗大街街道办事处接壤，西北与武川县相望，北与乌兰察布市卓资县交界。辖区总面积468.85平方公里。辖保合少、恼包、奎素、甲兰板、野马图、古路板、水磨、面铺窑、大窑、水泉、庄子11个村民委员会，下设97个村民小组。人民政府驻保合少行政村，下设党政办公室、人大常委会办公室、工会、团委、妇联、精神文明办公室、文化站、司法办公室、信访办公室、综合治理办公室、劳动保障部、民政办公室、综合管理办公室、经济委员会、经济管理站、生产办公室、环境卫生管理办公室、财政所、核算中心、计划生育办公室、水电管理办公室、关心下一代工作委员会、老区建设促进会、档案局室、安全监理站、治安巡逻队、扶贫、项目开发办公室、纪律检查委员会等部门。2017年，全镇居民总户数为6250户，总人口1.58万人，其中少数民族人口1403人。

保合少镇地处内蒙古中部大青山南麓山区平原交叉区，地势呈东北高西南低。大致分为三带：东北为阴山山地带和沿山丘陵带，西南为冲积扇平原。境内主要山峰有料木山、平顶山、蟠龙山、猴山、玉带山、金銮殿山、虎头山、蟠羊山、大梁山、骆驼山、盘家贝、南天门圣水梁等。主要沟谷有：小井沟、奎素沟、喇嘛圐圙沟、面铺窑沟、界台沟等。山地丘陵约占70%，平原约占30%。最高海拔2149米，最低海拔1200米，平均海拔为1674.5米。属中温带大陆性季风气候，四季分明，春季(3—6月)雨少风多，升温快。夏季(6—8月)温热多雨。秋季(9—10月)短促凉爽，昼夜温差大。冬季(11月—次年2月)漫长干冷雪少。

保合少镇耕地总面积3754公顷，年均播种面积2800公顷，粮食作物以玉米、豆类、马铃薯为主；经济作物有油料、烟叶、蔬菜等。2001年以来，开展以植树造林为主的大青山前坡生态建设综合治理，土地大部流转，播种面积大幅减少。

保合镇资源丰富。境内有野生类动物29种，鸟类动物140余种，药用植物70余种，油用植物10余种，纤维植物10余种，山野类、植物13种，牧草类植物7种，乔木类植物15种，灌木类植物14种。有花岗石、大理石、石灰石、砂石黏土铍矿、白云海、褐帘石、铌、钽、铁矿等矿藏资源。拥有林地9455.3公顷，荒草地1.2万公顷，经济园林近266.7

公顷。

保合少镇交通便利。拉丹 G6 高速公路、京新 G7 高速、110 国道、呼锡（原 6603 公路）公路从境内通过。辖区共设保合少和古路板村汽车站 2 处，途经站点 16 个。从 2015 年始，开通有 301、103、104、114、115、92 路公交车，为广大人民群众出行提供了方便。

保合少镇境内旅游资源丰富，生态环境良好。旅游资源主要有大窑文化遗址、古长城遗址等历史文化遗址；八路军大青山支队与蒙汉游击队会师遗址、小井沟爱国主义教育基地、名言小学、高凤英故居、古路板村红色文化公园等红色文化场所；内蒙古大青山太伟运动休闲度假村、水磨村生态旅游园、小井沟生态旅游园、苁蓉山庄、蒙锡勒文化公园、五万亩森林公园、呼和塔拉旅游园、少数民族体育运动中心、新城区牧歌、圣水梁生态旅游区等旅游景区；水磨、野马图、奎素、面铺窑村建有国家级登山步道 5 处。2017 年，11 个行政村达到绿化全覆盖，发展农家乐旅游 100 多家，解决稳定就业人口 2200 多人，人均增加收入 2.5 万元。

2001 年以来，保合少镇的社会事业全面发展，民生保障力度不断加大。建成占地面积 3200 平方米的镇中心卫生院，有住院床位 40 张，医疗设备齐全。全镇 11 个行政村全部新建了标准化村级卫生室，专兼卫生服务人员职数配备齐全，专职服务人员都持有乡镇村医生操作证书。镇辖区驻有内蒙古体育职业学校、内蒙古电子职业学院、内蒙古机电职业学院、内蒙古商贸职业学院、呼和浩特市职业学院等 6 所大中专院校。有中心小学一所（即原名言小学）、3 所民办幼儿园。2017 年，全镇幼儿到高中在校生为 1244 人。2013—2017 年，全镇发放低保金 1911.88 万元，大病救助 381.53 万元，五保金 273.13 万元，80 岁以上高龄补贴 638.75 万元，“三民”优抚、退役优待金共 714.1 万元、残疾人生活补贴 21.74。截至 2017 年末，全镇适龄人员参加失地保险的农民人数 1.17 万人，参保金额4.2 亿万元。享受农村最低生活保障的农户 220 户，414 人；农村新型合作医疗参会人数 1.55 万人，参会金额 202.06 万元；享受 80 岁的以上高龄补贴的老人 426 人；享受复员退伍军人定补的为 9 人；享受“三民”定补的 3 人；分散五保老人 9 人；入住新城区中心敬老院的五保老人 31 人；入住康复的 2 人；享受国家煤补的农户 3807 户，补助金额 228.42 万元。

保合少村　保合少是蒙古语，标准称为“保尔合少”，意为“紫红色的山头”。保合少村位于呼和浩特市东北部，是保合少镇政府所在地，又是镇经济文化中心。总面积 31 平方公里（其中，耕地 315 公顷，林地 1222.7 公顷），由汉、蒙古、满、回 4 个民族组成，全村 1310 户，2874 口人。2015 年，投资 7062 万元进行危房改造、院落整治、街道硬化、文化室和便于超市等公共服务设施建设。村内有镇中心小学、卫生院、养老院、客运站，社会公共服务设施一应俱全，村民日常生活十分便利。保合少村交通便利，是典型的路边村，距市区 28 公里，G6、G7、110 国道、105 省道、青山大道贯穿境内，是重要的交通枢纽。村庄周边有大窑文化遗址、赵长城遗址、5 万亩森林公园、圣水梁景区、新城牧歌、光伏农业等旅游景点，是首府市民周末郊游的理想之地，年接待游客近10万人次。中共十八大以来，在村庄产业发展中，引进现代休闲观光农业项目和冬季旅游项目，打造市级公路仓储物流中心。依托美丽乡村建设成果，以红色文化和自然风光为基础，通过调整产业结构，大力发展林下经济和文化观光旅游业，结合光伏农业、观光牧业，配套休闲观光采摘园、农家乐，打造农工商联合、绿色生态、独具特色的历史文化体验旅游接待村。

恼包村 “恼包”是蒙古语“敖包”的音译，意思为“石头堆积的小山”，是蒙古民族举行祭祀活动的地方。恼包村始建于清代康熙年间，至今有320余年的历史。最早有山西籍垦荒移民李、刘、高、崔、柴等姓氏迁到此地定居，因村落附近有一敖包而得名。这里的村风民俗多体现为蒙晋文化，而且山西乡土气息更浓。

恼包村位于呼和浩特市东北部，距市区18公里，辖区面积12平方公里，全村总人口959户2480人，由汉、蒙古、维吾尔、满、回5个民族组成。总耕地面积640公顷，人均0.25公顷。2013年12月被自治区人民政府评为全区文明村镇，2015年2月被中央精神文明建设指导委员会评为全国文明村镇。

进入新世纪以来，随着经济建设和社会事业的全面推进，恼包村村民的生活发生了翻天覆地的变化。村民全部搬迁至住宅小区，村集体为村民办理了被征地农民养老保险。自中共十八大以来，全力打造一个集生态宜居、特色旅游、民俗餐饮、生态养老、休闲商务、影视拍摄、文化交流等为一体的、具有国际化、智能化、人文化的新型综合性特色宜居小镇。建成总占地面积78.6公顷，仓储、物流及相关配套设施约13.8万平方米，年货物吞吐量640余万吨的呼和浩特城发(恼包)物流园区。建成恼包村文化产业园区；在产业基地西侧建成以“合作社+企业+农户”为主导的颐和生态农业。2017年，村民人均年收入2.6万元。

奎素村 奎素村是蒙古语，意为“肚脐眼”。清道光年间有蒙古族在这里放牧，因此地沟壑里有一形似肚脐眼的泉眼，故牧民称之为“奎素”。清乾隆年间，有山西籍李、苏、魏、白等姓氏农民，走西口来此地，租种土地定居，形成村落后，沿用原名，称奎素村。奎素村地处呼和浩特市东北部，位于大青山脚下，距离市区20公里。奎素行政村由奎素、小东沟、喇嘛圐圙前营、喇嘛圐圙后营4个自然村组成，奎素村总面积49平方公里，土地面积1066.7公顷，总户数816户，人口1826人，由汉、蒙古、回、满4个民族组成，其中少数民族186人。

奎素村耕地大多在大青山前坡冲积扇地带，土质薄弱，地下水资源缺乏，主要农作物以小杂粮为主。有两知名特产，烟叶及花岗岩。这里的土质、气候最适宜烟叶生长，加之当地传统的采收晾晒工艺，奎素烟叶以其色泽金黄、温和爽口而享誉塞外。村北山上花岗岩被誉称“奎素石”，用奎素石制作的石磨锐利耐用。寺庙与特色景观保留(重建)的有观音庙、三官庙和奎素沟里的大仙爷庙。周围建有呼和塔拉草原，五万亩森林公园，大青山国家级登山健身步道旅游景点。

中共十八大以来，村民的人居环境彻底改变，全村进行了土地流转，孩子念书实行了九年义务教育，大部分孩子上了高中，大学生人数逐年增加。村民有了社保，村里老年人按时领到了工资，生活得到了保障，困难户办了低保，建立了合作医疗，基本实现了“看病不用愁”。国家精准扶贫使奎素村民逐渐富了起来，基本实现了劳有所得、学有所教、病有所医、住有所居，村民生活质量不断提高。

甲兰板村 甲兰板是蒙古语“甲兰板申”的谐音，意为“60 间房”，经演变成现名。位于大青山前坡南侧，西与大学城相邻、东与恼包村接壤、北邻野马图村、南临赛罕区乔家营村。甲兰板村交通便利，G6 高速穿境而过，距呼和浩特白塔国际机场和火车东站 15 公里，距离市中心 23 公里。面积 2.25 平方公里，村庄占地面积 97.7 公顷。2017 年，有居民 788 户，1830 人。

甲兰板村地处大青山前坡，水源缺乏，过去人畜饮水困难。2001 年以来，引进国家农业开发资金兴修水利，建成国家农业示范区，农业生产条件有较大改观。同时，村民发展养奶牛业，拉沙跑运输搞副业，农民收入逐步增加，生活水平不断提高。开展社会主义新农村建设，筹资修建通往大学城的柏油路、安装路灯，对主街进行改造，把村子建成了一个村风文明、村容整洁的社会主义新农村。先后获得市级“达小康村”“精神文明建设先进村”、呼和浩特市美丽乡村等荣誉称号。

野马图村 野马图是蒙古语，意为“有山羊的地方”。北靠大青山，东邻奎素村，南与甲兰板村只一渠之隔，西面与古路板村接壤，东西 4.8 公里，南北 13.5 公里，总面积 64.8 平方公里，有耕地 433.3 公顷，其中耕种面积 300 公顷，其余为轮歇地，有林草地 298.8 公顷。2017 年，总户数 599 户，有农业人口 1414 人，由汉、蒙古、满、维吾尔 4 个民族组成。野马图村的区位优势突出，交通十分便利。内蒙古少数民族群众文化体育运动中心和中蒙博览会永久性会址坐落在村边，生态路和呼和塔拉大街呈东西方向从辖区通过，距离呼和浩特机场不足 7.5 公里。

野马图村有烟叶和果园两大特产，驰名区内外。村地下水资源丰富，且便于开采。实施新农村建设以来，村容村貌和村民的居住环境有了很大的改善。引进自治区纪检委“清源山庄”建设和自治区少数民族运动中心和相关配套设施建设，整村拆迁新建的小区环境优美，设施齐备，村民认购率 95%。为使村民有稳定的生活来源和致富途径，2017 年，村委会为每户村民新建生产和居住为一体的温室大棚，村民每户至少一套，经济条件好的 3～5 套。种植各种珍稀水果和蔬菜，满足不同采摘群体的需求。

古路板村 古路板是蒙古语，意为“三间房子”，辖区总面积 13.45 平方公里，有村民 435 户、1116 人。古路板村有着古松“树王”祭拜仪式及二月二舞龙灯、绕“九曲”等丰富的民俗历史文化，建有社会主义核心价值观公园等景点。

2001 年以来，古路板村依托区位优势，大力发展农业批发零售市场和物流集散中心及带有本村特色的现代旅游项目。2006 年，引进香岛农业。2014 年，建设占地 29 公顷，建筑面积为 19 万平方米的新村。村里建有鱼塘，养殖名贵食用鱼；为村民配建了商业门脸，没有经营商业门脸的村民，安排到香岛基地和周边企业打工。2017 年，全体村民均搬迁到建设的新农村。

水磨村 位于呼和浩特市东北大青山腹地，距市区 23 公里，呼锡公路横穿境内，交通便利。面积 192 平方公里，耕地面积 666.4 公顷，退耕还林地 480 公顷，荒山造林地 1680 公顷，另有河道滩涂和山地，包括天然草场、集体林地、天然林。辖滴水、德胜、苦草坡、三道窝铺、仁和义、小东沟、郭兰窑、什字、双水泉、虎头山、石灰窑、板申套、塔坝、范家沟、小井、口子上、坝上、三道沟、黄花、达赖沟、补还沟、小庙沟、毫赖沟、石门子、黄土窑、丈房、大东沟 27 个自然村、移民村 3 个。2017 年，全村 1186 户，2803 人，农业人口 2763 人，非农业人口 40 人，外出务工流动人口 1987 人。水磨村所在的山区属阴山支脉大青山山脉，最高峰为料木山，海拔 2050 米。山顶建有 706 电视发射台、雷达站、三峡抽水蓄能电站上水库等重要设施。沿山有太伟休闲度假村，垂钓园、山地赛车俱乐部，花海基地，大青山国家级登山健身步道、赵长城遗址、苁蓉山庄、小井沟生态园。

2001 年以来，水磨村调整产业结构，以农业种植、养殖为主要产业的村经济向生态农业旅游业转变，发展以田园休闲度假、乡村文化体验、农业观光采摘、自驾车露营为主的民俗文化旅游业，依托大青山国家登山健身步道和区域丰富的生态旅游资源，建设生态旅游民俗文化新村，带动农民就业增收，成为呼和浩特市近郊旅游健身集结地，独具特色的民俗文化旅游名村。2012 年，新城区委、区政府将水磨自然村确定为新农村建设示范村，率先对其实施旧村改造，新建居民居住区，然后在水磨全村推广。回迁村民的新居全部为徽式全框架砖混独体二楼，住在白墙蓝瓦的农家小院，开办各种特色旅游接待服务，形成了宜居宜业发展的新格局。

面铺窑村 建于清乾隆年间，因此地曾开过面铺，故名“面铺窑”。位于大青山前坡腹地和半山区，东北部以圣水梁为界与乌兰察布市接壤，面积 87 平方公里，辖东沟、西沟、小灯笼素、煤窑沟、帐房片、白音不浪、刁窝沟、边墙、小东沟、面铺窑、北水泉、杨四窑新村、杨四窑旧村、郭兰窑旧村、新村大西窑、李占窑 15 个自然村 18 个居民点。2017 年，全村 570 户，1200 人，耕地 266.7 公顷。辖区内有高山草原、赵长城、原始森林、大峡谷、天然洞穴、怪坡、北魏大墓等自然及人文历史遗存。老一辈无产阶级革命家李井泉、杨植霖、高凤英等在这里生活战斗过。

2001 年以来，调整农业产业结构，依托得天独厚的旅游资源，打造生态旅游、观光农业，加大对农家院的开发利用，建设圣水梁自然风景区煤窑沟游客综合服务中心，村民的生活逐渐富裕。2015 年以来，面铺窑村实施新农村建设工程，总投资 4500 万元，改造危房 47 户，整治居民院落 11 户，铺设给水管道 8300 米、污水管道 7000 米，硬化街巷 3.1 万延长米，安装太阳能路灯 91 套，景观改造 1.6 万平方米，修建水冲公厕 5 座、垃圾转运站 5 个，外墙抹灰涂料 6.8 万平方米，村容村貌和村民居住条件得到了极大改善。

大窑村 清雍正年间建村，山上产火石，挖有很多大窑洞，因此而得名。大窑行政村村委会所在地位于镇驻地东北 5 公里，110 国道从村北穿过。辖大窑、界台、小坝、前沟、后沟、新村 5 个自然村。全村有耕地 333.3 公顷（水浇地 70 公顷），林地 333.3 公顷，草牧场 306.7 公顷。总户数 418 户，总人口 878 人。大窑村南山，有经考古学家发掘和认定的 50 万年前新石器时代的古人类石器制造厂遗址，1979 年，由文化部正式命名为“大窑文化”。著名的“大窑八景”景区内山川起伏连绵、层峦叠嶂，奇峰怪石，千姿百态，栩栩如生。村西、村北建有 400 公顷经济林，栽植松、柏、杨、杏、樱桃、李子等树木，村周围被绿色掩盖，风景特别优美。

2001 年以来，村民生活水平不断提高。大窑村依托大窑文化遗址，引进开发文化旅游产业和休闲观光采摘园、农家乐，打造特色历史文化体验与特色旅游接待村。2014 年，实施新农村建设，使村貌大变样。新建房屋 72 户，改建 108 户，整个村庄白漆红瓦，院落舒适整洁；街道全部硬化，盲道、路灯等设施齐全。社会保障持续加强，失地有养老保险金、低保，看病有合作医疗，真正实现了老有所养，老有所依。

水泉村 清乾隆年间，因村内有一泉眼而得名，泉水清冽甘甜，吸引村民来此落户居住。东临卓资县，西靠庄子村，南临赛罕区，北近大窑村，辖区总面积 16 平方公里，其中耕地面积 1746.7 公顷，林地面积 533.3 公顷。有居民 233 户、504 人，由汉、蒙古、满 3 个民族组成。水泉村三面环山，土地为山坡丘陵地，村外的山坡谷地树木成林，花草遍野，生态环境十分优美。村东有武警内蒙古总队投资 6352.56 万元建设、占地面积为 40.8 公顷的武警训练基地。

进入 21 世纪以来，水泉村大力发展农牧业生产，搞起大棚种植，办起了砖窑，村民经济收入、生活水平有了显著提高。2014 年，实施“十个全覆盖”工程，改造危旧房 22 户，硬化道路 9000 米，安装路灯 98 盏，新建两处公共厕所，使村容村貌发生了变化。建有村民活动室、图书室、技能培训室。村民的土地统一进行了流转，引进青岛华盛绿能农业科技有限公司进驻发展，解决了一部分剩余劳动力的就业问题。为年满 55 周岁（女）及年满 60 周岁（男）的老人办理了失地养老保险。残疾人给予了补贴，部分贫困户办理了低保，2017 年，建档立卡贫困户实现了全部脱贫。中共十八大以来，水泉村在产业发展上，将生态绿化工程、特色农业种植、羊、猪、鸡家庭养殖业，生态旅游、农家特色餐饮等特色产业确立为发展重点，拓宽农业增产、农民增收渠道。引进以豆制品生产加工为重点的农户品产业，打造绿色无公害知名品牌，在发展集体经济的同时，解决村民的就业难题，带动村民走向富裕。

庄子村 清雍正年间,田姓晋商在归化城发迹后,便在这里购置田产、建宅定居,取名"宅子村";后有山西李、侯、杨姓农民,先后来此租种号地落户定居,因村落位于放号地的"桩子"处,故更名为"桩子村"。后逐渐演变成了"庄子村"。位于呼和浩特市东北部,110国道及G6高速公路以北,背靠旅游胜地圣水梁,交通十分便利,距市区22公里。村西有保合少镇,村北有光伏集团。全村总面积21平方公里,全村耕地面积260公顷,林地面积13.3公顷。

庄子村有着得天独厚的黏土资源,是制砖制瓦的极好原料,村里生产的砖瓦远近闻名,热销于呼和浩特市周边地区,形成一定的产业优势。2012年以来,开始建设"光伏小镇客厅""光伏主题公园"等项目,全力打造宜业、宜居、宜游的特色生态小镇。光伏小镇利用"新农村建设"工程农户危房改造后的屋顶光伏发电,每户年总发电量为2640度,采用自发自用,余量上网运行方式,可获得1072元收益。新农村建设以来,实施了街道硬化和危房改造工程,在村北实施防洪减灾工程,全村实现了人畜饮水自来水化。村里建有学校,医疗和社会保障体系健全,经济健康稳定发展,社会和谐,村民安居乐业。

第二节 成吉思汗大街街道办事处

2001年4月,全区第一次乡镇机构改革,将小井乡建制撤销,将原隶属于小井乡的讨思浩、姚家湾、榆树沟三个行政村并入毫沁营乡,合并后的毫沁营乡撤乡建镇,共辖行政村21个,镇政府驻地毫沁营村。2002年,撤销毫沁营镇姚家湾村、榆树沟村。2006年6月17日,全区第二次乡镇机构改革。将毫沁营镇政府改为成吉思汗大街街道办事处。

成吉思汗大街街道办事处位于呼和浩特市东北部,北依大青山,南临市区,东接赛罕区巴彦镇,西与回民区攸攸板镇毗邻,办事处驻毫沁营村。辖代洲营、红山口、三卜树、下新营、上新营、毫沁营、塔利、沙梁、讨思浩、哈拉沁、哈拉更、生盖营、乌兰不浪13个行政村,一家村、南苑社区、麻花板、府兴、三合欣、铁路小区、呼哈路社区、苏雅拉社区、北苑社区、东河社区10个社区居委会。2017年,人口总数22.34万人,常住人口7.47万人,流动人口14.87万人,有汉、满、蒙古、回等8个民族。

成吉思汗大街街道办事处辖区面积206.7平方公里,耕地面积3466.67公顷。属典型的大陆型气候,四季分明,春季多风少雨,夏季温热多雨,雨量集中于夏末秋初之际,故有"春雨贵如油,夏雨遍地流"之谚语。极端最高气温35℃。秋季凉爽,昼夜温差大,常常是早凉午热夜冷;冬季干冷雪少,一年内寒暑变化大,年平均气温6.59℃。

境内植物资源、动物资源和矿产资源较丰富,有栽培植物700余种,野生植物400余种,北部山区有丰富的森林资源,森林总面积1333.3公顷以上,而且树木种类繁多,有乔木和灌木60多种,境内草荒地面积3066.67公顷。野生动物种类繁多,密林深处栖息着珍禽异兽，兽类动物20余种，鸟类动物140多种，其中雪豹、盘羊、青羊等属于国家级保护动物。矿产资源储量大，主要矿种有花岗岩（兰片石）、石灰岩、大理石、建筑用沙石，沙金、脉金矿等。

境内旅游资源极为丰富，有八大景观区：哈拉沁水库—老爷庙风景区，红山口摩崖石刻—召湾风景区，坡根底赵长城封神台风景区，武泉古城—塔布陀罗亥召庙风景区，公主府—公主府公园风景区，蟠龙山系列风景区，龙泉寺—大佛寺风景区，阿尔泰游乐园—春华园林风景区。

2001年以来，特别是党的十八大以来，成吉思汗大街街道办事处实施生态环境治理工程，生态环境得到初步的改善，农牧业生产有了较大发展。建设保护地蔬菜大棚，发展养殖业，农林牧业生产总值不断提高。工业企业不断壮大发展，鸿盛高科技工业园区位于毫沁营镇塔利村，是新城区推进工业化的载体。随着经济的快速发展，推动社会各项事业的发展。实施城中村、棚户区改造和新农村建设工程，使各村都有公路互相连通；各村都建有文化室、卫生所，安装了自来水和有线电视。农村面貌和村民的生产生活方式发生了根本性的变化。

2017年，街道固定资产投资完成100.2亿元；财政收入完成7466万元；社会消费品零售总额完成42.74亿元；招商引资和规模以上工业增加值发展态势良好；其他各项指标大幅攀升。

毫沁营村　毫沁营是蒙古语，意为“故地、旧址”。毫沁营村形成的历史较为悠久。战国时，赵武灵王修建赵长城时在毫沁营村原址囤积粮秣，已有军民在这里定居。明代，蒙古族牧民在这里驻牧，后来牧民迁徙他乡。清乾隆年间，牧民重回故地，山西崞县张、郑等户迁来，把大河槽以东的柜铺叫“东柜”，即沙梁行政村的东柜自然村。河槽以西叫“西柜”，即毫沁营村。位于市区东北，大青山南4公里处，东与沙梁、东柜、生盖营村隔河相望；南与南店、一家村、三合村毗邻；西与麻花板、上下新营、三卜树村接壤；北与哈拉沁、哈拉更相邻。京包高速、110国道、北二环快速路、兴安北路贯穿。全村总占地面积10平方公里，其中村庄占地317.1公顷，耕地占地635.3公顷。2017年，总人口1.56万人，其中常住人口5688人，流动人口9725人，共有56个村民小组。村内有汉、满、蒙古、回、达斡尔等民族人口居住，其中少数民族约400人。

毫沁营村为城中村，区位优势明显。新世纪初，以开发建筑砂石为主，兼搞砂石运输，村民都走上了致富的道路。2014年，毫沁营村建设占地面积约22公顷的毫沁营村民住宅小区，周边建设商业门脸及配套商业及写字楼；采取招商引资的方式，建设占地面积约33.33公顷的环保家具商城；在村委会旧址建设占地面积约6.67公顷的民俗馆及村庄“浓缩”馆，农村面貌和村民生活都得到了改善。

代州营村　清朝咸丰年间，由于山西省遭受严重自然灾害，代州的陈、李、张、石、路等姓氏村民“走西口”逃荒到此地，靠租种、开荒地维持生活。后来又有山西寿阳县、平鲁县伺候公主府的人迁来，逐渐形成了村落。因先来的是代州人，为了使子孙后代铭记故乡，故取名“代州营村”。代州营村位于城区北部，北靠大青山，村南和村东分别与府兴营村、麻花板村接壤；村西与回民区一间房村相邻。占地面积 4 平方公里，总人口 1.3 万人，流动人口 1.13 万人，户籍居民 1713 人(农户 1159 人；非农户 554 人)。

进入新世纪以来，村民发展蔬菜大棚，种植果树；建起村办水磨石厂、预制厂、私营振兴铸造厂、永兴构件厂、白灰厂等企业，各类企业生产总值达千万元以上，生活日益富裕。村委会开发居民住宅小区一处，占地面积 20 公顷，建起二层小楼 4 栋，村民的居住条件得到了较大改善。

红山口村 明朝末年以后，由裴姓、李姓、郝姓在此定居，逐渐形成村落，全村两个自然村分别为东村和西村。因坐落在呈红色山口处得名，蒙古语意为“乌兰察布”。位于呼武公路东侧、大青山生态路新城区段西起点，西邻回民区一间房村及内蒙古青少年生态园，东邻成吉思汗大街街道办事处三卜树村，距呼和浩特市区 3 公里，全村有主干道 2 条，往南通往北二环路，生态路东西横穿村庄，辖区面积 12 平方公里。2017 年，全村包括外来流动暂住居民，总户数达 5000 多户，总人口 1.9 万多人。其中本村户籍人口 320 多户，常住人口 740 多人。村集体年收入 14 万元左右。

进入新世纪以来，红山口村开发当地资源，发展砂石采掘、加工、运输产业，开办商贸、修配餐饮等行业，村民逐步富裕。中共十八大以来，红山口村依托周边资源和便利交通，积极发展休闲采摘、物流仓储、岩画产业、餐饮商业等旅游度假产业。盛产大杏，发展旅游、度假、采摘、农家乐项目；利用现有庭院种植和院落以及村西经济林建设农家乐、采摘园，解决村民生活出路问题。在村东小区北面的 4.7 公顷土地，建设仓储仓库及物流业务，以增加集体经济收入。利用村大沟内的自然景观和沟内召湾的摩崖石刻等历史遗址，挖掘文化遗产，打造大青山旅游度假、休闲娱乐等产业项目。依托内蒙古青年政治学院、内蒙古青少年生态园、内蒙古建筑职业技术学校院和大青山野生动物园等人员密集的区域优势，规划建设村民创业一条街，发展餐饮、农家院、住宿等一条龙服务行业，解决村民和集体的经济收入。

三卜树村 清乾隆初年，山西寿阳的一位石匠在此定居谋生，后逐渐形成村落。因村庄周边有三个水池并长有柳树，由此得名“三洼树”，后读音演变为三卜树。位于毫沁营村北 3.5 公里，南邻毫沁营村、上新营村，西邻红山口村，东邻哈拉沁村，北依大青山。东西长约 2 公里，南北宽约 8.5 公里，距市中心 6 公里，兴安北路、110 国道和 G6 高速路贯穿该村，交通十分便利，区位优势明显。三卜树村由一个行政村(三卜树村)和 3 个自然村(曹家营、坡根底、破庙)组成，居住着汉、蒙古、满等民族。村域面积约 17 平方公里，村庄面积 162.5 公顷，耕地 251.5 公顷，林地 256.9 公顷，草地 208 公顷，其他未利用土地

821 公顷。2017 年，总人口 1.2 万人，其中常住人口 1415 人、701 户；流动人口 1.05 万人、3107 户。

三卜树村历来以农业生产为主，随着城市的发展，主要以劳务输出、个体经营和房屋出租为主要收入。进入新世纪以来，发展休闲采摘、物流仓储、岩画产业、餐饮商业等旅游度假产业。在村东建有占地 4.67 公顷的仓储仓库。2014 年，新建集中回迁安置区，建设 2000 平方米的广场、公共场所和垃圾转运站、道路硬化 2 万平方米。全面依托生态建设、人文地理、自然资源和历史文化遗迹等优势，加快推进城乡建设，发展经济，增加村民收入，实现村庄经济可持续发展。域内集山、水、林、树、草于一体，孕育了一流的空气、水质、生态和人居环境。

下石头新营村　清乾隆初年，山西定襄瓦匠陈氏兄弟，在此购置土地，分别在两处建房定居，各自形成村落，因村落周围遍地砂石，得名上下石头新营。下石头新营位于毫沁营村西南 4.5 公里处，北与上新营村相连，以新营小学为界，东与市第二十一中学为邻，西接大青山革命公墓与代州营村交界，南至麻花板村，110 国道横穿境内。辖区占地总面积为 1.33 平方公里，2017 年，村内共有居民 1 万余人，其中常住人口 856 户 1906 人。

下石头新营村的经济，以发展农业为主，同时大力发展工商副业，沿 110 国道办起商贸餐饮，村民经营建材，村集体经济逐步壮大，村民生活水平日益提高。2016 年，进行整体拆迁改造。村集体通过土地置换、拆迁等多种形式将剩余土地征收，建设集民用和商业于一体的村集体产业，逐步解决村民就业，不断增加农民收入，带动村经济全面发展。

上石头新营村　位于新城区成吉思汗大街街道办事处驻地西 3 公里。南与下新营村相接，东与三卜树村相连，西与代州营接壤，北邻坡底自然村。2017 年，全村常住人口 585 户，人口 1762 人，流动人口 8185 户，人口 26211 人，是一个以外来人口集中居住的城郊接合地区。上石头新营村砂石资源丰富，交通便利。生产上发展建筑砂石加工、运输业、商贸维修、餐饮服务等行业。

塔利村　塔利原称“塔布陀罗亥”，意为“五大土堆”。东临飞机场，南临成吉思汗大街延长线，西南侧为呼和浩特东站，北面京藏高速公路穿村而过。环境和地理位置优越，交通便利。原整村占地 866.67 公顷，其中耕地 233.3 公顷。全村常住人口 754 户 2200 人。流动人口数为 3819 人。塔利村土地肥沃，主要农作物为粮食、蔬菜、水果和其他经济作物，盛产胡麻，村内多油坊。境内有鸿盛工业园区，是新城区推进工业化的载体。

沙梁村　位于毫沁营村（偏南）约 4 公里处，110 国道 506 公里处，北靠 110 国道，西与毫沁营村相连，南与南店村接壤，东邻塔利村。总占地面积 569 公顷，村庄占地面积 65.76 公顷（其中沙梁村占地 58.9 公顷，东柜村占地 6.87 公顷），随着土地不断被征用，2017 年，剩余面积不足 200 公顷。居住总人口 6400 人，其中户籍人口 2000 人（东柜 560 人，沙梁村 1440 人），流动人口 2400 人。沙梁村土地肥沃，水利条件好，属重点产粮村。

2001年以来，推进新农村建设和乡村产业振兴战略，经过村庄拆迁改造，建设村集体住宅小区，基础设施逐年完善，在原有村间道路16条(6.6万平方米)，新建卫生服务室1处，文化活动中心2处，新打自来水井一眼；安装及改造路灯108处，新建水冲、环保公厕6座。利用优越的地理位置和生态环境优势，建设大型高端的现代老年公寓，与城区的养老机构形成互补，服务于社会；自留产业用地，建设租赁房，形成主导产业，增加村集体经济收入，造福于村民。被征地农民养老保险参保人数逐年增加，参保率达90%，新型农村合作医疗覆盖率达100%。

讨思浩村 讨思浩为蒙古语，意为“迎接处”。位于大青山前坡，地域面积34平方公里，村庄占地面积153.3公顷，户籍总人口1290户、3288人，共有13个村民小组。明代，阿拉坦汗在此建修迎接站，为迎接京都官吏的地方。清代，蒙古族牧民定居于此，后有山西原平县、代县、五台县、忻县的刘、陈、杨等姓氏的逃荒人“走西口”来此居住，逐渐形成村落，仍以“讨思浩”为村名。2004年6月，姚家湾行政村改为自然村划入讨思浩行政村。姚家湾自然村，位于行政村东北1公里处的大青山脚下，清乾隆年间，有姚姓人家居住于此山湾处，后逐渐形成村落，故得名“姚家湾”，村域面积64公顷，户籍人口145户，338人。

讨思浩村地理位置独特，历史文化底蕴深厚，交通十分便利，适合发展观光农业和旅游业。西南有辽代武泉城古城遗址，距今有1000余年的历史。境内有汉代古城遗址、广神庙、大圣庙、龙王庙(姚家湾)，有300年古榆两棵，为国家重点保护的古树名木。规划二街贯穿东西，东有呼和塔拉草原、少数民族运动中心等重要旅游景点，西有草博园、葡萄园、哈拉沁生态园等生态绿化项目，南邻呼和浩特高职园区，北依大青山，每年农历正月二十五举办市级非遗项目“天仓节”成为新城区重要的旅游节点村。

进入新世纪，讨思浩村的村容村貌日新月异，社会事业快速发展。2009年，被中央精神文明指导委员会评为“全国先进村镇”，成为全国生态文明村。2015年，被新城区列入美丽乡村建设工程示范村，实施81项建设项目。村集体为2173名，18周岁以上的村民办理了养老保险，580余人领上了养老保险金，人均每月可领取养老金835元。2016—2017年，获得自治区级“文明村镇”、市级“核心价值观学习宣传示范村”，代表新城区接受了中组部、自治区党委组织部的检查观摩；承办了自治区农村牧区精神文明经验交流会。2017年，讨思浩村有温室大棚250座，主要种植有桃、葡萄、西瓜、西红柿、黄瓜等经济作物，村民主要以休闲采摘和农家乐为主产业。

哈拉沁村 哈拉沁是蒙古语，意为“眺望哨”。明朝时，曾有驻军在哈拉沁沟口，并设有眺望台。明朝中期，云姓蒙古族牧民在此定居，形成村落。位于呼和浩特市北郊大青山东段南麓，东与哈拉更相接、西邻三卜树村，南与毫沁营村接壤，北与武川县境为界。由东营子、西营子、东梁、河崖4个自然村组成，总面积2460公顷，以草地、林地为主，占62%。(草地877.4公顷，林地597.5公顷，耕地337.7公顷，建筑用地400.4公顷，其他用地

247 公顷)。人均土地 0.7 公顷,人均耕地 0.09 公顷。村民以自然分散居住为主,全村有 2086 户、总人口 3675 人(常住人口 3005 人,流动人口 670 人),常住户数 1836 户,总院落数 1700 座,其中 18 岁至 60 岁有 2447 人,60 岁以上者 594 人,18 岁以下者 634 人。少数民族 270 余人,是蒙、汉杂居的村庄。

哈拉沁沟内蕴藏着极为丰富的建材资源,有铁矿石、石灰石以及蓝、白片石等矿产资源,是呼和浩特市的主要建材砂石产区,先后建有呼和浩特市水泥厂、呼和浩特市石灰厂、塞外水泥厂、煤气厂等大型国有企业。

哈拉沁村历来以农业为主,盛产小麦和糜谷。村民开山炸石烧炼白灰,运送片石,搞副业提高生活,个体和私营实业者曾盛极一时。2005 年,由于哈拉沁水库的兴建,原来的常流水被截住,水地变为旱地。2012 年,实施大青山前坡生态综合治理工程,部分土地流转,建起了哈拉沁地质公园。2015 年,建起国家北方足球训练基地。历史形成的土坯房不复存在,全部更新为砖瓦房,集体活动场所分布全村,为群众提供方便聚会和健身场地。失地村民办理了养老保险。为壮大集体经济,增加就业机会,利用国足基地征拆的部分空地,打造独具特色的文化教育、农业知识科学普及田园综合体。村民兴办农家乐小院,农家风味餐饮服务业,同时集体牵头组办公司,利用大沟的自然资源在沿沟两侧兴建攀岩、索道、高原牧场、登山步道、原始森林探险等风景区,游乐景观区,将哈拉沁大沟风景区打造成呼和浩特市周边地区又一旅游胜地。

哈拉更村 哈拉更为蒙古语,意为"荨麻"。位于大青山南麓,建于清咸丰年间,明末就有云姓蒙古人定居放牧,自清代以来陆续有赵姓、金姓、张姓等汉人逃荒租地定居,逐渐形成村落,此地荨麻丛生。东邻乌兰不浪村,西邻哈拉沁村,北界与滴水村毗邻,南接呼包高速与沙梁隔路毗邻。是一个传统的革命老区村,分东西营 2 个自然村,土地面积 393 公顷,大部分已流转,村庄占地面积 68.3 公顷。总户数 757 户;人口 1549 人,是一个汉、蒙古、满等民族杂居的村庄,特有结合蒙满文化底蕴的民风民俗,民间有唱社戏、高跷、秧歌等文化的习俗。

哈拉更村是一个传统农业经济村,经济发展以农、商相结合的形式发展。以传统农业生产为主,曾以盛产香瓜闻名。副业以开采建筑石材为主,集开采、运输为一体,并极具规模,形成了在市郊有名的石材生产、加工、销售、运输一体的石材村,呼和浩特市建筑所需砂石 65%来自哈拉更村。到 2013 年,生态治理和改造前,人均经济收入一直位列呼和浩特市的前列。

2012 年后,村前耕地、撂荒地列为大青山前坡生态建设用地,并全部实行了土地流转,所有矿区停业生产,恢复了山沟原貌。通过生态改造建设,村前形成生态公园,村后有龙泉寺、赵长城遗址、避伏召遗址和几口古泉等富有历史文化内涵的资源。

哈拉更村经济上依托龙泉寺宗教文化、生态公园景观等资源,按照乡村振兴的战略要求，打造集休闲、采摘、餐饮、旅游一体的美丽乡村，大力发展旅游业、农家餐饮业、林下经济等。村民经济收入有一定的提高，村集体经济逐步壮大。2015年，经过新农村建设工程的改造与美化，村内建有农民活动中心、健身中心、普及新型农村合作医疗，休闲广场，街道整洁、路灯明亮，物质文明与精神文明同步发展，逐步打造“园林小镇”，人居环境得到了改善。

生盖营村 始建于明末清初时期，有一名蒙古族将领森盖，在此驻防，故由此得名申盖营，后来又演变为生盖营。位于大青山前坡，背靠绿色生态屏障，东临讨思浩村，南邻塔利、沙梁村，西与哈拉更、乌兰不浪村接壤。南北长3.5公里，东西长4公里。面积约6平方公里，土地总面积533公顷。其中耕地面积136.67公顷。2013年，大青山前坡生态绿化建设土地流转后，剩余土地24.3公顷。辖生盖营、榆树沟2个自然村，是一个汉、蒙古、满民族聚居村。2017年，全村总户数471户，其中榆树沟自然村84户，生盖营村387户。全村总人数927人，其中榆树沟自然村162人，生盖营村765人。

村东有蒙草生态园，北有七彩花田、葡萄庄园、鑫冠农业基地，西有樱桃水世界等企业。村中的名胜古迹有“三庙、一山、一城”即水神庙、五道庙、龙王庙，盘龙山和古城。盘龙山古塔高度为6米多，周长4.5米多，为八角形砖塔总层数为三层。在“文化大革命”期间被村民拆除，只留下遗址。

生盖营村主要种植作物为玉米、大豆、高粱、胡麻、谷黍、西瓜、香瓜等大田作物。村集体经济主要来源于村北20.3公顷“七彩花田”村民产业用地。2015—2016年进行的新农村建设工程，对村容村貌进行升级改造，极大地改善了基础设施，村民的生产、生活条件全面提高。2017年，发展乡村文化旅游，建设农家餐饮、小吃一条街、有机食品、农耕文化、休闲养老、婚纱摄影、节庆文化(百合节)、花产业、书画艺术、儿童游乐、影视文化等产业。蒙草生态“百草园”“七彩花田”“水世界”“鑫冠采摘园”“鳄鱼大世界”对市民开放，为呼和浩特市乡村旅游示范村。

乌兰不浪村 乌兰不浪为蒙古语，意为“红色的泉”，明末清初，蒙古族牧民在此扎包放牧，后山西忻县赵、杨、潘、侯4姓人家迁入此地，逐步形成村落。村域面积12平方公里，东与榆树沟村毗邻，西与哈拉更村相连，南与生盖营村相邻，北靠大青山，全村共有土地173.3公顷，其中土地流转栽树133.3公顷；村庄占地面积20公顷，户籍人口272户、546人。

2001年后，乌兰不浪村定位发展观光农业、生态旅游、林下经济等绿色产业。农民自建和引进养鸡场、木器厂、泡沫厂、肉食加工厂、饲料加工厂、鑫冠种养植农民专业合作社等11个企业，与沙恩葡萄酒业有限公司合作开发建设千亩葡萄种植园和葡萄酒文化庄园，能提供大约300多个就业岗位。村民以发展农家乐、开设家庭旅游、短期出租等增加收入。2013年，村民土地全部流转用于建设大青山前坡生态绿化，土地流转费每亩每年

1000 元，平均每年每人有 6000 元的收入。2015 年，男 60 周岁、女 55 周岁符合条件的村民全部办理失地农民养老保险，解决了村民的后顾之忧。

乌兰不浪村周边分布着公园、水系、花田、现代农业园等，环境非常的优美。2013 年，实施“新农村建设”工程，采取原址整体拆迁、异地新建的建设模式，建设新村占地 7.8 公顷，面积 3.25 万平方米，其中村民住宅建筑面积 2.6 万平方米、188 套，公建面积 6500 平方米。彻底改善了村民居住环境和居住条件，村民们的生产生活方式也发生了本质上的改变，已不再是传统意义上的农民了。

2017 年，村里有可利用的空地 13.3 公顷左右，新村有 6000 平方米闲置商业门店。积极开展招商引资，采用合作或租赁的方式，用于教育、医疗、市政、保障房等项目建设，发展观光农业、养老产业、休闲度假产业等。

一家村社区　原为一家村村民委员会，是新城区“城中村”，周边爱民路、丰州路、东二环、成吉思汗大街、海拉尔大街造就出行便利的交通网。2011 年“城中村”改造，全体村民搬迁入住新建住宅小区一家村·新村。2012 年 9 月 22 日正式由一家村村民委员会挂牌改为一家村社区居委会，辖区总面积 18 万平方米，所辖两个小区（一家村·新村、华阳源小区）居民总户数 2142 户，总人口 6108 人，外来人口 3140 人，少数民族 465 人。

南苑社区　东起科尔沁北路，西至哈拉沁路，南接海东路延伸段，北临规划纬三路，下辖南店滨水新村、绿地之窗、中交上东国际、海东一号、东方银座、宇生如意湾等小区。辖区总面积 1.004 平方公里，有居民 2504 户，7512 人。社区先后获得“2013 年新城区文明社区”“2015 年呼和浩特市文明社区”等荣誉称号。

麻花板社区　下辖山水小区、桂园小区两个小区，山水小区位于成吉思汗大街以北，北至二环路以南，东至兴安路以西，西至山水路；桂园小区位于耕耘巷北，盛世名筑东，兴安北路西，110 国道南。社区总建筑面积为 46.5 万平方米，有人口 3763 户，9352 人。社区居委会办公室设在山水小区 24 号楼一层，拥有办公面积 600 平方米。在小区中心区域，配套有 300 平方米的室内活动中心，供居民健身娱乐。室外有 2000 平方米的中心广场，安装有配套的健身器材 44 件，供居民的健身活动。从 2010 年开始，先后被中国社会福利基金会授予“全国社区服务先进社区”；被自治区政府评为“内蒙古自治区级绿色社区”；被内蒙古纪委监察厅授予“廉政文化宣传教育示范点”；2011 年，被自治区党委评为“先进基层党组织”；被自治区组织部评为“自治区级党组织建设示范点”。

府兴社区　位于新城区成吉思汗大街南，东起气象局西巷，西至通道北街，南接北郊公园，北临 110 国道，辖区面积 0.58 平方公里，有居民 3691 户，辖区总人口 9228 人，少数民族 1329 人，其中流动人口 3801 人，驻区单位 5 个。社区办公活动服务场所面积 500 平方米，设有舞蹈班、社区医务室、远程教育播放室等功能室，配置功能齐全，为社区居民提供了良好的服务环境。

三合欣社区 三合村是新城区城中村棚户区改造重点村之一，是典型的“城中村”。2006年6月，由村改居为三合欣社区。东至展览馆东路与一家村毗邻，西邻兴安北路，南邻爱民街，北靠阿尔泰游乐园，地理位置优越，占地总面积47.3公顷，三合欣社区内共有6368人，总户数2122户。外来流动人口3484人，总户数1161户。常住人口2884人，总户数961户。其中少数民族共574人，191户。

铁路社区 位于成吉思汗大街，东起哲里木路，西至通道北街，南接成吉思汗大街，北临北二环，辖区面积2.1平方公里，有居民10598户，3.2万人，驻区单位7个。

呼哈路社区 位于新城区北二环铁木真小区，东起兴安北路，西至哲里木路，南接北二环，北临110国道，辖区面积4.5平方公里，有居民共8200户，1.18万人，其中，外来人口3412人，少数民族1932人，驻区单位3个。社区建筑总面积5000平方米，办公用房面积500平方米，活动用房面积300平方米，属于自有产权用房。

呼哈路充分利用社区资源，发挥现有服务设施作用，为辖区老年人提供生活照料、文化娱乐、医疗康复、体育健身等多方面服务；为服务老年人的精神文化生活，社区成立老年活动中心，组建老年歌舞队，书画室每天免费开放，为情趣相投的老年人提供了交流平台；棋牌室、健身房等活动场所也满足了不同层次老年人的多种需求。社区先后获得全市公益项目二等奖、全市公益项目一等奖及自治区首家“国学示范社区”和自治区首家“公益示范社区”等荣誉称号。

苏雅拉社区 位于哲里木路以东、北二环快速路以南、兴安路以西、苏雅拉巷以北(山水小区除外)，辖区总面积3.6平方公里。由汉、蒙古、满、回、壮、哈尼等多民族组成，全社区11224户33072人，共有13个住宅小区，其中老旧小区3个。

北苑社区 位于兴安路以东，成吉思汗大街以北，丁香路以西，北二环以南，社区辖区总面积3平方公里，辖区13个小区，集通佳苑、北国风光、沁丰园、俪晶阁、昕泰大观、玺园、上东墅、加州华府、加州公馆、玫瑰郡、丽景阁、青山水恋、元泰汗府，约1万户、3万人。社区配有集通老年活动中心、会议室、日常照料间等功能室。

东河社区 位于北快速路与东河交界东北角舜和国际花园，社区辖区总面积0.6平方公里，辖区15个小区，舜和国际花园、丁香河畔、东河上的院子、名都和景、和谐园、聚泽园、明祥园、弘福园、福欣园、恒大城、紫光园、明雅苑、白塔粮库小区、首府观邸、兴泰东河湾，约1.4万户3万人。社区配有舜和老年活动中心、书法室、日常照料间、图书阅览室、健身室、小型电影院、理疗室、心理咨询室等功能室，为社区居民提供功能齐全的服务环境。

第三节 锡林郭勒北路街道办事处

锡林郭勒北路街道位于新城区西南部，东临呼伦贝尔路，南抵光明大街与回民区接壤，西以通道北路为界，北至海拉尔大街。地处呼和浩特市火车站北区，是呼和浩特的门户和重要窗口，区位优势十分明显，面积 1.98 平方公里。办事处驻三角线社区，街道办事处设 19 个科室，有干部职工 134 人。办事处设置 5 个正股级内设机构。党政综合办公室、社会治安综合治理办公室、民政、卫生计生科、城市综合管理科。办事处领导核定科级领导职数 3 正(党工委书记 1 名、人大工委主任 1 名、办事处主任 1 名)4 副(党工委副书记 1 名、纪工委书记 1 名，副主任 1 名，武装部部长 1 名)。办事处有干部职工 117 人，退休 43 人。街道下设车站东街社区、车站西街社区、电前社区、三角线社区、中山里社区 5 个社区居委会。有 51 个居民小区，居民住宅楼 296 栋，驻有市供电局、呼和浩特铁路局、胜利街小学等 64 个驻区单位。

2017 年，辖区总户数 1.09 万户，总人口 3.29 万人，居住着汉、蒙古、回、满、达斡尔等 12 个民族，流动人口近 7000 人。人口密集、经济繁荣，辖区内以服务业为龙头的第三产业发达。有通达商场、国际商贸城、华联商厦、盛业广场、金航商城 5 家大型商贸市场，2300 家临街商铺(餐饮服务店 217 家)。进入新世纪以来，经济总量增长连续多年居新城区首位，其中工业生产总值、社会消费品零售总额等指标都占全区指标的一半。2017 年，完成现价工业总产值 51.2 亿元，社会消费品零售总额 39.72 亿元，固定资产投资 26.28 亿元。

锡林郭勒北路街道交通十分便利。辖区内有火车西站和 2 个长途客运站，境内有京藏铁路线(长 1863 米)，市政主干道 8 条、次干道 5 条、小街巷 25 条，呼和浩特市“八横八纵”道路有海拉尔大街、车站东西街、呼伦北路、锡林郭勒北路、通道北路 5 条。

街道办事处高度重视综合治理，城市品位提高，自然环境优美。境内小街小巷较多，街路的违规占道经营及沿街摆卖、露天烧烤等现象严重影响了地区环境卫生。街道成立办事处执法队，并配备车清理沿街违章占道马路市场，查处乱贴、乱挂、乱放、乱倒残土、杂物等现象，定期清理楼道杂物，使地区环境卫生得到全面改善。2001 年以后，居民生活垃圾实施袋装化，杜绝垃圾裸露、散堆散放。办事处协助小区物业做好环境卫生和小区建设指导工作，监督物业管理，提高住宅小区环境卫生质量和完善小区建设。境内有扎达盖河(长 535 米，宽 30 米)和公主府公园。公主府公园占地面积约 13.4 公顷，其中河西区占 11.1 公顷，河东区占 2.3 公顷，绿地率达到 60%。园内中央耸立着一座“华北军第五十九军抗日阵亡将士公墓纪念碑”(1933 年建)。1996 年，自治区人民政府将其确定为内蒙古重点保护文物，为呼和浩特市爱国主义教育基地之一。2012 年，被评为呼和浩特市爱国主义教育基地。

2001 年以来,街道社会各项事业取得了显著成就。以提高群众的科学文化素质为目的,以加强科普基础建设为重点,突出社区科普工作。通过职业技能培训、政策扶持和鼓励自主创业、为特困家庭排忧解难,帮助下岗失业人员及特困户实现了再就业。开展弱势群体帮扶工作。辖区有低保户 157 户,256 人,残疾人 271 人。2003 年开始,低保户可根据家庭的实际情况及需求,到超市免费领取相应物品。街道通过为特困户在市场安排摊位,实施减税及补贴政策、申报廉租住房,建立社区“爱心超市”,解决低保户生活难题,各类弱势群体的生活得到保障。

车站东街社区 位于车站东街人防综合楼,东至物资局及迎宾路以西,西临锡林郭勒北路火车站,北起铁路线,南至铁路工人文化宫,辖区面积 0.36 平方公里,辖区共计 5 个居民小区,4 个小区属老旧小区,均已改造。辖区居民楼 42 栋,2152 户,常住人口 4575 人,流动人口 1300 多人,辖区主干道 3 条,次干道 2 条,辖区新建移动公厕 5 座,驻区单位有火车站,呼和浩特铁路局等 11 家驻区单位,小餐饮 31 家。社区服务周到便利,能够较好地满足社区居民需求。

车站西街社区 位于呼和浩特市火车站西街路北,东临火车站广场,西至通道北路,北接立交桥,占地面积 0.22 平方公里,辖区有铁路电后、工程处、副食品、面粉厂、工行、森达公寓、元和 7 个小区,共有楼房 42 幢,平房 3 排。有社区干部 7 人,公益性岗位 3 人。居民 2005 户,4219 人,其中 60 岁以上老年人 1296 人,空巢老人 276 人,占总人口数的 30.7%。驻有长途汽车站、中铁六局、铁路设计院、中医胃肠病医院、汉庭怡莱酒店、祥云皮肤病医院、客运西站等驻区单位。

电厂前街社区 位于新城区光明大街源海电力花园 D 座 104 号,东临锡林郭勒北路以西、南临光明大街以北、西临通道北路以东、北临车站西街以南,总面积为 0.52 平方公里。社区共有干部 14 名,分别为正式工 8 名,公益性岗位 6 名。辖区内共有 25 个小区,53 栋楼房、平房 443 户。居民 3410 户,人口 7343 人。主干道 4 条,次干道 2 条,小街巷 2 条,有移动公厕 3 座,驻区单位有呼和浩特供电局、内蒙古第三建筑公司、车站小学、内蒙古交通物资、朝聚眼科医院、交通银行等 15 个单位,餐饮 93 家。

三角线社区 位于呼和浩特火车站北,东临车站后街小地道,西至通道北路,南起火车站铁道以北,北至海拉尔东路,辖区面积 0.42 平方公里,辖区共计 7 个居民小区,7 个小区属老旧小区。辖区居民楼 64 栋,3001 户,常住人口 8855 人,流动人口 1600 多人,老年人口多,大部分为铁路干部职工与退休职工,因紧邻火车西站外来人口多,租户多,人员结构复杂。辖区主干道 2 条,次干道 4 条,移动公厕 3 座,驻区单位有火车站等 3 家驻区单位,小餐饮 18 家。社区办公活动服务场所面积 300 平方米。2001 年以来,社区先后荣获“平安社区”“甲级三等社区”“全国社区服务先进社区”“青年文明社区”等荣誉称号,社区党组织被评为新城区先进基层党组织。

中山里社区　东至呼伦北路立交桥,西至内蒙古气象局西巷,南至铁路线,北至海拉尔东路。辖区面积 0.5 平方公里,共有 11 个居民小区,楼房 54 栋,有住户 3231 户,总人数 7320 人,其中常住人口 6560 人,流动人口 760 人,其中低保户 35 户共 56 人残疾人 343 人,中山里社区是老年型社区,65 岁以上老人 1830 人,空巢老人有 135 人。社区工作人员 13 人,事业 9 人,共岗 4 人,有移动公厕 5 座。主要驻区单位有内蒙古动检所、呼和浩特铁路局党校、呼和浩特市蒙古族学校、呼和浩特市商贸旅游职业学校、新城区胜利路小学,呼和浩特铁路局工务段,商业网点有 256 家。

第四节　中山东路街道办事处

中山东路街道办事处地处市中心地段,东起呼伦贝尔南北路、西至锡林郭勒南路、南起健康街、北至车站东街。占地面积 1.2 平方公里,下设迎宾南路、新华社区、团结、中山 4 个社区居委会。街道领导班子成员 7 名,在编人员 124 人,社区工作人员 36 人;街道党工委下设基层党组织 12 个,包括机关党支部、4 个社区党(总)支部和 7 个非公企业党组织(包括 1 个党委和 6 个党支部)。办事处驻迎宾南路社区。

2017 年,辖区总户数 8552 户,总人口 1.73 万人。1—10 月,完成固定资产投资 27.57 亿元,完成社会消费品零售 5.52 亿万元。

辖区有包括自治区民政厅、卫生厅、自治区人大常委会、新华社内蒙古分社、呼和浩特市博物馆等 20 多家厅局级单位;有内蒙古金融大厦、招商银行呼和浩特市分行、内蒙古银行呼和浩特市营业部等多家金融机构;有市自来水公司、中国移动呼和浩特分公司、中国联通内蒙古分公司、昭君大酒店、内蒙古大唐国际喜来登呼和浩特酒店等 40 多个企事业单位;有呼和浩特市第二中学初中部、新城区新华小学、内蒙古政府幼儿园 3 家教育机构;有自治区红十字会、科协,市红十字会、粮食局 4 家结对共建单位。是集商贸、金融、文化娱乐休闲为一体的繁华区域。辖区内共有商务楼宇 20 余幢,入驻企业达 500 余家,包括维多利、金翡丽等多家国内外知名企业。

迎宾南路社区　位于新城区中心地带,位于中山东路以北、新华东街以南、西起锡林郭勒北路、东至呼伦贝尔南路;总面积 0.2 平方公里。辖区总户数 1432 户,人口 3115 人。社区办公用房为 700 平方米,设有老年服务中心、办事服务大厅、综合文化服务站、多功能会议室等场所。

2001 年以来,迎宾南路社区突出“引领发展、服务群众”主题,把引领工作贯穿于服务发展、服务民生、服务群众、服务党员全过程,辖区环境卫生综合整治有实效,老旧小区面貌换新颜;社区丰富多彩的文体活动,实现服务内容的多元和创新,一大批文化活动和志愿活动常态化。社区设有书画、舞蹈、声乐等课堂,定期有专业老师来为居民免费授课,形成了令人向往的社区文化生活圈。先后被评为“全国社区服务先进社区”、市级“十佳社区”、第三届“呼和浩特市青年五四奖章”先进集体、“第三次全国经济普查”先进集体、“卫生示范社区”、区级“先进基层党组织”、“禁毒工作”先进集体、“消防安保”先进集体、“文明社区”、“五好关工委”等荣誉称号。全市村级党组织党的建设工作星级评定为4星。

新华社区 成立于2000年9月,位于新华大街以北,呼和浩特铁路局以南,西起锡林郭勒北路,沿迎宾路东至呼伦贝尔北路,辖区面积0.28平方公里,总户数2097户,总人口3808人。有工作人员9名。社区办公和活动场所面积450平方米,建立了“一站式”服务大厅、日间照料室、棋牌室、阅览室和多功能活动室,开展各类便民服务。2001年以来,新华社区党总支、居委会始终以服务群众为重点,充分发挥党员的先锋模范作用,增强服务功能、拓展服务内容,通过为社区群众办实事、办好事,全力打造功能完善的“为老服务”特色精品示范社区。先后被评为“全国科普示范社区”“全国综合减灾示范社区”“自治区先进基层党组织”“自治区绿色社区”“自治区科普文明社区”“自治区环境友好社区”“自治区妇女之家示范社区”等。

团结社区 位于中山东路以南、人民路以西、锡林郭勒南路以东、健康街以北,位于市中心,交通便利。辖区总面积0.18平方公里,由汉、蒙古、满、回4个民族组成,辖区总户数1942户3892人。团结社区党群服务活动中心活动面积220平方米,包括:一站式服务大厅、民族之家活动室、健身活动室、青少年心理辅导及活动室、图书阅览室、多媒体多功能会议室,产权自有。

2001年以来,团结社区打造宜居社区、和谐社区、安康居所、精神家园和魅力社区。立足“医疗全覆盖,服务心连心”,实行“社区基础为老+联合医疗机构护理平台+智慧居家养老”三级共建组织管理体系和服务网络。依托活动室,重大节日、纪念日组织居民开展丰富多彩的文化活动。以打响“民族品牌”为重点,以开展文体活动为抓手,创建以满蒙文化为主题民族风格的全国民族服务示范社区。先后被评为呼和浩特市民族团结示范社区、民族双语和谐社区。

中山社区 位于邮校南巷通信小区院内,东起呼伦贝尔南路,西至人民路,南接健康街,北临中山东路,辖区面积0.3平方公里,有居民3234户,5898人,驻区单位5个。社区工作者15名,其中“两委”班子成员8名。辖区老旧小区多,且大部分为无物业管理小区。老年人多、下岗职工多、流动人口多则是辖区的主要人口结构特点。社区与市联通分公司共建办公活动服务场所面积620平方米,设有一站式服务大厅、电子图书阅览室、舞蹈排练厅、儿童乐园、日间照料室、心理咨询室、健身房、多功能教室等功能室。先后荣获全国社区示范服务社区、全国先进社区服务中心、自治区科普示范社区、呼和浩特市“创先争优”先进基层党组织、市级档案管理一级先进单位、市级卫生达标社区、新城区先进基层党组织、新城区先进集体、星级科普社区等荣誉称号。

第五节　海拉尔东路街道办事处

海拉尔东路街道办事处地处新城区西北部，办事处名称以贯通全境的海拉尔东路而得名。境内交通便利，四通八达，被成吉思汗大街、海拉尔大街、呼哈路、哲里木路、兴安北路、呼伦贝尔北路、赛罕路这7条主干道环绕。辖区总面积9.98平方公里，2001年，经过调整规划为12个居民委员会。2008年12月，新城区人民政府对海拉尔东路街道办事处的行政区域界限进行了调整，重新划定管辖范围，下辖八一路社区、气象局东巷社区、体校巷社区、长海社区、哲里木路社区、公主府社区、军区社区、公安厅社区、内工大社区9个社区，基层党支部14个。内设机构有：党政综合办、人大工委、纪工委、社会治安综合治理办、精神文明办、城市卫生综合管理科、卫生和计划生育科、民政民族宗教科、经委、劳动和社会保障事务所、武装部、安监站、文化站、社区办、长效办、网格中心共16个部门。办事处驻呼和浩特市新城区高日和西巷，呼和浩特市职业学院家属院东南角处。

海拉尔东路街道办事处辖区内共有单位33个。是全市驻地部队最为密集的地区，驻有军警单位9个：内蒙古军区司令部、内蒙古军区政治部、内蒙古军区后勤部、军区后勤干休所、武警内蒙古总队第一支队、66471部队、市公安局特警支队二大队、内蒙古公安厅、武警内蒙古边防总队医院。有春蕾第一小学、海拉尔东路小区、八一路小学、北垣小学公主府校区4所小学；土默特中学、育才中学2所中学；内蒙古工业大学、呼和浩特职业学院、内蒙古体育职业学院、呼和浩特民族学院、内蒙古财经大学5所大学。境内有全国重点文物保护单位固伦恪靖公主府、内蒙古自治区第三批级重点文物保护单位多松年故居和占地面积为32万平方米、建筑面积8329平方米的亚洲规模最大的内蒙古赛马场。

2017年，地区人口总户数2.97万户，人口总数6.98万人。新增就业人数1260人，“4050”三项保险补贴550人，“4555”大龄下岗失业人员社会保险缴费救助380人，“4858”人员失业金申领56人，享受低保人数336人，发放金额204.7万元，城镇居民基本医疗保险3562人。全年完成固定资产投资5.88亿元，社会消费品零售额完成6.1亿元，招商引资1.66亿元。

八一路社区　位于八一市场内，东起呼伦贝尔北路，西接气象局东巷居委会及府兴营居委会，南邻海拉尔东路，北至成吉思汗大街，总面积1.36平方公里，总户数5576户，居民总人口14564人，有居民小区23个，住宅楼124栋，驻区单位8个。

气巷局东巷社区　简称气东社区，位于呼和浩特市新城区华新小区东北角处，辖区东起八一路，西接气象局西巷，南邻海拉尔东路大街，北至北郊公园，总面积1.1平方公里，总户数4827户，居民总人口1.1万人，驻区单位5个。

体校巷社区 位于呼和浩特市新城区赛马场北路北50米处，辖区东起哲里木路，西接呼伦贝尔北路，北邻成吉思汗大街，南至爱民街，总面积0.25平方公里，总户数3896户，居民总人口7280人，驻区单位2个。

长海社区 位于呼和浩特市新城区长城小区院内，辖区东起兴安北路，西接公安厅东墙，南邻海拉尔大街，北至爱民街，总面积0.58平方公里，总户数2992户，居民总人口7648人，驻区单位3个。

哲里木路社区 位于呼和浩特市新城区海拉尔大街35号凤凰新城小区院内，辖区东起哲里木路，西接呼伦贝尔北路，南邻海拉尔大街，北至呼和佳地南院，总面积1.2平方公里，总户数3209户，居民总人口6265人，共有住宅小区11个，驻区单位3个。

公主府街社区 位于呼和浩特市新城区高日和西巷，辖区东起气象局西巷，西接通道北路，南邻海拉尔大街，北至北郊公园，总面积0.43平方公里，总户数2717户，居民总人口7505人，驻区单位4个。

军区社区 位于呼和浩特市新城区八一小区院内，辖区东起哲里木路、西接呼伦北路、南邻胜利街、北至爱民街，总面积1.2平方公里，总户数2537户、居民总人口6313人，驻区单位5个。社区居民90%以上为部队现役、离退休干部、复转军人、军工及其家属，是一个部队较为集中的社区。

公安厅社区 位于呼和浩特市新城区公安厅家属院内，辖区东起预备役师，西接哲里木路，南邻海拉尔东路，北至爱民路，总面积0.48平方公里，总户数1724户，居民总人口5000余人，住宅楼39栋，驻区单位2个，是典型的单位型社区。

内蒙古工业大学社区 位于呼和浩特市新城区内蒙古工业大学操场东看台下，辖区东起兴安北路，西接哲里木路，南邻爱民街，北至工业大学北墙，总面积0.5平方公里，总户数1722户，居民总人口4283人，共有住宅楼34栋，居民主要由内工大教师及家属组成，驻区单位1个。

第六节 西街街道办事处

西街街道位于新城区中心地段，东接东街街道办事处，以昭乌达路和哲里木路为界，南至乌兰察布西街，与赛罕区大学西路办事处接壤，西连中山东路街道办事处，以呼伦贝尔南北路为界，北与锡林郭勒北路办事处相望，以胜利街为界。面积1.97平方公里。辖星火巷、曙光街、艺术厅北街、艺术厅南街、西落凤街5个社区，街道党工委班子成员7人，下设1个机关党支部、5个社区党总支、9家非公企业党组织和17个网格党支部，在册党员991人，有职工131人，办事处驻北垣街西口。

2017年，辖区总人口4.8万人(常住人口4.16万人，流入人口6426人)，总户数

1.97万户。完成地区生产总值8.11亿元,固定资产投资完成4.2亿元,招商引资工作完成4.2亿元,限上工业产值完成1.88亿元。完成城镇新增就业700人,城镇失业人员再就业180人,就业困难人员再就业140人。新增享受“4050”社会补贴155人,享受补贴916人。新增“4555”社会保险缴费救助人员120人,享受补贴510人。完成人才市场就业计划80人。城镇居民养老保险办理507人。城镇居民医疗保险办理2.2万人,2500人办理医疗保险证历,辖区1.71万名享受城镇居民医疗保险。辖区有驻区单位40余家,具有科技教育密集、商业金融繁荣、旅游服务发达的特点。

星火巷社区 位于新城区呼伦贝尔北路,东起艺术厅北街,西至呼伦贝尔北路,南接新华大街,北临北垣街,面积0.32平方公里,有居民4200户,1.12万人。有在册党员163名,社区工作者14名,其中“两委”班子成员9名。社区办公活动服务场所面积1200平方米,设有电子阅览室、职工书屋、志愿者服务站、健身室、书画室、残疾人康复室等功能室。社区先后荣获“新城区先进关工委”“优秀基层党组织”“精神文明建设工作优秀志愿服务组织”“五好关工委”“内蒙古自治区先进基层党组织”、自治区级“基层服务型党组织示范点”“六横五纵一环精品示范社区”等荣誉称号。

驻区单位北垣小学、友谊医院、石油公司、内蒙古自治区就业局、新城区交警队、鄂尔多斯银行、新城区文体局、国泰君安证券公司等8家,商业网点共684家。

2017年,星火巷社区打造“党心”连“四心”服务型社区,实施“制度规范、领导垂范、典型示范”推进党建工作和对青少年实施“关心”服务;对老年人实施“贴心”服务;对弱势群体实施“暖心”服务;对居民群众实施“热心”服务的“四心”惠民工程,得到居民的一致好评。

曙光街社区 位于北垣街,东至新城北街、南至苏虎街,西至呼伦贝尔北路、北至胜利路,辖区面积0.52平方公里,有居民4652户、1.13万人,驻区单位8个。社区党委现有在册党员195名。社区工作者20人,其中“两委”班子成员12人。社区办公活动场所面积1000平方米,曙光社区整体办公区域与西街综治办、司法所公用,设有电子阅览室、职工书屋、志愿者服务站、健身室、书画室、残疾人康复室等功能室。先后获得“全国家庭教育工作示范社区”“全国社区服务示范社区”“全国少工委示范社区”“内蒙古自治区党的基层组织先进单位”“呼和浩特市社区建设先进单位”“呼和浩特市文明社区”“呼和浩特市示范家庭教育基地”“呼和浩特市妇联妇女之家”及“新城区先进基层党组织”等荣誉。

2017年,曙光街社区整合延伸社区的各级各类公共服务信息平台资源,不断加强信息化建设,按照“一个平台、多级应用、资源整合、共享共建”的原则,利用微信公众号新媒体,向辖区党员干部、居民群众、非公企业等宣传惠民政策,开展互动交流,广泛听取意见建议,夯实基层基础、创新社区管理、服务人民群众、促进社区和谐、推进“智慧”社区建设。

艺术厅北街社区 东起哲里木路，西至艺术厅北街，南接新华大街，北临北垣街，辖区面积0.3平方公里，有居民4082户，9523人，驻区单位23个。社区党委在册党员101名。社区工作者14名，其中“两委”班子成员10名。社区办公活动服务场所面积150平方米，设有乒乓球室、电子阅览室等功能室。先后荣获“全国社区服务示范社区”“全国社区服务先进社区”“自治区级绿色社区”“全国巾帼建功文明岗”等荣誉称号。

辖区内驻有将军衙署博物院，文化底蕴浓厚，是和谐、文明、有自身特色和亮点的优秀社区。社区注重丰富辖区内居民的业余生活，增强邻里互动，提高居民素养。

艺术厅南街社区 位于呼和浩特市中心地段，在新华大街。艺术厅南街、粮饷府街、昭乌达路、乌兰察布西街和呼伦南路所围区域。面积0.67平方公里，有居民3920户，8642人，驻区单位8个。社区党总支有在册党员139名。社区工作者共15名，“两委”班子成员11名。社区办公活动服务场所面积559平方米，社区文化活动阵地设有残疾人康复室、图书阅览室、电子阅览室、棋牌室、文体活动室、心理咨询室等功能室。艺术厅南街社区被评为全市“甲级一等社区”“区级文明社区”“卫生示范社区”“红十字会社区”“综合治理示范社区”“社区工作先进集体”等各项荣誉称号。

社区以建设“服务型社区”为目标，以“以人为本，服务居民”为宗旨。充分利用社区非公企业党组织网络，帮助辖区困难户、低保户、空巢老人、贫困学生等弱势群体。辖区单位对辖区居民的公共服务意识强，共驻共建、资源共享，最大限度地实现人力、物力、财力和其他社会资源的优化整合利用。

西落凤街社区 位于新华西街以南，粮饷府街以北，东起昭乌达路，西至艺术厅南街，辖区总面积0.27平方公里，有居民3256户，7839人，是汉、蒙古、回、满、朝鲜、鄂温克等多民族聚居区。社区党总支在册党员131名。社区工作者12名，其中“两委”班子成员4名。社区办公活动场所面积430平方米，设有残疾人康复室、图书阅览室、电子阅览室、棋牌室、文体活动室、心理咨询室等功能室。先后获得内蒙古自治区“科普示范社区”“呼和浩特市甲级一等社区”“呼和浩特市十佳社区文化活动单位”“新城区先进基层党组织”等荣誉称号。

辖区有内蒙古烟草公司、满族小学等10家驻区单位。社区老旧小区多、流动人口多，优质教育资源多。老年人、青少年普遍集中，空巢老人、退休老党员、学龄期儿童群体占辖区人口总量的占比大。2017年，社区党总支利用辖区单位党组织资源，拓宽社区服务职能，打造服务“一老一小”党建特色品牌。依托成立老年人阳光配餐中心，开通电子保姆，开展送餐、配餐服务等，辖区老党员、困难党员、居民群众足不出户享受低偿、便捷服务。创新校外教育模式，建立“四点半”托管中心，实现学校、社区和家庭三位一体的无缝对接。社区服务精细化，实现“群众说话有人听、群众困难有人帮、群众事情有人办、群众纷争有人管、公共事务有人理”的工作目标，居民满意度提升，地区影响力显著。

第七节 东街街道办事处

东街街道位于新城区中心地段，东临东风路街道办事处，南靠赛罕区大学东路街道办事处，西接西街街道办事处，北依京包铁路，为一矩形地段。面积2.2平方公里，辖老缸房、党委、护城河北街、东库街、河西街、东护城河南街等6个社区，23个基层党组织（其中1个机关党支部、1个党委、14个党支部、8个非公企业党支部），共有569名党员。街道办事处内设党政综合办公室、社会治安综合治理办公室、民政民族科、卫生计生科、城市综合管理科5个正股级机构。2012年5月，街道人大工委成立。2015年，街道纪律工作委员会实行双重领导，履行“监督、执纪、问责”职能。2017年，有干部职工134人，在职107人，退休27人。在职人数中，行政编制9人（含4人非领导职务）；事业人员107人（含区招25人）。办事处驻南马神庙街82号。

驻有内蒙古自治区纪律检查委员会、自治区监察委员会、地震局、内蒙古精神卫生中心、内蒙古公路工程局、内蒙古交通设计院等40多个驻区单位。有区级人大代表17名，市级人大代表7名。

2017年，社区居民1.9万多户，总人口4.74万人，其中流动人口3557人。低保户214户，335人，残疾人899人。实现新增就业795人，城镇失业人员实现再就业210人，就业困难人员再就业100人，新增就业实体21个，城镇登记失业率控制在3%以内。固定资产投资完成2.3亿元，社会消费品零售总额46.54亿元，批零企业22家。

2001年以来，东街街道办事处先后荣获“自治区关心下一代先进集体”“自治区妇联基层组织建设示范街道”“呼和浩特市社区工作先进集体”“呼和浩特市人口与计划生育工作先进集体”“呼和浩特市法律六进先进单位”、市级“科普示范街道”、实施“春蕾计划”先进集体、“新城区第二次经济普查自治区级先进集体”等荣誉。荣获“2017年度新城区城市环境综合整治工作实绩突出单位”“雷锋号”青年志愿者服务站荣誉称号。

老缸房社区 总面积约为0.39平方公里，有居民4598户，人口1.09万人。辖区内有内蒙古精神卫生中心、呼和浩特市银行电子结算中心、东鸽电器城、落凤街小学、中信银行等共10家驻区单位。2013年，老缸房社区依托社区服务站在新城区首家成立了“老年日间照料室”，分散管理，就近照料。2017年，被评为呼和浩特市首家信息化社区。老缸房社区先后两次被民政部评为“全国和谐社区建设示范社区”，被中国科协评为“全国科普示范社区”、被全国残疾人联合会评为“全国特奥示范社区”、被中央组织部评为“全国先进基层党组织”“全国五四红旗团支部”等10余项荣誉称号。2010年7月，中共中央政治局常委、中央纪委书记贺国强到老缸房社区调研指导。同年8月，全国妇联主席陈至立到老缸房社区视察指导。2011年8月，中共中央政治局委员、书记处书记、组织部部长李源潮到老缸房社区视察指导。作为全国和谐社区建设示范社区，多次迎接国家、自治区、市及相关部门的观摩。

党委社区 面积0.35平方公里，居民3119户，7990人。辖区内有内蒙古自治区纪律检查委员会、内蒙古自治区党委机关事务服务中心、内蒙古自治区电子信息产品质量检验院、内蒙古自治区党委机关幼儿园、呼和浩特市新城区满族幼儿园等10多家驻区单位。

2002年，原青城巷居委会和原元贞永居委会合并为原元贞永社区。2004年，原元贞永社区与原党委居委会合并为党委社区。社区办公用房面积80平方米，工作人员5人。2016年，自治区党委办公厅为社区无偿提供办公场所，社区办公用房面积由原有的80平方米扩建到1200平方米。办公活动用房服务功能齐全完善，设有日间照料室、常青藤老年活动室、亲子乐园、心灵驿站(心理咨询室)、放飞梦想青年创业服务中心、清风墨韵书画室、百姓影院、网格化管理办公室、电子图书阅览室、社区档案室等，打造有360蒙元彩绘墙等，特别是设有“民族之家”蒙古文阅读等功能服务区，体现出一切为了各族人民群众、一切服务于各族人民群众的设计理念。社区以“党建+智慧养老”为重点特色服务，普及80岁高龄津贴，为65岁居家养老试点之一。社区先后荣获自治区级“绿色社区”、自治区级“安全示范社区”“低碳节能示范社区”，市“民族示范社区”“科协系统先进集体”、市“廉政文化进家庭示范社区”等荣誉称号。

护城河北街社区 总面积0.35平方公里，有3278户居民，7149人。社区办公服务活动场所面积350平方米。2001年，护城河北街社区成立，在驻区单位公路工程局提供的办公场所办公，办公场所仅16平方米，5名工作人员。2001年年底，与驻区单位协调，办公用房办公面积增至20平方米。2005年，在十九中东巷北口新建办公用房，办公面积达300平方米。2010年，办公场所面积增加到350平方米。2016年，东街街道办事处对社区进行整体改造，改变社区整体面貌、丰富功能、提高社区服务能力，在功能室设有棋牌室、文体活动室、电子阅览室、图书室、青少年心理辅导站，办公设备全部更新替换。社区具备办公现代化、服务功能室多样化等功能，基本能满足居民文化活动、日常服务等需求。曾荣获“优秀基层社会保障站”荣誉称号。依托结对单位科技局，打造现代化科技型社区。2017年，围绕绥远古城把护城河北街建设成为文化底蕴浓郁的特色街巷。

东库街社区 面积0.72平方公里，有居民4000户，9686人。2006年10月，东库街社区从将军花园小区物业办公室搬入新办公用房(将军花园小区)。社区办公活动服务场所面积256平方米。先后荣获“全国商业示范社区”“呼和浩特市十佳文化活动社区”“劳动和社会保障工作先进工作站”“人口与计划生育先进集体”“市级文明社区”等荣誉称号。东库街社区辖区内有商业网点500余家，其中东库西街横贯于辖区内。有大批务工、经商人员流动频繁，在繁荣当地经济的同时也大大增加了管理难度。社区针对流动人口不同特点，进行了分类管理，并建立了流动党员之家、流动人口计生协会。

河西社区　面积 0.44 平方公里，有居民 4797 户，1.06 万人。2015 年 10 月，河西社区为民服务中心新址启用。社区办公活动服务场所面积 1200 平方米，设有航天科技馆、音乐绘画园、青少年书屋、青少年心理辅导站等功能室。2017 年 5 月，对辖区内 20 多个老旧小区进行改造，改造地下管网、路面硬化、小区绿化。河西社区以党建为核心，推行“党员提案制”，为民求“变”，扩大民主，完善制度、规范流程，畅通党员意愿表达渠道。先后荣获“全国社区服务先进社区”“全国平安社区”“敬老社区”“全国宣传思想文化工作示范点”“全市服务创新示范社区”市“民族示范社区”等 14 项荣誉称号。

东护城河南街社区　总面积 0.06 平方公里，有居民 1094 户，2078 人。原隶属于新城区毫沁营镇，2009 年划到新城区东街办事处，改名为东护城河南街社区居委会。2001 年，社区全部工作人员及部分退休人员的工资福利均来源于内蒙古扆齐工贸股份有限公司。2013 年，社区办公地址由原市电缆厂搬迁到乌兰饭店后院，办公面积由 100 多平方米增加到 300 平方米。社区共有 3 个居民居住区，2016 年，办事处和社区出资 120 余万元对新城大院进行路面硬化、供暖管道维修的工程，切实解决居民出行难和暖气不热的问题。2017 年，在空闲地区新建居民活动室、电子阅览室。社区秉承务实创新、和谐发展的特色理念，打造出以社区与公司并存，同发展、共进步为特色的服务型社区。

第八节　东风路街道办事处

东风路街道位于呼和浩特市新城区中东部。北依成吉思汗大街，南沿新华东街，西邻兴安北路，东至展览馆东路，总面积 9.2 平方公里。下设 14 个科室，辖兴安北路、海东路、丽苑、祥园、东影北街、芳汀花园、光华街、昭君新村等 8 个社区居委会，有 4 个社区党委，4 个社区党总支等 21 个党组织。2017 年，街道党工委、办事处领导核定科级领导职数 8 人，公务员 9 名，事业编制人员 129 名，区招聘用人员 28 名，公益性岗位人员 45 名。办事处驻昭君新村社区。

辖区非公有制企业发达，居民住宅小区密集，大、中、小学和文化部门较多，文化氛围浓郁，是新城区文化、非公经济较发达的地区之一。驻区单位有内蒙古大学艺术学院、呼和浩特市劳动社会保障局、内蒙古教育出版社、润宇装饰市场、呼和浩特市第十四中学、光华街小学等 56 家企事业单位。

2017 年，街道共有户籍人口 9.5 万人，3.2 万户。其中低保户 206 户，320 人，残疾人 437 人。工业现价总产值完成 6250 万元，固定资产投资完成 12.29 亿元，社会消费品零售额完成 14.98 亿元。

2001 年以来，街道办事处在基层党的建设、社区服务，老旧小区改造、环境综合治理取得良好的效果。荣获“自治区社区体育先进办事处”，街道关工委荣获自治区级和市级关心下一代工作先进集体;街道人大工委荣获市级优秀人大代表之家先进集体等荣誉称号。

兴安北路社区 东起展东路,西至兴安北路,南接海拉尔东路,北临成吉思汗东街,辖区总面积3.26平方公里,有居民8847户,1.99万人。有居民小区36个,其中老旧小区34个;规模型驻区单位总计23家。2017年,成立社区党委,有在册党员160名,接收报到在职党员342名。社区工作人员16名,其中"两委"班子成员9名。社区有办公服务活动场所面积480平方米。曾荣获自治区级草原英才计划社会工作创新团队、市级先进基层党组织。

海东路社区 位于京包铁路以北,爱民路以南,东起展览馆东路,西至兴安北路。辖区总面积约为2.8平方公里,有居民9710户,2.8万人。社区总支成立于2012年,在册党员135人,到社区报到的在职党员447名。社区干部11名,办公及活动用房500平方米。有内蒙古润宇装饰城等9家驻区单位。

光华街社区 位于光华街以北,北垣街以南,东临东影北街,西至兴安北路,辖区总面积0.7平方公里,有居民楼81栋,居民4350户,1.49万人。有工作人员15名,平均年龄34岁,全部具备大专以上学历。社区党总支下设夕阳红党支部和火炬手两个支部,在册党员140人。

丽苑社区 成立于1999年,位于新城区中部,南起海拉尔东路、北至爱民街、西临海兴建材城、东到三十四中东巷,总面积0.8平方公里。有居民5485户,1.68万人,驻区单位有呼和浩特市第三十四中学。社区有集一站式服务大厅、社区卫生服务中心,社区创业就业培训基地、文体活动室等各类培训、服务、活动于一体的3000平方米的多功能服务中心。社区党总支下设4个党支部,在册党员122人,社区工作人员20名。曾荣获"自治区级新家庭计划示范单位""自治区级维护妇女儿童权益先进集体"。

祥园社区 东起展览馆东路,西至呼铁佳园一期东巷,南接北垣街,北临爱民街,辖区面积1.1平方公里,有居民9175户,2.36万人,驻区单位1个。社区党总支成立于2017年,有在册党员68名。社区工作者15名,其中"两委"班子成员10名。社区办公活动服务场所面积1000平方米,设有党风廉政建设教育基地、儿童交通体验馆、公共服务大厅、职工之家、电子图书阅览室、文娱活动室、舞蹈排练室,健身室、多动能会议室等功能室。

芳汀花园社区 东起展览馆东路,西至东影北路,南接新华大街,北临北垣街。是东风路街道办事处最东面的社区,面积0.32平方公里,有10个居民住宅小区,居民3646户,人口8620人。其中社区党总支成立于2012年4月,共有在册党员60人。社区各类在职党员50名。两委班子成员共4名,社区工作者7名。曾荣获"全国文明社区"。

昭君新村社区 位于新华东街与光华街之间,东至东影北路,西至兴安北路,面积0.32平方公里,有住户3100户,人口8500人,社区内驻区单位众多,有近400个商业网点遍布沿街各楼栋,聚集了大中小学和金融、通信等单位,主要有内蒙古艺术学院,呼和浩特市第十四中学、新城区东门外小学、内蒙古恒泰证券有限公司、建行兴安路支行、内蒙古银行新城支行、内蒙古广播电视局等。

东影北街社区　位于新华东街以北，西邻东影北街，北至北垣东街，东与芳汀社区接壤，面积0.6平方公里。有封闭式小区10个，有物业管理的小区3个。有居民楼67栋，平房7排，共有居民3734户，计8236人。社区在册党员69名，低保户49户，商业网点250个。驻区单位有呼和浩特市社会保障局、呼和浩特市民政局、内蒙古教育出版社、内蒙古人民出版社。

第九节　迎新路街道办事处

迎新路街道位于新城区东部，辖区东至机场路连接线，西以展览馆北路构件街为界，南至新华东街，北部与成吉思汗街道一家村接壤，街道辖区面积约14平方公里，办事处设党政办公室、综治办公室、社会事务办公室、经济科技办公室、卫生和人口计划生育办公室、城市卫生综合管理中心6个科室。下设团结小区社区、如意社区、人和社区、展北社区、新春社区、水岸社区6个社区居委会。办事处驻新华东街新春路10号。

驻区单位有自治区政协、呼和浩特市政府、自治区教育厅、内蒙古博物院、乌兰恰特大剧院、科技馆、火车东站等单位。

2017年，地区人口2.45万户，6.4万人。固定资产投资完成2.01亿元，招商引资全年完成7000万元，社会消费品零售额全年完成3703万元。

团结小区社区　位于迎新路街道中部，东起新春路，西至电建二公司家属楼，南接新华大街，北临北垣街，辖区面积0.43平方公里，有居民楼127栋，5907户，共计1.81万人，属于大型纯居民社区。

如意社区　南起新华东街，北至北垣东街，西起丁香路，东到如意河，东西跨度1.5公里，辖区面积1平方公里。辖区有如意小区、亿峰岛、政协小区等7个住宅小区，共有68栋楼房，2955户，7103人。辖区内驻区单位有呼和浩特市委、市政府，内蒙古博物院、乌兰恰特大剧院等10家单位。

人和社区　成立于2003年，辖区东临一家村，西至展览馆东路，南起幸福小区北至爱民街，面积0.52平方公里。辖区内有人和小区、开天花园、劳动花园和联友小区共4个住宅小区，有楼房117栋，居民3348户，8337人，属纯居民社区。

展览馆北路社区　社区居委会位于幸福小区院内，东起团结小区西墙，西至构件街，南接新华大街十字路口，北临劳动花园南墙，辖区面积0.49平方公里，有居民3741户、8742人。

新春社区　辖区面积0.18平方公里，东至新华东街丁香路，西到团结小区东区新春路,南至新华东街,北到一家村铁路。居民3771户,总人口9825人;低保户47户,残疾人数120人。60岁以上老人1938人;驻区单位6家,分别为内蒙古自治区政协、内蒙古自治区教育厅、内蒙古公路工程建设二处、内蒙古公路工程建设七处、中国移动在线内蒙古分公司、内蒙古工商金融培训学校。培育“雨花斋”社会公益组织1家。新春社区是典型的纯居民居住社区,社区老旧小区居多、社区65岁老年人占人口比重较大。

水岸社区 辖区面积5平方公里,位于市政府东河广场东侧,水岸小镇C区底商,社区东起呼锡路,西至腾飞路,南接新华大街,北临北垣街,辖区有水岸小镇ABC三区、锦绣园一期二期、伯爵花园3个小区,有居民4743户、1.24万人。驻区有内蒙古艺术学校、内蒙古鸿德学院、火车东站等单位。

第二篇

自然环境

第一章　自然地理

第一节　地　质

一、形成

新城区辖地主要由平原、丘陵、沟壑、山地四部分构成。其城区及城区东部、北部平原为湖相沉积、湖滨沉积形成的大青山冲积扇倾斜平原，其丘陵、沟壑、山地为大青山石质山区及黄山沟壑构成。按地槽地台学分析，地质演变属"中朝准地台"演变中"内蒙古地轴"变动过程中的"阴山台拱"和"河套新断陷"地质地层变化期形成的地质构造。其演变约从距今45亿年前始，终止于6亿年前，经历了数次变故和漫长的地质演变，使基底构造极为复杂，有早期中元古界湖泊底部和边缘形成的海相碎屑及碳酸盐岩建造地，中期加里东运动使海水全部退出后，使地层发生褶皱和断裂。燕山运动晚期，阴山南部由于拉伸而断裂，形成了阴山南麓的盆地，这一大断裂东起保合少镇奎素村，西至包头市。

二、地层

地层是指地壳变动发展过程中形成的各种成层岩石的总称。新城区山区主要以古生代的地层为主，尚有少量中生界地层分布，沟谷、山间凹地及山间平原分布着新生界第四系上更新统土层，平原为新生界第四系全新统土层。红山口、三卜树、甘沟、猴儿山、黄花之南分布着太古界乌拉山群地层，该群地层为一套区域混合岩及中深度变质的黑云斜长片麻岩、黑云石英片岩、变粒岩、大理岩及石英岩组成，为海相碎屑岩及碳酸盐岩建造，从上到下碳酸盐岩逐渐增多，碎屑岩则渐渐减少。该山群是中国最古老的地层出露点之一。哈拉沁、红山口、三卜树、哈拉更、乌兰不浪、卯独沁、面铺窑等地分布着元古界二道洼群最广的地层。该群地层区域混合岩化微弱，下部以各种绿片岩为主，上部以大理岩、片岩为主，是新城区辖区大量石矿产的重要层位。哈拉沁以东榆树沟一带的岩性为砂岩、页岩及砾岩为山间盆地陆相沉积地层。这是古生界侏罗系中下统石拐群时形成的地层。古路板、奎素等地出露的岩层，属山间断陷盆地沉积的陆相碎屑岩，是中生界侏罗系上新统大青山组地层。其岩性以巨厚的砾岩与砂岩互层为主，夹有薄层泥灰岩、岩质页岩。砾岩中普遍含金，是寻找金矿的重要层位。面铺窑子及其东南一带分布的岩层，属新生界第四系上更新统，是湖积、冲积而成的黄色粉砂黏土层。大青山中的河谷、山前平原的缓坡带上及城区，属新生界第四系全新统，是由松散的沙砾、淤泥、砾石层、沙土等地层组成。

三、地质结构

新城区境内山地由前古生代变质岩系,中生代陵相碎屑岩以及侵入其中的不同期次的花岗岩组成。地质结构形成的侵入岩发育情况分以下三种:

最早形成的是元古代侵入岩,主要见于料木山、黄花窝铺等地,呈岩基或岩柱状产出,分布面积约 60 平方公里,是料木山片麻状花岗岩,其岩性特征:风化面为灰粉色、灰蓝色,致密块状花岗结构、片麻状构造。黄花窝铺花岗岩其岩体特征:大理岩呈枝状封闭于岩体中,接触面产状缓而弯曲。中心相带为肉红色中粗粒片麻状花岗岩,边缘相带为土黄色中细粒片麻状花岗岩、浅粉色黑云母细粒花岗岩。三道沟岩体,其岩石特征:一般为浅肉红色风化面,黄褐色残余花岩结构,似片麻状构造。

加里东晚期侵入岩,此岩层见于灯炉素一带约 20 平方公里,岩性主要有灰绿色、灰白色中粗粒石英闪长岩似片麻状结构,灰绿色碎斜长花岗岩呈变晶结构。

燕山早期侵入岩,由东向西见于神水梁、面铺窑子、奎素、红山口沟等地,出露面积近百平方公里,为中酸性侵入岩,呈岩枝或岩珠状产出,为肉红色、中细粒结构。黑云母钾长花岗岩则似斑状。还有较大的花岗岩体分布在神水梁、面铺窑等地,称为神水梁二长花岗岩,出露面积约 40 平方公里,呈岩基状产出,岩性特征为肉红色中细粒结构、花岗结构、块状构造。

第二节　地　貌

新城区地处大青山南的冲积扇地带,地势北高南低,地形分为山地、山前冲积扇地和平原三部分构成,山区约占全区面积的 60%,城区系大青山南麓冲积扇平原。

一、山脉

新城区境内的大青山,东西长约 40.5 公里,南北宽约 10 公里,境内主要山峰有料目山、平顶山、蟠龙山、猴山、玉带山、金銮殿山、虎头山、蟠羊山、大梁山、骆驼山、盘家坝、南天门、圣水梁 10 多座山峰。境内最高峰料木山位于哈拉沁沟东侧,海拔 2149.5 米,平均海拔为 1050 米。

神水梁　位于保合少镇边墙村东偏北,系新城区与卓资县之分界,也是新城区境内诸山之最高峰,海拔 2150 米,山体由燕山期的肉红色二长花岗岩岩体组成。

兔儿山　位于保合少镇大窑村偏东南,海拔 1473 米。是一处中国发现的面积最大,年代最久远的石器制造场,兔儿山的地质风貌形象奇特,是由元古界二道洼群蛇纹石化大理岩及燕山期花岗岩组成,地表黄土覆盖较厚。

大梁山　位于成吉思汗大街街道乌兰不浪村西北约 3 公里处,由二山峰组成,海拔分别为 1580 米和 1706 米,岩石为元古界二道洼群构造,显现出典型的大理石片岩分层夹杂分布。

雕窝山　位于哈拉沁沟中，以古代传说栖息金雕而得名，此山石岸林列，山势巍峨，是大青山最为险峻的山峰。

猴儿山　位于奎素村北 5 公里，海拔 1819 米，其山体之形似猴。全山总体呈反“S”形，猴儿山主体由太古界乌拉山群片麻岩，大理岩组成，属穹窿构造，山体中间由燕山期花岗岩占据。

虎头山　位于塔坝村偏东南 1.5 公里处，海拔 1824 米，山有岩石崛起，昂首蹲立形如一只猛虎，故此山以虎而得名。虎头山的岩性为元古界马家店群的板岩、片岩及大理岩组成，因受构造作用和风化剥蚀而形成岩石风景点。

平顶山　位于猴儿山西北 5 公里，虎头山西南 4 公里处，三者形成等腰三角形之势，平顶山处于钝角处。这三座山在地质构造上均属于同一穹窿构造之上，形成奇特的地貌景观。平顶山海拔 1976.8 米，其岩性由燕山期肉红色花岗岩组成，由于风化剥蚀作用，山顶被夷为平面，故得名平顶山。

骆驼山　位于黄花窝铺村西南处，突兀于群山之巅，海拔 2073.8 米，其山形象一只雄伟的骆驼，山体岩性由元古界二道洼群大理岩和片岩组成，岩层是东西向展布。

料目山　位于哈拉沁村北 7 公里处，海拔 2050 米，山顶夷为平面，山的西部为悬崖绝壁，其他三面比较平缓，其岩性为元古界灰粉色片麻状花岗岩组成，岩株侵入于元古界二道洼群大理岩之中。

蟠龙山　位于榆树沟村西北和乌兰不浪村北，海拔 1931 米，沿山腰蜿蜒石阶而上，有天然石洞一处，洞如龙头大口，山形似蟠龙翻滚，故名蟠龙山。蟠龙山岩石由元古界二道洼群的大理岩组成。

二、丘陵

分布在大青山前坡，在大青山与山前平原的结合部，有宽度不一的丘陵过渡带，面积不足 100 平方公里。属山前倾斜洪积地，为山前间不明显的丘陵过渡带，较大的丘陵有东恼包山、西恼包山、李善成梁、小坝梁、称砣山梁、黄土崖、坡东水泉、羊圈山等。丘陵地带沟壑纵横多砾石、土壤贫瘠、干旱缺水，耕种条件差。

三、平原

山麓洪积平原分布于大青山前坡，海拔在 1250 米以下，分布着一系列面积大小不等的冲洪积扇地，多为 0.5 平方公里左右，坡降较大，多在 4%～2%之间，这样的地形在红山口一带表现最为明显。

山前冲积洪积平原，分布在京包铁路附近地区，海拔在 1100 米左右，主要奎素沟、古路板沟、哈拉沁沟、红山口沟等冲积洪积扇群组成，并向南延伸 14～25 公里不等，坡度一般为 2～5 度。

城区及城区北部、东部部分农区位于哈拉沁冲积洪积扇上,城区平均海拔 1050 米,形成东北高、西南低的冲积倾斜平原,系大青山南麓的山洪冲积扇边缘。

四、沟壑

新城区境内山间沟壑纵横,多为南北走向,垂直山脉走向的沟谷较发育,切割深,沟道比降为 1/50～1/300 属侵蚀剥蚀大起伏的山中地貌,其坡高由北向南逐渐降低,沟壑密度为 2～3 条 / 平方公里。较大的沟有 13 条(见水文一节),这些沟谷多数狭长深切,分水岭顶部至河谷底部高差多在 1000 米以上, 少数沟壑在山口以内形成较宽的喇叭形谷地,这些沟壑在枯水期只有少量山泉水,有时有的河段断流,有些沟河自沟口以下或逐渐消失,或潜于地下,形成无尾河,每到汛期(雨季)水量大而集中。

第三节 气 候

一、气候特征

属中温带大陆性季风气候。四季分明,其特点是:春季风多雨少,升温快;夏季湿热多雨,降水量集中;秋季短促凉爽,昼夜温差大;冬季较长,干冷少雪。新城区季风气候明显,风向随季节交替而改变,全年除静风外,主导风向以偏西北风和西南风居多。春季以西北风、西南风居多,夏季以西南风、偏南风为多;秋冬季以偏北风、西北风为多。全年平均风速为 1.6～2.9 米 / 秒。年平均相对湿度城区为 48%,北部山区在 51%～55%之间。平均相对湿度的四季分配:冬季 54%左右,春季 38%左右,夏季 55%左右,秋季 56%左右。春季是全年比较干燥的季节。

二、气温气压

全年气温变化呈正态分布,年初和年末温度达到最低,每年的年中达到最高;最冷月多出现在 1 月中旬,最热月出现在 7 月。年平均气温 6.7℃,山区比平原低 2～3℃;冷热变化剧烈,夏季平均气温 21.3℃,极端最高气温 38.5℃;冬季平均气温 -7.4℃,极端最低气温 -30.5℃。2001 年以来,在全球气候变暖的大背景下,受全球气候变化,新城区气候变化明显。随着呼和浩特市及新城区经济、工业和交通运输的快速发展,工厂和车辆、生活垃圾排放大量烟尘和气体进入大气,严重地污染了城市空气,加之城区硬化改变下垫面性质,不透水性增强减少蒸发耗热,楼房等建筑物增加白天太阳辐射获得量,夜晚热量不易散失等因素加剧了新城区气候的变化。资料显示,新城区增温幅度明显,平均气温每 10 年升高 0.56℃,城区增温幅度大于农区。

新城区气压的多年平均值为 865.2 百帕。气压的月变化以 12 月气压最高,7 月最低。气压的日变化一般呈二峰二谷形,日最高气压值一般出现在 8—9 时,次高值出现在 22～23 时;日最低气压值一般出现在 15—16 时,次低值出现在凌晨 4—5 时。一年四季的气压日变化规律基本相同。

三、日照

新城区日照充足，全年日照时数为 2862.8 小时。春季平均日照时数 808 小时，夏季平均日照时数 818 小时，秋季平均日照时数 701 小时，冬季平均日照时数 604 小时，分别占全年日照时数的 28%、28%、24%、20%。年日照百分率为 65%。

新城区霜冻在春秋两季出现，春季终霜迟，秋季初霜早。初霜平均见于 9 月中、下旬，终霜平均见于 4 月中、下旬，无霜期为 132～174 天，北部山区较短，城区较长。

四、降水与蒸发

全年平均降水日数在 68～85 天，降水日数主要集中在 6—9 月，降水日数占全年降水日数的 57%，其中以 7—8 月降水日数为最多，占全年降水日数 31%。年平均降雪日数为 22.2 天，年最多雪日 42.2 天。年平均积雪日数 43.2 天。最大积雪深度为 30 厘米。年平均降水量为 397.9 毫米，最大日降水量为 130.6 毫米，山区降水量多于平原。新城区全年平均蒸发量 1623.2 毫米，一年中 5 月份蒸发量最大，1 月份蒸发量最小。

第四节 物 候

一、植物候

新城区属北温带气候区，从山区到丘陵、平原自然植物资源丰富，栽培植物繁多，适宜各种植物生长。草本植物生育期一般年在 180 天左右，木本植物生育期在 165 天左右。严冬季节、冰天雪地、山地平均积雪 30 厘米，冻土约 1.7 米，草木沉寂、万物萧疏。3 月底到 10 月末，各种植物按其生长特点、开花、结果时间不同，从春到秋接连不断，都有适宜的植物在它适宜的气候条件和自然环境中生长、发育。

3 月上旬，气温开始回升，山区冰雪日渐消融，平原草木本植物最先萌动。3 月中旬，蒿草、羊草萌动。

4 月份，平原地带分布的小乔木桃、山杏最先开放，城区的丁香、刺梅、玫瑰先后发绿、长叶，农田开始耕作、种植小麦。

5 月份，立夏、小满种谷、瓜、豆。杨、柳发芽，枝条发绿。连翘、榆叶梅等灌木开花。5 月下旬，山区红楂、山梨、山樱桃开花，大青山成为花的海洋，平原地区海棠、丁香争奇斗艳、美丽芬芳。

6 月份，山区多年生植物山丹花、鸢尾花、石竹、罂粟花、丁香、玉竹、委陵、马兰、黄刺梅开始开花，城区人工栽培的花卉大多开放。6 月下旬，芍药、金针、狼毒、百里香、绣线菊、粉红色刺梅相继开放，从山区到平原到处都是花的海洋、芳香的世界，农田一片嫩绿。

7 月份，进入盛夏，百花盛开，果实累累、万紫千红。山区山萝卜花、翀兰花、风铃、铃蓝、黄芩、糖芥、金莲花、飞燕草、二色补血花(又名苍蝇花)野菊花、三七花、相继盛开;城区一年生、多年生草本、木本花多已开花,五彩缤纷,各具特色。夏田作物进入成熟期,秋田作物进入拔节吐穗期,马铃薯进入开花结实期,农谚说"山药开花结圪旦"。开始收小麦、豌豆和大蒜,瓜果上市。

8 月份,野菊花、牡丹,秋菊先后开放,本地蔬菜、大秋作物陆续收获。

9 月份,秋风凉,树叶黄,草本、木本植物停止生长,叶子开始变色。山区花卉开始凋谢,果实增多,城区花卉仍是万紫千红,独具一格。大秋作物普遍成熟,可以收割。中、下旬开始收马铃薯、萝卜。

10 月,天气变冷,昼夜温差大。草本植物进入枯黄期,胡杨林层林尽染、一片金黄。木本植物开始落叶,葡萄入坑覆盖保暖越冬。中、下旬开始霜降。

二、动物候

新城区动物资源相当丰富,野生动物、鸟兽类繁多,适宜豢养动物。野生动物有较高的科学价值和经济价值,进入新世纪,随着新城区生态建设不断加强和生态环境的持续向好,珍稀和濒危动物逐渐品种和数量增多,野生动物迁徙和活动频繁,人工饲养动物在不断增多。

进入 3 月"八九"左右,大雁从南方飞来,"惊蛰"一到,野地黄鼠在僻静处晒太阳。

4 月,黄鼠开始发情交配。燕子南来,安家筑巢。青蛙、摇头蛹、蚯蚓等开始活动。

5 月,昆虫幼虫出现。春夏之际各种鸟兽日益活跃,布谷鸟始鸣,催人播种。燕子开始产蛋孵雏,各种鸟活动频繁使山区成为鸟语花香的世界。

6 月,牛、羊膘肥体壮,开始发情交配,大畜配种和母鸡孵化。羊肉特别鲜美,农谚有"六月六西葫芦烩羊肉"之说。

7 月,黄鼠幼鼠出现,黄鼠密度增大,幼鼠始与母鼠分洞居住,独立生活。

8 月,夏秋之季,是各种虫鸟生存繁殖的旺季。秋高气爽,草茂叶繁,是大小畜抓膘季节。

9 月,青蛙开始入眠。燕子南飞越冬。野生动物处于生长最旺盛期,皮毛俱佳。豢养动物猫和狗发情交配,农谚有"二八月猫嚎窝"之说。

10 月,大雁南飞越冬。

11 月,土地封冻,鼠、蛇、蚁入洞冬眠。

12 月到次年元月,昆虫冬眠,只有野兔、野兽、松鼠出没在林间及阳坡地。

第五节　水　文

新城区境内的河流多属季节性沟河,这些河的水流少部分来自山泉,多为雨季沟谷的汇流水。多汇流于红山口沟、哈拉沁沟、古路板沟、奎素沟、面铺窑沟内，最后流入小黑河。境内地表水资源较少，河流多属季节性沟河，较大的沟河有6条。水资源多为雨季沟谷的汇流水，部分来自山泉，只有汛期水量大而集中，平时只有少量的山泉水，有时断流。地下水资源较丰富，浅水一般埋深在40米以内，深层承压水埋深在60～120米之间。境内最大的河为哈拉沁河，从武川县大青山安字号乡西南流经境内哈拉沁沟，出沟从哈拉沁村向南经呼和浩特东河入小黑河，属季节性河流。

红山口沟　发源于武川县五道沟，沟长约18公里，经红山口、公主府注入小黑河。主沟呈东北西南走向，上游有五条较大的支流。红山口沟泉水长流，水流出河口入川时潜入地下。沟谷中植被茂密，野草奇花遍布山谷，飞禽走兽时有出没，景致极佳，著名的"摩崖石刻"、召湾古庙就在这里。距沟口6.5公里处有红山口村采石场，在此沟口建有截伏流工程。

哈拉沁沟　发源于武川县斑定召村，新城区黄花窝铺村西北2公里处，汇集多条支流后，经德胜营、召塔汇入哈拉沁大沟。经毫沁营、南店、讨浩板村注入小黑河，全长58公里，流域面积600多平方公里，系小黑河的主要支流。1985年，这条沟遭遇百年一遇的洪水，峰期流量超过每秒2000立方米。哈拉沁水库、尊胜寺、老爷庙、滴水岩瀑布在这条沟里。沟内石灰石储量大、质量好。

古路板沟水　发源于保合少镇坝上村和黄花窝铺村，汇流至塔利村东北后形成无尾河，流域面积121.4平方公里。

奎素沟水　发源于保合少镇水磨行政村的仁和义自然村北，至沟口长约10公里，向南至赛罕区巴彦镇成为无尾河，此河的水是由奎素沟里的滴水瀑布及猴山北坡的深沟汇集而成的，通往平川中的恼包、甲兰板二村后，流入大北渠，流域面积87.2平方公里。

面铺窑沟水　发源于保合少镇坝底村北、至沟口长约8公里，向南流至赛罕区太平庄乡白塔村东南渗流入地下，流域面积62.5平方公里，该沟是由灯炉素沟煤窑沟、刁窝沟和坝底沟、强盗沟、小东沟汇集而成。

甘沟水　发源于武川冯家窑村，与三卜树黑脑包沟相连，在大青山内长约16公里，南北流向，沟内山泉涌流，荒草茂盛，沟内蓝片石储量大、质量好。

小哈拉沁沟　位于哈拉沁村西2.5公里处，发源于炭窑沟和小西沟，全长9公里，沟两侧悬崖峭壁，是成吉思汗大街街道石材储量最大的基地。沟的两侧多石崖，蓝片石资源储量大，沟内有分布不均的脉金矿。

哈拉更沟　发源于保合少镇大东沟、黄花窑沟和大后梁，中下游有大西沟、大东沟、黄土窑沟、酸刺沟、八汉板沟。从哈拉沁村东入川，全长26公里。河沟两侧乔木灌木生长茂盛、石崖陡峭。沟内有温泉数处，布满质地优良的蓝片石和大理石矿藏。

乌兰不浪沟　乌兰不浪系蒙古语，意为"红色的泉"，又名水神庙沟，位于哈拉更沟东2公里,沟长8公里,沿沟而上可达大梁山,沟口村和乌兰不浪村的流水都为这一源流之水。

塔沟 位于乌兰不浪村东3公里,因沟侧曾有古塔而得名。

榆树沟 位于乌兰不浪村东2公里,沟长5公里,沟名是以沟内盛长榆树而得名,沟口村就是以此沟而得名。

界台沟 是由小坝沟、界台东沟、前扁担沟和后扁担沟汇集,由东向西至保合少村东与大河漕相汇,全长12.5公里。

小井沟 原称卯独沁沟,卯独沁系蒙古语,意为“伐木”。位于今保合少镇北部,沟长32公里,由两大支沟卯独沁沟和小井沟组成。还有一支沟叫劈柴沟,山势陡峻,松柏参天,流水淙淙,是一处风景游览和避暑之地。

第六节 土 壤

新城区土壤种类较为复杂,有明显的地带特征。有以下几种类型。

灰褐土 灰褐土属于阴山山地垂直带土壤。灰褐土发育母质类型复杂,主要有酸性花岗岩、片麻岩、大理石岩、中性闪长岩、石英岩、基性玄武岩等。其次有少量黄土状母质和河沟两侧的冲积母质。成吉思汗大街街道所属大部分地区属于这种土质。

草甸土 草甸土系非地带性土壤。处于半干旱大陆气候带,是原生质土壤,为黑黄色,含有小砾石,无团粒结构,土壤肥力低,多见于大青山区。

沼泽土 沼泽地区原生质土壤和洪积土混合而成。在沼泽时期形成腐殖质,水位下降时呈碱性。由于受地下水和地表水影响,土壤水分长期处于饱和状态,潜伏接近地表或者露出地面。南部各村分布较多。

淤土 淤土是农田改造时期凭借开渠、坝堰水利工程设施,利用洪水将肥土淤入地表的。其组分为晒熟的灰褐土、草甸土和粪肥混合的复合土。这种土壤肥力高、团粒结构好,适宜农作物生长。

第七节 植 被

新城区地处大青山冲积扇地带,地势北高南低,南北跨度20多公里,水热条件不同,从北向南逐渐由山地向丘陵、平原过渡,自然植被的类型也有所不同。

一、大青山阴坡、半阴坡植被

大青山山地属旱型草原地带,同时兼有华北森林区的植被特点,因此在大青山阴坡、半阴坡和阳坡生长的植物有所不同，海拔1300～1700米的阴坡，建群种以次生的白桦、山杨为主，油松和华北落叶松也有少量分布。灌木主要有虎榛子、绣线菊、珍珠梅、黄刺玫等。草本有线叶菊、千里香、白莲蒿群落，还点着高山素苑、苔草、蚤缀、白婆纳、多叶粒豆、落草、并冰草、冷蒿、扇蓄豆、隐子草、百合、芍药、秦艽、玉竹、黄精、柳叶沙参、唐松草、萎隐草、歪头草、大叶野豌豆、穗长马生蒿、黄芪、党参、柴胡、地榆、刺藜、荨麻等植物。

二、大青山阳坡植被

在大青山阳坡残存着山杏、虎榛、黄刺玫、野樱桃等乔灌木，还有窅蒿、艾蒿、茵陈蒿、米蒿等植物和尖草、寸草等尖叶类植物，以及大黄、狼毒、地椒等阔叶类植物和豆科类植物。大青山山前冲积扇带的植物与大青山阳坡类似，但由于干旱的原因，乔灌木绝迹，高叶类植物有残存群落。进入新世纪，新城区在大青山生态建设中，阳坡、山前冲积扇及丘陵地段种植黄刺梅、山杏、榆树、针叶树、沙棘生态林及黄太平、“123”等果树，人工种植大面积的柠条、沙打旺、沙柳、苜蓿等。

三、丘陵草原植被

在大青山前坡的丘陵地，土壤性状极差，水土流失严重，且卵石多而植物稀疏，主要生长长芒草、隐子草、蒿类、牛枝子、委陵菜、猪毛菜、虫实、虎尾草、画眉等低矮植物。

四、平原地带植被

平原地植被因平原地带土壤的不同，植物也出现了多样性，在风积土、砂壤、油沙土质、荒地、田埂上多生长艾蒿、茵陈蒿、米蒿、沙蒿、水蒿、窨蒿等蒿类植物，以野蒙古尖草、芦草、羊隐草、青剑、龙蓿、寸草、沙草、沙蓬等尖叶类植物和蒲公英、车前子、老来红等阔叶植物为多，还有灯碗花、河蓖梳、铭娃花、辣蓼、大蓟、刺藜等藤蔓类植物和菌类（龟丝子、麻莎菜）植物、苔藓类植物、水稗、水草、荠草等毛茛科植物，乔木有落叶松、桧柏、杨树、榆树、柳树、葡萄及各种果树。

第二章　自然资源

第一节　土地资源

2001 年,新城区行政区域按照 2016 年底土地变更调查数据统计,新城区行政区域总面积 66055.78 公顷。其中耕地面积 7059.45 公顷;园地面积 1387.15 公顷;林地面积 30709.94 公顷;草地面积 15032.72 公顷;城镇村及工矿用地面积 8850.16 公顷;交通运输用地面积 725.03 公顷;水域及水利设施用地面积 1266.74 公顷;其他土地面积 1024.58 公顷。

第二节　水资源

辖区内地下水资源丰富,浅层水由于受地质断裂影响,在大青山山前地段的冲积扇前沿地区断续存在。深层地下水资源丰富,由大青山径流补给,由于超量开采地下水,地下水年平均下降 1.4～2 米。在保合少镇奎素村,距呼和浩特市区 23 公里处,有地热资源保健性地热水。该井井深 2301.73 米,日涌水量 1099.66 立方米/天,自流量 9.183 立方米/秒,井口压力自涌水头高 7.6 米,井口出水温度 41℃。

第三节　野生动植物资源

一、动物资源

境内的鸟类和兽类动物资源较为丰富。区内有脊椎动物 218 种,隶属 24 目 55 科 123 属,其中哺乳纲类 33 种,隶属 6 目 12 科 26 属;鸟纲 173 种,隶属 15 目 37 科 89 属;两栖爬行纲 12 种,隶属 3 目 6 科 8 属。

二、植物资源

境内植物资源非常丰富,据不完全统计,有高等植物 852 种,隶属 127 科 422 属,其中种子植物 736 种,隶属 87 科 346 属;蕨类植物 19 种,隶属 10 科 14 属;苔藓植物 97 种,隶属 30 科 62 属。

野生经济植物65科214属339种。其中，蕨类植物4科4属6种，种子植物61科210属333种，裸子植物2科2属2种，被子植物59科208属331种。

第四节　林业资源

1999年，呼和浩特市调整市辖区行政区划后，新城区共有林业用地39533.3公顷，其中有林地14800公顷，宜林地2100.7公顷，灌木林地3520公顷，疏林地40公顷。人工林面积约占林业用地总面积30%，森林蓄积量为59万立方米。2004—2006年，自治区林业厅开展森林资源二类调查工作，2006年底，首次森林资源二类调查作业工作全部结束。新城区林业用地46415.84公顷，其中有林地14663.09公顷、疏林地21.2公顷、灌木林地7543.09公顷，未成林造林地4091.31公顷、苗圃地18.47公顷、无立木林地1056.83公顷、宜林地14290.98公顷、辅助生产林地4720.87公顷。森林覆盖率33.24%。2015年，森林资源二类调查数据显示，新城区总土地面积66800.0公顷。其中，林地面积48380.4公顷，占总土地面积的72.4%；非林地面积18419.6公顷，占27.6%。新城区的森林资源按形成原因可分为两大类，一类是天然林，一类是人工林，其中天然林面积占林地面积的36.2%。人工林面积为1.5万公顷，占有林地面积的45.8%。天然次生林按树种组成又可分为单纯林和混交林。新城区境内的天然次生单纯林主要为白桦、山杨和优良树种油松，总面积很小，分布在北部大青山，哈拉沁老爷庙分布有天然油松林。境内的天然次生林，绝大多数为混交林，林分树种组成主要有白桦、山杨、榆树等，林下灌木主要有山杏、虎榛子、绣线菊等，在大青山区成片分布。新城区森林覆盖率44.3%，林木绿化率44.4%。

第五节　矿藏资源

大青山地区复杂多变的地形地貌，孕育了丰富的矿产资源。金矿、大理岩、建筑用沙石料矿主要集中在成吉思汗大街街道办事处哈拉沁沟、哈拉更沟；红山口三道盘金矿黄金储量也较富集；保合少镇有构造型地下热水（地热资源保健性地热水）。

金矿　位于成吉思汗大街街道办事处红山口沟内，距沟口8公里，矿区地处大青山腹地，金矿资源均较为富集。

大理石矿　主要见于成吉思汗大街街道办事处哈拉更沟一带。

建筑用沙石料矿　位于成吉思汗大街街道办事处哈拉更村北4公里的大青山腹地，哈拉沁沟（小沟）处可采厚度变化较大。

第三章　自然灾害

第一节　气象灾害

一、干旱

2001年春、夏干旱，毫沁营镇1509公顷农田未播种。乌兰不浪、哈拉更、榆树沟、生盖营、塔利等村受灾严重，政府给予救济面粉1万公斤。

二、冰雹与大风

2015年7月29日，保合少镇遭受罕见的冰雹和风灾，全镇9种农作物受灾面积304.5公顷，死羊15只，恼包村、庄子村两个村损毁大棚23座，造成直接经济损失753.8万元。

三、暴雨与洪涝

2011年6月7日晚19:00，讨思浩村蔬菜大棚遭遇雷雨、大风强对流天气，其他地区也受到不同程度损失，共损失约25万元。

2012年7月24—28日，连续强降雨，成吉思汗大街街道办事处哈拉沁沟一村民驾车溺水而亡。各村土坯房均受到不同程度的损坏，房屋倒塌46户，68间，有417户，1380间房屋进水，受灾人口达到2841户8523人。农作物受灾140公顷，蔬菜温室进水107栋，其中倒塌2栋，死亡牲畜50头(只)。洪水冲毁河堤1200米，淤满退水河道5000米，形成险工险段6处，冲毁道路11处，合计7.5公里。沿山截伏流工程受损6个村，造成8323人畜饮水困难。直接经济损失3000余万元。

2012年7月25日连降大雨，保合少镇受灾面积1327.5公顷，成灾面积730.13公顷，绝收面积212.4公顷，造成直接经济损失638万元。恼包村的洪水水位达1.2米，全村街道、院落、房屋过水面积达到80%，导致61间房屋倒塌，420户基础下陷，墙体开裂，房屋倾斜；基础设施水、电、路受到损坏，水井淤积，管道断裂，路基冲毁等。

四、沙尘暴

呼和浩特市沙尘暴的发生较为频繁，多发生在春秋季。2001—2017年，新城区发生沙尘暴的总次数为30次，其中2001年发生7次，为进入新世纪以来发生最多的年份，沙尘暴灾害从2002年以来的发生次数总体呈下降的趋势，其中2008、2009、2010年在减少中有回升，而进入 2012 年开始急剧减少，除 2014 年发生 1 次外，至 2017 年没有发生。

第二节　地质灾害

一、地震

2003 年 4 月 6 日，呼和浩特市托克托县发生地震，新城区范围内有震感。

二、山体崩塌

2010 年 11 月 2 日，哈拉沁沟发生山体崩塌险情，该崩塌山体位于哈拉沁村至哈拉沁水库公路进山三公里的“窑台”路段处，原为一个采石场。

第三节　生物灾害

2008 年 8 月下旬，新城区沿山荒地、农田周边大范围发生极为严重的草地螟虫害。杂草中平均每平方米幼虫 150 头，最严重地块高达 600 头以上。

第三篇

人口 民族 宗教

第一章　人　口

第一节　人口分布

2000年，全国第五次人口普查，新城区常住人口为409629人。在常住人口中，保合少乡10798人，海拉尔东路街道办事处72937人，锡林北路街道办事处28978人，中山东路街道办事处22916人，东街街道办事处36469人，西街街道办事处51085人，东风路街道办事处47177人，迎新路街道办事处24522人，毫沁营乡103486人，小井乡6261人。

2010年，全国第六次人口普查，全区常住人口567255人，在常住人口中，保合少镇11509人，海拉尔东路街道办事处78821人，锡林北路街道办事处30571人，中山东路街道办事处17977人，东街街道办事处45066人，西街街道办事处44709人，东风路街道办事处78683人，迎新路街道办事处43598人，成吉思汗大街街道办事处215999人，工业园区322人。

2017年，新城区总人口为61.2万人，其中户籍人口405563人(2016年后不含集体户)，流动人口20.65万人。保合少镇15808人，海拉尔东路街道办事处69780人，锡林北路街道办事处32900人，中山东路街道办事处17167人，东街街道办事处46000人，西街街道办事处47988人，东风路街道办事处95000人，迎新路街道办事处64017人，成吉思汗大街街道办事处223447人。

第二节　人口变动

2000—2010年，辖区总人口增长14.91万人，增长率35.66%，年均增长3.1%，人口密度每平方公里454人。

2011年年末，辖区总人口为55.31万人，常住人口为37.43万人，流动人口17.88万人。常住人口减少4.4万人、流入人口增加2.45万人，人口出生率为8.54‰，人口死亡率0.92‰，人口自然增长率7.62‰，人口密度为每平方千米790人。

2017年，辖区总人口增长到61.2万人，人口密度增长到951人。其中，户籍人口增长到405563人。户籍人口中，出生人数4808人，出生率为11.9‰。全年迁入22701人，迁入率56‰；迁出17679人，迁出率43.6‰；人口机械增长率为12.4‰。

2001—2017 年新城区户籍人口统计表

表 3-1-1

年度	总户数	总人口			
		合计	男	女	非农业人口
2001	93177	311837	156176	155661	270728
2002	95823	321068	160340	160728	274124
2003	98996	324614	162679	161735	277074
2004	102922	323592	162089	161503	275670
2005	106077	326695	163891	162804	278434
2006	109880	332833	167166	165667	283684
2007	114165	340853	171140	169713	292406
2008	117423	347648	174552	173096	298834
2009	121228	355366	178091	177275	305771
2010	124652	361238	180372	180866	311718
2011	128464	367522	183044	184478	317257
2012	130458	368857	182923	185934	319308
2013	135627	376866	186511	190355	326430
2014	140254	385274	190266	195008	334083
2015	145271	393124	193795	199329	341395
2016	147375	398028	195915	202113	382901
2017	151162	405563	199353	206210	390305

第三节 人口构成

一、民族构成

2000 年,全国第五次人口普查,全区共有 38 个民族,汉族人口 340531 人,占 83.1%;蒙古族人口 52026 人占 12.7%;其他少数民族人口 17072 人,占 4.2%。

2010 年,全国第六次人口普查,全区共有 34 个民族,汉族人口 479266 人,84.49%;蒙古族人口 69965 人,占 12.33%;其他少数民族人口 18024 人,占 3.18%。

2011 年,全区共有 35 个民族,总人口中,以汉族为主,达 46.9558 万人,占 84.89%;有蒙古族、满族、回族、达斡尔族、朝鲜族等 34 个少数民族,共 8.3588 万人,占 15.11%;超过 5000 人的有蒙古族、满族、回族,其中蒙古族 60269 人,占少数民族人口 72.10%,满族 8684 人,占少数民族人口的 10.39%,回族 5185 人,占少数民族人口的 6.20%。其他少数民族人口 9450 人,占少数民族人口的 11.31%。

2017年，全区户籍总人口405563人。户籍人口中，汉族320704人、蒙古族64738人、回族5506人、满族11957人、朝鲜族500人、达斡尔族1313人、鄂温克族171人、鄂伦春族33人、壮族116人、藏族45人、锡伯族83人、苗族49人、土家族65人、彝族16人、维吾尔族40人、其他民族177人。

二、性别构成

2000年，全国第五次人口普查，在总人口中男性213759人，女性204385人，男女性别比（以女性为100）为104.59：100。

2010年，全国第六次人口普查，男性287064人，占50.61%；女性280191人，占49.39%。

2017年，户籍人口男女性别比（以女性为100）为103.4：100。

三、年龄构成

2000年，全国第五次人口普查，0～14岁占16.86%；15～64岁占77.83%；65岁以上占5.31%。

2010年，全国第六次人口普查，0～14岁78890人，占13.91%；15～64岁449391人，占79.22%；65岁以上38976人，占6.87%。

二、文化构成

2000年，全国第五次人口普查，新城区每十万人拥有的受教育程度大专及以上的人口18403人，高中和中专的25057人，初中27913人，小学17555人，文盲16732人，文盲率4%。

2010年，全国第六次人口普查，新城区每十万人拥有的受教育程度大专及以上的人口28288人，高中和中专的18947人，初中30036人，小学14989人，文盲10549人，文盲率1.86%。

三、职业构成

2001年年末，新城区全社会从业人员126238人，从事第一产业21149人，从事第二产业19520人，从事第三产业85569人，在岗职工数7892人，乡村劳动力35942人。

2016年年末，新城区全社会就业人员331650人，从事第一产业10892人，从事第二产业89335人，从事第三产业231423人，在岗职工数111338人，乡村劳动力3883人。

第二章　计划生育

第一节　管理机构

一、行政管理机构

2002年，区政府精简机构，区计划生育委员会更名为区计划生育局，增设技术服务中心、生殖健康培训中心，共有工作人员14名。2005年，新城区计划生育局更名为人口和计划生育局。2015年4月，区卫生局和人口和计划生育局进行机构整合，成立区卫生和计划生育局。2016年，按照呼和浩特市卫生和计划生育委员会的部署，区妇幼保健所和计划生育技术服务中心进行整合，成立区妇幼保健计划生育服务中心，同年，完成区、镇、村三级妇幼保健机构和计划生育技术服务站的资源整合。

二、事业机构

新城区计划生育协会　2007年，经新城区机构编制委员会研究决定，成立新城区计划生育协会，机构规格为股级，为区计划生育局所属事业单位，核定事业编制12名。2017年列入区委群团序列。区计生协下辖1个镇、8个街道办事处、77个村(居)、企业、流动人口等86个基层计生协会，会员数达到4.51万人。区计生协日常工作由专职副会长负责。区计生协是区委、区政府联系全区广大育龄群众和计划生育家庭的桥梁和纽带。其主要职责是贯彻落实《中华人民共和国人口与计划生育法》及相关法律、法规和政策，在协助政府推动人口和计划生育工作发挥积极作用。

新城区计划生育生殖健康培训中心　成立于2002年，主要工作是宣传国家的计划生育方针、政策、法规；宣传避孕节育、优生优育和生殖健康的科学知识；指导镇(街道)、村(居)计划生育人员的生殖健康相关业务活动，并做好培训工作；开展生殖健康培训工作，定期对育龄人群开展生殖健康培训和指导；开展生殖保健综合服务，生殖健康培训相关工作；建立健全育龄人群的生殖保健培训档案，培训记录和相关资料的保管工作。2017年，有在编人员7人。

新城区计划生育技术服务中心　成立于2002年，事业编制12人。承担宣传教育、技术服务、药具发放、人员培训、信息咨询、优生指导、随访服务、生殖保健等职能。

新城区妇幼保健计划生育服务中心　2016年，由区妇幼保健所和区计划生育技术服务中心合并组建，是新城区唯一的一家由政府举办的县级妇幼卫生专业公共卫生服务机构，为非营利性公益性事业单位。在职职工 37 人，其中主任医师 2 人，副主任医师 12 人，主治医（护）师 7 人，医（护）师 16 人。内设孕产保健部、儿童保健部、妇女保健部和计划生育技术服务部。主要开展妇女保健服务，包括青春期保健、婚前和孕前保健、孕产期保健、更年期保健、老年期保健工作。

三、乡镇、街道计划生育机构

2001 年，设区计划生育委员会，在 1 乡 1 镇 7 个街道办事处设计划生育宣传服务站，各乡、镇、街道办事处均有 5～10 人的计划生育助理员。2017 年，新城区共设有 1 个镇、8 个街道办事处，都设有计划生育办公室。

四、村、社区计划生育工作队伍

2001—2011 年，新城区按照千人一员的标准配置计划生育基层工作人员。

2012 年，新城区出台《新城区对村（居）连续从事计生工作满 10 年离职人员给予生活补助的实施办法》，离职时连续从事计划生育工作在 10～20 年的（含 20 年），一次性发给生活补助 2000 元；离职时连续从事计划生育工作在 21～30 年的（含 30 年），一次性发给生活补助 3000 元；离职时连续从事计划生育工作 31 年以上的（含 31 年），一次性发给生活补助 5000 元。

2013 年，出台《新城区人民政府关于提高村（居）计生干部待遇的决定》，将村（居）计生干部岗位津贴由每月 50 元提高到 100 元。

2017 年，印发《新城区对村（居）连续从事计生工作满 10 年离职人员给予生活补助的实施办法》的通知，对离职时连续从事计划生育工作在 10～20 年的（含 20 年）每人每月发放生活补助 120 元，21 年以上的（含 21 年）每人每月发放生活补助 150 元，直至亡故。年末，新城区计划生育基层工作人员共计 795 人，保合少镇、各街道办事处计划生育主任 9 人，其他计生工作人员 57 人，各村（居）委会计生专干、片长 729 人。

第二节　宣传教育

2001—2008 年，新城区计划生育局利用每年“三下乡”、春节、妇女节等时间节点，深入毫沁营镇、保合少镇宣传计划生育政策、优生优育知识，不断提高辖区居民生殖健康素养。

2009 年 5 月 26 日，呼和浩特市生育关怀——孕期“一杯奶”项目，在新城区成吉思汗街道办事处讨思浩村启动。

2010 年 1 月 25 日，为让育龄群众对计生知识有更深入了解，区计划生育局免费为城区、农区的群众发放《流动人口、农民工计划生育便民维权》《新城区流动人口生殖健康》宣传折页各5000份、《新城区流动人口计划生育宣传手册》5000份。2月8日，在保合少镇奎素村开展计生知识“关爱女孩”为主题的大型宣传活动。为育龄群众、流动人口、农民工发放《计划生育便民维权措施》1000张、《关爱女孩手册》200本。

2011年5月4日，为全面做好计划生育避孕药具工作，方便广大已婚育龄妇女，按照市计划生育委员会的统一部署，新城区开展避孕药具“一卡通”的宣传工作。张贴“致育龄夫妇的一封信”宣传页，告知居民，做到把计划生育服务送到家。各社区基本建立起了以避孕药具免费发放的“一卡通”供应为主体的多渠道发放体系，各个街道及社区设立发放点，并有专人负责发放，做好登记管理工作。

2012年5月25日，新城区人口计生局、计划生育协会在成吉思汗大街街道办事处毫沁营村，开展新城区生育关怀“祥和家庭保险卡”发放仪式，为全区248户基层计生人员家庭免费办理“祥和家庭”保险，直接惠及金额2.48万元。

2013年5月29日，在下新营村恩惠幼儿园举行为纪念中国计生协会成立33周年暨庆祝“六一”儿童节“爱心牵手结对帮扶”活动启动仪式。

2014年6月，成吉思汗大街街道办事处以社会主义新农村建设为契机，实施“计划生育新家庭文化屋”建设工程，并与草原书屋相结合，建成三卜树村、讨思浩村、生盖营村、南苑社区“计划生育新家庭文化屋”。

2015年8月1—7日，为使广大群众充分了解及认识母乳喂养的重要性，提高母乳喂养率，保护和增进母婴健康，新城区开展“母乳喂养——倾听、诉说、分享”为主题的宣传活动。

2016年6月，新城区妇幼保健计划生育服务中心开展推进国家免费孕前优生健康检查项目的宣传活动，调动计划怀孕夫妇的参检积极性。

2017年1月，新开展宫颈癌免费筛查项目，为35～64岁妇女免费筛查，举办科普知识讲座，走进乡村义诊等活动，宣传宫颈癌免费筛查项目。

第三节　政策措施

2003年，新城区人民政府办公室印发《新城区关于建立人口与计划生育利益导向机制的实施办法(试行)通知》，对领取“独生子女父母光荣证”的夫妻，从领证之日起至子女满14周岁止，每月发放5元的“独生子女父母奖励费”；农村独女户夫妻“独生子女父母奖励费”为每月20元；对农村放弃二胎生育指标的夫妻，在享受“独生子女父母奖励费”的基础上，每月再增加60元奖励费；农村双女户，夫妻一方做了绝育手术的发给200元营养费。

2004年，新城区出台《关于新城区建立人口与计划生育利益导向机制的实施办法的补充通知》，对农村夫妻年满60周岁自愿终身只生育一个子女并领取“独生子女父母光荣证”的夫妻，每人每月享受50元的奖励扶助金，直至亡故为止。如果独生子女发生意外伤残、死亡，其父母不再生育和收养子女，每人每月再增加10元奖励扶助金，直至亡故为止。

2006年，新城区出台《关于对农村部分计划生育家庭实行奖励扶助的补充通知》，对符合条件的农村部分计划生育家庭，年龄在55～59周岁的扶助对象按每人每月50元标准发放扶助金，直到进入60周岁与国家奖励辅助接轨为止。

2007年，按照新城区人民政府印发《新城区对实行计划生育家庭进行奖励和扶助的实施办法（试行）》的通知，对独生子女户、双女结扎户、政策内结扎户给予奖励，在婚育休假、子女就学、城镇医保、新农合、扶贫开发、失地保险、优先上岗等多方面倾斜于计生家庭。

2009年，新城区印发《关于提高计划生育特别扶助家庭奖励金的通知》，在国家扶助标准的基础上提高40元，即，独生子女死亡后未再生育和收养子女的夫妻，按每人每月140元的标准发放扶助金，独生子女伤、病残后未再生育和收养子女的夫妻，按每人每月120元的标准发放扶助金，直至亡故为止。

2011年，新城区出台《关于提高农村独女户家庭独生子女父母奖励费的通知》，将户籍在新城区的农村独女户家庭独生子女父母奖励费由每月20元提高到每月50元。

2012年，新城区出台《关于提高新城区纯居民和下岗职工中少数民族家庭独生子女父母奖励费的通知》，将纯居民和下岗职工中少数民族家庭的独生子女父母奖励费由每月10元月提高到每月50元。

2013年，新城区人民政府印发《新城区对计划生育家庭独生子女发生意外伤残及死亡家庭给予补助的实施方案》，对符合条件的失独家庭和独生子女发生意外伤残家庭给予补助。独生子女死亡家庭按户一次性发放扶助金。独生子女伤残的夫妻，按照伤残的等级发放扶助金。2013—2015年累计发放扶助金391.94万元。2016年，按照自治区、市有关文件要求发放计划生育特殊家庭一次性扶助金，《新城区对计划生育家庭独生子女发生意外伤残及死亡家庭给予补助的实施方案》予以废止。

2014年3月31日起，按照《中共中央关于全面深化改革若干重大问题的决定》和《内蒙古自治区人口与计划生育条例修正案》相关要求，新城区对符合单独条件的夫妇申请生育第二个子女的予以生育审批。

2015年10月29日，中共十八届五中全会决定全面实施一对夫妇可生育两个孩子政策，从2016年1月1日起全面二孩政策实施。2016年3月30日，新城区按照重新修订的《内蒙古自治区人口与计划生育条例》要求，提倡一对夫妻生育二个子女，对生育第一或第二个子女的，实行生育登记，不实行审批，由家庭自主安排生育。全面两孩生育政策实施,计划生育奖励扶助政策随之调整。不再鼓励晚婚晚育、一对夫妻生育一个孩子的奖励政策,重点转向构建支持按政策生育的服务保障体系。新城区从2016年3月30日起停止执行农村牧区长效节育措施一次性奖励政策。计划生育家庭奖励、扶助保障等政策,按照"老人老办法,新人新办法"的原则进行。对全面两孩政策调整前的独生子女家庭和农村计划生育双女家庭,按照"老人老办法"的原则,继续按原有规定的条件、标准、年限享受奖励扶助等政策。对政策调整后自愿只生育一个子女的夫妻,按照"新人新办法"的原则不再享受独生子女父母奖励优惠等政策。

2016年12月,新城区印发《新城区实施全面两孩政策改革完善计划生育服务管理的意见通知》。

2017年12月,印发《中共新城区委员会新城区人民政府关于印发〈实施全面两孩政策改革完善计划生育服务管理的实施方案〉的通知》,全面实施一对夫妇可生育两个孩子的政策,改革完善计划生育服务管理,提升计划生育服务管理水平,促进人口长期均衡发展,最大限度发挥人口对经济社会发展的能动作用。

第四节　优生优育

2001—2008年,新城区把出生缺陷三级预防工作作为政府为百姓提供的一项公共服务来抓,全面推进出生缺陷干预工程。宣传免费婚前医学检查,开展预防出生缺陷保护母婴健康活动,为育龄妇女免费发放叶酸等方式预防出生缺陷。

2002年,新城区作为自治区、呼和浩特市出生缺陷干预工程——引入"福施福"(即中国优生科学协会推进的孕妇营养素软胶囊营养药品)的试点单位,实施计划生育避孕节育优质服务和生殖道感染干预工程,为提高出生人口素质奠定了基础。

2009年,启动呼和浩特市生育关怀——孕期"一杯奶"项目。

2010年,新城区计生服务中心推进计划生育"生殖道感染干预工程",在全区范围内开展已婚育龄妇女妇科疾病普查普治活动。向群众免费发放计划生育宣传资料3万多份,避孕药具3000余盒。

2011年,在区计生服务中心建立优生检测实验室,配备孕前优生健康检查所需的设施设备,免费为新婚待孕妇女提供孕前优生四项检测和专业咨询;对856对新婚夫妇进行摸底调查,

2012年,为广大群众提供价值近600元的免费孕前优生健康检查,提高流动人口的优生优育意识和主动参与体检的意识。制作图文并茂的优生优育知识宣传手册,发挥计划生育网络建全联系方式,及时地掌握体检的注意事项和随时地进行预约服务。

2013年,举办"国家免费孕前优生健康检查项目管理信息系统"培训班,推进国家免

费孕前优生健康检查工作，实现参检人群城乡全面覆盖。完成447对农区和城区计划怀孕夫妇检查任务，每对计划怀孕夫妇基础信息实行边参检边录入方法，确保信息规范完整。

2014年，出台《新城区关于再生育审批工作窗口前置的通知》，将再生育审批工作由区市民服务中心计生服务窗口前置到各地便民服务大厅办理。群众在办证时，可向镇(办事处)、村(居)计生窗口就近申请办理；同时制定《首问责任制》《一次性告知制》《限时办结制》《全程代办制》等制度，郑重承诺不让群众跑3趟，避免群众多跑路的现象，方便群众办证。

2015年，成立降低孕产妇、婴儿和5岁以下儿童死亡率干预行动领导小组，加强产前检查、高危筛查、监护管理和定期随访，确保孕产妇特别是高危孕产妇安全住院分娩。加强区级孕产妇急救绿色通道建设，以二五三医院、区医院为依托，建立急救中心，推进孕产妇和儿童急救"绿色通道"建设，完善转诊制度，保证绿色通道的畅通，为全区孕产妇及高危患儿提供安全优质的服务。

2016年，新城区开展孕产妇死亡监测、5岁以下儿童死亡监测、出生缺陷医院监测、出生缺陷人群监测、危重孕产妇医院监测、免费宫颈癌筛查项目、免费乳腺癌筛查项目、免费孕前优生检查项目、增补小剂量叶酸预防神经管畸形项目、免费婚前医学检查等项目，推进国家免费孕前优生健康检查项目。

2017年，完成区、镇、村三级妇幼保健和计划生育技术机构整合，促进预防保健和临床服务的有机结合。成立区危重孕产妇和新生儿救治中心，辖区4家助产机构分别与内蒙古医院建立绿色救治通道；完善孕产妇网格化、动态化管理，制定网格化管理责任图表，实行包片责任制，多渠道掌握孕情及时发现早孕，及时纳入孕产妇管理系统，进行追踪服务。辖区3家助产机构增设新生儿听力筛查业务，全部助产机构与自治区妇幼保健院签订产前筛查协议，加强出生缺陷产前筛查及新生儿疾病筛查宣传力度。

第五节　依法行政

2000年，中共中央明确规定实行征收社会抚养费征收制度。2002年，国务院颁布《社会抚养费征收管理办法》，明确对计划外生育子女的公民，征收社会抚养费。新城区按照国家和自治区的有关规定，委托街道办事处、乡镇人民政府代缴代收社会抚养费。按照《内蒙古自治区人口与计划生育条例》规定对违反条例生育子女的，视非政策生育具体情况征收数额不等的社会抚养费；除缴纳社会抚养费外，是国家工作人员的，还应当依法给予行政处分；其他人员还应当由其所在单位或者组织给予纪律处分。

2009年，新城区计划生育局联合新城区公安分局、卫生局、工商局、食品药品监管局、质量技术监督局五部门制定《新城区关于开展计划生育药械市场专项整治行动实施方案》。并成立新城区计划生育药械市场专项整治行动协调领导小组。对计划生育药械市场和“成人性用品”生产、销售、使用和广告等环节存在的违法违规等问题进行联合集中大检查。检查医疗诊所237家;药店66家;“成人性用品”零售店65家;计生用品销售店5家。

2011年,区计生、公安、城管、工商、卫生等部门开展人口计划生育联合执法活动。执法人员向群众宣传人口计生管理服务知识,指导租房者和出租房主学习流动人口计划生育政策。检查辖区内计划生育技术服务机构、个体诊所的B超检查,染色体检查、引产登记簿及相关病历档案。检查药品零售企业是否超出范围销售终止妊娠药品。

2012年,拟定《常住人口社会抚养费区域协作征收协议书》《流动人口社会抚养费区域协作征收协议书》,探索建立社会抚养费区域协作征收的互动机制。

2013年,出台《新城区人口和计划生育局社会抚养费征收庭前谈话制度》,维护群众合法权益;与法院等相关部门形成部门联动长效机制,加强联合执法,加大社会抚养费征收力度。

2015年,调整综合治理出生人口性别工作领导小组,制定整治非医疗需要的胎儿性别鉴定、非医疗需要的选择胎儿性别的人工终止妊娠“两非”专项治理行动实施方案,在8月份联合食药、公安等部门联合开展打击“两非”行动,重点对辖区医疗机构进行专项检查。与街道办事处、医疗机构签订“三方协议”,加强对有关从业人员的法治教育和监督管理。

2016年,对全区452家医疗机构进行摸底排查,重点深入80家B超执机单位清查B超准入、备案和使用登记情况,与各街道办事处、医疗机构(诊所、药店)签订打击“两非”“三方协议书”400余份。

2017年,新城区生育登记服务制度,推行一孩、二孩网上登记,通过网络和现场登记出生婴儿。开展计划生育群众自治示范村(居)创建活动,规范镇(街道)、村(居)组织。完善流动人口信息化建设,推行“婚育证明”网上办理。完成国家流动人口生存发展动态监测。

第六节　工作效果

2001年以来,新城区的人口和计划生育工作以稳定低生育水平、减少出生缺陷、提高育龄群众生殖健康水平、提高群众对计划生育工作的满意程度为目标,开展计划生育优质服务区创建活动,提高计划生育管理水平和服务质量。2007年11月,获得“全国计划生育优质服务先进单位”。2008年6月,获得“全国流动人口计划生育信息化建设先进单位”荣誉称号,还被国家及自治区确立为中日技术合作加强中国中西部地区生殖健康家庭保健服务能力建设项目示范点和国家预防艾滋病项目示范点。2015年,获得“全区计划生育协会先进集体”。2002年、2006年、2010年、2016年被市委、市政府授予“旗县区党政主要领导人口和计划生育目标管理优秀奖”，推动了全区人口和计划生育事业的健康发展。2017年，被呼和浩特市人民政府评为“计划生育优质服务先进单位”。

2001—2017年度新城区计划生育情况统计表

表 3-2-1

年度	出生率 (‰)	自然增长率(‰)	独生子女领证率(%)	综合避孕率(%)	符合政策生育率(%)
2001	10.11	7.03	41.64	93	99.86
2002	9.42	7.06	42.91	93.18	99.97
2003	6.88	5.61	33.5	92.5	99.92
2004	8.81	4.66	32	92.2	99.97
2005	8.96	3.95	23.68	90.3	99.12
2006	9.73	3.99	25.08	90.55	98.71
2007	10.7	7.4	21.97	90.35	98.34
2008	10.25	6.99	19.89	90.1	97.98
2009	9.08	6.11	18.68	89.73	97.59
2010	9.21	3.4	17.46	90.23	97.8
2011	8.45	6.6	14.64	89.1	98.67
2012	10.55	0.4	12.95	90.51	98.25
2013	9.16	6	10.27	89.65	96.99
2014	9.27	7.2	8.34	89.04	95.75
2015	6.58	4.7	7.06	87.67	94.53
2016	7.43	5.7	6.17	89.24	98.07
2017	7.4	6.2	5.68	88.[illegible]	99.55

第三章　民族宗教

第一节　机　构

一、管理机构

2001 年,新城区贯彻执行党的民族宗教政策和法律法规的政府职能部门为新城区民族事务委员会。2002 年,民族事务委员会更名为民族宗教局。2010 年,按照《中共新区委员会新城区人民政府关于印发〈新城区人民政府机构改革实施意见〉的通知》民族宗教局更名为新城区民族宗教事务局。2017 年,内设综合办公室。

二、事业单位

牌匾管理中心　2011 年 3 月 4 日成立,为全额拨款股级事业单位。2017 年,有事业编制工作人员 8 人。

第二节　民族工作

新城区委、区政府认真贯彻落实《中华人民共和国民族区域自治法》和党的民族政策,坚持各民族一律平等,享有参与和管理本地区各项事业的权利,各民族紧密团结、互相帮助、共同发展。

一、蒙古语文

新城区人民政府重视党的民族政策和民族语言文字的使用工作,每年组织有关部门对区属和驻区各单位的牌匾、公章、奖牌、广告等社会市面蒙汉两种文字并用情况进行检查,责令整改不规范情况。

2002 年,民族宗教局协调 7 个办事处、6 家驻区单位进行《中华人民共和国民族区域自治法》《呼和浩特市社会市面蒙汉两种文字并用管理办法》宣传,共出展板 10 块,挂10 条横幅,彩旗 40 面,音响 4 套,参观人数达千人,广大居民群众对一些法律、法规进行学习了解。新城区各地区和部门开展《呼和浩特市社会市面蒙汉两种文字并用管理办法》的学习宣传活动。

2004 年,复查整顿企事业单位、商业网点 6000 多个广告、牌匾,蒙汉两种文字并用率达 99%，标准率 98%以上。

2005 年，落实《中华人民共和国民族区域自治法》和《内蒙古自治区蒙古语言文字工作条例》，宣传蒙古语言文字规范化、标准化、制度化。参加自治区、市民委主办的《内蒙古自治区蒙古语言文字工作条例》的宣传大会，根据市民委的要求，对新城区学习使用蒙古语言文字工作人员进行统计，开展学习使用蒙古语活动，举办一期蒙古语文会话培训班，并以答题的形式对学习使用情况进行测评。

2006 年，落实《内蒙古自治区蒙古语言文字工作条例》，在全区转发《呼和浩特市民委关于进行蒙古语文工作调查研究的通知》，制定落实《内蒙古自治区蒙古语言文字工作条例》方案。开展社会市面蒙汉两种文字并用检查整顿工作，检查整顿后，社会市面蒙汉两种文字并用率达到 98%，合格率 97%。

2007 年，为迎接自治区成立 60 周年大庆，强化蒙汉牌匾管理，开展社会市面用文检查整顿工作，对新华大街、新城南街、新城北街等主要街道及次干道的 4000 多个牌匾，蒙汉两种文字进行检查整顿，社会市面蒙汉两种文字并用率达到 98%，合格率 99%。

2009 年，按照市民委统一部署，配合市牌匾管理中心开展社会市面用文检查整顿工作，对新华大街、呼伦贝尔北路、车站西街等主要街道蒙汉两种文字进行检查整顿，清理整顿不合格牌匾 36 块，社会市面蒙汉两种文字并用率达到 98%，合格率保持在 97%以上。

2011 年 3 月 4 日，成立新城区牌匾管理中心，为全额拨款股级事业单位，管理少数民族语言文字的学习使用研究发展；对社会市面蒙汉两种文字并用进行日常监督和管理。对主干道和东库街、爱民街等小街道蒙汉两种文字进行检查，发现无蒙古文的 213 个，需要纠正的牌匾 641 块，社会市面蒙汉两种文字并用率达到 97%，合格率保持在 91%以上。

2012 年，根据《国家民委关于做好少数民族语言文字管理工作的意见》，调查掌握新城区蒙汉双语和翻译人才基本情况。开展《蒙汉英日大辞典》机关名称类蒙汉对照词条调查登记，为上级机关提供辖区各级机关、企事业单位及固定个体工商户蒙汉语名称。

2013 年，组织蒙古语文翻译专业技术人员参加 2013 年度蒙古语文翻译专业技术人员继续教育培训班。对辖区 20 余条主次干道的 3573 块牌匾蒙汉两种文字进行检查，发现无蒙古文的 80 块，合格的牌匾 3046 块，不合格的牌匾 447 块，社会市面蒙汉两种文字并用率达到 98%，合格率保持在 85%以上。区直机关各单位使用的公章、文件标头、信纸、信封蒙汉文并用率 100%。受理恢复、更改民族成分 27 份。

2014 年，对新华大街、中山东路、海拉尔东路、呼伦贝尔北路、兴安路、哲里木路 6 条主干道两侧所有沿街牌匾进行拍照，建立电子信息库。按照市政府职能下放的规定，将蒙汉文牌匾制作企业资格认定窗口设在政务大厅。受理恢复、更改民族成分 20 份。

2015 年，对新华大街、中山东路、海拉尔东路、呼伦贝尔北路、兴安路、哲里木路 6 条主干道两侧所有沿街牌匾进行专项整治，清洗、更换牌匾2632块。受理恢复、更改民族成分23份。

2016年，制作部分沿街牌匾；对新农村的所有牌匾进行检查和审核；办理发放“蒙汉文字制作许可证”31份，受理恢复、更改民族成分23份。

2017年，办理发放“蒙汉文字制作许可证”43份。为迎接内蒙古自治区成立70周年，对61条街巷的牌匾进行集中更换，审核、复核蒙汉文牌匾审查稿件1万余份，制作牌匾1万余块。受理恢复、更改民族成分13份。

二、民族干部培养使用

区委、区政府一贯重视选拔、培养、使用少数民族干部，在少数民族干部工作中，注重从培养上入手，经过全面的培养，造就高素质的少数民族干部队伍。2001年以来，区委把培养高素质的少数民族干部作为一项经常性的工作抓紧抓好，每年都要从全区干部队伍中选拔一批优秀的年轻少数民族后备干部进行有目的的培养，一大批德才兼备的少数民族干部走上领导岗位。新城区领导干部整体队伍中少数民族干部所占比例稳步上升。

2001年，31名副处以上领导干部中，少数民族13名，占41.9%；312名科级干部中，少数民族105名，占33.6%。向市委推荐的7名副处级后备干部中，少数民族干部占42.8%，建立的后备干部队伍中，少数民族后备干部基本保持在30%以上。

2007—2008年，新城区在教师和社区工作人员招考中，对少数民族应考者给予5分的加分照顾，录取少数民族应考者35名，招收少数民族社区工作人员29名。

2008年，新城区委制定《关于进一步加强培养少数民族干部工作的意见》，明确目标任务和主要措施。全区5612人的干部队伍中有少数民族干部1186人，占干部总数的21%，全区364名科级干部中有少数民族干部102名，占总数的28%。

2009—2016年，新城区委、区政府把选拔、培养、使用少数民族干部作为一项重要战略任务来抓，注重拓宽少数民族干部选拔渠道，加大少数民族干部选配比例，全区科级领导班子民族结构比例得到改善。

2017年，新城区31名副处以上领导干部中，少数民族13名，占41.9%；352名科级干部中，少数民族83名，占23.6%。2018年，52家单位推荐科级后备干部123人，少数民族干部41人，占科级后备干部总人数的33.3%。

三、民族团结

新城区把民族团结进步事业作为经常性工作来抓，2001—2017年，连续举办第十八个到第三十五个民族团结进步活动月，宣传民族团结进步的先进典型。

2001年，对新城区民族团结先进集体进行考核验收工作。对18个民族团结先进集体，35名先进个人进行表彰。

2002年，新城区教育局召开第十九个民族团结进步活动月教学观摩暨座谈会。记者站按照市委宣传部等四部门关于开展“民族团结共建青城”有奖征文活动的通知精神，组织记者对在民族团结方面做出成绩的典型人物进行采访，写出人物通讯2篇、消息2篇。

2003年，举办第二十个民族团结表彰月活动，对34个先进集体，74名先进个人进行表彰。

2004年，举办第二十一个民族团结表彰活动月，宣传群众身边的民族团结进步的先进典型。

2005年9月，举办第二十二个民族团结表彰活动月，宣传各民族谁也离不开谁的思想，表彰民族团结先进集体74个，先进个人64名。

2006年5月19日，在满族小学举办满族知识讲座，增进各民族之间的了解与交流。8月，举办第二十三个民族团结表彰活动月，区委组织部等6家单位、成林等8人被评为全市民族团结进步先进集体和先进个人。组织全区单位进行“民族知识、民族政策、民族法律法规”答卷活动。

2007年，新城区统战部调研新城区的土默特蒙古族风情和满族风情，形成《挖掘弘扬满族文化，为构建和谐社会服务》的调研报告。组织代表队参加呼和浩特市民委举办的“共同团结奋斗、共同繁荣发展”民族知识电视大奖赛。

2008年，新城区为加强民族团结进步工作，建立区委、区政府相关部门和各镇、街道办事处齐抓共管的工作机制，配齐民族宗教局领导班子和工作人员。

2012年，市政府新规划的海拉尔东街需穿过沙梁村满族坟，新城区开始进行土地整理，区民族宗教事务局和满族陵园业主委员会在满族坟现场设立办事处开展迁坟工作，5月底，完成1300座坟的迁移工作。举办新城区首届满族书画展。

2014年，原创大型满族歌舞剧《青城满韵》入选自治区人民政府购买公共文化服务项目。

2015年，新城区举办“呼和浩特市满族颁金节暨纪念满族命名380周年”联谊会、全国知名满族书画家作品展、满族历史文化讲座等活动。向呼和浩特市推荐9家单位，争创全市首批民族团结进步创建活动示范单位。教育局、满族小学、团结社区、成吉思汗大街街道办事处、恼包村获全市民族团结进步创建活动示范单位。

2017年，新城区申报团结进步创建活动示范单位9家；东街街道办事处河西社区、党委社区被市民委授予“民族之家”；满族小学被自治区评为民族团结模范集体。

四、民族教育

新城区认真宣传、贯彻、执行党的民族理论、民族政策和民族法律法规，依法管理民族事务。2001年，开展民族教育调研，向区委、区政府提出民族教育的建议和意见。

2002年，新城区认真实践“三个代表”重要思想，开展新修改颁布的《中华人民共和国民族区域自治法》的学习和宣传，各党工委、各党委、各支部利用政治学习时间举办学习讲座,开办培训班、教学观摩暨座谈会等形式,结合各单位实际,开展新修改颁布的《中华人民共和国民族区域自治法》《城市民族工作条例》《呼和浩特市社会市面蒙汉两种文字并用管理办法》等法律法规的学习教育活动。

2004年,落实《呼和浩特市民族教育条例》,为满族幼儿园争取少数民族教育发展资金;组织观众参加呼和浩特市举办的“民族情”广场消夏文艺晚会。

2005年,为蒙古族幼儿园争取少数民族教育发展资金,改善办园条件。

2008年,新城区将《中华人民共和国民族区域自治法》的学习和宣传列入干部普法规划。

2011年,为蒙古族幼儿园房屋维修及设备更新项目、满族幼儿园改善办园条件项目进行项目申报。

2012年,为满族幼儿园改善办园条件项目进行项目申报。

2013年,开展民族教育调研工作。

2015年,争取到中央、自治区、市少数民族发展资金进行满族幼儿园基础设施改造。

2017年,争取到自治区、市少数民族发展资金用于满族小学、满族幼儿园、蒙古族幼儿园3所民族校园教育设施建设。

五、少数民族扶贫

新城区历来重视少数民族群众的帮扶工作,加大党的民族政策在农村的落实力度,发挥协调、联系和参谋助手作用,开展教育科技、文化知识、操作技能、实用技术的培训,提高少数民族群众文化素养和生产技能,从根本上改变农村少数民族村生产和生活条件。2001年,向呼和浩特市民委申请保合少乡奎素村自来水修复工作经费;组织少数民族代表观摩“呼和浩特市第一届少数民族运动会”。

2002年,新城区实施“少数民族贫困户奶牛扶贫养殖项目”,为保合少乡少数民族贫困户购置奶牛8头。民族宗教局进行“三下乡”活动3次,给农民发放种养殖方面的科技图书及宣传资料2000多份,并请专家进行现场答疑。开展实用技术培训,围绕蔬菜、奶牛、旱作经济林及青储技术,在一家村、南店、下新营、乌兰不浪、红山口、保合少、野马图、甲兰板、恼包村等地举办奶牛饲养与管理、温室葡萄护理、果树栽培与管理技术、蔬菜病虫害防治、新品种的介绍及地膜的使用方法及作用等为主要内容的培训40余期,参加培训人数2500人次,其中少数民族农牧民200多人次。

2003年,按照中共呼和浩特市委办公厅文件精神,制定新城区农村少数民族贫困户扶贫攻坚三年(2003—2005)规划,开展农村少数民族贫困户扶贫工作。

2004年,民族宗教局、科技局、农牧水务局联合组织开展少数民族农牧民实用技术培训,毫沁营镇130名、保合少乡70名少数民族农牧民得到培训;民族宗教局争取到资金4万元,为生盖营村建设4.5公里砂石路。

2005 年，深入贯彻中共十六大精神，支持推进西部大开发和“兴边富民行动”，统计少数民族贫困户，进行少数民族聚集区和散居区的经济发展和社会发展的调研，对2003—2004 年少数民族扶贫项目效益情况进行调查。

2006 年，对 1 乡 1 镇的 26 个村进行考察。按照市民委关于上报少数民族发展资金项目的通知精神，进行《保合少乡面铺窑村修缮青山水库及其干渠项目》《保合少乡野马图村蔬菜温室大棚建设项目》上报认定工作，争取到项目资金。

2007 年，新城区对 612 个少数民族贫困户 1506 人，“文化大革命”期间的少数民族伤残人员城市居民 31 人，按城市低保标准发放生活费；农村少数民族伤残人员 6 人，按每月 200 元发放生活补助。

2008 年，新城区开展奶牛、肉羊养殖和蔬菜种植管理培训 33 期，培训少数民族农民 260 人次。在面铺窑村投入少数民族发展资金 22 万元。为 38 户贫困户购进优质基础母猪 97 口，对 22 户少数民族养牛户进行补贴。

2009 年，确定保合少镇面铺窑村蔬菜温室大棚建设项目、保合少镇大窑村生猪养殖项目申报工作，争取到项目资金。

2012 年，新城区向上级民委申报保合少镇保合少村蔬菜保护地项目区新打机电项目，争取到项目资金。

2013 年，新城区组织上报“十二五”期间少数民族特色村寨保护与发展项目。

2015 年，争取到中央、自治区、市少数民族发展资金 233 万元，用于生盖营村榆树沟人畜饮水工程、恼包村特色村寨建设、满族幼儿园基础设施改造、奎素村奶山羊繁育中心建设。

2016 年，争取到中央、自治区、市少数民族发展资金 4 批，142 万元，用于三卜树村曹家营自然村农村基础设施建设、三卜树村人畜饮水工程、生盖营村防洪坝建设工程、恼包村特色村寨建设。

2017 年，争取到自治区、市少数民族发展资金 2 批，220 万元，用于三卜树村曹家营自然村农村基础设施建设。

第三节 宗 教

一、宗教场所与活动

新城区是满族聚居区，辖区正式登记宗教场所有佛教、道教、伊斯兰教、天主教、基督教等宗教场所 14 处。宗教信众信奉藏传佛教、汉传佛教、道教、伊斯兰教、天主教、基督教、东正教等宗教。

(一)佛教

截至 2017 年,新城区存有寺院 4 处,分别是呼和浩特市千手千眼观音院、乾通寺、圆通寺、龙泉莲池净寺均为汉传佛教。主要有"二月十九""蒙山法会""六月十九"法会等宗教活动。

呼和浩特市千手千眼观音院 位于新城区海拉尔东路办事处赛马场北路路南,始建于 1995 年,前身为呼和浩特市佛教居士林,2001 年经呼和浩特市宗教局批准正式改为十方丛林,弘法利生,精进修行。占地面积 2 万平方米左右。有"愿国泰民安,愿祖国昌盛,愿正法久住,庄严佛净土"之意。建有大雄宝殿、万佛楼、念佛堂、藏经塔、天王殿、观音殿、祖师殿、伽蓝殿、地藏殿、钟楼、鼓楼、万丈楼、法堂、禅堂、五观堂、慧公堂、大众寮等建筑。

乾通寺 位于新城区成吉思汗街道办事处哈拉沁村,明朝末年建庙以来使用至今。1990 年,在原址扩建重修,占地面积 4.13 万平方米。乾通寺有天地通之意。有如来佛祖、观音佛祖、地藏佛祖、龙王佛祖、地母娘娘、送子娘娘、弥勒佛祖、十八罗汉、十方等建筑。

圆通寺 位于新城区保合少镇甲兰板村,清乾隆十九年(1754 年)建庙,香火不断延续至今。以圆满通达,广结善缘寓意命名。2005 年,进行修葺,占地面积 625 平方米,东西 25 米,南北 25 米。现存观音殿、地藏殿、龙王殿、千手千眼观音殿、弥勒佛殿等建筑,寺管人员 3 名。

龙泉莲池净寺 位于新城区哈拉更村,因地涌山泉宛若蛟龙吐水,清澈甘甜经年不息而得名。2005 年,经政府主管部门审核修建,2007 年 8 月建设完成,占地 1.4 万平方米,有大雄宝殿、天王殿、钟楼、鼓楼、万姓先祖纪念堂、延生堂、伽蓝殿、地藏殿、普贤殿、文殊殿、观音殿、千手千眼观音殿、五观堂、念佛堂、东西厢房等建筑。

(二)道教

截至 2017 年,在新城区正式登记的道教场所是太清宫。主要活动为:正月初九日(农历),玉皇上帝圣诞;正月十五日,上元天官圣诞;正月十九日,长春邱真人圣诞;二月十五日,太上老君圣诞;三月初三日,玄天上帝圣诞、王母娘娘圣诞;四月十四日,吕祖纯阳祖师圣诞;四月十八日,北极紫微大帝圣诞、泰山圣母圣诞、华陀神医先师诞辰;五月十三日,关平帝君圣诞;六月十五日,王灵天君圣诞;七月十五日,中元地官大帝圣诞;九月初九日,斗姥元君、九皇星君、重阳帝君、中坛元师、丰都大帝圣诞,天上帝飞升;十月十九日,长春邱真君飞升;冬至,元始天尊圣诞;夏至,灵宝天尊圣诞。每逢节日举行祭祀庆祝活动,均向神位供奉食品、焚香、诵经、礼拜。

呼和浩特市太清宫 位于西街街道办事处艺术厅南街。有清净自然之意,道教正规注册活动场所。乾隆四年(1739 年),太清宫奉召随军进入绥远。1956 年,响应政府号召扩建新华广场,太清宫从广场迁址到艺术厅南街。总占地面积 1400 平方米,有主殿、三清殿、财神殿、文昌殿,太岁殿等建筑,有道士 6 名。

(三)伊斯兰教

截至2017年,在新城区正式登记的清真寺3处,分别是新城清真寺、团结清真寺、保合少清真寺。伊斯兰教有三大传统节日:尔代节(又称开斋节)。按教规,回历每年的九月为斋月,须封斋一个月,每天从黎明至日落戒饮戒食,并禁止房事。九月见新月封斋,到次月初见新月开斋。开斋节这天,全体穆斯林换上最新最美的服饰沐浴礼拜,相互祝贺,慷慨施舍馈赠。古尔邦节(又称宰牲节)。时间是在回历十二月十日(距开斋70天),届时凌晨即起,沐浴净身,换衣焚香,赴清真寺礼拜祈祷,出散乜贴(施舍)。按教传,先知伊卜拉欣在夜里梦见安拉命他宰杀自己的儿子伊斯玛依勒,以试其对信仰是否虔诚,当伊卜拉欣遵命执行时,安拉又命以羊代之。穆斯林按此教义每年宰牲献祭,所宰杀的羊、牛、驼肉按比例自食和馈赠亲友。圣纪节(纪念穆罕默德圣人)。在回历三月十二日,穆斯林为纪念先知穆罕默德而举行的盛大集会。相传,这天是穆罕默德的诞生日,又是他的逝世日,故穆斯林称这天为"圣纪"。圣纪活动有诵经、赞圣、讲"瓦尔兹"(劝诫词),以及讲圣人的生平伟绩。伊斯兰教的穆斯林(信伊斯兰教的人)有五大责任,称为五功,即念功、礼功、斋功、课功、朝功。每周五为聚礼日,日常有五时拜功。

新城清真寺　位于新城区艺术厅南街。初建于清光绪十年(1884年),1984年扩建部分建筑,1986年重建礼拜大殿,1989年建讲堂、长老室等,1992年修建清真寺附属设施,2011年将沐浴室增加了现代化功能设施。具有伊斯兰风格礼拜大殿建筑,总面积3000平方米,建筑面积2400平方米,屋顶有穹顶造型和月牙标志。

呼和浩特市团结清真寺　位于新城区新春路,是穆斯林信教群众活动场所。20世纪80年代,呼和浩特市旧城区改造,有部分穆斯林被拆迁到团结住宅小区,政府为解决团结小区穆斯林正常的宗教活动,批准团结小区穆斯林沐浴室扩建。1993年动工建设,1995年正式投入使用,批准穆斯林沐浴室升格为呼和浩特市团结清真寺。占地面积1216平方米,长方形两层楼院落,包括男女浴室、礼拜大殿、厨房、餐厅、办公室,有部分门脸房。寺管人员3名。

保合少清真寺　位于新城区保合少镇保合少村,是穆斯林群众进行正常宗教活动的场所。2002年,穆斯林信徒筹集资金建保合少清真沐浴室,2015年3月20日正式登记。占地面积750平方米,包括大殿水房、办公室、女大殿,清真寺,有阿訇1人。

(四)天主教

截至2017年,新城区正式活动场所有三合村天主教堂、新城天主教堂等。天主教信仰唯一的真主,他是创造、主宰天地万物,赏善罚恶的主。耶稣是救世主。圣经是天主对人的启示。相信除了我们居住的世界外,还有一个精神世界,即永恒的世界。相信人有永不消亡的灵魂,人死后将根据在世为人功过得到应有的赏罚。天主教重视人的价值,以《天主十诫》律己,提倡敬主爱人,追求完整的人格,努力迈向更丰富的人生。教徒应爱国爱教,遵纪守法;关心社会,关心贫困,助人为乐,服务人群,爱人如己;努力工作,忠于职守,做一个对社会有用的人。天主教认为地球是天主赐给人类生存的好场所,人应当保护环境,杜绝污染,防止破坏。人应当爱惜自己和他人的生命,爱护他人名誉。反对安乐死。提倡孝道,反对虐待老人、妇女和孩子。主张一夫一妻,忠于配偶,相亲相爱,传生和教育下一代。反对克隆人。爱护公物及别人的财物。不贪不义之财。主张不分肤色,不分民族,不论贫富,人人平等,彼此相爱,互相帮助。新城地区的天主教节日与全世界天主教相同。主日(即星期天)是固定的恒常节日。一年内最大的节日四大占礼为:圣诞节,每年12月25日(由前夜到次日一天),纪念耶稣诞生。复活节,日期是根据犹太宗教历。按照我国旧历推算,是"春分"后第一个阴历十五后的第一个星期日,即耶稣复活的周年日(一般在阳历三月下旬到四月下旬之间)。圣神降临节(亦称五旬节),复活节后第五十天的主日。圣母升天节,固定在每年八月十五日。新城地区天主教的圣规戒律与全世界天主教一样,有《天主十诫》《圣教四规》《守斋》。

三合村天主教堂 是天主教徒注册的宗教活动场所。位于新城区爱民东街路北。1873年,由张玛第亚主教修建一处教堂,1900年庚子事变中被烧毁。1907年,建五间砖圣堂及四周的育婴处,书房共约一顷地面积。1985年重新开堂。2015迁址,新址在旧址东北500米,面积5300平方米。

新城天主教堂 新城区天主教堂位于新城区丁香路路东,是天主教徒注册宗教活动场所。新城区天主教东堂的旧址在旧火车站附近,天主教公教医院的旧堂。1993年迁到丁香路。整体面积2500平方米,主堂200平方米,配套房办公室400平方米,有神职人员1名。

(五)基督教

截至2017年,在新城区正式宗教活动场所存有南街基督教堂、南店基督教堂、府兴营基督教堂、毫沁营基督教堂等4处。基督教的节日主要有:圣诞节,每年12月25日,纪念耶稣诞生,崇拜活动较隆重。圣诞节活动从12月23日开始,直至12月25日。复活节,纪念耶稣被钉死在十字架后的第三日复活。每年"春分"月圆后的第一个礼拜日(即3月21日—4月25日之间)。受难节,纪念耶稣被钉死在十字架,纪念日必须是在复活节的前三天星期五。

新城基督教堂 建于1987年,位于呼和浩特市哲里木路中段,占地面积3500平方米,建筑面积2100平方米。教堂为哥特建筑风格,钟楼高31米。

南店基督教堂 原址位于成吉思汗大街街道办事处南店旧村。2013年,"城中村"改造,迁建成成吉思汗东街路北生态园院内,2014年,建成使用。占地面积2300平方米,建筑面积2300多平方米,框架结构三层楼。

府兴营基督教堂 原位置在府兴营村东大门南侧,为临街二层建筑。2006年,因进行城中村改造和扩路建设，原教堂拆除。2007年，在赛马场北路路南重新建设，为基督教徒注册活动场所。教堂总占地面积2800平方米，建筑占地1100平方米，教堂为3层框架结构建筑。

毫沁营基督教堂　位于新城区成吉思汗街道办事处毫沁营村，为基督教注册活动场所，总面积750平方米。

二、宗教事务管理

新城区宗教事务管理工作全面贯彻党的宗教政策，坚持“自治、自养、自传”的方针，依法管理宗教事务。2001—2017年，每年对宗教场所进行年检，对宗教场所进行督促检查，对各宗教场所举办的宗教活动的安全工作进行检查指导。

2002年，参加呼和浩特市居士林“二月十九”“蒙山法会”“六月十九”法会；调解、解决道教太清宫搬迁和管理问题；排查宗教方面不稳定因素。

2005年，认真学习贯彻全国、自治区和呼和浩特市三级宗教工作座谈会精神，在宗教界开展爱国主义和社会主义教育。按照属地管理原则，到各宗教活动场所，掌握动态，按时上报宗教动态信息报送单，民族宗教局人员利用近一个月时间，到所属基督教活动场所及家庭聚会点进行调查了解。在各宗教活动场所的重大宗教活动，提前进行“四防”检查工作。春节、五一节前夕组织国保大队、消防、统战和宗教工作人员，到各宗教活动场所进行检查。防范宗教领域各类突发性事件，依法打击利用宗教进行的非法活动，坚决抵御境外利用宗教渗透，维护宗教界的稳定。参加市宗教局主办的“宗教事务条例”学习培训班，学习宣传国务院《宗教事务条例》，依法管理宗教事务。

2006年，贯彻《宗教事务条例》，建立起宗教工作联席会议制度，对全区宗教场所进行换证工作。

2009年，配合呼和浩特市清真食品管理执法大队开展清真食品企业、饭店、摊点检查整顿工作，进行统计和登记建档工作。

2010年，新城区宗教局对天主教重点人员进行排查摸底。区委常委会专题研究部署天主教祝圣工作。

2011年，按照属地管理原则，掌握各宗教活动场所动态，40个宗教场所活动开展正常。组织保合少镇、各街道办事处开展清真食品生产经营单位登记工作，新城区有清真餐饮业210家。

2012年，新城区在宗教界开展以安全为主题的和谐寺观教堂创建活动，重点检查宗教场所治安、消防、卫生、文物保护、宗教活动规章制度体系建设和落实情况；开展宗教政策法规学习月活动。

2013年，新城区开展对天主教、基督教专项治理工作。开展涉稳隐患排查整治活动。组织开展清真食品市场检查整顿工作。

2014 年,市政府将清真食品管理权限职能下放新城区。

2016 年,新城区协调解决府兴营基督教堂前规划路多年未通车问题。打击处理基督教非法聚会 1 次,成功劝阻部分天主教教徒赴梵蒂冈参加祝圣活动。

2017 年,新城区慰问宗教界无收入教职人员 10 人,发放慰问金 1.1 万元;接待宗教来访 2 起;办理清真食品登记商户 35 家。

第四篇

经济总情

第一章　发展战略

第一节　战略思想

2001年1月12日，在新城区第十三届人民代表大会上提出，“十五”期间，新城区经济和社会发展的指导思想是以邓小平理论和“三个代表”重要思想为指导，以提高城乡人民生活水平和财政收入水平总揽经济工作全局，以城带乡，推进城乡一体化进程；以经济结构的战略性调整为主线，依靠体制创新和科技创新，实现经济社会的跨越式发展，建设经济强区、科技强区、教育强区和文化大区。进一步加强党的建设、精神文明建设。

经济社会发展的主要奋斗目标：国内生产总值年均递增10%，到2005年力争达到63亿元；农业总产值年均递增5.5%，到2005年达到10586万元；工业总产值和增加值年均递增10%，到2005年分别达到27010万元和9716万元；商饮服务营业收入年均递增13%，到2005年达到62921万元；财政收入年均递增10%，到2005年达到18463万元；城市居民人均可支配收入年均递增8%，达到9440元；农民人均纯收入年均递增7.6%，达到4901元；人口自然增长率控制在5.11%以内；城镇登记失业率控制在3.4%以内。

2006年8月，中共新城区第九次代表大会提出，今后五年全区工作的总体思路是：以邓小平理论和“三个代表”重要思想为指导，认真贯彻落实党的十六大和十六届三中、四中、五中全会精神，以科学发展观统领全局，围绕三产立区、二产强区、一产补区、科教兴区、城建靓区的总体发展思路，经济建设以实施“3321”工程为重点，调整经济结构，转变增长方式，不断加快城市化、工业化、农业产业化进程，建设社会主义新农村，加强和改善党的领导，推进物质文明、精神文明、政治文明、社会文明协调发展，努力构建和谐新城。到2010年，地区生产总值达到370亿元，年均递增20%；人均地区生产总值达到104万元，年均递增18%；工业现价总产值达到51亿元，年均递增20%；财政收入达到20亿元，年均递增20%；城镇居民人均可支配收入达到2.86万元，年均递增15%；农民人均纯收入达到9670元，年均递增10%；全社会固定资产投资达到118亿元，年均递增20%，社会消费品零售总额达到223亿元，年均递增20%；招商引资额达到89亿元，年均递增20%。区域综合经济实力和各项社会事业发展指标，位居自治区各旗县区前列。

2011年5月25日，中共新城区第十次代表大会提出，今后五年工作的总体要求是：高举中国特色社会主义伟大旗帜，以邓小平理论和“三个代表”重要思想为指导，深入贯彻落实科学发展观，全面加强党的建设，紧紧抓住国家新一轮西部大开发和支持民族地区跨越式发展的重要历史机遇，以科学发展为主题，以加快转变经济发展方式为主线，按照我市“打造一流首府城市、建设一流首府经济”和“一核双圈一体化”发展的要求，坚持走富民强区之路，继续实施“三产立区、二产强区、一产补区、城建靓区、科教兴区”发展战略，加快发展现代服务业，加速推进新型工业化、城镇化和农业现代化进程，努力把新城区建设成为自治区综合实力强区，为早日全面建成小康社会奠定坚实基础。

主要奋斗目标是：力争到2015年全区主要经济指标在2010年的基础上实现翻一番，地区生产总值达到750亿元，财政收入达到70亿元，固定资产投资达到332亿元，社会消费品零售总额达到467亿元，规模以上工业增加值达到23.7亿元。城镇居民人均可支配收入和农民人均纯收入分别达到45100元和18700元，年均分别增长10%和12%。经济结构更加优化，城区功能不断完善，城乡发展协调推进，社会建设明显加强，生态环境明显改善，改革开放不断深化，民主法治建设、精神文明建设和党的建设水平进一步提高。

2016年8月2日，中共新城区第十一次代表大会提出，高举中国特色社会主义伟大旗帜，全面贯彻党的十八大和十八届三中、四中、五中全会精神，以马克思列宁主义、毛泽东思想、邓小平理论、“三个代表”重要思想、科学发展观为指导，深入贯彻习近平总书记系列重要讲话和考察内蒙古重要讲话精神，围绕“五位一体”总体布局和“四个全面”战略布局，牢固树立和贯彻落实创新、协调、绿色、开放、共享发展理念，全面落实自治区党委和市委各项决策部署，显著提升地区综合实力，着力建设现代化新型首府城区。

主要奋斗目标是到2020年，地区生产总值达到960亿元，年均增长7.5%，到2017年比2010年翻一番；一般公共预算收入达到632亿元，年均增长8%；固定资产投资达到375亿元，年均增长10%；社会消费品零售总额达到588亿元，年均增长8%；规模以上工业增加值达到30亿元，增长10%。实现创新创业发展城乡一体化发展、生态文明建设、社会治理创新、民生保障水平在全市领先。创新创业发展在全市领先。到2020年，创新创业服务平台建设投入累计达到10亿元，创业社区入驻企业达到500家，营业收入实现20亿元，创新创业支撑引领经济社会发展能力大幅提升。城乡一体化发展在全市领先。积极改造中心城区，加快完善东部新区，着力提升大青山前坡生态旅游观光带，进一步拓展发展空间、完善基础设施、提升功能品位，实现城乡基础设施和基本公共服务均等化、全覆盖。形成城乡统筹协调发展新格局，实现城乡一体化发展。生态文明建设在全市领先。持续加强生态保护综合治理，打造宜居、宜业、宜游的良好环境。到2020年，全区森林覆盖率达到46%，城区绿化率达到35%。同步抓好生态文化和生态产业发展，坚持外修生态、内修人文，真正实现“人在城中，城在林中”人与自然和谐发展。社会治理创新在全市领先。创新社会治理模式，不断提高社会治理科学化水平。加强社会治理能力建设，切实维护人民群众权益，促进社会公平正义，加快智慧新城建设步伐，营造良好的社会环境和投资发展环境，提升地区对外开放水平，确保社会大局既和谐稳定又充满活力。

第二节　发展措施

2001年1月12日，在新城区第十三届人民代表大会上提出，“十五”期间，新城区经济和社会发展的主要任务和措施是：一是巩固和加强农业的基础地位，加快调整和优化农业结构。合理调整和优化农业种植、养殖业结构，由原来的“二元”结构转向粮食、经济作物、饲草饲料“三元”结构；加快推进农业产业化经营；大力发展生态农业；加强农田水利基础设施建设。二是主攻社区服务业、旅游业和建材业、高新技术产业、科技教育文化产业等“四大产业”，培育新的经济增长点，加快调整优化经济结构。加快发展以社区服务业为重点的第三产业，以扩大总量、优化结构、吸纳就业为目标；加快发展旅游业、建材业为重点的特色产业。加快发展以工业园区建设为载体的高新技术产业；加快发展以大专院校、科研院所为重点的科技教育文化产业。加快发展非公有制经济；扩大对外开放，积极引进和有效利用外资。三是加快城区基础设施建设，推进建设现代化首府城区进程。认真搞好城区建设发展规划；按照“两级政府、三级管理、四级网络”的模式，进一步理顺城区管理体制，健全和完善管理职能。四是发展社会各项事业，改善和提高人民生活水平。把科教兴区战略作为经济社会发展的主导战略，积极推进科技创新，使经济发展转移到依靠科技进步和提高劳动者素质的轨道上来；大力发展基础教育事业，积极发展职业教育和成人教育，巩固“两基”达标成果；大力发展具有民族特色和现代文化特点的社区文化、旅游文化；认真贯彻《中华人民共和国体育法》和《全民健身计划纲要》，广泛开展形式多样的全民健身活动；大力发展医疗卫生事业，实现人人享有基本卫生保健；加快社会保障体制改革，完善社会统筹与个人账户相结合的养老、医疗保险制度，把失业保险覆盖面扩大到各类企事业单位职工，把下岗职工基本生活保障纳入失业保险。五是加强精神文明和民主法制建设。加强民主法制建设，发展社会主义民主；抓好“四五”普法的规划和落实工作。六是全面加强党的领导和党的建设。

2006年8月，中共新城区第九次代表大会提出，实现“十一五”规划目标，要切实做好以下四方面工作：一是以经济建设为中心，抢抓机遇，加快发展。切实解决好“三农”问题，全面建设社会主义新农村；以“二产强区”为目标，加快工业化进程；继续升级改造传统服务业，不断壮大旅游业；加大城乡改造、建设和管理力度；实施大项目带动，加大招商引资；通过扶持引导，促进非公有制经济健康快速发展；努力增收节支，不断强化财政税收征管工作。二是统筹协调，促进社会各项事业全面发展。深入实施“科教兴区”战略，继续加强实用技术推广、科普宣传及培训工作，不断加大科技对工农业生产的投入和扶持力度；继续发挥教育在地区经济发展中不可替代的拉动作用；根据新时期卫生工作方针，逐步建立和完善新型城乡卫生体系，居民健康的主要指标力争超过全国平均水平；加强公共文体基础设施的建设。增加交通事业投入，建养并举，构筑城乡交通网络；以社区组织建设为重点,以智能社区服务与管理信息系统为平台,实现社区管理网络化,完善社区服务管理体系,推动社区社会管理;全面落实各项就业和再就业政策,形成较为完善的就业体制;进一步完善社会保障体系。三是加强政治文明和精神文明建设,为经济和社会发展提供有力保障。发扬民主,健全法制,维护稳定;宣传工作要围绕全区工作重点,进一步加强领导,建立健全运行机制,提高宣传干部队伍素质,加大对宣传工作的投入,利用一切有利因素,不断提升宣传工作水平,营造团结向上的舆论氛围;以实现社会的全面进步和人的全面发展为目标,进一步加强精神文明建设工作。四是加强和改善党的领导。加强思想政治建设;加强领导班子和干部队伍建设;加强党的基层组织建设;加强党的作风建设;坚持不懈地抓好党风廉政建设和反腐败工作。

2011 年 5 月 25 日,中共新城区第十次代表大会提出,实现今后五年的目标,一是紧紧抓住党执政兴国的第一要务,加快壮大经济实力。优三产提升现代服务业发展水平,构筑服务业发展新优势;强二产,加快发展高科技产业,全力打造新型产业园区;精一产,加快发展现代都市农业,进一步提升农业产业化水平;加大选商引资和财税工作力度,增强经济发展活力。二是加大城乡统筹建设力度,打造一流首府城区。着力完善城区功能,打造现代化新型城区;加快"城中村"改造步伐;加快推进新农村建设。三是保障和改善民生,大力构建"和谐新城"。促进城乡居民持续增收;健全完善社会保障体系;大力发展社会事业;四是加强民主政治建设,提升社会文明程度。五是加强和改进党的建设,为加快推进富民强区;切实加强领导班子和干部队伍建设,以执政能力的新提高推动富民强区;切实加强基层组织建设,以坚强的组织保证富民强区;切实加强作风建设,以良好的作风促进富民强区。

2016 年 8 月 2 日,中共新城区第十一次代表大会提出,为实现 2020 年的奋斗目标,必须要着力抓好以下七个方面工作:一是着力推进产业转型升级,建设充满活力的地区经济。坚定不移地将现代服务业作为产业转型升级的主攻方向,打造现代服务业发展示范区;加快发展金融业和总部经济;加快发展居民和家庭服务业、健康服务业、养老服务业、体育、文化服务业,提升发展以现代物流为基础的批发零售服务业,提升发展住宿餐饮服务业;坚定不移地将创新驱动作为产业转型升级的重要引擎,打造创新创业发展示范区。大力发展创业服务业、互联网经济、云计算产业、科技创新产业;坚定不移地将产业融合发展作为产业转型升级的突破口,打造旅游观光产业示范区。坚定不移地将重大项目建设作为产业转型升级的有力支撑,不断增强地区经济发展后劲。二是着力推进城乡公共建设,打造功能完善的宜居城区。坚持生活空间、生产空间、生态空间三个维度统筹推进,促进城乡在规划布局、要素配置、生态保护等方面协调发展。三是着力推进全面深化改革,培育新的发展动能和活力。扎实推进《新城区全面深化改革重要举措实施规划(2014—2020)》的施工落地,为经济社会发展不断注入新动力。四是着力推进民生福祉改善,切实让人民共享发展成果。更加注重社会事业发展,千方百计促进就业创业,大力发展教育事业、卫生计生事业，更加注重社会保障体系、社区服务体系建设，更加注重社会治理创新。五是着力推进文化建设，不断提升地区文化软实力。全面繁荣公共文化，大力加强精神文明建设。六是着力推进民主法治建设，凝聚发挥各方面力量和作用。推进依法执政、依法行政、依法履职，依法做好民族宗教工作。七是着力推进全面从严治党，为决胜全面建成小康社会提供坚强保证。更加有力地抓好责任落实，持续不断地推进思想政治、干部人才队伍、基层组织作风、反腐倡廉和制度建设。

第二章 发展成果

第一节 产业结构

2001 年，新城区国民生产总值中一、二、三次产业的比重为 1∶34.1∶64.9。

2002—2005 年，新城区依托体制和科技创新，拓展三产空间、扩充二产实力、夯实一产基础，经济结构进一步优化。2005 年，第三产业增加值 130 亿元，占新城区国民生产总值的 88%，第三产业增加值居自治区之首。

2007 年，新城区在第一、第二产业得到加强的同时，第三产业形成以交通运输业、金融保险业、邮电通信业、批发零售贸易业为主导的优势产业，第三产业增加值达到 205.7 亿元，总量占呼和浩特市的 33%，连续五年居自治区各旗县区之首。

2009 年，新城区按照《社会主义新农村建设产业发展及配套工程建设规划》的工作精神，充分发挥区域资源优势，进一步加快农业结构调整，着力培育优势特色产业，加快农村产业化进程，提高农业产业化水平。切实转变农业增长方式，促进农民收入较快增长，为社会主义新农村建设奠定坚实的物质基础。

2012 年，新城区三次产业增加值 445.37 亿元，三次产业结构演进为 0.3∶10.8∶88.9。

2014 年，新城区产业结构略有调整。地区生产总值中一、二、三次产业比例由上年的 0.4∶12.7∶86.9 调整为 0.4∶11.9∶87.7。第一产业对经济增长的贡献率为 -0.3%，拉动经济下降 0.02 个百分点；第二产业对经济增长的贡献率为 4.0%，拉动经济上升 0.32 个百分点；第三产业对经济增长的贡献率为 96.3%，拉动经济上升 7.80 个百分点。从产业结构和对经济增长的贡献率看，第三产业在新城区经济发展中仍处于极为重要的位置，其总量占全市第三产业比重的 28.3%，其产业贡献率拉动经济增长 7.8%。

2017 年,新城区地区生产总值中一、二、三次产业比例为 0.3∶9.6∶90.1。从产业结构看,第三产业增加值比重占生产总值达 90.1%,比上年提高 0.4 个百分点,占全市第三产业比重的 33.5%,比上年提高 1.5 个百分点,是推动经济增长的主要因素。

第二节　国民经济综合指标

一、地区生产总值

2001 年,新城区地区生产总值实现 47.3 亿元。此后,新城区国民经济增长速度快、持续周期长,从 2001 年到 2012 年,国内生产总值以年均 20%速度高速增长,是新中国成立以来经济增长最快,持续时间最长的时期。2003—2007 年,新城区经济总量连续五年在全自治区 100 个旗县区中保持前三;2007 年,连续十年在全市各旗县区中位居第一。2012 年,国内生产总值增长到 504.6 亿元。十八大后,新城区不断优化产业结构,促进高质量和可持续发展,国民经济进入平稳发展期。2017 年,新城区地区生产总值实现 697.77 亿元,连续五年领跑首府九个旗县区,位居自治区 103 个旗县区前列。

2001—2017 年新城区地区生产总值(GDP)及增长速度图

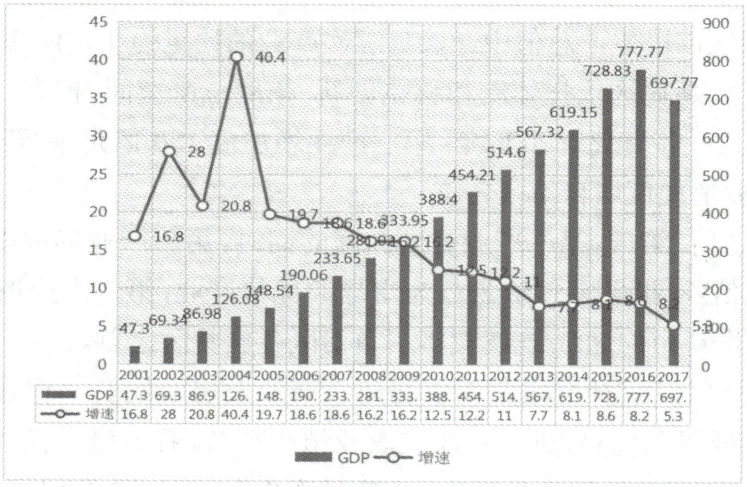

二、农林牧渔业总产值

2001 年,新城区农林牧渔业总产值 7000 万元。2003 年,新城区通过合理调整和优化农业种植,养殖业结构,由原来的“二元”结构转向粮食、经济作物、饲草饲料“三元”结构;加快推进农业产业化经营;大力发展生态农业等措施,农林牧渔业总产值突破亿元大关。2004—2012 年,新城区坚持发展优质、高效农业的方针,推进农牧业由粗放经营向集约经营转变,农林牧渔业呈稳步发展态势,总产值达到 3.9 亿元。2012 年后,由于党的惠民政策的全面落实,农村经济呈现出协调发展的新局面。2017 年,全区农林牧渔业总产值 3.33 亿元,农林牧渔业增加值 1.88 亿元。农用化肥施用量(折纯)117 吨;农用塑料薄膜使用量 56 吨,农村用电量 1914 万千瓦时,增长 4.25%。

三、工业总产值

2001 年，新城区企业 89 家，工业总产值 1.87 亿元。2001—2005 年，新城区市场经济不断发展，企业改革逐步深入，工业企业所有制形式呈现多样化格局，由原来的全民、乡镇集体企业为主，逐步发展成为国有、集体、股份合作企业、有限责任公司、股份有限公司、个体、私营的多种经济形式。随着新城区鸿盛工业园区的建设，全区工业经济有了较大发展，运行质量和效益稳步提升，工业经济实现快速发展。2004 年，新城区企业 29 家，工业总产值达到 15.54 亿元。2012 年，新城区企业 24 家，工业总产值达到 51.59 亿元。2017 年，全区 20 户规模以上工业企业，全部都是股份制企业，完成现价总产值 68.8 亿元，其中重工业完成现价总产值 55.1 亿元；轻工业完成现价总产值 13.7 亿元。规模以上工业企业实现增加值 20.2 亿元。电力、食品、服装等支柱产业完成现价总产值 56.9 亿元，占规模以上工业总产值的 82.7%。在主要产品产量中，服装达 131.49 万件，液晶电视机 789888 台，商品混凝土达 134257 立方米。规模以上工业企业实现主营业务收入 16.94 亿元，产品销售率为 102.5%。

四、服务业总产值

2001—2005 年，新城区加快调整优化经济结构，主攻社区服务业、旅游业和建材业、高新技术产业、科技教育文化产业等“四大产业”，培育新的经济增长点，服务业发展水平逐步提升。

2006—2010 年，新城区抓住城市快速扩张的契机，加快商贸、物流、餐饮娱乐等传统服务业的升级改造，发展新兴服务业，构筑了新城区服务业发展的新优势。

2011—2015 年，新城区把服务业发展作为产业优化升级的战略重点，抓住呼和浩特市成为国家服务号改革试点城市的契机，发展物流、金融保险、软件信息、商务服务等生产性服务业；发展教育、医疗、商贸、餐饮、住宿、娱乐的生活性服务业，服务业发展提质增效。2015 年，共有规模以上服务业企业 113 家，占全市 327 家规模以上服务业企业总数的 34.6%，实现营业收入 331.51 亿元。

2017 年，新城区共有规模以上服务业企业 120 家，分布在 8 个街道办事处、保合少镇和鸿盛园区。成吉思汗大街街道办事处 26 家，数量较多，迎新路办事处 3 家、保合少镇 2 家，单位数量相对较少，其他办事处分布较均衡。占全市 395 家规模以上服务业企业总数的 30.4%，实现营业收入 424.67 亿元，同比增长 12.36%。规模以上服务业企业分别隶属于 9 个行业门类和其中的 1 个行业中类。其中，交通运输、仓储和邮政业企业 18 家，实现营业收入 337.72 亿元，同比增长 13.2%。其总量占规模以上服务业总量的 79.5%；信息传输、软件和信息技术服务业企业 18 家；租赁和商务服务业企业 15 家；科学研究和技术服务业企业 29 家；水利、环境和公共设施管理业企业 5 家；居民服务、修理和其他服务业企业 4 家；教育企业 3 家；卫生和社会工作企业 3 家；文化、体育和娱乐业企业 6 家；物业管理企业 19 家。

五、居民生活

(一)城镇居民

2001—2017 年,城镇常住居民人均可支配收入从 7087 元增长到 49149 元,年均增加 2474 元,增长 7.1 倍。2017 年,新城区全体居民人均可支配收入 41430 元,增速 8.4%,人均增加 3222 元,其人均收入水平较全市平均水平高 8315 元;城镇常住居民人均可支配收入为 49149 元,增速 82%,人均增加 3704 元,其人均收入水平较全市平均水平高5631元,位居全市九个旗县区之首。

2001—2017 年城镇常住居民人均可支配收入统计表

表 4-2-1　　单位:元

年度	收入	比上年增加额	年度	收入	比上年增加额
2001	7087	647	2010	27910	2960
2002	7855	768	2011	31741	3831
2003	9430	1575	2012	35875	4143
2004	11558	2128	2013	38857	2982
2005	14228	2670	2014	39253	396
2006	16239	2011	2015	42146	2893
2007	19300	3061	2016	45445	3299
2008	22787	3487	2017	49149	3704
2009	24950	2163			

(二)农村居民

2001 年,农民年人均纯收入为 3507 元。2002—2017 年,农村居民收入稳步增加,消费水平进一步提高。据抽样调查显示,2017 年,新城区农村常住居民人均可支配收入18955元,增速 8.2%,人均增加 1429 元,其人均收入水平较全市平均水平高 3245 元。

2001—2017 年农民人均纯收入统计表

表 4-2-2　　单位:元

年度	收入	比上年增加额	年度	收入	比上年增加额
2001	3507	106	2010	10619	1172
2002	3780	273	2011	12750	2131
2003	4081	307	2012	14549	1799
2004	4941	860	2013	16310	1761
2005	6009	1068	2014	16319	9
2006	6753	744	2015	15181	-1138
2007	7597	844	2016	17526	2345
2008	8601	1004	2017	18955	1429
2009	9447	846			

第五篇

农牧水利

第一章 农 业

第一节 机 构

一、管理机构

农牧业水利局 2001年,新城区农林牧渔业主管部门为农业委员会。2002年5月,更名为新城区农牧水务局。2008年9月,成立新城区畜牧兽医局。2010年,新城区农牧水务局更名为农牧业水利局。2017年,区农牧业水利局内设综合办公室、农业农经股、畜牧兽医股、水利水保股4个职能部门,行政编制17人。下辖10个二级事业单位。

农村牧区工作部 2013年3月成立,机构规格正科级,机构列党委序列,核定科级领导职数2名(1正1副),下设股级事业单位新农村建设服务中心(核定事业编制5名)。

二、事业单位

水利水保站 2003成立,事业编制7人。承担全区农村安全饮水工作;开展水土保持治理工作;实施农田水利基础设施建设;进行水政和水土保持执法、监督工作。

水务管理站 2008年成立,事业编制3人。负责全区农田水利基本建设;统管全区水资源;依法管理水利工程;对全区农村供水实行行业管理。具体职能为贯彻执行国家有关水利工作的法律、法规和方针政策;宣传贯彻《中华人民共和国水法》等法律、法规,依法管理各项水事活动,协调水事纠纷;负责全区水环境治理、水资源的保护和管理、水利基建项目建设的管理以及所辖水工程设备维护的管理;指导农村水利工作;组织指导和协调全区农田水利基本建设、节水灌溉工作;指导全区农村供水工作,对供水水源地、水厂、供水管网等设施进行监测、保护;组织指导各灌区及面铺窑水库等工程的管理及引水、调水工作,组织指导水库大坝的安全监管;负责本单位及下属工程管理单位的安全管理工作;承办农牧水务局交办的其他事项。

新城区畜牧兽医局 2008年8月成立,为科级事业单位。下设动物疫病防控中心、动物卫生监督所、兽药监督管理所。

动物疫病防控中心 2008年成立,为副科级参照公务员管理单位,编制4人。主要负责组织实施全区动物疫病预防控制,检疫、检测任务及指标完成情况;负责疫情扑杀、免疫过敏反应、流产、死亡和认定工作;掌握疫情动态,指导防疫工作;对动物及其产品实施检疫。

兽药监督管理所 2004年成立，事业编制4人。其主要职责是贯彻执行国务院《兽药管理条例》以及国家有关兽药政策法规和上一级农牧行政管理机关发布的有关兽药管理规定；行使本辖区兽药生产、经营、使用监督管理权，负责发放本辖区的《兽药经营“许可证”》；调查处理兽药生产、经营、使用中的质量事故和纠纷，决定行政处罚；向上级农牧行政管理机关反映兽药生产、经营、使用中存在的问题。加强兽药监督管理，保证兽药质量，防治畜禽等动物疫病，促进畜牧业发展，进行兽药抽检。

动物卫生监督所 2004年成立，为参照公务员管理单位，编制4人。负责对辖区内有关单位和个人执行《中华人民共和国动物防疫法》及有关动物卫生法律、法规、规章的情况进行监督、检查和管理；纠正和处理违反动物卫生法律法规和规章的行为，决定动物卫生监督处理、处罚。

农牧水务综合行政执法大队 2009年成立，副科级事业单位，编制10人。承担新城区范围内的农业执法、畜牧执法以及水务执法。

街道企业管理局 2011年成立，为股级事业单位，编制1人。负责新城区乡镇街道企业的指导协调、规划、发展安全生产；乡镇街道企业的人才开发和新产品，新技术的推广应用工作；农业生产资料和生活资料的供应、再生资源回收、办专业社以及组织实施新网工程等。

农牧水利综合科技示范中心 2011成立，事业编制1人。负责大青山区水土保持，配合重点建设项目；提供适应当地生长的各类种苗，开展农牧业科技试验示范。

新农村建设服务中心 2014年成立，事业编制5人。贯彻落实国家、自治区、市有关农村发展的路线、方针、政策，贯彻落实区委乡村振兴战略工作部署，做好乡村振兴战略决策参谋、统筹协调、政策指导、推动落实等工作，组织相关会议，起草综合性文稿，调研督导乡村振兴工作推进情况，组织开展乡村振兴工作实绩考评。2017年，有在编人员3人。

三、其他单位

防汛指挥常设机构 新城区防汛抗旱指挥部办公室职责：负责贯彻执行国家有关防汛抗旱工作的方针、政策、法律法规和法令，组织实施和监督检查。研究制定新城区防汛抗旱工作的有关政策和规章制度；研究制定和组织实施防汛抗旱工作发展规划和防汛抗旱应急预案；负责防汛抗旱重大决策部署、汛情、旱情及防汛抗旱动态的掌握和发布，会同有关部门发布水旱灾情信息；建设与管理本辖区内河道、渠道、山洪沟及河道岸线；组织建设和管理防洪、抗旱工程、水毁防汛工程和防汛岁修工程；组织指导防汛抗旱物资的储备与防汛资金计划管理，防汛抗旱专业机动队伍建设与管理和先进防汛抢险与抗旱科学技术的宣传与推广；督促检查防汛抗旱措施的落实，指导和监督有防汛任务的部门和单位做好行业防汛工作。

第二节　农业改革

一、土地确权

2016年4月25日，内蒙古自治区政府办公厅印发《内蒙古自治区土地承包经营权确权登记颁证工作方案》，内蒙古自治区被国家确定为全国土地承包经营权确权登记颁证整省推进省区。从2016年起，土地承包经营权确权登记颁证工作在内蒙古自治区全面推进，要求开展土地承包经营权确权登记颁证工作，坚持和完善农村牧区基本经营制度，按照保持稳定、依法规范、民主协商、因地制宜的原则，积极稳妥地推进。要通过确权登记颁证，解决好承包地块面积不准、四至不清、空间位置不明、登记簿不健全等问题，为开展土地经营权流转、调处土地纠纷、完善补贴政策、进行征地补偿和抵押担保提供重要依据；要通过确权登记颁证，建立土地承包经营权设立、转让、互换、变更、抵押等登记制度，确认农牧户承包地的占有、使用、收益等各项权利；要通过确权登记颁证，建立健全土地承包经营权信息应用平台，实现土地承包合同、登记簿和权属证书信息化，加强土地承包经营权确权登记应用，方便群众查询，利于服务管理，更好地服务于现代农牧业和新农村新牧区建设。5月，呼和浩特市国土资源局制定《呼和浩特市农村宅基地及集体建设用地使用权确权登记发证工作实施细则》，对农村宅基地及集体建设用地使用权确权登记范围、原则、程序、权属调查、地籍测量、数据库建设、档案管理等方面均予以详细规定。

2017年9月，新城区按照自治区土地承包经营权确权登记颁证工作总体部署，根据《内蒙古自治区人民政府办公厅关于印发〈自治区土地承包经营权确权登记颁证工作实施方案〉的通知》《呼和浩特市人民政府办公厅关于印发〈呼和浩特市土地承包经营权确权登记颁证工作方案〉的通知》文件精神，制定《新城区农村土地承包经营权确权登记颁证工作方案》，经区政府研究决定，成立新城区农村土地承包经营权确权登记颁证工作领导小组。提出总体要求为：开展土地承包经营权确权登记颁证工作，必须准确把握中央、自治区和呼和浩特市关于全面深化农村改革的精神，坚持和完善农村基本经营制度，进一步稳定和完善农村土地承包关系，解决承包地块面积不准、四至不清、空间位置不明、登记簿不健全等问题，把承包地块、面积、合同、权属证书全面落实到户，实现“四相符”和“五到户”，即：承包地面积坐落、承包合同、经营权登记簿、经营权证书四个相符；承包地分配到户、承包地四至边界测绘登记到户、承包合同签订到户、承包经营权证书发放到户、基本农田标注到户五个到户。为开展土地经营权流转、调处土地纠纷、完善补贴政策、进行征地补偿和抵押担保提供重要依据；要通过确权登记颁证，建立土地承包经营权设立、转让、互换、变更、抵押等登记制度，确认农户承包地的占有、使用、收益等各项权利；要通过确权登记颁证，建立健全土地承包经营权信息应用平台，实现土地承包合同、登记簿和权属证书信息化，加强土地承包经营权确权登记应用，方便群众查询，利于服务管理，更好地服务于现代农牧业和新农村建设。

新城区农村土地承包经营权确权登记颁证工作分三个阶段进行。2017 年 12 月 31 日，完成成立机构、制定方案、确定实施单位、宣传动员、开展培训、准备资料等前期准备阶段工作。

二、土地流转

2001 年以来，新城区由于进行生态建设、农业开发和公共设施等基础设施建设，农村土地在不改变土地使用性质的情况下开始流转，进行集约化经营。到 2017 年末，新城区农村土地除部分集体土地外，已基本全部流转。

2002 年，内蒙古小井沟生态旅游有限责任公司投资兴建小井生态园，在大青山南麓呼和浩特市东北 25 公里处占地约 133.33 公顷。

2003 年，北京太伟控股集团投资开发的服务业项目，建设内蒙古大青山太伟度假村，在阴山支脉大青山的腹地小井沟生态区内，占地 204.3 公顷。

2007 年 3 月，内蒙古香岛生态农业开发有限公司建设农业生态项目，保合少镇古路板村流转土地面积为 355.76 公顷。

2008 年，由巨华集团投资的巨华葡萄酒庄园，占地 200 公顷，总投资 5000 万元。

2009 年，新城区在讨思号、古路板、塔利等村采取土地入股、反租倒包等土地流转方式，建设高效日光温室大棚和钢架大棚。巨华葡萄酒庄园在野马图村征地 21.3 公顷。由内蒙古万家今典娱乐有限责任公司投资建设的休闲体检中心，总占地 8 公顷。由内蒙古蒙锡勒公司在奎素村投资建设的马术俱乐部项目，完成征地约 100 公顷。

2011 年，乌兰不浪村发展“一村一品”，引进集种植、养殖、采摘观光休闲于一体的绿色生态产业——鑫冠种养殖农民专业合作社。流转土地近 33.33 公顷，总投资 5000 多万元。

2012 年，呼和浩特市委、市政府把大青山前坡生态改造工作纳入市里的工作重点，对前坡所有的农民承包地实行流转出租方式实施项目改造，土地性质不变，农民承包权不变，土地流转期暂定 10 年，补偿款一次性付给农民。新城区通过民情调研，重新调整土地流转费，增加农民收益等措施做到群众满意、政府放心。土地流转生态绿化项目完成租地任务 1733.3 公顷，造林绿化 733.3 公顷；万亩草场、333.3 公顷休闲观光农业、水磨旧村改造等项目开工建设。沙恩葡萄酒庄园建设占地 80 公顷、百草园项目占地近 333.3 公顷。

2013 年，新城区确定大青山生态绿化、万亩草场和草原生态保护区、休闲观光农业、圣水古城、中央公园、新城牧歌、青山人文、保合少旅游集镇等 10 大项目，涉及 18 个行政村近 5 万村民。6 月，由内蒙古金绿原观光旅游开发股份公司投资兴建新城牧歌，项目东临 105 省道，南临 G6 高速，西临 G7 高速，北临规划二路，保合少镇土地流转 173.3 公顷。乌兰不浪村的未流转土地全部流转，流转费每亩地一年 1000 元。成吉思汗街道办事处对

G6 高速公路南北两侧 100 米范围内 11 个村的建筑物和土地进行登记、征收流转和拆除工作。拆除建筑物 9.17 万平方米，征地 17.1 公顷。本年，万亩草场一期开工建设，占地 666.67 公顷。

2014 年，万亩草场二期工程涉及恼包、甲兰板、野马图 3 个村土地流转 453.3 公顷，征用 73.3 公顷建设用地。颐和生态科技园项目占地 73.3 公顷。大青山太伟度假村扩建项目占地 93.5 公顷，主要建设雪具大厅、高空索道、荒山荒坡园林绿化、水景改造等项目。恼包城发物流项目，占地 75.47 公顷。保合少镇完成 G6 两侧生态绿化用地项目，征用流转土地 70.27 公顷，拆除建筑面积 8.75 万平方米，预算征拆资金 2.9 亿元，兑付征拆和土地流转资金 2.14 亿元。

2015 年，新城区推进恼包城发物流，流转土地 73.3 公顷。建设青岛昌盏 50 兆瓦光伏农业项目流转土地 66.67 公顷。

2017 年，因建设百草园、植物园、生态路两侧绿化、观光农业、育苗基地、果园、生态景观林、草原生态保护区、主题公园等 13 个建设项目，成吉思汗大街街道办事处沿山的塔利、讨思浩、生盖营、红山口、三卜树、上新营、哈拉更、哈拉沁、乌兰不浪 9 个村流转土地 1088.3 公顷，签订合同 3636 份，流转土地农户 3214 户；葡萄酒庄园建设葡萄园种植项目总占地面积 80 公顷。

三、农业税费改革

2000 年初，党中央和国务院出台减免农业税政策，中央和地方财政增加对基层的转移支付，公共财政继续向农村倾斜，保证基层政权正常运转和农村教育、卫生等社会事业健康发展。改革采取由点到面稳步推进的做法，改革的主要内容是“三个取消，两个调整，一项改革”，即取消乡统筹费、农村教育集资、行政事业性和政府性基金、集资，取消屠宰税，取消统一规定的劳动积累和义务工；调整农业税和农业特产税政策；改革村提留征收使用办法。改革后，农民只需交三笔钱：农业税正税及附加；“一事一议”的筹资；村内统一组织的抗旱排涝、防虫治病、恢复水毁工程等共同生产费。这一改革使农民负担额下降 30%以上。

2001 年，新城区开始有计划地推进免征农业税改革工作，全面落实减免农业税的各项政策。4 月，开始第一次乡镇机构改革，精简乡镇机构和人员，减轻农民负担；同时，推进农村义务教育管理体制和区乡财政体制等相关配套改革。

2002 年，新城区全面推开农村税费改革，农民人均减负率达 60%。

2004 中央一号文件提出，“农业税税率总体上降低一个百分点”，新城区逐步降低农业税税率，平均每年降低一个百分点以上。

2005 年，新城区深化农村税费改革，2006 年 1 月，全部取消农业税。

2007—2012 年，新城区以农村税费改革为起点，贯彻中共中央‘多予、少取、放活”的惠农强农政策，推进一系列农业支持保护制度改革、补贴方式改革，工业反哺农业的新机制加快形成。

中共十八大以来，新城区通过持续深化农村综合改革，把资源、要素、资金更多地向农村投入，建立一个城乡融合的体制机制，为农业农村的发展提供了新的动力。

四、农村富余劳动力培训转移

2001 年以来，随着新城区城乡一体化建设、农业产业结构的调整、土地流转和农民观念的更新，新城区农村剩余劳动力逐步投身到城市建设的大潮中，农村剩余劳动力转移成为当地农村经济发展、农民增加收入的重要渠道，农村 30%左右的农民利用农闲季节进城打工，从事第二、第三产业，农忙季节回乡务农。2012 年后，新城区农村大部土地流转用于大青山前坡生态建设，农民不再是传统意义上的农民，80%的农民已经从封闭的小农经济中走出来。由于新城区城乡一体化建设和农业产业化经营，一部分农民打工不用出村，在本村农业龙头企业打工或从事保洁和生产服务工作，一部分年轻人外出打工，投身到区内外城市建设中。

2004 年，新城区开始实施农村劳动力转移培训工作，举办劳动力转移 4 期 8 个培训班，培训农民 1100 余人，85%以上受训农民实现外出就业。

2006 年，新城区加大培训工作力度，举办 3 个培训班培训农民 500 多人，基本实现稳定就业。11 月 4—18 日，配合“整村推进”项目的实施，在甲兰板村、讨思浩村、水磨村开设 3 个培训班，培训农民 200 余人。通过培训增强村民的法律意识，提高就业技能，增加收入，为农村剩余劳动力的顺利转移奠定了基础。

2008 年，新城区对 300 名贫困农民进行劳动力转移、实用技术等方面的培训。

2009 年，新城区在保合少镇大窑、甲兰板村、面铺窑村等 6 个行政村开展劳动力转移培训和农牧业实用技能培训，投入资助金 15 万元，培训农村劳动力 300 人。培训对象主要是受金融危机返乡的农民工和高中毕业生、退伍军人以及农村 18 岁以上 45 岁以下青壮年劳动力。培训内容包括生猪、笨鸡、奶牛等养殖技术，蔬菜、林果等种植技术，以及餐饮服务、建筑技能等实用技能培训。

2010 年，完成劳动力转移培训 150 多人次，投入资金 10 万元，培训内容包括裁剪、餐饮、建筑、电脑、修理、法律法规等外出务工实用技能，与西远等企业协调合作，为企业开展订单式培训，使学员培训后实现就地就业。

2011 年，农村劳动力转移培训工作在水泉、甲兰板等村开展养鸡等实用技术和餐饮、保洁等服务技能培训，完成 100 人的培训任务。

2012 年初，呼和浩特市委、市政府印发《大青山生态综合治理保护工程规划建设总体实施方案》，启动大青山生态综合治理保护工程。新城区以大青山生态综合治理保护工程工作为重点，做好沿大青山综合改造中涉及土地流转村民的职业技能培训工作。从而推进新农村建设，加快农村劳动力的转移就业，为广大农民的创业就业提供先期服务，缓解沿山土地流转农民的就业压力。

2014年，新城区在保合少镇面铺窑村举办保洁员专业技能培训班，34名土地流转村民参加培训。

2015年，农牧业水利局开展大型集中培训9次，田间地头与农民一对一、面对面培训10余次，培训农民专业合作社、种养殖大户等农民骨干力量1000余人，建设一支符合现代农业发展的懂经营、会管理、有技术的新型农民经营者队伍，带动农民增收致富。

2016年，新城区争取项目补助资金40万元，举办实用农业生产技术及农产品安全培训班6期，培训农民290余人。

2017年，在保合少镇、成吉思汗街道办事处的19个村进行设施农业、畜牧养殖、果树病虫害防治等专业技术培训，做到"农民需要什么技术，政府送什么技术"。培训农民1.9万人次。截至2017年年底，据不完全统计，剩余劳动力外出转移约0.86万人。通过培训项目培训的农民，85%左右找到了适合自己专长的职业。

五、惠农专项补贴

（一）粮食直补、农用生产资料综合补贴

2004年，新城区发放种粮补贴和农资补贴97万元。

2009年1月，新城区加强对财政惠农补贴资金管理，确保财政惠农补贴资金及时、足额、安全到位，在全区范围内全面推行"一卡通"改革工作。"一卡通"制度，就是对财政预算安排的各种惠农补贴资金，一律通过农村金融机构以转账方式，直接打入农户个人财政惠农补贴资金专项存折账户的一种新的管理制度和发放方式。通过区、镇（街道）之间联网的财政惠农补贴信息化网络，实现财政惠农补贴的有序、透明和规范管理。各项惠农补贴资金均按照"统一渠道、统一方式、统一时间和公开补贴项目、补贴数额及政策依据"的总体发放要求，做到各类资金一个"漏斗"向下，实现"一卡通"。

2011年，新城区在"一事一议"工作方面申报项目12个，其中：保合少镇9个，成吉思汗大街街道办事处3个，涉及村街道路硬化、绿化、照明，人畜饮水，新建公厕等工程。争取上级财政补助资金420万元，区财政配套资金542.1万元。拨付保合少镇项目资金909.1万元，成吉思汗大街街道办事处项目资金53万元在工程验收完工后拨付。

2012年，市财政拨付新城区粮食直补资金50万元，农资综合补贴资金402.8万元。新城区对种粮农民进行粮食直补和农资综合补贴资金兑付工作，严格按照《2012年新城区粮补直补农资综合补贴资金发放方案》中的补贴资金发放程序做好资金发放工作。补贴资金全部通过"一卡通"发放系统进行发放，在3月10日前将资金发放到农户。

（二）良种补贴

2009年，根据自治区农牧业厅、财政厅《关于印发2009年国家和自治区良种推广补贴项目实施方案的通知》及市农牧业局《关于印发2009年良种推广补贴项目实施方案的通知》精神，新城区结合实际情况，制定良种推广补贴项目实施方案，认真组织实施。对农民种植小麦、玉米、大豆农作物按照每亩补贴10元标准进行良种补贴。种植良种4124.93公顷，其中玉米3018.9公顷、小麦152.8公顷、大豆953.2公顷。共发放良种补贴61.87万元。

2010年，种植良种4028.94公顷，其中玉米2915.79公顷、小麦135.87公顷、大豆977.28公顷。共发放良种补贴60.43万元。

2011年，新城区种植良种3997.9公顷，其中玉米2982.63公顷、小麦41.33公顷、大豆973.95公顷。共发放良种补贴59.97万元。

2012年，新城区种植良种3987.67公顷，其中玉米3097.67公顷、小麦34公顷、大豆85.3公顷。

2013年，新城区共种植良种914.7公顷，其中玉米521.11公顷、小麦36公顷、大豆364.27公顷。共发放良种补贴13.72万元；核实牧草良种补贴面积792.5公顷，发放补贴资金56.76万元。

2014年，新城区共种植良种641.87公顷，其中玉米346.93公顷、小麦40.73公顷、大豆254.21公顷。共发放良种补贴9.63万元。

2015年，新城区种植良种700.19公顷，其中玉米469.39公顷、小麦11.4公顷、大豆219.4公顷。共发放良种补贴10.5万元。

2016年，按照国家有关要求和《内蒙古自治区农业“三项补贴”改革实施方案》，农业“三项补贴”改革在全区全面推开，将农作物良种补贴、种粮农民直接补贴和农资综合补贴合并为“农业支持保护补贴”，政策目标调整为支持耕地保护和粮食适度规模经营。“三项补贴”资金财政局通过一卡通直接发到农民手中。

(三)农机具补贴

2005年，内蒙古自治区制定农民购置大型农机具补贴政策。向新城区拨出3万元的专项资金，新城区制定出具体落实办法和措施，在各乡镇对农民购置大型农机具实行补贴进行公示，落实补贴资金2.3万元，其中拖拉机1台；播种机11台。实施这项政策给新城区的农机化发展带来变化，农机装备结构比例发生变化，大型拖拉机保有量呈现恢复性增长，大型拖拉机保有量连续多年徘徊的趋势得到遏止，配套机具有所增加，农机具配套比例不合理的局面开始改善；提高农田作业机械化水平，加快先进适用的农机新机具、新技术的推广使用。

2011年8月22日，新城区人民政府按照内蒙古自治区农牧业厅、财政厅《关于印发2011年农牧业机械购置补贴专项实施方案的通知》和《呼和浩特市2011年农牧业机械购置补贴专项实施方案》的文件要求，制定《新城区2011年农牧业机械购置补贴专项实施方案》，要求切实做好新城区 2011 年农牧业机械购置补贴工作，充分发挥中央财政支农惠农政策，拉动农村需求，提高农牧业综合生产能力。内蒙古自治区农牧业厅、财政厅安排新城区第一批专项补贴资金为 70 万元。补贴对象为纳入实施范围并符合补贴条件的农民、直接从事农机作业的农民生产经营组织、取得当地工商登记的奶农专业合作社、奶畜养殖场所办生鲜乳收购站和乳品生产企业参股经营的生鲜乳收购站。补贴机具种类主要有耕整地机械、种植施肥机械、田间管理机械、收获机械、收获后处理机械、农产品初加工机械、排灌机械、畜牧水产养殖机械、动力机械、农田基本建设机械、设施农业设备、农村可再生资源设备和其他机械等，共 13 大类 41 小类 140 个品目 231 个机型。

2014 年，新城区争取农机补贴款 20 万元，接受农民申请 17 份，其中拖拉机 11 台，旋耕机 3 台，翻转犁 1 台，薯类收获机 1 台，种子播种机 1 台，补贴资金全部购置农机，市站核实后，于 9 月底通过"一卡通"足额发放到农民的手里。

2015 年 3 月 9 日，内蒙古自治区农牧业厅财政厅、印发《内蒙古 2015—2017 年农机购置补贴专项实施方案的通知》，补贴的重点机型主要是大型机械、联合作业机械、先进技术产品。到 11 月，拖拉机补贴办理 7 台、播种机 1 台、旋耕机 1 台、中耕机 1 台、办理补贴款共计 19.5 万元。

2016 年，新城区贯彻自治区"8337"发展思路，坚持服务现代农业建设，推进农业发展方式转变，坚持服务农业生产经营者，突出补贴重点机械产品。争取农机补贴款为 10.5 万元，补贴对象为新城区从事农业生产的个人和农业生产经营组织。年度内享受补贴购机数量原则上不超过 1 台套，即 1 台拖拉机或 1 台自走式机械配带 3 台作业机具。

2017 年，新城区补贴 1 台拖拉机，落实资金 1.03 万元。6 月，开展以惠农补贴资金为重点专项督查。核查保合少镇、成吉思汗大街街道办事处自 2013 年以来农机具补贴工作。补贴资金全部通过"一卡通"落实到位，享受良种补贴面积、农机具补贴机型金额属实，未发现侵害农民利益现象。

第三节 耕 地

一、耕地面积和种植面积

2001 年，新城区耕地面积为 13666.7 公顷，农作物总播种面积 5066.7 公顷。2002—2013 年，新城区农作物播种稳定在 6533.3 公顷左右。2014 年，新城区因大青山前坡生态综合治理工程，占用大量耕地和基本农田，土地流转加之种植粮食作物经济效益低，农作物播种面积呈逐年减少趋势。2017 年，新城区耕地面积为 5957 公顷，农作物总播种面积 613.3 公顷。

2001—2017 年新城区耕地面积统计表

表 5-1-1　　　　单位:亩

年度	耕地面积	农业人口(人)	人均耕地面积	农作物播种面积(亩)
2001	205050	49018	4.18	76170
2002	201450	49012	4.11	107835
2003	201135	49185	4.08	102150
2004	199770	49532	4.03	104000
2005	163725	49502	3.30	101000
2006	162705	48885	3.32	103000
2007	100000	51300	1.94	99255
2008	101000	51380	1.96	99755
2009	101000	52000	1.94	98255
2010	101000	52121	1.93	98055
2011	101000	52121	1.93	98010
2012	101730	52475	1.93	98025
2013	86654	54250	1.59	36835
2014	93913	48159	1.95	24555
2015	92355	50633	1.82	26910
2016	89340	52482	1.70	17925
2017	89359	50101	1.78	10420

二、耕地治理保护

新城区按照国家对农田的保护政策,制定《新城区 2001—2015 年土地利用总体规划》,严格执行土地利用总体规划,严格控制耕地、草原和林地转为非农业建设用地,对农田实行保护,基本农田不能随意改变基本农田的用途;基本农田根据农民经营情况,在不改变土地使用性质的情况下可以流转,进行集约化经营。

2001 年,根据市土地管理局文件精神,新城区开展调整划定基本农田保护区工作。签订区与乡、乡与村的基本农田责任状和责任书,基本农田保护率达到 80%。

2002 年,对确实需要进行农用地转用的建设项目,坚决执行“占一补一、占补平衡”的原则。并与用地方签订补充耕地协议,交纳一定数量的开垦费押金,使耕地得到保护。查处违法占地 77 起,拆除违法建筑 107 户。

2003 年,基本农田保护率达 80%,完成补充耕地项目 4 宗,占用耕地 16.28 公顷,全部签订补充耕地协议,上交开垦费押金 13.29 万元。

2004 年,永久基本农田保护率达到 80%;共呈报建设项目用地 21 宗,其中征为国有土地项目16宗，面积469.49公顷，集体土地项目5宗，面积26.72公顷。

2005年，基本农田保护面积保护率达80%以上；呈报建设项目用地4个批次，单独选址项目2宗，涉及17个建设项目，其中征为国有土地的项目16宗，面积236.3公顷，集体土地项目1宗，面积5.6公顷。

2006年，基本农田保护率达80%。

2007年，基本农田保护率达80%；呈报建设项目用地7个批次，单独选址项目6宗，总用地面积438.41公顷，其中征为国有土地的项目9宗，面积353.05公顷，集体土地的项目4宗，面积85.36公顷。

2008年，呈报建设项目用地2个批次，面积共计12.78公顷。

2009年，上报中心城市农用地转用土地征收实施方案批次9个，申请用地总面积240.16公顷。开展全国第二次土地调查。查处违法占地行为，拆除违法建筑10万平方米。保合少镇集中开展土地专项治理工作，拆除违章建筑6400平方米，确定违章建设的8家公司限期补办土地手续。

2010年，农用地转用和土地征收实施方案批次2个，申请用地总面积47.55公顷。上报中心城市规划区外的批次2个，申请用地面积63.86公顷。

2012年，严格控制基本农田保护面积，保护率完成上级下达的任务指标；上报中心城市农用地转用土地征收实施方案7个批次，申请用地总面积271.23公顷（其中使用农用地指标118.72公顷、未利用地指标0.25公顷；建设用地152.26公顷）。新城区认真贯彻《国土资源部关于严格规范城乡建设用地增减挂钩试点工作的通知》及自治区、呼和浩特市的工作部署，结合新城区土地利用的实际情况，推进城乡建设用地增减挂钩试点的各项具体工作。建立以区委副书记为组长、区委常委、政府副区长为常务副组长、两位副区长和一位政协副主席为副组长的区城乡建设用地增减挂钩工作领导小组，负责协调征地拆迁及复垦整理工作中的重大问题。在新城国土分局下设办公室负责处理日常事务和项目区规划。选择符合城乡建设用地增减挂钩条件的保合少镇和成吉思汗大街街道办事处的部分行政村列入试点工作计划。初步建立项目区备选库，项目区面积为1418.21公顷。确定一个试点村保合少镇恼包村，占地面积46.77公顷。区政府向保合少镇下达对恼包村开展土地整理复垦工作的通知，对经整理复垦后新增耕地的分配原则及分配程序作出规定。制定并下发《新城区保合少镇恼包村建设用地增减挂钩拆旧建新村民补偿安置方案》，明确项目区地点和整理范围、拆迁政策（住房补偿政策、征收土地补偿政策、村民培训政策、社会保障政策、村民创业就业及保障村民子女发展权利政策）、安置措施等。对涉及的土地整理、房屋拆迁、土地征收及新旧地块规划、设计、实施等所需经费从增加的城市建设用地出让金收入中予以解决，不足部分全部由新城区人民政府承担。置换后的土地出让收益专项用于城乡建设用地增减挂钩中土地复垦整理及农牧民安置工作。

2014 年,市委、市政府实施的大青山前坡生态综合治理工程占用新城区大量的耕地和基本农田,新城区向市政府和市国土局申请核减基本农田保护任务 2800 公顷。

2016 年,新城区耕地保护任务指标 3036.66 公顷,永久基本农田保护任务约为 700 公顷,作业单位编制划定方案,核实划定位置。

2017 年,永久基本农田划定,上级下达的保护任务为 700 公顷,新城区全部落实到地块,划定方案及数据库通过质检,等待国土部批准。

第四节　农业产业化

一、综合开发

2001 年,新城区充分发挥区域资源优势,进一步加快农业结构调整,着力培育优势特色产业,加快农村产业化进程,提高农业产业化水平。切实转变农业增长方式,促进农民收入较快增长,为社会主义新农村建设奠定坚实的物质基础。讨思浩村综合开发万亩中低产田,高效覆膜种植面积完成 1233.33 公顷,新增蔬菜保护地 6.67 公顷。

2004 年,新城区 6933.33 公顷农产品生产基地通过自治区无公害农产品基地认证,16 种农作物通过农业部无公害农产品认证,获得在全国农产品市场免检流通。

2005 年,新城区耕地及饲草料、经济林种植基地通过无公害认证的总面积达到 11466.67 公顷,在全市率先实现所有农产品基地的无公害认证。

2007 年,成立农业科研推广中心,农业科技示范基地建设初具规模,引进、试种果蔬新品种 35 个,为发展现代高效农业奠定基础。

2008 年,新城区推进特色优势农产品基地建设。形成以香岛、绿丰苑、绿丰达为龙头,集中连片、规模发展的蔬菜基地开发格局。在讨思浩、古路板、野马图等村新建温室大棚 350 栋,新增蔬菜保护地 21.33 公顷。其中,绿丰苑蔬菜基地通过国家有机农产品质量体系认证。推进经济林的产业化开发,在奎素等村建成鲜枣种植示范大棚 50 个。以讨思浩村、古路板村、野马图村为中心的 1000 公顷设施农业基地初具规模。香岛、荣丰等生态观光农业基地稳步推进。成立首家果蔬种植专业合作社。

2010 年,扶持协调香岛、巨华葡萄园、绿丰苑、野马图村、恼包村、甲兰板村等 6 个单位形成互助发展的无公害绿色蔬菜生产基地。

2012 年,新建现代农业园区 5 个,香岛现代农业园区光伏大棚建设 365 栋;昌盛日电现代农业园区光伏大棚建设 167 栋;野马图现代农业园区大棚建设 403 栋;建设占地 80 公顷的沙恩葡萄庄园、占地近 333.33 公顷百草园项目;恼包村启动物流园区建设。

2013 年,农业科技博览园主体建设完工,开工建设昕远、金茂等 7 个农业项目,333.33 公顷休闲观光农业园创建为自治区第六批农牧业科技示范园区。

2014 年，新城区提升农业产业化龙头企业扶持力度。争取农产品初加工补贴资金 200 万元，解决蔬菜储藏设施，审批通过 4 家专业合作社的建库手续。讨思浩村 333.33 公顷休闲观光农业园等现代农业项目累计投资 8.2 亿元，建成智能联栋温室 14 万平方米、日光温室 1700 余栋。

2015 年，新城区推进现代休闲观光农业，建设塔利—讨思浩村、古路板—恼包村、哈拉更——乌兰不浪村 3 个观光农业园区，打造 666.67 公顷现代农业产业区。其中，塔利—讨思浩村观光农业园区，由香岛公司、塔利种植基地、兴盛源公司、天惠农业公司等 8 家企业投资 6.4 亿元，建智能连栋温室 3.1 万平方米，日光温室 923 栋。古路板—恼包村为重点的观光农业园区，由野马图、新城牧歌、鑫盛公司、颐和生态等 4 家企业(集体)投入 4.8 亿元，完成智能连栋温室 7.3 万平方米，日光温室 578 栋。哈拉更—乌兰不浪村为重点的观光农业园区，由乌兰不浪鑫冠、金田地等企业投入 6200 万元，完成智能连栋温室 2.84 万平方米，日光温室 97 栋。鑫盛太阳能 50MW 光伏农业项目，完成 9000 平方米连栋温室、2 栋日光温室，200 栋温室拱棚主体。百草园项目投入资金 1585.5 万元，草籽播种 126.67 公顷、水管网铺设 9000 米；万亩草场二期正式开工，种草 453.33 公顷。新城牧歌投资 1.2 亿元，种植紫花苜蓿 80 公顷，建成特种养殖基地并投入运营，被评为自治区休闲观光农牧业示范点。

2017 年，新城区休闲观光农业完成投资 12.32 亿元，占地面积 1466.67 公顷，建智能连栋温室 14.2 万平方米，日光温室 1823 栋。新建占地 66.67 公顷以上的现代农业园区 5 个，香岛现代农业园区光伏大棚建设 365 栋；昌盛日电现代农业园区光伏大棚建设 167 栋(规划建设 610 栋)，种植茶叶 54 栋，实现南茶北种；野马图现代农业园区大棚建设 403 栋；建设占地 80 公顷的沙恩葡萄庄园、占地近 333.33 公顷百草园项目。

二、专业合作社

2008 年，新城区农民专业合作社开始在工商局注册登记。2011 年，陆续有部分合作社在农牧水务局备案登记。

农民专业合作社是通过“合作社 + 基地 + 农户”形式，带动农业规模化、标准化生产。农民专业合作社利益联结机制紧密，实现对农民产前产后统一服务，组织、协调和规范农户的生产经营活动，增强产品的市场竞争力，带动农民增加收入。农民专业合作社主要从事蔬菜、瓜果、花卉种植和养殖产业，随着新城区农业产业化水平的提高，合作经济组织也不断发展壮大，为打造特色产业和品牌农业奠定了坚实的基础。

2009 年 3 月，讨思浩村组织蔬菜基地蔬菜种植户筹备成立呼和浩特市鑫鼎达蔬果农民专业合作社。合作社为新城区首家农民专业合作社，为农民提供蔬菜种植的产前、产中、产后包括种植技术培训、生产资料供应以及产品销售等的一条龙服务。注册“鑫鼎达”牌商标，合作社成员 122 人，种植 191 栋日光温室，占地面积 33.33 公顷，合作社注册资金200万元。合作社成立后,在蔬菜种植、草莓种植、野生菌技术的引进、示范种植上,为成员做好产前、产中、产后的各项服务,无偿或低价为合作社成员及周边种植户提供秧苗,搭建农超对接网络平台,采取直供配送服务,实现农产品从农田到餐桌的全过程控制。受益村民155户,实现合作社成员纯收入增加3000元。

2011年,农民蔬菜种植专业合作社达5个,带动发展蔬菜专业种植户200余户。呼和浩特市鑫冠种养殖农民专业合作社成立。合作社位于乌兰不浪村,占地面积14.67公顷,有社员32人。将农业与旅游业相结合,发展有机农业、设施农业、创意农业,建立种植、养殖、采摘、观光休闲于一体的绿色生态产业。设立科技技术服务站、农技推广示范基地、呼和浩特市革命老区农业科技示范基地、残疾人扶贫基地、大学生创业基地。园区内设有冷库、保鲜库、包装车间,形成生产、包装、保鲜、冷藏的管理体系,规划续建15栋温室大棚、两座花卉大棚及鱼塘等一系列种养殖与观光旅游项目。

2012年,新城区农民果蔬种植专业合作社达到7家,带动发展果蔬专业种植户300余户。

2013年,新城区专业合作社15个。合作社成员372个,带动农户413户。

2014年,新城区在24个农民专业合作社中重点培育运行规范、产业优势明显、带动能力强的农民专业合作社,扶持野马图喜顺农民专业合作社达到自治区级标准化示范社水平;扶持鑫鼎达果蔬农民专业合作社申报国家级标准化示范社;扶持鑫冠农民专业合作社参与农业部“全国农产品加工合作社示范设”评比。合作社成员738人,带动农户数620户。

2015年,新城区农民专业合作社26家,有注册商标数3个,有三品认证数1个,有认证的1个,农超对接的2个,合作社成员750个,带动农户640户。按行业划分:从事种植业合计17个,从事畜牧业合计7个,从事服务1个,从事其他的1个。带动1000余户农民发展花卉、蔬菜、水果等特色农业,增加农民收入,促使经营主体从农户经营向合作社组织转变。

2016年,新城区农民专业合作社26家,新城区严把合作社项目报账关,监督3个合作社规范使用项目资金150万元;帮助4家单位24个品种获证无公害农产品,其中鑫鼎达合作社新认证8个蔬菜品种,轩悦达合作社新认证7个无公害农产品。

2017年,新城区有农民专业合作社32家,注册社员800余人,涉及蔬菜、养殖、花卉、药材等各行业,其中蔬菜种植18家,养殖9家,带动农民6000余人,取得一定的经济效益。讨思浩鑫鼎达合作社创建成为国家级农民专业示范合作社,野马图喜顺合作社创建成为自治区级农民专业合作社。

三、农业龙头企业选介

内蒙古香岛生态农业开发有限公司 2007年3月成立,位于新城区保合少镇古路板村，总投资 6000 万元，总体规划用地面积为 355.76 公顷，2009 年，投入资金 2100 万元，建设 118 套日光温室大棚及农业配套设施，完成套种猪养殖场 5000 平方米。下设 5 家子公司：内蒙古香岛生物科技有限公司、内蒙古香岛新能源发展有限公司、内蒙古香岛昊福节能投资管理服务有限公司、呼和浩特市蔬菜产业有限公司、内蒙古香岛宇能生态开发有限公司。其性质为民营股份企业，企业注册资金 2.3 亿元。主要经营设施农业的开发、承包、租赁，智能温室的设计与墙体材料加工与销售，花卉果蔬的种植、加工与销售，可再生能源技术的开发推广利用，新能源项目开发应用管理。

内蒙古各信园蒙草抗旱绿化股份有限公司　2012 年成立，位于保合少镇野马图村，有职工 20 人。主要研发培育苗木花卉生产、园林景观设计与施工，研究蒙草抗旱及园林空地的绿化等，在新城区承接主要项目是呼和浩特市万亩草场，通过万亩草场的生态恢复建设，将该区域打造成呼和浩特市独有的自然生态草原风光。实施研发培育、苗木花卉生产、园林景观设计与施工。

第五节　农业结构

一、种植结构调整

新城区农作物种植主要有粮食作物、经济作物和饲草料。2001 年，新城区实施发展“绿色、特色、生态”农业，进行种植结构调整。针对农业区在农业生产上没有形成规模、产业化程度低、经济效益不高、农民增收困难等因素，改进经营方式和管理方法，促进传统农业向现代化农业转变，走高产、优质、高效的农业发展路子，新城区长期形成的粮食、经济作物二元种植结构被打破，粮食、经济作物、饲料作物三元种植结构基本形成，玉米种植面积稳步增加，小麦和以高粱、谷黍为主的杂粮种植面积进一步下降，粮油作物单产和总产量都有大幅提高。

2002 年，新城区加大农业产业结构调整力度，粮、经、饲“三元结构”逐步趋于合理。种植业结构进一步优化，花卉产业、无公害蔬菜得到大力推广。

2003 年，围绕农业增效、农民增收的总体目标，农村产业结构调整加快步伐，新城区大力调整种养业结构，花卉产业、无公害蔬菜得到推广。以“奶业兴市”为龙头，扩大饲草、饲料种植面积，农业经济向养牛业、育肥羊、畜草业、农畜产品加工业迈进。

2007 年，以农业结构调整为主线，大力发展特色主导产业。优质高效农作物种植比例达到 50%以上。

2012 年，新城区编制农业发展总体规划，大力发展精品、特色、休闲观光农业。经济作物和饲草料粮食作物种植面积逐渐加大。

2013—2017 年，新城区以都市精品休闲观光农业切入点，打造沿山旅游经济战略，实现农业产业结构突破。休闲观光农业迅速兴起,粮食作物种植面积逐渐减少,经济作物和饲草料粮食作物种植面积逐渐加大,粮食作物、经济作物和饲草料种植结构进一步优化。实现了传统农业向现代农业的转变,农业产业结构进一步优化。

2007—2018 年新城区分品种耕种面积统计表

表 5-1-2 单位:亩

年份	玉米	小麦	豆类	马铃薯	油料	杂粮	蔬菜
2007	45500	1900	10000	11010	2225	20045	2155
2008	47800	1300	10100	10950	3055	19250	1930
2009	46000	2000	15850	9750	3060	15345	1950
2010	47010	705	16005	9990	3705	14340	2250
2011	46495	625	15495	10505	3925	14665	2385
2012	46465	560	15630	9675	3780	14055	3970
2013	11340	600	5660	3495	2500	6300	4145
2014	8010	675	4695	2475	1335	3150	2355
2015	10245	660	4785	2520	1410	1665	2325
2016	4155	465	2595	2250	3000	1560	2490
2017	3370	120	900	1185	1110	870	2475
2018	3040	75	720	825	1090	495	2505

农作物分品种产量一览表

表 5-1-3 单位:吨

年份	玉米	小麦	豆类	马铃薯	油料	杂粮	蔬菜
2007	12450	65	347	2624	114	1262	5483
2008	14320	143	1006	2240	204	2384	6513
2009	9711	85	710	5652	76	1946	8220
2010	13340	42	748	2636	89	2704	8088
2011	9563	36	651	2432	84	2496	9561
2012	9325	49	650	2476	137	2589	12370
2013	2717	143	338	579	172	737	13252
2014	1918	160	296	410	109	366	7502
2015	1347	79	126	185	50	173	7927
2016	1121	110	164	372	209	179	7510
2017	910	13	58	196	78	98	7467
2018	805	8	46	136	88	56	7559

二、粮食作物种植

新城区粮食作物主要品种有玉米、小麦、豆类、杂粮有谷子、高粱、莜麦、黍子、黄豆和马铃薯。

2001年，粮食作物播种面积4578公顷，粮食总产量达到623吨。2002年，推广优质专用农作物品种706.67公顷，粮食作物播种面积扩大到6389公顷，粮食总产量大增，达26760吨。2003—2012年，粮食作物播种面积稳定在6500公顷左右，粮食总产量基本稳定。

2013年，新城区开展大青山前坡生态综合治理工程，占用大量耕地和基本农田，随着耕地面积逐年减少、粮食作物播种面积大幅减少到2456公顷，比2012年减少63%左右。此后，新城区粮食作物播种面积逐年减少，至2017年，粮食作物播种面积减少到430公顷，粮食总产量1275吨。其中，小麦产量13吨，玉米产量910吨，大豆产量23吨。

三、经济作物种植

油料 新城区油料种植多为胡麻籽、油菜籽、芝麻等。2001年，油料产量33吨。2002年，油料种植面积大幅增加，产量达470吨。2004年，油料种植面积进一步增加，产量达482吨。2008—2012年，种植面积在200公顷以上，此后，种植面积呈下降趋势，到2015年，油料种植面积94公顷，产量50吨。

蔬菜 2001年，新城区蔬菜种植面积94公顷，产量1460吨。2002—2005年，新城区粮、经、饲“三元结构”逐步趋于合理，蔬菜保护地面积逐年增加。

2006年，蔬菜种植的重心从明地种植大葱、胡萝卜调整到蔬菜基地建设。建成新菜田44.5公顷，其中保护地蔬菜21.33公顷。

2007年，启动讨思浩、古路板、面铺窑、大窑等村的一批高标准、规模化、无公害蔬菜基地建设项目。建成两个育苗中心并投入使用。引进、试种果蔬新品种35个，为发展现代高效农业奠定基础。

2008年，新城区形成以香岛、绿丰苑、绿丰达为龙头，集中连片、规模发展的蔬菜基地开发格局。在讨思浩、古路板、野马图等村新建温室大棚350栋，新增蔬菜保护地21.33公顷。其中，绿丰苑蔬菜基地通过国家有机农产品质量体系认证。

2009年，蔬菜种植村发展到8个，新增蔬菜种植面积66.67公顷。以讨思浩村、古路板村、野马图村为中心的1000公顷设施农业基地初具规模。全区蔬菜种植面积153.33公顷，其中保护地生产面积33.33公顷。

2010年，新城区1000公顷设施农业基地建成投入使用，实施甲兰板、面铺窑等村的产业化蔬菜基地新建续建工程。新增保护地蔬菜种植面积34公顷，新建蔬菜大棚600余栋。引进种植蝴蝶兰等高档花卉50余万株，推广种植草莓96棚。保合少镇扶持协调香岛、巨华葡萄园、绿丰苑、野马图村、恼包村、甲兰板村等6个单位形成互助发展的无公害绿色蔬菜生产基地。

2011 年,新城区投资 7000 万元,在野马图、恼包等村新建温室大棚 500 栋,新增蔬菜保护地 66.67 公顷。全区温室大棚达 1300 余栋,蔬菜保护地达到 333.33 公顷。樱桃、黑珍珠西红柿等 20 余个果蔬新品种试种成功。示范推广蝴蝶兰、百合等名贵花卉 100 余万株。

2012 年,新城区投资 4 亿元,建成日光温室、太阳能光伏温室 1400 余栋,建成智能联动温室 2 万平方米,蔬菜保护地达到 333.33 公顷。

2013 年,新城区投资 4.5 亿元,建成智能联栋温室 7.8 万平方米。

2014 年,讨思浩村建成智能联栋温室 14 万平方米、日光温室 1700 余栋。

截至 2017 年年底,累计完成投资 12.32 亿元,已建或在建智能连栋温室 14.2 万平方米。蔬菜种植面积 165 公顷,产量 7467 吨。

瓜果、花卉 新城区主要果品大棚生产草莓、西瓜、樱桃、桃、李子等,大田生产苹果、123、葡萄等。

2008 年,在奎素等村建成鲜枣种植示范大棚 50 个。

2009 年,在讨思号、古路板、塔利等村栽种草莓、樱桃等品种。农业和林业两个科技示范园示范推广草莓、樱桃、无籽西瓜等特色高效作物,其中种植温室草莓 50 栋,总产量达到 8 万公斤。

2010 年,新城区引进种植蝴蝶兰等高档花卉 50 余万株,推广种植草莓 96 棚。甲兰板、面铺窑村试种 8 公顷麻单无籽西瓜试验田,当年使种植农户增效 30%。

2012 年,新城区突出发展特色花卉和果蔬种植,推广种植蝴蝶兰等花卉 260 万株、草莓 20 公顷。

2017 年,在沿山 11 个村引进种植优质果树 5.5 万余株,3240 户农民直接受益。引进推广果蔬新品种 30 个,示范种植鼠尾草、薰衣草 40 万株。

第六节　作物保护

一、虫害防治

虫害对农作物危害较重,发生虫害时,农作物轻者减产,重者绝收成灾。新城区农村虫害经常发生,年均发生面积 3333.33 公顷左右,对全区的农作物危害较重,危害全区农作物的主要害虫有:

蝼蛄 食性杂,个体大,在全区分布广,主要危害农作物幼苗,造成缺苗断垄。2～3 年完成一代,春、秋季为危害高峰期。防治方法为用 50 克"1605"农药拌 5 公斤小米,做成青米与种子同播或在苗期撒入地中诱杀,此外可采用秋季深翻土地防治。

地老虎　危害粮、油、蔬菜等多种作物，第一代幼虫危害最重，主要咬食农作物幼苗根部，造成缺苗断垄，一年发生2～3代，在新城区农村较常见。农作物在定苗前每平方米内平均有虫0.5～1只时，就应立即防治。防治措施是农业防治和药剂防治相结合。农业防治主要采取轮作换茬，深翻土地，清除杂草，灌水灭虫等方法，药剂防治为每亩地喷洒1.5～2.5公斤敌百虫防治。

蛴螬　金龟子的幼虫通称蛴螬。是常见的地下害虫。蛴螬是多食性害虫，能为害多种作物，如豆科、茄科、禾本科、棉、麻、甜菜等作物及果树、林木幼苗。幼虫能直接咬断幼苗的根、茎、造成枯死苗；或啃食块根、块茎，使作物生长衰弱，直接影响产量和品质。成虫主要取食叶片，尤其喜食大豆、花生以及各种果树叶片，铜绿丽金龟子是果林区的重要食叶性害虫。

防治措施可采用农业药剂、人工防治。农业防治是秋翻地时把越冬的成、幼虫翻至地表，使其被冻死、晒死，或被天敌捕食；施用充分腐熟的有机肥改变土壤的通气、透水性能，使作物生长健壮，增强抗虫性；并让其食腐熟的有机肥料，从而减轻对作物的为害。药剂防治上在成虫盛发期，用90%敌百虫800～100倍液喷雾或用90%敌百虫每亩0.1～0.15公斤，加少量水稀释后拌土15～20公斤撒施。防治幼虫时毒土拌法同前，毒土拌匀后撒播于播种穴中毒土上面覆一层土，注意种子与毒土隔开，免生药害。还可在幼虫发生量大的地块，用9%敌百虫80倍液灌根，每株灌药液0.15～0.2公斤，效果较好。人工防治上春季组织人力随犁拾虫，能压低当年虫量。蔬菜定植后，如出现蛴螬为害，可逐株检查，捕杀幼虫。有条件的地区，可设置黑光灯诱杀成虫。

菜蚜虫　主要为害十字花科蔬菜，如萝卜等。能使植株被害后严重失水卷缩，扭曲变黄和不包心、不结球，大大降低食用价值。同时菜蚜还是多种病毒病的传播者，因传毒所造成的损失不亚于蚜虫本身。菜蚜虫世代重叠现象特别突出，甚至无法分清世代。一年发生10～20代；菜蚜在菜心或根部附近土中越冬，春秋两季为害最重。遇上秋旱则更猖獗。药物防治上用70%杀蚜松可湿性粉剂2000倍液；40%乐果乳剂稀释2000倍或20%杀灭菊酯乳油600倍液防治效果较好，用50%敌敌畏乳剂次之。但采用药剂防治时，必须控制使用广谱性农药，以保护利用其自然天敌控制蚜虫害。

粘虫　又名五花虫，一年发生2代。是一种暴食性害虫。主要危害小麦、莜麦、玉米、高粱、谷子、豆类、蔬菜等作物，能把作物穗咬断，叶片吃光，造成严重减产。当每平方米有幼虫5—10只时，应立即防治。用80%敌敌畏乳油100～2000倍液，“1605”乳剂喷洒防治，夜间喷洒防治效果更好。

麦杆蝇　一年发生2代，主要危害小麦。幼虫蛀食小麦幼茎和穗节部，造成小麦减产。每年5-6月小麦拔节期危害最盛。农业防治主要是选用早熟品种。一些抗病品种也不受危害，早播密植，以减轻危害。药剂防治上采用0.1%的敌敌畏与乐果混合液每亩50

公斤喷雾,也可用20%速灭丁乳油20～50毫升兑水100～150公斤杀灭。

草地螟　一年发生2～3代,危害多种农作物,以豆类、蔬菜受害最重。防治方法上可用5%滴滴涕粉剂喷雾,也可用"1605"或敌杀死乳剂兑水2000倍液喷雾防治。2008年8月下旬,新城区发生极为严重的草地螟虫害。杂草中平均每平方米幼虫150头,最严重地块高达600头以上。新城区开展草地螟防治紧急投入高效氯脂类农药2.08吨,投入各类喷雾器近500台,出动劳动力5000人次,防治面积近3333.33公顷,投入资金近12万元。经过近10天大范围、大规模地组织农户联防,草地螟虫害得到有效控制,农业减产率降到最低。

二、病害防治

新城区危害较大的病害主要有禾谷黑穗病和马铃薯环腐病等。

禾谷类黑穗病　是危害小麦莜麦、糜黍、高粱的主要病害,种类有小麦散黑穗,莜麦坚黑穗,高粱、糜黍黑穗和玉米瘤黑粉等。防治办法是播种前晒种并用种子重量的0.2% 0.3%的拌种双拌种。

马铃薯环腐病　是一种危害输导组织的细菌性病害,贮藏期间块茎沿维管束发生环状腐烂。防治方法是选用抗病品种,采用小整薯播种。

2001年以来,新城区稳妥推进农作物病虫害专业化统防统治工作,为合作社及农户免费发放黄蓝板,推广绿色防控技术,开展农业病虫害防治技术培训,培训农民收到了良好效果,适时开展专业化防治,实现防治的合理用药,减少施药次数,减少农药投入,降低了农产品农药残留,提高了农产品的质量和品质;施药效率大幅度提高,社会效益和经济效益均十分突出。

第七节　农业科技

一、良种推广

2001年,新城区推广的良种主要有冬凌白青储玉米、蒙丰88、粮草兼用型玉米、紫花苜蓿和西农11号玉米、承3359号玉米、高粱、谷子、金皇后、草木栖、沙打旺和优质西瓜等。

2002年,推广优质专用农作物品种706.67公顷。

2006年,新城区农业科技示范基地和恼包村蔬菜基地建立两个育苗中心,引进彩椒、飞碟瓜、草莓等80多个新优品种,广泛采用喷灌、滴灌、茄子嫁接、番茄扦插等先进技术,给周围村民提供菜苗6.8万多棵。

2007年,农业科技示范基地引进、试种果蔬新品种35个。

2010年,新城区种植良种4028.94公顷,其中玉米2915.79公顷、小麦135.87公顷、大豆 977.28 公顷。

2013 年，新城区发展特色种植，引导大窑村丰收种养殖农民专业合作社发展中药材产业，试种 120 亩效果良好，切实增加了农民收入。引进试种无籽西瓜 13.33 公顷，为发展特色种植积累经验。

2014 年，新城区推进新品种、新技术引进推广工程。区农业科技示范园作为全区新品种、新技术引进推广的前沿平台，争取资金 50 万元，从瑞克斯旺公司、北京蔬菜、北京林果所引进蔬菜优良品种 20 余种，其中尖椒品种绿箭、凯莱越冬栽培，普罗旺斯番茄早春栽培，从产量、品质、抗病性等方面表现较好，普遍增产 30%以上。在全区推广种植草莓书香、燕香、京凝香等 5 个品种，发展草莓 34.13 公顷，助推塔利村和香岛公司等基地引进高档花卉品种蝴蝶兰、百合、君子兰种植 150 余万株。

2017 年，在沿山 11 个村引进种植优质果树 5.5 万余株，3240 户农民直接受益。引进推广果蔬新品种 30 个，示范种植鼠尾草、薰衣草 40 万株。

2010—2017 年，引进示范果蔬、花卉新品种 100 多种，在引进农业新品种的基础上，重点推广红颜、章姬、隋珠、甘露等品种 10 个，稳定种植达 120 温室；在野马图、讨思浩等种植基地推广春丽、蟠桃、秋丽、中华寿桃桃树品种 6 个，推广种植 260 栋温室；在塔利村基地推广种植百合、蝴蝶兰、剑兰、玫瑰、多肉、朱顶红、红掌等 20 多个品种，种植达 70 多栋温室；推广种植樱桃番茄、小西瓜品种 15 个，种植达 80 多栋温室，经济社会效益明显。试验种植樱桃、葡萄、火龙果、枣等新品果树。2017 年，沈农 2 号、鸡心果树、夏黑葡萄等 10 余个果蔬、花卉新品种，种植 10 万余株。推广粉红番茄“普罗旺斯”、红色“卡罗拉”月季等 20 个蔬菜、花卉品种。

二、农技推广

2001 年，新城区围绕“科教兴区”的工作主题，加大和强化对农村、农业生产的科技投入。

2001—2010 年，共有农、林、牧科技推广应用项目 30 多个。投入专项资金 2500 多万元。主要在经济林建设、舍饲养殖、青储技术、覆膜栽培技术、新品种和优良品种以及绿色科技园区和能源生态等项目进行推广。在春季造林期间，聘请各级农委的科技人员现场培训卡氏种植法、覆膜栽培技术。在一家村、南店村，保合少镇大窑村、恼包村建设百亩大棚；在沙梁、生盖营、塔利，保合少、大窑、恼包村建设奶牛、肉羊、獭兔、生猪养殖项目。在一家村、红山口村的能源生态“四位一体”沼气技术推广。引进秋红李、欧李、大杏、苹果、山樱桃等品种，在沿山各村推广，经济效益明显。

2011—2017 年，新城区广泛推广的新技术 30 多项，主要包括农业物联网、组织培养、工厂化育苗、嫁接育苗、高垄覆膜、膜下滴灌、银色膜、水肥一体化、反光膜、黄板蓝板防虫、蜜蜂授粉、硫黄熏蒸器防治白粉病、熊蜂授粉、气肥袋补充 CO_2 施肥、秸秆反应堆、植物补光灯补光、杀虫灯诱杀蛾类等成虫、棉隆消毒土壤消毒、石灰氮土壤消毒等技术。围绕服务“三农”,重点推广内蒙古佳农生物有限责任公司的生物菌肥产品项目、“高原”牌微生物固氮肥;蒙牛生物技术有限公司奶牛性控精液冷配技术和实施小资源循环利用支撑体系推广肥水农田灌溉技术等16个项目。新城区设施农业发展迅速,多种新技术推广应用,使得设施种植效益明显。

2017年,农业科技示范园引进“大棚管家”物联网系统,实现温室管理智能化。新城牧歌、七彩花田等项目区示范铺设农业滴灌灌溉系统840公顷,试行水肥一体化技术取得良好效果。实施无公害蔬菜生产技术,推行绿色无公害蔬菜生产。

三、农业机具

2001年,全区农牧业机械总动力为4.5万千瓦。2002年,随着农作物总播面积的减少,农机保有量减少,至2004年,农牧业机械总动力在3.07～3.14万千瓦之间徘徊。2005—2007年后,农田建设机械拥有量逐年提高。2008—2011年,农牧业机械总动力稳定在5.3～5.4万千瓦之间。2012年,由于新城区耕地面积的减少,农牧业机械总动力下降到3.41万千瓦。

2015年,设施农业机械快速增长,微耕机等机械也走进各蔬菜生产基地和蔬菜种植户,设施农业机械的应用极大地降低了劳动强度,提高劳动生产率。

2016年,新城区加大先进适用的农业机械化新技术、新机具的引进、示范和推广应用力度,推进设施农业、养殖业等优势特色产业的机械化发展,先进适用农机化技术推广应用范围进一步扩大。

2017年,新城区农机总动力35314.25千瓦,农机作业水平进一步提高,全区机耕面积1866.67公顷,机播面积1793.33公顷。

第二章 畜牧业

第一节 草场饲料

一、天然草场

由于新城区农村的气候、土壤、地形、水质条件较复杂.植物分布具有一定地带性和特殊性,特别是山区植物带呈现明显的垂直分布规律,草场植被以干旱草原植被和草甸草原植被为主,天然草场分为山地草场、低山丘陵洪积扇干旱草原草场2个类型。

山地草场主要分布在大青山区。草场坡度大,牧草生长期短。在不同地形、高度及阴坡、阳坡环境植被差异较大。原始植被在历代遭到不同程度的破坏。草场植被为莎草、杂草、针茅、羊草、蒿类以及少量的灌木半灌木等。

低山丘陵干旱草原草场在大青山平缓丘陵地带和山前洪积冲积扇。由于地表较干燥,含砾石大于50%。常见有长芝草、羊草、隐子草、冷蒿、牛枝子、委陵菜等,也有猪毛菜、虫实、虎尾草、画眉草等一年生草类。

2017年,新城区草地面积15032.72公顷,其中人工种草992.1公顷。

二、人工种草

新城区人工种草项目主要分布在万亩草场、草博园、新城牧歌3个项目区和保和少村、恼包村、水磨村等处。人工种草项目主要用于生态恢复和休闲观光旅游,少部分是为农民畜牧业养殖提供饲草料。

2001—2011年,累计完成人工种草面积达3400公顷,主要品种有紫花苜蓿、草木樨等优质牧草。

2012年,新城区完成人工种草164.33 公顷,2013年,大幅增加到779.2公顷,至2016年,共完成人工种草任务992公顷,发放牧草良种补贴75.86万元,主要品种有紫花苜蓿、冰草、羊草等优质牧草及各类观赏花卉。同时,由于生态建设的需要,新城区范围内许多耕地经过土地流转后,种植大量的生态林、经济林,基本没有条件大面积进行人工种草。

三、草场保护

2001—2017年,新城区贯彻执行《中华人民共和国草原法》,组织实施草原建设,引进、试验、示范、推广草原实用技术及优质高质牧草种植，宣传草原建设和保护法律法规。加强草原防火工作，确定每年9月15日至次年6月15日为草原防火期，在草原防火期间，严格执行24小时值班和领导带班制度，确保发生火情时及时联络，组织人员进行扑救。严格执行草原火灾报告制度，杜绝瞒报、虚报、迟报，确保火情信息迅捷畅通。每年的6～8月份是病虫害的多发季节，新城区草原工作站筹备物资，开展防虫工作，加强预测预报，规范报告制度。开展草地螟、草原鼠防治工作、及时掌握草原虫害发生发展动态，确保虫情信息畅通，严格执行预测预报制度，为草原虫灾的及时有效防治提供信息保障。截至2017年，完成843.53公顷牧草种植，落实草原生态奖补，牧草良种补贴政策，发放人工种草补贴63.27万元。

四、饲草料加工

饲草料加工调剂，是提高饲草料适口性和利用率的重要途径。由于新城区实施科学养畜技术，对饲草料加工要求科学搭配，满足家畜对营养的需求，达到营养平衡。饲草料加工的方式主要有粉碎、青贮、精饲料的配合加工等。

粉碎 饲草的粉碎是最简易的传统加工方式，在饲草加工中占一定的比例。由于科学养殖技术的实施，此加工方式的数量逐年在减少。

青贮 青贮是最先进的加工贮藏技术，可以保持鲜草有效营养成分的80%。随着全区奶牛数量的增加，青贮数量逐年增加。青贮方法是将青玉米割后进行粉碎同时压实，保证厌氧的环境，在覆盖塑料布后压实封严。

2003年，新城区成立饲料工作办公室，对全区6家经营饲料的单位、1家饲料生产企业进行摸底调查，重点对正大饲料进行监管，规范饲料管理工作。

2004年，新城区备案的有4家饲料生产厂家，对辖区内饲料经营门市部经营的骨粉、鱼粉抽检，给经营门市部发放经营许可证。建成青贮窖402个。

2005年，新城区生产饲料及饲料添加剂的工厂共有2家。累计建成青贮窖407个。

2010年，成立饲料监管执法小组，开展饲料质量安全监管工作。对饲料生产企业和奶牛养殖场(区)自配料的检查监管，落实饲料和饲料添加剂安全监管制度，抽检60个饲料样品送内蒙古质量检测中心化验，杜绝在饲料中添加违禁药物和有害化学物质。

2011年—2017年，新城区对辖区内的饲料生产企业，用户使用的饲料进行抽检，初审饲料生产、经营企业。

2010—2017 年新城区饲草加工调制情况一览表

表 5-2-1

年份	青干草(亿公斤)	秸秆(亿公斤)	合计(亿公斤)
2010 年	0.01	0.01	0.02
2011 年	0.01	0.01	0.02
2012 年	0.05	0.01	0.06
2013 年	0.06	0.01	0.07
2014 年	0.05	0.01	0.06
2015 年	0.05	0.01	0.06
2016 年	0.04	0.01	0.05
2017 年	0.02	0.00	0.02

第二节 畜禽数量

2001 年,牧业年度牲畜总头数达到 4.8 万头(只)。

2002—2005 年,新城区奶牛养殖业发展迅猛,奶牛总头数达 11737 头,牛奶产量达到 4.43 万吨。2005 年,全区家畜总头数 70348 头(只),大畜 11688 头,生猪 11465 头,羊 38270 只,牛 8925 头,禽的存栏数 116904 羽,其中鸡 98586 羽,鸽子 15968 羽,观赏鸟 1686 羽,其他 664 羽。全区 300 只以上养鸡户共有 33 户,数量达到 61450 羽,占总数的 52%。禽类品种以鸡为主,占总存栏数的 84.3%,鸽子占 13.6%,观赏鸟 1.4%,其他养殖占 0.7%。地域分布主要集中在一乡一镇,占总数的 89.1%,其中毫沁营镇禽类为 83199 羽,占全区的 71.2%,城区主要以鸽子为主,占鸽子总数的 69%。至 2009 年年底,全区共建成奶牛养殖小区 3 个,示范大户 115 户,畜禽总数达到 21 万头(羽)。

2010—2011 年,新城区把发展生态畜牧业作为农民增收致富的主导产业来抓,采取规模化、集约化经营发展现代化畜牧业生产,以扩张总量、提高质量、增加效益、集约化经营为目的,政府加大养殖场扶持补贴力度,扶持发展规模养殖,畜禽总数有了较大增加。2011 年,畜禽总数达到 31.5 万头(羽)。

2012 年,由于受新城区农业产业结构调整、生态建设等因素影响,牧业年度畜禽总存栏下降到 23 万头(羽),此后,全区畜禽总存栏连年下降。到 2017 年牧业年度全区畜禽总存栏下降到 15.53 头(羽)。

2001—2017年新城区家畜存栏统计表(牧业年度)

表 5-2-2

年份＼畜种	牛(头)	羊(只)	猪(头)	鸡(羽)
2001	2944	58811	14237	
2002	2969	27753	5607	
2003	3704	29685	6897	
2004	5307	29391	9025	54000
2005	8925	38270	11465	98586
2006	11223	55051	15526	
2007	12016	53405	17055	112000
2008	10984	38491	12301	139000
2009	9563	33360	15269	132387
2010	13630	41990	18030	152417
2011	12412	42000	17305	152680
2012	12096	42003	16152	156229
2013	4604	45747	13362	149227
2014	4142	43037	13403	156577
2015	3222	45918	9419	164976
2016	511	42613	2144	158408
2017	506	17126	1759	135957

第三节　畜禽品种

内蒙古半细毛羊　属于毛肉兼用型品种，皮肤厚而紧密，无皱褶。耐粗饲，抗旱耐热。成年公羊体重 92 公斤左右，母羊体重 46 公斤左右。公羊有角或无角，母羊无角，被毛白色。剪毛量公羊 11 公斤、母羊 5.5 公斤。屠宰率 46%、产羔率 110%。

萨福克羊　原产于英国，为肉用绵羊品种。早熟，生长发育快，产肉性能好，母羊母性好，产羔率中等。公母羊均无角，颈短粗，胸宽深，被腰平直，后躯发育丰满。成年羊头、耳、四肢均为黑色，四肢粗壮结实，成年公羊体重 100～110 公斤，母羊 60～70 公斤。

多赛特羊　原产于澳大利亚和新西兰，早熟性好，生长发育快，全年发情，耐热、耐干旱，易育肥、肉质好。体型大，肌肉丰满，被毛白色，温顺易管理。成年公羊体重 90—100 公斤，母羊 55—65 公斤，屠宰率 54.5%，产羔率 130%左右。

小尾寒羊　适合舍饲圈养，繁殖率高、四季发情，平均产羔率 280%，年产两胎或两年产三胎。

萨能奶山羊　原产于瑞士，是世界上最优秀的奶山羊品种之一。全身白毛，体格高大，成年公羊 75—100 公斤，母羊 50—65 公斤，泌乳期 8—10 个月，产奶 600—1200 公斤。

西门塔尔牛　被毛为黄（红）白花，背和体侧大部分为有色毛，肩胛和腰部常有条状连片的白毛，但其头部、腰下、腿部、尾帚出现白毛的较多。头长短适口，角呈蜡白色，角细长，向额直角伸出后由前接转向上。腿部肌肉圆实，乳房发育良好四肢粗壮，蹄质结实。

中国荷斯坦牛　由国外引入的荷斯坦牛经过长期选育、驯化或与本地黄牛进行三代以上杂交选育而成的乳用品种牛，新城区的荷斯坦奶牛大部分从全国各地购进。毛色黑白花，界线分明。皮薄有弹性，各部位匀称。公牛有雄象，头颈结合良好。四肢结实，蹄质坚实，蹄底呈圆形。母牛头清秀，乳房细致，乳静脉明显。乳房大而不下垂，前伸后延，附着良好。乳头大小适中，垂直呈柱形，间距匀称。成年公牛体重 1000 公斤，体高 150 厘米；成年母牛体重 500 公斤，体高 130 厘米（下限）。

猪大白、中白、巴克夏猪　皆原产于英国。大白猪是瘦肉型品种，中白猪是肉脂兼用型品种，巴克夏猪是脂肪型品种。杜洛克是近年引入的瘦肉型品种猪。

鸡　迪卡•沃伦蛋鸡羽毛暗红色，性情温顺，产蛋性能好，蛋壳红色。艾维茵肉鸡，羽毛白色，生长速度快，8 周左右可出栏，体重 3 公斤左右。星杂 579，羽毛呈深红色，羽尾黑色。体质强健，适应性强。产蛋率 50%的日龄为 165 天，高峰期产蛋率为 92.13%。

第四节　畜种改良

2001 年，新城区大小畜改良配种 3.55 万头（只），羊改良配种 3.44 万只，良种牛冷配 1050 头，饲养猪的品种多为长白、杜洛克等，良种猪占 85%。引进萨福克、多赛特纯种肉羊种公羊 30 只，全部分发到各村。舍饲育肥技术得到推广，牲畜改良比例达 79%。

2002 年，新城区奶实施畜牧业“种子工程”，牲畜改良比例达 80.3%。

2003 年，全区外购奶牛 231 头，奶牛饲养达到 3704 头，比上年同期增加 735 头。

2004 年，全区大小牲畜改良配种下达任务 2.2 万头（只），完成 2.9 万头（只），完成任务的 132%。

2005 年，全区大小牲畜改良配种下达任务 2.1 万头（只），完成 2.7762 万头（只），完成任务的 130.2%。

2002—2005 年，全区奶牛冷配工作发展迅速，冷配站点逐年增加。2005 年，奶牛冷配率达到 95%以上。奶牛的群体、品质明显提高，产奶量显著增加。

2008 年，新城区大小畜改良配种任务 2.4 万头（只），完成数 2.42 万头（只）。开展奶牛改良工作，国家冻精补贴 1.7 万枚，每只冻精国家补贴 15 元，覆盖辖区内所有的基础母牛，所产母犊年平均奶产量提高 0.5 吨。选拔 8 名配种员，经统一培训后上岗，开展奶牛改良工作。8 名配种员领取冷冻精液 675 枚。

2010 年，新城区奶牛冻精良种补贴项目发放优质奶牛冻精 2950 枚，奶牛优质冻精使用率达 100%。肉羊产业加大品种引进力度,全面推广人工授精技术,在生盖营村、野马图村各建一处人工授精站,均达到建站"四有"标准,即有固定房舍、有优质种公羊、有配种器械、有技术熟练的配种员。20 只种公羊改良配种 2 万余只,绵羊改良配种率在 93%以上。改良配种基础母羊 1.7 万只。

2011 年,奶牛冻精良种补贴项目发放优质奶牛冻精 1300 枚,奶牛优质冻精使用率达 100%;扶持肉羊产业的发展,争取到国家肉羊产业体系肉羊产业示范县项目,项目期 5 年,肉羊品质提高,绵羊改良配种率在 92%以上。

2015 年,奶牛冷配率达到100%。

2012—2017 年,新城区对畜牧技术人员和农民进行技术培训和指导。推广良种、良舍、良料、良法,改养本地猪为养杂交猪,改冬季冷舍为塑棚暖舍,改喂单一饲料为全价营养配合饲料,改熟食稀喂为生拌料自由饮水等"四良四改"饲养技术和肉猪模式化饲养技术,促进肉猪生产。陆续引进鸡优良品种,如北京红鸡、星杂 579、罗曼肉鸡等。通过饲养和孵化,新城区良种鸡的推广很快,所养的良种鸡,多为蛋鸡、产蛋性能显著提高,养鸡效益较好。

第五节　畜禽饲养

一、养殖基地

2001 年,新城区建设完成奶牛养殖业小区,新建奶站 3 座,奶牛总头数达到 2032头。

2002 年,新城区奶牛养殖业发展迅猛,完成沙梁村奶牛养殖小区建设,规划建设生盖营村奶牛养殖小区,全区奶站总数达 15 座,奶牛总头数达 3421 头,比上年新增 1389 头。开展舍饲育肥试点工作,建成碌碡沟村育肥羊示范养殖基地。

2003 年,新城区建成 3 个高标准奶牛养殖小区,奶牛 7071 头。

2005 年,生猪和奶山羊养殖得到较快发展,在大窑、保合少、乌兰不浪等村形成一批养猪专业户,初步建成甲兰板奶山羊养殖基地。

2006 年,建设讨思浩村奶牛养殖小区,大窑村养猪场和黄花窝铺村特色养殖基地。发展牛、羊、驴育肥等特种养殖业。

2007 年,新城区编制完成原小井乡周边特色养殖基地整体规划,奶牛、奶山羊和生猪养殖业稳步发展。在保合少移民村、黄花窝铺村发展小尾寒羊、育肥羊、奶山羊、生猪养殖,扶持乌兰不浪猪场建设,完善大窑村、生盖营村生猪养殖基地。

2008 年,新城区发展特色多元化养殖业,启动建设讨思浩村千头奶牛养殖小区和年出栏 5000 头的香岛生猪养殖小区。扩大大窑、生盖营村生猪厂规模。

2009 年,新建讨思浩村千头奶牛小区,扩建生盖营村奶牛小区。实施恼包村千头育肥牛工程,形成 500 头存栏规模。

2010 年,新城区畜牧业向园区化、标准化、规模化的方向迈进,启动建设野马图奶牛牧场园区，实施恼包村规模为2500头的育肥牛养殖基地，在农业科技示范基地开展林地散养鸡的示范养殖。在喇嘛圐圙村投资300万元建成山西羊养殖基地饲养量800只，为发展羊奶业打下了基础。

2017年，在水磨村建设500只肉羊养殖基地。推广生态养猪和林地散养鸡。

2018年，保合少镇发展林下生态养殖，养鸡户有8家，养殖肉鸡、蛋鸡5.9万羽。

二、特色养殖

奶牛　2001年以来，新城区依托伊利、蒙牛两大乳制品集团及秸秆等饲草料较多的优势，大力发展奶牛养殖。养殖形式为农户散养、小区饲养、养殖场规模饲养等。饲草大部分当地解决，精料多为购买外地的配合饲料。2001—2007年，奶牛数量逐年增加，其中2006年，数量最多达到1万多头，养殖小区累计3个，运行奶站24个。2008年，由于受"三鹿奶粉事件"影响，奶牛养殖效益明显下滑，全区到2009年6月，运行奶站只有1个。2017年，新城区奶牛数量750头。

羊　2001—2017年，新城区养羊数量有增有减，总的趋势是数量增加，肉羊出栏加快，基础母羊比重下降。2007年，新城区重点在防检疫和养殖技术方面对黄花特种养殖项目进行跟踪服务，以保证该养殖项目的良好发展。扶持奶山羊养殖，引导、协调龙头企业上马山羊奶加工生产线，形成公司+农户的良性发展模式，开展养殖技术指导、防检疫工作支持和服务奶山羊养殖，保证奶山羊养殖业稳步发展。2017年，新城区羊存栏1.7万只。

生猪　2001—2017年，生猪养殖专业村有乌兰不浪、生盖营、大窑、面铺窑等村。2008年，乌兰不浪生震远养殖场生猪存栏2150头、云英养殖场生猪存栏650头、生盖营养猪小区生猪存栏120头、大窑养猪小区生猪存栏1170头、面铺窑养猪小区生猪存栏516头。启动建设年出栏5000头的香岛生猪养殖小区。2011年，投资10万元在面铺窑村实施推广发酵床生态养猪法，高科技的运用，符合规模养猪对水源保护和发展绿色高效循环畜牧业的要求。2017年，新城区生猪存栏0.18万头。

鸡　2010年，农牧水务局自筹资金25万元，在野马图建立林地散养鸡养殖示范基地和面铺窑林地散养鸡养殖推广基地。引进芦花鸡、乌鸡等5个品种3000羽。2011年，在面铺窑、大窑等6个村实施林地散养鸡。2001—2017年以来，全区涌现出了一批蛋鸡养殖场，养殖高峰时全区达16.5羽。2017年，新城区禽类存栏7.17万羽。

第六节　畜禽产品

一、产品产量

新城区畜禽养殖数量不大，主要畜产品有猪肉、牛肉、羊肉、蛋、奶和羊毛。2001年，新城区猪牛羊肉产量1738吨。2014年,猪牛羊肉总产量为2055吨,鸡蛋1868吨。2015年,猪牛羊肉总产量为1894吨,鸡蛋1943吨。2015年后,随着城镇化发展,产业结构的调整及环境保护、节能减排措施的加强,新城区畜产品产量逐步下降。2017年年底,畜禽出栏5.94万头(只),肉奶蛋产量955吨。

二、畜产品检疫

2001年以来,新城区严格执行动物检疫规程和有关规范性文件,落实检疫申报制度,督导生产经营者按照规范要求录入强制免疫、监测结果、投入品使用、瘦肉精检测、养殖档案建立、耳标佩戴等相关信息,明确动物检疫人员出证权限,规范填写检疫证明。规范检疫证明和畜禽标识管理,严格检疫出证行为,落实以检疫工作记录为载体的痕迹化管理制度。执行《中华人民共和国畜牧法》《中华人民共和国动物防疫法》等法律法规,对奶牛养殖、生鲜乳收购、运输等进行监督检查。

2003年,加强动物及其产品运输管理实行防疫值班制度,从6月9日,开始实行24小时值班,对公路运输的动物及其动物产品进行检疫、监督;查处17批次无证的运输动物及其产品,严格地按照有关法律法规给予处理,进一步防止外疫传入。

2004年,完成产地检疫0.51万头(只)次。检验产品2098吨、马43匹、牛25头,确保动物及其产品保质保量地运输,保证畜牧业的健康发展。

2005年9月12日,新城区开展动物屠宰检疫,开展对入场动物的查证验物工作,规范规章制度,对各项制度上墙公示,检疫人员均做到持证上岗。配备动物检疫员3名,监督员2名,对1.1万多头生猪进行检疫,检疫证明出证率100%。建立兽医实验室,充实仪器设施装备,派出多名化验室业务人员参加区内外的技术培训,提高技术人员操作水平。

2006年,新城区对辖区内的检疫人员进行培训持证上岗,设立2个报检点,即毫沁营镇产地检疫报检点和保合少乡产地检疫报检点,配备外挂标牌。加大对动物流通环节的监督管理,杜绝外疫传入,保证畜牧业的健康发展。产地检疫证明用证数量达60本,1乡1镇均达每年30本。

2007年,新城区对1家屠宰场进行检查,对检疫员要求24小时值班,持证上岗,验讫印章加盖清晰,保证一猪一票,出票率100%,检疫率100%。

2008—2015年,新城区按照《中华人民共和国动物防疫法》《农业农村部2号公告》和自治区相关要求,通过张贴宣传资料、发放告知书、微信公众号、网络宣传等方式,将《农业农村部2号公告》相关内容,告知重点畜禽养殖场(小区、户)、畜禽贩运人员、畜禽交易市场和屠宰场(厂)等管理相对企业和负责人,实施畜禽移动监管各项措施,对调入辖区的动物严格实施落地报告和隔离观察制度,确保跨省调入动物落地监管工作有序开展。

2017年,检查饲料"瘦肉精"、兽药残留检测样本190份,均呈阴性。集中清理整顿农牧业投入品生产经营主体,完成专项整治5次,例行检查30余次,下达整改通知书10

份，查处违法案件4起(其中简易程序3件、一般程序1件)，没收假劣兽药产品160盒，罚款2200元，吊销兽药经营许可证3件、吊销动物诊疗许可证1件；与辖区内156家农业企业、养殖企业、种养殖大户，1家流动农资经营户签订《诚信经营承诺书》。

第七节 疫病防治

一、动物防疫

新城区重大动物疫病防控工作，始终贯彻“加强领导、密切配合、依靠科技、依法防治、群防群控、果断处置”的工作方针，坚持预防为主，开展以预防接种为主的各项防控措施的落实，消除免疫死角。

2001年，新城区预防牛2944头、羊5.88万只、猪1.42万头。

2002年，畜禽防疫45.5万头(只)次，有效提高动物防疫质量。

2003年，预防畜禽36.13万头(只)次(其中牛、羊、猪的五号病防疫密度为100%，其他在98%以上)；驱虫6.52万头(只)次；预防羊痘2.87万只、羊三联2.95万只。

2004年，预防牛五号病2.58万头次，羊五号病4.8万只次，猪五号病1.88万头次，免疫密度100%。对辖区内2个乡镇、7个办事处及各信鸽饲养户、信鸽协会、观赏鸟饲养户的禽类进行全覆盖式的免疫工作，免疫鸡5.4万羽，鸽子2.12万羽，观赏鸟0.36万羽，其他0.04万羽份进行强制性免疫，密度达到100%。预防猪三联1.68万头份，羊痘4.4万只份，羊三联4.4万只份，仔猪副伤寒0.3万头份，兔三联500头份，其他疫病防治3.47万头(只)次，驱虫9.85万头(只)次。

2005年，预防牛8925头次，羊3.82万只，猪1.15万头，免疫密度均达到了100%，其他疫病防治19.24万头(只)次。对全区免疫的猪、牛、羊一律佩戴耳标，佩戴率达到100%。发放免疫登记册，详细的记载各项防疫内容，发放率达到100%，填写率100%。全区免疫禽类116904羽，其中鸡98586羽，鸽子1.6万羽，观赏鸟1686羽，其他664羽，免疫不留空白，免疫密度达100%。对全区100羽以上的养鸡户发放免疫户籍卡，建立免疫登记台账。组织人力、物力在毫沁营动物防疫站(110国道340公里处)设卡，实行24小时值班制度，对过往运输牲畜的车辆进行消毒，对运输的牲畜进行细致的检疫工作，检疫牲畜500多头(只)。

2006年，新城区建立健全区、乡(镇)、村三级疫病监测和疫情预警预报体系。建立健全动物防疫体系，解决村级防疫员工资待遇问题，投资120万元建成区动物疫病防控中心，“五号病”“禽流感”等重大动物疫病得到有效防控。免疫羊5.5万只，生猪1.55万头，重点疫病防疫密度100%，开展“禽流感”“五号病”等重大动物疫病防控工作，防疫密度均达到100%。

2007 年,重大动物疫病防控工作防疫牛 1.2 万头,羊 5.34 万只,猪 1.7 万头,禽11.2 万羽,防疫密度达到 100%,免疫手册入户率达到 100%,免疫台账建立达到 100%。

2008 年,按照《内蒙古自治区人民政府关于加强嘎查村级动物防疫员队伍建设的意见》,制定《新城区村级动物防疫员管理办法》,对村级动物防疫员实行绩效考核,将防疫工作补助与免疫注射密度、免疫质量、建立防疫档案、加挂畜禽标识、报告动物疫情等综合考核指标完成情况以及年终考核结果挂钩。防疫羊口蹄疫 3.85 万只,猪口蹄疫 1.8 万头,猪篮耳病 1.8 万头,猪瘟 1.8 万头,鸡新城疫 13.9 万羽,做到免疫密度 100%,免疫户籍卡发放率 100%,台账建立 100%。

2009 年,预防牛 9563 头、羊 3.34 万只、猪 1.53 万头、鸡 13.24 万羽。

2010 年,新城区畜间布病疫情出现流行蔓延趋势,人间布病疫情偶发。新城区开展畜间布病溯源灭点行动,按照《内蒙古自治区畜间布病溯源灭点行动方案》《内蒙古自治区“十二五”畜间布鲁氏菌病防控实施方案》《呼和浩特市“十二五”畜间布鲁氏菌病防控实施方案》的部署和要求,及时制定工作方案,成立布病防控工作领导小组,开展畜间布病防控工作。对辖区内的羊只进行血清学检测,通过采取检测、淘汰、消毒等综合性防控措施,畜间布病防控工作取得显著成效。防疫密度达100%,免疫手册入户率达 100%,免疫台账建立达 100%。

2011 年,新城区免疫畜禽总量达到 22.44 万头(羽),其中牛 1.24 万头,羊 4.2 万只,生猪达 1.73 万头;禽达到 15.27 万羽。布病等重大动物疫病防疫密度达 100%。

2012 年,新城区建立兽医实验室通过全自治区兽医实验室考核验收,动物疫病诊断、监测和检测能力得到提升。对全区的动物防疫密度和免疫质量实现有效掌握,免疫牛 1.21 万头,羊口蹄疫 7.37 万只,猪口蹄疫 2.05 万头,禽流感 12 万羽,鸡新城疫 33 万羽,猪瘟 2.05 万头,猪蓝耳病 2.05 万头,应免密度达到 100%,免疫手册入户率 100%,免疫台账建立达到 100%,群体免疫密度常年维持在 90%以上,免疫抗体合格率常年保持在 70%以上。

2013 年,预防牛 4604 头、羊 4.57 万只、猪 1.34 万头、鸡 14.9 万羽。

2014 年,全区免疫牛口蹄疫三价苗 0.41 万头,羊口蹄疫二价苗 8.6 万只,猪口蹄疫 2.15 万头,禽流感 28 万羽,鸡新城疫 29 万羽,猪瘟 2.15 万头,猪蓝耳病 2.15 万头,重大动物疫病全部做到应免尽免,免疫率均达到 100%。

2015 年,全区共免疫牛 O 型亚 I 双价、A 型口蹄疫 0.94 万头,羊口蹄疫 7.37 万只,猪口蹄疫 2.05 万头,禽流感 33 万羽,鸡新城疫 33 万羽,猪瘟 2.05 万头,猪蓝耳病 2.05 万头。

2016 年,全区免疫猪口蹄疫 3108 头、牛口蹄疫 765 头、羊口蹄疫 4.36 万只、禽流感 16 万羽。免疫小反刍兽疫、羊痘等 11 万只。订购疫(菌)苗 10 种,以牲畜口蹄疫、蓝耳病、高致病性禽流感、鸡新城疫、猪瘟等重大动物疫病为重点在全区进行易感动物全覆盖免疫接种，以养殖场(户、小区)、养殖密集区为重点用常规动物疫病疫苗对易感畜禽进行了全覆盖免疫接种，其他区域的畜禽常规疫病进行因病设防。

2017 年，完成羊口蹄疫免疫 2.76 万只次，羊小反刍兽疫免疫 1.67 万只次，鸡禽流感免疫 32.93 万羽次，鸡新城疫免疫 22.60 万羽次，猪瘟、猪蓝耳、猪口蹄疫免疫各 0.36 万头次，牛口蹄疫三价免疫 0.08 万头次，各项重大动物疫病有效免疫密度 100%，免疫有效保护率 75%以上。

2013—2017 年，新城区将每月的 20—25 日定为补免日，确保实现免疫无死角。在集中免疫期，以动物养殖密集地区、规模养殖场、种畜禽场、布病新老疫点、候鸟栖息地及水网地区为重点，兼顾屠宰场、畜禽交易市场和主要交通要道。开展大规模集中消毒，同时免费给乡镇、规模养殖场、户提供消毒液，促进乡镇对散养户有组织的消毒工作和日常消毒，确保切断病毒对易感动物的感染。全区重大动物一步免疫密度均达到 100%、免疫抗体达到国家规定的 70%以上、免疫手册入户率 100%，免疫台账建立达到 100%。

二、常见病防治

牛前胃病 牛前胃病主要包括前胃迟缓、瘤胃积食、瘤胃膨气、创伤性网胃炎、瓣胃阻塞，常见奶牛多发。治疗原则主要以排除积食，抑制发酵，兴奋瘤胃，恢复机能为主。治疗：龙胆酊 30～50 毫升，稀盐酸 10～30 毫升一次口服。

胃肠炎 各种家畜均可发生。治疗原则，以杀菌消炎，清除异味，补液解毒强心为主。治疗：内服高锰酸钾液 2000～3000 毫升，或磺胺脒 20～30 克，每天 1～2 次。

感冒 一年四季多有发生，气候多变季节较为多见。治疗原则以解热镇痛为主，病情较重者，可用磺胺类药物和抗生素药物。治疗：30%安内近，马、牛 20～40 毫升肌肉一次注射。

流产 发生流产的原因除了机械性因素为，还有患布病可引起流产和营养性不良性流产。防止强烈运动，加强饲养管理，增强机体抵抗力，布病每年要进行一次灌服免疫。

三、传染病防治

口蹄疫 是猪、牛、羊等主要家畜和其他家养、野生偶蹄动物共患的一种急性、热性、高度接触性传染病，易感动物达 70 多种。临床特征是在口腔黏膜、蹄部和乳房皮肤发生水疱性疹。该病传播途径多、速度快，曾多次在世界范围内暴发流行，造成巨大政治、经济损失。鉴于此，世界动物卫生组织(OIE)将其列为 A 类传染病之首。已知口蹄疫病毒在全世界有七个主型 c A、O、C、南非 1、南非 2、南非 3 和亚洲 1 型。新城区的奶牛每年进行 3 次免疫，猪、羊每年进行 2 次免疫，免疫密度 100%。

猪瘟 猪瘟俗称“烂肠瘟”是一种具有高度传染性疫病，是威胁养猪业的主要传染病之一，其特征是急性，呈败血性变化，实质器官出血，坏死和梗死；慢性呈纤维素性坏死性肠炎，后期常有副伤寒及巴氏杆菌病继发。每年进行两次免疫。

猪蓝耳病 本病曾称为“猪流行性流产和呼吸综合征”“猪繁殖与呼吸综合征”“蓝

耳病”等,我国将其列为二类传染病。猪蓝耳病接触传染性很高,它有地方流行性特性。猪蓝耳病毒只会感染猪,其他动物不会感染,各种日龄、品种的猪都可以感染此病毒,其中日龄在1月以内的仔猪和妊娠母猪是最易感猪群。每年进行两次免疫。

鸡新城疫 鸡新城疫是由病毒引起的一种急性败血性传染病。俗称“鸡瘟”,即所谓亚洲鸡瘟。本病一年四季均可发生,尤以寒冷和气候多变季节多发。各种日龄的鸡均能感染,20日龄至60日龄鸡最易感,死亡率也高。主要特征是呼吸困难,神经机能紊乱,黏膜和浆膜出血和坏死。每年进行两次免疫。

布鲁氏菌病 布鲁菌病在国内羊为主要传染源,牧民或兽医接羔为主要传播途径。皮毛、肉类加工、挤奶等可经皮肤黏膜受染,进食病畜肉、奶及奶制品可经消化道传染。新城区从2011年开始通过采取检疫、消毒、捕杀、免疫等综合性措施进行防控。

羊痘 羊疾病初期为红色或紫红色小丘疹,发展为水疱、浓疱,最终变为乳头状结节,局部肿痛,无全身症状。每年注射羊痘疫苗进行预防。

羊三病 羊三病包括羊快疫、羊肠毒血症、羊炭疽病。注射羊三联疫苗或五联疫苗。

第三章 水 利

第一节 水利工程

一、灌溉工程

2001年,投入水利建设资金285万元,新打和配套机电井16眼,新修截伏流等水源工程4处,新增有效灌溉面积266.67公顷,发展节水灌溉面积1333.33公顷。

2002年,新建和修复截伏流工程3处,新筑和修复防洪渠堤坝5公里。新增有效灌溉面积540公顷,发展节水灌溉面积1213.33公顷。

2003年,加强水源工程建设,推广节水灌溉技术,缓解农业用水的紧张局面。

2006年,农业基础设施新增有效灌溉面积333.33公顷、节水灌溉面积666.67公顷。

2011年,新城区编制《新城区农田水利建设规划》。投资1200万元,实施哈拉沁灌区东干渠整治、保合少村饮水安全等7项农田水利工程,新增有效灌溉面积140公顷、节水灌溉面积346.67公顷,完成水保治理面积1666.67公顷。

2016年7月20日,新城区总投资919万元,开工建设内蒙古自治区中西部地区节水增效项目，2017年6月14日完成建设。该项节水增效项目建设，大规模推动新城区高效节水灌溉发展，对提高新城区粮食综合生产能力、改善农业基础条件、高效利用水资源、保护生态环境、推动现代化农业经济发展和促进农民稳步增收，具有巨大作用和现实意义。

二、蓄水工程

2008年7月10日，新城区开工建设面铺窑水库除险加固工程，2009年10月18日完工。水库除险加固后防洪标准提高，有效地保护着下游2.5公里处的呼集高速公路、110国道、铁路，保合少镇及大量耕地的安全，过水库调蓄增加下游灌溉面积，促进旅游业的发展。

2012年，新城区实施面铺窑水库除险加固工程，新增有效灌溉面积400公顷、节水灌溉面积1333.33公顷。

2017年，新城区投资88万元，实施面铺窑水库至输水洞维修养护工程。

三、防洪工程

山洪灾害项目　自2012年以来，新城区实施山洪灾害项目，主要建设雨量站、水位站、视频站、预警广播站等相关设施，通过预警信息平台及时向辖区居民发布山洪防御信息。通过山洪灾害项目的建设，完善新城区山洪灾害防御体系，有效提升应对和处置山洪灾害的能力，为防汛指挥、科学研判提供数据支撑，有效避免和减少灾害损失。

河道治理工程　2002年，新筑和修复防洪渠堤坝5公里。2011年7月，建成哈拉沁堤防工程，位于一家村内哈拉沁沟，为钢筋混凝土防洪墙，防洪级别为1级，堤防总长8820米。

2012年，新城区启动小哈拉沁河道整治工程（呼伦贝尔北路—哈拉尔大街）。2013年，对小哈拉沁河道（海拉尔大街—京包铁路）进行整治，小哈拉沁河道北起赛马场南路与呼伦贝尔北路交会处，西南至京包铁路，全长2375米，刚性结构防护堤岸2980米，桥梁5座，过水溢流液9座，污水管1590米，浆砌石河堤及河底。2015年，移交市政府进行管理。

2012年7月12日，哈拉沁沟沟口至高速公路桥段河道治理工程开工建设，2016年7月25日，完成工程建设。

2016年9月1日，开工建设新城区古路板沟呼锡路收费站至登山步道段防洪工程。工程的实施，提升了哈拉沁沟、古路板沟的防洪标准。

2017年，新城区投资2507万元，实施古路板河道治理工程。投入10万元防洪经费，疏通清淤辖区河道。投资358万元，建成东风灌域北干渠应急防洪工程。

四、农村人畜饮水工程

新城区通过供水工程的建设，保障全区农村居民的饮水安全，提高农村居民的生活质量，保持社会稳定，推动经济发展，为新农村建设奠定基础。2001年，新开人畜饮水工程12处,解决4000人、5000头(只)牲畜的饮水问题。

2002年,新开重点人畜饮水工程1处,解决2050人、5100头(只)牲畜的饮水困难。

2003年,进行水源工程建设,解决农村部分人畜饮水问题。

2006年,实施奎素、讨思浩、甲兰板等村的人畜饮水改造工程,解决1500人、1500头(只)牲畜的人畜饮水问题。

2007年10月2日,哈拉更饮水安全工程开工建设,2008年10月20日完工。

2008年5月11日,甲兰板村农村饮水安全工程开工建设,2011年11月15日完工。

2010年9月2日,奎素村农村饮水安全工程开工建设,11月20日完工。

2011年,新城区投资1400万元,启动日满足5万人用水的恼包水厂建设工程。8月15日,保合少村农村饮水安全工程开工建设,10月28日工程完工。

2013年5月25日,哈拉沁村农村饮水安全工程开工建设,2013年9月18日工程全部完工。

2014年8月,红山口村饮水安全改扩建工程正式开工建设,2015年10月工程全部完成。

2015年,新城区投资180万元,完成水泉、庄子村邻村饮水工程。完成野马图村截伏流水源引进新小区工程。

第二节　水土保持

一、小流域综合治理工程

2001年,新修截伏流等水源工程4处。

2002年,水泉村水保小流域通过水利部“十百千”示范小流域治理验收。

2006年,完成水保治理面积2000公顷。

2009年5月,新城区界台小流域水土保持综合治理工程开工建设,综合治理面积3平方公里,2011年9月完工。

2012—2017年,新城区实施各类防止水土流失措施发挥作用,水土流失状况得到有效控制,植被覆盖度显著提高,年减少土壤侵蚀量1.3万吨,实施区域人均纯收入增加300元。生态环境和农牧业生产条件得到有效改善。2017年,新增水土保持治理面积466.67公顷。

二、水保生态修复工程

2015—2017年,新城区实施京津风沙源治理二期工程。2015—2016年,主要建设水源工程2处,发展节水灌溉面积66.67公顷。2017年,主要新建水源工程2处,新增节水灌溉面积40公顷。项目实施后,新城区干旱缓解,减轻风沙对农业和林业的威胁,提高土地生产率和粮食产量,改善农民生活水平,改善生态环境。

第六篇

林　业

第一章 机 构

第一节 管理机构

一、林业局

1999年，呼和浩特市调整市辖区行政区划后，新城区新增农区，成立主管农、牧、林、水等农业、农村工作的直属机构农业委员会，下设主管林业的林业站，负责全区大青山前坡生态治理工程，组织实施沙源治理，水保经济林国债项目及天然林保护工程项目等。2002年4月，随着新城区生态建设任务的加大，把林业工作由农业委员会分离出来，成立主管林业工作的新城区林业局。

2017年，林业局内设综合办公室、法制股、业务股、资源林政股、防火办公室5个科室；下设森林公安分局、古路板林场、林业工作站、森林病虫害防治检疫站4个二级单位，共有在职干部职工178人。

二、二级单位

林业工作站 2002年4月成立，为股级事业单位。2017年有工作人员18人。

森林病虫害防治检疫站 2002年4月成立，为股级事业单位。2017年，有工作人员16人。

第二节 林业执法单位

新城区森林公安分局 2002年4月，由新城区编委正式批准成立。以1999年调整区划时，古路板林业派出所为基础组建而成。内设政工室、法制室、信息通信室、办公室、刑警大队和毫沁营派出所、古路板派出所、大窑派出所。有正式民警27人，合同制工作人员20名。2017年，按照公安部相关建设标准，古路板、毫沁营、大窑派出所的办案区内的监控设施全部更新、更换数字监控，生活区内全部新安装监控系统。机关、3个派出所全部接入有线公安网，公安网接入率100%，安装投入使用视频会议系统。3个派出所全部被评定为“二级达标派出所”，被评定为“自治区园林式派出所”。办理林业行政案件18起，林业刑事案件7起，治安案件1起。办理全部案件无复议、无诉讼。

第三节　国营林场

古路板林场　始建于1959年，曾归属大青山林管局、共产主义劳动大学、林建兵团四师、郊区管辖。1964年，虎头山、奎素、帐房片三林区划为内蒙古林学院实验林场；1969年，重归郊区管理；1999年实行区划时，划归新城区管辖。位于新城区北部，东和乌兰察布市毗邻，南接赛罕区，西连回民区，北与武川县接壤，总经营面积45980公顷，森林覆盖率达到46.2%。古路板林场为差额拨款事业单位，在编在岗职工257名，职工工资区财政下拨总额的85%，其余15%自筹。2017年，按照《呼和浩特市人民政府关于国有林场改革的指导意见》，古路板林场职工工资和机构经费金额纳入财政预算。

第二章　林　木

第一节　林木树种

新城区境内树木种类繁多，有乔灌木树种达120种以上(包括变种)，分属43科、92属。天然林主要树种中，乔木有油松、白桦、山杨等；灌木有沙棘、柠条、虎榛子、黄刺梅、胡枝子、稠李、绣线菊、枸子木等树种。人工林树种主要有油松、华北落叶松、杨树、旱柳、山杏、柠条等，兼有许多果树品种。

华北落叶松 Pinaceae　松科落叶松属，落叶乔木。耐寒性强，生长快，有涵养水源的显著效能，是新城区进行建设营造人工林的主要树种之一。全区有林面积1782.8公顷，蓄积量68935立方米。

樟子松 Pinus sylvestris var. mongolica Litv　松科松属，常绿乔木，高达30米，胸径达1米，树皮下部黑褐色，中上部褐黄色或淡黄色，一年生枝淡黄褐色。喜光，耐寒耐旱，适应性强，幼苗不耐阴，树干通直，树冠塔形，枝分层，深根性，对土壤要求不严，在干燥瘠薄、岩石裸露、沙地、陡坡之地，其他树种不能生长的地方均可生长良好，沼泽地、积水地生长不良。喜酸性土壤，有弱度耐盐碱力。种子繁殖，此树种为新城区引进树种，为新城区人工造林的主导树种之一。全区有林面积1066公顷，蓄积量21376立方米。

油松 Pinaceae 松科松属，常绿针叶乔木，根系发达，耐干旱。树皮暗灰色，鳞片斑裂，树干修直，树冠平展成层，针叶苍翠茂密，天然林多生于阴坡上，为新城区荒山造林先锋树种。全区有林面积5929.4公顷，蓄积量20万立方米。

云杉 Picea asperata Mast 新城区范围内的云杉为青杆，又名刺儿松、白杆云杉、华北云杉、松科杉属。常绿针叶乔木，高可达50米，胸径达1.3米，干通直，树皮灰色或暗灰色，裂成不规则鳞状块片脱落；生长在海拔1400～2100米，与白桦混生成林。适应气候温凉，土壤深厚、湿润、排水良好的微酸性土地。抗旱性良，在天然林中生长较慢。全区有林面积547.1公顷，蓄积量3125立方米。

白榆 Ulmaceae 榆科榆属，落叶乔木。树皮暗灰色，叶为披针形或卵形，边缘有锯齿。白榆根系发达，适应性广，抗旱性强，是新城区城乡较常见的树种。

白桦 Betulaceae 桦木科桦木属，乔木。树皮呈白色，叶近三角形，边缘有锯齿，果穗为圆筒状。是山地阴坡的主要林木，耐干旱，抗寒性强。全区有林面积5404.4公顷，蓄积量31.61万立方米。

山杨 Salicaceae 又名火杨。杨柳科杨属，落叶乔木，高达25米；树冠圆形或卵形；幼树皮灰绿色，光滑，老树则下部色暗，粗糙；小枝圆筒形、灰褐色、无毛。分布广泛，常形成天然次生林，或与桦木类混生成林。喜光、耐侧方庇荫，耐寒，对土壤要求不严，较耐干旱瘠薄，为采伐迹地和火烧迹地天然更新的先锋树种。分根、分蘖或种子繁殖，扦插难以成活，易染心腐病，难成材。全区有林面积62.2公顷，蓄积量3048立方米。

杨树 Salicaceae 杨柳科杨属，落叶乔木，具有生长快，适应性强等特点，在新城区品种较多。天然山杨混交林在新城区大青山区极为常见，在山地阴坡常和白桦混生，耐寒冷干旱，适应性强，易天然更新，是采伐迹地和火烧迹地恢复林地的先锋树种。人工栽植的品种主要有小叶杨、青杨、箭杆杨、北京杨、加拿大杨等。在全区分布面积780.5公顷，蓄积量6.42万立方米。

旱柳 Salicaceae 杨柳科柳属，落叶乔木。俗称柳树。侧根发达，宜湿润，耐寒喜光，不耐庇荫，是一种速生树种，树皮为暗灰色，叶子为披针形，在新城区极为常见。昔日清代绥远城的南门外，稻田阡陌间柳树成行，东门外有成片柳林，另连接新旧城的道路两旁也广栽柳树，被誉为呼和浩特的八大景之一“柳城荫绿”。柳树被广泛用于农村生态建设和城市绿化。

沙棘 Elaeagnaceae 胡颓子科沙棘属，俗称酸刺，落叶灌木或亚乔木。通常1米高，枝灰色，有粗棘刺，叶子近对生，呈线状披针，披银白色鳞片花极小，黄色，可作为蜜源。果实近球形，橙黄或近橘红色，含大量维生素适宜制成果汁、果酱、果酒并可入药。沙棘适应性强，抗严寒风沙，耐干旱瘠薄和水湿盐碱，常分布于向阳的坡地。新城区有沙棘28.2公顷。

柠条 Leguminosae　豆科蝶形花亚科锦鸡儿属，落叶灌木。高1米左右，最高可达3米，柠条为锦鸡儿的别称，分为小叶锦鸡儿，中叶锦鸡儿，狭叶锦鸡儿，甘蒙锦鸡儿等，枝一般黄绿色，均具刺，花为黄色。柠条根系发达、密结重叠，抗严寒风沙干旱，种子可用于榨油，是新城区生态建设中栽植的主要灌木树种，全区约有81.6公顷。

虎榛子 Betulaceae　桦木科虎榛子属，落叶灌木，土名胡筋子。根系发达，植株低矮，分枝多，枝条可供编织。叶宽卵形，边缘具踞齿，两面有毛。果多聚生一起下垂，宜在微酸性或中性土壤生长，常见于山地阴坡，全区有天然分布5246.7公顷。

黄刺玫 Rosaceae　蔷薇科蔷薇属，丛生落叶灌木，土名马茹子。株高1～2米，枝红褐色，有硬直刺，羽状复叶，花大，黄色，为良好的观赏植物，多生于石质山坡或山沟，也有庭院栽培的。全区约有天然分布507.9公顷。

第二节　林木分布

新城区森林资源受地形、气候和人为活动等因素影响，森林资源的地带性分布特征比较明显。主要分布在北部的阴山山脉的古路板林场，南部是平原区，主要以防护林带还有重点区域绿化项目为主林地。境内乔木林和灌木林资源比重较大，占到林地面积的61.2%。

人工林面积随着三北防护林工程、生态建设、退耕还林工作的持续开展，所占比例不断提高。人工林面积的扩大，使人工林的分布范围也随之扩大，遍及山区、平原。人工林按用途可分为经济林、用材林、防护林等。经济林主要树种为仁用杏、“123”、李、枣、苹果等，多分布在丘陵区和沿山洪积区。油松林主要分布在大青山前坡，华北落叶松林分布在大青山后山区，而杨树林在山区和平原均有分布。防护林的主要树种为杨树、油松和落叶松，杨树防护林分布较广，遍及新城区镇、各街道办事处，主要用作农田防护，保持水土，田旁绿化。松树防护林主要分布在呼和浩特市北郊防风林带。

树种的分布，山区丘陵主要有油松、华北落叶松、白桦、山杨、小叶杨、青杨、白榆、虎榛子、沙棘、柠条、黄刺梅、胡枝子等。沿山洪积区主要有油松、杨树、果树等，分布在平原的主要有杨树、柳树、榆树、柏树等树种。

第三节　天然林

新城区天然林资源丰富，天然林面积17616.7公顷，蓄积量34.1万立方米，占到林地面积的36.2%，蓄积量的45.6%，主要树种为白桦、山榆、落叶松和虎榛子、山樱桃、沙棘、丁香等。

其中，天然有林地面积6226.7公顷，蓄积量34.09万立方米，分别占天然林和人工林面积的19.2%，蓄积量的45.6%；天然疏林地占比较低，面积3.9公顷，蓄积量50立方米；天然灌木林地面积11268公顷，占面积的34.7%；未成林造林地面积118.1公顷，占面积的0.4%。

保合少镇分布天然有林地最多，成吉思汗大街街道办事处次之。天然有林地中，防护林面积132.5公顷，特种用途林面积6092.4公顷，用材林面积1.8公顷。以白桦为优势树种的天然有林地最多，面积5404.4；其次是山榆，面积548.9公顷；其中落叶松分布最少。各龄组中龄林最多，占天然有林地面积的47.9%；其次为近熟林，占天然有林地面积的40.3%，过熟林面积最少。平均地位级Ⅱ级，平均郁闭度0.5，平均年龄47.7年，平均树高8.4米，平均胸径11.4厘米，平均每公顷蓄积量47.0立方米，平均每公顷生长量1.8立方米，总平均生长量6836立方米。

保合少镇天然灌木林地面积9480.5公顷，占天然灌木林地面积的84.1%；成吉思汗街道办事处天然灌木林地面积1787.5公顷，占天然灌木林地面积的15.9%。天然灌木林地按覆盖度划分，其中覆盖度为疏的最多，占天然灌木林地面积的74.5%；覆盖度为中的，占天然灌木林地面积的24.0%；覆盖度为密的，占天然灌木林地面积的1.5%。从林种分布来看，防护林面积349.9公顷，占天然灌木林地面积的3.1%；特种用途林面积10917公顷，占96.9%；经济林分布较少，面积0.4公顷。天然灌木林树种有沙棘、丁香、黄刺玫、虎榛子、柄扁桃（山樱桃）、绣线菊、山杏7种。其中，虎榛子灌木林地面积最多，面积5246.7公顷，占天然灌木林地面积的46.6%；其次为柄扁桃（山樱桃）面积3077.3公顷，占27.3%；沙棘、丁香等分布较少。

第四节　人工林

新城区人工林面积14887.5公顷，蓄积量40.9万立方米；分别占新城区天然林和人工林总面积的45.8%，总蓄积量的54.4%。其中：人工有林地面积12015公顷，蓄积量406696立方米，分别占天然林和人工林总面积的44.5%，总蓄积量的54.4%；人工疏林地面积15.1公顷，蓄积量247立方米，分别占天然林和人工林总面积的0.1%；人工灌木林地面积101.3公顷，占0.3%。

保合少镇人工有林地分布最多，面积9232.9公顷，蓄积量27.9万立方米；其次为成吉思汗大街街道办事处，面积5328.7公顷，蓄积量10.44万立方米。人工有林地中，防护林面积3490.6公顷，蓄积量7.3万立方米，分别占人工有林地面积的28.8%，蓄积量的18%；特种用途林面积7813.5公顷，蓄积量281 834立方米，分别占人工有林地面积的64.4%，蓄积量的69.3%；用材林面积614.2公顷，蓄积量5.13万立方米，分别占人工有林地面积的5.1%,蓄积量的12.6%;经济林面积213.1公顷,蓄积量746 立方米,占人工有林地面积的1.8%,蓄积量的0.2%。

其中自然保护区林分布最多,面积7172.1公顷,蓄积量25.19万立方米,分别占人工有林地面积的59.1%,蓄积量的61.9%;其次是水土保持林,面积2991.9公顷,蓄积量5.4万立方米,分别占人工有林地面积的24.7%,蓄积量的13.3%。

人工有林地中油松分布最多,面积6702.2公顷,蓄积量19.88万立方米,分别占人工有林地面积的45.0%,蓄积量的48.6%;其次是落叶松,面积3569.2公顷,蓄积量6.9万立方米,分别占人工有林地面积的24.0%,蓄积量的16.9%。榆树、柳树、火炬树等树种分布较少。

各龄组按面积分布幼龄林分布最多,面积7263.0公顷,占人工有林地面积的60.4%;中龄林面积929.6公顷,占面积的7.7%;近熟林面积2620.6公顷,占面积的21.8%;成熟林面积732.3公顷,占面积的6.1%;过熟林最少,面积469.5公顷,占面积的3.9%。平均地位级Ⅳ级,平均郁闭度0.4,平均年龄22.1年,平均树高6.5米,平均胸径9.7厘米,平均每公顷蓄积量39.1立方米,平均每公顷生长量3.1立方米,总平均生长量5877.2立方米。

人工灌木林地保合少镇分布最多,面积99公顷,占人工灌木林地面积的97.7%;成吉思汗街道办事处面积2.3公顷,占人工灌木林地面积的2.3%。人工灌木林地按覆盖度划分,其中覆盖度为疏的分布最多,面积100公顷,占人工灌木林地面积的98.7%;覆盖度为中的面积1.3公顷,占人工灌木林地面积的1.3%。防护林面积6.4公顷,占人工灌木林地面积的6.3%;特种用途林面积83.9公顷,占人工灌木林地面积的82.8%;经济林面积11公顷,占人工灌木林地面积的10.9%。柠条灌木林地面积分布最大,面积81.6公顷,占人工灌木林地面积的80.6%;沙棘灌木林地面积19.7公顷,占19.4%。

第三章　林业建设

第一节　退耕还林

2002年，新城区根据党中央、国务院关于实施西部大开发战略及加快生态环境建设的总体部署，启动退耕还林工程。退耕还林是在新形势下加大生态环境治理力度的重要举措，退耕还林的耕地类型为水土流失严重的；沙化、盐碱化、石漠化严重的；生态地位重要、粮食产量低而不稳的。任务范围覆盖新城区70%以上山区的15°～25°坡耕地，涉及保合少镇、成吉思汗大街街道办事处的8个行政村，分别为水磨村、保合少村、大窑村、面铺窑村、奎素村、讨思浩村、乌兰不浪村、榆树沟村，退耕农户数1304户。

新城区实行退耕还林还草与调整农村产业结构、发展农村经济，防治水土流失、保护和建设基本农田、提高粮食单产，加强农村能源建设，实施生态移民相结合。2002年，退耕还林完成666.67公顷；荒山荒地造林完成1793.33公顷。2003年，退耕还林工程退耕地造林完成133.33公顷；退耕还林工程荒山荒地造林完成146.67公顷。2004年，退耕还林工程荒山荒地造林700公顷。2005年，退耕还林工程退耕地造林任务46.67公顷，完成46.67公顷。2006年，退耕还林工程退耕地造林任务66.67公顷，完成66.67公顷。

2008年，启动巩固退耕还林项目，包括基本口粮田建设、农村能源建设、生态移民建设、后续产业建设、技能培训、补植补造项目。退耕还林工程荒山荒地造林完成333.33公顷。2009年，退耕还林完成666.67公顷。2010年，扩需退耕还林完成666.67公顷。至2017年，完成退耕还林任务2713公顷，其中完成退耕地造林任务913公顷，完成匹配荒山造林任务1800公顷。退耕还林改善了生态环境、改变了不合理生产方式、加快贫困地区农民脱贫致富、优化农村产业结构、促进农村经济发展。

第二节　工程造林

2000至2017年期间，新城区工程造林主要开展三大工程，分别为三北防护林工程、天然林资源保护工程以及大青山生态工程。

大青山地区干旱少雨、蒸发量大、土层薄、肥力差、植被少、地形、地貌形态明显，自然特点影响了造林和林木生长。新城区造林整地主要采用人工局部整地的方式。在山体下部、地势平坦、土层较厚、小阴坡地段采用水平沟整地;在山体上部、中部无完整坡面、地势陡立、土层较薄、沟岔等宜林地采用鱼鳞坑整地,整地从山脊开始,品字形排列。在造林季节上多选在春季和秋季,由于气候原因,3 月下旬至 4 月上旬是造林的好时机,秋季造林则是大青山后山区造林的主要季节。造林选择的主要树种为油松、侧柏、桧柏、沙棘、山杏、黄刺梅,也进行杜松、山榆、黄刺梅,蒙古扁桃、柄扁桃、柠条、山丁子、文冠果等树种的栽培。

三北防护林工程 三北防护林建设工程自 1978 年启动,2012 年全部结束, 共五期 35 年。2001 年,新城区启动三北防护林国家重点生态建设四期工程,到 2012 年,完成人工造林 933.33 公顷,全部营造水土保持林。抑制水土流失面积 1066.67 公顷,增加了土壤肥力,同时增加了 1066.67 公顷林草面积,提高森林覆盖率 1.6 个百分点。按平均每年每亩固定泥沙 1.8 吨计算,固定泥沙 2.88 万吨,有效地缓减该区域的水土流失。就有机质生产能力按 266.68 千克 / 亩 / 年计算,成林后可年生产有机质 0.43 万吨,增加了土壤的肥力。对二氧化硫、二氧化碳等气体可通过叶子大量吸收,起到净化空气的作用。每年可堆积风积物 1066.7 吨(按平均 1000kg/ha 计算)。有效调节新城区生态环境,防风固沙,保护农牧业发展,改善人们生活环境质量。

天然林资源保护工程 2000 年,新城区开始实施天然林资源保护工程,成立天然林资源保护工程领导小组,组建天然林资源保护工程领导小组办公室,签订各项林业任务责任状,开展造林行动。2017 年,森林管护面积由 2000 年实施时的 20266.67 公顷增加到 46413.33 公顷,森林覆盖度由 2000 年的 20.6%提高到 44.1%。工程区总面积为 66800 公顷,其中林地 48133.33 公顷,非林地 18666.67 公顷。在林地中有林地 17980 公顷,疏林地 20 公顷,灌木林地 11373.33 公顷,未成林造林地 2900 公顷,苗圃地 20 公顷,无立木林地 2000 公顷,宜林地 10900 公顷,辅助生产林地 2933.33 公顷。森林覆盖率 44.1%,活立木总蓄积为 79.04 万立方米。天保工程通过调减木材产量、加强后备资源培育,增加森林面积与森林蓄积,构建起呼和浩特市东部区域主要水系、农牧业生产和气候调节的生态屏障。

其他造林工程 2001 年 10 月,大青山干旱阳坡示范造林工程完成人工造林3066.67 公顷。2011—2014 年实施欧洲投资银行贷款清洁发展机制造林项目 1285.8 公顷。2012—2014 年实施大青山生态保护综合治理绿化工程 3000 公顷。

第三节 封山育林

2002 年,新城区封山育林完成 1126.67 公顷。2002—2010 年,新城区实施黄河上中游天然林资源保护工程，封山育林 19326.67 公顷，人工模拟飞播造林 666.67 公顷。2000—2017 年，新城区实施天保工程，累计完成封山育林 20660 公顷 飞播造林 666.67 公顷。封育工程实施后，新城区重点加强森林管护工作，确保森林资源休养生息，促进植被自然恢复。

第四章　森林保护

第一节　护林防火

新城区森林火灾一般是由人为火和自然火两种原因造成的。人为火绝大部分由非生产性用火造成的，如上坟烧纸、野外吸烟、旅游人员用火等造成的；生产性用火主要是烧农作物秸秆茬子、烧荒跑火、打靶爆破造成的。自然火起因主要是输变电线路打火、线路老化断落、雷击火等造成的。呼和浩特市森林防火期从每年的 10 月 1 日至第二年的 5 月 31 日，4 月 1 日至 4 月 30 日为防火戒严期，可提前进入或推后结束防火期，也可延长防火戒严期。根据《中华人民共和国森林法》《森林防火条例》和《内蒙古自治区森林草原防火条例》《内蒙古自治区森林草原防火工作责任追究办法》等有关法律法规，在防火期，严格火源管理，野外用火必须办理审批手续。戒严期，一律禁止野外用火。对重点火险地段（特高危火险区）进行人工巡护、检查站设卡检查、瞭望塔人工瞭望和远程视频监控相结合。

新城区根据实际情况，每年的 9 月 15 日至次年 6 月 15 日为新城区重点防火期。在此期间，实行全面封山防火，严禁一切闲杂人员进入防火区域，并采取清山、清沟措施，对违规进入林区活动的人员进行严肃查处。每年的 6 月 16 日至 9 月 14 日，为新城区一般防火期，火险隐患依然存在，由护林员进行特别看护。每年组织森林防火相关工作人员进行森林防火宣传活动，宣传主要采取播放录音、张贴标语、现场讲解、发放宣传品、排放展板、悬挂横幅的形式进行。

2000 年，新城区成立护林防火指挥部，形成乡林业工作站、林场、森林公安派出所三位一体，横向到底、纵向到边的护林管理体系。将工程区内的所有林地全部纳入管护范围，按资源分布状况、管护难易程度、地理位置，统一规划为 5 个管护责任区，并全面落实管护人员。

2001 年始,新城区根据天然林资源保护工程实施要求,每年签订管护责任状。实行地块、职责、奖罚三落实,将管护落实到山头、地块、林班、小班,做到管护责任人的管护区内无偷砍滥伐、无乱采乱挖、无毁林开荒、无违法捕猎。

2002 年秋季,新城区成立 185 人新城区护林防火大队,队员由古路板林场职工和沿山各村的村民组成,其中古路板林场护林员 65 名,保合少镇护林员 60 名、成吉思汗大街街道办事处护林员 60 名,担负新城区的森林管护和防扑火任务。建立林业检查站 1 处,购置护林防火指挥车 1 辆,专用对讲机 15 台,在沿大青山建立 8 个护林防火站、2 个监察点和 1 个瞭望塔,配备了管护设施。

2007 年,新城区开展大青山森林重点火险区综合治理项目,建设火险预测预报系统,包括火险气象站 1 座和监测设备一套;火险瞭望监测系统,包括瞭望塔 1 座、摩托车 10 辆、GPS 定位仪 12 台、对讲机 61 部、望远镜 8 架、发电机 1 台;火险林火信息及指挥系统,包括短波电台 3 台、中继台 3 台、卫星电话 1 部、基地台 1 台、车载台 1 台、林火视频传输系统 1 套、指挥车 1 辆;采购扑火机具装备设施,包括风力灭火剂 44 台,油锯 10 台,野外装备 60 套,运兵车 1 辆,其他扑火机具 80 套;基础设施包括专业队营房 1 座、物资储备库 1 座、防火检查站 2 座、指挥图沙盘 1 座,总投资共计 207 万元。

2009 年 4 月,《国家林业局关于内蒙古自治区呼和浩特市大青山森林重点火险区综合治理二期建设项目可行性研究报告的批复》,同意建设内蒙古呼和浩特市大青山森林重点火险区综合治理二期建设项目,新城区核定总投资 382.11 万元,其中中央投资305.69 万元,新城区配套 76.42 万元。至 2012 年,为做好大青山重点火险森林防火工作,保护大青山生态环境建设,开展内蒙古呼和浩特市大青山重点火险区森林防火综合治理二期工程建设项目。工程主要建设森林火险监测系统,包括建瞭望塔 1 处,视频监测系统 4 套,对讲机 25 台,车载台 1 部,望远镜 5 架,定位仪 5 台,太阳能设备 1 组,宣传牌 10 块,稳压电源 5 部,避雷针 5 台;扑救系统包括扑火机具 421 台,扑火装备 360 件,防火指挥车 1 辆,越野运兵车 1 辆,普通运兵车 1 辆,森林消防车 1 辆,全道路运兵车 3 辆,水罐车 1 辆,防火专用车 5 辆,摩托车 5 台,汽车装备 5 组,接力水泵 5 组;基础设施包括办公用微机 1 台,复印机 1 台,数码摄像机 1 台,数码照相机 1 台。

2002—2015 年,新城区加强森林草原防火工作,保护林草资源和造林绿化成果。为防止流动人员进入工程区造成火灾隐患,陆续对森林资源设置围栏共计 199 公里,其中设置刺丝网围栏 153 公里、公路(浸塑)网围栏 46 公里。设置管护固定标牌 124 个。并每年对大青山坡脚、破损严重以及人员流动量大的地段进行全面维护。

2016 年,新城区实行集中禁牧政策,成立禁牧工作领导小组,制定工作职责,建立责任追究制度。集中禁牧前 5 万余只羊,通过多次禁牧行动,剩余 7000 余只。

2017 年，古路板林场和森林公安组织人员采取措施，确保牲畜不进入禁牧区，引导帮助养殖户出售牲畜，经过加强禁牧工作，大青山山区羊全部迁出，前坡村主剩余不到 600 只羊，牲畜大部分迁出或出售。同年，新城区印发《关于加强森林防火工作的通告》。清明节、“五一”“国庆节”农历“十月一”期间青山大道沿线的各行政村、大学城，开展专题森林草原防火宣传活动；举办《中华人民共和国安全生产法》宣传周暨森林草原防火宣传活动。落实防火责任制，集中进行辖区 40 家企业单位安全生产大排查大检查大整治行动；林业局与保合少镇、成吉思汗大街街道办事处、驻区各重点防火单位、沿山各村委会签订防火责任状，与护林员签订《2017 年护林员责任状》。认真贯彻落实新修订的《内蒙古自治区森林草原防火条例》，加强火案查处力度，典型案例公开曝光，火灾肇事者和相关责任人依法依规予以惩处。处理涉火案件 14 起，处理涉案人员 14 人。购置适应山区道路的轻型专业森林草原防火水车 1 台，长城皮卡车 1 辆；自治区林业厅和市林业局分别支持给予一批森林防火物资，有斯蒂尔 600 背负式灭火机 30 台；国产背负式灭火机 30 台；野外单兵装备 30 套；二号工具 100 把；阻燃服装 120 套；各类灭火弹 900 枚等。专业扑火队员达 50 名，实行 24 小时待岗待命制度，一有火情，迅速出动，第一时间到达火场，做到打早、打小、打了。9—11 月，古路板林场组织人员采取人工打草开设隔离带的方法，林区重点地段、火险高发区、坟头、变压器和高压线下面，开设宽度 5 到 30 米的隔离带，打草 120 公顷。

第二节　森林植物检疫

新城区植物检疫工作由检疫专项执法队承担，执法队员由专职检疫员组成，在国道省道各大入城口，机场、车站和货物集散地等地设立流动哨卡，进行检疫检查。2002 年以来，新城区实行检疫要求书制度，加大复检力度，对调入新城区的苗木进行跟踪检查。绿化工程招投标的组织单位必须将本年度中标单位和工程用苗情况报市森检部门备案，以便及时实施现场检疫，杜绝疫区苗木入境。2012 年，新城区通过行政许可“网上审批”的方式，实现林业植物检疫的信息化管理。

2014 年，新城区发现美国白蛾，采取产地检疫、复检、调运检疫、检疫宣传等方式保障新城区的林木检疫。制定针对美国白蛾等重大检疫性害虫的防控措施，确保“既不引祸入境，也不染灾他人”。

2017 年，新城区苗木调运量较大，采取抽样方法进行调查，调查胡杨、樟子松、油松、山杏、槭树等树种苗木，数量约 23 万株，未发现林业有害生物。

第三节　森林病虫害防治

新城区森林病虫害种类较多,共有林业有害生物600余种,危害成灾的主要有20多种。21世纪以来新城区的森林病虫鼠害主要有以下种类生物:危害松杨柳榆桦的主要虫害是松毛虫、天幕毛虫、双尾天社蛾、白杨透翅蛾、青杨天牛、杨园蚧等;危害林木叶部的主要害虫有松毛虫、天幕毛虫、松针小卷蛾、落叶松尺娥、杨潜叶跳象等;危害林木干部的主要害虫为沙棘木蠹蛾、肩星天牛、杨园蚧、柳干蚧等;根部害虫有华北蝼蛄、金龟子等;病害有杨树烂皮病、杨叶锈病、杨腐烂、柳树锈病、松苗立枯病等。鼠害主要是中华鼢鼠、棕背哥。虫害主要天敌是长星小蜂、红点蜃瓢虫、跳小蜂、抱寄蝇等。

2005—2009年,新城区开展缠胶带防治松毛虫推广。采取缠塑料胶带和利用杀虫灯诱杀成虫的防治方法,进行防治落叶松毛虫,是一种既环保、又科学,而且又经济、效果最佳的防治方法。通过在新城区古路板林场经营范围的大窑和面铺窑林区进行缠胶带等集中防治,防治面积266.67公顷。松毛虫3龄幼虫无法上树进食,使90%以上的个体饿死,减少蛹化成成虫数量。该区域增加活立木蓄积为6400立方米,创造经济价值约128万元。森林防风固沙,涵养水源等功效得到提高。

2014年3月25日,新城区实施大青山前坡生态绿化综合治理工程中,引进树种中发现美国白蛾蛹,采取悬挂诱捕器和杀虫灯捕杀的防控措施,在防治松毛虫、天幕毛虫的同时对美国白蛾进行针对性防治。

2015年,全国林业有害生物普查,新城区开展有害生物普查,普查出面铺窑落叶松毛虫危害较重,面积133.33公顷,采取缠塑料胶带的方法进行防治。奎素经济林、防火指挥中心周围、生态路两侧的山杏、果树有天幕毛虫发生,面积53.33公顷,采取人工摘除卵块的方法进行防治。大青山后坡的苁蓉山庄北坡、小井南梁、坝上南坡的人工落叶松林,发生落叶松鞘蛾,面积为800公顷,其中重度面积533.33公顷。采用背负式汽油喷雾机人工喷药(用药:苦参碱、烟碱苦参乳油)进行防治。骆驼山落叶松毛虫和尺娥,采取缠塑料胶带的方法进行防治,防治面积80公顷。在指挥中心、绿色公墓等地点悬挂美国白蛾诱捕器80个,杀虫灯32个。森林病虫鼠害防治工作增加测报机制,制定林业主要有害生物监测预报工作方案,提高灾害应对能力。

2016年6月25日,新城区的人工油松林发生松扁叶蜂虫情,采取喷药车喷洒苦参碱水车和挂黏虫板进行防治。

2017年4月,新城区对奎素5万亩森林公园观光路两侧100米范围内的人工油松林进行搂树盘工作,防治松毛虫等虫害,人工喷药、喷药车喷药、挂黏虫板方式进行防治发现的松扁叶蜂虫害。防治面积1533.33公顷,挂粘虫板67500片,喷洒苦参碱300瓶,出动人员1300余人(次),车辆200余台(次)。为苁蓉山庄、太伟、奥淳酒庄3家企业提供黏虫板6000片、苦参碱100瓶等病虫害防治月品,用于防治松扁叶蜂,提供防治指导,实现与企业的联防联治,控制松扁叶蜂的危害,确保油松正常生长,保护森林资源。

新城区针对森林病虫鼠害防治主要采取的防治措施有:

综合防治　采用良种壮苗,增强树木的生长势,对天然次生林进行改造更新,营造落叶松、油松、柠条等树种。营造人工林遵循“适地适树”原则,尽可能营造搭配比例适当的针阔混交林。在育、造、管上实施新技术,保持林木生长旺盛,提高林木对病虫害的抗御能力,防患于未然。

生物防治　新城区生物防治害虫的主要天敌有赤眼蜂、寄蜂、抱寄蝇及鼠害天敌猎头鹰等。采用保护森林病虫害天敌资源,了解天敌的生物、生态学习性,创造有利于它们栖息、繁殖的条件,保护本地天敌,人工繁殖有针对性天敌。达到“以虫制虫”“以鸟治虫”的目的。

物理防治　根据有害生物的生活习性,采用捕杀法、诱杀法、阻隔法等将害虫的幼虫或成虫杀灭,达到防治目的。新城区物理防治害虫方法主要有:打轮枝、搂树盘、缠绕毒绳和塑料胶带、挂诱捕器、摘虫茧、杀虫灯灭杀等。

化学防治　主要是药液、药粉喷杀及烟雾熏杀。使用的药械有工农36型,支农40型,背负式机动喷雾器等。药剂种类主要有灭幼脲、D-M合剂、敌百虫、速灭杀丁、溴氰菊酯、甲胺磷等。新城区物理防治所用药品为苦参碱,该药品为植物源农药,具有特定性、天然性的特点,只对特定的生物产生作用,在大自然中能迅速分解,最终产物为二氧化碳和水,对环境无污染。

图:针对松毛虫、天幕毛虫的防治

第四节　野生动物保护

新城区丰富的植物资源,给野生动物提供了良好的栖息场所,除有本地生存的野生动物,还有定期迁徙的鸟类,野生动物资源种类较多,数量较大。境内有野生动物 400 多种,鸟禽类动物有 141 种,兽类动物有 29 种。鸟类主要有杜鹃、啄木鸟、寒鸦、猫头鹰、环雉(野鸡)、雀鹰、大山雀、燕子、喜鹊、乌鸦、石鸡、布谷鸟、鸿雁等。兽类主要有野兔、狐狸、獾子、黄鼬(黄鼠狼)、松鼠、刺猬、蜥蜴、中华鼢鼠、草原黄鼠、大仓鼠、蝙蝠等。

2008 年,大青山自然保护区新城区段被列为国家级自然保护区,涵盖区域面积 39064 公顷,新城区段占该区域总面积的 58.48%,动物类主要保护对象有青羊、梅花鹿、狍子、獾子、蛇类、石鸡、山鸡、野兔等。经过大青山生态工程治理和封山禁牧,山地森林灌丛、珍稀野生动物及水源涵养地得到有效保护。

2009 年 11 月 29 日,新城区古路板野生动物驯养繁育基地和野生动物救助中心正式挂牌成立。基地占地 0.8 公顷,建筑面积 1000 平方米,驯养和救助有狍子、梅花鹿、骆驼、灰鹤、野鸡等 30 多种动物。

2017 年,新城区组织开展和参与“2017 利剑行动”“2017 保护候鸟专项行动”“2017 清理整治自然保护区违法违规开发建设活动及继续开展清理整治非法侵占国有林地专项行动”“打击整治涉枪违法犯罪专项行动”“2017 秋季保护候鸟行动”。出动警力 800 余人次,出动警车 190 台次。

第五章　经营管理

第一节　繁育与栽培

由于新城区日照时间长,昼夜温差大,种植大枣的品质优良。从 1998 年开始,新城区开展保护地大枣嫩枝快繁育苗和栽培新技术的项目。2001 年,完成“保护地大枣嫩枝扦插系列化快繁技术”。2003 年,累计育苗 150 万株。2005 年 9 月,通过内蒙古科技厅成果鉴定,其成果达到国内同类研究的先进水平,2007—2009 年在新城区推广 666.67 公顷。

2008 年,新城区开展大青山文冠果种苗繁育基地建设,以文冠果作为能源燃料树种为重点培育对象开展研究。文冠果是一种抗旱、抗寒、耐瘠薄移栽成活率高的先锋树种,适应性强且无病虫害,可粗放管理,为我国特有的珍贵木本油料树种,具有较高的经济价值和开发潜力,是荒山荒沟、山区丘陵规模性发展的首选优良树种,适宜在新城区广泛种植。利用大青山野生文冠果资源,建立文冠果苗木繁育基地 1.67 公顷,其中播种繁育0.67 公顷,嫁接繁育 0.33 公顷,通过观察、试验、研究、掌握优良文冠果苗木有性、无性繁殖技术,选育优良品种。

新城区经济树种基地试验栽培及推广项目利用盖膜,减少果实损失防止污染;采用先进的节水灌溉技术,对大枣基地进行追肥、施药。扩大和完善基地建设,引进优良品种,筛选适合保护地栽培的良种,为新城区内外枣产区提供大量优质苗木。

2005—2009 年,新城区建设北方特色苗木繁育试验区,具有林木引种驯化、林木种质资源保护、科学研究、科普宣传、繁育等为一体的综合性功能,是我国北方半干旱地区树木种质资源保存及树木引种驯化的重要科研基地。树种全部引进于内蒙古林科院树木园(林木与花卉引种繁育中心),大多经过 60 多年引种、驯化结果筛选。

2013 年,新城区木本油料植物种苗繁育试验区开展元宝枫、饲料桑、欧李等苗木的繁育工作。

2015 年,开展元宝枫、油用牡丹、长柄扁桃的良种繁育及产业化育苗,生产种苗 50 万株。

2017 年,开展优良树种繁育与栽培技术推广,新城区完成红刺榆、白榆和蒙古栎 3 个树种开展繁育及栽培技术推广工作。建立面积为 2 公顷的苗木繁育基地 1 处,培育红刺榆、白榆、蒙古栎 3 个优良树种,通过大田与温室培育对比、选育、示范林栽培,达到优良树种繁育与栽培技术推广的目的。

第二节　林下经济

2013 年,新城区开展林下经济产业专项调查、考察和可行性研究,推动发展林下经济产业。新城区林下经济产业始终坚持“政府主导、市场运作”的原则,创新发展模式,即“一轴两翼四驱动”:以林下经济产业为“主轴”,以科技孵化和系列产品研发销售为“两翼”,以“企业 + 基地 + 合作社 + 农户”四位一体为驱动,实现龙头企业带动,合作社引领、农户广泛参与的多赢目标。当年,建设鲜花港·以花会友生活交流平台,以林下经济核心区为依托,以塔利村 70 个温室大棚为基地,形成辐射呼和浩特市周边 300 公里销售范围的花木展销批发能力,带动苗木产业及其他林业产品的销售工作。

2014 年年初,新城区确定依托 464 平方公里的林业资源,建成“内蒙古大青山林下经济产业基地群”,逐步形成“一村一品、一品一景”发展格局,实现经济、社会和生态“三效合一”。

2015年2月,成立大青山林下经济研发中心,与科研院所合作,重点发展定位林下经济特色项目培育基地、对外展示销售基地、自然科普教育基地、农民专业技术实训基地、科研院所产业转化基地、大青山林下经济AAA旅游景区、林下经济产业人才孵化基地。其中核心区占地面积13.33公顷,主体建筑包括1万平方米智能温室1栋,新型日光温室10座,总面积6万平方米,管理服务中心楼1座,建筑面积3000平方米。其余为陆地试验小区和附属设施项目。以林下特色养殖项目为切入点,实现示范、引领、带动和辐射的产业目标。2017年,有林下养鸡试验区、林下养鹿试验区、林下食用菌试验区等项目。

第三节　林木采伐

自2001年,新城区根据自治区下达的森林采伐量计划,计划指标优先保障森林抚育经营和征占用林地项目采伐林木,不超计划、无计划采伐林木。按照《低产用材林改造技术规程》《低效林改造技术规程》等标准认定改造对象。对低产低效林改造的监管,做到确保改造对象认定准确,确保不出现乱砍滥伐,确保不改变林地用途,确保不造成水土流失,确保林地利用由低产低效提升为高产高效。国家公益林中的一级公益林禁止采伐。

“十二五”期间,严格执行天然林资源保护工程二期实施方案确定的木材产量,严禁超木材产量计划生产商品材。加强采伐迹地的更新造林工作,对未按期完成采伐迹地更新造林的单位,停止下达本年度该单位的森林采伐量计划,不发放林木采伐许可证。执行凭证采伐制度,严格规范林木采伐许可证核发,严格执行采伐林木公示制度,将采伐限额、采伐量计划指标分配情况、单位和个人申请采伐情况、林业部门采伐审批情况等,在林业主管部门、乡镇(国有林场)、村的政务公开、村务公开牌(栏)上张榜公示,做到“公开、公平、公正”,阳光采伐。

“十三五”期间,新城区采伐量为4924立方米,其中公益林采伐量为2925立方米,商品林采伐量为1999立方米;主伐量为1987立方米,抚育采伐为280立方米,更新采伐为2645立方米,其他采伐为12立方米;国有林采伐量1834立方米,集体林采伐量为2480立方米,个体采伐量为128立方米,非林业系统采伐量为482立方米。

2017年,新城区办理5个林木采伐项目,发放林木采伐许可证6张,活力木蓄积238立方米,940株。

第四节 林权林政

2001年后，新城区在保持集体林地所有权不变的前提下，建立“归属清晰、权责明确、保护严格、流转顺畅”的现代产权制度，明晰集体林木所有权和林地使用权，放活经营权，落实处置权，确保收益权，规范流转权，使林业资源产权更加明晰，经营方式更加多样化，提高林分质量和效益，促进林业资源的优化配置和生产经营要素的合理流动，建立起投资者、经营者、管理者多元化的责、权、利相统一的经营管理机制。

2003年，按照2000年4月18日国家林业局下发的《关于实行全国统一林权证式样的通知》精神，开始换发新的林权证。

2009年，新城区根据自治区、市两级政府的统一布置，开展林权制度改革，制定新城区集体林权制度改革实施方案。明确新城区通过林地所有权和林地经营权的分离，在保持集体林地所有权不变的前提下，把经营权落实到户、到人(公益林由于其固有的属性，确实不宜个人经营的采取由集体统一经营)，明晰产权，确立经营主体。通过林权登证发证，以法律的形式落实村民的处置权，收益权，真正实现“山定权，树定根，人定心”。通过制定配套政策，为后续产业发展提供有力支持。建立林业社会化服务集体建设，规范林权的依法、有序流转，促进林业发展，村民增收。建立起产权归属清晰，经营主体落实，责权划分明确，利益保障严格，流转顺畅规范，监管服务到位的现代林业产权制度。林改确权发证的范围是二类调查时确定为公益林的集体林地，以及集体林地上的森林和林木。主要是古路板林场范围内经营管理的林地、林木。

2010年4月，新城区集体商品林改革完成全部基础性工作，林权登记进行申请表审核、输入微机、微机输入资料与纸面资料核对、发证前公示等项工作。

2011年，新城区商品林全部完成确权并核发林权证，核发林权地块600余块，发证面积473.33公顷，核发林权证64本。公益林林权改革共完成确权面积1426.67公顷，勘测地块3500多宗。12月底，全部605本林权证发到林权权利人手中，确权率100%，发证率100%。完成1866.67公顷集体林权制度改革。林权登记发证实现微机登记、打印、建档、查询、统计，使各级林业部门的林权管理日常化、制度化、规范化，对变化了的林权可及时进行登记、变更、注销。

2012年，新城区全面完成林权制度主体改革任务。

2016年，中共中央、国务院下发《关于加快林业发展的决定，进一步完善林业产权制度》。新城区依法严格保护林权所有者的财产权，维护其合法权益。对权属明确并已核发林权证的，切实维护林权证的法律效力；对权属明确尚未核发林权证的，尽快核发；对权属不清或有争议的，抓紧明晰或调处，核发权属证明。退耕土地还林后，及时办理相关手续。已经划定的自留山，由农户长期无偿使用，不强行收回。对零星分散的有林地，将林木所有权和林地使用权合理作价后，转让给个人经营。对宜林荒山荒地，采取分包到户、招标、拍卖等形式确定经营主体，集体经济组织内部的成员享有优先经营权。在明确权属的基础上，鼓励森林、林木和林地使用权的合理流转，各种社会主体都可通过承包、租赁、转让、拍卖、协商、划拨等形式参与流转。森林、林木和林地使用权可依法继承、抵押、担保、入股和作为合资、合作的出资或条件。

2017 年，新城区林地面积 48380.4 公顷，占总土地面积的 72.4%，其中国有林业用地 45980 公顷。

第七篇

工　业

第一章 机 构

第一节 管理机构

2002年5月，新城区组建经济贸易局，区商务办公室、乡镇企业局并入经济贸易局，负责协调工业产业、商贸、粮食、乡镇工业、安全生产等方面的宏观调控及管理工作。

2010年10月，新城区组建经济和信息化局，基本职能是工业行业管理、商务管理、信息化推进等。内设综合办公室、企业运行发展股、信息化推进股、商务发展促进股、商务监测执法股。2012年，新城区设商务综合行政执法队、商务服务业管理中心、信息技术中心，为新城区经济和信息化局所属股级事业单位。

2017年，经济和信息化局成立安全生产综合办公室，内设安全生产综合办公室、企业运行发展股、信息化推进股、商务发展促进股、商务监测执法股5个股室。有行政编制5名，事业编制18名。

第二节 事业单位

商务综合行政执法队 2012年成立，为股级事业单位，有工作人员7名。

商务服务业管理中心 2012年成立，为副科级事业单位，有工作人员4名。

信息技术中心 2012年成立，为股级事业单位，有工作人员2名。

第二章　工业企业

2017年,新城区共有规模以上工业企业20家,从经济类型看,规模以上工业企业全部都是股份制企业,实现增加值20.2亿元。从行业看,电力、食品、服装等支柱产业完成现价总产值56.9亿元,占规模以上工业总产值的82.7%。在主要产品产量中,服装1.81亿件,液晶电视机78.99万台,商品混凝土13.42万立方米。规模以上工业企业实现主营业务收入16.94亿元,产品销售率为102.5%。

第一节　电力企业

内蒙古香岛新能源发展有限公司　是一家光伏发电新能源企业,注册资本金2.74亿元人民币。设置5个部门,共有员工36人,管理人员12人。公司办公区位于新城区乌兰察布西路兴泰御都写字楼。

第二节　服装加工企业

际华五三零三工厂　于1990年筹建,1991年9月竣工,是武警部队最早建立的大型被装生产企业,生产武警和解放军各种被装、行业服装以及民用、外贸服装80多个品种。公司位于新城区兴安北路46号。

内蒙古祺泰服饰业有限责任公司　始建于1993年,是以设计、生产加工、销售时尚商务男装及西装的大型生产企业,拥有占地20余万平方米的华北地区最大的服装生产基地。祺泰公司经历27年持续稳定的发展,固定资产达1.2亿元。拥有100多人行业顶尖设计研发队伍,1.38万平方米的国际标准专业化生产车间,10条全自动吊挂生产线,并引入法国“力克”服装CAD系统、德国“杜克普”、日本“兄弟”、日本“重机”缝制设备,意大利“迈埠”整烫定型设备。企业年生产能力达50万条(件)时尚商务男装,可以充分满足全国客商的需要。公司位于呼和浩特市新城区成吉思汗东街鸿盛工业园。

内蒙古信泰实业有限公司　是一家集研发、生产、贸易为一体的综合性企业,公司创建于1990年,注册资金1.5亿,总公司坐落于呼和浩特市鸿盛工业园区,占地面积3.33

公顷，产品订单覆盖全国，业务涵盖1000多个单位，产值累计达20多亿元。

第三节　食品加工企业

呼和浩特市中粮面业有限公司　成立于2018年3月22日，经营范围为小麦粉生产及粮食收购等。公司位于北二环快速路兴安路交叉口北200米。

内蒙古意林食品有限公司　始创于1993年，是一家烘焙食品产销企业。意林中央工厂坐落在呼和浩特市新城区成吉思汗东街鸿盛工业园，占地3.4公顷，建筑面积2.4万平方米，于2010年建成投产。内蒙古自治区区域内，意林共有连锁店70余家，其中呼和浩特市区内有40多家。意林入驻鸿盛园区以来，持续服务社会，累计纳税8000多万元。

内蒙古利诚实业有限公司　是一家致力于内蒙古特色食品的开发和技术创新的民营企业。公司注册类型为有限责任公司(自然人投资或控股)，于1998年8月21日成立，注册地址在呼和浩特市新城区成吉思汗东街鸿盛工业园区纬二路，注册资本500万元，厂区建设占地面积6.4公顷，经营范围主要以固体饮料、乳粉制固态成型制品、糖果制品的生产为主，是一家集科学管理、专业生产、创新研发于一体的现代化民营企业。

内蒙古正味食品有限公司　创办于2002年，是集生产、加工、包装和销售为一体，专业从事休闲食品加工和贸易的企业。公司位于呼和浩特市新城区成吉思汗东街鸿盛工业园。

第四节　供热企业

呼和浩特市泓利泰供暖公司　成立于2009年，注册资金1050万元人民币，是塔利村全体村民集资成立的村属集体企业。其中村集体占股本89.57%，村民个人占股本10.43%。公司承建泓利泰热源厂项目，位于察哈尔大街以北、回民坟以东、塔利耕地以南、德昇羊绒以西，总占地面积13.33公顷，投资约4个亿，供热能力330万平方米，主要为新华东街、机场高速路以北，110国道以南，哈拉沁沟以东区域提供集中供热服务。泓利泰供暖公司为A级资质的供热企业。为政府承担了供暖责任、公用事业基础配套投资和供暖市场的培育。公司位于新城区成吉思汗大街街道办事处塔利村。

内蒙古山水热力有限公司　2007年，麻花板村委会成立呼和浩特市山水热力有限责任公司。公司位于新城区山水小区内。

第五节　建材企业

内蒙古多力邦钢结构有限责任公司　是一家主营钢结构企业,位于鸿盛工业园区,成立于2009年12月8日,共有职工50多人,年生产钢结构6000多吨,钢结构资质2级,综合建筑资质3级。

第六节　电器制造企业

内蒙古TCL光电科技有限公司　是TCL多媒体科技有限公司下属全资子公司,公司位于内蒙古呼和浩特市新城区鸿盛园区TCL液晶产业园内,主要产品为液晶电视。根据TCL多媒体全球制造规划,产品主要辐射我国华北、东北、西北地区。公司于2012年10月30日正式建成投产,总占地14.27公顷,其中厂房面积3.5万平方米、配套的生活服务区1.7万平方米,总计建筑面积为5.2万平方米。公司有3条整机装配线,4条模组生产线,拥有精密自动化注塑机5台及其他相关大型配套设备,具备年产100万台液晶电视机规模。

第七节　车牌生产企业

内蒙古警通标牌制作有限责任公司　设立于2012年6月,同年通过公开竞标,取得自治区机动车号牌生产与发放业务,承担着全自治区机动车号牌的生产制作与发放任务。公司位于呼和浩特市新城区成吉思汗东街鸿盛工业园。

第三章　工业管理

第一节　企业引进

2003年，新城区鸿盛工业园区入驻企业内蒙古祺泰服饰有限责任公司、呼和浩特市京顺达彩钢制品有限公司投入生产。

2004年，鸿盛高科技园区入园企业达到16家。

2005年，新城区全面启动大青山抽水蓄能电站建设工程，引进内蒙古奥淳原生态酒庄园等重点工业项目。引进内蒙古晨普净水设备有限公司中国华电集团等7家企业与新城区达成投资意向，入园企业19家，呼和浩特市电动工具厂等8家企业竣工投产。

2006年，开工建设大青山抽水蓄能电站一号公路、奥淳原生态酒庄园和新西兰葡萄酒庄园等一批重点建设项目。引进入园企业9家，园区企业总数达32家。

2007年，西远、威尔浪服装公司、蒙哥马利电梯公司等35家企业入驻园区，协议引资11亿元，形成以服装加工、机械设备制造、电子信息、物流仓储为重点的产业发展布局。大青山抽水蓄能电站、新西兰葡萄酒厂、奥淳原生态酒庄园等重点工业项目建设投产。启动110国道工业经济带和乡镇小工业园区建设，三卜树小工业园区引进企业5家。

2008年，重点工业项目呼和浩特抽水蓄能电站建设基础设施，大青山风电项目完成测风工作，奥淳原生态酒厂建成投产。引进内蒙古工业大学博远风电装备制造有限公司等企业7家，入园企业达到40家，其中投产企业16家。

2009年，新城区引进京蒙碳纳米、F-12高强有机纤维、通信级塑料光纤等高科技工业项目10个，其中4个项目填补了国家空白。入园企业57家，投产企业达20家。

2010年，新城区开工建设投资规模在5000万元以上的工业项目11个，其中亿元以上项目为6个。引进投资3.2亿元的海明农业科技固水及有机肥、投资2亿元的耕耘数控制造项目。园区入园企业达到60家，投产项目27家。

2011年，新城区引进和建设科技含量高、辐射带动强、非资源依赖型项目。TCL模组整机一体化、银宏干细胞生命科技、草原豆思动漫等项目入驻园区；F-12高强有机纤维、“两化融合”基地孵化园、河套白酒分装等项目建设进展顺利。引进大唐新能源等4家企业总部。园区企业达87家，其中金三角塑料光纤等投产企业29家。建立1家院士工作站。大青山抽水蓄能电站全面复工,完成投资 3 亿元。

2012 年,新城区引进企业 87 家,其中投产企业 31 家。初步形成新材料、电子信息、生物科技、文化创意、总部经济五大产业支撑体系。F—12 高强有机纤维、通信级塑料光纤、中国联通西北基地、TCL 液晶电视产业园、银宏干细胞、内蒙古大学科技园被列为全市重大项目,部分投产或试生产。发展园外工业,大青山抽水蓄能电站建设完成投资 31 亿元;香岛 2 兆瓦国家金太阳示范工程并网发电,31 兆瓦太阳能屋顶光伏并网电站完成投资 9000 万元。全区工业企业总数达到 233 家,其中规模以上企业 22 家。

2013 年,园区银宏干细胞生命科技产业化基地主体完工,建成中英干细胞与再生医学联合实验室。TCL 模组整机一体化、金三角塑料光纤等项目投产运营。自治区大学科技园和大学生创业园挂牌成立,搭建产学研结合的创新平台,引进 13 家产学研机构和 32 家大学生创业企业,储备创业项目 354 个。

2014 年,园区新材料产业 F—12 有机纤维、金三角塑料光纤等项目的产能和市场扩大。生物科技产业加速发展,银宏干细胞储存和抗衰老健康中心投入运营。

2015 年, 园区 F—12 高强有机纤维、 金三角塑料光纤等项目的产能和市场逐步扩大。TCL 新增背光模组生产线全面投产,累计完成产值 25 亿元。银宏干细胞生命科技产业化基地建成投产,国际蒙医院生命科技园投入运营,落地实施和美科盛、中创云牧等项目。引进产学研机构 13 家、创新创业企业 82 家。

2016 年,威尔浪、利诚实业等一批传统企业技术升级。中国联通西北(呼和浩特)基地建设机架达 9000 架,形成 18 万台服务器装机规模。蒙天然、金坤医药等生物医药项目投入运营。

2017 年,新城区依托“国家级高新技术企业孵化器、国家级大学科技园、全国创业孵化示范基地”三个国家级平台,推进“三创”基地建设,进入鸿盛园区企业增长到 256 家,从业人员增长到 3387 人。为自治区孵化空间最大、引进企业最多、科技含量最高、产业模式最新、人才集聚最密集的一流创新创业创意示范基地和新城区经济发展新引擎。

第二节　企业管理

2001 年,新城区调整工业结构,企业实行改革,产业升级转型,实施西部大开发。

2002 年,新城区工业企业进入转变企业经营机制,建立现代企业制度的经济体制改革阶段。部分企业在市场经济的冲击下停产倒闭。通过拍卖、租赁、兼并、转产、转民营企业。区属集体企业转为股份制企业。区属集体企业完成改革转制,转制企业实行一次性买断工龄。

2012 年,新城区破解企业发展难题,分析工业运行情况,监测预测工业经济,按月监测分析工业总产值、增加值指标，针对经济运行中出现问题，提出建议对策措施。开展资金、土地、权属、用工、人才、技术、基础设施、服务等详细摸底，调研工业企业17家，提出《新城区工业企业发展状况调研报告》，召开内蒙古银行和区属各中小企业座谈会议，拓宽企业融资渠道。搭建银企合作平台，建立互信稳定新型银企合作关系，实现银企“双赢”。新城区人民政府协调多家银行，协助呼和浩特市自来水公司、际华五三零三服装有限责任公司等企业资金申报，争取扶持资金。内蒙古金三角光纤科技有限公司塑料光纤项目、内蒙古航天拓力科技发展有限公司F—12高强有机纤维产业化项目、TCL内蒙模组整机一体化生产项目、银宏干细胞产业化基地项目、中国联通（西北）基地建设项目进行资金协调。10月底，F—12高强有机纤维及TCL内蒙模组整机一体化项目投入生产。

2013年，建立工业企业联系制，每月17日前规模以上工业企业产值完成情况统计上报，按月及季度分析，报政府和统计部门。新增规模以上工业企业2家。享受国家优惠扶持政策，申报工业项目扶持资金15家。为中小企业争取发展专项资金、节能技改专项资金、扶持资金和中小企业技术进步贴息资金。调研内蒙古东鑫羊绒公司、内蒙古德弄羊绒公司，将公司列入自治区产业发展名录。申报内蒙古地质工程有限责任公司对外经济技术合作专项资金。

2014年，建立工业项目库，中国联通、大学科技园、银宏干细胞等项目入库。规模以上工业现价产值较上年同期增长28.8%；规模以上工业增加值较上年同期增长12%。内蒙古金鼎门窗有限公司、内蒙古中储粮面业有限责任公司和内蒙古警通标牌制作有限责任公司列入规上企业名录。呼和浩特市抽水蓄能电站项目、内蒙古银宏干细胞项目、TCL新增背光模组生产线项目和市供电局电网改造等4项工业重点项目开工建设。TCL有限公司申报产业转移专项资金、呼和浩特市真色彩塑业有限公司申报自治区技术进步贴息专项扶持资金、内蒙古华昕立合科技有限公司申报科技项目专项资金全部上报自治区。联合内蒙古银行、鸿盛高科技园区及驻园企业开展“银企对接”活动，园区9家企业与内蒙古银行达成贷款意向。企业申报“助保金”贷款。金鼎门窗公司等7家企业进入“助保金”贷款项目储备库。工业园区金鼎门窗公司与TCL有限责任公司、如意开发区创维电视公司产业对接，金鼎门窗公司承接2家公司液晶电视后背板生产任务，实现企业双赢。引进金三角2期工程项目，总投资7亿元，开工建设集展示、交易、物流、仓储、配送一体化高科物联产业园。

2015年，新城区经济信息局根据监测分析经济指标运行情况，规模以上工业企业产值完成情况进行统计，呼和浩特市下达工业固定资产投资22亿元目标任务。经济运行情况月调度，利用市工业经济网络直报平台，督促企业上报。鹰翔水泥厂拆迁，建设足球训练基地。经济信息局对其负债情况资产评估，人员安置摸底造册。抽调社区11名第一书记，进驻厂区落实安置人员。

2016年，新城区22户规模以上工业企业累计完成规模以上工业增速4.5%。工业投资额累计完成市目标任务90.5%。工业投资额完成市目标任务100%。实施国家“去产能、去库存、降成本、调结构”大政方针，制定《新城区工业去产能推进计划》和《新城区工业降成本推进计划》，鼓励工业企业进行两化深度融合，推进互联网+工业改造，加快企业转型升级步伐，提高企业核心竞争力，完成“去产能，降成本”工作。

2017年，新城区每月对规模以上工业企业运行情况进行监控。召开经济运行调度会，利用市工业经济网络进行重点监控，督促企业上报数据。派专人对重点企业实时监控企业。对金龙品生物、中储粮面业、真色彩塑业及汽车销售、石油制品销售等负增长工业企业和商贸流通企业，进行逐户进行走访，查找企业存在问题，帮助企业解决。开展工业企业两化融合评估和对标引导，引导园区企业两化融合咨询服务平台评估诊断，强化工业行业管理。专项排查“地条钢”“淘汰落后产能”“废气治理”。呼和浩特市落实中央环保督察反馈意见整改领导小组《关于落实中央环保督察组反馈意见整改方案的通知》，新城区6个部门整改落实督查，内蒙古红番生物科技有限公司10吨番茄红素油加工项目和内蒙古晟禾热力有限公司煤场、渣场封闭技改项目办理立项和工业立项备案登记。开展安全管理工作，检查企业185家。下达责令改正书110份，整改指令550多条。检查企业消防、安全生产制度、应急预案等，共排查462家次，发现问题237条，整改231条，上报重大隐患26条。

第三节　信息化推进

2012年，新城区创建城区经济信息“智慧城区”，结合百度公司“翔计划”，推动中小企业信息化。百度“翔计划”为企业发展壮大提供互联网信息化宣传，企业利用互联网实现供需对接，提升销售额提供交流平台。

2013年，经济信息局建设鸿盛实验基地，引进内蒙古华昕立合科技有限公司、内蒙古盛都信息科技有限公司，内蒙古产权交易中心等项目。申报自治区级企业技术中心，其中，内蒙古华昕立合科技有限公司、内蒙古灵奕有限公司、内蒙古正大食品有限公司和内蒙古大华建筑有限公司获得自治区级企业技术中心称号。

2015年，根据《呼和浩特市经济和信息化委员会关于组织开展企业两化融合评估诊断和对标引导工作的通知》，先后为内蒙古新材料科技有限公司和内蒙古国讯富通科技有限公司4家企业得到自治区级企业技术中心认证。同年11月，自治区经信委同意创建自治区互联网众创园，获批首家自治区互联网众创园。12月，中科院、浪潮等10家云计算企业和大宗畜牧产品电子交易所、自治区电子口岸等58家“互联网+”商贸企业进入；5家口岸银行、助创基金、先锋金融集团和4家“互联网+”金融企业，华海科技、云亿家进入。同时进入有"互联网 +"社区服务企业，东华软件、宝亮信息、华讯软件、"互联网 +"22家软件研发和应用企业，农牧业企业。

2017年，新城区网络信息平台开展网络信息技术开发、技术转让、技术咨询及技术服务；地理信息系统、遥感、全球定位系统、石油、天然气勘探系统软件、办公自动化软件的开发、技术咨询、技术转让、技术服务；计算机技术培训；计算机系统集成；数据处理；云计算技术开发技术服务；成果转让等业务。同年7月，开展企业培训，企业合理运用财税优惠政策。中铁6局集团呼和浩特铁路建设有限公司申报自治区级企业技术中心得到认证。

第四章 工业园区

第一节 管理机构

2001年1月，鸿盛工业园区经市政府批准设立，鸿盛工业园区管理委员会机构规格为副处级，属新城区政府的派出机构。

2002年，成立公安分局园区派出所、园区地税所、国税所、人事培训中心，入驻园区工作。

2017年，内设党政综合办公室、人事劳动和社会保障局、经济社会发展局、招商局、建设环保局、财政审计局6个职能部门，下设鸿盛工业园区事务管理中心1个事业单位。园区编制人数60人，实有在编人员45人，其中专业技术人员1人。

第二节 园区企业

2002—2017年，新城区鸿盛工业园区引进内蒙古祺泰服饰业有限公司、内蒙古威尔浪服装有限公司、内蒙古利诚实业有限公司、内蒙古意林食品有限公司、内蒙古TCL光电科技有限公司、内蒙古航天新材料有限责任公司(F—12)、内蒙古警通标牌制作有限责任公司、内蒙古正味食品有限公司、内蒙古多立邦钢结构有限公司、内蒙古信泰实业有限公司、呼和浩特市金鼎门窗有限公司、呼和浩特市真色彩塑业有限公司、内蒙古银宏干细胞生命科技投资有限公司、内蒙古河套酒业有限公司、内蒙古德升绒毛制品有限公司等。2017年,园区有投产运营工业40户(规模以上工业13户),占比41.7%,工业销售收入完成15.5亿元,工业总产值完成16.3亿元。

2005—2017年呼和浩特鸿盛工业园区主要经济指标情况表

表 7-4-1　　单位:万元

年度	工业总产值	工业增加值	财政税收
2005	3090.3	772.5	118.28
2006	19784.8	4946.2	354.96
2007	8614	2153.5	370.43
2008	43548.3	10887.1	1028.9
2009	43800	10950	1349.98
2010	53158	13289.5	2548.2
2011	73000	18250	3786
2012	91800	22950	7000
2013	231800	57950	12000
2014	378300	94575	20200
2015	337400	84350	32200
2016	100000	25000	25200
2017	163000	40750	30200

第三节　基础建设

2001年,新城区鸿盛工业园区累计投入资金11亿元,建设园区道路、绿化、供排水、电力、供热、天然气等基础设施。修筑道路主次干道23条,总长度46公里,铺设供排水管网24.4公里、供热管网13.9公里;架设路灯2580根;架设高压输电线路5.8公里;铺设天然气管道13.9公里;建标准化厂房5万平方米;硬化广场1.6万平方米;栽植树木5.3万株,建成公共绿地2万多平方米,绿化覆盖率达35%以上。

2002年5月,鸿盛工业园区奠基开工,一期开发面积1.6平方公里,规划面积30平方公里。

2003年,园区二期工程启动,完成9.4平方公里的详规和1.5平方公里施工设计图。

2004年,新城区鸿盛工业园区协调市供电局巴彦分局投资100余万元安装315KVA变压器1台、4台400KVA变压器及电缆。建设广场面积1.02万平方米。广场绿化面积1.83万平方米,安装广场路灯,投资资金2280万元,建设110KV变电站。安装4台变压器及电缆。

2005年，完成园区二期工程的详细规划，进行2平方公里的征地工作。110千伏变电站开工建设。春华水务公司投资350万元，鸿盛工业园区建设南端向西至哈拉更沟长度约2公里排污管道，种植7775株特色花木行道树。

2006年，经内蒙古自治区人民政府批准，国家发改委核准，定为自治区级开发区。建设110KV变电站工程围墙、办公室、主控室、变电机房、地沟等。

2007年，新铺供暖管道5572米，修建水井85个，供水管道1020米，污水管道1200米，铺设道路1230米，更换补充园区井盖、水箅，修通园区主干道102个路灯。

2008年，鸿盛工业园区完善基础设施和二期征地手续，投资450万元，实施园区一期供暖续建工程。建筑道路4.3公里沙梁至塔利段；为内蒙古莱德有限公司续修供暖管道和派出所办公地安装自来水等工程；110KV变电站投入使用；补植栽种场区苗木7000多棵，绿化覆盖率达35%。

2009年，鸿盛工业园区被工信部、自治区认定为“呼包鄂”地区国家信息化和工业化融合创新实验基地。修筑塔利村水泥路和燃气公司铺设燃气管道1.8公里；铺设园区2期自来水管道4.1公里；贯通成吉思汗景观桥到沙梁村路1.7公里。修筑站东路（即百米大道，海东路至白塔街）道路1200米；9月份补植杨树、山桃等苗木2000余棵，进行厂区绿化、美化。建设容积192 立方米污水储水池，解决企业生产污水排放问题。

2010年，建设百米大道南段600米道路和巴彦二路道路及管道和天然气管网工程；投资200余万元，种植油松、云杉、杨树、玫瑰等各类乔木花灌1.2万余株，园区绿化广场，园区北门外栽种防风林。投资20多万元新购1台25吨洒水车，养护、浇灌园区内花草树木。平整清理办公楼后院，铺设430平方米的方砖通道。

2011年，园区被认定为自治区“两化融合”创新基地，重点布局新材料、电子信息、高科技研发项目和建立研发中心。主要开发云计算、新材料、生物科技、电子信息、大数据、电子商务、生产性服务业等为主导产业。

2012年，投资900万元，建设泵站2座，排污管道5500米。2013—2014年，建设园区配套小区道路，大学科技园4000千伏高压用电及120平方米配电室。硬化大学科技园中光泰铝业大楼南北路道路。

2015年，园区安装广场LED路灯杆和草坪灌溉水管420米，筑道路大理石3970延米；绿化呼锡连接线至哈拉更沟段路两侧，栽种灌木、草花1万余株（丛），人工播种紫花苜蓿2万平方米。

2016—2017年，园区建设利泰公司、祺泰服饰、绒毛检验中心等供热网。修筑科尔沁快速路北段，征收成吉思汗大街和海拉尔东路和万通路土地。绿化道路面积2万多平方米、种植树木100多万株（丛），沿街绿化带和边角空地景观建设。市政建设部门维修改造原成吉思汗大街东延伸段主干道3600多米,维修园区1期破损路面1000平方米。建笼式足球场12个、篮球场1个。

第四节 管理服务

2004年,新城公安分局园区派出所、新城地税局园区地税所、国税所、人事培训中心入驻园区为企业的建设、生产、经营提供高效、便捷的服务。

2005年,实行"一站式"服务,深化行政审批制度,办理用地合法手续34.8公顷。其余73.7公顷土地分两个批次按程序办理用地手续。

2006年,为新入园企业办理"环评""规划"等手续。对二期进行科学规划,规划4个功能分区:电子加工及配套区、机械加工及配套区、服装加工及配套区、生活配套及物流仓储区。

2007年,对园区一、二期涉及办理土地使用权手续的24家企业进行挂牌办理。

2008年,参与"6.5世界环境日"宣传活动,为新入园企业办理"环评""规划"等手续,做好奥运期间安全稳定工作。成立企业规划论证小组,由园区聘请专家及论证小组成员对入园企业开工前的规划、图纸进行评审,保证企业规划符合园区整体发展规划。

2009年,呼包鄂地区国家信息化和工业化融合创新试验区工作协调领导小组正式批准,在呼和浩特鸿盛工业园区设立呼包鄂地区国家信息化和工业化融合创新实验基地。

2010年,为新入园企业办理"环评""规划"等手续,共有45家企业履行环评审批手续,另有12个建设项目等待批复或环评编制。开展土地报件工作,上报自治区国土厅7个批次占用农用地转用指标,经自治区国土厅批复,有6个批次共153.3公顷土地正式转用为国有建设用地。塑料光纤、工大博远等13个项目发规划条件初审意见,安邦煤炭安全检测等19个项目在规划部门办理规划设计条件。加大对企业的服务监管力度,制定《民主生活会》《领导班子议事规则》《呼和浩特鸿盛工业园区企业入园手续办理流程图》《招商局项目洽谈流程》《招商局工作职责及工作人员守则》《城建环保局工作责任书》《呼和浩特鸿盛工业园区收发文管理流程》等各规章制度。

2011年,为企业做好各类资金申报、立项审批、工商注册,节能减排的政策宣传落实,知识产权、防震减灾的宣传。协调多家银行,为企业贷款提供服务,协调税务部门具体落实税务征收工作。组织人员对入园企业进行调研,掌握企业情况,解决项目生产、建设方面的问题。

2012年,建立水、电费征收体制,使二期用水、用电规范化。帮助各施工企业办理质量监督手续的申报,为工程竣工验收做好准备。协助开工企业办理质量安全的报监手续,为企业提供办理手续所需的基础资料,解决企业遇到的各种问题和困难。完善园区财政审计局规章制度及预算管理制度，编制《呼和浩特鸿盛工业园区管理委员会财务管理制度》，责成专人负责编制2013年度预算工作，规范财政范围，调整支出结构。协调解决园区辖区内用工单位与劳动者的劳资纠纷，为农民工解决涉及842.5万元劳资纠纷。

2013年，协助塔利村、沙梁村做好农村富余劳动力的转移工作。对企业人事干部进行用工备案的专项培训。协调解决园区辖区内用工单位与劳动者的劳资纠纷，解决涉及拖欠农民工工资约80万元。

2014年，按照产城联动、综合配套、高端发展的方向，加强东河以东区域市容环卫基础建设和市容环境卫生综合整治力度，实施区域内的绿化、美化、亮化工程，推进土地资源的盘活和传统产业转型，整合优化资源配置。实施职工双向选择竞争上岗，选拔合适的人才到合适的岗位工作。

2015年，通过人才调研，建立园区人才档案库。按照产业类别，对落地大学科技园企业进行有序分类及安排布置。举办泛西北地区大学科技园联盟年会和鸿盛园区第一届创新发展合作交流会。

2016年，开展"巾帼建功标兵"评选表彰、金牌工人评比表彰等特色主题活动。在重要时间节点实行领导干部值班制度，全年没有发生企业职工信访、农民工讨薪、生产安全、食品药品安全等社会治安案件。推进校企合作实习实训工作，解决劳动用工130多人。参加自治区党委组织部在包头召开的"草原英才"高层次人才座谈交流会。

2017年，加强社会治安综合治理工作，在重要时间节点实行领导干部值班制度。组织内蒙古银宏生命科技有限公司等10家企业参加2017年全市人才交流会，园区两家科技企业展出成果。引进高层次人才129人，院士1人、博士7人、硕士115人(高级工程师13人)。开展银企对接工作，实现融资近1亿元。推进城市环境卫生综合整治专项行动，开展日常巡查，现场解决问题。编制《园区生产安全事故应急预案》《园区突发公共事件总体应急预案》排查企业77家，下达整改指令书110余份，现场检查记录150份，完成隐患整改800余条。

第五节　创新创业

一、机构

2012年初，新城区开始筹建大学科技园，2013年初，经自治区科技厅批复后启动运营。2015年12月，呼和浩特市编制委员批复成立新城区创新创业服务中心，为新城区人民政府直属全额拨款正科级事业单位，核定领导职数3名(1正2副)，事业编制15名，同时挂新城区创新创业示范园管委会牌子。内设综合事务科、企业发展科、规划建设科、信息金融科、科创服务科、统计服务科6个科。

二、工作

大学科技园属新城区人民政府出资建设，大学科技园有限责任公司运营管理，有孵化、加速、小试、中试等科技服务。孵化中小微型企业，引进和培养高层次创业人才，实施“政府引导、企业实施”创新要素集聚、市场化运作发展模式，打造科技含量高，附加值高的新型商业体。运用网络信息系统手段，集聚大学、科研院所、金融机构、政府机构、中介机构、市场网络等外围资源为园区入驻企业搭建“一站式”公共服务平台，为入驻企业提供开放、共享、专业公共服务平台。服务窗口机构入驻工商、国税、地税、发改、社保、小额贷款、法律、会计等机构运行。

2013 年 8 月，内蒙古自治区大学科技园管理有限责任公司与内蒙古大学、内蒙古工业大学、内蒙古农业大学签订合作协议，内蒙古工业大学工业技术研究院率先入驻科技园，将煤机固废高值化利用、云计算中心、液压所、绿色节能等高科技转化，建立高等院校、科研院所成果转化库，有 10 所高等院校的 164 项科技成果和科研院所 4 家科技成果 39 项科研成果入库。高校实验室及设备无偿对科技园开放，为企业服务。大学科技园设立创业培训实训场地 1200 平方米，开展技能与创业培训实训，为人才和企业提供创业服务，吸引鼓励高层次人才和大学生进行科技创新创业。

2014 年，新城区创新创业服务中心结合去产能、去库存工作，进行“大众创新、万众创业、文化创意”工作。建设科技创新产业园区二期 53.33 公顷，总建筑面积 82.79 万平方米，总投资 51.58 亿元，建设 4 个科技创新产业单元、3 个园区服务平台，2 个人才公寓及配套商业区。园区办理土地、规划、立项审批手续。

2015 年，经过 3 年的建设，获批自治区首家国家级大学科技园、国家级科技企业孵化器。采取与区内 13 所高校、5 家研究院共建模式，建成科技创新产业园、文化创意产业园、软件产业园、电子商务园、云计算产业研究院、众创空间、生物科技产业园、现代农业创业创意产业园、互联网众创园、创业社区、乐创部落、创客工厂等 12 个主题产业园。投入使用孵化面积 13 万平方米，集聚云计算、电子商务、文化创意、生物科技、节能环保新材料、农业物联网等九大产业中小型企业数 210 家，入孵企业从业人员达到 1380 人。与入园高校及其他高校有关联企业 25 个；研发机构数量 5 个；成果转化数量 13 个；为社会及园区培训各类人才数 800 人；接受依托高校大学生实践人数 1200 人；园区技工贸总收入实现 2.6 亿元，集聚电子口岸、大宗畜产品交易中心、天津渤海商品交易所内蒙古分中心等电商名企；集聚浪潮、华海智慧、华录、中兴等知名云计算企业；园区产业类别日趋丰富，初步实现产业集聚。

2016 年，入驻新城区“三创”园区新产业型企业以内蒙古浪潮信息技术公司和内蒙古华海科技有限公司为代表的共计 84 家。新业态型企业，以内蒙古元生源药业股份有限公司和内蒙古农耕宝电子科技有限公司为代表的企业，共计 93 家。投资 1500 余万元建成电子商务、软件研发、生物医药和互联网 + 专业孵化器。建立扶持云计算产业发展的“中科院云计算产业发展基金”。开工建设自治区计量监测中心、自治区绒毛检验中心，

2017 年，接收企业入孵申请近 400 份，含 11 大类 218 家企业，涉及软件研发、电子商务、生物科技等多个领域，全年实现创业带动就业 3500 人。通过层层评审，内蒙古自治区大学生创业园被人力资源和社会保障部评定为第三批全国创业孵化示范基地。按照自治区政府批复的提高社区民生志愿者生活补贴标准的意见要求，为符合条件的 257 名社区民生志愿者发放生活补贴，为符合条件的 80 名社区民生志愿者一次性发放安家费。新获批储备基地 5 家、就业见习基地 6 家。人才市场就业 600 人；创业完成 180 人；大学生创业培训 30 人。社区民生志愿者 2016 届在岗 64 人。2017 届社区民生志愿者在岗 134 人，完成岗位分配工作，均按时上岗。

第八篇

商贸 旅游

◎第一章　商贸服务
◎第二章　旅　　游

第一章 商贸服务

第一节 管理机构

2001年，呼和浩特市撤销商务局，新城区原商务局并入经济贸易委员会，新城区经济贸易委员会承担整顿和规范市场经济秩序的职能。2010年，新城区商贸流通管理归口经济信息局，同年，新城区商务综合执法大队成立。2015年，经济信息局不再挂粮食局牌子，将粮食管理的有关职责划入区发展和改革局；将生猪定点屠宰监督管理职责移交至区农牧业水利局；将酒类流通备案管理职责移交至区食品药品监督管理局。

第二节 市场体系建设

2001年，新城区拥有私营企业1959家，个体工商户10839户，从业人员92101人。建成使用8个便民市场和一批便民商业网点，方便居民的生产、生活。

2002年，全区拥有私营企业1844家，个体工商户11285户，从业人员92049人。建成使用丽苑小区便民市场、兴北农贸便民市场、祥泰农贸便民市场、幸福小区便民市场、巨华便民市场、腾龙祥便民市场、兴隆综合集贸8个便民市场和思必达汽车经济贸易园区、内蒙古旧机动车交易市场、众维家居装饰中心、呼和浩特市顺达建材城4个专业市场。

2003年，全区拥有私营企业447家，个体工商户9092户，从业人员69017人。发展具有地区比较优势的现代流通业、旅游业和文化产业。东方家园呼和浩特市蒙苑店、天津家世界广场等知名连锁超市入驻新城区。中山东路电子信息一条街建设艾博科电大厦、诚信数码广场。全年社会力量投资1.4亿元，建成水源街等5个便民市场和海兴建材城等5个专业市场。

2004年，建成使用星火巷便民市场、北垣街便民市场、宏安达便民市场和维多利市场等4个便民市场。建设思赛博诚信数码广场、爱家广场、艾博科电大厦等3个专业市场。

2005年，新城区建设爱家广场、万鼎兴业、润宇装饰城等专业建材市场，成为全市建材市场中心。开工建设投资10亿元、建筑面积21万平方米的内蒙古国际商贸城，新城区在小商品批发市场建设上跨上一个新台阶。实施金天帝大厦、波士名人国际大厦等工程，打造中山东路中心商务区。建设呼运物流中心、保合少乡煤炭市场和天津家世界连锁超市等项目，新城区物流、运输、服务等行业加快发展。

2006年，商贸流通在建项目完成投资15亿元，占全区固定资产投资额的22%。建设内蒙古海亮国际商贸城、润宇家居汇展中心、天津家世界连锁超市、蒙苑国际商业广场、科技五金城等商业项目。餐饮业快速发展，限额以上餐饮企业85家，星级以上宾馆达25家。以海拉尔东路餐饮街为中心，辐射周边逐步成为餐饮消费聚集区。金仕顿大酒店、速8酒店等一批大型餐饮企业投入运营。投资1.6亿元，建设金融保险、现代物流、社区服务等新兴服务业项目。

2007年，建设并投入使用内蒙古国际商贸城、格尔新天地、富恒大厦、波士名人国际大厦等商业项目。

2008年，新城区完善金融电子、建材装饰、汽车贸易、商品批发、餐饮娱乐为主的特色街区建设，阳光保险公司落户；颐高数码广场、国际商贸城、维多利广场开业运营；润宇国际家居装饰城、蒙苑国际商业广场运营规模扩大；开工建设天辅集贸、泛蒙石材等市场。总部经济发展有恒泰证券、日信证券、中铁电气化集团、国家电网新源开发公司等10家大型公司注册。

2009年，新城区改造新华大街、中山东路等商贸街区。建成并投入使用波士名人国际、金天帝大厦等多个大型综合性服务项目。建设喜来登大酒店、巨华大酒店，呼运物流园区二期工程，太古广场、凯德文化广场、满族风情园、兴泰御都项目。形成以内蒙古国际商贸城为代表的商品批发市场，以润宇、蒙苑、同创为龙头的家居装饰建材市场，以东鸽、国美、苏宁为龙头的电器商场，以维多利广场为龙头的百货商场等4大专业市场体系。

2010年，新城区按照“七横一纵”8条商贸街区的发展布局，巩固新城区服务业在全市的首要地位。建设太伟方恒金融城、元福物流综合园区等重点项目，兴业银行呼和浩特市分行入住开业，引进动漫婚纱城、信息资源大厦。推进实施鼎盛华世纪广场、维多利大厦和维多利时尚广场、金翡丽广场、百恼汇IT科技广场、蒙满风情园等重点项目。开工建设太伟滑雪场二期工程、圣水山庄等新项目。大唐新能源内蒙古总部入驻，小肥羊集团内蒙古总部达成入住协议。

2011年，新城区特色商贸街区优化升级，电子金融、建材装饰、汽车贸易等产业集聚发展。太伟方恒金融广场主体完工，鄂尔多斯银行、内蒙古蒙银村镇银行相继落户，全区各类金融、证券、保险机构达64家，区域性金融中心地位稳步提升。红星美凯龙家具连锁店进驻东库街，建设天盛商贸建材城。引进捷豹、路虎、一汽奥迪、上海大众等汽车4S店，兴安北路、北二环汽车贸易集聚区呈现雏形。

2012年，新城区引进兴业银行、鄂尔多斯银行、内蒙古蒙银村镇银行、阳光保险公司，建设奈伦国际金融商务中心、太伟方恒金融广场，全区各类金融、证券、保险机构达64家。中山东路聚集诚信数码广场、颐高数码广场等多家IT卖场。建成运营红星美凯龙家居生活广场，扩大居然之家、蒙苑国际商业广场、润宇国际家居装饰城经营规模。建成运营国际商贸城、维多利国际广场等现代商贸项目。喜来登大酒店、兴泰国航大酒店等星级酒店开业运营。

2013年，太平财险和渤海银行入驻新城区。建设恼包货运仓储等物流项目。

2014年，建设太伟方恒金融广场，全区金融机构达69家，形成银行、证券、保险、信托等多元化金融体系。投入运营城发（恼包）物流中心、金翡丽广场等项目。建设完成昌璟冷链物流园区。签约落地央视动漫体验馆。

2015年，培育发展3个自治区级、5个市级现代服务业集聚区。建成运营丰泰金翡丽、滨海商业中心等一批商贸综合体。金融保险、现代物流、总部经济、电子商务、休闲旅游等现代服务业和新兴服务业占服务业比重达49%。集聚金融保险机构69家。新增通用航空等区域性总部企业21家，总量达到35家。上线运行大宗畜产品交易所、渤海交易所等交易平台。建成中小微企业公共服务平台，入驻服务机构665家。新增市场主体2518户，新城区市场主体达到5万户，占呼和浩特市总数的四分之一。

2016年，建成运营满世尚都等金融总部，新增太伟方恒商务区、恼包物流园区2家自治区级服务业集聚区，数量、种类位居自治区之首。

2017年，开展标准化农贸市场建设，建成中盈粮油农贸市场、团结小区南便民市场、团结小区北便民市场、隆世丰农贸市场、人民路农贸市场、气象局西街便民市场等6个标准化市场。建成运营滨海商业中心等一批商贸综合体。中国科学院云计算中心呼和浩特智慧产业研究院、内蒙古浪潮大数据产业园、支付宝云网科技、信元网安等落地新城区。建成使用自治区电子口岸、易世界中俄蒙跨境贸易服务平台。形成现代服务业集聚区12个，申报自治区级现代服务业集聚区5个，成为自治区集聚区数量最多、种类最全的地区。

第三节　商贸管理

一、生猪定点屠宰

2001年，新城区进行各类专项检查整治和日常监管，有效规范市场秩序。新城区农贸市场（菜市场）、连锁超市、100平方米以上单体超市消费单位（大中专院校、二星级以上饭店、驻呼部队）食堂22家试点单位。

2002年，开展生猪定点屠宰管理，检查农贸市场及各大超市肉类经营户，检验市场生猪产品检疫票证，进行票证检验，按照《生猪屠宰管理条例》《呼和浩特市肉制品市场管理办法》,督促经营户建立购销台账,确保进货渠道合法,杜绝注水肉、病害肉在市场流通,针对北二环、110国道沿线以及城乡接合部私屠滥宰现象开展检查清理,清理取缔20多家私屠滥宰摊点。

2003年,开展行政执法检查,取缔私屠滥宰,整顿改变家畜屠宰手工操作现象。

2008年,贯彻落实国务院《生猪屠宰管理条例》,强化生猪定点屠宰管理,打击私屠滥宰和制售病害猪、注水肉、劣质肉,平时监管、节假日联合检查和专项整治相结合,全面开展整治活动。取缔私屠滥宰窝点2处,实现城镇进点屠宰率100%,乡镇进点屠宰率95%以上。

2011年,开展非法屠宰专项整治活动,屠宰环节食品安全监管、整治力度加大,全年查处取缔私屠滥宰摊贩18家、私屠滥宰窝点5处。

2012年,组织人员在城郊接合部、农贸市场及各大超市对各肉类经营户开展检查,针对市场中存在的生猪产品缺失检验检疫票证及品质检验票证现象,为经营户认真讲解《生猪屠宰管理条例》和《呼和浩特市肉制品市场管理办法》相关要求,督促经营户按照管理要求建立购销台账,确保进货渠道合法,杜绝注水肉、病害肉在市场的流通。

2013年,检查城郊接合部、农贸市场及各大超市的肉类经营户,对发现的肉品检验检疫证章、品质检验证章缺失等问题,对经营户讲解《生猪屠宰管理条例》《呼和浩特市肉制品市场管理办法》相关要求,督促经营户按照管理要求完善购销台账。清理取缔私屠滥宰摊点。

2014年,对农贸市场、大型超市对肉类经营户开展检查,对肉品检验检疫证章、品质检验证章使用情况开展检查整改。开展联合执法取缔城郊接合部私屠滥宰场所,确保肉品市场安全。

2015—2017年,农牧业水利局宣传《生猪屠宰管理条例》《呼和浩特市肉制品市场管理办法》。检查农贸市场及各大超市肉类经营户,检验市场生猪产品检疫票证,进行票证检验,督促经营户建立购销台账,确保进货渠道合法,杜绝注水肉、病害肉在市场流通。检查清理私屠滥宰现象。

二、酒类流通管理

2008年,新城区开展酒类流通管理工作。按照商务部《酒类流通管理办法》要求,开展酒类经营备案登记,采取"走出去"主动宣传的方式,扩大酒类备案登记率;落实"酒类流通随附单"的使用,检查督促各酒类经营户实现单随货走,单货相符的要求。

2010年,新城区按照商务部《酒类流通管理办法》要求,加强对销售网点的监督管理。到街道办事处开展酒类经营备案登记宣传,制作3000份《禁止向未成年人销售酒类告示牌》、5000份《关于加强酒类流通管理的通告》。酒类市场监管工作处于全市前列。

2013年,开展酒类流通管理检查,扩大备案登记率及"随附单"使用率。对酒类流通许可证、购销台账和酒类流通随附单使用情况开展检查，对 11 家企业进行督促整改，对 32 家企业进行行政处罚。办理备案企业 106 家(批发 40 家、零售 55 家、餐饮 10 家、娱乐 1 家)，有备案企业 1609 家。开展“放心酒示范店”创建活动，对全区具有良好信誉的酒类批发、零售企业进行筛选申报，有 12 家企业被评为“呼和浩特市放心酒示范店”，向荣获“呼和浩特市放心酒示范店”称号的企业颁发荣誉牌匾。

2014 年，对酒类流通登记、购销台账和酒类流通随附单使用情况开展检查，对检查中发现的问题及时进行教育整改。新增酒类流通登记企业 66 家，发放《酒类流通购销台账》596 本，换发《酒类流通随附单》218 本。在酒类市场执法检查中，对 46 家经营户进行了处罚整改。

三、粮食管理

2013 年，按照国家、自治区统一部署和要求，启动临储玉米收购，指派专人到收购企业国家粮食储备库进行 24 小时监管。根据《呼和浩特市 2014 年粮食库存检查工作实施方案》要求，对辖区内呼和浩特市和林巧什营粮油贸易公司、呼和浩特军粮服务供应中心、内蒙古呼和浩特市新城国家粮食储备库开展粮食库存检查工作，按照“有库(点)必到，有粮必查，有账必核，查必彻底”的原则，开展库存普查。对检查中发现的粮食仓储设施条件差、不规则货位未进行专门整理、库容库貌不整洁等问题进行整改督促。结合库存普查工作，实施“放心粮油”工程的推进。到企业进行实地调研，形成《关于粮食承储企业周边环境问题的调研报告》，协调相关部门对长期倾倒聚集的生活垃圾进行清理。开展“放心粮油示范工程”创建工作。对全区粮油配送中心和粮油经销店进行摸底调查，统计粮油配送中心 2 家，粮油经销店 15 家。开展粮食承储企业库存普查工作。开展粮食应急供应网点建设工作。上报粮食销售网点 57 家，16 家网点被市粮食局确定为全市粮食应急供应网点。

2014 年，对辖区中央储备粮呼和浩特直属库和新城国家粮食储备库进行联合专项检查。对内蒙古中储粮面业有限责任公司碾磨间、打包间等易产生粉尘的危险场所进行检查。对全区 12 家粮食收购企业进行安全生产大检查。

2015 年，组织专人对所属的 12 家粮食仓储及粮食企业(其中粮食收储企业 4 家、加工企业 5 家、销售企业 1 家、粮油批发市场 2 家)进行走访摸底，组织开展全面细致的安全生产大检查、大排查、大整治，从源头上预防安全生产事故的发生。

2016 年，完善管理机构和制度，牵头成立由副区长任组长，相关委、办、局主要领导为成员的新城区粮食安全生产领导小组。起草下发《新城区粮食安全生产工作方案》，对粮食管理等工作作精细划分，明确责任单位。对粮食收购、存储企业进行经常性走访和检查，突出粉尘防爆、露天储粮、危仓老库、外租场地及仓房、人员密集型经营场所等重点环节的安全隐患排查。对辖区内 9 家粮食企业的粮食收购许可证进行年检。配合市粮食局对辖区内3家粮食企业进行清仓查库。监督中储粮呼和浩特直属库完成临储粮轮换工作。对注册地在新城区、厂房在其他旗县区、无法进行监督审查的企业,进行逐步清理。全面清查整顿,开展粮食安全考核迎检工作。

2017年,制订实施《新城区粮食安全生产应急预案》。对辖区内拥有粮食收购许可证的企业进行全面审核,符合储粮条件和设施设备完善的储粮企业颁发证件。确保粮食储备安全,制定《新城区粮食库存检查工作的实施方案》,在粮食出库、入库期间,派专人不定期现场监督检查,确保企业按照国家收购粮食的质价标准出入库。开展20余次粮食专项检查,各类安全隐患建立台账,做到处理一个注销一个。

四、安全生产

2012年,加强商贸人员密集场所安全生产管理,要求各单位围绕安全生产责任制落实情况、隐患排查整改和重大危险源监控情况、应急管理情况、安全基础工作及安全教育和培训情况开展自查自纠。组织专人对各单位自查自纠情况开展抽查,全面督促各单位落实安全生产工作的各项要求。

2013年,开展安全生产大检查,检查企业185家,检查中下达责令改正书110份,整改指令550多条。对检查中发现的一般性隐患和问题,当场责令进行整改。对辖区餐饮、住宿企业燃气安全开展专项检查,督促企业与合法供气企业签订《供用气合同》。开展粮食行业安全生产大检查“百日行动”工作。对辖区呼和浩特市第一粮库、呼和浩特军粮供应中心、大众粮油批发市场开展安全生产大检查,检查整改安全隐患12条。

2014年,针对限额以上餐饮、住宿、批零商贸经营特点,对企业下发《安全生产管理通知书》,签订安全生产责任书。对全区重点商贸企业国贸批发城、通达商场、润宇装饰城、华联超市等进行安全生产大检查,督促整改在检查中发现的安全隐患。

2015年,制定安全生产通知书、责任书,对限上商贸流通企业进行检查,及时下发整改意见,督促企业整改。建立企业微信群,利用微信群及时将管理要求及时下发,形成双向动态交流工作机制。开展加油站安全生产检查,对26家加油站进行检查。组织190余家企业参加新城区工商企业安全生产培训会。对金牛仓储公司、废品收购站、民爆企业等企业开展检查。

2016年,成立安全生产综合协调办公室,制定安全生产通知书、责任书,对24家重点商贸流通企业进行安全生产检查,个别企业存在消防器材未检、消防通道不顺畅、档案不健全等情况,现场提出整改措施。对全区87家限额以上餐饮企业进行燃气安全大排查,与企业签订安全生产责任书。对辖区24家加油站和已备案的6家再生资源公司开展安全生产管理,与企业签订2016年安全生产责任书。完成蒙铁海东路加油站油气回收改造验收工作。

2017年,与规模以上工业企业、限上商贸流通企业、加油站及再生资源企业共213

家签订《安全生产责任书》。开展4轮行业安全生产大检查，下发、转发《关于立即开展安全生产大检查、大排查、大整治的通知》《关于做好节假日期间商贸流通企业、工业企业安全生产工作的通知》等6个文件，针对消防、安全生产制度、应急预案等方面的内容进行检查，排查462家次，发现问题237条，整改231条，向安委会上报重大隐患6条。开展安全生产联合检查9次。对辖区内11家物流企业、30家油漆经营户、60家木器加工厂进行专项工作检查，对发现的问题及时整改。启动餐饮业安全生产集中整治工作围绕自治区成立70周年庆祝活动、中共十九大召开期间等重要节点，进行安全生产大检查、大排查，及时排查安全隐患，确保无事故发生。

五、市场秩序

2012年，新城区清理整顿大型零售企业向供应商违规收费工作。对辖区北京华联超市、国美电器等大型零售企业以签订或续签合同为由收取费用、以节夫、店庆、新店开业、重新开业、企业上市、合并为由收取费用等违规收费现象开展自查自纠及检查。开展打击侵犯知识产权和制售假冒伪劣商品工作，制定《新城区打击侵犯知识产权和制售假冒伪劣商品工作实施方案》，完善长效工作机制。

2014年，新城区建设“12312”商务举报投诉服务体系。投入5万多元构建12312商务举报投诉服务中心，开通全国统一的12312商务举报投诉服务热线。调整新城区打击侵犯知识产权和制售假冒伪劣商品工作领导小组组成人员，细化信息报送和数据统计的具体要求。

2015年，新城区整理上报案件43起。公安机关处理销售假冒注册商标商品案件2起，抓获犯罪嫌疑人2人；食品药品监督管理局处理生产销售劣药案件40起，办结案件19起；工商局处理商标侵权案件1起。对辖区内的私屠滥宰、再生资源回收和酒类流通的备案进行商务执法检查，对14家酒类经销商和2家再生资源回收未备案的企业进行处罚，对5家酒类商户进行责令整改。

2016年，梳理统计市场秩序监管企业信息，统计汇总成品油加油站24家，再生资源企业21家，单用途商业预付卡管理已备案企业5家，肉类蔬菜追溯企业19家，典当企业9家，通过企业信息梳理统计，明确监管执法对象。设计印制《“单用途商业预付卡”发卡企业备案通知》《单用途商业预付卡管理办法（试行）》《成品油市场管理办法》《呼和浩特市肉类蔬菜流通追溯管理办法(试行)》《零售商供应商公平交易管理办法》宣传彩页。针对重点领域、重点环节和突出问题，开展打击侵权假冒专项整治。整理上报案件214起。公安机关处理信用卡诈骗2起，合伙诈骗案件4起，抓获犯罪嫌疑人5人；质量技术监督局处理生产假冒伪劣建材案件3起；工商处理侵犯商标权22起，处理其他销售假冒伪劣商品16起；食品药品监管部门处理案件167起。

2017年，针对重点领域、重点环节和突出问题，开展打击侵权假冒专项整治，整理上报案件78起。开展非法集资整治及“多证合一”改革工作。针对商务领域典当行业及电子商务企业开展非法集资摸底排查,制定下发《新城区关于严禁开展非法集资活动的通知》,对典当企业、电商企业提出相应要求。制定《企业非法集资情况自查表》,督促企业开展自查。到企业实地走访座谈,了解企业真实情况。按照“多证合一”改革要求,将再生资源备案及工业固定资产投资备案纳入“多证合一”。开展小旅店和农家乐的摸排工作。制定《新城区小旅店、农家乐清理整顿工作实施方案》,将各地区的摸底情况进行汇总整理,摸排出全区小旅店333家,其中“三证”齐全63家,证照不全255家,无证15家;农家乐95家,其中“二证”齐全66家,证照不全24家,无证5家。

六、管理服务

2012年,开展专题调查研究,形成《关于东库东西街建材装饰发展现状及下一步规划的调研报告》。对限额以上商贸流通企业经营面积、销售总额、纳税总额、从业人数情况进行调查摸底,形成《新城区商贸流通业发展情况调研报告》。推进标准化菜市场建设,新城区将标准化菜市场建设纳入2012年为民办实事项目工程,新建和改建的10家标准化菜市场。开展家电下乡工作。自2009年以来,新城区家电下乡销售额、销售量、补贴率始终位列全市九个旗县区之首。开展“消费促进月”活动,组织辖区企业围绕品牌消费、信用消费、绿色消费等内容开展促销活动。

2013年,新城区推进以时代广场、南璞商业街、鼎盛华世纪广场为重点的商贸综合体建设。对物流业发展现状开展调查研究,形成《新城区物流产业的现状和发展前景》。按照《呼和浩特市重点商贸流通企业联系制和大型商贸流通建设项目跟踪制实施办法》要求,加强商贸流通行业运行情况的监测分析,及时掌握市场运行动态。辖区内152家重点商贸流通企业建立联系制度,就企业每月销售额、同比情况进行统计,对17家大型商贸流通建设项目进行定期跟踪服务,就项目建设进展情况、存在问题进行汇总,每月按时报送相关报表。对限额以下商业网点进行摸底,统计限额以下商业网点3696家,5000平方米以上商业网点19家。建设肉类蔬菜可追溯体系,对辖区内农贸市场(菜市场)、连锁超市、100平方米以上单体超市以及大型团体消费单位(大中专院校、二星级以上饭店、驻呼部队)食堂的基本情况进行调查整理,涉及单位80多家,确定首批22家试点单位。印制《“单用途商业预付卡”发卡企业备案通知》,组织保合少镇和各街道办事处对全区商贸流通单用途商业预付卡情况进行摸底,统计单用途商业预付卡企业42家。新建、改建2家便民菜市场。

2014年,开展商贸流通投资监测,编印《商务动态》专栏,每月对商贸流通整体运行状况及项目建设情况进行汇总、刊发。推进商贸综合体建设,按月汇总上报《大型商贸流通建设项目工程进度表》和《大型商贸综合体建设项目工程进度表》。推动现代物流业发展,每月汇总上报《新城区物流园区、物流配送中心项目进度表》,跟踪服务中国物流项目落地事宜。帮扶呼和浩特市日信海清物业服务有限责任公司、内蒙古东鸽电器集团有限责任公司等 7 家企业申报 2014 年呼和浩特市促进内贸流通服务业发展专项资金。帮扶内蒙古中蒙煤炭有限公司和内蒙古地质工程有限责任公司申报对外经济技术合作专项补助资金。组织内蒙古银行与国贸批发城 12 家个体工商户在国贸批发城内开展“银企对接”商户签约。内蒙古银行、内蒙古海亮国贸批发城有限公司及 40 多家入驻个体工商户签约贷款 500 多万元。

2015 年，针对经济下行压力，对 21 家重点商贸流通企业的运行进行实时监控，到企业调研走访，实现数据应统尽统，将符合入限商贸企业协调纳入退上名录，上报新增限额以上企业 21 家。

2016 年，推进城发恼包物流中心、银宏干细胞产业园、呼和浩特市供电局电网改造项目建设，形成专人跟进机制；定期调研指导，配合上级部门了解项目建设中存在的困难问题，指导帮扶企业发展壮大；针对项目建设资金短缺的困难，多措并举协调解决。开展市场监测工作，对城市生活必需品、重要生产资料、重点流通企业进行监测，每月就市场运行情况进行分析，同时以信息形式进行发布。

2017 年，开展物流项目跟踪服务。对企业建设进度、存在困难等问题每月进行上报。开展辖区配送网点的初步筛选工作。对 54 家符合要求的拟设网点进行梳理上报，设置地域终端配送网点。服务商贸综合体项目建设，对重点商贸综合体项目实施跟踪服务，专人负责，定期调研，了解项目建设中存在的困难问题并及时上报，帮助做好企业资金申请和企业扶持工作。制定《新城区经信局“双随机、一公开”执法检查工作实施细则》，梳理上报行政执法主体资格信息、行政执法（监督）人员信息、行政权力事项依据信息等相关内容。建设肉类蔬菜追溯体系，有 26 家企业纳入肉类蔬菜流通追溯体系建设。与企业签订《肉类蔬菜流通追溯体系推进责任状》，到企业检查，确保设备正常运转。开展资产统计确认工作，为 26 家企业发放电子秤检修费用补贴。在“食品安全宣传周”启动宣传活动，展出展板 4 块，发放宣传单页 5000 余张。梳理各类交易场所 21 家。按照属地管理原则，组织各街道办事处排查整治各类交易场所，对内蒙古大宗畜产品交易所有限公司存在问题进行检查，督促企业进行整改。

七、电子商务

2013 年，新城区建设鸿盛高科技园区电子商务框架体系，打造鸿盛电子商务园区，制定《新城区电子商务园区建设实施方案》，进行总体规划，将新城区电子商务园区建设纳入全市整体规划范畴。根据自治区开展电子商务示范创建工作要求，把内蒙古大宗畜产品交易所、内蒙古迅通商贸有限责任公司的宜齐网购商城、呼和浩特东鸽信息技术有限公司的东鸽 E 购电子商务平台列入自治区示范企业名录。

2014 年，新城区抢占商务新兴业态发展先机，引进电子商务企业入驻，内蒙古大宗畜产品交易所和内蒙古电子口岸交易平台项目正式入驻大学科技园。

2016年,新城区创建自治区级电子商务示范基地,编制《2016新城区电子商务示范基地申报材料》,经审核、网络公示,新城区电子商务产业园正式获批自治区电子商务示范基地。借助自治区互联网大会契机,首家成立内蒙古电子商务发展促进会新城区分会,内蒙古电子商务促进会与新城区分会签署内蒙古电子商务促进会呼和浩特新城区分会授权协议。开展电子商务进农村、进社区工作,打造14家"农村电子商务便利店",配备电脑,接通网线,悬挂LED电子显示屏,开展缴费充值、订餐订票、生活消费、邮件收寄、农产品双向对接、农业生产资料电子商务等网上交易活动。电子商务进社区突出民生服务特点,推广华海智慧科技有限公司96789服务平台,为社区居民开展网上"一站式、一证式、一卡式"服务,解决民生最后一公里问题。申报创建国家级电子商务示范基地。引进国家级电子商务培训基地落户新城区。

2017年,新城区引进电子商务重点项目,内蒙古电子商务交易统计平台正式落户大学科技园,实现电子商务交易数据的实时统计分析。委托内蒙古电子商务促进会承办,组织电商企业开展观摩学习。开展5次电子商务企业间交流学习活动。为内蒙古创客大道软件开发有限公司挂牌"新城区(自治区级)电子商务创客中心",为电子商务初创企业提供共享工位、仓库、会议室服务,开展培训活动20余次,孵化小微电商企业10余家。创建国家级电子商务示范基地,对新城区电子商务发展基础及亮点进行梳理与完善,起草《新城区关于推进农村电子商务发展实施方案》,编制《新城区电子商务发展规划》,并组织申报材料。

第二章 旅 游

第一节 管理机构

2001年5月,新城区旅游局成立,属区人民政府直属正科级事业单位。2009年12月,按照自治区政府机构改革意见,旅游局列为政府组成部门,改为行政序列,领导成员设正职1名、副职2名。2017年,内设综合管理办公室、旅游质量监察大队、宣传促进股、规划发展股。工作人员编制16人。在职人员13人,在编人员10人。

第二节 开发建设

2001年，新城区旅游业兴起，建设苁蓉山主旅游区，开始试营业。

2004年，新城区以草原文化、历史文化和民俗文化为主题，整合将军衙署、绥远城城墙遗址、古长城遗址、公主府等旅游资源，完善大窑文化遗址、成吉思汗影视城、苁蓉狩猎区、内蒙古博物馆、内蒙古赛马场。建设小井沟生态旅游区、神水梁风景区、内蒙古原始文化博物馆及大青山太伟运动休闲度假村。

2005年，建设大青山沿线生态旅游带，东线引进北京、台湾等投资公司投资约10亿元，建设草原风情、滑草场、狩猎场、历史文化、宗教文化、影视文化等为主要内容的旅游项目；引进投资约1亿元，建设奥淳原生态酒庄园。中线建成运营苁蓉山庄、太伟高尔夫运动度假村一期工程；建设小井沟生态旅游园；完成集马术表演、运动竞技、农家乐、高级体检中心、旅游中心集镇为一体的那达慕旅游风景区概念性规划论证。西线建设融自然风光、抽水蓄能电站生态旅游为一体的风景区和汽车公园项目。“十一五”期间，新城区旅游项目总投资突破60亿元，旅游业成为新城区新的经济增长点。

2006年，新城区大青山“一带三线”旅游业发展格局初步形成。东线开始建设神水梁旅游开发区、台湾风情园等旅游项目；完成奥淳原生态酒庄园景观区绿化70%，厂房主体工程完工。中线太伟滑雪场建成并对外营业；完成古路板旅游中心集镇建设规划编制；推进那达慕马术表演项目。西线建设以抽水蓄能电站等项目为依托的风景旅游区。编制完成《中国·内蒙古那达慕旅游休闲度假区规划纲要》，一批旅游项目达成合作意向。

2007年，新城区推进大青山“一带三线”生态旅游业发展。编制完成《新城区大青山生态休闲旅游区总体规划》，与多家企业达成意向。苁蓉山庄、太伟休闲运动度假村、小井沟生态旅游园等项目投入运营；开始动工建设神水梁风景旅游区等项目；申办那达慕马术表演项目；落实影视文化城、山地车俱乐部、汽车电影广场、华盛体检中心、旅游中心集镇等项目。

2008年，推进旅游业基础设施和重点项目建设。筹备实施编制《盘龙山旅游景区规划》《保合少旅游集镇规划》。建成8.4公里的神水梁旅游专线。启动面铺窑农家乐旅游项目。完成蒙锡功马术俱乐部项目规划和征地工作。

2009年，新城区启动建设规划3平方公里的保合少旅游集镇和规划6.67平方公里的盘龙山旅游景区。完成保合少旅游集镇2.8公里道路建设。建设奥淳酒主园等7个续建项目。举办小井沟消夏旅游文化节等一系列旅游宣传活动，沿山一带景点接待游客近50万人次，实现旅游收入1.5亿元。

2010年，编制《蟠龙山旅游区修建性详细规划》，开展前期基础设施建设。实施续建奥淳原生态酒庄园、蒙锡功马术俱乐部、面铺窑“农家乐”等项目的工程。开工建设太伟滑雪场二期工程、圣水山庄等新项目。

2011年,建设太伟休闲度假村、奥淳原生态酒庄园配套设施。开展都市农业建设成果展、花卉果蔬采摘节等系列旅游宣传活动。全年接待游客290万人(次),实现旅游收入10.8亿元,其中,沿山一带景点接待游客70万人(次),实现旅游收入2.5亿元。

2012年,修编旅游业发展总体规划,建成太伟滑雪场,打造小井沟、圣水梁等一批旅游景区景点,举办将军衙署·丁香花开节、公主府摄影大赛等系列旅游宣传活动,接待游客1120万人(次),实现旅游收入近40亿元,其中沿山一带景点接待游客260万人(次),实现旅游收入近4亿元。

2013年,大青山生态旅游区列入国家“十二五”旅游项目储备库和自治区重点项目库,旅游业实现收入12.6亿元,接待游客340万人(次)。

2014年,推动建设草原马汇项目,落实自治区少数民族运动中心、万亩草场二期等项目用地,基本完成野马图温室大棚拆迁,蒙古部落项目建成样包5个。筹建国家(北方)足球训练基地、内蒙古青少年足球夏令营。讨思浩5000亩休闲观光农业园等现代农业项目投资8.2亿元,建成智能联栋温室14万平方米、日光温室1700余栋,新城牧歌投入运营。水磨沟河道景观治理、圣水梁游客中心完工,哈拉沁沟河道治理完成工程总量的30%。打通哈拉沁沿河东路、恼包与万亩草场连接线,初步形成城区与大青山前坡互联互通的“一横七纵”路网格局。建成自行车道西段等道路11条,总里程57公里。大青山国家登山健身步道被评为“中国体育旅游十佳精品线路”。

2015年,编制完成大青山前坡生态旅游总体规划和7个专项规划。实施万亩草场二期453.33公顷、百草园146.67公顷、10家农业企业腾退土地140公顷绿化工程。改造、新建道路10条。打通滨河东路、规划二街东段等重要通道,形成“两横七纵”路网格局。完成水磨沟和哈拉沁沟河道景观治理。筹建国家北方足球训练基地、自治区少数民族运动中心。建成使用环大青山100公里自行车骑游道、100公里国家级登山健身步道。建设智能连栋温室14万平方米、日光温室1600余栋,休闲观光农业布局基本形成。建成呼和塔拉会议中心,保障首届中蒙博览会举办,大青山前坡成为首府新的旅游观光休闲度假基地和自治区对外开放的重要展示区。

2016年,建成通车规划六路、滨河西路和呼和塔拉大街恼包西段,开通运营大青山前坡生态旅游公交专线。完成水磨沟和哈拉沁沟河道景观治理工程,基本完成大青山游客集散中心建设,沟域旅游基础设施完善。草原风情民俗体验区、精品缀花草原使呼和塔拉草原生态景观显著提升。开工建设国家北方足球训练基地(一期),内蒙古少数民族群众文化体育运动中心主体完工。新城牧歌获批国家3A级景区。全年接待游客558万人(次)、实现收入20.5亿元。

2017年，新城区实施“旅游+”战略，发展全域旅游、四季旅游，将军衙署改造完工并重新开放，呼和塔拉会议中心综合功能更加完善，将军衙署、恼包影视基地、慢城海洋世界等申报国家AAAA级景区。新城区各类旅游接待设施达到600余个，其中星级宾馆饭店12家，占全市星级宾馆、饭店总量的42%。旅行社(包括分社)110家，占全市旅行社的40%，培育较大规模的农家乐30家，其中自治区4星级农家乐接待示范点2家。全年接待游客678万人(次)、实现收入25.4亿元。

第三节 旅游资源

大窑文化遗址 位于保合少镇大窑村，于1973年10月发现并挖掘，先后出土大量石器，主要有石核、石片、刮削器、尖状器、砍砸器、石锤等，其中尤以刮削器、钻具、尖状器等为多。据考证，大窑文化遗址的年代为距今70万年至100万年前，这一时期与北京周口店猿人时期相当。它的发现，不仅为研究我国北方旧石器时代石器文化的分布和发展提供了极为重要的资料，同时也为研究我国文化发源提供了极为重要的科学论证依据，是国家级重点文物保护单位。

清•固伦恪靖公主府 位于呼和浩特市新城区通道北路62号，建于清康熙年间，是康熙皇帝六女儿恪靖公主下嫁喀尔喀蒙古土谢图汗部敦多布多尔济后所建府邸，是清朝满蒙联姻国策的产物。府邸以大青山为屏，札达海河与艾不盖河环抱，素有二龙戏珠美称。《绥远通志稿》称之:“后枕青山，前临碧水，建筑与风景之佳为一方冠”。公主府总占地40公顷，分四进五重院落，为亲王级建筑品级，风雨沧桑三百年，至今保存完好，是国内唯一保留完整的清代公主府邸，也是研究清朝满蒙联姻国策、少数民族历史风俗、古代建筑艺术重要的文化载体。2001年，获批全国重点文物保护单位。

哈拉沁生态公园 是大青山前坡生态综合治理项目的重要组成部分，位于大青山前坡生态综合治理工程中段，总面积800公顷，以东西延伸的生态路为界分为南北两区，其中南区467公顷、北区200公顷，以及133公顷的哈拉沁沟地段。是建有人工湖、观景平台、木栈道、凉亭及120余万株苗木的下嵌式万亩生态公园，于2015年9月29日正式向市民开放。公园在建设过程中因地制宜，克服绿化基础薄弱、景观没有形成整体、废弃地改造任务艰巨、水系综合治理困难等不利条件，推进以沙坑公园为代表的废弃地建设改造、哈拉沁沟整体景观建设以及生态路景观提升改造。使之成为大青山生态保护区内一处集功能完善、景观丰富、野趣盎然的大型生态公园，是大青山整体生态综合治理工程的典型示范。

红山口摩崖石刻 位于呼和浩特市新城区成吉思汗大街街道办事处红山口沟内约3.5公里处，当地人称“召湾”。这里山水秀绝，堪称佳境，是古代修建庙宇的圣地。摩崖石刻位于“召湾”北山的峭壁上，经鉴定，两处浮雕佛像已有1300多年历史，是大青山乃至阴山山脉雕刻佛像历史最早、形体最大的浮雕造像，也是保存最完好的摩崖石刻佛像。它对于研究大青山乃至阴山的历史和宗教文化具有很高的艺术价值，被列为国家级重点文物保护单位。

呼和塔拉草原　位于野马图村，2014年10月开工，2017年6月完工。占地1133.3公顷，以种植天然牧草为主(共有40余种草)。将马文化与蒙元文化相结合，以草原文化资源和现代服务业示范基地为基础，为国际性新型产业集群的休闲度假综合体，按照AAAAA级旅游景区的标准，进行生态修复建设，是距首府最近的观赏草原景观之地。

将军衙署　始建于乾隆二年(1737年)，占地16355平方米，是清王朝为巩固西北边陲的稳定，防止蒙古准噶尔部侵扰，对大漠南北蒙古地区实施政治、军事统治而设置，属八旗驻防体系的重要组成部分，因其为绥远城驻防将军之府邸，故称将军衙署。是我国现存规模最大、保存最为完整、地位等级最高的清代边疆驻防将军衙署，被国务院公布为第六批全国重点文物保护单位、国家二级博物馆。

内蒙古博物院　前身为内蒙古博物馆，成立于1957年，是全国少数民族地区最早成立的博物馆，也是全自治区唯一的省区级综合性博物馆。由成列展厅区、文物库房区、观众服务区、业务科研区及多功能厅各部分组成。外观气势恢宏，线条流畅，具有鲜明的时代特征和现代美感，是呼和浩特市标志性建筑精品之一。内蒙古博物院立足自治区丰厚的古生物化石、现生生物、历史文物、民族文物等资源优势，以“草原文化”为主题思想贯穿全部基本陈列和专题陈列，形成“草原文化系列展览”分布于博物院3个层面展厅，14个陈列，并在注重观众流线的前提下构建层区风格统一和逐层步步高升的感观态势。

内蒙古少数民族群众文化体育运动中心　是首府重点文化旅游项目及内蒙古自治区成立70周年庆祝活动的主会场，位于新城区保合少镇野马图村，占地约20公顷。以北面的大青山为背景，以呼和塔拉草原为蓝本，围绕主体建筑，看台建筑进行景观设计，以蒙元文化为特色创造出视觉新体验，以马文化、草原文化为主题，以竞技、演艺为主，融观、食、住、行、游、购、娱为一体，形成具有民族特色的休闲旅游目的地。

内蒙古自治区科学技术馆　内蒙古自治区科学技术馆是自治区“十二五”期间新建的综合性科普场馆，总建筑面积4.83万平方米，展览教育面积2.88万平方米，建筑总投资6.08亿元。主要功能包括展览教育、公共服务、业务研究、管理保障等。新馆外观以“旭日腾飞”为创意，造型寓意马鞍、哈达、沙丘等地域特色和内涵，整体造型以旭日东升为基底，赋以草原升起不落的太阳的视觉憧憬。内蒙古科学技术馆常设展览由5个展厅和公共空间室内标志性展项组成，以“探索、创新、未来”为理念，共设展项展品457件，展品以互动、体验为主要的展示方式，体现科学性、知识性和趣味性。

圣水梁风景区　位于保合少镇煤窑沟村北侧，与卓资县相邻。相传很久以前有泉水从梁顶石缝涌出，水质清爽甘甜，饮用后可防疾，使人延年益寿，故有“圣水”之说，山名也由此而得。早前每年农历五月十三，周边蒙古族牧民多举行取水祭祀活动。1996年被《成吉思汗》电视剧剧组定为拍摄地。2012年，新城区人民政府委托呼和浩特市煤窑沟游览景区管理公司管理圣水梁景区，正式接待游客。2013年，由区政府和呼和浩特市煤窑沟游览景区管理公司共同出资建设圣水梁景区游客接待中心、3个大型停车场及卫生设施等。2015年，圣水梁景区由新城区人民政府管理。梁顶建有拍摄电视剧《成吉思汗》(1996版)时建设的成吉思汗影视城。主要由3处仿古建筑组成，即城堡区、仿居庸关城门和金顶大帐，与举世闻名的大窑文化遗址南北相望。圣水梁自然风景区依托其独特的高山草原、原始森林景观，成为市民休闲郊游、夏季避暑之地。

内蒙古大青山太伟运动休闲度假村 坐落于大青山小井沟生态风景区。拥有完备的休闲娱乐设施及配套，包括呼和浩特市唯一的高尔夫球场和太伟滑雪场。度假区环境宜人，建有全长7016码18洞国际锦标赛级高尔夫球场，乔灌木100余万株，21万平方米的水域面积，负氧离子含量高于市区近3倍，是远近闻名的度假胜地。太伟滑雪场总造雪面积达11万平方米，拥有高、中、初级雪道及教学区、娱雪区。中高级雪道长约1公里，坡度、弯道较大，专为滑雪发烧友和运动高手准备，挑战性与趣味性并存，960米缆车通达顶端，可真切感受大青山的雄伟壮丽。初级雪道配置2条魔毯，登顶便捷，畅滑安全，为大众滑雪提供更加宽敞、安全的滑雪场地。娱雪区雪上飞碟，适合亲子游玩，充满童趣与欢乐。4000平方米的滑雪大厅，配置有高级雪具、全新单板、头盔、雪镜、滑雪服、衣柜等装备设置，餐饮、茶吧、滑雪用具专卖区、滑雪学校等便利服务。不同级别雪道设置，众多功能的服务设置，可满足不同需求人群的自由选择。太伟滑雪场是内蒙古西部最大，风光最美、配套设施最全、交通最为便利的旅游滑雪场。

小井沟生态园 是以生态旅游为特色，集旅游观光、爱国主义教育、文化娱乐和特色餐饮服务为一体的旅游休闲娱乐区。南临110国道、呼包高速公路及京包铁路，从市区驱车30分钟即可到达，交通十分便利。园区内青山秀水如诗如画，沟壑峡谷别有洞天，高山草原风光独特。置身其中，令人心旷神怡，流连忘返。

新城牧歌 位于保合少村西南方向，G6高速公路北侧，G7高速公路东侧，S105省道西侧，保合少村至恼包村南侧。总占地面积约273公顷，总投资5亿元。建有现代牧业产业园、牧业总部基地、草原现代牧业博览园，是集休闲、旅游、观光为一体的现代牧业体验式牧场。开展奶羊、肉羊、有机猪等特色养殖，是家畜养殖、科普教育、美食购物于一体的自治区休闲牧业科技示范基地。2016年被评为国家AAA级景区。

雅马图森林公园 以生态路奎素村段为中轴线，由北侧山区人工森林区和南侧平原新打造的林木公园区组成，占地约3333.3公顷(5万亩)。其中，自治区和呼和浩特市党政军义务植树基地占地133公顷、退耕还林项目占地913公顷、奥淳生态养老养生园占地100公顷，通过绿化造林和景观建设，成为绿树掩映、曲径通幽的森林公园。中轴线北侧以高大油松树种为主，建有全长12.6公里的森林防火通道，兼具防火隔离和观光作用。中轴线南侧区域主要栽植果树、云杉、樟子松等经济和观光树种，建有全长6公里的观光路，与北侧路线对接呈环状绕行。这里的空气中富含丰富的负氧离子，是一处得天独厚的天然“森林氧吧”。

青山国家登山健身步道 位于呼和浩特市新城区东北部的大青山腹地，距市区约45公里，步道各出入口由S101公路、青山大道、生态公路等主要公路连接，通行便利。大青山国家登山健身步道总长超过100公里，设有8个主出入口、3个大型基地式营地和3个中转营地，水磨村、野马图村、李占窑村、圣水梁等4个核心服务区。登山步道与并行建设的125公里户外骑行路线、50公里越野车体验路线、70公里自驾车观光路线以及多个户外运动功能区、景区一起，构成国内最大的多功能景观型慢行系统，也是中国第一条百公里国家登山健身步道。2013年，获“中国体育旅游精品线路”称号。2014年，获得“2014年中国体育旅游十佳精品线路”称号。为广大市民、游客及户外爱好者提供了科学、安全、环保、优美的全民健身和运动休闲游憩地。

第四节 旅游线路

一、历史文化一日游

清•固伦恪靖公主府—千手千眼观音寺—将军衙署博物院—内蒙古博物院

二、亲子一日游

阿尔泰游乐园—内蒙古博物院—将军衙署博物院

三、大青山休闲一日游

1.太伟运动休闲度假村—水磨民俗村—大青山国家登山健身步道—小井沟生态园—布尔固德山庄

2.哈拉沁生态公园—呼和塔拉草原—雅玛图森林公园—新城牧歌

四、观光采摘一日游

1.鑫冠农业种植庄园—塔利采摘园—大青山林下经济主题公园—草博园

2.香岛生态农业园—野马图采摘园—呼和塔拉草原—雅玛图森林公园

第九篇

财政 金融

第一章 财政管理

第一节 机 构

一、管理机构

新城区财政局 2001年，新城区财政局内设机构有办公室、预算行财股、综合股、财政监察室、会计室、国有资产监督管理局、新城区政府采购办公室。

2002年，国有资产监督管理局撤销；成立会计核算中心。2010年，成立新城区国库集中支付中心、新城区财政监督检查办公室、新城区财政投资评审中心、新城区农村综合改革办公室。2013年9月，成立新城区国有资产监督管理办公室，2013年11月，新城区国有资产监督管理办公室更名为新城区国有资产监督管理局。2017年，撤销新城区会计核算中心、新城区农村综合改革办公室，成立新城区预算编审中心。

2017年，新城区财政局内设办公室、预算股、国库股、行政政法股、教科文股、综合股、农财股、社保股和基层财政股8个股室；内设新城区国库集中支付中心、新城区财政监督检查办公室、新城区财政投资评审中心、新城区政府采购办公室、新城区国有资产监督管理局、新城区预算编审中心等事业单位6个。全局共有干部职工51人。

二、事业单位

政府采购办公室 2001年4月成立，为准科级事业单位，有工作人员1名。

国库集中支付中心 2010年成立，为副科级事业单位，有工作人员17名。

财政监督检查办公室 2010年成立，为准科级事业单位，有工作人员10名。

财政投资评审中心 2010年成立，为准科级事业单位，有工作人员1名。

国有资产监督管理局 2013年9月成立，为准科级事业单位，有工作人员2名。

预算编审中心 2017年成立，为准科级事业单位，有工作人员13名。

第二节 财政体制改革

2000—2017年，根据国家、自治区、市改革政策，新城区财政体制经历4次改革。从总体情况看，每次改革财力都向上集中。

2003 年,呼和浩特市人民政府进行较大规模体制调整,将市级税源全部下划至市内四区,由市四区负责税收征缴,市区两级按 2002 年税收入库比例进行税收分成,确定市级与新城区税收分成比例为 69.16∶30.84。同年,新城区人民政府进行税收政策调整,在区属各街道办事处设立财政所,下达税收任务给街道办事处,明确分成办法、考核措施,在全区范围内营造协税护税氛围。

2006 年,自治区出台政策,与地方进行"五税"(增值税、营业税、企业所得税、个人所得税、资源税)分成。"五税"分成比例由 20%每年提高一个百分点。财政部对政府支出功能分类进行改革,将过去按资金用途划分财政支出功能分类的模式,改为按行业部门划分财政支出功能分类,将以前分散在各种用途的资金统一按行业部门进行归集,使财政支出功能分类更加合理。

2007 年,因新城区财力困难,市级与新城区税收分成比例调整为 65∶35。同年,取消区与各街道办事处的税收体制,街道办事处改为按预算单位管理。

2011 年,自治区与地方进行"五税"分成比例达到 25%。2012 年,自治区重新确定"五税"分成比例,增值税为 30%,营业税为 10%,企业所得税和个人所得税为 25%,资源税为 65%。

2013 年,新城区取消乡(镇)金库。

2016 年,"营改增"政策全面实施,对于以第三产业税收为主的新城区影响较大。由于营业税中央不参与分成,而"营改增"后增值税中央分成比例由原来的 25%调整为 50%,而营业税在新城区一般公共预算中占比较大,所以"营改增"后中央、自治区收入大幅增加,而新城区本级收入大幅下降。

2017 年,国家对税务部门进行机构改革,将省级以下国地税部门合并,国地税自1994 年分家后,历时 23 年再次合二为一。新城区对应的执收机关最终成为新城区税务局和新城区财政局。同年,财政部对财政支出经济分类进行改革,在部门预算支出经济分类的基础上,增加了政府预算支出经济分类核算科目,可以更加准确地划分行政和事业支出。

第三节 财政收入

2000—2002 年,新城区财政收入保持稳定增长态势,3 年财政收入总计分别完成11464 万元、12690 万元、14194 万元;上划中央收入分别完成 2725 万元、3001 万元、4327 万元。在总收入中,税收占比较高,非税收入仅仅起到补充作用,每年有 500 万元左右非税入库。对应执收机关有新城区地方税务局、新城区国家税务局、新城区财政局。

2003—2005 年,财政收入与以前年度相比基数发生较大变化。财政总收入分别完成100260 万元、69384 万元、80110 万元;上划中央收入分别完成 19718 万元、22411 万元、23257 万元。2003 年,呼和浩特市政府进行较大规模体制调整,将市级税源全部下划至市内四区，由市四区负责税收征缴，市区两级按比例进行税收分成。对应的执收机关在原有基础上，相应增加呼和浩特市地税一分局、市地税涉外局、市国税直属管理局。因市级社保基金在新城区统计，收入规模较大，突破 10 亿元大关。剔除代统计社保基金 43885 万元后，财政收入实际完成 56375 万元。从各税务机关税收完成来看，市级下划企业税收入库数低于税收下划基数，反映出市级下划税收基数不实。上划税收分成比例 2003 年后按 2002 年年底测算比例执行，市级分成财力得到有效保障，新城区本级财力却十分紧张。

2006—2015 年，财政收入统计口径发生了变化，不再以财政总收入口径进行统计，改为以一般公共预算收入口径统计，新城区收入只包含市区两级收入，不再统计上划中央收入和 2006 年上划自治区收入。税收分成政策不断变化，影响新城区分成财力增加。2006 年，新城区财政收入保持持续稳定增长态势，本年度一般公共预算收入 61045 万元。2015 年一般公共预算收入 430430 万元，十年间收入增长了 7 倍多，年均增幅为 24.24%。

2016 年，"营改增"政策全面实施，中央、自治区对税种分成比例重新进行调整，基层财政收入再次缩水。新城区一般公共预算收入 454432 万元，达到历史峰值，同时进入时代拐点。中共十八大召开后，经济由高速增长转变为高质量增长，受全球宏观经济下行影响，为了进一步夯实税收基数，新城区一般公共预算收入出现负增长。2017 年，一般公共预算收入 369589 万元，同比下降 18.67%。

第四节　财政支出

2000 年，新城区一般公共预算支出完成 11067 万元。一般公共预算支出的大幅增加，彰显出新城区经济实力不断增强，财政保障水平不断提升，社会形势不断向好的局面。

2003 年，全国发生"非典"疫情，新城区用于防治疫情支出 396 万元。同年，及时兑现中央、市政府出台的调资政策，并对党政机关办公楼基建、城市改造等重点项目给予投入。

2007 年，由于自治区成立 60 周年庆典，新城区征地拆迁和基础设施投入增大，再加之规范公务员津贴补贴，财政支出累计完成 70549 万元，同比增加支出 21488 万元，增长43.8%。

2009 年，一般公共预算支出达到 103026 万元，财政支出情况较好，在保证当年教师绩效工资兑现的情况下，清理一批教育、城建工程欠款，加大医疗卫生投入，扩大城乡保洁范围，对软件创意园基础设施建设进行投入，按照市政府批示退付新世界家园居民购房款，根据市政府总体规划对环城水系进行综合治理。

2003—2014 年，市级陆续下划新城区中小学、城管、市容、幼儿园等部门，人员经费一直按下划基数补贴，增资部分全部由区级负担。经 2014 年测算，下划人员超基数区级负担部分每年约 3500 万元，人员支出占总支出比重越来越大。

2014—2016 年,自治区在全自治区范围内实施新农村建设工程,对农村用水、用电、路网等 10 项基础设施进行标准化建设,改善村民的住房、生产、生活环境,提升老百姓的幸福感和获得感,同时增加了基层财政负担。

2016 年,是自治区成立 70 周年庆祝活动的准备年,市政府对全市整体环境及基础设施改造进行全面部署,为迎接庆祝活动投入大量资金。同年国家北方足球训练基地落户新城区,项目主体虽然是自治区体育局,但因是属地管理实施,通过新城区财政转移支付支出较大。

2017 年,财政支出形势严峻,国库资金短缺,财政主要任务是确保“基本”和“民生”两项支出需求。一般公共预算支出 341508 万元,民生支出达 252729 万元,占一般公共预算支出的 74%,民生刚性支出增大。

2006—2017 年新城区一般公共预算收入完成情况表

表 9-1-1　　　　单位:万元

收入科目	2006 年	2007 年	2008 年	2009 年	2010 年	2011 年	2012 年	2013 年	2014 年	2015 年	2016 年	2017 年
一般公共预算收入	61, 045	82, 684	103, 021	155, 041	199, 576	223, 764	277, 778	326, 583	365, 324	430, 430	454, 432	369, 589
一、税收收入	58, 585	79, 245	99, 053	138, 986	181, 564	214, 975	265, 320	315, 962	352, 137	417, 770	375, 798	322, 260
增值税	4, 890	6, 744	8, 347	10, 057	12, 570	12, 391	10, 069	15, 204	32, 679	34, 396	76, 869	106, 676
营业税	25, 744	33, 428	34, 946	61, 193	79, 695	100, 286	137, 731	164, 316	169, 670	186, 378	76, 249	1, 343
企业所得税	3, 858	9, 726	16, 734	15, 246	18, 689	22, 051	29, 893	31, 636	27, 159	40, 587	36, 999	40, 355
企业所得税退税												
个人所得税	5, 800	7, 226	7, 702	9, 084	11, 020	12, 246	11, 935	13, 414	16, 325	15, 952	15, 835	17, 563
资源税	21	18	8	3	6	29	17	13	29	12	4	14
城市维护建设税	3, 763	4, 936	5, 704	8, 635	11, 382	13, 499	14, 555	17, 451	18, 709	20, 380	19, 606	23, 631
房产税	5, 805	6, 210	6, 847	8, 291	11, 340	12, 804	14, 123	18, 963	22, 623	25, 232	22, 599	22, 999
印花税	1, 376	2, 604	2, 556	3, 823	5, 158	6, 954	5, 768	6, 154	8, 930	8, 099	6, 919	7, 235
城镇土地使用税	2, 324	2, 993	7, 276	7, 394	8, 675	8, 810	11, 044	9, 229	8, 918	14, 304	10, 540	8, 784
土地增值税	1, 253	3, 389	3, 687	3, 224	9, 694	15, 720	19, 276	23, 397	16, 774	36, 666	30, 448	18, 237
车船税	71	64	852	2, 015	3, 174	3, 383	4, 873	5, 872	8, 245	9, 041	10, 164	11, 730
耕地占用税	1, 318	245	2, 154	7, 147	7, 876	3, 874	3, 971	4, 222	11, 654	12, 932	67, 046	59, 924
契税	2, 362	1, 662	2, 240	2, 874	2, 285	2, 928	2, 065	6, 091	10, 422	13, 791	2, 520	3, 769
其他税收收入												

续表

收入科目	2006 年	2007 年	2008 年	2009 年	2010 年	2011 年	2012 年	2013 年	2014 年	2015 年	2016 年	2017 年
二、非税收入	2,460	3,439	3,968	16,055	18,012	8,789	12,458	10,621	13,127	12,660	78,634	47,329
专项收入	1,679	2,200	2,577	3,864	5,153	5,851	6,564	7,566	8,376	9,314	9,030	10,465
行政事业性收费收入	234	214	872	894	1,053	1,270	1,688	1,404	3,171	1,055	11,714	2,714
罚没收入	513	903	468	1,151	1,217	1,109	1,583	1,102	1,032	637	2,125	675
国有资本经营收入		14	5	10,000	10,457	2	2,001					
国有资源（资产）有偿使用收入	32	58	46	61	66	557	607	534	538	1,503	42,239	32,126
其他收入	2	50		85	66		15	15	70	150	13,526	1,549

2000—2002 年新城区一般公共预算支出完成情况表

表 9-1-2　　单位：万元

功能分类科目	2000 年	2001 年	2002 年
一般公共预算支出	11,067	15,468	17,938
一、基本建设支出	794	1,507	2,199
二、企业挖潜改造资金	157	46	93
三、地质勘探费			
四、科技三项费用	210	243	225
五、流动资金			
六、支援农业生产支出	154	61	170
七、农业综合开发支出	30		20
八、农林水利气象等部门的事业费	157	298	322
九、工业交通等部门的事业费	94	107	63
十、流通部门事业费	19	18	9
十一、文体广播事业费	282	314	450
十二、教育事业费	3,737	4,525	5,347
十三、科学事业费	11	8	5
十四、卫生经费	806	896	987
十五、税务等部门的事业费	768	966	1,392
十六、抚恤和社会福利救济费	241	391	685

续表

功能分类科目	2000 年	2001 年	2002 年
十七、行政事业单位离退休经费	307	392	433
十八、社会保障补助支出	4	14	30
十九、国防支出		9	20
二十、行政管理费	1,216	1,370	1,496
二十一、外交外事支出			
二十二、武装警察部队支出			
二十三、公检法司支出	562	540	568
二十四、城市维护费	1,011	3,294	2,785
二十五、政策性补贴支出			
二十六、支援不发达地区支出	43	11	22
二十七、海域开发建设和场地使用费支出			
二十八、专项支出	315	342	456
二十九、其他支出	149	116	160
三十、总预备费			

2003—2005 年新城区一般公共预算支出完成情况表

表 9-1-3　　单位:万元

功能分类科目	2003 年	2004 年	2005 年
一般公共预算支出	25,238	25,450	29,395
一、基本建设支出	2,789	1,407	1,636
二、企业挖潜改造资金	296	200	332
三、地质勘探费			
四、科技三项费用	230	220	260
五、流动资金			
六、农业支出	112	163	120
七、林业支出	268	249	426
八、水利和气象支出	154	82	245
九、工业交通等部门的事业费	209	299	555

续表

功能分类科目	2003年	2004年	2005年
十、流通部门事业费			
十一、文体广播事业费	591	482	610
十二、教育支出	7,264	7,503	9,385
十三、科学支出	5	3	10
十四、医疗卫生支出	1,403	1,219	1,734
十五、其他部门的事业费	2,046	3,132	2,844
十六、抚恤和社会福利救济	1,116	871	1,514
十七、行政事业单位离退休支出	270	222	229
十八、社会保障补助支出	570	435	237
十九、国防支出			
二十、行政管理费	1,994	2,310	2,972
二十一、外交外事支出			
二十二、武装警察部队支出			
二十三、公检法司支出	721	808	1,167
二十四、城市维护费	4,218	4,914	3,662
二十五、政策性补贴支出			
二十六、支援不发达地区支出	28	22	27
二十七、海域开发建设和场地使用费支出			
二十八、车辆税费支出			
二十九、债务利息支出			
三十、专项支出	450	411	773
三十一、其他支出	504	498	657
三十二、总预备费			

2006—2017年新城区一般公共预算支出完成情况表

表 9-1-4　　　　单位:万元

功能分类科目	2006年	2007年	2008年	2009年	2010年	2011年	2012年	2013年	2014年	2015年	2016年	2017年
一般公共预算支出	36,187	63,678	74,641	103,026	125,107	147,945	144,294	176,995	191,447	248,436	430,583	341,508
一、一般公共服务支出	8,211	10,039	11,850	14,293	16,286	19,430	24,528	25,544	21,176	24,734	28,794	35,281
二、外交支出												
三、国防支出	125	20	19	34	40	54	14	50	50	50	33	124
四、公共安全支出	1,294	1,542	2,321	6,743	13,632	14,042	13,324	13,574	13,563	16,656	19,692	15,941
五、教育支出	13,507	19,364	27,209	32,042	35,356	45,002	44,362	48,238	50,403	73,656	75,134	70,820
六、科学技术支出	305	350	568	672	814	1,020	1,313	1,991	2,983	4,132	2,152	3,380
七、文化体育与传媒支出	232	273	420	557	959	867	1,693	1,406	1,213	1,860	6,329	39,658
八、社会保障和就业支出	2,706	3,820	5,326	9,558	11,107	12,841	15,446	19,948	19,750	21,662	20,782	24,248
九、医疗卫生与计划生育支出	1,961	2,805	3,295	4,711	8,072	8,338	6,678	8,272	10,066	13,531	15,030	14,865
十、节能环保支出	240	720	1,156	1,365	1,120	1,247	1,521	3,762	3,387	3,117	3,493	7,683
十一、城乡社区支出	4,416	20,799	10,300	28,400	26,615	20,564	17,156	16,921	31,592	40,622	163,291	70,890
十二、农林水支出	1,454	2,004	2,994	2,515	4,185	7,119	8,346	16,550	16,982	24,917	56,827	10,995
十三、交通运输支出	25	1,337	351	1,471	2,825	1,241	377	1,744	1,635	1,082	1,614	1,089
十四、资源勘探信息等支出	36	103	448	60	90	163	172	2,399	1,186	971	20,165	11,855
十五、商业服务业等支出				333	971	1,639	2,209	1,394	2,859	1,282	901	2,702
十六、金融支出							110					
十七、国土海洋气象等支出					398	663	231	748	485	1,067	225	176
十八、住房保障支出					2,618	13,715	6,654	4,557	11,557	7,860	10,273	9,101
十九、粮油物资储备支出												
二十、其他支出	1,675	502	8,384	272	19		160	9,897	2,560	11,237	5,848	22,700

第二章　国家税务

第一节　管理机构

新城区国家税务局(以下简称国税局)属地方垂直管理部门,2001 年,内设办公室、人事教育科、政工科(包括考核办公室)、税收综合科、票管所计征科、管理科、办税服务厅、稽查分局、个体综合科、个体计征科、商场管理所、中心服务所、信息中心等,有局长 1 人,副局长 4 人。干部 125 名,助征员 88 名。

2005 年,增设税源一科至九科、税政管理科、稽查科、政策法规科、信息中心。办税服务厅。

2006 年,新城区国税局科室合并变更,内设机构为办公室、政策法规科、税源科一科、税源二科、税政管理科、税源管理三科,办税服务厅、人事科、监察室。直属机构有稽查局、信息中心。

2008 年 10 月,按照呼和浩特国税局要求,新城区国税局稽查局分为综合选案股、案件审理股、检查案件执行股。

2010 年 4 月,新城区国税局取消管理股,设置税政股和征管股。新增纳税服务股。

2012 年 2 月,呼和浩特市国家税务局批复同意新城区国税局成立 3 个分局,新城区国税一分局、新城区国税二分局、鸿盛工业园区分局。

同年 4 月,新城区国税局将原来税源 1 至 10 组编入税源一股(增值税)、税源二股、税源三股(所得税)、新城区国税局一分局、新城区国税局二分局、鸿盛工业园区分局。新城区国税一分局、新城区国税二分局、鸿盛工业园区分局分别设置综合业务股和税源股。

第二节　税种税率

新城区国税局主要工作征管增值税、消费税、集体金融企业所得税、企业所得税等主税种。

一、增值税

2007 年 1 月,统一按 3%的预征率计征增值税。

2009 年,小规模纳税人征收率 3%,金属矿采选产品、非金属矿采选产品增值税税率由 13%恢复到 17%。

2013 年 8 月,交通运输业增加税率 6%,现代服务业 11%。

2014 年 1 月,铁路运输和邮政业增加税率 11%;同年,电信业增加税率 6%。

二、消费税

2001 年,调整烟、酒类产品消费税政策。卷烟消费税税率由规定比例税率调整为定额税率和比例税率。同年,粮食白酒、薯类白酒消费税税率规定比例税率调整定额税率和比例税率。

2009 年 5 月,甲类卷烟税率调整 56%;乙类卷烟,税率调整为 36%。卷烟批发环节加征从价税,税率 5%。

2014 年 11 月,汽油、石脑油、溶剂油和润滑油的消费税单位税额现行单位税额提高 0.12 元/升;柴油、航空煤油和燃料油的消费税单位税额现行单位税额基础上提高 0.14 元/升。

2015 年 5 月,汽油、石脑油、溶剂油和润滑油的消费税单位税额 1.4 元/升提升到 1.52 元/升;将柴油、航空煤油和燃料油的消费税单位税额 1.1 元/升提升到 1.2 元/升。

三、车辆购置税

2001 年 1 月《车辆购置税征收管理暂行条例》规定车辆购置税实行从价定率办法计算应纳税额。

2009 年 1 月,1.6 升及以下排量乘用车减按 5%征收车辆购置税。

2010 年 1 月,税率按 7.5%执行。2011 年,税率按 10%执行。2015 年 10 月底,减按 5%征收车辆购置税。

四、企业所得税

2003 年 3 月,按照内蒙古自治区国家税务局批复,部分企业所得税减按 15%的税率征收。

2008 年 1 月,企业所得税法定税率 25%。符合条件小型微利企业,减按 20%的税率征收企业所得税。国家重点扶持的高新技术企业,减 15%的税率征收企业所得税。

2011 年 1 月,年纳税所得额低于 3 万元小型微利企业,其所得减按 50%计入应纳税所得额,按 20%的税率缴纳企业所得税。

2012 年 1 月,年纳税所得额低于 6 万元小型微利企业,按 20%的税率缴纳企业所得税。

2014 年 1 月,年应纳税所得额低于 10 万元小型微利企业,所得减按 50%计入应纳税所得额,按 20%的税率缴纳企业所得税。

2015 年 1 月 1 日至 2017 年 12 月 31 日，执行财政部、国家税务总局规定，年纳税所得额低于 20 万元(含 20 万元)的小型微利企业，其所得减按 50%计入应纳税所得额，按 20%的税率缴纳企业所得税。

2017 年 12 月，应纳税所得额在 20 万元到 30 万元小型微利企业，所得减按 50%计入应纳税所得额，按 20%的税率缴纳企业所得税。

第三节　国税改革

2001 年，按照《呼和浩特市国家税务局关于开展税务登记验证工作的通知》要求，7 月，开展税务登记验证工作。同年 11 月，转发《内蒙古自治区国家税务局转发国家税务总局关于税务登记证费和发票工本费严格执行“收支两条线”管理的通知》，两证收费收入及时足额上缴国库，实行“收支两条线”管理。

2002 年，对持有“再就业优惠证”的下岗失业人员从事个体经营免收税务登记证工本费。

2003 年 7 月，根据内蒙古自治区国家税务局印发《关于 2003 年普通高等学校毕业生从事个体经营免收税务登记证工本费的通知》，对应届高校毕业生从事个体经营，除国家限制行业外，凡在 2003 年 12 月 31 日前办理工商登记，在国家规定期限内申报办理税务登记的，免交税务登记证工本费。

2006 年，根据《呼和浩特市国家税务局转发关于换发税务登记证收费有关事项的通知》要求，7 月 1 日起，开展换发税务登记证。

2008 年，贯彻落实国家税务总局、内蒙古自治区国家税务局“两个减负”(减轻纳税人办税负担，减轻基层税务机关额外工作负担)，优化纳税服务工作。

2009 年，根据《呼和浩特市国家税务局、呼和浩特市地方税务局关于联合办理税务登记的通知》，4 月，与新城区地税局联合办理税务登记。

2011 年，新城区在“税务登记表(适用临时税务登记纳税人)”增加“未办理营业执照”和“异地非正常户”类型。

2014 年，贯彻落实《内蒙古自治区国家税务局转发国家税务总局关于推进工商营业执照、组织机构代码证和税务登记证“三证合一”改革若干意见的通知》，工商、质监、国税、地税部门实行“三证”联办。

2017 年 7 月，新城区国税局农产品(含粮食)、自来水、暖气、石油液化气、天然气、食用植物油、冷气、热水、煤气、居民用煤炭制品、食用盐、农机、饲料、农药、农膜、化肥、沼气、二甲醚、图书、报纸、杂志、音像制品、电子出版物取消 13%的增值税税率。

第四节　税收管理

2000年,新城区有各类税收管理户4619户,一般纳税人195户,全年累计完成入库2632.1万元,工商各税入库3673.1万元,连续2年完成税收任务。申报率月均99.73%,审核准确率99%.清理无证户1174户,办证率100%。

2001年5月,税务部门试行"申报完税一体化",户申报纳税不另行填报申报表,对不易控管和偏远地区零散税收实行巡征和委托代征。6月,新城区国税执行发票验旧售新制度,以票控税、以票管税。同年7月,发票工本费收入视税收收入管理。同年工商各税入库11156万元,完成年计划102.4%。

2002年8月,新城区贯彻执行《国家税务局户籍管理过错责任追究办法》《呼和浩特市国家税务局发票管理过错责任追究办法》。国税局实施"金税"防伪税控管理系统,新城区118户企业纳入防伪税系统管理,对企业法人代表和企业财务负责人进行税法宣传和培训。采集线上纳税人6787户,清理漏征漏管2000户,补办税务登记,严肃税收法纪,保证税收收入。工商各税入库18341万元,完成年计划141.1%。

2003年7月,实行一般纳税人电子申报替代手工报表;个体定期定额征收户以完税证代替申报表。加强税收信用体系建设,规范纳税信用等级评定管理,促进纳税人依法纳税,开展纳税信用等级评定。12月,国家税务总局《关于修订2004年重点税源监管企业报表指标体系的通知》。

2004年,按照内蒙古自治区国家税务局《全区办税服务厅工作规程(暂行)》,实行"一窗式""一站式"服务。同年,国税局实施一般个体工商户定额纳税,同年,完成工商各税17883万元,其中增值税、消费税入库12206万元(其中自治区级2196万元;旗县级10062万元),企业所得税入库1911万元,个人利息所得税入库3766万元。落实中央对下岗再就业税收优惠政策和农副产品加工销售优惠政策,为新城区34户下岗再就业工商户和96户低于起征点户减免税金28260元,为新城区66户生产销售农副产品减免税金198.96万元。

2005年9月,贯彻执行《内蒙古自治区国家税务局办税服务厅工作规范》,严格办税服务厅工作人员管理。呼和浩特市印发《国家税务局税源管理办法的通知》,解决征管"疏于管理、淡化责任"问题。

2006年,新城区国税税收入库25295.07万元,其中增值税、消费税11884.70万元。个人所得税5962.16万元、企业所得税7748.11万元。增幅43.58%,突破2.5亿元。完成区政府下达的全年1.78亿元税收任务。统一换发税务登记证,纳税达8000户。换证率95.31%。本年度实行电子报表向手工报表的转轨,加强税票管理,实行行风制度。4月,按照《内蒙古自治区国家税务局关于印发纳税信用等级评定管理办法(试行)的通知》,开展2005年度纳税情况信用等级评定。

2007年2月,转发《关于进一步加强税源管理工作意见的通知》,提高税收征管质量和效率。同年,逐步建立税收分析、纳税评估、税源监控和稽查检查“四位一体”税源管理运行体系,集中开展税负调查分析,实行税源精细化管理。新城区国税局进行税款申报和缴纳情况专项检查。同年,内蒙古自治区、盟市、旗(县、区)国家税务局和地方税务局共同对纳税人信用等级进行评定。

2008年,新城区国税增值税一般纳税人突破500户,达到537户。国家实施减免企业所得税政策,新城区国税局企业所得税446999万元。各项税收入库61108万元,同比增收8135万元,增长15.36%,完成全年税收任务100.18%,超收108万元。其中增值税入库40465万元,同比增收9011万元,增幅28.65%;消费税入库8万元,同比减少1万元,减幅11%;企业所得税入库16348万元,同比增收1907万元增幅13.21%个人利息所得税入库4286万元同比减少2783万元,减幅39.37%。增值税和企业所得税增幅拉动税收整体增长。电力生产和供应业、批发业、建筑业、金融业、房地产业成为新城区国税收入的主力军。税收创历史新高。

2009年,新城区国税局建立部分行业纳税评估模型,探索不同行业税收管理方法,完善规范行业管理。新城区纳税户10147户,其中内资企业3431户,个体工商户6715户。完成呼和浩特市国税局下达7.3亿元任务。

2011年,实行按季发售,企业办理涉税事项实行预约服务;签署“三方协议”(税务局、纳税人、银行),实行纳税人购票电子扣款。

2012年,实施网上办税平台建设。

2013年,内蒙古自治区国家税务局对重点税源企业进行检查,新城区国税部门成立重点税源企业税收专项检查小组,共查补税款19万元。

2015年10月,新城区国税局各类入库137365.66万元,完成下达任务126168万,超出1197.66万元。“营改税”纳税人共计实现税收入库93604万元,公共财政预算收入28292万元,占新城区全部公共财政预算收入的65.53%。同年,新城区国税局录制《托起金色翅膀的人们》纪录片,记录新城区国税人精神风貌。

2017年,新城区国税局支持民营企业发展,优化营商环境,减税降费。

第五节　税收宣传

2001年,新城区国税局以“税收与公民”为主题,开展宣传月活动。组织干部观看专题片《中国税务稽查》,内蒙古电视台播放专题片《公民你缴税了吗》。

2002 年,开展全国第 11 个税收宣传月活动。开展以“诚信纳税、利国利民”万人签名活动。电台播出“诚信纳税、利国利民”行风热线。

2003 年,开展“大力解放思想,优化开放环境”教育活动,以“依法诚信纳税、共建小康社会”为主题,开展全国第 12 个税收宣传月活动。清理整顿纳税户税收宣传。

2004 年 3 月,贯彻落实《关于在全区国税系统开展法制宣传教育的第四个五年规划》,组织“四五”普法教育。开展政策宣传活动。以“依法诚信纳税,共建小康社会”为主题,开展全国第 13 个税收宣传月活动。

2005 年,以“依法诚信纳税,共建小康社会”为主题,开展全国第 14 个税收宣传月活动。新城区税务部门新华广场联合举办税收宣传月“启动日”仪式,进行税法宣传咨询千人联名签字活动。

2006 年,以“依法诚信纳税,共建小康社会”为主题,开展全国第 15 个税收宣传月活动。3 月,新城区国家税务局、地税局和呼和浩特市国家税务局、地税局在伊利集团总部共同举办“第十五个税收宣传月活动”,印发《致纳税人的一封信》3.5 万份。

2007 年,以“依法诚信纳税,共建和谐社会”为主题,开展全国第 16 个税收宣传月活动。在中国移动建立短信平台。

2008 年,编印《企业所得税优惠政策宣传手册》《增值税优惠政策宣传手册》开展送税法下乡。以“税收·发展·民生”为主题,开展全国第 17 个税收宣传月活动。落实内蒙古自治区国家税务局《关于开展“五五”普法规划执行情况中期检查的通知》,推进“五五”普法宣传教育。

2009 年,主要宣传增值税转型改革及相关税收政策,搭建“税企互动 QQ 群”。以“税收·发展·民生”为主题,开展全国第 18 个税收宣传月活动。

2010 年,开展“五五”普法和“情系纳税人、税法进万家”活动,以“税收·发展·民生”为主题,开展全国第 19 个税收宣传月活动。

2011 年,以“税收·发展·民生”为主题,开展全国第 20 个税收宣传月活动。“首宣日”,将税收政策与民俗文化有机融合,创作 FLASH《税收政策三字经》。同年,开展国税系统“六五”普法宣传教育。

2012 年,开展“六五”普法知识答卷活动。以“税收·发展·民生”为主题,开展全国第 21 个税收宣传月活动。宣传个体户增值税起征点提高、小型微型企业免收发票工本费等。

2013 年,开展作风建设年、全国税务系统廉政文化建设。开展“诚信兴商”宣传活动。以“税收·发展·民生”为主题,开展全国第 22 个税收宣传月活动。开展税收宣传进商场、进社区、进学校系列活动。

2014 年,新城区税务系统开展“六五”普法。以“税收·发展·民生”为主题,开展全国第 23 个税收宣传月活动。

2015年，新城区税务部门以“聚焦营改增试点 助力供给侧改革”为主题，开展第24个税收宣传月活动。

2017年，新城区国税局宣传国家税务总局关于小微企业免征增值税支持小微企业发展政策。

第三章　地方税务

第一节　管理机构

2002年，新城区地方税务局内设办公室、人事监审科、个体科、计划会计统计科、税收管理科等5个科室；迎新路、东风路、东街、西街、中山东路、锡林郭勒北路、海拉尔东路、保合少、毫沁营、八一、集贸、三八、劝业场等12个地税所。

2006年9月，新城区地方税务局下设办公室、人事监审科、税收管理科、计划会计统计征收科、信息管理科、税政管理科、发票管理科等7个内勤科室和税源一科、税源二科、税源三科和税收检查一科、税收检查二科等5个外勤科室；迎新路、东风路、东街、西街、中山东路、锡林郭勒北路、海拉尔东路、成吉思汗大街、保合少、三八、劝业场、鸿盛园区等12个地税所。

2007年5月，新城区润宇市场、东库街市场地税所成立；10月，设立社会保险费征收管理科。2009年3月，建立办税服务厅；8月，设立巡查科，海亮国际商贸地税所成立；同年，三八地税所更名为车站地税所；税源四科成立。2011年，劝业场地税所撤销；9月，锡林郭勒地税所、车站地税所、海亮地税所为第一办税服务区。2012年7月，成立稽查局；设立政府规费和基金管理科、纳税服务科、个体税收管理科；11月，迎新路地税所、东风路地税所、火车东站地税所成第二办税区，新城东街、西街、中山东路地税所第三办税区；同年，税收管理科更名科技发展科税收管理科；税源四科并入税源三科，设立火车东站市场所。

2013年，撤销社会保险费征收管理科，设立社会保险费征收管理分局。

2015年10月，新城区税收征管体制改革，按照政务、事务、党务、业务和监管5类职能，设办公室、人事监审科、法制科、税收管理和科技发展科、计划统计科、税收风险管理科、纳税评估科等7个职能科室；社会保险费征收管理分局、纳税服务分局。按照税源分类分级专业化管理要求,设置税源管理一分局、税源管理二分局、税源管理三分局、毫沁营分局、鸿盛园区分局5个区域税源管理分局;税源管理科和市场管理所。

2016年,计划统计科更名为规划核算科;鸿盛园区分局设立保合少税源科。

2017年3月,人事监审科更名为人事科;设立纪检监察内审科。年底,新城区地税局有办公室、人事科、法制科、收入规划核算科、征管和科技发展科、税收风险管理科、纳税评估科、纪检监察内审科等内设机构7个;设立9个派出机构。社会保险费征收管理分局为副科级规格;纳税服务分局、税源管理一分局、税源管理二分局、税源管理三分局、鸿盛园区分局、毫沁营分局、重点税源所和市场管理所均为股级规格。职工234人,正式干部188人,协税员29人,社保征收人员17人。正式干部188人中含有在职公务员152人(含提前离岗3人);工勤人员3人;事业编制人员1人;退休公务员32人。

第二节　税种税率

营业税　2003年4月,新城区贯彻执行自治区地税局《关于印发建筑业营业税征收管理暂行办法的通知》,建筑业成本利润率暂定15%。2011年,地税局贯彻执行《内蒙古自治区财政厅国税局地税局关于调整个人增值税营业税起征点的通知》,个人营业税起征点调整按期纳税,月营业额2万元;按次纳税,每次(日)营业额500元。2013年,新城区地税局开展重点企业抽样调查工作。同年8月,开展"营改增"试点。贯彻执行《财政部、国家税务总局关于暂免征收部分小微企业增值税和营业税的通知》,营业税纳税人中月营业额不超过2万元企业和非企业性单位,暂免征收营业税。2014年10月贯彻执行《财政部国家税务总局关于进一步支持小微企业增值税和营业税政策的通知》,月销售额2～3万元的增值税小规模纳税人与营业税纳税人,暂免征收增值税和营业税。

个人所得税　2000年9月,财政部、国家税务总局根据《国务院关于个人独资企业和合伙企业征收所得税问题的通知》,制定《关于个人独资企业和合伙企业投资者征收个人所得税的规定》,明确从2001年1月1日起,个人独资企业和合伙企业投资者将依法缴纳个人所得税,税目税率,按所得项目不同分别确定为工资、薪金所得、个体工商户的生产、经营所得和企事业单位的承包经营、承租经营所得,以及个人独资企业和合伙企业的生产经营所得,税率适用于超额累进税率,分别为5%～45%和5%～35%,其他所得适用20%的比例税率,对劳务报酬所得一次收入畸高的,实行加成征收。2008年,符合条件建筑安装企业,个人所得税由项目主管税务机关按照企业申报计算缴纳营业税工程价款1%核定征收。

资源税　税率是根据"普遍征收,级差调节"的思路,采取从量定额的办法征收,适用幅度定额税率。2004年4月,新城区地税局贯彻《中华人民共和国资源税暂行条例》《内蒙古自治区资源税实施办法》，制定并公布实行市地税局《关于加强资源税代扣代缴管理工作的通知》，矿山、联合企业、建筑安装企业、水泥厂、砖瓦厂、炼铁厂等单位在收购未税矿产品时代扣代缴资源税。

土地增值税 2001年，有关土地增值税与土地使用税仍执行国税、地税合署办公时的方针政策。2002年8月，贯彻执行自治区地税局《关于认真做好土地增值税征收管理工作的通知》，制定实行土地增值税预征率为2%。2003年4月，贯彻执行《内蒙古自治区财政厅、国家税务局与地税局转发土地增值税一些具体问题的通知》，土地增值税预征率调整为1%。2007年1月，调整呼和浩特市地区土地增值税预征率，高档住房确定3%预征率，转让旧房确定土地增值税核定征收率。实行市地税局《关于房地产开发企业土地增值税清算检查的实施方案》。贯彻执行国家税务总局《关于房地产开发企业土地增值税清算管理有关问题的通知》和自治区地税局《关于开展房地产开发企业土地增值税清算检查工作的通知》，制定实行呼和浩特市地区2%、3%土地增值税核定征收率。

土地使用税 2001年，土地增值税与土地使用税仍执行国税、地税合署办公。2002年，地税局贯彻执行《关于调整划分城镇土地使用税等级征收城镇土地使用税报告通知》，区划分四类，一类区每平方米5元，二类区每平方米3元，三类区每平方米2元，四类区每平方米1元。2003年，贯彻执行自治区人民政府《关于调整呼和浩特市土地使用税征收范围土地等级和税额标准批复的通知》。区划分五类等级，一类区每平方米5元，二类区每平方米4元，三类区每平方米3元，四类区每平方米2元，五类区每平方米1元。2007年，贯彻执行呼和浩特市人民政府《关于调整呼和浩特市土地使用税等级及税额标准的通知》，区划分为五类等级，一类区每平方米15元，二类区每平方米12元，三类区每平方米9元，四类区每平方米6元，五类区每平方米3元。

房产税 2002年6月，地税局贯彻执行自治区地税局《关于对呼和浩特经济技术开发区石化集团白塔集团征收地方税的批复》。开征房产税、土地使用税、城市维护建设税，7%征收。

车船使用税 2013年3月1日，依据自治区人民政府发布的《内蒙古自治区车船税实施办法》，载客汽车大型载客汽车每辆600元（包括电车），中型载客汽车每辆540元，小型载客汽车每辆420元，微型载客汽车每辆360元，载货汽车按自重每吨84元（包括半挂牵引车、挂车、专项作业车、轮式专用机械车三轮汽车），低速货车按自重每吨60元，摩托车每辆80元（包括二轮、三轮），机动船（按净吨位每吨）净吨位小于或等于200吨每吨3元，净吨位201吨至2000吨每吨4元，净吨位2001吨至10000吨每吨5元，净吨位10001吨以上每吨6元，拖船和非机动驳船分别按机动船舶税额的50%计算。

印花税 采用比例和定额两种税率，比例税率又分为五档，即：1‰、0.5‰、0.3‰、0.05‰和2‰。2005年7月，贯彻执行《内蒙古自治区地税局关于印发〈印花税核定征收管理办法〉的通知》,实行对水电气热的购销行为征收印花税,明确工业、货物流通企业、建筑施工企业和其他印花税的核定比例。2007 年 3 月,贯彻执行财政部、国家税务总局《关于印花税若干政策的通知》,实行委托代征土地使用权转让合同印花税。

教育费附加 征收以单位和个人实际缴纳的增值税、营业税、消费税的税额为计征依据,附加率 3%。2005 年,根据财政部《关于同意内蒙古自治区征收地方教育附加的复函》,内蒙古自治区从当年 10 月 1 日起,停征地方教育附加费,开征地方教育附加,征收标准随着转型而改变,以缴纳增值税、消费税、营业税税额为依据,按 1%的征收率计算征缴。

屠宰税 2001 年 1 月,贯彻执行自治区地税局《关于停征屠宰税和筵席税的通知》,停征。

第三节 地方税收

2001 年,新城区地方税收入库 8281 万元,此后,地方税收呈现逐年增长趋势,至2015 年,地方税收入库 141552 万元。

2001—2015 年新城区地税局税收完成情况表(万元)

表 9-3-1

年 份	累计入库数	同比增减%	同比增减额
2001	8281	9.61%	726
2002	9480	14.48%	1199
2003	14079	48.51%	4599
2004	19461	38.23%	5382
2005	18045	-7.28%	-1416
2006	23521	30.35%	5476
2007	30030	27.67%	6509
2008	35499	18.21%	5469
2009	42037	59.67%	6538
2010	67120	37.37%	25083
2011	77219	15.05%	10099
2012	91986	19.12%	14767
2013	109106	18.61%	17120
2014	124603	14.20%	15497
2015	141552	13.60%	16949

第四节 税务管理

一、税务登记

税务登记内容主要有：开业登记、变更登记、注销登记、停业、复业登记外出经营报验登记、扣缴税款登记。2017 年，新城区税务登记总户数 44333 户，同比增加 9488 户，增长率 23.21%。

二、纳税申报

区地税局依据《中华人民共和国税收征收管理法》要求，严格按照税收征管程序，核定纳税期限，督促纳税人依法申报纳税。纳税申报方式主要有纳税人直接到地税机关申报、邮寄申报和网上申报。逾期申报者加收 2%的滞纳金。管理上，从过去上门征管转变为纳税人自觉申报纳税。在各征收大厅和征收窗口，推行承诺服务和"一条龙"服务，创良好纳税环境，为纳税人搭建优质服务平台。纳税申报纳入地税机关规范化管理考核之中，纳税申报率和申报准确率均达到 99%以上。

三、税收征管

2001 年，全区税收征管围绕建立完善地方税收征收制度，优化服务，征、管、查分离，微机征管等主要内容进行。从 2001 年开始，逐步推行微机征管，把纳税人从税务登记、纳税申报、税款征收、银行划账、发票领购、税法咨询等办税事宜在办税厅（窗口）微机操作下完成，实现科学征管，推动税收征管向现代化、无纸化办公方向发展。

2003 年，新城区地方税务局贯彻《关于部分行业服务人员个人所得税税收管理暂行办法》，规范餐饮业、沐浴业和娱乐业纳税人的个人所得税征收管理。

2004 年 6 月，制定《新城区地方税务局有奖定额发票兑奖管理办法》，推行有奖定额发票的使用，提高广大消费者主动索取发票的积极性。

2005 年 8 月，地税局与新城区财政局、新城区残疾人联合会，共同下发《关于残疾人就业保障金征缴工作的通告》，加强残疾人就业保障金征缴力度。10 月，在全市统一开展有奖发票以及漏征漏管户互查工作。

2006 年 4 月，新版发票正式启用，旧版有奖定额发票作废，不得再作为财务报销凭证，新版有奖定额发票面值不变，中奖比率由 2.4%提高到 8.6%。

2007 年 5 月，按照自治区地税局《关于重点建设项目统计上报工作的通知》，建立健全重点建设项目监控台账，掌握工程总体情况、完工进度、支付工程款和缴纳税收等情况，采取源头控管，强化征收管理，确保各项税款及时足额入库。

2008 年，贯彻内蒙古自治区地税局、中国保监会内蒙古监管局转发国家税务总局、中国保险监督管理委员会《关于进一步做好车船税代收代缴工作的通知》，实施"见税出单”政策。

2009年,新城区地税局到乡镇基层,登门访谈纳税户,听民声、察民意、体民情,倾听党政部门、企业、个体业户、农牧民从不同视角对税收的意见和建议。开展送税法进城市、农村、企业、工厂、学校、社区的活动;利用地税网站开展因特网服务宣传活动。开展“12366”税收咨询热线服务活动,扩大服务项目,内容涉及税法咨询、纳税申报、税法公告、案件查处、纳税人意见、综合服务等纳税服务信息资料。

2011年6月,《中华人民共和国个人所得税法》颁行,新城区地税局应用“金税”三期优化版个人所得税管理系统。

2012年5月,新城区地税局作为自治区、市地税两级纳税服务工作试点单位,编制《新城区地税局办税服务厅工作规范(试行)》《新城区地税局办税指南》,全方位地为纳税服务、执法、监督、考核提供可行性指南。

2014年1月,新城区贯彻落实《财政部 国家税务总局关于将铁路运输和邮政业纳入营业税改征增值税试点的通知》,铁路运输业和邮政服务业纳入“营改增”试点。贯彻落实《财政部 国家税务总局关于将电信业纳入营业税改征增值税试点的通知》,电信业纳入“营改增”试点。贯彻落实《内蒙古自治区财政厅、地税局、国税局关于在全区开展建筑业销售不动产业营业税改征增值税税收调查工作的通知》,新城区管辖建筑业、销售不动产业进行“营改增”调查。2月,在“金税三期”测试环境涉及票证的业务模块中进行测试,新版税收票证上线运行。制定《新城区地方税务局非正常户管理办法》,规范非正常户管理,加强税源监控,防止税款流失。

2015年4月,新城区贯彻落实《内蒙古自治区地方税务局关于加强营业税管理 做好“营改增”专项清收工作的通知》精神,开展营业税专项清收工作。7月,新城区地税局改革征管工作,建立“五个税收体系”,即机构重设、人员重整、对重点税源和重点税种实行精细化管理、企业和个体户分离实行专人管理,建立以基层党组织团队为保障的决策机制。通过征管改革,形成新的税收征管模式,首次移动终端自助缴纳社保费实测成功。同年,根据《国家税务总局关于欠缴税金按风险分类核算管理的通知》要求,开展欠缴税金按风险分类核算管理工作,通过对数据的分析,更加清晰地反映出各征管局的控制新欠和清缴欠税的整体管控能力,最大限度地控制新欠税金发生,并针对不同风险类别的欠缴税金采取有效的税款追征措施,清缴欠税,提高组织收入工作的质量和效率。

2016年3月,新城区开展“营改增”工作。4月,新城区国地税联合开展主题为“聚焦营改增试点 助力供给侧改革”宣传活动,开展所得税暨“营改增”政策培训。

2017年,新城区地税局深化“简政放权、放管结合、优化服务”改革,简政放权上做“减法”,后续管理上做“加法”,优化服务上做“乘法”。落实市局整合办税服务厅的要求,将原有的6个办税服务厅整合为4个,着重打造1个全职能办税服务厅和1个国地税联合办税服务区。中心办税区占地面积 1795 平方米，合理划分办税服务区、咨询辅导区、自助办税区、休息等候区、开放办公区、图书休闲区和职工之家等七大区域，形成分区合理、设施齐全、标识规范、陈设美观、宽敞明亮的办税环境，营造整洁舒适、便捷高效、温馨和谐的办税环境。提升纳税服务水平，各办税服务厅公示首问责任制、一次性告知制、限时办结制等四大类 14 项优质服务内容，并推行网上办税、移动办税和自助办税。

四、税务稽查

2003 年 8 月，根据呼和浩特市地税局《转发内蒙古自治区地方税务局关于开展 2003 年税收专项检查工作的通知》精神，组建 19 个检查小组，对辖区纳税单位进行检查。在检查内容上要求对房地产企业所涉及的各个税种往前追查 3 年，并根据规定实施税款追征。

2008 年 5 月，根据《内蒙古自治区地方税务局关于开展发票专项检查的通知》精神，地税局开展发票专项检查工作，凡在新城区管辖登记注册的交通运输业、金融保险业、邮电通信业、文化体育业、建筑业、销售不动产、转让无形资产、餐饮、娱乐和其他服务业企业和个体工商户均进行检查。新城区税源一科、税源二科、各税务所发票管理科均进行抽查。7 月，开展车船税代收代缴工作专项检查工作。

2009 年，根据《呼和浩特市地方税务局关于开展 2009 年税收专项检查工作的通知》精神，地方税务局进行税收专项检查，检查房地产业、建筑安装业、采矿业及运销企业、交通运输业及仓储企业、大型饮食服务业及娱乐业、中介服务业、营利性医疗及教育培训机构、拍卖企业。检查重点税源企业，核查符合年所得 12 万元以上自行纳税申报条件的纳税人的申报情况。同年 3 月，新城区地方税务局进行税收票证审计工作，审计税收票证领发是否符合规定手续，领发登记录是否建立健全；审计税收票证保管是否坚持“一清”(即票清离岗)，“三禁”(即严禁票证离身，严禁带票回家，严禁带票参加与票证工作无关的活动)，“四专”(即专人保管、专库、专柜存放、专袋携带)，“六防”(即防盗、防火、防潮、防虫蛀、防鼠咬、防丢失)；对已填用的票证存根联、报查联和作废、停用、损失上缴的票证是否按规定方法和保管期限妥善保管；审计税收票证使用是否严格执行“十不准”，票证填写是否规范，有无不填开票日期或有意填错日期情况，有无错用税率和计算错误，多征、少征税款，是否坚持专票专用，先领先用、顺序填开，有无跳号缺号等；审计税收票证结报缴销是否严格按照期限规定及时办理税款入库，有无积压已收税款及挪用税款现象，入库税款金额是否与征收税款金额一致，是否存在转引税款等违规行为；审计税收票证作废停用是否全份保存，负责人是否签字确认；审计税收票证损失处理后是否及时查处并上报上级机关，有无隐瞒事实情况。确保税收政策正确贯彻执行。

2010 年 1 月，进行税务行政审批自查自纠，分析税收执法检查情况、税收执法责任制落实情况。

2011 年 8 月，新城区贯彻《关于对重大行政处罚备案工作进行检查的通知》开展行政执法案卷评查活动。同年 11 月,开展税收规范性文件制定和备案审查情况自查。开展法制宣传教育,转发《内蒙古自治区人民政府关于贯彻实施〈中华人民共和国行政强制法〉的通知》《关于贯彻实施〈中华人民共和国行政强制法〉的通知》,加强减免税监控。

2013 年 6 月,新城区建立行政复议工作联络员制度。12 月,全面清理行政审批事项和行政事业性收费项目,开展全面清理行政审批事项和行政事业性收费项目工作。

2015 年 1 月,贯彻《内蒙古自治区地方税务局重大行政处罚备案监督办法的通知》,开展行政执法监督试点工作,进一步深化税务行政审批制度改革工作。

2017 年,开展规范税收执法和税务法律文书使用专项整治工作,案卷评查自查工作、税收执法专项检查和机关作风建设督查等工作,构建起法治建设格局,被评为首批“全国税务系统法治基地”。成立重大执法决定法制审核小组,建立行政复议室和听证室,配备录音录像设备、执法记录仪,保证纳税人的合法权益受到保护。

第四章　金融　保险

第一节　管理机构

2013 年 10 月,新城区成立金融工作办公室,为正科级全额拨款事业单位。成立之初,暂由区财政局代管。2015 年 6 月,内设综合办公室、业务科 2 个科室,有工作人员 4 人。主要管理已获得自治区金融办公室批准成立的小额贷款公司和融资性担保公司两类机构,进行日常的现场和非现场检查;承担区处置非法集资工作领导小组办公室及互联网金融风险专项整治工作领导小组办公室职责。

第二节　工　作

2014 年,新城区金融办公室检查辖区 19 家小额贷款公司、3 家融资性担保公司。实施在线监管,每季度通过现场检查方式对两类机构进行动态监管,掌握各家公司的经营情况,督促两类机构进一步规范管理、合规运作,确保不发生系统性金融风险。防范和处置非法集资、互联网金融风险专项整治、交易场所清理整顿工作,切实维护金融秩序和社会稳定。

2015—2016年，新城区在“3·15国际消费者权益日”等重大活动日进行“打击非法集资”宣传，以在居民区、大型商超、超市、人流密集区悬挂标语、条幅、电子屏滚动播出，设立现场咨询台、摆放展板、发放宣传品的方式，引导广大人民群众进一步提高警惕，认识非法集资风险及社会危害，树立正确的投融资理财观念，自觉远离金融诈骗陷阱，确保自身权益不受侵害。开展互联网金融风险专项整治工作，制定专项实施方案，成立以政府区长为组长互联网金融风险专项整治工作领导小组，防范和处置非法集资工作。在全区范围内开展宣传教育工作，发动群众从源头上防范互联网金融犯罪，营造良好的社会氛围。开展综合治理农村牧区发放高利贷，规范民间借贷行为。按照《内蒙古自治区人民政府关于综合治理农村牧区高利贷若干措施的通知》有关要求，就高利贷现象进行逐月摸排，上报市金融办。配合呼和浩特市金融办公室对辖区内小贷公司进行年度小额贷款公司年审工作。

2017年，新城区通过在线监管系统完成对辖区内19家小额贷款公司和3家融资性担保公司的非现场检查。每季度现场检查两类机构，进行动态监管。防范和处置非法集资，调整处置非法集资领导小组成员。为有效遏制非法集资活动蔓延，在全区范围内集中开展防范非法集资风险专项排查活动。制定并印发《关于印发〈新城区2017年度防范和处置非法集资宣传月活动方案〉的通知》，联合72个社区（村）同步开展以“非法集资不受法律保护、参与非法集资风险自担”为主题大型宣传活动。开展针对互联网金融风险的专项排查，梳理涉及P2P网络借贷和股权众筹业务、通过互联网开展资产管理及跨界从事金融业务、第三方支付业务、互联网金融领域广告等行为企业，未发现存在上述内容的企业。清理整顿交易场所，对辖区内21家交易市场（权益类5家，现货类16家），和7家驻新城区其他省市交易机构，开展为期3个月的专项排查整治工作。开展金融领域社会矛盾纠纷排查整治工作。在全区范围内开展网络一元购排查清理、金融信贷引发社会矛盾纠纷排查化解、代币发行融资清理整顿、“云购”参与者疏导稳控等金融领域排查、整治、稳控相关工作。开展综合治理农村牧区高利贷工作，属地涉及村落的保合少镇、成吉思汗大街街道办事处进行自查并形成调查报告，上报至呼和浩特市金融办。与辖区内小贷公司等机构签订“不参与高利贷活动承诺函”，从源头减少高利贷资金渠道，规范民间借贷行为。

第三节 银 行

新城区金融机构众多，金融服务业较发达。境内银行涵盖中国工商银行、中国农业银行、中国银行、中国建设银行、中国邮政储蓄银行、交通银行等大型国有商业银行和招商银行、浦发银行、中信银行、中国光大银行、华夏银行、中国民生银行、广发银行、兴业银行、平安银行、恒丰银行、浙商银行、渤海银行等股份制商业银行及部分城市商业银行。2001 年,新城区有金融机构 45 个。构成以中国工商银行、中国农业银行、中国银行、中国建设银行、中国邮政储蓄银行、交通银行等大型国有商业银行为主。2009 年起,上海浦东银行、兴业银行、中信银行、民生银行、招商银行、金谷银行农村商业银行、包商银行陆续进驻新城区。2017 年,新城区有金融机构 98 个。

中国银行股份有限公司内蒙古自治区分行 2001 年 1 月,迁入呼和浩特新城东街 88 号(新华大街 12 号),所属机构有职工人数 7309 人。

中国银行股份有限公司呼伦北路支行 位于海拉尔东路 228 号,业务范围对公、对私存贷款、金融理财等,有职工 11 人。

中国银行股份有限公司呼和浩特市海中路支行 2001 年成立,位于呼和浩特市新城区海拉尔中路 563 号金港大厦一层。业务范围为人民币存款、外汇存款、外币兑换、国际结算、结汇售汇为主业务,有工作人员 13 人。

中国工商银行股份有限公司内蒙古军区支行 2011 年建成。位于新城区胜利路 16、17 号,建筑面积 300 平方米。主要办理人民币存款、贷款,国内外结算,各类汇兑业务,代理销售业务,代理发行,代理兑付政府债券,买卖政府债券,金融债券,外汇存款,外币贷款,外币兑换,银行卡业务、电话银行业务等。有职工 15 人。

中国工商银行股份有限公司海东路二支行 1997 年建成, 位于呼和浩特市新城区海拉尔东路 71 号,有职工人数 22 人。

中国农业银行股份有限公司内蒙古分行 2009 年, 股份制改制后命名为中国农业银行股份有限公司内蒙古分行。位于哲里木路 83 号,占地面积约为 1.4 万平方米。主要负责金融业务、代理保险业务、开办信息咨询类业务、企业信用等级评定、信息定制任务及财务顾问类业务中的融资顾问和常年财务顾问。辖属 14 个二级分行、131 个支行、578 个营业机构,所属员工 1.2 万人。

中国建设银行股份有限公司海拉尔大街支行 1994 年建成后,位于呼和浩特市呼伦贝尔北路富恒大厦商业临街综合楼 1 楼,占地面积 613.71 平方米。职工人数 18 人,办理存储、信贷、理财等金融业务。

中国建设银行股份有限公司呼和佳地支行 2010 年建成,位于呼和浩特市哲里木路呼和佳地东门北 1 号,占地面积 460 平方米。有职工人数 14 人。

中国建设银行有限公司公主府支行 2006 年建成,位于通道北街 54 号,主要经营对公、对私金融业务,存款规模 4 亿元。有职工 14 人。

中国建设银行股份有限公司呼和浩特琦琳北辰支行 2006 年建成,位于呼和浩特市新城区成吉思汗大街新城区政府南门对面日新大厦一楼,主要业务范围是存储、信贷、理财等金融服务。有工作人员 18 人。

中国邮政储蓄银行股份有限公司呼和浩特市呼伦贝尔北路支行　2010年建成，位于富恒大厦4号楼104室。主要职能为吸收公众存款，办理汇兑业务，职工人数11人。

中国邮政储蓄银行股份有限公司呼和浩特市正源小区营业所　2010年建成，位于正源小区。主要职能吸收公众存款，办理汇兑业务，职工人数8人。

内蒙古银行股份有限公司环宇支行　位于呼和浩特市新城区兴安北路5号，兴安北路与百溢巷交会处。业务范围主要是办理国内结算，中长期贷款代理业务等，有职二人数25人。

内蒙古银行股份有限公司呼和浩特兴安北路支行　1999年11月成立，前身为呼和浩特市商业银行；2009年9月更名为内蒙古银行股份有限公司。位于呼和浩特市新城区兴安北路5号，业务范围主要是办理国内结算，中长期贷款代理业务等，有职工人数25人。

内蒙古银行股份有限公司呼和浩特爱民路支行　2001年建成，位于新城区爱民路西口综合商业楼底层，建筑面积185平方米。主要负责吸收公众存款，发放短期、中长期贷款，办理国内结算，办理票据贴现，代理发行，代理兑付，承销政府债券，代理收付款项，百灵公务卡业务，自有房屋租赁等。有职工8人。

内蒙古银行股份有限公司呼和浩特海拉尔中路支行　前身为呼和浩特市商业银行，2009年正式更名。位于哈拉尔东路55号，主要职能是提供理财、金融业务，贵金属、证券投资，保险投资，银行卡、网银三方存管，代发工资等多项财富管理服务。

内蒙古银行股份有限公司呼和浩特联信支行　2006年建成，位于呼伦贝尔北路52号，占地面积2500平方米。负责吸收公众存款，发放短期、中长期贷款，办理国内结算，办理票据贴现，代理发行，代理兑付，承销政府债券，代理收付款项，百灵公务卡业务，自有房屋租赁等。有职工10人。

内蒙古银行股份有限公司呼和浩特爱民路支行　2001年建成，位于新城区爱民路西口综合商业楼底层，建筑面积185平方米。主要负责吸收公众存款，发放短期、中长期贷款，办理国内结算，办理票据贴现，代理发行，代理兑付，承销政府债券，代理收付款项，百灵公务卡业务，自有房屋租赁等。有职工8人。

华夏银行股份有限公司海拉尔大街社区支行　2015年建成，位于新城区海拉尔大街凤凰新城南门军区政治部综合楼一至二层。主要业务范围为储蓄、理财、FOS机、黄金、基金等金融业务。有职工人数5人。

上海浦东发展银行股份有限公司兴安北路支行　位于兴安北路润宇家居红木楼一楼，占地面积为1000平方米，职工人数18人，业务范围储蓄信贷。

中国民生银行股份有限公司呼和浩特兴安北路支行　2013年5月设立。位于呼和浩特市新华大街1号世贸晶钻底商1010号。主要职责吸收公共存款，发行短期、中长期贷款，办理国内外结算。在职人员30人。

中国民生银行股份有限公司呼和浩特哲里木路支行 2014年建成,位于新城区哲里木路坤和爱尚街(工大西门斜对面),业务范围是储蓄、贵金属、借贷、基金等金融业务。有职工23人。

包商银行股份有限公司呼和浩特新城支行 2012年8月10日成立,位于新华东街亿峰岛小区。职工人数19人。

招商银行股份有限公司新华东街支行 2009年8月成立,位于新华东街亿峰岛小区底商。职工40人。

招商银行股份有限公司新华广场支行 2007年成立,位于新华大街56号,提供存取款等金融服务,有职工40人。

第四节 保 险

中国人民财产保险股份有限公司内蒙古自治区分公司 位于哲里木路,主要负责财产损失保险、责任保险、信用保险、意外伤害保险、短期健康保险、保证保险等人民币或外币保险等业务。2017年,有职工人数1256人。

中国人民财产保险股份有限公司呼和浩特市分公司营业部 2003年成立,位于哲里木路华闻大厦1～2层,一层为对外营业区,二楼为办公区。主要经营财产损失保险、责任保险、信用保险和保证保险、短期健康保险和意外伤害保险,经中国保监会批准的其他保险业务。

中国人寿保险股份有限公司内蒙古分公司 2003年建立,位于呼和浩特市新华大街17号。是中国人寿保险股份有限公司在内蒙古自治区派驻授权经营单位,内蒙古自治区最大的专业化商业寿险公司。主要经营以人的寿命和身体为标的的保险业务,向个人及团提供人寿,意外和健康保险产品。

中国人寿保险股份有限公司呼和浩特分公司 1999年成立,位于呼和浩特市新华东街79号,占地面积3300 平方米,建筑面积1万平方米,内设综合资源部、人力资源部、团体业务部、营销部等,2017年,有员工212人、营销人员400人。

第十篇

经济管理

第一章　发展和改革

第一节　机　构

一、管理机构

发展和改革局　1984年，新城区成立计划经济委员会。2002年5月14日，按照《呼和浩特市新城区党政机构设置实施意见》，新城区人民政府进行机构改革。不再保留计划经济委员会、经济技术协作办公室、商务办公室、物价局组建经济计划贸易局，乡镇街道企业管理局归口经济计划贸易局。2009年，更为名新城区发展和改革贸易局，2012年1月，更名新城区发展和改革局。2014年，呼和浩特市人民政府办公厅关于印发《〈新城区人民政府职能转变和机构改革方案〉的通知》，新城区发展和改革局（挂粮食局牌子，不再挂区经济协作局牌子），为新城区人民政府工作部门。2017年，发展和改革局内设办公室、综合股、农业股、服务业股、高新技术产业股、社会事业股、投资股、价格监督检查股、重大项目稽查特派员办公室、区域协作股等10个。事业单位4个（下设），新城区经济研究中心、经济协作中心、价格认证中心、节能监察中心。在职职工41人。

二、二级单位

价格监督检查局　2002年，新城区物价管理所正式划入新城区经济计划贸易局，为二级事业单位。2005年，新城区物价管理所升格为副科级机构。2008年，新城区物价管理所更名为新城区价格监督检查局。2014年，价格监督检查局撤销，成为发展改革局的科室，调整为价格监督检查股。

经济研究中心　2011年3月成立，有工作人员15人。

价格认证中心　2011年3月成立，有工作人员3人。

节能监察中心　2013年7月成立，有工作人员1人。

经济协作中心　2011年3月成立，有工作人员1人。

第二节　计划编制

2001—2017年，连续17年编写新城区国民经济和社会发展计划。

2001年，编制新城区国民经济和社会发展“十五”规划、《新城区农业产业化计划》。

2003年,新城区编制并下达季度及全年全区工业指标计划;编制全区商、饮、服、工业零售额计划;编制乡街经济指导性指标计划;编制全区内引外联指标计划。

2005年,新城区编制《国民经济和社会发展第十一个五年规划及2020年远景目标》。

2006年,新城区编制国民经济和社会发展"十一五"规划。提出新城区要围绕三产立区、二产强区、一产补区、科教兴区、城建靓区的总体发展思路,调整经济结构,转变增长方式,以工业园区、成吉思汗特色景观区、大青山沿线生态旅游带为重点,推进城市化、工业化、农业产业化进程,建设社会主义新农村,促进人的全面发展,构建和谐新城。到"十一五"期末,综合经济实力和人居环境名列自治区旗县区前列。地区生产总值达到369.6亿元,比2005年增长149%,年均递增20%;人均地区生产总值达到1.1万美元,比2005年增长129%;工业现价总产值达到51.5亿元,比2005年增长149%,年均递增20%;单位生产总值能源消耗比"十五"期末降低25%左右;财政收入达到20亿元,比2005年增长150%,年均递增20%;城镇居民人均可支配收入达到28620元,比2005年增长101%,年均递增15%;农民人均纯收入达到9670元,比2005年增长61%,年均递增10%;全社会固定资产投资达到118.2亿元,比2005年增长149%,年均递增20%;社会消费品零售总额达到223亿元,比2005年增长148%,年均递增20%;招商引资额达到89亿元,比2005年增长149%,年均递增20%。

2010年,新城区编制国民经济和社会发展"十二五"规划。提出新城区要抓住国家新一轮西部大开发和支持民族地区跨越式发展的重要历史机遇,以科学发展为主题,以加快转变经济发展方式为主线,按照呼和浩特市"打造一流首府城市、建设一流首府经济"和"一核双圈一体化"发展的要求,坚持走富民强区之路,继续实施"三产立区、二产强区、一产补区、城建靓区、科教兴区"发展战略,加快发展现代服务业,加速推进新型工业化、城镇化、农业现代化进程。到"十二五"末,经济总量比"十一五"期末翻一番;地方财政收入年均增长15%,达到70亿元;规模以上工业增加值年均增长15%,达到23.7亿元;全社会固定资产投资年均增长15%,五年累计完成1280亿元;社会消费品零售总额年均增长15%,达到467亿元,力争实现500亿元。农村合作医疗参合率保持在95%以上。城镇失业率控制在3.8%以内。居民收入稳步增长,城镇居民人均可支配收入年均增长10%以上,农民人均纯收入年均增长12%。全社会研发投入占地区生产总值比重达到2%,高新技术占工业增加值的比重提高到50%以上,单位GDP能耗比"十一五"期末降低4%以上。服务业增加值占GDP的比重稳定在80%以上。森林覆盖率达到37.6%。工业废水排放达标率、工业固体废弃物处置利用率、生活垃圾清运率、饮用水源水质达标率达到100%,主要污染物排放总量达到自治区和呼和浩特市下达的控制目标要求,城市污水处理率大于80%。

“十二五”规划主要指标

表 10-1-1

序号	指标名称	计算单位	2010 年完成	“十一五”年均增长(%)	2015 年规划	“十二五”年均增长(%)	指标属性
1	地区生产总值	亿元	373.0	20.2	750.0	15	预期性
2	地方财政总收入	亿元	34.7	34.1	70.0	15	预期性
3	全社会固定资产投资	亿元	165.0	28.5	332.0	15	预期性
4	规模以上工业增加值	亿元	11.8	12.9	23.7	15	预期性
5	社会消费品零售总额	亿元	232.1	20.9	467.0	15	预期性
6	总人口	万人	61.2	7.5	65.0	—	预期性
7	城镇化率	%	75.0	—	85.0	2.5	预期性
8	农牧民人均纯收入	元	10600	12.1	18700	12	预期性
9	城镇居民人均可支配收入	元	28000	11.4	45100	10	预期性
10	森林覆盖率	%	34.3	—	37.6	—	预期性
11	城镇登记失业率	%	3	—	3.8 以内	—	约束性
12	单位 GDP 能耗	吨标准煤/万元	—	—	—	-0.04	约束性

2011 年，编制下达新城区 2011 年经济社会发展任务计划。编制完成新城区产业发展规划和新城区旅游发展规划、新城区旅游发展规划通过专家终审。

2013 年，编制《东库东西街家居建材特色街区控制性详细规划》和《新城区服务业发展规划(2013—2020 年)》；制定《新城区加快服务业跨越式发展若干政策意见(讨论稿)》及《新城区人民政府关于加快推进服务业发展的实施意见》。

2014 年，绘制《新城区现代服务业集聚区和待开发区块地图》，编制《新城区·内蒙古独具魅力的现代服务业集聚区》宣传手册和《呼和浩特市·新城区—内蒙古独具魅力的现代服务业强区》专题片。编制完成《呼和浩特市新城区服务业发展规划(2014—2024年)》。

2015 年，制作完成年度服务业重点项目册和《服务业优惠政策汇编》。统筹做好《新城区国民经济和社会发展第十三个五年规划》的编制工作，制订工作方案，确定 10 个重大研究课题、20 个专项规划；制定“十三五”规划编制进度表。组织召开 3 次工作会议，组织规划编制专家组和各相关部门进行“十三五”专题调研及座谈。完成“十三五”重点项目征集，梳理出“十三五”重点项目 181 项，计划总投资 1872.66 亿元，形成新城区“十三五”规划纲要(讨论稿)。完成《新城区 2015 年巩固退耕还林成果项目实施方案》和《新城区 2015 年京津风沙源治理工程初步设计》的编制与报送工作。

2016 年，编制完成《新城区服务业三年行动计划(2016—2018 年)》。编制国民经济和社会发展“十三五”规划。提出新城区要坚持创新、协调、绿色、开放、共享发展理念，坚持稳中求进，统筹推进经济、政治、文化、社会、生态文明建设和党的建设，建设活力、和谐、人文新城，在全市提前实现脱贫、提前实现城乡发展一体化、提前全面建成小康社会。到“十三五”末，地区生产总值年均增长7.5%，达到1045亿元，提前三年实现比2010年翻一番目标。一般公共预算收入年均增长8%，达到63亿元。规模以上工业增加值年均增长10%，达到27.5亿元。全社会固定资产投资年均增长10%，五年累计超过1500亿元。社会消费品零售总额年均增长8%，达到588亿元。城镇常住居民人均可支配收入和农村常住居民人均可支配收入年均分别增长7.5%和8%，分别达到60580元和23980元，城镇常住居民人均可支配收入到2018年比2010年翻一番，农村常住居民人均可支配收入到2017年翻一番。

“十三五”时期经济社会发展主要指标一览表

表10-1-2

<table>
<tr><th>类别</th><th colspan="2">指标</th><th>2015年</th><th>2020年预计</th><th>年均增长(%)</th><th>属性</th></tr>
<tr><td rowspan="5">综合经济指标</td><td colspan="2">地区生产总值(亿元)</td><td>728.8</td><td>1045</td><td>7.5</td><td>预期性</td></tr>
<tr><td colspan="2">人均地区生产总值(元)</td><td>118693</td><td>169600</td><td>7.4</td><td>预期性</td></tr>
<tr><td colspan="2">一般公共预算收入(亿元)</td><td>43</td><td>63</td><td>8%</td><td>预期性</td></tr>
<tr><td colspan="2">全社会固定资产投资(亿元)</td><td>233</td><td>1500</td><td>10%</td><td>预期性</td></tr>
<tr><td colspan="2">社会消费品零售总额(亿元)</td><td>400</td><td>588</td><td>8%</td><td>预期性</td></tr>
<tr><td rowspan="2">创新发展指标</td><td colspan="2">研究与试验发展经费支出占地区生产总值比重(%)</td><td>0.02</td><td>2</td><td>—</td><td>预期性</td></tr>
<tr><td colspan="2">互联网普及率(%)</td><td>—</td><td>100</td><td>—</td><td>预期性</td></tr>
<tr><td rowspan="2">协调发展指标</td><td colspan="2">城乡居民收入与地区生产总值增长速度比</td><td>小于1</td><td>大于1</td><td>—</td><td>预期性</td></tr>
<tr><td colspan="2">城乡居民收入比</td><td>2.57∶1</td><td>2.34∶1</td><td>—</td><td>预期性</td></tr>
<tr><td rowspan="4">绿色发展指标</td><td colspan="2">基本农田保护面积(万公顷)</td><td>0.3992</td><td>0.3992</td><td>—</td><td>约束性</td></tr>
<tr><td rowspan="2">主要污染物排放减少</td><td>二氧化硫(万吨)</td><td>0.065222</td><td colspan="2" rowspan="2">达到国家要求</td><td>约束性</td></tr>
<tr><td>氮氧化物(万吨)</td><td>0.015241</td><td>约束性</td></tr>
<tr><td colspan="2">森林覆盖率(%)</td><td>40</td><td>大于40</td><td>—</td><td>约束性</td></tr>
<tr><td rowspan="2">开放发展指标</td><td colspan="2">区内招商引资总额(亿元)</td><td>56</td><td>90</td><td>10%</td><td>预期性</td></tr>
<tr><td colspan="2">区外招商引资总额(亿元)</td><td>54</td><td>87</td><td>10%</td><td>预期性</td></tr>
<tr><td rowspan="4">共享发展指标</td><td colspan="2">城镇居民人均可支配收入(元)</td><td>42196</td><td>60580</td><td>7.5%</td><td>预期性</td></tr>
<tr><td colspan="2">农村居民人均可支配收入(元)</td><td>16319</td><td>23980</td><td>8%</td><td>预期性</td></tr>
<tr><td colspan="2">城镇调查失业率(%)</td><td>3.0</td><td>小于5</td><td>—</td><td>预期性</td></tr>
<tr><td colspan="2">每千常住人口卫生机构床位数(张)</td><td>5.2</td><td>6</td><td>—</td><td>约束性</td></tr>
</table>

说明：2020年固定资产投资目标为五年累计数

第三节　投资项目审批

2001—2017年，新城区共审批、核准和备案各类项目470项，意向总投资517.43亿元。

2001年，新城区紧抓西部大开发机遇，争取上级投资项目12项，资金总额1562万元，全年审批立项134个。

2002年，新城区受理行政审批事项和服务咨询项目48项，为投资者提供优质、高效、便捷的全方位综合服务。

2004年，审批项目65项，其中农业4项，工业9项，商业16项，建筑业36项。项目涉及总金额63861万元，3000万元以上项目10项。

2005年，新城区改革项目审批制度，对于企业不使用政府投资的项目，一律不再实行审批制，区别不同情况实行核准制和备案制。审批项目55项，投入资金58.37亿元。其中农业8项，涉及资金3700万元；工业6项，涉及资金2亿元；服务业12项，涉及资金12亿元；建筑业29项，涉及资金44亿元。

2006年，全年新城区新备案和核准投资项目99项，意向投资额132亿元。及时将项目报送市发展改革委员会列入项目库。

2010年，新城区以国家产业发展导向和自治区、呼和浩特市产业定位为“红线”，核准和备案项目35项，意向投资81.52亿元。

2011年，新城区以国家产业发展导向和自治区、呼和浩特市产业定位为“红线”，严把项目准入关。审批核准和备案各类项目78项，意向投资175.39亿元。

2012年，累计审批、核准、备案项目70项，计划总投资达277.43亿元。

2013年，新城区发展和改革局制作《项目审批、核准、备案办理指南》，明确承办事项、办事程序等内容，在办理时间上做出严格承诺，即从正式受理之日起(除特殊情况和企业材料不全情况外)，5个工作日内答复办理结果。上报审批、核准和备案各类项目81项，意向投资334.53亿元。

2015年，新城区发展和改革局梳理出行政许可事项4项，行政处罚事项14项、行政强制措施事项3项、行政强制执行事项2项、行政确认事项2项、行政奖励事项1项、行政监督检查事项14项。筹备设立新城区投资项目评审中心。调整、优化和公布各类事项的审核流程、时限和资料清单，严格落实项目立项5个工作日限时办结制和“一站式”审批服务制度，在区行政服务大厅窗口派驻工作人员，集中办理审批事项。开展棚户区改造、百草园、万亩草场二期、新农村建设等重点项目，审批、审核、备案项目69项，意向总投资48.1亿元。

2017 年,新城区发展和改革局承接下放行政审批事项,编制完成权力清单、服务清单和行政审批目录。调整审批流程,编印《项目审批核准备案办理指南》和《发改工作参考手册》,推进投资项目在线审批,简化审批程序,缩短审批时间。开展自治区、市和"自治区成立 70 周年"重大项目的立项报批服务工作。组织召开评审会议 6 次,完成老旧小区改造、城市道路建设、教育、社会事业类等工程项目评审 38 项。完成国家北方足球训练基地(二期)、区医院等项目的审批工作。审批、核准和备案各类项目 47 项,意向总投资 144.7 亿元。结合各地区固定资产投资项目个数和投资额度,提出固定资产任务指导意见,研究制定《新城区投资补助项目管理办法》和《新城区政府投资项目审批管理办法》,定期调度全区 97 个项目。

第四节　项目管理与监察

2002 年,新城区对 100 万元以上乡镇企业进行跟踪服务,及时解决实际问题,针对任务制定责任状,进行实绩考核。

2004 年,新城区对建设项目进行整理,编制成册,编出可行性研究报告。督促园区工业项目落地,加快建设进度,促进投产增效。

2005 年,新城区将 11 家产业化龙头企业作为重点联系企业,每季度对企业的运营情况进行实时监控。督促 3000 万元以上投资项目早落地、早开工、早投产、早受益。

2006 年,新城区跟踪服务内蒙古国际商贸城、润宇国际家居装饰城、呼运物流信息中心、琦琳北辰花园、东风卡车及宝马 4S 店、奈伦国际、王府花园等项目。

2007—2010 年,新城区执行 5000 万元以上固定资产投资项目月报、3000 万元以上服务业项目月报、1000 万元以上工业投资项目月报等一系列报表和固定资产项目库制度,督促其早落地、早开工、早投产、早达效。

2011 年,新城区执行 5000 万元以上固定资产投资项目、3000 万元以上服务业项目、1000 万元以上工业投资项目月报制度,以基层报表为主,以实地考察项目进度为辅,采取多种方式,及时了解和掌握在建项目进展情况。

2012 年,新城区开工、复工项目 163 项,完成投资 225 亿元。争取到上级部门各类资金 5426 万元,到位资金 3431 万元,涉及各类项目 28 个。加强对项目的跟踪监控,实地考察项目进度。

2013 年,新城区申请到中央、自治区、市三级预算资金 8927 万元,创历史新高。开展重大项目资金管理使用的日常跟踪和检查。重点稽查 2012—2013 年获得中央、自治区和市级各类资金的 62 个项目。

2015 年,中央、自治区、呼和浩特市三级政府预算内投资的建设项目到位资金4214.6

万元。上报申请国家投资债券项目 43 项，红山口、古路板、野马图、代洲营棚户区 4 个项目获得债券资金 1.57 亿元。新城区对 2010—2014 年涉及中央、自治区、市三级政府预算内投资的建设项目进行专项稽查，对 18 个未开工、进度缓慢的项目进行稽查。对项目建设中存在的问题，提出整改意见。对企业提出规范项目管理、保证建设质量、节约建设资金等方面的具体要求，督导项目主体严格按照要求逐步完善项目基本建设程序。

2016 年，成立稽查特派员办公室，配备稽查特派员。制定工作职责和稽查工作流程图，确定行政监督检查的责任事项，进行重点建设项目稽查。对 2013—2016 年涉及中央、自治区预算内和呼和浩特市财政资金投资项目进行稽查。对棚户区配套基础设施、农林牧水、社会事业、服务业、高新技术等多个行业 102 个项目展开稽查，涉及上级各类资金 3.84 亿元。配合上级部门对新城区 2013 年易地扶贫搬迁试点项目以及 2015—2016 年专项基金建设项目以及 2013—2014 年中央预算内投资未开工项目进行稽察。

2017 年，新城区加强 21 个自治区重点项目和 65 个市重点建设项目的监管。5 个自治区春季集中开工项目和 8 个自治区大数据产业推介会签约项目调度，及时掌握项目进展情况和建设过程中存在的困难和问题。对未开工和进度缓慢的项目进行稽察，配合自治区接受国家下达的专项资金进行稽查工作。对棚户区配套基础设施、农林牧水、社会事业、服务业、高新技术等多个行业 54 个项目进行重点稽查 20 余次，严格规范项目管理和资金使用。

第五节 物价检查 认证

2001 年，新城区认真落实“三个代表”重要思想，开展涉农收费、市场明码标价、医疗服务、教育收费等项检查。

2002 年，全国整顿和规范市场经济，新城区加大对价格监督检查力度，对人民群众反映强烈的医疗服务、教育收费等价格违法行为进行查处。全年检查行政、事业及个体工商户 2300 户次，查出违纪金额 6500 元，全部收缴入库。经常进行市场检查，使各商业网点、商场的明码标价率达到 95%。对毫沁营镇府兴营村农民住房收费进行监督检查，减轻农民负担，保护广大农民合法权益。对涉及农民的价格公示制度进行监督检查。

2003 年，新城区加强涉农价格检查，规范农村公路工作，开展药品采购、销售价格检查整顿。发放商品标价签 10 余张，罚没收入有较大增加。

2004 年，新城区学习宣传《中华人民共和国价格法》《中华人民共和国行政处罚法》。开展涉农价格检查和收费专项检查、教育收费检查、药品和医疗收费价格检查，收缴罚没款 3 万元。开展市场检查，主要市场明码标价率 80%。

2005 年，开展农业生产资料价格和涉农收费检查、医疗服务和药品价格检查、教育收费检查;开展市场检查;清理整顿机关乱办班、乱收费现象。收缴罚没款 3 万元。

2006 年,新城区开通 12358 投诉举报电话,解决群众投诉的价格问题,通过价格举报、投诉渠道维护广大人民群众的合法权益和社会经济稳定。

2007—2009 年,新城区组织开展市场检查、涉农价费检查、医疗服务和药品价格检查、教育收费检查,利用 12358 投诉举报电话,解决群众投诉的价格问题。

2010 年,对大中小型超市、便民市场及粮、油、蛋、菜价格进行检查。成立农产品市场专项检查组和动态监测组,重点整治蔬菜、粮油等生活必需品的价格秩序。开展涉农价费专项检查,对化肥、农药及粮食经营部门进行检查,查处各类价格违法案件 18 起,罚没 3.91 万元,全部上缴国库。

2011 年,呼和浩特市居民消费价格一直保持高位运行。新城区加大对政府定价、政府指导价和市场不正当价格行为的监督检查力度;加强价格监测、节假日市场价格监管工作;规范经营性停车场收费行为;推进价格公共服务和价格诚信建设,对涉农价格、医疗服务收费和商品房销售明码标价专项检查。

2012 年,新城区加强市场监督检查,对节假日期间商场、超市以及粮油蔬菜批发市场、农贸便民市场、大中小超市开展巡查工作,加大对政府定价、政府指导价和市场不正当价格行为的监督检查力度,规范经营性停车场收费行为,共查处违法金额 18.2 万元,退还不合理收费 17.4 万元,罚没金额 4.43 万元,推进价格公共服务和价格诚信体系建设。价格认证中心不断建立健全相关机构和制度,组织开展价格鉴定、认证等相关工作,共完成涉案鉴定 220 件,涉案金额 307 万元;价格认证 5 件,金额 345 万元,无一起退卷或复合裁定。

2013 年,新城区开展涉农、医疗服务及教育的专项检查。检查单位(个人)72 家,立案 5 起,退还违法收入 2.7 万元,处罚没收违法收入 1.5 万元,全部上缴财政。“12358”价格举报接待受理各类价格咨询和投诉举报 100 余件,出动检查组 40 余次,立案 2 起。编制印发《明码标价宣传手册》,在商业密集区域举办 5 次集中宣传活动,发放宣传手册 300 余册。节假日期间安排专人定点监控 15 家市场,出动检查组 74 次。价格认证工作建立完善《价格鉴证操作规程》等规章制度,组织开展价格鉴定、认证等相关工作,对新城区 8 辆违规车辆进行鉴定、评估。完成涉案物品价格鉴定 164 件,涉案金额达 303.2 万元,价格认证 1 件,金额 163.8 万元,无一起退卷或复核裁定。

2015 年,新城区加强节假日市场价格监管,开展教育收费专项检查、涉农价格和收费专项检查。对群众反映的餐饮业最低消费、旅游景点门票、医疗服务违规收费、停车场收费及物业保证金等价费问题,进行妥善处理。受理价格维权投诉、举报、咨询案件 171 起。主要涉及水、电、暖价格、物业收费、旅游服务收费、超市标价、停车收费、教育收费等行业,案件办结率达到 100%、满意率达 98%以上。对消费者投诉的北京华联地标高售案件进行约谈处理。对上岛咖啡等餐饮业设置最低消费、水磨村和金翡佰小区等部分停车场无证收费发生的价费纠纷案件及时进行处理，有效化解价费矛盾。对圣水源旅游有限责任公司未经批准收取卫生费及电瓶车费违法所得共计32万多元事件立案进行调查。全年累计收缴罚没款30.7万元。完成涉案鉴定92件，其中终止13件，涉案金额100.87万元。无一起退卷或复核裁定，为公、检、法等部门依法办理案件提供价格依据。

2017年，区价格监督检查中心及时解决群众投诉的价格问题，通过"12358"价格举报电话，畅通价格举报和投诉渠道，推行明码标价制度，开展物价政策宣传。有序开展停车场、医疗服务、教育、商超收费等各类价格专项检查。累计处理电话投诉、咨询179件，现场调解督导83件，政策咨询宣讲50余件。按时办结，维护群众合法权益，建立价格争议调解工作与司法领域的衔接机制，开展价格争议调解处理工作。所有案件办结率达到100%、满意率达98%以上。开展价格认证鉴定工作，完成涉案价格认定83件，涉案金额125万元，无一起退卷或复核裁定，提供司法机关办理案件科学准确的依据。

2011—2017年，受理案件861件，涉案金额30378万元。其中刑事案件843件，涉案金额28621万元；民事案件18件，涉案金额1757万元。2013—2017年12358投诉举报热线报案件897件，出动1200人次，咨询案件340件、投诉举报案件457件。

第六节 招商 引资

2001年，新城区外引资1.2亿元，计划内引资7000万元，引外资142.7万美元。

2002年，招商引资项目44项，引进资金10.8亿元；实际到位资金379万美元。引进威尔浪服饰公司等4家企业，引进资金1.3亿元，成为新城区经济发展的重要增长点。

2003年，新城区引进国外资金661万美元，引进区外资金4.99亿元、区内资金5.7亿元。

2004年，招商协议引资4.3亿元。本年引进项目57个，引进区内资金8.1亿元，完成年计划的116%，位居全市9个旗县区首位；引进区外资金6.1亿元，完成年计划的102%，位居市四区第一；引进国外资金727万美元，完成年计划的145%。

2005年，新城区完善招商引资优惠政策，为加快园区发展，增强工业发展活力创造良好条件，引进内蒙古奥淳原生态酒庄园等重点工业项目。引进内蒙古晨普净水设备有限公司和一招鲜商贸有限公司2家企业，中国华电集团等7家企业与达成投资意向，全年引资4.3亿元。

2006年，全年引进项目55项，引进资金35.7亿元，完成年计划的178.5%，其中引进区外资金14.8亿元，完成年计划的148%，引进区内资金20.9亿元，完成年计划的209%。

2007年，新城区累计协议引资11亿元，形成以服装加工、机械设备制造、电子信息、物流仓储为重点的产业发展布局。

2008年,招商引资项目31项,引进国内资金70.98亿元,比2007年增长48.8%,引进国(境)外资金2355万美元,比2007年增长17.8%。

2009年,新城区引进京蒙碳纳米、F-12高强有机纤维、通信级塑料光纤等高科技工业项目10个。

2010年,按照“建成项目抓效益、在建项目抓投产、成熟项目抓开工、意向项目抓落实”的要求,进一步招商力度。建设投资规模在5000万元以上的工业项目11个,上亿元以上项目为6个。新引进投资3.2亿元的海明农业科技固水及有机肥、投资2亿元的耕耘数控制造项目。全年招商引资104.9亿元

2011年,新城区完成招商引资项目90项,其中引进国内资金143.7亿元,比上年增长61.5%,引进国(境)外资金3000万美元,比上年增长33.3%。

2012年,新引进大唐新能源等4家企业总部。金三角塑料光纤等投产企业达29家。大青山抽水蓄能电站全面复工,完成投资3亿元。全年招商引资179.2亿元。

2013—2016年,新城区制定对外开放、招商引资、经济合作的发展规划、目标计划、相关措施,连续开展招商引资、项目推介活动,建立招商引资项目库;编印发放《新城区招商引资宣传册》《新城区招商引资项目册》,制作新城区招商引资宣传片;做好签约项目的协调服务和跟踪落实工作,提高签约项目的履约率和资金到位率;共招商引资603.34亿元。

2017年,新城区引进融友机器人产业园、易世界中蒙俄跨境易货交易、远大置业商业综合体等项目。签约项目28项,商洽项目203项,签约项目协议投资额约357.3亿元。完成招商引资37.98亿元。

2010—2017年新城区招商引资工作成果表

表10-1-3　　单位:亿元

年度	引进资金数(亿元)		
	区内	区外	合计
2010	29.7	75.2	104.9
2011	40.4	101	141.4
2012	41.4	138.2	179.2
2013	40	140	180
2014	80.28	100.06	180.34
2015	57	60	117
2016	63	63	126
2017	8.23	29.75	37.98

第二章　审　计

第一节　机　构

2001 年初，新城区审计局有工作人员 9 人。2007 年，成立经济责任审计办公室。2017 年，设有办公室、业务股、经济责任审计办公室和内部审计管理中心 4 个股室。实有人数 17 人，公务员编制 5 人，事业编制 10 人，借调 2 人。

第二节　审计工作

2001 年，审计财政、税务部门及国库本级预算，审计卫生局、文体局预算执行情况，查出违规金额 128 万元。查出地税局多提少退手续费及预算执行单位未缴转户、坐支现金，漏税等。审计保合少乡财政决算，查出违规金额 87 万元（挪用集体资金 70 万元，漏记固定资产 17 万元），提出整改意见。同年，查出违规金额 443 万元，私设“小金库”未缴专户漏缴税款。专项审计农业综合开发资金，查出虚列支出、挪用公款、漏缴专户等违规金额 157 万元，提出改进意见和建议，报告有关部门。

2002 年，新城区审计部门进行经济责任审计，审计项目 14 个，查出违规金额 50 万元，退缴财政 9 万元。同年，调查单位（项目）22 个，项目审计 20 个，查出违规金额 155 万元；通过审计处理处罚，促进增收节支金额，上缴财政 47 万元，入库 46 万元，入库率达 98%。

2003 年，新城区调查项目 19 项，审计项目实际完成 18 项，查出各类违规金额 1029 万元，为国家增收节支金额 546 万元，上缴财政 31 万元。

2004 年，审计调查项目 21 个，查出违规金额 482 万元，增收节支金额 55 万元，上缴入库 41 万元。

2005 年，审计调查单位项目 14 个，查出违规金额 534 万元，增收节支金额 55 万元，调整账目 331 万元，其中应上缴财政 5 万元，全部上缴入库，补缴入库税款 50 万元。

2006 年，审计调查单位（项目）33 个；查出违规及管理不规范金额 1816 万元；增收节支金额 92 万元；其中应上缴财政 82 万元。

2007 年，新城区全年审计调查单位 32 个；查出违规及管理不规范金额 1708 万元；

增收节支金额252万元;其中应上缴财政126万元上缴入库。本年审计区政府委派项目、资质部门委托项目、计划审计项目及以往年度遗留项目。

2008年11月,审计局出台《新城区审计局关于规范审计现场秩序的规定》。审计调查单位(项目)43个;查出违规金额688万元;管理不规范金额452万元,增收节支金额172万元;其中应上缴财政168万元,上缴入库155万元。审计工作取得重大突破。

2009年,增加计生经费和新农合经费审计项目,全年审计调查项目54项(含跨年度项目7项,本年度项目47项),涉及审计及审计调查单位57个。查出违规及管理不规范金额2385万元,其中违规金额408万元,管理不规范金额1977万元,上缴财政及归还渠道资金39万元。

2011年,审计调查项目31项,审计37个单位,查出违规及管理不规范金额12098万元(其中违规金额1124万元,管理不规范金额10974万元),应上缴财政5万元全部上缴,应上缴上级专户18万元上缴,应归还原渠道资金120万元归还115万元。发现部分单位“小金库”,向纪检部门移送案件。

2012年,开展各类审计及审计调查项目23项。审计查出违规及管理不规范金额1281万元,其中违规金额128万元,管理不规范金额1153万元,上缴财政48.5万元,归还原渠道资金104万元。

2013年,审计调查项目25项,配合市审计局进行审计。查出违规及管理不规范金额7670万元,其中违规金额76万元,管理不规范金额7594万元,应上缴财政74万元,应归还原渠道资金659万元,罚款2万元。

2014年,审计部门走访中山东路办事处中山社区1000余户居民,调查群众反映热点、难点问题。同年4月,团结小区老旧小区改造竣工决算审计。审计部门派出3名业务骨干参加审计署组织全国土地征用(包头市土默特右旗萨拉齐镇)情况。本年审计调查项目27项,配合呼和浩特市审计部门完成专项审计调查项目。查出违规及管理不规范金额7090.39万元。

2015年,开展各类审计调查项目23项,查出各类违规资金490万元,管理不规范资金3103万元,交财政金额16万元,调账处理资金351万元,归还原渠道资金80万元,审计期间整改资金293万元。

2016年,实施审计项目23个,本级预算执行审计项目1个,部门预算执行项目4个,专项审计项目2个,统审项目6个,经济责任审计项目9个,乡镇预算执行项目1个。查出各类违规及管理不规范金额2402.02万元,上缴财政121405.43元,归还原渠道资金5.56万元。

2017年,新城区审计项目12个。其中1个区本级预算执行审计项目,3个部门预算执行项目,1个决算审计项目,4个统审项目,3个经济责任审计项目。审计查出各类违规及管理不规范金额 40462.07 万元，上缴财政 724.14 万元，归还原渠道资金 14.3 万元，调账处理 386 万元。审计期间维护群众利益，促进新城区廉政建设。

第三章 工商管理

第一节 机 构

2002 年，工商行政管理部门进行机构改革。撤销、合并为海拉尔东路工商所、迎新路工商所、锡林郭勒北路工商所、东街工商所、西街工商所、中山东路工商所、东风路工商所 7 个工商所。

2003 年，新城区工商分局内设机构 9 个；其他机构 3 个；挂靠消费者协会、个体私营协会 2 个。撤销中山东路工商所，有 6 个工商所。工商分局在职人员 152 人。行政编 131 人，事业编 3 人，工勤编 18 人。

2004 年，新城区工商分局增设毫沁营工商所。增设后有海拉尔东路工商所、迎新路工商所、锡林郭勒北路工商所、东街工商所、西街工商所、东风路工商所、毫沁营工商所等 7 个工商所。

2010 年，新城工商分局根据业务工作需要，将办公室工作分设为行政办和事务中心；将信息中心工作合并到行政办；将党务纪检办与人事教育股合并为人教党务纪检股。调整后内设机构由原来的 14 个减为 10 个。内设行政办公室、事务中心、人教党务纪检股、财务装备股、稽查考核办、市场规范管理股、公平交易消保股、商标广告管理股、法制股、企业登记注册管理股。

2013 年，成立中共个体私营经济组织协会党委。设立企业监督管理科和食品流通监管科。毫沁营工商所更名为成吉思汗大街工商所。

2014 年 5 月，工商部门承担的流通领域食品监管职能划转到“食品药品监督管理”部门。

2015 年 9 月，新城区工商分局撤销食品流通领域监管科，成立小微企业发展指导科。

2016 年，新城区工商分局市场科与市场主体监管科合署办公。合并市场规范与市场主体监管科。成立综合执法机构，下设机关 4 个执法队和 7 个工商所执法队。

2017 年，新城区工商分局内设办公室、人教党务纪检股、财务股、企业监督管理股、市场监督股、公平交易股、消费者权益保护股、商业广告股、法制股、企业登记注册股、小微企业发展股、消费者协会、个体劳动者和私营企业协会等部门;东风路工商所、东街工商所、锡林郭勒北路工商所、西街工商所、成吉思汗大街工商所、海拉尔东路工商所、迎新路工商所7个派出机构。有工作人员124名。

第二节 企业注册登记

企业注册登记是工商部门依据相关法律法规,审核企业的筹建、开业、变更、转业、迁移、歇业,办理相应登记,以确认其法人资格,明确其权利义务和责任。

2002—2013年,新城区发展小微企业,在企业登记中推行政务公开、实行服务承诺制、限时办结制,提倡办事速度从快、程序从简、服务从优,提高登记效率,优化营商环境。银宏生物医药、TCL、祺泰服饰、利诚等企业快速落地。为方便企业办理工商登记,推行"一站式"服务、"绿色通道"和首问责任制、一次说清制等措施;提供引导服务、即时服务、延时服务、预约服务,只要手续齐全即可领取营业执照。

2014-2017年,实行商事制度改革,开展"注册资本认缴制、年检改年报、先证后照、个体工商户两证合一、三证合一、五证合一、多证合一、证照分离、无纸全程电子化登记、简易注销、一址多照、一照多址、取消名称预先核准"等登记制度改革。创新"工商登记E服务、诚信企业绿色通道、三免两省福利、网上自助服务区、智慧登记区、工商登记清单、个体工商户口述登记"举措;登记时间由15个工作日压缩至7.3个工作日;减免各种证照登记费用和免费快递邮寄营业执照,从登记注册上落实国家、自治区、市、新城区4级政府出台的加快个体私营经济发展的意见,释放改革红利,优化市场准入环境,激发市场活力和创业创新动力。

2017年,新城区登记注册市场主体4.47万户,占呼和浩特市总数20.18万户的1/4。注册资本847.77亿元,从业人数20.25万人。其中私营企业1.4万户,注册资本792.98亿元,从业人数9.37万人;个体工商户2.94万户,注册资本15.78亿元,从业人数98086人。与2002年同期相比,市场主体增加6倍,注册资本增加25倍,从业人数增加12倍。

第三节 市场管理

2002—2013年,对具有集贸市场性质的商城和商厦的管理,以收费代管和规范管理的方式,进行市场巡查、经济户口管理、集中检查、引导市场主办单位完善管理。对火车站周边的荣星市场、通达市场、草原地下城、国贸批发城、盛业批发城和鼓楼周边的劝业场、九州商厦、百灵商场、新世纪广场、维多利国际等消费品市场;东鸽电器、苏宁电器、国美电器等家电市场；华联金兴、华联金太、美特好超市、八一市场等综合市场；东库街周边的金牛粮油市场、仓储粮油市场和兴安路的中盈粮油市场；红旗街海鲜城、哲里木路和护城河的食全食美水果蔬菜市场；赛马场集贸市场、旭原川市场、人民路的便民市场、隆世丰市场等农副产品市场；金锐家具市场等进行监管和服务，规范市场主体经营行为，为各类市场主体公平、有序竞争创造良好的环境。整顿和规范市场秩序，以查办案件为手段，开展拉网式入户排查，重点打击具有集贸市场性质的商城和商厦中假冒伪劣、欺行霸市、偷税漏税、执法壁垒等违法行为，查处一批制假售假窝点。探索集贸市场长效监管机制，精心培育东库街粮油市场等一批无照经营、无假冒伪劣商品、无坑害消费者行为、无欺行霸市的诚信标杆市场。

2013 年，呼和浩特市取消市场管理收费后，专业市场分局改制，由专业市场分局管理的润宇周边的红星美凯龙、居然之家、润宇市场、兴安灯饰城；兴安路周边的木材市场、钢材市场、粮食市场；中山路周边的诚信数码、爱博数码电子市场、兴安路周边的奔驰、现代汽车市场；以及辖区内的成品油市场、房地产市场、教育培训等 32 家具有要素市场性质的市场划转到新城区工商分局管理。新城区工商分局管理坚持鼓励发展和规范发展、政策引导和依法监管、经济效益和社会效益，通过行政指导、行政约谈、行政处罚等方式，强化对流通领域商品质量、假冒伪劣、商标侵权、霸王条款等违法违规行为监管，查办行政案件，向社会发布消费维权案例。

2014 年，工商部门商事制度改革以来，新城区工商分局围绕新时代党的建设、目标要求，在较大的市场新建 23 家党组织，开展“党旗领航、诚信经营”系列主题活动，为企业发展注入红色动力，推进企业党建和生产经营相互融合、相互促进、共同发展、共同提高。

2017 年，新城区工商分局规范 32 个农贸市场、18 个大中型市场超市、9 个宾馆饭店、100 多个大青山前坡休闲农业农家乐和 35 条主要街道的 1 万多个市场主体证照管理。免费发放亚克力材质的多功能营业执照框 2 万多个。在市场内悬挂诚信经营宣传牌 200 多套、公平秤指示牌 100 多个、地贴 300 多个。

第四节　商标广告管理

2002—2017 年，实施商标战略，增强企业的竞争力。围绕商标注册、运用、保护和管理，开展“品牌服务进企业”宣传活动。新注册商标 1922 件，其中讨思浩村的“鑫鼎达”、野马图村的“罕马泉”等农林牧业类商标 55 件；蒙元素公司的“蒙元素”商标、新创公司的“众元”商标等科技服务类 80 件；“威尔浪、祺泰”等服务装类商标 108 件；“领鲜”“八月天”“蜜巢”等食品类 183 件；2017 年，拥有注册商标 4385 件。

培育巴彦塔拉饭店，昭君大酒店、西贝餐饮、额尔墩肉业、祺泰服饰、八月天粮油、草原天堂、阿民风干肉、铁甲护卫、光台铝业、康泰眼镜等内蒙古著名商标16件。培育格日勒阿妈奶茶、阿乐烤吧、康园蜂蜜、四季香茶庄、御品红水果、金鼎门窗、北方木器、蒙绒羊绒、东鸽实业、博洋广告、盛唐广告等呼和浩特市知名商标27件。2017年,协助新城区双创服务中心、内蒙古尚亿科技公司,建立内蒙古商标品牌馆,填补了内蒙古空白。商标馆为新城区商标企业发展提供商标知识教育、成果宣传、品牌推荐、交流合作的综合平台。帮助辖区商标企业完善自我保护、行政保护、司法保护体系,开通品牌企业维权绿色通道,快速处置各类侵权事件,为企业排忧解难。构建异地商标维权协作网络,协助企业异地维权。开展"双打"专项行动、"利剑"出击行动、"首府红盾"专项行动,重拳出击,对展会、商场专卖店等开展商标执法监管,查办商标侵权案100多件,没收侵权商标标识2万多件(套),没收销毁侵权商标价值300多万元,打击商标违法行为,形成尊重知识产权、保护知识产权的浓厚氛围,为消费者营造安全健康的消费环境。

2002—2015年,工商部门规范广告管理,开展户外广告登记工作,严把审查关,对不符合法律、法规规定的广告不予登记。整治纠正手续不齐全、书写不规范、用字不规范、不醒目、不工整的户外广告。开展虚假违法广告以及存在危害人民群众安全的违法广告整治,重点整治医疗、药品、保健品、化妆品、美容美发、房地产等6类广告。

2016年,取消户外广告登记审批,工商部门重点整治虚假违法广告行为。打击非法集资广告,整治互联网金融广告及以投资理财名义从事金融活动,清理整治含有"特供、专供"国家机关等内容的违法广告。开展"打虚假、树诚信"广告整治专项活动,至2017年,查办违法广告案件33件,罚没金额8.2万元。

第五节 消费者权益保护

2002—2017年,新城区工商部门依托"12315申诉举报维权网络",网上受理投诉,网下快速处置纠纷,开展消费者权益保护工作。接到消费者投诉,在第一时间赶到现场,热情认真、公平公正地依法调解处理。不定期进驻人群集中、纠纷比较突出的商场、社区、农村等区域,开展"大接诉、大接访"活动,实现"月月、天天3·15"的常态化维权,化解、缓解社会矛盾。开展进市场、进工厂、进农村、进社区、进学校"五进"社会化管理,建"一会两站"89个,发展专兼职维权调解员1000多名,消费维权义务联络员300多名,大量消费纠纷化解在一线。每年消化纠纷大约4.5万多个,申诉举报调解80%。开展重点领域消费维权专项整治,围绕政府关注、群众关心、严重扰乱市场经济秩序违法问题,开展"红盾春雷、红盾亮剑"行动,进行家用电子电器、装饰装修材料类商品、服装鞋帽类商品、肉食品和儿童食品等50多项打假查劣"亮剑"行动。通过维权行动,取缔地沟油20多处,食品黑窝点80多处,查扣鸭肉冒充羊肉9000多公斤,假名牌白酒100多箱,过期食品和无标签食品 300 多箱，查处假冒伪劣食品案件 200 多件。

2002—2014 年，新城区工商部门加强流通领域商品质量监管，围绕食品安全、专项整治，推进流通领域商品质量监管关口“前移”改革，监管思路由“专项整治”调整为“企业自律”，指导粮食、肉、蔬菜、水果、奶制品、豆制品、水产品等“菜篮子”企业和个体工商户建立准入、退出、查验登记、备案、索票索证“五项制度”。检查批发市场、集贸市场、超市、大型商场以及小加工作坊、小食品店、小餐馆、学校周边小卖部等场所，发现假冒伪劣、有毒有害食品，追根溯源，一查到底。2014 年，食品安全监管体制调整后，工商部门不再监管流通领域的食品安全，交由食品药品监管局管理。

2014—2017 年，工商部门商事制度改革，取消市场巡查，市场监管举措由“专项整治”转移到“商品质量抽检”为主。利用广播、电视、杂志等新闻平台进行宣传报道，倡导文明、健康、绿色等消费方式，引导人民群众科学理性消费。每年 3 月 15 日，举办 3·15 消费者权益日纪念活动，组织“消费教育讲堂”、法律进企业活动、消费教育示范基地、12315“五进”，及时发布消费提示和警示。

2017 年，建设“五进”维权网络。提高较大的商城市场“维权工作站”维权效能，指导红星美凯龙、维多利广场、居然之家润宇市场等“维权站”升级为分会，加强基层站点分会的消费纠纷处理能力，一线维权站解答消费咨询 4 万多次，处理消费纠纷 1.1 万多人次，占总投诉量 91%，矛盾纠纷基本化解在一线。快速处置网上派发的每一个消费投诉，提高维权效能。提高“诉转案”立案比例，深度维权。受理 12315 消费投诉 1231 件，办结 1215 件，查办举报案件 22 件，挽回消费者经济损失 165.3 万元。持续调整消费环境。抽检家用电器、服装百货等 6 类 40 种商品 381 批次，抽检不合格的 53 个批次商品立案查处。组织排查非法集资风险、餐饮预付卡等行为，调整消费环境。

第四章　统计　调查

第一节　机　构

新城区统计局　2001 年,新城区统计局内设办公室、工业科、财贸科 3 个科室,在职人员 33 人。2004 年,增设综合核算科,在职人员 41 人。2005 年,增设调查队、执法队,在职人员 47 人。2006 年,增设普查办,在职人员 44 人。2009 年,增设人口科,在职人员 53 人。2012 年,增设投资科,在职人员 58 人。2013 年,增设财务科、在职人员 62 人。2017 年,内设办公室、财务科、综合核算科、党办、法规科、工业科、能源科、服务业科、人口就业科、财贸科、投资科、建筑业、农经科、执法队、社会科技、统计信息自动化建设及普查办等 17 个科室。8 个街道办事处和双创中心设有垂直管理的基层统计工作站。编制数 56 人,其中行政编制 6 个,参公编制 40 个,事业编制 10 人。实有工作人员 53 人,局机关 34 人,统计站 19 人。

呼和浩特市统计局新城区城乡社会经济抽样调查队　2008 年 10 月成立,为参公事业单位。2017 年,有工作人员 17 名。

第二节　统　计

2001 年,开展旅馆业调查工作和人口及劳动力抽样变动调查。

2005 年,开展全国 1%人口抽样调查。

2007 年,统计局开展全国第二次农业普查和全国城镇住户基本情况抽样调查。

2009 年,统计局参加人口及劳动力抽样变动调查工作。第六次全国人口普查入户登记,新城区 3000 余人参加普查。

2011 年,国家统计局 2011 年统计年报改 2012 年定期报表,规模以上工业企业、限额以上批零住餐企业、资质以上建筑业企业和房地产开发企业“三上”企业“一套表”。新措施改革网上直报和企业一套报表,网上直报率和数据审核率 100%。

2013 年,统计局直报由 2012 年的 263 户增加到 381 户,数据源头统计数据真实、准确。由企业主管部门进行审核把关。

2014 年,新城区企业纳入全国联网直报,直报企业 371 家,直报率和报送率 100%。

2013 年，第三次全国经济普查和文化产业核查。9 月，召开统计基层基础"五星级"达标现场会，统计部门荣获内蒙古自治区基层基础建设"五星级"达标单位。

2014 年，第三次全国经济普查进入登记阶段。组织经济普查事后质量抽查。进行文化及相关产业核查认定，编撰统计年鉴。完成新农村建设工程统计工作报表。开展企业入库核查工作，新增入库 54 家企业。

2016 年，建立科学完备企业单位名录库，建成规范统一数据加工处理平台，企业原始数据直接统一采集。

2017 年，编印《新城区国民经济与社会发展统计公报》和综合性统计年鉴资料《新城辉煌十二五》、新城区发展成就综述性专题材料 1 篇。接待数据咨询、来访电话 200 余人次。开展统计信息化建设活动，完善基本单位名录库。名录单位数 6235 个，其中法人单位 4621 个，产业单位 1641 个。新增单位 211 个、变更单位 78 个、注销单位 68 个。推进各项统计监测工作，开展统计分析调研。重点产业开展调研。编印统计分析 21 篇，撰写经济与政务信息 52 篇，其中采用 28 篇。全国第三次农业普查。开展众创、众包、众扶、众筹"四众平台"基本情况统计专项调查和人口变动抽样调查正式登记工作，开展统计执法检查。

第三节　抽样调查

2009 年，调查城镇居民可支配收入和农民人均纯收入。开展农村基本情况住户抽样调查工作，调查居民现金、实物账原始资料。专项调查畜牧业、农产量情况。抽样调查城镇居民可支配收入，完成城镇住户基本情况调查。进行"2009 年公众对城市环境保护满意率调查""2009 年全国公众气象服务评估调查""2009 年全区公众对公共文化设施建设及服务满意度调查""中国 2010 年上海世博会国内参观者意向调查""中加经济统计项目扩大试点调查""城镇居民投资情况及心态调查""组织工作满意度民意调查""呼和浩特市创建国家环保模范城市'公众对城市环境满意率'调查"。开展全国第二次经济普查，对 1300 多家服务业企业、300 多家规模以下工业企业进行数据录入。制定《新城区调查队关于开展统计法制宣传和统计执法活动的计划》。开展宣传《中华人民共和国统计法》活动，向社区居民发放 1500 余份宣传资料。

2010 年，进行城乡居民住户抽样调查样轮换。对 9 个街道办事处(镇)32 个社区(村)45454 户居民住户进行清查。开展"2010 年中加经济统计项目批发和零售业企业调查""2010 年纳税人满意度调查""2010 年体育产业非经营单位调查""2010 年全国公众气象服务评估调查""2010 年组织工作满意度调查"等临时性调查任务。5 个社区 300 户公共设施、文明窗口单位(火车站、公交车、银行、保险等)进行"公共文明指数"测评。上报各类动态、信息、分析，撰写工作动态 25 篇，调查信息 127 篇，调查分析 39 篇。

2011年,进行“党风廉政建设民意调查”“2011年内蒙古意识形态民意调查”“2011年公众对呼和浩特市卫生状况满意度调查”“2011年组织工作满意度民意调查”。与内蒙古调查总队、市统计局、市调查队联合开展《统计法》进社区活动。撰写上报各类动态、信息、分析150篇,工作动态19篇,调查信息103篇,调查分析28篇。

2012年,区政府下发《新城区人民政府办公室关于开展全区城乡住户调查一体化改革工作的通知》,开展住户调查一体化改革工作。开展网上直报企业培训,提高企业独立网上直报率,扩大联网直报工作。进行采购经理调查、服务业调查、工业品价格调查,20家采购经理企业报表网上直报,70多家服务业企业报表直报,11家工业品价格调查企业报表网上直报, 企业独立联网直报率提高。进行“2012年党风廉政建设民意调查(国家)”“2012年内蒙古自治区党风廉政建设民意调查(城市部分)”“2012年组织工作满意度民意调查”,城市文明程度指数测评调查问卷汇总。开展农村、企业、城乡住户调研。撰写上报各类动态、信息、分析141篇,工作动态15篇,调查信息101篇,调查分析25篇。

2013年,新城区服务业企业调查实现网上直报,企业采购经理和工业品价格调查进行网上直报。进行季度“国内旅游抽样调查”和“社区工作居民满意度调查”

2014年,摸查个体户生产经营状况和行业分布,进行2020户个体户抽样调查。实施“党政领导班子民间调查”“农村土地流转情况”“小微工业企业所得税优惠政策落实情况及融资成本问卷调查”“服务业小微企业所得税税收优惠政策及融资情况问卷调查”“国内旅游抽样调查”,同时,新增“新设立小微企业和个体经营户跟踪调查”。撰写上报各类信息、分析67篇,调查信息50篇,调查分析17篇。被区委、区政府正式命名“文明单位”授予牌匾。

2015年,依法进行行政依法理财调查,调查“国内旅游抽样问卷调查”1410份、“农民工市民化动态监测调查”80户、“2015年城市卫生状况公众满意度”问卷调查275份、“2015年呼和浩特市银行、保险、通信行业消费者满意度”问卷。调查新农村建设工程实施情况。撰写上报各类信息、分析74篇,其中调查信息52篇,调查分析22篇。

2016年,实施“劳动密集型企业用工问卷调查”“市政公共资源(设施)问卷调查”“2016年农民工市民化进程动态监测现场调查”和“国内旅游抽样调查”。进行“民间投资调查问卷”和“创建文明城市实地测评”工作。送发《新城区2015年居民人均可支配收入公报》《新城区居民人均可支配收入情况简报》(2016年1—3季度)图册共计220余份。发放《统计法律法规知识问答》150余份、《居民收支调查宣传手册》230余份,在党政机关、企业、居民住户进行统计法知识宣传活动。获得2015年旗县区调查队目标管理考核一等奖。

2017年,常规定期统计调查组织完成居民收支、住户专项、农业、畜牧业、劳动力、采购经理、服务业、规下工业、生产者价格、限下商业、新小微企业、建筑业、物价调查、新型城镇化等业务统计调查及民情民意专项调查等工作。临时性专项调查组织实施“2017年全国党风廉政建设民意问卷调查”“全国文明城市测评问卷调查”“2017年农民工市民化动态监测入户现场调查”“公众对城发公司居民供热满意率问卷调查”“公众对春华水务供水、公交公司运营满意率问卷调查”等临时性专项调查。居民收支调查完成样本轮换村级单位核查工作，全员参加组织实施入户摸底调查和开户试记账工作。开展调查研究工作，撰写上报各类信息、分析98篇，调查信息72篇，调查分析26篇。

第五章　质量技术监督

第一节　机　构

2002年4月，呼和浩特市质量技术监督局新城区分局成立，属呼和浩特市质量技术监督局全额拨款正科级派出机构。内设稽查室、综合室，行政编制1_名，有工作人员5人。2003年1月，自治区质监系统新录用工作人员49名，新城区质检部门接收4人，工作人员增加到9人。2011年，内设办公室、业务股、执法稽查股3个机构，为正股级规格。设立纪检书记，增加编制到14名，公务员13名，工勤1名。

2014年，取消自治区垂直管理，改为由市级半垂管。按照《呼和浩特市人民政府办公厅关于印发呼和浩特市质量技术监督局主要职责内设机构和人员编制规定的通知》文件规定，将承担的食品生产加工环节监督管理职责划入食品药品监督管理部门。内设办公室、业务股、执法稽查股、特种设备安全监察股、法制股、宣传股等股室6个，行政编制13名。2017年，有工作人员14人。

第二节　标准化管理

2002年，新城区消灭无标生产，对辖区内的生产企业进行普查。

2003年，新城区消灭无标生产，全面普查辖区内生产企业，对正常生产的企业的执行标准全面进行审核，对使用作废标准、错误标准的企业及时给予更正。

2004年，专项整治预包装食品生产企业食品标签违法行为；按照《内蒙古自治区组织机构代码管理办法》的规定，建立新城区组织机构代码数据库。

2005 年,为企业提供标准咨询服务,辖区内共有生产加工企业 179 家、注册标准 500 多个,其中当年新增生产企业 21 家,产品标准注册 80 多个,食品标签初审 60 多个。鼓励企业采用国际标准和国外先进标准。协助区政府成立新城区农业标准化协调领导小组,督促辖区内 200 多个企事业单位组织机构代码证年检和换证,对于 160 家未年检或过期未换证的责令限期改正,并按规定给予相应的处罚。

2006 年,严格产品标准注册登记备案工作,建立"农业标准化示范区"。做好组织机构代码证新增企业的办理、年检、换证工作。规范商品条码的市场管理,加大对冒充、伪造、过期商品条码的查处力度,加快商品条码在电子商务和商品流通领域的应用。

2007 年,消灭无标生产。督促企业严格按照标准组织生产,及时掌握标准修订信息,查询和收集现行有效标准,为企业提供咨询服务。宣传贯彻《采用国际标准管理办法》,鼓励企业采用国际标准和国外先进标准。

2008 年,对超过有效期的企业标准和废止的企业标准进行复审,严格按照企业产品标准注册的有关规定和备案程序为企业进行重新备案,备案企业产品标准 24 个,其中修订到期企业标准 15 个。按照行政许可法的要求,为 25 家申请企业产品标准注册的企业办理注册手续。

2009 年,清理整顿到期企业标准 12 个、超期标准 3 个、废止标准 7 个。

2010 年,确保企业严格按照标准组织生产。推行采用国际标准注册登记和国外先进标准。将注册的 700 多个国家标准、行业标准进行清理整顿、对过期的企业标准进行清理。对已有国家标准、行业标准、地方标准代替的企业标准进行重新备案。

2011 年,继续对注册的标准进行清理,严格按照标准的规定和备案程序进行企业备案。组织执法人员对新城区内使用商品条码的超市进行专项检查。检查商品条码共 103 批次,检查合格的商品为 90 批次,合格率为 88%。查处冒用他人商品条码、使用未经核准的商品条码等案件 12 起,罚没款 47000 元。

2012 年,制定《呼和浩特市质监局新城区分局 2012 年标准化工作实施方案》。进行商品条码专项检查,利用快速条码扫描仪对大型商场超市、母婴用品店等处经销的商品条码进行检查,出动执法人员 45 人次,执法车辆 15 台次,扫描商品 100 多种,规范辖区商品条码使用行为。

2013 年,发挥标准化基础作用,促进产业结构调整升级,备案标准 25 个,检查商品条码 435 批次,宣传贯彻《内蒙古自治区商品条码管理办法》,推进农业标准化和现代物流标准化建设。

2014 年,鼓励企业研发自主知识产权标准和采用国际标准、国外先进标准,加快现代服务业标准化体系建设,推进特色街区、旅游景区、游乐园区等重点场所的服务标准化工作。

2015年，推进新城区标准化领导小组的成立。对38家企业运用标准情况实施监督检查。督促9家企业申请执行标准登记。开展商品条码专项检查，检查商品条码25批次。鼓励符合要求的10家企业申报标准化。在新华大街、火车站东客站、家乐福超市等场所开展城市道路标识和公共场所标识大排查，采集图像376个，经初步判断不合格标志63个。

2016年，制定印发《新城区推进标准化工作行动计划实施方案》。培育呼和浩特市阿尔泰游乐园和内蒙古金绿原观光旅游开发股份公司申报2016年自治区服务业标准化试点项目。对38家企业运用标准情况实施监督检查，督促9家企业申请执行标准登记。检查商品条码25批次。对8个大型商场超市地理标志产品进行执法检查。开展“世界标准日”现场咨询活动。5家企业在信息公开平台将使用标准进行自我声明公开。

2017年，培育呼和浩特市阿尔泰游乐园、内蒙古绿能农业科技有限公司申报2017年市级服务业、农业标准化试点项目。清理生产企业无效的产品注册标准2个。4家企业在企业标准信息公共服务平台公示产品标准13个。新城区综合养老服务中心被列为自治区级社会管理和公共服务综合标准化试点，并获得第一笔扶持资金5万元。

第三节　计量工作

2002年，对辖区内集贸市场，综合性商场在用计量器具进行登记，建立台账，同时要求市场在显著位置设置公平秤。对辖区内加油站和眼镜店在用计量器具进行专项检查。

2003年，加强对辖区内的强制检定计量器具的监督检查，督促企业定期检定。开展对眼镜店、加油站的计量器具的监督检查。

2004年，开展对辖区内的集贸市场、综合性商场计量器具的监督检查，开展对餐饮业的计量管理。

2005年，深化眼镜配制场所的监督管理工作。强制计量器具受检率达到95.3%，合格率97.6%。加强对餐饮业的计量管理，检查28家餐饮业。加强对加油站的计量监督管理，辖区内共有加油站25家，加油机124台，加油枪202支，燃油加油机周期检定合格率为98%，受检率为100%。加强对辖区内8家集贸市场、综合性商场、7家医院的计量器具的管理。加强对地衡、灌装机的监督管理。

2006年，加强定量包装的监督管理。加强对医疗机构、个体门诊医疗器具以及水表、电表、燃气表的检定和使用情况的检查。加强对获证企业化验室计量器具和检验检测机构的检查。

2007年，加大对获证企业的计量监管，督促获证企业对计量器具进行周期检定；对在用计量器具进行登记备案；对加油站、眼镜店开展执法检查。

2008年，开展“关注民生、计量惠民”专项行动，检查集贸市场5家，强检计量器具

133 台(件),未检定计量器具 22 台(件),对使用不合格计量器具行为依法作出行政处罚。检查眼镜店 24 家,强检计量器具 96 台(件),强制检定率为 100%。检查医疗卫生单位 5 家,强检计量器具 93 台(件),强制检定率为 100%。对辖区内 15 家加油站开展突击监督检查,出动执法车辆 15 台次,执法人员 45 人次,检查加油机 81 台次,计量保证体系证书取证率 100%,计量人员上岗率 100%,加油机检定率 99%。

2009 年,检查 8 家集贸市场和综合性商场超市,计量器具 189 台(件),超过检定周期 2 台(件),检定率 99%。检查加油站 17 家,计量器具 146 台(件),检定率 100%。检查加气站 3 家,计量器具 3 台(件),检定率 100%。检查电子汽车衡 18 台(件),检定率 100%。检查眼镜店 18 家,计量器具 90 台(件),检定率 100%。检查生产企业 2 家,计量器具 80 台(件),检定率 100%。检查医院 2 家,计量器具 12 台(件),检定率 100%。

2010 年,加强商品计量监督检查,对 10 家集贸市场、商场超市的 216 台(件)计量器具进行检查,检定率为 100%。对 12 家街道食品店铺的 18 台(件)计量器具进行检查。对 16 家眼镜制配单位的 64 台(件)的计量器具进行监督检查。对辖区内的 11 个自然村中 12 家商户所经销的地膜、化肥、种子等农贸商品的定量包装及所使用的计量器具进行检查。对 27 家汽车衡使用单位的 28 台汽车衡进行检查,对 3 家出租车公司的 400 台(件)出租车计价器进行检查。开展能效标识专项检查,检查家电销售企业 3 家,抽查能效标识产品 19 余台(件)。对 8 家食品企业的 32 台(件)计量器具进行检查。开展“5•20”世界计量日的宣传活动。

2011 年,对集贸市场、商场超市、街道食品店铺和 10 家生产企业所使用的计量器具进行监督检查,检查计量器具 230 台(件),检定率为 100%。检查眼镜验配单位 21 家,计量器具 81 台(件),检定率为 100%。对辖区内 11 个行政自然村、4 家商户所经销的地膜、化肥、种子和饲料等农贸商品的定量包装及所使用的计量器具进行检查。配合和林格尔县质监局对辖区内 3 家再生资源企业所使用的电子汽车衡进行检定。对 8 家医院的 135 台(件)医用计量器具进行监督检查。配合土左旗质监局抽查辖区内在市场上销量较大的生产和销售企业的定量包装食品 86 批次。

2012 年,开展强检计量器具专项执法检查,对 15 家眼镜店,8 家粮油店、1 家加油站的 24 台强检计量器具进行检查登记。对粮油店、超市定量包装商品进行抽检,抽查 4 类 12 批次的产品,合格率 98%。对检验不合格的产品进行后处理。

2013 年,开展民生计量工作。对辖区内的农资、金银制品、重点领域使用的安全用计量器具进行执法检查,检查各类计量器具 245 台(件),抽检定量包装商品 37 批次,对 25 家企业的 46 台计量器具进行检定。

2014 年,检查商场、超市、医院、眼镜店、集贸市场 49 家,检查计量器具 345 台(件),加油枪 59 枪,电子汽车衡 8 台,抽检定量包装商品净含量 230 批次,发放宣传材料 90 余份，提供现场咨询20余次。帮扶2家超市申请诚信计量示范单位，以点带面促进计量诚信建设。督促3家重点用能单位开展能源计量自查，落实节能减排的各项工作指标。对12个住宅小区约5万块“民用四表”的检定、使用和管理现状进行抽检和摸底调查。

2015年，抽查加油站26家，未发现计量作弊行为。抽查出租汽车50余辆，计价器误差均在允许范围内，未发现破坏准确度的违法行为。抽查240多台衡器，抽查合格率为99%，未发现利用电子计价秤作弊、恶意在电子计价秤加装作弊装置的行为。完成抽检定量包装商品净含量38批次，合格率100%。开展节能低碳行动企业能源计量审查和重点用能单位能源计量工作专项执法检查。开展能效标识专项检查，检查家电销售企业3家，抽查能效标识产品170余台（件），未发现有能效虚标的违法行为。

2016年，检查加油站26家，未发现计量作弊行为。抽查220多台衡器，抽查合格率为99%。检查18家眼镜店，查处1起使用未按要求进行检定合格的焦度计和验光仪配制眼镜案。安排专项经费对新城区内牛肉干、固态奶制品生产和销售企业进行定量包装专项检查。组织开展月饼等食品和化妆品包装计量监督检查工作，开展节能低碳行动企业能源计量审查和重点用能单位能源计量工作专项执法检查。开展能效标识专项检查，检查家电销售企业2家，抽查能效标识产品120余台（件），未发现有能效虚标的违法行为。呼和浩特家乐福商业有限公司新华东街店和北京华联综合超市股份有限公司呼和浩特哲里木路分公司获得“2016年度呼和浩特市诚信计量示范单位”称号。

2017年，对大型超市、集贸市场等在用的130余台计量器具进行检查。对新城区4家申报单位开展诚信计量示范单位现场核查。对新城区内的26家加油站的在用加油机检定情况、自锁功能情况、是否存在作弊等违法行为进行检查。开展强制检定计量器具备案工作，为139家单位备案5644台（件）强制检定计量器具。办结计量违法案件8起，办结计量投诉举报10起。朝聚（内蒙古）眼科医院有限公司、呼和浩特市启东出租汽车服务有限责任公司、新城区呼伦北路明朗眼镜连锁经销店、呼和浩特市新城区利得亨钟表眼镜（兴安南路）店、呼和浩特市华苑出租车有限责任公司、中国石油天然气股份有限公司内蒙古呼和浩特销售分公司海东路第一加油站共6家单位通过评定获得“2017年度内蒙古自治区计量诚信示范单位”称号。

第四节　质量监督检查

2002年，对辖区内的食品生产企业及小作坊进行摸底调查，对食品生产加工黑作坊进行整治。

2003年，受理投诉、举报5起，对冒印食品标签和无标生产食品的行为进行严厉打击，加大对食品生产加工黑作坊的打击整治力度。对辖区内的食品加工企业和小作坊进行摸底建档。

2004年,以食品质量安全为重点,对辖区内食品加工企业摸底建档,检查食品生产加工企业35家,对属于严重质量问题的,依法进行查处,责令限期进行整改。对未取得工业产品生产许可证擅自生产的企业进行查处。

2005年,开展生产企业的企业档案建档工作。重点完成位于麻花板村、府兴营村、三合村、一家村的生产企业质量档案的清理和补充。加强对食品生产企业的产品质量监督管理力度,证照齐全的食品生产企业60家。实施分类监管,严格落实本部门打假责任制,依托政府成立三级立体监管责任制。建立与地方政府打假的联动机制,进行建材、农资、化肥、印刷业、食品等专项检查。查处质量案件26件,上报区政府取缔黑窝点5个。

2006年,做好对辖区内企业的质量档案的建档工作和食品添加剂的备案工作。加强强制性认证产品的监督管理,加强对工业生产许可证产品的管理力度,尤其是获证企业的后续管理。加强对标注有机产品、绿色产品、无公害产品等标识的管理。严把食品企业产品质量关。

2007年,严把食品质量关,严格按照国家质检总局《关于进一步加强食品生产加工小作坊监管工作的意见》,加强对辖区食品生产小作坊的监管,要求其必须达到基本质量安全卫生条件要求、出厂产品必须强制检验、生产产品必须限制销售,签订小作坊食品质量安全承诺书18份;加大对获证企业的后续监管及对无证生产企业的查处力度,严格食品质量安全市场准入制度,把好发证企业后续监管关,强化年审制度和使用食品添加剂备案制度;开展农资打假专项活动;开展食品相关产品生产企业的专项检查。

2008年,受理食品生产许可申证企业12家,领证8家。受理生产许可证年审企业8家。检查食品生产企业160多家次,立案查处案件32件。加大对小作坊企业的监管和帮扶力度,加强对涉奥食品生产企业的监管。“三鹿”奶粉事件发生后,加大对乳制品生产企业的监管力度,执行24小时驻场监管制度,新城区内4家乳制品生产企业未发现三聚氰胺。对辖区内的抗震救灾物资生产企业进行排查,确保供应灾区的2000顶12平方米救灾帐篷全部检验合格出厂。对家具、玩具、服装、油漆涂料、仿真饰品等8类重点产品生产企业进行调查摸底、梳理归类。推进电子监管网入网进程,辖区内有符合目录要求的产品生产企业6家全部签约,赋码上市的有3家。根据上级部门颁发工业产品生产许可证管理的有关要求,上报眼镜验配企业申请书6家,建筑外窗生产企业5家,人造板生产企业1家。配合国家及自治区局组织的获证企业监督抽查。推进名牌产品申报工作,将有条件的4家企业列入名牌产品培育名单。开展质量月活动。查处质量案件79件,上缴罚没款28.58万元,未发生重大质量事故。

2009年,申报食品质量安全市场准入审证手续的有5家企业,办理受理手续的5家企业,到期换证企业3家。办理年审企业43家。获取食品质量安全市场准入审证的企业

45家企业。完善内蒙古自治区食品生产质量安全动态监管系统的有关数据，增添标准、主要生产设备、检验设备及检验项目数据，对有变动的企业及时录入相关信息。开展食品添加剂专项整治工作。新城区内有食品生产企业53家（获得食品生产许可证48家，小作坊企业5家），有14家企业停止生产（其中获证企业12家，小作坊企业2家）；完全不使用任何添加物质的有8家企业；只使用盐为添加物质的有8家企业；为23家使用食品添加物质的企业进行备案（其中获证企业20家，小作坊企业3家）。对新城区4家乳制品生产企业驻厂监管。对农资、家电下乡、仿瓷餐具、蜂产品、乳制品、生产和使用食品添加剂明胶、食糖、白酒、泡打粉等生产企业开展专项检查。与有关职能部门共同推动质量兴区工作。为80家企业建立质量档案。

2010年，开展问题乳制品彻查专项行动。成立专项行动领导小组，建立全天24小时值班制度，未发现新城区乳制品生产企业有使用或贮存问题奶粉的情况。加强日常巡查，严厉打击滥用食品添加剂等违法行为，检查企业60余次，立案查处食品案件7件。加强对新申报食品生产许可证企业的帮扶力度，完成对大米、食用油、地沟油、供上海市食品、月饼、糕点、白酒等各类食品专项检查10余次。为74家企业建立质量档案。组织执法人员对辖区内农药、化肥、种子、农机具和配件等农资产品进行专项检查。开展质量月相关活动。

2011年，加强重点产品生产企业的监管力度，确保各节日期间食品生产企业食品质量安全。推行食品质量安全市场准入工作，到期换证企业9家，办理年审企业6家，注销食品生产许可证企业6家。开展农资、食品、食品相关产品、强制性认证产品、钢筋混凝土输水管、“瘦身钢筋”、餐巾纸、筷子、电线电缆、质量认证体系等专项执法检查。检查各类生产企业150余家次，出动执法人员400余人次。在集中整治钢筋混凝土输水管企业时，对4家无证生产企业使用的常用锅炉进行破坏性处理，对没有技术资料的起重机械拆除控制器；并封存生产用模具和产品，4家无证企业停止生产销售。

2012年，加强食品安全日常监管及专项整治行动，出动执法人员250人次，执法车辆85台次。对辖区41家获证食品生产企业进行检查。开展食品生产加工小作坊发证监管。普查辖区内食品生产加工小作坊123家，其中通过审核发证的1家，申请领取审查登记表的30家。检查各类生产企业173家，抽检产品38批次，出动执法人员850多人次。开展眼镜店无证生产、强制性认证产品、羊绒制品、机动车安检机构、建材市场的专项检查。加强对辖区内获证工业企业的证后监管。建立健全企业质量档案，开展问卷调查，进行产品质量状况分析。推荐4家企业申报自治区名牌产品和主席质量奖。内蒙古光太铝业有限公司生产的铝合金型材获得2012年内蒙古名牌产品称号。加强《质量发展纲要》宣传。

2013年，巡查企业35家，对135家小作坊进行普查登记，其中14家获得小作坊生产许可证。组织换发证16家。对16家企业24批次的产品进行抽检，抽检合格率为100%。对乳肉制品等重点产品进行重点督查。建立企业质量信用档案数据库，录入信息105条；签订“企业质量诚信承诺书”47份；推荐2家企业申报自治区名牌产品，培育3家企业申报自治区A级诚信体系单位；推荐内蒙古TCL光电科技有限公司申报市级中小学质量教育示范基地。开展质监利剑行动，对辖区内的配电柜生产企业、电线电缆生产企业、建筑工地、灯具市场和梅花管生产企业进行专项执法检查；开展“质监为民百日行动”；开展工业企业分类监管。

2014年，组织开展农资、建材、汽配、电线电缆等产品的专项检查工作。借助“双打”“利剑”“12365”平台和局长接线日等活动，处理举报投诉77起，答复群众咨询25次，查处10万元以上案件1件，查处5万元以上案件2件，3万元以上案件8件。对辖区内的5家钢筋混凝土输水管生产企业、4家电线电缆生产企业进行专项检查，对3家机动车安检机构进行年审和督查。完善分类监管机制，对6家获证企业进行分类督查，完善分类监管信息化平台管理，录入非获证工业企业信息35条。对5家获证企业的管理体系策划及保持有效运行的措施实施情况进行检查。培育2家内蒙古名牌产品企业，通过现场评审和检查。

2015年，协调区政府调整“质量兴区”领导小组。确定3家企业4个产品为2015年度内蒙古名牌产品培育对象。组织11家企业参加第二届呼和浩特市质量奖企业培训。组织21家企业参加2次青城大讲堂。建立企业质量信用体系。对失信企业建立“黑名单”制度，实行“曝光”等惩戒措施，与45家企业签订“企业质量诚信承诺书”；开展强制性认证产品监督检查，开展对苏宁电器、东鸽、红星美凯龙等大型家居电器卖场、8家超市、7家生产企业监督检查，对获得计量认证的26家实验室进行调查摸底和建档工作，开展工业企业普查建档工作，确定辖区工业企业共计132家。完成获证企业年度审查工作，对6家获证企业进行年审的现场核查；联合市质监局、市公安局对新城区3家获证机动车安检机构开展专项监督检查。制定2015年监督抽查计划，向上级提交2015年监督抽查经费申请报告。确定4家电线电缆生产企业和1家食品相关产品生产企业为质量提升示范点。与16家企业签订“工业企业产品质量保证公开承诺书”。对辖区涉及加工制造燃气灶的生产单位进行检查。

2016年，重新调整“质量兴区”工作领导小组成员，制定《新城区质量工作迎检考核实施方案》，向各成员转发《呼和浩特市贯彻实施质量发展纲要2016年行动计划》。扶持3家企业4个产品为内蒙古名牌产品培育对象，对获得名牌产品的3家企业开展监督检查。参与并帮助内蒙古TCL光电科技有限公司开展QC小组活动。与25家企业签订“企业质量诚信承诺书”。检查强制性认证产品生产企业9家，其中4家企业停产。对3家2015年度审查不合格的检验检测机构进行检查，并督促其整改。检查12家获得ISO9000/9001管理体系企业。帮扶企业申报新城区小微企业创业创新基地城市示范备选项目。开展工业企业普查建档工作。开展重点消费品质量提升专项检查 5 次，对电线电缆、建筑门窗、汽油、羊绒制品、食品包装用品、学生校服、絮棉制品等产品进行产品质量监督抽查，抽查样品 54 批次，产品检验合格率为 100%。加大对车用汽柴油监督抽查力度，抽样 10 批次，其中 1 批次不合格。配合市局抽样 60 批次。对 2015 年四季度抽查不合格的企业进行后处理。

2017 年，实施“质量兴区”战略，下发《新城区人民政府关于加快推进质量强区的实施意见》及《呼和浩特市新城区质量强区建设工作方案》。检查强制性认证产品生产企业 7 家、获得 IS09000/9001 管理体系认证的企业 3 家，实验室 9 家，立案查处 2 件。对 60 家生产企业 127 批次的产品进行监督抽样，合格 121 批次，检验合格率 95.3%。对 3 家电线电缆生产企业和 8 家混凝土输水管生产企业进行检查，对 4 家已不存在的混凝土输水管生产企业的生产许可证进行清理。对新城区内 3 家食品包装相关产品生产企业进行检查。帮助 2 家企业申报新城区小微企业创业创新基地城市示范项目，申请拨付中央扶持资金 493 万元。

第五节　特种设备监察

2002—2004 年，配合市质监局特种设备安全监察科做好新城区特种设备安全监察工作。

2005 年，监察大型游乐设施 17 台、在用电梯 85 部、在用锅炉 44 台，电梯维保单位 2 家，气瓶充装单位 1 家。办理特种设备处罚案件 9 件，上缴罚没款 1.75 万元。

2006 年，重点加强特种设备数量、维保单位数量、持证上岗人员数量的普查；开展对锅炉、压力容器和大型游乐设施的安全监察。

2007 年，重点对大型商场、承担重要会议活动的宾馆酒店等重点特种设备使用单位进行安全监察，确保特种设备安全。

2008 年，监察特种设备使用单位 53 家，电梯 267 台、起重机械 10 台、锅炉和压力容器 50 台、游乐设施 22 台、气瓶充装站 6 家，拖牵索道 2 条。下达“特种设备安全监察指令书”40 份，查处特种设备案件 27 件，上缴罚没款 10.88 万元。

2009 年，监察锅炉 302 台、压力容器 121 台、起重机械 52 台、电梯 982 台、游乐设施 24 台，索道 2 条，场内机动车 2 台。下达《特种设备安全监察指令书》35 份，查处特种设备案件 10 件，上缴罚没款 3.9 万元。

2010 年，监察特种设备使用单位 74 家，下达“特种设备安全监察指令书”30 份，排查一般隐患 9 起，整改 9 起。

2011年,监察企业90家,电梯297台、起重机械94台、锅炉和压力容器31台、游乐设施20台,气瓶充装站6家。下达"特种设备安全监察指令书"41份。

2012年,现场监察特种设备使用单位90家,电梯797台、起重机械94台、锅炉和压力容器31台、游乐设施22台、气瓶充装站6家,下达"特种设备安全监察指令书"76份,查处特种设备案件63件。聘任8个街道办事处和1个乡镇的9名特种设备安全协管员,排查特种设备隐患,普查特种设备数量。

2013年,监察企业、商场、酒店和高层小区各类特种设备使用单位68家,检查特种设备1898台(件),下达"特种设备安全监察指令书"98份。

2014年,监察企业、商场、酒店和高层小区各类特种设备使用单位245家,其中电梯2928台,充装站5家,游乐设施24台、起重机械42台、锅炉32台、压力容器102台、场内机动车辆18台,下达"特种设备安全监察指令书"75份,查处特种设备案件35件;培训特种设备人员120多人次;办理开工告知前期核查116家,核查设备543台。

2015年,开展老旧电梯普查建档工作,确认15年以上电梯144台,作为日常监控重点。开展电梯安全监管大会战,出动执法人员158人次,执法车辆31辆次,监察使用单位32家、在用电梯210台,下达"特种设备安全监察指令书"7份。办理开工告知和开工前期审核141件,其中电梯662台(5台为改造,2台为移装,655台为新安装),游乐设施3台(1台为修理,2台为新安装)、压力容器13台、锅炉27台(4台为修理,23台为新安装)、起重机械65台,压力管道1779米。承办辖区内部分特种设备的特种设备使用登记工作,为205台电梯、1台起重机械、1台压力容器、2台游乐设施办理特种设备使用登记。

2016年,监察特种设备使用单位125家次,现场检查特种设备564台,下达27份"指令书",对25家重点特种设备使用单位全部进行检查。同区相关部门联合查处违法存放液化石油气瓶存放点11家,查获检验周期内的气瓶65只,超期未检气瓶27只,报废气瓶438只,对发现的超期、报废气瓶统一运往土默特左旗气瓶站进行报废处理,销毁液化石油气瓶1026只。为街道办事处举办气瓶安全知识的培训8次,发放特种设备安全宣传资料13万份。实施特种设备大检查、大排查、大整治行动。集中对充装站、锅炉、电梯等特种设备和人员比较密集中的医院、学校、商城等场所进行执法监察,督促企业落实安全生产主体责任,加强制度建设、现场管理和应急救援,保障特种设备安全运行。对辖区内2015年7月16日前签订安装合同的电梯项目执行原版标准备案73个项目,979台电梯。开展供暖锅炉监察,检查7家锅炉房。办理开工前期审核123件718台。为646台电梯、12台锅炉、12台压力容器、4台场内专用机动车辆、11台起重机械、1台游乐设施、1.4万余支气瓶办理特种设备使用登记。

2017年,出动人员560余人次,检查特种设备使用单位180家次,监察特种设备1767台,下达"指令书"19份。配合区相关部门开展联合检查11次。开展专项检查10次。联合区物业局、办事处等相关部门共同处理4起历史遗留问题，消除安全隐患，维护安全稳定。办理开工告知和开工前期审核147件，600台。为556台电梯、31台压力容器、2台场内机动车辆、11台游乐设施、8条压力管道、7台锅炉、19台起重机械办理特种设备使用登记。查处、整改安全隐患14处。查处特种设备案件2件，办结特种设备举报投诉72起。

第六章　土地管理

第一节　机　构

2000年，按照《关于成立新城区土地资源管理局的通知》，成立新城区土地资源管理局。内设一室二股，即办公室、财务股、综合业务股。同年，成立土地执法监察大队，根据业务工作的需要，综合业务股分为耕保股和地籍股业务股室。

2002年6月，根据《关于批准国土资源职能配置、内设机构和人员编制方案》文件精神，将原新城区土地资源管理局和地矿局合并为新城区国土资源局，履行新城区土地资源、矿产资源监督管理的职能，内设综合办公室、业务一股（地籍股、耕保股）、业务二股（矿管股、地环股）、监察队。

2003年12月，新分配监察队工作人员7名。2005年，根据《内蒙古自治区人民政府关于国土资源管理体制改革的实施意见》《呼和浩特市人民政府关于对市四区国土资源局整建制上划的意见》《呼和浩特市人民政府办公厅关于印发国土资源职能配置内设机构和人员编制规定的通知》，原呼和浩特市四区国土资源职能、机构、人员编制整体上划为市国土资源局派出机构，新城区国土资源分局受市国土资源局委托，履行本辖区土地、矿产资源规划、管理、保护与合理利用等职责。内设行政机构1个，事业机构3个。

2006年3月，根据《关于印发〈呼和浩特市国土资源局市四区国土资源分局职能配置内设机构和人员编制的规定〉的通知》精神，局内设机构重新调整和组建，机关内设办公室、规划用地股、地籍股、矿产管理股、法制监察股。组建设置的二级单位和派出机构为呼和浩特市国土资源局新城分局毫沁营国土资源管理所、保合少国土资源管理所；市国土资源局新城分局土地登记中心。同年4月，根据市国土局《关于统一规范基层国土所机构名称的通知》精神，毫沁营国土资源管理所更改为毫沁营中心管理所；保合少国土资源管理所更改为保合少中心管理所。

2010 年 6 月 22 日,成立市国土资源局新城分局党办。

2011 年 4 月,新城分局成立规划股、纪检监察室、执法监察队 3 个内设机构。

2012 年 7 月,调整分局内设机构为办公室、党办、规划测绘股、耕保股、地籍股、法制监察股、矿管股、信访办、纪检监察室、审批办、工会、毫沁营国土资源中心管理所、保合少中心管理所及专项办公室。

2015 年 3 月,撤销执法监察大队。同年 8 月,成立人事财务科。2016 年 3 月撤销人事财务科,将人事、财务工作并入办公室。

2017 年,内设地籍股、耕保股、矿管股、执法监察股、规划股、办公室、党办、纪检监察室、信访办 9 个部门,下设毫沁营国土资源中心管理所、保合少国土资源中心管理所,在编人员 47 人。

第二节　土地使用与保护

一、土地规划

2001 年,新城区开展土地利用总体规划修编工作,年底完成成果图纸。

2004 年,根据《关于印发市土地利用总体规划修编及土地利用现状遥感调查工作方案的通知》,制定新城区土地利用总体规划修编工作方案及 15 年发展用地规模。

2009 年,修编 2009—2020 年新城区土地利用总体规划,确定规划修编的技术承担单位。

2010 年,编制土地利用总体规划修编大纲,进行农用地产能核算工作,“十二五”规划和城乡建设规划的编制工作。修改(2009—2020 年)土地利用总体规划,上报自治区国土资源厅备案,开展(乡)镇级土地利用总体规划修编。

2012 年,按照市委、市政府关于大青山生态工程建设总体布局,保障城区重点项目用地,进行土地利用总体规划评估修改工作,解决大青山生态工程建设项目占用基本农田问题,修改成果获自治区国土厅批准。

2013 年,新城区土地利用总体规划进行评估修改,进行乡镇级土地利用总体规划评估修改。

2014 年,落实土地利用总体规划,修改乡级土地利用总体规划。

2015 年,聘请内蒙古土地勘测规划院进行土地利用总体规划调整完善。完成 5 宗土地初审项目,即呼和浩特市轨道交通 1、2 号线一期工程建设项目、新城区人民检察院驻保合少镇监察室项目、内蒙古自治区精神卫生中心拆迁工程项目、天地太和商住小区项目、110 国道改扩建呼和浩特至毕克齐段公路项目。用地预审项目 6 宗,总面积 115.17 公顷。

2016 年,进行前期资料收集和各项用地测算,上报市国土资源局申请规划用地指标。

作业单位内蒙古申科国土技术有限责任公司，进行坐标上图、方案编制等工作。土地利用总体规划调整完善工作重点保障国家足球北方训练基地、自治区70周年庆典活动主会场、大青山前坡综合整治、新农村建设工程等项目。

2017年，进行土地利用总体规划调整，进行前期资料收集和各项用地需求测算，作业单位内蒙古申科国土技术有限责任公司，进行坐标上图、方案编制等工作，自治区国土资源厅组织的专家进行评审。局部修改土地利用总体规划，修改国家足球北方训练基地二期、市政道路等不符合规划的重点项目。

二、永久基本农田划定

2001年，签订区与乡镇、乡镇与村的基本农田责任状和责任书，基本农田保护率80%。

2002年，按照农用地转用建设项目，执行“占一补一、占补平衡”的原则。用地方签订补充耕地协议，交纳开垦费押金，耕地得到有效的保护。

2003年，新城区基本农田保护率达80%，补充耕地项目4宗，占用耕地16.28公顷，全部签订补充耕地协议，上交开垦费押金13.29万元。

2004年，新城区永久基本农田保护率达到80%；呈报建设项目用地21宗，其中征为国有土地项目16宗，面积469.49公顷，集体土地项目5宗，面积26.71公顷。

2005年，新城区基本农田保护面积保护率达80%以上；呈报建设项目用地4个批次，单独选址项目2宗，涉及17个建设项目，其中拟征国有土地的项目16宗，面积236.3公顷，集体土地项目1宗，面积5.60公顷。

2007年，基本农田保护率达80%；呈报建设项目用地7个批次，单独选址项目6宗，总用地面积438.4公顷，拟征为国有土地的项目9宗，面积353.05公顷，集体土地的项目4宗，面积85.36公顷。

2008年，呈报建设项目用地2个批次，面积共计12.78公顷。

2009—2010年，上报中心城市农用地转用土地征收实施方案9批次，申请用地总面积240.16公顷。上报中心城市规划区外的批次2个，申请用地面积63.86公顷。

2012年，严格控制基本农田保护面积，上报中心城市农用地转用土地征收实施方案7个批次，申请用地总面积271.23公顷(其中使用农用地指标118.72公顷、未利用地指标0.25公顷；建设用地152.26公顷)；上报中心城市规划外2个单独选址建设项目，用地面积212.51公顷；申请公租房项目用地14.27公顷。

2014年，市委、市政府实施大青山前坡生态综合治理工程占用大量的耕地和基本农田，向市政府和市国土局申请核减基本农田保护任务2800公顷，基本农田调整方案规划制定。

2016年，新城区保合少镇永久基本农田保护任务下达，保护任务约为700公顷，作业单位编制划定方案，核实划定位置。

2017 年，新城区永久基本农田保护任务 700 公顷，落实到地块，划定方案及数据库通过质检和国土部批准。

三、项目用地报批

2001 年 11 月，新城区呈报建设用地 17 宗，供地共计 108.01 公顷。

2002 年，报建设项目用地 25 宗。其中征为国有土地项目 14 宗，集体土地项目 11宗，用地 107.45 公顷，其中国有 26.17 公顷；集体 81.28 公顷。

2003 年，报建设项目用地 24 宗，其中征为国有土地项目 19 宗，占地 98.57 公顷，集体土地项目 5 宗占地 28.61 公顷，配合市区进行绕城路、奋进路和哲里木路重点建设。

2004 年，新城区重点引资项目"内蒙古大青山太伟运动休闲度假村"用地初审，报市国土资源进行预审，启动麻花板村、府兴营村两个"城中村"的改造任务。保障"绕城路"项目一家村段的施工。招商引资重点项目落实 4 项，其中 2 项投产，王石刚石子加工厂和呼和浩特市冠通建材有限公司、天府花园住宅小区和内蒙古鑫运机动车检测有限公司竣工。

2011 年，新城区保障性住房建设，安排 20.19 公顷土地用作保障性住房建设，上报公租房塔利项目。

2014 年，新城区报市国土资源局审查红山口新村项目、野马图新村项目、草原马汇项目、新城区人民检察院派驻保合少镇监察室项目、美商垃圾处理厂原址改造项目、塔利小学、内蒙古纤维检验局项目、内蒙古精神卫生中心迁址项目、奥迪 4S 店补征用地、宝联房地产 110 国道南商业街项目，申请用地 96.32 公顷，其中耕地 40.13 公顷。

2016 年，新城区为北方足球训练基地等 3 个重大项目办理相关手续，批准国家北方足球训练基地一期工程。办理内蒙古自治区成立 70 周年庆祝活动主会场建设供地手续。

2017 年，新城区报批大青山规划六路、古路板林场道路（南段）、大青山南坡规划二街（东西段）、成吉思汗大街东延伸段（哈拉沁—机场高速）、呼和浩特市万通路（哈拉沁路准快速化改造）、内蒙古自治区少数民族群众文化体育运动中心连接线、快速路察哈尔立交桥、中蒙博览会会议中心、呼和浩特市职业学院实训基地、沙恩葡萄酒庄园、鸿德足球学校、内蒙古警卫局训练馆和农村建设项目 3 个批次项目。

四、地籍管理

2001 年，新城区同赛罕区土地局协调，对新城区 42 个行政村地籍档案进行移交，接收档案 11892 份，其中已发证的 2503 份，未发证的 9389 份。按照管辖范围宅基地进行摸底调查及发证工作，宅基地审批按照规划先行现场察看、审核、调表、签字、盖章等程序审批 241 宗。发放土地使用证 150 户。

2002 年，办理集体土地使用证 806 个，发放 514 个。批宅基地 89 宗。

2003 年，保合少乡 10 个行政村集体土地确权进行外业调查，30%的集体土地确权发证。审批宅基地 63 宗。

2004 年,审批宅基地 21 宗,颁发土地使用证 143 个。停止审批城中村和近郊村民宅基地。

2005 年,新城区详细检查核查和整理档案,做到准确无误,便于查找和使用,整理移交档案 15450 册,其中保合少乡 4207 册,毫沁营镇 11243 册,建立土地统计台账 52 本。保合少乡 10 个村的集体所有权进行登记发证。

2007 年,进行第二次土地调查,新城区 26 个行政村进行确权、登记,完成总工作量的 90%。

2009 年,新城区第二次土地调查进行数据入库,基本农田表上图数据库。

2011 年,安装调试第二次土地调查成果数据核实和数据库。

2012 年,进行土地权属调查,新城区 1358 宗,40253.31 公顷农村集体土地,按照程序进行土地权属的外业调查、内业审核、公告等项工作,申报市人民政府审批,完成农村集体所有权登记。

2013 年,新城区进行集体土地所有权确权登记,农村集体土地确权登记涉及 25 个行政村,确权登记宗地 1358 宗,面积 40408.37 公顷。与赛罕区签署 5 条权属界线指认书,推进水工用地确权。新城区和市国土局签订《水工用地确权工作目标责任状》,收集水工用地确权工作中最高防洪水位线的划定和防洪规划资料。

2015 年,新城区进行外业测绘工作,调查宅基地 29442 宗、面积为 1030.59 万平方米,数据库录入 29442 宗。集体建设用地调查 115 宗、面积 1241666.56 平方米,数据库录入 115 宗。将外业调查数据库交自治区国土资源厅验收。因新城区农村集体土地纳入大青山生态保护综合治理工程和城中村拆迁改造范围,实施村庄改造工程,对水磨村、水泉村和庄子村进行农村宅基地和集体建设用地确权登记发证,地籍调查宗地 542 宗,外业调查 368 宗;集体建设用地调查 7 宗。对面铺窑沟、奎素沟和古路板汰进行用地确权工作。

2017 年,新城区农村集体土地全部纳入大青山生态保护综合治理工程和城中村拆迁改造范围,区国土资源分局制定《新城区关于加快推进"房地一体"农村宅基地和集体建设用地使用权确权登记发证工作实施方案》,全面推进不动产统一登记发证工作。

五、土地监察

2001 年,立案调查违法占地及私挖乱采违法行为 85 起,处理 70 起,结案率达到了 82.4%。调查卫星遥感监测土地执法检查项目 11 宗。

2002 年,新城区进行卫星遥感监测执法检查,发现图斑变化 11 宗,8 月份立案处理,上报市国土资源局。查处违法占地 77 起,其中责令停工 48 起,立案查处 29 起,结案 27 起,结案率达 90%,拆除违法建筑 107 户,违法占地发现率达 100%。

2004 年,查处违法占地 566 宗,其中立案查处 11 宗,结案 11 宗,拆除 232 户,责令停工 323 宗。

2005 年,查处违法用地 387 宗,其中立案查处 5 宗,移交司法部门 1 宗,现场停止 171 宗,现场拆除 210 宗,违法占地发现率、查处率达到 100%。

2006 年,新城区查处违法用地 194 宗,现场拆除 116 宗,责令停工 55 宗,立案查处 14 宗,结案 14 宗,查处率和结案率达到 100%。

2007 年,发现违法行为 236 起,制止违法行为 182 起,立案查处 54 宗,结案 20 宗。涉及新城区卫片违法图斑 104 个,共 63 宗地,面积 185.65 公顷,其中合法用地 16 宗,面积 58.4 公顷,违法用地 36 宗,面积 119.1 公顷,实地未变化 4 宗,面积 4.45 公顷;农业结构调整用地 7 宗,面积 3.7 公顷。违法用地处罚结案 13 宗,下达处罚决定书 16 宗,难以查处的 7 宗。

2009 年,卫星遥感监测执法检查新城区涉及图斑号 51 个,宗地 44 宗,其中合法用地 4 宗(面积 23.5 公顷),违法用地 18 宗(面积 67 公顷),农业结构调整 9 宗(面积 83.6 公顷),实地未变化 13 宗(面积 48.25 公顷)。

2010 年,清理拆除违法建筑拆 4.9 万多平方米,拆除违法建筑 10 万余平方米,30 宗违法案件进行立案查处, 拒不履行行政处罚决定 21 宗, 进行违法案件申请法院强制执行,向公安机关移送涉嫌犯罪案件 28 宗,向纪检监察机关移交涉嫌违纪案件 36 宗,收缴罚款 169.52 万元。

2011 年,新城区土地矿产卫星遥感监测执法检查涉及 12 宗违法用地和 1 宗违法采矿案件,进行既查事又查人,加大查处力度,从重从快进行查处。其中,对涉嫌违纪的 12 宗违法用地案件移送纪检监察机关追究党政纪责任。涉嫌犯罪的 5 宗违法用地案件移送公安机关追究刑事责任。

2012 年,新城区核查 40 个疑似违法用地,查处涉及 21 宗违法用地、1 宗违法采矿,对 182 宗土地矿产违法案件,进行立案查处,下达处罚决定书,26 宗涉嫌违法案件移送公安机关,24 宗违法案件移送纪检监察机关。集中进行联合执法 31 次, 拆除违法建筑 18.2 万平方米,结案率 100%。

2013 年,对疑似违法图斑 44 个(其中 1 个属赛罕区)进行核查,确定合法图斑 7 个,违法图斑 36 个。合法图斑进行整理建档,违法图斑查处到位。对 162 宗违法用地案件进行立案查处并下达行政处罚决定书;35 宗违法案件申请法院强制执行;12 宗涉嫌犯罪的案件移送公安机关;37 宗违法案件移送纪检监察机关追究相关人员的党政纪责任。收缴罚款 117.38 万元。

2014 年,新城区发现疑似违法图斑 116 个(其中 2 个属赛罕区),涉及宗地 82 宗。经核查,确定合法用地 32 宗,违法用地 50 宗。图斑全部整理建档,所有图斑录入卫片执法检查系统;对 54 宗土地矿产违法案件进行立案查处,下达处罚决定 39 宗,查处 15 宗;收缴罚款 36.7 万元。

2015 年，新城区发现土地卫片图斑 231 个，236 宗地，面积为 400.67 公顷，其中耕地面积为 202.38 公顷，立案 115 宗，立案查处违法用地及违法采矿案件 73 宗；拆除违章建筑 60 余处，合计面积 6 万平方米。

2016 年，新城区卫片新增建设用地图斑 171 个，总面积 141.03 公顷，立案图斑 67 个，未立案图斑 19 个，移送公安图斑 7 个，申请法院强制执行图斑 67 个。拆除违法卫片 26.02 万平方米，涉及图斑 33 个，缴纳罚款 526.61 万元；拆除违章建筑 10 万余平方米。

2017 年，新城区发现卫片违法图斑 263 个，总面积 208.49 公顷，占耕地 135.63 公顷，违法比例 62%，违耕比例 77%。拆除范围涉及图斑 49 个，总面积 23.54 公顷，占耕地 16.62 公顷。

六、矿产管理

2002 年，取缔矿山企业 39 家，环评审签保留的 63 家矿山企业，报市局进行换发证；征收矿产资源补偿费 9 万元，完成全年任务 105%，征费覆盖面达 100%。

2004 年，矿产资源补偿费征收 2 万元；为 6 家企业办理采矿许可证；进行采矿许可证企业年检，年检自检率达 100%。

2005 年，对不符合生产要求矿山企业下达停产通知书 25 份；经区政府审查合格 3 家砂场，2 家砖厂进行上报，审核同意为哈拉沁东晟砂场、哈拉更宏发砂场、保合少水泉砖厂 3 家采矿企业办理采矿许可证。

2006 年，新城区按照《中华人民共和国矿产资源法》《矿产资源补偿征收管理规定》依法征收矿产资源补偿费 2.2 万元。

2007 年，为 7 个勘查项目办理勘查许可证，征收矿产资源补偿费 2 万元。

2011 年，新城区进行矿业权核查工作，对 4 个越界勘查，重新规范开采矿区，采矿企业进行年检换证工作。

2008 年，新城区 8 家小型开采企业编制矿产资源开发利用方案和地质环境保护与治理方案，上缴矿山企业环境治理保证金。

2013 年，新城区要求 8 家企业年检网上报备，缴纳矿山地质环境治理保证金。8 家企业编制《矿山地质环境治理方案》，编制率 100%。

2015 年，新城区拥有采矿权的 8 家企业按要求提供相关年检材料年检合格；缴纳矿山地质环境治理保证金。

2017 年，根据大青山生态自然保护区有关法律法规规定，新城区人民政府、市国土资源局及相关部门制定大青山保护区矿权关停、取缔的退出方案，新城区拥有采矿权的企业 8 家，拥有探矿权的 6 家企业均被责令关停，一律不允许开采及勘探。将 8 家拥有采矿权的企业生产设备、矿区内办公厂房及工棚全部拆除。

七、灾害防治

2007 年,新城区进行沙坑治理,对毫沁营村、沙梁村、生盖营村等高速公路周围沙坑进行回填、平整治理,植树 4628 株,绿化面积 6.67 公顷。

2008 年,对新城区红山口村地质灾害进行治理,河北水文工程地质勘察院中标,工程年内完工。

2009 年,对哈拉沁小沟金赛龙建材有限责任公司和沟口 4 家碎石场下达清理碎石设备和堆放石渣通知,防止因洪水引发泥石流隐患,确保行洪畅通。

2010 年,编制新城区地质灾害防治预案,进行矿山地质环境治理,通过自治区验收,进行二、三期地质环境治理,沙坑治理工作合格。

2011 年,新城区治理毫沁营段高速公路两侧沙坑,哈拉沁沟和红山口村地质治理。

2012 年,申报大青山地质环境整治项目,对红山口村地质灾害恢复治理项目进行立项、审批、招标,市局进行大青山前坡沙坑治理项目申报,通过专家论证。

2013 年,新城区《大青山前坡地质环境恢复治理项目》6 号、7 号沙坑施工。

2016 年,实施新城区青少年教育基地和哈拉沁二道沟 2 个地质环境治理工程。

第七章　安全生产监管

第一节　机　构

一、管理机构

经济计划贸易局　2001 年,新城区安全生产管理职能由新城区计划经济委员会承担,成立安全生产委员会和安全事故调查领导小组。2002 年,新城区政府机构改革,计划经济委员会更名为经济计划贸易局,承担安全生产管理职能。

新城区安全生产监督管理局　2005 年 8 月成立,行政编制 4 名。2017 年,内设办公室、一科(矿山综合股)、二科(危险化学品股)、三科(职业卫生股);下设 1 个二级事业单位新城区安全生产执法监察大队。有职工 34 人,其中在岗人员 32 人。

二、二级单位

新城区安全生产执法监察大队　2005 年成立,新城区安全生产监督管理局所属事业单位,核定事业编制 13 名。2017 年,有事业编制人员 13 名。

第二节　安全宣传

2001年，新城区开展安全生产周、生产月宣传活动，出动宣传车辆、鼓号队200人，下发安全生产宣传品。组织部分企业负责人参加自治区组织的安全生产培训学习。

2002年，举办全国首个“全国安全生产月”宣传日活动，在毫沁营镇进行安全宣传，出动宣传车2辆，展板36块，印刷宣传单500余份。

2003年，举办“全国安全生产月”宣传活动，开展安全生产法制宣传。

2004年，举办“全国安全生产月”宣传活动，在博物馆举行安全生产集中宣传和咨询活动，出动宣传车30余辆，布置展板100多块，条幅50多条，升空气球8个，散发安全生产知识宣传单5万余份。

2005年，在6月举办“全国安全生产月”宣传活动，开展《中华人民共和国安全生产法》宣传；在重点矿山和消防重点单位开展培训活动。

2006年，新城区发展和改革局配合区安全生产监督管理局开展“全国安全生产月”宣传活动，开展《中华人民共和国安全生产法》宣传。

2007年6月10日，第六个“全国安全生产月”宣传咨询日，新城区组织相关地区、部门和企业在新城区政府广场开展安全生产宣传活动。

2010年，新城区组织开展“安全生产进社区”宣传咨询活动。对70余名企业的特种作业人员进行全员轮训。组织成员单位的人员学习国务院23号文件和自治区党委8号文件。对涉及职业危害工作的企业的工作人员进行专业培训。

2011年，新城区组织54名特种作业人员进行为期3天的培训学习。

2013年，在阿尔泰广场举行第十二个安全生产月的宣传咨询日活动。参加全市安全知识演讲比赛；组织安全知识千人答题活动。对危化、烟花爆竹行业的81名从业人员进行岗位知识培训。对矿山、工贸等行业约70余名从业人员进行培训。对55家企业的法人、主要负责人、职业卫生管理人员等120人进行《中华人民共和国职业病防治法》的宣传培训。部分街道办事处开展宣传培训工作。

2014年，全面宣传贯彻新修订的《中华人民共和国安全生产法》，举办2次安全生产专题讲座，全区副科级以上领导干部、重点企业负责人、监管部门的干部职工500余人(次)接受培训。印发新《安全生产法》2000册，下发至成员单位、辖区内的重点企业。组织非煤矿山、危险化学品等行业以及涉及职业卫生工作的210名从业人员进行安全知识培训。在新城区阿尔泰广场开展主题为“强化红线意识，促进安全发展”安全生产宣传咨询活动。开展安全文化进社区、进学校、进机关活动。

2015年，举办“安全生产月”活动。开展安全文化进学校、进农村、进企业、进机关活动7次；为社区举办安全知识讲座3次，活动受众人数达万人。多部门联合举行应急演练活动4次,企业开展各类演练20多次。为辖区内的190家限额以上商贸企业和工业企业进行安全知识培训,对20家危化企业、28家烟花爆竹企业的主要负责人、安全管理人员进行相关知识的轮训。

2016年,以“安全生产月”活动为契机,开展安全文化进企业、进学校、进社区、进机关、进农村的“五进”活动7次,举办集中咨询活动2次,安全知识讲座3次,安全知识培训5次,各类应急演练20多次,活动受众人数超过万人。

2017年,新城区学习宣传贯彻习近平总书记系列讲话、批示、指示精神,新修订的《中华人民共和国安全生产法》《中共中央、国务院关于推进安全生产领域改革发展的意见》《内蒙古自治区安全生产条例》,以“安全生产月”“安全法宣传周”、安全生产“七进”活动等为载体,发放宣传读物、宣传材料累计8000余册。印发安全生产周报19期、执法检查信息125期,同步发布在安监局微信公众号、安监局新浪微博、安监局头条号、新城区网站等宣传媒介上,阅读量累计500万余人次。

第三节 安全监察执法

2001年,新城区与各乡镇、街道办事处,驻区及区属企业签订安全生产责任状。对区属矿山、市场进行安全检查。在毫沁营镇各村及矿山、砂石厂、木器厂召开安全生产办公会议。

2002年,对非煤矿山进行安全生产大检查,开展专项整治,及时下达停产整顿指令书。对驻区建筑工地进行2次综合大检查,组织3次对全区商厦、公众聚集场所、中小学危房、消防通道的安全检查,参加全市危险化学品、炸药、民爆物品使用管理检查。查出砒霜1吨,与有关部门妥善处理。

2003年,新城区严格核发安全生产许可证及上岗资格证,对证照不全的不予发放生产许可证。配合自治区、市两级安全委员会开展专项治理工作。

2004年,层层签订责任状,督促企业建立安全生产规章制度。对辖区内从业单位进行安全检查1179次,发现隐患205条,建立隐患档案。销毁存在重大隐患的哈拉更八汉板盗采金矿矿井20个。

2005年,新城区对全区范围内的生产经营单位进行安全监督管理,并对其违法行为进行行政处罚。

2006年,安全生产监督管理局配合新城区公安分局,检测毫沁营镇汇宇民用爆破用品有限公司安全工序,对炸药安全保管、储存仓库进行检查。检查烟花爆竹临时销售摊点,“永宝”烟花爆竹经销部。

2007年,新城区安全生产监督管理局为保证自治区成立60周年庆祝活动期间安全生产，进行现场办公，排除各类事故隐患。检测内蒙古金赛龙建材有限责任公司、实润加油站和阿尔泰游乐园等企业。

2008年，新城区安全生产监督管理局对呼和浩特市峰磊采石有限责任公司开(复)工进行验收评审。组织专家对金赛龙公司进行现场验收。

2009年，新城区安全生产监督管理局联合新城区公安分局和成吉思汗大街派出所人员检查危爆物品，检查哈拉沁大沟非法开采行为。与区公安分局、国土资源分局、成吉思汗大街街道办事处、中国武装警察黄金第二支队等五部门联合整顿清理红山口沟面沟金矿非法开采行为。对哈拉沁大沟的非法开采行为进行打击，扣留非法作业装载机1台、挖掘机1台和运输车1辆，行政拘留1人。

2010年，开展安全生产大检查4次，节假日前的大检查3次。重点对非煤矿山、危险化学品行业、烟花爆竹行业、建筑施工领域、人员密集场所开展4次大检查，检查企业210余户(次)，发现安全隐患150余条，限时整改率达95%以上。

2011年，新城区多部门联合开展打击小井沟内的补换沟金矿的非法开采行为，扣留非法作业的装载机1台和自卸汽车1辆，下达停止违法行为的强制措施执行书1份。对新城区辖区内的木器加工企业开展为期一周的职业危害专项检查。检查木质家具生产企业5家，下达责令整改指令书1份。

2012年，安全生产监督管理局专项督查鸿盛工业园区“八大行业”安全生产标准化建设情况，安全状况良好。

2013年，开展三次安全生产大检查工作，检查各类企业2125家(次)，发现安全隐患3544条，下达整改指令书1478份，整改隐患2983条，整改率为84.2%。

2014年，对1家井下开采企业落实安全避险建设进行验收。开展危化经营企业的安全检查，对全区的28家加油站及8家无仓储危化品企业进行两次大检查，发现隐患25条，整改20条。完成市区内4家加油站的阻隔防爆装置的安装，全区的加装率达到60%。对6家批发企业进行全面检查，实施分类监管，落实常年零售企业总量控制政策，淘汰安全条件较差的企业。治理涉氨制冷企业的安全隐患，2家企业完成2次专项整顿，通过复查验收。完成存在粉尘爆炸隐患场所的排查整顿工作。开展“打非治违”工作，每月至少1次对有矿区域的巡查，清理非法采矿点5处。

2015年，对20家加油站的47个违章指挥、违章操作、违反劳动纪律“三违”现象进行整治。开展加油站加装阻隔防爆装置工作。查封民爆器材仓库2个；检查使用燃气餐饮场所600个，为120家餐饮企业加装燃气报警装置。完成占压城市燃气管网隐患20余处；规范使用危化品的实验室1家；整治2家液氨企业，通过加装雾状喷淋装置，设置围堰和泄氨池等提高安全水平。打击非法开采点4个。关停156家存在污染现象的矿山加工企业，拆除设备162套。完成全部三大高危行业和重点工贸行业约150家企业的达标创建工作。出动执法人员640人次，完成对非煤矿山的整顿关闭、危险化学品的现场强化管理、烟花爆竹的重点整治工作。针对检查发现的111条隐患进行限期整改，对4家企业进行停业整改，全部隐患整改率为95%。落实《粉尘爆炸场所五条规定》《有限作业空间五条规定》《劳动密集型加工企业安全生产八条规定》，全年出动执法人员360人次对粉尘爆炸场所、涉氨制冷等30余家企业进行执法检查。

2016年，完成对非煤矿山、危险化学品、烟花爆竹三大高危行业不低于两轮的常规检查，一些重点部位的频次达5~6次，消除安全隐患175条。对危险化学品、易燃易爆品等行业开展专项整治。检查涉及加油、加气站、烟花爆竹、燃气储存和使用、民爆器材、化学实验室等企业510家(次)，其他重点企业220家(次)，完成隐患整改360余条。

2017年，对不符合环保要求和不具备安全生产条件的6家矿山企业全部予以停产。对停产区的非法盗采、滥采和非法采砂行为进行严厉打击，查处非法采矿案件20余起，出动执法人员500余人次，查扣非法开采机具60余台(套)。对危化品和烟花爆竹的仓储、经营、使用、运输等环节进行为期三个月的专项治理。对辖区内的建材、轻工等行业企业开展防火灾、防爆炸、防泄漏的“三防”专项整治行动。累计整治企业60余家(次)，治理问题210余个。在全区范围开展为期8个月的大检查，累计检查企业8385家(次)，排查隐患7514条，当期整改7021条，延期整改42条，整改率达94%。

第四节　安全事故处置

2001年，新城区成立安全生产委员会和安全事故调查领导小组。2001—2017年，新城区不断完善领导体制与工作运行机制，每起安全事故都通过调查取证，经安全事故调查领导小组和安全生产委员会研究，进行妥善处置。

2001年，新城区发生5起矿山伤亡事故和2起建筑工地伤亡事故。

2002年，新城区非煤矿山发生7起重大死亡事故，死亡6人，轻伤2人。

2004年，发生安全生产死亡事故2起，死亡2人伤1人。

2005年1月11日，呼和浩特市城发供热分公司北热源厂发生中毒和窒息事故。5月6日，中央储备粮呼和浩特直属库发生高处坠落事故。

2006年5月2日，内蒙古金赛龙建材有限责任公司三分厂六队发生物体打击事故。6月11日，新城区下新营村科宇世纪苑小区地勘工地呼和浩特市华茂岩土工程有限公司发生触电事故，死亡2人。7月27日，新城区民安交通设施维修部发生触电事故。10月24日，新城区府兴营村呼和浩特市天立宏拆除有限公司发生坍塌事故。

2007年5月27日，北京恒利源公司内蒙古分公司发生车辆伤害事故。6月13日，内蒙古金赛龙建材有限责任公司发生高处坠落事故。9月9日，内蒙古金赛龙建材有限责任公司发生放炮事故。11 月 15 日，中国六冶内蒙古体育馆项目部发生机械伤害事故。

2008 年 3 月 29 日，江苏南通建工集团发生坍塌事故，死亡 3 人。4 月 10 日，内蒙古金草原装饰工程有限公司发生高处坠落事故。6 月 10 日，呼和浩特市新城区吉阳汉白玉进口石材直销处发生物体打击事故，死亡 2 人。9 月 2 日，发生机械伤害事故，死亡 2 人。10 月 17 日，呼和浩特市白云喷绘有限责任公司发生高处坠落事故。

2009 年 3 月 30 日，呼和浩特市新城区第二十一中学发生物体打击事故。5 月 2 日，呼和浩特市峰磊采石有限责任公司发生物体打击事故，死亡 2 人。5 月 22 日，新城区哈拉沁大沟小溪沟发生高处坠落事故。6 月 8 日，呼和浩特市回民区众安消防器材维修部发生容器爆炸事故。10 月 24 日，北京鲁德亚太空调安装有限公司发生高处坠落事故。

2010 年 7 月 27 日，内蒙古兴润市场有限责任公司发生触电事故。

2011 年 7 月 29 日，内蒙古巨华集团发生坍塌事故。8 月 11 日，山东一箭建设有限公司发生高处坠落事故。

2012 年 4 月 4 日，呼和浩特市精博装饰工程有限责任公司发生高处坠落事故。5 月 25 日，四川建设集团有限公司发生高处坠落事故。8 月 1 日，内蒙古巴彦塔拉饭店发生坍塌事故，3 人死亡。8 月 12 日，内蒙古赛龙矿业有限责任公司发生坍塌事故。9 月 1 日，呼和浩特市凌丰门窗有限公司发生物体打击事故。9 月 6 日，呼和浩特市城发信息管网信息有限责任公司发生触电事故。10 月 30 日，中国新兴建设公司驻呼项目部发生锅炉爆炸事故。

2013 年 6 月 20 日，内蒙古第二建筑有限公司发生物体打击事故。9 月 17 日，内蒙古世龙建筑股份有限公司发生高处坠落，2 人死亡。10 月 14 日，内蒙古通信集团有限公司发生坍塌事故。

2014 年 2 月 11 日，呼和浩特中燃城市燃气发展有限公司公司发生中毒和窒息事故。

2015 年，万通路发生坍塌事故，2 人死亡。

2016 年 3 月 25 日，呼和浩特市苏晨装饰有限责任公司发生坍塌事故。4 月 4 日，内蒙古松江房地产开发有限公司发生坍塌事故。5 月 17 日，林州八建集团工程有限公司发生坍塌事故。5 月 28 日，内蒙古住友建设发展有限责任公司发生触电事故。7 月 1 日，发生弓有文物体打击事故。7 月 24 日，呼和浩特市新怡电务安装有限责任公司发生坍塌事故。10 月 5 日，汕头市振侨装修工程总公司发生高处坠落事故。

2017 年 5 月 13 日，将军衙署周边环境综合整治工程项目施工工地发生高处坠落事故。5 月 26 日，内蒙古宏桥建筑工程有限公司发生坍塌事故。6 月 29 日，内蒙古鑫联工程机械设备有限公司发生触电事故。7 月 31 日，河南永吉路桥发展有限公司发生中毒和窒息，3 人死亡。8 月 1 日，呼和浩特市昕萌建筑安装有限责任公司发生高处坠落事故。8 月 25 日，呼和浩特市金秋竹商贸有限责任公司发生触电事故。9 月 16 日，海南亿丰棠装饰工程有限公司发生高处坠落事故。10 月 31 日，发生高国栋机械伤害事故。

第八章　食品药品监管

第一节　机　构

2011年10月,新城区食品药品监督管理局成立,属新城区政府组成部门,承担辖区范围内餐饮服务、药品、医疗器械、保健食品、化妆品日常监管工作。

2012年,新城区成立食品安全委员会。食品药品监督管理局内设综合办公室,政策法规办公室,餐饮服务市场监督管理办公室,保健食品、化妆品市场监督管理办公室,药品、医疗器械监督管理办公室,稽查办公室6个内设机构,行政编制4名。下设食品药品监督所,属全额拨款股级事业单位,核定事业编制42名。8月,新城区卫生局监督管理所34人划转新成立食品药品监督管理局。

2014年,新城区质量技术监督部门、工商行政管理部门承担生产流通环节食品安全监管职能归同级食品药品监督管理局,食药局增加行政编制2名。各镇、街道成立食品药品安全委员会及办公室,在各镇(街道)、园区设立10个派出机构,实现网格化、规范化、常态化监管。食药监督所增加事业编制30名,新城区食药监督所事业编制总数72名。

2015年2月,组建1535名企业食品药品安全管理员、111名食品药品协管员社会监督网络。2015年8月,调整内设机构为办公室、综合协调股、法制股、药械监管股、食品流通监管股、餐饮服务监管股、食品生产加工监管股、稽查大队等8个股室。

2017年,按照《内蒙古自治区食品药品安全委员会关于基层食品药品监督管理所标准化建设的指导意见》要求,建成标准化所10个,独立设所8个,与办事处资源共享完成标准化建设2个,在讨思号村设立食药工作站1处。根据《新城区2017年公开招聘合同制工作人员实施方案》,新城区食品药品监督管理局新增25名合同制工作人员。有职工131人,其中行政编8人。

第二节　食品药品安全宣传

2011年,新城区为辖区内药品经营企业制作300份新城区食品药品监督管理局温馨提示、药品安全承诺书,发放国家食品药品监督管理局宣传画150份。

2012年，组织执法人员136人次，车辆32台次，开展3·15消费者权益保护、食品安全宣传和食品安全周活动。举办餐饮服务从业人员集中培训6次，890人参训。

2013年，开展3·15消费者权益保护日、食品安全宣传周、合理月药宣传活动。出动宣传人员78人次，车辆15台次，悬挂条幅19条，散发宣传材料5500份，解答群众提问1500人次。

2014年，利用节假日和大型活动进行宣传，发放宣传材料9000份，接受咨询750余次。组织食品生产经营人员集中培训13期，座谈交流5次，分区域宣传观摩培训596家，累计培训3700人次。

2015年，举办3·15消费者权益保护日、6·26法制宣传日、食品安全宣传周、安全用药月宣传活动。发放宣传材料6000份，解答群众提问270人次。组织食品生产经营人员集中培训8期，座谈交流6次，分区域宣传观摩培训96家，累计培训7900人次。

2016年，举办3·15消费者权益保护日、6·26法制宣传日、食品安全宣传周、安全用药月宣传活动，通过专家讲座、悬挂条幅、制作展板等形式开展宣传。发放宣传材料6000份，解答群众提问500人次，发放《中华人民共和国食品安全法》1万本、《内蒙古自治区食品安全生产加工小作坊和食品摊贩管理条例》5000册、食品药品安全宣传材料1.8万张。开展《食品安全法》宣讲11期，组织食品生产经营人员集中培训13期，培训人员310人次。

2017年，新城区成立政府信息公开领导小组，明确工作人员负责信息公开工作。根据实际调整公开政务信息公开指南，形成政府信息公开目录。建立政务信息公开保密审查制度，严格审查程序。公开食品药品安全监督抽检信息10期，行政处罚信息公开表14期，行政许可8期，监督动态61期。在电视台、电台、报纸刊播食品药品监管动态信息15次。在3·15消费者权益保护日、食品药品科技宣传周、食品安全宣传周、安全用药月等节点开展宣传活动4次，发放宣传材料1.5万份，开展3·15公众开放日活动2次，对辖区食品药品从业人员集中培训9次，组织观摩学习34次。

第三节　行政管理审批

新城区食品药品监督管理局主要承担药品、医疗器械、保健食品、化妆品、餐饮食品安全监管，按照“安全发展、科学监管、综合治理、全面发展”的总体思路，形成“以块为主、条块结合、权责一致、责任明晰、齐抓共管”的工作格局。

2012年，新城区按照卫生部《饮食服务许可管理办法》，受理餐饮服务许可申请880家，审批发证880家。

2013年，新城区按照“集中受理、限时办结”工作原则，接办行政许可事项1370件，体检从业人员9372人。受理保健食品、化妆品备案登记168件。办理药械类案件17件。受理各类投诉举报109件,所有案件结案归档。

2014年6月,食品流通和加工监管职能划转新城区。新城区按照《食品加工小作坊登记及监督管理暂行办法》,办理流通许可证256个。受理保健食品、化妆品备案登记168件。办理药械类案件17件。

2015年,新城区在行政审批工作中实行受理、验收、审批、监督"四分离"制度,简化审批流程,提高审批效率。在区行政服务大厅设受理咨询窗口3个,成立行政许可验收工作组。受理各类审批事项1571件,办结1222件。受理保健食品、化妆品、小作坊备案登记269件,发放备案登记证269个。

2016年,新城区率先使用自治区行政审批系统受理食品经营申请,窗口受理各类审批事项3088件,办结2511件。受理化妆品、小作坊、食品摊贩备案登记537件。受理各类投诉举报264件,全部办结。立案查处各类违法违规案件168起,罚款33万元。

2017年,新城区窗口受理办结各类审批事项2793件。各食药监管所受理发放小饭桌、小作坊、小幼儿园、食品摊贩备案登记3278件。畅通12331投诉举报渠道,受理各类投诉举报442件,全部办结,所有办结投诉举报均按要求回复反馈。

第四节　食品安全监管

2011年,新城区将食品药品安全工作纳入综合考核体系。各部门建立日常监督检查工作台账,严格实行责任倒查追究。建立区食品安全应急处置专家库,聘请16名食品安全专家,出台《食品安全专家工作制度》,提高食品安全工作技术支撑和决策咨询水平。

2012年,新城区开展餐饮服务环节食用明胶、食用油采购、添加剂使用、违反使用"瘦肉精"情况进行专项检查,出动执法人员5180人次,车辆2120台次,检查餐饮服务单位4300家,发出餐饮服务监督意见书325份,责令整改书126份,收缴罚没款1.2万元。按照《重大活动餐饮服务食品安全监督管理规范》,完成自治区"两会"、卫生部政务公开工作交流暨12320卫生热线推进会议、中高考学生就餐安全的餐饮安全保障工作。开展食品安全示范街的创建工作,打造比塞塔商业街、爱民街、元贞永街等9条餐饮服务安全示范街。

2013年,新城区对各类餐饮单位开展日常监督,检查餐饮单位5800家,出动执法人员2600人次,执法车辆1800台次。集中整治学校、建筑工地食堂,签订食品安全责任书93份,下达整改意见书33份,关闭食堂8家,分流就餐人员。对住宅和商住混合楼下从事餐饮服务的单位,下达限期转产停业意见书108份。检查城乡接合部和旅游景点餐饮单位300户,对62户提出整改要求。防控H7N9工作,对4家餐饮单位下达责令整改意见书。对辖区火锅店、烧烤店进行监督检查。开展食品安全示范街创建工作，增加东方文苑南巷等3条食品安全示范街，西贝莜面村等30个餐饮服务安全示范店，实现辖区餐饮业食品安全整体水平全面提升。

2014年，开展校园食品安全专项检查，对全区220家中小学、幼儿园和校园周边960家食品商业门店进行全面检查。出动执法人员270人次，执法车辆30台次，巡查鲜肉市场12家，储藏冷库21个，餐饮单位148家。开展地沟油专项整治。

2015年，开展农村食品市场、校园及周边食品安全、肉及肉制品、生鲜乳及乳制品、地方特色食品加工环节、白酒、食品加工小作坊、小摊贩、小餐饮、小饭桌、小杂食店、鲜奶吧等“六小”食品、豆腐、粉条、馒头、豆芽等“四白”食品、肉及肉制品等食品安全专项整治。取缔无证餐饮单位15家，无证黑加工作坊12家，查扣生产设备90余件，没收非法生产食品及原料2000余公斤。辖区内食品企业签订《食品安全承诺书》，建成校园周边严管街3条，食品药品安全示范街11条，食品安全示范村2个，命名食品药品安全示范店95家。推行量化分级管理和“明厨亮灶”工程，量化等级评定1650家，指导帮助185家餐饮服务单位实施“明厨亮灶”工程。指导规范豆腐、豆芽小作坊5家。规范农村食品市场，取缔无证无照户35家，捣毁非法生产食品窝点11个，查扣问题食品300公斤。开展创城创卫专项整治活动4次，纠正不符合标准事项2000余项。

2016年，建立“一企一档”数据库和企业诚信档案，根据产品风险进行分等，根据投诉举报、监督检查、抽样检测、行政处罚结果实行企业分级，确定巡查频次与巡查范围，确保源头安全。在35家食品生产企业推行食品生产企业质量授权人管理制度和诚信档案制度。对餐饮单位实行量化分级管理，评定A级288家，B级910家，C级727家。对2392家食品流通单位进行食品销售主体信用等级评定。创建食品安全示范街11条，食品安全示范村2个，食品安全严管街6条，食品安全示范店160家。528家餐饮单位实施“明厨亮灶”。开展食品加工园区建设。开展食品安全专项整治，检查便民市场17个、学校和托幼机构食堂84家，餐饮服务单位1830家，超市食品店2366家，食品小作坊125家，“四白”食品经营户314家。保障“全国柔道锦标赛”“自治区精神文明现场会”等30余次重大活动食品安全。

2017年，召开食品生产企业主体责任暨警示教育大会，签订《食品生产加工企业质量安全授权书》《食品生产加工企业质量安全承诺书》。建立“一企一档”数据库和企业诚信档案。开展“两超一非”(超范围、超限量使用食品添加剂或非法添加禁用化合物)专项整治行动和小作坊(包括前店后场)专项清理整顿活动，解决食品生产“小、乱、差”问题。引入社会资金600余万元，完成食品加工园区31户标准化加工车间和检验化验室建设，全部入驻生产经营，完成“四白”小作坊入园计划。制定《食品进货查验制度》《食品安全自检自查制度》《不合格食品退市制度》等8项食品经营自律制度，要求各食品流通企业将制度全部上墙。加强农村食品店的整治力度,创建农村食品流通示范店137家。制定《新城区食用农产品集中交易市场规范化建设方案》,开展标准化农贸市场建设,建成中盈粮油农贸市场、团结小区南便民市场、团结小区北便民市场、隆世丰农贸市场、人民路农贸市场、气象局西街便民市场等6个标准化市场,实施划区域经营,有效防止食品交叉污染。针对酸奶制品贮存温度不达标隐患,专项检查辖区12家大中型超市,规范酸奶制品的贮存。落实餐饮服务单位量化等级提升《三年行动计划》,全区开展"厨房革命"专项治理工作,制定《新城区小餐饮服务单位规范提升专项整治实施方案》《新城区餐饮服务综合整治路长制实施方案》《新城区餐饮服务食品安全长效整治工作方案》《新城区居民楼下餐饮服务食品安全专项整治工作方案》等系列方案。"厨房革命"第一阶段完成8个街道办事处,14条区级食品安全示范街,566家餐饮经营单位的整治任务;第二阶段完成食药局及办事处自选20条示范街,443家餐饮经营单位的整治任务;第三阶段完成剩余所有街道2152家餐饮单位的整治任务。完成整改餐饮单位3060家,取缔停业转产106家,实现"明厨亮灶"2853家。完成等级提升任务,评定A级680家;B级1922家;C级428家。

第五节　药品、医疗器械、保健食品、化妆品监管

新城区食品药品监督管理局履行药品、化妆品、医疗器械流通监管职能,排查风险隐患,堵塞安全漏洞,规范药械市场经营秩序,药品、化妆品、医疗器械经营企业安全意识和诚信意识显著增强,确保全区药品、化妆品、医疗器械安全形势稳中向好。

2011年,新城区申报创建药品安全示范区工作。初步建立药械安全企业信用体系、药品安全责任体系。整顿规范药品医疗器械市场秩序,检查药械生产、经营、使用单位505家。监督检查基本药物流通使用单位179家,经营企业190家。加强特殊药品监督管理。开展非药品冒充药品、流通领域抗菌药物专项整治。打击侵犯知识产权和制售假冒伪劣商品、违法广告药品和医疗器械、流通领域违规行为。检查12家GSP认证企业及46家GSP认证跟踪企业。开展盐酸克仑特罗、中药饮片流通市场、计生药械、义齿类医疗器械专项检查。

2012年,开展日常监督检查药品、医疗器械经营使用单位1020家。开展药品生产流通集中专项整治、疫苗、药用胶囊质量监督检查、药品流通领域专项整治行动12次。办理违法违规案件10件。检查30家GSP认证跟踪企业。检查12家GSP认证企业及46家GSP认证跟踪企业。下达非守信企业警示告诫书28份,对未按时申报GSP认证材料企业下达警告处罚决定书35份。检查基本药物经营企业260家,使用单位450家。3月,履行保健食品和化妆品监管职能。对保健食品、化妆品经营单位进行摸底检查。对保健品和化妆品添加违规标识进行专项检查。

2013年，新城区对药品经营单位实施搭建一个全区药品经营单位QQ群、悬挂一块监督公示牌、一张药品安全管理制度板、摆放一个药品安全知识宣传架、张贴一份药品安全承诺书等“五个一”工程。检查医疗器械生产企业2家。检查药品经营企业100户，区级以上医院4户，民营医院8户，个体诊所30户，立案调查5起，打击无证经营等行为。开展药品生产流通领域、农村牧区市场重点商品、违规广告药品医疗器械、定制义齿生产使用专项治理活动8次。建立药品不良反应和医疗器械不良事件监测单位60余户，对违法经营的19户进行处罚。开展保健品、化妆品专项检查，检查保健食品专卖店25户，药店兼营保健食品、化妆品单位76家，化妆品经营户87户。

2014年，新城区重新修订《新城区药品和医疗器械突发性群体不良事件应急预案》，制定印发《新城区重大活动食品药品安全应急管理手册》，提高食品药品安全应急处置能力。开展农村及城郊接合部药品市场、特殊药品、非法收购药品、中药材及中药饮片、处方药销售、医疗机构制剂安全等14个药品专项检查。检查药品经营企业270家次，药医疗机构200家次，美容诊所4家次，医疗器械生产企业2家次，医疗器械零售兼营企业200余家次。完成药品抽检28次。通过52家GSP认证企业跟踪检查。报告药品不良反应事件79例，医疗器械不良事件5例。开展保健食品专项整治行动，检查保健品经营户92家，化妆品经营户125家，取缔不合格保健食品店12家，化妆品店7家。

2015年，开展药械农村市场药品整治行动3次。检查药械经营使用单位36家，取缔无证经营药店1家。与辖区内药品经营使用单位和医疗器械生产经营企业的相关人员签订药品、医疗器械安全责任状。推进药品零售企业药品流通电子化监管，对认证企业进行跟踪检查。对罂粟壳专项抽检6批次，1批次不合格。报告药品不良反应事件210例，医疗器械不良事件82例。

2016年，与356家药械单位负责人签订药品医疗器械安全责任状。对5家非守信药品零售企业进行诫勉谈话，下达告诫书。检查药品批发企业8家次，药品经营企业358家次，医疗器械批发企业160家次，医疗器械生产企业2家次，药械使用单位553家次，注销药品连锁企业许可1家，医疗器械经营企业8家。开展GSP跟踪认证，对通过GSP认证的100余户药品零售企业及药品连锁门店进行跟踪检查。开展打击非法制售和使用注射用透明质酸钠、定制式义齿等7个专项检查。日常抽检药品36批次，专项抽检12批次。开展问题化妆品排除，对国家抽检不合格的39批次面膜类化妆品进行排查，检查化妆品经营单位387家。

2017年，开展药品、化妆品、医疗器械专项整治。全面培训药品经营使用单位和医疗器械生产经营企业的相关人员，辖区300家药店、110家医疗器械生产经营企业分别签订药品、医疗器械安全责任状。制定《新城区2017年度药品医疗器械化妆品监管工作要点》《新城区药品医疗器械生产经营企业风险清单》和《新城区药品医疗器械生产经营企业月巡查季例会半述职工作计划》。按照计划和风险清单开展企业冷链药品医疗器械等专项检查。检查药品批发企业20家次,药品零售连锁总部12家次,药品零售企业440家次,医疗机构350家次,医疗器械生产、批发企业186家次,医疗器械零售兼营企业200余家次。检查化妆品使用单位168家次,化妆品批发企业40家次,零售企业210家次,中大型超市化妆品柜台25家次。诫勉谈话16家非守信药品零售企业,下达《告诫书》。跟踪检查辖区通过GSP认证的200余户药品零售企业及药品连锁门店。完成市局流通使用环节监督抽检97批次。完成317家药品经营企业及108家医疗器械经营企业“一户一档”档案建立。

2013—2017年,共组织对药品、化妆品、医疗器械经营使用单位相关人员的培训20余次,开展特殊药品及二类精神药品、含麻黄碱复方制剂流向及疫苗和冷链药品的监督检查、中药饮片专项检查、易制毒化学品和非药品类精麻药品专项检查、定制式义齿专项检查、医疗器械经营企业冷链管理专项检查、无菌和植入性医疗器械专项检查、疫苗安全等60余个专项行动。检查辖区药品经营企业1100余次,医疗器械经营企业1000余次,医疗机构780余次,医疗美容诊所800余次,化妆品经营企业1200余次。

第十一篇

交通 通信

第一章　道路建设

第一节　机　构

一、管理机构

2002 年 8 月，新城区交通局正式成立，工作职能是贯彻执行上级交通工作的方针、政策、法律、法规。根据发展需要，研究全新城区交通基础建设，发展战备和政策。拟定有关乡村道路建设的规章制度、发展规划、年度计划，并组织实施监督、检查执行情况。依照《中华人民共和国公路法》对损害路权、路产的有关事项进行处理。完成军事部门和上级交通战备部门、本级人民政府和区国防动员委员会赋予的各项工作任务。2004 年 1 月，按照呼和浩特市交通局的统一要求，经区政府批准，交通局成立公路养路费征稽所、公路段（差额拨款独立核算单位）两个二级事业单位。2006 年 2 月，成立乡村道路建设管理办公室。2008 年 8 月成立交通战备办公室。2009 年 2 月，经区机构编制委员会批准同意，撤销新城区交通局公路养路费征稽所，同时设立二级事业单位新城区交通局路政大队（差额拨款独立核算单位）。有干部职工人员 48 人，其中局领导 4 人，局办公室 20 人，公路段 11 人，路政管理大队 13 人。

二、事业单位

新城区交通局路政管理大队　2009 年 2 月成立，是新城区交通局二级事业单位，主要职责是保护公路、维护路权、对公路进行日常巡查，制止公路两侧控制区内的违法建筑产生，审批各种管线穿跨公路，治理车辆超载超限运输，保障公路安全畅通。大队所辖公路 X013 线，黄花村—坝上，13.4 公里。X001 线，S104—水泉，34.206 公里。X002 线，G110—坝上，28.08 公里。Y001 线，黄花村—卯独沁，16.35 公里。Y007 线，账房片—圣水梁，8.39 公里。C021 线，S105—面铺窑，5.58 公里。设有大队长 1 人，教导员 1 人，路政员 13 人。队员经内蒙古自治区交通厅举办的全区公路路政执法岗位培训，全部取得执法资格。大队路政装备有巡查车 2 辆（长城皮卡），电脑 1 台，复印机 1 台，取证设备有执法记录仪 1 台，照相机 2 台。

新城区交通局公路段　2004 年 1 月成立，主要职责是对管养线路的路面、路基、桥涵沿线设施及绿化进行养护、保养，使其经常处于良好状态，保障所管养公路安全畅通。

第二节　道路状况

2017 年,新城区形成由国省干线、县级公路、乡级公路、通村公路、专用公路组成的交通运输网络,建成公路总长 377.48 公里。

一、国道、省道

国省干线:96.33 公里,其中高速 41.64 公里,国省干线 54.5 公里。

2017 年新城区国道、省道里程表

表 11-1-1　　单位:公里

路线编号	路线名称	建成年限	路面种类			技术等级			
			沥青	混凝土	砂石	一级	二级	三级	四级
国道									
G6	京藏高速		26.914			26.914			
G7	京新高速公路		13.853			13.853			
060	呼和浩特绕城高速		0.87			0.87			
G110	京包公路		21.372				21.372		
省道									
S104			21.196						
S105			12.128						

二、县道、乡道

2017 年,新城区境内有县级公路、乡级公路、通村公路、专用公路 281.14 公里。其中:县级公路 3 条,总长 75.68 公里,路面结构为沥青混凝土路面。有乡级公路 7 条,总长 82.41 公里,路面结构分别为水泥混凝土路面、沥青混凝土路面、砂石路面。有通村公路共 25 条,总长 95.01 公里,路面结构分别为水泥混凝土路面、沥青混凝土路面、砂石路面。有专用公路共两条,总长 28.08 公里,路面结构为水泥混凝土路面。

2017 年新城区县道、乡道里程表

表 11-1-2　　单位:公里

路线编号	路线名称	建成年限	路线长度	路面种类			技术等级				
				沥青	混凝土	砂石	一级	二级	三级	四级	五级
县道											
X001	S104- 水泉	2007	34.2	34.2					31.3	2.9	
X002	G110- 坝上	2007	30.5						5.7	18.9	5.9
X013	黄花一坝上	2009	13.4						13.4		
乡道											
Y001	黄花一卯独沁	2011	16.3		16.3					16.3	

续表

路线编号	路线名称	建成年限	路线长度	路面种类			技术等级				
				沥青	混凝土	砂石	一级	二级	三级	四级	五级
Y002	卯独沁—小井	1986	11.5		11.5					11.5	
Y003	G110—野马图	2011	6.1							6.1	
Y004	S101—水泉	1993	13.8						0.4	13.4	
Y005	G110—红崖石寺	1999	10.2							10.2	
Y006	生态路—潘龙山景区	1985	16.1								16.1
Y007	账房片—圣水梁	2004	8.4						4.3	4.1	

2017年新城区乡村公路里程表

表 11-1-3　　单位:公里

路线编号	路线名称	建成年限	路线长度	路面种类			技术等级				
				沥青	混凝土	砂石	一级	二级	三级	四级	五级
乡村公路											
C001	G110—坡底	2009	2.8						2.8		
C002	G110—哈拉沁	1998	4.3						4.3		
C003	G110—沙梁	2001	2.6							2.6	
C004	生盖营—姚家湾	2002	6.5						1.8	4.7	
C005	G110—讨思浩—生态路	1999	4.4						4.4		
C006	G110—讨思浩	1987	3.4							3.4	
C007	G110—庄子	2011	1.5							1.5	
C008	S105—界台	1982	1.6								1.6
C009	X2002—小东沟	1980	1.3								1.3
C010	X002—灯笼素	1980	1.7								1.7
C011	X002—雕窝沟	2004	3.7								3.7
C012	小井—仁和义	1985	15.8								15.8
C013	Y011—白音不浪	2004	1.8								1.8
C014	G110—机场连接线	2009	3.4					3.4			
C015	S105—满族坟	2007	3								3
C016	S105—前扁担石沟	1987	1.5								1.5
C017	S105—后扁担沟	1989	2.8								2.8
C018	X001—喇嘛圐圙	2010	12.8						12.8		
C019	G110—保合少移民新村	1982	3.8						3.8		
C020	G110—乌兰不浪	2007	2.3						2.3		
C021	S105—面铺窑	2004	5.6						5.6		
C022	G110—哈拉更	1999	3.5							3.5	
C023	G110—奎素	2000	6.3						2.6	3.7	
C024	C021—杨四窑	2016	1.2							1.2	
C025	C021—李占窑	2016	1						1		

2017 年新城区专道里程表

表 11-1-4 单位:公里

路线编号	路线名称	建成年限	路线长度	路面种类			技术等级				
				沥青	混凝土	砂石	一级	二级	三级	四级	五级
专道											
Z101	哈拉沁—蓄能水电站	1998	13.4						2.4	11	
Z102	哈拉更—电台	2007	14.7							14.7	

第三节 路政管理

2001—2017 年,实行 24 小时巡查值班制度,及时制止查处各种损坏路产、侵害路权的行为。在巡查的同时向沿线居民及过往车辆宣传公路法规。

2006 年 3 月 20 日,新城区郑家沙梁村王某在 y349 线 0k+200 米处右侧挖掘公路 30 平方米,收取赔偿费 1500 元,案件结案。2009 年 6 月 18 日,呼和浩特市天堂公墓在 y371 线与 x007 线交叉处北侧,呼和浩特市殡仪馆墙体设立广告牌。在 x012 线限高架上设立广告牌,收取占用费 3 万元,案件结案。2015 年 10 月 19 日,张某在 y371 线 21k+500 米处损坏限高架,收取赔偿费 1 万元,案件结案。2017 年 8 月 30 日,京一辆中型普通货车在 y203 线 15K+100—15K+280m 左侧,机动车损坏挡墙 5382 立方米,损坏水泥路面 267.3平方米,损坏硬路肩 150 平方米,收取赔偿费 2.7 万元,案件结案。截至 2017 年,共处理路政赔偿案件 17 起,办理行政许可案件 3 起,共收回路产赔偿 76.68 万元。清理非公路标志牌 28 块,清理乱堆乱放 1200 处,3600 平方米。

第四节 道路养护

公路段养护机械主要有装载机 1 辆,小型压路机 1 辆,农用车 3 辆,扫路机 2 台,内燃式振动冲击夯 1 台。主要负责辖区公路养护,桥涵、路基加固等维护,冬季清除冰雪保障畅通及道路应急抢险等工作。

2004 年,新城区公路段共设两个道班,达赖沟道班管养黄井线(x013)8.8 公里。麻花板道班管养呼哈线(x012)6.8 公里。2005 年,麻花板道班改造为中心道班,总面积 950 平方米,其中办公楼 745 平方米,管养呼哈线(x012)6.8 公里,呼殡线(x007)8.8 公里,机场路连接线(x003)3.4 公里。其中呼殡线(x007)8.7 公里,机场路连接线(x003)3.4 公里,由市公路管理局移交到新城区交通局公路段。2009 年,建设面铺窑道班,总面积 4500 平方米，其中办公楼 376 平方米。2012 年，建设黄井线道班，总面积 2739 平方米办。办公室 189 平方米。2017 年，共有 4 个道班，黄花道班、达赖沟道班两个道班管养 x013，黄井线 13.2 公里；面铺窑道班管养旅游专线 20 公里；麻花板道班管养 x012 呼哈线 6.8 公里，呼殡线 8.8 公里，机场路连接线 3.4 公里，青山大道（生态路）32 公里。

新城区公路段各道班养护分布表

表 11-1-5

道班名称	管养路线编号	养路线路名称	道班桩号	养护里程
黄井线道班、达赖沟道班	X013 线 Y001 线	黄花村—坝上 黄花村—卯独沁	K0+200	13.4 公里 16.347 公里
麻花板道班	X001 线	S104—水泉	原 X012 K4+200	34.206 公里
面铺窑道班	X002 线 Y007 线 C021 线	G110—坝上 账房片—圣水梁 S105—面铺窑	K8+100	23.083 公里 8.393 公里 5.581 公里

第五节 征费稽查

2004 年 1 月，因区划将赛罕区管辖的交通职能管理划归新城区交通局，按照区域管理，新城区交通局征收新城区范围内的小额养路费。2008 年 12 月 31 日，依据《中华人民共和国公路法》实行税费改革，交通规费征管工作终止。

第二章 客运运输

第一节 汽车客运

新城区辖区内建有呼和浩特长途汽车西站和东站2座长途汽车客运站。2017年,开通国内客运线路170余条,日发送旅客2000至3000人。

2013年4月,呼和浩特市城发投资经营有限责任公司投资建设呼和浩特客运汽车站,汽车东站与火车东站属同场异站,紧邻呼和浩特火车车站和呼和浩特白塔国际机场。总占地面积8.38万平方米,站前广场面积3480平方米,停车场占地面积2.49万平方米。由综合站务楼及广场区、车站辅助功能区、车站生产服务区(生产服务大楼)3大部分组成。包括汽车维修、加油站、洗车设施、乘务员公寓及连锁酒店、停车场地及到发车场地(地上长途汽车停车位108辆、长途汽车发车位35辆;地下长途汽车到达车位9辆、社会车停车位120辆),售票窗口13个。是交通部规划的45个主枢纽站场之一,设计2023年达到日发送量2万人次吞吐能力,承载有运输服务、运输组织、中转换乘、多式联运、通信信息与服务、车辆维修、辅助服务等基础服务功能,并形成面向社会,满足出行旅客吃、住、行、休闲、商贸、商务、办公和信息网络等多功能为一体的完善的综合服务体系。2016年底建成,是公路、铁路、航空、城市公交等多方式联运枢纽中重要节点。

第二节 铁路运输

新城区辖区内有京包铁路27公里,设有呼和浩特、呼和浩特东2座车站。铁路运输由呼和浩特铁路局管理经营,呼和浩特铁路局是中国铁路总公司管理的大型铁路运输企业的18个铁路局之一,2017年11月,呼和浩特铁路局更名为中国铁路呼和浩特铁路局集团有限公司。改革开放初期,呼和浩特市铁路营业线只有1条京包铁路,客运量183万人次、货运量约82万吨,通行能力仅99公里。2017年底,呼和浩特市铁路货运量达3136.8万吨,客运量达1175.8万人次,通行能力达到327.8公里,营业线增加到5条。

2006年,呼准铁路建成通车。9月10日,开工建设呼和浩特东站。

2009年4月20日，呼和浩特东站建成。

2010年12月，呼和浩特东站试运营。

2011年2月28日，呼和浩特东站正式开通。呼和浩特东客站是一座现代化大型客运站，配套设施完善。站房总体建筑面积9.83万平方米，建筑高度45.5米。

2014年7月，呼和浩特站改造工程启动，改造后，旅客候车区面积由原来的4200平方米增加到6500平方米，年旅客发送能力较改造前增加1500人次，达到2300人次。

2015年2月13日，呼和浩特站站前广场自动售取票大厅正式投入使用。

2016年，呼和浩特站站改施工结束，车站改为二场横列式布局。

2017年8月，张家口至呼和浩特高铁呼和浩特东至乌兰察布段开通运营，自治区首条高速铁路建成通车。呼和浩特东至乌兰察布段全长126公里，运行时速250公里，运行时间由1小时缩短到40分钟。12月，呼准鄂铁路全线通车，呼和浩特东至鄂尔多斯全长245公里，运行时速200公里。同年，呼和浩特站所有自助售(取)票机正式启用微信支付功能。

第三章　公共交通

第一节　公　交

新城区市内的公共交通系统由呼和浩特市公共交通总公司负责运营，2017年，共有221条公交线路运营，市民采用公共交通出行较为方便快捷。

一、场站建设

2000年，呼和浩特市公交总公司建设办公楼、检修车间、车库、加油站、配电室等，总投资2476.5万元，2002年9月，竣工投入使用。

2006年，呼和浩特市公交五公司在新城区北二环路以北21中南巷以西，建设办公楼、公交智能调度中心、点钞中心、加气站等，占地面积10万平方米，调度楼建筑面积3181.36平方米，总投资851.54万元。2008年，调度楼建成，五公司挂牌成立。

2008年，公交五公司建设公交智能指挥大楼，面积7254.40平方米，建筑面积约2.89万平方米，高9层，地下1层，总投资1.15亿元，2011年建成使用。

2010年，建设公交五公司办公楼，占地面积920平方米，建筑面积2300平方米，总投资 368 万元,2011 年底建成投入使用。

2012 年,建设火车站东客站公交场站,占地面积 8.23 万平方米,使用面积 5.59 万平方米,办公调度综合楼层高三层,建筑面积 3623.39 平方米,修理车间 575 平方米,高低压变电站 1048 平方米,场站硬化 3.64 万平方米,总投资 7509.63 万元,2017 年竣工。

2013 年,总公司对三公司场站进行平整硬化,面积约 1 万平方米,投资 19.7 万元。建设公交车辆维修厂站。

二、运营

2006 年,运营车辆达 829 辆,运营线路达 54 条,无人售票线路开始支持公交卡刷卡消费。

2007 年,开通 11 条公交线路(71～81 路)。改造私人承包中巴线路,30、25 路取消,32、33、37、41、44 路收归公交公司,实行无人售票,私人承包线路只剩 301、302、303、12 路。呼和浩特首次购入 26 辆中通牌后置公交车,配属于 3 路。

2008 年,开通 8 条公交线路(82、83、84、85、86、87、88、89 路)。

2009 年,开通 5 条公交线路(90、91、92、93、94 路),16、78 等线路改造。

2010 年,开通 5 条公交线路(95、96、97、98、99 路),停运公交线路 1 条(302 路中巴),19、26、33、34、54、57、38、50、65、57、83、93、301 等线路进行改造。将 19,、83 路延伸通往火车东站。

2011 年,呼和浩特首次购入 50 辆恒通牌 12 米气电混合动力新能源公交车,配属于 1、72、3 路。开通公交线路 1 条(100 路)对 42、57、81、88 等线路进行改造。购入扬子江牌铰接车一辆,用于 3 路的运营。12 路中巴收归公交公司改为无人售票,票价从 2 元降为 1 元,呼和浩特中巴公交全部消失。

2012 年,开通公交线路 3 条(92 路远郊、102 路、103 路),购入 150 辆气电混合动力公交车,首次大规模购入双层公交车 20 辆,用于 102 路的运行。对 7、8、20、26、79 进行线路改造。

2013 年,开通公交线路 3 条(青城 1 号线、青城 2 号线、104 路),停运公交线路 1 条(77 路),购入新车 380 辆。免费公交车青城 1 号线和青城 2 号线开通,途经新华大街、中山路、通道南街,使用 30 辆 18 米铰接公交车。

2014 年, 开通一环 1 号线、 一环 2 号线、K1、K2、K4、K5、14、101、105、106、107、108、109 等公交线路 13 条,购入新车 400 辆(均为 12 米发动机后置公交车)。对公交线路进行调整,首次开通“快速公交”(一环 1 号线、一环 2 号线、K1、K2、K4、K5),对 2、33、37、51、52、58、60、63、303 线路进行调整,取消 5、54、55、61、67、86、90 路等 7 条公交线路。首条从市区到周边旗县的公交车 101 路(公交三公司——盛乐经济园区管委会)开通。

2015 年,引入 407 台新车用于更换车辆和开通线路。共开通 201、202、203、204、110、

K3、K6、209 路等 7 条线路。对 21、34 路两条线路进行延伸改造。对 6、8、15、57、75 路进行线路调整，撤销 13、74 两条线路。

2016 年，上线 8 台新车，采购 427 台纯电动公交车。开通生态 2 号线、临时线路、205、206、111 路 5 条线路。临时线路、生态 2 号线是呼和浩特为更好发展大青山前坡旅游而开通的线路。对 7、14、20、27、31、34、38、56、59、62、64、65、85、100、106、110、203、209 路等 18 条线路进行调整。

2017 年，呼和浩特公交步入纯电时代，427 台纯电公交陆续上路运行，公交出行更加低碳环保。

第二节 地 铁

2011 年，呼和浩特市委、市政府决定建设城市轨道交通，线网规划由 5 条线构成，总规模 154.9 公里。2014 年 11 月，轨道交通建设规划及线网规划环评通过环保部审查批复。2015 年 7 月，首轮轨道交通建设规划经国务院批准，国家发改委批复，成为全国第 39 个获批的轨道交通城市。

2016 年 4 月，呼和浩特轨道交通 1 号线一期工程开工建设，8 月，2 号线工程开工建设。1 号线贯通机场到金川，覆盖城区人流密集区，线路长 21.7 公里，设计时速 80 千米 / 时，共设站 20 座，新城区境内设有人民会堂至火车东站 9 站。2 号线北起塔利东站，南至阿尔山路站，沿成吉思汗大街、锡林郭勒南路北南向呈 L 形布设，与 1 号线在新华广场站十字换乘，线路长 27.3 公里，设计时速 80 千米 / 时，设站 24 座。2017 年，建设顺利推进，1 号线一期工程完成车站主体结构总量的 99%，盾构区间全线洞通；2 号线一期工程完成车站主体结构总量的 87%，盾构区间完成总量的 59%。

第四章　邮政电信

第一节　邮　政

一、机构

呼和浩特市邮电局　1998年9月,国家实施邮政、电信分营改革,呼和浩特市邮电局成立。下设4个职能部门,28个邮政支局。呼和浩特市邮政局位于新城区锡林郭勒北路街道,承担着机要通信任务,传递国家政令、公文,担负沟通各级人民政府和人民群众之间联系的历史重任。2017年,各类在岗员工783人。

人民路邮政支局　位于新城区中山东路街道人民路13号,为呼和浩特市邮电局分支机构,有员工80余人。

团结小区邮政支局　位于新城区迎春中路团结小区院内综合楼,面积220平方米,职工人数10人。

保合少邮政所　保合少邮政所。位于新城区110国道保合少镇政府旁,邮政业务负责保合少镇范围发行报纸、报刊征订派送,邮件、包裹收发。有职工5人。

二、工作

2001—2017年,邮政系统建设邮政电子汇兑系统。开展邮政快递物流业务。提升农村电商水平,支持开展“电商＋寄递”邮政助贫项目;政府支持推进交通、通讯、物流网点等基础设施建设,实施快递下乡工程,完善贫困地区快递服务网络和物流配送体系,支持寄递企业利用农村客运站、货运站、供销服务站等交通基础设施建立仓储中心,把“交邮综合服务站”“电商快递集散中心”打造成为农村物流节点。建设电商快递集散中心,乡、村三级农村物流体系,从产地到消费终端的供应。

2017年,新城区邮政系统形成系统化谋划、制度化规范、标准化建设、项目化推进、信息化支撑发展机制,推动邮政行业高质量发展。

第二节　通　信

中国联通内蒙古分公司　位于新城区中山东路。以信息技术网络为主业务,包括网络通信设施设备和信息业务、商务宽带、电话导航、传媒信息业务、移动电话业务，基础移动通信、提供本地市话、国内长途、港澳台长途、国际长途、国内漫游。2017 年，有职工人数 256 人。

呼和浩特市联通公司　位于中山东路和人民路交叉路口东侧。业务主要有移动(GSM，CDMA，移动语音业务，移动数据业务，国际及港澳台漫游业务)，数据固定互联网业务(数据传送业务，语音通信业务，互联网业务，视讯通信业务，国际通信业务)，呼叫中心业务，集团客户业务等。2017 年，有 97 个自营营业网点、特许经营店和分销商，服务网点延伸到呼和浩特各角落。

中国移动通信集团有限公司内蒙古分公司　2001 年成立。位于呼伦南路 61 号，注册资本为 6.09 亿元。主要经营移动电话业务，数据业务以及相关业务的信息服务，技术开发，技术服务。内设综合部、经营计划部、技术发展部 3 个职能部门以及移动部、传输部 2 个生产部门。本科及以上学历人员占总人数的 84%，科研生产人员占总人数的 80%。2017 年职工 1261 人。

第十二篇

城建 环保

第一章　城乡建设

第一节　机　构

一、管理机构

新城区住房和城乡建设局　2001年，新城区城乡建设的管理机构为新城区建设局。2001年5月，呼和浩特市区园林绿化体制调整，新城区分配市建设局园林职工119名。

2005年，新城区建筑工程安全监督站成立。

2007年4月，成立新城区绿化办公室，属正科级单位，同年，成立新城区建设局党委。

2008年5月，新城区园林绿化建筑市场监察队成立，核定事业编制16人。园林管理所、新城区建筑工程质量监督站、建筑工程安全监督站、园林绿化建筑市场监察队二级单位4个。绿化办公室为正科级归口单位，行政编制7人。

2010年12月，新城区建设局更名为新城区住房和城乡建设局，下设综合办公室、城市建设工程建设管理股、村镇建设与房产管理股4个科室。

2012年，新城区住房和城乡建设局机构调整，内设综合办公室、建设股、管理股、规划股。行政编制7人。同年，成立区环河河道管理办公室。8月，成立新城区地震局，为新城区住建局正科级事业单位。

2013年8月，新城区环城河道建设管理办公室单独设立。

2014年12月，新城区住房和城乡建设局内设机构调整7个，综合办公室、城市建设股、工程建设管理股、村镇建设与房产管理股、政策法规股、住房保障股、建筑市场管理股，机构行政编制7人。

2015年12月，中共新城区住建局机关纪律检查委员会成立，设纪委书记1人，工作人员2人。

2016年6月，新城区土地收储中心成立，为新城区住建局全额拨款事业单位。

2017年12月，新城区园林管理所、新城区绿化委员会办公室组建为新城区园林管理局、新城区园林科研所。

二、事业单位

呼和浩特市新城区规划分局　2008年6月，呼和浩特市规划局新城区规划分局成立，是经市机构编制委员会批准成立的全额事业单位，属于市规划局二级单位。核定事业编制4名,2014年5月经市机构编制委员会批准,分局又增加2名事业编制,调整后编制为6名。2017年9月,市规划局发文通知,将各科室分局职能进行调整,分局职能调整为由规划局授权核发“建设用地规划许可证”及“建设工程规划许可证”。负责辖区规划事宜及指导乡村规划编制。

新城区城区改造建设指挥部办公室 1999年成立,下设办公室(简称城改办),是常设机构,为正科级事业单位,设正科级领导职数1名,副科级领导职数1名。业务范围是提高城区综合管理服务功能,改善城区生活环境和投资环境;贯彻执行市政府关于旧城区改造的方针和政策,组织协调有关部门拟定旧城区改造的政策,规定。

新城区房屋征收管理办公室 2001年3月,根据《呼和浩特市人民政府办公厅关于印发呼和浩特市城市房屋拆迁安置管理部门体制改革方案(试行)的通知》,新城区成立拆迁管理办公室,编制55人。2013年7月,拆迁管理办公室更名为房屋征收管理办公室。为区财政全额拨款正科级事业单位,是本地区征拆行业管理部门,2017年,内设科室有财务科、办公室、法制科、管理科、信访科、监察科、征收(一、二、三)科共9个科室。有在编在职人员50人,领导配备为正职一名副职三名。

新城区项目服务中心 2013年,新城区项目服务中心成立。为区人民政府直属全额拨款股级事业单位,内设建设手续审批推进办公室、项目融资和土地整理办公室、资金管理办公室、综合服务管理办公室4个内设机构,核定事业编制25名,股级职数3名(1正2副)。

新城区园林局 2017年12月成立,为区政府所属正科级事业单位,核定正科级领导职数1名,事业编制16名。内设综合办公室、业务科、绿化管理科、工程建设科、设备安全科5个内设机构。

新城区园林科研所 2017年12月成立,为区园林局所属副科级事业单位,核定副科级领导职数1名,事业编制82名。内设综合办公室、园林生态科研办公室、木本植物科研办公室、草本植物科研办公室、资材设备办公室、科研生产办公室、科研实验室7个内设机构。

第二节 城乡规划

2001年,新城区实施毫沁营镇小城镇规划建设工作,编制府兴营4个村控制性规划工作。

2003年,新城区编制《呼和浩特市北区分区规划》,为新城区北区建设描绘建设蓝图。

2004年,配合呼和浩特市城市规划院设计《成吉思汗大街控制性详细规划》,规划区域11.4平方公里。

2005 年，编制新城区毫沁营村、上、下石头新营村、代州营村、三卜树村等控制性规划。

2006 年，编写《成吉思汗大街城市建筑设计导则》《成吉思汗大街城市建筑设计总则》和《成吉思汗大街规划整合》。按照蒙元文化和民族特色，进行特色景观街建设。

2007 年，新城区进一步完善新农村建设实施方案，规划 110 国道以北 11 个行政村的村庄建设和产业发展。

2008 年，新城区编制《盘龙山旅游景区规划》《保合少旅游集镇规划》，制定《新城区 2008—2012 年新农村建设产业发展规划和配套工程建设规划》。区规划分局行政审批业务属市规划局授权审批、核发北二环以北、东河以东片区"建设用地规划许可证"以及"建设工程规划许可证"。负责协调新城区政府辖区规划事宜，指导乡村规划编制。

2013 年，区规划分局业务职能增加核发辖区《建设项目选址意见书》与《规划设计条件书》。"建设用地规划许可证"和"建设工程规划许可证"两证的核发范围也扩大到新城区整个辖区。新城区编制《新城区保合少镇总体规划》《旅游集镇控制性规划》，完成保合少镇总体规划和红山口等 8 个村域规划及修建性详细规划。

2014 年，新城区编制完成大青山前坡生态休闲旅游区总体规划和 7 个专项规划。

2015 年 4 月，市规划局发文对各科室、分局业务职能重新调整。分局在原审批核发基础上，增加控规调整、项目设计方案审查、方案调整等工作。同年，新城区编制完成北部边缘区域控制性详细规划，东客站周边义乌商贸城等 11 个项目通过规划评审。

2017 年，区规划分局围绕城市规划中心工作，保证建设项目顺利进行，严格规划管理、审批工作。按照市规划局党组的统一安排，配合有关单位依法办理建设项目规划审批手续。核发规划设计条件 25 项；核发规划设计条件初审意见 2 项；核发选址意见书 13 项，核发选址意见书初审意见 1 项；核发"建设工程规划许可证"14 项；核发"建设用地规划许可证"11 项。举办呼和浩特市商贸旅游学校方案论证、恒大府三期的方案评审、富恒广场项目方案论证；新鼓楼大厦项目方案论证、马术馆和集通凯宸佳苑二期方案论证、恒大城三期方案论证等 7 项论证。

第三节　城区建设

一、房屋征收

2001 年，新城区进行机场路改造。拆迁范围西起如意河大桥，东至机场路入口处，全长约 6.5 公里，道路中心线两侧原 58 米范围内的所有建筑物。路北拆迁 197 户，拆迁总面积 1.87 万平方米。同年，呼和浩特市六大班子办公大楼修建，拆除房屋 130 户，拆除面积 1.5 万平方米。辖区内小街巷的改造对 29 条小街巷的产权房进行拆迁，拆迁总户数

260户,拆除面积2.21万平方米。对建设西街、新城东街、北垣街、八一市场等便民市场中涉及的产权房进行集中拆除,拆除房屋210户,拆除面积9604平方米。

2002年,机场路的拆迁总户数28户,拆迁总面积1.03万平方米。奋进大道的改造西起赛罕路,东至呼哈路,全长约3.5公里,全部是在集体土地上进行房屋拆迁,拆除105个大院301户房屋,拆除面积4.5万平方米。哲里木路北段、爱民路东段、环城路的拆迁改造,哲里木路北段全长约2公里,拆迁总户数39户,拆迁总面积1.69万平方米,打通一个出城口。爱民路东段全长约1.5公里,拆迁总户数100户,拆迁总面积1万平方米。环城路新城段拆迁总户28户,拆迁总面积4500平方米。辖区内小街巷的改造对29条小街巷的产权房进行改造,拆迁总户数300户,拆除面积3万平方米。对建设西街、新城东街、北垣街、八一市场等便民市场中涉及的产权房进行集中拆除,拆除房屋300间,拆除面积5000平方米。

2003年,小街巷的拆迁改造进行8条小街巷及日盛茂街的拆迁工作。拆迁总面积5300平方米,拆迁户数65户。奋进路东段、哲里木路北段影响道路施工遗留拆迁对这两条路未拆迁完的占压规划红线的房屋进行拆迁。拆除武警指挥学校平房1475平方米,楼房1150平方米。拆除市政公司车间、油库、办公室800平方米。机场路拆迁改造完成伯爵花园因机场路扩建局部的拆迁及鸿德学校的拆迁工作。拆除围墙600延米,移植树木100多棵。街景综合治理,为迎接9月份"两个文明"现场会在呼和浩特市的召开,对新城东街(原南北商场)、赛罕路及文化广场、粮油公司进行拆迁,拆迁总面积1.58万平方米,总户数84户。东影路扩路拆迁工作、东河治理及新高尔夫球场的建设拆迁面积4.52万平方米,拆迁户数93户。对护城河南街、北垣街、新华印刷厂、呼伦贝尔北路等地段的危旧房屋开发改造进行拆迁,拆迁面积达2.81万平方米。

2004年,火车站及锡林郭勒北路综合改造北起车站西街,南至光明大街,东起锡林北路,西至三胜栈巷,共有大型企业单位16家,私产住户5家,拆迁建筑面积3万平方米,占地3.8万平方米。东库街拆迁1000户,占地17.3万,拆迁建筑面积12万平方米。迎宾南路中国人民银行家属院的拆迁面积2170.68平方米,拆迁户数30户。

2005年,"城中村"改造拆迁完成府兴营北片一期、麻花板一期拆迁任务,完成拆除建筑面积20余万平方米,动迁院落770余个。火车站及锡林郭勒北路综合改造二期拆迁工作完成富泰热力小区148户住户及铁路单位敬宾阁和军代处的拆迁工作,拆迁面积2万多平方米。东风路南侧统建楼拆迁改造,拆迁户数470户。

2006年,新城区围绕自治区成立六十年周年庆祝活动,加快城市建设步伐工作中心,坚持统一标准、公开操作、严肃纪律、依法拆迁的原则,正常有序地推动拆迁工作的开展。维多利新城项目拆除建筑面积7.7万平方米,动迁户数409户。滨海新城二期拆迁,拆迁总户数141户,拆除建筑面积3万平方米,完成动迁141户。中国石油内蒙古销售公司办公楼建设项目拆除建筑面积700平方米,动迁3户。麻花板内蒙古工业大学校园扩建项目拆迁占地24.1公顷，拆迁总院落439个院。润宇装饰城项目遗留问题拆除建筑面积3000余平方米,动迁户数47户。南店村铁路新客站项目一期、二期拆迁总占地35.67公顷,拆除建筑面积20.4万平方米,动迁户数390户。

2007年,麻花板呼和佳地二期项目拆迁占地20.27公顷,拆迁总院落434个,拆除建筑面积13万平方米。麻花板呼和佳地二期市建公司宿舍院拆迁总占地面积9.13公顷,总拆迁户数240户。通道北路蒙满风情景观街项目总拆迁户数88户,总拆迁面积9940.31平方米。完成铁木真广场成吉思汗大街南侧、北侧项目拆迁工作。麻花板滨海项目总拆迁户数8户,总拆迁面积3000平方米。海拉尔东路扩路总拆迁户数110户,总拆迁面积1.91万平方米,拆迁工作完成97%。

2008年,南店村新客站项目占地面积8.27公顷,拆除建筑面积3.38万平方米,总拆迁户数130户。新城家园二期改造项目占地约26.67公顷,总拆迁面积13.11万平方米,共646户,动迁199户,拆除3.43万平方米。太古广场项目总拆迁面积4.33万平方米,完成职工大学、内蒙古设计院、建筑设计研究所等8个单位及居民328户的拆迁任务,同时动迁居民40户,协议拆迁住户面积2640平方米,拆迁单位产权房面积1.95万平方米,总拆迁面积2.21万平方米。内蒙古工业大学扩建项目总拆迁面积4000多平方米,总拆迁户数64户,其中汽车团40户,大运公司24户。大运公司被拆迁户签订协议7户,拆迁建筑面积437平方米,均为货币补偿;剩余17户解决住房,铁木真还迁小区解决部分经济适用住房进行拆迁安置。呼和佳地项目重点对市建公司3号、4号住宅楼及部分平房进行拆迁,涉及拆迁居民239户,完成动迁居民60户,拆迁建筑面积3920平方米,其中铁木真还迁小区现房安置24户,期房安置14户,原址回迁安置20户,货币补偿2户。179户被拆迁户暂停拆迁。12月初,完成拆迁安置协议返迁任务的82%。赛马场北路拆迁涉及占压道路用地居民共4户,房屋面积约840平方米。三卜树环城路拆迁项目共动迁院落10个,拆除建筑面积1470平方米。北垣街长胜园项目一期、二期共动迁780户,总拆迁面积4.1万平方米，拆除建筑面积3617平方米。三合村南区拆迁项目进行前期摸底、调查。三十四中东巷拆迁项目总拆迁户数12户,拆除建筑面积920平方米。全年共计完成总拆迁面积10.84万平方米,总拆迁户数635户。

2009年,铁路东客站项目占地43.47公顷,总拆迁面积18.76万平方米,总拆迁院落237个,年底拆迁完毕。新城家园项目占地38.4公顷,总拆迁面积13.11万平方米,总拆迁院落325个,年末完成拆迁任务。时代广场项目占地4.87公顷,总拆迁面积2.61万平方米,总拆迁户数215户,年底拆迁完毕。内蒙古工业大学扩建项目占地0.47公顷,总拆迁户数64户,总拆迁面积2560平方米,涉及大运公司24户拆迁完毕,汽车团动迁30户,拆除建筑面积2160平方米,年底拆迁完毕。呼和佳地二期拆迁项目为2006年拆迁遗留项目,总拆迁院落65个,拆迁建筑面积2.6万余平方米,年底拆迁完毕。千手观音庙街拆迁项目拆迁面积370平方米,拆迁户数5户。少年宫项目占地0.28公顷,总拆迁面积2700平方米。三合村整体改造工程首期动迁的南区占地6.93公顷,总拆迁面积7万平方米,总拆迁户数214户,动迁8户,拆除建筑面积2400余平方米。4月中旬,此项目暂时停工,11月初,启动本村村民房屋拆迁工作,总拆迁院落30个。北垣街长胜园项目总动迁户数780户,总拆迁面积4.1万平方米,动迁210余户,动迁面积1.26万平方米,拆除建筑面积4800平方米,完成拆迁任务量的27%。太古广场项目占地3.73公顷,总拆迁面积4.33万平方米,涉及328户被拆迁户及8个单位,启动该项目内蒙古建筑设计院住宅1号楼、2号楼拆迁工作,总拆迁户数44户,拆迁建筑面积3100平方米。阳光诺卡二期拆迁项目占地15.27公顷, 总拆迁面积9.4万平方米, 总拆迁院落239个及门脸房175间,动迁院落106个及门脸房120间,拆除建筑面积5.94万平方米,完成拆迁任务量的55%。满族风情园项目占地约8公顷,总拆迁户数491户,动迁213户,动迁面积1.24万平方米,完成拆迁任务量的43%。滨海三号地项目占地8.8公顷,总拆迁面积6.6万平方米,总拆迁院落108个,动迁55个院落,拆除建筑面积3.56万平方米,完成拆迁任务量的50%。

2010年,拆迁南店村(新村及旧村)改造项目、府兴营滨海Ⅲ号地、阳光诺卡二期、三合村改造项目、一家村改造项目、新城家园改造项目、呼和佳地二期等7个城中村项目拆迁,以及蒙满风情园、百脑汇、长胜园、东库东街鼎盛华改造项目、海亮国际商贸城扩建项目、团结小区改造项目、保龄球馆项目、时代广场项目、工大扩建项目(接转项目)、太古项目、北垣街绿化项目等11个建城区项目及公益性项目、基础设施项目的拆迁任务。如期完成保龄球馆项目的拆迁任务,共动迁院落15个,总拆除建筑面积1958.7平方米。内蒙古工业大学扩建项目动迁户数4户,拆除建筑面积340平方米;北垣街绿化项目的拆迁任务,动迁住宅25个院落,门脸房6间,拆除建筑面积1925.4平方米。麻花板集贸市场拆迁任务,动迁商户219户,拆除建筑面积6613.5平方米。东河整治工程项目占地7.93公顷, 总拆迁建筑面积11.5万平方米, 总拆迁院落172个。铁道南 (新村) 项目占地12.33公顷,总拆迁建筑面积23.8万平方米,总拆迁院落256个,动迁院落210个,拆除建筑面积14.3万平方米。东客站枢纽工程(旧村)占地35公顷,总拆迁建筑面积60余万平方米,总拆迁院落530余个,动迁院落286个,拆除建筑面积31万平方米。团结小区改造项目一期拆迁58栋楼房,总拆迁户数1840户,签订拆迁安置补偿协议736份,迁232户。三合村北区动迁院落20个,动迁建筑面积5200余平方米。呼和佳地二期拆迁项目动迁院落2个,动迁建筑面积780平方米。阳光诺卡二期动迁院落150个,动迁建筑面积6.98万平方米,动迁门脸房135个,动迁建筑面积4700平方米。府兴营滨海Ⅲ号地动迁院落117个,动迁建筑面积6万平方米。长胜园项目动迁130户,动迁面积7000余平方米。时代广场项目动迁 23 户住宅，动迁建筑面积 1700 平方米。2010 年，累计动迁 2250 户，拆迁建筑面积 77.27 万平方米。

2011 年，接转 2010 年项目中动迁院落 979 个，拆除建筑面积 84.12 万平方米，完成任务量的 98.8%。三合村拆迁项目村庄占地 39.47 公顷，涉及拆迁居民 712 个院落，拆迁面积约 35 万平方米。阳光诺卡二期协议拆迁院落 210 个，门脸房 138 个，拆除空地 7.47 公顷。府兴营滨海开发项目总占地 26.53 公顷，拆迁 134 个院落，拆出空地 15.67 公顷。新城家园改造项目动迁院落 60 多个，拆迁建筑面积 2.67 万平方米。新开项目中，对一家村、毫沁营村、元福物流、欧尚华府等项目实施拆迁改造。按照呼和浩特市人民政府第十五号令《呼和浩特市集体宅基地征收房屋补偿办法》，制订《新城区征收集体宅基地补偿安置指导意见》。一家村拆迁项目总占地 180 公顷，拆迁院落 3300 多个，拆迁面积约 210 万平方米。毫沁营村拆迁项目总占地约 166.67 公顷，涉及村民及外来户 2285 户，拆迁面积约 200 万平方米房。元福物流项目总占地 20 公顷，涉及拆迁户 150 户，拆迁面积 6.8 万平方米，动迁院落 72 个，拆除建筑面积 2.92 万平方米，完成任务量的 48%。欧尚华府项目占地约 10.27 公顷，涉及拆迁户约 140 多个。建成区项目中，团结小区改造项目一期动迁 810 户，完成任务量的 44%。时代广场项目动迁 209 户，动迁建筑面积 1.41 万平方米，完成任务量的 97%。国际商贸城扩建项目占地 0.33 公顷，涉及 46 户居民。

2012 年，城中村一家村巨华集团开发项目完成动迁院落 741 个，拆除建筑面积 55.43 万平方米。拆迁任务量完成 99%。山东路桥融资项目完成动迁院落 1256 个，拆除建筑面积 71.58 万平方米。拆迁任务量完成 99.8%。三合村征地拆迁项目完成动迁院落 209 个，拆除建筑面积 5.09 万平方米，拆迁任务量完成 49%。毫沁营村拆迁项目分两期实施，一期征拆签订安置补偿协议院落 115 个，拆除建筑面积 7.01 万平方米，拆除违建 4 万余平方米。塔利村、沙梁村项目共计拆除 3.1 万平方米。府新营村的蒙鑫国际二期项目动迁院落 19 个，拆除建筑面积 1.26 万平方米，完成任务量的 73%。代州营村的奥迪 4S 店项目签协议 76 个院落，拆除建筑面积 2.53 万平方米，完成任务量的 87%。府新营村的欧尚华府项目签协议 23 个院落，拆除建筑面积 1.3 万平方米，完成任务量的 46%。府新营村的古文化广场项目签协议 218 个院落，拆除建筑面积 1.58 万平方米，完成任务量的 94%。城区征收改造共涉及包括商业开发、保障性住房等 18 个城市建设项目，征收改造面积约 99 万平方米，涉及住户 1.3 万户。拆除建筑面积 43 万平方米。团校巷棚户区拆迁改造项目完成 270 户拆迁任务，完成任务量的 70%。满族风情城棚户区改造项目完成 486 户拆迁任务，完成任务量的 67%。鑫和银座项目动迁 9 户，拆除建筑面积 513 平方米。2012 年，累计动迁 3422 户，拆迁建筑面积 153 万平方米。

2013 年，三合村整村改造项目占地 39.47 公顷，涉及拆迁院落 850 多个，拆迁面积约 35 万平方米，动迁 524 个院落，拆除建筑面积 13.15 万平方米。毫沁营村征地拆迁分两期实施，一期征拆范围占地106.13公顷(其中兆丰房地产公司融资项目26.13公顷)，涉及拆迁院落1930个(其中兆丰房地产公司融资项目430个)，拆迁建筑面积180.4万平方米。签订补偿安置协议363个院落，拆除建筑面积24.98万平方米。代州营村整体改造项目占地38.13公顷，拆迁建筑面积约57万平方米，涉及拆迁户数2000户。分两期实施，第一期拆迁总占地10.45公顷，拆迁建筑面积10.45万平方米，拆迁建筑面积1万平方米，动迁院落29个。北出城口拆迁项目位于110国道至生态路段，系兴安北路道路扩建工程，总长3034米。征地范围涉及三卜树村、毫沁营村、上新营村、下新营村和哈拉沁村5个村落，共需征收113个院落和3处坟地，总占地约7.73公顷，总建筑面积5.76万平方米。动迁20户，拆除建筑面积6944平方米。北二环南侧绿化带项目，总占地11.67公顷，总拆迁49户，动迁4户，拆迁建筑面积1060平方米。奥迪4S店项目共有87个院落，总占地4.13公顷，总拆迁面积2.86万平方米，签协议76个院落，拆除建筑面积2.53万平方米，完成任务量的87%。欧尚华府项目，共有50个院落，总占地11.3公顷，总拆迁面积11.6万平方米，签协议23个院落，拆除建筑面积1.3万平方米，完成任务量的46%。蒙鑫国际二期项目共有26个院落，总占地8.8公顷，总拆迁面积1.83万平方米。位于府新营村的古文化广场项目，共有232个院落，总占地4.33公顷，总拆迁面积1.7万平方米，签协议218个院落，拆除建筑面积1.58万平方米，完成任务量的94%。阳光诺卡二期项目动迁院落12个，拆除建筑面积7400平方米。新康家园盛世名筑项目总计拆迁户数24户，总拆迁建筑面积6300平方米，动迁16户，拆迁建筑面积4130平方米。市政道路桥梁用地完成征拆6.5万平方米，107个院；京藏高速公路(新城区段)两侧完成征拆35.8万平方米，876个院。城中村拆除违章建筑21.8万平方米，344个院。将军衙署文物保护工程项目需要征收房屋约1.43万平方米，涉及征收普通住宅63户，约6340平方米；商业用房24户，涉及单位有内蒙古考古研究所、将军衙署博物院、文化厅党校。动迁35户，拆除建筑面积6500平方米。原新世界家园项目总占地面积5800.27平方米，总建筑面积3788.3平方米，总户数34户，动迁13户，拆除建筑面积8000平方米。团校巷棚户区、公主府公园东侧棚户区、大爱国际棚户区、满族风情城、兰亭商贸建材城、天地太和、金翡丽广场二期、将军衙署文物保护工程项目，完成拆迁建筑面积8.6万平方米，动迁583个院(户)。2013年，动迁院落3267个，拆除建筑面积125.33万平方米。

2014年，城中村征地拆迁三合村改造项目累计拆除建筑面积13.5万平方米。代州营村整体改造项目占地签订协议279个院，拆迁建筑面积7.11万平方米。下新营改造项目签订补偿安置协59户，拆除建筑面积1.07万平方米。毫沁营村改造项目分两期实施，一期拆迁户数90户，拆除建筑面积2.6万平方米。北二环南侧绿化带项目总占地11.67公顷，总拆迁建筑面积5.35万平方米，总拆迁院落49个。动迁29个院落，拆除建筑面积3.39万平方米。呼张客专、呼准鄂铁路扩建工程涉及用地共15.67公顷。涉及南店村、沙梁村的 4.33 公顷集体土地完成征收；混凝土搅拌站签订搬迁协议；呼铁局林场 0.5 公顷土地及地上林木签订补偿协议；3 户 850 平方米的村民房屋签订补偿协议。

呼和浩特至准格尔至鄂尔多斯铁路（呼准鄂铁路），根据该铁路建设项目的规划设计，在新城区范围内征收土地约 7.47 公顷，拆迁 713 户，拆迁面积约 12.5 万平方米，签订 121 户补偿安置协议，拆迁建筑面积 1.75 万平方米。将军衙署文物保护工程房屋征收项目征收房屋 89 户（包含公产），约 1.43 万平方米。断头路征拆一家村二巷（成吉思汗大街至北二环段），总户数 7 户，总占地面积 5.23 万平方米，建筑面积 3660 平方米，全部签订补偿协议。丰州北路（京包铁路至海拉尔东路），总户数 10 户，总占地面积 749 平方米，建筑面积 1168 平方米，全部签订补偿协议。赛马场北路（哲里木路至兴安路），总户数 7 户，总占地面积 3800 平方米，建筑面积 7600 平方米。7 户全部签订补偿协议。气象局西巷（北二环以南），总户数 5 户，建筑面积 5000 平方米，全部签订补偿协议。内三建棚户区项目动迁 187 户，拆迁建筑面积 4864 平方米。天地太和项目动迁 504 户，拆迁建筑面积 2.67 万平方米。公主府公园东侧项目动迁 163 户，拆迁建筑面积 8116 平方米。国家（北方）足球训练基地一期总占地 74.87 公顷，拆迁建筑面积 8.3 万平方米，总拆迁户数 173 户，动迁 172 户，拆迁建筑面积 8.29 万平方米。项目二期总占地 205.2 公顷，拆迁建筑面积 17.9 万平方米，总拆迁户数 984 户，动迁 220 户，拆迁建筑面积 6.77 万平方米。

2015 年，城中村征地拆迁共完成动迁 330 户，拆迁建筑面积 8.61 万平方米。三合村改造项目动迁 86 户，拆迁建筑面积 2.49 万平方米。代洲营村整体改造项目动迁 233 户，拆迁建筑面积 5.63 万平方米。下新营改造项目动迁 11 户，拆迁建筑面积 4901 平方米。毫沁营村改造项目累计签订补偿安置协议 441 户，拆迁建筑面积 31.57 万平方米。棚户区拆迁完成动迁户数 4260 户，拆迁建筑面积 8 万平方米。内三建棚户区项目动迁 41 户，拆迁建筑面积 2501 平方米。天地太和项目动迁 99 户，拆迁建筑面积 2.14 万平方米。公主府公园东侧棚户区项目动迁 59 户，拆迁建筑面积 3776 平方米。金翡丽二期项目动迁 6 户，拆迁建筑面积 1081 平方米。兰亭商贸建材城项目动迁 16 户，拆迁建筑面积 1408 平方米。团结小区老旧小区改造项目拆迁产权房 36 户，拆迁建筑面积 764 平方米；拆凉拆违共 3861 户，拆迁建筑面积 3.1 万平方米。呼和浩特至准格尔至鄂尔多斯铁路（呼准鄂铁路）签订 139 户补偿安置协议，拆迁建筑面积 1.72 万平方米。

2016 年，北二环快速路绿化项目一家村区块总征拆建筑面积 9.12 万平方米，涉及征拆 133 个院落，全部完成征拆工作。轨道交通一、二号线项目共需要征收房屋 900 余户，征拆建筑面积 9.47 万平方米，签订 298 户补偿安置协议，征拆建筑面积 2.5 万平方米。三合村改造项目签订协议 58 户，拆除建筑面积 1.08 万平方米。代州营村一期改造项目签订协议 279 户，拆除建筑面积 5.47 万平方米。将军衙署文物保护工程二期房屋征收项目签订征拆补偿协议 5 户，征拆建筑面积 1300 平方米。呼准鄂铁路扩建工程征拆项目签订协议 103 户，拆除建筑面积 1.57 万平方米。府兴营村改造项目签订协议 202 户，拆除建筑面积 9.3 万平方米。下新营村改造项目签订协议 225 户，拆除建筑面积 3.32 万平方米。毫沁营村改造项目签订协议 215 户，拆除建筑面积 6.21 万平方米。公主府公园东侧棚户区项目签订协议 12 户，拆除建筑面积 648 平方米。团校巷棚户区项目签订协议 23 户，拆除建筑面积 1300 平方米。满族风情城项目签订协议 46 户，拆除建筑面积 2484 平方米。丰泰金翡丽项目征拆建筑面积 1.11 万平方米，总征拆户数 154 户，累计动迁106 户。内三建棚户区项目签订协议 13 户，拆除建筑面积 327 平方米。兰亭商贸建材城项目累计动迁 68 户，征拆建筑面积 6428 平方米。天地太和项目签订协议 29 户，拆除建筑面积 1786 平方米。防风林南路项目(断头路)累计动迁 43 户，征拆建筑面积 1.16 万平方米。

2017 年，轨道交通一、二号线项目需要征收房屋 671 户，征拆建筑面积 9.47 万平方米，签订 604 户补偿安置协议，征拆建筑面积 5.21 万平方米。哲里木路高架快速路项目征收商业底店房屋 146 户，征拆建筑面积 1.65 万平方米，签订 84 户补偿安置协议，征拆建筑面积 1.01 万平方米。实施北二环棚户区及城市边死角征拆工作，累计征收 635 万平方米，消除城市脏乱差，拓展城市发展空间。

二、项目开发

2001 年，完成新城区新机关办公大楼和吉祥小区续建工程。

2002 年，完成园区管委会办公大楼主体工程，区政广场和综合办公大楼西配楼工程的建设。新建 8 个便民市场和 4 个专业市场，思必达汽车经济贸易园区和众维家居装饰中心开始运营。

2003 年，开工建设大青山太伟运动度假村和大窑原始文化博物馆，社会力量投资 1.4 亿元，建成水源街等 5 个便民市场和海兴建材城等 5 个专业市场。

2004 年，建设和完善大窑文化遗址、成吉思汗影视城、苁蓉狩猎区、内蒙古博物馆、内蒙古赛马场，新建小井沟生态旅游区、神水梁风景区、内蒙古原始文化博物馆及大青山太伟运动休闲度假村。

2005 年，开工建设内蒙古体育馆、呼和浩特市体育场、滨海新城、呼和佳地等 9 个新建项目及上海开天花园、新舒住宅小区等一批投资上亿元的项目。

2006 年，成吉思汗特色景观区内开发项目 36 个，总投资约 200 亿元。新城工商分局办公楼竣工；建设中石油办公楼、内蒙古体育馆、呼和浩特市体育场、呼和佳地、滨海新城等 23 个项目；办理公安厅交警总队交通疏导中心、科宇世纪苑等 12 个项目相关手续。启动“新城家园”经济适用住房建设项目。新建项目 44 个，总投资 110 亿元，建筑面积达 97 万平方米，其中格尔新天地、富恒大厦等 9 个项目竣工，内蒙古人防应急指挥中心等 14 个项目完成主体工程，波士名人国际大厦等 18 个项目加紧建设，王府花园等 3 个项目相继落地。

2007年，建成内蒙古体育馆、呼和浩特体育场、成吉思汗广场等项目20余个，其中自治区成立60周年庆祝活动的主会场呼和浩特体育场投资6亿元，能容纳6万人，是西部地区规模最大、设施最完善的国际标准化体育场。投入建设资金192亿元，开发新建项目57个，新建各类建筑面积270万平方米，上海开天花园、内蒙古博物院、内蒙古乌兰恰特剧院、内蒙古国际商贸城、格尔新天地、富恒大厦、波士名人国际大厦等一批上亿元项目建成并投入使用。建成运营内蒙古海亮国际商贸城，天津家世界连锁超市、金天帝大厦、麻花板金顶大帐、蒙苑商业广场、润宇装饰城二期工程等项目完工。

2008年，续建、新建项目27个，其中竣工5个，铁路东客站、成吉思汗公园、乒羽中心等22个项目加紧建设。金天帝大厦、波士名人国际大厦等一批高层标志性建筑竣工，喜来登大酒店、世贸晶钻等11个项目抓紧建设。

2009年，新城区明确建成区、成吉思汗特色景观区和东河新区相互依托、相互促进的"3个30平方公里"的城区建设思路，统筹城乡一体化发展。富邦商务中心、世贸晶钻等9个项目竣工，盛业城市广场、维多利国际大厦等11个项目加紧建设。首府观邸、乒羽训练中心等6个项目竣工，巨华国际大酒店、华侨新村等28个商住项目竣工，开工公交五公司办公楼等11个新项目。火车东客站主体工程基本完工。

2010年，新城区投资104亿元，建成天和大厦等19个项目，完成建筑面积520万平方米。

2012年，建成成吉思汗公园、波士名人国际大厦等10个大型公用项目和70余个大型建筑。丰泰金翡丽、兴泰御都等一大批现代气息浓郁、配套功能完善的商住项目基本建成。

2014年，开工建设市游泳馆、体育馆和体校项目，推进将军衙署文物保护工程。实施盛世名筑等74个续建项目，新建众和商务中心等27个项目。推动草原马汇项目建设，落实自治区少数民族运动中心、万亩草场二期等项目用地，蒙古部落项目建成样包5个。筹建国家(北方)足球训练基地、内蒙古青少年足球夏令营。

2015年，新城区按照"打造一流首府城市"要求，着力补短板、强功能、精管理、提品位，建成区面积扩展到65平方公里，现代化宜居城区建设跨入发展新阶段。开工建设项目71个，完成投资520亿元。建成内蒙古科技馆、阳光诺卡商业街等一批完善城市功能、彰显现代气息的项目。

2016年，开工建设国家北方足球训练基地(一期)，内蒙古少数民族群众文化体育运动中心主体完工。

2017年，实施重大项目97项，其中亿元以上项目65项。加强银企对接，探索运用PPP等多种投融资模式，争取上级财政资金8388万元，为项目推进提供资金保障。实施浪潮大数据产业园、内蒙古少数民族群众文化体育运动中心、北二环棚户区改造等一批重点项目。

三、街巷改造

2001 年,在城区改造建设中,共拆除 63 条小街巷的临时建筑、违法违章建筑 2911 户、7.9 万平方米,固定产权房屋 260 户、1.4 万平方米,围墙 1 万延长米。清运拆除垃圾 16 万立方米。完成 36 条小街巷的改造建设任务。

2002 年,新城区强化"经营城市"理念,采取市场化运作方式,筹集资金 1.3 亿元完成奋进路(成吉思汗大街)西段(赛罕路—呼哈路)4000 延长米的机动车道建设。完成哲里木路北段(工大—110 国道)、奋进路东段(呼哈路—绕城路)拆迁及道路建设前期准备工作。10 月,奋进路西段建成通车。

2003 年,重点实施小街巷改造、"穿衣戴帽"综合整治、城市"亮化"。建设成吉思汗大街东段和哲里木路,成吉思汗大街西段人行道。进行新城区中山里街、东护城河北街等 10 条街巷改造工程,改造道路长度 4680 延长米,机动车和非机动车总面积 5.63 万平方米,人行便道总面积 2.48 万平方米,埋设管线 12 条,投资 1068 万元。

2004 年,建设成吉思汗大街非机动车道路,整治北马神庙街、艺术厅南街、日盛茂街、迎宾路等 28 条街巷,面积 1.34 万平方米。

2005 年,改造新城区海滨商业东路、海滨商业北路、海滨新城东西大街路、人民小巷、赛马场南路街巷道路 5 条道路,长度 2160.6 延长米,面积 2.3 万平方米,铺设专业管线 17 条。

2006 年,进行小康路、元利巷、人防巷、海滨商业街北路 4 条街巷改造,建设长度 2173 延长米,面积 3.5 万平方米。

2007 年,成吉思汗大街、哲里木路、通道街、小康路、育才巷便道铺装维修,铺装便道面积 1 万平方米。

2008 年,建设腾飞路南段、展东路北延段、海拉尔东路、公交五公司东巷、赛马场北路 5 条道路。整治气象局西巷、新春巷、十四中东巷、十四中西巷、幸福巷、北垣街等 6 条便道,更换大理石道 2800 延长米。混凝土道牙 4500 延长米。协调市政管理局翻建海景巷、三盛栈、气象局西巷南段、公主府公园东巷、蒙古场巷、光华街东段 6 条小街巷。

2009 年,协调市政管理局建设成吉思汗大街东延段、给水团南巷、乒羽南巷、一家村三巷、远经二路(东客站东街)、海拉尔东路跨河桥、十四中过街通道、十九中过街通道、腾飞路立交桥。综合整治小街巷 32 条,更换道牙 2 万延长米,铺装人行便道 3.9 万平方米,铺装沥青路面 7500 平方米,投入资金 800 万元。

2010 年, 新城区配合市建委进行东客站 4 条大街周围基础设施建设。维修街道 38 条,更换道牙 5.3 万延长米,铺筑便道砖 17 万平方米,铺沥青路面 10.8 万平方米修缮出口 400 个、井圈 1600 个,修缮台阶 6000 平方米、树圈 5000 个。

2011年，建设书院西街、芳汀花园西巷、青少年活动中心北巷、东库东街、民生街、给水团、润宇东巷等7条道路。拓宽改造西落凤街西段、公主府中段、车站后街等27条道路，总长度1.2万延长米，人行道面积5.15万平方米，沥青铺装总面积13.33万平方米，更换大理石道牙2.4万延长米。配合呼和浩特市政管理局进行光华街、成吉思汗大街取直段、北垣街、赛马场北路、防风林南街、养老院西街道路建设。

2012年，新城区改造道路1.17万延长米，投资6000万。维修11条邻主要干道的街道和通道，维修长度3801延长米，维修人行道总面积1.32万平方米，铺装沥青面积2.39万平方米，投资500万元。修补电动巷、家庙街、正白二甲街、曙光街等30条道路，更换破损大理石道牙500延长米，修补便道砖8000平方米，铺装沥青路面4200平方米，处理检查井80座。

2013年，配合呼和浩特市政管理局建设新城区内道路桥梁项目40项。改造三合村六巷、公主府街、新城家园南巷等9条道路，改造长度4159延长米，改造总面积6.01万平方米，投资2568万元(包括地下管网费用)。修补海天巷、百溢巷、八一路等50条道路，更换破损大理石道牙7000延长米，修补便道砖1.2万平方米，铺装沥青路面1.4万平方米，处理检查井150座，投资600万元。

2014年，改造粮饷府街11条道路路面(包括便道和其他设施)，改造长度2800米。罩沥青路面2.3万平方米，铺筑人行道便道1600平方米，安砌石材道路侧石4000米。投资1000万元。修补艺术厅南街等30条道路，修补人行便道砖1800平方米，铺装沥青路面3700平方米，处理检查井31座，投资98万元。整治鸿盛工业园区内永安路、察哈尔大街2条道路，建设部分人行道105万平方米，更换大理石道牙5400延长米。

2015年，新城区投资3.1亿元修筑新城区百合路等15条断头路。投资680万，改造复兴巷5条，道路长度1505米，铺沥青路面、人行道1.2万平方米。修缮破损路面2500平方米，维修检查井26个。

2016年，打通新城区28条断头路，16条道路通车。改造如意小区、呼和浩特市职业学院园内主环路，面积2万平方米。新建建元利巷、团委巷、毓秀国际南路3条街巷，道路1800延长米，铺装人行便道2.3万平方米。维修小街巷60条，维修路面1万平方米，修补破损人行便道4000平方米，安砌道牙石200米。改造沙梁村路、辖区南马神庙街、新春路2600米，面积3.2万平方米，安砌道牙1720米。

2017年，完成37条小街巷的改造任务，改造长度1.8万米，改造面积约20.3万平方米。维修道路40条，面积约2万平方米，人行便道约0.8万平方米，更换道牙侧石约400米。街景整治重点改造提升24条样板街道和45条小街巷，装饰临街楼宇593栋，改造临街商铺牌匾6217户。完成28条主次干道，602栋楼宇的街景亮化安装与调试，投入使用。

四、园林绿化

2001 年,新城区建设局建花坛草花展,获得呼和浩特市委、市人民政府授予“领导支持奖”“花坛创意一等奖”“最佳组织奖”。

2003 年,新城区建设改造成吉思汗大街西段南侧绿地、哲里木路游园、呼伦贝尔北路绿地,东护城河绿地、辖区新建公共绿地 6600 平方米,续建绿地 5000 平方米,建设路绿化达标庭园 1 个,公共绿化植树 6811 株,植绿篱 360 延长米,种花草 14 万平方米,垂直绿化 4160 延长米。

2004 年,新城区建设成吉思汗广场路地、第三干休所、铁路小区、胜利路等处绿地 5 处,新增加公共绿地 3.5 万平方米。植树 1.04 万株(丛),种花草 12.2 万平方米,垂直绿化 3279 延长米,摆花坛 38 个,绿化达标庭院 2 个。

2005 年,新城区种植花草 11.3 万平方米,绿化植树 2.1 万株,垂直绿化 2575 延长米,主题花坛 43 个,建设达标庭院 2 个,新建园林绿化苗木基地 6.67 公顷,年培育花草 32 万余株。

2006 年,新城区移植补栽各类树木 8 万株,新建绿地 4300 平方米,摆设大型花坛 7 个。园区新建绿化基地 16.33 公顷,建设绿化庭院 2 个。辖区供电局被全国绿化委员会评为“全国绿化模范单位”。

2007 年,新城区植树 3.67 万余株,种花草 4.5 万余平方米,建设达标庭院 1 个。

2008 年,新城区植树 2.6 万株,种植花种草 9 万余平方米,摆设“迎奥运”主题花坛 25 处,摆设小型花坛 50 个,建设街道绿地 10 余处,大约 1.5 万平方米,创建市级达标庭院 3 个。

2009 年,新城区植树 3.1 万株,种植花草、草坪 2.7 万平方米,新建绿地 6 万平方米,新增绿化面积 10 万平方米。在赛马场路摆设大型花坛 9 个,花坛小品 23 组。

2010 年,新城区栽植各类树木 25.23 万株(丛),各类花草及地被植物 2.67 万平方米,摆设大型主题花坛 7 个,50 余组花器(约 21 万盆),培育花草 45 万株。绿化小区 10 个,绿化社区 20 个,打造精品小区 5 个。进行东河河道改造,建设东河滨河文化创意公园(森林公园、水景花园、白鹿花园等 8 个主题公园),栽植乔木 13 万余株,栽植灌木 520 万余株,地被 158 万余平方米,游步道、铺装 24 万余平方米。在海拉尔东街跨河桥两侧和成吉思汗大桥跨河两侧 8 个节点布置水景广场、模结构广场、休闲广场、听潮广场、孺子牛雕塑广场、迎宾广场、祥云广场。成吉思汗跨河东南角建设 4000 平方米河道管理房。

2011 年,新城区进行东河绿化,栽植各类树木大约 83.1 万株,其中乔木 10 万株,各类花灌木约 73.1 万丛,垂直绿化 4500 延长米,地被植物 2.2 万平方米。改造小哈拉沁河道,工程分为南北 2 段进行改造,北段全长 1.8 公里,建设两岸河堤;建设 9 座蓄水池、机动车桥梁 3 座、建设人行景观桥;配套建设堤顶道路桥栏等;绿化河道蓄水池,进行河道两侧楼体节能改造，拆除河道建筑物2万平方米，设计防洪200年一遇，投资8000万。工程南段海拉尔东路凌峰加油站至京包铁路线，全长578.8米。建设内容主要河堤两侧。建设刚性结构性堤防工程115.6米，水溢流堰2座，景观桥2座，铺设污水管道289米，铺沥青路面3454.8平方米，改造设计防洪目标200年一遇，工程总投资1200万元。

2012年，新城区栽植各类树木36.6万株，栽植地被4万平方米，垂直绿化8600延长米，北垣街主干道沿线、政府广场摆放主题花坛6个，小型花卉组10个，花草15万盆。

2013年，新城区进行小哈拉沁河道绿化，绿化街道35条，绿化辖区庭院109个，改造绿地10处，垂直绿化8137延长米，植树70.65万株(丛)。

2014年，新城区建设绿化永安路、胜利路绿地7处，绿化庭院15个。栽植各类树木42万株(丛)，铺种草坪3000平方米，垂直绿化2870延长米，绿化达标一家村小区等庭院10个；兴泰御都小区、名都枫景小区、内蒙古警卫局等10家被呼和浩特市人民政府评为绿化先进单位。

2015年，新城区植树70万株(丛)，栽植地被8.6万平方米；绿化达标庭院28个，绿化先进庭院2个，城区绿化覆盖率达36.9%，绿地率达33.6%，人均绿地达17.1平方米。

2016年，绿化道路20条，建设绿地18处，植树91.5万株(丛)，绿篱1.5万平方米，种植灌木14.7万株(丛)；种植地被950平方米。内蒙古鸿德学院、呼和浩特市职业学院、山水小区、水岸小镇4家单位和居住区获得“呼和浩特市园林式单位和居住区”称号。

2017年，新城区投资3亿元，栽植树木421.1万株，大苗木9.1万株。完成各类绿化总面积185.33公顷。30块绿地投资1.9亿元完成建设任务，面积181.73公顷，栽植苗木272.8万株，其中大苗木6.8万株；21条主次干道投资6062.1万元进行道路绿化，栽植苗木47.2万株，大苗木2.2万株；投资4688万元改造庭院绿化，绿化面积3.67公顷，栽植苗木101.1万株，大苗木0.1万株。道路两侧垂直绿化摆放花箱2万个、铁艺花架200个、花盆100个、大型花坛7个。精细化养护管理90条道路(1.3万株树木)和29块(33.8万平方米)绿地，栽植353.2万株(丛)，乔木9.2万株，灌木314万株(丛)，地被7.6万平方米，栽植及播种草花13.1万平方米，道路两侧种植草花30万株。新城区人均公园绿地面积达到23.3平方米。

五、住宅小区建设改造

2002年，新城区平(危)房改造拆除平房、危旧房屋18.5万平方米，新建各类房屋59.8万平方米。

2003年，重点实施平房危旧房改造工作，城市改造走在全市的前列。

2004年，新城区投资70多万元，对第二十三中学进行维修、改造；多方筹资25万元，对保合少名言小学进行危房改造，总计完成改造面积2280平方米。为市第十九中学的危旧平房改造争取到40万元危改资金。

2006年,拆除危旧平房4.5万平方米。

2007年,新城区全面推进拆临、拆违、拆凉和拆除危旧平房工作,累计拆除各类危旧建筑面积5.6万平方米。

2008年,新城区投资900万元综合整治8个旧小区。

2010年,新城区开始棚户区改造。规模大的水泥厂区棚户区、白酒厂区棚户区、团校巷棚户区、北垣街房管局棚户区、林场棚户区,棚户区占地面积33.13公顷,拆迁户2960户。老旧小区改造原油泵油嘴厂小区,铺沥青路面4544平方米,清理垃圾3600余立方米,拆除旧凉房102平方米,投入资金200万元。

2011年,改造水泥厂、林场、北垣街房管局3处棚户区,建设房屋527套。

2012年,改造团校巷棚户区、满族风情村项目,建设回迁房8365套。老旧小区改造团结小区,工程分为四期,更新小区给水、供电、热力、天然气、污水、弱电等,更新暖气主管道和支管网,93栋住宅楼进行节能改造,拆除小区凉房和违章建筑5540间,建设小区绿地,改造长城公园。

2013年,新城区改造大爱国际棚户区,建房110套。

2014年,新城区改造20个棚户区,建设房屋8659套,建设面积76万平方米,实物安置1440套,货币安置897套,投资人民币15.93亿元。

2015年,新城区棚户区改造项目15个,贷款金额34亿元,建设房屋4239套,面积48万平方米,拆迁面积23万平方米,投入资金6.3亿元。综合改造老旧小区346个,改造建筑面积440万平方米,团结小区建成呼和浩特市老旧小区改造的样板。

2017年,新城区改造团校巷、公主府、天地太和、满族风情园棚户区回迁房建设项目,总建筑面积180万平方米、16925套。回迁房交付使用4500套。

六、保障性住房建设

2007年,新城区进行保障性住房建设。截至2017年底,新城区共有新城区塔利公租房小区、新城区鸿盛公租房小区、新城区惠新苑公租房小区、新城区塞外安居4个公共租赁住房项目,解决10544户住房困难。

2008年,建设经济适用房15万平方米,新建廉租房216套,建筑面积1.07万平方米。新城区8个办事处和保合少镇上报居民申请3200户,报市房产局3000户,发放准购2835户。

2009年,位于鸿盛工业园区的新城区鸿盛公租房小区开工建设。建设公租房320套,2012年竣工。

2010年,新城区完善2009年廉租房配套工程。

2011年,新城区开工建设塔利公租房小区。该项目位于成吉思汗大街东延段以南、南店街以北、哈拉更沟以西、规划路路以东,占地11.33公顷,规划建筑面积26.3万平方米，其中住宅建筑面积22.4万平方米，建设保障房3068套，2015年竣工。

2012年，新城区开工建设惠新苑公租房小区，该项目位于新城区郑家沙梁南，建设用地16.73公顷，建筑面积16.8万平方米，建设房屋2956套，2015年交付使用。

2014年，新城区开工建设塞外安居公租房小区，该项目由内蒙古保障性住房投资建设集团有限公司建设，位于新城区塔利村(鸿盛工业园区内)，东至内蒙古TCL光电科技有限公司，南至碳通量检测研发项目，西至塔利东路，北至园区，建设公租房4200套，于2017年竣工。

第四节　乡村建设

一、基础设施

2002年，新城区实施农村水、电进户，路、公厕和娱乐广场等公益性基础建设，架设高低压线路，供电设施配备100千瓦变压器一台总造价23万元。

2005年，硬化道路52万平方米，安装路灯936盏，建设文化室、卫生室、公共厕所、垃圾转运站等配套设施19处(座)，建设游乐广场3处。实施野马图至甲兰板等6条乡村道路的修建和改造工程，建成保合少汽车客运站。

2006年，新城区投资3000多万元，建成29公里的青山大道和10公里的大窑文化旅游专线，改造村级道路6条，基本实现村村通柏油路(水泥路)的目标。

2007年，新城区农村道路建设改造砂石路16公里，硬化村级道路近6公里，新建砂石路2.1公里，并开通青山大道客运班车。

2008年，新城区改造、新建农村卫生户厕300座。新建沼气池82个。投资2650万元新建、改造农村道路36公里。

2010年，新城区投资600万元，完成黄花窝铺至坝上段8公里通乡油路。投资1300万元，修建哈拉沁至乌兰不浪段5.7公里通村油路。投资200万元建成保合少至恼包2.6公里通村水泥路。

2012年，新城区投资1.2亿元，新建青山大道、圣水梁旅游专线等农村道路200公里，打通大青山“一环”公路，实现村村通公路。

2014年，新城区制定《新城区农村“十个全覆盖”工程实施方案》，统筹新农村教育、文化、卫生、住房保障等民生工作，实施农村危房改造、安全饮水、街巷硬化、电力村村通、农网改造、村村通广播电视和通讯、校舍建设及安全改造、标准化卫生室、文化室、便民连锁超市、农村常住人口养老医疗低保等社会保障“十个全覆盖”工程，工程涉及保合少镇和成吉思汗大街街道办事处的18个行政村44个自然村，有1.9万户、4.8万人，工程投资35.33亿元。实施红山口村安全饮水改扩建工程，铺设给水管网23.33万米，铺设排水管网20.23万米。实施街巷硬化工程投资6998万元,实施大窑、乌兰不浪、古路板和红山口村街道硬化,长度为404公里。实施农网改造、电力村村通工程。村村通广播电视和通信工程投资371.7万元,完成5202户建设任务,实现广播电视"户户通"全覆盖。2016年年底,新城区进行广播"村村响"工程和地面数字电视覆盖工程。农村18个行政村安装广播电视户户通,安装接收装置13376户、安装广播村村响29个,实现广播信号和电视信号全覆盖。农村学校校舍进行安全改造投资2900万元,建设幼儿园5所,配备了幼儿教师,满足18个行政村的入学问题。标准化卫生室的建筑面积为150平方米,新城区投资420万元,改造和建设14个村的标准化卫生室。

2014年前,新城区14个行政村建有文化活动室,占行政村总数的78%。已建文化活动室均未达到自治区村级文化活动室建筑面积在150平方米以上的建设标准。红山口村、生盖营村、乌兰不浪村和哈拉沁村4个村没有文化活动室。2014年始,新城区投资414万元,开工建设水磨村、恼包村、乌兰不浪村、红山口村、大窑村、古路板村、甲兰板村、野马图村和三卜树村9个村的文化活动室,水磨村和恼包村建设特色文化大院。

2015年,新城区硬化三卜树村、哈拉沁村、生盖营村、哈拉更村和讨思浩村,长度为318公里,街巷硬化105.34万平方米,安置道路缘石4.6万延长米,安装路灯936盏,外墙踩画美化55万延长米,实现农村街巷硬化全覆盖。建设游乐广场3处。农村建设垃圾转运站等配套设施19处(座),农村环境卫生实现专业化、常态化管理。争取国开行贷款资金建设项目6个,贷款金额18.5亿元;到位资金5.6亿元。完成农村道路、居民饮水、公共服务等基础设施建设。大青山前坡讨思浩等19个村改造地下管网12万延长米。

2016年,新城区投资151.2万元,建设农村公厕28个,建设便民连锁超市31个,建设配送中心1个。建设哈拉沁村、红山口村、甲兰板村、保合少村、奎素村、大窑村等7个村农村道路,改造村的墙立面165.25万平方米。改造大青山前坡沙恩葡萄园内环路、七彩花田环路、百草园主路、乌兰不浪文化大院南路、讨思浩村北环路、采摘园主路等10条道路,改造面积约9万平方米,铺设供排水管网43万米,植树36万株(丛),栽植绿篱0.5万平方米,栽植地被2612平方米,栽植花草4万余株,安装护栏942延长米。2016年,农村所有行政村全部通电。建设哈拉沁、哈拉更、生盖营和讨思浩村的标准化卫生室。9个村的文化活动室全部建设竣工。

2014—2016年,建设恼包村幼儿园和讨思浩幼儿园2所幼儿园。建设三卜树幼儿园和哈拉更幼儿园,配备幼儿教师4名。建设保合少幼儿园。

2017年,新城区城乡建设统筹推进。实施大青山前坡部分村庄污水管道接入市政管网工程,推进天然气主管道铺设工程。

二、农村住宅建设

“城中村”改造 2001年，新城区完成毫沁营镇小城镇总体规划。“城中村”改造涉及高速路南的村，府兴营、麻花板、毫沁营、南店、一家村、下新营、上新营、代州营、沙梁村、塔利村等11个村，总面积约4000公顷。

2004年，实施麻花板、府兴营两个“城中村”的拆迁改造工程，投入拆迁资金2.9亿元，拆除院落1212个，拆迁建筑面积达30余万平方米，拆出净地面积约60公顷。完成山水新村和天府花园两个村民安置小区一期工程。府兴营、麻花板两个村村民变股民、农民变市民、村庄变社区、农村变城市。

2006—2008年，整体改造毫沁营村、一家村、三合村、南店村。

2009年，“城中村”改造一家村还迁小区主体完工，建设三合村还迁小区、上新营等5个村的还迁小区及配套工程。开展村镇建设规划前期工作。改造上新营、下新营、代州营3个村。

2010年，府兴营、麻花板村完成“城中村”改造工作。

2011年，南店等4个村拆除房屋建筑面积380万平方米，其中南店村完成全部拆迁任务，一家村完成拆迁任务量的80%。一家村安置房（二期）、产业用房和毫沁营村安置房（二期）开工建设，三合村首批安置房完成分配。新城区启动塔利村（城中村）改造工作，改造辖区“边死角”15处，改造面积1.9万平方米。建设住房1500套。

2012年，新城区棚户区改造与“城中村”改造工作合二为一，改造一家村、南店村、毫沁营村、塔利村、三合村的“城中村”。

2013年，代州营融资建设“边死角”安置房4万平方米。建设代州营村、毫沁营村、三合村、沙梁村完成回迁任务。

新农村建设 进入新世纪，新城区农村建设深入推进。先后实施生态移民工程、农村危旧房改造工程、整村推进项目工程、“十个全覆盖”工程，这些工程惠及新城区所有村庄，至2017年，农村面貌发生了翻天覆地的变化。

2001年，新城区实施首批生态移民工程，在古路板村南建移民村。移民村房屋排列整齐，基础设施完善、交通便利，群众生产、生活条件逐步改善，加快了脱贫致富的步伐。移出保合少乡小井、黄花、什字大东沟、小东沟、塔坝、面铺窑6个行政村45个自然村。

2002年，实施生态移民工程，在保合少村东南，建设规模占地面积12公顷，256户965人，移民新村户均300平方米，每户为52平方米住宅房两间，为砖木结构平房。水、电进户，路、公厕和娱乐广场等公益性设施齐全。工程建筑总面积1.33万平方米，房建工程总计656万元。新村建设资金采取国家投资400万，匹配资金33万元，移民每户自筹1.14万元。新村建设统一规划、统一标准和统一建筑。

2003年，新城区实施易地扶贫移民工程，移民户原住址承包的土地、林地的性质权属不变,拆除原住房后,每人补贴移民搬迁生产生活建房款 4500 元自行搬迁,实现移民 563 户 1697 人。争取扶贫资金 1170 万元,进行第二批移民点建设前期工作。保合少乡移民新村共入住移民 220 户 750 余人,4 个村启动"千村扶贫"开发工程,解决 1350 人的温饱问题。

2005 年,为了使移民户"移得出、稳得住、能致富",实施产业化扶贫和整村推进扶贫,完成易地扶贫移民 241 户 764 人。

2006 年,按照"生产发展、生活宽裕、乡风文明、村容整洁、管理民主"总要求,启动社会主义新农村建设。重点对 110 国道以北 9 个村进行详细村庄建设规划和产业发展规划。新城区实施代州营村、上新营村、下新营村、三卜树村、毫沁营村、南地村新农村建设。

2007 年,新城区启动讨思浩、哈拉沁、哈拉更、古路板、野马图、甲兰板、奎素、保合少、大窑等 9 个村新农村建设。

2008 年,建设古路板新村。进行恼包村新农村建设试点改造。

2009—2011 年,新城区农村改造危房 305 户。

2012 年,新城区按照市委、市政府对大青山前坡生态建设工作的整体部署,开始实施大青山前坡村庄改造工程,全区的 18 个村庄被整体纳入镇村体系规划编制和草原旅游小镇规划。通过原址改造、新建、迁建等模式,打造各具特色的新农村示范村。陆续建成后,对农村改善基础设施和居住环境,提高村民生活质量,促进可持续发展,推进新城区城乡一体化建设起到积极的作用。农村改造危房 250 户,其中保合少镇 150 户,成吉思汗大街街道办事处 100 户。

2013 年,新城区规划保合少镇红山口等 8 个村新农村建设。开工建设恼包 4 个村改造工程,水磨村工程竣工,乌兰不浪村建新居 66 栋,自治区农村牧区工作会召开新农村建设现场会。改造农村危房 400 户,保合少镇和成吉思汗大街街道办事处各 200 户。综合整治 21 个村庄,危房改造任务基本完成。

2014 年,新城区水磨新村和乌兰不浪新村建成,恼包新村完成主体工程,野马图等 5 个村庄改造全部开工。农村危房改造 500 户。

2015 年,新城区高标准分类实施 27 个村庄改造。拆迁新建 6 个村庄,水磨、乌兰不浪新村、恼包和野马图等 4 个回迁小区。街巷硬化、标准化卫生室等基础设施和公共服务实现全覆盖,同步配建垃圾转运站和污水处理设施,沿规划二街铺设天然气管道。实施新农村住宅建设,改造大青山前坡讨思浩等 19 个村。农村危房改造 61户。

2016 年,新城区棚户区改造大青山前坡红山口村、古路板村、野马图村、恼包村,回迁房建设开复工房屋 2700 套。建设一家村等项目 15 个,开复工 9900 套,交付使用回迁房 2300 套。建设北二环区棚户区,恼包等 5 个村改造。

2017 年,新城区推进代州营村、下兴营村、毫沁营村(裕仑)集中回迁小区、三合村、一家村、古路板村、红山口村、恼包村、野马图村等15个棚户区回迁房建设项目，总建筑面积180万平方米，16925套。回迁房交付使用4500套，野马图等村民回迁小区建成投入使用。

第五节　项目服务

2013—2017年，新城区城乡建设项目71个，总投资985.2亿。

2013年，土地招拍挂项目24个，审核项目7个，推进成本审核工作。政府债券置换存量债务退还土地整理资金。

2015—2016年，新城区置换债13家企业。完成20个土地整理项目，投入74亿元，支付拆迁款、回迁楼工程款39亿元。化解房地产去库存，新城区待售商品房面积193万平方米，13378套。

第二章　城市管理

第一节　机　构

一、管理机构

新城区城市管理行政执法局　2002年6月，根据《呼和浩特市委、市政府关于批准党政机构改革方案的通知》和《呼和浩特市新城区党政机构改革实施意见》精神，新城区城管一大队、环境卫生管理局、爱国卫生运动委员会办公室合并成立新城区市容管理局，为正科级行政单位。下设城管一大队、环境卫生管理局、爱国卫生运动委员会办公室正科级事业单位3个。10月，市城管五大队与市环卫局部分职工转隶新城区，组建新城区城管二大队。2003年年末，一大队与二大队合并为城管执法大队。

2010年，实施市容管理体制改革，将10个城管中队整建制划归各街道办事处管理。2011年6月，各街道办事处执法中队重新划归区市容管理局。

2013年3月，呼和浩特市新城区市容管理局更名为呼和浩特市新城区城市管理行政执法局。内设党委办公室、行政办公室、市容市貌科、法制科、宣教科、环境卫生科、社会卫生科、人事科、财务科、静态车辆管理办公室、行政事项审批办公室、纠察队、渣土队、机动队等职能部门。下设9个执法中队。

2015年12月,按照《中共新城区委员会办公室〈关于印发区属党委部门成立机关纪(工)委的实施方案〉的通知》精神,成立新城区城市管理行政执法局机关纪委。

2016年2月,按照新城区委要求,撤销城管局党委,成立城管局党组。根据《呼和浩特市人民政府关于印发〈呼和浩特市深入推进城市执法体制改革改进城市管理工作实施方案〉的通知》《呼和浩特市人民政府办公厅关于印发〈新城区综合行政执法体制改革试点工作实施方案〉的通知》要求,新城区城市管理行政执法局为推进城市执法体制改革试点单位。改革后新城区城市管理行政执法局内设机构9个,综合办公室、人事教育股、计财装备股、行政执法和政策法规股、城市管理一股、城市管理二股、宣教信息股、行政事项审批办公室、公共事务管理股。原新城区城市管理行政执法局所属新城区城市管理行政执法监察一大队更名为新城区城市管理行政执法监察大队,为新城区城市管理行政执法局所属副科级事业单位。新城区城市管理行政执法监察大队内设新城区城市管理行政执法监察一大队、新城区城市管理行政执法监察二大队、督察大队、机动大队、数字城管和应急处置中心、城市治理创新中心等6个机构。其中,新城区城市管理行政执法监察一大队按照街道办事处设置8个中队,城管一中队、城管二中队、城管三中队、城管四中队、城管五中队、城管六中队、城管七中队、八一中队。新城区城市管理行政执法监察二大队按照职责设置渣土中队、园林中队、特勤中队。新城区城市管理行政执法局及所属执法监察大队截至2017年12月,有人员534人,在编执法人员377人、助管员157人。

二、事业单位

新城区环境卫生管理局 1991年成立,2002年,为新城区市容管理局下设正科级事业单位。2017年,内设党政办公室、人劳科、业务科、技术科、设备科、监察一科、监察二科、监察三科、收费科、安保科、应急科、工会等12个科室。有职工4182名,在职正式职工(含合同制司机40名)163名,临时工4019名。

爱国卫生运动委员会办公室 为正科级事业单位,2017年,内设办公室、社会卫生科、公共卫生监察中队。编制工作人员29人,其中公共卫生监察中队14人,机关15人。

第二节 人员装备

一、队伍建设

2002年,新城区市容执法人员贯彻学习《呼和浩特市市容环境卫生管理条例》,参加全市组织的考试,合格率100%。

2003年,根据《呼和浩特市人民政府法制办公室关于重新确认市和区市容环境卫生行政执法人员和行政执法监督人员的通知》,进行行政执法人员执法资格确认。实行执法队伍法制化、规范化建设，学习培训，包括思想政治、法律法规、业务能力、廉政教育、军事素质训练。

2004年，新城区市容执法队伍进行制定“三定”岗位责任制，(即定人、定岗、定职责)，按照《呼和浩特市市容管理行政执法和监察管理规定》，全系统内实行执法责任制，要求行政执法人员执行公务时必须出示执法证件，严格按照执法程序执法，对执法案卷按照“一案一卷”进行归档管理。

2005年，按照《市容管理系统2005年行政效能监察工作实施意见》要求，建立行政效能监察工作机制，制定《新城区市容管理局2005年行政效能监察工作实施方案》。

2006年，执法队员进行法律培训，参加市容系统法律培训班。推行执法文明用语、首问负责制、限时办结制、服务承诺制度。

2007年，呼和浩特市人民政府颁布《呼和浩特市行政执法人员五条禁令》。一、严格执行持证上岗，严禁不具备执法资格人员从事执法活动；二、严禁无法定依据处罚、收费或者不出具有效票据罚款、收费和扣押物品；三、严禁接受行政相对人的宴请、礼品、礼金、有价证券等；四、严禁酒后执法或酒后驾驶机动车辆；五、严禁着制服或使用行政执法车辆到娱乐场所消费。新城区贯彻落实“五条禁令”，做到人人皆知，人人遵守执行，56名执法队员参加执法资格认证考试。

2008年7月，市容管理局282人参加“五五普法”考试，开始使用新的规范文书，严格履行行政处罚程序，档案管理达到规范化，立卷归档一般程序案件61件，简易程序案件820件。

2009年，进行行政执法文书的培训工作，修订和完善一系列工作制度。288名执法人员参加公务员学法用法考试。56名执法人员通过执法资格考试取得行政执法证件。立案卷宗383件，其中简易程序350件，一般程序33件。

2010年，通过加大执法监督、检查考评等方法，提升执法人员依法执法、按程序处理案件的能力，对执法案件的受理、立案、现场勘验、现场咨询、案件处理、案件核查、行政处罚、结案等环节进行全程监督，确保所有案件的依法查处。

2011年，新城区落实执法责任制，建立健全《票据申领发放制度》《执法文书申领发放制度》《行政执法人员岗位责任制度》《法制学习培训制度》《文件归档及借阅制度》，同时严格各项制度的落实。

2012年，按照行政执法队伍管理要求，提高队伍在执法、服务、管理能力。

2013年，区城市管理行政执法局实行支付挂牌制度，加快城市管理队伍法治建设的步伐。严格贯彻《中华人民共和国行政处罚法》《呼和浩特市市容环境卫生管理条例》等法律法规，完善内部管理制度体系。制定《执法队伍管理办法》《城市管理执法过错追究办法(试行)》《城市管理执法岗位责任制管理规定（试行)》《城市管理行政执法人员着装管理规定》《城市管理执法巡查台账制度（试行)》《新城区城市管理行政执法局督查制度》《票据申领发放制度》《执法文书申领发放制度》等一系列规章制度，通过制度管理队伍。立卷归档简易程序案件55件、一般程序案件19件。

2014年，区城市管理行政执法局106人通过培训考取执法证件。建立健全票据文书的管理制度，文书票据实行专人专管，对事实认定、证据采集、定性、法律适用、程序等环节严格把关，使执法人员的办案水平进一步的提高。立卷简易程序案件51件，一般程序案件92件。同时聘请法易律师事务所，进行法律法规培训，适当介入部分案件的起诉工作。

2015年，开展行政权力清单的梳理工作，按照权力清单，区城市管理行政执法局行政权力具体有行政许可类4项、行政处罚类24项、强制措施类1项、行政监督类1项。按照权力清单进行依法行政，强化执法监督，立卷归档简易程序案件16件，一般程序案件26件。

2016年，行政执法体制改革，理顺城市管理综合执法体制机制，完善执法程序，建立执法全过程记录制度。规范公正文明执法。

2017年，推进执法全过程记录试点工作，规范执法程序。建立健全规章制度，以制度约束人，以制度管理人。制定出台《城市管理执法巡查台账制度》《行政执法立卷归档办法》《城市管理执法记录仪管理规定》《推行执法全过程记录制度实施方案》等一系列规章制度。在执法过程中实施执法巡查记录日志办法，形成执法过程、检查监督过程、责任追究过程的全记录链条，有效规范执法程序、证据采集和执法记录工作，实现执法全过程可回溯式管理。

二、装备建设

2001—2010年，新城区基层执法队员办公环境及执法装备更新缓慢。

2009年，购买执法车辆3辆皮卡车。

2011年，购买金杯牌面包车9辆，松花江牌面包车10辆，皮卡车4辆。

2013—2017年，更换办公桌椅设备400套，装修面积为130平方米，现代化会议室1间，配备音响与多媒体设备1套;装修新闻发布室1间，面积35平方米。7个基层执法中队搬入新办公场所，基层执法中队新装修办公场所2500平方米。

2017年，八一中队建设成为标准化示范中队。有办公面积240平方米，设置标准化库房、更衣室、休息室、餐厅，配备有电动车、执法车辆、指挥车以及头盔、肩灯、反光背心等执法装备器材。基层执法人员工作环境得到大幅度提升。执法装备进行升级和换代，采购执法记录仪138台，对讲机150台，照相机和摄像机20台，无人机3台，执法电动车141辆，电脑76台，打印机58台，传真机3台。按照要求，全局制式服装更换为全国统一的城市管理行政执法制式服装，换装人员502人，累计发放各类新式制服3514套。

三、数字城管

2015年7月,新城区城管局实行信息化数字化管理,正式成立城管局数字城管指挥调度中心,配备专职工作人5名,购买电脑5台、打印机3台、平板电脑25台,进行数字化城管建设。建立数字城管指挥控制二级平台,执法中队的三级平台,出台规章制度,专人负责制,实行二级平台即时转发、督办,三级平台接受、落实。同时,整合“12319”、投诉电话等信息来源渠道。由二级平台进行任务集中分配,三级平台落实反馈,工作效率大幅度提高。受理案件2.75万件,处理结案2.7万件,处置率达99.21%,12319市民举报案件800余件,电话举报案件1000余件,市局督办案件70件,市长热线30件,区信访局督办件20件,区委督查室10件公众举报满意率为98%,结案率达标。

2016年,新城区数字城管中心搭建“三个渠道”,提升业务处理水平和能力。机关科室建立及时快捷的沟通渠道,掌握各项工作政策,提高数字城管案件处理能力;各中队建立反馈渠道,城管中队提供执法管理、案件处置方面政策和法律依据,正确及时准确将案件处置进行反馈,降低返工率;上级数字城管指挥中心搭建信息互通交流渠道,减少案件重复或因信息数据采集产生的误差,提高案件质量。

2017年,新城区以市、区两级数字化建设平台为蓝本,各业务科室配合,协调调度等一系列行之有效的工作制度。配备调配工作能力强,责任心强干部充实科室一线工作,确保科室工作进行正常运转。提高案件的收发和处置能力,确保数字城管工作的良性运作。平台建立以来,数字城管共受理案件5万余件,受理结案4.97万件。处置率达99.92%。12319城建热线案件1500件。电话举报案件2000件。市局督办案件170件。市长热线案件50件。区委督查室案件20件。公众举报满意率99%。

第三节 市容管理

一、临时、违章建筑拆除

2001年,为“首府城市建设年”,呼和浩特市委、市政府向新城区下达59条小街巷的临时建筑拆除任务。新城区从3月12日起,历时3个多月,完成包括北垣街、爱民路、百货库东巷、二糕点南巷在内的63条小街巷临建拆除任务,拆除临时建筑2911户,共计7.89万平方米;拆除栅栏、围墙1万延长米。按照市政府办公厅《关于拆除下岗职工电话亭的通知》精神,4月13—25日,拆除下岗职工电话亭401户,解决电话亭占道设置影响市容的问题。拆除其他各类棚亭268户,共计2216平方米。

2002年,新城区市容管理局完成31条街巷的临时建筑拆除任务,拆除临时建筑2098户,约5.59万平方米,拆除围墙、栅栏4433延长米。拆除辖区内110国道和其他地段的违章建筑和临时建筑约1.6万平方米。4月,根据新城区委、区政府的统一安排,开始对兴安路以西、呼伦贝尔北路以东、北垣街以南、乌兰察布街以北区域内的凉房进行拆除，累计拆除凉房 16146 间，约 106251 平方米。

2003 年，新城区市容管理局完成 7 条小街巷，2 条城中村改造街巷和二环路的临时建筑拆除任务，拆除临时建筑约 10 万平方米。

2004 年，新城区市容管理局按照新城区委、区政府城市改造总体部署的安排，对光华街、康复街两侧影响道路施工的临时建筑实施拆除，拆除各类临建 62 间，共计 1216 平方米，拆除凉房 53 间。

2005 年，配合“城中村”改造，对一家村、南店村、府兴营村、麻花板村等“城中村”的私搭乱建等违法建设情况进行查处，查处违法建设 317 处，总面积 3.72 万平方米，其中责令停建 199 处，面积 2.67 万平方米，拆除 118 处，面积 1.05 万平方米。对麻花板北段、麻花板烧烤场和赛马场集贸市场影响改造的建筑实施拆除，拆除铁皮棚 45 个，共计 8560 平方米。

2006 年，拆除呼伦贝尔北路等主要街道两侧影响市容观瞻的凉(平)房、临时建筑、违章建筑共计 1346 户，面积 1.22 万平方米，拆除围墙 6100 延长米。拆除哲里木路呼铁局和呼伦贝尔北路草勘院公产房 13 间，面积 378 平方米，拆除军区后勤部锅炉房、仓库、住宅和军区装备部修理厂等军产房 32 间，面积 1158 平方米。拆除南店村、麻花板村、府兴营村临时(违章)建筑 221 户，共计 9.5 万平方米。对一家村、南店村、毫沁营村、上下新营村 260 户村民存在的私搭乱建现象进行制止。配合教育局拆除平房 234 平方米，配合拆迁办拆除建筑物 1194 平方米。

2007 年，拆除府兴营村、麻花板村、一家村、南店村等“城中村”的临时建筑和违章建筑共计 3.24 万平方米。拆除财税小区、西街统建楼小区的凉房、违章建筑约 750 平方米。

2008 年，拆除府兴营村、麻花板村、一家村、南店村的各类临时建筑、违法建筑约 5.81 万平方米，围墙 700 延长米。

2009 年，老旧小区改造和“城中村”拆迁工作中，调动执法队员 370 人次配合乡镇街道办事处拆除 3.82 万平方米。

2011 年，配合“城中村”改造和老旧小区改造工作，对临时建筑和违章建筑进行拆除。拆除各类违章建筑和临时建筑 65.54 万平方米。

2012 年，配合相关部门拆除哈拉沁村、哈拉更村、一家村、三合村等“城中村”和城区的各类违章建筑 52 万余平方米。

2013 年，新城区小街巷改造、“城中村”改造和道路建设等重点工作，出动执法人员 7000 余人次，车辆 800 余台次，拆除哈拉沁村、一家村和城区的各类违章建筑约 60 万平方米。

2014 年，实施大青山生态改造工程、G6 高速两侧绿化工程，拆除各类建筑物、构筑物共计 50 余万平方米。对东、西两个火车站及长途汽车站周边进行集中整治，拆除影响市容环境卫生的构筑物、建筑物 72 处。

2015 年，大青山前坡改造工程调派执法人员 1800 余人次，车辆 500 余台次，拆除各类违章建筑约 12 万平方米。

2016 年，新城区实施的大青山前坡、北方足球基地和快速路两侧的征拆工作全部完成，拆除三卜树、哈拉沁等村的违章建筑 9200 余平方米；保合少镇违章建筑 2300 余平方米；红山口村违章建筑 8000 余平方米。完成 8 个办事处 122 个小区内私搭乱建清理工作。累计拆除各类私搭乱建 2082 处，共计 2.11 万平方米；拆除凉房 11049 间，共计 82.87 万平方米。其中，人和小区累计拆除自行车棚、彩钢房 53 处、违建小院 265 处，别墅区违建前后院合计 68 处。

2017 年，对辖区内道路两侧违建、临建等进行拆除，拆除临建、违建 4.93 万平方米；拆除人和小区、丽苑小区等 50 多个小区的私搭乱建；拆除凉房 32883 间，约 20.14 万平方米。

二、市容秩序管理

2001 年，为迎接“中国•呼和浩特第三届昭君文化节”，改善市容秩序，部分街道实行开放式经营，划定范围、经营区域和时间，改善环境卫生脏乱差现象，取缔未经批准的早夜市。清理占道经营及流动摊贩，清理约 1.8 万人次，清理店外出摊 3300 处，清理马路作业 47 处，清理乱堆乱放 830 处。

2002 年，新城区解决马路市场、占道经营严重影响市容市貌问题，进行分散管理与集中整治相结合办法，取缔未经审批自发形成的马路市场 73 处，清理马路作业 60 处，清理夜市 18 处，对清理店外出摊 4000 余处，清理占道经营近万人次。街巷店面门窗玻璃广告全部予以清洗，清理玻璃贴纸 6000 余处。

2003 年，下发各类整顿通知书 5000 余份，政府通告 1.5 万余份，清理占道经营 230 处，清理马路作业 200 处，清理流动摊贩近万人次，取缔未经批准的夜市 18 处。

2004 年，下发责令整改通知书 600 余份，清理店外经营 7700 余处，店外作业 530 余处，清理夜市摊点 20 余处。

2005 年，采取“疏堵”结合的管理办法加强管理。出动执法人员和执法车辆，管控占道经营、流动摊贩和马路市场及随意停放叫卖的畜力车、三轮车、平板车。清理店外作业 263 处，清理早夜市（马路市场）225 处。清理流动摊贩 3.6 万余人次，店外出摊行为 5200 余处，夜市摊点 280 余处。

2007 年，为确保自治区成立 60 周年纪念活动期间良好市容秩序，改善市容秩序。增加市场巡查频次，统一制作修车摊点工具箱；设立夜市管理中队，加强夜市管理。整治清理马路市场、店外出摊、流动摊贩 33.24 万余处。

2008 年,清理流动摊贩 3.24 万余人次,取缔马路市场 624 处。

2009 年,规范乱停放自行车,取缔中山东路二手手机市场经营摊点 356 处,拆除中山路各类广告牌匾 27 块,进行中山东路亮化工程。

2010 年,新华大街、北垣街、中山东路、成吉思汗大街等 21 条主次干道和人民路等重点街道实施长效管理。清理流动摊贩 8900 余处,店外堆物 4600 余处。“清明节”期间,清理流动摊贩 2300 余人次,劝导不文明祭祀行为。

2011 年,新城区原有的 5 条“市容严管示范街”增加至 13 条,确定 3 条小街巷为市容管理重点街巷。

2012 年,加大市容市貌监管力度,优化工作措施,查处流动摊贩 4100 余处,占道经营 5700 余处,店外出摊 7400 余处,马路市场 11 处。

2013 年起,区城市管理行政执法局管理逐步转为长效化、精细化和日常化管理。查处流动摊贩 1700 余处,占道经营 5700 余处,店外出摊 7400 余处。

2014 年,出台《城市管理工作评比实施方案》,流动摊贩治理等综合指标纳入评比范围,实时监测,基层执法中队出动执法人员 3400 余人次,车辆 750 余台次,清理流动摊贩 4200 余人次,占道经营 5000 余处,店外出摊 5200 余处。

2015 年,区城市管理行政执法局实施“一把手”亲自抓、负总责,分管领导包片负责,中队具体实施督促制度,解决阿尔泰游乐场、火车站周边、新城南街等地的流动摊贩、占道经营等瓶颈问题。出动执法人员 4500 余人次,车辆 2600 余台次,集中整治行动 36 次,清理店外堆物 6028 处,流动摊贩 3800 余人次,暂扣违法经营车辆 607 辆,清理乱搭设棚亭 13 处。

2016 年,对各主次干道新华大街、海拉尔东路、兴安北路、呼伦贝尔路、哲里木路、北垣街、车站东西街等街道的流动摊贩进行集中整治,出动车辆 220 余台次,清理马路市场 2 处,流动摊贩 2000 余处,店外堆物 4000 余处,占道经营 3000 余处,店外出摊 3500 余处。

2017 年,对辖区内 140 余条主次干道、小街巷以及 110 国道两侧等辖区内重点难点地段进行清理整治。清理店外堆物 1.56 万处、非机动车占道 528 辆、促销活动 408 处、玻璃贴纸 9.64 万处、流动摊贩 5438 处。

三、便民市场管理

2001 年,新城区出台《新城区人民政府关于批转新城区市场建设实施方案的通知》,城管大队协助街道办事处管理早、夜市,逐步取缔马路市场。

2004 年,办事处批准的早夜市进行规范管理,统一垃圾收集容器,配备清洁工具。

2008 年,为方便居民购物、确保市容整洁,引导摊贩进入经批准设立的临时便民市场进行集中管理,同时,摊贩进行编号,签订《便民市场管理责任书》,发放《临时占地经营者管理记分登记卡》,东影北街、人民路、二糕点厂南巷、文化宫北街、南马神庙街等 8 处便民市场发放《临时占地经营者管理记分登记卡》，发放临时经营管理登记卡 236 张，允许摊贩进行经营。

2009 年，新城区规范便民市场的建设与管理，引导摊贩进入市场规范经营，入市的商贩进行编号，配备垃圾桶。东影北街、人民路、南马神庙市场统一发放遮阳伞 150 把。解决劝业场周边商贩占道经营问题。利民街新建简易棚架式便民市场，设立棚架 11 个。规范管理便民市场达 8 处。

2010 年，新城区城管大队批准设立南马神庙街、气象局西巷等 20 处临时便民市场。临时便民市场及早市 37 个。

2011 年，新城区清理取缔 60 余处旧家具市场和无证采沙场，7 处卖煤点、100 余家无营业执照废品收购站和其他 12 处自发形成的马路市场。

2012 年，新城区严格马路（临时）便民市场的管理，取缔违法设置的马路市场 13 处，规范管理马路（临时）便民市场 18 处。建设棚架式便民市场，对全区 10 处棚架式便民市场加大管理力度。加强夜市的管控，规范 2 处批准经营的夜市，开始清理取缔未经批准的烧烤摊点。

2013 年，全区共有 12 处经批准的马路便民市场。取缔违规马路便民市场 16 处，取缔自行设置的棚架市场 3 处。完成 2 个功能完善型市场、5 个便民服务型市场和 25 个社区菜市场的建设任务，其中团结市场 2 号便民市场建设面积 3980 平方米，可容纳 300 余家商户。加强对早、夜市的管理，使经批准的烧烤夜市达到烤炉入室、铺设地毯、卫生整洁、经营有序的管理要求。

2014 年，新城区北二环、爱民街、北垣街等地段，建设便民市场 6 处，投入使用 1 处。规范中山里、胜利路、气象局西巷等 19 处临时便民市场和早夜市，清理取缔 11 处自发形成的马路市场和夜市。

2015 年，新城区建设光华街便民市场、老缸房街便民市场、新春路便民市场。纳入规范化管理的夜市 7 处、早市 2 处、临时便民市场 10 处。区城市管理行政执法局成立市场管理办公室，接管团结小区 1 号、2 号便民市场的管理工作，进行水、电、暖、柜台等改造，进行功能分区，排除安全隐患。团结小区 1 号市场开业，设置摊位 118 个。

2016 年，按照上级统一部署，将便民市场统一移交城环公司。11 月 17 日，内蒙古建设银行和内蒙古银联团结小区 1 号和 2 号两个市场启动全内蒙古首家智慧便民市场服务平台，同时统一更换衡器，使商户与消费者更加便捷。

2017 年，新城区出台《团结小区标准化菜市场管理人员制度》《消防管理制度》《市场管理制度》等规章；注重安全问题，按照区食品药品监督管理局要求成立快速食品检测室，统一为商户制作工衣工帽，统一着装。改造提升 19 处农贸市场，新建气象局西巷和代州营标准化便民市场，取缔人民路、星火巷等一批多年困扰市民出行的马路市场。

四、广告治理

2001年,新城区确立邮校南巷、邮校北巷、星火巷、曙光街、北马神庙街、巨隆昌街、书院西街为广告管理示范街。针对违法广告,采取突击整治和专项整治相结合的办法,乱涂写、乱散发、乱张贴广告的现象明显减少。拆除大型违规广告牌15块,小广告标牌600余块;清理广告条幅422条,清洗"191""198"制假广告800余处,清洗乱张贴小广告8700余处,没收散发广告印刷品1万余张。

2002年,新城区成立"191"广告清理整治巡查小组。全年清洗乱张贴的各类广告传单8万余张,涂刷"191"及其他乱涂写广告2万余处,没收广告传单3000余张。清理店外小广告牌4000余块,拆违规户外广告383块,更换店面广告牌匾2796块。

2003年,整治"牛皮癣"广告,涂刷"191"广告及其他乱涂写广告3万余处,没收广告传单5000余张,规范店面广告牌匾425块,清理店外小广告牌2882块,清理随意设置广告条幅396条。

2004年,市容管理局清除电杆广告1.5万余张,覆盖"191"制假广告2万余处,清理条幅约1300条,清理不规范广告牌240余块。

2005年,督查整治用字不规范广告牌匾,进行城市汉语言文字工作自查工作,下发限期整改通知书147份。对乱涂写和"191"违法广告的清洗覆盖,清除各类小广告及条幅7300余块(条),清洗各类乱张贴广告6.52万余处,覆盖"191"广告1.57万余处。

2006年,新城区清理"191"广告7万余处,电杆张贴广告4万余处,墙壁张贴广告3200余处,地面张贴广告500余处,抓获乱张贴、涂写广告人员7名,没收宣传单1.2万余张,取证、登记、上报"三乱"小广告电话号码306条。清理沿街乱设立的灯箱广告和牌匾530块,取缔条幅320条,更换店招牌匾1164块。

2007年,针对乱张贴、乱涂写小广告的行为进行严厉打击。清理"三乱"小广告5.8万余处,抓获"三乱"小广告违法人员15人,查扣广告宣传单10万余张。进行迎接自治区成立60周年庆祝活动,按照呼和浩特市市容局户外广告整治工作实施方案的安排部署,进行城区范围内的店招牌匾和户外广告全面清理整治。更新店招牌匾3600余块,修复霓虹灯310余处,清理条幅1800余处,拆除未批准的户外广告460块,清理拱门390处。

2008年,进行破损户外广告和霓虹灯修复。更换和修复大型户外广告、楼顶广告6000余平方米。开展对"三乱"小广告的整治,清理覆盖"三乱"小广告3.15万处,查扣传单5万余张。

2009年,新城区引进德国产小广告清洗机,清理"三乱"小广告2.52万余处,拆除立式小广告牌、灯箱3200余块。拆除各类有碍市容观瞻和违法设置的户外广告牌匾540余块,约1.4万平方米。清理"三乱"小广告2.52万余处。对陈旧破损、规格不一、材料低档的户外广告和商业门头牌匾集中整治,下达《新城区关于清理取缔店外违章行为及未经批准设置户外商业广告的通知书》890份。

2010年，清理各类小灯箱、小广告牌1500余处，清理不规范的商业牌匾1540块，清除玻璃贴纸贴字4000余处。发动群众1万余人次参与清除“三乱”小广告，共计1.86万处。

2012年，新城区严格执行“户外广告管理办法”的相关规定，下达《新城区关于清理取缔店外违章行为及未经批准设置户外商业广告的通知书》2000余份，清理整治不规范的商业牌匾690块，清理取缔各类小灯箱、小广告牌1700余处。全年出动执法人员3400余人次，车辆300余台次，对沿街散发、喷涂、张贴“三乱”小广告的人员进行严厉打击，抓获违法人员110余人，其中移交呼和浩特市市容局处理23人，行政处罚18人，警告教育69人。

2013年，按照呼和浩特市城管局打击“三乱”小广告的工作部署，从源头上治理“三乱”小广告，出动执法人员1400余人次，车辆200余台次，抓获违法人员73人，其中经呼和浩特市市容局处理7人，行政惩罚8人，警告教育48人，查扣各类“三乱”小广告200余万份。为保障昭君文化节、民族艺术节和接待活动等重大节庆期间市容市貌整洁有序，清理整治不规范的商业牌匾120块，各类小灯箱、小广告牌740余处。

2014年，开展通过与社区联合行动、发挥志愿者作用、成立专业清洗队伍、设置公共信息发布栏、加大打击和处罚力度等措施，清洗、覆盖、查扣各类“三乱”小广告100余万份(条)，对370名条违规广告信息的发布者进行处罚。为规范户外广告执行，开展3次户外广告集中整治工作，对700余块各类牌匾进行整治和纠错，拆除违规设置的立式广告、墙体广告、LED屏560余块。

2015年，按照《呼和浩特市人民政府关于对市区户外广告设施和废品收购站展开综合整治的通告》的要求和新城区委、区政府及呼和浩特市城管局的部署，新城区主次干道及小街巷未经批准设置、陈旧破损的、有安全隐患的各类户外广告进行全面拆除。组织开展大型拆除行动180余次，出动执法人员1800余人次，大型机械120余台次，雇用专业施工人员300余人次，拆除新华大街、海拉尔东路等22条街巷的广告设施1044块，2.22万平方米。制定出台《新城区城市管理行政执法局清理“三乱”小广告日常监督考核实施细则》。协同街道办事处、社区居委会进行清理，城管局进行指导、检查和考核，专业清洁公司对主干道墙体、地面、电杆的“三乱”小广告进行清理。清理、覆盖、查扣“三乱”小广告100余万份(条)，违法张贴小广告的单位进行行政处罚。行政处罚6家张贴单位。

2016年，集中拆除户外广告，新华大街、车站东西街、北二环快速路、呼伦贝尔路、海拉尔东路、中山东路、成吉思汗大街等街道的户外广告牌匾、LED进行拆除，拆除户外广告牌匾1100余块，3.4万余平方米；LED屏500余块。清理各类违法小广告30余万条，查扣宣传品100余万份。

2017年，呼和浩特市人民政府制定“建立非法小广告长效治理机制的实施意见”，新城区围绕"发现、取证、查处、清除"四个关键环节，以"零容忍"态度非法查除小广告，出动执法人员1000多人次，公安人员50多人次，车辆150多台次，查获违章散发、喷涂小广告人员40名，警告教育36人，行政处罚3人，查扣宣传单6万余张。清理各类违法条幅2869处。对辖区内的违规设置的广告进行拆除，户外广告牌匾共拆除6.08万平方米；LED屏拆除2350块。

五、"门前三包"

2001年，新城区首次在小街巷中实施"门前三包"责任制，对10条文明示范街的"门前三包"落实情况进行督查。

2002年，制定《关于落实"门前三包"责任制工作实施方案》，成立"门前三包"工作领导小组，各办事处也相应成立专门组织机构，落实"门前三包"责任制。共5条主次干道，21条小街巷首次被确定为"门前三包"样板示范街。实行定人、定岗、定路段的全天候管理，"门前三包"责任状签状率达到90%以上。

2003年，为保障"门前三包"工作的落实，在全区29条主次干道、小街巷发放垃圾桶699个，下达"门前三包"整改通知书130余份，"门前三包"责任状签订率达98%。

2004年，"门前三包"工作主要做好"门前三包"责任状签订工作和"门前三包"的落实。全面组织在辖区范围内实行垃圾袋装化管理。

2005年，新城区加大"门前三包"执法力度，对25条主要街道的商业网点"门前三包"落实情况进行督查，处罚商户298家，向法院申请强制执行20家。实施垃圾袋装化和垃圾容器化管理，对海拉尔东路、赛罕路、胜利路等10条街道开展"门前三包"示范街创建活动。

2006年，"门前三包"工作实行网格化管理，坚持谁主管谁负责，一把手负总责的原则，并将每周二定为"门前三包"周查日，每周进行现场督查指导。

2007年，"门前三包"工作紧紧围绕"迎庆"工作开展，爱卫办公共卫生监察中队持续性地对辖区内"门前三包"工作的落实情况进行监督检查，对1000余家违反"门前三包"责任制的商户进行处罚。

2008年，新城区制定《关于打造新城区"门前三包"严管街的实施方案》，将车站东街、车站西街、新城南街、北垣街打造成为新城区"门前三包"严管街，发放《新城区关于打造严管街的通知》900余份，发放免费垃圾桶2200个。

2009年，新城区"门前三包"工作坚持"三定两到位"，即定人、定路段、定时间，人员落实到位、责任落实到位。对签订"门前三包"责任书的1万余家商户进行监督检查。

2010年，制定《新城区"门前三包"专项整治方案》，组织呼和浩特市日报、晚报等12家媒体记者及有关部门召开"门前三包"专项整治工作会议，印制《新城区人民政府关于进一步加强全区商业网点"门前三包"责任制工作的通告》1万余份。

2011 年，新城区全面规范商户的经营活动，结合“门前三包”责任制的签订，彻底取缔店外堆物、经营、作业的行为。与沿街各单位、商户签订《严管街市容环境卫生“门前三包”责任状》《严管街市容环境卫生整治责任状》1 万余份。

2012 年，以提升城市管理水平、建设靓丽青城为出发点，提高管理标准和要求，将“市容严管示范街”增加至 25 条，新签订“门前三包”责任状 5000 余份。

2013 年，将车站东街、迎宾北路等 5 条亮点街巷作为“门前三包”示范街进行重点管理，确定 5 条小街巷为市容管理重点街巷，实行一户一档备案制度，完成“门前三包”档案备案制度，与近 5000 家商户和驻区单位签订“门前三包”责任状。

2014 年，在 18 条“门前三包”示范街建立“门前三包”专项档案，绘制“门前三包”区域图和责任范围，与驻区大单位、公司、酒店以及施工工地签订“门前三包”责任状。为沿街商户配备垃圾桶 1000 余个。举行“门前三包”大型宣传活动 3 次，出动执法人员 300 余人次，普及城市管理、维护市容环境等相关问题。

2015 年，新城区有序推进“门前三包”常态化。“门前三包”严管示范街增加至 23 条，全部实行“一户一档”，签状率 100%。为 23 条严管示范街的商户配备垃圾桶 1650 个。举办“创建国家卫生城市，落实‘门前三包’”专项宣传活动 3 次，结合市容市貌整治工作，进行“门前三包”专项整治 16 次。

2016 年，与 28 条“门前三包”示范街沿街商户重新签订责任状 4528 份。向辖区内 35 条样板街巷和“门前三包”示范街沿街商户免费发放垃圾桶 3300 余个。

2017 年，新城区按照城市环境综合整治的要求，严格执行《呼和浩特市“门前三包”责任制管理办法》，签订责任状 1.1 万余份；发放垃圾桶约 5000 个，签订“门前三包”示范单位商户配备垃圾收集容器协议书约 5000 份。

六、街景美化

2001 年，新城区开展街景“整治、修缮、美化”工作，共粉刷墙壁 8800 平方米，建设铁艺栅栏 3000 延长米，拆除残墙断壁 184 处。

2002 年，新城区对已改造完成的 36 条街巷进行整治、美化工作，对遗留的影响市容的构筑物、残墙进行粉刷。

2003 年，新城区开展“穿衣戴帽”整治工作，完成 986 栋建筑的流体外墙装修、清洗、亮化工作。

2004 年，粉刷围墙约 7000 平方米，督促施工工地设置围墙约 6000 延长米。

2006 年，对“十字景观街”两侧建筑进行粉刷，粉刷建筑 22 栋，围墙、栅栏 800 延长米。粉刷、清洗其他路段建筑 209 栋，栅栏 5000 延长米。

2007 年，新城区对车站东、西街、呼伦贝尔路、哲里木路、海拉尔大街、兴安南北路、乌兰察布街等街道两侧陈旧的、与整体街景不和谐的楼体进行整体设计。完成 514 栋，约

118.61 万平方米的楼体、围墙的清洗粉刷。

2008 年,新城区对 200 余处残缺不全的霓虹灯督促产权单位修复,保证灯光亮化设施的完好。

2009 年开始,新城区对呼和浩特火车站站前广场实施统一管理。制定出台工作制度,抽调人员进行全天候管理。开展包括清理流动摊贩、店外出摊、乱堆垃圾、违法设置户外广告等方面的集中整治、拆除不合格门头牌匾及广告牌 45 块,拆除大型楼体广告 4 块共计 1400 平方米,大型楼顶广告 8 块共计 2600 平方米,清洗小广告 2300 余处,清理流动摊贩 1200 人次。火车站站前广场干净、整洁、有序。

2012 年,新城区对如意路、呼伦贝尔路、海拉尔大街等核心街区进行重点打造,粉刷楼体、安装空调罩更换店铺招牌、改造台阶等。

2013 年,新城区对未经审批或未按要求破坏道路红线不足 24 米的市政道路等基础设置的现象开展整治工作。

2014 年,新城区对成吉思汗大街金茂中心、哲里木路、中山里、展览馆东路、粮饷府街、二人台巷等街道实施优化环境工程和拆墙透绿工程。更换修缮东客站陈旧破损的围挡及围墙 5000 余延长米。

2015 年,新城区对爱民街、曙光街、建设街等 15 条街巷提出美化街景的设计改造方案。

2016 年,新城区开展主次干道相连的次干道及小街巷改造、选址工作。主要包括春路街、海天巷、爱民街、艺术厅南街、光华街、南马神庙街、人民路、车站东西街、呼伦贝尔路、海拉尔东路等街巷。严格道路挖掘管理,规范挖掘城市道路行为,禁止私自开挖路面、架设管线。因工程建设需要经批准实施破路施工,严格按照规定的时间、工期组织施工,并做好施工现场管理和路面恢复。全年共查处小街巷违规开挖路面 10 余处。

2017 年,为迎接内蒙古自治区成立 70 周年庆祝活动,喷涂卷帘门 7000 余处,喷涂电箱约 500 个,重新粉刷墙体 48 万平方米;修补便道约 1000 平方米,修补台阶约 7000 平方米,修补井盖 100 多个;对迎新东路、迎新中路、团结五巷、迎宾北路、政府后街、恬园巷、明秀巷、809 街东西巷、鸿盛工业园区生活区外等街道进行外立面粉刷、更换门头牌匾 300 余块;对辖区内的各类违规设置城市家具(报刊亭、公共交通站亭等)拆迁、拆除 50 多个;对辖区未经批准占用、挖掘、破损、破坏市政道路和市政公用设施行为进行监管,并要求恢复原状,处罚 10 多家违规施工。新设置围栏、围挡约 9800 平方米,利用围挡设置悬挂城市环境综合整治、拒绝车抛物等各类条幅约3500 平方米。在辖区内悬挂庆祝自治区成立 70 周年和社会主义核心价值观的大型宣传广告 2.3 万平方米。

七、环境综合整治

2001 年 7 月,为确保“中国•呼和浩特第三届昭君文化节”期间不出现马路市场回潮反弹现象，组织开展市容环境整治工作。

2002 年 6 月，开展以创建文明城区为目标的大规模市容环境综合整治活动，成立第四届昭君文化节期间市容市貌领导小组，综合整治马路市场、占道经营、店外店、乱贴乱画、乱涂写等违章行为和群众反映强烈的夜市。

2003 年，新城区实施“畅通工程”，清理取缔主次干道、相关交叉路口、巷口 50 米之内的马路市场、流动摊贩；清理取缔城区出入口的畜力车市场，严禁畜力车进入城区。

2004 年，按照《呼和浩特市市容管理局迎接中国·内蒙古首届草原那达慕艺术节暨呼和浩特第五届昭君文化节市容市貌整治工作实施方案》，对主次干道、火车站、汽车站、旅游景点、出城口、宾馆、饭店周边、昭君文化节活动场所周边进行管控。

2005 年，新城区开展“新城区迎接自治区‘两会’市容市貌环境卫生综合整治”“市容市貌环境卫生标准示范街清理整治”“新城区迎接中国·呼和浩特市第六届昭君文化节市容环境综合整治”等大型集中整治，对管理中难点、重点问题进行联合执法，对不接受处罚的 9 起案件向法院申请强制执行。

2006 年 6 月 1 日，集中 20 天进行市容环境专项整治。对新城南街、新世纪广场、车站东西街等重点地段加大清理整治。

2007 年，新城区将市容环境卫生工作向农村、社区进行延伸。研究制定《市容环境卫生进农村、社区工作方案》。古路板、甲兰板、讨思浩、奎素、下新营等村规范柴垛粪堆的堆放、农村道路清扫保洁、农民饲养家畜家禽等方面，完成 300 座卫生户厕的建设工作。以迎宾北社区、曙光街社区为示范点进行全面整治，社区环境卫生得到改观。

2008 年，在奥运会、残奥会火炬传递、民交会、昭君文化节期间，开展集中整治 130 余次，清理占道经营、流动摊贩 5600 余次，清理店外经营、店外作业 1500 余处，清理“三乱”小广告 5600 余处，取缔小广告牌、灯箱 540 余个。

2009 年，以首府城市建设“十年巨变”和“创建国家卫生城市”为抓手，探索科学、长效的城市管理模式，采取“主干道严禁、次干道严控、小街巷规范”的管理办法。新城区的市容市貌实现全时段、全方位的管理。

2010 年，新城区按照《呼和浩特市人民政府关于开展市容环境卫生集中整治活动的通告》《呼和浩特市人民政府关于进一步加强市容环境综合整治的通告》和《呼和浩特市人民政府关于印发〈进一步加强城市规划建设与管理工作实施方案〉的通知》精神，全面推进“五个巩固”“两个坚持”“一个推进”“一个落实”。即巩固主次干道管理成果、巩固临时便民市场规范管理、巩固户外广告牌匾和商业门头牌匾的整治成果、巩固重点街巷的管理成果、巩固“严管示范街”的管理成果、坚持“疏堵结合”的管理办法、坚持“错时制”和“三定一包”责任制、推进法制建设和执法队伍的管理、落实“新、亮、美、绿、净、畅”六字工程。

2011年,新城区市容环境综合整治工作,按照“主干道严禁、次干道严控、小街巷管理”的管理原则,贯彻落实“疏堵结合”的管理方针。组成联合执法组,参与市容市貌集中整治行动当中,对40余条街道进行联合整治45次,出动联合执法人员4500余人次。在联合整治后,以2~3个城管中队为一个组的整治工作组,每日进行巡查管理和整治,加强日常管理。

2012年,新城区开展连续不断地集中整治行动,形成齐抓共管、统一协调的高效管理机制。

2013年,新城区开展“创建国家卫生城市”和“全国文明城市”行动,对城区的主次干道、小街巷占道经营、店外店等进行日常督查,督促整改,完成“两创”市容市貌卫生的检查工作。

2014年,利用新城区各单位和商户的LED屏700余块、工地围挡1万延长米,全面开展文明创建、道德教育、卫生常识普及等方面的宣传,发布公益宣传标语、流动播放动画2000余条,为“创城”“创卫”工作的开展创造有利的舆论氛围。

2015年,新城区开展“四城同创”工作,以“十项专项整治”和“五项提升行动”工作为主线,推进城市管理工作,提高城市管理水平和质量。

2016年,新城区开展“全国文明城市”创建工作,开展“百日攻坚会战”集中整治行动。对新华大街、中山东路、海拉尔东路、兴安北路、哲里木路、呼伦贝尔北路、北二环快速路周边、火车站周边、大学路等重点干道、街巷展开整治行动。每天出动车辆7台,人员100余人。集中清理整治店外经营、店外堆物,清理店外堆物743处,占道经营304处,店外经营96处,对北垣街修车店铺店外堆物进行集中整治,清理轮胎600多条。清理流动摊贩142处,暂扣流动摊贩三轮车共80余辆。清理玻璃贴纸(字)、春联共1.2万余处;拆除小型LED灯箱189块,暂扣路面立式广告牌180余块,清理墙体广告138处,取缔条幅74处,暂扣“三乱”广告宣传单3.75万余份。对沿街商铺的音箱进行统一规范管理,关闭噪音喇叭50余处。对地下通道的商贩清理40余次,规范自行车市场58次,活动庆典14处,取缔大型墙体广告布幅6处,拆除临建违章棚2处,站口物品23处。对辖区内经批准的6处烧烤夜市开展专项整治。清理取缔未经批准的烧烤摊点400余处,查扣烤炉违法占道摊点80余处,座椅200余套。

2017年,按照《新城区城市环境综合整治提升行动方案》的安排部署,新城区开展占道经营、店外烧烤、车窗抛物、户外广告、私搭乱建、建筑渣土、环境卫生等方面的专项整治行动。在清明节期间,对不文明祭祀情况进行严格管控,出动执法队员2700余人次,执法车辆216台次,电动车720余辆次,清理店外出摊、堆物400余处,清理祭祀用品流动摊点700余处,全面清理取缔违法占道售卖祭祀用品的行为。开展“乱倒生活垃圾污水”专项整治,对乱倒垃圾污水的行为予以严管重罚。出动人员4000余人次,车辆700余台次，清理雨水箅子700余个，下发整改通知书140余份。对170余家商户做出处罚。维护“第七届中国呼和浩特少数民族文化旅游艺术活动”“第十八届中国呼和浩特昭君文化节”“中国共产党第十九次全国代表大会”“金鸡百花电影节”“内蒙古自治区成立70周年庆祝活动”等重要活动期间市容秩序。落实“路长制”，推动街巷长效管理。按照“路长制实施方案”要求，实现城市管理常态化、规范化。

八、校园周边整治

2001—2007年，新城区阶段性地按照上级要求开展校园周边市容环境整治工作。

2001年9月，按照《关于开展大专院校周边市容环境整治工作的通知》，加大对辖区内大专院校周边、辖区中小学周边市容环境整治工作。

2006年9月，新城区开展整治校园周边专项行动，对新城区中学、小学、幼儿园周边进行排查和整治，清理摊贩600余人次。

2008年起，新城区取缔和清理整顿校园周边流动摊贩经营的食品、生活品摊点、小广告和噪声污染，持续集中地开展校园周边市容市貌环境卫生整治行动。

2009年，组织实施校园周边市容环境卫生的整治，对校园周边摆摊设点影响教学的行为和“三乱”小广告、条幅进行治理。

2010年，在校园周边整治活动中，对全区所有中小学周边进行整治，联合职业教育学院对其周边的摊贩进行严格管理和教育。

2012年，按照新城区食品安全委员会《关于开展校园周边食品安全专项整治的紧急通知》和呼和浩特市城市管理行政执法局《关于进一步加强校园周边市容市貌综合整治工作的通知》文件精神，开展集中整治行动40次，出动执法人员2000余人次，执法车辆200余台次，查处违法经营摊贩500余人次。

2013年，制定《新城区城市管理行政执法局关于开展驻呼高校、中小学幼儿园校园周边及食品安全管理工作的方案》，确保新城区范围内所有大中专院校、中小学及幼儿园周边100米范围内的市容市貌整洁有序和食品安全。

2014年，按照“错时制”管理要求，实行早7时到晚8时工作制；设置东门外小学、东街小学、实验中学等3处校园食品安全严管街；在中高考期间，对各考点进行严格管理。

2015年，新城区开展集中整治行动21次，出动执法人员900余人次，执法车辆100余台次，查处违法经营摊贩240余处。设置校园周边严管街，确保新城区范围内的所有大中专院校、中小学及幼儿园周边100米范围内环境整洁有序。

2016年，新城区加大对校园周边售卖食品摊点的整治力度。成立校园周边专项管理小组，在学生上下学期间加强巡查管理。开展集中整治20余次，各中队自行整治400余次，出动执法人员1000余人次，执法车辆300余台次，查处违法经营摊贩1000余人次。

2017年，对关帝庙街小学、新城区满族小学、呼和浩特职业学院、内蒙古工业大学、市第三十四中学、土默特中学、北垣小学、青山小学等20余所校园周边进行集中整治20余次,出动联合执法人员800余人次,车辆80余台次,清理查处各类违章商贩270余处,其中流动食品摊点90余处。

九、静态车辆管理

2013年起,新城区城市管理行政执法局开始对静态车辆进行管理。按照《呼和浩特市城市管理行政执法局关于做好静态车辆管理工作的通知》,开展静态车辆管理工作。对违规设置停车证、停车位进行摸底调查,对各类静态车辆违规现象进行全面清理整治。清理取缔地桩274个,U形杠6个,立柱10个,阻车器45个,地锁26个,规范管理机动车停车场10处,拆除私设停车棚1处,取缔未经审批机动车停车场1处。

2014年,按照区级审批权限,审批符合标准的静态停车场5家。取缔违规设置的各类阻车设置1300余个,取缔非法停车场5处,在8条街道规划免费停车场31处和停车位2516个。

2015年,审批符合标准的静态停车场7家,完成500个免费停车位的选址和画线工作,组织清理违规停车和私设阻车装置行动6次。

2017年,按照相关规定对辖区内全部停车场进行摸底,检查停车场手续、规范停车方向、清理僵尸车;取缔3家未经批准的停车场。配合交管部门设置公共停车区域102处,结合老旧小区改造,增加小区内停车位1万余个。加大便道以上停车秩序的日常巡查监管和规范引导工作。

十、行政审批

2014年3月,呼和浩特市城市管理行政执法局按照《呼和浩特市人民政府关于取消、下放行政审批事项的决定》要求,将部分审批事项的审批权限下放至新城区城市管理行政执法局。下放的审批事项4项,包括:一层小型商户店招牌匾的审批;30个以下停车位、900平方米以下停车场的审批;搭建临时性建筑或其他设施的审批;临时占用公共用地进行宣传、庆典、节庆商业活动的审批。按照要求,新城区城市管理行政执法局第一时间进驻新城区行政服务大厅,完善审批制度,优化审批流程,建立长效管理机制。全年共接受申请材料380余份,依法对符合规定的325件申请进行审批。

2015年,加强对门头牌匾的许可把关工作,从源头上对门头牌匾的蒙汉两种文字并用情况进行管控,许可门头牌匾192块。与区民族宗教局紧密配合,对辖区"四横四纵"主干道的2856块门头牌匾进行排查,督促整改、清洗、更换蒙文等共计2632块。批准各类庆典活动123处,停车场7家。

2016年,办理各类行政许可事项359件,其中店招牌匾许可296件、商业庆典许可62件、静态停车场1件,按时办结率100%。

2017年,对辖区内所有的门头牌匾都进行严格审批把关,确保门头牌匾规范美观。

严格规范蒙汉两种文字并用情况，联合区民族宗教局对递交门头牌匾审批材料中的蒙汉文严格把关。办理行政审批案件约3000件。

第四节　环境卫生

2001年，新城区管辖31条道路清扫。至2017年，新城区有主干道25条，次干道36条，一般道路及小街巷243条，二环快速路1条、城市段公路4条，清扫道路面积1361.64万平方米；37个村庄(24个行政村、13个自然村)的环境卫生管理工作。

一、环卫设施

2001年，新城区建设3座沉降式垃圾转运站，辖区有27座垃圾转运站、46个集装箱点和45座公厕实行规范化、制度化管理。

2003年，自治区召开“两个文明”现场会，新城区新建水冲公厕3座(复兴巷、北垣东街东段、芳汀花园北门对面)，旱厕改水厕3座(八一市场东门、光华街、艺术厅南街)，建垃圾转运站1座(芳汀花园北门对面)。毫沁营镇建旱厕12座，污水箱40个，垃圾池40个，垃圾转运站1座，铺设污水管道2800延长米，修整道路近3000延长米。

2005年，新城区建垃圾转运站1座(爱民东路东口)，6个垃圾集装箱，接收呼铁局系统垃圾转运站3座(铁路小区、胜利路、中山里)，维修转运站5座；建冲水公厕1座(八一市场东门)，检修公厕29座。

2006年，新城区建冲水厕所14座，旱厕4座，垃圾转运站3座，购买环卫专用车辆26台包括装载机1台、压缩车10台、自卸车6台、清扫车5台、吸粪车3台、洒水车1台。

2007年，新城区进行29座垃圾转运站、59座公厕安全检查和维修工作，新建公厕6座、垃圾转运站1座。

2008年，新城区新建冲水厕所3座(八一小区、北垣西街、十九中东巷)，垃圾转运站3座(八一小区、光明路电前小区、内蒙古纪委小区)。

2009年，新城区新建、改建冲水厕所5座、垃圾转运站5座。

2010年，新城区新建或改建垃圾转运站5座、公厕5座，对187座各式厕所、39座垃圾转运站实行标准化管理。

2014年，新城区硬化4个建筑工地出入口。

2017年，新城区有1座大型垃圾中转站、49座普通垃圾转运站和果皮箱等环卫设施；建设青城驿站城市综合体57座，青城驿站公厕提供母婴间、残障人士卫生间、便民超市、天气预报、自动取纸机、擦鞋机、手机充电机等便民服务，方便特殊人群的如厕需求，公厕功能品质显著提升，成为新城区亮点工程。新建、改建、开放公共厕所785座，群众如厕难问题彻底解决。有建筑工地、拆迁工地、道路工地 140 处,工地现场 100%围挡,工地物料堆放 100%覆盖,施工现场路面 100%硬化,驶出工地车辆 100%%冲洗。

二、道路清扫

新城区环卫作业实行主干道“十净”“十无”、次干道“七净”“五无”,小街巷整洁干净,环卫作业实现了全天候无缝对接管理。作业从墙根、绿化带、配电箱、公共设施进行深度保洁;树箅子、果皮箱、木质树箱、道牙每日利用高温高压清洗车、配合人工,人机结合全面细化擦洗,果皮箱及时清掏,地下通道、过街天桥一日两扫,巡回保洁。公铁立交桥桥头、桥下等容易出现问题地段增加巡查频次、强化精细化管理。重点线路、重要节点、增加巡查频次,重点场馆周边设专人管理,实行夜班洗扫便道措施,提升道路洁净度。发现问题快速反应,立即整改。实施环卫管理一体化,全覆盖、无死角、无盲区。管理上,环卫局采取“三到位”,即扫到位、巡到位、改到位的模式。所有清洗车、多功能抑尘车,按照道路等级情况,冲洗、洗扫、人机结合的立体保洁作业流程,采取人工与机械配合作业,分路段、错时段、避高峰的原则,对辖区主次干道、街巷道路全面清洗,确保机械化清扫率达到100%。

2003 年,新城区环境卫生清扫保洁实行“一普扫,上下午保洁”制度。清理辖区卫生死角,居民楼垃圾道口进行逐步封堵。

2005 年,新城区 29 条主次干道 240.5 万平方米道路,环境清扫保洁率达到 100%。

2004 年,新城区环卫局清理主次干道卫生死角,清理公厕内外环境。

2006 年,新城区集中清理铁路沿线、卫生死角、毫沁营镇环境卫生,清理各类垃圾约 6450 余车(小四轮车及手推车)。

2007 年,新城区清扫保洁面积达到 320.5 万平方米,收集清运垃圾 14.03 万吨。

2008 年,新城区承担清扫保洁面积共计 446 万平方米。增加清扫 25 条小街巷、北二环、呼哈路(110 国道口至殡仪馆路段)道路,清扫面积 75 万平方米,清扫保洁率 100%。收集清运垃圾 8.88 万吨;出动车辆近 60 台次,人员 500 余人,撒放融雪剂 200 余吨。

2009 年,新城区承担清扫保洁面积共 746.5 万平方米。主要干道、重点路段保洁时间延长至晚上 10 点 30 分。

2010 年,新城区承担的清扫保洁面积共计 817 万平方米。日均收运垃圾 450 吨,同时进行垃圾清运管理,检查清运车辆有遗撒垃圾现象,处罚清运车辆。

2014 年,新城区环卫工作保持精细化、常态化管理,37 个村庄环境卫生工作纳入环卫局管理,建立健全长效管理机制,村村配备清扫保洁人员,建立监督、检查队伍,完善管理制度,推进城乡环卫管理一体化。城边村、城郊接合部等存在的环卫基础设施不完善,上新营、下新营村、毫沁营村、代洲营村进行试点,村中空地段建设“公厕广场”,统一设置垃圾和污水倾倒点,统一设置公共卫生间,日产日清进行管理,进行市场化运营,环卫局监管,切实达到污水有排处、垃圾有倒处、人人如厕有去处,确保城郊接合部环境干净整洁。

2015年,新城区开展餐厨垃圾收运监管工作,7家非法收运单位和个人进行批评教育并暂扣收运工具,开出第一张针个人的违法收运罚单。

2016年，新城区在市场内外增加摄像头,24小时巡查市场及周边的环境卫生,放置封闭式的垃圾桶,安装防蝇防尘罩,保洁人员每天开市前和闭式后进行二次普扫,其余时间分片巡查,做到垃圾不积存,随产随清。

2017年,城市道路1320万平方米采用机械化作业,机械率达85%以上。

三、垃圾清运

新城区垃圾清运严格执行"容器化收集、密闭化运输"管理制度,生活垃圾日产日清,垃圾转运站进行站内外洗扫保洁及定时消杀,定时清洗清运车辆、箱体。设立检查组,加强对作业车辆监管和处罚力度,杜绝车辆沿途洒落垃圾现象发生。进行站内环卫设施维修养护工作,确保设施设备完好率达95%以上。

2001年,新城区小街巷拆迁改造工作,清运建筑垃圾15.95万立方米。

2002年,新城区市容局进行施工工地监督检查垃圾清运设置围挡、文明墙、建筑物料堆放和建筑垃圾随意倾倒情况。发现垃圾乱倒现象。拆除31条街巷的临时建筑,清运垃圾12.77万立方米。

2003年,严格遵守生活垃圾清运管理制度,实行垃圾日产日清,垃圾收集容器化100%,垃圾清运密闭化100%。

2005年,新城区清掏30座冲水式厕所、8座旱厕,清掏粪便4620吨,环境卫生达标率100%。收集清运垃圾8.25万吨,清理积雪1.14万吨。

2008年,新城区收集清运垃圾8.88万吨;出动车辆近60台次,人员500余人,撒放融雪剂200余吨。

2009年,收集清运垃圾13.5万余吨。对34座垃圾转运站、54座冲水厕所、129座旱厕进行蚊蝇消杀工作。

2010年,新城区日均收运垃圾450吨,同时进行垃圾清运管理,检查清运车辆有遗撒垃圾现象,处罚清运车辆。

2013年,新城区集中开展规范城市文明和建筑运输遗撒乱倒专项整治工作,拆迁现场扬尘污染,文明施工,处罚随意运输、倾倒建筑材料,遗撒污染路面行为。

2016年,呼和浩特市人民政府发布《呼和浩特市餐厨垃圾无害化处理管理办法》,按照"管理办法"维护市容环境卫生,和辖区内的个人、企业及单位签订餐厨垃圾责任状1787份,清运餐厨垃圾7601.47吨。

2017年,新城区清理垃圾58.2万吨。日生活垃圾清运量540吨(其中城区400吨、城边村、城中村140吨)。

第五节　爱国卫生运动

2001年,新城区爱国卫生运动由市容局统一负责实施。组织进行"爱国卫生治理月"活动,发动群众参与爱国卫生各项活动。

2002年,检查驻区单位21个,居民区21个,小街巷21条,旱厕2座,水厕5座,投放鼠药600公斤,蟑螂药笔5000余支。

2003年,新城区举办驻区单位爱卫管理人员培训班,参训单位共计124家,驻区单位爱国卫生达标率80%,达标先进率35%,培育卫生示范村1个,卫生示范社区5个。开展除"四害"工作,进行大型集中投药3次,投鼠药3000公斤。

2004年,区爱卫办进行"第十六个爱卫月"各项活动,进行环境卫生大扫除,发挥社会卫生协调职能,发放材料。发动社会力量参与爱国卫生运动,发放宣传资料7400余份,设咨询点15个,制作展板82块,组织公益劳动2次,清洗公用设施800余处。进行除"四害"工作,投放鼠药2984公斤,蟑笔3530支,灭蟑螂粉100余瓶,敌敌畏20瓶,强力杀丁47袋,赛克宁粉100袋。

2005年,开展爱国卫生运动"创卫"工作,创卫检查取得市四区排名第一的好成绩,4家单位申请晋升为达标先进单位,4家单位申请进入达标单位,2个社区申请晋升为卫生示范社区,90%驻区单位达到市级卫生达标先进水平。讲卫生,除"四害",投放鼠药400公斤,蟑螂药760公斤,大公达聚酯药500公斤,烟片4500袋,蜡块200公斤。

2006年,开展爱国卫生运动,进行"爱卫月"宣传,除"四害",农村改厕,开展爱国卫生达标单位创建工作。投放鼠药600公斤,灭蟑药品80公斤,建设改造农村25座卫生厕所,申报达标先进单位8个,达标单位2个,卫生示范社区1个,农村卫生示范居住小区1个。

2007年,结合"创卫"工作,发放"致全市市民的一封信"4.6万余份,《新城区创卫宣传手册》6万份。组织多册公益劳动,参与人数1万余人。发放鼠药1725公斤,蟑药1131公斤,农村建设户厕500座。

2008年,新城区组织大型公益劳动,清理越冬积雪,清洗公用设施。490名职工、群众参加。创建爱国卫生达标单位、达标先进单位活动,6家单位申请晋升达标先进单位,3家单位申请进入达标单位,2个社区申请晋升为卫生示范社区。巩固除"四害"成果。投放鼠药750公斤,灭蟑毒饵180公斤。

2010年,开展"爱卫月"宣传活动和大型公益劳动。新城区机关干部3000余人参加"清洁家园、美化家园、共创国家卫生城市"为主题的大型公益劳动,清理积存垃圾3500余吨,植树3300余株、清理铁路沿线卫生500延长米、清理卫生死角5000平方米。开展农村灭鼠投药消杀活动，1086户居民投放溴敌隆毒饵，8个街道办事处进行蟑螂杀灭活动，1.3万户居民进行消杀，投放水剂119瓶、粉剂1491瓶、贴剂1491盒、饵袋1491袋、针剂1491支，进行地沟、未封闭的垃圾道增投烟剂，1200座农村卫生户厕进行改造。

2011—2013年，新城区完成5800座农村厕所改造。新城区爱国卫生工作实现长效化管理，对辖区宾馆、饭店、商户，依据《内蒙古自治区爱国卫生条例》进行依法管理。对农村进行春、秋两次大型灭鼠活动；对市区进行春、秋两次大型除"四害"活动，加大除"四害"执法监督检查力度。对"四害"重点部位、重点场所进行重点执法检查；对未投药或"四害"超标的场所和区域，认真查漏补缺进行投药。

2014年，开展爱国卫生创建活动，在驻区单位自愿申报的前提下，指导申报单位创建卫生单位档案建设，与成员单位签订爱国卫生责任状。对监控单位进行量化监督，对比较严重的环境卫生问题当场下发整改通知书，督促责任单位整改。

2017年，制定《新城区2017年春季爱国卫生运动暨"纪念爱国卫生运动65周年"实施方案》，组织辖区部门100多人参加"内蒙古自治区第29个爱国卫生月启动仪式暨深化呼和浩特市城市环境综合整治推进活动"。开展清理卫生死角，越冬垃圾、城市"牛皮癣"等工作，清理卷帘门广告1.21万处，楼体、楼道内"三乱"广告66.34万处。制定《关于开展2017年春季统一灭鼠、灭蟑工作通知》《新城区2017年病媒生物防制工作安排》《关于开展病媒生物滋生地调查和治理的通知》《关于开展夏季灭蚊蝇专项整治活动的通知》，区政府下拨12.6万元，采购灭鼠、灭蟑、灭蚊等药品。161个社区安装4500个"毒饵站"。"四害"密度基本控制在国家标准范围之内。完成20个农贸便民市场灭蟑3.02万平方米；灭鼠面积3.32万平方米。6个社区居民入户消杀112户、单元楼道170个、管道地沟170个、饭店商铺2个、社区办公区2个、物业办公区1个、小区院内2处、小区门房1个；灭蟑约1.3万平方米；灭鼠面积约1.5万平方米。开展环境卫生综合整治，清理垃圾37万余吨；清理门头牌匾2119块，2.3万平方米；清理小广告81.51万处；玻璃贴纸1.91万处。申报自治区级卫生示范村6个，市级卫生示范村9个，卫生示范社区7个。制定《自治区成立七十周年庆祝活动、第二十六届金鸡百花电影节和第二届中蒙博览会活动场馆及周边病媒生物防制方案》。消杀少数民族群众文化体育运动中心、第26届金鸡百花电影节乌兰恰特剧院、中蒙博览会呼和塔拉会议中心等活动现场及周边环境700多万平方米的病媒生物。

第三章　环境保护

第一节　机　构

2017 年,新城区环境保护局内设办公室、规划财务科、政策法规科、综合业务科、督查室和宣教中心 6 个部门,下设局属参公事业单位 1 个即新城区环境监察大队;全额拨款事业单位 1 个即新城区环境监测站。在编人员 72 人,退休人员 11 人。承担新城区辖区内的环境保护、污染控制、生态建设、环保教育宣传等工作。

第二节　环境污染

进入新世纪,随着城区的扩大,人口的增多,工业、商饮服务业、医疗卫生事业的迅速发展,生态环境受到一定破坏,环境污染日趋严重。2012 年以来,新城区深入贯彻中共十八大精神和习近平总书记系列重要讲话和考察内蒙古重要讲话精神,以创建国家级生态建设示范区为目标,加大主要污染物总量控制力度,强化水源监管,扎实推进污染减排工作,严格环境执法监督,加大环保宣传力度,全面加强农村环境和生态保护,重点加强大青山前坡污染企业整治力度,打赢打好环保攻坚战,新城区的环境保护工作取得前所未有的成就。

造成新城区煤烟型大气污染严重的直接原因是企事业单位锅炉、工业废气、居民区烟囱、餐饮业网点烟气及汽车尾气污染。主要污染物为粉尘、二氧化硫、氮氧化物。2001 年,新城区有生产供暖锅炉约 470 台,燃煤茶浴炉 125 台,餐饮业网点 1000 多个,所用能源大都是原煤,且数量多,分布密集;燃烧设施落后,耗煤量大热效率低,污染物排放量大;排放高度低,形成面积大,扩散能力弱。2017 年,新城区有生产供暖锅炉约 181 台,削减二氧化硫 641 吨、氮氧化物 978 吨。

新城区境内水污染源来自工业废水、生活污水(企事业单位、居民、餐饮业)放射性污水(医院)。工业污水废水中主要有硝酸盐氮、亚硝酸盐氮、氨氮;生活污水污染物为 BOD、COD;医院污水有有机物,微生物、伤寒、副伤寒、皮肤病、结核病病毒及蛔虫卵、悬浮物质胶体物质。

2001 年，新城区辖区内企事业单位共 182 个，工业污染源单位共有 17 家，固体废弃物总排放量为 18412.42 吨 / 年，综合利用率达 85.4%，危险品物处置量为 3.7 吨 / 年。2008 年 3 月，新城区环境污染源普查 1010 户，其中工业源 95 户；生活源 915 户。2017 年，新城区污染源调查污染工业源 149 家、行政村 24 个、移动源 24 家、农业源 7 家、生活源 78 家。

第三节　环境监测

2001 年，新城区完成 128 个单位的污染源监测工作，共测项目 510 个，完成两控区验收监测和污染源治理验收监测任务 320 项，完成上级下达的 160 个环境噪声监测点位的昼、夜监测任务。

2002 年，新城区环境监测站添置油烟监测仪器设备和更新大气监测仪器，在保证正常完成监测任务的同时，新开辟 4 项监测业务。全年共完成监测项目 1206 个，被评为自治区标准化建设先进监测站。

2005 年，新城区环境监测站完成环境噪声昼、夜监测任务，监测 49 个网格点位；对 11 台煤转气炉进行验收监测；完成 18 家餐饮业的污水监测；对 7 件噪声扰民污染投诉进行监测；完成环评 44 件；完成 54 台锅炉的烟尘、SO_3、噪声监测。

2007 年，新城区环保局监测站编写“环境影响报告表”10 项。开展辖区内持久性有机污染物调查工作。确定铸铁、再生铝生产、遗体火化等 3 个行业 4 个企业为调查的重点企业，为持久性有机污染物(POPs)污染源监督管理奠定基础。开展第一次全国污染源普查的前期准备工作。清查 12 个行业 670 个污染源单位。

2008 年，按照国务院“关于开展第一次全国污染源普查的通知”要求，区环保局从 3 月初开始，经过培训、制定方案、摸底清查等多项工作，普查 1010 户，其中工业源 95 户；生活源 915 户，在规定期限内完成各项目标任务，通过自治区验收。对 57 家 72 台锅炉排放烟尘和二氧化硫情况进行监测。

2009 年，新城区环境监测站的 12 个新项目的实验全部开展；完成 31 个单位的锅炉污染源监测；9 件扰民噪声监测；4 个单位废水监测，完成委托监测 9 件。

2010 年，环境监测站完成高锰酸盐指数等 12 个监测项目的扩项任务，从只能开展的 4 大类 27 个项目，发展到 5 大类 40 个项目的监测能力，负责区域内废气，废水、噪声振动等各种环境要素的经常性监测、分析、收集、贮存和整理环境监测数据资料，为环境监管提供科学依据。完成委托监测任务 28 项；对辖区内 3 家工业企业和鸿盛园区的污水进行例行监测；完成新城区农村环境质量调研报告。

2011 年，完成 15 个单位锅炉烟尘浓度、烟气黑度、SO_3 浓度、昼间及夜间边界噪声的测试工作;完成建设项目竣工验收监测16项;完成18块单井水源地标志牌和7块一级水源地标志牌的安装工作,对单井水源保护区进行多次检查;对辖区选厂和园区企业的生产工艺、排污口进行核查。完成污染源动态更新125家。

2012年,完成锅炉例行监测13台和建筑施工监测验收16件,地区委托检测任务2件。对保合少镇饮用水水源地保护区进行基础情况调查,编制《保合少镇饮用水水源地保护区划分方案(草案)》。对城镇饮用水水源地基础情况进行更新调查,对新增的城中村饮用水水源地进行详细的调查并汇总上报。对城区饮用水水源保护区进行专项执法检查。

2013年,协助市环境监测站完成城镇饮用水水源地保护区及乡镇饮用水水源地保护区水质监测,完成38个区域环境噪声监测点及28个道路交通噪声昼间,夜间的监测。

2014年,区环保局新监测站实验室投入使用,实验室面积1300平方米,能够独立完成地下水环境质量23项监测指标及大气环境6项监测指标。

2015年,区环境监测站重新修订质量体系文件,并按照仪器设备检定计划对需要强制检定的设备分别送往国家计量院及内蒙古自治区计量院进行检定,对107台仪器设备的档案重新进行整理。监测站实验室工作人员完成持证上岗考核工作,实验室接受自治区质量技术监督管理局资质认证评审。

2016年,区环保局的环境监测工作主要围绕燃煤锅炉环境日常监测和145家环保违规建设项目中纳入常态化管理的59家企业的环境监测展开。在供暖期结束前完成辖区所有燃煤锅炉的环境例行监测;完成城镇集中式地下饮用水水源地的水质采样工作,共采集6个水样,分析常规项目23项,配合环境监察大队处理噪声信访案件,开展辖区噪声监测工作。

2017年,环境监测站从4月份开始,对内蒙古少数民族群众文化体育运动中心及周边区域大气环境和地下水环境质量进行一周一次监控,确保环境安全。新配置部分应急监测设备,可以开展二氧化硫、一氧化氮、二氧化氮、氨、硫化氢、一氧化碳、甲烷以及辐射应急监测。

第四节　污染治理

一、大气污染治理

2001年,新城区共有烟控区21个,面积34.67平方公里,覆盖率为城区的100%。烟控区内减少燃煤锅炉23台,燃煤茶浴炉125台,居民、商业网点燃煤炉灶2900眼,削减耗煤量约8550吨。清理整顿非法煤炭经营市场,查处非法经营点60多处,清理煤炭1200余吨。对商业网点烟尘、油烟、噪声等各种污染源的治理,通过采取现场处罚、强行拆除和没收污染设施等措施，没收和拆除燃煤茶炉、灶具 80 余个。

2002 年，新城区有烟控区 21 个，34.67 平方公里，覆盖率为城区的 100%。新城区采取集中供热，联片供暖和拆除燃煤茶浴炉等措施，烟控区内减少用煤户 18 个；经过限期治理，23 个单位对锅炉和除尘设备进行改造治理，锅炉烟尘排放达标率提高 7.5%，烟控区覆盖率仍保持 100%。新城区精煤零售点 5 家，查处非法煤炭零售点 70 多个，查处非法运煤车辆 60 台，110 国道非法煤炭交易车辆混乱的局面得到有效控制，煤炭交易市场进一步规范。推广使用清洁能源和节能采暖的工程 8 项，覆盖面积 4.96 万平方米。对辖区内 40 多条街巷的 530 余家餐饮业进行 45 次集中整顿，没收和捣毁污染设施（小炉灶）270 余台，商业网点清洁燃料使用率保持在 98%以上。通过引进和试验在辖区内安装大型油烟净化设施 2 台，采取简易措施解决油烟排放的 149 个，因油烟扰民强制关停的餐饮业 8 个，油烟污染扰民问题得到有效控制。

2003 年，21 个烟控区，对 13 个烟尘超标单位下达限期治理通知书，5 个单位完成治理任务。新城区 18 个单位 39 台锅炉拆并入网，拆除改造燃煤茶浴炉 30 台。清理整顿非法销售点 3 个，非法运煤车辆 40 余台。完成新世纪鼓楼商厦等 4 家推广清洁能源采暖示范工程，面积达 6.4 万平方米；地热采暖节能示范工程 8 万平方米。清理整顿非法销售点 3 个，非法运煤车辆 40 余台。对城区所有商业网点使用清洁燃料情况进行经常性的检查整顿，全年整顿 30 余次，清理拆除小炉灶 140 余个。完成油烟净化治理的 30 余家。

2004 年，拆除燃煤采暖锅炉 26 台，超额 8%完成市政府下达的任务。茶浴炉完成拆除改造 31 台，超额 107%完成任务。清理整治非法煤炭经营户 43 家，清理煤炭 50 余吨。规划选定保合少乡恼包村 110 国道 485 公里处为煤炭集中交易市场。对辖区内 134 家用煤单位进行监督检查和随机抽查，查处锅炉冒黑烟单位 34 家。开展推广使用天然气、电等清洁能源采暖工作。内蒙古农业银行等 10 个单位（耗能＞100 吨标煤／年）使用天然气作为能源供热，新增单位的清洁能源年能耗达 4000 多吨标煤。对辖区内 40 多条街巷 500 余家餐饮业进行检查规范，拆除污染设施 46 台。确定 12 条油烟治理重点街道，对 100 余家大中型餐饮业下达油烟治理通知书，安装油烟净化设施 23 台，签订安装合同准备安装的 8 台。

2005 年，新城区拆除改造燃煤采暖锅炉 22 台，拆除改造茶浴炉 30 台。保和少乡煤炭交易市场初步成型。对非法煤炭市场进行清理和规范整顿，对 13 家场外经营户下达清理通知和行政处罚，对市区内 6 个精煤零售点进行规范建设。对辖区内 16 条街道的餐饮业进行油烟净化治理。对 63 家大中型餐馆进行油烟治理。

2006 年，区环保局实施联合供暖并网拆除采暖锅炉 8 台，停用及拆迁拆除的 12 台，改天然气供暖拆除 6 台，拆并采暖锅炉 26 台。完成茶浴炉拆除改造 35 台。对 120 家用煤单位的煤质及锅炉运行管理情况进行监督检查，其中因用煤不合格及冒黑烟问题被处罚和曝光的10家。对20家煤质检测不合格单位下达行政处罚决定书,加强对煤炭市场的规范管理。规范煤炭市场建设,协调办理相关手续。对100余家用煤单位下达"加强用煤管理的通知"。对24条街道餐饮业下达限期治理通知书,落实安装油烟净化设施的28家,因拒绝治理予以处罚的97家。

2007年,区环保局对辖区内37家扬尘产生单位进行专项检查和督促治理,下达《关于控制扬尘污染的通知》37份。通过并网拆除改造,拆除燃煤采暖锅炉12台;完成燃煤茶浴炉拆除改造16台。进入采暖期后,对60家用煤单位签订《使用精煤责任状》,对各单位用煤及管理情况进行检查。加强对煤炭市场的规范管理,取缔非法售煤点3处,安装油烟净化设施7家,逾期未治理予以处罚的25家。协调2家单位改用天然气供热,1家改用天然气锅炉;新建项目使用天然气供暖的3家,使用天然气、电热水器、太阳能、移动供热洗浴的7家,对二环路以内的餐饮业、商业网点、食堂大灶和使用清洁能源情况进行经常性检查,拆除燃煤等污染设施23台。

2008年,完成采暖锅炉拆并任务9家12台,超出年计划任务的20%。燃煤浴炉完成拆除改造56台。按照市政府下达的污染源限期治理计划,对5家烟尘超标排放的供热锅炉及除尘设施进行限期治理。查处锅炉冒黑烟以及违章操作、使用劣质煤等锅炉单位10个。对辖区内有经营许可证的10家煤炭经营企业下达限期整改通知书。对北垣街等无证经营煤炭的个体户进行清理整顿,对4家进行行政处罚。有12家改用天然气洗浴锅炉;1家改用天然气供暖;新增项目使用天然气供暖的11家、洗浴15家;对二环路以内的餐饮业、商业网点、食堂大灶使用清洁能源情况进行经常性检查,整顿并拆除燃煤等污染设施78台。对沿街餐饮业进行油烟净化限期治理,累计全区餐饮业进行油烟净化治理的107家。

2009年,区环保局拆除燃煤锅炉19家31台。完成浴炉拆除改造23家33台。完成7台除尘设施、8台锅炉的更换。完成2家3台燃煤采暖锅炉的脱硫试点改造任务。对12家15台供热锅炉烟尘超标单位进行限期治理。对落户在新城区的有经营许可证的10家煤炭经营企业定期进行监督管理,下达现场监理报告单及限期整改通知书,要求其增设防尘设施,杜绝扬尘污染。

2010年,区环保局完成内蒙古兴光房地产开发有限责任公司等6家10台采暖锅炉的拆并,完成呼和浩特市山水热力有限责任公司原有6台采暖锅炉脱硫除尘器设施及烟气在线自动监测设备的安装,完成内蒙古德力格热力公司等15家19台201吨位锅炉的除尘器限期治理更换改造任务。完成家和小区清泉大众浴池等5家7台茶浴炉的拆除改造。对散煤销售点进行逐一检查核实和清理整顿,对南营子村的散煤销售点进行清理整顿,确定12个销售点,每个销售点都经过市环保局煤质检测中心取样化验,在辖区内进行合理的调整和布局,加大煤质检测频次,遏制含硫量大于0.5%的煤炭进入辖区。

2011年,新城区完成12家18台燃煤采暖锅炉拆并入网或联供任务(超额1台)和3

家4台立式无压燃煤采暖锅炉拆除并入网或联供任务(超额1台)。完成2家2台燃煤茶浴炉的拆除改造任务。完成2家4台脱硫设施限期治理安装和改造任务。对14家散煤销售点加强日常管理,遏制含硫大于0.5%的煤炭进入辖区,清理整顿北二环型煤厂,杜绝粉尘污染。

2012年,拆并改造燃煤锅炉8家12台燃煤采暖锅炉;拆除改造燃煤茶浴炉2家2台;更换除尘器3家4台。对燃煤锅炉的烟尘、二氧化硫,氮氧化物、噪声进行年度例行监测。削减二氧化硫259吨,化学需氧量80吨,氨氮0.732吨,氮氧化物50吨。定期对煤炭零售点进行督察管理,杜绝在环境敏感区销售。一家有手续、落地的煤场安装防风抑尘网,配备洒水车。

2013年,拆并整合17家31台179吨位燃煤供暖锅炉,可减少耗煤量约3.24万吨,可削减二氧化硫排放量442.14吨、削减氮氧化物排放量95.19吨,削减烟粉尘排放量46.61吨。

2014年,拆并、整合及燃气化改造燃煤锅炉27个项目任务,拆除57台燃煤锅炉543吨位。改善315.71万平方米供暖,减少耗煤量10.72万吨,二氧化硫排放量1279.81吨、氮氧化物排放量315.26吨、烟尘排放量256.87吨。

2015年,新城区完成19家38台240吨位燃煤锅炉的拆并整合及燃气化改造任务,削减二氧化硫450吨、氮氧化物100吨、烟尘100吨。新城区辖区内共有28座加油站,完成10座加油站油气回收设施安装任务。

2016年,新城区承担燃煤锅炉拆并整合及燃气化改造任务39家64台,10蒸吨以上年10蒸吨以下燃煤锅炉拆并改造58家80台,超额完成目标任务16台;完成10蒸吨以上燃煤锅炉脱硫除尘改造60台,超额完成目标任务1台;完成浴炉拆除20家30台,超额完成目标任务14台。大气污染减排工作任务超额完成,实现主要污染物减排烟尘197吨、二氧化硫864吨、氮氧化物201吨。

2017年,加强大气污染减排工作力度,完成拆并10蒸吨及以下燃煤锅炉56家76台,削减二氧化硫641吨、氮氧化物978吨;完成23家59台10蒸吨以上锅炉污染治理设施升级改造任务。按照《呼和浩特市大气污染防治实施方案》要求,开展居民取暖清洁化替换工作,制定《新城区居民取暖清洁化替换方案》,辖区棚户区、城中村共有燃煤散烧民3.21万户,截至2017年12月,完成替换炉具370户。

二、噪声治理

2001年,新城区巩固建设噪控区14个,面积19.86平方公里,覆盖率达70.7%。

2002年,新城区建成噪声达标区13个,19.18平方公里,覆盖率为68.3%。对82个固定声源进行复测,达标率为76.8%。

2004年,新城区噪声源治理任务35项。

2005 年，对噪声超标排放的 12 家污染源单位下达限期治理通知，8 家对烟尘和噪声源排放设施进行治理。对治理任务外的 35 个污染源单位进行噪声的督促治理。

2007 年，新城区噪声控制区总面积 18.84 平方公里。

2011 年，新城区控制建筑工地扬尘污染和夜间施工噪声扰民现象，专门制定《建筑噪声和扬尘污染综合治理方案》，完成辖区内 10 万平方米以下的 20 多家施工单位的排污申报，并对其进行噪声监测，督促施工单位完善污染防治措施。

2012 年，对辖区监管范围内的在建筑工地严把夜间施工审批，区环保局夜间值班人员根据统计表对夜间施工的工地进行现场监督，避免扰民现象的发生。在中高考期间，对所有学校附近有污染的企业下达《关于在中高考期间加强环境噪声污染管理的通知》，有效保障考试环境。

2014 年，完成辖区 66 个环境及交通噪声监测点的监测任务。

三、水污染治理

2001 年，新城区辖区内企事业单位共 182 个，工业废水排放均安装了水处理装置，工业废水达标率达到 95%以上，固体废弃物总排放量为 1.84 万吨 / 年，综合利用量为1.57 万吨 / 年，综合利用率达 85.4%，危险品物处置量为 3.7 吨 / 年，处置率 100%。

2003 年，新城区 42 家工业污染源排放达标率为 100%，辖区内 3 家医院医疗危险废物集中处置率达 100%。规范整顿毫沁营镇内滑石粉厂、白灰厂、腻子粉厂共 38 家，安装除尘设施 17 台。规范整顿采矿业 50 余家，治理达标开业的 30 余家，停业整顿 20 余家。取缔粉尘污染企业 11 家，生态破坏严重企业 19 家，农村污染和生态破坏问题得到控制。

2004 年，新城区工业污染源单位共有 17 家，通过限期整改、督促检查和规范化管理，污染物排放全部达标。对城郊的滑石粉、白灰等乡村企业采取关停和除尘改造等措施，关停取缔违法排污企业 13 家。对辖区内可能设源单位开展排查工作，对塞外水泥厂等 5 个单位的放射源进行申报登记，签订安全管理责任状，并建立档案。对废弃的两家放射源单位督促送包头废源库收储。辖区内 164 家社区诊所办理“医疗废物排放许可证”。109 个社区医疗诊所医疗废物纳入集中收集处置管理网络。

2005 年，新城区工业污染源单位共有 18 家，通过限期整改、督促检查和规范化管理，污染物排放全部达标。

2006 年，清理整顿“十五小”“新五小”珍珠岩生产企业 7 家，查处 7 家无环评等相关手续的制砖、砂石等加工企业。出动执法人员 2610 余人次，检查企业 166 家。查处有环境违法行为的企业 19 家；违反“三同时”制度的 2 家；违反排污收费制度拒缴排污费的 1 家；上报挂牌督办 2 家；强制拆除和关停选金企业 2 家，拆除选金设备 2 处，排污管网 100 余米；对 7 家珍珠岩及 4 家砂石场进行强制拆除设备等措施予以彻底取缔。

2007 年，鸿盛园区共有入园企业 32 家，建成 9 家。区环保局根据《大气污染物综合排放标准》《污水综合排放标准》，制定园区企业污染物排放总量控制计划：烟尘排放量为 17.28 吨 / 年，SO_3 排放量为 77.8 吨 / 年。对辖区内 100 余家医院、医疗诊所进行医疗废物排放的日常监督检查。对不按规定处置的 3 家诊所予以处罚和限期改正。对新开未做环评的 2 家医院进行督促检查。危险废物处置率达 100%。

2008 年，鸿盛园区共有入园企业 43 家，办理环评和审批的 11 家。园区内各入驻企业都建立环保相关档案和台账，纳入排污申报管理，并进行监督性监测和管理。开展对选矿等污染企业的关停整顿专项行动，关停擅自开工的选金企业 7 家，拆除排污管网，并对污染现场进行恢复整治。对红山口沟内的 1 家非法用汞碾采金的进行查处和关停；查处非法加工废塑料作坊 3 个；关停 20 家非法白灰加工企业；对代州营村 3 家小镀锌企业采取拆扣设施等关停措施。对辖区内遗留废弃危险化学品的单位进行定期安全检查。将原呼和浩特市糖酒站拆除时发现的 57 瓶化学药品和内蒙古建筑科学研究院拆迁工地的 5 种 36 瓶危险化学品移交到内蒙古大学分别重新利用和进行安全处置。

2009 年，对一、二级水源保护地进行执法大检查。重点对选矿厂、自备井、养殖场、饭店和其他违法建筑等污染源进行拉网式普查，严厉打击违法排污企业。对存放在西北建筑机械厂库房的内蒙古石化院中间试验厂遗留危险化学品二硫化碳储罐残余物，安全送达光华化工厂处置。对原呼和浩特市医药分公司后院库房内存放的约 30 公斤氰化钠、158.5 公斤氟化氢铵危险化学品押运送至武川县形力金矿重新利用。遗存的危险化学品得以妥善处理，消除安全隐患。对辖区内 6 家医疗卫生机构的放射室和 2 家使用放射源的单位进行逐一排查，通过查管理记录、查装备、查现场，未发现存在环境安全隐患。

2010 年，新城区对辖区内的所有企业进行排查，发现新城区大青山涂料厂、内二建大青山涂料厂、新城区波士洗涤用品加工厂，呼和浩特市吴升油脂加工有限责任公司 4 家企业属于化学原料及化学品制造业，要求其原料封闭贮存，制定相应的应急预案，并做环境影响评价。在执法检查过程中发现，新城区疾控中心，(原防疫站)遗留有氰化钾 18 克、三氧化二砷 238.5 克，环保局监察人员责成疾控中心及时上报市环保局辐射科，协调组织清理，移交到内蒙古工业大学储存利用，并办理交接手续。对工业大学实验药品库的管理进行现场检查。在辖区内设置水源地警示牌 8 块、一级水源保护区警示牌 18 块。对水源地内规模化畜禽养殖场进行督促改，通过采取限制发展规模和加强治理整顿的方式，禁养区内的 7 家养殖场中有 6 家不具备养殖场规模，只保留 1 家规模化养殖场。对 6 家医疗卫生机构的放射室和 1 家使用放射源的单位进行不定期排查，通过查管理记录、查装备、查现场，确保各单位均有较完善的管理制度。

2011 年，对辖区内所有企业开展现有排污口规范化整治工作，强化污染源的现场监督管理，并依据相关资料为企业办理“排污许可证”，实现工业企业排污许可证全面覆盖。

为每个排污口设置标志牌，建立各排污口相应的监督管理档案，实现污染物排放的科学化、定量化、信息化管理，确保工业企业污染物排放的稳定达标。对4家化学原料及化学品生产企业、12家涉重金属企业、1家重金属采选企业进行每月不少于两次的定期检查。对辖区工矿企业污染耕地状况进行排查整治，检查工矿企业114家。专门制定《新城区饮用水源地污染事故应急预案》。对水源地现状进行摸底，在辖区内安装水源地警示牌10块、单井级水源保护区警示牌20块。转发《关于进一步加强饮用水水源地保护的通知》，饮用水源地水质达标率为100%。对10家医疗卫生机构的放射室和1家使用放射源的单位每月进行不少于两次的定期检查，建立严格的管理制度和防控手段。230家医疗机构的医疗废物统一由呼和浩特市奕德康医疗垃圾处理有限公司收集、运输、和处置。开展为期半个月的废油脂专项整治行动，排查73家大型餐饮服务单位。

2012年，对4家化学品原料及化学品制造生产企业，进行定期检查。对光太铝业使用的铬液及包装桶进行严格管理，建立健全空桶回收台账。开展以矿山综合整治为重点的生态环境保护工作，对矿山企业进行多次监督检查。辖区内的矿山企业主要分布在110国道以北，砖厂、砂厂、碎石厂、白灰厂等小型企业，大部分处于停产状态。对辖区内230家医疗机构的医疗废物处理情况进行定期检查，医疗废物统由呼和浩特市奕德康医疗垃圾处理有限公司收集，运输和处置，其中使用射线装置的单位有10家，全部办理辐射安全许可证。排查73家大中型餐饮企业，督促其建立废弃油脂处置管理制度。

2013年，重点排查集中式饮用水水源地的分布、水质状况，集中式饮用水水源地的建设管理情况、企业环境污染和安全隐患。对位于大青山自然保护区和城区二级水源保护区范围内的4家存在严重污染地下水环境隐患的畜禽养殖场实施关停。区环保局对光太铝业使用的铬液及包装桶进行严格管理，建立健全空桶回收台账；对鸿盛工业园区内内蒙古航天新材料科技有限公司进行检查。对2家非法选矿厂企业(大庙选厂，天圣选厂)责令企业停止生产，处置尾矿，消除隐患。对不符合产业政策的40余家白灰滑石粉加工厂进行清理，对30余家不符合环保要求的碎石、商砼生产企业进行限期整治和规范。对辖区内的53家危险废物、医疗废物、一般工业固体废物进行产生源申报登记工作，对企业提供的数据和信息进行审核。对辖区内的大中型餐饮服务单位进行检查，督促505家餐饮企业和经营者与呼和浩特市联发庆油脂有限责任公司签订废油脂收集处置责任书，建立废弃油脂处置管理制度，健全废弃油脂收运，处置台账。

2014年初，新城区对光太铝业使用的铬液及包装桶进行严格管理，建立健全空桶回收台账；对F-12高强有机纤维生产中使用危险化学品，并且存储不规范、无环境突发事件应急预案、无应急事故分流池等环境风险问题，要求其规范环境管理，加强监管，有效防范和妥善应对突发环境事件。对辖区内的53家危险废物、医疗废物、一般工业固体废物进行产生源申报登记工作，进行现场核查。对大青山前坡违法生产经营和非法排污企业专项治理。16 家非法选金厂全部关停并拆除设备,65 家白灰腻子粉厂全部拆除生产设备，其余 9 家白灰腻子粉厂停产,6 家矿山开采企业停产,12 家碎石场关停并拆除生产设备。开展集中式饮用地企业环境污染和安全隐患排查工作。在二级水源地边界设立标志警示牌。对二级水源地内工业类、加油站、旅游区等风险源进行调查,完善档案资料。关停塔利村奶牛养殖小区和野马图村奶牛养殖小区两家规模畜禽养殖小区,减少化学需氧量 54.83 吨、氨氮 0.7 吨。对辖区内的大中型餐饮服务单位进行集中检查,督促 505 家餐饮企业和经营者与呼和浩特市联发成油脂有限责任公司签订废油脂收集处置责任书。

2015 年,对被关停取缔的 152 家污染企业的巡查。每周安排环境执法监察 120 人次,出动执法车辆 40 余台次,做到发现一家治理一家,依法取缔 16 家死灰复燃的污染企业。对辖区内集中式饮用水水源井周边现状进行摸底调查;查封取缔上新营村垃圾猪养殖点;推进对康辉牧场、康宝养殖场关停工作。新城区人民政府组织"全区环保大排查大整治专项整治",总计出动执法人员 240 余人次,检查全区企事业单位和小型三产 300 余家次,重点检查企业污染防治设施运行情况是否正常、污染物是否达标排放,经检查未发现违法违规问题。

2016 年,新城区全面取缔饮用水源地保护区内污染企业。取缔搬迁康辉养殖场和康宝养殖场 2 家规模畜禽养殖场,关停取缔保合少镇辖区内 4 家黏土砖生产企业,通过加强畜禽养殖和砖厂的整治力度,有效保护水源地的安全。开展混凝土搅拌站专项整治行动。结合大青山前坡污染企业综合治理工作,重点整治位于新城区二级水源地保护区范围内存在的 33 家混凝土搅拌站,至 2016 年年底,拆除取缔混凝土搅拌站 25 家,超额完成目标任务 6 家。开展矿山开采企业清理整治工作。所有矿山开采企业一直处于关停状态。

2017 年，区环保局对大青山前坡二级水源保护地内的 27 家 33 个混凝土搅拌站实施拆除,至年底拆除 20 家 26 个,剩余 7 家已关停,对 27 家混凝土搅拌站开展资产评估工作;拆除清理新四季、康辉和康宝 3 家规模畜禽养殖场的生产设施。7 家矿山企业的生产机械设备和配套设备全部拆除并清运出自然保护区,生活设施和生产作业用房全部拆除清理,做到"两断三清",即:断水、断电,清原料、清产品、清生产生活设施设备。将 110 国道以北 G6 高速公路以南 4.2 平方公里的城市饮用水源二级保护区进行降级调整,调整后可引入无污染、低密度、高绿化的公益项目对该处区域进行升级改造建设。

第五节　生态保护

2001 年,新城区续建原有生态示范区,将农业生态示范区扩大为保合少乡范围。建设经济林 326.67 公顷,修建水利设施 5 处,在总体结构上向粮、经、饲三元结构转变。

2002 年,编制完成新城区生态功能保护区规划。实施退耕还林还草 2200 公顷,山北四期围封 800 公顷、封山育林面积 1133.33 公顷和生态移民 960 人。毫沁营镇开展生态示范区建设规划和建设工作。

2003 年,保合少乡生态示范区晋升为市级“生态示范区”。

2004 年,保合少乡生态示范区建设完成荒山造林 333.33 公顷、种植经济林 286.67 公顷,申报无公害蔬菜生产基地 50 公顷,无公害饲草料生产基地 2666.67 公顷。

2005 年,保合少乡保合少村申报环境优美村,通过市环保局检查验收。

2006 年,保合少乡生态示范区建设发展无公害蔬菜生产基地和扩大奶山羊养殖规模,开展生态监察和绿色种养殖的推广,畜禽养殖粪便无害化处理的监督管理,健全自然保护区建设和管理档案。

2007 年,加强保合少乡生态示范区建设,开展生态监察和绿色种养殖的推广。对保护区及周边的 9 家旅游度假村等项目下达《关于新、改、扩建项目办理环保审批手续的通知》,要求履行环评等相关手续。开展畜禽养殖污染物的排污申报登记工作,有 2 个奶牛养殖基地,3 个养猪场和 1 个养鸡场纳入登记管理。结合新农村建设,开展沼气推广,在讨思浩村、恼包村结合蔬菜种植和生猪饲养进行沼气建设,完成 40 户的推广任务。

2008 年,新城区人民政府发布关于集中整顿砂石生产秩序的通告,对毁坏耕地、林地乱采滥挖砂石行为进行彻底清理整顿。辖区内所有无证开采滥挖砂石的企业、占用耕地堆放砂石的砂点以及严重污染环境的无证碎石厂、白灰厂、滑石粉厂等企业在 12 月 20 日前自行拆除所有生产设备,并恢复地形原貌。保合少镇生态示范区建设结合新农村建设,开展生态区、环境优美乡镇、生态村的创建活动。保合少镇在原市级生态示范区的基础上提升创建水平,争创环境优美乡镇。

2009 年,开展生态示范创建工作。委托内蒙古环境科学研究院编制《新城区生态区建设规划》《保合少镇环境优美乡镇建设规划》《讨思浩生态示范村建设规划》通过专家评审论证,报自治区环保厅审批后提请区人大常委会审议通过。

2010 年,新城区开展生态示范创建工作,编制完成《新城区生态区建设规划》,保合少生态镇和讨思浩生态村的主要创建指标基本达到国家级创建标准,经自治区环保厅验收检查,申报环保部。

2011 年,对辖区工矿企业污染耕地状况进行排查整治,检查工矿企业 114 家。南店村环境综合整治项目通过国家专项资金项目验收组的验收。申报三卜树村 2012 年的农村环保专项资金。

2012 年,开展生态示范创建工作,保合少生态镇和讨思浩生态村申报环保部,通过环保部专家的评审。抓住国家“以奖促治,以奖代补”政策的有利时机,争取环境综合整治资金,加快推进农村环境保护基础设施建设增强农村污染防治能力。为南店村争取环境综合整治资金100万元，通过国家专项资金项目验收组的验收；为甲兰板村争取农村生态治理经费50万元；为三卜树村申请的100万元以奖代补资金，通过环保厅的评审，正式申报环保部。

2013年，自治区环保厅通过保合少镇的水磨、奎素和恼包3个村自治区级生态村的验收。完成《呼和浩特市新城区生态区建设规划》的修编工作，高起点、高标准的为新城区大青山前坡综合治理和生态保护做了规划环评。

2014年，新城区生态区创建工作接受自治区环保厅的验收评估，各项数据指标全面达标，通过自治区环保厅的复查验收，申请国家级生态区的技术评估。完成古路板村、水泉村、面铺窑村的自治区级生态村的创建任务。

2015年8月，环保部技术评估组对新城区创建国家级生态建设示范区工作进行技术评估。新城区的5项基本条件和22项建设指标全部满足国家考核的标准要求，原则上予以通过。结合国家级生态建设示范区的创建，新城区开展自治区级生态村创建活动，完成保合少村、乌兰不浪村的自治区级生态村的创建任务。新城区委托环保部南京环境科学研究所对新城区生态保护红线进行划定，科学界定生态保护红线划定的空间范围。编制《呼和浩特市新城区划定生态保护红线规划方案》，作为自治区审批新城区生态保护红线划定实施的重要依据。

2016年，新城区通过国家生态建设示范区考核验收；编制完成《呼和浩特市新城区生态保护红线划定方案》。按照《呼和浩特市大气和水环境综合整改方案》和2016年环境保护目标责任状内容要求，开展水源井围封保护工程。完成对四水厂南1号井、四水厂南3号井及鸿盛工业园区1号井等3口水源井清理整治及围封保护。巩固大青山前坡综合整治成果，环境执法人员采取日查、夜查和"双随机"相结合的方式，加大环境监管巡查力度和频次，重点加强对被关停取缔的污染企业的巡查，每周安排环境执法监察100多人次，出动执法车辆40余台次，做到发现一家处罚治理一家。结合国家生态建设示范区的创建，开展自治区生态村创建活动，完成哈拉更、生盖营、三卜树、红山口、甲兰板、庄子、大窑等7个自治区生态村的创建，超额完成5个村的创建任务。

2017年，《呼和浩特市新城区生态保护红线划定方案》进入报批阶段。生态保护红线的划定工作走在全自治区前列，是全自治区唯一一家经生态专业机构编制完成的具有全自治区指导意义的生态保护红线划定方案。

第六节　环保管理

2001年，新城区新建企业实行同时设计、同时施工、同时验收"三同时"建设工作。区环保局审批建设项目4项，查处未批先建项目8个。加强"十五小"和"新五小"企业的治理,查处未采取防尘措施生产珍珠岩和白灰的企业34家;开展"绿色社区"创建活动;办理污染扰民投诉,处理投诉199件。

2002年,区环保局查处无手续开工项目19个,下达行政处罚18份,审批建设项目20项,编写"环境影响报告表"13项,对污染的产生起到预防和控制效果。严格查处"十五小""新五小"及落后生产工艺企业,查处非法选金户11家,关停白灰、滑石粉生产户13个,查处非法采砂石企业7个,农村环境污染得到有效控制。开通12369环保举报热线,办理各类污染投诉379件。

2003年,新城区整顿取缔"十五小""新五小"企业13家。加强对新、改、扩建项目的管理,办理41个项目环评手续。通过执法监督检查,查处无环评和"三同时"手续的企业70余家。鸿盛高科技园区委托内蒙古环科院进行环境影响评价,入园区6个企业全部进行环评和"三同时",执行率为100%。办理各类污染扰民投诉301件。

2004年,新城区新增59户污染源单位排污申报登记和变更登记,污染源纳入微机化管理的单位达到247家。区环保局对辖区内"十五小""新五小"企业进行经常性地检查,查处13家。办理建设项目环保审批手续9个,编写环境影响报告表9份,对环境污染的产生起到预防和控制效果。对历年经环评和审批的项目进行全部复查和验收,对23家未建和未达到标准的项目下达限期整改通知。对各乡、镇和近郊村的畜禽养殖、屠宰业进行全面普查登记,对40个畜禽养殖、屠宰业存在的污染隐患问题,提出改进意见和措施,逐步完善审批手续及排污申报工作。办理12369环保投诉热线和居民来信来访反映的污染投诉185件,处理率97.4%。下达行政处罚决定书120份,申请法院执行的31件。

2005年,整顿取缔"十五小""新五小"企业10家。关停取缔城郊的滑石粉、白灰等乡村违法排污企业20家。办理建设项目环保审批手续19个,查处无环评违章项目23个,对历年经环评和审批的项目进行全部复查和验收。在30多所中小学开设环境教育课程,对各排污单位和企业的120余名管理人员进行环保法律、法规和相关知识的培训,"六五"世界环境日组织全区19个单位开展形式多样的宣传活动。严格执行环境行政处罚决定备案制度,备案率100%。下达各类行政处罚决定书112份,申请法院强制执行38件。办理污染扰民投诉,接到12369环保投诉热线和居民来信,来访反映的污染投诉153件,处理率100%。

2006年,执行《中华人民共和国环境影响评价法》和《建设项目环境保护管理条例》以及呼和浩特市确定的分级审批制度,受理环评项目27个,审批14个。查出未办理环评的违章项目18个,对拟建和申报的新项目,介入进行事前指导和监督,对9个拟建项目单位下达《关于新、扩、改建项目办理环保审批手续的通知》。清理整顿"十五小""新五小"珍珠岩生产企业7家,查处7家无环评等相关手续的制砖、砂石等加工企业。开展"整治违法排污企业,保障群众健康"环保专项行动,对辖区内重点污染问题和违反环境保护法律、法规等问题进行全面摸底调查和清理整顿，出动执法人员2610余人次，检查企业166家。查处有环境违法行为的企业19家；违反“三同时”制度的2家；违反排污收费制度拒缴排污费的1家；上报挂牌督办2家；强制拆除和关停选金企业2家，拆除选金设备2处，排污管网100余米；对7家珍珠岩及4家砂石场进行强制拆除设备等措施予以彻底取缔。接到12369环保投诉热线和居民来信、来访的环境污染投诉96件，处理率100%。

2007年，受理环评委托项目34个；经审核批准的22个；预审后报市局审批的1个。对2006年审批的14个项目进行竣工验收和监督检查。符合验收条件的8家，通过验收限期整改的1家，倒闭、搬迁、停产的项目有5家。通过执法检查，对未履行环评和环保审批手续的项目下达行政处罚及限期整改通知书26份。对违法排污的小电镀、小白灰窑等8家企业进行强制拆除设备、关停取缔和处罚等措施。接到12369环保热线、12319城建热线和居民来信、来访反映的污染投诉134件，均依法予以调查处理。

2008年，区环保局审批环境影响报告表、登记表40项。其中审核批准的24项，初审并报市局审批的16项。对2007年审批的40个项目的“三同时”执行情况进行检查，其中符合标准通过验收的28个，限期整改的3个，未建或不符合验收条件的9个。接到12369环保热线、12319城建热线和居民来信、来访反映的污染投诉90件，均依法予以调查处理。

2009年，接到12369环保热线、12319城建热线和居民来信、来访反映的污染投诉137件，都给予妥善解决，处理率为100%。无重大、特大环境污染和生态破坏事故。区环保局委派专职工作人员进驻新城区市民服务中心。审批各类环境影响评价文件72个。对17个建设项目进行“三同时”竣工验收。下达各类行政处罚决定书109件，申请法院强制执行33件，备案率100%。

2010年，查处和取缔“十五小”“新五小”企业，避免污染向乡村转移。收到12306环保热线和居民来信投诉120件，全部结案。下达行政处罚告知37件，听证告知20件，处罚决定20件，申请法院强制执行28件，送执行局执行1件。执行《新城区工程建设领域突出问题专项治理工作实施方案》和市环保局《关于开展对“未批先建”“久拖不验”“久试不验”项目情况排查的通知》的要求，成立专项治理工作领导小组、制定专项工作方案，通过“边排查、边整顿、边改进、边规范”。对2008年审批的51个建设项目和2009年审批的37个数项目逐一进行自查，全部建立项目台账。审批建设项目38个，验收项目6个，初审项目53个，初验项目13个。以环保进镇村、进学校、进企业、进社区的“四进”活动为载体，开展不同形式，不同层面的宣传活动。

2011年，审批建设项目环评文件35个，验收项目5个；初审项目49个，初验项目10个。下达各类行政处罚、事先告知57件，听证告知31件，行政处罚19件。接到12369环保投诉热线电话、12319城建热线和居民来信来访案件155件，在规定的时间内进行协调处理,使所有投诉案件得到妥善解决。按照国家“创模”指标调整后的实施细则新城区承担的19项指标,档案资料全部达到要求。

2012年,根据呼和浩特市环境保护局关于《开展畜禽养殖污染防治与减排专项行动实施方案》的通知精神,新城区建立畜禽养殖场(小区)的环保监管档案,完善基本信息数据库,每个规模化养殖场都建立档案。对辖区内的畜禽养殖进行拉网式检查,检查养殖小区、养殖场9户。下达关停现场笔录3户,治理现场笔录6户,对群众反映强烈、严重影响广大市民工作和生活的噪声、粉尘、烟尘等问题进行专项整治;处理市长热线、12369环保投诉热线电话、12319城建热线和居民来信来访以及市局督办案件298件。严把建设项目环保审批关,审批建设项目环评文件37个,验收项目9个,初审项目30个,初验项目2个。丰富“环保进校园”活动,在各中小学开发“革除顾习,天天环保,倡导文明”“绿色言行伴我行”等主题系列活动。

2013年,受理环境信访投诉案件281件,其中:居民信访投诉案件170件、建筑工地投诉案件28件、12319城建热线和市长热线转交督办案件80件、区委督查室转办案件2件、市纪委转办案件1件。查处和取缔“十五小”“新五小”企业,避免污染向乡村转移。审批建设项目48个,初审项目20个;对验收的项目,严格按照《建设项目竣工环境保护验收管理办法》执行,并实行验收监察报告、验收监测制度;对2008年以来审批的33个项目进行梳理,在呼和浩特市工程建设领域信息平台公开。对辖区内自治区级、市级27个重大项目建设情况进行跟踪,加快环保审批手续的办理进度。举办“环保大讲堂”;组织开展生态文明进社区、进学校、进企业活动。下达行政处罚事先告知书16件,下达听证告知书14件,行政处罚决定书10件。

2014年,呼和浩特市环保局下放8大类32小类建设项目的环境影响评价审批权限,区环保局完成《呼和浩特市大青山南坡(新城区段)生态治理规划环境影响报告书》的编制。审批建设项目50个,其中报告表24个,登记表26个,初审项目40个,办结率100%;完成验收项目11个,对验收的项目严格按照《建设项目竣工环境保护验收管理办法》执行,实行验收监察报告、验收监测制度。对辖区内自治区级、市级82个重大项目的环评办理及工程建设情况进行跟踪服务,加快对重大建设项目环保审批手续的办理进度。12家锅炉除尘改造项目进入呼和浩特市2014年大气污染防治专项资金项目库。受理环境信访投诉案件289件,办结率为100%。开展环境保护宣传进社区、进学校、进企业等“十进”活动、节能宣传周活动、“六五”世界环境日宣传活动,举办环保大讲堂。

2015年,新城区严格把好项目准入关、环评关、验收关,严格执行饮用水源保护区项目审批各项规定,提高项目准入门槛。审批建设项目60个,加强对辖区内自治区、市两级重大项目的环评办理及工程建设情况的跟踪服务。区环保局制定环境行政处罚流程,重新对环保相关法律法规进行梳理, 上报65项行政处罚,4项行政许可,1项行政征收,1

项行政强制措施，完成《呼和浩特市新城区行政权力梳理工作统计表》第一阶段的上报工作及第二阶段的审核确认工作。制定新城区环境保护局查封扣押流程，在环境执法检查过程中严格按照程序，确保行政处罚程序规范、依法行政。截至2015年年底，下达行政处罚事先告知书6件，听证告知书6件，行政处罚决定书5件，查封、扣押决定书1件，未发生因处理不当而造成的行政复议或纠纷。开展环境保护宣传进社区、进学校、进企业等“十进”活动、节能宣传周活动、“六五”世界环境日宣传活动，举办环保大讲堂。受理12369环保热线、市长热线、12319城建热线、市环境监察支队、新城区网格化管理、新城区委督查室网民留言、区党的群众路线办公室、新城区门户网站区长信箱、人大建议、政协提案等信访接办、转办案件246件，办结率为100%，无重复投诉现象。

2016年，中央环保督察组进驻内蒙古开展环境保护督察工作，区环保局及时处理和回复中央督察组交办的群众举报的各类信访案件118件，案件处理率和群众满意率100%。在全区开展环境执法大练兵活动。开展3次专题业务培训，培养执法人员熟练掌握现场监察执法要点、熟悉环境执法程序和各类文书制作，正确规范运用环境保护法律法规。审批建设项目136个，完成验收项目12个，限时验收率达到100%；争取上级环保专项资金900万元，全部用于大气污染专项治理；加强对辖区内自治区、市两级重大项目的环评办理及工程建设情况的跟踪服务。审查行政处罚案件106起，行政强制案件15起，涉嫌污染环境罪移送公安部门案件1起；定期、分批公开查处环境违法行为及行政处罚情况。建立健全案件处罚联动机制，严格落实案件移交制度，严肃追究责任。区环保局在不同时间节点，采取丰富多样的形式开展宣传活动，开展环境保护宣传进社区、进学校、进企业等“六进”活动、节能宣传周活动、“六五”世界环境日宣传活动，举办环保大讲堂。通过“新城区社会网格化服务管理系统”和环保微博、微信平台，环保信访投诉及时处理和反馈。接到环境信访案件257件，其中大气污染65件、噪声污染175件、其他综合类17件，办结率为100%。将受理的信访案件通过政府网站全部进行公示。

2017年，新城区按照市委、市政府《关于落实中央环保督察组反馈意见整改方案》的通知精神，制定《新城区贯彻落实中央环境保护督察反馈意见整改方案》，承担落实及配合完成的整改任务13个方面44个问题，截至年底，完成销号任务41个、剩余3个问题按照时间节点逐项落实完成。实地迎接中央环保督察“回头看”工作。迎接自治区环保督察组生态环境保护大检查，及时处理和回复自治区环保督察组交办的群众举报的各类信访案件5件，案件处理率和群众满意率100%。建立环境污染治理市场化机制。审批建设项目19个，环评执行率为100%；完成验收项目23个，限时验收率达到100%；加强对辖区内自治区、市两级重大项目的环评办理及工程建设情况的跟踪服务。下达督促履行义务催告书49件，下达行政处罚决定书6件，申请法院强制执行23件。在行政处罚工作过程中，严格按照法律、法规规定，细化工作流程，未发生一起因处理不当而造成的行政复议或纠纷。组织开展环境执法专题业务培训，通过培训有效提高环境执法人员的执法水平和工作效率。重点加强对大青山前坡综合整治力度，采取日查、夜查和“双随机”相结合的方式，加大巡查力度和频次，每周安排环境执法监察50多人次，出动执法车辆20余台次。开展环境保护宣传进社区、进学校、进企业等“六进”活动、节能宣传周活动、“六五”世界环境日宣传活动，举办环保大讲堂，向公众发放《环保知识宣传手册》《生态保护手册》和《新环境保护法知识手册》共计5000余册。通过“新城区社会网格化服务管理系统”和环保微博、微信平台，将环保信访投诉及时处理和反馈。接到环境信访案件116件，办结率为100%。

第四章　生态建设

第一节　管理机构

2012年2月，中共新城区委办公室、新城区人民政府办公室下发《关于成立加强项目推进工作领导机构》通知，成立大青山生态管理综合利用工作指挥部。2013年3月，新城区机构编制委员会《关于成立新城区大青山生态保护综合治理委员会的通知》批复同意成立新城区大青山生态保护综合治理委员会。2013年5月，成立新城区大青山生态保护治理委员会，内设项目建设办公室、招商办公室、财务审计办公室、党政综合办公室、综合执法大队。职工人数20人。

2017年2月，呼和浩特市机构编制委员会办公室《关于成立新城区大青山生态建设局的批复》成立区直属相当正科级事业单位的区大青山生态建设局，核定事业编制20名(科级领导职数1正2副)。

第二节　大青山前坡生态治理

大青山前坡治理工程是新城区生态建设的重点工程，是防风固沙、水土保持的世纪工程。林种全部为水保林，树种以山杏、油松、柠条、沙棘为主。

2001年，大青山前坡生态治理工程完成整地1733.33公顷，冲积扇整地完成

4466.67 公顷，全年造林 520 万株(穴)，成活率保持在 80%以上。推进“万亩双拥林”建设。以生态路为轴心贯一镇一乡总长达 40 余公里的经济林带初步形成。在生态建设项目治理区兴建水源工程 21 处，修蓄水池 135 座，铺设固定管道 1.5 万米、移动管道 2000 米，配套各种机泵 60 多台(套)，项目区供水覆盖面积达 75%。

2002 年，新城区启动大青山前坡及腹地网围封育工程。围育范围东起保合少乡水泉村，西至毫沁营镇红山口村，途径 15 个行政村，围封长度 120 公里，围封面积 1.2 万公顷。大青山前坡风沙源治理工程完成造林 3266.67 公顷，形成黄羊山、了目山、塔汰 3 个万亩精品区。天然林保护工程完成封育 1133.33 公顷。重点防护林工程完成造林 800 公顷。退耕还林 666.67 公顷，荒山荒地造林 1800 公顷。全年造林 625 万株(穴)，成活率均在 85%以上。种苗工程完成育苗 33.47 公顷。在保合少村南建成一处规模为 256 户 965 人的生态移民新村。

2003 年，新城区重点实施“天保”“三北四期”防护林、退耕还林等工程，接受国家林业局的验收。生态路改造建设前期工作基本完成。

2005 年，天保工程封山育林 2400 公顷，退耕还林 46.67 公顷，全民义务植树 85 万余株。对大青山沿线采矿业进行全面清理整顿，新增有效灌溉面积 340 公顷、节水灌溉面积 806.67 公顷，完成水保治理面积 2200 公顷。

2006 年，新城区植树 50 余万株、退耕还林 66.67 公顷、封山育林 1666.67 公顷，实施“三北四期”防护林工程 400 公顷，建设 100 公顷的保合少综合生态景观示范园。

2007 年，新城区全民义务植树 98 万株；天然林保护工程 2666.67 公顷；建设农田防护林 133.33 公顷；经济林建设 66.67 公顷。为适应生态建设的需要，在大青山前坡沿山建设全线总长 58.5 公里的生态路，两侧建有防风林带，形成横贯 15 个行政村的“绿色长廊”。

2008 年，推进“国家森林城市”创建工作，完成天然林保护工程 2000 公顷、三北四期防护林 666.67 公顷，退耕还林 333.33 公顷，全民义务植树 98.6 万株，森林覆盖率达34%。

2009 年，新城区天然林保护和退耕还林 4666.67 公顷、三北防护林工程 200 公顷，全民义务植树 98.6 万株，四旁植树 11.3 万株，新增经济林 73.33 公顷。绿化青山大道 12.7 公里。国家级生态区建设正式启动。

2011 年，新城区投资 212 万元，完成人工造林 176.67 公顷。投资 1140 万元，启动 513.33 公顷欧元贷款造林项目。

2012 年，新城区人工造林 400 公顷、封山育林 7333.33 公顷。森林面积达到 233.33 平方公里，森林覆盖率达到 34.3%。全面启动大青山生态综合治理保护工程，实施大青山生态绿化等十大项目建设。生态绿化项目租地 1733.33 公顷，造林绿化 733.33 公顷；开工建设万亩草场、5000 亩休闲观光农业、水磨旧村改造等项目。

2013 年，新城区实施大青山前坡绿化工程，投资 16 亿元，落实绿化用地 4800 公顷，建成4万亩生态景观林、哈拉沁生态保护区和万亩草场观光体验区，栽植树木500余万株(丛)。实施碳汇造林和森林植被恢复800公顷，完成森林抚育333.33公顷。G6高速公路两侧和"四个千亩园"等新增绿化用地任务过半。新城区荣获全国生态文明先进区和自治区生态建设先进集体。

2014年，新增绿化面积4666.67公顷，栽植乔灌木1000万株(丛)。建成5万亩森林公园、4万亩生态景观林、万亩草原生态保护区、万亩草场和3个"千亩园"。基本完成绿化供水管网工程，实现绿化区域浇灌全覆盖。有效治理哈拉沁沙坑，建成园林式主题公园，成为自治区级生态区。

2015年，新城区推进大青山前坡127平方公里生态保护综合治理工程，首府北部生态功能区初步建成。编制完成大青山前坡生态旅游总体规划和7个专项规划。实施万亩草场二期453.33公顷、百草园146.67公顷、10家农业企业腾退土地140公顷绿化工程。森林覆盖率由"十一五"末的33%提高到40%。通过国家生态建设示范区技术评估。

2016年，新城区大青山前坡累计落实绿化用地6666.67公顷，栽植苗木1300万株(丛)，全区森林覆盖率提高到43%。哈拉沁生态公园、雅玛图森林公园等重大项目完工并向社会开放。推进草博园、七彩花田、沙恩葡萄园等生态产业项目。甲兰板村、大窑村、生盖营村、哈拉更村、三卜树村、红山口村、庄子村等7个村荣获"自治区级生态村"称号。

2017年，新城区推进大青山前坡生态保护综合治理工程，累计落实绿化用地7333.33公顷，栽植各类乔灌木1400万株(丛)。五万亩森林公园、呼和塔拉草原、哈拉沁生态公园等项目建成完工，大青山前坡45公里山体裸露区域进行生态修复。推窗见绿、出门赏景、起步闻香的生态宜居城区初步形成。

第五章　区属国有企业

第一节　呼和浩特市宏盛城市发展建设有限责任公司

一、机构

2009年，新城区成立呼和浩特市宏盛城市发展建设有限责任公司，是直属于新城区人民政府的国有企业，是新城区城市基础设施建设融资主体。位于成吉思汗大街东段与科尔沁快速路交会处，内蒙古自治区大学科技园内，注册资金3000万元。2013年6月，新城区财政局作为股东出资100万元，成立内蒙古自治区大学科技园管理有限责任公司，为园区管理主体。2016年，以宏盛公司作为股东，成立内蒙古自治区大学科技园物业服务有限责任公司、呼和浩特市宏盛置业有限责任公司。以上4家公司均由呼和浩特市宏盛城市发展建设有限责任公司一套人员组成。2016年5月，迁入内蒙古自治区大学科技园，转为实体公司。2017年，内设综合部、融资部、工程部、财务部、物业部5个部门。有员工21人。

二、工作

2009年，公司成立以来，秉承“城市基础设施建设为基础、土地经营为支撑、多元化经营为辅助”的经营理念，形成城市基础设施建设、土地整理开发和大学科技园区办公楼建设运营三大业务板块。

2016年，根据区委、区政府的安排部署，公司围绕53.33公顷创新创业示范区建设，完成示范区34万立方米建筑渣土的招标、清运工作。办理53.33公顷建设相关手续，向市人民政府呈报服务业集聚区享受工业地价摘牌的请示。创新创业扶持资金主要用于打造国家级孵化器，为创新创业企业提供优惠、优质的工作场所，租赁房屋总面积约15万平方米，为210家小微企业提供物理空间。

2017年，公司使用专项资金，拓展创新创业空间，新增近3万平方米创新创业空间，总租赁面积约17万平方米，入驻企业258家，形成以东方银座“乐创部落”、海东一号“众创空间”，大学科技园“互联网众创园”等为核心区的创新创业集聚区。利用专项资金建设科技园网络综合服务平台，推动企业实现信息化管理。创新创业示范区道路管网配套设施完成4条规划路的设计、勘察工作，针对项目编制可行性研究报告。打造呼和浩特市科技创新创业园招商环境,开展建筑渣土清运、围墙砌筑等基础性工作,与荣丰进行谈判,双方认可收购费用为1.6亿元。物业管理工作聘用专业测绘公司对双创园区8号楼、12号楼建筑面积和海东一号3号楼、B1号楼承租面积进行实测,出具房产测绘报告,确定合理的收费面积。进行档案室的规范升级。盘活土地资源接管闲置用地,对园区土地征用情况进行清算,对空置土地权属面积进行核对测绘。与浪潮集团对接内蒙古浪潮大数据产业园建设事宜,协助浪潮完成大量基础性工作。与浪潮集团签订关于《成立大数据公司合资协议》。出资2000万元人民币与浪潮软件集团组建内蒙古浪潮大数据产业有限公司。引入融友集团智能机器人项目,推出自治区首台全智能安防机器人,填补内蒙古自治区在智能机器人研发方面的空白。引进“云梯中国”教育集团,重点打造“大学生实习实训基地”,通过定向就业技能培训及咨询服务,在解决就业的同时缓解企业的人才需求。与中天建设集团和鸿创科教有限责任公司成立项目公司,负责新城区足球训练学校建设工程PPP项目。免费为各入园企业提供网络接入、移动协同办公、员工在线学习等相关配套服务。组织召开网络综合服务平台培训会,提升入园企业的网络在线实操水平。

第二节　呼和浩特市昕城建设投资发展有限公司

一、机构

2016年7月,新城区成立呼和浩特市昕城建设发展投资有限责任公司,是区属国有独资企业,股东为呼和浩特市新城区人民政府城区改造建设指挥部,注册资金3000万元。内设综合部、融资部、开发部、工程部等4个部门;下设全资子公司呼和浩特市昕城物业服务有限责任公司。2017年,有工作人员24人。

二、工作

2016年以来,公司发挥融资、投资、引资、就业、国有资产管理等功能,通过国开行资金大量投入推动棚改进程,改善环境,提升市民居住水平,加快房地产去库存。对接收回房屋地块的运营出租,盘活并促进国有资产的保值增值。建设运营便民市场,吸纳马路上摆摊设点的商贩,整合周边零散集市,为市民提供就业空间,为周边的群众提供放心食品。通过物业公司对老旧小区的管理,小区环境卫生得到改善。有效整合利用国开行及其他资金征收形成的各类资产档案,为地块出让核算成本提供依据,为相关方了解情况提供便捷。

2016—2017年,征收暂不拆除的房屋111套,其中70套有条件出租的房屋进行简单修缮,出租43套。出租围合平整地块8块;在府兴营3号地设置拥有100个车位,建设限时免费停车场。

接收档案资料3968户,其中大青山前坡区块接收1241户,北二环区块接收2538户,城区项目接收 189 户。围看护地块 25 个，面积约 185.63 公顷，安装围挡护栏 1.88 万米，安装铁丝护栏网 402 米。清运建筑垃圾约 17.76 万立方米，平整土地 24.67 公顷。

与中冶天工集团及其联合体共同组建呼和浩特市昕天璟建设有限公司，作为 PPP 项目建设及运营。代表政府方注入资本金 1.56 亿元。纳入 PPP 项目 22 个（含 71 个小项目），总投资 37.29 亿元，开工建设 17 个项目，投资 26.26 亿元，其中建设完成 4 个项目，投资 6.86 亿元。

投资 1828.7 万元，新建气象局西巷、代洲营 2 个便民市场。气象局西巷便民市场总面积 1480.7 平方米；代洲营便民市场总面积 1486.47 平方米，均开业运营。

接管丽苑、电机、邮电、电建 4 个老旧小区物业管理服务。4 个小区总建筑面积 36.4 万平方米，共有 83 栋楼 331 个单元 4571 户。规划车位 1659 个，2 个小区启动门禁设施。接管青城驿站 38 座，完成 13 个青城驿站招商工作，配备健康小屋和休息室。

第三节 内蒙古新拓生态投资发展有限公司

一、机构

2013 年 5 月，由新城区国有资产监督管理局出资，成立内蒙古新拓生态投资发展有限公司。公司是以大青山生态综合治理保护工程项目投资、融资、运营、管理，现代农业观光旅游业、汽车租赁业务为主的国有独资公司，注册资本 3000 万元。设置行政部、投融资部、项目部、事业部、旅游开发部等 5 个职能管理部门。2016 年，成立汽车租赁服务中心。2017 年，有编制内人员 4 名。

二、工作

内蒙古新拓生态投资发展有限公司作为新城区大青山前坡生态保护综合治理项目的承载平台，担负各项目如期建成投入运营；担负新城区国有资产市场化运作，深化国有企业改革，实现国有资产保值增值。

2013 年，新拓生态投资发展有限公司开始建设青山大道供水管网工程。铺设供水管网 31 公里，解决新城区大青山南坡生态保护综合治理内的生态用水需求。

2014 年，新拓生态投资发展有限公司进行万亩草场生态恢复工程，一期工程竣工。

2015 年，首届中蒙博览会开幕式在呼和塔拉会议中心举办。承担呼和塔拉草原景区常态化管理，成立安保小组，制定安保方案，对安保人员进行安全防火教育、消防设施使用培训和开展游客安全知识宣传。开始建设万亩草场二期工程。呼和塔拉会议中心确定为中蒙博览会永届中蒙博览会久性会址。

2016 年，提升改造呼和塔拉草原及周边重点项目区域，对中蒙博览会会址、道路两侧、太阳广场、萨仁湖周边等区域进行地形整理和缀花草原种植，对周边重点项目区域环境进行整治绿化,提升改造面积159.52公顷。延续青山大道供水管网工程建设。推动水磨村农家乐运营,引进内蒙古浩崇旅游文化产业发展有限公司对水磨农家乐进行运营。与鹰翔水泥有限责任公司签订收购合同,实地盘点移交资产评估报告所列机械设备、电子设备,确保北方足球训练基地顺利开工。成立汽车租赁服务中心,草拟《汽车租赁合同》《汽车租赁服务中心运行方案》等材料。对圣水梁景区进行全面接管,遏制社会闲散人员长期违法收取门票和停车费,开展圣水梁景区环境卫生保护工作。

2017年,呼和浩特市委将呼和塔拉会议中心定为市委2号会议中心。新拓生态投资发展有限公司完善会议中心相关配套设施,对呼和塔拉会议中心进行整体运营。承担重点项目讲解工作,迎接各级领导参观。委托市公共资源交易中心对鹰翔水泥厂固定资产处置进行进场交易和评估、拍卖,收益上缴国库。响应国家发改委的公车改革制度,对公交公司汽车租赁开展实地调研,制定运营方案,开始正式运营。对圣水梁景区实施封闭管理。圣水梁景区因汛期暴雨多次引发小面积山体落石,道路护坝受损,交通阻断。组织人员对落石路段进行清理。申报呼和浩特市大青山前坡呼和塔拉A级生态旅游景区,其中包括内蒙古少数民族群众文化体育运动中心、呼和塔拉草原、草原马汇、圣水梁景区、雅玛图森林公园等5个景点。根据景区特色汇总编写申报材料,按照国家A级旅游景区标准进行相关硬软件准备。

第十三篇

政党 社团

◎第一章　中国共产党地方组织
◎第二章　民主党派地方组织
◎第三章　人民团体
◎第四章　社会团体
◎第五章　其他团体

第一章 中国共产党地方组织

第一节 党员代表

一、代表选举

2006年7月25日，根据中共呼和浩特市新城区第八届委员会第12次常委会会议研究决定和中共新城区委员会下发《关于中国共产党呼和浩特市新城区第九次代表大会代表选举工作的通知》精神，新城区按乡镇党委、委办局党委、直属机关党工委、工业园区党工委、鄂尔多斯市驻呼办党委及各街道选片共划分47个选举单位。由选举单位召开党代表会议或党员大会采取差额选举产生出席中国共产党呼和浩特市新城区第九次代表大会代表。中国共产党呼和浩特市新城区第九次代表大会代表的选举，认真贯彻执行民主集中制原则。各选举单位精心部署，认真组织实施。代表候选人的酝酿提名，坚持自下而上，上下结合，充分酝酿，反复协商，广泛听取各方面的意见，在党代表的产生中，首先，由基层党支部按照党委（党工委）分配的代表名额和指导性比例要求，组织全体党员酝酿提名；其次，基层党支部根据多数党员的意见提出代表候选人的初步人选；第三，基层党支部对初步人选进行全面考察，听取有关方面的意见，按照不少于25%的差额比例提出代表候选人预备人选。基层党委（党工委）对确定代表候选人预备人选进行全面考察，并形成考察材料，报组织组备案。第五，接到区委的批复后、各选举单位严格组织选举工作。代表的选举产生，都严格按照党章和党的基层组织选举工作条例执行，采用无记名投票方式，实行差额选举。当选代表得到赞成票，超过实到会代表或党员半数。2006年8月16日，代表选举工作全部完成，共选出正式代表205名。

2011年5月，新城区第十次党代表大会代表选举工作，严格按照《中国共产党章程》和《中国共产党地方组织选举工作条例》的有关规定，以及区委《关于区第十次党代表大会选举工作的通知》规定的程序进行。从代表候选人初步人选的提名、代表候选人预备人选的确定到代表的选举产生，整个过程都充分发扬党内民主，认真贯彻执行党的民主集中制原则，尊重选举人的意志和民主权利。各选举单位按照区委分配名额和有关要求，组织所属党组织采取自下而上、上下结合、反复酝酿、广泛征求所在单位党组织和党员的意见后提出代表候选人初步人选，并进行考察。按照多于代表名额30%的比例提出候选人初步人选，与区委组织部沟通后，按总体上多于代表名额25%的差额比例，召开党委会或党工委会，确定并上报代表候选人预备人选名单，经区委审查同意后，各选举单位对候选人预备人选进行充分酝酿，根据多数选举人的意见确定候选人。各选举单位均采取无记名投票方式进行差额选举，代表候选人的差额比例按不少于25%掌握。全区共划分17个选举单位。各选举单位是根据各自实际，分别召开了党员大会或党代表大会，选举出席区第十次党代表大会的代表。2011年5月16日，代表选举工作全部完成，共选出正式代表215名。

2016年5月19日，中共新城区委员会印发《关于中国共产党呼和浩特市新城区第十一次代表大会代表选举工作的通知》，按照镇、街道、机关党委、党工委划分了16个选区。由选举单位召开党代表会议或党员大会，选举产生出席中国共产党呼和浩特市新城区第十一次代表大会代表。新城区第十一次党代表大会代表的选举工作，是严格按照《中国共产党章程》和《中国共产党地方组织选举工作条例》的有关规定，以及区委《关于区第十一次党代表大会代表选举工作的通知》规定的程序进行的。从代表候选人初步人选的提名、代表候选人预备人选的确定，到代表的选举产生，整个过程都充分发扬党内民主，认真贯彻执行党的民主集中制原则，尊重选举人的意志和民主权利。各选举单位按照区委分配名额和有关要求，组织所属党组织采取自下而上、上下结合、反复酝酿的方式，广泛征求各级党组织和党员的意见后，按照多于代表名额30%的比例，提出代表候选人初步人选，与区委组织部沟通后，按照总体上多于代表名额25%的差额比例，召开党委会或党工委会或代表选举工作领导小组会，确定并上报代表候选人预备人选名单。经区委审查同意后，各选举单位对候选人预备人选进行充分酝酿，根据多数选举人的意见，按照不少于25%的差额比例确定候选人。各选举单位均采取无记名投票方式进行差额选举，2016年7月15日，代表选举工作全部完成，最终选举产生215名出席区党代会代表。

二、代表资格审查

区委由有关部门组成的代表资格审查委员会，对选出的代表依照法律法规进行严格审查，代表产生程序、方法是否符合规定，代表是否符合条件。经审查批准后，方能成为正式党员代表。

三、代表构成

在区第九次党代表大会205名代表中，各级领导干部125名，占60.98%；专业技术人员43名，占20.98%；先进模范人物35名，占17.07%；解放军2名，占0.97%。妇女同志79名，占38.54%；少数民族56名，占27.32%；45岁以下(含45岁)的代表131名，占63.90%。选出的代表，绝大多数是各地区、各部门、各单位能联系群众，有威信、有贡献、有议事能力的党员，均符合党章和中共新城区委关于第九次党代会代表选举工作通知的有关规定。

在区第十次党代表大会215名代表中，各级干部124名，占代表总数的57.7%；各类专业技术人员45名，占20.9%；各条战线的先进模范人物45名，占20.9%；解放军1名，占0.5%。代表中，有妇女90名，占41.9%；少数民族66名，占30.7%(其中蒙古族52名，占24.2%；回族3名，占1.4%；满族11名，占5.1%)；有大专以上文化程度的201名，占93.5%；年龄在四十五岁以下的130名，占60.5%。

在区第十一次党代表大会215名代表中，各级领导干部118名，占代表总数的54.9%；各类专业技术人员47名，占21.9%；各条战线的先进模范人物47名，占21.9%；解放军1名，占0.5%。代表中，有妇女代表91名，占42.3%；少数民族代表71名，占33%(其中蒙古族60名，占28%；回族2名，占0.9%；满族9名，占4.2%)；大专以上文化程度代表203名，占95.4%；45岁以下代表107名，占49.8%。

第二节 组织机构

一、中共新城区委员会

2006年8月26日，中国共产党新城区第九次代表大会选举产生中共新城区第九届委员会委员33名，候补委员6名，纪委委员19名。2006年8月28日，中共新城区第九届委员会第一次全体(扩大)会议选举产生中共第九委员会常务委员会委员和书记、副书记，会议通过纪律检查委员会第一次其他会议选举的结果的报告。

2011年5月27日，中共新城区第十次代表大会选举产生中共新城区第十届委员会委员33名，候补委员6名，纪委委员19名。新城区十次代表大会第一次全体会议刘惠当选为区委书记，薛燕群、孙德当选副书记，聂世闻当选新城区纪委书记。

2016年8月4日，中共新城区第十一届委员会第一次全体会议和新城区第十一届纪律检查委员会第一次全体会议，选举产生中共新城区第十一届委员会常务委员会委员和书记、副书记，新城区第十一届纪律检查委员会常务委员会委员和书记、副书记。

二、区委工作机构

2002年5月14日，《呼和浩特市新城区党政机构改革方案》经呼和浩特市机构编制委员会审核并由呼和浩特市委、市政府予以批准。中共呼和浩特市新城区委员会、呼和浩特市新城区人民政府联合印发《呼和浩特市新城区党政机构设置实施意见》，全区各单位开展机构改革。区委设工作机构7个，部门管理机构1个。保留纪律检查委员会机关、办公室、组织部、宣传部、统一战线工作部、政法委员会，设置区机构编制委员会办公室。监察局与纪律检查委员会机关合署办公；区委办公室挂机要局、保密委员会办公室、政策研究室牌子；直属机关工作委员会与组织部合署办公。领导干部目标责任考核办公室并入组织部。老干部局由组织部管理；宣传部挂精神文明建设委员会办公室牌子；社会治安综合治理委员会办公室与政法委员会合署办公;机构编制委员会办公室为机构编制委员会的常设办事机构,既是区委工作机构,又是政府工作机构,列区委工作机构序列。

2004 年 8 月,按照《关于市四区成立党员干部培训中心的批复》,撤销区委党校,成立新城区党员干部培训中心。2013 年 6 月,按照《关于同意成立新城区农村牧区工作部的批复》,成立农村牧区工作部,列入区委部门工作机构。

2017 年,区委设工作机构 8 个,部门管理机构 1 个。工作机构有纪律检查委员会机关、办公室、组织部、宣传部、统一战线工作部、政法委员会、区机构编制委员会办公、农村牧区工作部;部门管理机构为老干部局。区委直属事业单位有党员干部培训中心、接待办公室。

三、基层党组织

2001 年,新城区区属党委、党工委有毫沁营乡党委、保合少乡党委、海拉尔东路街道党工委、锡林郭勒北路街道党工委、中山东路街道党工委、新城西街街道党工委、新城东街街道党工委、东风路街道党工委、迎新路街道党工委、机关党工委、教育局党委、计划经济委员会党委、卫生局党委、公安分局党委、农业委员会党委、伊盟驻呼办党委等 16 个。党组有人大常委会、政府、政协、法院、检察院、工商联等 6 个。2002 年,毫沁营乡党委更名为毫沁营镇党委,计经委党委更名为经贸局党委,新增市容管理局党委,撤销农委党委。2003 年,新增工业园区党工委、鄂尔多斯驻呼办事处党委,撤销伊盟驻呼办事处党委。2006 年,新增建设局党委。2007 年,取消鄂尔多斯驻呼办事处党委。2015 年,新增人大常委会机关党组、政府机关党组、政协机关党组、发展和改革局党组、教育局党组、经济和信息化局党组、民政局党组、司法局党组、财政局党组、人力资源和社会保障局党组、住房和城乡建设局党组、环境保护局党组、农牧业水利局党组、文化体育广播电视局党组、卫生和计划生育局党组、审计局党组、食品药品监督管理局党组、统计局党组、城市管理行政执法局党组、残疾联合会党组、市民服务中心党组、房屋征收办公室党组、物业局党组、创新创业服务中心党组 24 个。2016 年,撤销市容管理局党委、卫生局党委、发改局党委、住建局党委。至 2017 年,新城区区属党委、党工委 17 个,党组 30 个,基层党组织 628 个。

2001—2017 年新城区基层党组织及党员数量统计表

表 13-1-1

年份	党(工)委	党组	基层党组织	党员数
2001	16	6	282	4495
2002	16	6	260	5059
2003	17	6	254	5612
2004	17	6	274	6136
2005	17	6	257	6642
2006	18	6	262	7039
2007	17	6	341	8786
2008	17	6	341	9052
2009	17	6	341	9360
2010	17	6	341	9371
2011	17	6	341	9537
2012	17	6	341	9784
2013	17	6	412	11201
2014	17	6	430	11753
2015	17	30	455	12202
2016	13	30	544	12545
2017	13	30	628	12753

第三节 党员代表大会

一、中国共产党新城区第九次代表大会

2006 年 8 月 26 日，中国共产党新城区第九次代表大会召开，出席会议代表 205 名，代表着全区 6743 名党员。大会听取中共新城区第八届委员会《统揽全局、真抓实干，为推动新城区各项工作再上新台阶而努力奋斗》的报告，纪委书记武志强代表纪委所作的《围绕中心 履行职能为全面建设和谐新城区提供有力保证而奋斗》的工作报告，通过相应决议。会议选举产生中共新城区第九届委员会委员 33 名，候补委员 6 名，纪委委员 19 名。

二、中国共产党新城区第十次代表大会

2011 年 5 月 25 日，中国共产党新城区第十次代表大会召开，出席会议代表 215 名，代表着全区 9174 名党员。大会听取区委书记刘惠代表中共新城区第九届委员会所作的

《坚持科学发展 构建和谐新城 为加快推进富民强区进程而努力奋斗》的工作报告。区纪委书记聂世闻代表区纪委所作的《围绕中心 开拓创新 为新城区经济和社会发展提供政治纪律保障》的工作报告,通过相应决议。会议选举产生中共新城区第十届委员会委员33名,候补委员6名,纪委委员19名。刘惠当选为中共新城区委书记,薛燕群、孙德当选副书记,聂世闻当选新城区纪律检查委员会书记。

三、新城区第十一次党代会

2016年8月1—4日,中国共产党新城区第十一次代表大会在内蒙古军区招待所举行。出席会议代表215名,代表着全区12202名党员。大会听取中共新城区第十届委员会《总揽全局 改革创新 奋发有为 为建设现代化新型首府城区而努力奋斗》的工作报告。区纪委书记李玉蛟代表区纪委所作的《把纪律挺在前面 强化监督执纪问责 深入推进党风廉政建设和反腐败斗争》的工作报告,通过相应决议。会议选举产生新城区第十一届委员会委员35名,候补委员7名,纪律检查委员会委员19名和新城区出席市第十二次党代表大会代表27名。8月4日,分别召开新城区第十一届委员会第一次全体会议和新城区第十一届纪律检查委员会第一次全体会议,选举产生新城区第十一届委员会常务委员会委员和书记、副书记,新城区第十一届纪律检查委员会常务委员会委员和书记、副书记。

第四节 全委会议

一、八届区委全委会

2002年1月7日,中共新城区八届三次全委(扩大)会议举行。区委委员、候补委员出席会议,区纪委委员及有关方面负责人列席会议。会议同意吕景瑞代表区常委会作的题为《解放思想 更新观念 开拓创新 与时俱进实现富民兴区新跨越》的报告。会议回顾和总结新城区2001年的主要工作,并宏观地分析当前的形势,明确提出2002年新城区工作的总体要求、目标任务要求和措施。

2003年1月8日,中共新城区八届四次全委(扩大)会议举行。区委委员、候补委员出席会议,纪委委员及有关方面人列席会议。会议同意吕景瑞代表区委常委会作的题为《全面贯彻"三个代表"重要思想 与时俱进 开拓创新 为提高新城区的综合竞争能力而努力奋斗》报告。会议回顾2002年的主要工作,客观地分析当前形势,明确提出2003年全区的总体要求、目标任务和工作措施。

2003年8月20日,中共新城区第八届委员会第五次全体(扩大)会议举行。区委委员、候补委员出席会议,纪委委员及有关方面负责人列席会议,会议同意吕景瑞代表区常委会所作的工作报告,审议通过会议决议(草案)。

2004年1月5日，中共新城区第八届第六次全体（扩大）会议举行。区委委员、候补委员出席会议，区纪委委员及有关方面负责人列席会议，会议同意吕景瑞代表常委会所作的《解放思想 抓住机遇 再创发展新优势 再夺发展新成绩》报告。会议回顾2003年的主要工作，发展潜力和发展条件，明确提出今后一个时期全区经济社会发展的发展总体思路和2004年全区工作的目标任务。

2005年1月10日，中共新城区第八届委员会第七次全体（扩大）会议召开。区委委员、候补委员出席会议，区纪委委员及有关负责人列席会议。会议同意吕景瑞代表区委常委会所作的《抓住机遇 迎难而上 为早日实现新城区经济社会跨越式发展而努力奋斗》的报告，总结新城区2004年的主要工作，明确提出2005年全区工作的总体思路和目标任务。

2005年12月29日，中共新城区第八届委员会第八次全体（扩大）会议举行，区委委员、候补委员出席会议，会议同意区委常委会题为《立足科学发展 构建和谐新城 努力开创新城区经济和社会各项事业发展的新局面》的报告，会议回顾总结2005年的主要工作，明确提出2006年工作的总体思路、目标任务和关于制定新城区国民经济和社会发展第十一个五年规划建议。

2006年8月22日，中共新城区第八届委员会第九次全体（扩大）会议举行。区委委员、候补委员出席会议，纪委委员及有关方面负责人列席会议。会议通过《关于召开中国共产党新城区第九次代表大会的决议》和《关于第八届委员会提交中国共产党新城区第九次代表大会的决议》，审议第九次代表的有关事项，会议同意第八届委员会提交中国共产党呼和浩特市新城区第九次代表大会的报告。

二、九届区委全委会

2006年8月28日，中共新城区第九届委员会第一次全体（扩大）会议举行。区委委员、候补委员出席会议，区纪委委员列席会议。会议选举产生中共新城区第九委员会常务委员会委员和书记、副书记，会议通过纪律检查委员会第一次会议选举的结果的报告。

2007年1月10日，中共新城区第九届委员会第三次全体（扩大）会议举行，区委委员、候补委员出席会议，区纪委委员及有关方面负责人列席会议。听取区常委会《把握机遇真抓实干，为推进新城区经济社会再上新台阶而努力奋斗》报告，会议回顾2006年的主要工作，明确提出2007年经济社会发展的总体要求和目标任务。

2008年1月3日，中共新城区第九届委员会第四次全体（扩大）会议举行，区委委员、候补委员出席会议，区纪委委员及有关负责人列席会议。会议听取和审议区常委会工作报告。会议回顾总结2007年的主要工作，明确提出2008年工作的总体思路、目标任务。

2008年7月22日，中共新城区第九届委员会第五次全体（扩大）会议举行，区委委员、候补委员出席会议，纪委委员及有关负责人列席会议。会议回顾总结全区2008年上半年工作,安排部署下半年工作。

2009年1月6日,中共新城区第九届第六次全体(扩大)会议举行。区委委员、候补委员出席会议,纪委委员及有关负责人列席会议。会议听取和审议常委会工作报告,回顾总结2008年主要工作,明确提出2009年经济社会发展的总体要求和目标任务。

2009年8月25日,中共新城区第九届委员会第七次全体(扩大)会议举行,区委委员、候补委员出席会议,区纪委委员及有关负责人列席会议。会议听取学习贯彻自治区党委八届九次全委会议及市委十届全委会议精神,总结上一阶段工作,安排部署下一阶段工作。

2010年1月5日,中共新城区第九届委员会第九次全体(扩大)会议举行。区委委员、候补委员出席会议,区纪委委员及有关负责人列席会议。会议通过区常委会的全委会报告,研究部署2010年工作。

2010年12月24日,中共新城区第九届委员会第十次全体会议举行。区委委员、区候补委员出席会议,区纪委委员及有关负责人列席会议。会议通过市委常委、区委书记刘惠同志代表区委常委会报告工作,审议通过中共新城区委关于制定新城区国民经济和经济发展第十二个五年规划的建议。

2011年4月12日,中共新城区第九届委员会第十一次全体会议举行。区委委员、候补委员出席会议,区纪委委员及有关负责人列席会议,会议审议通过《关于召开中国共产党新城区第十次代表大会的决定》。

2011年5月19日,中共新城区第九届委员会第十二次全体会议举行。区委委员、候补委员出席会议,区纪委委员及参会人员列席会议。会议讨论中共新城区第九届委员会提交第十次党代表大会的报告,通过《关于中共新城区第九届委员会提交中共新城区第十次代表大会报告的决议》。会议讨论通过新城区第十届委员会委员、候补委员、区纪律检查委员会委员和新城区出席中国共产党呼和浩特市第十一次代表大会代表候选人预备人选名单,决定提交中国共产党呼和浩特市新城区第十次代表大会酝酿选举。

三、十届区委全委会

2011年5月27日,中共新城区第十届委员会第一次全体会议举行。区委委员、候补委员出席会议,区纪委委员列席会议,会议选举产生中国共产党呼和浩特市新城区第十届委员会常务委员会委员和书记、副书记;批准中国共产党呼和浩特市纪律检查委员会第一次全体会议产生的书记、副书记和常务委员委员人选。

2011年12月28日,中共新城区第十届委员会第二次全体会议举行。区委委员、候补委员出席会议,区纪委委员及扩大参会人员列席会议。会议总结2011年工作,研究部署2012年工作。市委常委、区委书记刘惠代表区委常委会向全委会报告工作,区委常委会向本次全委会书面报告2011年全区党的建设工作。

2012年11月21日，中共新城区第十届委员会第五次全体会议举行。区委委员、候补委员出席会议，区纪委委员及扩大会议人员列席会议。会议回顾总结2012年工作，研究部署2013年工作。市委常委、区委书记刘惠代表区委常委会向全委会报告工作。区委常委会向全委会书面报告2012年全区党的建设工作。

2013年12月24日，中共新城区第十届第六次全体会议举行。区委委员、候补委员出席会议，区纪委委员及扩大参会人员列席会议。会议主要任务是贯彻落实中共十八大和十八届三中全会及自治区九届九次全委(扩大)会议精神，总结区委常委会2013年工作，研究部署2014年工作。区委书记张锐代表区委常委会向全委会报告工作，并作总结讲话。

2014年12月31日，中共新城区第十届委员会第七次全体会议举行。区委委员、候补委员出席会议，区纪委委员和有关方面负责人列席会议。会议主要任务是，贯彻落实中共十八大、十八届三中、四中全委会和自治区九届十三次、呼和浩特市委十一届六次全委会建设，全面总结2014年工作，安排部署2015年工作。

2015年12月20日，中共新城区第十届委员会第八次全体会议举行，区委委员、候补委员出席会议，区纪委和有关方面负责人列席会议。会议听取和讨论区委书记张锐代表区委常委会作的工作报告，听取通过《新城区委关于制定国民经济和社会发展第十三个五年规划的建议》。张锐就《建议(讨论稿)》作了说明。

2016年2月2日，中共新城区第十届委员会第九次全委会议举行。区委委员、候补委员出席会议，区纪委委员和有关方面负责人列席会议。会议听取和讨论区委书记张锐代表区委常委会作的工作报告，部署2016年工作。

2016年7月30日，中共新城区第十届委员会第十次全体会议举行。区委委员、候补委员出席会议，区纪委委员和有关方面负责人列席会议。会议决定中国共产党呼和浩特市新城区第十一次代表大会定于2016年7月底前召开。会议通过大会的主要议程和代表名额、分配原则及产生办法。

2016年7月30日，中共新城区第十届委员会第十一次全体会议举行。区委委员、候补委员出席会议。区纪委委员和有关方面负责人列席会议。会议同意第十届委员会提交中国共产党呼和浩特市新城区第十一代表大会的报告。

四、十一届区委全委会

2016年8月4日，中共新城区第十一届委员会第一次全体会议举行。区委委员、候补委员出席会议，区纪委委员和有关方面负责人列席会议。会议选举中国共产党呼和浩特市新城区第十一届委员会常务委员会委员和书记、副书记；批准中国共产党呼和浩特市新城区纪律检查委员会第一次全体会议选举产生书记、副书记和常务委员会委员人选。

2016年9月3日，中共新城区第十一届委员会第二次全体会议举行。区委委员、候补委员出席会议,区纪委委员和有关方面负责人列席会议。会议推选新城区出席自治区第十次党代表。

2016年12月29日,中共新城区第十一届委员会第三次全体会议举行。区委委员、候补委员出席会议,区纪委委员和有关部门负责人列席会议。会议在总结区委常委会2016年工作的基础上,研究谋划2017年工作。

2017年1月13日,中共新城区第十一届委员会第四次全体会议举行。区委委员、候补委员出席会议,区纪委委员和有关方面负责人列席会议。会议传达自治区十二届二次全会和自治区纪委十届二次全会精神、全市宗教工作会议精神、平安首府暨全市政法队伍工作会议精神。研究有关推荐新城区出席中共十九大代表事宜。

2017年2月18日,中共新城区第十一届委员会第五次全体会议举行。区委委员、候补委员出席会议,区纪委委员和有关方面负责人列席会议。会议总结新城区2016年经济工作,分析经济当前形势,安排部署2017年主要任务。

2017年11月28日,中共新城区第十一委员会第六次会议举行。区委委员、候补委员出席会议,区纪委委员和有关方面负责人列席会议。会议回顾总结2017年工作,研究部署2018年和今后一个时期的重点工作。会议审议通过《中共新城区委员会关于宣传贯彻党的十九大精神的实施意见》和2017年区委常委会工作报告。

第五节　办公室工作

一、机构

2002年7月,按照《中共新城区委员会办公室职能配置、内设机构和人员编制方案》,区办公室内设机构3个,督查室、综合室、信息室、机要局、保密委员会办公室、政策研究室、610办公室挂靠区委办公室。2010年11月,设新城区涉密网络管理中心。2014年11月,成立新城区全面深化改革领导小组办公室。同年12月,新城区委办成立机关服务中心。2016年5月,防范办划归政法委。

2017年,区委办公室内设机构有机要局、政策研究室、督查室、综合室、信息室、机关服务中心、涉密网络管理中心,设有区委改革办、区国家保密局,有工作人员43人。

二、综合服务

2003年,区委办撰写八届五次全委(扩大)会议报告,区委领导讲话25篇,字数15万字。区委办发文130篇,区委发文109篇。

2004年,区委办重要工作安排、大额资金使用等重大事项上,集体讨论、研究决定,做到公开、公平、公正,杜绝向领导干部送钱、跑官要官,打着领导旗号谋私和参与赌博等发生。对公款吃喝、借婚丧嫁娶收钱敛财等不正之风决不参与,敢抓敢管。

2005年，区委办公室起草领导讲话16份，计8万余字。区委办发文111篇，区委发文102篇。编写《新城概览》一书被评为“呼和浩特市第三届社会科学优秀成果三等奖”。筹办常委会会议23次，党政联席会议9次，确保重点会议，大幅度精简会议。

2007年，区委办公室为党政领导班子撰写文稿30余篇，约16万字；署名文章4篇，约1.2万字。区委发文78篇，区委办发文105篇，实现精简公文的目标。区委召开九届二次、九届三次全委会、党建工作会议、“迎庆”动员大会、全区“迎庆”工作总结暨表彰大会等大型会议9次，区委常委会会议18次，党政联席会议7次。实现后勤服务工作规范化、科学化。更新办公桌椅，提高办公室硬件建设。组织新城区干部职工1290人参加内蒙古自治区成立60周年庆祝大会，未发生任何突发事件。大庆期间，成立大庆应急车队，设立应急车队值班室，24小时值班制度。应急车队承担接送参加庆祝大会文艺表演人员任务。举办新城区“庆祝内蒙古自治区成立60周年焰火晚会”、滨海公司周华健演唱会。组织900余人次参加“民交会”“旅交会”“文博会”等活动。

2008年，区委办公室撰写九届四次、五次全委会报告和大型文稿40余篇，约20万字。区委发文75篇，区委办发文103篇，筹办区委九届四次、五次全委会、党建工作会议、自治区两个文明建设经验交流会、新城区迎接奥运会动员大会11次，区委常委会会议16次，党政联席会议9次。办公室安装宽带网，提升办公室办公效率。

2010年，新城区委办公室贯彻执行《中国共产党党员干部廉洁从政若干准则》《关于党政机关厉行节约制止奢侈浪费行为的若干规定》《中共新城区纪委关于落实党风廉政建设责任制和领导干部廉洁自律几项重点工作的实施意见》《关于新增公务用车向纪检监察机关备案有关问题的通知》等文件精神，实行严格用车制度，车辆维修实行定点修理。财务管理实行收支两条线管理，成立核算中心，规范财务管理。

2012年，筹办召开区委十届五次全委会议、党建工作会议、中央宣讲团中共十八大精神报告视频会议。组织新城区社区网格化服务工作观摩推进会。

2013年，区委办公室推行“经费归口、标准分类、管理集中”的公务接待机制。办机关食堂，常规性接待交接待办负责，在机关食堂就餐。清理整顿机关车辆、办公用房。建立办公用品、耗材使用更新审批制度。严把经费支出关口，“三公”经费支出下降，其中公务招待费下降58%，公务车运行费下降17%。区委办公室实施重点工作“政研先行、信息跟踪、督查跟进”机制。选派干部参加“千名党员下基层”活动。开展干部调训工作。建立干部优进劣退机制，各科室股级岗位双向选择工作。精简会议，会议能合并召开尽量合并召开。纪检、组织、宣传、统战、政法和经济工作、城市建设管理、农业农村等会议合并召开，简化表彰活动。各地区、各部门党政主要负责人出席的会议，原则上安排1人参加。有效控制会议规模。筹规划党政两办信息系统，建立共享共用机制。合并刊物，精简不必要文件下发，层级和程序发文报文，控制公文篇幅，开发利用现代传输技术手段，推广无纸化办公,有效提高办文质量和效率。

2014年,制作《青山圣水·活力新城》宣传册,撰写文稿70余篇、约51万字。执行转变会风,压缩会议数量、严控会议规模、严肃会议纪律,全区性会议总量减少15%。深化改革领导机构,出台《区委全面深化改革领导小组关于分类有序推进改革的方案》,建立《全面深化改革工作沟通联系机制》。办《学习参考》刊物10期,编发《信息快报》54期、《新城动态》47期、《要情专报》8期,向自治区党委、市委办公厅信息处上报信息2202期,信息报送年增加1167条,综合排名第1位。

2017年,筹备召开十一届三次、四次、五次全会和全区党建工作会议、党委换届工作会议。总结会议纪要文稿90余篇、约80万字。区委办公室推进"两学一做"学习教育常态化制度化,严格落实中央八项规定精神,狠抓干部队伍作风建设,执行力提升。按期办复人大代表建议8件、政协委员提案6件,答复率100%。

三、信息工作

2003年,编发《新城区信息》665期,《信息快报》180期,报送调研报告15篇。自治区党委办公厅信息处采用100篇,批示7篇,名列43个直报点第4名,综合考评2400分。市委办公厅信息处采用273篇,批示11篇,好信息5篇,列九个旗县区第2名,综合考评4090分。制定下发《2003年信息工作要点》《重大紧急信息具体界定标准》和《2003年信息调研工作报送任务、计分、综合考评及奖励办法》。

2005年,上报自治区党委办公厅、市委办公厅信息735期。名列自治区党委43个旗县区信息直报点第9名,呼和浩特市九个旗县区排名第一,实现"七连冠"。编写《信息快报》62期。信息工作以新城区中心工作为重点,反映工作中存在问题和人民群众关心的热点、难点问题。由随机被动信息服务向定期主动信息服务转变。工作重心从动态信息向调研信息转变。从为上级领导服务向"三服务"转变。创新工作机制,建立严格考评制度、通报制度、审阅制度、联系制度。防止信息虚假失实现象发生。本年度未发生重大紧急信息迟、漏报现象。

2007年,上报自治区党委办公厅、市委办公厅信息1152条,10月底,被自治区党委办公厅采用32条,列九个旗县区直报点第6位。市委办公厅采用351条,列全市第2位。4条信息得到自治区党委、市委领导的批示,编发《信息快报》74期。信息室荣获自治区、呼和浩特市两级先进单位,荣获自治区党委信息调研先进个人2人,荣获呼和浩特市级信息调研先进个人3人。

2011年,上报自治区党委、市委两级信息部门各类信息1698条,编发《信息快报》48期,编发《区委要情摘报》42期,手机短信400余条。信息室7月份防汛抗灾、"8·1"巴彦塔拉饭店后院房顶坍塌、"9·18"反日游行等重大突发,处置敏捷,应对得当,受到上级信息部门表扬。本年下发《信息采用情况通报》11期。

2013年，新城区建立区委信息QQ群，定期邮箱为各部门下发电子版刊物，各部门通过QQ群邮箱报送信息，建立手机短信发送平台，提高信息传送效率，避免迟报漏报现象发生。调整原有信息刊物，新增《新城信息》和《每日简讯》，丰富信息工作内容。上报各类信息1035条，编发《新城信息》29期、《每日简讯》156期、《新城动态》48期、《信息快报》29期、《要情摘报》13期、《综合通报》7期。开展信息、政研、督查三家联动，调研类信息采编报送工作。

2017年，向自治区党委、市委办公厅信息处上报《新城区信息》1533期，编报《信息快报》10期，编发《新城动态》42期，下发《信息采用情况通报》3期。下发约稿通知25期，约稿36条，编辑《认真认真再认真、精准精准再精准，新城区确保如期全面完成脱贫攻坚任务》《内蒙古自治区大学科技园成功晋升为国家级科技企业孵化器》等信息。

四、政策研究

2003年，调研新城区中介组织及农畜产品加工企业，撰写调研报告《新城区中介组织中存在的问题及建议》和《关于新城区农畜产品加工企业的调研》。撰写《丽苑住宅小区整改工作进展情况》和《目前社区"非典"疫情防控工作中存在的问题和政策建议》等调研报告。制定《中共新城区委员会、新城区人民政府关于进一步加快招商引资步伐决定》。

2005年，开展沿山建材业发展、农牧业产业化、奶牛养殖业等5次专项调研，为领导科学决策提供可靠依据。协助上级政研部门完成调研任务7次。

2007年，开展旅游业发展、城市建设、新农村建设调研，形成调研报告10篇。

2008年，区委政研室开展民生工作、旅游业发展、城市建设、奶牛养殖调研。

2011年，区委政研室开展综合调研题目32个。大青山生态治理综合保护工程、鸿盛工业园区转型升级、城中村拆迁为重点工作调研。创办《政研信息参考》，刊发国家政策措施、国内先进做法、区内党政领导调研报告和考察报告。开展6次专项调研。

2013年，开展综合调研18个，调研新城区老旧小区管理、防洪河道现状、城建老大难项目建设、"小饭桌"现状等，形成调研文章10余篇。协助市委政研室开展城市"微循环"、旅游业发展、城乡一体化建设专题调研。开展贯彻落实"8337"发展思路调研。

2017年，开展工业园区转型发展、大青山生态治理和水泥厂区块拆迁、工商资本进入农业领域相关情况及房地产去库存化等专项调研，形成调研文章4篇。

五、督查工作

2005年，开展专项督查件4件。承办市委领导批示交办件7件。围绕经济工作、城市建设、拆迁改造、禽流感防控、机关作风整顿等重点工作，综合性督查12次，专项督查15次。督查通报4期。报送《督查专报》51期。编发督查调研报告2篇。内蒙古自治区党委督查室采用《督查专报》1期，督查调研报告1期。市委督查室采用《督查专报》2期。督查工作步入规范化轨道。

2007年，制定督查工作要点，组织综合性督查15次，专项督查12次，编发督查通报3期。向自治区党委和市委督查部门报送《督查专报》35期。编发督查调研报告4篇。自治区党委督查室采用《督查专报》1期，督查调研报告1期。市委督查室采用《督查专报》3期。

2008年，督查室开展综合性督查13次，专项督查4次，出督查通报8期。向自治区党委和市委督查部门报送《督查专报》56期，编发督查调研报告6篇。举办各类培训，提高基层督查工作人员理论和业务水平。制定《2008年新城区改善民生工作安排》。根据督办内容，跟踪催办，以《督查专报》形式反映各项工作落实情况，民生工作取得实效。开展区委书记“大接访”活动，相关部门单位负责人参加联席接访机制，现场接访、下基层接访、重点约访、召开听证会，直接听取群众诉求、接待处理信访事项。在各乡镇、办事处聘请兼职督查员，完善督查工作，督查室主任列席常委扩大会议、党政联席会议和各类专题会议。

2011年，办理专项督查件8件，上级领导批示交办件6件。成立新城区重大项目督促检查组，强化督查工作组织领导。督查城市建设重点项目、城中村拆迁改造、大青山生态治理综合保护工程、防汛抗灾、为民办实事项目等重点工作。向自治区和市两级党委督查室报送《督查专报》45期、督查调研6篇，其中被采用2篇。

2013年，专项督查5件，上级领导批示交办件5件。跟进网民给自治区、市、新城区三级党委书记信箱留言，办理留言68件，其中“百灵小区及附近居民饮水困难”“北郊公园环境综合整治”“清理呼哈铁路两侧积存垃圾”等留言件，得到自治区、市两级党委督查室认可和表扬。跟踪开展各地区、各部门贯彻执行区委部署工作督促检查。开展重点项目建设、千名党员干部下基层、大青山前坡“两违”整治、“创城”工作、清理办公用房和公车工作、G6高速公路两侧拆违工作等督查，促进区委决策部署落实。全区中心和重点部门纳入“新城区督查专网”，开展常态督查，实现由临时性督查向长期性督查，偶发性督查向系统性督查的转变。

2014年，开展各项督查活动100余次，督办领导批示件16项，开展专项督查7次，办理《新城舆情》7件。向自治区党委和市委督查室报送《督查专报》20期，在《内蒙古督查》刊发督查调研及督查心得体会文章2篇。

2017年，办理自治区党委和呼和浩特市委书记信箱网民留言共计102条，围绕大青山前坡生态建设、地铁1、2号线征收等全区重点工作实地督查87次，印发《督查专报》44期。开展专项督查71次。督查工作人员到岗情况、创城工作开展情况、规范公务接待“三单”制度等联合检查工作6次，增强督查实效。实地督查83批次(300余人次)，跟踪了解重点工作进展情况，推动各项工作的有效落实。印发督查专报17期，新城信息20期。专项督查党政机关、各委办局工作作风、会风会纪及节假日值班情况，编发督查通报8期。

开展督查27次，督办单位11个。下发督查通报6期，督查专报8期，约谈相关单位负责人10余名。

第六节 纪律监察

一、机构

2002年7月，根据《中共呼和浩特市、市政府关于批准新城区党政机构改革方案的通知》和《新城区党政机构设置实施意见》精神，设置新城区纪律检查委员会，中共新城区纪律检查委员会与监察局合署办公，实行一套工作机构，两个机关名称，履行党的纪律检查和政府行政监察两种职能。内设办公室、执法监察室、党风廉政建设室、纠正部门和行业不正之风室、纪检监察室、案件审理室、信访室（举报中心）、宣传教育（调查研究室）8个职能室。

2005年，成立新城区行政效能投诉中心，为纪委所属副科级事业单位。2015年，纪律监察机关机构改革调整，内设办公室、组织宣传部、党风政风监督室、信访室、第一纪检监察室、第二纪检监察室、第三纪检监察室、第四纪检监察室、案件审理室等9个部门。从各单位选调优秀工作人员充实到纪检监察队伍，5个设党委部门成立机关纪委。设立14个派驻纪检组，各派驻纪检组人员、派驻纪检工作正式开展。

2017年12月12日，新城区监察委员会正式挂牌成立。区纪委监委监察体制改革，内设办公室、组织部（纪检监察干部监督室）、宣传部、案件监督管理室、案件审理室、信访室、党风政风监督室、第一至第六纪检监察室等机构13个。下设1个二级事业单位，纪委监察委数据监察中心。设立派驻纪检组14个，覆盖全区69个单位。有行政编制49个，事业编制28个。区纪委设书记1名、副书记2名、常委4名。监委设主任1名，由纪委书记兼任；副主任2名，由纪委副书记兼任；委员4名，由纪委常委兼任2名（有一名纪委常委空缺）。区纪委监察委机关有人员57名，在编干部47人、借调干部10人。

二、纪检工作

2001年，新城区纪检监察机关受理来信、来访、电话举报19件（次），查核实19件，了结18件，其中立案2件，批评教育5件，失实11件，了结率94.7%。

2002年，制定《新城区2002年党风廉政建设和反腐败抓源头各项任务分解意见》《新城区2002年度党政领导班子和领导干部党风廉政建设责任制考核目标及评分办法》，落实党风廉政建设责任制牵头单位和领导干部采取平时监控、专项检查、自查和考核。受理群众信访举报18件（次），核实18件。其中，交办案件6件，了结5件；自办案件12件，了结9件，了结率为77.8%；立案5件，受党纪处分4人，其中开除党籍3人（1人开除党籍并行政撤职），受党内严重警告处分1人。

2003年,有34名处级干部和176名科级干部填写领导干部礼品登记、收入申报和重大事项报告调查登记表。建立廉政档案。开展集中学习教育整顿活动,处级干部、315名科级干部参加党风廉政建设知识和中共十六大内容及党政纪条规的测试。360名科级干部接受廉政勤政、廉洁自律内容的培训。按照中共中央、国务院关于党政机关厉行节约制止奢侈浪费行为的若干规定和领导干部廉洁从政的有关规定,32名处级领导干部就配偶、子女从业情况进行自查公示和收入申报。新任的17名科级干部进行岗前廉政谈话,55个党政班子的81名主要领导进行廉政工作谈话,55个党政班子和208名领导干部进行述职述廉。完善信访接待和办案工作制度及工作程序,实施案件首办责任制和案件主办责任制。受理群众信访举报22件(次),初查核实22件,自办案件22件,了结19件,了结率为86%。其中交办案件5件,了结3件,了结率为75%;立案5件(其中移交检察院1件),结案4件,受党政纪处分6人(其中受党内警告处分5人,行政记大过处分1人),挽回经济损失7万余元。

2004年,按照中共中央、国务院关于厉行节约制止奢侈浪费行为的若干规定、领导干部廉洁从政的有关规定以及自治区下发的关于进一步登记和清理党政机关事业单位公务用车的通知,7名科级干部就子女婚嫁、过生日等办宴席情况进行报告。对公务用车实行报批手续。受理群众信访举报55件,初查核实55件,了结53件,了结率94%。立案3件,结案3件,受党纪处分4人,为国家挽回经济损失6.78万元。

2005年,按照中共中央、国务院关于厉行节约制止奢侈浪费行为的若干规定、领导干部廉洁从政的有关规定以及自治区下发的关于进一步登记和清理党政机关事业单位公务用车的通知,7名科级干部就子女婚嫁、过生日等事项进行报告,6部新增公务用车按规定履行报批手续。纪委领导同新任20名科级干部进行岗前廉政谈话。全区254名副科级以上领导干部向纪委作落实党风廉政建设责任制的自查报告,按要求填报《2004年落实党风廉政建设责任制和领导干部廉洁自律工作情况登记表》。受理群众信访举报30件(次),初查核实28件,了结26件;立案4件,结案6件。给予党纪处分6人,其中受党内警告处分2人,党内严重警告处分2人,开除党籍处分2人,为国家挽回经济损失34万元。

2006年,受理群众信访举报24件(次),初查核实24件,了结22件,了结率92%;立案3件,结案3件,给予党政纪处分6人。

2007年,制定《新城区加强农村基层党风廉政建设工作实施方案》《关于建立新城区农村基层党风廉政建设工作联席会议制度》,将农村基层党风廉政建设工作任务分解到保合少镇和成吉思汗大街街道办事处以及区有关部门和纪委监察局各科室。建立农村基层党风廉政建设区级领导和区纪委常委联系点制度。将述职述廉制度、政务公开制度、村务公开制度、党务公开制度、廉政教育工作制度进行汇总。开展环境综合整治执法监察工作。处理受理群众信访举报 34 件(次),其中上级转办 24 件,信访举报 10 件,初查核实 26 件,了结 15 件,立案 4 件,其中适当处理 3 件,记大过 1 人,严重警告 3 人。

2008 年,在保合少镇甲兰板村成立自治区第一家村民监督委员会。创办《新防线》期刊,印制《廉政日志》和"警钟长鸣"系列学习材料。在山水小区打造廉政文化进社区精品工程,被自治区评为自治区廉政文化建设示范点。筹备建设廉政教育基地。主办首届廉政书画展及笔会和建党 87 周年暨第二届廉政书画展,廉政文化内容融入民间文艺演出。开展以"优化发展环境,提高幸福指数"民主评议活动,表彰 10 个优化发展环境先进单位和 5 个文明窗口单位。受理群众信访举报 33 件(次),其中上级转办 20 件,核实 23 件(次),了结 18 件,转立案 6 件,给予党政纪律处分 7 人。

2009 年,设立多松年故居和保合少镇奎素村 2 个党风廉政教育基地。各镇和街道办事处举行系列廉政文化活动和"读书思廉"活动,活动延伸到企业。行政效能投诉中心受理投诉 9 件,办结率 100%,满意率 100%。受理群众来信来访 72 件(次),其中市纪委转来 22 件,受理 48 件。信访了解 6 件,初查核实 12 件,了结 12 件。立案 12 件,给予党政纪处分 12 人,其中给予开除党籍处分 1 人、党内严重警告处分 1 人、党内警告处分 10 人。

2010 年,新城区成立预防腐败研究会,本着"内容求深、载体求新、形式求活、效果求实"的原则,探索反腐倡廉宣传教育新方法、新途径和新举措。建成山水小学、新城区国家税务局、人民检察院廉政教育基地。召开呼和浩特市廉政文化宣传教育工作现场会。组织干部参观《廉政文化成果展》《廉政书画展》;观摩多松年故居廉政教育基地。开展廉洁文化进校园、廉政文化进社区活动。组织观看区纪委监察局自编自演"廉政文艺演出"。区直机关党工委举办"清风颂"廉政演讲比赛;创作反腐倡廉文艺作品,编印《新城区惩治和预防腐败系列丛书》。受理群众来信来访 32 件(次),其中市纪委交办 13 件,新城区纪委受理 17 件,司法机关移送 2 件。经过查办,信访了解 7 件,办结 7 件;初查核实 18 件,办结 16 件;立案 10 件,给予党政纪处分 7 人。

2011 年,新城区受理群众来信来访 38 件(次),其中市纪委转办 9 件,以纪群(信)字交办 1 件,本级受理 28 件。信访了解 10 件,了结 9 件;初查核实 15 件,初核了结 7 件,转立案 7 件,给予党政纪处分 7 人,其中给予党内严重警告处分 2 人、党内警告处分 5 人。

2012 年,建设小井沟素质教育基地廉政警示教育展厅,生态路两侧设立廉政公益广告牌,摆放廉政文化石。开展"三资"清理登记工作。受理群众来信来访 51 件(次),其中市纪委转来 20 件,新城区纪委受理 9 件,国土资源局新城分局转来 21 件。初查核实 26 件,初核了结 9 件,转立案 7 件,给予党政纪处分 8 人,其中给予留党察看一年处分 1 人、党内严重警告处分 1 人、党内警告处分 6 人。行政效能投诉中心共收到群众来信、来访投诉 10 件,群众上门咨询 10 余件,立案 4 件,结案 4 件,办结率 100%。

2013 年,新城区成立督查组对全区改进工作作风情况进行督查。建设"清风社区"

“清廉社区”“民主社区”“便民社区”,推进城市社区党风廉政建设,开展全区城市社区党风廉政建设现场观摩会。对新提任的73名科级干部进行集体廉政谈话,观看警示教育片、进行廉政知识测试、签订廉政承诺书,并书写心得体会,确保套餐式教育取得实效。承办呼和浩特市农村村务监督委员会制度建设现场会。在全区54名纪检监察干部和933名机关干部中开展会员卡和商业预付卡专项清退活动,做到“零持有、零报告”。聘请30名社会各界人士担任政风行风监督员,就行政审批、政务公开、规范执法、收费办证、廉洁从政等各方面的情况进行明察暗访、提出建议意见,推进源头治理工作。对全区86个单位进行政风行风民主评议。围绕大青山前坡综合治理、创建文明城市、民生政策资金、干部选拔任用、人事编制管理、机关作风纪律、国有资产管理、党风廉政建设等重点内容,组织开展26次集中性监督检查。开展“农村基层党风廉政建设下访月”活动,对24个行政村、5个“村改居”镇(街道)下派包村干部进行“一推双选”,履职量化考核。完成4个“村改居”社区居民监督委员会换届选举。收到群众投诉举报和效能转办投诉6件,立案6件,办结率100%。信访立案办结11件,给予党政纪处分13人。对5起多年的上访案件进行调查,有2件得到解决。贯彻自治区、市两级纪委部署,对2013年底之前的案件线索进行“大起底”,录入案件线索166条。

2014年,开展专项督查42次,各单位实名通报违反作风纪律的干部职工195人(次)。在重要节点期间,对机关作风纪律、公车封存等廉政规定执行情况专项监督检查5次,在全区开展学用《十八大以来廉政新规定》《十八大以来党风廉政建设和反腐败法规制度汇编》活动,免费向全区各单位发放学习资料116册。协调市游泳馆项目开工问题,项目得以开工。开展全国城市社区党风廉政建设联系点各项工作,确定重点打造的“清风、清廉、民主、便民”4类特色社区23个。纪检监察机关明确机关日常工作制度27项。研究制定区纪委监察局领导班子成员工作联系点制度、区属单位纪委书记(纪检组长)向区纪委常委会汇报工作制度。印发全区党风廉政建设和反腐败工作实施意见、落实“两个责任”实施意见、纪检监察机关“三转”实施意见、惩防体系建设规划实施细则、纪委日常考评监控体系、廉政风险防控、城市社区党风廉政建设、党风建设、宣传教育、行政监察、纠风工作等一系列文件。接受群众来信来访267件(次),集体排查并初步了解、调查核实问题线索111件,立案26件,给予党纪政纪处分25人,挽回经济损失9.2万元。初核、立案、处分人数超往年2倍。对6名党员领导干部进行诫勉谈话。

2015年,新城区制定《关于纪检监察机关“转职能、转方式、转作风”实施意见》《新城区纪委派驻纪检组工作办法(试行)》《新城区纪检监察系统干部监督办法(试行)》《新城区镇街道纪(工)委、派驻纪检组和区纪委机关各部门履职情况监控办法(试行)》。全区各级党组织、纪检组织落实党风廉政建设“两个责任”督查约谈、纪委监督同级党委常委会成员试点、第一轮派驻监督、党风廉政建设责任书制度。召开4次区纪委中心组(扩大)学习会。编印《纪检监察工作常用法规和规范性文件选编》。区纪委建立两个规范化谈话室，建设镇、街道纪检组织谈话室。开展机关作风纪律监督检查7次，重大节日作风纪律情况专项检查5次，发出督查通报7个，对作风纪律存在问题的39个单位77名干部进行公开通报，对落实责任不力的20个单位的主要负责人和19名纪检组织负责人进行全区通报批评。开展吃空饷、小金库、事业单位违规进人、干部档案造假4个专项整治。对村级组织换届、G6高速公路两侧拆迁、水泥厂区块拆迁、“十个全覆盖”等重点工作进行监督。对全区89个行政机关和窗口服务单位进行政风行风民主评议，对10个部门进行“面对面”评议，评议结果在全区范围内公开通报。接受信访举报312件，进入核查渠道问题线索132件，立案37件，结案36件，给予党政纪处分36人，谈话函询9人(线索处置谈话函询7人，初核后诫勉谈话2人)，免职1人，发出纪律检查建议书1份、监察建议书2份，点名道姓公开通报11人。

2016年，实行纪律审查“一为主、两报告”制度，向市纪委报告问题线索处置情况16件。建立落实党风廉政建设主体责任台账，执行“一岗双责”。实行党风廉政建设责任“签字背书”、述责述廉和“两个责任”报告等制度。在全区处级党员领导干部中，开展学习《中国共产党廉洁自律准则》《中国共产党纪律处分条例》撰写学习体会活动，收集体会材料74篇。开展“尊崇党章、落实全面从严治党”知识竞赛。在节假日期间，开展正风肃纪专项整治行动5次，并在全区范围内进行公开通报。开展专项监督检查60余次，查处身边“四风”和腐败问题典型案件24起，给予党政纪处分12人。提级审理基层纪委报批立案案件5件，给予党政纪处分5人。收到信访举报228件(次)，转为问题线索190件，其中立案处置34件，初核处置83件，谈话函询处置33件，暂存2件，了结处置6件。给予组织处理19人，诫勉谈话16人，党政纪处分17人。

2017年，贯彻中央从严治党战略部署，对全区69个地区和单位开展“两个责任”落实情况的监督检查，发现落实主体责任方面存在的问题352个、监督责任方面存在的问题168个，通过建立问题台账，要求限时整改，加强日常监督、半年督导、年终考核、公开通报等措施传递压实责任。开展“一桌席”“二次宴”“公款购买高档白酒”专项整治工作。查处发生“四风”问题和违反中央八项规定精神典型案例17起，给予党政纪处分19人。点名道姓通报曝光100多人。开展扶贫领域和“雁过拔毛”式腐败问题专项整治工作。严肃查处弄虚作假、截留私分、挤占挪用、挥霍浪费扶贫资金等问题。经过明察暗访、重点督查、受理举报，梳理形成问题线索50件，立案12件，给予党政纪处分14人，共追缴资金86万余元。运用巡视巡察监督利剑，推动全面从严治党向基层延伸，完成对11个地区、部门和单位的巡察工作，发现党的领导弱化、党的建设缺失、全面从严治党不力3个方面共96个问题，要求及时整改。受理举报237件，处置问题线索190件，同比增长20.2%；立案52件，同比增长51%；给予党政纪处分56人，同比增长75%。其中乡科级干部

4人，一般干部25人，其他人员27人。运用监督执纪处理“四种形态”208人，其中，第一种形态151人次，占比73%；第二种形态37人次，占比18%；第三种形态15人次，占比7%；第四种形态5人次，占比2%。

第七节　组织工作

一、机构

2001年，组织部内设知识分子工作办公室、考核办公室、组织科、办公室。2013年，增设干部一科、干部二科、宣教科。2014年，增设远程教育办、党代表联络办公室。2017年，设办公室、干部监督管理科、干部教育管理科、领导干部目标实绩考核办公室、组织科、人才工作办公室、宣传教育科7个行政科室。有副科级事业单位1个，即远程教育办公室。股级事业单位1个，即人才服务工作站。机关行政编制11名。事业编制11人。实有工作人员22名。

二、党的建设

2001年，新城区组织部召开4次党建工作调度会和乡镇、街道、机关、教育、非公有制企业党建工作会议。出台《中共新城区委2001年组织工作要点》《中共新城区委员会关于加强农村基层组织建设的实施意见》《中共新城区委员会关于加强社区党的建设工作的实施意见》《关于在个体和私营等非公有制经济组织中加强党的建设工作的实施意见》，发展新党员136名，预备党员233名按期转正。在农村党建中，2个乡镇和42个行政村全部实行政务公开和村务公开。原103个居委会合并为59个，重新组建社区居委会党支部。协调59个区直部门和单位与社区居委会帮扶“结对子”活动。建成1559个社区服务组织；社区服务网点678个；29处老年活动场所；组建社区志愿者服务队伍。组建12个非公有制企业党支部，在从业人员30人以上的27个私营企业中配备党建工作指导员。开展教师队伍师德教育和教学岗位竞赛活动，推动教学工作全面进步。举办农村党支部书记和村委会主任培训班，42个行政村的90多名干部参加培训。举办2期培训班，287名入党积极分子参加培训；各党委、党工委的专职副书记、党办主任、各居委会党支部书记91人进行党建工作理论培训。组织乡镇和较贫困村26名干部赴山东烟台学习考察。本年是中国共产党建党80周年，组织开展党的知识竞赛、歌咏比赛纪念活动。表彰区属各基层党委(党工委)优秀党员215名，优秀党务工作者64名。2名优秀党员和2名优秀党务工作者受到市委的表彰，毫沁营镇下新营村党支部被命名为自治区级红旗党支部。组织部筹集资金12760元，慰问46名中华人民共和国成立前老党员、35名特困党员以及13名连续担任15年村党支部的党员、49名离退休老党员。订阅《党的教育》《学习与工作》《党建与人才》等杂志。

2002年，新城区出台《中共新城区委员会关于进一步加强农村基层组织建设工作的意见》，落实区委书记“第一责任人”和乡镇党委书记“直接责任人”职责，对农村基层组织建设加强督促和指导。制定《关于加强农村基层组织建设的实施意见》，理顺村党支部与村委会的关系，发挥村民自治组织对村务工作的监督与管理职能。33个村党支部完成换届选举，各村党支部书记平均年龄下降4.2岁，支部委员平均年龄下降5.1岁，支部班子成员进一步年轻化。组织36名村干部赴和林格尔、托克托县参观学习农村基层组织建设工作先进经验。集中培训42名农村党支部书记，学习法律知识、廉政建设、土地管理、生态建设等课程。各乡镇党委共组织9期培训班，参训人员2123人次，党员培训率96.8%，村干部、后备干部、入党积极分子和科技示范户培训率100%。培养农村入党积极分子203人，确定重点培养对象78人，其中高中文化程度37.8%，妇女23.6%。开展党员先进性教育活动、“双学双争”活动和民主评议党员活动。实施“党员联系户”制度，密切党员与群众关系。改进党内统计工作方法，16个基层党委安装“中国共产党基本信息管理系统工作软件”。新建、改建14处村委会办公用房，改善村委会办公条件。制定《新城区2002年社区建设示范活动方案》，修改完善《社区建设工作考评细则》，构建以街道党组织为核心、社区党组织为基础、社区党员为主体、社区内其他组织共同参与的社区党建工作新格局。结合街道社区党建工作目标，明确社区党支部的领导核心地位，制定5项社区党支部工作职责、8项社区居委会工作职责，形成完整街道社区党建工作考核体系。区委组织部、机关党工委、团委、教育局党委与社区办联合下发倡议书，号召广大机关干部、共青团员、中小学教师积极参与社区建设，掀起“我为社区做贡献”活动高潮。新城区社区建设志愿者服务队280多支近1万名志愿者。机关党工委建成5个党总支和44个党支部与7个街道党工委59个社区党支部“一对一”联系单位，促进机关党建和社区党建互动发展。集中培训59个社区118名干部，召开社区党建工作座谈会。区委、区政府筹集资金60多万元，建成社区服务中心，成立社区服务中心党支部。

2003年，区委组织部部署农村、社区党建工作，制定《关于下达全区2003年农村基层组织建设工作要点和任务分解的通知》，确定建成2个高标准乡镇党委、11个高标准村党支部奋斗目标。集中培训乡镇干部、村干部4期，参加培训620余人次。培训乡镇党委开展培训农村基层干部和科技示范户。培训各社区居委会书记、主任。开展村委会换届选举知识培训。

2004年，新城区成立农村基层组织建设暨“三级联创”活动领导小组，制定《“三级联创”活动实施方案》，建立相关责任机制，列入实际考核目标。把“三级联创”活动和社会扶贫相结合，制定《新城区2004年社会扶贫工作实施方案》，由41位区级领导和全区各部门重点帮扶22个贫困村、502户、1500人。各部门为农民减免全部农业税计85万元。开展科技下乡活动10余次，下发宣传资料4000余份。制定下发《关于下达全区2004年农村基层组织建设工作要点和任务分解的通知》,明确2个乡镇党委和30个行政村党支部的创建目标。举办乡镇和农村党员干部培训班30余期,培训2320余人次。举办各类培训90余次,培训1.07万人次。按照市委组织部《关于在全市农村基层党组织中实施13652工程的意见》要求,为民办实事183件,投入资金2.25万元,进行异地移民293户,共计846人,发放移民生产生活补贴款380.7万元。完成土房改造1056户。制定《新城区社区工作人员管理办法》。区、街道两级举办各类培训班18期,培训干部1062人次。举办入党积极分子培训班2期,培训入党积极分子176名,各党委、党工委发展党员180名。

2005年,新城区开展农村基层组织建设"三级联创"活动,毫沁营镇被自治区党委组织部评为领导班子好、党员队伍好、工作机制好、工作业绩好、群众反映好"五个好"乡镇党委。41名区级领导和60个区直部门"结对"帮扶农村。开展第三批先进性教育活动,区委活动领导小组为每个行政村党支部指派1名处级党员领导干部定点联系,创建"五个好"村党组织。建立千分制的"五个好"村党组织考核细则,推行农村党支部书记工作例会制度等。加强对党员的教育管理,毫沁营镇开通远程教育网。举办30余期乡镇和农村党员干部培训班,培训乡镇和农村党员、干部2320余人次。有92户村干部和党员家庭办起科技示范生产经营项目,43名党员中28名是致富带头人,154名积极分子中126名成为致富能手。实施"13652"工程,投入资金达1532.5万元,为农民办实事165件。投入14.35万元活动经费,改造土房590户。开展"组织好党员,党员找组织,组织找组织,党员找党员"活动,使200多名与党组织失去联系党员重新与党组织建立联系。

2006年,新城区贯彻自治区党建工作会议精神,下发《新城区2006年农村基层组织建设工作要点》《新城区2006年非公经济组织、社会团体和社会中介组织党建工作要点》《新城区2006年机关党的基层组织工作要点》《新城区2006年街道社区党建工作要点》。开展农村基层组织建设"三级联创"活动,制定《涉农部门联系行政村打造工作亮点制度》《新城区农村干部管理试行办法》,举办各类培训55期,农村党员干部和农民6180人参加培训。实施"13652"工程,为农村和农民办实事160件。投入资金3500万元。完成水磨等7个村的村级组织活动场所建设。

2007年,区委制定《呼和浩特市新城区村级干部管理试行办法》,127名村干部的工资由财政拨付,规范村干部的管理。11个行政村党组织进行换届选举,4个行政村书记、主任"一肩挑"。新城区结成"三级干部服务链"184条,农村党员"三结合"致富链278条,915名农村无职党员有595名认领公益性岗位。制定村委会向村党组织报告工作八项制度,探索性地建立镇人大监督村务制度。举办农村党支部书记、村委会主任及村后备干部培训班,85名村干部和村级后备干部参加培训。开展科普电影巡回放映活动,举办37期农业技术培训,培训农村党员示范户、产业带头人和有能力接受培训的农民4850多人次。实施村务公开。制定完善区委常委联系街道的工作制度,社区党组织月报、街道党工委季报的党建工作定期汇报制度；完善社区党建目标管理责任制度、工作交流汇报制度和工作评议制度等一系列工作制度。推行社区党支部书记与主任“一肩挑”工作。召开社区党支部创建党建示范交流会。开展街道社区“双扩双创”活动，新建176个党小组。推动“五个好”社区党组织创建工作。社区创建“外来务工党员服务之家”和“党员康复服务之家”。建立由驻区单位参与建设的“爱心超市”8个，组建近万人社区志愿者活动队伍。新城区5个基层组织集体、10名个人受到市委、市政府表彰。发展党员180名。累计投入9万元资金，慰问200多户贫困户。建立规模以上非公有制企业联系点14个。成立新城区非公有制企业建立党组织工作领导小组。选派77名并接收市委组织部选派的29名优秀中青年干部到非公有制企业担任党建工作指导员开展党建工作。新建非公有制企业党组织10家。112名流出党员领取“流动党员活动证”，发放率达73%。摸底排查流入党员348名，建立电子信息库，印发《致流动党员的一封信》，召开流入党员专题座谈会，设立新城区流动党员咨询服务专用电话。

2008年，新城区开展“三级联创”活动，按照创建“五个好”乡镇党委、“五个好”村党组织的要求，检查指导镇党委、村党组织创建工作。坚持领导干部联系点制度和开展部门与农村社区结对共建活动，开展“一帮一”等活动，支持和帮助生活困难党员。在街道社区开展“综合示范区”工程和“双扩双创”活动。创建示范社区和特色社区，加强特色党组织建设。探索非公有制企业党组织组建工作。

2009年，推进城乡组织建设网络化。村与村组织“联建”，实行“地域联建”“发展联建”“设施联建”“产业联建”。村与社区组织联建。机关与村组织“联建”，组织61个区属部门与全区26个行政村开展互帮互助。机关与社区组织“联建”。开展“一点、双联、三创”活动，组织54个区属部门与46个社区开展结对共建。村企“联建”，以企业与其开发项目所在村“驻地联建”为主要形式，建立跨越城乡地域，联结科研、生产、销售等环节的党组织。村、社区与驻地单位“联建”。完善社区建设联席会议制度，实行社区与驻区单位共建，实行家庭、社区、职工工作单位“三位一体”的党员教育管理模式，推进社区大党建格局。组织“千名党员促和谐”下基层活动。全区党员干部组成以科级干部牵头的73个小组，分别到26个行政村、46个社区及企业，进行为期1个月的基层学习、生活和工作。开展“党心联民心、亲情进千家”活动。为全区200多个党组织联系和服务群众搭建工作平台。统一印制《民情日记》，推广“民情日记工作法”。远程教育网络建设工作按照镇、街道有专业人员和村、社区有专人负责要求，配备19名较为专业的技术人员。投入24万元建设资金，保障网络建设。制定和完善《新城区农村党员干部现代远程教育终端接收站(点)操作管理员工作职责》《新城区农村党员干部现代远程教育终端接收站(点)节目收看学习制度》《新城区农村党员干部现代远程教育终端接收站(点)管理与使用制度》《新城区农村党员干部现代远程教育终端接收站(点)学员注意事项》等制度，各村、社区组织学习平均为6次。

2010年,新城区推进城乡组织建设网络化,开展联建活动。“村村联建”,强化为民办实事,办好事的措施,推进农村经济发展、农民增收。“村居联建”形成资源共享的良好格局,促进城乡一体。“村企联建”,联建村为企业提供土地、人力等资源,驻村企业为新农村基础设施建设投入资金50多万元。“村协联建”发挥专业协会的优势,做大做强特色产业,加快现代农业发展。机关与村联建深化基层党组织互帮互助机制建设。区、街道和社区分别成立党建指导委员会、党建协调委员会和社区党建议事会。

2011年,新城区开展基层组织建设年活动。完成区镇两级党委换届。开展“创先争优”活动,各级党组织和广大党员在承诺和践诺中为基层群众办实事2000余件。发挥典型引领作用,逐级开展表彰活动,营造学先进、比先进的良好氛围,接受上三级组织部部长的指导检查,展示成果,宣传特色。开展“三个一流”建设活动,强化组工干部的执行力和公信力。

2012年,组织召开4次党建工作调度会,开展基层党组织“抓特色、定载体、创精品”活动,初步建立“一个党委一个精品、一个支部一个特色”的党建模式,完善基层党组织精品特色项目储备库,“加法创新建机制、整合资源解难题”的有效做法入选中组部创新案例。组织工作基础建设健全6大类、61项制度,提升组织工作规范化水平。

2013年,新城区建成流动党员教育管理服务中心,为全区327名流动党员搭建互动交流、互助共进工作平台。建立农村党员就业创业服务中心,构建区、镇、村三级服务网络。成立居企联合党委服务中心,采取党员积分制管理,构建区域化党建工作新模式。建立入党积极分子社会实践基地,组织153名入党积极分子到团结小区改造项目中进行锻炼。指导7个社区开展精品示范创建。新建非公经济和社会组织党组织11个,提高党组织组建率和覆盖率。

2014年,新城区制定《以教育实践活动为契机,加强基层组织建设的实施意见》《结合专题组织生活会加强基层组织建设的实施方案》《打造基层组织建设亮点工作的实施方案》,精心组织实施六项工程和示范点创建活动。以项目化管理的方式,完善全区流动党员教育管理服务中心、非公有制经济和社会组织服务中心、海拉尔东路社区“居企联合党委”服务中心、农村党员就业创业服务中心、入党积极分子社会实践基地。从涉农部门择优选派18名后备干部,与市委派驻6名干部同步到全区24个行政村任“第一书记”,率先在全市实现全覆盖。组织制定出台第一书记管理办法,建立重大事项报告、工作考核、述职评议等7项配套制度。开展在职党员服务社区活动,建立在职党员“一证一单三卡”管理制度,紧密结合各街道的实际情况,组织在职党员参与准物业管理、为老服务、关爱儿童等服务项目,以西街街道、如意社区为试点打造关爱儿童服务站和服务居民“四座桥”等服务品牌。

2015年，新城区开展村“两委”换届选举工作，按期换届选举率和一次选举成功率100%目标。6个自然村、48个社区选派“第一书记”。开展改造老旧小区、准物业管理工作。实施“十个全覆盖”工程，规范26个村党员活动阵地和党建档案资料。组建自治区科技园、大学生创业园联合党委。组建党组织14个。

2016年，组织部按照中央、自治区党委、市委关于做好旗县区党委换届工作的有关指示精神，完成换届选举工作。选举产生出席区第十一次党代表大会代表213名。制定创建十星村级组织、农村党员干部引领产业发展四星考评管理办法，进一步强化基层党组织领导核心和示范引领作用。成立非公有制经济和社会组织党工委，建立多部门联动工作机制，推动“两个覆盖”工作落实。为150名新摸排流动党员、300余名农村党员提供就业创业服务。开展党员先锋指数考评，基层党组织建立档案，强化党员管理。组织镇、街道、民政、教育等部门逐户排查非公企业和社会组织，1527家企业和73个社会组织建立党建工作台账。建立非公企业党组织77个，社会组织28个，党组织覆盖258个非公企业和社会组织。开展对村级党组织实行十星级管理、引导村党员干部争做参与新农村建设十大员、党员干部在引领产业发展上做到十带头等“三个十”活动。

2017年，新城区镇两级换届，组织部考察标准不降，程序步骤不少，不折不扣落实各项政策。制定详细的资格审查方案，明确纪委、法检等22个审查责任主体职责。审查733名各类提名人，18人取消提名资格。消除集体经济“空壳村”，年收入5万元以上占62.5%。开展“六横五纵一环”沿路沿线精品示范社区创建工作，沿线35个社区基本实现党建精品示范建设，内蒙古党委社区等4个社区接受全市城市基层党建工作座谈会现场观摩。向1545家非公企业和94家社会组织选派320名党建指导员，党组织和党的工作全覆盖(其中党组织单独组建率达到40.3%)。永泽建管公司、朝聚眼科医院等一批党建示范点，接受自治区现场会观摩。利用“党建直通车”开展“十九大”专题讲座5次，2000余名党员接受培训。构建流动党员服务体系，开通服务热线、微信平台服务，累计服务2000余人次。

三、干部管理

2001年，新城区结合“三个代表”重要思想学习教育活动的开展，对科级领导干部进行深入系统的政治思想教育，对领导班子建设提出新的要求。新任职干部每两月要写一篇论文或学习体会。对27名试用期满的副科级干部进行考核，按照考核结果履行转正任职手续。对2000年年底调整、交流的25名科级领导干部进行离任审计，查出未缴专户交税款、私设小金库等违规金额445万元，及时进行处理。组织进行区人民法院空缺环节干部岗位的公开竞争工作，有10人走上环节干部领导岗位。举办为期一周的新任科级干部培训班，52名新任副科级干部参加培训。分两期组织科级领导干部学习“七一”讲话和中共十五届六中全会精神理论轮训班。举办一期27人参加的后备部理论培班和68人参加的后备干部微机实用技能培训班。组织 103 名居委会干部在市委党校进行为期一周的脱产培训。

2002 年,对 59 名试用期满的副科级领导干部进行考核,按期办理转正手续。对 2002 年改任、调整、交流的 29 名科级领导干部进行离任审计。建立干部监督联席会议制度。完成区直党政机关机构改革"三定"工作。新提拔任用 20 名副科级和 27 名正科级领导干部,均作为期一周的任前公示。学习宣传和贯彻《党政领导干部选拔任用工作条例》。将全区副科级以上干部的年龄、学历、党龄、工龄进行核实,信息录入微机。对后备干部进行补充调整。

2003 年,对区属各中小学、幼儿园领导班子进行全面考核。完成区人代会的选举任务。调整、补充区级后备干部队伍,对 10 名选调生进行考核,并将情况及时报市委组织部。选派 2 名工作表现突出的选调生到市纪委和市财政局进行挂职培训,接收 2 名市直机关干部在区法院和东街办事处挂职锻炼。在法院环节干部中进行竞争上岗,有 37 名干部参加竞争,新选拔 12 名环节干部。对区属在职科级领导干部的学历进行核查。对 2000 年下派到居委会工作的 58 名人员的工作情况进全面了解。举办后备干部轮训班。办理离任审计 14 人,任前公示 1 人。

2004 年,在全区范围内展开对市十二届人大代表候选人的推荐工作,选举产生 65 名市十二届人大代表,完成对新一届政府组成人员的任命工作。在法院环节干部中进行竞争上岗,共有 46 名干部参加竞争,任用 31 名,新选拔 7 名环节干部,24 名干部进行交流。按照《干部选拔任用条例》有关规定,对区属部分中学正副职领导共 24 人(包括教育局机关 3 名)进行充实和调整。按照市委组织部要求,接收自治区检察院 1 人和锡林郭勒盟苏尼特右旗 9 名干部到区检察院、各街道挂职锻炼。选派区检察院 1 人到市检察院挂职锻炼。按照自治区党委组织部的安排,提前完成全区科级干部及参照管理部门的"三龄一历"核查工作,完成全区干部履历表的填写工作并及时归档。对干部信息库进行修改和完善。制定下发《新城区后备干部管理办法》。办理离任审计 9 人,办理退休 3 人,对 50 人工资进行变动。

2005 年,优化科级领导班子结构,贯彻《2004—2008 年全国领导班子建设规划纲要》,调整充实后备干部队伍,全区科级后备干部为 221 名。后备干部的使用率达 80%以上。选派 52 名后备干部到社区、行政村挂职锻炼。制定《进一步加强领导干部请销假制度的通知》。贯彻落实《党政领导干部选拔任用工作暂行条例》,进行改革干部初始提名办法试点工作,调整充实领导班子 17 个,交流干部 34 名,提拔领导干部 21 名,改任非领导职务 3 名。对 13 名领导干部进行离任审计。基本完成 406 名科级干部"三龄一历"核查认定工作。组织 14 名符合条件部参加全市招考县处级后备干部考试报名工作,有 7 人进入考核之列,有 2 人确定为处级后备干部。组织《中华人民共和国公务员法》培训考试,897 名公务员及行政岗位、非公勤人员参加培训考试。办理退休手续5人，对413人的工资进行变动。按照自治区人事厅及市委的安排，对分配到新城区3名团级军转干部，安排到街道办事处工作。对市委组分配到新城区的3名选调生及时安排工作。

2006年，对区法院空缺的环节干部实行竞争上岗，任用16人。开展乡镇党委的换届工作，保合少镇建镇后，组织乡镇干部竞争上岗考试工作，有135名干部参加考试。根据《呼和浩特市公务员法实施方案》，制定《新城区公务员法实施方案》。全年科员提副科3名，副科提正科17名，正科平职交流53名，科级免兼职3名，处级免兼职2名，正职兼职3名，处级兼职1名，改任非领导职务7名，对25名干部进行试用期满的考核。对9名领导干部进行离任审计。

2007年，宣传《中华人民共和国公务员法》，开展公务员过渡前期调查摸底工作，完成党群机关、人大、政协机关的公务员登记工作。严格执行选拔任用工作纪律，科员提副科26名，副科平调6名，副科提正科13名，正科平调26名，改任非领导职务18名。对27名副科级领导干部进行试用期满的考核。对19名领导干部进行离任审计。修改完善全区科级干部信息库，接收锡林郭勒盟西乌珠穆沁旗4名干部挂职锻炼。

2008年，推进干部人事制度改革，部分副科级领导岗位进行公开竞争上岗，优化领导班子结构。

2010年，新城区坚持按标准、按制度、按程序选人，坚持凭实绩、凭能力、凭水平用人，坚持德才兼备原则，在用人导向上提高公信度。按照《关于深化干部选任制度改革的实施意见》，制定配套制度，规范新城区科级领导干部初始提名工作程序。制定《新城区干部选拔任用工作纪实制度》《新城区干部选拔任用工作“十公开”制度》。深化干部人事制度改革，扩大和规范公开选拔和竞争上岗的力度。拿出10个副科级职位和8个重点岗位进行公开选拔和竞争上岗，对新任职干部进行岗前挂职锻炼。开展科学规范和有效监督区委书记用人行为试点工作。在干部选拔任用过程中严格实行“差额提名、差额酝酿、差额票决”的全程差额制和“拟动议岗位预告、初始提名名单预告、考察人选名单预告、考察预告、任职公示”的“四预告一公示”制度。

2011年，新城区完成3批干部调整和市、区两级干部改非工作，面向全市进行干部公开选拔。

2012年，完成各批次的干部调整工作及市委到新城区的干部考察工作，撰写各类考察材料近10万字。制定干部管理制度15项，分4个层面进行干部民主推荐。完成8名公选干部到北京市昌平区挂职锻炼及鄂尔多斯市东胜区10名干部来新城区交流挂职的相关工作。选派546名党员干部到重点项目和基层一线接受实践锻炼。首次对62个单位、369名科级干部的考核结果进行反馈。

2013年，对科级领导班子现状进行分析研判，提出合理化建议。按照区委要求完成6

批次干部调整补充、交流轮岗工作。面向农村干部、社区干部和年轻干部采取“双推双选”“公推公选”“两推一选”“公开选拔”系列措施，畅通一线干部的“进步通道”。加强干部监督管理，制定4类15项管理制度，规范整理405名科级干部档案，制定干部出国(境)审批制度和备案流程。

2014年，新城区贯彻落实新修订的《党政领导干部选拔任用工作条例》，细化干部选任过程中的推荐、测评、谈话、审核、评价5个关键环节，规范干部选任程序。教育系统完成55名干部的交流调整。研究制定《关于加强全区干部监督工作的实施意见》等4大类41项干部监督管理规章制度，提升监督的有效性和科学性。严格实行领导干部参加社会化培训审批备案和个人有关事项报告制度；落实中组部《关于进一步从严管理干部档案的通知》要求，对全区科级干部的人事档案进行第二次审核认定。形成全区科级干部任职、编制、职数、工资“四账合一”的综合信息库。举办培训班10余期，培训干部1580人次。选派138名干部到信访维稳、重点项目一线部门挂职锻炼、协助工作，选派26名干部到市直对口部门和市信访局挂职锻炼。

2015年，形成领导班子和领导干部综合研判办法等8项制度。调整任免干部6批198人次，重点完成党政分设、政府机构改革、纪委派驻机构全覆盖、教育系统、国有企业以及公开选拔干部的调整配备和定岗工作。对全区7489卷干部人事档案进行集中审核。对18名干部进行离任审计。对自治区党委巡视组提出的干部选拔任用工作中存在的问题进行及时整改。

2016年，新城区注重从一线选任干部。完善后备干部推荐机制，分类建立后备干部库。在土地流转、档案专项审核等工作中强化组织谈话，构建多部门联动联防的干部监督体系，推动干部监督工作制度化、常态化。在区内分行业、分系统开展专题讲堂培训20期，在内蒙古党校举办封闭培训3期，在区外高等院校开展高端培训3期，培训党员干部6000余人次。

2017年，新城区举办各类培训班21期，培训干部6300余人次。选派30余名科级后备干部到外地和棚改一线进行挂职锻炼。分批次对部分领导班子进行调整。落实个人有关事项报告“双承诺”、提醒函询诫勉等制度，强化干部管理监督。

四、人才工作

2001年，新城区进行知识分子统计登记工作。在农村选拔60名农业技术人员和村干部、青年农民参加农业函授大学的学习。对12名乡土人才进行走访，确定6名专业户为培养对象。

2002年，新城区制定《新城区有突出贡献专业技术人员管理办法》。对12名乡土人才进行走访，选出4名参加市委组织部人才培训班。

2003年，组织部门会同区科委、农牧水务局聘请专家、教授就新城区人才发挥作用及产生经济、社会效益进行评估，上报市委组织部。对专业技术人员抽查，检查专业技术人员分类管理办法及培训情况。对教育和卫生部门技术人员进行定期培训、进修。研究制定《新城区农业科技示范户评选管理办法》，协同区科学技术协会、科技局、农牧水务局筛选出 12 户农业户作为科技示范户，召开农业科技示范户命名大会，颁发科技示范户牌匾进行表彰奖励。编印《种植业》《养殖业》《林果业》农业科普丛书，发放到农民手中。

2004 年，新城区成立人才工作领导小组，设立人才工作办公室，开展人才资源开发利用，把人才工作纳入领导班子实绩考核内容。进行人才发展状况调研，制定《关于加强和改进新城区人才工作的意见》。下发《新城区 2004 年干部培训安排》，举办党政人才专题培训。开展“为首府经济建设献计献策”活动，收集意见、建议近百条。对 2003 年选出的科技示范户进行走访。

2005 年，制定《新城区中高级人才信息集》，录入计算机；制定《新城区 2005 年干部培训安排》，举办科级干部理论学习班、妇女干部培训班、党外干部培训班。根据自治区“百万农民科技培训工程”计划，举办培训班 54 期，6496 人参加培训。重新修订《新城区人才发展规划》。

2006 年，贯彻《新城区“十一五”人才发展规划》。开展实用技术培训，112 人参加培训。召开农业科技示范户命名表彰大会，命名 16 户种养殖户为农业科技示范户。

2007 年，新城区贯彻落实《新城区“十一五”人才开发规划》，将 2007 年新城区人才工作任务进行分解并提出完成措施。及时调整人才工作领导小组和人才工作联络员，具体和量化人才工作任务，将人才工作列入领导班子目标实绩考核内容。向市委推荐优秀乡土人才 4 人，专业技术拔尖人才 9 人。对社会人才工作情况进行专题调研，以《干部教育培训条例(试行)》为重点，制定《新城区〈干部教育培训工作条例(试行)〉实施办法》《新城区干部教育培训规划》。举办两期学习贯彻中共十七大精神科级干部培训班，邀请自治区和市两级党校知名教授作专题辅导，314 人参加培训学习。

2008 年，新城区制定《“十一五”人才发展规划》《新城区有突出贡献专业人员管理办法》《新城区选拔有突出贡献的乡土人才方案》和《新城区农业科技示范户评选管理办法》《关于加强和改进新城区人才工作的意见》等一系列管理措施及管理办法。召开新城区科技示范户、种植养殖专业户命名表彰大会，对 5 户农业科技示范户和 15 户种植养殖专业户进行命名表彰。举办牛、羊、猪及疫病防治技术知识、果树、蔬菜等种植技术培训班 150 余期，1.68 万余人次接受专业培训。

2009 年，按照全区人才开发中长期规划，制定下发 2009 年度新城区人才工作计划。及时调整补充新城区人才工作领导小组。形成新城区中高级人才电子信息系统库，登记入库高级专业技术人才 3961 名、党外人才 410 名和乡土人才 50 名。

2010 年，完善人才工作领导小组会议制度、人才工作信息及重要事项报告制度、人才重点工作督查制度和年度总结报告制度、组织部门和各类人才谈心谈话等制度。制定《新城区关于进一步加强农村实用人才工作的意见》。成立新城区鸿盛园区人才工作总站,引进博士等各类高层次人才 56 人。

2011 年,利用“新城区鑫鼎达蔬果协会”等 3 个协会的指导作用,实行“乡土人才 + 协会 + 农户”“乡土人才 + 基地 + 农户”等新型生产经营模式,将有发展潜力的农民培养成为乡土人才。开展“六个名师带徒活动”,培养既有精湛技艺又有较高理论水平的专业技术人才。搭建项目合作引才、紧扣发展重点选才、创新方法大力聚才,引进硕士、副高以上职称等高层次人才 35 人,其中引进“草原英才”24 名。

2012 年,建立“一站一库多点”式网络,完善专业技术人才培养和激励机制,深化“名师带徒”活动,促使青年人成长成才。坚持“乡土人才 + 协会 + 农户”等新型生产经营模式,以特色种养殖业为重点,举办农业技术学会、农技讲座,加大农村实用人才培训力度,增强创业人才和乡土人才的致富带富本领,推动农业农村经济社会发展。采取公开招聘、竞争性选拔、项目引进等多种方式引进高层次人才 20 人。举办“2012 国际光纤通信论坛”,邀请中外知名专家作专题报告,促进学术交流与合作,发挥各类高层次才的尖端引领作用,让人才优势转化为产业优势,服务经社会发展。

2013 年,完善以鸿盛工业园区为站点入驻企业为分站点的“一站一库多点”式人才工作网络,强化人才信息库的动态管理。开展调查摸底,拟定《关于建立“绿色通道”加快引进人才的实施意见》《关于有效配置区内人力资源的实施意见》,实现专业对口需用结合、人岗相适。

2014 年,建立健全人才工作领导小组工作职责、议事规则、人才工作联络员、目标责任制考核办法等各类人才工作制度,形成各部门共同推进人才工作的合力。分层次、分类别统筹安排各类人才培训,提高人才队伍整体素质。发放《致农村实用人才的一封信》《新城区优秀人才信息登记卡》,充实完善人才信息库,确定人才工作联络员。采取公开竞聘、“两推一选”等方式选拔优秀中小学、幼儿园副校(园)长 22 名。

2015 年,参加内蒙古第三届“草原英才”高层次人才交流会暨呼包鄂创新创业周活动,完成“新城展厅”设计布置,印制《新城人才》宣传册 2000 份,组织各类人才 150 余人参加开幕式和推介会等相关活动。建立服务人才的“软硬平台”,即“线上线下”平台。建立人才服务移动终端—呼和浩特市新城区人才服务微平台,开通官方认证的“呼和浩特市新城人才”微信公众号。在内蒙古国家大学科技园建立新城区人才服务工作站,为各类人才提供“政策咨询、招才引智、人才培养、专项服务”4 个方面 18 项高效、便捷、全方位的服务。

2016 年,新城区制定《党政领导联系优秀人才制度》《关于引进优秀人才优化人力资源配置的实施意见》。开展人才工作调研,到鸿盛工业园区、“双创”中心等开展实地走访及问卷调查，发放调查问卷109份，收集问题及意见建议20条，形成分类调研报告11份。制定《新城区人力资源优化配置方案》，计划与专业技术人才统筹调配，通过双向互选，分批次组织实施。制定《新城区高层次人才创业创新人才引进培养资金使用管理办法》，对引进培养高层次人才、急需紧缺人才的单位及人才个人进行资金奖励扶持。拓展区人才服务工作站功能，整理制作领导干部联系服务人才流程、人才服务工作站工作流程及“博士服务团”、自治区“草原英才”“草原之光”等人才重大项目申报流程。

2017年，组织部门举办企业经营管理人才培训班，专题辅导、现场指导，有效提升企业人才专业素养、管理理念。调研摸底人才队伍现状，启动人才综合服务信息平台建设，更新人才信息库，细化完善人才工作网络。组织企业参加人才交流会、公开招考等方式引进各类人才280余名。组织农村实用人才等各类人才资源，开展政策宣讲、技术培训，举办各类实用技术培训15期、外出学习观摩2次，促进农村产业发展。以新城区人才交流会为契机，组织企业、农业合作社共87家单位进行创新创业成果宣传展示和现场招聘活动，引进各类人才200余人。人才工作情况在全市组织工作会议上作典型经验交流。

五、学习教育活动

2001年，新城区结合“三个代表”重要思想的学习教育活动，在“四大班子”和“四小班子”中组织开展“三讲”集中教育整顿工作。开展乡镇、街道和科局“三个代表”重要思想的学习教育活动，新城区领导班子和领导干部进一步统一思想、理清思路、明确目标、改善工作作风。为巩固和发展学教活动取得的成果，把“三个代表”重要思想学习教育活动引向深入，区委制定干部经常深入基层调查研究、解决实际问题联系制度，印制《新城区干部下基层工作记录》。

2002年，是新城区“对外开放环境建设年”，开展“大力解放思想、优化开放环境”培训教育活动。结合“三个代表”重要思想的学习教育活动，进行集中学习教育整顿工作。贯彻中组部《关于在组织系统兴起学习“三个代表”重要思想新高潮的意见》，为树立以公道正派为重点的组工干部良好形象，制定《关于开展学习“三个代表”重要思想，树立组工干部良好形象及“大力解放思想、优化开放环境”培训教育活动的实施方案》。

2004年，巩固“大力解放思想，优化开放环境”教育活动成果，在新城区副科级以上领导班子和广大干部中开展“执政为民，加快发展”培训教育和集中整顿活动。

2005年，新城区开展保持共产党员先进性教育活动。按照中共中央下发的《中共中央关于在全党开展以实践“三个代表”重要思想为主要内容的保持共产党员先进性教育活动的意见》，从2005年1月开始，分三批在全区开展以实践“三个代表”重要思想为主要内容的保持共产党员先进性教育活动。先进性教育活动经过学习动员、分析评价、整改提高三个阶段，历时一年半，到2006年6月基本结束。

2006年，新城区在1乡1镇开展第三批保持共产党员先进性教育活动。有30个行政村、2个党总支、34个党支部、1299名党员参加活动。在“执政为民、加快发展”教育活动成果的基础上,开展以增强“五种意识”为重点的“一心为民、加快发展”培训教育活动。活动突出“三个代表”重要思想中执政为民的核心和科学发展观“以人为本”的内涵,全区党政机关、事业单位6000余人参加集中教育活动。

2009年,贯彻中共十七大会议精神,开展学习实践科学发展观活动,制定《中共新城区委组织部深入学习实践科学发展观活动实施方案》,成立学习实践科学发展观活动领导小组。增强学习实践活动实效性,开展“千名党员促和谐”下基层活动,领导带动,组织联动,具体推动,扎实开展“创先争优”活动。并建立长效机制。

2010年,新城区学习贯彻中共十七届四中、五中全会精神,深入学习实践科学发展观。

2011年,全区深入学习实践科学发展观,开展“创先争优”活动。

2014年,开展党的群众路线教育实践活动。以教育实践活动为契机,深化组织系统“建设学习型服务型创新型部门、争创为民务实清廉表率”活动。

2015年,在全区副处以上干部中开展“三严三实”专题教育,制定《关于开展处级领导干部“下听访”活动,践行“三严三实”要求、落实“五级示范抓引领”任务的实施方案》,通过专题调研、召开座谈会、入户走访等形式,广泛征求意见建议,查找差距与不足,建整改台账。

2016年,贯彻落实三级组织工作会议精神,从严从实推进学党章党规、学系列讲话,做合格党员“两学一做”学习教育,抽调专人成立“两学一做”学习教育领导小组、督导组等相关工作机构,采取每月一主题、每月一推进措施,确定10个主题月,细化43项具体工作任务和措施。

2017年,围绕从严治党这条主线,扎实推进“两学一做”学习教育常态化制度化。落实党支部工作目标制度、党员专题学习制度、党员履责制度“三项制度”,在各党委、党工委召开13场调度会,开展观摩学习、查阅资料、座谈交流、督导点评,营造“比、学、赶、超”的良好氛围。以党建强、发展强,百团连百村、百村办百事“双强双百”为主题,强化必读书目学习,评选“榜样人物”和优秀党课教案,引领广大党员争做模范标兵,树立创优意识。中共十九大闭幕后,制定培训方案,科级干部、机关学校、农村社区干部等党员干部开展专题培训193期。利用“党建直通车”“组工微平台”等新媒体,推送专题学习内容,1.2万多人次党员干部接受培训。

六、实绩考核

2001年,按照市委、市政府和区委、区政府的安排,组织部门开展实绩考核工作,对57个部、委、办、局实行年度实绩考核。通报实绩考核结果,评出实绩突出的乡领导班子3个,实绩突出的街道办事处7个,实绩突出的部委办局40个,实绩比较突出的部委办局6个,实绩一般部委办局1个;评出优秀领导干部57名,称职的领导干部106名,基本称职的领导干部 1 名。制定下发 2001 年度实绩考核目标。对小街巷改造、卫生工作等重点目标进行督查。

2002 年，组织部门实绩考核新城区各乡镇、街道办事处和区属各部门领导班子和领导干部。评出实绩突出领导班子 51 个，实绩比较突出领导班子 6 个，实绩较差的领导班子 1 个；优秀领导干部 70 名，称职领导 115 名。加大对重点项目平时监控检查力度，保证主要工作按时完成。让实绩考核更趋完善、合理，使考核真正成为新城区各级领导班子激励机制。借鉴包头市运用现代化手段综合评价干部实绩的先进经验，完善新城区《领导班子和领导干部实绩考核方案》《领导班子和领导干部实绩考核实施细则》《领导班子和领导干部实绩考核权重分配和计分办法》。

2003 年，组织部门实绩考核新城区 2 个乡镇、7 个街道和 46 个部委办局党政领导班子和 203 名科级领导干部。制定各单位实绩考核目标。制定《中共新城区委员会关于进一步做好党政领导班子和领导干部工作实绩考核的实施意见》。组织部门考核下派居委会工作 68 名干部。

2004 年，新城区各职能部门和上级业务单位签订责任状，区委组织部作为重点考核目标印发到各部门，承担市委考核目标的部门定期汇报工作的进展情况，相关监控部门加大平时监控力度。接待市委、市政府督查组检查 2004 年重点项目进展情况。完成 2002、2003 年度党政领导班子目标实绩考核结果的通报工作，印发 2004 年度党政领导班子实绩考核目标。规范干部考核工作，对全区的重点工作目标，实行定期汇报，加大自我监控力度。集中整顿基层党组织，对各党委、党工委基层组织建设、领导班子建设和干部队伍建设情况进行督查。对各部门的工作作风及目标情况进行督查，将督查结果下发通报。

2005 年，对上报市委、市政府办实事及重点项目进行督查，协调市委组织部对新城区 2005 年重点项目进行调整。完善考核工作方案，要求承担市委考核目标的部门定期汇报工作的进展情况，加大平时监控力度。对全区乡镇、街道、部委办局进行半年及前三季度各项工作进度进行督促检查。通报 2004 年度领导班子和领导干部实绩考核结果。制定印发《2005 年度区委、区政府关于对乡镇、街道、部委办局领导班子和领导干部工作实绩考核奖惩办法（试行）》和《2005 年度区委、区政府对乡镇、街道办事处，部委办局考核方案》，组织实施考核工作。

2006 年，按照中组部、自治区党委组织部综合考核办法，结合实际，在建立考核评价体系上有新突破，制定《新城区 2006 年度领导班子、领导干部考核奖惩办法》，对报市委、市政府办实事及重点项目进行督查，开展各乡镇、街道、部委办局半年督查，专项督查创建“国家环保模范城”相关工作。领导班子和领导干部考核初步结果经考核委审议后，提请区委常委会会议，向各部门通报，召开实绩考核表彰兑现大会。

2007年,新城区为真正体现全区的中心任务和各班子的本职工作,目标体系的制定既考虑横向比较的可行性,又体现纵向发展的程度,从横、纵、重、中等方面优化目标体系。研究制定《2007年度领导班子、领导干部考核奖惩办法》,印发《2007年度区委区政府关于对镇、街道、部委办局领导班子实绩考核目标的通知》,上报《关于新城区2006年度对市委管理委托考核县处级干部考评结果的报告》和《关于2007年度实绩考核自定目标的报告》,成立督查小组,对镇、村乱搭乱建情况和办实事及重点项目进行督查,通报进展情况。通报2006年实绩考核结果,实施奖惩兑现。

2008年,新城区制定考核目标体系。围绕全区的中心工作,突出社会主义新农村建设,突出民生工程,突出新北区建设。立体式、多层次、按时限等方法改进完善考核办法。充分调动发挥各领导班子工作的主动性和创造性,按照完成进度时限要求,通过不同层面的多层次评价的立体式方法改进完善考核办法。充分发挥各监控部门的职能作用,加大平时监控的力度,严格奖惩兑现。

2009年,新城区加大平时监控的力度,严格奖惩兑现。初步建立"平时考评、上下互评、领导点评、年终总评"的考核评价办法,推进实绩考核工作上新台阶。年终一次性考核改为按月随机督查、按季度定期督查、半年督查,通报工作任务运行情况。考核对象进行合理分类,同类考核、同类评价,增强考核对象之间可比性,考核公平性。64个单位划分为群团工作部门,镇、街道办事处,涉农部门、社会事务管理部门5种类型进行督查考核。

2010年,新城区建立平时考评、上下互评、领导点评、年终总评"四评"机制,制定《新城区科级党政领导班子和领导干部工作实绩考核办法(试行)》,把年度考核和干部提拔使用结合起来,真正使实绩突出、群众公认干部脱颖而出。

2011年,新城区优化考核指标体系,指标设置注重"细",将各部门职能职责进行细化分解;注重"异",针对各部门不同的工作性质和职责设置不同考核指标;注重"新",在指标制定上重点突出对各部门创新性工作的考核;注重"管",明确考核指标所对应的职能监控评价部门,及时出台相应的监控指标评价标准,加大平时监控力度。改进考核办法,初步建立"平时考评、上下互评、领导点评、年终总评"的考核评价办法。

2012年,新城区坚持量化指标,分类排序,按比例、分档次进行评定方式进行年度实绩考核,加强平时监控力度,完善考评机制,加强干部品德考察,体现以德为先考核评价标准,增强考核的时效性和准确性,营造优进劣退竞争环境。

2013年,新城区加强日常监督考核与专项考核的结合,建立综合考核评价机制。将机关作风建设、招商引资、生态保护综合治理、智慧城区建设等工作纳入考核指标。开展千名党员干部下基层专项督查考核,助推动大青山前坡生态综合治理工作。制定《新城区镇村干部考核办法》,对包村干部、"双推双选"选任干部以及村"三委"干部进行专项考核。

2014年,新城区建立完善"全方位、分层次、多角度、立体化"的网格式考核评价体系。制定2014年考核监控实施意见、日常监控指标体系和考评指标体系。采取定性与定量考核相结合、日常监控与专项考核相结合、平时考核与年终考核相结合的方式，督查G6高速两侧征地拆迁工作及包村部门到位情况、亿元以上重点项目和棚户区拆迁改造情况，抽查部分单位领导班子建设和重点工作推进情况。集中力量对群众路线教育实践活动、镇村干部、社区干部进行专项考核。对2013年换届后区委调整任用的干部进行任职考察和试用期满转正考核。

2015年，新城区完善考核指标体系，把法制建设成效、依法行政情况纳入考核指标体系，同时将党建工作赋分权重提高到60%。加大专项考核力度，按照时间节点，对执法部门履职情况、“勇于担当、攻坚克难”任务、党务公开等八项重点工作任务进行专项督查考核，重点完成“十个全覆盖”工程建设中5个层面的综合考核评定，使考核的助推和导向作用更加突出。

2016年，实施从严从实推进目标实绩考核。对年度考核结果进行通报反馈。制定“一个意见、两套体系”，明确各职能监控单位和其所监控内容以及具体评价细则，监控单位更直观了解所承担任务。开展专项抽查，强化日常监控力度，督查保合少镇、成吉思汗大街街道土地卫片违法图斑整改落实。进行单项排名，根据专项考核结果进行排名，结果纳入年度目标实绩考核中。将市委、市政府下发的2016年度旗县区重点项目考核细则分解至各相关单位，明确责任领导和责任单位。承担重点项目和重点工作的单位建立工作台账，定期将任务完成情况上报。

2017年，进行环境卫生综合整治、信访维稳等重点工作6个专项考核，推动工作落实。强化考核结果运用，实行干部约谈提醒，责令整改，体现考核严肃性、实效性。

第八节 宣传工作

一、机构

2001年，新城区委宣传部内设综合办公室，宣传科和文化科。同年，新城区精神文明建设委员会成立，下设办公室（简称文明办），各乡镇和各办事处相应成立精神文明建设机构。办公室设在宣传部，为正科级单位。内设综合科、创建科。2017年，新城区委宣传部内设综合办公室。所属互联网信息办公室为副科级事业单位，所属讲师团、思想政治工作办公室、记者站3个股级事业单位，对外挂文明办牌子。机关有干部职工48人，其中行政编制6个，事业编制31个，在编在岗干部18人，借调15人，社会招聘14人，民生志愿者1人。

二、理论学习

2001年，采取中心组学习、党校培训、政治学习、党团活动、座谈讨论和撰写体会等形式,组织广大党员干部群众开展学习宣传教育活动,组织全区两级中心组专题学习会12次,举办各级党校培训班150余期,培训党员干部群众4000余人次,党员干部培训率达到97%,积极分子培训率达到100%。围绕全区经济发展、新城区建设与管理、生态建设、市场建设、农业产业结构调整、工业园区建设、社区建设、党的建设等专题展开学习讨论,下发学习材料1500余册,组织四大班子领导集中学习2周,组织集中辅导10余次,举办专题培训班30余期,组织外出学习考察5次,形成调查研究成果5篇。围绕江泽民总书记"七一"讲话精神和中共十五届六中全会精神,,采取"请上来"和"深入下去"相结合的办法,深入开展"理论下基层"活动,组织宣讲15场次,受教育人数达3000多人次。结合中心工作,撰写理论研究文章。组织各级党员干部理论测试,参加测试干部4000余人次,参考率96%,合格率100%。围绕社会主义市场经济条件下,党员的先进性如何体现,如何实践"三个代表"重要思想等专题,开展"学理论、比党性、做贡献"活动,培育选树锡林郭勒北路办事处、胜利路社区、一家村及赵振强、高桦等典型。

2002年,围绕"加入世贸组织对我国经济的影响""西部大开发与呼和浩特经济""从WTO看当代世界法律发展趋势"专题学习辅导。开展农业、城区改造、高科技园区建设等讨论。为新城区各党委、党工委印发学习"三个代表"重要思想计划。各党委以中心组学习、政治学习、党校培训等形式,开展民族理论、民族政策、民族团结进步学习、宣传工作。组织中共十六大宣讲团,到各基层党委宣讲中共十六大精神,授课10余次,参加人员1500人。

2004年,制定《新城区2004年宣传思想工作要点》《新城区2004年思想政治工作要点》《新城区2004年精神文明建设工作安排意见》《新城区2004年对外宣传工作要点》《新城区2004年理论工作要点》等一系列学习计划。新城区芳汀社区出席全国社区思想政治工作经验交流会,作典型发言。中心组集中学习12次,各种形式外出学习考察10余次,开展理论学习活动,中心组成员撰写学习体会、调研报告和理论文章100余篇。宣传部转发《关于向牛玉儒同志学习的决定》,组织干部学习牛玉儒先进事迹。理论宣讲团到基层宣讲9(次)场,累计900余人次;举办各类培训班21余期,培训人数2175人次,党员干部学习普及率达96%以上。制定下发《2004年全区理论工作要点》指导理论学习,以中心组学习为龙头,以科局级以上干部为重点,开展保持共产党员先进性教育活动和创建学习型组织活动。组织新城区副处级领导干部集中学习会1次,重点传达胡锦涛总书记在中纪委第三次全委会议上的讲话,结合《中国共产党党内监督条例》实施进行座谈。开展乡镇干部学习中央1号文件培训班1期,举办公务员培训班4期,轮训600人次,培训《中华人民共和国行政许可法》及《呼和浩特市行政过错责任追究细则》。举办入党积极分子培训班1期,重点培训90名后备干部参加学习,撰写学习体会文章90篇。

2006年,新城区开展学习贯彻中共十六届六中全会活动。制定《新城区开展学习和贯彻中共十六届六中全会精神,创建和谐首府宣讲活动的方案》,确定"同时启动,分级宣讲，上下联动，整体推进”实施宣讲办法，成立由宣传部部长担任组长，各党委、党工委书记组成的组织领导机构，负责各项组织学习工作，宣传部和培训中心组织成立理论宣讲团，到毫沁营镇党委、建设局党委、教育局党委和锡林郭勒北路街道办事处党工委等12家单位宣讲学习12次，辅导基层党员干部3000余人。举办“学理论、讲形势”培训班，培训各级领导干部、理论骨干和中心组秘书437人。组织参加内蒙古建设社会主义新农村新牧区研讨会，开展“迎大庆、讲形势、促发展”为主题形势政策教育理论下基层活动，举办各类学习培训班，7000人次受到教育。进行《中国共产党章程》和“荣辱观”等内容的综合理论测试。开展“我为新城发展建言献策”活动，撰写有奖征文和调研文章37篇，择优上报市委宣传部28篇，呼和浩特市日报、自治区党委宣传部《思想工作》分别刊出干部撰写的理论文章。

2007年，年初制定下发《新城区2007年理论工作及中心组学习安排意见》，组织广大干部重点学习中共十六届六中全会、十七大，新城区第九次党代会精神，采取集中培训、中心组集中学习、举办学习班、安排专题自学、考察研讨等形式。查找思想观念、精神状态、发展思路、工作作风等方面突出问题，分析新城区改革和发展中带有全局性、战略性、前瞻性重大问题，把理论学习成果转化为科学的思维方法和工作方法，转变工作思路。运用理论分析解决建设发展中重大问题。内蒙古自治区成立60周年之际，制定下发《新城区关于组织开展“辉煌六十年，展望新未来”主题宣讲教育活动的通知》。开展“辉煌六十年，展望新未来”主题教育活动。开展“五五”普法工作，成立“五五”普法讲师团，负责普法依法治理宣传工作。在机关单位、农村、社区培训干部群众3000余人次。

2008年，制定下发《新城区委中心组学习细则》《新城区委中心组学习安排意见》《理论工作安排意见》《理论宣讲工作要点》和《关于调整新城区委中心组学习领导小组成员的通知》。编辑2期《中心组学习专刊》。根据党中央在全党深入开展学习实践科学发展观通知精神，围绕贯彻落实市委、市政府战略决策，经济社会发展、人民群众关心的热点问题，开展学习实践、理论调研活动，形成25篇有质量、有见地的调研报告，将25篇调研报告汇编成册。召开新城区纪念改革开放30周年，学习实践科学发展观理论研讨会。组织政治学习24次。

2009年，下发《“2009年度和谐大讲堂”工作安排》《农民农闲教育工程的通知》，举办讲座100余场。开展“打造一核双圈、推进城乡一体化”理论研讨论文征集活动，征集优秀论文4篇，在呼和浩特市委宣传部主办《学林》杂志选登。编辑《新城月报》16期。荣获呼和浩特市宣讲工作“先进集体”称号。

2010年，围绕中共十七届四中全会提出建设马克思主义学习型政党要求，新城区召开创建学习型城区动员大会，制定下发《新城区建设学习型党组织工作方案》《新城区创建学习型城区实施意见》，就创建学习型党组织、学习型城区进行全面部署和动员。西街街道曙光社区成立首家家庭教育基地，推进学习型家庭建设。迎新路街道党工委开展支部智学、领导荐学、个人述学、群众评学、组织考学的“五学”模式。中山东路街道党工委在创建学习型街道，开展“送课到家庭，送课到楼院”活动。内蒙古巨华集团党支部创建知识型企业，争当学习型标兵活动。学习胡锦涛总书记在党内深入学习实践科学发展观总结大会上重要讲话。召开《如何做好突发事件的应对及新闻处置》《社会主义法治理念》《树立大人口观建设人口均衡性社会》专题讲座。呼和浩特市委宣传部副部长赵前宽进行中共十七届五中全会精神辅导。

2011 年，宣传部开通新城短信平台，开辟《新城月报》“书记谈学习”专栏，收集调研报告 37 篇汇编成册，2 篇被市委评为理论学习优秀成果。

2012 年，新城区将党风廉政建设纳入全区理论武装工作之中，以中心组学习的形式组织以党风廉政建设为主题的集中学习 1 次。开展新城区 2012 年廉政书画展等多项廉政宣传活动。组织全区各单位、各部门广大党员干部学习中共十八大精神，下发《新城区学习宣传贯彻中共十八大精神的工作方案》，举办各级各类干部学习培训 100 余场，大型学习报告会 2 次，征订学习辅导读本，撰写心得报告 40 余篇。建立中共十八大精神短信学习宣传平台，解读中共十八大报告内容，以简单明了的形式开展学习宣传活动，发送短信 1.5 万余条。

2013 年，组织中心组学习 12 次，重点学习中共十八届三中全会精神及习近平总书记系列讲话等内容。编印学习材料 2 期，收集整理全区处级领导学习心得、调研报告 36篇，并编印成册。利用短信平台向副科级领导发送理论学习、宣传报道等信息 19.5 万条。

2014 年，宣传部举办中心组学习 19 次。新城区委中心组被评为呼和浩特市理论学习先进中心组，自治区中心组专刊刊登主要领导署名文章 1 篇，编印学习专刊 11 期。

2015 年，编印《中心组专刊》5 期，区委中心组被自治区党委宣传部、市委评为中心组学习典型，西街街道党工委被市委评为学习型党组织。新城区创业园、科技园开展现场教学活动。利用新媒体在全市率先开通“微课堂”理论学习微信平台。

2016 年，中共十八届六中全会闭幕后，新城区处级领导、各党委、(党工委)书记和理论骨干组成宣讲团分赴辖区开展百场专题宣讲。

2017 年，开展中共十九大精神专题学习。编印学习资料 5 期，发放《习近平谈治国理政》第二卷等学习材料，为双创园、鸿盛工业园区现场教学。围绕中共十九大精神、自治区成立 70 周年开展宣讲活动 400 余场，建成市级示范讲堂 32 家，“微课堂”微信理论平台发送信息 40 期。

三、新闻宣传

2001 年，围绕学习江泽民总书记“七一”讲话及“三个代表”重要思想、城市道路改造、生态建设、抗旱救灾、私营企业发展、农业重点工程、社区建设、组织建设、精神文明等重点工作开展宣传，以专题、专访、通讯报道形式，对旧平房及小街巷改造进行动态跟踪报道。发放新城区委、区政府“致全区市民的一封信”10万份。配合抗旱救灾扶贫工作，制定《关于抗旱救灾工作的宣传报道方案》，组织新闻媒体进行抗灾、救灾、扶贫重点采访报道，起到凝聚人心的舆论教育效果。利用《内蒙古宣传》专版，开展新城区“九五”期间成就集中宣传。昭君文化节自筹资金制作《开拓进取，再创辉煌》40块大型宣传板块，在新华广场宣传橱窗展览，展示新城区经济社会各项事业蓬勃发展。编印《新城宣传》44期，获市宣传信息工作先进集体和个人奖励。

2002年，编印《新城宣传》1期，集中教育整顿活动简报2期。各类新闻媒体发稿1000余篇，呼和浩特市电视台制作新城区社区拆迁工作和检察工作等专题片5套。新城区承担鼓楼立交桥建筑拆除任务。举行集中拆迁宣传，设10个宣传点，发放7万份宣传单，制作过街横幅40余条、宣传板20余块、宣传磁带20盘、出动宣传车12辆。邀请各级各类近20家新闻媒体和驻区单位居民代表召开“新城区城区改造新闻发布会”。举办“热爱首府、建设新城”大型文艺演出。组织协调新闻单位参加“奋进路”奠基仪式及拆迁改造宣传活动和新华广场科技周宣传活动。在主次干道进行市容综合整治宣传活动。出动宣传车，设宣传点，发放宣传单6万份。昭君文化节期间，迎街各单位和主次干道均悬挂过街横幅和彩旗，渲染浓郁的节日气氛。协调制作社区建设专题片3集，呼和浩特市电视台的《新闻视点》《社会大观》中播出。筹备创刊《新城社区》报，出版两期，免费发放到各居委会。开通新城区宣传信息网，从政治、经济、文化、科教、社会、旅游等宣传新城区。

2004年，举行“新城区新北区建设”新闻发布会，组织自治区和呼和浩特市15家各大媒体20多名记者参加。邀请各级媒体10余家，开展经济建设、城市建设、社区建设、生态建设和各项事业发展全方位宣传报道。围绕新城区社区建设管理进行宣传，制作专题访谈和系列新闻报道节目。在内蒙古电视台《商机内蒙古》栏目中制作反映新城区新北区建设和经济建设专题访谈节目2期。在各级新闻媒体发稿1000余条，其中报刊发稿600余条，电视台和电台发稿各200余条。

2005年，开展预防禽流感宣传工作，组织2次“清理城中村违章建筑”集中宣传活动，出动宣传车3辆，到39个行政村宣传，发放《通告》近万份。在自治区首届草原文化节和呼和浩特市第五届昭君文化节期间，组织辖区乡（镇）、街道办事处和驻区单位开展节日氛围营造工作，制作宣传横幅400余条，发放宣传图片100余张；制定庆祝中华人民共和国成立55周年活动方案，创办《新城宣传》24期。

2006年，在主流媒体播发新城区新闻稿件1000余条。其中报刊上稿600余条，专版两期，电视新闻报道150余条，专题片13个。更新配备摄像、照相器材和采访用车，选派3名记者参加内蒙古日报业务培训，培训60多名兼职通讯员。

2007年，新城区承担自治区60周年纪念活动主会场周边氛围及环境打造任务，严格统一标语口号格式内容,精心设计12幅招贴画,规划制作2000延长米宣传牌。组织大庆主会场外围迎宾、表演队伍。表彰区内外记者,各级各类媒体刊(播)发新闻及专题宣传稿件1000余条;《新城宣传》和新城区信息网站发挥有效作用。

2008年8月,新城区召开“三级媒体”新闻通报会。自治区党委、市委两级宣传部门领导,中央、自治区、呼和浩特市三级媒体共54人应邀到会,围绕如何发挥优势开展区域经济、对外宣传、旅游产业和文化定位提出意见和建议。接待自治区级、市级期刊、报纸、电台、电视台记者300多人次,人民日报、内蒙古日报、晨报、呼和浩特日、晚报、北方新报、内蒙古、呼和浩特市电视台等媒体均以专版专题、人物专访、通讯简讯等报道形式进行广泛的宣传。宣传部创办内部刊《新城月报》开办,发行3期。

2009年,邀请中央、自治区、市三级媒体采访新城区“二月二”龙灯节、“两化融合”、旅游节等大型活动5次,各类报刊发表稿件340余条,内蒙古日报头版头条1条,呼和浩特日报县域版头条8条,分别在内蒙古、呼和浩特日报制作专版2期,内蒙古商报制作专版2期。内蒙古电视台发稿12条,呼和浩特市电视台发稿60余条。充分利用《新城月报》宣传阵地,向广大干部群众宣传“民生工程”的目的和意义,增强干部工作积极性和群众知晓率和满意度,为民生工作的开展奠定群众基础和舆论基础。

2010年,宣传部举办通讯员培训班,表彰2009年度通讯报道先进集体和优秀通讯员。开展“创先争优”集中采访报道活动,对16个党委(党工委)“创先争优”活动进行报道。市创先争优专题采访团专访区委副书记孙德,实地采访曙光社区和老缸房社区。区长薛燕群接受采访。组织征订《低碳经济绿色生活一环保从身边做起》宣传图片15套,倡导低碳生活。组织区属相关单位参加自治区哲学社会科学科普周启动仪式,制作展板20块,发放宣传材料1000份。对南店村违法建筑拆迁进行宣传。协调内蒙古电视台就农业经济进行采访报道。收集社情民意,关注社会新变化、新动向,送信息650多条,向区委信息室报送90多条。《新城月报》办12期。新城区政府网开辟《新城文化》版块,利用网络展示建设文化大区魅力。《打造新城区大青山文化生态产业园区的构想》在《新城区月报》和《呼和浩特日报》刊发。

2013年,新城区举办新闻发布会3次,通报会5次。协调中央、自治区、市三级媒体集中采访40余次,专访主要领导5次。在各类报刊、网络发稿3765条,广播、电视台播出820余次。在中国日报刊发专版2期,中国环境报刊发专版1期,内蒙古日报刊发专版4期,头版3条,内蒙古晨报刊发专版1期,北方新报刊发专版1期,呼和浩特日报刊发专版7期、头版9条,呼和浩特晚报刊发专版1期。围绕大青山生态保护综合治理工程,中央电视台经济生活频道《经济信息联播》栏目和国际频道《中国新闻》栏目专题报道,呼和浩特电视台《新闻视点》栏目做专题节目22期。围绕创建文明城市(区)、首届“青山圣水·活力新城”旅游文化节及草原文化节和昭君文化节等进行社会宣传。

2014年，新城区在各类报刊、网络发稿3865条，广播、电视台播出979余次。重点是社会主义核心价值观、文明城市创建、公益广告，腾讯、新浪、人民、网易开通“新城区宣传”官方微博，其中“呼和浩特新城”居自治区政务微博排行榜之首。在全市率先上线开通“活力新城”党政客户端，宣传新城区。

2015年，新城区报刊、网络登载涉区稿件约3800条，广播电台、电视台发稿400余条。其中内蒙古日报刊发专版1期、头条2条；呼和浩特日报刊发专版7期、头版6条；内蒙古广播电视台播出86条；呼和浩特广播电视台播发242条，在《政在关注》栏目制作专题节目6期。召开主题新闻发布会9次。

2016年，围绕新城区中心工作，组织集中采访20余次，分别在内蒙古日报、呼和浩特日报刊发专版5期，呼和浩特电视台《政在关注》栏目播发专题新闻8期。各类报刊刊发涉区稿件4000余条，网络发稿2500余条，广播电视台播发350余条，撰稿制作专题片7部，各类网络信息宣传窗口刊发信息8985条。微博、微信、手机客户端开设“述说新城”“两学一做”栏目，发布专题52期。

2017年，自治区成立70周年，各类媒体发稿4300余条。制作报刊专版7期，电视新闻专题15期，中共十九大精神学习专报3期。邀请各级各类新闻媒体记者集中采访70余次，在中央媒体重点栏目或时段刊播宣传报道9篇。召开新闻发布会10次，向社会发布重大事件及经社会发展情况。

四、精神文明建设

（一）文明单位创建

2001年，新城区选树文明社区、小康文明示范村、文明单位，注重典型的示范引导作用，以点带面，实现精神文明建设整体推进。

2004年，新城区爱国主义教育基地达13个（其中国家级2个，自治区级2个，市级3个，新城区级6个），文明办对已命名的爱国主义教育基地进行复查。

2005年，对10个新晋升的自治区级文明单位进行考核验收，对26个自治区级文明单位进行届期制检查，有2个单位晋升自治区的标兵文明单位，9个单位晋升自治区级文明单位。开展创建“首府文明通道”城乡共建结对子活动，有21个驻区文明单位分别与通道沿线村结成对子，开展共建活动。组织驻区文明单位1000多人参加自治区、市委宣传部举办的“提高人文素质，构建和谐首府”活动，出展板50块，开展工商、法律咨询等益民活动。组成考核组对内蒙古卫生监督所等11个新申报新城区级文明单位进行考核验收。

2006年，新城区文明办以“迎六十周年大庆、树首府文明新风”为主题，深入推进百万市民治环境、百万市民讲公德、百万市民明礼仪、百万市民铸诚信、百万青少年强素质、百万市民献爱心等“六个百万”创建活动；对辖区各级文明单位进行全面登记普查工作，对已经改制和创建工作滑坡的单位，组成考核组进行复查。协助市文明办对14个申报市级文明单位的单位进行考核验收。

2007年,新城区专项推进星赛活动全面开展。为实现自治区九星级文明城区的创建目标,制定下发《新城区创建星级文明城区实施意见》《新城区迎接自治区第六届星级文明城区考核验收工作方案》。协助自治区、市文明办对40个自治区级文明单位标兵、自治区级文明单位进行考核。对7个新申报的区级文明单位进行验收。

2008年,新城区筹备全区两个文明建设现场会,对工作一般化、功能发挥不充分的文明社区提出整改要求和黄牌警告。出台《关于深化文明生态村创建活动,进一步加强农村精神文明建设的实施方案》,授予讨思浩、哈拉更、三卜树3个村创建文明生态村先进单位荣誉称号。组织各级文明单位开展以“城乡文明牵手共建”为主题的结对帮扶主题实践活动;修订完善区级文明单位管理办法,加强区级文明单位的动态管理。对拟报国家级文明单位的呼和浩特供电局等3个单位进行初检指导。配合市文明办对申报2008年市级文明单位的12家单位进行检查验收。召开新城区精神文明建设工作表彰暨培训会议,对2007年度6个新城区级文明单位、2个爱国主义教育基地、37个精神文明建设工作先进集体、37个先进个人进行命名表彰。对辖区精神文明专职干部进行为期2天培训,有80多人参加。组织精神文明专职干部赴广西、贵州等地学习考察。与内蒙古电视台新闻综合频道配合,完成精神文明盛典文明城区展评专题片拍摄任务。

2009年,新城区举办全区精神文明建设工作培训班,组织5次以上地区群众性精神文明建设集中行动;配合区委、区政府做好全区街道两个文明建设现场经验交流会筹备工作。

2010年,新城区属各委办局、各级文明单位组建流动图书室,向镇、街道文化站、社区阅览室赠送图书、杂志。开展公共文明指数测评,对公共卫生、公共文化环境、公共秩序、公共市容、公共交通行为、市民公共行为以及窗口行业和文明单位的公共文明水平进行测评。申报推荐2010—2011年市级文明单位。

2011年,新城区组织参加自治区第二届文明城市(区)测评活动,按照《全国文明城市(区)测评体系》的要求,健全文明城区创建目标领导分工责任制和部门牵头落实责任制;印发《创建文明城区争做文明公民》倡议书,全区71家单位参与测评工作,收集整理档案165册300余卷,实地查看80处,在6个社区发放问卷300份,对公共卫生、公共文化环境、公共秩序、公共市容公共交通行为、市民公共行为以及窗口行业进行测评。推荐6个自治区文明单位、6个自治区级文明单位标兵、2个国家级文明单位,配合市文明办对32个自治区级以上文明单位进行复查验收,对新申报的8个新城区级文明单位进行验收。组织评选“十佳十星级文明户”和“十佳文明农民”;召开2011年新城区农村精神文明建设工作促进会。举办新城区精神文明建设工作培训班。研究通过《新城区精神文明建设“十二五”规划纲要》;审定2011年申报区级文明单位名单,审定新城区“双十佳”表彰名单;组织实施绿色电脑进西部工程,为学校、街道发放电脑 30 台。

2012 年,新城区组织开展文明城区创建工作和第三届全区公共文明指数测评工作;推荐考评第二届市级文明社区,选树市级文明社区创建典型。开展政务文明示范点评比,落实文明城市指标体系中对政务环境的各项要求;修订和完善文明单位管理办法,规范文明单位的创建与管理。开展第六届市级文明单位(标兵)申报推荐评选工作。以“行业文明杯”竞赛活动为载体,在党政机关开展“做人民满意公务员”活动,在窗口行业开展“诚实守信、优质服务”活动,在各类企业开展“负责任地做产品”活动。开展创建文明风景旅游点活动。评比表彰文明村创建典型,推进文明生态村连片创建活动。开展创建文明户活动,表彰文明户典型,创建文明户活动覆盖到所有村镇。开展“城乡文明牵手共建”主题实践活动。

2013 年,新城区组织参加自治区 2013 年创建文明城市(区)工作,按照《文明城市(区)测评体系》的要求,成立新城区创城领导小组及指挥部;组织各地区、各单位开展创建文明城市(区)宣传教育活动,印发创建文明城市(区)倡议书,报送创建文明城市(区)工作简报 29 期,在政府网站设置“创城”专栏,刊登网站信息 66 条,对文明城(区)测评工作进行培训。对辖区部分地段市容市貌情况进行实地考察,实地查看 127 处,对公共卫生、公共文化环境、公共秩序、公共市容、公共交通行为、市民公共行为以及窗口行业存在的问题要求限期整改。收集整理档案 314 卷,迎接自治区调查总队的模拟测评。按照《呼和浩特市创建全国文明城市档案材料任务分解表》,收集整理 216 卷创城材料档案并按时提交市文明办。对有实地考察任务的单位进行责任人确定;征集有关创城稿件向《呼和浩特文明网》《文明呼和浩特》刊物报送。对原有的区级文明单位进行重新申报、验收认定。推荐 1 个自治区级文明单位标兵、2 个自治区级文明单位;配合市文明办对 5 个国家级文明单位,13 个自治区级文明单位标兵,32 个自治区级文明单位进行复查验收,命名 9 个区级文明社区。在机关内部开展文明单位的申报和评比,对 10 个机关单位、5 个驻区单位进行考核验收。组织推荐全区“百佳十星级文明户”和“百佳文明农牧民”;启动“保护青山圣水·建设美丽新城”活动。制定文明交通活动的实施方案,开展文明交通活动。

2014 年,新城区按照各级文明单位管理办法,强化文明单位动态管理,对原有的新城区级文明单位进行重新申报、验收认定,命名 15 家新城区级文明单位。按照自治区对文明单位实施动态管理的要求,协调全区 48 家自治区级以上文明单位在网上注册登记。

2015 年,组织开展创城专项督查 30 余次,对发现的问题进行通报。组织相关人员收集、整理迎接自治区测评纸质档案 236 卷。迎接中央测评,向市文明办提交创城电子档案 68 卷,所提交创城档案全部达标,迎接自治区创城测评组的测评考核。

2016 年,评选表彰新城区第二批农村“百佳文明户”100 户,协调驻区自治区级以上文明单位投入 5 万给予每户现金奖励。开展创建文明城市(区)各项工作,分解《全国文明城市测评体系》,明确各单位的任务分工。召开2016年的创城工作推进会,对重点迎检单位安排部署创城工作任务。全区创建国家级文明单位先进5个、自治区级文明单位标兵12个、自治区级文明单位35个、市级文明单位88个、区级文明单位59个、新城区各级文明社区15个(市级文明社区6个,新城区级文明社区9个),文明村镇有全国文明村1个、市级文明村3个。开展自治区级文明单位复查35家,开展自治区级文明单位标兵复查5家,推荐晋升自治区级文明单位5家,晋升自治区级文明单位标兵3家,开展新城区文明单位和文明社区创建工作。新城区13户居民被评为自治区"百佳文明户"。

2017年,新城区召开创建文明城区系列活动及首届"三创"大赛新闻发布会。召开2017年新城区创建文明城市(区)工作推进会、常委会(扩大)会、协调会5次,明确各单位的创建任务,对重点测评项目和迎检单位进行强调部署。按要求向市创城指挥部提交创建全国文明城市工作测评档案105卷277件,未成年人思想道德建设工作测评档案193卷537件;迎接自治区创城工作检查2次、市创城指挥部测评3次;委托第三方开展新城区文明城市(区)创建工作常态化自测,区创城指挥部开展实地督查5次,发放创城工作督查报告11期。组织开展整改情况"回头看"工作和暗访抽查。开展文明单位与社区结对共建,参与环境卫生综合整治3000人次。推荐自治区级文明村镇7个,自治区级星级文明户和文明农民各1个,申报市级文明村镇10个;表彰新城区"星级文明户"290户。

(二)未成年人教育

2002年,新城区召开"小公民道德建设计划启动大会",在全自治区率先启动"小公民道德建设计划"。

2004年,新城区制定《关于进一步加强和改进未成年人思想道德建设的实施意见》,召开全区加强和改进未成年人思想道德建设工作会议。召开新城区加强和改进未成年人思想道德建设市民论坛,一些专门从事未成年人思想道德建设研究的专家、学者及社区干部参加工作论坛。

2005年,新城区文明办到学校开展未成年人思想道德建设工作情况调研。启动"绿色上网,e路畅通"。召开未成年人思想道德建设领导小组工作会议。

2006年,新城区以纪念建党83周年为契机,开展"爱党、爱祖国、爱家乡"为主题教育活动;协调各爱国主义教育基地,免费向未成年人开放。组织开展协调、督办建设一批未成年人活动场所;宣传推介一批优秀影视片、图书、歌曲、优秀网站、动漫公益广告等,推动进校园、进家庭、进社区、进村镇;推出一批全区青少年道德实践示范基地,宣传一批体现时代精神,具有深厚群众基础的未成年人思想道德工作先进集体和先进个人;举办一批"特色活动";建设一批"专业队伍",吸收各中小学的优秀教师、志愿者和"五老队伍"为未成年人成长服务等"六个一批"活动。区教育局、团委、妇联实施农村儿童关爱行动,举行"关注孩子心灵成长"家庭大型公益报告会。召开全区未成年人思想道德建设经验交流会，总结推广各地区未成年人思想道德建设新做法、新经验。

2007 年，新城区加强对网吧、电子游艺厅等娱乐场所的管理，严厉打击制作、传播黄色书刊、音像制品等文化产品的违法犯罪行为。加大未成年人校外活动场所建设力度，投资 300 多万元，新建青少年科技活动中心。健全未成年人团队活动制度，加大针对特殊未成年人群体的帮护力度。实施"西部助学工程"，开展爱心扶贫助学活动，确保贫困家庭子女接受同等教育的权利。

2008 年，新城区健全和完善未成年人思想道德建设的领导机制和工作制度，构筑学校、家庭、社会三结合教育网络。引导协调各类公共文化设施以及社会资源为未成年人思想道德建设服务。以心灵沟通为主题开展多种形式的心理咨询和服务。对影响未成年人思想道德建设的重点环节进行督促检查，开展"扫黄打非"，整顿规范文化市场。整顿治理校园周边环境。开展未成年人思想道德建设创新案例评选活动。组织实施"西部开发助学工程"。开展未成年人思想道德建设工作调研，研究探索进一步改进工作的新举措、新途径和新办法。以"做一个有道德的人"为主题，在广大未成年人中长期开展"知荣辱、树新风、我行动"道德实践活动。向全区中小学校、城市社区和农村发放"抗震救灾英雄少年"颁奖晚会 DVD 光碟，组织青少年集中收看。整理编辑《喝彩新城区》展示新城区改革开放三十周年的辉煌成就。

2009 年，新城区开展未成年人思想道德建设测评工作。在全区范围内开展净化网吧、网络、荧屏声频、出版物市场和校园周边环境的专项治理活动。开展"做一个有道德的人"主题实践活动。实施"家庭育人"工程，开展"和谐校园，健康成长"活动。实施"环境育人"工程，开展"传统美德，奉献爱心"活动。召开未成年人思想道德建设工作交流会。

2010 年，新城区建立未成年人思想道德建设联席会议制度，定期召开联席会议。督查网吧管理、优化网络环境、整治出版物市场和校园周边环境、为未成年人提供精神文化产品和文化服务等工作。开展"做个有道德的人"主题活动。开展成人宣誓仪式、演讲征文、读书等多种形式的道德实践活动。加强对留守儿童、流动儿童、流浪儿童、孤残儿童及边缘儿童的教育、管理、服务，实施"西部开发助学工程"，形成统筹城乡发展、部门联动的机制，构建有效的社会帮扶网络。开展未成年人思想道德建设创新案例、优秀童谣征集评选推荐工作。开展"师德标兵""优秀家长学校"等评选活动。

2011 年，新城区开展"做一个有道德的人"主题活动。以关注心理健康、体验亲情、和谐校园、爱心奉献、诚实守信为重点，开展成人宣誓仪式、演讲征文、读书等多种形式的道德实践活动。完成市委、市政府为迎接未成年人思想道德建设先进市复查工作所布置的相关任务，整理档案资料 150 册 280 余卷，上报实地查看地点 18 处。召开德育工作现场会，表彰新城区德育工作先进集体 20 个、先进个人 200 多名。持续开展对网络环境、荧屏声频、出版物市场和校园周边环境的整治。开展优秀童谣和中学生诗歌征集和传唱活动。

加强未成年人心理健康辅导站的建设、管理和使用,各学校配备必要的场所设施和专业力量,建立校级心理健康辅导站。配合市文明办做好中央文明委对首府未成年人思想道德建设测评工作。

2012 年,新城区按照中共十七届六中全会精神和未成年人思想道德建设工作的要求,制定符合本地特色和时代要求的《关于进一步加强新城区未成年人思想道德建设的实施意见》。以"做一个有道德的人"为主题,开展教育实践和互动体验活动。开展以"心向党、跟党走""爱祖国、爱家乡"为主题的网上祭英烈、向国旗敬礼、征集传唱优秀童谣、中华经典诵读活动。开展"社区援助行动""家庭协作假日小组""一帮一结对子"小组等学雷锋活动。开展"小讲解员培训""小记者社会体验计划""社区(村)小管理者"等社会实践活动。新城区讨思浩小学获得中央彩票公益金乡村学校少年宫运转补助资金,用于开展乡村学校少年宫修缮装备、运转补贴助和人员培训等工作。筹建新城区级心理健康辅导分中心,城市社区建立健康教育辅导站、城市中小学普遍建立心理咨询室。举办心理健康教育讲座。开展网络环境优化、网吧管理、荧屏声频视频净化、校园周边环境和出版物市场整治工作。开展思想道德教育、文体科普、公益性上网、生产劳动、特色产业参观及社会实践等活动;发挥未成年人教育实践第二课堂的作用与优势,解决学校放学后家长下班前,以及节假日未成年人的失管失教问题。

2013 年,新城区对校园周边文化市场工作进行 5 次集中整顿。开展学校"道德讲堂"建设,全区成立道德讲堂 78 个,在机关、各街道办事处以及市供电局、商贸旅游职业学校、火车站等驻区单位举办 200 余场。开展"做一个有道德的人"系列主题实践活动,确定自治区级和市级"做一个有道德的人"活动联系点。为讨思浩小学争取到中央文明办 20 万元资金支持,建设讨思浩乡村学校少年宫。推荐呼哈路小学等 5 所学校作为本年度乡村少年宫试点工程,申报成吉思汗小学、胜利街小学、山水小学 3 所学校作为区城市学校少年宫自建项目。开展"美德少年"主题活动,评选推荐 8 位美德少年参加内蒙古自治区第二届"美德少年"评选表彰活动。

2014 年,新城区在全区中小学校开展新城少年培育和践行社会主义核心价值观主题活动——"24 字记心中"统一主题队日暨开学典礼。开展"学习雷锋,做一个有道德的人"系列活动。开展"我是创城小主人,争当文明小市民"活动、"学习雷锋、做美德少年""向国旗敬礼敬"网上签名寄语活动。开展文明小博客,日行一善等活动,组织"学习雷锋精神,寻找身边美德"学雷锋活动,"学先烈,进行动,做美德少年"清明节主题系列文化活动。开展"红领巾相约中国梦——我是创城小主人,争当文明小市民"庆"六一"主题活动。新城区新营小学获得中央彩票公益金乡村学校少年宫运转补助资金,新城区毫沁营小学、保合少中心小学、名都小学获得自治区本级彩票公益金支持乡村学校少年宫运转补助资金,促进城乡教育均衡发展。为讨思浩小学争取并落实乡村学校少年宫建设经费,并指导学校开展普及性科普、娱乐、文体、德育活动。根据学校少年宫基建项目测评要求，结合新城区学校的建设情况，争取到资金 100 万元，着重对 10 所学校进行少年宫自建。按照《中小学法制教育大纲》的要求，为全区各中小学校配备法制副校长、法制辅导员。定期举办法制讲座、法制报告会、法制展览，提高法制教育的实效性；围绕校园安全、治安防范、交通安全、防火避险等主题，各中小学校普遍组织开展安全文明校园创建、法制教育专题讲座、“模拟法庭”等形式多样的法制教育活动。完成新城区未成年心理健康辅导中心建设任务。开展道德讲堂、经典诵读、“优秀童谣”征集和传唱、“童心向党”歌咏、“美德少年”评选等活动，召开道德讲堂 300 余场。完成市文明办要求上报的“童心向党”视频资料报送以及编辑未成年人思想建设所需图片资料；开展美德少年评选活动，评选出 110 名候选人上报。

2015 年，新城区制定并印发《关于进一步加强和改进未成年人思想道德建设的实施意见》。向市文明办推荐 2015 年度第四届全市美德少年候选人 13 位。举行“向国旗敬礼、做一个有道德的人”网上签名寄语活动。向市文明办推荐接收进城务工人员子女就学相对多的丁香路小学、爱民街小学、八一小学、车站小学和第二十一中学、第十五中学 6 所学校申报乡村学校少年宫。建设区级未成年人心理健康辅导中心，聘任两名具有国家二级心理咨询师资质的资深教师为心理辅导中心的督导、6 名具有国家二级心理咨询师资质的教师作为中心的兼职辅导教师，从事未成年人心理健康辅导工作。

2016 年，新城区在全区中小学校开展社会主义核心价值观宣传活动，倡导中小学生理解背诵社会主义核心价值观。对中小学校周边环境进行集中清理。对新城区 5 所中央和自治区彩票公益金建设的乡村学校少年宫以及 5 所准备申报乡村学校少年宫建设项目的学校进行指导检查。开展新城区心理咨询师和校外未成年人心理健康辅导站情况调查。开展“爱在新城·让心向阳”—关爱未成年人心理健康公益讲堂活动。组织开展“美德少年”评选活动，向市文明办推荐上报“美德少年”12 名。开展网上签名寄语活动，推荐优秀校训 2 条。开展 2016 年中小学校院前急救培训 1 次。组织广大未成年人开展“网上祭英烈”活动。开展“童心向党”，上报 10 个学校的《培育阳光少年画册》组稿资料。丁香路小学获得自治区本级彩票公益金支持乡村学校少年宫项目资金。新城区区域内实现乡村学校少年宫全覆盖。

2017 年，新城区开展网上网下“清明祭英烈”系列活动，网上学习英烈点击次数为 14.72 万人次。在全区范围内评选、表彰 115 名美德少年。举办中小学“社会主义核心价值观开学第一课”评比活动。在全区各中小学、幼儿园开展“小手拉大手”——“七色光”小小志愿者在行动志愿服务品牌活动。举办“亮丽内蒙古 文明校园行——小手拉大手 我为迎庆添光彩”主题教育活动，表彰 16 所“新城区文明校园”和 36 个“新城区文明班级”。对新城区校外 43 个未成年人活动阵地进行摸底，筹备新的校外未成年人心理辅导站。开展“爱在新城·让心向阳”品牌活动。举办庆祝“六·一”国际儿童节暨“亮丽风景线 飞扬红领巾”乡村学校少年宫成果展示。

(三)志愿服务

2004年,新城区开展志愿者服务“送温暖、献爱心”形式多样的道德实践活动。向全区发出倡议,号召全区干部群众、广大青少年继续弘扬新时代雷锋精神,广泛深入地开展学雷锋活动,组织驻区单位、各社区纷纷以不同的形式开展学雷锋活动。

2005年,区文明办组织呼和浩特海关等12个驻区文明单位到毫沁营镇哈拉更村、保合少村、水磨村开展扶贫帮困活动,捐赠大米、白面、水果、皮鞋等生活用品及现金共计3万元。在锡林郭勒北路街道办事处中山里西社区开展文体、科技,法律、工商,国防、卫生,治安(消防)、环保、道德、交警、烟草专卖“十一进社区”大型宣传服务活动。

2006年,新城区组织大型公益劳动,全区干部职工对铁路沿线、赛马场东河道等处的垃圾进行清理。组织职工对城市“牛皮癣”进行专项整治。开展文体、科技、法律、工商、国防、卫生、治安、环保、道德、交通安全、烟草专卖“十一进社区”大型宣传服务日活动,自治区党委宣传部、文明办、公安厅、文化厅等单位为八一路社区,捐赠价值1万多元的图书、警务器材等。

2007年,区文明办发动驻区单位为东库街社区和三卜树村捐书2000余册。在内蒙古自治区成立60周年大庆前期,中央代表团在自治区范围内实施“万村书库”工程,讨思浩村、哈拉更村、三合村、保合少村、水磨村等5个村各获赠8个品种的文化设施。

2009年,区文明办组织志愿者深入社区、农村、机关、学校、企业、军营讲解文明礼仪知识。

2010年,区文明办整合全区志愿者队伍,宣传志愿服务知识、志愿服务活动成效和经验以及志愿者的感人事迹。以“迎世博,讲文明,树新风”志愿服务活动为抓手,开展形式多样的志愿服务活动。推进社区志愿服务,开展扶贫济困扶老助残、便民利民志愿服务活动,对困难群众、空巢老人、残疾人实施生活救助,提供日常照料服务,建立完善志愿服务活动的体制机制。

2011年,新城区建立健全志愿服务领导机构和工作机构,完善志愿服务的激励机制,扩大社会参与面,宣传10个优秀志愿服务集体和10个优秀志愿者先进事迹。志愿服务与“我们的节日”活动结合,开展扶贫济困、扶老助残、便民利民志愿服务活动,对困难群众、空巢老人、残疾人实施生活救助。实施社区志愿服务行动计划,开展“关爱百万空巢老人”志愿者服务行动。

2012年,新城区建立健全志愿服务领导机构,完善工作体系,各地区、各行业、各单位建立志愿者队伍,开展形式多样的志愿服务活动,将此项工作纳入年度思政考核当中。对志愿者开展专门训练、专题讲座、实践体验的培训,提高志愿服务队伍素质。把志愿服务与“我们的节日”结合，开展扶贫济困、文明劝导、扶老助残、便民利民等志愿服务活动，开展“关爱农民工、帮扶残疾人”等志愿服务活动。

2013 年，新城区开展“我参与，我践行，共建文明新城”践行雷锋精神主题系列实践活动。普及爱国、敬业、诚信、友善基本道德规范，推动学雷锋活动常态化、机制化。在公共场所和社区建立志愿服务站点，完善志愿服务工作体系。开展“文明始于足下，环保从我做起”的环保公益活动；与天使公益志愿服务队在圣水梁进行“爱护青山绿水”清理垃圾公益活动；组织内蒙古有色地质勘查局到大青山国家登山健身步道捡拾垃圾。整理上报新城区志愿服务工作基础情况。成立呼和浩特市志愿者联合会新城区分会，以“保护青山圣水·建设美丽新城”学雷锋志愿服务活动为主题推动学雷锋活动常态化。

2014 年，文明办主办“德润青城·文明之行”志愿服务集中日暨诚信建设宣传活动，引导广大市民参与关爱空巢老人、关爱农民工、关爱留守儿童、文明交通、文明行为劝导等志愿服务活动，身体力行做文明青城人。成立区志愿者协会组织机构，建立区志愿者网站和志愿者网上注册系统，成立包括区直机关、街道办事处、社会组织在内的 18 个志愿者分会，组建 279 支志愿者服务队，网上在线注册人数达到 72515 人，形成“区协会—各分会—志愿者服务队”三级组织体系。

2015 年，新城区逐步建立健全志愿者、志愿服务活动、志愿服务组织档案。举办不同层次的培训、指导和检查活动，督促各志愿服务组织在人员管理、活动组织实施等方面保持健康、有序发展。利用新闻媒体宣传志愿服务理念，传播优秀志愿者、优秀志愿服务组织的事迹，借助社会宣传力量征集、传播志愿服务公益广告，让志愿服务理念家喻户晓，志愿者网上在线注册人数达到 75309 人。新城区志愿者协会弘扬“学习雷锋、奉献他人、提升自己”的志愿服务理念，把对孤寡老人、农民工、未成年人、青少年和妇女中的弱势群体与特殊群体作为教育和帮助的重点，以创建全国文明城市为目标，结合“爱在新城·德润青城”活动，组织开展近 300 次涵盖生态建设、公益事业、环境卫生等方面的志愿服务活动。组织“文明交通”志愿者服务活动，各志愿者分会志愿者在全区主要街道十字路口统一着装、手持指挥旗，在指定时间、指定路口，协助交警部门进行文明劝导工作，纠正不文明交通行为。全区初中、高中学生以及小学高年级学生开展“德耀新城·文明之行——学习雷锋少年志愿服务在行动”主题实践活动。评选出以新城区机关志愿者分会为代表的新城区级志愿者先进集体 8 个。

2016 年，新城区以关爱他人、关爱社会、关爱自然为主要内容，集中开展各类志愿服务 100 余次。开展“小手拉大手·假期志愿服务在行动”活动。参加自治区 2016 年“学雷锋”主题活动月暨首府“志愿青城”志愿服务集中活动，在全区开展学雷锋活动月活动。召开志愿者服务工作会。

2017 年，新城区志愿者协会在统一制定出台的包含招募、注册管理和培训机制的管理办法的基础上,逐步建立健全志愿者、志愿服务活动、志愿服务组织档案。志愿者注册人数超2万,注册团队120余支。累计开展志愿服务活动400多次,参与人数6000余人次。团结小区社区志愿服务基地场地面积得到有效扩容,设备、布置得到提档升级,新孵化的爱之源公益联盟志愿服务组织开辟独立接待场所、设置呼叫中心,实现实体化运行,组织24场志愿活动。

(四)公民素质教育

2001年,新城区组织两场大型“同心歌颂伟大的党”大型文艺会演。组织“辉煌的历程”大型图片展览。举办全区性纪念建党80周年党的知识答题活动。各乡、镇、街道办事处开展纪念伟大的中国共产党成立八十周年活动。在社区宣传科学精神和马克思主义唯物论和无神论;在农村开展科学文化艺术教育、移风易俗教育、倡导农民树立良好的生活方式;在学校开展净化校园,拒绝邪教活动;在机关开展干部职工职业道德教育。注重加强精神文明阵地的建设,规范文明市民学校,采取集中学习、以会代训、观摩学习等形式,加强业务知识的学习教育。

2002年,新城区组织1000多名干部职工和学生参加全市在新华广场举行的升旗仪式和学习《公民道德建设实施纲要》启动仪式,在博物馆门前组织大型的宣传教育和签字活动。开展以“热爱首府、建设新城”为主题的宣传教育活动,在铁路工人文化宫举办“热爱首府、建设新城”大型文艺演出。开展公民道德建设教育宣传月活动,在全区7个街道办事处、机关党工委、教育局、毫沁营镇、保合少乡开展《公民道德建设实施纲要》答题竞赛活动,下发答卷1500余份。组织两期由各乡、镇、街道办事处和驻区各文明单位分管领导和专职干部参加的学习《公民道德建设实施纲要》、社区建设、江泽民总书记“5•31”讲话及如何做好新时期精神文明建设工作培训班。全区机关干部普遍赴素质教育基地,进行爱国主义、集体主义、社会主义的教育。

2003年,新城区开展《公民道德建设实施纲要》宣教活动,举行两次全区大型宣传活动。参加全自治区在新华广场举行的“改陋习、讲文明、树新风”活动。在长海社区启动全区“文明监督员上岗”活动。

2004年,新城区举办大型科技活动2次,各街道办事处开展科普讲座、科普培训、科普咨询活动。规范和完善文明市民学校,建立文明市民学校教育网络,建成文明市民学校68所,其中示范校7所。推进“讲文明、树新风”活动,制定下发《关于在全区开展“讲文明、树新风”活动的实施意见》。在社区居民中开展“告别陋习、一月一提醒”主题教育活动,在新华社区举办以“创建绿色社区、营造安居环境”为主题的演讲活动。

2005年,新城区文明办组织1乡1镇、7个街道办事处开展2003—2004年度市“十佳市民”投票工作,收回选票6.8万张,新华东街派出所民警马燕虹被评为“十佳市民”。

2006年,新城区以迎接自治区成立60周年大庆为契机,以树立社会主义荣辱观、构建和谐新城为重点，组织开展“迎大庆、讲文明、树新风”“热爱首府、建设新域”等系列活动，思想道德建设和精神文明创建得到深化和拓展。组织开展丰富多彩的实践活动，引导干部群众和广大市民自觉践行“八荣八耻”促进良好社会风气的形成。

2007年，新城区开展讲文明、讲卫生、讲科学、树新风“三讲一树”活动，加强公民道德建设。组织开展“迎大庆、讲文明、树新风”活动。向全区广大干部群众发出《迎大庆促发展百日行动倡议书》。

2008年，新城区组织驻区各级文明单位、区属各单位参加全国“迎奥运讲文明树新风”礼仪知识竞赛活动和自治区“中国联通杯·迎奥运讲文明树新风”礼仪知识竞赛活动，发放问卷3.5万份。开展文明礼仪普及等活动。利用宣传阵地，宣传市民公约、市民行为“十不准”，增强市民讲文明话、办文明事、做文明人的自觉性，为迎接奥运会营造文明和谐的社会环境。

2009年，新城区组织首届道德模范评选表彰活动。开展道德模范的宣传学习活动，学习宣传道德模范的先进事迹，发挥好道德模范的榜样示范作用。为道德模范办实事办好事，树立道德模范在社会生活中的崇高地位，为道德模范解决工作学习生活中的实际困难。开展群众文化月主题活动，举办喜迎中华人民共和国成立60周年“迎国庆、颂祖国”歌咏大会和“唱响红歌颂祖国”歌咏比赛。

2010年，新城区开展的“我推荐、我评议身边好人”活动。在“9·20”公民道德宣传日，组织全区广大干部职工开展“学习道德楷模，践行公民道德”演讲比赛；开展“爱国歌曲大家唱”活动。开展以“我们的节日”为主题的传统民俗系列活动。开展“创先争优”活动，制定《“创先争优”活动实施方案》。以和谐大讲堂、干部学坛为平台，举办中央一号文件、心理健康等专题讲座，开展“感动新城”十佳人物先进事迹报告会。各地区、各单位“和谐讲堂”举办宣讲活动100余场，受众万余人。

2011年，新城区研究制定《新城区精神文明建设“十二五”规划纲要》。宣传《公民道德建设实施纲要》《呼和浩特文明市民公约》、市民行为十不准、文明礼仪知识等。开展“爱国歌曲大家唱”活动；举办文明礼仪知识竞赛活动；开展“做文明有礼的中国人”主题活动；在机关、学校、社区、企业中开展以“读一本好书”为主题的读书征文等活动；开展以“我们的节日”为主题的传统民俗系列活动；开展“争当文明市民、共建宜居首府”活动；开展集中整治，做好日常维护，构建整洁舒适的生活环境；组织开展第九个公民道德宣传日活动；推荐评选“青城骄傲”人物暨第十一届“十佳优秀市民”“十佳时代新事”“十佳公益活动”、第三届全国道德模范工作；开展“我推荐、我评议身边好人”的活动；举办感动呼和浩特事迹新城区专场报告会。

2012年，新城区开展道德讲堂建设。开展富有传统特色、地方特色的系列文化活动，弘扬中华民族优秀传统文化和传统美德。在第十个“公民道德宣传日”，开展演讲、征文座谈会等多种形式的公民道德主题活动。组织“十佳优秀市民”“十佳时代新事”“十佳社会公益活动”评选表彰活动;组织“我推荐、我评议身边好人”活动并做好第三届全区道德模范评选表彰活动的推荐工作。组织道德模范巡讲开设道德讲堂。围绕《关于帮扶生活困难的道德模范的实施办法》,探索建立帮扶生活困难道德模范的长效机制。围绕《公民道德建设实施纲要》开展形式多样的主题教育活动。按照《呼和浩特市提高公民文明素质综合评价指标体系》,编写《新城区文明市民读本》。针对不同群体的需求和特点,开办各级各类培训班、教育讲座和知识竞赛等,分期分批对市民进行大规模普及培训,开展群众性文化活动。

2013 年,新城区围绕《公民道德建设实施纲要》,以创建文明城市(区)工作为契机,开展公民道德基本规范的宣传教育活动,组织各行业 150 名代表参加道德领域突出问题专项教育和治理活动。开展以“我们的节日”为主题的传统民俗系列活动、“做一个有道德的人”系列主题实践活动及“最美青城人”的推荐工作和“我推荐、我评议身边好人”活动。组织道德模范巡讲,在全市讲述身边好人故事大赛中新城区荣获一等奖和最佳组织奖。实施以“文明用餐、节俭惜福”为主题的“文明餐桌行动”。在全区范围内成立道德讲堂 78 个,开展活动 200 余场。

2014 年,新城区成立新城区道德讲堂总堂。利用“市民学校”“道德讲堂”等阵地,对市民进行社会公德、职业道德、家庭美德、个人品德教育。开展道德模范评选及学习宣传活动。举办“全市践行核心价值观,弘扬雷锋精神先进事迹巡讲报告会新城区专场”,20 个社区开展“文明中国礼 最美青城人”文明礼仪宣讲活动。举办“爱我家园,勤俭养德”实践活动。组织“我们的节日”主题活动。举行庆祝新中国成立 65 周年升旗仪式,向全区群众、干部职工发出培育和践行社会主义核心价值观的倡议。开展“庆国庆,同心共筑中国梦”系列主题活动。围绕培育社会主义核心价值观,集中推出一批“讲文明,树新风”公益广告。在全国首个烈士纪念日,组织干部职工参加自治区举办的公祭活动。

2015 年,以构建社会主义核心价值体系为根本,结合“中国梦·尽职圆梦”和“五在新城”等系列活动,开展各类主题实践活动 20 余场,在全区建设善行义举四德榜 100 个。在全区范围内开展“爱在新城·德润青城”主题活动,形成“仁爱、博爱、大爱”的良好风气。开展乡风文明行动,加强农村精神文明建设。

2016 年,新城区分三批推出“新城好人榜”,共计 26 人,9 人获“最美青城人”荣誉称号,新城区入围“中国、内蒙古、青城好人榜”共计 22 人。举办道德模范基层巡讲巡演 9 场,道德讲堂 153 次。举办“爱在新城·德润青城”成果展示暨新城区第二届道德模范颁奖典礼,对 107 家单位和 274 名个人进行表彰。

2017 年,开展道德模范、身边好人等先进典型推荐评选活动。新城区 2 人入围“中国好人榜”候选名单,1 人获评,入选“内蒙古好人榜”2 人、“青城好人榜”12 人,4 人获得全市道德模范荣誉称号。领小等 10 户家庭被授予第一届全市文明家庭荣誉称号。115 名区级美德少年中，有 7 名荣获市级“美德少年”称号。开展道德模范基层巡讲、市民巡回讲堂、道德讲堂 86 次，举办“我们的节日”系列主题活动 100 余场。举行“爱在新城·德润青城”成果展示暨新城区第二届道德模范颁奖典礼，对 54 家单位和 327 名个人进行表彰。开展 8 场文明旅游、诚信经营等创建文明城市(区)宣传月系列活动。

第九节　统战工作

一、机构

2013 年 8 月 9 日，成立归国华侨联合会，属财政全额拨款副科级事业单位，编制为 4 名。2017 年，新城区统一战线工作部内设综合办公室、非公经济和民族宗教科、民主党派及党外知识分子科。有工作人员 5 名(其中侨联 2 名)。

二、党派合作共事

新城区坚持多党合作和政治协商制度，贯彻执行“长期共存，互相监督，肝胆相照，荣辱与共”方针。2001 年以来，每年对民主党派的知名人士及生活困难人员进行走访慰问、听取意见。至少召开党外人士情况通报会 2 次、协商会、征求意见会 组织民主党派、无党派人士参观调研重点项目、经济建设和社会发展成果，形成质量高、亮点多的调研信息报告，为各民主党派、无党派人士“知情议政、献计出力”搭建平台，创造条件。在历届历次人代会议、政协会议，民主党派及无党派人士通过议案、提案参政议政。2017 年，新城区有中国国民党革命委员会呼和浩特市新城区总支部、中国民主同盟呼和浩特市新城区总支部、中国民主建国会呼和浩特市新城区总支部、中国民主促进会呼和浩特市新城区总支部、中国农工民主党呼和浩特市新城区总支部、九三学社呼和浩特市新城区支社等民主党派地方组织 6 个，各民主党派班子、组织机构健全，成员共计 403 人。

2001 年，新城区统战部门同民主党派、无党派人士在保合少镇党委、各街道党工委开展共建活动，为各民主党派、无党派人士“知情议政、献计出力”搭建平台创造条件。

2002 年 10 月，统战部协助九三学社市委会开展“结对子”活动，向社区捐赠办公卷柜 3 组，为贫困家庭捐赠 1200 元和学习用具，发放药品，进行医疗咨询服务。

2005 年 4 月，统战部创刊《新城统战》信息。组织区民主党派、工商界代表人士到仕奇影视城、大青山太伟运动休闲度假村、林业防火指挥中心、素质教育基地调研。组织民主党派前往保合少乡面铺窑小学，捐款、捐物价值 1400 余元。组织民革、民盟、民进、农工、九三学社 5 个民主党派 15 名专家学者，到海拉尔东路街道办事处长海社区开展科技教育、医疗卫生等咨询服务。指导民进新城区总支完成换届工作。

2006 年，指导九三学社、民盟、农工 3 个民主党派新城区总支(支社)完成换届工作。

2007年,统战部、民进市委会为保合少镇农民进行蔬菜种植讲座,开展“科普进社区”等活动并赠送书籍300余册,民革新城区总支、九三学社市委会及新城区支社,分别捐助7名家庭贫困学生和3户贫困家庭。

2008年5月,统战部组织召开全区各民主党派、工商联、无党派代表人士纪念改革开放30周年座谈会。

2009年,统战部承办“科学发展、团结一致、肝胆相照、共庆华诞”为主题的书画、摄影、美术展。

2011年,统战部指导九三学社、农工、民建、民进、民盟5个民主党派新城区总支(支社)完成换届工作。

2012年,统战部组织民建新城区总支、九三学社新城支社为三合村10户生活困难村民送去米面油,赠送800副春联,总价值5000余元,为新城区社区捐赠图书价值5万元,安排就业培训人员40名,邀请6名专家教授开展义诊活动。

2013年6月,统战部组织九三学社新城支社社员在哈拉沁小学开展“献爱心、助学童”活动,捐助13名贫困、残疾、留守学生价值2000余元的各类学习用品。民建新城总支举办“地图让生活更美好,科技普及社区”活动,为新城区公安厅社区赠送地图500多套册。

2014年,统战部组织各民主党派新城区总支(支社)纪念中国共产党建党93周年,开展“统战与你同行,共建美丽新城”攀登登山健身活动。

2015年,统战部组织九三学社新城区支委会走进保合少敬老院,开展“情暖端午敬老人送祝福”节日慰问活动。

2016年,指导6个民主党派新城区总支(支社)完成换届工作。统战部组织各民主党派代表共同调研新城区保合少镇保合少村。在内蒙古党校举办新城区统一战线专题培训班,培训2天,150多人参加。

2017年,新城区召开党外人士情况通报会、协商会、征求意见会,为知情参政创造条件。民主党派及无党派人士对中共新城区委十一届三次全委会上的征求意见稿和新城区第十六届人民代表大会第五次会议上的《政府工作报告》(征求意见稿)、第十七届人民代表大会第一次会议上的《政府工作报告》提出意见建议。组织民主党派、无党派及党外知识分子参观调研重点项目。聘请党外代表人士担任法院等部门的监督员和陪审员。在内蒙古社会主义学院举办民主党派暨党外知识分子学习贯彻中共十九大精神培训班,培训2天,80多人参加。

三、党外知识分子工作

2001年以来,开展党外知识分子统计造册工作,对在编在岗的中级职称以上的党外知识分子进行摸底调查,对党外知识分子基本信息进行详细登记造册。截至2017年,新城区党外知识分子总数1110人，其中教育局989人，机关各单位上报121人。女性868人，占总数78%，男性242人，占总数22%。30岁以下7人，35至45岁690人，45～55岁399人，55～60岁12人。中级职称720人，高级职称370人，少数民族93人，民主党派21人。同年10月19日，呼和浩特市党外知识分子联谊会新城区分会成立。设会长1名，副会长6名，秘书长1名，常务理事13名。

四、党外代表人士队伍建设

2001年以来，新城区加强党外代表人士培训教育，切实筑牢共同团结奋斗思想基础。针对党外知识分子、无党派人士、新的社会阶层人士的不同特点类型，分期举办不同形式的培训班。选派党外知识分子，新社会阶层人士参加自治区党委统战部、市委统战部举办的培训班。建立党外知识分子工作平台。将部分私营企业优秀人士吸收到知联会队伍中来，使知联会的联系面和代表性更加广泛。建立党外后备干部档案和党外知识分子代表人物档案，结合区人大、政府、政协换届，做好党外代表人士政治安排工作。2017年，新城区有科级党外干部20名，党外后备干部33名。

第十节　政法工作

一、机构

2001年，新城区1乡1镇7个街道办事处设立9个综合治理办公室(综治办)负责综合治理工作。2004年，政法委员会挂维护稳定领导小组办公室(以下简称维稳办)牌子，机构为正科级。2008年，成立政法委办公室。2010年，新城区政法部门执法投诉中心成立，属政法委所属全额拨款股级事业单位。2013年，新城区智慧城区管理中心成立，属全额拨款股级事业单位，核定编制10人。2016年，成立新城区防范办，挂靠政法委管理。2016年，撤销新城区政法委所属股级事业单位新城区政法部门执法投诉中心，成立新城区法学会，为政法委所属全额拨款股级事业单位。

2017年，新城区委政法委员会机关(新城区社会治安综合治理委员会办公室、新城区维护社会稳定工作领导小组办公室)下设综合办公室、执法督查科、综治一科、综治二科、信息情报科、智慧指挥中心、法学会、防范办。有行政编制9人，事业编制23名。其中副处级干部1名，科级干部5名，工作人员26名。

二、维护稳定与综合治理

2001年，新城区制定《进一步开展社会治安综合治理工作的实施意见》。东风路街道办事处被自治区禁毒办推荐为全国第一批创建“无毒社区”工作示范点领先单位。

2002年，区政法委调查了解社区实施“星光计划”建立社区警务室情况。

2003年，新城区下发《关于切实做好非典型肺炎防治期间维护社会稳定工作的通知》。

区政法委视察海拉尔东路街道长海、公安厅两个社区，实地考察政法干警、综治干部在社区开展防控“非典”的工作情况。

2004年，区四大班子和各乡镇、街道办事处的有关领导与呼和浩特市劳教所开展联帮联教活动，探望新城区籍的劳教人员。印发《全区集中处理涉法涉诉信访突出问题第一阶段工作方案》的通知。

2005年，新城区组织各乡镇、街道办事处、政法系统各部门在新华广场进行综治宣传，通过展出综治图片、义务咨询以及街头文艺演出，宣传社会治安综合治理、预防青少年违法犯罪、开展群防群治、《中华人民共和国交通安全法》等有关内容。制定《关于开展创建“平安新城”活动方案》。制定《“213”重点人员“五包”方案》。成立“五包”工作领导小组，“五包”即包掌握情况、包解决困难、包教育转化、包稳控管理、包依法处理，开展教育转化和稳控工作情况的督促检查工作。

2006年，新城区制定并组织实施《2006年社会治安综合治理宣传月活动安排》《创建“平安新城”活动实施方案》《抓紧核查新城区企业军转干部等“三方面人员”》《新城区清理整顿铁路沿线废旧金属收购站点专项行动方案》。

2007年，组织筹备区委政法委、综治办的后勤保障以及综合性会议等工作，完成区委、区政府交办的工作任务。

2008年，新城区被评为“平安建设先进区”，获得“呼和浩特市社会治安综合治理特别奖”，维稳工作获得“工作实绩突出地区奖”。

2009年，政法委综治办在成吉思汗大街街道办事处、西街街道办事处和中山东路街道办事处开展综治服务中心试点工作，建立组织机构。新城区被评为“内蒙古自治区综合治理长安杯奖”“呼和浩特市综合治理特别奖”和“先进旗县区奖”。

2010年3月，新城区政法委成立专项行动领导小组，确定专项行动时间和方案，组织公安分局开展“绿色风暴”行动，严厉打击车站周边卖淫嫖娼违法犯罪行动，制定长效整治机制。

2012年，在新城区星火巷社区启动“社区网格化服务管理”。在区政府广场东侧开展平安建设宣传活动。对市劳教所的干警和新城区籍劳教学员进行慰问和看望。维护稳定办公室获得全市维护稳定工作特别奖；综治办获得“全市综合治理工作第三名”。

2013年，新城区开展社会管理综合治理培训。东风路街道办事处、西街街道办事处，成吉思汗大街街道办事处麻花板社区荣获“全自治区维稳典型示范地区(单位)”荣誉。对城区8个街道办事处的二级指挥平台建设、网格协管员数量技防设施建设、派出所民警进社区、社区警务室建设以及社会管理创新理念等综治工作进行督察。按照市里统一要求，在阿尔泰游乐场门前广场举行以“贯彻落实自治区党委‘8337’发展战略，深化平安首府建设”为主题的集中宣传。开展针对辖区内公共娱乐场所为期两天的统一清查行动。协调各部门做好中国建设银行各盟市协解人员聚集内蒙古分行上访的协调稳控工作。维稳办获得“全市维护稳定工作特别奖”;综治办获得“全市综合治理工作第一名”。

2014年,在新华广场举行以“贯彻落实中共十八届三中全会精神,深入实施自治区‘8337’发展思路,推进社会治安综合治理”为主题的集中宣传。在新华广场参加自治区禁毒宣传,社区志愿者、表演队各100人参加宣传。开展新城区毒品问题重点整治地区提交的摘帽请示考核验收工作。维稳办获得“全市维护稳定工作第一名”;综治办获得“全市综合治理工作特别奖”。

2015年,成立以区委常委、政法委书记田志刚为组长,各相关单位为成员的领导小组,制定并下发工作方案,确保抗战胜利70周年庆典期间的安全稳定。对红旗街进行督导检查。

2016年9月,新城区综治办牵头联合公安、文体广电局出动执法人员50余人,联合检查娱乐场所,重点突击检查万星KTV及蒙马俱乐部。清查娱乐场所20余家,对各娱乐场所的100余名服务人员进行尿检,娱乐场所禁毒宣传标语悬挂、禁毒宣传。对辖区内禁毒防范宣传措施落实不到位的娱乐场所,限期整改。

2017年,制定《新城区开展矛盾纠纷大排查大化解专项行动实施方案》,建立《重大复杂矛盾纠纷工作台账》,每月20日召开矛盾纠纷排查分析会,汇总分析各类矛盾纠纷解决办法。排查出各类矛盾纠纷171件,成功调解170件,调解成功率98%。制定《新城区流动人口和出租房屋大排查大整治专项行动工作方案》,按照“底数清、情况明、信息灵、管得住”的目标要求,充分发挥出租房屋房主协管员作用,协助公安派出所共同管理暂住人口。清理院内各个楼栋内小广告1万余处,开展楼院义务劳动,调解矛盾纠纷30余件。贯彻落实中央、自治区党委以及市委政法工作会议精神,与街道办事处签订《2017年综治、维稳、信访领导责任书》。按照《新城区治安重点地区“红旗街”综合整治实施方案》综合整治旅店业、仓库区、文化市场、海鲜农贸市场、食品安全。开展节前娱乐场所综合整治。遏制娱乐服务场所涉毒问题的滋生蔓延,规范娱乐场所的经营,净化社会风气。制定下发《新城区关于进一步加强群防群治工作实施方案》,每年投资130余万元,组建2000余人民警、交警、军地、民兵和社区志愿者等5支巡防队。自治区成立70周年庆祝活动等重要节点,群防群治队伍在维护社会治安稳定方面发挥了作用。

三、创建智慧城区

2011年,新城区在十届四次全委会上提出建设“智慧新城”目标。

2012年3月,新城区率先启动社区网格化服务管理工作,8个街道48个社区按照区域大小划分网格,按照一格一员的标准配置网格员,由网格员主动发现问题。

2013年,信息化引入网格化社会服务管理,建立网格化社会服务管理系统,设立区级、街道、社区三级平台。每位网格员配备手持终端社管通,网格员通过手机上报城市管理、综治安全、社会事务等案件,实现信息收集、案卷建立、指挥派遣、处置反馈、核实核查、结案归档的六步闭环。建设智慧新城基础平台,概括“1311”工程。即:1个政务决策系统建设;3个行业领域的信息化系统应用;1个统一的应用服务支撑平台建设;1个综合信息资源库的建设,投资4500余万元。新城区就智慧新城建设及社区网格化工作进行调研。

2015年,新城区通过购买社会服务的方式招聘45名大专以上文化学历的专职网格员。“智慧新城”指挥中心对网格员开展专题业务培训。对市容局的30余辆执法车辆进行GPS定位,对其处在的位置,以及工作巡查的轨迹可进行查看,实现对发现的问题就近调度,快速解决。在每个社区分别安装视频监控6路,共计288路,整合社区行政效能探头138路,通过监控探头,对市容秩序、环境卫生以及辖区的娱乐场所、商贸市场等治安管理,实现24小时全天候监控。

2016年,新城区下发《“平安新城”视频监控建设联网应用实施意见》。农村网格化工作启动,保合少镇的11个行政村划分37个网格,将成吉思汗大街街道办事处所属13个行政村划分69个网格,共划分106个网格,按照“一格一员”配置,配备网格员106名。办事处牵头,社区招聘一批熟悉辖区情况、热爱社区工作的居民网格员。专职网格员与居民网格员相互补充,相得益彰,实现新城区网格化工作全覆盖。

2017年,新城区推进数字校园系统、应急指挥系统,完成“平安新城”视频监控项目基础工程、智慧新城二期建设前期调研工作。智慧新城指挥中心实现社会服务管理的无死角、全覆盖。网格化信息平台累计发现各类问题107831件,解决107095件,办结率99%。在社区、街道、社会面接入监控视频约2000多路,长途客运站,火车东、西站,各餐饮行业后厨等重点地区及单位进行监管,基本达到新城区区域范围内全覆盖;网格化管理工作共输入社情信息800余条,治理沿街小广告1.3万余条,及时发现市政设施类问题60次,清理院内各个楼栋内小广告一万余处,多次开展楼院义务劳动,调解矛盾纠纷30余件,发现消防安全隐患30余次;指挥中心接到数字城管平台案件68799件,结案68269件,结案率99%。

四、建设平安校园

2004年,新城区聘任实验中学等45名副校长为法制副校长。

2005年,组织各乡镇、街道办事处、政法系统各部门在新华广场进行预防青少年违法犯罪宣传活动。

2010年,开展“预防青少年吸食合成毒品”为主题的禁毒宣传,在中小学开展“珍爱生命,远离毒品”活动,利用吸食毒品的人员,现身说法进行教育。

2012年,在新城区政府广场前展开以“预防青少年吸食合成毒品”为主题的禁毒宣传活动。

2013 年，新城区委、区政府聘请铁甲护卫入驻校园。举办新城区表彰暨聘任法制副校长大会。

2014 年，新城区数字校园开始建设，以建设“一网”即新城区教育城域网为基础，“两通”即宽带网络校校通和优质资源班班通为手段，以教务管理、智能阅卷、成绩分析和一卡通等系统为应用，逐步使新城区教育信息化进入科学发展的快车道。

2016 年，新城区推动学校法治教育工作，提升青少年法律素质水平，聘任法治副校长；成立校园纠纷人民调解委员会。检查城郊接合部的金太阳学校、新民学校、内蒙古职业学校、爱民街小学、育才学校和蒙古族幼儿园、关帝庙小学的校园周边治安环境。

2017 年，制定《新城区“平安校园”建设实施方案》《新城区关于开展校园周边联合整治实施方案》。组织城管局、食药局、公安局、教育局等部门，在成吉思汗街小学、实验中学察哈尔北校区等 13 所学校，开展校园安全隐患大排查大整治专项行动。投入 1.4 亿元用于“平安新城”视频监控系统建设。全区公办中小学幼儿园安装视频监控探头 1320 个，聘用的 100 名校园铁甲护卫入驻全区 40 所中小学幼儿园实现新城区校园 24 小时技防、人防全覆盖；各学校配备多媒体终端设备，包括 682 套班级多媒体教学设备，1260 台计算机，22 所学校配备计算机教室，4 所农村学校实现多媒体进教室。

第十一节 编制管理

一、机构

2001 年，新城区实施机构改革，明确人事局挂机构编制委员会办公室牌子，设编办主任 1 人，领导职数 1 名。2002 年，设置机构编制委员会办公室为机构编制委员会的常设办事机构，既是区委工作机构，又是区政府工作机构，列区委工作机构序列，领导职数 3 名(1 正 2 副)。2010 年，成立所属股级事业单位——登记管理办公室。2011 年，成立所属副科级事业单位——新城区机构编制电子政务中心。

2017 年，区机构编制管理办公室下设事业单位登记管理办公室、机构编制电子政务中心 2 个二级事业单位，行政编制 5 名，事业编制 3 名。有行政人员 5 人，事业身份人员 3 名。

二、编制管理

2002—2005 年，新城区制定《新城区党政机构改革方案》并组织实施；开展事业单位登记管理年检工作。

2006 年，新城区进行乡镇机构改革工作。

2008 年，制定鸿盛工业园区“三定”方案。

2009 年，开展机构编制实名制管理工作。

2010年,深化政府机构改革。

2011年,开展事业单位清理规范工作;开展政务和公益中文域名注册工作。

2012年,分类推进事业单位改革;开展机构编制核查工作。

2013年,分类推进事业单位改革。

2014年,进行政府机构改革工作。进行机构编制实名制管理信息核查工作。中文域名网站挂标以及机要内网接入工作。

2015年,开展事业单位法人年度报告公示工作。

2016年,开展综合行政执法体制改革试点工作。贯彻落实控编减编工作。开展事业单位法人治理结构试点工作。机关、群团以及事业单位统一社会信用代码赋码及换证。

2017年,按照“撤一建一”的原则和“控制总量、盘活存量、优化结构、有减有增”的总体思路,推行机构编制动态管理。摸排出全区跨主管部门借调人员214人,对借调人员按照借调时间先后顺序分五批开展调配工作。研究制定《新城区关于做好控编减编工作方案》,确定控编减编的目标任务,明确具体措施,完成新城区2017年的控减任务。上级编制部门为新城区增加566名中小学事业编制。将27家由于历史遗留问题、未在市编办备案的副科以上事业单位进行备案。全面展开2016年事业单位法人年度报告公示工作。进行事业单位法人年度报告公示170家,公示率达到100%,合格率达100%。完成全区机关、群团以及事业单位统一社会信用代码赋码工作,并换发机关统一社会信用代码证54个,事业单位法人证书(三证合一)的发放率达到100%。开展“机构编制云平台”试点建设工作,对应录“三定”系统的机关事业单位全部录入系统;权责清单应录2176条,完成100%的录入进度。

第十二节　党校教育

一、机构

2002年,新城区党校在职人员7人,副校长2名,(1名兼教务主任),教师4名,校长由区委书记兼任。2004年,根据呼和浩特市委九届四十次常委会纪要精神,撤销新城区党校,成立新城区党员干部培训中心,为新城区委直属的正科级单位,核定科级领导职务2名。2011年10月,新城区培训中心事业编制15名。2014年10月19日,中心从区医院大楼五楼搬迁至北二环铁木真小区呼哈路社区3楼。面积约400平方米,有小教室1间,培训中心有职工9名,其中主任、副主任各1名。2017年8月,党员干部培训中心办公地址从北二环铁木真小区呼哈路社区3楼搬迁至新城区政府东副楼。有职工8名,其中主任、副主任各1名,全部实行参照公务员管理。

二、培训工作

2001—2017年,新城区党员干部培训中心根据《中国共产党党校工作条例》突出教学工作，开展一系列培训工作。重点承担全区科级干部的培训和轮训；农村党支部书记、村委会主任的培训和轮训；城区居委会书记主任的培训和轮训；基层党支部书记及党务骨干的培训以及区委、区政府的其他培训任务等。累计培训 4200 余人次，协助各部门办班 1000 次。

2004 年 10 月，贯彻落实中共中央十六届四中全会精神，举办两期中共十六届四中全会精神科级干部轮训班。

2005 年，党员干部培训中心全体教职工开展下基层宣讲保持先进性教育实践活动。讲课 200 多课时，覆盖 16 个党委，100 多个党支部，培训党员 7000 多人次。

2006 年，进行全区副科级以上领导干部关于学习贯彻党章及社会主义荣辱观理论考试。

2007 年 11 月，举办新城区科级干部学习十七大精神培训班 2 期。

2008 年，干部培训中心举办为期 9 个月后备干部培训班。

2009 年 12 月，干部培训中心组织“理论讲大比武”活动，召开总结表彰大会，表彰 10 个优秀组织集体、10 位优秀宣讲员。

2011 年，干部培训中心举办主体班 35 期，协助办班 30 多期，培训人数 3000 余人次。

2012 年，干部培训中心开展举办“贯彻落实中共十八大精神，加强村级组织带头队伍建设”培训教育活动，为成吉思汗大街街道办事处、保合少镇举办培训 2 期。

2013 年，在内蒙古工业大学启动“新城区科级干部走进高校大讲堂”活动，对科级以上干部进行综合教育培训，举办 10 期，每期 400 人。举办“新城区直属机关党组织书记及党务干部培训班”。

2014 年，贯彻落实党的群众路线教育实践活动，举办“直属机关党组织群众路线教育实践活动专题辅导班”。到水磨村、西街街道艺术北街社区，主动和村、社区干部了解情况，入户向居民征求意见。

2015 年，干部培训中心组织“深入学习贯彻习近平总书记系列重要讲话精神和十八届四中全会精神巡讲活动”，选派优秀师资到基层进行巡讲。举办入党积极分子培训班，在各镇、街道重点项目进行社会实践。

2016 年，干部培训中心围绕“十三五”规划内容开展针对性教育培训，举办培训班 20 期。举办“学习贯彻中共十八届六中全会精神专题讲座”，邀请市委宣讲团成员、市委党校社会管理与文化研究室进行专题讲座。

2017 年，干部培训中心举办“当前党风廉政建设和反腐败斗争面临的形势和任务专题辅导讲座”和“新时代开启全面依法治国新征程”专题辅导讲座，宣讲中共十九大报告。

第十三节　老干部工作

一、机构

2002 年 4 月，新城区老干部局改为区委组织部管理，行政编制 2 名，领导职数 2 名，共有工作人员 4 人。2012 年 5 月，成立老干部活动中心(老年大学)，该机构为全额拨款股级事业单位，主要负责老干部文化学习、体育、健身、娱乐等工作，核定事业编制 6 名。2017 年，下设老干部活动中心(老年大学)，有工作人员 10 人。

二、服务管理

2001 年，新城区老干部局管理服务老干部 81 人，其中盟市级待遇 4 人，旗县级待遇 39 人，一般待遇 38 人。至 2017 年，服务管理的老干部 62 名，其中盟市级待遇离休干部 1 名，旗县级及科级待遇离休干部 11 名，一般待遇离休干部 15 名；处级退休干部 35名。

2001 年，全面落实老干部的政治和生活待遇。开展老干部联系、走访、座谈、慰问活动。在原人大办公楼拨付 2 间办公室供老干部学习活动。为丰富和活跃离退休干部精神文化生活，保障老干部的身心健康，做到“老有所乐”。

2002 年，新城区保证落实老干部的政治、生活待遇，39 名党员老干部每月参加一次组织生活，医疗费实报实销。组织召开各类座谈会，听取老干部的意见建议。在节假日开展走访慰问活动。

2003 年，新城区保证落实老干部的政治、生活待遇，定期或不定期召开座谈会，征求意见和建议，走访慰问，听取生活工作情况。发放书报费，选择订阅报纸杂志。组织、宣传、纪检部门为老干部订阅《实践》《党的教育》《学习与工作》《党建与人才》《老年世界》等刊物，提供学习方便。组织扑克、象棋、麻将等娱乐活动。

2005 年，新城区落实各级党委、政府关于老干部工作的部署要求，保证老干部的政治、生活待遇全面落实。为老干部订阅《党的教育》《学习与工作》等刊物。开展家访慰问活动，走访 20 多位老干部。对老干部生活中存在的困难，区级领导过问，予以帮助解决。

2006 年，新城区保证老干部的政治、生活待遇全面落实。参照呼和浩特市有关文件精神，起草《关于提高一般离休干部交通费的报告》，协调解决提高一般离休干部交通费。开展慰问活动。组织开展为期一周的扑克、象棋、麻将比赛。

2007 年，新城区提高离休干部离休费、医疗费、公用和特需经费、采暖费、电话费、交通费等，离休经费列入财政预算，给予特殊保障，按月足额发放，无拖欠现象，医疗费实报实销，护理费、交通费、遗属生活费、电话费等费用均按规定落实办理。企业离休干部工资纳入财政支付，老干部丧葬事宜按规定处理。老干部门诊医疗费每年 1000 元提高到 3000 元，节约归己，超额据实报销。区委、区政府下发《关于完善离休干部离休费、医疗费保障机制和财政支持机制贯彻意见》通知，保证老干部生活待遇的落实。

2008年，铁路部门移交6名离休干部。组织离休干部、老干部支部老党员参观成吉思汗公园、高科技工业园区、大学城及讨思号蔬菜大棚基地。

2009年，新城区将离休干部编入基层党组织，组织老干部学习中央及地方各级党委的文件。离休干部的离休费、医疗费、公用和特需经费、采暖费、交通费等列入财政预算，给予特殊保障。组织扑克、象棋、麻将等活动，召开2009年度老干部座谈会。组织参加全市第二届老干部书画、歌舞大赛。开展老干部房补的调查摸底工作。

2010年，新城区为做好离退休老干部的医疗保障工作，保证离退休干部的正常医疗需求，区政府拨付医疗经费120万元，老干部局增加医疗费40万元。

2011年，开展党员远程教育，开办夕阳红大讲堂时事政治、普法学习班、医疗知识、心理疏导、健康等讲座。发放《学习参考》和《老年世界》杂志就近学习，就近活动。

2012年，新城区保障离休干部医疗费及时实报实销。走访慰问区离休老干部、处级退休干部、老干部遗属以及困难党员、离退休干部困难家庭，为他们送去慰问金，米面油、祝寿蛋糕、挂历等春节慰问品，共计8万余元。组织离退休干部开展"关爱献给老干部，健康体检暖人心"活动，为全区80余名离休干部及处级退休干部进行7大项20多个小项健康体检，并请医院保健医师针对每一位老同志的检查结果进行综合分析，反馈给老干部本人。

2013年，组织离退休干部座谈会、观看录像片、学习上级文件、通报区情，及时准确了解经济、政治形势。通过党员远程教育网络为辖区老干部开办夕阳红大讲堂，开展时事政治、普法学习班、医疗知识、心理疏导、健康讲座等活动，

2014年，新城区组织开展为老干部"送学上门"系列活动，将党的群众路线教育实践活动学习材料等，送到老干部手中。征求、收集对老干部局领导班子、干部意见建议，掌握老干部的实际困难，帮助解决实际困难。开展中国共产党建党93周年家访活动，为老干部发放纪念品，了解他们在医疗、政治、生活待遇方面的诉求。组织处级退休干部参观重点项目，引导他们为新城区建言献策。

2015年，聘请区医院退休主任医师，专业护理人员，成立"老年人日间照料室"，照料室面积约200平方米，按照专业医疗要求，设立问诊室、治疗室、休闲区、康复区，配备血压计、血糖仪等基本医疗设施，并供应午餐，开展社区老干部日间托管、照料。建立离退休老党员关爱机制，成立"关爱助困团"，开展"年老体弱老党员必访、家庭困难老党员必访、老党员患病及发生意外必访"等"三必访"活动，了解老党员困难，做好老党员关爱工作。为离退休提供学习活动阵地，老干部就近学习，就近活动，就近得到关心照顾，就近发挥作用的良好局面。

2016年，老干部局开设民族舞、健身操、声乐、书画4个专业，4个班，采取"实用、灵

活、寓教于乐”的教学形式,创造再学习的机会。带领老干部参加各级举办的老年人歌舞大赛,为老年人提供展示的平台。老干部舞蹈队荣获二等奖的好成绩。成立“新城区老年大学分校”,把触角向职能部门、社区延伸,体现教学成果,方便老干部就近参加活动的需求,在区文体局、新华社区、老缸房社区、新春社区建立老年大学分校;以书画沙龙、书画笔会等形式,定期邀请书画家到老年大学书画室进行交流。

2017 年,老干部报销医疗费实行 2 次报销,没有拖欠现象。进行不定期慰问,对老干部遗属以及困难党员送去慰问金、慰问品,走访率达到 95%以上。为保证离休干部的正常医疗需求,向区委、区政府申请医疗经费 160 万元的基础上,增加 40 万元,解决离休干部医疗费问题。向市委老干局申请特困帮扶资金 1 万元,为退休干部帮扶解困。下发关于调整事业单位离休干部病故一次性抚恤金通知,进行核查工作,并落实发放。提高离休干部书报费发放标准,每人每年增加 100 元书报费,以满足老干部日益增长的学习需求。

第十四节　机关党务

一、机构

新城区设直属机关党工委负责指导区直机关各党组织做好基层党组织的建设。2017 年,设书记 1 名,副书记 1 名,党工委委员 5 名。

2001 年,新城区民政局、残疾人联合会党支部分设为民政党支部、残联党支部。撤销区委联合党支部,组建政法委党支部;组建统战部、工商联党支部。成立建设系统党总支、工会、共青团、妇女联合会党支部、高科技园区党支部、城区改造建设指挥部办公室党支部。直属机关党工委下设党总支 5 个,党支部 31 个,党员总数 777 名。

2003 年,成立交通局党支部。

2004 年,区人大机关党支部和人大离退休干部党支部合并。拆迁办党支部移交给机关党工委管理。成立区扶贫办公室党支部、新城区地方税务局总支部委员会。

2005 年,成立新城区接待办党支部。区物业管理局党支部与原机关事务中心党支部合并为一个党支部。新城区机关工委党总支 4 个,党支部 43 个。

2006 年 5 月,安全生产监督管理局党支部转入机关党工委。撤销社区建设指导委员会支部委员会,与民政局党支部合并成立民政局支部委员会。农牧业产业化办公室党支部转入新城区机关党工委。成立人民防空办公室党支部、科技协会党支部、党员干部培训中心党支部。

2007 年,成立离休干部支部委员会、新城区国家税务机关委员会、红十字会党支部、林业局总支部委员会。

2008 年,成立社区办公室党支部、文化体育广播电视局总支部委员会。

2009年，旅游局党支部并入农牧业产业化办公室党支部。成立统计局、新城区城乡社会经济抽样调查队支部委员会、司法局总支部委员会、新城区地税局机关委员会、呼和浩特市质量技术监督局新城区分局支部委员会。

2010年，成立旅游局支部委员会、编制管理办公室支部委员会。

2011年，成立新城区团委党支部、总工会、妇联联合会党支部。

2012年，成立经济和信息化局党支部、信访局党支部、食品药品监督管理局党支部。

2013年1月，成立新城区政府法制办党支部、妇女联合会党支部、总工会党支部、人力资源和社会保障局党总支。

2014年，成立新城区市民服务中心党支部。

2015年，撤销新城区司法局党总支保留司法局党支部。撤销原市民服务中心党支部，支部内原有党员转入政府办公室党支部。

2016年，撤销红十字会党支部，原有党员转入妇幼保健所党支部。撤销原法制办公室党支部，原有党员转入新城区政府办公室党支部。成立金融工作办公室党支部、新城区创新创业服务中心党委、卫生和计划生育局机关委员会、住房和城乡建设局机关委员会、发展和改革局机关委员会、城市管理行政执法局机关委员会。

2017年，新城区人民法院党总支对所属支部重新设置，撤销原有14个党支部，重新成立4个党支部。成立区委农村牧区工作部党支部，总工会、妇女联合会党支部。年底，直属机关党工委管理机关党委7个、党总支6个，独立党支部43个、共计56个党组织。

二、党务工作

2001年，开展纪念中国共产党成立80周年征文活动。举办新党员培训班学习江泽民总书记“七一”讲话培训班。开展纪念中国共产党成立80周年党的知识竞赛活动和红旗党支部、先进基层党组织、优秀共产党员和优秀党务工作者评比表彰活动。

2002年，开展机关文明局室评比。表彰红旗党支部、先进基层党组织、优秀共产党员和优秀党务工作者。举办预备党员培训班。推选出席新城区机关工会第一次代表大会代表。

2003年，举办预备党员、申请入党积极分子培训班。组织各总支、支部参加新城区2003年职工运动会。开展纪念建党八十二周年“创先争优”评选表彰活动。表彰区委办公室等6个部门为2002年度文明局室。表彰红旗党支部、先进基层党组织、共建社区先进单位、优秀共产党员、优秀党务工作者和优秀学员。表彰高秀珍等28人为2002年度文明职工。召开庆“七一”暨表彰先进集体和先进个人大会。开展“大力解放思想，优化开放环境”培训教育活动。组织各有关区直总支、支部参加区职工篮球赛工作。举办党支部书记(副书记)、委员和预备党员、入党积极分子培训班。

2004年,举办文体比赛。在区直机关开展“争创文明局室、文明职工,当好人民公仆”活动。举办蒙古舞和健身健美操比赛前培训。举办新城区2004年职工运动会。举办预备党员、申请入党积极分子培训班。开展“七一”系列活动。举办乒乓球、羽毛球和拔河比赛。

2005年,开展庆祝建党八十四周年系列活动。表彰人事劳动和社会保障局等3个单位为2004年度“文明局(室)”,戴江涛等41人为2004年度“文明职工”,胡丽萍等4人为2004年度“人民公仆”。开展“12•4”全国法制宣传日宣传活动。

2006年4月,机关内开展“做党的忠诚卫士、当群众的贴心人”主题实践活动。进行“学党章、守纪律、尚廉洁、作表率、知荣辱”主题教育活动才艺表演。表彰国土资源局党支部等17个基层党组织,巴增林等45人为2005年度先进集体和个人。

2007年,开展以“我为大庆做贡献,建设和谐内蒙古”为主题的系列活动。组织开展乒乓球和拔河比赛。征集“干部职工迎大庆书画摄影展”参展作品。举办机关干部职工“迎大庆”书画摄影等作品展览。举办学习中共十七大精神党员干部培训班。

2008年,开展以“抓党建、促发展、迎奥运、促和谐”为主题的系列活动。

2009年,举办2009年机关党务干部培训班。举办民族理论民族政策专题讲座。

2010年,举办学习中共十七届四中全会精神培训班。组织参加呼和浩特市第六届登山活动。举办新城区机关干部拔河、跳绳比赛。

2011年,开展纪念建党90周年党史知识竞赛活动。举办区直机关干部计算机操作技能比赛。举办新城区机关干部拔河、跳绳、踢毽比赛。

2012年,表彰2011年度机关党建工作先进党组织、优秀党务工作者、优秀共产党员。举办区直机关庆祝建党91周年及廉政文化建设活动。举办新城区机关干部跳绳、踢毽比赛。

2013年,举办新城区直属机关党组织书记及党务干部培训班、机关作风建设主题演讲比赛、区直属机关干部职工秋季登山等活动。

2014年,举办新城区直属机关党组织党的群众路线教育实践活动专题培训班,进行直属机关党组织学习习近平总书记在党的群众路线教育实践活动总结大会上的讲话专题培训。

2015年,举办新城区直属机关党组织党务公开工作培训。

2016年,组织各机关单位、驻区企业开展“区长杯”五人制足球比赛。召开直机关“两学一做”学习教育工作座谈会。在区直机关中开展“两学一做•敬抄党章”活动。组织区直机关党员干部观看廉政教育展览。举办学习习近平总书记“七一”重要讲话精神专题辅导讲座。开展“五亮十比”主题活动。举办新城区直属机关“忠诚守纪,敬业担当,做合格党员”主题演讲比赛。

2017年,举办新城区直属机关“颂党恩、咏党情”主题朗诵比赛。召开新城区直属机关2017年党建工作会议。举办当前党风廉政建设和反腐败斗争面临的形势与任务专题辅导讲座。召开新城区直属机关推进“两学一做”学习教育常态化制度化工作座谈会暨党建工作经验交流会。召开区直机关“两学一做”学习教育常态化制度化暨基层党建工作重点任务推进会。举办新城区市民巡回讲堂区直机关专场。举办内蒙古辉煌70年专题辅导讲座。举办区直机关党务干部党性教育专题培训班。举办学习习近平总书记“7·26”重要讲话精神专题辅导讲座。举办“内蒙古绿色发展和改善生态环境——学习领会中共十九大精神”专题辅导讲座。举办“不忘为民初心 牢记发展使命——从十九大看中国共产党的执政本色”专题辅导讲座。召开新城区直属机关党组织书记抓基层党建述职评议会。

第十五节　接待工作

一、机构

新城区接待办公室成立于2006年3月，为区委直属参照公务员法管理的正科级事业单位。核定科级领导职数2名，编制5名，2013年增编2名。2016年3月，将新城区机关服务中心职能划转到区接待办公室，增加事业编制8名，内设综合股、接待联络股、车辆和办公用房股、机关物业股、公共机构节能股等5个机构。

二、工作

2006年，接待办公室完成各项接待任务32批次，500余人，大型团队2个。

2007年，接待办公室完成各项接待任务316批次，8500余人，其中大型考察团队8个，包括有巴彦淖尔市党政考察团、广西壮族自治区南宁市江南区考察团等。

2009年，接待办公室完成各项接待任务278批次，约6540人，并完成呼包鄂地区国家信息化和工业化融合创新实验基地揭牌和内蒙古软件创意基地开工奠基仪式的大型接待任务。

2010年，接待办公室完成各项接待任务368批次，7684人。其中，接待大型团队8个，包括有丰镇市党政代表团、蒙古国乌兰巴托巴彦高勒区代表团、丰泰·金翡丽广场开工庆典仪式贵宾团、武警绿化基地揭牌仪式活动代表、内蒙古软件创意示范基地开工奠基仪式代表团及呼和浩特市赴新城区考察调研代表团。

2011年，接待办公室完成各项接待任务249批次10840人，其中接待大型团队5个，包括接待中共福海县委员会考察团、全市校安工程现场会、新城区第十次代表大会闭幕晚宴、TCL集团、内蒙古工业园暨内蒙古TCL光电科技有限公司签约仪式、安徽省马鞍山市花山区委考察团、中国联通区北(呼和浩特)基地项目签约仪式。完成区委领导赴成都、重庆、广州、深圳4地考察公共租赁住房的接待工作及第五届中国民族商品交易会暨第十二届昭君文化节的对口接待工作等。

2012年,接待办公室完成各项接待任务310批次,约7250人。接待2012国际光纤通信论坛、国家画院内蒙古创作基地项目签约仪式、温州商会签约仪式、昭君文化节对口接待工作。接待法国马术学会及天津TAK公司;到新城区学习、考察、调研的省、自治区和市级领导;新城区规划专家团队和学者;有意到新城区投资兴业的企业家、重要客商等。完成新城区代表团外出赴北京市、山东省、西安市等地学习、考察任务。

2013年,接待办公室完成各项接待任务120批次,1200余人,其中包括商务接待(招商引资)74批次712人;政务接待46批次490余人;其中,大型接待24批次305人(如:中英干细胞联合实验室签约仪式、草原马会签约仪式、中国联通西北基地签约仪式、中国国家画院签约仪式、上海鹏欣集团考察团等)。严格执行《关于党政机关停止新建楼堂馆所和清理办公用房的通知》和区委、区政府党政联席会议的精神,投入30万元对区四大班子领导和所属镇、街道、委、办、局等办公用房进行清理整顿。开展公共机构名录库建设和公共机构能源资源消费统计。

2014年,按照"规范接待管理、提升接待水平,展示新城风采,服务经济发展"的工作思路,健全完善接待制度体系,细化工作流程,构建领导有力、部门协作、资源整合的"大接待"格局。发挥接待工作"窗口、桥梁、纽带"的作用,转变观念,彻底改变接待工作只是管吃管住和迎来送往的传统认识,创新工作方式方法,拓展服务领域,坚持"精细化""个性化"和"特色化"三化标准,做细每一个接待环节,做精每一个服务项目,提升接待整体水平。接待来宾339批次,1655人次,其中大型活动(天津西青区党政考察团、达茂旗"十个全覆盖"工程党政考察团、"2014•青城满韵""爱新觉罗画派暨京津蒙书画名家作品联展"开幕式、论坛会)。对机关主楼卫生间房顶和东西配楼卫生间上下水管道进行维修改造,并安装相应的配套设施,主楼、东西配楼、广场出入口等多处安装高清摄像头共计95个,在车辆出入口安装起降杆6组。

2015年,接待办公室完善接待制度、细化工作流程,坚持"三化"标准,精细服务抓接待;推进资源整合,整体联动抓接待;从内部严格管理和勤俭节约抓接待工作;完成各类接待任务390批次,约2400人。其中包括10月17日呼和浩特市人民政府、中科院云计算产业技术创新与育成中心、新城区人民政府合作成立中科院云计算育成基地签约仪式接待安排。申报创建国家级节约型公共机构示范单位通过国家机关事务管理局评价验收。投入40余万元,对区政广场、办公楼进行维修维护,更新增加常用设施设备。进行副大楼装修调配,将公安分局8000平方米办公楼重新装修纳入区机关办公用房中,教育局、住建局、区党校等8家单位入住办公。安排保洁、保安,区机关办公楼物业管理由原来的雇佣临时工作人员调整为委托外包,实行政府购买服务。筹备招募专业的物业公司。收发等工勤服务人员,纳入机关大楼的整体管理。

2016年,接待办公室严格履行单位公函、接待清单、财务发票"三单"报账制度,勤俭节约、反对浪费，坚持“特色为主、少点常加”的原则，累计完成420批，2700人次的公务接待任务。其中包括接待中国航天五院513所考察团工作等。依据《呼和浩特市党政机关公务接待管理实施办法》，协调区委督查室、财政局、审计局等相关部门，对各镇(街道)的公务接待工作进行实地督查，通过询问、查账等方式，及时发现问题，限期整改，并要求公务接待费用要全部纳入预算管理，单独列支。召开“新城区接待管理培训暨观摩现场会”，规范各镇(街道)的公务接待工作。负责公务用车制度改革工作，规范车辆管理。全区车改共有80家单位，包括行政单位51家，其中参公事业单位24家，垂管单位5家，改革前共有车辆427辆，改革后，全区共保留公务车222辆，取消公务用车205辆。公车改革后，负责全区4辆调研用车、5辆应急专用车的管理和相关任务的执行，累计完成安全出车360余次。提升公务接待服务水平，承接全区对外讲解职能，选聘2名讲解员专门从事宣传讲解工作，完成讲解30余次。加强对机关后勤的管理，按照政府购买服务的思路，通过招投标引进物业公司，负责机关办公区的物业服务。被国家机关事务管理局、国家发改委、财政部联合命名为节约型公共机构示范单位。

2017年，接待办公室完成各类接待任务260批次，约2100人。完成新城区千余观众赴庆祝大会现场彩排和参加庆祝大会的乘车任务，累计接待赴庆祝会场考察团50余次。承接自治区成立70周年备用会场的布置工作。完成自治区、呼和浩特市在呼和塔拉会议中心召开的3次大型会议会场的布置工作。整合内蒙古群众文化体育运动中心、呼和塔拉草原等重点项目资料，编印成册，开展庆祝大会之后前来考察学习接待工作。接待考察中国机械工业建设集团有限公司、呼和浩特市离退休老干部参观考察、参加京蒙(呼和浩特)高端产业对接大会等工作。按照轻车简从原则，规范调研用车的使用管理，全年累计派车900余次。爱民街小学、丁香路小学向市机关事务管理局申报公共机构节能型示范单位，接待办公室申报“公共机构能效领跑者”单位。

第二章　民主党派地方组织

2001—2017年,新城区有中国国民党革命委员会(简称民革)、中国民主同盟(简称民盟)、中国民主促进会(简称民进)、中国民主建国会(简称民建)、中国农工民主党(简称农工党)、中国九三学社(简称九三学社)6个民主党派地方组织。

第一节　中国国民党革命委员会新城区总支部

一、机构

2001年1月,民革新城区支部换届产生第七届委员会,支部共有党员45名。

2005年1月,民革新城区支部委员会换届,支部有党员28名。换届成立民革新城区第一届总支部委员会。

2010年1月,民革新城区总支部换届,有党员34人,通过大会选举第二届总支部委员会。

2016年8月,民革新城区总支委员会换届,支部有党员46人,通过大会选举产生民革新城区第三届总支委员会。

2017年,民革新城区总支委员会共有党员52人。其中,有渊源关系的29人,在职党员29人,退休党员23人,党员来自自治区级、市级以及新城区近40个不同单位,具有高级职称的党员15人,中级职称的党员20人,公务员17人。党员中有市政协委员3人,新城区政协委员3人。

民革新城区第七届支部委员成员一览表

表13-2-1

职务	姓名	性别	民族	任期
主任委员	邱清廉	男	汉	2001.7—2005.1
副主任委员	白承志	男	蒙古	2001.7—2005.1
	刘会德	男	汉	2001.7—2005.1
	刘向东	女	汉	2001.7—2005.1
委员	梁玉兰	女	汉	2001.7—2005.1
	韩成良	男	汉	2001.7—2005.1
	段爱琴	女	汉	2001.7—2005.1

民革新城区第一届总支部委员会成员一览表

表 13-2-2

职务	姓名	性别	民族	任期
主任委员	刘向东	女	汉	2005.1—2010.1
副主任委员	段爱琴	女	满	2005.1—2010.1
	董宗州	男	汉	2005.1—2010.1
委员	刘津生	男	汉	2005.1—2010.1
	苏庆龙	男	汉	2005.1—2010.1
	徐雅风	男	汉	2005.1—2010.1
	赵晓莉	女	回	2005.1—2010.1

民革新城区第二届总支部委员会成员一览表

表 13-2-3

职务	姓名	性别	民族	任期
主任委员	刘向东	女	汉	2010.1—2016.8
副主任委员	丁朝霞	女	满	2010.1—2016.8
	刘津生	男	汉	2010.1—2016.8
委员	苏庆龙	男	汉	2010.1—2016.8
	赵晓莉	女	汉	2010.1—2016.8
	徐雅风	男	汉	2010.1—2016.8
	杜力	女	回	2010.1—2016.8
	毕晓刚	男	蒙古	2010.1—2016.8

民革新城区第三届总支部委员会成员一览表

表 13-2-4

职务	姓名	性别	民族	任期
主任委员	丁朝霞	女	汉	2016.8
副主任委员	代建军	男	汉	2016.8
	赵紫阳	男	汉	2016.8
委员	刘寅虎	男	汉	2016.8
	杜金梅	女	汉	2016.8
	苏宪龙	男	汉	2016.8
	陈　芳	女	回	2016.8

二、主要活动

2001年1月,组织民革党员在新城区小井沟开展扶贫助学活动,捐赠教学仪器、学生用品价值2900元。

2002—2003年,开展以"送温暖、献爱心、扶贫帮困"等系列活动。开展节日帮扶慰问送温暖活动,为环卫工人和困难家庭送去慰问品和节日的祝福,支部的医务工作者带去保健知识和对疾病治疗的建议。中秋和春节两大节日,走访慰问老党员和家庭困难党员。支部党员参加抗击"非典型肺炎",郭雅健荣获民革中央"抗击'非典'先进个人"称号。

2004年,在新城区野马图村进行义诊活动,并向学校赠送教学仪器价值5200元。

2005年,组织部分党员赴新城区保合少乡野马图村"送温暖"下乡活动,送课下乡、送医下乡、送"六一节"礼物给村里的孩子。部分党员参加新城区统战部组织的党派进社区服务活动,为社区老年人进行义诊、咨询。组织全体党员赴包头市九原区参观自治区级无公害蔬菜种植基地,并与农户进行座谈交流。与区人大、统战部一同参加"三下乡"活动,为保合少乡庄子村贫困户送去衣物等日用品;为一位贫困小学生送去500元现金,资助其完成学业。

2006年,进行扶贫助学活动,为保合少镇庄子村贫困学生送去助学金1500元,衣物20余件。刘向东撰写的《关于增加机动车燃气加气站数量的建议》获民革市委会优秀社情民意。

2007年,联合新城区团结小学、东落凤小学赴保合少镇庄子村扶贫助学,捐赠文具、体育用品、衣物、书籍。赴公安厅社区赠送科普仪器、书籍等。

2008年,支部党员为四川汶川灾区捐款。为南方冰冻灾害灾区人民捐款1000元,为奥运会举办捐款1000元。在锡林郭勒北路街道办事处电前社区举行扶贫活动,送米、面、油。开展新城区社区建设情况的调研。帮扶保合少中心校办学2000元。

2009年,赴新城区锡林郭勒北路街道电前社区扶贫,送价值3000元米、面、油、衣物等。开展呼和浩特市农副产品批发市场运行情况的调研活动。

2010年,开展治理公主府河道及周边环境的调研。举办"庆祝抗日战争胜利65周年"专题讲座。

2011年,党员苏庆龙撰写的《关于拆除新城区内不达标锅炉的建议》被市政协十一届二次全会评为优秀提案。举办"辛亥革命100周年"纪念活动。开展呼和浩特市社区卫生服务现状的调研及关于呼和浩特市水资源开发利用的调研。在电前社区慰问扶贫,送去现金1000元。

2012年,组织党员慰问电前社区贫困户,送去米面1500元,送去慰问金1000元。组织总支党员举办希拉穆仁草原"同心"一日游活动。开展呼和浩特市5大蔬菜批发市场运行状况的调研。

2013 年，组织部分党员赴保合少镇敬老院慰问孤寡老人，送去米、面、油及过年的物品，给孤寡老人带去关怀和问候。送价值 5000 元左右的物品。响应新城区委宣传部、文明办发起的“保护青山圣水，建设美丽新城”创建文明城市（区）号召，组织全体党员进行志愿服务活动。参加市委会在将军衙署举办的纪念毛泽东诞辰 120 周年书画展。

2014 年，总支部春节前夕慰问老党员和困难党员。党员参加“魅力青城 庆祝中国共产党建党 93 周年书画摄影展”。组织党员赴清水河老牛湾考察学习。参加民革市委会组织的知识竞赛，新城区总支获得第二名。参加民革市委会在公主府公园抗日将士纪念碑前举办的抗战胜利 69 周年纪念活动。开展呼和浩特市社区网格化服务管理工作的调研。

2015 年，组织党员赴新城区面铺窑村 5 户贫困家庭扶贫，送去米、面、油、奶等物品，价值 2000 元。看望老党员，给每人送去 500 元慰问金。开展呼和浩特市社区去行政化工作进展情况的调研。参加市统战部组织的知识竞赛。参加民革市委会组织的趣味运动会及歌唱祖国迎新春合唱比赛。《关于呼和浩特市社区去行政化工作进展情况的调研报告》《关于呼和浩特市社区网格化服务管理工作的建议》列为呼和浩特市政协主席 2015 年督办提案。

2016 年，参加市委会组织的“永远跟党走 共筑中国梦”迎新春歌咏比赛获得第三名。慰问困难党员，并送去慰问金 500 元。慰问面铺窑杨江桃贫困户，送去 1000 元慰问金。收集整理 2010—2015 年支部党员参政议政成果。

2017 年，支部党员开展节日帮扶慰问送温暖活动，为环卫工人及困难家庭送去节日的祝福和慰问品。共帮扶困难家庭 5 户，送去米、面价值 500 元。对东风路辖区的 5 户困难家庭进行走访慰问，送去价值约 800 元的慰问品（米、面、油），带去保健知识和对疾病治疗的建议。慰问老党员、困难党员。传达学习呼和浩特市及新城区“两会”精神。举办“阅读•生活—民革新城区总支中山书店读书会”。举办“自治区辉煌 70 年与时俱进创新发展共筑中国梦”讲座。在新城区生盖营村调研座谈新农村建设及少数民族经济发展情况。组织广大民革党员认真学习习近平总书记所作的十九大报告。开展呼和浩特市会展业发展存在问题的调研、新城区少数民族聚居村脱贫致富奔小康的调研。

第二节　中国民主同盟新城区总支部

一、机构

2002 年 12 月 18 日，民盟新城区总支委员会召开盟员大会，选举产生民盟新城区第二届总支部委员会，有盟员 43 人。

2006 年 10 月 24 日，选举产生民盟新城区第三届总支部委员会，有盟员 53 人。

2011 年 8 月 27 日，选举产生民盟新城区第四届总支部委员会，有盟员 65 人。

2016 年 8 月 24 日,民盟新城区总支部在各支部完成换届选举,召开第五次盟员代表大会,选举产生第五届总支部委员会,有盟员 69 人。

2017 年,民盟新城区总支部委员会设 4 个支部,盟员 71 人。民盟新城区总支部委员会共有市人大代表 1 人,市政协委员 2 人,新城区人大代表 1 人,政协委员 6 人。

民盟新城区第二届总支部委员会成员一览表

表 13-2-5

职务	姓名	性别	民族	任期
主任委员	杨连根	男	汉	2002.12—2006.10
副主任委员	胡叔达	男	汉	2002.12—2006.10
宣传委员	曹丽荣	女	汉	2002.12—2006.10
组织委员	李慧芳	女	汉	2002.12—2006.10
社会服务员	倪志宏	男	汉	2002.12—2006.10

民盟新城区第三届总支部委员会成员一览表

表 13-2-6

职务	姓名	性别	民族	任期
主任委员	曹丽荣	女	汉	2006.10—2011.8
副主任委员	杨连根	男	汉	2006.10—2011.8
	张跃文	男	汉	2006.10—2011.8
委员	王晓惠	女	汉	2006.10—2011.8
	倪志宏	男	汉	2006.10—2011.8

民盟新城区第四届总支部委员会成员一览表

表 13-2-7

职务	姓名	性别	民族	任期
主任委员	曹丽荣	女	汉	2011.8—2016.8
副主任委员	张跃文	男	汉	2011.8—2016.8
	倪志宏	男	汉	2011.8—2016.8
委员	李少莉	女	汉	2011.8—2016.8
	吕志强	男	汉	2011.8—2016.8

民盟新城区第五届总支部委员会成员一览表

表 13-2-8

职务	姓名	性别	民族	任期
主任委员	李少莉	女	汉族	2016.8—
副主任委员	张跃文	男	汉族	2016.8—
	云晓琴	女	蒙古	2016.8—
委员	倪志宏	男	汉族	2016.8—
	吕志强	男	汉族	2016.8—

二、主要活动

2001—2017年，民盟新城区总支部委员会加强组织建设，吸收高素质的人才入盟，为盟组织注入新鲜血液。组织盟员召开座谈会、开展慰问活动，通过为老盟员寄送生日现金卡，举办医学知识讲座，安排健康体检，关爱盟员，推进民盟事业可持续发展。将参政议政作为政治工作的重点，组织盟员开展调查研究，撰写《呼和浩特市非物质文化遗产在旅游开发中的传承与保护》等调研报告和提案，在“两会”期间，提出各种建议、提案，以调研报告和提案等形式，为地区各项事业的发展建设建言献策。强化社会服务工作，开展为巴彦淖尔抗旱救灾捐款、义务种植果树、开展“浅泉润草、筑梦航天”科普夏令营等活动。

第三节　中国民主建国会新城区总支部

一、机构

2002年8月21日，选举产生中国民主建国会新城区第六届支部委员会，有会员2[illegible]名。

2007年1月，民建市委根据《民建中央关于进一步加强基层组织建设的意见》精神和会员逐渐增多、工作范围不断扩大的实际，按照会章规定，经与中共市委统战部和市四区委统战部、相关单位党组织协商，民建市委决定，换届直接将民建新城区支部建制升格为总支部。

2007年5月21日，召开民建新城区总支部成立大会，会议选举产生第一届总支部委员会，总支部下设两个支部。

2011年9月14日，选举产生第二届总支部委员会。

2016年8月，选举产生民建呼和浩特市委员会新城区第三届总支部委员会。总支部有会员52名，下设两个支部。会员中有自治区政协委员1人，市政协委员3人，新城区政协委员5人，4名会员充实到民建自治区区委经济、法制等专委会。

民建新城区第六届支部委员会成员一览表

表13-2-9

职务	姓名	性别	民族	任期
支部主任委员	王爱华	女	汉	2002.8—2007.5
副主任委员	云建光	男	蒙古	2002.8—2007.5
宣传委员	丁　军	男	汉	2002.8—2007.5

民建新城区第一届总支部委员会成员一览表

表 13-2-10

职务	姓名	性别	民族	任期
主任委员	宋尔忠	男	汉	2007.5—2011.9
副主任委员	李　敏	女	汉	2007.5—2011.9
	丁　军	男	汉	2007.5—2011.9
委员	亚　林	女	蒙古	2007.5—2011.9
	聂春明	男	汉	2007.5—2011.9

民建新城区第二届总支部委员会成员一览表

表 13-2-11

职务	姓名	性别	民族	任期
主任委员	丁　军	男	汉	2011.9—2016.8
副主任委员	亚　林	女	蒙古	2011.9—2016.8
	王凤林	男	汉	2011.9—2016.8

民建新城区第三届总支部委员会成员一览表

表 13-2-12

职务	姓名	性别	民族	任期
主任委员	康秀婷	女	汉	2016.8—
副主任委员	王凤林	男	汉	2016.8—
	孙　莉	女	汉	2016.8—
委员	张　强	男	汉	2016.8—
	李鹏涛	男	汉	2016.8—

二、主要活动

2001—2017 年，民建新城区总支部发挥民主党派基层组织的参政议政、民主监督作用，通过参加“两会”、部门工作检查等活动建言献策，利用民建会员的社会资源开展社会服务工作。

2009 年 10 月，民建新城区总支部承办新城区印象新城书画摄影作品展。

2012 年，民建新城区总支部为三合村 10 户生活困难村民送去米面油，赠送 800 副春联，总价值 5000 余元。

2013 年 6 月，民建新城总支部举办“地图让生活更美好，科技普及社区”活动，为新城区公安厅社区赠送地图 500 多套册。

2014 年，民建新城总支部与教育局党委结对，在保合少中心校为困难学生捐赠书籍

和学习用品 5000 多元，

2017 年，民建新城区总支部开展调查研究，上报提案素材 10 件，社情民意 12 条，调研报告 2 篇。在团结小区广场举办"《中华人民共和国电力法》进社区—贯彻十九大精神，民建在行动"社会服务活动，为居民发放智能电表使用指南及宣传材料 100 余份并现场答疑解惑用电方面存在的问题。总支部 3 位律师，持续为会员企业义务提供法律咨询服务。为孤独症儿童献爱心，捐助识字卡片 200 余份。

第四节　中国民主促进会新城区总支部

一、机构

2001 年 12 月，选举产生民进新城区第二届总支部，下设新城区支部、二中支部 2 个支部。

2005 年 12 月，选举产生民进新城区第三届总支部，下设新城区支部、二中支部、三中支部 3 个支部。

2011 年 9 月，选举产生民进新城区第四届总支部，下设新城区支部、二中支部、三中支部、机关支部 4 个支部，有会员 92 人，会员分别来自土左旗、武川县及市区近 30 个不同单位。有市政协委员 3 人，新城区政协委员 6 人。

2016 年 8 月，选举产生民进新城区第五届总支部，下设新城区支部、二中支部、三中支部、机关支部 4 个支部。

2017 年，中国民主促进会新城区总支部下设新城区支部、二中支部、三中支部、机关支部等 4 个支部，会员 94 名。

民进新城区第二届总支部委员会成员一览表

表 13-2-13

职务	姓名	性别	民族	任期
主任委员	王　峰	男	汉	2001.12—2005.12
副主任委员	张巨宝	男	汉	2001.12—2005.12
	石　璧	男	汉	2001.12—2005.12
委员	宋守华	男	汉	2001.12—2005.12
	王铁军	男	汉	2001.12—2005.12

民进新城区第三届总支部委员会成员一览表

表 13-2-14

职务	姓名	性别	民族	任期
主任委员	王铁军	男	汉	2005.12—2011.9
副主任委员	柴庆孚	男	汉	2005.12—2011.9
	张巨宝	男	汉	2005.12—2011.9
	张　伟	男	汉	2005.12—2011.9
委员	寿俊坪	男	汉	2005.12—2011.9
	张　伟	男	汉	2005.12—2011.9

民进新城区第四届总支部委员会成员一览表

表 13-2-15

职务	姓名	性别	民族	任期
主任委员	索丽霞	女	汉	2011.9-2016.8
副主任委员	乔志强	男	汉	2011.9-2016.8
	张　伟	男	汉	2011.9-2016.8
委员	郇瑞霞	女	汉	2011.9-2016.8
	刘　杰	男	汉	2011.9-2016.8

民进新城区第五届总支部委员会成员一览表

表 13-2-16

职务	姓名	性别	民族	任期
主任委员	乔志强	男	汉	2016.8—
副主任委员	马利忠	男	汉	2016.8—
	霍　磊	女	汉	2016.8—
委员	杨荣华	男	汉	2016.8—
	陈　峰	男	汉	2016.8—

二、主要活动

2001 年以来，新城区民进总支部围绕市、区两级政府的中心工作，组织会员认真学习，深入基层，走访调研，发挥人才优势，撰写调研报告和提案，为地区的经济、社会、文化、教育等各项事业的发展建设建言献策。

第四届委员会工作期间共提交有价值、高质量的调研报告 12 篇，提案、社情民意 64 件，采纳率达 98%。2011—2015 年形成和提交的《关于呼和浩特市蔬菜产业》《关于呼和浩特市马铃薯产业的调研报告》《关于建议将马铃薯淀粉纳入商业储备体系的报告》《大学城资源共享的建议》《财经类院校教学与科研协调互动关系研究》《关于发展大青山前坡生态旅游公交路线》《推动教育资源向农村牧区、边远贫困地区倾斜的调研报告》《关于打造呼和浩特市绿色农产品输出基地的调研报告》《关于呼和浩特市设施蔬菜的调研报告》《关于呼和浩特市农村牧区电子商务的调研报告》《保护水资源已刻不容缓》《关于呼和浩特市义务教育阶段实施校长教师交流轮岗制，促进基础教育均衡化发展的建议》《关于统筹我市城乡义务教育和学前教育阶段教师编制管理》《关于加大新城区水源地保护》《关于维修黑土凹段110国道的建议》等调研报告，许多得到自治区、市领导的批示，一些被报纸书刊采用，提出的建议意见大都得到落实。在社会服务方面，坚持"发挥优势、突出重点、量力而为、持之以恒、务求实效"的原则，以构建和谐新城、人文新城为目标，开展扶贫助学、送教下乡、传播家教理念、贡献爱心等工作。共捐款2.87万元、捐物共计200余袋。机关支部2015年荣获民进中央社会服务优秀成果奖。

2017年，第五届委员会围绕"三农"和中小企业发展问题，开展关于内蒙古农企利益联结机制的调研、关于内蒙古中小企业融资问题的调研、呼和浩特市地区名校集团化办学的现状、问题及对策的调研、关于教育信息化建设、民办教育发展的现状及问题的调研。撰写《建议呼和浩特市地铁二号线东终点站延建至大学城站的提案》《增加呼和浩特市地区中小学班主任津贴的提案》《迁建新城区爱民街小学的提案》等多篇提案。发挥教育人才集聚、联系广泛的优势，宣讲教育新理念，服务社会发展。举办"如何培养孩子的自觉性""培养好习惯，迎接新挑战""好习惯成就好孩子"的专题报告。联合其他党派组织开展走访活动，帮助农民解决实际困难，实地走访调研新农村建设，帮助农民解决卖果难问题。组织会员去敬老院、特殊学校和残疾人留容所做义工活动。为伤残患者捐款2000多元。组织会员参观新城区教育系统教师作品大赛，组织送温暖，关心会员生活，增强组织凝聚力。组织会员学习中共十九大报告，增强"四个意识"，开展"双岗建功"活动，为实现"两个一百年"的奋斗目标努力工作，服务社会。

第五节　中国农工民主党新城区总支部

一、机构

2006年12月13日，召开农工党新城区第二次党员代表大会，选举产生第二届总支部委员会。

2011年11月5日，召开农工民主党新城区第三次党员代表大会，选举产生第三届总支部委员会。

2016年8月，召开农工民主党新城区第四次党员代表大会，选举产生农工民主党新城区第四届总支部委员会。

2017年，农工民主党新城区总支部共有党员67人。设两个支部，四支部35人、六支部32人，党员分别来自武川县及市区近30个不同单位，具有高中级技术职称的党员48人。党员中有市政协委员1人，新城区政协委员3人。

农工党新城区第一届总支部委员会成员一览表

表 13-2-17

职务	姓名	性别	民族	任期
主任委员	陈国军	男	汉	1998.10—2006.12
副主任委员	张瑞清	女	汉	1998.10—2006.12
	谢学梅	女	汉	1998.10—2006.12
	瑞秀英	女	满	1998.10—2006.12
委员	张明雨	男	蒙古	1998.10—2006.12
	谢永春	男	汉	1998.10—2006.12
	孙灵生	男	汉	1998.10—2006.12

农工党新城区第二届总支部委员会成员一览表

表 13-2-18

职务	姓名	性别	民族	任期
主任委员	李文华	女	汉	2006.12—2011.11
副主任委员	于涤平	女	汉	2006.12—2011.11
	道日娜	女	蒙古	2006.12—2011.11
委员	陈秋烨	女	蒙古	2006.12—2011.11
	欧阳君	男	汉	2006.12—2011.11

农工党新城区第三届总支部委员会成员一览表

表 13-2-19

职务	姓名	性别	民族	任期
主任委员	李文华	女	汉	2011.11—2016.8
副主任委员	于涤平	女	汉	2011.11—2016.8
	道日娜	女	蒙古	2011.11—2016.8
委员	陈秋烨	女	蒙古	2011.11—2016.8
	欧阳君	男	汉	2011.11—2016.8

农工党新城区第四届总支部委员会成员一览表

表 13-2-20

职务	姓名	性别	民族	任期
主任委员	李文华	女	汉	2016.8—
副主任委员	于涤平	女	汉	2016.8—
	陈美玲	女	蒙古	2016.8—
委员	梅　波	男	汉	2016.8—
	陈秋晔	女	蒙古	2016.8—

二、参政议政

第一届委员会期间，总支部及党员向自治区政协提交提案数十篇，向农工党市委会提交政协提案 30 余篇。

第二届委员会期间，总支部及党员向自治区政协提交提案 15 篇，向农工党市委会提交政协提案 90 余篇，人大代表建议 30 余篇，向新城区政协提交提案 50 余篇。《关于大力发展幼儿教育的提案》被列为市政协重点督办提案。《合理布局学校位置的建议》《关于"加强我区周边农村师资队伍建设"的提案》《关于加强城市社区卫生服务工作人员队伍建设，提高服务能力》等提案被新城区列为主席重点督办提案。蒙华撰写的《关于"呼和浩特市机动车排气污染防治条例"立法议案》被市十三届人大常委会授予"优秀议案建议奖"。道日娜撰写的《关于完善和发展我市社区服务体系的提案》《关于"加大力度扶持农村教师培训，促进城乡教育均衡发展"的建议》获市政协优秀提案。李文华撰写的《关于"加强我区周边农村师资队伍建设"的提案》《关于对呼和浩特职业学院初等教育专业学生实行免费教育的提案》《关于"建议合理规划我市各小学校址分布"的提案》获市、区政协优秀提案。2008 年，第四支部被市委会评为参政议政工作先进集体。2010 年，农工民主党新城区总支部在政协呼和浩特新城区委员会第七届四次会议上作题为《关于加强呼和浩特市新城区乡镇卫生院、村卫生室医疗卫生建设的报告》的大会发言。

第三届委员会期间，新城区总支部通过市委会向市政协提交提案 55 篇，向新城区政协提交提案 30 篇，有 2 篇大会发言被市政协采用。2015 年，政协委员陈秋晔代表农工党新城区总支部在新城区政协八届三次全体会议上作题为《把大青山建设成服务呼和浩特市面向全国的国家林下经济示范基地》的大会发言。陈秋晔撰写的《关于加快内蒙古自治区清洁能源输出基地建设的建议》被自治区政协选为十一届三次会议大会发言。2012—2016 年，农工民主党新城区总支部向市委会提交的调研报告被采用 19 篇。向农工党上级组织和市政协、区政协报送社情民意 140 余篇，《农工党内蒙古社情民意信息》采用 23 篇，自治区政协采用 8 篇，农工党中央信息专报采用 1 篇，市政协《社情民意专报》采用 17 篇，市有关委办局回复 3 篇。

2017 年，农工民主党新城区总支部通过市委会向市政协提交提案 25 篇，向新城区政协提交提案 3 篇，有 5 篇大会发言被市政协采用。总支部向市委会提交的调研报告被采用 9 篇。陈秋晔撰写的《我市服务业集聚区建设现状及对策建议》被市政协选为十二届五次会议大会发言。社情民意《农工党内蒙古社情民意信息》采用 8 篇，《市政协社情民意专报》采用 6 篇，《首府统一战线》采用 6 篇。

三、社会服务

2001—2017 年，农工民主党新城区总支部充分发动党员，调动各方面积极因素，开展社会服务。组织内科、外科、妇科、儿科、中医科等医疗专家，赴长城社区开展医疗义诊活动，为社区的贫困、孤寡老人进行检查治疗、义诊。在老缸房社区开展“关爱男性生殖健康”为主题的医疗咨询义诊活动，发放《饮食与富贵病》《影响生命健康的六大杀手》等有关科普宣传册，在居民中倡导健康的生活方式。在四川汶川和青海玉树地震发生后，党员分别在各自单位和市委会捐款，奉献爱心，部分党员参与由农工党市委组织的为灾区献血的活动。党员杜文学、张建军、道日娜、欧阳军、魏建颖被农工党自治区委授予全区抗震救灾优秀党员称号。组织党员在大青山国家登山健身步道开展捡拾生活垃圾环保公益活动。在新城区团结小区开展“送健康进社区义诊活动”，为广大居民提供送医、送药和健康咨询服务，免费发放常用药品价值2000元。赴武川县第五小学开展捐资助学活动，捐赠扶困助学金3000元。

第六节　九三学社新城区委员会

一、机构

1998年4月18日，九三学社呼和浩特市工业和交通支社更名为九三学社呼和浩特市新城区支社，有社员25名，高级职称17名，中级职称8名。

2002年7月，选举产生九三学社呼和浩特市新城区第二届支社委员会。

2007年7月，选举产生九三学社呼和浩特市新城区第三届支社委员会。

2011年7月，选举产生九三学社呼和浩特市新城区第四届支社委员会。2012年5月，九三学社呼和浩特市新城区支社委员会升格为九三学社呼和浩特市新城区委员会。

2016年8月，选举产生九三学社新城区委员会第五届委员会，领导班子成员5人。主委1人，副主委2人，委员2人。2017年，委员会有社员55名，具有高、中级职称的人数占到100%。

九三学社新城区第一届支社委员会成员一览表

表13-2-21

职务	姓名	性别	民族	任期
主任委员	杜之君	女	汉	1984.4—2002.7
副主任委员	成文江	男	汉	1984.4—2002.7
委员	兰卓越	男	汉	1984.4—2002.7
	刘向平	男	汉	1984.4—2002.7
	郭永华	男	汉	1984.4—2002.7
	任　凤	女	汉	1984.4—2002.7

九三学社新城区第二届支社委员会成员一览表

表 13-2-22

职务	姓名	性别	民族	任期
主任委员	杜之君	女	汉	2002.7—2007.7
副主任委员	郭永华	男	汉	2002.7—2007.7
委员	兰卓越	男	汉	2002.7—2007.7
	任　凤	女	汉	2002.7—2007.7

九三学社新城区第三届支社委员会成员一览表

表 13-2-23

职务	姓名	性别	民族	任期
主任委员	李志根	男	汉	2007.7—2011.7
副主任委员	兰卓越	男	汉	2007.7—2011.7
委员	郭永华	男	汉	2007.7—2011.7
	任　凤	女	汉	2007.7—2011.7

九三学社新城区第四届支社委员会成员一览表

表 13-2-24

职务	姓名	性别	民族	任期
主任委员	张慧琴	女	土家	2011.7—2016.7
副主任委员	夏　青	女	回	2011.7—2016.7
	姬丽萍	女	汉	2011.7—2016.7
委员	毛素奎	男	汉	2011.7—2016.7
	王　颖	女	汉	2011.7—2016.7

九三学社新城区第五届委员会成员一览表

表 13-2-25

职务	姓名	性别	民族	任期
主任委员	张慧琴	女	土家	2016.7—
副主任委员	王　颖	女	汉	2016.7—
	杨传颖	男	回	2016.7—
委员	陈亚嵘	女	汉	2016.7—
	沈宇春	男	汉	2016.7—

二、主要活动

2001 年以来,九三学社新城区支社委员会根据社市委的部署,发挥社员智慧和优势,组织社员撰写提案和社情民意,向中共区委统战部和社市委报送活动信息。参与区委组织的各民主党派主委座谈会、调研会、重点项目现场观摩会、政情通报会等活动。参加政协组织的视察、调研、座谈、提案督办、提案答复等会议,通过提交提案、大会发言、社情民意为新城区及呼和浩特市的经济社会发展建言献策。组织开展社会服务工作,参加社会实践,深入基层服务群众,向社会展示九三学社形象。

2001 年,九三学社新城区支社委员会以社区共建形式服务社会,通过共建活动了解民情反映社情民意。

2002 年 9 月,开始与新城区西街居委会开展共建活动。2004 年,该活动形式被中共新城区委推广。

2005 年,开展在西街办事处组织结对捐助活动,向社区捐赠 3 组办公卷柜,向 4 名贫困家庭学生捐赠 1200 元助学金和学习用具,向社区居民免费发放药品,开展法律、医疗咨询服务。与西街社区共建活动被区文明委命名为“十佳活动”。

2011 年,慰问走访老领导和老社员,询问老人的生活、健康状况,新城区支社工作开展情况,听取老社员的意见和建议。30 名社员撰写社情民意和提案 110 篇、调研报告 13 篇、信息 40 件。

2012 年,向新城区基层党组织捐赠价值约两万元的中共党史图书。开展“同心帮扶行动”,在呼哈路社区集通家苑举办捐书、义诊活动,为呼哈路社区提供 20 名免费技能培训指标。在哈拉沁小学开展“献爱心、助学童”活动,为该校学生捐赠书籍百余册及近千元的学习用品。

2013 年,九三学社新城区委员会班子成员参加由中共新城区委统战部组织的重点项目“大青山生态综合治理保护工程”现场观摩调研会、参观新城区安全改造工程的成吉思汗小学、呼铁党校住宅小区,实地观摩胜利街小学的校园文化建设成果,参观山水小区,实地考察成吉思汗大街街道办事处麻花板社区的网格化管理等。组织部分社员进社区、进农村,体察民情、了解民生,为新城区的科学决策提供依据。

2014 年,九三学社新城区委员会赴新城区南店滨水新村开展捐赠图书活动,向当地居民捐赠实用技术读本 100 余册;为南苑社区捐赠实用技术图书 500 多册。

2015 年,在新城区保合少镇养老院开展“敬老人送温暖”社会服务活动,端午节前夕去看望鳏寡孤独、身体残疾的老人,带去价值 2000 元的粽子及米面等生活物品。在车站东街社区设立“九三学社书屋”,投放书籍 2500 册,价值 10 万余元。在呼哈路社区建立电子图书阅览室,安装价值 15 万元的设备,活跃社区居民文化生活,推动社区科技发展。

2016 年,组织社员实地观摩胜利街小学校园文化建设成果,考察成吉思汗大街街道办事处麻花板社区网格化管理，参加新城区“十三五”规划征求意见会，提出建立碳排放交易市场、普及高中阶段义务教育、重视人才战略等建议。

2017年，九三学社新城区委员会到新城区保合少镇保合少村娘娘庙遗址进行实地调研。赴成吉思汗大街街道办事处联系建立社会服务基地。通过社会服务基地建设，辐射延伸社会服务触角，点亮社区幸福生活，汲取群众智慧，为参政议政积累素材。与成吉思汗大街街道办事处一家村社区就如何更深入、更有效、更有针对性地开展社会服务工作及新城区社区卫生服务中心建设等内容进行调研交流座谈。

2011年以来，社员中共有30人撰写提案和社情民意110多篇，调研报告13篇，报送信息40多件。《呼和浩特市古壁画及相关遗址保护现状的调研》《呼和浩特市中小型科技企业发展现状及决策》《呼和浩特市民间社火传统习俗的调研》《从各民族交往交流交融的实践，总结提炼呼和浩特市始终保持民族团结大好局面的成功经验》《呼和浩特市社会资本参与医疗事业的调研报告》《促进社会资本参与医疗事业的调研报告》《关于保护大青山前坡生态环境》《关于巴彦镇郭家营村“龙兴社”及民间社火传统习俗的调研》《呼和浩特市古壁画及相关遗址保护现状的调研》《关于加强落实对呼和浩特地区壁画保护的建议》《关于乌素图召的旅游开发的建议》《关于加快科技型中小企业快速成长的建议》《关于呼和浩特市前大井村古村落保护的建议》《关于加强呼和浩特市古村落保护的建议》，从各自不同的角度提出许多建设性的意见和建议，许多调研报告得到党政领导的批示及采纳，参政议政工作取得实效。

第三章　人民团体

第一节　总工会

一、机构

2001年，新城区总工会内设经费审查委员会、女职工委员会、办公室、困难职工帮扶中心。

2014年8月27日，挂牌成立自治区首家工会经费核算服务中心，负责新城区基层工会经费的返还、使用及管理工作。

2017年，内设机构有经费审查委员会、女职工委员会、办公室，下设困难职工帮扶中心和工会经费核算服务中心2个二级单位。有工作人员10名。

二、会员代表大会

2008年4月,总工会召开第五次代表大会,会议听取审议新城区总工会工作总结报告,讨论制定工作计划,各基层工会民主协商讨论,选举产生新城区总工会第五届委员会、第五届经费审查委员会及第五届女工委员会。选举出工会主席1名,副主席2名,常委9人,大会表彰积极分子26名。

2013年9月28日,新城区工会召开第六次代表大会,会议听取、讨论新城区总工会工作报告,选举产生新城区总工会第六届委员会、第六届经费审查委员会及第六届女工委员会。

三、工会活动

(一)组建工会

2001年以来,总工会"广普查、深组建、全覆盖"集中建会、依法建会、依法管会、依法履职、依法维权。园区、镇、街道开展区域性、行业性工会联合会组建工作。成立呼和浩特工业园区工会联合会、润宇装饰城工会联合会等10家区域性(行业性)工会联合会,1镇、8个街道办事处、48个社区工会组织过渡为工会联合会,镇、街道副书记兼任工会主席,配备兼职工会干部。

2015年,开展"农牧民工入会集中行动",呼和浩特市鑫鼎达蔬果农业技术推广合作社、圆通速递、韵达快运、德邦物流、中铁物流成立工会组织,涵盖农民工会员600余人。

2016年,成立新城区塔利村首家村级工会联合会,涵盖内蒙古万顺物业服务有限责任公司、呼和浩特市泓利泰供暖有限责任公司等5家企业,涵盖农民工会员500余人。到企业与职工集体协商,保护职工权益,就职工劳动环境、劳动报酬、女职工特殊权益进行集体协商。

2001—2017年,建立单独基层工会2084家,覆盖职工3.85万人,建会企业集体协商建制率动态保持在80%;建立联合基层工会15家,有工会会员20.81万人,企业建会率85%以上,职工入会率90 %以上。

(二)工会阵地

2009年以来,按照市总工会下发的《乡镇(街道)工会开发区(工业园区)工会规范化"双创优"活动考评办法》的要求,累计为基层工会拨付工会经费150余万元,在锡林郭勒北路街道办事处、中山东路街道办事处、海拉尔东路街道办事处、东风路街道丽苑社区、迎新路街道团结社区、西街街道星火巷社区等地创建"职工之家""职工书屋"等工会阵地。

(三)劳动竞赛

2001年以来,新城区总工会围绕区委、区政府中心工作,开展各类具有地区特色的劳动竞赛活动。充分调动全区职工的积极性、主动性、创造性,激发职工的创新潜能和创造活力。

2001年—2008年，在卫生、教育、服务等行业组织职工开展技术培训和岗位练兵活动，参加人数4955人。连续几年开展职工职业道德“十佳”标兵和单位的报评工作。

2009年，开展技术比武、技术练兵活动，参加人数4000人。

2010年，全区企事业单位开展“创建学习型组织，争做知识型职工”以及“安康杯”竞赛等活动，参加人数400人。

2011年，开展技术比武、技术练兵活动，参加人数4000人。

2012—2014年，“安康杯”竞赛参赛企业2510家，“安康杯”竞赛参赛职工总数1.3万人。2013年，开展岗位练兵活动的企事业单位918个，开展技能比赛的企事业单位720个，参加技能比赛的职工2.9万人。

2015年，在全区各企事业单位中开展以“当好主力军，建功‘十二五’”为主题的劳动竞赛活动。

2016年，在内蒙古祺泰服饰业有限公司举办职工劳动技能大赛；在内蒙古TCL光电科技有限公司举办技术大比武活动；在八一幼儿园举办“魅力校园·多彩生活”新城区幼儿教师岗位技能比武。

2017年，在内蒙古祺泰服饰有限责任公司工会举办职工劳动技能大赛和岗位技能比武活动。

（四）帮扶困难职工

2001年，慰问区属各单位90名困难职工，发放慰问金1.85万元；帮助234名下岗失业人员再就业。

2002年，慰问区属各单位113名困难职工，发放慰问金1.5万元；帮助120名下岗失业人员再就业。

2003—2004年，在元旦、春节“两节”期间慰问150名困难职工，发放慰问金2.25万元；帮助238名下岗失业人员再就业。

2005年，在“两节”期间慰问60名困难职工，发放慰问金2000元；5名特困学生开展金秋助学；帮助196名下岗失业人员再就业。

2006—2007年，在“两节”期间慰问困难职工140名，发放慰问金2.8万元；对10名特困学生开展金秋助学；为360名下岗失业人员提供职业介绍服务。

2008年，在“两节”期间慰问158名困难职工，发放慰问金3.98万元；慰问2名生活困难的劳模；5·12汶川大地震发生后，筹措赈灾资金3万多元，动员单位党员向灾区捐1000元特殊党费。

2009年，在“两节”期间慰问15名困难职工，发放慰问金2.75万元；慰问8名老党员、困难下岗职工，发放慰问金5000元。通过物业管理培训，帮助42名下岗失业人员再就业。

2010年,在"两节"期间,筹集44.7万元,慰问全区1379户特困职工家庭;慰问3户劳模,发放6000元的慰问金;对10名贫困家庭学生开展金秋助学,给予每人1000元的助学救助。

2011年,在"两节"期间筹集资金38.2万元,对区属教育、林业、园林、环卫等系统的1029户困难职工进行慰问;筹集9.6万元,对78名困难职工、农民工子女开展金秋助学。

2012年,在"两节"期间筹集帮扶资金75.2万元,对全区1590户困难职工和贫困学生进行慰问;慰问2名患有重大疾病职工,每人送去2000元的医疗救助金;筹集6.9万元,对69名学生开展金秋助学。

2013年,在"两节"期间筹集帮扶资金25万元,对全区790户困难职工进行慰问;慰问68名区教育系统特困职工,发放慰问金3.4万元;慰问林场的31名护林工人,发放防寒棉衣1件和每人500～1000元慰问金;在"三八"国际劳动妇女节,筹集1.7万元的物资,对区60名困难女职工进行慰问;向全区500户困难职工、残疾人家庭、环卫职工发放灯具1500支;为林场、呼哈路社区、园林所等部门93名一线职工开展"送清凉"活动,送去3万元的防暑用品。

2014年,在"两节"期间筹集帮扶资金72万元,对全区486户困难职工进行慰问;筹集近3万元的物资对70名困难女职工进行慰问;在"六一"儿童节,对保合少镇庄子村40名儿童进行慰问并送去价值1万余元的书包、文具、字典和课外书籍等用品;对区林场、园林所、环卫局、城管执法局等部门的370名一线职工开展"送清凉"活动,送去防暑用品;在教师节对128名教育系统困难职工发放2万余元的慰问物资;国庆节前夕,慰问100名环卫系统困难职工,发放10万元慰问金。

2015年,在"两节"期间筹集帮扶资金87万元,慰问786户困难职工,为80名困难职工子女提供助学支持;在"三八"国际劳动妇女节,购买近两万元的物资对85名单亲大病困难女职工进行慰问;筹集4.9万元为1400名女职工购买女职工"特病保险";为全区各基层工会专干、困难女职工50余人进行免费体检;为教育、市容、环卫、园林、林业等部门的300余名一线职工开展"送清凉"活动,送去6万余元防暑用品;在教师节对东兴小学27名教师、100名困难学生发放4万余元的慰问物资; 组织600余名下岗失业人员、农民工、困难职工家庭高校毕业生,参加由市总工会举办的"创新创业促发展、谋业就业构和谐"招聘会;组织200余名下岗职工、困难职工参加"新城区流动党员管理服务中心人才供需专场招聘会"。

2016年,新城区筹集三级帮扶资金95万,进行救助困难职工638户,困难职工子女提供助学支持,帮助50名上学;走访慰问困难企业,并发放2万元慰问金;工会拿出资金2万余元,给1400名女职工购买"特病保险";开展"送清凉"活动,为区城市管理行政执法局、环卫局等部门的300名一线职工送去防暑用品；在“六一”儿童节，对八一路小学、新营小学100名农民工子女送去近2万元的书包、图书等节日礼物；在“重阳节”为3位空巢老人每人送去500元的慰问金；对6名困难职工子女开展金秋助学，每人资助3000元；组织400余名下岗失业人员、农民工、困难职工家庭高校毕业生，参加由市总工会举办的“创新创业促发展、谋业就业构和谐”招聘会。

2017年，“两节”期间筹集70万元，对全区338名困难职工、农民工、劳模进行慰问；慰问原水泥厂14名留守职工，为每人送去米、面、油等慰问品；为100名一线环卫职工进行免费健康体检；为鸿盛工业园区和8个街道办事处每家拨付2万元的“送清凉”慰问金；看望慰问区城管局、古路板林场的280名一线职工，送去防暑用品；慰问9名劳模，每人送去1000元慰问金。

(五)经费返还

2014年8月27日，挂牌成立自治区首家工会经费核算服务中心，实行基层工会经费集中核算，全面负责新城区基层工会经费的返还使用及管理工作。

2015年，承办全市小微企业工会经费返还现场会。

截至2017年，在核算服务中心签订《委托代管协议》的基层工会有1150家，1565家企业，纳入核算服务中心管理的工会经费有800余万元，为1137家基层工会报销工会经费440余万元。

(六)职工教育

2001—2017年，总工会以培养各类专业人才为重点，加强职工业务技能培训，最大限度地调动职工积极性和创造性。

2001年，培训基层工会干部54人，适应性岗位培训20人。

2002年，培训工会专兼职干部20人，培训新建企业工会干部20人，适应性岗位培训40人。

2003—2007年，培训工会干部52人、工会专兼职干部42人，新建企业工会干部31人。

2008年，对新上岗的工会干部和社区帮扶助理员进行上岗资格培训。

2009年，培训专职工会干部40人、兼职工会干部100人；培训农牧民工、下岗失业人员150人，其中85人取得初级以上职业技术证书；帮助失业人员实现再就业180人。

2010年，开展在岗职工培训120人，再就业培训100人，创业培训25人，农牧民工培训140人。

2011年，培训专职工会干部50人，兼职工会干部150人，培训在岗职工120人，培训农民工140人。

2012年，培训专职工会干部20人，兼职工会干部200人，培训农民工100人。

2013年，举办女职工讲座10场，培训专职工会干部81人，培训兼职工会干部350

人。举办"新城区基层工会组织暨帮扶中心建设工作培训班""新城区工会系统学习宣传贯彻中共十八届三中全会精神专题培训班"。

2014 年,筹集 16 万元培训资金为内蒙古铁甲护卫保安服务有限公司和际华五三零三服装有限公司的 200 名职工进行技术技能培训;组织全区 92 名基层工会干部参加全市新任工会干部上岗资格培训班,获得工会干部上岗资格证。

2015 年,举办"美丽有源·健康为本"和女职工预防"两癌"为主题的女性健康知识讲座;为呼和浩特市真色彩塑业有限责任公司 50 余名残疾员工进行心理素质、职业素养、法律意识等课程的职工技能提升培训;举办职工技能提升培训,对塔利村工会联合会万顺物业公司的 120 余人进行技能提升培训,参训职工均取得职业资格证书。

2016 年,在"三八"国际劳动妇女节,组织 100 名女职工举办《"精彩生活魅力绽放"妇女知识讲座》;在锡林郭勒北路街道办事处职工培训基地举办"珍惜生命关爱健康"主题知识讲座。

2017 年,举办劳动保护与工资集体协商工作培训班,为鸿盛工业园区 40 余名企业工会干部进行授课。

(七)职工文体

2001 年以来,新城区总工会组织职工开展喜闻乐见、丰富多彩的文体活动,打造职工文体活动品牌,在广大职工中弘扬主旋律、传递正能量。

2002 年,新城区组织 400 名师生参加市总工会举办的"建设青城"万人歌咏比赛。

2006 年,区总工会在呼和浩特体育场举办慰问农民工专场文艺演出。

2010 年,组织新城区干部职工参加市总工会举办的摄影、绘画、书法展。

2011 年,主办新城区首届职工羽毛球赛;组队参加呼和浩特市总工会主办的第二届"优畅杯"职工羽毛球赛;组队参加呼和浩特市总工会、呼和浩特市体育局举办的职工户外趣味运动会,取得团体第一名的优异成绩。

2012 年,主办第二届职工羽毛球赛。

2013 年,主办新城区第三届职工羽毛球赛;组队参加呼和浩特市第十届干部职工羽毛球大赛。

2014 年,主办新城区第四届职工羽毛球赛;与鸿盛工业园区管委会共同举办"文明诚信 廉洁 创新"文艺演出。

2015 年,主办新城区第五届职工羽毛球赛;举办新城区首届"区长杯"驻区企业、机关单位五人制足球比赛;组队参加呼和浩特市总工会、呼和浩特市体育局主办的"市长杯"全市职工足球联赛,新城区教育局足球队荣获第三名。

2016 年,主办新城区第六届职工羽毛球赛;举办新城区第二届"区长杯"职工五人制足球比赛;组队参加呼和浩特市总工会、呼和浩特市体育局举办的"市长杯"全市职工足球联赛，新城区斯巴达代表队荣获乙级比赛第一名的好成绩。

2017年，组队参加和林格尔县干部职工羽毛球邀请赛，荣获团体第二名；组队参加玉泉区庆七一“职工杯”羽毛球赛，荣获团体第三名的优异成绩；在内蒙古祺泰服饰业有限责任公司工会举办“迎七十周年大庆、展新城职工风采”趣味运动会；组织25名干部职工，观看由自治区总工会主办、市总工会承办的“守望相助 亮丽北疆 庆祝内蒙古自治区成立70周年全国总工会文工团慰问演出”；组织职工参加“劳动托起中国梦·法治烛照职工心”全市职工法律知识竞赛。

（八）维护权益

2001—2017年，新城区总工会健全女职工合法权益保障相关制度，建立女职工获取法律援助的资讯平台，强化女职工自身素质建设，提高自我维护能力。

2014年，为100名女职工购买女职工“特病保险”；为15名困难单亲女职工进行免费健康体检。

2015—2016年，在新城区第三十四中学、爱民街小学、落凤街小学、内蒙古TCL光电科技有限责任公司分别创建自治区级、市级“爱心妈咪小屋”。

2017年，在内蒙古祺泰服饰业有限责任公司、新营小学创建自治区、市两级“爱心妈咪小屋”；开展女职工权益保护法律法规知识答题活动；为企业女职工赠送权益保障方面的图书及电子职工书屋阅读卡。

（九）关爱劳模

2014年，对全区在册的三级劳模进行统计、整理，为自治区级以上劳模发放慰问金，争取区财政为全区无工作、农牧民劳模发放劳模津贴8880元；为全区三级劳模进行免费体检；慰问5名劳模，为每人送去1000元慰问金。

2015年，为全区无工作、农民劳模发放劳模津贴8880元；对60余名劳模进行免费体检；4名职工荣获2015年内蒙古自治区劳动模范、9名职工荣获呼和浩特市劳动模范。

2016年，为70余名劳模进行免费体检；争取区财政为全区无工作、农民劳模发放劳模津贴8000余元；组织各级劳模开展义务植树、观摩“十个全覆盖”工程建设活动。

2017年，对在册的三级劳模进行进一步统计、整理、造册，在各社区下发劳模登记通知200余份；举行“五一”关爱劳模系列活动——免费健康体检启动仪式，为58名三级劳动模范进行免费健康体检；组织10名劳模参加呼和浩特市总工会组织的劳动模范义务植树活动；在自治区成立70周年之际，为70名省部级劳动模范发放中央代表团赠送的纪念品和自治区党委、政府慰问信。

（十）互联网＋工会

2016年1月，新城区开通总工会微信公众号。新城区总工会通过微信公众号宣传工会会员服务卡普惠商家、办理程序等，印制、发放文件和宣传册2000余份，会员了解普惠制工作,逐步增强工会会员服务卡吸引力。2017年,在双创中心、新城区医院、住建局、环卫局等区属行政事业单位开展工会会员普惠卡集中办理活动。上报5000名会员实名名单,开卡3000余张。

2017年,开通呼和浩特市新城区总工会微博,提升工会网络宣传工作的水平。在市、区网站上发布信息167条;在活力新城手机客户端上发布信息300条;在今日头条上发布信息115条。在"新城区总工会"微信公众号上编发信息1000余条。在新浪微博上发布信息78条。在自治区总工会发布的内蒙古各盟市工会系统微信排行榜中,新城区总工会微信公众号自运营以来,在全市工会微信排行榜中持续排名第一。

第二节 共青团

一、机构

2002年,共青团新城区委员会内设办公室。核定行政编制2名,其中领导职数2名(1正1副)。2017年,共青团新城区委员会为正科级参公单位,内设办公室,兼职团干部34余名,下级团组织352个,少先队组织1057个,团员5512人,少先队员3.99万人。

2013—2017年新城区共青团组织统计表

表13-3-1

年份	团组织			
	团委	团工委	团总支	团支部
2013	3	10	1	20
2014	3	10	1	20
2015	3	10	1	20
2016	3	10	1	20
2017	3	10	1	20

二、共青团代表大会

2006年6月8—9日,共青团新城区第十二次代表大会在予钰酒店召开,会期2天。应出席会议代表120名,实到120名,选举产生共青团新城区第十二届委员会委员25名,候补委员7名,常委9名,书记1名,副书记1名。

三、思想教育

2001—2002年,共青团新城区委员会对年满18岁中学生,开展成人预备期教育和成人宣誓仪式,引导树立社会责任意识和公民道德意识;用主题团队会形式落实《公民道德建设实施纲要》,从小培养学生爱国守法、明礼诚信、团结友善、勤俭自强、敬业奉献的精神;在学生和青年教师中开展"争做呼和浩特文明市民"的主题征文活动,并选出3篇报送市文明办参评；按照团市委要求，在部分学校进行关于“青少年违法犯罪问题”的问卷调查，提出预防青少年违法犯罪的几点思考，开展青少年维权活动。

2003—2005 年，共青团新城区委员会以“雏鹰行动”和“新世纪我能行”体验教育活动为载体，全面推进少先队素质教育。把学校和社区作为推进少先队素质教育的主战场，充分发挥少先队组织网络的作用。完善和规范学校、社区的新世纪书屋，提高读书阵地的使用率，向青年推荐利于健康成长的新书、好书，使读书活动深入持久地开展。

2007—2011 年，共青团新城区委员会引领广大青年践行社会主义核心价值观，直属团组织举办社会主义核心价值观主题活动，了解青年对社会主义核心价值观认知认同感及各级团组织在青年中培育和践行社会主义核心价值观工作方面的措施、经验。

2012—2014 年，共青团新城区委员会开展“提高青少年防毒意识 促进青少年健康成长”宣传活动，倡导青少年要自觉增强远离毒品的意识和抵制毒品的能力，自觉树立“防毒拒毒，从我做起”的意识，当好禁毒的“宣传员”和“监督员”，形成自觉抵制毒品、青少年主动参与禁毒的良好社会氛围，促进社会和谐发展。

2015—2017 年，共青团新城区委员会全面加强青少年思想引领工作。在青年中唱响实现中国梦的主旋律，引导青少年在践行社会主义核心价值观方面争当楷模。在全区学校共青团和少先队组织中开展“社会主义核心价值观进课堂”“让红领巾心中有核心”“道德讲堂”等活动 500 余次，覆盖 4 万余名青少年。在全区组织开展北疆青年“学习进行时”“青年大学习”等活动，深入学习贯彻“中共十九大精神”“习近平总书记 7.2 重要讲话精神”“团的十八大精神”“自治区第十四次团代会精神”“习近平总书记关于青少年和共青团工作论述”等内容，用党团最新理论武装团员青年，在全区广大团干部和团员青年中掀起学习、宣传、贯彻习近平总书记系列重要讲话精神的热潮。开展青少年风采展示、优秀代言人分享交流、仪式教育、主题团队日等各项主题教育活动。在实验中学和三十八中学开展“青春与梦想同行”及“不忘初心跟党走 青春建功新时代”等主题活动，举行标准化入团仪式，表彰优秀组织和个人。在胜利街小学举办“红领巾相约中国梦·少先队鼓号展风采”暨“六一”儿童节表彰大会；在山水小学举办“红领巾相约中国梦——关注十三五共创新生活”主题队日活动。在苏虎街小学举办“向英雄学习，做向上向善好队员”活动，在海新小学进行“红领巾相约中国梦——听党的话，做好少年”标准化入队仪式。2017 年，举行“不忘初心跟党走 青春建功新时代”纪念五四运动 99 周年表彰大会，对 110 个先进集体和 266 名优秀个人进行集中表彰。推动青年文明号、青少年维权岗、团员先锋岗(队)等创建活动。全区各级团队组织获得国家级奖项 1 个，自治区级奖项 2 个，市级奖项 6个。

四、学校团队建设

2001 年，共青团新城区委员会开展校园文化活动，完善大中专学生“社会实践教育活动”和中学生 18 岁成人宣誓教育活动。深化“雏鹰行动”，启动少先队素质教育实验区工作,培养学生的创新意识和实践能力,开展素质教育。

2004—2007年,共青团新城区委员会推行团日活动制度、重温入团誓词制度,规范团的活动仪式、完善团的组织生活制度,通过强化学团章、戴团徽、举团旗,唱团歌等形式,增强团员意识。将学校作为推进少先队素质教育的主阵地,深化"讲文明、树新风"活动,把礼仪带进校园,把谦让带向社会,把孝顺带入家庭,以"草原少年,争做文明小使者"为主题,确定红领巾雏鹰假日小分队服务岗位。

2008—2009年,与蒙牛乳业(集团)股份有限公司、三十四中团委共同举办"迎六一蒙牛文化进校园"活动。纪念改革开放三十周年,组织开展以"祖国发展我成长""我看改革30年""我为奥运做贡献"等为主题的实践活动。举办社会主义荣辱观教育、爱国主义教育、法制教育、健康教育、环保教育、少儿书画、少儿作文展览等系列活动。"5•12"汶川大地震发生后,向全区广大团员、青少年发出《捐赠倡议书》,全区团员青少年、少先队员通过各种渠道共向灾区捐赠60余万元。

2010—2013年,申请团中央项目,在新营子小学筹建关爱农民工子女课堂"七彩小屋",联合内蒙古师范大学青年政治学院提供支教老师,做到有工作人员、有活动场地、有办公设施、有活动经费。在名都小学建立"梦想教室",为农民工子女提供课余的活动场所。与内蒙古广播电视台少儿频道《开心点点》栏目在保合少中心小学共同举办"城乡少儿手拉手快乐暑期"活动。

2014年,共青团新城区委员会联合锡林郭勒北路街道团工委开展"紫丁香之爱——中华民族文化进社区暨孝德文化大讲堂"活动。

2015—2017年,共青团新城区各级团组织青年中唱响实现中国梦的主旋律,引导践行社会主义核心价值观方面争当楷模。开展"北疆青年学习进行时"大学习、大讨论活动和"学习总书记讲话 做合格共青团员"教育实践,组织和团员青年以网络新媒体、各类专题实践、主题团队日活动等。

五、服务大局

2001—2002年,以创建"五四红旗团组织"活动为载体,活跃团的基层组织建设。探索和创新基层团建的新方法、新途径,加大非公有制经济组织、社区、社会力量所办学校等领域团建工作的力度,解决基层组织建设中的薄弱环节。按照"三个代表"重要思想的要求,运用"三讲"教育的成功经验,加强对团干部自身政治素质的培养和业务知识培训。

2004—2006年,开展"十大杰出青年"评选。维护青少年合法权益,预防和减少青少年违法犯罪,配合上级团组织开展优秀"青少年维权岗"创建工作。

2007—2008年,新城区各级团组织根据形势的变化和青年的特点及需求,寻找新的工作载体,以丰富多彩、新颖独特的工作方法和活动形式,调动团员青年的积极性。从组织、资金、技术、人才等多方面为青年办好事、办实事。

2009—2011年,各基层团组织紧密配合党组织工作部署,主动向同级党组织汇报工作,党组织将团组织建设列入议事日程,纳入党的基层建设的总体规划,使党建和团建紧密结合。

2012—2014年,开展综合服务,为有意向入住大学生创业园的78名创业青年,做好咨询政策、办理贷款和申报工作,推荐申请入驻园区的"高校共青团公共信息服务平台"项目,协助进驻园区。推进全国文明城市创建工作,开展"德润青城·文明之行"系列主题活动,落实"市民文明素质大提升"等专项行动,全区各级团组织开展志愿服务活动。

2015—2017年,共青团新城区委员会紧贴区委、区政府中心工作,引导青年在推动新城区经济社会发展的进程中建功立业。参与城市环境综合整治工作,在新城区迎新路街道团结小区举办"全市青少年参与城市环境综合整治行动启动仪式"。在博物院广场举办"小手拉大手 创美丽家园"主题实践活动。开展文明宣传教育、监督倡导、志愿服务等系列活动。组织团干部、青年志愿者、文明单位等在全区15个主要路口开展为期7天的"青春献礼70载·志愿服务亮北疆"综合志愿服务活动。组织广大团员青年开展"创建文明城·青年在行动"专项活动,组织开展各类志愿服务活动,累计参与数超过1千人次,影响带动青少年约1万人。争取各级、各界的捐赠,为困难青少年累计送去8万余元的助学金和价值15万余元的学习、生活、体育等用品。在新城区野马图村建设首府青年林,栽种树苗500余株。组织开展民族团结宣传教育、维护青少年合法权益讲座、综治维稳宣传、网络安全教育等多项活动。

第三节 妇女联合会

一、机构

(一)新城区妇女联合会

2001-2017年,新城区妇女联合会内设办公室,下设妇女儿童工作委员会办公室1个二级单位,有干部职工3人。

(二)基层妇联

2001年4月,新城区有1乡1镇、7个街道办事处妇联。

2003年,新城区有9个乡镇、街道办事处妇联、30个村妇代会、60个社区妇联。

2006年,新城区有9个镇、街道办事处妇联,妇联专兼妇干9人。有48个社区妇委会和24个行政村妇代会。

2017年,新城区有乡镇、街道办事处妇联9个,社区妇联49个,村妇代会24个,区直机关、企事业单位和非公经济领域妇委会33个。

2001—2017 年新城区妇女联合会组织情况表

表 13-3-5

项目 时间	妇女组织数		
	乡镇街道妇联	村社区妇代会	妇委会
2001	9	100	5
2002	9	101	5
2002	9	89	5
2003	9	89	5
2004	9	86	5
2005	9	83	5
2006	9	80	5
2007	9	73	7
2008	9	73	7
2009	9	72	7
2010	9	72	7
2011	9	72	7
2012	9	72	7
2013	9	72	7
2014	9	72	22
2015	9	72	22
2016	9	72	22
2017	9	72	33

二、妇女代表大会

2008 年 4 月 25 日，新城区第七次妇女代表大会召开，出席代表大会代表 140 名，特邀代表 10 名。妇联主席杨燕作《坚持科学发展，开拓创新，以十七大精神为引领再创妇女工作新局面》。大会选举产生第七次执行委员会委员 21 名，常委 9 名。

2015 年 10 月 23 日，新城区第八次妇女代表大会在新城区政府三楼召开，出席大会正式代表 153 名。新城区妇联主席贾美华作《巾帼团结创新业 齐心共筑中国梦——为建设繁荣、文明、富裕、和谐的新城区而奋斗》的工作报告。大会选举产生第八次执行委员会委员 21 名，常委 7 名。

三、妇联工作

2001 年，制定《新城区妇女发展规划(2001—2010 年)》和《新城区儿童发展规划(2001—2010 年)》。

2002年，区妇女联合会开展百城联动儿童慈善一日捐活动，共收捐款10万余元，救助贫困儿童176名。

2003年，区妇女联合会争取到中国儿童基金会关爱儿童、远离疾病，西部贫困地区安康教室的捐赠项目。为二十一中学、二十三中学、向阳小学捐赠彩电、书籍等价值3万元的物品。

2004年，妇女联合会承担由中国科技研究中心和中国儿童少年基金会联合举办的中国省会城市公众捐赠行为调查。全市共抽取500户家庭，新城区承担80户，经过调查员近20天的工作，完成此项任务。帮助孤儿曹晓彤前往无锡市光华学校就读。

2005年，协助自治区妇联在西街街道艺术厅北街社区举办自治区家庭教育示范基地授牌暨中国妇女发展基金会“玫琳凯妇女创业项目”启动仪式。

2006年，区妇女联合会在丽苑社区与呼和浩特市妇联联合举办“安康宣传栏”启动仪式。“安康宣传栏”是中国儿基会为部分社区免费安装的以儿童家庭安全健康成长为主题的社区宣传阵地，每一个宣传栏的安装维护费近1万元。自治区各盟市妇联及自治区十佳春蕾女童40余人来艺术厅北街社区居委会参观家庭教育工作。自治区、市两级妇女儿童两个纲要评估组对新城区妇女儿童发展规划实施情况进行中期评估验收。

2007年，新城区妇女联合会获得“母亲健康快车”一辆，将该车赠给毫沁营镇卫生院。

2008年，召开新城区第七次妇女代表大会。

2009年，市妇联在新城区东街街道办事处老缸房社区举行“阳光家庭服务中心”挂牌仪式。中华女子学院李洪涛教授及中国法学会来新城区就医疗机构干预家庭暴力进行调研。新城区举办倡导医疗机构干预家庭暴力座谈会。

2010年，新城区全面启动第三期中国妇女社会地位调查工作。新城区成吉思汗大街街道办事处代州营村、中山东路街道办事处迎宾社区、海拉尔东路街道办事处长海社区、东风路街道办事处昭君社区、东街街道办事处老缸房社区成为调查工作中内蒙古自治区抽中的205个样板村／社区中的5个。

2011年，举办全区各族各界妇女庆祝“三八”国际劳动妇女节101周年文艺会演，来自全区镇、街道办事处及机关选送的16个节目参加演出。新城区代表呼和浩特市迎接自治区“两纲”终期评估检查组的检查验收。

2012年，新城区举行纪念“三八”国际劳动妇女节102周年暨表彰大会。会议表彰实施妇女儿童两个规划先进集体、巾帼文明岗、先进妇联组织等24个先进集体及实施妇女儿童发展规划先进个人、双学双比女能手、再就业先进个人、五好文明家庭、家庭教育示范户等60名先进个人。

2013年，举办“关爱贫困母亲，邮寄一片爱心”新城区母亲邮包公益项目发放仪式。实施《新城区妇女发展规划(2011—2020年)》和《新城区儿童发展规划(2011-2020年)》。

联合伊利集团举办“欢庆六一、牵手伊利，新城区妇联走进伊利”活动，邀请家长、孩子200余人参观伊利集团。争取自治区和市妇联项目资金，在南苑社区建立关爱留守流动儿童家园，为关爱留守流动儿童家园投入价值约8万元的电脑、图书、电子琴、文体用品等硬件设施，打造电子阅览室、亲子活动室、体育活动室、音乐绘画室，开展心理辅导、文体娱乐活动等，为留守流动儿童提供多元化服务。组织开展“恒爱行动——寻找爱心父母，编织恒爱毛衣，赠送孤残儿童，真情温暖童心”公益活动，收到恒爱集团的爱心毛线29公斤，为53名贫困孤残儿童发放爱心毛衣。

2014年，依托自治区大学生科技园和自治区大学生创业园妇联，筹备建立自治区巾帼创业浩特，制定《自治区巾帼创业浩特实施方案》。按照自治区妇联的要求，自治区巾帼创业浩特于2015年2月正式挂牌运营。

2015年，新城区召开2015年妇联系统工作会议暨“走进妇女之家、关爱基层组织”设备发放仪式。为长海社区、车站东街社区、如意社区、西落凤社区、河西社区等5个市级示范“妇女之家”发放计算机、电视机、打印机、音响等办公设备。在大学生创业园区举办巾帼电子商务浩特创业路演活动。召开新城区第八次妇女代表大会。在水磨村举行“十全美丽庭院”暨乡村最美家庭观摩表彰会。为两个“十全美丽庭院”示范村授牌，表彰10户“十全美丽庭院”标兵户，10户乡村“最美家庭”，51户“十全美丽庭院”示范户，现场发放奖杯、环保箱等。在杭州市一扇门集团举办为期8天的巾帼创业电子商务应用第二期培训班，参加的30名学员为自治区巾帼电子商务浩特注册的创业女大学生及部分农村女经纪人。自治区评估检查新城区家庭教育“十二五”规划实施情况。在新城区呼哈路社区举办全国妇联“恒爱行动——情系贫困儿童捐赠”启动仪式，向50名受助儿童代表捐赠毛衣、文具、袜子和书籍。

2016年，区妇女联合会在巨华酒店承办呼和浩特市首届巾帼创业沙龙。举办2016年全区高校毕业生毕业就业洽谈会暨春季人才云服务交流大会。为推动“大众创业、万众创新”鼓励和引导女大学生自主创业，实现创新创业带动就业的倍增效应和人才聚集效应，在巨华酒店承办呼和浩特市第二届巾帼创业沙龙。组织巾帼创业浩特入驻企业负责人或企业骨干40余人参加观摩学习会。

2017年，区妇女联合会举办新城区庆“三八”“好家风、好家训”巾帼书画笔会，展示全区女性书画爱好者的艺术风采。承办呼和浩特市“家风润青城”、新城区“最美家庭”“五好家庭”评选活动。在党委社区启动儿童快乐家园。在猪八戒网内蒙古总部路演大厅主办“2017巾帼创业浩特项目路演”。组织新城区“巾帼创业浩特”企业在呼和浩特市圣水湾开展为期两天的拓展培训，来自新城区巾帼创业浩特32家企业，40名学员参加。

第四节　科学技术协会

一、机构

(一)新城区科学技术协会

2001年,新城区科学技术协会(以下简称新城区科协)隶属于新城区科技局。2001—2003年,与新城区科技局合署办公。2004年,从新城区科技局划出,成为独立的法人机构,在编在岗工作人员2人,为参照国家公务员管理的事业单位,内设办公室。2014年,按照《关于成立新城区少数民族科普工作队的批复》文件精神,成立新城区少数民族科普工作队,属财政全额拨款股级事业单位,核定编制2名。2017年,内设办公室,下设少数民族科普工作队1个二级单位,有工作人员4名。

(二)二级单位

新城区少数民族科普工作队　2014年,成立新城区少数民族科普工作队,为新城区科学技术协会所属股级事业单位,财政全额拨款,事业编制2名。主要职责是开展科学普及活动,引进科技项目和科技人才,组织实施科普宣传活动。

(三)基层组织

2017年,新城区科协系统形成学术交流网络、基层科协组织网络、青少年科普网络等3个网络。全区的教育、卫生、计生、农业等各口成立学会、协会、理事会;保合少镇、各街道办事处都设有科普协会,各行政村、社区居委会设有科普活动小组,小组成员由4～5名科普专兼职人员和科普志愿者组成;区属各中小学都配有科技辅导员。各基层科协组织办公条件完善,人员配置齐整,工作运转顺畅。2017年年底,新城区有科普志愿者3500余人。

二、代表大会

2006年,召开新城区第三次科技工作者代表大会。大会听取新城区科技工作报告,选举产生第三届新城区科学技术协会委员会组成人员。因领导班子不健全,至2017年,没有召开新城区第四次科技工作者代表大会。

三、科普工作

2004年起,新城区把科教进社区、科普工作网络建设和开展科普宣传活动等为主要内容的科普工作纳入全区精神文明建设规划和创建自治区文明社区、星级社区内容。全面贯彻实施《全民科学素质行动计划纲要》(简称《科学素质纲要》),将贯彻实施工作列入全区工作目标考核内容。定期组织全区干部群众及科普专兼职人员进行《中华人民共和国科学技术普及法》《内蒙古自治区科学技术普及条例》《科学素质纲要》有关内容的培训学习。各中小学、幼儿园科普教育形成一套完备的科学教育体系。每年组织中小学开展防震减灾、"科普进校园"、青少年科技教育示范学校创建等活动。围绕全区农业产业结构调整，帮助农民解决实用技术，开展农村实用技术培训、科技知识讲座等科技下乡活动。在每年的科技、文化、卫生“三下乡”活动中，开展各种形式的农村科普活动。以“科教进社区”为载体，每年组织成员单位，开展科学知识讲座、再就业培训、职工在岗培训、农民工培训等活动。每年制定公务员科学素质培训计划，举办领导干部和公务员培训班，开展《科学素质纲要》、科学发展观、当代科技、自主创新等内容的培训，提高公务员队伍的科学素养。2004 年以来，编制《生活常识》《科技广角》《身边科学》《卫生保健》《公众科普读本》等科普读物累计 7 万余册，新建各类展板 200 余块，制作光盘 1700 余张。在有条件的社区推广建立多媒体、多功能科普活动工作室，每个工作室均占地 100 余平方米，成立 9 所社区科普大学。每年在校参与科普活动的学生达到 95%以上。有 95%以上的乡镇干部、85%以上的村干部和农民群众定期接受专门的科技培训。有 95%以上的街道、社区干部接受各类科技培训和科普教育，80%以上的各类从业人员接受在岗培训和继续教育。

2004 年，新城区被中国科协命名为“全国科普示范城区”。

2005 年，区科学技术协会编印 3 册科普丛书《健康教育》《绿色环保》《社区法律》，共计 6000 册，免费向全区公众发放。

2006 年，区科学技术协会被中科协授予“全国科普日活动先进单位”。召开新城区科协第三次代表大会。

2007 年，区科学技术协会开展呼和浩特市第四批“科普文明街道”和“科普文明社区”创建工作。

2008 年，区科学技术协会被自治区人事厅和自治区科协授予内蒙古自治区科协系统先进集体。讨思浩村郭建平同志被中国科协授予“农村科普带头人”。

2009 年，区科学技术协会在市第十九中学启动科普进校园活动。批准成立讨思浩无公害蔬菜种植科普示范基地和萨能奶山羊科普示范基地。

2010 年，区科学技术协会在海拉尔东路街道办事处体校巷社区成立自治区第一所社区科普大学。

2011 年，新城区被中国科协正式命名为“2011—2015 年度全国科普示范县(市、区)”。承办自治区城区科普工作现场会。

2012 年，区科学技术协会在中山东路街道新华社区举行呼和浩特市 2012 年全国科普日活动启动仪式暨社区科普大学新华分校开学典礼。在全国基层科普行动计划评选中，新城区羊业科技养殖协会荣获全国科普惠农先进单位，中山东路街道办事处新华社区荣获全国科普益民先进单位。

2013 年，保合少镇奶山羊养殖基地、海拉尔东路街道体校巷社区两个单位成功申报 2013 年国家科普惠农、科普益民项目。

2014 年，中国科协为新城区配发首辆科普大篷车。东风路街道兴安北路社区、保合少镇奶山羊养殖基地负责人李春霞分别荣获“全国科普示范社区”“国家农村科普带头人”。

2015年，区科学技术协会在东街街道老缸房社区承办以“尚德守法 提升食品安全法治化水平”为主题的2015年全国食品安全宣传周社区科普讲座暨“天韵滋润·健康相伴——食品安全宣传周暨老缸房社区端午节无公害蔬菜主题活动”。东街街道老缸房社区荣获“全国科普示范社区”，并获得国家奖补资金20万元。工业和信息部、解放军总装备部为新城区配置一架退役歼教-5飞机、用于开展国防科普教育基地科普工作。

2016年，新城区开展“科技下乡”“科教进社区活动”“科普大篷车进校园”“节能减排全民科普行动”等活动。“自治区科协院士专家工作站”项目正式落户新城区。中科协正式命名新城区为“2016—2020年度全国科普示范县（市、区）”。迎新路街道团结小区社区荣获“全国科普示范社区”。

2017年，举办新城区科技活动周暨众创空间论坛会。举办主题是“创新驱动发展，科学破除愚昧”的科普日活动。指导帮扶成立青少年科技文化园、园区科技馆、园区科普e站和园区科普图书室。推进“科普中国·百城千校万村行动”，在社区、农村科普工作上创新，探索科普工作落地新模式。在辖区成吉思汗街小学、二十一中、实验中学、呼哈路小学建立校园科技馆，在苏虎街实验小学成立校外科技馆。新城区新华社区、丽苑社区、祥园社区、敕勒林海农业园区、鑫冠种养殖农民专业合作社被选为自治区科普信息化建设试点单位并成立“科普e站”。新城区丽苑社区、敕勒林海农业园区、鑫冠农民种养殖合作社被中科协定为国家级科普示范观摩点。

第五节 归国华侨联合会

一、机构

2013年8月，归国华侨联合会成立，属财政全额拨款副科级事业单位。同年，新城区归侨侨眷代表大会召开。会议印发《关于召开新城区归国华侨联合会成立大会暨第一次归侨侨眷代表大会的工作方案》《关于成立新城区归国华侨联合会暨第一次归侨侨眷代表大会工作领导小组的通知》，选举产生新一届委员会主席、副主席、秘书长、副秘书长。2017年，设主席1名，副主席3名，名誉主席2名，委员15名。在册登记归侨13人，侨眷105人，留学归国人员150人，海外华侨32人。实有工作人员2人。

二、工作

2013年，申报《新城区归国侨联五定方案》。利用QQ、微信、座谈、自学的方式，引导侨界群众把思想统一到中共十八大精神和经济社会发展目标上来。推荐1名留学归国人员为新城区政协委员。召开新城区侨联成立暨第一次归侨侨眷代表大会。及时编发上报归侨侨眷、留学归国人员的摸底调查工作情况信息。区委信息室及区政府网站采用两篇信息。开展归侨侨眷的摸底调查工作。走访慰问 1 名归侨 1 名侨眷，发放慰问金 1000 元。

2014 年，完善归侨侨眷建档工作，细化档案分类，分别统计造册，上报市侨联。对新城区辖区内的 2 名贫困侨眷进行走访慰问。宣传《中华人民共和国归侨侨眷权益保护法》和内蒙古自治区实施《中华人民共和国归侨侨眷权益保护法》的意见，发放侨务知识宣传手册、资料等 1000 多册，服务群众 1000 多人次。向社会、广大群众及归侨侨眷宣传《中华人民共和国归侨侨眷权益保护法》，提高对侨法的认知度，扩大侨法的社会影响。印发《关于成立对台工作领导小组的通知》，展开台胞台属的调查摸底工作，掌握台情资料，进行核对整理。本年，新城区有台胞台属 29 名。

2016 年，贯彻落实中共十八届六中全会精神，以侨搭“桥”、以侨为“桥”。了解出国留学人员的情况，联系摸清港澳台资企业情况。新城区有归侨 16 人，侨眷 133 人(其中贫困侨眷 10 人)，台资企业 1 家，侨属企业 2 家。留学归国人员 197 人，辖区内蒙古艺术学院留学归国人员 41 人。协调组建“新侨之声”艺术团，举办新城区消夏晚会和送戏下乡活动。帮助丁香路小学筹建“新侨丁香心灵成长绘本馆”。成立“呼和浩特市欧美同学会•呼和浩特市留学人员联谊会”推荐双创园企业法人代表武文甲担任该团体常务理事。

2017 年，对全区普发《关于开展新侨、留学人员调研统计工作的通知》，了解出国留学人员的情况，摸清港澳台侨资企业情况。台属 34 人，台资企业 2 家。归侨 19 人，侨眷 137 人(其中贫困侨眷 10 人)，侨眷企业 4 家，留学归国人员 205 人。掌握新侨的变化和特点，有新华侨华人 47 人，海外留学人员 16 人。参加呼和浩特市美术家协会“丹青墨韵”——中国画作品展。同内蒙古广播电视台在保合少镇建立“侨界年轻记者教育实践基地”，用镜头、广播、诗歌等形式记录和传播新城区各项工作。与台湾屏东市村里长参访团一行 30 人，就社区旧小区改造、党建工作、为老服务、志愿者队伍建设、就业创业、社区文化、新农村建设等内容进行座谈。与英中友谊交流协会、英中友好城市合作促进会联系，以太伟方恒广场中央商务区，满世尚都中央商务区为主，向英方介绍新城区金融业发展的走向。与苏州市姑苏区建立友好侨联。为市海外联谊会二届理事会推荐 4 人担任理事职务，为第五届内蒙古“草原英才”高层次人才合作交流会分别推荐 3 人担任区外高层次人才，推荐 1 人担任鸿雁嘉宾。推荐 1 名侨眷、1 名台属担任十五届市人大代表；推荐 1 名侨眷、1 名台属担任第九届新城区政协委员，通过人大议案、政协提案反映侨界群众和港澳台同胞的意见和建议。开展“践行十九大——凝聚新力量，为民送温暖”活动。创建一街一模式，成立东风路街道首家基层侨联。在侨属企业呼和浩特市海立得酒店建立“侨联之家”。

第六节　工商业联合会

一、机构

新城区工商业联合会具有群团组织和社会组织双重身份，为正科级参公单位。2012年12月，成立鸿盛工业园区工商联分会（商会）。2017年，有人员6名。其中正科级领导1名，副科级领导1名，工作人员4名，（参公2人，事业2人）。有会员215个。

二、会员代表大会

2006年12月，新城区工商业联合会召开第二次会员代表大会。选举产生第二届执委会。

2011年11月25日，新城区工商联第三次会员代表大会召开，李育当选为第三届执委会主席（会长），吴琼、李国增、王惠敏、云全甫、刘润民、杜波、杨占峰、贾永军当选为第三届执委会副主席（副会长），李国增兼秘书长。

2013年8月，新城区工商联召开第三届第三次执委会，增选执委和选举主席、副主席。高智、刘曼当选为副主席（副会长）。

2017年5月18日，新城区工商联召开第四届会员代表大会，选举产生执委45名（其中非公经济代表人士26名），刘瑶当选为主席（会长），刘维祥、高智、程铭、王晓刚、申建军、司虎、云官全当选为副主席（其中企业家副主席5名），刘维祥、高智、赵文礼、刘丽红、王大林、杨永旺、李银旺、张志刚、赵国栋当选为副会长（其中企业家副会长7名），李华当选为秘书长，组成新一届工商联领导集体。

二、商会工作

2004年，新城区工商业联合会到护城河南居委会开展"一帮一"工作。组织民营企业参加全区职工运动会。开展展示民营企业风采系列活动。

2005年，区工商业联合会调研巨华集团、润宇装饰城、同创公司等会员企业情况。协助青城劝业场开展换届工作。在人和居委会开展"一帮一"工作。在乡镇、办事处开展工商联分会建设。

2009年，区工商业联合会组织2次中小企业和工商局座谈会及2次中小企业和市邮政储蓄银行座谈会。组织民营企业开展第三批学习落实科学发展观实践活动。

2010年，区工商业联合会组织新城区非公有制企业参加用友软件企业高管信息培训会。开展慰问老党员活动。参加呼和浩特市地区"千家民企感恩帮扶"活动。

2011年，区工商业联合会协助市工商联到鸿盛工业园区走访调研企业发展情况。对辖区内8个街道办事处和保合少镇进行基层调研活动。

2012年，区工商业联合会参加北京内蒙古商会呼和浩特分会成立大会。推荐3位企业家担任政协委员。

2013年,区工商业联合会建议润宇集团牵头组建新城区东库街家居建材行业协会,建议中峰集团牵头组建大青山生态建设保护行业协会。举办新城区非公经济人理想信念教育培训,有近90人参加培训。组织会员企业到海拉尔东路地区开展“送温暖”活动,为贫困居民送去价值3万余元的生活物资。联系多家企业为府兴营村待业人员解决200多人的就业岗位。

2014年,区工商业联合会与市委统战部调研非公企业经济运行情况。对新城区辖区非公有制企业进行摸底调查。在新城宾馆举办“服务万家中小微企业”对接会。与智联招聘在海亮酒店举行以“招聘面试技巧”为主题的培训会,解决大学生就业难、难就业等问题。携手爱心企业家对大青山沿线部分居民进行慰问。与呼和浩特市合盛商贸有限责任公司负责人走进新城区综合养老服务中心,为老人们送去价值5000余元的保暖衣、生活用品等慰问品。参加新城区“千名党员干部下基层、听民意、访民情”活动。

2015年,区工商业联合会举办“新资本市场融资策略”培训座谈会。组织召开企业家经验交流会。对新城区重点企业及各工商联分会建设情况、创建商会示范建设情况进行走访调研。组织非公企业负责人参观鸿盛工业园区及园区金三角塑料光纤、银宏干细胞、中国航天科工集团六院及鑫鼎达果业协会等重点企业。重点走访海拉尔东路街道办事处、中山东路街道办事处、内蒙古商会联合会。组织新城区各街道工商联分会负责人和干部到巴彦淖尔市、包头市九原区、土默特右旗工商联学习基层工商联建设的先进经验。

2016年,区工商业联合会对新城区的异地商会、规模以上非公企业进行走访调研。组织各工商联分会到中国人民大学学习培训。与大连市金普新区工商联(总商会)缔结为友好商会,为促进两地经济发展搭建新的平台。组织工商联会员企业30余家参加“供给侧改革 解读宏观经济形势”的主题讲座。与市工商联和20多家金融机构召开银企对接会。鸿盛园区工商联分会邀请内蒙古兴业银行、内蒙古建设银行、呼和浩特市中小企业信用担保中心、内蒙古产权交易中心、九州证券股份公司、内蒙古创筹科技公司6家金融机构与园区近20家有信贷需求的企业举行银企对接会。邀请20多家企业召开“企业民间投资情况调研会”。组织法国企业参加“新城区非公有制经济人士座谈会”。慰问5户贫困村民,送去价值1500元的米面油慰问品。参与“精准扶贫”,在保合少镇的保合少村一户村民家里慰问,送去价值300元的米面油。与内蒙古联通分公司、呼和浩特市联通分公司一起到讨思浩村贫困村民家中慰问,送去价值800元的慰问物资。

2017年,区工商业联合会在中国人民大学举办“呼和浩特市新城区第二期非公经济人士培训班”。非公经济人士及基层商会的负责人共19人参加培训。组织部分企业代表参加自治区工商联组织的“工商联系统学习贯彻习近平总书记重要讲话精神研讨班”及市工商联组织的“非公经济人士理想信念教育培训班”。组织工商联会员企业30余家参加《全国年轻一代民营企业家理想信念报告会》。组织部分企业家代表参加上海东方智慧名师团在呼和浩特市举办的全球公益论坛“知行合一——企业变革图强”报告会。组成调研组，走访调研近 60 家重点民营企业。推荐非公经济人士担任市人大代表 19 人，市政协委员 8 人，区人大代表 28 人，区政协委员 16 人。

第四章　社会团体

第一节　文学艺术界联合会

一、机构

2001—2017 年，新城区有文学、新闻协会；美术、书法、摄影民间艺术协会；音乐、戏曲、舞蹈、影视协会 3 个协会，称文学艺术界联合会（简称文联）。

二、工作

2001—2002 年，文学艺术界联合会参加区委宣传部组织文化、科技、卫生“三下乡”活动，组织干部职工现场为村民送春联。

2003 年，按照区委、区政府的总体安排，开展“大力解放思想、优化开放环境”教育活动。

2004 年，开展文化下乡活动，到保合少乡水磨村组织开展以音乐、舞蹈协会会员为主的文艺演出活动。到古路板村与村民一起参加民间社火活动。

2005 年，特聘请书法家到保合少乡水磨村为村民义写春联。到保合少乡水磨村组织开展以音乐、舞蹈协会会员为主的文艺演出活动。到古路板村与村民一起参加民间社火活动。举办全区摄影艺术展览。与教育局教研室共同组织会员、教师进行业务培训。展出新城区物质文明与精神文明成果，选送摄影家作品 80 多幅参展。

2006 年，协助新城区委、区政府承办奥醇酒业新城区山水画提名展。举办“新闻写作知识”培训，聘请内蒙古日报社编辑主讲。召开全区各协会会员会议，学习胡锦涛总书记在中国文联第八次、作协第七次全代会上的重要讲话精神，组织会员参加座谈。

2007 年，与呼和浩特市书画院书法家一起到上新营村、三卜树、讨思浩村义务写春联活动，现场为村民义务书写春联 1000 多幅。开展文化下乡活动，组织文艺宣传队多次深入农村、社区，为社区居民和农民群众进行文艺演出活动，赠送图书。参与扶贫帮困工作,包扶古路板村,帮助解决20户困难户和培训50人。配合区机关党工委举办“新城区职工书法、摄影才艺展”。收集作品58幅,参展作品共38幅,其中4幅书面作品、1幅手绣作品、33幅摄影作品。参加“中国西部第三届文化产业博览会”,展出满族服饰用品和满族的手工剪纸。选送《呼和浩特新城区文史资料》第二辑(满族专辑)、驻区退休干部夏桂楣版画国画选集参加“五个一工程”作品评选。

2008年,召开帮扶工作协调会,鼓励支持农村的剪纸艺术。选送优秀剪纸艺术作品参与阿尔泰广场文化庙会、成吉思汗大街街道办事处廉政文化活动。组织红山口摩崖石刻调研和申报工作。组织协调外商投资文化建设项目考察。协调内蒙古文联书法协会为三卜树小学赠送科技图书300余册、宣传画1000余张,并现场为教师书写赠送字画。举办“百人百组万人工程”和“五个一”工程作品选送及图书业务培训。参加市文化局组织举办的“科学发展观”培训。赴包头市、鄂尔多斯市等地对文化工作先进经验进行考察学习。协助成立新城区文化协会并开展书法、绘画、摄影作品展。

2009年,承办新城区委、区政府主办的新城区首届“丁香花开”旅游节大型活动。举办“书我正气、爱我中华”书画作品展,选送展出作品15件。选送优秀书画、摄影、剪纸作品近300幅,参加《印象新城》书画摄影展。

2010年,开展“三下乡”活动,组织书法爱好者为讨思浩村民、社区群众书写赠送300余副春联。协助宣传部开展第四届民俗文化节暨保合少镇古路板村二月二龙灯节民间文化活动,举办活动摄影展。协助区委宣传部承办由区委、区政府主办的新城区第二届“丁香花开”旅游节大型活动。组织举办“红山口村生态杏花旅游踏青寻春摄影采风活动”,摄影作品展在新城区经贸物质交流会期间进行集中展示。协助东风路街道办事处收集、整理、举办书画摄影作品展,集中展示新城区改革发展中的新变化、新成就。组织全体委员参观“归绥古城”的抢救工作。组成“四季新城”摄影采风团,到新城区革命老区开展“红色文化采风”活动。

2011年,举办“青城史话”培训学习。开展“百人百组万人工程”第一批人才库登记造册工作。到生盖营村、乌兰不浪村及蟠龙山和红山口沟进行考察调研,对历史文化和非遗文化进行收集。组织开展“五个一作品”调研工作,将传统特色文化满族“八角鼓”戏选送市文联参与自治区“五个一作品”活动的评选。组织参加中共十七届六中全会中央宣讲团报告会和体校社区文化、艺术演出活动。

2012年,成立满族文化研究促进会筹备工作领导小组,制定《满族文化研究促进会章程》。组织“四季新城采风团”“茶叶之路万里(摄影)采风团”的摄影家参与“我爱大青山”旅游摄影大赛。开展“崇尚科学、反对邪教、倡导文明、共建和谐,推动社会主义文化大发展、大繁荣,喜迎十八大”书法、绘画作品展览活动,收集30余幅作品参展。收集满族书画作品300余幅,展出160幅,举办首届满族书画展。完成“百人百组万人工程”第一批人才库登记造册工作。

2013 年，组织摄影家参加“呼和浩特市首届绿篱杯人像摄影艺术展”，摄影家协会的多件艺术作品获奖。召开呼和浩特满族文化促进会第一次会员大会，举行揭牌仪式。配合中央电视台完成《茶叶之路》《塞外驼影》的采访工作。推荐新城区两个著名企业的 10 幅皮画作品参加在国际会展中心举办的主题为“展示皮画艺术、评选艺术大师、彰显草原文化、汇聚民族之魂”的呼和浩特市首届皮画艺术品展览会。实施口述历史文化的采集工作，对麻花板村养驼户和驼夫的后代进行采集，抢救性收集资料，采用录音、录像、笔录、照相等方式逐人采访，其中口述历史采集完成 15 人；对古路板村的舞龙传承人卜柱柱的有关“二月二龙灯节”祭祀传说进行录音、录像采集。带领 15 名摄影爱好者赴四子王旗红格尔图苏木对重走万里茶叶之路的驼队进行摄影采风。同茶叶之路研究会举办大型“茶叶之路”摄影展，分别在区政府广场、茶叶之路会馆、区人民检察院等地进行巡展。举行重走茶叶之路座谈会、文艺晚会、出征仪式、慰问驼队等大型活动。协同呼和浩特市满族文化促进会共同举办新城区首届“青山圣水·活力新城”旅游文化节——“丹青描瑞景、翰墨染青城”大型民族书画作品展，参展 200 余幅书画作品。

2014 年，组织 12 位书法家到野马图村、奎素村和保合少敬老院，为村民义写春联 500 余副。举行第四届“红山口生态杏花节”。举办以预防职务犯罪、廉洁为民的书法、绘画、剪纸、摄影、手工等作品展览会，200 余幅作品进行展览。开展“满韵青城”系列活动，“呼和浩特·爱新觉罗家族宫廷画派及京津名家书画作品联展”“满族文化·和谐价值观·传承发展论坛”“‘满韵青城’大型原创满族歌舞剧”。举办首届“青山圣水·活力青城摄影大赛”。

2015 年，选送书法作品 23 幅、美术作品 39 幅、摄影作品 22 幅参加呼和浩特市文联举办的“中国梦、魅力呼和浩特”九旗县区书法、美术、摄影作品展。选送 3 篇文学作品参加自治区“索龙嘎”文学奖评选活动，作协会员陈刚的《消失的家园》获“索龙嘎”奖。举办《“铭记历史 筑梦中华”纪念抗日战争暨世界反法西斯战争胜利 70 周年》大型书画展，展出 280 余幅蒙汉语字画作品。

2016 年，在红山口村举行“迎新春、情系革命老区”文化惠民活动。在红山口村杏花园举办旗袍服饰展、摄影采风、书画笔会等活动。为《话说内蒙古——魅力新城》收集 10 万字左右的文字资料及图片。组织人员沿山进行拍摄、收集资料图片，制作“十个全覆盖”工程纪实宣传片和画册，举办“青山圣水·美丽乡村”为主题的摄影展。组织 75 幅书画摄影作品参加内蒙古群艺馆建党 95 周年展览，其中 14 幅作品获奖。举办“翰墨铸真情、书画献爱心”助残公益活动，20 名书画家和 3 名残疾人书画爱好者进行现场书画交流。对奎素沟的历史文化、自然景观进行调研。

2017 年，在哈拉更村开展结对帮扶送温暖慰问活动，为结对帮扶 2 户困难家庭送上帮扶资金1000元和春联、福字。组织部分摄影家到保合少镇灯笼素自然村和郭兰窑新村拍摄全家福。在“九九家俱乐部”举办新城区庆“三八”“好家风、好家训”巾帼书画笔会，创作50余幅书画作品。邀请张达志、李井泉、黄厚等将领子女齐聚新城区，追忆父辈们抗日的足迹，共商红色文化的传承、保护与利用。承办“2017•翰墨丹青描胜景”第二届内蒙古蒙满汉书画名家作品展，展出56位书画名家精心创作的120余幅作品。

第二节　残疾人联合会

一、机构

新城区残疾人联合会是将残疾人自身代表组织社会福利团体和事业机构融为一体的残疾人事业团体。设代表大会和主席团，理事会是新城区残疾人联合会的执行机构。下设办公室、组织联络部、教育就业部、康复部、宣传文化部、维权部6个部室，负责残疾人的劳动就业、特殊教育、职业培训康复、宣传、文化体育等日常工作。2014年，按残疾类别成立肢残人协会、聋人协会、盲人协会、智力残疾人及亲友协会、精神残疾人亲友协会等5个专门协会，与不同类别的残疾人保持着密切的联系。在镇、街道办事处设立残联组织、社区(村)配齐残疾人公益岗位人员。2017年，设理事长1人，副理事长1人，有干部职工13名，社区(村)残疾人专职委员80名。全区有办理残疾人证的残疾人10298人。

二、残疾人代表大会

2008年2月26日，新城区残疾人联合会组织召开第五次代表大会，全区各类残疾人代表54人，各街道办事处(镇)18名代表，区直机关各有关单位代表18名，共90名代表出席会议。会议听取和审议荣永利代表第四届主席团所作的《同心同德、求真务实，全面推进新城区残疾人事业的发展》的工作报告，总结第四次代表大会工作，确定今后一个时期的工作方针和任务。选举产生新一届主席团成员、出席市残联代表大会的代表、新一届残联领导班子。

2014年，新城区残疾人联合会组织召开第六次代表大会，选举产生新一届的理事会，成立专门协会。

三、康复　扶贫

2001年，完成自治区下达康复任务，训练智残儿童26名，训练脑瘫儿童8名；训练肢体残疾者26名；为41名低视力患者配用助视器，进行视力功能训练。新训聋儿35名，为35名聋儿配助听器，培训家长17名，为残疾人提供用品用具9584件，矫形器8件。

2002年，完成白内障复明手术800例，低视力配用助视器40名，培训家长8名。训练聋儿34名，配助听器17台，培训聋儿家长34名。脑瘫儿童训练4名，对16名智残儿童进行康复训练。为20名肢残人装配矫形器，为20名肢残人进行功能训练，提供用品用具840件。发放特定人群补碘宣传册，普及预防智力残疾知识。

2004年，在春节期间，调查了解各乡、镇、街道办事处，确定慰问对象，慰问153户残疾人特困户，对新城区社区福利产销公司42户残疾人特困户每户发放慰问金1000元，慰问残疾人特困户152户，发放慰问金7.5万元。

2006年，慰问特困残疾人193户发放慰问金7.7万元。全国助残日开展文娱活动，下发残疾人用品用具18件，慰问38户特困残疾人发放慰问金3900元。

2008年，春节期间，慰问残疾人特困户98户，发放慰问金2400元。

2009年，残联开展残疾人特困户慰问工作，慰问残疾人特困户150户，发放慰问金6万元。协调安置、自主择业、自谋职业及按比例安排等方式安置残疾人就业123人。协调地税部门征缴残疾人就业保障金261万元，完成市残联下达80人任务和征缴残疾人保障金245万元的任务。

2010年，实施免费复明手术登记65名，其中60名贫困白内障患者。为44名贫困精神病患者提供免费药，每人补助康复费400元，为残疾儿童安装人工耳蜗，4名重度聋儿配发万余元的助听器设备，47名肢体残疾人发放康复辅助器材，6个社区(村)配置残疾人康复训练器材。新城区投入残保金280万元打造1个残疾人康复中心和3个残疾人康复亮点社区。

2011年，提供各类康复器材156件，5名医师指导康复治疗，30余名残疾人通过系统的康复治疗，身体情况明显得到好转。

2012年，争取上级残联西街、东风路2所“温馨家园”项目经费，器材100万余元。与区医院及上级相关部门协调，为成吉思汗大街街道办事处贫困残疾人白内障患者进行白内障手术46例；争取上级残联支持为2名下肢残疾人免费装配假肢。

2013年，为16名残疾儿童开展社区康复训练。利用新城区医院残疾人康复中心为40名肢体残疾人进行康复训练。

2014年，协助区卫生局在府兴营社区为30名重度残疾人、老残一体残疾人家庭安装家庭紧急呼叫器。

2015年，区人民政府拨款60万元，落实康复经费每人每年不少于1元；投入240万元，完成6个社区(村)康复建设任务。建设东风路街道丽苑社区“温馨家园”和东街街道河西“温馨家园”。海拉尔东路长海社区“温馨家园”被中残联联名命名为“自强健身示范点”荣誉称号。为贫困残疾人免费发放轮椅、拐杖、助听器、助行器、盲人墨镜、老人镜及综合功能康复器材200余件。

2017年，新城区实施国家“七彩梦行动计划”，对16名0～6岁的肢体残疾儿童进行康复训练，落实每人每年不少于1元的残疾人康复经费60万元。联合朝聚眼科医院合作送医上门，在成吉思汗大街街道办事处哈拉更村、讨思号村举办送光明、献爱心，关爱低视力残疾人助残活动,为多名贫困残疾人和行动不便的残疾人做视力检查。

四、就业　教育

2001 年,协助教育部门开展未入学适龄少年儿童调查统计和义务教育工作。开展对贫困残疾学生的救助和残疾考生的录取工作。

2002 年,开展未入学适龄儿童调查统计和义务教育工作,参与“春蕾计划”“金钥匙工程”。开展对 10 名残疾大学生的救助工作。做好残疾考生的录取工作。联合区地税局进行全市残疾人就业保障金地税征缴动员。联合市财政局、地税局印发《呼和浩特残疾人就业保障金税务征缴实施办法》。开展残疾人求职登记、失业登记工作。开展按摩为重点盲人就业工作,安置 666 名残疾人就业。

2004 年,按比例安置残疾人就业,征缴残疾人就业社会保障金。

2005 年,安置残疾人就业 100 人,征缴残疾人就业保障金完成 95 万。资助 7 名大学生接受高等教育。

2006 年,对辖区内学龄期残疾人及残疾人子女受教育情况进行摸底,做到 80%以上的入学率。对符合规定的 2006 年考取的贫困残疾人家庭大学生给予资助。

2009 年,征缴残疾人就业社会保障金 138 万元,安置残疾人就业 60 人,投入 108.12 万元对社会福利产销公司残疾员工进行安置。

2017 年,新城区残疾人就业服务所规范化建设工程通过验收。为 100 多名残疾大学生、残疾人寻找就业机会。投入 4.9 万元,资助 100 多名残疾人大学生及残疾人家庭大学生接受高等教育。对辖区未入学适龄残疾儿童少年入户进行摸底调查登记调查问卷。就业和职业培训实名制统计管理,持证、就业年龄段残疾人实名制录入率达到 100%。

五、文化　宣传

2001 年,举办“呼和浩特市地区书法名家扶残助残笔会”,30 余名名家现场书法作画 100 余幅。

2002 年,召开新闻促进会议,采取报刊、广播、电汇、简报等宣传残疾人事业成功经验,举办新闻人员培训班。

2004 年,残联举行大型宣传活动,新城区残联全体干部、各办事处残联残疾人助理员、区医院、司法局的 30 多人参加宣传活动。

2005 年,开展第 15 次“全国助残日”的活动。出动宣传车 1 辆,悬挂横幅 2 条,宣传板图 2 块。新城区 2 名特困残疾人孝义、齐光辉得到中国残联专项彩票公益金康复项目救助,收到轮椅 1 辆,生活自助具一套。组织 30 多名残疾人参加景观浏览活动。

2006 年,开展爱耳日、助残日、爱眼日活动及关于第二次全国残疾人抽样调查的宣传工作。

2007 年,在 3 月 3 日全国爱耳日,设立宣传台等多种形式进行爱耳、护耳知识宣传,提高广大市民爱耳、护耳意识，预防耳疾。

2008 年，在 18 个全国助残日，新城区在东街街道办事处老缸社区举办宣传活动。

2010 年，利用媒体开展残疾人事业的宣传，新购置 3 台电脑、2 台打印机，为残疾人信息工作提供硬件上的支持。征集残疾人优秀作品，参加自治区残联组织的残疾人书法、绘画、手工比赛，有 5 件残疾人优秀作品荣获嘉奖。

2011 年，举办全国“爱耳日”活动。

2016 年，在建党 95 周年，组织 30 位书画家，举行“翰墨铸亲情书画”献爱心活动。

2017 年，在肢残人日，举行趣味运动会，100 余名残疾人参加比赛。选派 7 名残疾人选手，组队参加市第六届残疾人羽毛球比赛。

六、其他

2001 年，新城区落实残疾人优惠政策，为符合条件的 2448 名残疾人核发“残疾人证”，为 780 余名盲人、肢残人办理“免费乘车证”。贯彻《中华人民共和国残疾人保障法》，开展法律援助、法规建设。

2002 年，落实出台《呼和浩特市残疾人保障规定》，成立残疾人法律援助中心。开展法律援助、法规建设，维护残疾人合法权益。

2005 年，开展创建全市残疾人工作达标社区活动，完善各项规章制度，有 37 个达标社区、达标村。

2006 年，新城区接待残疾人信访 47 次，妥善解决来访者提出的问题。老缸房社区进行特奥示范社区建设活动，投入资金 2000 元为特奥运动员购买训练器材，上报特奥运动员 120 名。组织参加市残疾人运动会和首届特奥运动会，选派 38 名选手参加比赛，获金牌 5 枚、银牌 4 枚、铜牌 6 枚。为辖区残疾人办理市内免费乘车卡 7800 次，临时救助残疾人 600 人次，办理二代残疾人证 5311 本。开展创建全市残疾人工作达标社区活动，新增 27 个达标社区、18 个达标村。调查社区（村）残疾人的基本状况，建立和规范社区残疾人档案。

2008 年，运动员刘勃和葛根夫当选为 2008 年特奥火炬手。

2009 年，新城区贯彻《呼和浩特市居民最低生活保障制度实施细则》《呼和浩特市医疗救助试点工作暂行办法》《呼和浩特市农村居民最低生活保障办法的通知》精神，农村和城市贫困残疾人特困家庭全部纳入低保，做到应保尽保。

2010 年， 落实党的政策，1042 名残疾人享受城镇居民最低生活保障，84 户残疾人入住廉租房，73 名残疾人享受廉租房住房补贴。农村残疾人全部加入新型农村合作医疗，低保残疾人应交部分全部由政府代交。开展作风建设年活动，改善工作作风，密切联系残疾人，规范各项规章制度，开展办公礼仪等内容培训。

2017 年，新城区建立残疾人生活困难补贴制度和重度残疾人护理补贴制度。协调配合民政部门开展残疾人生活困难补贴和重度残疾人护理补贴发放的相关认定工作，提供残疾人信息数据支持，根据残疾人的不同困难程度，分开档次、提高标准、扩大覆盖面。开展残疾人家庭无障碍改造工作，推进社区、公共服务机构无障碍改造。

第三节　红十字会

一、机构

2006 年，新城区红十字会单独设置，隶属中共新城区委，为正科级事业单位，编制 5 人，领导职数 2 人。同年，开展基层组织建设，在街道、学校、机关建立红十字会基层组织。12 月，新城区召开红十字会第二次会员代表大会，选举产生新城区红十字会第二届理事会。2008 年，将红十字会工作纳入街道办事处、乡镇干部实绩考核内容，每年 20%延伸到社区和农村。2009 年，新城区红十字会成为参照公务员法管理单位。2017 年，新城区建立镇、街道办事处和 46 个社区红十字会组织；有新城区医院、妇幼保健所、疾病预防控制中心、卫生监督所等 4 个团体会员单位。

二、宣传培训

2006—2017 年，新城区利用社区板报、发放宣传品、举办红十字会业务培训班等多种形式，开展《中华人民共和国红十字会法》《中华人民共和国红十字标志使用办法》《内蒙古自治区实施〈中华人民共和国红十字会法〉办法》宣传普及活动。每年世界红十字日、世界急救日、世界艾滋病日等重要节点进行专题宣传。2010 年 6 月，新城区红十字会委托内蒙古国风网络公司建立呼和浩特市新城区红十字会网站，宣传红十字相关知识、红十字会工作动态。2006—2017 年间，累计发放各类宣传册、倡议书等宣传品 40 万份。配合上级红十字会开展造血干细胞捐献、遗体(器官)捐献相关知识的传播活动。

2006—2017 年，新城区开展普及性应急救护工作，接受应急救护知识普及人数 1000 人次。2010 年，5 名红十字会专职干部参加中国红十字会总会及自治区红十字会救护师资培训班，取得师资证书，承担辖区应急救护知识培训任务。2006—2017 年，培训 1.2 万人次。

三、募捐　救助

2006—2017 年，每逢国内各类自然灾害发生，新城区红十字会及时响应上级红十字会号召，开展救灾募捐活动，募集善款支援灾区，募捐款项通过上级红十字会转交灾区红十字组织。完成白内障复明手术项目、魔豆爱心工程、小天使基金等公益项目。

2008 年始，新城区红十字会组织参加“博爱一日捐”活动。组织“红十字博爱送万家”送温暖活动，救助 800 余户生活困难家庭，10 户因患有白血病、尿毒症、恶性肿瘤等重大疾病导致生活困难的家庭。南方严重冰雪灾害发生，新城区红十字会募集爱心捐款 4910

元。汶川特大地震灾害发生，驻区群众、民营企业、个体商户纷纷捐款捐物，接收捐款66.52万元，捐物价值8.13万元。

2009年，组织开展“红十字博爱送万家”救助800余户生活困难家庭。“莫拉克”台风对台湾造成重大灾害，募集捐款1.86万元，通过呼和浩特市红十字会转往台湾红十字会组织。“博爱一日捐”募集捐款29.03万元。

2010年，组织开展“博爱一日捐、温暖千万家”活动，救助1200余户生活困难家庭。筹资1.2万元救助12名因患尿毒症、癌症、白血病等重大疾病。区委、区政府下发《关于在全区开展向云南旱灾地区捐款活动的紧急通知》，红十字会接收捐款32.87万元，转赠西南旱灾地区。青海省玉树地区地震，募集捐款24.28万元，上缴市红十字会。“博爱一日捐”募捐活动募集捐款70.77万元。对13名家庭生活困难大学生进行救助。

2011年，开展“博爱一日捐、温暖千万家”为主题送温暖活动。救助2600余户生活困难家庭。投入5万元救助50名大学生。

2012年，组织开展“博爱一日捐、温暖千万家”为主题的送温暖活动。救助2300余户生活困难家庭及70名因患癌症、白血病、尿毒症等疾病导致生活困难的群众。7月，新城区沿山地区村庄因强降雨引发山洪造成严重洪涝灾害。新城区红十字会紧急采购灾区急需行军床100张、棉被褥105套，价值2.37万元。

2013年，组织开展“红十字博爱送万家”活动，救助2800余户生活困难家庭，救助患有癌症、白血病、尿毒症等重大疾病导致生活困难群众80人。4月，四川省雅安市发生7.0级地震，接受社会各界向雅安地震灾区捐款8.09万元。

2014年，组织开展“红十字博爱送万家”活动，救助2200余户生活困难家庭，对97名患有癌症、白血病、尿毒症等重大疾病导致生活困难的辖区群众、困难职工进行救助。8月，云南省鲁甸县发生6.5级地震，新城区红十字会募集捐款3.11万元，捐款交市红十字会。

2015年9月，新城区红十字会进行“云曙碧公益事业基金会”贫困大学生救助项目。给予贫困大学生5000元/人生活困难补贴。

2016年，自治区红十字会确立5×1项目（人道文化传播点、应急救护点、应急救护角、红十字示范校、博爱家园）启动，按照《内蒙古自治区红十字会“博爱一日捐”捐款接收管理使用办法》的规定，开展项目建设工作，在成吉思汗大街街道办事处讨思浩村、西街办事处星火巷社区设立红十字人道文化传播点；在呼和浩特火车站、阿尔泰游乐园设置应急救护点；在中山东路街道办事处团结社区、内蒙古科技馆设立应急救护角，传播“人道、博爱、奉献”的红十字精神。组织开展“博爱一日捐、温暖千万家”送温暖活动。慰问680余户生活困难家庭，救助大病生活困难群众55名，救助特困群众51名，救助区属因患癌症、尿毒症、白血病导致生活困难的干部职工21名，为东风路街道办事处北二安居小区燃气爆炸事故发放救助金 2 万元。对教育系统患重大疾病导致生活困难教师进行慰问,发放慰问金 4 万元。

2017 年,开展“博爱送万家”活动,投入 46 万元的资金对辖区 508 户具有本市户籍的低保特困家庭进行救助;对 35 名因患大病导致生活困难的人民教师,给予生活救助;对参与“博爱一日捐”活动的机关事业单位(不含教育系统),因患大病(患癌症、尿毒症、白血病任一种)导致生活困难的 15 名职工给予生活救助;购买 570 份面粉、大米等生活物资,分配到部分机关、艺术厅南街社区、古路板村、星火巷社区,对 540 户生活困难家庭进行慰问;使用市红十字会拨款 1 万元,全部购置面粉,对保合少村 80 户困难群众开展救助活动。

2008—2017“博爱一日捐”募捐统计表

表 13-4-1　　单位:万元

年度	2008	2009	2010	2011	2012	2013	2014	2015	2016	2017
金额	15.95	29.76	80.97	69.88	103.91	100.73	29.94	65.26	42.03	57.87

2006—2017 年区外救灾募捐统计表

表 13-4-2　　单位:万元

灾害名称	汶川地震	玉树地震	台湾莫拉克台风	西南雨雪冰冻	西南旱灾	印度洋地震海啸
募捐金额	74.65	28.15	1.86	0.49	37.44	1.02

2006-2017 年红十字博爱送万家活动情况表

表 13-4-3　　单位:万元

年度	投入资金	受益户数
2006	市红十字会提供物资	200
2007	市红十字会提供物资	655
2008	8	800
2009	8.25	800
2010	125	1200
2011	47.4	2600
2012	45	2370
2013	60	2880
2014	53	2297
2015	45	698
2016	67.4	1477
2017	45	1209

第五章　其他团体

第一节　满族文化促进会

一、机构

呼和浩特满族文化研究促进会是呼和浩特市党政机关、高等院校、科研院所、企业以及民间的满学专家、学者、满族文化爱好者自愿结成的联合性、学术性、地方性的非营盈利性社会团体。

2013年5月22日，呼和浩特满族文化研究促进会正式成立。在册会员152人（其中包括会长、副会长7人，理事32人，名誉会长5人，顾问8人）。会员中机关事业单位人员44人，有满族71人，占会员总数的46.7%；蒙古族19人，占会员总数的12.5%；鄂温克族2人，占会员总数的1.3%；汉族60人，占会员总数的39.5%。

二、工作

2013年，满族文化博物馆建成开馆，建筑面积1700平方米，内设满族文化藏品展示厅、多功能展厅以及办公区，主要展出满文档案、满族服饰、清代钱币、清代印章、清代系列酒、清代瓷器、清代名人字画、清代兵器及护具、元青花瓷、满族民居及民俗用品、当代书画家作品等内容的展品千余件。挂牌“呼和浩特市非物质文化遗产传习所”，申报自治区、呼和浩特市两级“外宣基地”。至2017年，接待区内外参观游客近万人。2017年，呼和浩特市文化新闻出版广电局、呼和浩特市非物质文化遗产保护中心授予呼和浩特满族文化博物馆“新城区非物质文化遗产传习所”称号。新城区《青城满族》出版。

呼和浩特满族文化促进会自成立以来，宣传贯彻党的民族政策，发挥党和政府团结联系满族群众的桥梁和纽带作用，挖掘、抢救、整理、研究、弘扬满族历史文化，开展呼和浩特地区及国内外满族文化艺术的创作和交流，促进新城区文化事业的发展，为呼和浩特地区文化大发展和社会稳定繁荣做贡献。在弘扬书画艺术、促进满学学术研究、支持民族教育、抢救满族语言文字、建设民族文化场馆、排演大型满族歌舞剧、加强会内建设、实施文化产业项目等方面做了大量工作，内蒙古自治区乃至东北三省、京津地区、河北、广州、成都、兰州、新疆、广西、福建、荆州等省市和地区产生了较为广泛的文化辐射的影响力，为宣传新城区、展示呼和浩特地区民族文化软实力起到了促进作用，为呼和浩特地区民族团结进步事业做出贡献。

第二节　新城区老区建设促进会

一、机构

新城区老区建设促进会是由区民政局登记注册的社会团体，是独立的社团法人。由热心于革命老区建设事业的党政军离退休领导干部、专业人士、知名人士和有志于老区建设的各族各界人士及单位自愿组成的非营利性社会组织。

2010 年 4 月 15 日，新城区成立第一届老区建设促进会。设有 1 名名誉会长、3 名名誉副会长、1 名会长、4 名副会长、1 名秘书长。会员单位有新城区发展和改革经济贸易局、教育局、科技局、民族宗教局、监察局、民政局、司法局、财政局、人事劳动和社会保障局、国土资源分局、交通局、建设局、环保局、农牧水务局、畜牧兽医局、林业局、文化体育和广播电视局、卫生局、人口和计划生育局、审计局、统计局、扶贫办、总工会、团委、妇联、文联、科协、残联、关工委、工商联、文体协会、保合少镇、保合少村、恼包村、甲兰板村、奎素村、水磨村、面铺窑村、野马图村、大窑村、古路板村、水泉村、庄子村等 43 个会员单位。

二、工作

2010 年，争取市社会扶贫工作促进会 1 万元，解决革命老区 2 个贫困大学生上学难的问题。举办大型义诊活动，市第一医院普外、内科、中医、耳鼻喉、心电图等 10 余名专家免费为革命老区保合少镇恼包村群众义诊、发放价值 2000 余元药品，免费为 40 余人做心电图，发放各种宣传材料 200 余份，就诊群众达 300 余人。召开第二次会长办公会议，通过并上报老区“一村一品”项目建议书，争取到老区促进会资金 150 万元，实施 5 个村“一村一品”项目。

2011 年，在保合少镇水磨、水泉、大窑、面铺窑、奎素 5 个革命老区村实施“一村一品”项目。项目投资 200 万元，其中上级财政扶贫资金 150 万元，区级配套 50 万元。争取到“整村推进”整合资金试点项目国家试点嘎查村 1 个，重点扶持保合少村。该项目占地 6.67 公顷，总投资 400 万元。申请到财政扶贫资金 100 万元，在村东新建蔬菜种植基地，新建温室 30 栋。

2012 年，根据市老促会《关于做好 2012 年“一村一品”项目上报工作的通知》精神，按照新城区总体规划及大青山前坡生态综合治理措施，申报讨思浩、恼包村 2 个革命老区村发展蔬菜大棚建设，申请到上级财政专项资金 60 万元，每棚补助 2 万元。向市老促会争取到大型企业资金 0.7 万元，资助 7 名贫困大学生。

2013 年，为呼和浩特市鑫鼎达果蔬农民种植专业合作社争取到“一村一品”项目资金 10 万元，通过该合作社在讨思浩村实施无公害蔬菜种苗基质穴盘育苗“一村一品”项目，为 355 户农民无偿提供种苗，促进农业科技的推广和运用，提高种植户发展现代农业的积极性。为讨思浩村争取到“一村一品”项目资金 20 万元，建成 27 栋大棚。争取到大型企业资金 0.9 万元，资助 9 名贫困大学生。联系自治区公益基金会，为新城区 18 个革命老区村资助残疾人用品 2 万元。

2014 年，协调指导大窑村中药材种植项目，示范基地流转土地 42 公顷，其中用于中药材示范种植 30 公顷，中药材育苗种植面积 6 公顷。建成日光厚体大棚 3 座，每座占地面积 667 平方米。埋设低压农田灌溉管道覆盖 33.33 公顷；按照基地规划安装完成供电设施。配置喷灌设施；完成中药材晾晒区（2000 平方米）和包装储存区、办公区、生活区（1200 平方米）的建设工作，投资 70 多万元购置先进的农田作业机械 12 台。提供 300 多个剩余劳动力岗位，年产值达 120 万元。种植中药材由原来耕种农作物每亩不足 600 元，增加到 6000 元；产苗木 30 万株，每株平均价格为 1.5 元，年产值达 45 万元。争取到大型企业资金 0.8 万元，资助 8 名贫困大学生。

2015 年，新城区合作社以土地流转和村民以土地入股的方式，增加土地流转 33.33 公顷用于中药种植和育苗用地，建设育苗日光温室大棚 5 座。合作社发展成员 110 多户，带动农户种植药材面积 40 公顷，生产的鲜药材由厂家直接收购。知母、射干每亩的纯收入为 2000 元左右、板蓝根为 1500～1800 元，经济效益可观，撂荒土地得到有效利用。联系新城区菌类专家指导古路板村，建设占地 1.33 公顷蘑菇种植大棚进行试种，种植沐野 1 号 80 平方米，野 1 号、野 3 号共 41 平方米，每平方米产蘑菇 3 公斤，产蘑菇 300 多公斤。

2016 年，古路板村蘑菇种植扩展到 6.67 公顷，有效种植面积达到 1000 平方米。联系市老促会争取到大型企业资金 0.8 万元，资助 8 名贫困大学生。

2017 年，依据市老促会的捐资助学要求，对老区村年内高考中榜的二本以上的 20名学生进行详实摸底调查统计，依据中榜生的考试分数、家庭状况、民族结构等方面认真分析研究，以考试分数高低为基础，以照顾少数民族为重点，确定 8 名学生为捐助对象。获得市老促会每人 1000 元的捐助金。完成保合少镇面铺窑自然村北新建爱国主义教育基地建设前期征地工作和场地平整工程，项目占地面积为 1 万平方米，标志基础工程落成。

第三节　关心下一代工作委员会

一、机构

1995 年 5 月 30 日，成立新城区关心下一代工作委员会。至 2017 年，委员会历经 10 次调整。新城区关心下一代工作委员会是以离退休老干部为主体，党政有关部门和群团组织负责人参加的，以关心、教育、培养全区各族青少年健康成长为目的的群众性工作组织。主要是组织和动员老干部、老战士、老专家、老教师、老劳模等“五老”对青少年进行思想道德、爱国主义、民族精神、时代精神和社会主义核心价值观教育，引导青少年树立正确的世界观、人生观、价值观，养成高尚的思想品质和良好的道德情操。设有名誉主任、主任、常务副主任、副主任、秘书长、副秘书长等职务。2017年，全区有保合少镇、各街道办事处、教育局、公安分局、各村(居)委会、学校、幼儿园、部分企事业单位的关工委组织233个。全区从事关心下一代工作的工作人员988人，其中“五老”人员骨干352人，参加志愿活动的老同志763人。

二、关心下一代工作

2001年，新城区印发《关于在全区开展创建关工委工作先进社区居(村)委会活动的意见》，开展创建关工委工作先进社区居(村)委会活动。

2003年，新城区制定未成年人教育3年规划。开展新城区社区青少年政治思想教育调查，了解社区青少年政治思想教育状况，青少年政治思想状况。中共新城区委员会、新城区人民政府印发《关于进一步加强关心下一代工作意见》。创建自治区关心下一代工作示范区。

2004年，新城区关工委命名长海社区居委会关工委、上新营村关工委等39个居(村)委会关工委为“新城区首批居(村)委会示范关工委”。命名实验中学关工委等14个关工委为“首批中小学校、幼儿园示范关工委”。组织监督员，担任网吧监督员。荣获“旗县(市、区)示范关工委”。

2005年，新城区关工委与新城区教育局关工委命名市第三十四中学等20个中小学幼儿园关工委为达标关工委。命名中山里东社区居委会关工委、哈拉更村关工委等38个基层关工委为达标关工委。命名内蒙古军区第二干休所3个驻区单位为示范关工委。

2006年，新城区印发《关于开展“中华魂”主题教育读书活动的实施方案》。命名呼和浩特职业学院等3个驻区单位关工委为示范关工委。命名毫沁营村小学等9个农村小学关工委为达标关工委。命名展北社区居委会关工委、野马图村关工委等9个居(村)委会关工委为合格关工委。命名内蒙古军区第四干休所革命军人荣誉室为新城区关工委革命传统教育基地。

2007年3月，新城区妇女联合会与新城区关工委联合发文《关于在全区开展争创“家庭教育示范户”活动的通知》开展“家庭教育示范户”评选活动。4月，新城区关工委命名芳汀社区等14个社区阅览室为“社区关爱书屋”。

2008年，新城区关工委获得内蒙古自治区关工委“宣传工作先进单位”表彰。中共新城区委员会办公室、新城区人民政府办公室印发《关于建立健全新城区关心下一代工作长效机制》实施意见，加强与落实关心下一代工作领导机制、关心下一代工作的长效工作机制、规范化建设和管理的机制。

2009年，新城区东街街道办事处关工委、新城区长海社区关工委、新城区教育局关工委被内蒙古自治区关工委表彰“全区模范基层关工委”。

2012 年，开展庆祝呼和浩特市关工委成立 25 周年暨表彰先进活动，表彰新城区保合少镇党委等工作先进单位。

2013 年 5 月，新城区关工委成立锡林郭勒北路街道心理健康咨询室、东风路街道青少年矫正服务中心、迎新路街道如意社区心理健康咨询室、迎新路街道人和社区心理健康咨询室、海拉尔东路街道体校巷社区心理健康咨询室，西街街道曙光社区青少年心理健康咨询中心。关工委组建“未成年人思想道德建设小小志愿者”和大学生志愿者队伍。

2014 年，新城区关工委印发《关于进一步开展创建五好基层关工委活动的意见》。在迎新路街道办事处召开关心下一代工作品牌活动现场会。

2015 年，新城区关工委、新城区关心下一代学校、呼和浩特职业学院关工委和职业学院团委联合举办主题为“社会实践长才干、服务社会做贡献、践行社会主义核心价值观”大学生进社区社会实践活动。命名“多松年中队”“高凤英中队”。

2017 年，中共新城区委员会、新城区人民政府印发《关于进一步做好关心下一代工作的实施意见》，推进关心下一代工作。组织开展针对青少年、青年职工、部队青年官兵的“说传统、话年俗、谈勤俭、送温暖”“知荣辱，淡得失，厚德善行，做高尚职业道德人”等主题讲堂 6 期，800 余人受到教育。印发《呼和浩特市关工委关于传承发展中华优秀传统文化的实施方案》，以经典诵读、诗词朗诵、书法绘画、民族歌舞等活动为载体，传承发展中华优秀传统文化。开展“关爱明天，普法先行”青少年普法教育活动。开展零犯罪学校（社区）创建、普法学习、演讲比赛、知识竞赛等活动以及模拟法庭、心理咨询。各级关工委组织法治进校园活动，对青少年开展普法教育活动 29 次，有 53 人参加普法教育活动。召开首届关心下一代工作研讨会。

第四节　文化协会

一、机构

新城区文化协会是在民政局注册的文化团体，主要从事挖掘历史文化，展示人文景观，打造节庆品牌，拍摄影视专题片，记录口述历史等。2017 年，新城区文化协会内设办公室、影视工作室，设有副会长 3 名，秘书长 1 名，常驻会 3 人。

二、工作

新城区文化协会拍摄《古路板龙抬头》《填仓节》等影视专题片共 13 部。用现代影视设备记录新城区节庆文化活动，展示文化的传承脉络，并存档作为永久性史料。对出身于新城区和与新城区地域上有直接相关的人进行口述历史的拍摄。历年拍摄制作口述历史共 20 多部，其中有郝秀山、赛希等讲述大青山抗日的影视资料。挖掘境内大青山一带的红色文化，对部分老区村进行走访，追寻历史遗址遗迹，发现并记录八路军在境内遗留的遗址。参与市、区老促会保护面铺窑村八路军与地方抗日武装会师遗址的调研、论证和建立会师纪念碑、雕像的工作。对新城区红山口沟、面铺窑沟、蟠龙山、小井沟、小哈拉沁沟、大窑四道沟、凤凰山、猴山等历史与人文景观进行勘察、记录、拍摄。

第十四篇

政权 政协

第一章 地方人民代表大会

第一节 代表选举

人民代表大会制度是中国的根本政治制度，是中国人民民主专政政权的组织形式，是中国的政体，是社会主义上层建筑的重要组成部分。人民代表大会制度是根据国家的一切权力属于人民和民主集中制的原则，按照法律程序，由选民在民主选举的基础上产生各级人民代表大会代表，组成地方各级和全国人民代表大会，即国家权力机关，并由国家权力机关产生其他国家机关，行使国家权力的政权组织形式。

新城区在人大代表选举上严把选民登记、候选人提名以及投票选举等各个环节程序关。按照差额选举以及“谁推荐谁负责”原则，区属各党委、党工委严把候选人提名关，提名正式代表候选人；下派代表按区委要求到所在选区开展投票选举。2012 年以来，严格资格审查，对所有代表推荐人选进行联合审查，涉及纪检、法院、检察院、公安、人事和劳动等审查责任主体 22 个，防止“带病提名”“带病当选”，切实把好政治关、素质关、廉洁关。严格候选人考察，经过发布公示、民主测评、个别谈话等 7 个基本程序。对市人大代表，由组织部牵头，协同区纪委、统战部、人大机关组成考核组，进行直接考察。党派、界别代表，均征求相关党派、行业主管、监管部门的意见。

新城区第十三届人大代表选举工作于 1998 年 9 月开始，至 12 月选举产生第十三届人大代表 196 名，完成换届选举工作。当选代表中干部代表 73 名，占代表总数的 37.2%；工人和其他劳动者 76 名，占代表总数的 38.8%；知识分子 43 名，占代表总数的 21.9%；宗教界人士 1 名，占代表总数的 0.5%；武警 1 名，占代表总数的 0.5%；解放军代表 3 名，占代表总数的 1.5%。代表中汉族 116 名，占代表总数的 60.2%；蒙古族 54 名，占代表总数的 27.6%；满族 16 名，占代表总数的 8.2%；回族 7 名，占代表总数的 3.5%；达斡尔族 1 名，占代表总数的 0.5%；中共党员代表 161 名，占代表总数的 82.1%；非党代表 33 名，占代表总数的 16.8%；妇女代表 75 名，占代表总数的 38.3%。代表中 35 岁以下的 17 名，占代表总数的 8.67%；36～55 岁的 148 名，占代表总数的 75.51%；56 岁以上的 31 名，占代表总数的 15.82%。代表中大专文化以上的 114 名，占代表总数的 58.16%；中专文化的 77 名，占代表总数的 39.29%；小学文化的 5 名，占代表总数的 2.55%。

新城区第十四届人大代表选举工作于 2003 年 9 月 5 日开始，至 12 月 24 日选举产生了第十四届人大代表 176 名，完成换届选举工作。当选代表中干部代表 43 名，占代表总数的 24.9%；工人和其他劳动者代表 78 名，占代表总数的 44.3%；知识分子 50 名，占代表总数的 28.4%；宗教界人士 1 名，占代表总数的 0.6%；武警 1 名，占代表总数的 0.6%；解放军代表 3 名，占代表总数的 1.7%；代表中汉族 110 名，占代表总数的 62%；蒙古族 47 名，占代表总数的 26.7%；满族 13 名，占代表总数的 7.4%；回族 4 名，占代表总数的2.3%；达斡尔族 2 名，占代表总数的 1.1%；中共党员代表 137 名，占代表总数的 77.8%；非党代表 37 名，占代表总数的 21%；妇女代表 48 名，占代表总数的 27%。

新城区第十五届人大代表选举工作于 2007 年 9 月 15 日开始，至 11 月 23 日共选举产生第十五届人大代表 176 名。当选的 176 名代表中，男性 117 名，占代表总数的66.5%；女性 59 名，占代表总数的 33.5%；工人、农民、知识分子和其他劳动者代表 116 名，占代表总数的 65.9%；干部 51 名，占代表总数的 29%；宗教界人士 1 名，占代表总数的 0.6%；武警 1 名，占代表总数的 0.6%；解放军代表 3 名，占代表总数的 1.7%；中共党员代表 137 名，占代表总数的 77.8%；民主党派代表 3 名，占代表总数的 1.7%；无党派爱国人士 1 名，占代表总数的 0.6%；代表中汉族 120 名，占代表总数的 68%；蒙古族 39 名，占代表总数的 22.2%；满族 13 名，占代表总数的 7.4%；回族 3 名，占代表总数的 1.7%；达斡尔族 1 名，占代表总数的 0.6%。

新城区第十六届人大代表选举工作于 2012 年 9 月 14 日开始，至 11 月 16 日共选举产生第十五届人大代表 173 名。当选的 173 名代表中，男性 115 名，占代表总数的66.47%；女性 58 名，占代表总数的 33.52%；工人、农民、知识分子和其他劳动者代表 92 名，占代表总数的 53.17%；解放军和武警代表 4 名，占代表总数的 2.31%；中共党员代表 137 名，占代表总数的 77.8%；民主党派代表 3 名，占代表总数的 1.73%；无党派爱国人士 50 名，占代表总数的 28.9%；代表中汉族 117 名，占代表总数的 67.63%；少数民族 56 名，占代表总数的 32.36%。

新城区第十七届人大代表选举工作于 2017 年 9 月 6 日开始，至 11 月 16 日共选举产生第十五届人大代表 173 名。当选代表工人、农民、知识分子和其他劳动者代表 119 人(其中：工人 24 人，占 13.9%；农民 15 人，占 8.7%；知识分子 55 人，占 31.8%；其他劳动者 25 人，占 14.5%)，占 68.8%；干部代表 49 人，占 28.3%；解放军、武警、宗教界人士代表 5 人，占 2.9%。非中共党员 55 人(含民主党派 9 人)，占 31.8%，比上届提升 1.2%。少数民族 53 人，占 30.6%；蒙古族 44 人，占 25.4%；满族 8 人，占 4.6%；妇女 52 人，占 30%。保留十六届人大代表 60 人(含下派代表 20 人)，占 34.7%。

第二节　人民代表大会全体会议

2001—2017年，召开第十三届至第十七届共20次人民代表大会全体会议。

第十三届人民代表大会第三次会议　2001年1月12日，在内蒙古军区招待所召开，会期3天。

会议听取、审议并通过区人大常委会主任刘志新作的第十三届人民代表大会常务委员会工作报告政府，区长刘菊茹作的政府工作报告，区人民法院院长贺希格和区人民检察院检察长乔青山作的工作报告。听取、审议并批准区计划经济委员会主任武宗作的2000年国民经济和社会发展计划执行情况与2001年国民经济和社会发展计划报告，区财政局局长石艳秋作的2000年财政预算执行情况和2001年财政预算报告。补选吴文清为新城区第十三届人大常委会副主任，刘玉兰、李前仁、噶达莎为新城区第十三届人大常委会委员。

第十三届人民代表大会第四次会议　2002年1月17日，在内蒙古军区招待所召开，会期4天。

会议听取、审议并通过区人大常委会主任刘志新作的第十三届人民代表大会常务委员会工作报告，政府工作报告，区人民法院院长贺希格和区人民检察院检察长乔青山作的工作报告。听取、审议并批准区计划经济委员会主任武宗作的2001年国民经济和社会发展计划执行情况与2002年国民经济和社会发展计划报告，区财政局长石艳秋作的2001年财政预算执行情况和2002年财政预算报告。补选范爱荣为新城区第十三届人大常委会副主任，选举新城区人民政府区长，选举银小平为新城区人民政府副区长。

第十三届人民代表大会第五次会议　2003年1月24日，在内蒙古军区招待所召开，会期3天。

会议听取、审议并通过区人大常委会主任刘志新作的第十三届人民代表大会常务委员会工作报告，听取、审议政府工作报告，区人民法院和区人民检察院工作报告。听取、审议并批准区经济计划贸易局局长党礼义作的2002年国民经济和社会发展计划执行情况与2003年国民经济和社会发展计划报告，区财政局局长石艳秋作的2002年财政预算执行情况和2003年财政预算报告。通过选举，补选新城区人民法院院长、新城区人民检察院检察长。

第十四届人民代表大会第一次会议　2004年1月5日，在内蒙古军区招待所召开，会期5天。

会议听取、审议并通过区人大常委会主任刘志新作的第十三届人民代表大会常务委员会工作报告，听取、审议政府工作报告，区人民法院工作报告和区人民检察院工作报告。听取、审议并批准区经济计划贸易局局长党礼义作的2003年国民经济和社会发展计划执行情况与2004年国民经济和社会发展计划报告,区财政局局长石艳秋作的2003年财政预算执行情况和2004年财政预算报告。选举产生第十四届区人民代表大会常务委员会、区人民政府领导班子。选举新城区人民法院院长、区人民检察院检察长。

第十四届人民代表大会第二次会议 2004年4月11日,在内蒙古军区招待所召开,会期2天。选举产生新城区出席呼和浩特市第十二届人民代表大会代表59名。

第十四届人民代表大会第三次会议 2005年1月20日,在内蒙古军区招待所召开,会期3天。

会议审议通过区人大常委会主任阎泽林作的第十四届人民代表大会常务委员会工作报告,听取、审议政府工作报告,区人民法院和区人民检察院工作报告。审查并批准区经济计划贸易局局长党礼义作的新城区2004年国民经济和社会发展计划执行情况与2005年国民经济和社会发展计划的报告,区财政局局长石艳秋作的新城区2004年财政预算执行情况和2005年财政预算的报告。

第十四届人民代表大会第四次会议 2006年1月8日,在内蒙古军区招待所召开,会期4天。

会议审议通过区人大常委会主任阎泽林作的第十四届人民代表大会常务委员会工作报告,听取、审议政府工作报告,区人民法院和区人民检察院工作报告。审查并批准区经济计划贸易局局长党礼义作的新城区2005年国民经济和社会发展计划执行情况与2006年国民经济和社会发展计划的报告,区财政局局长石艳秋作的新城区2005年财政预算执行情况和2006年财政预算(草案)的报告。选举产生新城区人民政府区长,选举马丽萍、刘瑶、阎龙为新城区第十四届人民代表大会常务委员会委员。

第十四届人民代表大会第五次会议 2007年1月18日,在内蒙古军区招待所召开,会期3天。

会议主要审议通过区人大常委会主任阎泽林作的第十四届人民代表大会常务委员会工作报告,听取、审议政府工作报告,区人民法院和区人民检察院工作报告。听取、审议并批准区经济计划贸易局局长党礼义作的2006年国民经济和社会发展计划执行情况与2007年国民经济和社会发展计划报告,区财政局局长石艳秋作的2006年财政预算执行情况和2007年财政预算报告。补选胡兰为新城区人民检察院检察长。

第十五届人民代表大会第一次会议 2007年11月29日,在内蒙古军区招待所召开,会期5天。

会议听取、审议并通过区人大常委会主任阎泽林作的第十四届人民代表大会常务委员会工作报告,听取、审议政府工作报告,区人民法院和区人民检察院工作报告。听取、审议并批准2007年1—10月份国民经济和社会发展计划执行情况与2008年国民经济和社会发展计划报告，2007 年 1—10 月份财政预算执行情况和 2008 年财政预算报告。选举产生第十五届区人民代表大会常务委员会、区人民政府领导班子、新城区人民法院院长、区人民检察院检察长。选举产生 66 名参加市第十三届人民代表大会的代表。

第十五届人民代表大会第二次会议　2008 年 7 月 29 日，在内蒙古军区招待所召开，会期 1 天。

会议听取代区长薛燕群作新城区 2008 年上半年经济和社会事业发展情况及下半年工作安排的报告。选举薛燕群为新城区人民政府区长。

第十五届人民代表大会第三次会议　2009 年 1 月 15 日，在内蒙古军区招待所召开，会期 3 天。

会议听取、审议并通过区人大常委会主任武志强作的第十五届人民代表大会常务委员会工作报告，区长薛燕群作的政府工作报告，区人民法院和区人民检察院工作报告。听取、审议并批准 2008 年国民经济和社会发展计划执行情况与 2009 年国民经济和社会发展计划报告，2008 年财政预算执行情况和 2009 年财政预算报告。补选张华伟为区第十五届人民代表大会常务委员会委员。

第十五届人民代表大会第四次会议　2010 年 1 月 13 日，在内蒙古军区招待所召开，会期 3 天。

会议听取、审议并通过区人大常委会主任武志强作的第十五届人民代表大会常务委员会工作报告，区长薛燕群作的政府工作报告，区人民法院和区人民检察院工作报告。听取、审议并批准 2009 年国民经济和社会发展计划执行情况与 2010 年国民经济和社会发展计划报告，2009 年财政预算执行情况和 2010 年财政预算报告。选举新城区人民法院院长，补选李姗、庞俊为区第十五届人民代表大会常务委员会委员。

第十五届人民代表大会第五次会议　2011 年 1 月 16 日，在内蒙古军区招待所召开，会期 3 天。

会议听取、审议并通过区人大常委会主任武志强作的第十五届人民代表大会常务委员会工作报告，区长薛燕群作的政府工作报告，区人民法院和区人民检察院工作报告，副区长张国平作关于新城区国民经济和社会发展第十二个五年规划纲要的说明。听取、审议并批准 2010 年国民经济和社会发展计划执行情况与 2011 年国民经济和社会发展计划报告，2010 年财政预算执行情况和 2011 年财政预算报告。补选王焱、温秀芳为区第十五届人民代表大会常务委员会委员。

第十五届人民代表大会第六次会议　2012 年 1 月 9 日，在内蒙古军区招待所召开，会期 3 天。

会议听取、审议并通过区人大常委会主任武志强作的第十五届人民代表大会常务委员会工作报告，区长薛燕群作的政府工作报告，区人民法院和区人民检察院工作报告。听取、审议并批准2011年国民经济和社会发展计划执行情况与2012年国民经济和社会发展计划报告，2011年财政预算执行情况和2012年财政预算报告。

第十六届人民代表大会第一次会议 2012年11月25日，在内蒙古军区招待所召开，会期4天。

会议听取、审议并通过区人大常委会主任武志强作的第十五届人民代表大会常务委员会工作报告，区长薛燕群作的政府工作报告，区人民法院和区人民检察院工作报告。听取、审议并批准2012年1—10月份国民经济和社会发展计划执行情况与2013年国民经济和社会发展计划报告，2012年1—10月份财政预算执行情况和2013年财政预算报告。选举产生由武志强等25人组成的第十五届区人民代表大会常务委员会，由薛燕群等7人组成区人民政府领导班子，选举李淑清为新城区人民法院院长，修仕军为区人民检察院检察长及62名参加市第十三届人民代表大会的代表。

第十六届人民代表大会第二次会议 2014年1月25日，在内蒙古军区招待所召开，会期3天。

会议听取、审议并通过区人大常委会主任武志强作的第十六届人民代表大会常务委员会工作报告，代理区长云玉明作的政府工作报告，区人民法院院长李淑清和区人民检察院检察长修仕军的工作报告。听取、审议并批准2013年国民经济和社会发展计划执行情况与2014年国民经济和社会发展计划报告，2013年财政预算执行情况和2014年财政预算报告。选举云玉明为区人民政府区长，云海峰为新城区第十六届人民代表大会常务委员会副主任，王雅丽、赵利民、贾美华、樊建军为区第十六届人民代表大会常务委员会委员。

第十六届人民代表大会第三次会议 2015年1月11日，在内蒙古军区招待所召开，会期3天。

会议听取、审议并通过区人大常委会主任武志强作的第十六届人民代表大会常务委员会工作报告，区长云玉明作的政府工作报告，区人民法院院长李淑清和区人民检察院检察长修仕军的工作报告。听取、审议并批准2014年国民经济和社会发展计划执行情况与2015年国民经济和社会发展计划报告，2014年财政预算执行情况和2015年财政预算报告。

第十六届人民代表大会第四次会议 2016年1月16日，在内蒙古军区招待所召开，会期3天。

会议听取、审议并通过区人大常委会主任武志强作的第十六届人民代表大会常务委员会工作报告，政府工作报告、区人民法院和区人民检察院的工作报告。听取、审议并批准2015年国民经济和社会发展计划执行情况与2016年国民经济和社会发展计划报告，2015年财政预算执行情况和2016年财政预算报告。选举云振英、冯永泉、刘虹、张俊秀为区第十六届人民代表大会常务委员会委员。

第十六届人民代表大会第五次会议　2017年2月26日，在内蒙古军区招待所召开，会期3天。出席代表172名。

会议听取、审议并通过区人大常委会主任武志强作的第十六届人民代表大会常务委员会工作报告，代理区长范志忠作的政府工作报告，区人民法院和区人民检察院工作报告。听取、审议并批准2016年国民经济和社会发展计划执行情况与2017年国民经济和社会发展计划报告，2016年财政预算执行情况和2017年财政预算报告。选举范志忠为区人民政府区长，苏虎生为区人民法院院长，卜瑞俊、布和、张文俊为区第十六届人民代表大会常务委员会委员。

第十七届人民代表大会第一次会议　2017年12月5日，在内蒙古军区招待所召开，会期4天。

会议听取、审议并通过区人大常委会主任武志强作的第十六届人民代表大会常务委员会工作报告，区长范志忠作的政府工作报告，区人民法院院长苏虎生和区人民检察院检察长修仕军的工作报告。听取、审议并批准2017年国民经济和社会发展计划执行情况与2018年国民经济和社会发展计划报告，2017年财政预算执行情况和2018年财政预算报告。选举产生由高启东为主任，云海峰、武素清、杨燕、秦贵智为副主任及26位委员组成的第十七届人民代表大会常务委员会，选举产生以范志忠为区长，要喜平、徐相军、胡晓宁、赵燕茹、敖登为副区长的区政府领导班子。选举李玉蛟为区监察委员会主任，苏虎生为区人民法院院长，修仕军为区人民检察院检察长。选举产生区出席市第十五届人民代表大会代表61名。

第三节　机　构

一、人民代表大会常务委员会

人民代表大会常务委员会是人民代表大会的常设机关，对人民代表大会负责并报告工作。常务委员会的组成人员由人民代表大会从代表中选举产生。常委会主任主持日常工作，召集人民代表大会常务委员会会议。副主任协助主任工作。人民代表大会常务委员会会议一般每两个月举行一次；有特殊需要的时候，可以临时召集会议。人民代表大会常务委员会每届任期和人民代表大会每届任期相同。

新城区第十三届人民代表大会常务委员会，有委员20人。2001年1月，补选吴文清为新城区第十三届人大常委会副主任，刘玉兰、李前仁、嘎达莎为新城区第十三届人大常委会委员。2002年1月，补选范爱荣为新城区第十三届人大常委会副主任。

2004年1月，新城区第十四届人民代表大会常务委员会产生，共有委员21人。2006

年 1 月补选刘瑶、阎龙、马丽萍为新城区人大常委会委员。

2007 年 12 月,新城区第十五届人民代表大会常务委员会产生,共有委员 25 人。2009 年 1 月,补选张华伟为新城区第十五届人大常委会委员。2010 年 1 月,补选李姗、庞俊为新城区第十五届人大常委会委员。2011 年 1 月,补选王焱、温秀芬为新城区第十五届人大常委会委员。

2012 年 11 月,新城区第十六届人民代表大会常务委员会产生,共有委员 25 人。2014 年 1 月,补选云海峰为新城区第十六届人大常委会副主任,王雅萍、赵利民、贾美华、樊建军为新城区第十六届人大常委会委员。2016 年 1 月,补选云振英、冯永泉、刘虹、张俊秀为新城区第十六届人大常委会委员。2017 年 3 月,补选卜瑞俊、布和、张文俊为新城区第十六届人大常委会委员。

2017 年 12 月,新城区第十七届人民代表大会常务委员会产生,共有委员 31 人。

新城区第十三届至第十七届人大常委会组成人员表

表 14-1-1

届别	职务	姓名	性别	民族	任职时间
第十三届常委会	主任	刘志新	男	汉	1999.1—2004.1
	副主任	云公义	男	蒙古	
		何志清	男	满	1999.1—2004.1
		范爱荣	女	汉	2002.1—2004.1
		朱建国	男	汉	1999.1—2004.1
	委员	曹建忠 王卫国 薛润月 李智兰(女) 孙素琴 辛巧珍(女、蒙古族) 白秀清(女、回族) 赵国栋(满) 董秀婷 韩玉恩 嘎达莎(达斡尔族) 李前仁 刘玉兰			1999.1—2004.1
第十四届常委会	主任	阎泽林	男	汉	2004.1—2007.11
	副主任	云公义	男	蒙古	2004.1—2007.11
		何志清	男	满	2004.1—2007.11
		范爱荣	女	汉	2004.1—2007.11
		朱建国	男	汉	2004.1—2007.11
	调研员	刘志新	男	汉	2004.1—2007.11
	委员	薛润月 郭进银 吕美洁(女、蒙古族) 刘 瑶(女) 肖敏(女、达斡尔族) 温秀钢(女) 李红(女) 阎龙 马丽萍(女) 贾全宝 刘玉兰(女) 李前仁 亢荣生 韩玉恩 王国斌 辛巧珍(女)			2004.1—2007.11

续表

届别	职务	姓名	性别	民族	任职时间
第十五届常委会	主任	武志强	男	汉	2007.11—2012.11
	副主任	云公义	男	蒙古	2007.11—2012.11
		云　涛	女	蒙古	2007.11—2012.11
		范爱荣	女	汉	2007.11—2012.11
		朱建国	男	汉	2007.11—2012.11
	委员	马丽萍(女)　王国斌　田志刚　刘　瑶(女)　刘晓林　杨　燕(女)　杨祥麟　杨惠裡(女　蒙古族)　李　红(女)　肖　敏(女)　吴红莲(女)　张　莉(女)　张东霞(女)　陈毅芳(女)　郎兴元　段爱琴(女)　贾全宝　郭进银　阎泽林　温秀钢(女)　张华伟　庞　俊(女)　李　珊(女)　温秀芬(女)　王　炎(女)			2007.11—2012.11
第十六届常委会	主任	武志强	男	汉	2012.11—2017.12
	副主任	范爱荣	女	汉	2012.11—2017.12
		武素清	女	汉	2012.11—2017.12
		杨　燕	女	汉	2012.11—2017.12
		云海峰	男	蒙古	2014.1—2017.12
	委员	张月厚　李前仁　王义山　刘　瑶(女)　温秀芬(女)　陈毅芳(女)王　炎(女)　张海峰　庞　俊(女)李　珊(女)　王国平　刘吉元　徐相军　杨全富　董喜顺　高七斤　季利民　刘全凰　寇海民　吴　真　贾美华　王雅萍　赵利民　樊建军			2012.11—2017.12
第十七届常委会	主任	高启东	男	汉	2017.12—
	副主任	云海峰	男	蒙古	2017.12—
		武素清	女	汉	2017.12—
		杨　燕	女	汉	2017.12—
		秦贵智	男	汉	2017.12—
	委员	卜瑞俊　马志刚　马晓霞(女)　王淑君(女)　戈二平　乌云苏义拉(女　蒙古族)　尹宏瑞(蒙古族)　布　和(蒙古族)　冯永泉　刘　虹(女)　刘全凰　李　珊(女)　李志义　张子文　张文俊　张利英(女)　张俊秀　张海峰　陈玲龙(蒙古族)　范爱荣(女)　季利民　庞　俊(女)　姚锦宏(满族)　梁贵平　樊建军　魏景明			2017.12-

二、人大专门委员会和常委会工作委员会

各级人民代表大会根据需要,可以设法制(政法)委员会、财政经济委员会、教育科学文化卫生委员会等专门委员会。各专门委员会受本级人民代表大会领导;在大会闭会期间,受本级人民代表大会常务委员会领导。

1999 年至 2017 年,区人大常委会内设办公室、人大常委会财经工作委员会、人大常委会政法民族工作委员、人大常委会科教文卫工作委员会、人大常委会代表联络工作委员会。

2017 年,根据上级人大的统一调整,人大常委会财经工作委员会改为人大财政经济

委员会；人大常委会政法民族工作委员会改为人大法制委员会；人大常委会科教文卫工作委员会改为人大常委会教育科学文化卫生工作委员会；人大常委会代表联络工作委员会改为人大常委会选举任免联络工作委员会；新成立人大常委会城乡建设环境保护工作委员会、人大常委会农业民族宗教侨务工作委员会。

三、乡镇、街道人大工委

1999 年，呼和浩特市调整市区行政区划，划到新城区的毫沁营乡、保合少乡、小井乡人民代表大会当年任期届满，应依法进行换届选举。区人大常委会对换届选举工作进行部署和领导。分别确定各乡人大代表名额，并经人大常委会主任会议研究决定，成立 3 个工作小组，分别对 3 个乡换届选举工作包干负责，责任到组、到人。各乡依照程序进行选举，小井乡选出代表 48 名，保合少乡选出代表 42 名，毫沁营乡选出代表 62 名。

2001 年 4 月，撤销小井乡，并入保合少乡。撤销毫沁营乡，设立毫沁营镇。

2006 年，撤销保合少乡，设立保合少镇。在选举产生保合少镇人大过程中，人大常委会对选举工作进行监督和领导。撤销毫沁营镇，设立成吉思汗大街街道，人大常委会作出相应的调整部署，调整人大机构。

2012 年，设立成吉思汗大街街道、海拉尔东路街道、锡林郭勒北路街道、迎新路街道、中山东路街道、西街街道、东街街道、东风路街道 8 个街道人大工作委员会，为人大派出机构。选配 8 名优秀干部充实的街道人大工委，常委会及时制定《街道人大工委工作规定》《街道人大工作工委工作考核办法》《街道人大工委会议议事规定》等制度。

第四节　人大工作

一、法律监督

新城区第十三届人大常委会把对宪法、法律法规实施的监督检查放到人大工作的重要位置，坚持依法治区，致力于社会主义法制建设。常委会听取和审议区人民政府关于贯彻“四法一纲一条例”，争创全国“两基”达标先进区，全面推进素质教育工作情况的报告；关于贯彻《中华人民共和国食品卫生法》，加强食品卫生监督管理工作情况的报告；关于贯彻落实爱国卫生和卫生管理有关法律、法规的报告；关于贯彻《中华人民共和国环境保护法》，强化和落实环境保护目标责任制情况的报告。听取和审议区人民政府环保局、教育局、卫生局、劳动局执法责任制执行情况的报告。听取和审议区人民检察院关于贯彻执行《中华人民共和国检察官法》情况的报告。听取和审议区人民政府关于贯彻计划生育基本国策，执行《内蒙古自治区计划生育条例》情况的报告；关于贯彻《中华人民共和国农业法》《中华人民共和国农业技术推广法》，增加农民收入，减轻农民负担情况的报告。听取和审议区人民政府关于“三五”普法考核验收及依法治区情况的报告；关于贯彻《中华人民共和国科技进步法》，实施科教兴区情况的报告；关于贯彻实施《中华人民共和国土地法》《中华人民共和国矿产资源法》情况的报告。

新城区第十四届人大常委会改进和加强执法检查工作，提高监督实效，解决有法不依、执法不严、违法不究和执法犯法的问题，树立法律的权威。常委会听取和审议区人民政府关于贯彻《中华人民共和国食品卫生法》，加强食品卫生管理情况的报告；关于贯彻《中华人民共和国科学技术普及法》工作情况的报告。听取和审议区市容局《关于实施执法责任制情况的报告》，并向政府及有关部门发出审议意见，要求改进工作。常委会按照市人大常委会的安排部署，对贯彻《中华人民共和国全国人民代表大会和地方各级人民代表大会代表法》及《内蒙古自治区实施〈中华人民共和国全国人民代表大会和地方各级人民代表大会代表法〉办法》进行自查，接受自治区人大对这两部法律法规的执法检查。听取和审议区人民政府关于贯彻实施《中华人民共和国传染病防治法》和突发公共卫生事件应急条例、《中华人民共和国人口与计划生育法》《中华人民共和国税收征收管理法》《中华人民共和国动物防疫法》情况的报告。配合市人大开展有关法律法规的立法调研，按照市人大常委会的安排部署，常委会组织召开有关部门参加的座谈会，征求对《呼和浩特市供热管理条例(草案)》《呼和浩特市废弃食用油脂污染防治管理条例(草案)》等法规、条例的修改意见，为市人大立法调研提供参考依据。配合市人大开展《呼和浩特市中小学幼儿园规划建设条例》和《呼和浩特市清真食品管理办法》等工作情况的调查，并进行实地视察调研。

新城区第十五届人大常委会通过开展执法检查、调研、评议等多种形式，加大对法律法规贯彻实施情况和“一府两院”依法行政的监督力度，推进依法治区战略的深入实施。常委会配合上级人大对《中华人民共和国劳动法》《中华人民共和国义务教育法》《中华人民共和国治安管理处罚法》《呼和浩特市节约用水管理条例》等 23 部法律法规实施情况开展执法检查。受市人大常委会委托对《中华人民共和国国防动员法(草案)》《呼和浩特市菜田保护条例(草案)》《呼和浩特市残疾人保护条例》《呼和浩特市城市规划条例》等法律法规的制定向辖区群众广泛征求意见和建议，收集建议和意见 82 条，部分建议和意见被采用，为上级人大常委会制定相关法律法规提供参考依据。2009 年，对全区贯彻落实《呼和浩特市节约用水管理条例》情况进行执法检查，制定《农村节约用水管理办法》，建立农村有偿用水机制。常委会听取审议公、检、法 3 个部门关于刑事审判工作、反渎职侵权工作、人民调解及法律援助工作、控告申诉工作、速裁工作、执行工作、社会治安等情况的报告，提出审议意见和建议 35 条，并跟踪督查落实。听取审议区人民政府关于“五五”普法、依法治理工作情况的报告，针对存在的问题提出整改意见。听取审议区政府“六五”普法规划，作出“六五”普法决议。

新城区第十六届人大常委会以加强民主法制建设为重要职责，通过开展视察调研、专项审议、工作评议等多种形式,加大对法律法规贯彻实施情况和“一府两院”依法行政的监督力度。常委会配合上级人大对《呼和浩特市城市绿化管理条例》《中华人民共和国治安管理处罚法》等9部法律法规的实施情况征求意见,收集建议和意见81条;参与市人大关于修订《呼和浩特市义务植树条例》《呼和浩特市城乡规划条例》《呼和浩特市道路设施管理条例》《呼和浩特市供热管理条例》《呼和浩特市城市供水用水条例(草案)》等法律法规的征求意见会,提出有针对性的意见和建议;配合市人大对《中华人民共和国预算法》《中华人民共和国预算法实施条例》的实施情况进行调研,为上级人大制定和修改相关法律法规提供参考依据。听取审议区法院和检察院民商事审判工作、未成年人审判工作、法院执行工作、民事行政检察工作、预防职务犯罪工作等情况的报告,提出审议意见和建议35条,并开展跟踪监督。常委会组织人大代表开展旁听法院庭审,调研视察“检务公开”、立案登记制度落实情况等工作,加强对司法活动的监督。听取区人民政府关于“六五”普法依法治理工作的报告和关于开展第七个五年法治宣传教育的报告。

二、任免和评议

新城区第十三届人大常委会发扬民主,严格依法进行任免。常委会决定任免国家机关工作人员211人(次),其中任命人大常委会工作人员6名,任命政府组成人员39名,任命法院工作人员72名,任命检察院工作人员39名。决定免去12名政府组成人员的职务,免去人大常委会8名工作人员的职务,免去法院24名工作人员的职务,免去检察院11名工作人员的职务。在干部任命中,人大常委会坚持对被任命干部进行考核、民主测评、法律测试和在常委会上作述职报告的制度。人大及其常委会选举任命的国家机关工作人员进行述职评议,常委会会议对政府3名副区长、7名科(局)长和法院两名副院长进行述职评议。

新城区第十四届人大常委会按照党管干部的原则和德才兼备的标准,把坚持党的领导、充分发扬民主和严格依法办事结合起来,健全干部任前考核、民主测评、法律知识考试和在常委会上作述职报告的制度,逐步使干部任免工作程序化、规范化。本届常委会任免国家机关工作人员139人(次),其中区人大常委会干部12人,区人民政府组成人员48人,区人民法院干部73人,区人民检察院干部6人。任命人民陪审员33人。常委会对政府3名副区长、8名局长,法院1名副院长,检察院3名副检察长进行述职评议。客观公正地评议述职人员的工作,实事求是地指出存在的问题,并将述职评议意见送达区委主管干部的工作部门,作为考核干部的依据。

新城区第十五届人大常委会依法任免、严把程序,共任免国家机关干部176人(次),其中:人大干部20人、政府组成人员74人、法院干部49人、检察院干部33人,任命人民陪审员10人。制定《新城区人大常委会任免国家机关工作人员办法》,完善干部任前考核、民主测评、法律知识考试和在常委会上作述职报告等制度,使干部任免工作程序进一步规范化。

新城区第十六届人大常委会完善制度重规范，人事任免工作得到新改进。本届常委会共任免国家机关干部189人(次)，任命人民陪审员104人，因工作调整，接受辞去区人大常委会组成人员职务8名，接受辞去市十四届人大代表职务6名、区十六届人大代表职务52名，补选区十六届人大代表56名，补选市十四届人大代表3名。在干部任免工作中，严格按照任免国家工作人员办法，执行干部任前考核、民主测评、法律知识考试和在常委会上作述职报告、被任命人员向宪法宣誓等制度，干部任免工作得到完善和规范。

三、"一府两院"工作监督

2006年8月27日，在全国人民代表大会常务委员会第二十三次会议上，通过《中华人民共和国各级人民代表大会常务委员会监督法》，于2007年1月1日起正式施行。监督权是宪法和法律赋予人大及其常委会的一项重要职权。依照监督法，人大常委会依法对国家机关进行工作评议，从2007年起，每年对部分机关单位进行工作评议，有效地对各单位工作进行监督，查找存在的问题，并监督其进行整改，提高各机关单位的办事效率，完善各单位自身软硬件水平，凸显人大监督的重要性。2017年，第十七届区人民代表大会第一次会议通过设置区监察委员会并选举产生监察委主任1名，监察委员会也纳入区人大常委会监督范围。

新城区第十三届人大常委会每年听取和审议区人民政府关于国民经济和社会发展计划执行情况，财政预决算执行情况和本级财政审计情况3个报告。听取和审议区人民政府《关于乡街经济发展情况》《关于落实1999年15件实事情况》《关于落实2000年17件实事情况》《关于城区建设与管理情况》《关于贯彻〈中共中央国务院关于深化教育改革全面推进素质教育的决定〉情况》《关于农村工作(农业产业结构调整、农民减员增收、村务公开、扶贫工作)情况》《关于办理2001年18件实事情况》《关于2001年街道改造情况和2002年城区改造建设工作情况》《关于农村产业结构调整情况》《关于办理2002年13件实事情况》《关于办理2003年实事情况》等报告。听取和审议区人民法院《关于贯彻中央政法委在纪律作风集中教育整顿方面工作情况》《关于贯彻中共中央关于转发〈中共最高人民法院党组关于解决人民法院"执行难"问题的报告〉的通知情况》《关于民事案件审理工作情况》《关于刑事审判工作情况》等报告。听取和审议区人民检察院《关于贯彻执行〈中华人民共和国检察官法〉情况》《关于反贪污贿赂工作情况》《关于贯彻落实"最高人民检察院在全国检察机关开展'三个教育'活动决定"情况》《关于打击刑事犯罪工作情况》等报告。常委会注重加强常委会审议意见的落实工作，每次常委会会议后，常委会办公室将审议意见印制成文，发至政府办公室及有关部门办理，促进"一府两院"及有关部门的办理工作。

新城区第十四届人大常委会坚持以经济建设为中心，围绕全区改革发展的重点和人民群众关心的热点难点问题，精心选择监督议题，通过听取报告、视察、检查、调研等方式，加大对专项工作的监督力度，提高监督质量和效果，推进“五大战略”“八大工程”的全面实施。累计召开主任会议59次，常委会会议32次，听取“一府两院”关于审计、财政、国民经济和社会发展、“五五”普法规划、“城中村”拆迁改造、成吉思汗特色景观区建设进展情况、工业园区建设进展情况、重点和重大项目建设情况、办理代表建议情况、预算外资金和专项资金的使用情况、新型农村合作医疗制度落实情况、物业管理工作、计划生育工作、民事审判工作、行政审判工作、案件执行工作、反贪工作、公诉工作等方面的工作报告48个，作出涉及全区政治、经济、文化、社会等方面的决定、决议15项。加强对“五五”普法工作的监督，深化公民法制宣传教育，新城区第十四届人民代表大会常务委员会第二十一次会议作出《关于在全区公民中深入开展法制宣传教育和依法治理工作的第五个五年规划的决议》，督促决议切实执行。

新城区第十五届人大常委会围绕全区中心工作和人民群众迫切需要解决的重大问题，开展工作监督。审议2008—2012年度国民经济和社会发展计划执行情况、财政预算执行情况、财政决算报告、财政审计报告，作出决议11项，提出审议意见36项，保障全区重大经济活动的正常开展。审查批准区人民政府关于“校安工程”和工业园区基础设施建设资金列入财政预算的报告，依法作出决定，对新城区教育事业发展和工业园区建设起到支持和推动作用。审查批准区人民政府2010年本级预算调整方案、“十二五”规划方案，为全区经济社会又好又快发展奠定基础。促进“三产立区、二产强区、一产补区、科教兴区、城建靓区”发展战略的全面落实，常委会听取审议区人民政府关于城市建设、新农村建设、校安工程、工业园区发展等方面的专项工作报告54项，对区民政局、卫生局、教育局、人事劳动和社会保障局等8个涉及全区经济社会发展的重点部门进行工作评议，提出审议、评议意见283条，并跟踪监督落实整改。2008年以来，常委会围绕促进“三农”发展和新农村建设，开展调研和审议，提出加快发展现代农业、重点打造观光农业、推进林权改革等相关建议。2010年，针对调整门诊统筹补偿办法、提高区医疗机构技术服务水平、解决镇村卫生院(室)经费投入不足等问题，听取和审议区人民政府关于贯彻落实新型农村合作医疗制度情况的报告，提出审议意见。2011年，听取工业园区和第三产业发展情况的报告，在审议意见中提出要加快转变工业发展模式、引进发展高科技产业、培育新兴服务业，建议区人民政府要把三次产业通盘规划，统筹发展，建议受到区人民政府高度重视，在工作中逐步得到落实，使全区三产结构不断优化。

新城区第十六届人大常委会审议各年度国民经济和社会发展计划执行情况报告、财政预决算报告、财政审计报告，作出决议12项，提出审议意见94条，保障全区重大经济活动的正常开展。审议批准区政府关于融资实施土地收储项目、融资发展教育事业的议案和新城区生态区建设规划、新城区服务业发展规划、新城区“十三五”规划、新城区中期财政规划等10个方面的重大事项。常委会听取区政府关于工业经济发展、大青山生态保护综合治理、城乡一体化、“智慧城区”建设等专项工作报告16项。围绕全区“勇于担当、攻坚克难”任务的落实，常委会到保合少镇、鸿盛工业园区和8个街道办事处进行调研，提出有针对性的意见和建议，促进全区中心工作和重点任务的贯彻落实。采取重点评议和普遍评议相结合的方式，推进评议工作的常态化。常委会对区发展改革局、财政局、食品药品监督管理局、安全监督管理局、教育局等10个全区经济社会发展的重点部门进行工作评议，提出评议意见63条，并跟踪监督整改落实，促进“一府两院”的工作。全区10个代表联组每年分别对政府相关组成部门、保合少镇、各街道办事处和法检两院的工作进行评议。

四、视察调研

新城区第十三届人大常委会组织代表视察、调查研究和列席常委会会议。组织代表实地视察乡镇农业产业结构调整情况和移民工程情况，代表们在听取汇报、实地考察的基础上，认真研究，出谋献策，多方反映和呼吁解决视察对象存在的困难。2000年11月，对东门外小学改造工程进行视察。2001年10月，对向阳小学改造工程进行视察，对于发现的问题均及时向区政府及有关部门提出改进建议，得到妥善解决。2003年8月，组织市、区两级代表对城区建设和小街巷改造情况进行视察，对存在的问题进行调查，形成调研报告，及时向市、区两级政府提出改进意见，受到市、区领导的高度重视，对城区改造和建设起到推动作用。2003年10月，按照市人大常委会关于组织五级人大代表对市工商局、市地税局、市供电局进行工作评议的安排，常委会组织市、区、乡三级人大代表对这3个部门的工作进行认真负责、客观公正的评议，促进这些部门的依法行政、勤政廉政和行风建设。

新城区第十四届人大常委会采取举办培训班、以会代训，组织代表学习考察、视察、调查研究等方式，提高代表素质和履职能力，代表的主体意识和参与管理国家事务的能力有了新提高。组织委员及人大代表开展视察、检查、专题调研等活动19次。在开展视察活动中，常委会坚持针对性、实效性相结合的原则，“带着问题下去，带着办法回来”，摸清实情，找准问题，分析原因，提出意见，要求各相关部门尽快解决问题，使专项工作监督取得实效。2004年9月，常委会针对群众反映较为强烈的食品卫生问题，组织卫生监督、工商等部门和部分人大代表，对《中华人民共和国食品卫生法》的贯彻执行情况进行视察和调研，发现问题及时提交常委会会议审议，督促政府专题研究并加以解决，保障新城区食品卫生安全。2006年10月，常委会与市人大联合开展“新城区教育现状及存在的问题”专题调研，提出翔实客观、有分析、有建议的调研报告，区人民政府高度重视，中小学校分布不合理和班容量大的状况得以改善。常委会分期分批参加三级人大代表《中华人民共和国全国人民代表大会和地方各级人民代表大会代表法》《中华人民共和国地方各级人民代表大会和地方各级人民政府组织法》及人民代表大会制度等法律知识的学习培训。三级人大代表对群众关注的“三农”问题、社区建设和管理、城市环境及基础设施建设、下岗职工生活保障及再就业、“城中村”拆迁改造、大青山前坡生态建设、社区卫生服务体系建设、退耕还林(草)及水资源保护、旅游业开发建设等方面的工作进行视察、检查,调动代表行使职权的积极性。2004年,常委会组织市、区两级人大代表就社会普遍关注的大青山前坡生态建设工程进行视察。根据市人大组织代表开展专题调研的要求,2006—2007年,常委会组织市人大代表分别对新城区塔沟项目区、野马图村育苗基地、新城区防火指挥中心、新城区社区卫生服务中心(站)等地进行实地考察,听取汇报,召开座谈会,广泛征求各方面意见,形成“新城区退耕还林(草)及水资源保护工作现状”“关于完善社区卫生服务体系建设”的专题调研报告,为区委、区政府科学决策提供参考依据。

新城区第十五届人大常委会加强代表学习培训工作,为代表依法履职创造条件。常委会每年对区、镇两级人大代表分层次、分阶段开展多种形式的培训活动。共举办各类培训28期,参加培训的代表人数达1500多人(次),免费为代表订阅《人民代表报》《中国人大》《内蒙古人大》等资料,为代表的日常学习提供保障。通过《人大工作信息》及时将常委会会议精神、审议意见和“一府两院”重大工作动态等通报给代表,为代表们知政、议政创造条件,提高人大代表依法履职的能力和水平。组织三级人大代表对群众关注的民生问题、“三农”问题、社区建设和管理、城市环境及基础设施建设、社会保障体系建设、“城中村”改造、生态建设等方面的工作,开展视察、调研等活动52次,参与代表达956人(次),提交各类意见和建议162条,撰写调研报告36篇。

新城区第十六届人大常委会围绕新时期代表工作的新情况、新特点,创新代表工作形式,丰富代表工作内容,组织代表活动,发挥各级代表在推进民主政治建设中的作用。常委会每年对区、镇两级人大代表分层次、分阶段开展多种形式的培训活动。举办各类培训126期,培训代表2300人(次)。2014年,联系全国人大培训基地,培训代表120多名。邀请各级代表152人(次)列席常委会会议,免费为代表订阅《人民代表报》《中国人大》《内蒙古人大》等资料2700份。推进“代表之家”建设。全区1个镇、8个街道全部建立“代表之家”,在教育系统和如意社区建立两个特色“代表之家”,为保障代表履职和开展代表活动搭建重要平台。各街道人大工委利用“代表之家”开展各类活动480多次,增进代表与群众的沟通联系,强化代表履职尽责的意识。常委会开展代表述职活动作为加强代表管理和推动代表有效履职的重要手段。届内市、区两级人大代表都以书面或口头的形式进行述职。组织三级人大代表围绕大青山前坡改造、新农村建设、城乡一体化、棚户区改造、老旧小区改造、社区去行政化、教育均衡发展、食品药品安全、大气污染防治、公正司法等方面的工作,共开展视察、调研等活动83次,提交各类意见和建议162条,撰写调研报告70篇,参与的代表达900多人(次),及时反映广大人民群众的心声和意愿,为区委、区政府科学决策提供有价值的参考依据，促进相关问题的解决。

五、议案办理

新城区第十三届人大及其常委会收到代表建议、批评和意见427件。常委会组织代表就区人民政府办理代表建议、批评和意见的情况及历年为民办实事情况进行视察达14次，所有建议如期办理完毕，并将办理情况答复代表，做到事事有着落、件件有回音。

新城区第十四届人大及其常委会收到代表建议、批评和意见131件。常委会加强督办力度，区人民政府重视办理工作，代表建议的答复工作和办理工作逐步走上规范化、制度化的轨道，区人民政府对建议的办结率和代表对办理情况的满意率提高。关于“城中村”改造后村民的安置问题、关于青山大道的修建给野马图村带来负面影响问题、关于加大“门前三包”处罚力度等建议，均在短期内得到解决。

新城区第十五届人大及其常委会收到代表建议、批评和意见310件。对代表提出的关于“加强社区建设”“清理整顿马路市场”“加强网吧管理”等20多件重点建议进行跟踪督办，组织常委会委员和代表进行专题视察，促进代表建议的办理和落实。为确保建议办理质量，常委会制定和完善《新城区人民代表大会代表建议、批评和意见办理办法》《新城区人民代表大会代表建议办理工作目标考核办法》，实行集中交办、重点督办、跟踪回访等制度，把办理工作与承办部门实绩考核相结合，加大督办力度，使代表建议的答复工作和办理工作进一步规范。每年在人代会后区人大常委会召开代表建议、批评和意见交办会，要求承办单位专人负责、限时办理。对代表不满意的答复，区人大常委会责成相关部门重新办理，直至代表满意。对重点建议的办理情况定期进行跟踪督办和专题视察，确保建议的办理质量，代表的满意度逐年提升。

新城区第十六届人大及其常委会收到代表建议、批评和意见222件。对解决大青山沿线防洪问题、改善民族学校办学条件、加强早市管理、改善中小学办学条件、加强老旧小区物业管理、加强市容环境卫生整治等建议进行重点督办，组织常委会委员和代表进行专题视察，促进代表建议的办理和落实。为确保建议办理质量，实行集中交办、重点督办、跟踪回访等制度，所有建议如期办理完毕。

第二章　地方人民政府

第一节　工作机构

2002年5月14日,按照《呼和浩特市新城区党政机构设置实施意见》,新城区人民政府进行机构改革。不再保留计划经济委员会、经济技术协作办公室、商务办公室、物价局、组建经济计划贸易局,乡镇街道企业管理局归口经济计划贸易局;不再保留人事局、劳动局,组建人事劳动和社会保障局;不再保留土地资源管理局、地质矿产局,组建国土资源局;不再保留农业委员会,设立农牧水务局、林业局、扶贫开发领导小组办公室;在原爱国卫生运动委员会办公室、环境卫生管理局、城市管理综合执法支队一大队的基础上,组建市容管理局;不再保留国有资产管理局,其职能并入财政局;不再保留城镇扶困再就业办公室,其职能并入民政局;办公室挂经济体制改革办公室牌子,档案局、人民防空办公室归口政府办公室;科学技术委员会更名为科学技术局;民族事务委员会更名为民族宗教局;计划生育委员会办公室更名为计划生育局;人民来信来访办公室更名为信访局。改革后,设工作部门20个,分别为办公室、经济计划贸易局、教育局、科学技术局、民族宗教局、监察局(不占限额)、民政局、司法局、财政局、人事劳动和社会保障局、国土资源局、建设局、环境保护局、农牧水务局、林业局、文化体育局、卫生局、计划生育局、审计局、统计局、市容管理局等;设扶贫开发领导小组办公室为扶贫开发领导小组的常设办事机构。部门管理机构1个。区经济技术开发区管委会为区委、区政府的派出机构,不占党委、政府机构限额。

2002年8月,新城区交通局成立。2005年,新城区计划生育局更名人口和计划生育局。2005年8月,新城区安全生产监督管理局成立。2007年2月,新城区经济责任审计办成立(属审计局二级单位副科级);设立呼和浩特鸿盛工业园区管理委员会、兽医局。2009年2月,新城区青年创业实践基地成立。2009年6月,新城区政务服务中心成立。

2010年,新城区人民政府按照《中共新城区委员会 新城区人民政府关于印发〈新城区人民政府机构改革实施意见〉的通知》进行机构改革。改革后,设置政府工作部门24个。保留机构为办公室、教育局、科学技术局、监察局(列入政府工作部门序列,不计入政府机构个数)、民政局、司法局、财政局、环境保护局、林业局、卫生局、人口和计划生育局、审计局、统计局、安全生产监督管理局。调整机构为组建发展和改革局,挂经济协作局牌子,不再保留发展和改革经济贸易局;组建经济和信息化局,挂商务局、粮食局牌子;组建住房和城乡建设局,挂人民防空办公室牌子,不再保留建设局;组建城市管理行政执法局,不再保留市容管理局(城市管理行政执法局作为试点,列入政府工作部门,不计入政府机构个数);人事劳动和社会保障局更名为人力资源和社会保障局;民族宗教局更名为民族宗教事务局;农牧水利局更名为农牧业水利局,挂交通运输局、扶贫开发办公室牌子;文化体育广播电视局更名为文化体育和广播电影电视局;食品药品监督管理局、旅游局、法制办公室、信访局列入政府工作部门;推进农牧业产业化办公室并入农牧业水利局。下划自治区垂直管理的新城区食品药品监督管理局,改为分级管理,列为政府工作部门。2010 年 3 月,新城区旅游咨询服务中心成立;同年,新城区公证处划归呼和浩特市司法局管理。2012 年 8 月,新城区地震局成立。2013 年 3 月,新城区成立项目服务中心、大青山生态保护综合治理委员会、内蒙古自治区大学科技园管委会管理办公室等 3 个政府直属事业单位。2013 年 6 月,新城区金融工作办公室成立,为区政府直属事业单位。2013 年 7 月,拆迁管理办公室更名为房屋征收管理办公室。2013 年 9 月,环城河道建设管理办公室正式成立并下发“五定”方案,为区政府直属事业单位。

2014 年,新城区制定《新城区人民政府职能转变和机构改革方案》,经呼和浩特市委、市政府批准后,从 6 月开始正式组织实施,至年底改革基本完成。组建区卫生和计划生育局,不再保留区卫生局、区人口和计划生育局;重新组建区食品药品监督管理局,挂区食品安全委员会办公室牌子;区文化体育和广播电影电视局更名为区文化体育广播电视局;区发展和改革局挂区粮食局牌子,区经济和信息化局不再挂区粮食局牌子;区政府办挂区法制办牌子,区法制办不再列入政府工作部门序列;不再保留区价格监督检查所、区兽医局两个部门管理机构;区发展和改革局不再挂区经济协作局牌子。其他机构不作调整。改革后,设置政府工作部门 22 个。分别为:办公室、发展和改革局、教育局、科学技术局、经济和信息化局、民族宗教事务局、监察局、民政局、司法局、财政局、人力资源和社会保障局、住房和城乡建设局、环境保护局、农牧业水利局、林业局、文化体育广电局、卫生和计划生育局、审计局、安全生产监督管理局、食品药品监督管理局、统计局、旅游局、信访局。监察局与纪律检查委员会机关合署办公,列入政府工作部门序列,不计入政府机构个数。城市管理行政执法局作为试点,列入政府工作部门,不计入政府机构个数;发展和改革局挂粮食局牌子;经济和信息化局挂商务局牌子;住房和城乡建设局挂人民防空办公室牌子;农牧业水利局挂交通运输局、扶贫开发办公室牌子;食品药品监督管理局挂食品安全委员会办公室牌子。2015 年 12 月,新城区环城河道管理办公室撤销。2016 年 3 月,内蒙古自治区大学科技园管委会管理办公室撤销,新城区土地收储中心成立。

2017 年 1 月,新城区大青山生态保护综合治理委员会撤销,2 月,成立大青山生态建设局。12 月,撤销新城区绿化委员会办公室,成立新城区园林局、新城区园林科研所;新城区城市管理行政执法局更名城市管理综合执法局;新城区物业管理局更名物业服务中心。2017年年末,新城区人民政府设办公室、发展和改革局、教育局、科学技术局、经济和信息化局、民族宗教事务局、民政局、司法局、财政局、人力资源和社会保障局、住房和城乡建设局、环境保护局、农牧业水利局、林业局、文化体育广播电视局、卫生和计划生育局、审计局、安全生产监督管理局、食品药品监督管理局、统计局、旅游局、信访局、监察局(与纪律检查委员会机关合署办公,列政府工作部门序列,不计入政府机构个数)、城市管理综合执法局(试点,列入政府工作部门,不计入政府机构个数)工作部门22个。区政府直属事业单位有房屋征收管理办公室、物业服务中心、社区工作办公室、项目服务中心、创新创业服务中心、城市环境长效管理办公室、市民服务中心、呼和浩特市中科院云计算中心智慧产业研究院、园林局、园林科研所、大青山生态建设局等11个。

第二节 施政纪略

一、"十五"计划时期

"十五"期间,新城区坚持以邓小平理论和中共十六大精神为指导,以呼和浩特市重新调整行政区划和加快城市化进程为契机,深化改革,扩大开放,完成"十五"计划各项任务,国民经济持续、健康、快速发展,总体经济实力显著增强,各项经济指标均大幅度超额完成。

2005年,地区生产总值完成148.5亿元,为"十五"计划目标63亿元的235.71%,年均递增29.5%;现价工业总产值完成20.68亿元,为"十五"计划目标2.7亿元的765.64%,其中2001—2003年年均递增19.7%,2005年完成数比2004年增长15.6%;社会消费品零售总额完成89.7亿元,为"十五"计划目标6.2921亿元的1426.39%,其中2001—2003年年均递增30.6%,2005年完成数比2004年增长15.7%;财政收入完成8亿元,为"十五"计划目标1.85亿元的433.30%;其中2002年比2001年增长11.85%,2003—2005年年均递增18.75%;城市居民人均可支配收入完成14229元,为"十五"计划目标9440元的150.73%,年均递增16.47%;农民人均纯收入完成6003元,为"十五"计划目标4901元的122.49%,年均递增12.03%。

"十五"期间,新城区科技、教育、卫生、文化体育、社会保障、计划生育、社区建设等各项社会事业均得到全面的发展。人口出生率控制在10‰以内;城镇登记失业率控制在了4%以内,均完成计划目标。社会主义精神文明建设和政治文明建设继续深化,群众性精神文明创建活动深入开展,广大人民群众的思想道德素质、科学文化素质、生活水平和生活质量不断提高,2005年被评为自治区"八星级文明区"。加快行政管理体制改革,不断提高行政效能。为构建和谐首府城区奠定坚实的物质和精神基础。

二、"十一五"规划时期

"十一五"期间，新城区抓住国家西部大开发和支持少数民族地区发展等重大机遇，克服金融危机等环境变化带来的不利影响，深入推进"三产立区、二产强区、一产补区、城建靓区、科教兴区"总体发展战略，经济社会发展取得重大成就。2010年，地区生产总值达到373亿元，比2005年增长1.5倍，年均增长20.2%；地方财政收入达到34.7亿元，比2005年增长3.3倍，年均增长34.1%。"十一五"时期，固定资产投资累计完成568亿元，年均增长28.5%。三次产业结构比例由"十五"期末的0.7∶11.6∶87.7调整为0.3∶12.8∶86.9。

形成3个30平方公里的城市发展格局，城区面积由"十五"期末的47平方公里扩展到55平方公里。实施麻花板等9个"城中村"改造，建成内蒙古博物院、呼和浩特体育场等一批标志性建筑，新增波士名人国际大厦、喜来登大酒店等多处现代化服务设施。改造旧小区60余个，修建改造小街巷100余条。投资6000多万元，新建扩建农村道路21条，实现村村通油路，城乡基础设施一体化进程进一步加快。科技工作扎实开展，自主创新能力逐步增强。推进"校安工程"和中小学标准化建设，累计投入10亿多元，高标准、高质量普及九年制义务教育。城市登记失业率控制在目标范围以内。新增经济适用房80万平方米，廉租住房2.41万平方米。城镇居民人均可支配收入达到2.8万元，为"十五"期末的1.7倍，农民人均纯收入预计达到10600元，为"十五"期末的1.8倍。"十一五"期间年均分别增长11.4%和12.1%。

全区森林覆盖率由"十五"期末的26.7%提高到34.3%。城区绿化覆盖率由"十五"期末的24.1%提高到37.0%，人均拥有公共绿地面积由"十五"期末的11.6平方米提高到16.0平方米。单位生产总值能耗预计比2005年下降22.2%，工业废水排放达标率达到100%，城市污水处理率大于60%。二氧化硫和化学需氧量排放均实现规划目标。"十一五"期间，累计完成招商引资项目151项，引进资金368亿元。

三、"十二五"规划时期

"十二五"时期，新城区面对复杂的经济环境和艰巨繁重的改革发展稳定任务，积极适应新常态，全面落实自治区"8337"发展思路，深入贯彻呼和浩特市"打造'两个一流'、推进'三个建设'、实现'两个率先'"的战略部署，按照"四区一基地"的战略定位，深入推进"1235"工程，完成"十二五"规划主要目标任务。

主要经济指标平稳增长，"十二五"期末，全区地区生产总值达到728.8亿元，年均增长9.5%；一般公共预算收入达到43亿元，年均增长16.6%；规模以上工业增加值达到17.1亿元，年均增长9.1%；全社会固定资产投资达到233亿元，年均增长16.2%；社会消费品零售总额达到401.3亿元，年均增长11.6%；城镇常住居民人均可支配收入、农村常住居民人均可支配收入预计达到42196元和16319元，年均增长10%和12.7%。培育建设9大产业、12 个现代服务业集聚区，构建形成经济发展新优势，申报成功 3 个自治区级现代服务业集聚区。建成国家级大学科技园、自治区大学生创业园，启动建设自治区互联网众创园，培育形成创新创业发展新动力。

三次产业比例演进为 0.3∶10.3∶89.4，形成以服务业为主导的产业结构，经济增长质量和效益明显提升。云计算、现代物流、金融保险、电子商务、生态旅游等新业态蓬勃兴起，以成吉思汗大街为轴线的城区北部商贸圈和东河以东商业中心初步形成。新材料、新能源、生物技术、电子信息等产业逐步发展壮大，成为推动经济转型升级的优势产业。设施农业、特色种植业加快发展，传统农业向观光休闲农业转型迈出坚实步伐。

市政基础设施和公用设施建设完成一批主次干道及小街巷新、改、扩建工程，推进城中村、老旧小区改造，配套完善排水、供气、供热等基础设施，城区综合承载能力进一步增强。在全市率先建成智慧城区信息指挥平台，以网格化为主的社会管理创新取得明显成效。推进农村“十个全覆盖”工程，启动实施 27 个村庄的改造整治，城乡一体化建设稳步推进，和谐美丽乡村建设取得有效进展。

覆盖城乡的社会保障体系更加健全，实施“校安工程”和中小学标准化建设工程。医药卫生体制改革深入推进，医疗服务保障体系基本建成，农村和社区标准化卫生室、卫生服务中心全达标全覆盖。食品药品监管体制改革顺利推进，建立覆盖全区的三级监管网络，被评为“自治区餐饮服务食品安全示范区”。科技事业蓬勃发展，获得“全国科技进步先进城区”荣誉，顺利通过国家科普示范区考核验收。文化公共服务能力不断提高，“青山圣水·活力新城”旅游文化节、万人登山、二月二龙灯节等特色文化活动魅力彰显，连续 15 年被评为“全国文化先进区”。社会救助体系不断健全，城乡最低生活保障家庭的基本生活、住房、医疗、教育等实现应保尽保。

2012—2015 年，落实绿化用地 6666.67 公顷，对大青山前坡空地、荒地及生态路，规划二街，G6 高速公路等道路两侧进行绿化，建成呼和塔拉草原、哈拉沁生态公园、4 个千亩园和 5 万亩森林公园等一系列大型生态保护绿化工程项目，栽植各类乔灌木达 1100 万株(丛)，初步形成良好的景观效果和绿色生态屏障，有效地改善区域环境，优化大青山前坡生态功能。大青山前坡被列入自治区重点区域绿化工程范围，通过国家生态建设示范区技术评估。

贯彻落实“创新驱动”发展战略，在创新发展空间、产业培育、创新载体等方面取得新突破。发展空间上，实现东河新区和大青山前坡区块的新拓展；产业培育上，实现服务业和高新技术产业新突破；创新载体上，基本建成国家级大学科技园、自治区大学生创业园，探索创建产业技术创新联盟，尝试打造自治区互联网众创园。

全面深化改革工作有效承接、积极推进，各领域改革取得阶段性成果。社会主义民主政治建设、精神文明建设扎实推进，社会主义核心价值观深入人心。法治新城建设深入实施，全面依法治区开启新征程。民族团结进步、社会和谐稳定良好局面得到巩固发展。

“十二五”时期，经济社会发展呈现出综合实力稳步提升、城乡面貌明显变化、民生改善普遍共享、社会环境和谐稳定的良好态势，为“十三五”发展奠定了坚实基础。

四、“十三五”规划时期

“十三五”规划时期，新城区全面实施“两新四化”发展战略，“两新”即打造双创新引擎和拓展发展新空间，“四化”即产业发展高端化、公共服务优质化、城乡发展一体化、城区管理智能化。

2017 年，完成地区生产总值实现 697.8 亿元；增速 5.3%；一般公共预算收入实现 36.95 亿元；固定资产投资完成 192.3 亿元；规模以上工业增加值完成 68.8 亿元，增速 23.9%；社会消费品零售总额完成 465.3 亿元，增速 6%；全体居民人均可支配收入为 41430 元，同比增长 8.4%；城镇和农村常住居民人均可支配收入达到 49149 元和 18955 元，均增长 8.2%。

坚持创新是引领发展的第一动力，加强对中小企业的创新支持，促进科技成果加快转化。依托“国家级高新技术企业孵化器、国家级大学科技园、全国创业孵化示范基地”3 个国家级平台，全面推进“三创”基地建设，入园企业增长到 256 家，从业人员增长到 3387 人。成为自治区孵化空间最大、引进企业最多、科技含量最高、产业模式最新、人才集聚最密集的一流创新创业创意示范基地，成为新城区经济发展新引擎。2017 年，20 户规模以上工业企业完成规模以上工业增加值 20.2 亿元，增速 8.6%。

在沿山 11 个村引进种植优质果树 5.5 万余株，3240 户农民直接受益。引进推广果蔬新品种 30 个，示范种植鼠尾草、薰衣草 40 万株。截至 2017 年底，累计完成投资 12.32 亿元，已建或在建智能连栋温室 14.2 万平方米。新建占地 1000 亩以上的现代农业园区 5 个，区农业科技示范园引进“大棚管家”物联网系统，实现温室管理智能化。新城牧歌、七彩花田等项目区示范铺设农业滴灌灌溉系统 840 公顷，试行水肥一体化技术。实现传统农业向现代农业的转变，农业产业结构进一步优化。

编制完成自治区首部县级服务业发展规划，出台呼和浩特市首家县级服务业三年行动计划，搭建自治区首个县级服务业综合管理平台。商贸流通、住宿餐饮等传统服务业加速转型升级，滨海商业中心等一批商贸综合体建成运营，填补首府北部商业空白。科技研发、金融保险、现代物流等现代服务业加快发展。中国科学院云计算中心呼和浩特智慧产业研究院、内蒙古浪潮大数据产业园、支付宝云网科技、信元网安等相继落地，太伟方恒广场金融集聚区初具规模，城发(恼包)公路物流中心项目带动作用明显。自治区电子口岸、易世界中俄蒙跨境贸易服务平台成为践行“一带一路”战略的亮点项目。培育形成现代服务业集聚区 12 个，申报自治区级现代服务业集聚区 5 个，成为自治区集聚区数量最多、种类最全的地区。实施“旅游 +”战略，发展全域旅游、四季旅游，全年接待游客 678 万人(次)、实现收入25.4亿元。服务业增加值增长到756.8亿元,总量稳居自治区第一。第三产业对全区经济增长贡献率由89.2%提高到93%,始终发挥着经济加速器和稳定器作用。

实施重大项目97项,其中亿元以上项目65项。加强银企对接,探索运用PPP等多种投融资模式,争取上级财政资金8388万元,为项目推进提供资金保障。实施浪潮大数据产业园、内蒙古少数民族群众文化体育运动中心、北二环棚户区改造等重点项目。围绕云计算、科技服务、电子商务、健康养老、文化旅游、现代物流、总部经济等重点产业,加大招商引资和对外推介工作力度,百宝佳电子商务租赁平台、滨海海洋休闲旅游区、远大商业综合体等一批具有较好前瞻性和带动性的项目落地,创造新的投资增长点。

开展范围最广、规模最大、标准最高的城市环境综合治理行动,清理垃圾58.2万吨、“三乱”小广告128万份,粉刷清理楼道780栋。重点对公路、铁路沿线及城郊接合部等区域开展环境卫生集中整治。对69条重点街巷的外立面、门头牌匾等进行彻底整治。按照欧式、明清和蒙元等风格,打造海拉尔大街、八一市场等23个特色街区。改造提升19处农贸市场,新建气象局西巷和代州营标准化便民市场,取缔人民路、星火巷等一批多年困扰市民出行的马路市场。建设青城驿站城市综合体57座,新建、改建、开放公共厕所785座,群众如厕难问题彻底解决。建立“1+7”路长制、单元长楼长制、半月集中整治行动机制和“523”工作落实机制,城市精细化管理水平显著提升。

启动实施大青山前坡部分村庄污水管道接入市政管网工程,推进天然气主管道铺设工程。呼和塔拉大街等7条重点道路全部贯通,连通中心城区和大青山前坡的交通路网基本形成。野马图等村民回迁小区建成并投入使用。完成呼准鄂铁路、地铁1.2号线等重大项目征拆工作。推进110国道(北三环)征拆工作。海拉尔大街和哲里木路高架快速路开工建设。新改建山水路、西落凤街等37条小街巷。打通气象局西巷、赛马场北路等断头路10条。东影北路、丁香路公铁立交桥竣工通车。综合改造老旧小区182个,5.2万户居民的生活环境得到改善。拆除党委小区、公安厅家属院等152个小区的3.3万间凉房,拆除面积19.6万平方米,城区彻底告别“凉房”时代。打造丽苑小区、海天花园等特色精品示范小区30个。采取政府引导、逐步向市场化过渡的方式,实现320个老旧小区物业管理全覆盖。

2017年12月,经动态调整建档立卡贫困人口为826户1729人。推动脱贫攻坚工作,重视以改善民生为重头的惠民政策的落实,为全区24个行政村2.8万人的被征地农民办理养老保险,到龄农民人均每月可享受养老金850元。结合大青山前坡生态保护综合治理工程,推动土地流转,每亩每年1000元。确保低保、残疾人补贴、煤补等各项保障救助政策落实到位,结合新农村建设工程,土坯房改造的农户每户补贴4万元、院落整治的农户每户补贴2万元。通过发展农家乐,林下经济、休闲观光农业等特色产业,促进农村经济发展。推动有劳动能力的贫困户从事绿化养护、环卫保洁、建筑施工等工作,增加贫困户家庭收入。推进“一村一品”、村集体经济发展。启动大病集中救治一批、慢病签约服务一批、重病兜底保障一批“三个一批”行动计划，采取多重保障措施，减轻就医负担，实际报销比例不低于90%。区财政安排“健康扶贫专项保障救助基金”100万元，用于因病致贫、因病返贫的贫困边缘户的保障兜底救助。在区医院建立“先诊疗、后付费”制度，实现基本医保、大病保险和民政医疗救助资金“一站式”结算。落实自治区城乡低保家庭子女、建档立卡贫困户普通高校新生入学资助政策，专科每人补贴3万元、本科每人补贴4万元。开展“雨露计划”“泛海助学行动”，2016—2017年对11名符合条件的贫困大学生进行资助。全区95个部门，36名处级领导、343名科级干部，与全区13个行政村766名贫困人口实现“一对一”“一对多”帮扶全覆盖，14家部队与28户53名建档立卡贫困户及生活困难边缘户建立了一对一、一对多帮扶机制。

推进大青山前坡生态保护综合治理工程，累计落实绿化用地7333.3公顷，栽植各类乔灌木1400万株(丛)。5万亩森林公园、呼和塔拉草原、哈拉沁生态公园等项目建成完工，对大青山前坡45公里山体裸露区域进行生态修复，首府北部生态功能区基本建成。完成成吉思汗大街和东河环城水系绿化景观提升改造，实施展东路等75条道路、爱民街节点等21处重点区域绿化，全区森林覆盖率提高到44.1%，人均公园绿地面积达到23.3平方米，推窗见绿、出门赏景、起步闻香的生态宜居城区初步形成。加大环境保护力度，清理整治水源地保护区内和大青山自然保护区内的各类污染企业292家，拆除排污设备249套。成功创建成为国家生态建设示范区。

巩固教育强区地位，投资1亿元，新建中小学校、幼儿园4所，实验中学东河校区和区第一幼儿园分园建成使用。第三十八中学晋升为自治区示范高中。招聘教师142名，选派593名校长、教师赴先进地区跟岗培训交流，师资队伍建设得到加强。加快实施智慧校园工程，北垣小学等10所学校与市级视讯监控平台并网。开展各类校园应急演练128次，校园安全进一步加强。投入科技和创新创业经费1.3亿元，支持科技创新和科学技术普及。编制完成东河新区产业发展规划。推动大众创业、万众创新。创建大数据、软件研发等主题产业园15个，营业收入突破4亿元。自治区首家智能机器人制造产业园投入运营。组建内蒙古大学生高校创业联盟。举办首届中国•呼和浩特创新创业创意大赛。坚持把企业作为创新主体，鼓励企业建设新型研发机构。智慧消防大数据集成应用系统等5项科技成果实现就地转化。

现代公共文化体育服务体系不断完善，建成集党员教育、科普文化、全民健身于一体的基层综合文化服务中心60个，文化资源共享基层服务站(点)13个、建成草原书屋29个、数字书屋18个。投资近700万元，免费安装直播卫星广播电视“户户通”“村村通”接收设备13216套，“村村响”大喇叭33套，新建笼式足球场202个。举办“区长杯”足球联赛、首届内蒙古自治区卡丁车公开赛等全民健身赛事。自治区首条100公里国家登山健身步道,接待游客 5 万人,荣获“中国体育旅游十佳精品线路”,公共文化服务和全民健身活动广泛开展。

新建社区卫生服务中心 5 处,标准化卫生室 23 处,基层医疗服务体系实现全覆盖。分级诊疗格局初步形成,设置名医工作室 13 个,7 家医疗卫生机构加入以三甲医院为核心医院的医疗联合体。疾病防控体系不断健全,疾病预防控制工作效果显著。全面贯彻落实两孩政策,实施新家庭计划项目,人和社区被国家确定为“新家庭计划·家庭发展能力建设”项目试点。基本药物制度进一步巩固,累计让利于民 1186.7 万元。完成区、镇、村三级妇幼保健和计划生育技术机构整合,4 家助产机构分别与内蒙古医院建立绿色救治通道,妇幼健康服务水平显著提高。

推动创业就业,自治区、呼和浩特市、新城区三级大学生创业就业综合服务中心投入运营,推进呼和浩特公共实训基地建设。2017 年,城镇新增就业 7400 人,农村劳动力转移就业 1.3 万人。城乡低保、特困人员、医疗、教育等各类救助标准逐年提高,发放各类社会救助和保障资金 7320 万元。新改扩建 8 处社区办公活动用房。推行居家养老服务新模式,呼哈路和丽苑社区在全市率先开展居家养老试点,建立以智慧居家养老信息平台等为支撑的居家养老服务体系。

40 项重点改革取得阶段性成果,落实“三去一降一补”改革任务。房地产在建项目向体育休闲、健康养老等业态转变,东方银座等 7.1 万平方米库存房改造为创业社区。推进“放管服”改革。简政放权步伐加快,全区行政许可事项由 96 项缩减到 59 项。推进商事制度改革,率先在自治区推行“多证合一、一照一码”,市场主体增长到 5.5 万户,2017 年,新增突破 1 万户,增速位居自治区 103 个旗县区首位。全面推行“营改增”,新城区综合治税平台初步建立,税源监管得到加强。成立项目服务中心、招商办、金融办等机构,招商引资、优化服务的体制机制进一步健全。重组和成立新拓生态、宏盛城发、昕城建设 3 家区属国有企业,发挥投资、融资、引资、就业、国有资产管理等综合功能。城市综合执法改革试点工作基本完成,71 项行政处罚权下沉到镇和街道办事处。全面落实公务用车制度改革,清理处置超标、超编公务用车 211 辆。推进农村集体土地承包经营权和草原确权登记颁证工作。

安装视频监控终端 3200 个,完善覆盖城乡的网格化管理体系,居民反映问题的处置率达 98%。开展社会矛盾积案化解“百日攻坚”行动,33 件信访积案得到妥善解决。开展安全生产大排查大整治专项行动,发现安全隐患 3514 条,整改率达 85%,开展“厨房革命”,全面实施“明厨亮灶”工程,改造提升 3060 家餐饮企业前厅后厨,创建食品安全示范街 34 条,完成 566 家餐饮三级智慧网络建设,新建区农畜产品质量监测中心,食品药品安全保障水平得到进一步提升。

持续推进“两学一做”学习教育常态化制度化,严格落实中央八项规定精神,狠抓领导班子和干部队伍作风建设，政府的公信力和执行力不断提升。建立健全政府议事规则等10余项制度。全面实施政府法律顾问制度。严格执行“三重一大”决策程序。自觉接受人大的法律监督和政协的民主监督，主动向人大及其常委会报告工作，向政协常委会通报情况，按期办复人大代表建议51件、政协委员提案61件，答复率100%。东风路街道办事处等5个单位办公场所紧缺问题得到解决。厉行勤俭节约，严控“三公”经费支出。认真落实全面从严治党要求，严格正风肃纪，进一步营造风清气正、勤政廉洁的政务环境。

第三节 来信来访

一、机构

2002年，新城区信访办公室更名为信访局。2011年3月，设接待中心、综合办公室、办信科3个科室。2014年，信访局成立联合接待中心。2017年，区信访局内设综合办公室、人民来访接待中心、办信科、督查科、信访信息中心，下设二级事业单位人民来访接待中心，核定编制人员15人，在岗人员14人。

二、工作

2001年，规范健全基层信访工作网络，建立新城区，镇、街道办事处，居委会、村委会三级信访网络，初信初访办理工作事事有回音，件件有结果，形成快速反应、高效运作的信访工作体系。

2002年，明确信访工作宗旨、任务、工作范围、工作程序及工作职责，建立更为详细的相关配套制度。

2005年，创新机制体制，成立新城区集中处理信访突出问题及群体性事件联席会议办公室，综合处理信访突出问题及群体性事件，建立党政领导定期研究信访工作的制度，把信访纳入全区工作统筹规划，与其他工作同部署、同落实。

2008年，对信访工作领导小组进行调整，全面启动旗县区委书记大接访活动。

2009年，开展信访信息系统化建设、“网上信访”及办公自动化建设，完成信访信息系统的初始化工作，配备操作人员与相关设备。

2012年，开展领导干部大接访大走访活动，强化信访工作领导责任制，增强领导干部公仆意识和服务意识。处置阳光诺卡业主与开发商产权纠纷，三合村居民反映拆迁补偿问题等信访事项，分管领导第一时间到达现场进行接待劝导，信访事项得到妥善处理。

2015年，建立健全周例会制度，每周五信访局将一周以来属地排查和各级受理的信访事项进行梳理汇总，统一编发“一周信访通报”。每周一早晨召开信访工作例会，党政主要领导及区委常委、政府分管领导听取上一周信访案件办理情况，并对未化解的信访事项作出具体安排。针对一时无法解决的信访事项，会上研究解决措施，落实包案领导和责任单位。开展信访宣传活动,以党务公开带动政务公开,向来往群众发放宣传资料,接受群众咨询,畅通信访渠道,依法规范信访秩序,推进信访工作的法治化进程。

2016 年,在信访接待中心设立“律师接待室”,指派律师为信访群众提供咨询,解答有关政策和法律问题,将每周二下午定为“律师接待日”,开展信访法律接待工作。针对信访群众往往有病乱投医、到处访到处告现象比较突出的问题,邀请律师参加重大疑难案件的案情会议,提出必要的法律意见建议,提供法律依据。

2017 年,信访总量 679 件次,9599 人次。群众反映的问题均按信访条例及时督促责任单位处理回复。处理信件 56 件 187 人次。处理网上投诉 228 件。开展信访事项“百日攻坚”活动,化解信访积案。信访积案结案 14 件,化解率 100%。

第四节　法　制

一、机构

2001 年,新城区人民政府办公室内设法制科。2010 年,成立法制办公室,为政府工作部门。2012 年 6 月,成立新城区法制研究咨询投诉中心,为法制办所属股级事业单位,核定事业编制 5 名。2014 年,设立新城区人民政府办公室(挂法制办公室牌子),区法制办公室与区政府办公室合署办公,核定行政编制正科级 1 名(兼政府办副主任),副科级 2 名。2017 年,内设综合办公室,下设法制研究咨询投诉中心,有正式工作人员 3 名,借调工作人员 3 名。

二、工作

2012 年,建立规范性文件定期清理和集中清理工作机制,每 2 年清理一次现行规范性文件,规范性文件制定程序,控制规范性文件制发数量,提高规范性文件制作质量,强化规范性文件执行监督,对区人民政府及其工作部门、法律法规授权组织制定的规范性文件实行“统一审查、统一编号、统一公布”管理。备案审查各类规范性文件 10 件,清理 129 件。

2013 年,执行《呼和浩特市人民政府行政复议委员会行政复议案件审理程序规则》,健全行政复议案件审理机制。规范受理登记、权利告知、统计分析报告、案卷管理、行政复议网上系统报送等内容,细化办案程序,制作详细的流程图并在门户网站上进行公布。累计受理行政复议案件 24 件,承办诉讼案件 130 件。聘用 3 家法律顾问单位提供专业法律服务。落实行政机关负责人出庭应诉制度。进行法治政府建设考评,制定法治政府建设考评指标体系,对 33 个部门进行依法行政考评,考评结果报送区委组织部,考评通报在政府门户网站公布。

2014 年,开展全区行政执法机构主体资格清理和确认工作。经审核和编制机构确认,新城区具有行政执法主体资格的机构共有 45 个。按照行政执法人员资格准入条件和程序办理执法证件，辖区持证行政执法人员和行政执法监督人员共 1180 人，为行政执法人员办证、认证，办理离岗、转岗执法人员证件回收和变更工作。健全行政执法案卷评查制度。定期开展行政执法案卷评查、行政执法台账检查、行政执法案卷专项评查和优秀行政执法案卷展示，针对案卷中存在的问题制发《行政执法监督检查建议书》，评查结果在政府门户网站上公布。

2015 年，根据国务院、自治区和市政府关于行政权力清单制度建设工作总体安排，全面深化改革，制作新城区行政权力清单。起草《中共新城区委员会关于加快建设法治新城的意见》，制定全区依法行政工作要点，全面推进依法治区，加快建设法治新城。按照全面深化改革工作的要求，制作完成区本级行政权力清单。共涉及 28 个政府职能部门、1 个群团组织和 4 个驻区垂直管理单位，确定区级行政权力共 2457 项，行政许可事项 92 项、行政处罚事项 1962 项、行政强制措施事项 100 项、行政强制执行事项 19 项、行政确认事项 62 项、行政给付事项 24 项、行政奖励事项 24 项、行政征收事项 7 项、行政监督检查事项 115 项、其他行政权力类事项 52 项。

2016 年，新城区法制办、工商分局、地税局、公安分局等部门共 13 名法制工作人员取得行政复议资格证。采取中心组学习、专题培训和集中培训等形式，以《中华人民共和国行政强制法》《中华人民共和国行政复议法》《中华人民共和国行政诉讼法》等法律法规颁布实施为契机，加大对行政执法人员的法制培训力度。制作完成与权力清单一一对应的区本级行政责任清单，在政府门户网站设置专栏，全面公开，实行权责清单动态管理。

2017 年 9 月，区法制办公室将权责清单相关工作移交至区编制办公室。面向社会在行政相对人中公开选聘 100 名行政执法义务监督员。行政执法义务监督员持《“行政执法义务监督员证”》协助法制机构开展行政执法监督工作，行政执法义务监督员实行聘任制，任期 3 年。审核区本级具有行政执法主体资格的机构 37 个。办理执法证 113 件（新办证 109 件，换证 4 件）。执行行政复议人员资格制度，确定专职行政复议人员 3 名。受理行政复议案件 9 件，以区人民政府作为被申请人案件 2 件。开展“新城区城市管理行政执法人员提升综合执法能力”全封闭式培训。举办各类法治培训班 30 多期次，培训人数 3000 多人次，制作、发放培训光碟 100 余份，宣传资料 3000 余份。

第五节　政务服务

一、机构

2002 年 4 月 29 日，新城区成立内蒙古自治区第一家旗县级行政服务中心。设有 11 个窗口单位，其中服务大厅设有 8 个，另外 3 个窗口单位分别设在本单位。

2003年,新城区调整不适应进驻服务大厅的窗口单位和行政审批事项。

2009年6月18日,新城区政务服务中心正式成立投入运行。由原行政服务中心和民生服务大厅改建而成,总投资240万元,面积2300平方米。是"推进政务公开、转变政府职能、规范审批行为、方便群众办事"设立的专门机构。设有办公室、管理股、信息股3个内设机构,设有主任1名,工作人员3名。中心共设有办事窗口37个,工作人员92人,可办理行政许可审批64项、非行政许可审批29项,涉及社保、医保、计生、婚姻登记、劳动仲裁等19项服务事项。

2010年,对服务中心各窗口布局重新进行调整,设有窗口37个,区属的24个部门进驻市民服务中心大厅,办理或代理行政许可审批64项、非行政许可审批29项及有关社保、低保、计生、婚姻登记、劳动仲裁等19项服务事项。各部门工作人员共94人集中对外开展审批服务业务。

2017年,政务服务中心入驻部门18个,设置31个行政审批窗口,4个便民服务窗口,预留窗口4个,进驻中心工作人员102人,办理事项103项,其中行政许可事项73项,行政服务事项17项,行政确认事项5项,其他行政权力8项。设立工商、国税、地税、公安4个分大厅。

二、服务工作

2003年,行政服务中心调整不适应进驻服务大厅的窗口单位和行政审批事项。

2004—2007年,新城区协调行政服务中心各窗口单位,为投资经营者提供优质、高效、便捷的服务,为招商引资创造有利条件,为新城区实行政务公开提供有效的途径。民生服务大厅办理有关社保、低保、计划生育、婚姻登记、劳动仲裁等事项,服务一线人员广泛征求办事群众的意见,及时发现问题、化解纠纷、解决矛盾,对群众反映的问题及时回复。

2008年,开始开展电子政务基础设施建设。全区电子政务网络以光纤为主干,采用分层结构,各层核心硬件均为智能千兆设备,下联至1个镇、8个街道办事处及22家区党政办公楼外单位。

2009年,新城区政务服务中心成立。政务服务中心集行政审批与便民服务、信息发布与咨询、服务监督为一体,为企业和个人提供服务,办理各类行政事务的综合型服务。实行集中办公、公开办事、一次告知、限期办结,接受人民监督、方便群众办事,推行"一站式服务"。建立政务服务网站,在首页设置政府信息公开专区,根据国家《政府信息公开工作条例》的要求,依据自治区和市政府信息公开目录编制规则,采用模块化设计,双目录结构,实现信息数据的分类检索、索引编号自动生成、访问量实时统计等功能,最大化方便群众的查阅。

2010年,政务服务中心按照"集中审批职能、集中审批事项、集中审批人员"的要求,推进行政审批事项、审批过程进驻。对区属各部门保留的行政许可、非行政许可审批和行政服务项目及设置条件进行全面清理。制定并推行《首问责任制》《限时办结制》《一次性告知制》《限时办结制》《首席代表制》等20余项基本工作制度。编订《新城区市民服务中心服务指南》以及《政府信息公开工作手册》。简化办事程序，缩短办结时限。对进驻大厅集中办理的93项行政许可、非行政许可审批事项绘制每一个事项的审批流程图，固化到行政审批管理系统（电子审批平台），审批时限缩短60%以上。自6月28日，规定各部门办理行政审批和行政服务事项，一律统一使用"审批专用章"。推行"阳光审批"。对进驻市民服务大厅办理的所有审批服务事项的名称、设立依据、办理要件、办事程序、办结时限及收费依据和标准、办理结果等，全部通过政府门户网站、服务大厅LED显示屏以及窗口放置的服务指南手册予以主动公开，全方位接受监督。运用较为完善的电子政务业务应用系统、信息反馈系统、电子监察系统，完善网上申报、网上流转、远程审批功能，逐步实现三级公共服务机构信息网络平台对接和信息数据共享。自2009年，累计受理事项5.08万件，办结4.99万件。

2011年，政务服务中心开创婚礼文化服务。规范婚姻登记室、宣誓大厅、档案室等功能区，将婚姻登记的办事程序、提交材料、收费标准及投诉电话等在等候区的政务公开栏进行公示，在婚姻登记等候区设置婚礼文化墙，开展延时服务，办理结婚登记2000对，离婚登记530对，补办结婚登记650对，合法结婚率和登记合格率均为100%。举办2期不同主题的专场招聘会，提供用工岗位340个。为300名公益性岗位人员发放岗位补贴73余万元。对有创业能力和创业愿望的失地农民给予小额贷款创业扶持，小额贷款审核放款280万元。办理医疗费用报销结算5000人(次)，支付医疗保险金1650万元，人均领取报销金达约3300元。集中为辖区内残疾人办理"残疾人免费乘坐公交车"IC卡4000余件。办理援助案件70件，接待来访70人次。查处违反劳动保障法律法规案件230件，涉及1500余人，涉及金额960万元。设立书记信箱、区长热线、市长热线，12319城建热线，法律援助热线、环保投诉热线等完善政民互动渠道，及时回应社会关注的问题和事件，引导群众合理合法地表达利益诉求。12319城建热线平台接到业务总数420条，办结率99%，满意率100%。全年受理事项1.45万件，办结1.44万件，办结率99%。

2012年，新城区开展县级政府政务公开和政务服务试点工作。出台《新城区开展建设县级政府政务公开和政务服务示范点工作实施方案》《电子政务平台日常运行管理制度》。电子政务平台建设将政府网络延伸至46个社区，铺设的骨干线路带宽达千兆，可为社区政务服务、行政效能监控、视频监控、视频会议等应用，提供优质的网络支持。通过新建的政务服务系统受理事项1355项，办结1352项，办结率99.9%。自2009年，共整合发布各类公开信息1.29万条，其中政务动态7216条，现行有效文件1074条，政策法规515条，改善民生354条，财务公开116条，执法依据503条，其他信息4199条。总访问量

678万人(次)。自治区、呼和浩特市两级政府网站共采用新城区信息3009条,位居9个旗县区之首。

2013年,受理事项6.52万件,办结6.49万件,办结率达99.6%。办理结婚登记3395对,离婚登记997对,补办结婚登记1841对,开具单身证明7573人(次),合法结婚率和登记合格率均为100%。12319城建热线平台共接到业务总计492条,办结率100%,满意率达到了100%。法律援助来访222人次,解答电话咨询350人次,代理民事诉讼182件,其中非诉讼代理116件,刑事辩护76件,代写法律文书10件。为2358人(次)办理医疗费用报销结算,支付医疗保险金1332.64万元,大额医疗保险金8万元,人均领取报销金5651.58元。在社区共同举办3场招聘洽谈会,提供用工岗位400多个。完成城镇新增就业7748人,发放"就业失业登记证"3137本,安置失业人员再就业2752人,安置就业困难对象1887人,发放小额贷款235万元,转移农村劳动力6563人。为227名公益岗位人员发放10个月岗位补贴,开发公益性岗位230个,安排1名大学生和148名困难就业人员就业。受理投诉举报案件359件,涉及5055人,涉及金额7193.4万元,结案271件,涉及2764人,涉及金额2995.99万元。办理社保核定人数3701人,核定金额938万元。办理残疾证1434件,办理免费公交卡3833张。市长区长热线办受理投诉案件130件,均得到答复和及时解决。县级政府政务公开和政务服务试点工作通过自治区验收。网站实现45个社区光纤联网,安装行政效能监控摄像头135个,交换机45台。实现行政审批和电子监察全覆盖,基本完成全区从市、区、办事处、社区的四级网络全光纤联网,实现软硬件资源的统一调配、统一使用、数据集中存储及网络资源共享。整合发布各类公开信息2万余条,总访问量2900万人次,其中公开1997年以来的政府信息4700条。本年度新增各类公开信息6200条,年度访问量2209.8万人次。梳理行政职权项目187项,行政处罚项目1655项,便民服务事项44项。自治区、呼和浩特市两级政府门户网站采用新城区信息819条,位居九个旗县区之首。受理咨询和查询各类信息的居民群众约3200余人。受理依申请公开查询5件。"新城区档案信息网"在呼和浩特市首家实现开放档案、现行文件目录的在线查询和申请式回复查询,可查询1953年以来的所有文件目录,2200人次查询各类文件。印制《新城区电子政务平台服务指南》上下册、《呼和浩特市新城区政府信息公开工作手册》《呼和浩特市新城区市民服务中心制度汇编》《"呼和浩特·新城"市民服务中心网上办事系统》指引等14种,近2万册(份),发放到办事大厅窗口服务人员和部分社区居民手中。

2015年,受理事项6.48万件,办结6.46万件,办结率达99.6%。办理结婚登记2967对,离婚登记994对,补办结婚、离婚登记1631对,开具单身证明7404人(次),合法结婚率和登记合格率均为100%。12319城建热线平台接到业务总计895条,办结率100%,满意率100%。法律援助来访170人次,解答电话咨询244人次,承办援助案件188件,代写法律文书 20 件。为 2545 人(次)办理医疗费用报销结算,支付医疗保险金 1561.33 万元,人均领取报销金 6134.87 元。完成城镇新增就业 6955 人,发放"就业失业登记证"2400 本,安置失业人员再就业 2260 人,安置就业困难对象 1481 人,转移农村劳动力 8641 人,为 311 名公益岗位人员发放岗位补贴。办理残疾证 559 件。市长区长热线受理投诉案件 147 件,均得到答复和及时解决。根据《呼和浩特市开展行政权力梳理工作实施方案》文件要求,将各权力事项的具体承办机构、审批要件、办理流程、办理时限和联系方式等内容全部编录至权力清单,形成行政权力清单。将行政审批、行政服务、日常服务项目权力清单进行公示。根据保留事项清单制订工作流程,绘制两表一图,录入电子政务平台,完善电子政务,网上接件的受理模式。形成"窗口受理办理、中心协调督办、网上运行反馈、信息平台转换"的机制。印发《新城区市民服务中心关于加强进驻单位窗口工作管理的通知》,规范窗口工作人员行为。市政府门户网站采用信息 1574 条,自治区政府网站采用 10 条。网络信息中心设置的依申请公开接待室,受理依申请公开查询 9 件,办理 9 件,办结率 100%。拓展完善网上服务功能,创新公开渠道,实现网上办事、预约服务功能,开通微博墙、新浪微博部分单位、社区建立微信(QQ)群、手机报等,多渠道及时发布各类政府信息。接到群众投诉举报 3 件,立案 3 件,结案答复 1 件。

2016 年,受理事项 10.23 万件,办结 10.21 万件,办结率 99.8%。办理结婚登记 3203 对,离婚登记 1314 对,补办结婚、离婚登记 1704 对,合法结婚率和登记合格率均为 100%。12319 城建热线平台共接到业务总计 1093 条,办结率 100%,满意率 100%。法律援助中心来访 423 人次,解答电话咨询 636 人次,承办援助案件 355 件,代写法律文书 12 件。受理仲裁案件及用工备案 633 件。为 2693 人(次)办理医疗费用报销结算,支付医疗保险金 1701.84 万元,人均领取报销金 6319.49 元。完成城镇新增就业 7735 人,发放"就业失业登记证"4806 本,安置失业人员再就业 2084 人,安置就业困难对象 1203 人,转移农村劳动力 1.67 万人,为 324 名公益岗位人员发放岗位补贴。食品药品监督管理局窗口受理办结 2588 件。卫生计划生育局窗口办件 2438 件。发放残疾证 1327 本,办理残疾人免费公交卡 4133 张,其中新办卡 310 张,丢卡补办 108 张,军残 112 张,充值 3603 张。城市行政管理执法局窗口办件 329 件。全面梳理行政审批项目要件和流程,调整优化并公布各类事项的审核流程、时限和资料清单,严格落实限时办结制和"一站式"审批服务制度。门户网站累计整合发布各类公开信息 5.42 万条,总访问量 16 亿人次。受理市政府转办的市长热线 167 件,全部按时办结,办结率 100%,满意率 100%。在线受理区长、书记留言 142 条。在区政务公开办公室设置依申请公开接待室,受理区属各部、委、办、局的依申请公开事项,确定专人负责政府信息依申请公开工作。受理政府信息依申请公开 5 件,均按时办结,办结率 100%。

2017 年,受理事项 8.91 万件,办结 8.9 万件,办结率 99.8%。办理结婚登记 3317 对,离婚登记1218对，补办结婚、离婚登记1461对，合法结婚率和登记合格率均为100%。法律援助中心来访546人次，解答电话咨询249人次，承办援助案件140件，代写法律文书18件。受理仲裁案件及用工备案9129件。为1160人(次)办理医疗费用报销结算，支付医疗保险金668.3万元，人均领取报销金7256.5元。完成城镇新增就业6822人，发放“就业失业登记证”1999本，安置失业人员再就业1908人，安置就业困难对象1098人，转移农村劳动力1.67万人，为361名公益岗位人员发放岗位补贴。食品药品监督管理局窗口受理办结2590件。12319城建热线平台共接到业务总计2742条，卫生与计划生育局窗口办件1557件，发放残疾证956本，办理残疾人 公交卡业务3419件，城市行政管理执法局窗口办件519件，邮政一站式缴费窗口办件2508件，城环公共自行车窗口办件5811件。完善《新城区市民服务中心关于加强进驻单位窗口工作管理的规定》，出台加强巡查管理和扣分细则等制度。实行日巡查制度，强化电子监控，强化群众监督。进行行政审批项目改革，简化工作流程，缩短时限。婚姻登记将强制婚检变为自愿，增加军人优先服务，取消9元工本费的行政事业收费。卫计局窗口将办结时限45日医疗机构设置及职业许可(社区)，缩短为30日和15日。食药局窗口将“餐饮服务许可证”“保健食品经营备案登记证”和工商局办理的“食品流通许可证”、经信局办理“酒类流通备案登记证”，变为“食品经营许可证”，改革为“四证合一”，改革食品安全分环节、分品种监管的旧模式，证件有效期也由原来的3年延长到5年，实现申报材料和审批环节的“瘦身”。大学生资助管理中心，办理“申请办理生源地信用助学贷款”，学生续贷由原来需家长和学生双方签字改革为一方签字即可。整合发布各类公开信息1.08万条，网站累计总访问量2.3亿人次。自治区、呼和浩特市两级政府门户网站采用量和得分暂列九个旗县区之首。受理政府信息依申请公开4件，均按时办结，办结率100%。

第六节 物业服务

一、机构

2001年3月，根据呼和浩特市人民政府办公厅文件精神，成立新城区物业管理局，下设办公室、业务科、财务科。核定编制8人，领导职数3人。实有工作人员4人。

2003年，呼和浩特市房产局房屋租赁办公室下放区物业局，呼和浩特市房屋租赁办公室5人调入新城区物业管理局。2005年5月，物业局和机关事务中心机构合并，组成新城区物业管理局，有工作人员26人。同年，呼和浩特市租赁办公室上划呼和浩特市房产局，人员编制随上划。2007年6月，原新城区机关事务管理职能划出，部分工作人员调出。2008年，实有工作人员11人。

2017年9月，新城区物业管理局更名新城区物业服务中心。设有办公室、财务科、旧改办、物业办 4 个职能部门。有工作人员 14 人。

二、工作

2008 年，物业局参与实施老旧区改造工程。

2009 年，物业局参与呼和浩特市老旧小区整治管理工作，改造老旧小区 95 个，硬化地面、外墙弹涂。投入整治费 4003 万元。

2010 年，开办新城区物业管理干部培训班，8 个街道办事处、物业及社区负责人参加培训，呼和浩特市物业处应邀参加培训班，市物业协会律师讲物业管理法律法规。

2013 年，新城区投资 1.4 亿元，综合改造老旧小区 80 个，面积 80.14 万平方米。投资 300 万元，建设 60 个标准化物业小区。125 个老旧准物业小区管理升级，投资改造资金 800 万元。

2014 年，开展社区物业服务年建设，推行准物业管理和无物业小区的物业管理。入户小区听民意、访民情为民办实事。物业管理局绿色服务队在展北社区幸福小区开展志愿服务，进行文明城市创建活动。

2016 年，进行老旧小区供水网二次供水设施改造，解决老旧小区供排水问题，进行加压泵维修改造，新建泵房 12 个，为 29 个小区 237 栋楼房居民 1.1 万户居民解决供排水问题。

2017 年，按照《国务院关于第三批取消中央指定地方实施的行政许可事项的决定》，取消物业服务企业二级及以下资质认定，取消行政大厅物业局窗口，停止物业企业资质初审备案的办理。改造小区进行楼道刮腻子、维修扶手、更换防盗门等施工；市容环境综合整治清除楼道内部环境，环境综合整治提升小区内部环境。进行老旧小区、街巷线网整治，对管辖范围的低压电线进行捆绑。

第七节　防震减灾

一、机构

2012 年 8 月，根据呼和浩特市机构编制委员会《关于旗县区设置地震局的批复》和新城区机构编制委员会 2012 第 2 次会议精神，成立新城区地震局，属正科级事业单位（参公）。核定领导职数 2 名，正副职领导各 1 名，编制 5 名，工作人员 4 人。

二、工作

新城区地震局主要贯彻《中华人民共和国防震减灾法》设立的机构。2012 年，新城区地震局成立防灾减灾领导小组，地震局局长任组长，副局长任副组长，组成精干的防灾减灾工作队伍。加强地质灾害群测群防，有“三网”（地震宏观测报网、地震实情速报网、地震知识宣传网）工作人员 23 人，负责新城区地震宏观测报和防灾减灾的知识宣传工作。

2014 年，新城区地震局建立防灾减灾宣传站，制作宣传展板、悬挂标语，发放防灾减灾宣传手册 6000 册。举办防灾减灾讲座 8 次，防灾减灾演练活动 20 次，摆放展板 60 块。

2015 年，新城区地震局配合市地震局在迎新路街道办事处安装地震烈度仪 1 台，配合市消防支队在八一路小学、春雷小学举办消防和防灾减灾逃身演练。在迎新路街道办事处、车站小学演习地震逃身，观看电影"5·12"防灾减灾系列宣传片。在丽苑社区阳光城举行纪念唐山地震 39 周年纪念活动。

2016 年 3 月，新城区地震局同呼和浩特市地震局进行国家地震烈度速报和预警台网工程场址勘选工作。在成吉思汗大街街道办事处和哈拉更村举办防灾减灾识讲座，在新城区苏雅拉广场举行大型宣传活动，发放资料 3000 多份，展出展板 20 多块，手提袋 6000 个，防灾减灾宣传笔 3000 余支。

2017 年 5 月 12 日，纪念全国防灾减灾活动，新城区地震局在保合少镇、丽苑社区、市第三十八中学、成吉思汗小学、数码广场、内蒙古科技馆组织防灾宣传活动，悬挂横幅 30 余条，摆放展板 60 块，发放宣传资料 1.2 万份，发放手提袋 5000 多个，发放防震减灾笔 3000 支，举办防灾减灾知识讲座 5 次，举行地震逃身演练 6 次。组织居民观看地震科技教育片 5 场。

第三章　人民政协

第一节　政协委员

政协委员是政协组织的主体。政协委员的条件是拥护党的基本路线和基本纲领，拥护政协章程。党外人士要在各自的领域有比较突出的代表和较大的影响，热心统战工作，有一定的参政议政能力，符合规定的年龄条件。新城区政协委员由全区各族各界代表以及特邀人士组成，其产生是根据政协章程及中共中央、自治区党委、呼和浩特市委有关规定结合新城区实际确定。总体上统筹兼顾，全面安排，兼顾到党内、党外、民族、地域、界别、年龄、性别等方方面面的情况。严把政治关，坚持人选的先进性和代表性的统一，坚持党管干部的原则，坚持民主协商的程序，遵循委员人选对象的基本条件和年龄界限。为扩大安排面，除特殊需要外，政协委员同本级人大、市人大、自治区人大、全国人大代表不交叉；同呼和浩特市、自治区、全国政协委员原则上不交叉。政协委员人选扩大到驻本地区的中央、内蒙古、呼和浩特市企事业单位、大专院校、科研院所。从新城区实际出发，驻区单位委员一般占委员名额的10%左右。

党内人选主要是各界有贡献和成绩突出、代表性较强的人物；从党政现职岗位上即将退下来的适合作统战工作的科级干部；为搞好参政议政，党政机关的现职科级干部。党外人选主要是：工商联、无党派代表人士、有关人民团体的领导骨干和民主党派成员；在经济社会建设中有突出贡献的代表人物，特别是影响较大的专家学者、归国留学人员中的代表人物；在促进祖国和平统一事业中有影响、有作为的人士；在维护国家统一、民族团结、社会稳定和促进经济、文化、教育事业发展中作出积极贡献的少数民族代表人士和宗教界人士；爱国、敬业、守法的非公有制经济代表人士、高新科技的创业和从业人员、中介组织等社会新阶层的代表人士；其他方面对巩固和发展爱国统一战线有积极作用的代表人物。每届政协委员中界别、名额比例，中共党员不超过委员总数的40%，非中共人士不少于委员总数的60%，其中少数民族委员占30%左右，妇女委员占15%左右。每届任期一般为5年。历届委员在任期或届满后，留任下一届委员比例为30%左右，历届任期内委员均有调整。上一届保留委员、特邀界委员名单由区政协提出，中共委员人选经各单位推出后，由中共新城区委员会组织部提出，非中共委员人选经各民主党派、人民团体推出后，由中共新城区委员会统战部提出，统战部汇总后，征求区政协党组及各族各界代表人士意见，建议名单提交中共新城区委员会常委会同意，由上届区政协常务委员会协商决定。

第二节　全体委员会议

一、第五届委员会

第三次全委会议　2001年1月10—13日召开。会议听取区委书记讲话。听取审议区政协常委会工作报告和提案工作情况报告。根据工作需要增选杨渊明为区政协第五届委员会副主席、增选政协常务委员2名。通过会议决议。全体与会委员列席第十三届新城区人代会第三次会议。

第四次全委会议　2002年1月16—19日召开。会议听取区委书记吕录瑞的讲话。听取审议政协常委会工作报告。其重点是：按照中共新城区委八届三次会议提出的“三产立区、二产拉动、一产补区”的总体要求，依据政协章程建言献策；要进一步加强学习，努力提高自身素质和参政议政水平；围绕职能，发挥优势，创造特色，切实做好反映社情民意工作；改善服务，充分调动委员参政议政的热情；进一步深化实际，搞好调研、视察工作；进一步加强提案工作；提高机关干部素质，加强机关自身建设。听取审议提案情况工作报告。会议选举马喜超同志为区政协主席，杨渊明、锡晓云为区政协副主席，增选部分常务委员。表彰“建言立论”先进个人。通过会议决议。全体与会委员列席第十三届新城区人代会第四次会议。

第五次全委会议 2003 年 1 月 23—25 日召开。出席会议委员 116 名,47 人列席会议。会议听取区委书记吕景瑞的讲话。听取审议政协常委会工作报告。其重点是:紧紧围绕中共新城区委确定的重要任务和中心工作,发扬优良传统,坚持"十六字"方针,做好全年工作。听取审议提案情况工作报告。对五届三次会议以来撰写提案质量高、数量多的 3 位委员和办理落实政协提案成绩显著的 6 个承办单位、4 位承办人员予以表彰。会议增选常务委员 4 名,增补委员 10 名,调整不再具有委员资格者 4 名。通过会议决议。全体与会委员列席第十三届新城区人代会第五次会议。

二、第六届委员会

第一次全委会议 2004 年 1 月 10—13 日召开。会议听取区委书记吕景瑞的讲话。听取审议五届政协常委会工作报告和提案工作报告。常委会工作报告的重点是:以中共新城区委八届六次会议精神为指导,紧紧围绕全区中心工作,突出团结和民主两大主题,认真履行政治协商、民主监督、参政议政职能,与时俱进,开拓创新,为把新城区建设成为一个团结、富裕、文明的现代化首府城区而努力奋斗。选举产生区政协第六届委员会主席、副主席、秘书长和常务委员,朱祥福当选政协主席。祖凤芸、锡晓云、杨渊明、张立军当选为副主席,王国平当选为秘书长。通过会议决议。全体与会委员列席第十四届新城区人代会第一次会议。

第二次全委会 2005 年 1 月 19—21 日召开。会议听取区委书记吕景瑞的讲话。听取审议区政协常委会工作报告和提案工作报告。常委会工作报告的重点是:一年来,区政协牢牢把握团结和民主两大主题,组织全体委员及社会各界人士,围绕全区中心工作履行职能,努力推进政协工作的规范化、制度化、程序化建设,为促进新城区经济和社会各项事业健康发展,巩固和扩大爱国统一战线,维护安定团结的政治局面和社会稳定作出贡献。提出 2005 年任务:要继续加强学习,努力提高自身素质和参政议政水平;扩大联系,充分调动委员参政议政的积极性;突出重点,为促进经济建设献计出力;维护团结,为构建和谐社会作贡献;加强自身建设,增强政协工作活力。通过会议决议。全体委员列席第十四届新城区人代会第三次会议。

第三次全委会议 2006 年 1 月 7—10 日召开。会议听取区委书记的讲话。听取审议政协常委会工作报告和提案工作报告。常委会工作报告的重点是:2005 年,区政协结合保持共产党员先进性教育活动,组织全体委员及社会各界人士,依据政协章程开展各项工作,取得良好业绩。会议调整部分委员,调整后委员共 131 名。通过会议决议。全体委员列席第十四届新城区人代会第四次会议。

第四次全委会议 2007 年 1 月 16—19 日召开。会议听取区委书记讲话。听取审议政协常委会工作报告和提案工作报告。常委会工作报告的重点是:认真贯彻区委八届八次全会精神紧紧围绕全区中心工作，突出团结和民主两大主题，以促进发展为第一要务，积极组织政协委员和各界人士，以政协章程为依据，认真履行政治协商、民主参政议政职能，为推进新城区经济和各项事业健康发展，巩固和扩大爱国统一战线，维护民族团结和社会稳定做了大量切实而有效的工作。通过会议决议。全体委员列席第十四届新城区人代会第五次会议。

三、第七届委员会

第一次全委会议 2007 年 11 月 28 日—12 月 1 日召开。参会政协委员 130 名。会议听取区委书记讲话。听取审议政协常委会工作报告和提案工作报告。常委会工作报告的重点是：在区政府和社会各界的支持配合下，牢牢把握团结和民主两大主题，积极发挥人民政协的优势和作用，为经济社会全面协调发展建言献策，努力促进统一战线的健康发展，坚持吧发扬民主作为工作的着力点，坚持把为民服务作为工作的出发点和落脚点，为推进新城区经济和社会各项事业又好又快发展，巩固和扩大爱国统一战线，维护民族团结和社会稳定作出了积极的贡献。选举朱祥福为新城区政协第七届委员会主席，杨渊明、张立军、张月厚、刘向东为副主席，段志刚为秘书长，选举产生区政协第七届委员会常委委员。通过会议决议。全体委员列席第十五届新城区人代会第一次会议。

第二次全委会议 2009 年 1 月 14—16 日召开。会议听取区委书记讲话。听取审议政协常委会工作报告和提案工作报告。常委会工作报告的重点是紧紧围绕全区中心工作，突出团结和民主两大主题，促进科学发展为第一要务，积极组织政协委员和各界人士，认真履行职能，为推进新城区经济和社会各项事业发展，巩固和扩大爱国统一战线，维护民族团结和社会稳定做了大量切实而有效的工作。通过会议决议。全体委员列席第十五届新城区人代会第三次会议。

第三次全委会议 2010 年 1 月 11—14 日召开。会议听取区委书记讲话。听取审议政协常委会工作报告和提案工作报告。常委会工作报告的重点是：2009 年，区政协认真贯彻落实中共十七大精神，坚持以科学发展观为指导，紧紧围绕全区中心工作，认真履行政治协商、民主监督、参政议政职能。通过会议决议。会议选举张志平为新城区政协第七届委员会副主席，邬广军为秘书长；补选 7 名第七届委员会常务委员。全体委员列席第十五届新城区人代会第四次会议。

第四次全委会议 2011 年 1 月 15—17 日召开。会议听取区委书记刘惠的讲话。听取审议政协常委会工作报告和提案工作报告。常委会工作报告的重点是：一年来，区政协牢牢把握团结和民主两大主题，认真履行政治协商、民主监督、参政议政职能，大力加强自身建设，与时俱进，开拓创新，为促进新城区经济发展、社会和谐作出了积极贡献。通过会议决议。全体委员列席第十五届新城区人代会第五次会议。

第五次全委会议 2012 年 1 月 8—10 日召开。会议听取区委书记刘惠的讲话。听取审议政协常委会工作报告和提案工作报告。常委会工作报告的重点是牢牢把握团结和民主两大主题,认真履行政治协商、民主监督、参政议政职能。为促进全区加快经济发展方式转变、保持经济平稳较快发展、推进和谐新城建设作出了积极贡献。通过会议决议。全体委员列席第十五届新城区人代会第六次会议。

四、第八届委员会

第一次全委会议 2012年11月24—27日召开。会议听取区委书记刘惠的讲话。听取审议区政协主席郭双福所作的政协常委会工作报告和副主席张立军所作的提案工作报告。常委会工作报告的重点是:区政协在新城区委的正确领导下,认真落实科学发展观,牢牢把握团结、民主两大主题,坚持把推动科学发展观作为履行职能的第一要务,紧紧围绕区委、政府的中心工作,组织政协委员及各族各界人士开展工作,新城区政协事业呈现出生动活泼、健康发展的新局面。选举产生区政协第八届委员会主席、副主席、秘书长和常委委员,郭双福当选政协主席。张立军、刘向东、刘智利、杨军当选为副主席。全体委员列席第十六届新城区人代会第一次会议。大会通过提案审查报告和会议决议。

第二次全委会议 2014年1月24—26日召开。会议听取区委书记张锐讲话。听取审议区政协主席郭双福所作的政协常委会工作报告和副主席张立军所作的提案工作报告。常委会工作报告的重点是:2013年,区政协围绕中心,服务大局,充分发挥政治协商职能;完善制度,注重实效,继续强化民主监督职能;夯实基础,拓宽渠道,不断提高参政议政水平;发挥优势,增进共识,为维护新城区团结稳定的政治局面作贡献;深入基层,贴近群众,切实维护广大人民群众的利益;加强学习,改进作风,切实加强自身建设。会议号召2014年区政协高举中国特色社会主义伟大旗帜,以邓小平理论、“三个代表”重要思想和科学发展观为指导,深入贯彻中共十八大、十八届三中全会精神,按照区委十届六次全委会议精神,认真搞好政治协商,积极推进民主监督,深入开展参政议政,不断探索履行职能的新形式和新途径,进一步提高政协工作的科学化水平。会议选举尹群为区政协第八届委员会秘书长,补选常务委员5名,全体委员列席第十五届新城区人代会第二次会议。

第三次全委会议 2015年1月10—12日召开。会议听取区委书记张锐讲话。听取审议区政协主席郭双福所作的政协常委会工作报告和副主席张立军所作的提案工作报告。常委会工作报告的重点是:2014年,区政协全面贯彻落实中共十八大、十八届三中、四中全会和习近平总书记系列重要讲话精神,组织全体委员认真搞好政治协商,积极推进民主监督,深入开展参政议政,不断探索履行职能的新形式和新途径,提高政协工作的科学化水平。在上级政协的悉心指导、新城区委的正确领导和区政府及社会各方面的大力支持下,通过全体委员的共同努力,全面完成区政协八届二次会议确定的目标任务,为促进全区经济及社会各项事业平稳较快发展、推进和谐新城建设作出了积极贡献。2015年,区政协要以邓小平理论、“三个代表”重要思想和科学发展观为指导,深入贯彻中共十八大、十八届三中、四中全会和习近平总书记系列讲话精神，继续巩固党的群众路线教育实践活动取得的成果，主动把握政协工作适应经济发展新常态，按照区委十届七次全委会议精神，推动政协工作迈上新台阶。全体委员列席第十五届新城区人代会第三次会议。

第四次全委会议 2016年1月15—17日召开。会议听取区委书记张锐讲话。听取审议区政协主席郭双福所作的政协常委会工作报告和副主席张立军所作的提案工作报告。常委会工作报告的重点是：区政协围绕中心，为促进新城区经济和社会各项事业发展献计出力；发挥优势，努力维护新城区团结稳定的发展局面；履职为民，在改善民生、促进和谐中发挥积极作用；提高素质，切实加强自身建设。会议号召，2016年是实施"十三五"规划的开局之年。区政协以马克思列宁主义、毛泽东思想、邓小平理论、"三个代表"重要思想和科学发展观为指导，深入贯彻中共十八大、十八届三中、四中、五中全会精神和习近平总书记系列重要讲话和视察内蒙古重要讲话精神，全面落实区委十届八次全委（扩大）会议确定的发展思路，坚持创新、协调、绿色、开放、共享发展理念，紧紧围绕全区的中心工作，紧扣全面建成小康社会奋斗目标，进一步提升履行政协职能的能力和水平，为推进新城区经济、政治、文化、社会、生态文明建设作出新的贡献。全体委员列席第十五届新城区人代会第四次会议。

第五次全委会议 2017年2月25—27日召开。听取审议郭双福所作的政协常委会工作报告和副主席张立军所作的提案工作报告。常委会工作报告的重点是：2016年，区政协服务大局，围绕新城区中心工作献计出力；发挥优势，开创协商民主新局面；履职为民，在服务群众中发挥积极作用；提高素质，切实加强自身建设。会议号召，2017年，区政协要高举中国特色社会主义伟大旗帜，以马列主义、毛泽东思想、邓小平理论、"三个代表"重要思想、科学发展观为指导，全面贯彻中共十八大、十八届三中、四中、五中、六中全会精神，深入贯彻习近平总书记系列重要讲话、考察内蒙古重要讲话精神和治国理政新理念新思想新战略，全面落实区委十一届三次全委（扩大）会议确定的发展思路，大力践行创新、协调、绿色、开放、共享发展理念，紧紧围绕全区的中心工作，紧扣全面建成小康社会奋斗目标，进一步提升政协履行职能的能力和水平，为推进新城区"五位一体"总体布局和"四个全面"战略布局作出新的贡献。全体委员列席第十五届新城区人代会第五次会议。

五、第九届委员会

第一次全委会议 2017年12月4—7日召开。听取审议区政协主席郭双福所作的政协常委会工作报告和副主席张立军所作的提案工作报告。常委会工作报告的重点是：五年来，在市政协的关心指导和中共新城区委的坚强领导下，区政协及其常委会牢牢把握团结和民主两大主题，团结带领政协广大委员，认真履行政治协商、民主监督、参政议政三大职能，充分发挥协调关系、汇聚力量、建言献策、服务大局作用，为促进新城区改革发展作出了积极贡献,谱写了政协协商民主建设的新篇章。会议号召,区政协要在习近平新时代中国特色社会主义思想的指引下,重点围绕市委提出的四项重点工作和新城区着力打造文明城区、现代城区、民生城区、科技城区,进一步凝聚委员的智慧力量开展建言献策,为推动新城区经济社会各项事业发展作出积极贡献。会议选举产生区政协第九届委员会主席、副主席、秘书长和常委委员,杨祥麟当选政协主席。刘智利、杨军、白静、康秀婷当选为副主席。全体委员列席第十六届新城区人代会第一次会议。大会通过提案审查报告和会议决议。

第三节　机　构

一、政协委员会

中国人民政治协商会议(简称人民政协)是中国人民爱国统一战线的组织,是中国共产党领导的多党合作和政治协商的重要机构,是中国政治生活中发扬社会主义民主的一种重要形式。

1999 年 1 月,政协新城区第五届委员会产生。届初,由 13 个界别、110 名委员组成。其中中共党员 7 名,民主党派 6 名,群众团体 7 名,台属侨属 4 名,宗教界 4 名,少数民族 4 名,经济界 19 名,科技界 12 名,教育界 8 名,文化体育界 5 名,新闻界 2 名,卫生界 5 名,特邀界委员 21 名。2003 年 1 月 7 日,第二十次常委会对委员进行调整,共有委员 116 名。

2004 年 1 月,第六届政协委员会产生。由 13 个界别、122 名委员组成。其中,中国共产党 48 名,占委员总数的 39.34%,非中共人士 74 名,占委员总数的 60.66%;少数民族 31 名,占委员总数的 25.41%;妇女 53 名,占委员总数的 43.44%;上届保留委员 30 名,占委员总数的 24.59%;平均年龄 40.52 岁,比上届委员平均年龄 46.9 岁下降 6.38 岁。2005 年1 月 5 日,第四次常委会会议增补委员后共 130 名。2006 年 1 月 4 日,经第十一次常委会研究决定调整委员后,共有委员 131 名。2006 年 6 月 20 日,经区政协第十六次常委会表决通过增补委员,共有委员 135 名。

2007 年 11 月,第七届政协委员会产生。第七届委员会由中国共产党、民主党派、群众团体、台属侨属、宗教、少数民族、经济企业、科技、教育、文体新闻、卫生、农林、特邀等 13 个界别委员组成。第一次全体会议共有委员 148 名。2010 年 1 月 7 日,第十一次常委会调整委员后,共有委员 176 名。2010 年 12 月 30 日,经第十六次常委会通过调整委员后,共有委员 184 名。

2012 年 11 月,第八届政协委员会产生。届初共有委员 165 名,13 个界别,2013 年 4 月 1 日,经区政协第二次常委会研究,调整委员后共有委员 169 名。2013 年 12 月,经区政协第五次常委会研究调整委员后，委员为 175 人。

第九届委员会 2017 年 12 月，第九届政协委员会产生。第九届委员会共有委员 162 名，15 个界别。

二、常务委员会

政协常务委员会的主要职责是学习贯彻中国共产党的路线、方针、政策；召集并主持政协全体会议；组织研究实现政协章程规定的任务，传达贯彻上级政协决议，执行区政协全委会议决议；审议通过提交区委、区政府的建议、意见；决定政协内设工作机构的设置和变动，任免其领导成员；负责下届会议的筹备工作，履行政协章程中规定的其他任务。

政协呼和浩特市新城区历届委员会均设常务委员会，由主席、副主席、秘书长和常务委员组成。常务委员候选人均由新城区各党派、团体、各族各界人士协商提名，经全体会议选举产生。常务委员会组成人员一般占委员总数的 15%～20%，其中中共常务委员占 40%，非中共常务委员不少于 60%。常务委员会按照章程规定，每季度至少召开一次会议。

1999 年 1 月，新城区政协第五届委员会常务委员会产生，共有常委 16 人。2001 年 1 月 10 日，区政协第五届委员会第三次会议选举王继先为副主席。2002 年 1 月 16 日，政协新城区第五届委员会第四次会议，选举马喜超为本届委员会主席，杨渊明、锡晓云为副主席。2003 年 1 月 26 日，区政协五届五次会议增选王国平、齐国枢、王国斌、云润埃 4 名常委。增补后常委为 23 人。

2004 年 1 月，新城区政协第六届委员会常务委员会产生，共有常委 18 人。

2007 年 11 月，新城区政协第七届委员会常务委员会产生。2010 年 1 月 14 日，第三次全委会议，杨渊明辞去新城区政协第七届委员会副主席职务，选举张志平为新城区政协第七届委员会副主席，邬广军为秘书长；补选云耀志、刘虹、刘佩凯、李卫东、李敏、吴琼、温瑞祥为第七届委员会常务委员。2011 年 1 月，区政协第七届委员会第四次全委会议补选梁永胜、王竞、黄克敏 3 名委员为第七届委员会常务委员。

2012 年 11 月，新城区政协第八届委员会常务委员会产生，共有常委 23 人。2014 年 1 月 26 日，新城区政协第八届委员会第二次会议上，邬广军辞去秘书长职务，吴琼、李卫东、王竞、云耀志辞去政协常委，选举尹群为区政协秘书长，刘维祥、云东升、洪宝印、白音夫为区政协常委。

2017 年 12 月，新城区政协第九届委员会常务委员会产生。共有常委 23 人。

政协呼和浩特市新城区第五至第九届委员会常务委员会组成人员一览表

表14-3-1

届别	职务	姓名	性别	民族	任职时间
第五届委员会	主席	张秉义	男	汉	1999.1—2002.1.
		马喜超	男	回	2002.1—2004.1.
	副主席	白承志	男	蒙古	1999.1—2004.1.
		祖凤云	女	汉	1999.1—2004.1.
		马　凯	男	满	1999.1—2002.1.
		王继先	男	汉	2001.1—2004.1.
		杨渊明	男	汉	2002.1—2004.1.
		锡晓云	女	蒙古	2002.1—2004.1.
	秘书长	栗世福	男	汉	1999.1—2001.1
		徐　瑞	男	蒙古	2001.1—2002.9
	常务委员16人	赵　青　云锦凤(女 蒙古)　许世海　仇作政　李　珊(女)　云丽丽(女 蒙古)　郭　义　秦义新　王慧民　张国祯　郭　满　徐瑞(蒙古)　郭建凤(女)　张立军(女 满)			1999.1—2004.1
第六届委员会	主席	朱祥福	男	汉	2004.1—2007.11.
	副主席	祖凤云	女	汉	2004.1—2007.11.
		杨渊明	男	汉	2004.1—2007.11.
		锡晓云	女	蒙古	2004.1—2007.11.
		张立军	女	满	2004.1—2007.11.
	秘书长	王国平	男	汉	2004.1—2007.04
	常务委员18人	云挨善(蒙古)　云润埃(蒙古)　王慧民　冯小红(女)　关　哲(女 满)　刘向东(女)　刘智利(女)　印可可(女 蒙古)　齐国枢　王国平　杨建国　杨茹刚　杨晨宇　胡加祥　徐秀丽(女)　郭永华　梁红梅(女)　斯琴格根(蒙古)			2004.1—2007.11
第七届委员会	主席	朱祥福	男	汉	2007.11—2012.11.
	副主席	杨渊明	男	汉	2007.11—2009.9
		张立军	女	满	2007.11—2012.11.
		张月厚	男	汉	2007.11—2012.11.
		刘向东	女	汉	2007.11—2012.11.
		张志平	男	汉	2010.1—2012.11.
	秘书长	段志刚	男	汉	2007.04—2010.03
		郐广军	男	汉	2010.03—2012.11
	常务委员23人	云国英(女 蒙古)　云俊娥(女 蒙古)　云润埃(蒙古)　云挨善(蒙古)　王玉静(女)　王世军(回)　王全林(女)　王铁军　亢荣生　宋　芳(女)　许玉峰(女)　杨连根　杨志玉(蒙古)　杨建国　梁丽华(女)　杨晨宇　李　育　李文华(女)　李志根　佟　霞(女 满)　杨茹刚　宋尔忠　梁红梅(女)			2007.11—2012.11.

续表

届别	职 务	姓 名	性 别	民族	任职时间
第八届委员会	主席	郭双福	男	汉	2012.11—2017.12
	副主席	张立军	女	满	2012.11—2017.12
		刘向东	女	汉	2012.11—2017.12
		刘智利	女	汉	2012.11—2017.12
		杨　军	男	蒙古	2012.11—2017.12
	秘书长	邬广军	男	汉	2012.11—2013.3
		尹　群	男	汉	2014.1—2017.12
	常务委员23人	丁　军　云国英(女　蒙古)　云俊娥(女　蒙古)　云耀志(蒙古)　王　竞　王世军(回)　王惠懋(女)　娜布其(女　蒙古)　刘　曼(女　蒙古)　冯　彪　刘侃凯(女)　许玉峰(女)　杨建国　杨晨宇　李卫东　李文华(女)　张日升(蒙古)　吴琼(女　满)　索丽霞(女)　姬丽萍(女)　梁丽华(女)　张跃文　栾世强			2012.11—2013.3
		丁　军　云国英(女　蒙古)　云俊娥(女　蒙古)　白音夫(蒙古)　王世军(回)　王惠懋(女)　娜布其(女　蒙古)　刘　曼(女　蒙古)　冯　彪　洪宝印(蒙古)　刘侃凯(女)　许玉峰(女)　杨建国　杨晨宇　云东升(蒙古)　李文华(女)　张日升(蒙古)　刘维祥　索丽霞(女)　姬丽萍(女)　梁丽华(女)　张跃文　栾世强			2013.3—2017.12
第九届委员会	主席	杨祥麟	男	汉	2017.12-
	副主席	刘智利	女	汉	2017.12
		杨　军	男	蒙古	2017.12
		白　静	女	蒙古	2017.12-
		康秀婷	女	汉	2017.12-
	秘书长	尹　群	男	汉	2017.12-
	常务委员	丁朝霞(女)　王世军(回)　王慧懋(女)　王寒冰(满)　云东升(蒙古)　云晓琴(女　蒙古)　白音夫(蒙古)　乔志强　刘维祥　关云华(女)　李文华(女)　杨传颖　吴振兵　张丽君(女)　张俊利　周　伟　洪宝印(蒙古)　高　娃(女　蒙古)　黄录伟　崔雨萱(女)　葛文慧(女)　燕　勇			2017.12-

三、专门委员会

根据政协章程规定，专门委员会是常务委员会和主席会议领导下的工作机构。其主要任务是：团结和联系委员及各族各界人士，学习宣传国家的方针、政策，积极反映社情民意；就国家的大政方针以及新城区政治、经济、文化和社会生活的重要问题，人民群众普遍关心的问题，选择其中具有综合性、全局性、前瞻性的课题，深入开展调查研究，提出建议意见和提案；维护社会稳定和民族团结，促进祖国和平统一；组织各种活动，积极为委员知情出力、履行职责创造条件；根据全体会议和常务委员会的决议精神，制定年度计划；年末向常务委员会提交工作报告。专门委员会的组成，按照有利于联系各界、各方面人士，自愿、协商和便于组织经常性活动的原则，统筹安排。新城区政协专门委员会设置历届均有变动,一般由 7～11 名委员组成,设主任 1 人,副主任 1～3 人(包括兼职)。

1999 年,根据政协章程和上级有关精简机构精神,按照《新城区政协关于专门委员会设置及组成人员的通知》,新城区政协设置学习提案法制工作委员会、财经科技工作委员会、民族宗教工作委员会等 3 个专门委员会。

2004 年 1 月,区政协第六届委员会将文史资料工作交由办公室负责。2005 年 1 月,中共新城区委员会参照呼和浩特市其他旗县区政协内设机构的情况,将新城区政协内设机构调整为 3 个,分别为学习提案委员会、经济科技委员会、社会法制委员会。2007 年 4 月,增设教文卫体委员会,新城区政协内设机构调整为 4 个,即学习提案委员会、经济科技委员会、社会法制委员会、教文卫体委员会。

2008 年 1 月 17 日,经新城区政协第七届委员会第一次主席会议通过,内设机构调整为 4 个,即学习提案委员会、经济科技委员会、社会法制委员会、教文卫体委员会。

2012 年 12 月,新城区政协第八届委员会内设机构为 4 个专门委员会,即学习提案委员会、经济科技委员会、社会法制委员会、教文卫体委员会。

2018 年 3 月,新城区政协第九届委员会内设机构为 4 个专门委员会,即学习提案委员会、经济科技委员会、社会法制委员会、教文卫体委员会。

四、办公室

1984 年 10 月设立。其主要职责是为历届常务委员会议、主席会议、各专门委员会开展工作提供服务,做好机关事务性工作。2008 年 1 月 29 日,按照新城区机构编制委员会《关于成立新城区政协机关服务中心的通知》,成立新城区政协机关服务中心,为办公室下属股级机构,设主任 1 人,核定事业编制 13 人。

第四节　政协工作

一、政治协商

第五届区政协围绕区委、区政府的中心工作,进行专题协商。共召开全委会议 5 次,召开常委会会议 26 次,为经济发展献计出力。在每年一度的全委会议上,政协委员针对各项报告中一系列关系全局的重大问题和社会发展规划,在充分协商的基础上,提出建议、意见,供区委、区政府决策时参考。每次常委会会议精心选择会议议题,找准并抓住几个带有全局性、战略性、关键性的问题,如 1999 年区属企业改制问题、2001 年生态建设问题、2002 年组织实施“六大工程”问题、2003 年实施“五大战略”“八大工程”中的重大问题进行调研,利用会议形式展开协商讨论,形成意见或建议后,及时通报区委、区政府,为全区经济和社会发展献计献策。每年以听取政府经济运行情况通报会,政协主席应邀列席区委常委会,开展专题研讨会等多种会议形式,围绕中心工作开展多形式、多层次的协商，形成许多见解、有质量、操作性强的建议和意见。这些建议和意见经综合整理，及时上报并做好跟踪反馈和督促落实工作，为新城区经济的发展作贡献。围绕经济发展的工作重点，组织委员对重大问题进行调研。参与支持配合全区中心工作，每年度都根据实际情况制定详尽的调研工作安排，将这项工作列为重点加以布置和落实。在组织委员开展调研活动中，注重经济建设中表现出来的一些现实、具体、紧迫的问题，注重如“十五”计划的制定、应对“入世”挑战等具有宏观性、长期性和前瞻性的问题，制定调研提纲和实施方案。共开展调查、视察、考察、走访等活动100多次，提交各类报告30余份，调研成果受到区委高度重视和有关部门的好评，《关于城中村改造的调研报告》《关于新城区“三农”问题的调研报告》《关于新城区非公有制经济发展情况的调研报告》等被采纳并转化为党政决策，产生了良好的效果和社会影响。

第六届区政协坚持和完善协商议政机制，履行政治协商职能。落实中共中央、自治区党委、呼和浩特市委、区委有关加强政协工作的精神，坚持协商议事在党委决策之前、人大通过之前、政府实施之前的“三在前”原则，进一步提高协商议事水平，紧紧围绕新城区经济建设和社会发展的中心工作来思考问题，开展工作，取得较好的工作成效。就新城区“十一五”规划纲要、政府工作报告及相关报告，进行深入广泛地协商讨论，提出具体建议、意见近百项，受到区委、区政府的高度重视，如关于街道财政的改革、发展循环经济等建议和意见得到采纳，为促进新城区经济及社会各项事业的发展，发挥建言献策的作用。共召开全委会议4次，常委会会议24次，主席会议39次，举办各类专题研讨会议20多次，六届三次会议上，进行“构建和谐新城”专题研讨，就全局性、战略性、关键性的问题，重点开展协商讨论，对新城区调整农业产业结构、促进农民增收、推进全区文化市场和社区建设、加快城市建设和发展旅游业等多项工作提出许多有见解、有质量、操作性强的建议，经综合整理后，分别报送区委、区政府和上级有关部门，并进行督促落实工作，发挥区政协协商议政的作用。2006年，区委办、政府办、政协办联合制定下发《关于进一步加强区委、区政府各部门与区政协专委会对口联系的通知》，区政协各专委会认真落实《通知》精神，研究探讨协商的内容和形式，分别联系党政部门召开对口联系座谈会，以政协独特的视角，提出切实可行的建议，促进党政部门各项工作的落实。各专委会根据各自工作的实际，分别针对协商专题展开调研、视察活动，对发展“农家乐”旅游、重点项目建设等具体问题进行有针对性的协商，以调研、视察报告、反映社情民意等形式提出建议、意见，使对口协商更富有成效。

第七届区政协在履行政治协商职能工作中，运用政协全会、常委会、主席会、专题会等例会的重要形式，为新城区经济发展献计出力。在每年一度的全委会议上，组织委员听取并讨论本年度的政府工作报告，国民经济和社会发展计划，财政预决算报告，法检两院报告，委员会针对各项报告中一系列关系全局的重大问题和社会发展规划，在充分协商的基础上提出建议、意见,供区委、区政府决策时参考。每年常委会会议在会前组织好调研的基础上,精心选择会议议题,找准并抓住带有全局性、战略性、关键性的问题。2011年,新城区实施“十二五”规划中的重大问题,利用会议形式展开协商讨论,形成意见或建议后,及时报给区委、区政府,为全区经济和社会发展献计献策。每年以听取政府经济运行情况通报会;政协主席应邀列席区委常委会,分管经济的副主席参加全区经济调度会;组织委员参与有政府部门负责人参与的政情通报会等多种会议形式,围绕中心工作开展多形式、多层次的协商,形成许多有见解、有质量、操作性强的建议和意见。

第八届区政协着力抓好会议协商。全委会议上,委员针对年度政府工作报告、国民经济和社会发展计划等各项报告,在充分协商的基础上提出建议、意见,供区委、区政府决策时参考。常委会会议精心选择会议议题,利用会议形式展开协商讨论,形成意见或建议后,及时报送区委、区政府。重点搞好专题协商。认真学习贯彻中共中央《关于加强社会主义协商民主建设的实施意见》《关于加强人民政协协商民主建设的实施意见》和中共新城区委《关于加强社会主义协商民主建设的实施意见》,推进基层协商民主,围绕区委、区政府中心工作,制定区政协年度协商工作计划,组织相关委员和有关部门开展“双月协商”。推进专委会对口协商。各专门委员会分别与对口联系部门召开对口协商座谈会开展对口协商。形成许多有见解、有质量、操作性强的建议和意见。这些建议和意见及时作了综合整理,及时上报并做好跟踪反馈和督促落实工作,充分发挥政协“人才库”“智囊团”的作用,为新城区经济建设的发展广开言路,广纳诤言。

第九届区政协紧扣全区改革发展稳定中心任务,凝心聚力,履职尽责,注重建言建在需要时,议政议在点子上,监督监在关键处。通过“双月协商”、专委会对口协商、专题协商等形式,助推新城区经济、社会、民生等工作发展。

二、民主监督

第五届区政协围绕新城区实施的重大经济举措,开展民主监督。受区委委托,对区委、区政府实施的重大工程进展情况进行跟踪督查,并实事求是、客观公正的予以评价,中肯地提出建议和意见。对全区20余项具体工程进行督查,形成督查报告16份,把民主监督职能落到实处,保障一些工程特别是一些民心工程的顺利建设,促进新城区把实事办好、好事办实。

第六届区政协始终以提案工作作为履行政协民主监督职能的重要形式,以提高提案质量和办理质量为重点,加强提案的办理落实。实现“由数量型向质量型、由案来文往向人来人往、由注重提案答复向注重提案落实、由被动服务向主动服务”的四个转变。共征集提案395件,经审查立案354件,其余41件转为社情民意处理,立案提案全部办复,达到委员、群众、承办单位“三满意”,做到提案与民主监督的有机结合。持之以恒地做好信息和反映社情民意工作。制定《政协呼和浩特市新城区委员会关于设立社情民意联系点的实施方案》及落实方案的3项制度，选择6个委员相对集中并具有一定代表性的部门，设立社情民意联系点，征集到的社情民意经综合整理后定期报送区委、区政府和上级政协，促进党政领导了解民情、体察民意、科学决策。探索实施民主监督的新方法。区政协六届一次会议以来，每年都向政府职能部门及法、检两院推荐行风监督员、政风监督员、民主监督员。2006年，组织部分委员到新城区法院跟踪监督“1+3”活动（一名法官联系一名党代表、一名人大代表、一名政协委员），听取法院的汇报并旁听行政庭和刑事庭的案件庭审。受区委、区政府的委托，通过视察、评议等形式，对各部门改进工作提出建议。就行政执法工作，区政协组织委员到区拆迁办、建设局、环保局、市容局4个部门进行调研，对区职能部门行政执法工作提出6项建议。拓宽民主监督的领域，提高民主监督的实效，探索民主评议政府职能部门这一新方法。经区委批准、区政府同意后，对区环保局、林业局、农牧水务局和东风路街道办事处的工作进行民主评价，通过召开座谈会、民主测评、个别谈话、走访、调查问卷等多种形式，对被评议单位的工作进行客观公正的评价，分别形成评议报告报送区委、区政府。主要领导高度重视并作了重要批示，被评议单位认真加以落实。通过区政协认真履行民主监督的职能，使政府职能部门在加强党的建设、机关作风建设、依法行政等方面的工作得以改进和提高。

第七届区政协围绕新城区实施的重大经济举措，开展民主监督。受区委委托，区政协对区委、区政府实施的重大工程进展进行跟踪督查，实地对工程的进展和工作情况进行实事求是、客观公正地评价并提出建议、意见。对全区10多项具体工程进行督查，并形成督查报告，把民主监督职能落到实处，促进一些工程特别是一些民心工程的顺利建设，促进新城区把实事办好，好事办实。

第八届区政协坚持制度，注重实效，民主监督卓有成效。组织各界别委员就城市环境卫生综合整治、文明城市创建、食品安全监管体系建设、大青山生态整治保护、草原书屋建设、防汛工程、生态观光农业、万亩草场及大青山生态绿化工程等进行视察20余次，助推区委、区政府决策部署和民生实事的落实。定期召开政情通报会，听取区政府经济社会发展情况通报，围绕大青山前坡生态综合治理、精准扶贫、美丽乡村建设情况等工作，听取有关部门情况通报，监督推动相关工作。对鸿盛工业园区等7个部门进行民主评议工作。分别向新城区纪委派送政风行风监督员16名，向新城区法院推荐人民陪审员5名，向区创建文明城市指挥部选派社会监督员20名。

第九届区政协按照中共中央《关于加强和改进民主监督的意见》要求，推进政协民主监督工作。开展民主评议工作，向区属执法单位推荐监督员，对区委、区政府实施的重大工程进展情况进行跟踪督查。实事求是、客观公正地开展监督，中肯地提出建议和意见。

三、参政议政

第五届区政协向区属的行政执法部门推荐政协委员担任监督员、行风评议员。2002

年,协助九三学社市委会与西街办事处结成共建对子,对参与社区建设,解决党外人士在参政议政过程中形式呆板、渠道较少的问题。2003 年,区政协借鉴兄弟旗县区的经验,尝试对一些政府职能部门工作进行民主评议的新方法,推动政府职能的转变。区政协在区有关职能部门、乡镇、街道办事处建立政协工作联系点,直接参与全区经济建设和社会发展各项活动,延伸政协工作触角,拓宽工作渠道,实现区政协参政有为的目标。

第六届区政协坚持“长期共存、互相监督、肝胆相照、荣辱与共”的方针,尊重各民主党派、人民团体、工商联的民主权利,促进与各民主党派、人民团体、工商联之间的团结合作,吸纳新的社会阶层和群体中的代表人士到政协组织中来,扩大人民政协的团结面和联系面。在区政协开展的各项活动中,切实贯彻民主协商、求同存异的原则,充分听取和反映各民主党派、人民团体、工商联的意见和建议,活跃合作共事的氛围。鼓励各民主党派、人民团体、工商联发挥其博才善议的优势,围绕全区性的重要课题、群众关心的热点问题开展调研,通过到会发言、提案、社情民意和政协信息等渠道,充分履行参政议政职能。联合区委统战部坚持每年召开两次政情通报会,使委员全面了解新城区城市建设、教育、旅游等重点工作的开展情况,为委员知情议政搭建平台。坚持委员接待与走访制度,经常深入委员所在单位,了解委员的工作、学习、生活情况,帮助委员解决实际问题,加深同委员的感情交流,密切同委员的联系,激发委员们自觉履行参政议政职能的热情。利用“三八”“中秋”“元旦”等节日开展联谊活动,组织委员开展内容丰富、形式多样的活动,扩大与各界人士的联系,调动他们参政议政的积极性。以专题调研为纽带,开展参政议政。区政协常委会每年都根据工作的实际情况,制定详细的调研工作计划。围绕区委、区政府中心工作,选择具有前瞻性、全局性的课题,完成 16 个重点题目的调研,形成《关于新城区调整农业产业结构、促进农民增收的调研报告》《新城区政协关于对部分政府职能部门行政执法情况的调研报告》,并经政协主席办公会、常委会讨论后,提出符合实际、操作性较强的具体建议。特别是《关于在新城区开展“农家乐”旅游工作情况的调研报告》《关于新城区食品卫生安全现状的调研报告》得到区委、区政府主要领导亲自批示,相关部门认真研究、逐项落实,调研成果得到有效转化。加强委员学习培训工作,提高参政议政水平。为了提高委员参政议政的能力,组织委员进行集中学习和培训。都为常委订阅报纸、杂志等学习材料;在每次调研、视察前,对委员进行政策、法律方面的培训。2004 年,《中国人民政治协商会议章程修正案》颁布后,在常委中开展“学习贯彻新章程,努力开创政协工作新局面”的学习讨论;结合新形势、新任务,在常委中专题举办“构建社会主义和谐社会”讲座,开展贯彻中央 5 号文件和自治区党委、呼和浩特市委、区委有关政协工作精神的学习活动。通过学习,使委员进一步熟悉政协工作,统一思想认识,提高了履行职责的能力与水平。

第七届区政协利用开展调查、视察、考察等形式参政议政。围绕区情和区委、区政府的中心工作，抓住人民群众热切关注的、区委和政府准备解决的、政协力所能及的热点难点问题，如中小企业融资、经济结构调整、城市建设、社区建设等现实、具体、紧迫的问题和“十二五”规划的制定等具有宏观性、长期性和前瞻性的问题开展调查研究。在每个调研课题确定后，区政协领导都亲自参与调研，组成精干班子，认真制定调研提纲和实施方案，上下联动调研。为提高调研报告的质量，到重点单位，多渠道、多形式地开展调查，在详细占有第一手材料的基础上，对存在的问题和应采取的对策进行缜密的研究。共开展调查、视察、考察、走访等活动 20 次，提交各类报 20 多份，调研成果受到区委高度重视和有关部门的好评，一些重要建议被采纳并转化为党政决策，产生良好的效果和社会影响。

第八届区政协紧紧围绕改革发展重大问题，选取并完成加快现代农业、生态旅游建设、准物业管理、民办学校校园安全、新城区养老服务行业发展、解决社区去行政化倾向问题、沿山农民创业择业、鸿盛工业园区创新发展转型等重点课题研究，形成调研报告 26 份。一批有针对性、前瞻性和可操作性的意见建议得到肯定和采纳。其中，提交的《关于新城区沿山农民自主创业、就地择业的情况的调研报告》《夯实农村精神文明工作基础，推动人文新城建设的调研报告》《新城区中小学标准化建设的调研报告》《关于打造新城区东河以东产城一体化专题调研报告》《关于申报大窑国家考古遗址公园的调研报告》得到党政主要领导的批示。形成涉及银企对接青少年法制教育、居家养老、非物质文化遗产保护等领域的调研报告 120 余篇。

四、提案工作

新城区政协提案内容主要是围绕国家大政方针、区委、区政府的中心工作和政治、经济、文化、生态建设和社会生活中的重要问题以及人民群众关心的重大问题提出。

第五届政协共收到提案 346 件，经审查，立案 322 件。提案委员会注重提高提案质量和办案质量，采取重点提案专题办、难点提案跟踪办、紧急提案现场办、热点提案协商办的措施，使提案工作取得较大的成绩。截至 2003 年 12 月底，立案的 322 件提案全部办复，办复率 100%。24 件委员来信来访得到解决或基本解决，提案中所提出的问题及时解决的 291 件，占立案总数的 90.37%；逐步解决的 22 件，占立案总数的 6.82%；不能解决的向委员作了解释说明的 9 件，占立案总数的 2.8%。根据收到的 207 件反馈意见表统计，委员基本上达到满意和比较满意。

第六届政协提案委员会共征集到委员提案 395 件，经审查立案 354 件，占提案总数的 89.62%，没有立案的 41 件提案按社情民意转交有关部门研究处理。在第六届区政协立案的提案中，有 64 件提案内容涉及市属有关部门的工作范围，提案委员会及时与市政协提案委员会取得联系，并以市政协委员的名义提交到市政协提案委员会。对未立案的提案，经与提案者进行沟通后，按社情民意转交有关部门研究处理。所立案的提案全部办理完毕。提案中所提出的问题得到解决的占立案总数的 29%；逐步解决的占立案总数的 13%，第七届政协共收到提案614件,经审查,立案547件。市属办理提案208件,区属办理提案339件,不立案的67件,以社情民意处理。2012年10月底,七届区政协立案的提案全部办理完毕,办复率100%。提案涉及的问题解决或基本解决的249件,占立案总数的46%;列入计划,分阶段分步骤解决的273件,占立案总数的49.9%;不具备解决条件的提案25件,占立案总数的4.5%。

第八届政协共征集提案582件,经审查立案517件,65件转为社情民意处理。召开20次提案办理协商会和社情民意工作会,加大提案办理协商力度,2017年年底,立案提案全部办复。

五、社情民意

反映社情民意是人民政协履行政治协商、民主监督职能的有效途径和重要载体,是政协委员和政协各组成单位参政议政最直接、最有效的方式。反映社情民意的目的是帮助党委、政府推动工作,或为其科学、民主决策提供有价值的参考。政协委员了解和反映社情民意,不受形式、时间、题目等条件限制,可以随时随地随事反映意见,提出建议。新城区政协反映社情民意的来源以委员了解反映、调研视察、走访座谈、未立案的委员提案等为主。反映社情民意的内容涉及人民群众的要求、愿望和意见、新城区经济建设和社会建设等方面。

历届政协因任期和委员数量不同,每年委员反映的社情民意的数量在30-150条之间,委员在任期内人均反映社情民意3条以上。进入新世纪以来,历届政协反映社情民意数量和工作质量进一步提高。六届区政协收集社情民意768条;七届政协编发150期;八届一次会议以来,区政协严格实行社情民意报送、核实、回复制度,使社情民意的反映渠道更加畅通、反映情况更加真实、处理反馈机制更加完善。2013年,征集到社情民意116条,编发60期;2014年,收集整理社情民意65条,编辑印发37期。收集到的社情民意经整理后,以《社情民意信息》《简报》《社情民意专辑》的形式编发,报送市政协和区委、区政府和相关部门,供领导参阅。

2001年以来,区政协将反映社情民意工作列入议事日程,设专人负责。为完善社情民意工作,区政协在实践中不断总结经验,改进工作。在广泛听取和收集社情民意方面,加强同各级政府及部门、社会团体、各参加单位的联系,通过对委员或党派成员进行访谈或走访各界人士,或从委员、民主党派成员或人民群众的来信来访中掌握各种动态和信息,运用会议、视察、调研、座谈等形式,广辟信息来源。反映社情民意为各级领导机关了解情况、正确决策提供了重要依据。一些关系全局和群众利益的重要信息,引起上级政协和区委、区政府领导的高度重视,推动问题的解决。2003年,在防控"非典型肺炎"疫情中,区政协所提《借防治非典的有利时机,采取严管重罚措施,革除随地吐痰等陋习》的建议,编入市政协社情民意专报首条。

2006年4月，第六届区政协出台《关于设立社情民意联系点的实施方案》及相关的三项制度，建立社情民意联系点，加强反映社情民意工作力度。2006年5月，将经过调查、核实，筛选出部分质量较高，事关全局和群众普遍关心的难点、热点问题，编发《新城区社情民意》32期报送区委、区政府，区党政领导对大部分社情民意都作出明确批示。向呼和浩特市政协报送社情民意30多条，其中《呼和浩特市应充分利用施工企业排放的地下水》《取缔占道经营，促进"畅通工程"》，引起市委有关领导重视。

2007年，区政协在委员开展"进行一次调研、提一件提案、反映一条社情民意、参加一次政协组织活动"的"四个一"活动，要求每位委员全年要至少反映1条社情民意。

2008年，学习提案委员会对设立在新城区统战部、保合少镇政府、东街街道办事处、卫生局、检察院、政务大厅等6个社情民意点进行巩固和验收，畅通反映社情民意渠道。区政协报送市政协的《加大街道环境卫生的整治力度》的建议，受到市政协的高度重视，编入市政协《社情民意专报》，市委、市政府有关领导作出专门批示，推动问题的解决。

2010年，区政协将七届三次会议征集到的社情民意49条，以信息、简报的形式分10期报送区委、区政府和上级政协，其中《关于解决农村中小学生辍学问题的建议》《关于为环卫人员解决工作间隙休息场所的建议》得到采用。

2013年，区政协各专委会建立完善委员下基层、到界别、进社区的工作机制，分别选择一个社区建立政协委员社区活动站，充分发挥界别的优势和作用，密切委员与群众的联系，选取贴近群众生产、生活的主题，有针对性地组织委员开展活动，反映社情民意。委员与各界群众沟通对话、反映界别社情民意的工作机制得到健全完善。

2014年，区政协健全和完善社情民意信息工作运行机制，在拓宽社情民意收集渠道、加强信息员队伍建设上下功夫。开展"走基层、转作风、促发展"社情民意月主题实践活动。专门召开社情民意工作会议，针对以往社情民意信息收集面窄的问题，增设19个社情民意信息联系点，并将每个联系点的社情民意信息报送任务增加到每年12条。从委员中聘请特约信息员40名，明确每人每年12条的报送任务。形成以委员为主体、党派成员为骨干、专委会为依托、界别为纽带，保合少镇、各街道社情民意联系点和社情民意信息队伍为基础的信息工作新格局。通过上述举措，报送数量和采用率较往年有较大幅度提升。

2015年，区政协委员反映的《关于治理城市"路边烧烤"的建议》《以危旧楼排查为契机加强监管力度》《关于增加对离退休档案管理投入的建议》《关于加大对东库街市容及环境卫生整治力度的建议》4条社情民意被自治区政协采用。《重拳出击城市烧烤》《呼和浩特市环卫工人应配备类似交警反光马甲的建议》《关于加强小饭桌卫生管理的建议》《关于呼和浩特市改善公共停车环境的建议》《关于加强城区交通管理制止各种闯红灯现象的建议》《关于整合老旧小区的建议》《以危旧楼排查为契机加强监管力度》《关于解决八一市场内管理混乱问题的建议》《关于严厉打击私家车非法营运行为的建议》等9条被市政协采用。

2017年,区政协发挥社情民意联系点和特约信息员队伍的作用,围绕党政关注、群众关心、涉及经济社会发展和民生改善的问题,开展“短平快”信息采集。收集社情民意41件,编辑印发15期15件,分别报送上级政协、区委、区政府有关领导和相关部门。

六、帮扶、慰问

2003年2月,区政协在帮扶野马图村各项工作中成效显著,被中共新城区委员会、新城区人民政府评为2002年度社会扶贫工作先进单位。

2007年5月,教文卫体委员会组织教育界委员、教学能手赴毫沁营镇哈拉更村小学举办“送课”下乡义教活动。苏虎街小学老师张羽、海拉尔小学老师曹海燕分别为毫沁营镇、保合少镇周边学校的40余名老师作语文、数学的示范课,就新课改新理念作专题讲座。

2008年,根据区委、区政府和区政协的安排,社会法制委员会委员到帮扶单位成吉思汗大街街道办事处一家村和锡林郭勒北路街道办事处中山里社区开展帮扶工作,了解基层组织建设和社会服务工作中存在的问题和困难,共同制定切实可行的帮扶计划。为中山里社区捐赠打印机一台。教文卫体委员会与区计划生育局、安全监督管理局局、物业局的领导及相关人员到哈拉沁村,通过召开民主生活会、党员大会、听取汇报等形式详细了解村委会基层组织建设和社会经济发展中存在的问题,针对存在问题和困难,共同探讨、研究切实可行的帮扶方案,使帮扶工作真正落到实处。

2009年4月,区政协委员到手足口病发病较多的成吉思汗大街街道办事处石头新营村督办手足口病的防控工作,提出有针对性的意见和建议。社会法制委员会组织部分委员赴保合少镇野马图村开展服务农村法律科普宣传活动。委员们就牲畜养殖、蔬菜种植、消费维权等方面的问题为当地农民进行解答,与村委会达成初步意向,帮助解决部分符合条件村民的培训就业问题。发放《实用兽医手册》《无公害蔬菜生产实用技术问答》《农民法律知识手册》《消费与发展》等各类书籍、传单300余份。

2012年6月,区政协启动委员进社区、进农村、进学校、进园区活动,教文卫体委员会组织卫生界委员在三角线社区服务站开展送医送药义诊活动,接待群众100余人次,发放宣传单及保健手册多份。7月,学习提案委员会组织部分政协委员到迎新路街道办事处,召开政协委员进社区活动座谈会。政协委员们就如何发挥好委员进社区活动的作用进行交流,结合所在行业及资源优势帮助社区解决实际困难。9月,社会法制委员会组织部分委员到海拉尔东路街道办事处军区社区开展送教活动,邀请业内政协委员为9个社区的书记、主任及网格协管员,就社区网格化服务管理工作中的信息化运作进行培训,并与社区干部进行现场交流,现场演示现代通信手段与信息化平台相结合在社区网格化服务管理中的运用。经济科技委员会协调消防器材工程有限公司为东街街道办事处社区和驻区单位捐赠100具灭火器。向红十字会开展“博爱一日捐”活动,捐款6000多元。

2013年，新城区学习提案委员会组织部分委员到成吉思汗小学开展帮扶活动，对学生进行爱牙护牙知识宣传，给孩子们做免费的口腔检查。根据《政协呼和浩特市新城区委员会关于开展委员进社区、进农村、进学校、进工业园区活动实施方案》的要求，区政协携友谊医院开展为民办实事进农村义诊活动，在保合少镇奎素村卫生服务站，为周边农村适龄妇女免费进行常见病普查。第八届区政协委员为人民群众解决实际困难10多项，帮扶资金6万多元。

2014年，区政协牵头启动“优化环境、银企对接、三方共赢”专项工作。研究制定《新城区“优化环境、银企对接、三方共赢”专项推进方案》，成立专项工作领导小组。组织相关部门与国贸批发城、内蒙古银行召开3次专题协商会，就中小微企业融资难问题进行协商，为国贸批发城40户中小商户发放贷款500余万元，有效解决商户贷款难问题。会同工业园区与兴业银行经过两次协商，与驻区19家企业签订战略合作协议。有3家企业得到兴业银行的支持，发放贷款2024万元。制定并发放《新城区金融机构融资贷款手册》，形成搭建中小微企业服务平台的专题调研报告。通过区政协牵头工作，在促进银企对接，解决企业落地难、融资难、发展难、人才少等问题上取得成效。

2015年，按要求完成区委、区政府交办的美丽乡村建设、精准扶贫、旧村拆迁改造工程、大青山前坡生态治理、环境卫生综合整治、创建文明城市等工作任务。

2016年7月，组织委员为“美丽乡村建设”捐款捐物，为甲兰板村村民老旧房改造捐赠套装户门50套，为保合少村老旧房改造捐赠太阳能热水器10台。

2017年，按照区委环境卫生整治工作的总体安排，切实落实包联单位职责，组织机关干部到中山东路街道办事处团结社区协助社区居委会开展环境卫生清理工作，选派两名干部协助市督导组开展督导工作。按区委、区政府工作要求，选派1名干部到拆迁指挥部参与城中村拆迁改造工作。按照全区精准扶贫工作的有关部署，组织包扶领导、干部开展精准扶贫“回头看”工作。

七、委员管理

第五届区政协引导政协委员和机关干部认真地学习马列主义、毛泽东思想、邓小平理论、“三个代表”重要思想、十六大精神、政协章程、统战理论、优化环境有关内容和廉政建设有关规定。通过学习，进一步深化委员及机关干部对“三个代表”重要思想的认识和理解，增强贯彻“三个代表”重要思想的自觉性和坚定性，提高履行职责的能力和水平。

第六届政协制定完善《常委会工作规则》《主席会议制度》《专委会工作规则》《委员守则》《政协机关管理规定》等方面的制度，对主席会、常委会组成人员及专委会履行职能的权利、义务、职责、任务、考核等方面作明确的规定，使区政协各项工作制度更加健全，程序更加明确，活动更加规范，成效更加明显。在坚持政情通报制度的基础上，从加强与委员互动联系，提高议事效率的角度出发，制定实行《政协委员活动告知制度》，将政协组织的活动和例会的内容、时间提前通知每一位委员，委员根据内容确定参加活动和会议，以扩大参与面，为委员提供更多建言献策的机会。本届政协首次实行《委员届末述职制度》，要求每一位委员对任期内自身所做的工作进行总结，提交书面报告，由区政协常委会综合各方面的情况，作为对六届政协委员的考评意见，报送区委，协助区委做好换届时委员的选拔工作。

第七届政协通过组织委员召开座谈会、常委会专题学习会等形式，学习传达区委、区政府各项会议精神，提高委员们思想认识，为更好地围绕区委、区政府中心工作建言献策创造条件。坚持每年召开两次政情通报会，邀请区委、区政府领导向全体政协委员通报全区重点工作、重大民生项目的实施情况，为委员实施民主监督，建言献策提供平台。为委员订阅刊物、举办培训、参观、调研、考察、组织召开全体委员专题学习会，学习政协工作的基本理论和知识，使委员了解和把握政协履行民主监督职能的内容、方法和途径，更好地履行职责。

第八届区政协加强对政协委员的管理培训，提高委员履职的能力和水平。制定完善《呼和浩特市新城区政协委员履职考评暂行办法》《新城区政协专门委员会工作制度》等多项制度，加强履行职能的规范化、制度化、程序化建设，保证区政协履行职能有章可循、有序运转，委员活动更加规范。通过对委员举办培训、参观、调研、考察、组织召开专题学习会等形式，使委员了解和把握政协履行职能的内容、方法和途径，更好地履行职责。为委员购买《政协委员手册》，举办委员培训班培训委员，组织委员参加全国政协培训，各专委会组织召开专题学习会，委员参加区政协组织的参观、调研、考察 100 多人次，提高委员履职的素质，提升履职的效果。

八、文史资料工作

2002 年 4 月，新城区政协首次开展文史资料工作。按照“广征博采，精选细编，抓住重点，注重质量”的精神，进行文史资料的征集、整理。年底，编辑出版《新城区文史资料》第一辑(满族专辑)，填补新城区文史资料工作空白，受到区委、区政府的肯定和社会各界人士的好评。《新城区文史资料》第一辑是一部用“三亲”材料生动反映新城满族政治、经济、文化、社会生活的满族专辑，共收录图片 30 多幅、文章 45 篇，15 万字左右。自治区政协副主席盖山林为本书作序，新城区政协主席马喜超题词。

2005 年，新城区政府把文史资料工作所需经费列入财政预算，按时拨付。区政协与上级政协开展协作，向自治区政协文史资料委员会提供质量较高的人物资料稿件，新城区政协 30 多名政协委员被列入自治区政协文史资料委员会出版的《政协委员风采录》。向呼和浩特市政协提供 6 万多字的政协志资料，完成《呼和浩特市政协志》区旗县政协卷——新城区政协的资料收集、编写、提供和修改工作。

2007 年 7 月，自治区成立六十周年之际，《呼和浩特新城区文史资料》第二辑(满族专辑）完成编印出版工作。这是新城区政协文史资料工作的又一丰硕成果，也是对自治区六十周年大庆的丰厚献礼。本辑文史资料以传承和发扬新城区传统满族文化为目标，在翔实的史料和细致的整理研究工作基础上，从多层面、多视角展现了青日绥远城的面貌，真实地反映了满族同胞的生产、生活、娱乐、传说、风俗、宗教信仰。满族历史学家佟幼生为本书题词，新城区政协主席朱祥福作序，共收录图片15幅、文章30篇，15万字左右。本专辑的出版，为研究新城区满族史提供了丰富真实的资料，开启了新城区各民族之间了解交流的窗口，在繁荣新城区满族文化、促进民族团结上起到了积极的作用。

2009年，在《新城区文史资料》第一、第二辑成功出版取得丰厚经验的基础上，区政协认真做好《新城区文史资料》第三辑的征集编辑工作，许多专家学者和事件亲历、亲见亲闻者查阅史料、参考志乘、博采口碑，提供40多篇水平高、可读性强、史料价值高的作品。在人员较少、困难较大的情况下，12月，《新城区文史资料》第三辑顺利出版。本辑文史资料突出了新城区是首府经济首区、文化大区和满族聚居区的特点，汇集探求考证、史海钩沉、人物春秋、革命史话、往事追忆、区域风情等6个栏目，新城区人民政府区长薛燕群、著名书法家家高山为本书题词，新城区政协主席朱祥福作序，共收录图片50多幅、文章25篇，18万字左右。此专辑的出版，对研究了解新城区的政治、经济、文化、社会诸方面提供了有价值的参考，对宣传新城区产生了积极的效果，对促进新城区的文化大区建设起到了有益的作用，受到了区委、区政府的肯定和社会各界人士的好评。

2013年，第八届区政协充分重视文史资料工作"团结、育人、资政、留史"的作用，进一步做好文史资料的收集、整理、研究工作。为庆祝新城区政协成立30周年，通过相关资料的收集、整理工作，筹备编辑出版《新城区政协志》。为促进新城区旅游业的发展，以大青山区域内的史实为题材，研究制定《青山史话》编辑提纲，对大青山历史遗址、文物古迹、民俗宗教、地域风情、非物质文化遗产、历史人物、民间传说、革命史话等史料进行整理挖掘，为编辑出版《新城区文史资料》第四辑做前期准备工作。向呼和浩特市老促会提供3万多字的《呼和浩特革命老区发展史》——新城区革命老区资料，完成编辑修改工作。

2014年，区政协对新城区政协成立30年以来的履职工作作总结回顾，成立《新城区政协志》编委会，对拟定的编修大纲进行修改，具体部署并开始收集资料。2017年，《新城区政协志》编印出版。

第十五篇

政　法

第一章 公 安

第一节 机 构

一、管理机构

2001年,呼和浩特市公安局新城区分局(以下简称新城分局)内设纪律检查委员会、政治工作办公室、办公室、国保大队、经侦大队、治安管理大队、户政科、法制科、信访科、消防科、指挥室、禁毒大队、巡警大队、警务督察队、刑警大队等机构15个;派出机构12个。

2001年6月,治安管理科改为治安管理大队。11月,增设特勤中队。2002年4月,成立新城区保安服务分公司。9月,小井派出所改为治安派出所,户政工作划归毫沁营和保合少派出所。西街派出所刑警中队划归刑警大队,改为西街刑警中队。公安分局自筹资金在新城区小井沟建立民警教育培训基地。10月,增设缉捕中队、出入境管理科。12月,成立城东治安派出所。

2003年3月,技术情报中队改为刑事科学技术室。东风路派出所刑警中队、海拉尔东路派出所刑警中队、新华东街派出所刑警中队、东街派出所刑警中队统一划归刑警大队,分别称东风路刑警中队、海拉尔东路刑警中队、新华东街刑警中队、东街刑警中队,结束所队合一的建制。7月,巡警大队改为110出警大队。12月,警务督察队改为警务督察大队。

2004年4月,纪检、监察、审计、督察大队、信访科职能合并,改为警务监督室。对外保留督察大队、信访科建制。警务监督室下设综合科、执纪监督科、执法监督科、警务督察科。12月,成立治安行动大队,负责查处辖区内的治安、行政案件。12月,撤销巡警大队。原巡警大队统一归入全市"网格化"巡逻防控工作中,巡警大队部分人员归出警大队管理。

2005年12月,撤销110出警大队。原担负巡逻任务的民警及巡逻车辆统一归属市局巡警支队管理调配。

2006年6月,撤销东街刑警中队和新华东街刑警中队,原管辖区分别由五中队(东风中队)和六中队(西街中队)接管,同时原海拉尔东路、东风路、西街中队分别改为四、五、六中队。

2008年9月，增设网格化巡逻办公室。10月，治安行动大队所有治安民警重新归回各派出所，治安、行政案件由各派出所承担。11月，指挥室改为指挥中心(加挂办公室牌子)，办公室(后勤保障人员除外)和指挥室合并。户政科和出入境管理大队合并，改为基层基础出入境大队，增设教导员一名。政治工作办公室和纪委合并，改为政工监督室(加挂纪委、监察室、督察大队牌子)。法制科和信访科合并，改为法制室，增设教导员一名。增设警务保障室。

2010年3月，团支部改为团委。

2012年6月，基层基础大队与出入境管理大队分设办公，同年6月18日，成立网络安全保卫大队，担负辖区公共信息网络安全监察工作。

2013年，政工办与纪委分设办公，信访科与法制室分设办公。

2016年2月6日，成立食品药品和环境犯罪侦查大队。

2017年4月14日，党委派出所更名为青城巷派出所。

2017年，新城分局内设政治工作办公室、纪律检查委员会、警务保障室、指挥中心(办公室)、警务督察大队、法制大队、信访室、国保大队、经侦大队、治安管理大队、食品药品和环境犯罪侦查大队、基层基础大队、出入境管理大队、禁毒大队、网安大队、情报中心、刑警大队、消防大队等机构18个；派出机构13个。

二、基层派出所

2001年，新城分局辖有12个派出所，西街派出所、东街派出所、锡林路派出所、中山东路派出所、海拉尔东路派出所、东风路派出所、新华东街派出所、迎新路派出所、党委派出所、毫沁营派出所、保合少派出所、小井派出所。

2017年，有13个派出所，新华东街派出所、西街派出所、中山东路派出所、青城巷派出所、东街派出所、锡林路派出所、海拉尔东路派出所、东风路派出所、迎新路派出所、成吉思汗大街派出所、保合少派出所、鸿盛工业园区派出所、城东派出所。

第二节　基础设施

2001年，新城分局办公大楼位于新城西街155号，共6层，建筑面积为3668.1平方米。2006年4月，分局驻楼各部门从新城西街155号搬迁至呼伦贝尔北路15号，共8层，建筑面积为1.1万平方米。2015年2月，分局驻楼各部门从呼伦贝尔北路15号全部搬迁至成吉思汗大街与东二环交会处的公检法办公区，分局大楼建筑面积1.49万平方米，共9层。

2017年底，新城分局有台式电脑557台，笔记本电脑86台，打印机142台，传真机22台，对讲机155部，摄像机36台，照相机58台，一体机56台，公务用车58辆。

第三节 队伍建设

2001年，新城分局共有警力456名，其中男民警365名，女民警91名。2017年，全局共有警力686名，其中男536名，女149名。行政编民警465人，工人1人，事业编75人(授衔35人，未授衔40人)，辅警260人。

一、素质建设

新城分局为加强公安队伍的思想政治建设，在不同的历史时期，结合公安工作实际，定期、不定期组织民警学习马列主义、毛泽东思想、邓小平理论、“三个代表”重要思想、科学发展观和习近平新时代中国特色社会主义思想，学习党的路线、方针、政策和国家的法律法规，教育和引导广大民警正确理解和掌握党的现行政策，牢固树立正确的人生观、世界观和价值观。坚持每月组织一次中心组学习，每周组织一次支部学习，每两月开展一次专题研讨，每半年开展一次党课讲授。在分局内网设立专栏，不断更新学习资料和信息，提高各级领导政治理论素养，为谱写新时代新城公安工作新篇章、开创新时代新城公安工作新局面奠定坚实的思想政治基础。组织民警参加各级公安院校举办的公安业务轮训，系统地学习文化业务知识。2009年，举办各类培训班12期，培训民警1500余人次。2017年，派出14名教官参加自治区公安厅、市局组织的专题培训。

二、大练兵活动

2013年，新城分局公安队伍正规化建设这一核心目标，坚持“向教育训练要素质”“向教育训练要警力、要战斗力”的理念，坚持“贴近实际，突出实战，注重实效”的原则，采取“以比促学”“以赛促练”“以练促战”的方式，以基层所队为重点，明确责任，加强指导，推行“战训合一，轮训轮值”的训练模式，在武警训练基地组织培训班4期，参训民警446名，重点培训实战警务技能、专业技术和警察风纪，开展各种比武竞赛，把大练兵工作引向深入，完成市局下达的教育训练任务。

三、争先创优

2004年，新城分局各单位先后70多次被评为先进集体，300多人次被评为先进个人，其中集体立功8次，个人立功79人次(其中一等功4人次、二等功9人次、三等功66人次)。2005年，新城分局被公安部评为全国优秀公安分局，所属各部门多次受到上级党委、政府和上级公安机关的表彰、奖励，其中荣立个人一等功2人，二等功5人，三等功10人，嘉奖20人，新城分局表彰先进集体11个，先进个人52人，“好警嫂”“好丈夫”10人，宣传报道先进集体3个，先进个人5人。2006年，新城分局受表彰民警230人，一线民警占84.2%。2007年，新城分局受表彰民警323人，其中基层一线民警275人，占85%。2008年，新城分局受表彰民警181人，其中基层一线民警155人，占85.6%。2017年，新城分局被评为先进集体1次,先进个人21人次,集体立功3次(其中一等功1次、三等功2次),个人立功15人次(一等功1人次、二等功3人次、三等功11人次),45人次受到嘉奖。

四、管理教育

2001—2017年,新城分局紧紧围绕各个时期的专项工作,从实际情况出发,开展队伍集中教育整顿活动。开展警示教育活动,组织民警开展座谈讨论,使民警深刻认识到违法违纪的危害及后果,增强规范执法、遵规守纪的自觉性。开展教育排查工作。针对车辆安全管理、请销假制度、枪支管理等,分局党委多次下发通知进行强调,并对有驾照和拥有私家车人员进行排查摸底,对超标公务用车、报废车超期服役的立即停止使用。对枪支配发人员进行审查把关,确保民警执行任务时依法使用枪支。抓好民警思想状况排查。全面了解民警的所思、所想、所惑,掌握队伍中苗头性、倾向性问题,采取走访民警家庭、与家属见面、与民警谈心的方式方法,了解民警思想脉搏和工作日外的生活、交友、爱好和不良嗜好等情况,对苗头性、倾向性问题民警及时加以疏导,解除心理包袱,打造纪律严明、勤政为民、高效廉洁、求真务实的公安队伍。领导带头,严格按照规定开展办公用房清理工作,重新调整、配置办公用房,消除办公用房超面积现象。

新城分局党委以落实党风廉政建设责任制为龙头,以廉政教育为基础,以廉政文化建设为抓手,以落实执法为民思想为核心,以构筑和谐警民关系为目标,不断拓宽从源头上防治腐败的领域,建立健全有公安特色的教育、制度、监督并重的惩治和预防腐败体系,扎扎实实地抓好反腐倡廉各项任务的落实。推进党风廉政建设和反腐败工作,加大反腐倡廉宣传教育力度,认真落实责任制,建立健全制度,狠抓工作落实;加大监督检查工作力度,围绕中心工作,履行工作职责,保证政令、警令畅通,确保各项工作部署落到实处。加强政风和效能建设,提高服务水平和服务质量,纠正和查处不作为、乱作为等不良行政行为,构建和谐警民关系;加强基层所队的党风廉政建设,开展争创"无违纪所队"活动,解决群众反映强烈的突出问题,纠正损害群众利益的不正之风。充分发挥职能作用,改进和警务督察、内部审计、执法检查、护警维权等工作。

第四节　户籍管理

户籍管理包括常住人口管理、重点人口管理、流动暂住人口管理,颁发第一代、第二代居民身份证工作和人口信息管理、人口档案管理等工作。常住人口管理主要包括出生、死亡登记、迁出、迁入登记、变更更正登记和常住人口调查;重点人口管理,主要将6类15种人纳入工作视线,列为重点人口管理;流动人口管理主要包括暂住人口管理、寄住人口管理、境外居留人口管理、居民身份证管理、人口统计、人口信息管理、人口档案管理等。户口管理工作由基层基础管理大队负责，由所属各派出所直接登记管理。2004—2017年共开展13次专项清理整顿工作。

2001年2月，自治区公安厅下发《关于规范居民身份证四联卡交接工作有关事项的补充通知》，进一步落实公民申报3个月内领取居民身份证的承诺。10月，新城分局按照市局《关于认真做好军队和武警部队人员居民身份号码编制工作方案》的通知，开展为现役军人进行身份证编码赋码工作。

2003年，新城分局收集各类人口信息。发挥职能作用，为防治"非典型肺炎"提供服务。加强人口信息网络建设工作，辖区常住人口数据和办理身份证人口照片全部录入人口信息管理系统。

2005年7月，呼和浩特市进行第三次户籍政策改革，其主要内容是以"落户准入条件"取代"城镇人口控制指标"，促进人口合理流动。实行以具有合法股东住所为主的"户口准入制"，户口迁移不受农业、非农业户口性质限制。

2006年，辖区12个派出所开通四级公安网。开展换发第二代身份证工作，换发第二代身份证20.7万人。

2007年，全市实行网上办户，市区内迁移取消迁移证，到落户地派出所直接迁移即可，方便群众，简化办户手续。

2009年3月，按照自治区公安厅《关于做好军人和人民武装警察申领发放居民身份证工作的通知》，开始为现役军人颁发居民身份证。6月，根据公安部《关于实施社区和农村警务战略的决定》和市局《关于进一步加强派出所建设的实施意见》要求，制定下发《新城区公安分局关于加强平安社区和警务室建设的实施方案》。拿出20余万元用于奖励警务室建设较为规范的派出所，使社区警务室和农村警务室建成率为95.79%和61.5%。

2010年4月，开展创建正规化标杆派出所和正规化样板社区（农村）警务室建设试点工作，确定11个正规化样板社区（农村）警务室。

2011年10月29日，第十一届全国人大常委会第二十三次会议通过《全国人民代表大会常务委员会关于修改〈中华人民共和国居民身份证法〉的决定》，新修订的《居民身份证法》于2012年1月1日起正式实施。分局开展指纹信息采集、人口信息系统升级、制证设备改造等工作。

2012年4月，为2013年1月全面启动登记指纹信息居民身份证制发工作，做好筹备工作。

2016年，按照《呼和浩特市公安局户政处立体化治安防控体系建设项目实施方案》要求，构建完成立体化治安防控体系建设工作。

2017年5月24日，开通居住证申领受理业务，截至2017年年底，受理居住证申领业务719人次。

第五节 案件侦查

一、刑事案件

2001年6月,公安部开展严打整治斗争。以开展“打黑除恶”为龙头,打击严重暴力犯罪和多发性侵财犯罪专项行动。打掉以杨XX为首的野蛮拆迁、暴力敛财、重伤多人的带有黑社会性质的犯罪团伙。

2004年初,公安部提出“命案必破”的要求,开展“侦破命案”专项行动、“追逃”统一行动,“夏季治安攻势”等专项斗争,开展“网上追逃”、指纹会战专项行动案件侦破工作。在集中行动中,破获各类刑事案件443起,打击处理违法犯罪嫌疑人295人,抓获逃犯25人,为国家和人民群众挽回经济损失21.5万元。侦破“2004.9.03”自治区公安厅挂牌督办的抢劫汽车案、公安厅挂牌督办的“2001.9.03”绑架杀人案等一批大要案件。

2006年,在“打黑除恶”专项行动中,成功地打掉以白XX为首的带有黑社会性质的犯罪集团(全国“打黑办”督办)和以刘XX为首的黑恶势力团伙(自治区公安厅督办)。抓获涉黑涉恶成员47人,破获涉黑涉恶案件49起。

2008年,新城分局以迎奥运、保安全、促稳定为工作目标,开展“三反一打”(反抢劫、反盗窃、反扒窃、打击社会丑恶现象)专项斗争。取得两大突出战果,命案发生18起,破17起,命案破案率94%;相继打掉在市区持枪、持刀、蒙面抢劫麻将馆的犯罪集团,打掉利用网络聊天将受害人骗出进行抢劫的犯罪团伙。在专项行动中,以打击侵财犯罪、团伙犯罪、流窜犯罪为重点,与各部门、各警种协同作战,全力侦破各类案件,最大限度地挤压犯罪活动的空间。

2009年,新城分局树立“命案必破”的工作理念,全警动员、全力以赴,向各类命案发起凌厉攻势,工作中强化措施、健全完善命案侦破机制,以侦破命案提升刑侦工作效能,取得突出战绩。到11月30日,新城区共发命案13起,破命案13起,命案破案率100%,抓获命案犯罪嫌疑人21人,抓获命案逃犯6人,实现命案侦破“两降一升”的工作目标。2014年,每月月底利用两天的时间组织开展11次“夜鹰”集中统一行动。

2016年4月,全国公安机关开展严厉打击“盗抢骗”犯罪斗争,新城分局以“防控风险、服务发展,破解难题、补齐短板”为总要求,在新城区范围内组织开展为期3年的打击“盗抢骗”犯罪专项行动。

2017年5月,开始组织开展“三打击一整治”专项行动。行动期间,破获网络贩枪案刑事案件3起,全年抓获逃犯53人(本地21人,自治区内12人,自治区外20人),其中抓获历年逃犯17人。

2001—2017年新城分局刑事案件立破一览表

表 15-1-1 单位:起

年度	命案发案数	命案破案数	刑事案件立案数	刑事案件破案数
合计	287	278	56749	37647
2001 年	34	32	1885	1516
2002 年	25	23	1918	1648
2003 年	16	15	1819	1518
2004 年	22	21	2032	1881
2005 年	24	22	1728	1681
2006 年	17	17	1669	1715
2007 年	20	20	2411	1791
2008 年	29	27	2772	1938
2009 年	15	15	4137	1238
2010 年	26	25	4766	1721
2011 年	12	12	6089	2520
2012 年	6	6	6758	5136
2013 年	11	13	5611	7994
2014 年	11	11	3167	2079
2015 年	7	7	3761	1161
2016 年	7	7	3546	1088
2017 年	5	5	2680	1022

二、经济犯罪侦查

经济犯罪侦查工作的主要任务是重点打击出口骗税、危害税收征管、破坏金融管理秩序、合同诈骗、侵犯知识产权等犯罪活动。经济犯罪侦查大队在侦办经济犯罪案件中，落实经济犯罪案件受、立案工作流程，依法如实受、立案，完善办案的组织形式和工作模式，推行主办侦查员制，严格办案各个主要环节的审核审批制度，办案责任制和执法过错倒查制落到实处。

2001—2004 年，共打击处理违法犯罪嫌疑人 51 人，挽回经济损失 290 余万元。2005—2008 年，共破获经济犯罪案件 51 起，打击处理违法犯罪嫌疑人 30 人，挽回经济损失1230 余万元。2009 年，破获经济犯罪案件 17 起，打击处理违法犯罪嫌疑人 33 人，挽回经济损失 400 余万元，抓获网上诈骗嫌疑人 5 人，协助外地公安机关办案 6 起，挽回经济损失 100 余万元。2014 年，破获经济案件 171 起，打击处理违法犯罪嫌疑人 25 人，挽回经济损失上亿元，破获自治区公安厅督办“温 XX 特大合同诈骗案”。2015—2017 年，共破获经济犯罪案件 114 起，打击处理违法犯罪嫌疑人 74 人，挽回经济损失 6500 余万元。重点开展打击非法集资犯罪;洗钱、地下钱庄犯罪;银行卡、银行间债券犯罪;骗取出口退税、虚开增值税发票犯罪;内幕交易、操纵市场犯罪;网络传销犯罪;假币、制售假冒伪劣商品犯罪。进行涉税犯罪活动的宣传工作,配合银行、地税、国税打击犯罪,维护金融系统的正常秩序。

第六节　110 报警服务

新城分局指挥中心负责掌握和综合处理各方面信息,协助领导进行宏观决策和指挥调度。2001 年,受理各类报警 1.6 万余次,2009 年,接警次数增加到 3.6 万余次,到 2017 年,接警次数增加到 5 万余次。

2001 年,指挥室值班人员主要使用电话接听、派警进行反馈,随着报警数量的逐年递增,为减轻值班人员的工作负担,提高工作效率,2003 年 9 月,安装微机指挥系统和电子地图定位系统,实现微机指挥、监控,增强接处警工作的透明度。2006 年,新城分局按照公安机关“三基”工程建设总体规划,投入大量资金完成 GPS 定位系统、350 兆对讲机集群呼叫指挥系统、公安机关专网数据传输系统的建设,公安机关内部四级网接通率100%。

2001—2017 年新城分局 110 指挥室接处警情况一览表

表 15-1-2　　单位:次

类别/数量/年度	合计	刑事警情	治安警情	纠纷	公民求助	其他
2001 年	16039	7660	125	3188	799	4267
2002 年	17813	5350	289	3394	937	7843
2003 年	19224	3052	358	4444	1469	9901
2004 年	23367	3959	482	6688	5440	6798
2005 年	12572	1397	499	3035	2875	4766
2006 年	10792	1315	112	2726	3332	3307
2007 年	10123	2119	105	1308	911	5680
2008 年	17886	2235	49	2359	1455	11788
2009 年	30613	5464	6392	5080	4535	9142
2010 年	21457	5930	7224	2664	2210	3429
2011 年	26206	6418	8798	2384	2003	6603
2012 年	27244	7035	7533	2452	3584	6640
2013 年	39423	6344	6676	6004	7408	12991
2014 年	47104	5834	11956	7275	9602	12437
2015 年	47474	5444	10840	7721	10378	13091
2016 年	48626	4625	11863	9187	9694	13257
2017 年	50251	4639	12673	9428	10919	12592

第七节 社会治安

一、特种行业管理

2001年，辖区内特种行业管理范围包括：旅店业、刻字印刷业、信托寄卖和典当拍卖业、修理业、废旧金属收购业和由自治区人民政府、呼和浩特市人民政府规定列管的其他特种行业。2002年，市政府将桑拿洗浴场所也列入特种行业进行管理。经过清理整顿和规范管理，辖区内持证经营的特种行业共有434家。2008年，增加到685家。2017年，增加到882家。

2001—2017年，新城分局每年都要调查登记、清理整治、强化管理，并协同有关部门进行人事审查、健全管理制度。治安部门会同各派出所在特行中建立健全保卫组织，对特种行业负责人和从业人员进行治安业务培训，采取一系列“安全大检查”“集中清理整顿”打击违法经营及违法犯罪活动，开展专项治理，规范和完善管理措施，加大管理力度。

二、公共场所管理

2004年，辖区内共有公共场所4475个，其中复杂场所4157个，娱乐场所318个。2012年，公共复杂娱乐场所共计638家。2017年，经整顿后减少到87个。

2001—2017年，新城分局适时开展一系列安全大检查和集中清理整顿活动，先后开展查禁“黄赌毒”“治爆缉枪”“打痞除暴”、加强娱乐场所专项治理、集中整顿学校周边治安秩序、严厉打击社会丑恶现象、打击外来流动人口违法犯罪活动、“冬季风暴”等专项整治行动，维护社会治安，净化社会风气。

三、危险物品管理

公安机关列管的危险物品有枪支弹药、爆炸物品、易燃物品、剧毒物品、放射性物品和管制刀具6种。2001—2017年，新城分局开展对危险物品的办理审批、发证、登记、注册手续；监督、检查、安全指导；收缴散失在社会上的危险物品；审查、考核和培训直接从事生产、贮存、押运、销售、使用和销毁危险物品的工作人员；查处事故；进行安全防范的宣传教育等管理工作。

2001年，分局结合本辖区实际情况和不同时期的治安特点，适时开展各项专项治理，先后开展“治爆缉枪”专项斗争、“打黑除恶”“安全大检查”“夏季治安攻势”“冬季风暴”专项行动和打击“黄赌毒”违法犯罪专项行动等专项治理工作。

2004年9月11日，侦破自治区公安厅挂牌督办的“2004.9.03”持枪抢劫汽车案件。

2009年6月10日，新城分局组织民警配合呼和浩特市环保局、安全检查委员会、新城区环保局将存放在呼和浩特市医药公司车库内的25件625公斤氰化氢氨和10余公斤的氰化钠安全转移至新库房。

2015 年，为深入贯彻落实市公安局公务用枪清查整顿专项行动工作方案的精神，签订无非法持有枪支弹药保证书 537 份(包括公、检、法、司)。

四、社会治安综合治理

2001—2017 年，新城分局集中开展多次打击“黄赌毒”、治爆缉枪、清缴管制刀具、整治校园、企业周边治安环境和安全生产及消防安全大检查等专项行动。

2003 年，新城分局在全市率先实行由分局、办事处、乡镇、派出所、社区、行政村、社区民警等组成的三级防范网络。新城区划分为 33 个网格巡逻区域，由新城分局承担 9 个网格巡逻区域，开展治安防控巡逻，形成一级网格巡逻网络。以派出所警民巡逻队、社区治保会成员组成的专业化巡逻队，加强对辖区的治安复杂地段、易发生案件部位的巡逻，形成二级防范网络。以社区民警、社区联防队、保安、义务巡逻队开展社区巡逻为主，形成三级防范网络。建立起点有自防、线有巡逻、面有联防、动静互补联动的防控体系。

2008 年，新城分局加强社会治安打防控网格化巡逻机制建设，对新城区的 55 条街道、77 个区域进行网格化巡逻，对 10 辆网格化巡逻车、377 名警民巡逻队员、102 名“40•50”人员(女满 40 周岁、男满 50 周岁未就业人员)、86 名复转军人进行重新整合定位、定责。逐步形成点线面相结合，集社会面、居民区、内部单位为一体的整体防控网络。通过治安巡逻，分局抓获现行犯罪嫌疑人 193 人，破获各类刑事案件 385 起，街面刑事发案得到有效控制。

2013 年，新城分局开展“治爆缉枪”专项行动、“最大限度收缴管制刀具”专项行动和打击盗窃“三电”专项行动。检查涉爆单位 8 个，签订安全管理责任书 8 份，整改安全隐患 3 起，未发现有丢失、被盗民爆物品现象。破获自治区“三电”办督办的“8•16”盗窃联通基础设施案，抓获犯罪嫌疑人 7 名。联系协调教育部门，与铁甲护卫公司签订协议，聘用 88 名专职保安员进驻新城区 31 所中小学校，与辖区派出所共同加强学校警务室建设。

2014 年，新城分局完成全国“两会”、APEC 会议安全保卫工作。开展“三治三打一排查”冬季社会治安整治行动、“黄赌毒”专项行动和缉枪治爆、打击整治非法制贩管制器具专项行动。检查各类娱乐场所 42 家，下达整改通知书 4 份。查处黄赌类案件 14 起，行政拘留 31 人。收缴各类管制刀具 311 把，成功破获公安部督办“11•04”特大涉枪案。抓获呼和浩特市 5 名下线嫌疑人。5 名涉案人员 1 人被批准逮捕，4 人被行政拘留。

2017 年 3 月，新城区对红旗街及周边地区开展针对涉黄、涉骗等治安违法行为的集中整治行动。专门成立红旗街综合改造领导小组，统筹协调街道办事处、公安、交管、城管、食药等有关地区和部门，对红旗街、车站东街、车站西街、华联楼、复兴巷涉黄旅店、出租屋的清查行动，查封、关停“涉黄”旅店、出租屋 46 家进行整治，对 87 名有涉黄和诈骗嫌疑的人员身份信息进行采集和拍照。红旗街监控群投入使用，安装 100 个高清监控探头，监控区域覆盖整个红旗街，达到街面、楼内各通道无死角监控。在红旗街内设置监控室，由街道派人24小时专人专盯专管，发现异常第一时间通知公安力量。

2001—2017年新城分局治安案件查处一览表

表15-1-3

年度	查处案件数(件)	打处人员(人)	治安拘留(人)	罚款(人)	警告(人)
2001年	952	1615	170	1062	51
2002年	851	1298	117	613	43
2003年	1384	1917	131	1001	103
2004年	1109	1443	132	926	29
2005年	950	1481	400	571	20
2006年	980	1591	418	664	5
2007年	987	1522	463	593	4
2008年	1559	2649	321	255	1
2009年	5121	8610	1183	761	90
2010年	5906	9748	1233	1124	190
2011年	6542	10509	1158	1337	153
2012年	7732	11681	974	1545	259
2013年	7241	10659	2216	449	103
2014年	8738	13964	2221	340	23
2015年	6784	9447	1460	346	2
2016年	5747	9021	1005	249	4
2017年	6065	9276	761	172	6

五、专项工作

2012年11月8—14日，中共十八大在北京召开。会议期间，新城分局根据上级公安机关工作部署，制定《新城区公安分局关于党的十八大安全保卫工作总体方案》，并成立以局长胡晓宁为总指挥，其他党委成员为副总指挥的中共十八大安全保卫工作总指挥部。完成中共十八大安保任务。

2017年8月8日，自治区成立70周年庆祝活动在呼和浩特市举办。新城分局制定印发《新城区公安分局关于内蒙古自治区成立70周年庆祝活动安全保卫工作总体方案》等20个文件通知，成立庆祝活动安保工作领导小组，并从相关单位抽调精干力量组建领导小组办公室，具体协助领导小组负责指挥、协调、督导、报送信息等工作。按照上级公安机关部署，结合辖区实际，开展缉枪治爆和打击"黄赌毒"违法犯罪专项行动，辖区各派出所通过张贴公告栏、发放宣传单的方式向广大群众进行宣传，发放宣传材料920份，出动警力1365人次，警车467台次；清查各类场所978家；查处涉黄案件74起，行政拘留95人，罚款1人；涉赌案件39起，行政拘留53人，罚款48人。组织开展娱乐场所清查整治工作和清理整顿旅馆业专项行动，维护社会治安秩序。出动警力342人次，累计排查449家，下发整改70份，整改14家。对新城辖区内的旅馆业开展清理整顿专项行动。行动期间，排查944家，发现隐患342家；整改150家。全面启动打击整治发放张贴小广告专项行动，营造干净整洁、安全文明的城市环境。组织警力对辖区城市街头、交通路口及车站等公共场所散发小广告、小名片等制贩假证信息全面排查梳理，对小广告张贴范围、印刷特征以及内容、数量、电话号码等进行汇总分析，深挖线索，拔根堵源，充分利用科技、信息、合成等技术手段对违法发放张贴小广告行为进行"精确打击"。出动警力300余人次，累计查处治安案件16起，行政处罚25人；破获刑事案件2起，刑事拘留3人，取保候审3人。加强重点单位、要害部位安全管理。最大限度防止各类恶性案(事)件的发生，组织开展治安保卫重点单位、散装汽油、寄递物流等重点单位、要害部位的治安管理工作。检查重点部位534家，整改安全隐患59起。

2017年9月13—16日，第26届中国金鸡百花电影节在呼和浩特市举办。新城分局按照公安厅和市局的总体部署，坚持"属地管理"和"谁主管、谁负责"的原则，实行安保工作领导小组统一领导下的分工负责制，将具体勤务由局党委成员和各派出所承包。实行辖区派出所24小时全程巡控的勤务模式，现场勤务全程跟踪的管控模式。活动期间，累计出动警力175人次，车辆10台次。

第八节　法制工作

一、法制建设

2010年，新城分局全面推行执法资格认证制度，开展初级、中级、高级执法资格网上考试。

2013年，新城分局按照公安部《关于对落实〈公安机关执法规范化建设阶段目标和成效标准〉情况开展检查验收的通知》要求，投入300余万元建立6个办案中心。同年1月29日，执法公开门户网站开通运行，并与市局门户网站链接。

2014年，新城分局对自有办公用房的迎新路派出所、东风路派出所和中山东路派出所分别改建1个办案区。2016年，分局法制大队成立案管中心。

二、执法监督检查

2001—2017年，对分局执法情况进行检查、指导、监督，建立健全执法质量考核评议制度，对法制事项审核把关，确保具体的执法行为合法适法。分局在各单位设立兼职法制员、建立局长办公会议集体研究决定对案件处理的制度、建立案件全流程逐级审核把关制度、实行案件回告制度。完善监督机制，开展执法监督检查活动，每月、每季度、每半年、一年抽调专人在局属范围内开展分局季度执法质量考评工作。制定和完善各项执法制度、责任制、办事规则，实现各项公安工作有法可依。

三、宣传教育

2001—2017 年，新城分局根据不同历史时期，每年定期开展法律知识的教育培训，不定期组织开展法律知识竞赛，促进和提高公安队伍整体法律素质，确保严格、公正、文明执法。2001—2005 年，开展"四五普法"宣传教育。2006 年开始，开展"五五普法"宣传教育。2006—2008 年，举办各种形式的法律法规知识培训 14 期，轮训民警 930 人次。2011 年，建立网上服务平台，组织开展"六五普法"宣传教育、以"法制专栏"为载体，及时发布宣传执法信息以及转载法律法规、规章和司法解释，为一线执法提供服务。2014 年 5 月、11 月两次组织全局民警参加公安部、自治区公安厅组织的高、中、基本级执法资格等级考试。2015 年，分局组织开展教育培训班 5 期，受训人数 600 余人次。向社会各界和人民群众宣传法律知识，教育辖区居民群众知法、懂法、守法，密切警民关系，同心协力营造社会法制氛围。

2001—2017 年，新城分局 4 次被自治区公安厅评为全区公安执法质量考评优秀单位。2007 年 9 月，被自治区人民政府法制办、自治区党委宣传部、自治区人大法制工作委员会、自治区政协社会法制委员会评为人民满意的行政执法单位。2009—2011 年，在公安厅组织的执法质量考评中，被自治区公安厅评为"自治区优秀执法单位"。2013 年度，被公安厅命名为全区公安机关执法示范单位。

第九节　禁毒工作

2001—2017 年，组织开展"春雨行动"、禁毒系统"绿色风暴""最大限度收戒涉毒人员""百城禁毒会战"、收戒涉毒人员"秋季攻势"等禁毒集中整治专项行动，遏制毒品犯罪上升的势头。开展毒品的预防、宣传教育活动，推进"社区戒毒"和"社区康复"工作，充分利用"6•1""6•3""6•26"等重要时间节点，开展"全民禁毒宣传月"活动。共组织各种大型禁毒宣传活动 100 余次，印发各种禁毒宣传材料 200 余万份，出动宣传车 6000 余台次，制作宣传展板 9000 余块，参与禁毒宣传的人数达 2 万人次，群众受教育面 90%以上。

2001 年，自治区人民政府提出在全区范围内开展"无毒社区"的创建工作，要求五年内以点带面实现"无毒社区"的奋斗目标。新城分局即从区政府、办事处（镇）到直属各单位、居（村）委会以及涉毒户，层层签订禁毒责任状 640 份。在分局内部层层签订责任状 210 份。新城区 60 个社区 42 个行政村中，有 96 个社区和行政村创建"无毒社区"，覆盖率 94%。东风路社区禁毒工作被国家禁毒委员会确定为全国创建"无毒社区"工作示范点，试点经验在全市范围推广。

2006 年 8 月，公安部部署全国公安机关建立吸毒人员动态管控机制。分局将所有涉毒案件和涉毒人员全部录入动态管控系统。2016 年 9 月 2 日,建立呼和浩特市首家青少年毒品预防教育基地,位于新城区小井沟素质教育基地内,基地展厅分为两层,总面积 380 平方米,每年受教育学生人数 5 万人次,是呼和浩特市市区内唯一一家青少年禁毒教育展馆。

2001—2017 年,新城分局共破获涉毒案件 867 起,打击处理涉毒犯罪嫌疑人 5354人。

第十节　警务督察

2001 年,新城分局警务督察部门开展对刑讯逼供、滥用枪支警械、滥用强制措施的“三项治理”工作专项督察。

2002 年 8 月,根据公安部《关于公安机关实施留置措施备案的规定》,新城分局要求各办案单位采取留置措施必须在实施后半小时内报督察室备案,分局督察部门采取明察暗访、随机抽查、电话警示等多种方式进行督察。

2004 年 4 月,新城分局被自治区公安厅定为全区警务监督机制改革试点单位,将纪委、督察、信访等部门职能合并,成立警务监督室,建立警务监督新机制。

2006 年 3 月,根据公安部《关于公安机关维护民警正当执法权益的通知》和最高人民检察院、公安部《关于切实加强公安民警执法权益保护工作的通知》精神,分局按照市局的部署,成立分局维护民警正当执法权益委员会,办公室设在警务督察室,分局督察长兼任“维权办”主任。

2007 年,完成自治区 60 周年大庆活动期间督察保卫工作。

2008 年,分局警务督察大队在奥运火炬传递、残奥会火炬传递、中央领导来呼视察等多次大型勤务中开展现场督察。先后有两所一队和 8 名民警(其中环节干部 4 名)被通报批评,5 名民警因违法违纪被停止执行职务。

2009 年,新城分局警务督察大队在中华人民共和国成立 60 周年大庆安保工作中开展专项督察。确保各项安保措施真正落到实处,完成督察任务。

2010 年 2 月,公安部启动全国公安机关警车和涉案车辆(以下简称“两车”)专项督察,新城分局开展为期 10 个月的专项治理。

2011 年 5 月,按照上级公安机关统一部署,督察大队开展为期一年的网上追逃专项督察“清网行动”。

2012 年 3 月 1 日至 8 月 31 日,公安部在全国范围内组织开展严厉打击经济犯罪“破案会战”工作。

2014 年 4—7 月,公安部在全国公安机关组织开展执法检查“回头看”活动。

2016 年,公安部将 2016 年定为“深化严打年”,根据公安部、公安厅相关工作要求,督察大队结合辖区实际情况，针对大型活动、重大节日及敏感节点，对关注人员管控、应急处突、社会面防控开展集中督察。

2017 年，完成内蒙古自治区成立 70 周年庆祝活动、第 26 届中国金鸡百花电影节专项督察工作。

第十一节　国内安全保卫

进入新世纪，国际形势依然严峻，新城分局防范和打击境内外敌对势力、民族分裂势力、宗教极端势力以及邪教组织等进行的各种捣乱破坏活动。根据现实斗争需要，开展对各类不稳定因素的基础调查和控制工作，严密控制，做到敌动我知，先发制敌。正确处理发展、改革和稳定的关系，正确区分和处理两类不同性质的矛盾，针对各个时期的不同情况，加强调查研究和侦查破案工作，依法开展打击危害国家安全的犯罪活动，严厉打击邪教非法组织、非法宗教活动和民族分裂活动。及时正确处理群体性事件，力争将不安定因素解决在萌芽阶段，维护好新城区的政治稳定和社会安宁。

2001—2017 年，打击非法组织，开展教育转化工作，开展百余次查缴非法宣传品的专项行动。查获和收缴非法宣传品 7653 份。2017 年 4 月，在全区范围内开展入户调查专项工作，更新数据库信息 246 人次 1600 多项。落地核查涉案人员 50 余人次。

新城分局及时发现、掌握、制止、大中专院校、厂矿、企业、事业及社会面的不安定因素。组织全局民警运用多种手段，及时了解发现、掌握社会各方面各阶层的情况、动态，加强情报信息工作，将事态控制在萌芽状态。

第十二节　网络安全监察

2012 年，新城分局网安大队联合新城区工商局、文化局，及各街道办事处开展“新城区严厉打击取缔‘黑网吧’专项治理行动”。查获无证经营涉网场所(黑网吧)4 家，扣押电脑 120 台，有效净化辖区上网服务性场所经营环境。安装呼和浩特市公安局网吧管理系统，形成对网吧的长效管理机制，实现对辖区网吧的 24 小时网络安全监管工作。分局网安大队组织各派出所及辖区内 74 家网吧业主召开全区网吧业主大会，并签订网吧安全管理责任书。侦办一起公安部督办“绿贝雷军品”网站涉枪案件，收缴仿真枪 5 支。

2013 年，新城分局建立以网安类重点人、违法类重点人等为主的重点人信息库。将掌握的重点人姓名、身份证号、列控原因、虚拟身份等信息录入系统，统一管理。网安大队实现互联网监控中心四级达标，并由市局网监支队验收合格。侦办一起自治区公安厅督办电信诈骗案，抓获犯罪嫌疑 1 人。

2014 年,协助禁毒大队破获一起公安部督办“508 网络制造、贩卖毒品案”,利用技术手段抓获案件主犯及固定案件证据。2014 年 7 月,侦办一起自治区公安厅督办电厂招聘诈骗案件,犯罪嫌疑人以电厂招聘为由私自设立招聘网站,受害人数多达 900 余人,涉案金额 23940 元,抓获违法犯罪嫌疑人两名。

2015 年 11 月,网安大队开始受理辖区内互联网上网服务营业场所的网络安全合格证发放和年审工作,市局将各辖区“互联网上网服务营业场所信息网络安全合格证”的审批和年检工作交由各大队进行,减少审批流程,加快审批进度,方便群众就近办理。

2016 年 9 月,网安大队建立网络舆情监控中心。在监控中心建立电视电话会议系统,可达到远程视频会议的需求。配备专人开展互联网监控工作,确保舆情及时、准确上报。舆情事件第一时间发现,第一时间处置。

2017 年,完成内蒙古自治区成立 70 周年庆祝活动安保工作。活动期间,与辖区内重点网站及重点单位签订网络安全责任书,并就网站安全进行详细检查。协助森林公安侦办赵 XX 非法出售疑似珍贵、濒危野生动物及制品案。

第二章　交通管理

第一节　机　构

新城区交通管理大队(简称交管大队)是经呼和浩特市委批准成立,隶属于呼和浩特市公安局交通管理支队的交通管理机构。

2001 年,新城交管大队在新城区北垣街与呼伦贝尔北路交叉口东北角,与市交警支队合住办公。内设办公室、宣传股、事故股和 6 个中队。2008 年,增设车管分所;2012 年 10 月,增设法制股;2014 年 9 月,增设七、八、九 3 个中队;2015 年 6 月,增设八一市场中队。2017 年,共有办公室、宣传股、事故股、法制股、车管分所等 5 个股所,10 个城区中队和 1 个公路巡逻中队。

第二节　交通宣传教育

2001—2013 年,交管大队围绕“五进”(交通安全教育进农村、进社区、进企业、进学校、进家庭）工作，分层次、分对象、形式多样地组织开展宣传教育活动，在主干道、主要路口、社区开展大型宣传活动 19 次，发放宣传单 4.27 万余份，悬挂横幅标语 386 条，群众咨询 368 人次。召开汽车客运企业单位座谈会 5 次，发放光盘 120 盒。在中小学校举行交通安全法制课 138 课时，展出图片 647 幅，发放小黄帽 1500 顶，受教育学生达 3 万余人次。在市级以上报纸、杂志和电视台等媒体发表稿件 279 条（篇）。

2004—2005 年，交管大队以“全国安全宣传周”和“告别不文明交通行为”为主题，开展主题宣传活动 10 个 60 场次，制作光盘 800 盘，发放交通安全宣传材料 6.8 万余份，播发公益广告、安全提示和标语 2 万余条，受教育群众 10 万余次；开展小手拉大手活动，向各学校学生赠送 3 万册交通安全知识读本。为加大新闻媒体宣传力度，邀请电视台记者现场出警 8 次，在各类媒体发稿 357 篇（其中：国家级 15 篇、自治区级 45 篇、市级 191 篇）。

2006 年，交管大队深化“五进”工作，借助各方力量，开展交通安全教育。组织大型宣传活动 8 场次，发放倡导绿色交通倡议书 5 万份；对 514 名驾驶人员组织专题学习（其中，一个记分周期内累计记分未达满分的申请减分学习的驾驶人 258 人）；对 2050 名公路客运车、危化品运输车、校车、工程车等重点车辆驾驶人进行集中学习培训。围绕 2 个开学期和春运时节，集中开展宣传活动 6 次，发放《春运交通安全手册》3 万份，组织新生入学安全教育活动 89 场次，发放《平安伴我成长》交通读本 1 万本。各类媒体录用稿件 342 篇（其中国家级 18 篇、自治区级 54 篇、市级 270 篇）。

2007—2008 年，交管大队实施“文明交通行动计划”和“创建文明城市”活动，在主要路口摆放、悬挂横幅、图板 953 块（条），播放警示教育宣传片 750 场次，发放交通安全劝导手册 600 册，安全提示卡 3000 余份，宣传材料 27.2 万余份。发布安全提示信息 32 万余条，举办交通安全讲座 696 场次，受教育人数 29.8 万人次，上报各类信息简报 530 篇，采用 510 篇，采用率 96%以上。

2009—2012 年，交管大队围绕“关爱生命、平安出行”的主题，联合运管、路政、基层派出所，加大“五进”宣传活动，利用电子信息等载体，进行固定点和巡回宣传 125 次，发放宣传材料 8 万份，摆放挂图、展板、悬挂横幅 570 余条（块）；组织召开进企业、村、社区和学校宣讲座谈 38 次，受教育人数 10 万人次，在各类媒体发送稿件信息 1180 余条，组织专题栏目 38 期，发稿 404 篇。

2013—2015 年，交管大队以实施 2013—2015 年“文明交通行动计划”为目标，宣传《内蒙古自治区实施〈中华人民共和国道路交通安全法〉办法》，推进“五进”宣传工作，强化源头管理，组织开展进农村、企业、学校活动 109 次，专项宣传活动 75 场，主题日活动 6 次，发放宣传材料 22.5 万份，悬挂张贴横幅标语图板 705 条（幅）。举办安全讲座 256 场，播放光盘 116 次，招募文明交通志愿者 300 人，志愿服务 18 次。通过校讯通向学生家长发送信息 3000 条；企业客运安全宣传覆盖率 100%，受教育群众 30 万人次。交警大队在央视13套节目完成报道2次，内蒙古、呼和浩特市电视台随警现场报道19次，共发稿3996篇(其中：国家级40篇、自治区级1009条、市级1269条、支队采用信息403条)。完成驾驶人培训教育696人次，查询驾驶人安全信息7000余条，建档3100份，处理27人。

2016—2017年，交管大队巩固“保护生命、安全出行”和“文明交通安全行动计划”成绩，拓展和创新宣传活动，利用数字化等高科技手段，在各类服务窗口展开即时宣传教育，对客运企业、危化品运输企业、学校及公路沿线的村庄进行重点宣传教育，形成多层次、立体交叉的宣传氛围，举办各类宣传活动60场次，受教育人10万多人次；召开媒体通气会22场次，发布公益广告3000余条。组织志愿者服务活动28次，制作发放各类宣传品80万份，为辖区中小学讲授安全课125次，大型安全校园主题活动5次。在各类媒体刊稿1372篇(其中：国家级312篇、自治区级578篇、市级400余篇)，与内蒙古广播电台、电台1056交通之声现场连线34次，民警走进直播间5次。通过短信平台推送各类信息80万条，交管双微平台(交管政务微博、微信)406条，交通安全宣传教育面和受众面不断扩大。

第三节　道路交通管理

新城交管大队辖区有主要街道95条，其中主要干道19条，次要干道76条，小街巷116条。管辖公路有2条，一是110国道，管辖长14.25公里，二是101省道即呼和浩特—锡林浩特公路，管辖长27.6公里，辖区有信号灯路口26处，无信号灯路口5处，有公铁立交桥6座，分别为：呼伦贝尔北路立交桥、哲里木路立交桥、兴安北路立交桥、展览馆东路立交桥、团结小区立交桥和东二环立交桥。

一、城区道路管理

2001—2005年，交管大队按照创建文明城市、实施畅通工程的要求，加大道路交通基础设施建设和专项交通安全治理力度，对新华大街及周边15个路口交通流量进行调查分析，并进行重点整治，新增交通标志50套，安装长臂灯杆21套，车道信号灯50组，人行信号灯50组，黄闪信号灯8处，转向标志13套，减速带350米，临时停车位65处1385个泊位，施划各类交通标线5.77万平方米，查处“三无”(无牌、无证、无养路费行驶的车辆)车辆130辆。整治摩托车违法行为4755起；检查各类机动车8.33万台次；查处各类交通违法行为为32.8万余起(其中：非法违规校车30起、酒驾489起、醉驾184起、无证驾驶19起、拘留67人).

2006—2010年，交管大队在加强日常管理和交通设施建设的基础上，重点对校车、客运等重点企业的管理，共增设交通标志325块，安装爆闪灯130起，LED显示屏4块，墙体画5面，隔离墙400米，减速带1800米，减速震荡线330米，施画各类标志线13.6

公里,补划停车位 700 个。开展集中整治 113 次,专项整治 79 次,曝光重点车辆交通违法 652 次,发送各类温馨提示、警示信息 9.63 万条,检查运输企业 110 次,发出警示 116 条,约谈企业负责人 3 次,发出整改建议 28 份。

2011—2014 年,交管大队以严厉查处各类严重交通违法行为为主线,规范道路交通秩序,科学优化城区道路,减少主城区、主干道高峰时段交通拥堵,安装指示灯 36 个,交通标志 26 套 28 面,太阳能标志 10 套,交管管制标志 16 套,增设隔离护栏 883 米,拆除交通护栏 2465 米,在事故黑点安装铁质减速带 126 米,施划交通标线 19.6 万米。共查处“五类车”(套牌车、套证车、牌证不符、无牌车、无证车)1900 辆,移动抓拍处理 7.11 万起,查处各类交通违法行为 2.64 万起(其中:无证驾驶 496 起、酒驾 124 起、醉驾 257 起、扣留机动车 91 辆、暂扣驾驶证 57 本);检查来往车辆 20 万辆次。

2015—2017 年,交管大队以疏堵保畅为目标,合理调配各类交通资源,完善交通基础设施,充分发挥智能设备的管控作用,消除各类交通隐患,保证各条道路的安全畅通。安装交通标志 105 套、交通护栏 2150 片,施划交通标线 5.3 万米,停车位 20157 个,张贴黄色警示单 1863 张。开展大型专项活动 30 余次,一般整治 320 次,查处毒驾 4 起,酒驾 352 起,醉驾 158 起,查处假牌、假证、套牌 3560 余起,暂扣车辆 1400 辆,查处违法三轮车、农用车、残疾人三轮车 2776 辆次,加强对行人、非机动车的管理,有 1.5 万人次实践体检“摇旗子”,查处各类交通违法行为 2.5 万起,侦破刑事案件 92 起,刑事拘留 57 人,移送起诉 105 人。吊销驾驶证 77 本,查处行政案件 197 起,行政拘留 197 人。

二、农村道路管理

2001—2017 年,交管大队以“疏交通、压事故、保畅通”为主要内容的公路交通违法整治,重点是农村公共交通、低速汽车、拖拉机违法载人等突出的交通违法行为。配合运管部门在国道设立货运超限检测站,实行 24 小时对车辆监控、检查,对客运车辆、工程车辆、校车从严必查。对全区道路的重要路段、陡坡、急转弯及桥梁和危桥都设置警示、限速、限载标志。加强农村“两站两员”(交通服务站、交通安全劝导站、乡镇交通安全管理员、农村安全劝导员)的建设,充分发挥其职能作用,加强乡村道路交通安全管理,共建成乡镇交管站 47 个,配备专职交通应急管理员 141 人,建成挂牌劝导站 100 个,配备交通安全劝导员 312 人。起草《呼和浩特市人民政府关于加强农村地区道路交通安全工作的意见》,并以市政府名义下发执行。加强公路安全防控体系建设,建成省际卡口 1 处,市际卡口 1 处,县际卡口 1 处。缉查布控系统完成 1 处,辖区公路进出口卡设备 1 处。完成省、市、县际执法站的系统备案工作,关联 17 个执法站预警拦截卡口设备。将呼和浩特市周边 G6 高速路环城高速的出入口视频监控和卡口数据成功接入大队平台。

三、特殊情况管理

交管大队针对每年的元旦、春节、元宵节、五一、清明、国庆、开学期和中高考,自治区、市两会和其他大型团体活动等，按照“谁主办，谁负责，预防为主，安全第一”的原则，准确定位、精心组织，确保道路交通安全。2001—2017 年完成各类警示任务 700 多次，出动警力 1.02 万人次。2010—2017 年，出动各类勤务 828 批次，其中一级勤务 10 余次，二级勤务 40 余次，三级勤务 80 余次，其他勤务 700 余次，完成中央领导视察、APEC、“神九”“神十”飞船返回、中蒙博览会、自治区 70 周年庆祝、金鸡百花电影节等重要活动及各项重要节庆的道路交通安全警示任务。

第四节　车辆和驾驶人管理

2008 年，车管业务下放到各大队。2008—2017 年，交管大队共注册登记各类机动车 1.15 万辆，补换发机动车号牌 1447 副，补发临时号牌 228 个，补换发机动车驾驶证 3272 本，补换发五小车辆驾驶证 715 本，检查大中型客车、危化品车辆 802 台，下达安全隐患排查建议 350 份，核发机动车六年免检合格率标志 2.76 万副，机动车所有人、驾驶人业务信息备案 2.02 万人次。

第五节　交通事故预防和管理

2001—2017 年，交管大队针对事故多发路段、陡坡、急转弯等各种危险路段和重点路口、学校、排查隐患 176 起，提出整改意见 18 次，安装警示标志 19 个，爆闪灯 10 个，加强从源头治理入手，交警大队每年都主动到长途客运站、旅游公司和危化品运输单位，进行安全检查，签订安全责任状，防止安全事故的发生，共到企业 102 家，客运公司 17 家，排查隐患 2.44 万辆次，有效防止交通安全事故的发生。

第三章 司 法

第一节 机 构

一、新城区司法局

2001年，新城区司法局内设办公室、政工科、法制宣传科（依法治区领导小组办公室）、基层工作科、法律援助中心、公证律师管理科6个科室，在各街道办事处、乡镇设9个司法所，一个直属律师事务所。2010年，新城区公证处划归呼和浩特市司法局管理。2017年5月，将国资内蒙古新广律师事务所进行脱钩改制。年底，新城区司法局共有9个基层司法所，下设办公室、科技信息化股，政工股、社区矫正管理股、人民参与和促进法制股、行政复议应审查股、普法与依法治理股、公共法律服务、律师管理工作股9个内设股室。有工作人员52人，司法专项编制37人（实际占用28人），事业编23人，领导职数1正3副。

二、基层司法所

2001年，新城区司法局下设保合少乡、毫沁营镇、海拉尔东路街道办事处、锡林郭勒北路街道办事处、中山东路街道办事处、西街街道办事处、东街街道办事处、东风路街道办事处、迎新路街道办事处等9个基层司法所。

2006年，毫沁营镇司法所改称成吉思汗大街街道办事处司法所。保合少乡撤乡改镇，司法所改为保合少镇司法所。各司法所有司法助理员2～4人。

2017年，新城区司法局下设保合少镇街道办事处9个基层司法所，共有司法助理员24人。

三、律师事务所

2001年，新城区司法局下属有内蒙古新广律师事务所。

2017年5月，按照司法部《关于律师事务所、社会法律咨询服务机构脱钩改制实施方案》规定及新城区人民政府办公室关于印发《新城区司法局所属内蒙古新广律师事务所脱钩改制工作方案》的通知精神，将国资内蒙古新广律师事务所进行脱钩改制，不再隶属于新城区司法局。

第二节 公证事务

2001年,新城区公证处与新城区律师事务所合署办公,业务分开执行,根据新城区委区政府的中心工作,结合市场经济发展需求和人民群众生活水平的日渐提高及对公证事务的需求,新城区公证处开发多达100多项的公证业务。

2001—2003年,公证4485件,其中民事类2825件,经济类1660件,收费2.43万元,挽回经济损失2.87万元。

2004—2006年,经济类公证明显上升,民事公证涉及遗嘱、婚姻家庭、委托证明、财产分割与赠予等,公证8825件,其中民事类5250件,经济类3575件,收费4.85万元,挽回经济损失3.98万元。

2007—2010年,公证1.9万余件,其中民事类1.33万件,经济类5860件,收费7.65万元,挽回经济损失5.98万元。

2010年,按照市区两级政府职能的重新调整,公证业务上划至市级层面。

第三节 安置帮教与社区矫正

2004年,按照呼和浩特市司法局的要求,新城区对2002—2004年在新城区的回归社会的刑释解教人员情况进行清理摸底,按时上报有关材料,完成清理摸底工作任务。至年底,接收刑释解教人员45名。其中,刑满释放22名,解除劳教23名。

2005年,新城区安置帮教领导小组进行调整,并制定2005年安置帮教工作计划,开展对2002—2005年以来新城区的回归社会157名刑释解教人员的摸底调查。全年接收刑释解教人员29人。其中,刑满释放20人,解除劳教9人;有3人得到妥善安置,在家待业18人,查无此人有8人。对所有在册人员建立帮教档案,进行不间断的走访、帮教,帮教率达到98%,没有重新犯罪人员。

2006年,接收刑满解教人员27名。其中刑满释放19名,解除劳教8名,按规定及时分解落实到相关司法所,建立帮教档案及帮教关系。完成2003—2005年以来新城区回归社会刑释解教人员情况摸底调查。

2007年,开展2004—2006年在新城区回归社会刑满释放、解除劳教人员开展摸底专项活动,对329名刑满释放人员逐一登记造册、查找,制定调查摸底专用软件,及时上报呼和浩特市司法局。全年接收刑释解教36名。其中,刑满释放24名,解除劳教12名,查无此人的有61名,打工的有3名,务农的1人,待业的有26人,统一建立帮教档案,实时进行安置帮教。

2008 年，调整建立镇、办事处安置帮教工作组 9 个，村、社区安置帮教小组 73 个。建立健全各项工作制度，并上墙公示。对回归社会的释放人员及时衔接建档，完善帮教措施及资料，全年接收回归释放人员 32 名，其中刑满释放 24 名，解除劳教员 8 名。开展 2005—2007 年度的新城区在册 148 名刑释解教人员调查摸底专项活动。其中，刑满释放人员 83 名，解除劳教人员 65 名。2005 年，有 75 人，其中刑满释放人员 41 名，解除劳教人员 34 名。2006 年，有 46 人，其中，刑满释放人员 24 名，解除劳教人员 22 名。2007 年，有 27 人，其中刑满释放人员 16 名，解除劳教人员 11 名。衔接帮教并建立帮教档案 113 人 / 份，安置 292 人（原单位安置 1 人，享受低保 1 人，落实责任田 8 人，从事个体和打工 282 人），安置率 82%。归档不见人有 32 人，重新犯罪 3 人（复吸 2 人），重新犯罪率2.65%。

2009 年，按照中央八部委精神，对帮教人员在就业方面予以加大关照力度，与有关部门协调帮助 5 人解决低保，为农村籍 14 人落实责任田。全年接收回归社会刑满释放人员 35 人，其中刑满释放 30 名，解除劳教 5 名，全部归档建卡，落实帮教措施，开展帮教工作。开展 2006—2008 年底新城区在册的刑释解救人员调查摸底专项活动。有在册刑释解教人员 96 人，其中刑满释放 65 人，解除劳教 31 人，安置率 71.7%，帮教率 87.9%。新城区社区矫正工作在 12 月 18 日启动。

2009 年，各镇、办事处按照新城区矫正工作计划，制定本地区的工作方案，成立工作机构和办公室，完成并组建社区矫正工作队伍，全年接收矫正人员 35 名，其中 1 人因病死亡终止矫正，1 人实际住址变动，移交回民区，其余在辖区开始接受社区矫正。按照矫正工作方案，各司法所与辖区派出所对所管理的符合社区矫正的五类人员进行摸底排查，共计 96 人。由派出所管理的矫正对象全部进行移交，各司法所、社区开始接收并进行矫正工作。举办首期矫正骨干业务培训班，80 多人参加培训。

2010 年，开展 2007—2009 年底新城区在册刑满解教人员摸底调查专项活动，有在册刑释解教人员 87 人。其中，刑满放人员 58 人，解除劳教 29 人；2007 年 30 人，2008 年 3 人，2009 年 25 人，衔接 70 人，有 17 人建档不见人（刑释解教后没有回到户籍所在地），安置 46 人，待业 41 人，帮助 4 人解决低保，农村籍 10 人全部落实责任田。帮教对象有复吸 3 人，重新犯罪率 2%。全年接收回归社会释放人员 33 名，全部为刑满释放人员，帮助 2 人解决低保问题，农村籍的全部落实责任田。

完善社区服刑人员，接收、管理、考核、奖惩、解除矫正等环节的工作制度和措施，接收社区矫正人员 51 人，解除矫正 11 人，并及时纳入安置帮教范围，留有 40 人在册接受社区矫正。每人建立监管帮教小组，落实监督管控和帮助服务措施，按统一要求格式，健全工作簿册，规范管理。在日常矫正工作中，严格执行逐人建档，内容准确、记录清楚、管理规范，没有发生在教育矫正期内犯罪的案件，没有脱管漏管现象发生。对于矫正结束的 10 名对象，档案全部装订归档。与公安、法院等相关部门衔接，完善社区服刑人员管理、考核、司法奖惩等机制,接受检察机关的监督。探索创新社区矫正工作方法和措施,建立有针对性、时效性的社区矫正工作机制,并上墙公示,推广成吉思汗街道司法局矫正工作经验。按照全国刑释解教人员信息管理软件的使用运行、设备配置、数据传输、人员培训等工作程序,新城区安置帮教社区矫正信息平台工作全面启动,并入网使用。经网上核实477人,核实失效218人,初步实现刑释解教、社区矫正人员的信息化管理。

2011年,新城区安置帮教、社区矫正基地开工建设。开展对2007—2010年度新城区在册的刑释人员进行调查摸底专项活动,并对辖区内所有两劳释放人员进行调查并上报,接收回归社会释放人员31名,全部为刑满释放人员。接收社区矫正人员67人,累计矫正37人,留有30人在册,并对实行按时报到,接受必要的劳动改造和矫正教育,没有发生在教育矫正期内犯罪案件。

2012年9月27日,新城区安置帮教、社区矫正教育基地落成,并在保合少镇面铺窑村举行揭牌仪式。举办新城区社区服刑人员联系帮教学习班。全年接收社区矫正人员85人,累计矫正51人,还有34人在册继续矫正,接收回归社会释解人员30名。

2013年6月6日,由新城区司法局与新城区人民检察院、内蒙古工业大学人文学院联合建立的新城区社区矫正志愿者实践基地在内蒙古工业大学金川校区启动,与志愿者签订《社区矫正志愿者帮教协议书》,对社区矫正志愿者进行业务培训。实践基地采用由司法机关发挥职能作用,高校师生作为志愿者长期合作,社区矫正的工作模式。是新城区在全自治区范围率先做出的尝试,社区矫正工作由专门机构负责向专门机构监督管理指导,相关社会团体和民间组织以及社会志愿者协助工作的方向发展,实现社区矫正工作融合到社会管理法治化的整体格局。全年接收社区矫正对象228人,累计解除矫正110人,留有118人在册。为加大监管力度,建立社区矫正对象GPS定位系统,实时监控和划分活动区域限制,预防脱管漏管现象的发生。在教育矫正期内没有发生犯罪案件。

2014年,对新城区在册的社区矫正对象按时开展教育和矫正工作,完善逐人建档,要求按时报到,接受教育和必要的劳动改造,加大社区矫正对象GPS定位监管力度,全年接收社区矫正对象335人,累计解除矫正153人,留有182人在册,贯彻落实安置帮教的各项政策法规,及时衔接,建档归类,没有发生脱管漏管现象和正在教育矫正期内犯罪的案件,全年接收回归社会释放人员205人。

2015年,累计接收回归社会释放人员264名,其中170名对社区矫正对象期满转接,对3名符合低保条件的人员办理低保。安置1名无房无收入无生活自理能力的刑满释放人员于养老院,协调有关部门解决相关费用。自治区司法厅确定新城区为社区矫正定位系统试点单位,为6个司法所20名社区矫正对象佩戴定位手环,监控和划分活动区域限制,预防脱管现象的发生。启用社区矫正执法特种车辆,对矫正人员进行矫正宣传、信息录入、教育矫正等专项工作,实现对社区服刑、矫正人员的无缝对接。根据十二届全国人大常委会第十六次会议关于特赦部分服刑罪犯的规定，为纪念中国人民抗日战争暨世界反法西斯战争胜利70周年，对2015年1月1日前正在服刑、释放后不具有对社会危险性的四类罪犯实行特赦的要求，新城区成立社区服刑人员特赦评审委员会，针对各司法所上报的特赦建议书及相关材料，严格开展评审，密切联系相关部门，保障特赦审核渠道，完善审核机制，高效保质完成社区服刑人员特赦工作，按规定上报符合特赦条件的16名社区服刑人员。

2016年，累计接收回归社会释放人员344名，其中刑满释放81名，263名为社区矫正对象期满转接。制定新城区《社区矫正工作流程》《社区矫正内部管理制度》等，启用指纹签到制度，对在册的社会矫正对象严格执行每月到司法所报到2次，完成指纹签到，签到表于下月统一交到矫正科备存。对45名社区矫正人员采用手环定位系统，防止脱漏管等问题发生，对30名社区矫正对象进行就业技能培训。开展社区矫正审判、判决后委托调查评估和接收建档工作，按程序移交司法所。接收社区矫正人员询问其有无出入境证件并收缴其相关证件（护照、港澳通行证、台湾地区通行证）对没有此类证件的向其告知在矫正期内不得办理此类证件，不得出境等相关事宜。在接收社区矫正人员时，将其相关信息及时录入社区矫正信息系统，并派发到相应司法所。为司法所干警配备执法记录仪，全程记录接收教育和矫正工作，保障矫正工作顺利进行。

2017年，新城区有刑释人员417名，其中监狱释放83人，社区矫正解除转换334人。安置落实责任田33人，自主创业4人，个体经营51人，其他各类安置325人，安置率99%。为实现刑释解散人员安置帮教工作有新突破和发展，预防和减少重新违法犯罪，对刑释解教社区矫正人员进行法律知识普及和职业技能培训。根据社区服刑人员的犯罪原因、犯罪类型、危险程度、悔罪表现、家庭及社会关系等情况，综合分析和风险评估，充分发挥基层组织、社会团结和合作共建机制效能，利用信息网络技术，强化对社区服刑人员日常管理力度，分别采取宽松和严格两个级别的管理方法。对普通的社区矫正人员实行手机定位监控系统，每月到司法所报到2次，对于严管的社区矫正人员采取没有特殊情况的禁止申请请假及其他方式离开本地，每周按时汇报个人情况及所处方位，佩戴手环监控系统，实时了解其活动轨迹。每月向司法所递交一份思想汇报，并进行见面谈话，完成谈话笔录。社区劳动采用自主劳动和统一组织劳动，教育学习采用网上学习、自主学习和集中教育三种方式，对于因工作原因不能参加教育学习的，另行安排个别教育。全年累计接收社区服刑人员747人，解除矫正471人，累计解除556人，留有在册服刑人员246人（缓刑241人，管制1人，暂予监外执行4人）。

第四节　律师事务

2001 年,有专职律师 4 人,兼职律师 5 人。其中法律专业本科以上学历 6 人,大专学历 3 人。

2007 年,有注册律师事务所 9 家,注册专职律师 73 人,兼职律师 11 人,实习律师 9人。

2017 年,共注册律师事务所 7 家,注册律师 64 人,实习律师 29 人。

2001—2017 年,各律师事务所共担任法律顾问 467 家,承办刑事诉讼辩护代理 5719 件;民事案件诉讼代理 1.34 万件;行政案件 852 件;解答法律咨询 1.84 万人次;代写法律事务文书 8591 件。

2001—2017 年新城区律师事务所主要工作统计表

表 15-3-1

年度	代理刑事诉讼(件)	代理民事诉讼(件)	代理行政案件(件)	非诉讼法律事务(件)	解答法律咨询(人次)	代写法律事务文书(份)	担任法律顾问(家)
2001—2005 年	71	645	83	25	838	396	62
2006—2009 年	83	779	94	33	889	425	74
2010—2013 年	97	916	133	46	1341	824	116
2014—2017 年	77	834	87	28	763	458	65

第五节　普　法

司法局承担着全区的法制宣传教育和依法治区的任务，在全区公民中开展普法宣传,提高公民的法律意识,使公民知法、学法、守法、增强法制观念。

2001 年, 开展“四五”普法,普法重点对象为领导干部、司法和行政执法人员、青少年以及企业经营管理人员。普法主要内容是:宣传与整顿规范市场经济秩序相关的法律法规,宣传与加入世界贸易组织相关的法律知识,宣传与维护社会稳定相关的法律法规,宣传社会发展迫切要求普及的各项法律法规。通过“四五”普法规划的实施,实现由提高全民法律意识向提高全民法律素质的转变,全方位推进各项事业的依法治理,为依法治国、建设社会主义法治国家奠定坚实的基础。按照国家普法工作指示,新城区加大“法律六进”普法宣传教育力度,组织开展“送法下乡”“送法进社区”“普法进学校”等活动 20 多次,组织开展“12•4”“6•26”等各类大型法治宣传教育活动 30 多次,发放宣传资料 4 万余份,出动宣传车辆 30 多车(次)。领导干部、公务员、司法工作人员法律知识考试,参考人员达 1 万多人,参考率达 97%,针对群众关心的热点、难点问题进行基层专项治理,开展“民主法治示范村”“民主法治示范社区”创建活动,新城区荣获普法工作全国先进。

2006年，开展“五五”普法，领导干部、公务员、青少年、企业经营管理人员和农民是“五五”普法的重点对象，此次普法工作主要宣传宪法，宣传经济社会发展的相关法律法规，宣传与群众生产生活密切相关的法律法规，宣传规范市场经济秩序的法律法规，宣传维护社会和谐稳定、促进社会公平正义的相关法律法规。新城区贯彻国家普法精神，组织公务员进行依法行政学习培训，举行相关的考试，全区公务员和教师队伍共计5400余人参加考试，参考率达99%，合格率达95%以上。根据《中华人民共和国行政许可法》实施的新形势和新要求，组织全区中层干部、行政执法单位骨干共计500余人进行依法行政系统培训。加强法治宣传力度，建立中小学校法制副校长制度，全区法制副校长和法制辅导员达130余人。全区紧紧围绕“12•4”宪法宣传日、社会治安综合治理宣传月、“6•26”等大型宣传活动，成立普法宣讲团，深入机关、社区、学校、企业、农村举办法制讲座30余次，印发“五五”普法书籍3万余册，制发各类宣传资料15万余份。各街道、村居、机关单位举办各类普法骨干培训班200余期，参加培训人数上万人次。

2011年，开展“六五”普法，机关干部、青少年学生、社区居民和农民是重点普法对象。普法主要内容是：加强社会主义法治理念教育，开展法治城市创建，做好“法律六进”活动，提升法治文化的作用，开展与民生、维护社会稳定相关的法律法规的宣传，创新宣传的形式和载体，建立配套考核验收机制，落实督察责任制，全民开展形式多样的法制宣传教育活动。新城区落实“六五”普法工作安排，组织全区公务员进行法律考试，参考人数累计达10万多人次，参考率98%。举办企业经营管理人员、法制宣传员培训班5期，培训人数达1000余人次。开展“六五”普法宣传月、创建文明城区、深化“法律六进”服务科学发展、“3•15”维权、“6•26”禁毒、“12•4”国家宪法日、“送法下乡”等主题宣传活动，编印发放普法宣传资料、普法教材8万余份(册)。完善法制副校长工作机制，全区中小学聘请75名法制副校长，实行聘期制，每两年进行一次，完善聘任管理办法。2016年5月，新城区的“六五”普法工作被中共中央宣传部、司法部评为全国法制宣传教育先进旗县区。

2016年，开展“七五”普法，普法重点对象是领导干部和青少年。主要任务是：深入学习宣传习近平总书记关于全面依法治国的重要论述；突出学习宣传宪法，坚持把学习宣传宪法摆在首要位置，在全社会普遍开展宪法教育，弘扬宪法精神，树立宪法权威；宣传中国特色社会主义法律体系；学习宣传党内法规，适应全面从严治党、依规治党新形势、新要求；推进社会主义法治文化建设；推进法治教育与道德教育相结合，坚持依法治国和以德治国相结合的基本原则，以法治体现道德理念，以道德滋养法治精神，促进实现法律和道德相辅相成、法治和德治相得益彰。2017年，组织全区干部职工参加“法宣在线”学习和考试，参考人数3万余人次，参考率90%以上。制定《关于进一步加强法制副校长队伍建设的意见》，完善法制副校长工作机制，全区中小学共聘请92名法制副校长。开展青少年法治宣传教育工作，建立青少年法制教育基地3个，在新城区素质教育基地成立“未成年人教育宣传工作站”,在47所中小学推广“校园法苑”普法模式,实现对全区7万余名青少年学生的法治教育宣传工作,开展“预防校园欺凌”“法治进校园”巡讲活动,对各中小学校赠送法律方面图书共8000余册,开展普法宣传工作,完成“七五”普法中期迎检工作。

第四章 检 察

第一节 机 构

2001年,新城区人民检察院内设办公室、政工科、审查批捕科、审查起诉科、检委会办公室、反贪污贿赂局、反渎职侵权局(2001年11月,法纪科改为反渎职侵权局)、控告申诉科、民事行政检察科、法律政策研究室、技术室、法警队等机构12个。

2002年,审查批捕科改为侦查监督科;审查起诉科改称为公诉科。2005年,举报中心设在控告申诉检察科。2009年,设立未成年人公诉科、监察室、职务犯罪预防科。技术室改为技术检察科。2011年,设立机关事务中心,主要承担后勤服务、安全保卫、车辆管理、机关物业管理及其他事务性工作。2013年3月,设立案件管理办公室、派驻检察室,设有科室18个。2015年,增设刑事执行科。2016年,设有办公室、政工科、侦查监督科、公诉科、未成年人公诉科、反贪污贿赂局、检委会办公室、反渎职侵权局、监察室、控告申诉科、民事行政检察科、法律政策研究室、职务犯罪预防科、刑事执行科、技术科、案件管理办公室、法警队、机关事务中心、派驻检察室等科室19个。

2017年11月,根据国家司法体制改革,反贪污贿赂局、反渎职侵权局、职务犯罪预防科3个部门转隶到新城区监察委,共转走21人,其中行政编15人,事业编6人。转隶后,设有办公室、政工科、侦查监督科、公诉科、未成年人公诉科(根据最高人民检察院文件要求更改为未成年人检察科)、检委会办公室、控告申诉科、民事行政检察科、法律政策研究室、监察室、刑事执行科、技术科、案件管理办公室、法警队、机关事务中心等科室15个。

第二节 基础设施

2001年,新城区人民检察院在乌兰察布东路。办公大楼占地面积约0.33公顷,总建筑面积约3300平方米。

2008年，新城区人民检察院根据社会形势发展要求和检察工作发展的需要，筹建技侦综合办公大楼。新技侦综合办公大楼坐落于新城区成吉思汗大街东口与呼和浩特东二环路交会处，总建筑面积约1.2万平方米。

2011年11月5日，新城区人民检察院迁址新办公大楼。楼内有院史馆、党员活动中心、图书室、健身房、休息室、会议室、档案室等。

2014年1月，成立统一打印室，共有打印机（彩色打印机）8台、复印扫描机4台、电脑98台。

2017年，更新电脑57台，有车辆11辆，档案室新购置扫描仪1台，电脑1台。

第三节 检察制度改革

2000年，新城区人民检察院试行主诉检察官办案责任制，2001年正式运行，考核任命10名主诉检察官，在岗的主诉检察官有6名。在检察工作的岗位上，主诉检察官人均年办案数量由2000年的28件增加到2005年的52件，案件质量明显提高。2001—2017年，均未出现法院判决无罪的情况。

2003年10月1日，新城区人民检察院正式启动人民监督员监督程序，聘请人民监督员6人，其中人民法院1人，律师1人，人大代表1人，政协委员1人，企业2人。为使人民监督员有效形式监督权，建立人民监督员工作机制，实现内部监督与外部监督的有效统一，制定《新城区人民检察院人民监督员工作职能》《办理人民监督员案件工作程序》，为人民监督员审查、评查、复核和督办各类案件提供有效的依据。2012年，人民监督员聘任工作由上级检察院聘任。

2017年3月，司法体制改革后，检查系统实行员额检察官制，入额检察官共有21人。

第四节 检察队伍

2001—2008年，新城区人民检察院有人员75人。设党组成员6人，包括检察长，副检察长及政工科长、纪检书记，6人全部为本科学历，专业均为法律专业，其中全日制本科学历为1人。2001年以来，先后被最高人民检察院命名为全国“人民满意的检察院”，被呼和浩特市委、市政府授予“民族团结进步先进集体”；审查批捕科被共青团中央授予“青年文明号”信用建设示范单位；获得国家、自治区、呼和浩特市、新城区四级荣誉15个，干警受奖21人次。

2009年，有人员71人，其中政法专项编制人员59人，事业编制人员12人；硕士研究生学历 14 人,本科学历 38 人,法律专业 59 人;有党组成员 6 人。

2010 年,在职干警 81 人,男干警 56 人,女干警 25 人,少数民族干警 34 人。其中检察员 40 人,助理检察员 14 人。干警有大学本科文化的 47 人,专科 19 人,研究生学历 11 人,有 5 名在读法律硕士。环节干部的平均年龄为 40.4 岁,其中法律硕士 2 人,本科学历 20 人,大专学历 1 人,女干部比例达到 30%。少数民族干部比例 35%。其中既有有经验的老同志,更多的是 30～40 岁的年轻干部,形成相互补充、结构合理的环节干部队伍。

2011 年,有人员 76 人,其中政法专项编制人员 60 人,事业编制人员 16 人;硕士研究生学历 24 人,本科学历 49 人,法律专业 66 人;有党组成员 7 人。

2012—2013 年,有人员 78 人,其中政法专项编制人员 59 人,事业编制人员 19 人;硕士研究生学历 24 人,本科学历 49 人,法律专业 66 人;有党组成员 7 人。

2014—2016 年,有人员 83 人,其中政法专项编制人员 64 人,事业编制人员 19 人;硕士研究生学历 24 人,本科学历 49 人,法律专业 66 人;党组成员分别为 8、7、9 人。

2017 年 1 月,有干警 91 人,聘用人员 16 人。转隶后有干警 68 人,聘用人员 16 人,干警中有汉族、蒙古族、满族、朝鲜族和鄂温克族 5 个民族。

第五节　民事行政检察

2003 年,民事行政检察工作,试行主诉检察官办案责任制,受理案件线索 13 件,其中立案 10 件,不立案 3 件,提请抗诉 6 件,初查率 100%,结案率 100%。

2004 年,民事行政共受理案件 15 件,立案 12 件,提请抗诉 6 件,不立案 2 件,终止审查 5 件,积存 3 件,监督法院强制执行 1 次,出席再审法庭 2 件线索 1 件,以检察建议的形式进入再审程序的 2 件。

2005 年,民事行政部门受理案件 13 件(含上年积存 3 件),其中立案审查 5 件,提请抗诉 3 件,不立案 3 件,终止审查 4 件。向新城区人民法院发出《检察建议书》建议法院再审 2 件,审判机关裁定再审,均改判;监督法院强制执行 4 次;向公安机关发出《移送案件线索函》2 份。

2007 年,民事行政检察受理各类申诉案件 15 件,经审查提请抗诉 2 件,以检察建议的形式建议人民法院再审 5 件,息诉 4 件;对人民法院的执行工作现场监督 4 件次,向自侦部门移送职务犯罪案件线索 1 件。档案归档 768 卷,其中诉讼卷 712 卷,文书卷 43 卷,会计档案 13 卷。

2008 年,受理各类申诉案件 15 件,经审查提请抗诉 5 件;以检察建议的形式建议人民法院再审 2 件,息诉 5 件;对人民法院的执行工作现场监督 4 件次,代表国家和集体提起刑事附带民事诉讼 3 件。

2009 年，受理各类申诉案件 18 件。经审查提请或建议提请抗诉 6 件，息诉 7 件；向新城区地方税务局发出检察建议 1 件，查办清水河县人民法院法官职务犯罪案件 1 件，是民事行政部门被赋予自侦权后零的突破。

2010 年，民事行政检察共受理各类申诉案件 21 件。经审查提请或建议提请抗诉 6 件，发出民行检察建议 1 件。民事行政检察工作突出开展刑事附带民事诉讼工作，指定专人定期在公诉部门新受理的刑事案件中查找能够引起刑事附带民事诉讼的案件。通过定期查找机制，发现刑事附带民事案件 6 件，共计标的额 68 万元。

2013 年，受理各类民事、行政案件 25 件，积存案件 1 件，其中民事申诉、控告案件 9 件，执行监督案件 13 件，刑事附带民事诉讼案件 3 件，行政判决监督 1 件。向反渎部门移送案件线索 1 件 2 人。共结 22 件。

2016 年，受理共结各类民事、行政监督案件 40 件，其中控告、申诉案件 7 件。执行监督案件 27 件，依职权发现行政机关履职不良案件 6 件，并发出不良纠正检察建议。

第六节　反贪污贿赂检察

2001 年，初查贪污贿赂等职务犯罪案件 25 件 28 人，立案侦查 19 件 19 人，其中贪污案 4 件 4 人，贿赂案 10 件 10 人，挪用公款案 5 件 5 人。在立案侦查的 19 名犯罪嫌疑人中行政机关的 3 人，事业单位的 4 人，国有企业单位的 11 人，其他身份的 1 人。副处级以上领导干部犯罪案件 6 件 6 人，重大案件 6 件 6 人，大要案占立案总数的 61%。侦查终结 16 件 16 人，移送审查起诉 15 件 15 人，通过办案，挽回经济损失 200 余万元。

2003 年，受理各类职务犯罪案件线索 31 件 33 人，经初查立案侦查 20 件 22 人，其中贪污案 5 件 6 人，贿赂案 7 件 7 人，挪用公款案 7 件 8 人，私分国有资产 1 件 1 人。所立案件大要案 14 件 15 人，占立案总数的 70%，比上年同期上升 56%，为国家挽回经济损失 290 余万元。侦查终结 18 件 19 人，全部移送起诉，6 件 6 人被法院作出有罪判决。

2004 年，查办职务犯罪，受理贪污贿赂案件 21 件 23 人，初查后立案 18 件 20 人。所立案件中贪污案 2 件 2 人，贿赂案件 10 件 10 人，挪用公款案 4 件 5 人，私分国有资产案和单位受贿案 1 件 1 人，巨额财产来源不明案 1 件 2 人，大要案 11 件，占总数的 61%，贪污案件 5 万元以上 1 件，20 万元以上 1 件，受贿案件 5 万元以上 1 件，挪用公款案件 15 万元以上 3 件，300 万元以上巨额财产来源不明特大案 1 件。所立案件结案 17 件 19 人，全部移送审查起诉，起诉率 100%。通过办案，挽回经济损失 510 余万元。

2006 年，查办贪污案 2 件 2 人，贿赂案 8 件 8 人，挪用公款案 5 件 5 人，大要案 10 件，占立案总数的 67%，其中 100 万元以上贪污案 1 件，5 万元以上受贿案 1 件，挪用 50 万元以上 1 件。所立案件有 13 件侦查终结移送审查起诉，起诉率 100%。通过办案，挽回经济损失320余万元。

2007年,初查各类贪污贿赂案件线索26件,立案侦查14件14人。侦查终结4件4人。

2008年,初查各类贪污贿赂案件线索19件,立案侦查11件12人。2人罪轻不诉,其余全部起诉到法院,人民法院作出有罪判决8件。

2009年,反贪部门负责对2004年以来已办结的直接立案侦查案件的扣押、冻结处理情况的清理工作,对办理的案件逐案检察,做到不漏一案,财务部门人员配合反贪部门,负责涉案款物证和处理环节的相关工作,开展多项检察工作。

2010年,受理贪污贿赂案件21件,初查各类贪污贿赂案件21件,立案侦查14件17人,其中大案7件8人,要案4件6人,法院作出有罪判决9件10人。所立案件全部侦查终结并移送起诉,挽回经济损失200余万元。

2011年,受理案件23件,初查案件23 件,立案16件16人,完成全年立案数目的114%。其中大要案11件11人(要案2件2人,大案9件9人),占立案数的69%;侦查终结移送审查起诉12件12人,侦结率为86%;有罪判决6 件6人;追逃3件3人;挽回经济损失共计800余万元。

2012年,受理案件18件,初查案件18件,立案13件13人。其中大要案11件11人,占立案数的85%。

2013年,立案查处贪污贿赂犯罪案件11件18人,其中贿赂案件9件12人,私分国有资产1件5人,挪用公款1件1 人,作出有罪判决6件7人。其中大案6件12人,占立案人数的66.6%。

2015—2016年,立案侦查贪污贿赂犯罪案件各11件20人。

2017年,查办贪污贿赂案件13件18人,其中大要案6件10人,涉及新城区案件5件8人。

第七节 渎职侵权检察 职务犯罪预防

2001年,法纪检察部门受理侵权渎职等职务犯罪案件5件,经初查立案侦查3件4人,其中玩忽职守案1件1人,刑讯逼供案1件1人,滥用职权案1件2人;全部移送审查起诉。查办呼和浩特市电信分公司受贿窝藏4件4人,内蒙古民生发展银行基建办原副主任李某(副处级)涉嫌贿案,工行新城支行爱民路储蓄员陈某贪污公款23.5万元携款潜逃案,同时追逃2件2人。

2003年,渎职犯罪侦查部门对受理的渎职侵权案线索7件全部初查,立案5件5人,不立案2件2人,其中侦查终结移送起诉1件1人。举办“预防职务犯罪,大家来参与”为主题的宣传活动。

2004 年，受理渎职侵权犯罪案件线索 6 件，立案侦查 3 件 3 人，均为税务人员玩忽职守案，挽回经济损失 38 万余元，侦查终结全部移送起诉。开展预防职务犯罪工作，对联席会成员单位的工作情况进行了解、介入、帮助、指导，在呼和浩特市邮政局等单位开展个案预防。在内蒙古日报社、呼和浩特市房管局、邮政局、新城区工商局进行专题预防讲座，参加市人民检察院组织的专题预防工作培训班。

2005 年，反渎职侵权部门受理案件线索 5 件，立案侦查 3 件 3 人，为税务人员徇私舞弊发售发票案件和玩忽职守，全部移送起诉。

2006 年，开展职务犯罪预防，研究新情况新问题，通过与自侦部门工作，开展个案预防，介入重大工程项目，搞好重点预防，有针对性地开展系统预防，有效制和减少职务犯罪。

2007 年，反渎职侵权检察部门结合新城区特点和工作实际，按照市人民检察院的统一部署，开展职务犯罪预防工作，坚持“标本兼治、综合治理、惩防并举、注重预防”的方针，不断拓宽工作领域。将预防工作的重点放在土地、工程、工商、税务、通信等热点行业和部门。初查各类案件线索 7 件，立案 4 件 4 人，侦查终结 4 件，其中 2 件人民法院作出有罪判决。介入土地拍卖活动 5 次，对 61 宗近 300 公顷的国有土地公开出让活动进行监督。介入内蒙古报社编辑大楼的投入使用，使工程比原预算投资减少 400 万元，建筑面积由原计划 1.8 万平方米来扩大到 2.48 万平方米，对新开发的 17 层商用建筑开展重点预防。与内蒙古第二电力建筑工程公司联合开展 10 项工程预防监督，确保大型电力建设工程在国家统一管理有度进行。介入内蒙古公路工程局绕城高速公路建设工程，通报工作情况。配合呼和浩特市移动公司，对所有移动网点科级以上人员，开展法制宣传教育。

2008 年，市人民检察院在新城区人民检察院召开研预防职务犯罪工作现场会，推广新城区人民检察院工作经验。完成《呼和浩特市预防职务犯罪工作条例》实施 4 周年和“首府供电杯”预防职务犯罪知识竞赛活动的出题工作。在新城工商分局协助建立廉政教育基地，成为自治区首家全面反映工商组织建设、规范化建设、廉政文化建设为一体的预防职务犯罪教育基地。全程介入成品油的检察鉴定，保证石油在销售环节的质量。对发生在公交公司、电力二公司，成吉思汗街道等单位的 9 件案件进行个案预防。对内蒙古日报社、内蒙古公路工程局等 4 个单位的重点投资建设项目进行重点预防。对呼和浩特市土地收储中心的土地收储拍卖进行监督，对征收土地补偿款的落实情况一并进行监督。帮助各有关单位整章制度，完善管理。初查各类案件线索 10 件，立案 5 件 5 人，全部侦查终结。1 件罪轻不诉，3 件人民法院作出有罪判决。

2009 年，反渎职侵权部门开展 2004 年以来办结的直接立案侦查案件的扣押、冻结处理情况的清理工作，对所办理的案件逐案检察。

2010 年，反渎职侵权部门开展职务犯罪预防工作，拓宽工作领域，协调配合国土部门、卫生部门、交通部门等行政执法部门，共同开展职务犯罪预防工作，到成员单位进行廉政警示教育，推动行业自律，不定期在职务犯罪预防单位有针对性地进行职务犯罪预防讲座。初查各类案件线索6件，经初查立案侦查5件5人，侦查终结4件4人，移送起诉4件4人。

2011年，反渎职侵权局受理案件6件，初查各类案件6件，经初查立案侦查5件5人，其中大要案2件2人，占立案数的40%；侦查终结5件5人，移送起诉5件5人，侦结率100%；有罪判决6件7人，其中包括上年未判决的案件1件。

2012年，把查办和预防职务犯罪工作摆在突出位置，落实同步介入重大生产责任事故、重大食品安全事故等调查机制，提高侦查能力，从社会反映强烈、举报线索集中的征拆补偿，涉农资金发放，药品采购等腐败问题入手，对村镇基础设施建设，涉农资金分配、审批、管理、发放；退耕还林、环境污染治理、水土保持和水源地保护等工程项目的职务犯罪进行关口前移。建立乡镇预防职务犯罪网络，加大涉农领域职务犯罪预防力度。为成员单位提供预防咨询237次，进行预防调查15件，组织成员单位接受警示教育61次，有4193人参加。召开预防职务犯罪工作联席会1次，行贿档案录入72条，提供行贿档案查询299件。

2013年，立案查处渎职侵权案件6件11人，其中特大案件1件。作出有罪判决2件2人。为成员单位提供预防咨询358次，进行预防调查21件，组织成员单位接受警示教育42次，共有1421人次参加。召开预防职务犯罪工作联席会9次，进行行贿档案录入14条，提供行贿档案查询408件，专项活动37件，建立警示教育基地8个。开展“预防大讲堂”，将预防警示教育前置，对驻区单位及区属成员单位进行警示教育，分批次多层次进行职务犯罪预防培训。举办法制讲座41次，共有2114人次参加。

2016年，立案侦查渎职侵权犯罪案件4件9人，其中大案3件6人。为成员单位提供预防咨询24次，进行预防调查34件，完成个案分析24件；召开预防职务犯罪工作联席会议10次，开展专项活动28次，组织成员单位接受警示教育65次，共有1300余人次参加。举办法制讲座20次，参加人数1500余人次。提供行贿档案查询1600件，联合区纪检委、政法委召开“以案明纪”为主题的职务犯罪案例剖析大会。在农村“两委”换届选举前，举办农村换届选举职务犯罪预防巡回系列讲座和村“两委”换届严肃纪律谈话会。

2017年，立案查处渎职侵权案件9件9人，其中大要案7件7人。为成员单位提供预防咨询30次，进行预防调查17件，案例剖析15件，召开预防职务犯罪工作联席会4次，组织成员单传接受警示教育11次，开展预防宣传20次，有2000余人参加。强化监督管理，与相关部门建立市场廉政准入机制，提供行贿档案查询2551件。

第八节　控告　申诉　信访

2003年，受理举报、控告线索43件，接待来访群众60人次，将受理案件线索的初查工作作为重点，初查案件24件，立案3件。推行首办责任制，对举报、申诉情况进行跟踪落实。作好刑事赔偿工作，对受理的2件刑事赔偿请求，经审查各类证据对1件依法进行赔偿，对另1件作出不予确认的决定。开展举报宣传工作，举行“预防职务犯罪，大家来参与”为主题的举报宣传周活动。

2004年，控告、申诉部门受理举报线索45件，其中申诉案件7件，经审查均在规定时间内交有关部门处理。接待和处理人民群众来信来访106人次，提供法律服务70人次，对受理的1件刑事赔偿案件经研究决定予以赔偿。

2005年，控告申诉部门受理举报线索84件，刑事申诉案件2件，经审查均在规定时间内交有关部门处理，接待和处理人民群众来信来访79人次。初查案件25件，移送反贪立案10件，办理上级院交办的案件1件。送法到基层，在社区宣传和开展宣传周活动，发放宣传材料380份、解答咨询19人次。

2006年，开展举报宣传周活动，送法到基层，到社区向群众宣传检察机关的职责和惩治腐败的成就，发放宣传材料、解答咨询。

2007年，受理各类举报线索42件，其中举报中心自行初查27件（含积压案件线索），初查后移送自侦部门立案18件；受理刑事申诉案件1件；接待群众来信、来访人64次，其中检察长接待42人次，按照首办责任制的要求，对群众反映的问题均及时给予答复和解决。全年重访率50%。

2008年，受理各类举报线索50件，其中举报中心自行初查13件，与其他部门共同初查8件，初查后移送自侦部门立案2件；受理刑事申诉案件2件；接待群众来访80人次，其中检察长接待45人次，处理两访1户20件。按照首办责任制的要求，对所反映的问题均及时给予答复和解决，没有出现越级上访和进京上访现象。

2009年，受理各类举报线索49件，其中举报中心自行初查14件，与其他部门共同初查10件，初查后移送自侦部门立案10件；受理刑事申诉案件3件；接待群众来访100人次，其中检察长接待55人次。

2010年，受理民事申诉案件13件15人，刑事申诉案件1件，刑事赔偿案件1件，初核案件线索25件，移送自侦部门14件接待群众来访34件101人，其中检察长接待来访案件42件次。对群众反映的问题均及时给予答复和解决，实现零涉检上访及越级上访。

2013年，开通新城区人民检察院微博、QQ号举报平台和微信公众平台等即时互动平台，受理群众举报、控告案件线索51件，初核案件37件，其中受理贪污案件线索27件，渎职案件线索13件,并对7名举报有功人员进行奖励,受理刑事申诉1件,对救助刑事被害人1件1人。接待群众来访81件171人,其中检察长接待32人次。

2016年,成立以检察长为组长的下访巡访工作小组。受理来信来访91件,检察长接待32件;受理群众举报、控告、申诉案件线索68件,办结司法救助案件2件,为2名刑事案件被害人申请到国家司法救助金。

2017年,受理来信来访133件182人,其中检察长接待36件45人。

第九节　检察技术

2001年,新城区人民检察院设立技术室,配备照相、摄影、摄像音响、电脑等设备,加强技术支撑工作。

2002—2005年,开展司法会计、同步录音录像、文证审查等技术工作,加强检察院信息化建设和设备设施的维护使用,提升技术水平。

2006年,受理司法会计鉴定4件,多媒体示证案3件,物证拍照5件,配合公诉部门建立公诉案件数据库。

2009年,技术室改成技术科,设施设备进一步充实,技术力量加强。

2010—2011年,技术科配合各部门对各类会议、宣传报道、案件取证及其他工作的录音录像照相等工作。制作完成检察工作宣传片。开展院史馆建设工作。

2012年,新技侦大楼启用,技术科的基础设施、装备提升。建立专业机房、高清视频会议室、司法会计室、侦查指挥中心、同步录音录像室。

2013年,完成检察工作统一业务系统配置,建立门户网络,开通微博微信、QQ号举报平台及微信公众平台等,微信关注度和阅读量较高。

第十节　审查批捕和起诉

2001年,审查起诉部门受理公安机关、院自侦部门移送审查起诉和上级检察机关交办的审查起诉案件312件454人,经审查提起公诉250件361人,案件数和人数分别占受案总数的80%和79.5%;不诉13件14人,案件数和人数分别占受案总数的4%和3%;按管辖移送46件63人,退回补充侦查30件49人,年末积存4件20人,结案率为96%。全年要求公安机关对6起案件说明不立案理由,追捕追诉漏犯2人,对人民法院刑事案件的判决提起抗诉5件,发出纠正违法通知30份,口头纠正42次,针对办案中发现的有关单位规章制度不健全等问题及时发出检察建议19份。

2003年,审查起诉部门受理公安机关、院自侦部门和上级检察机关交办的各类起诉案件 328 件 489 人，经审查提起公诉 274 件 399 人，决定不起诉 7 件 7 人，接管辖移送 18 件 36 人，积存 12 件 23 人，退回补充侦查 7 件 24 人，追诉漏犯 4 人，追诉漏罪 10 起，抗诉 2 件 2 人，受理案件和审结案件的数量比上年同期分别上升 21.5%和 34.5%。

2004 年，受理公安机关和院自侦部门提请批捕案件 262 件 361 人，批准逮捕 243 件 336 人。不捕 19 件 25 人，其中 2 件提出复议维持原决定，追捕 4 人。提前介入、引导侦查 23 件，提供法庭证据 27 份，办理提请延期的案件 6 件。立案监督 9 件，其中公安主动立案 8 件，纠正不应立而立 1 件，有 2 件 3 人犯罪嫌疑人被批捕，4 件 5 人移送起诉，2 件 3 人作出判决。侦查监督、公诉两部门共向侦查机关发出检察建议 11 分，纠正违法 14 份。批捕、起诉准确率为 100%。

2005 年，受理提请批准逮捕的各类刑事案 243 件 366 人，审查批准逮捕（决定逮捕）227 件 333 人（自侦 3 件 3 人），不批准逮捕 16 件 29 人，其中贪污案 2 件 2 人，贿赂案 8 件 8 人，挪用公款案 5 件 5 人，大要案 10 件，占立案总数的 67%。其中，100 万元以上贪污案 1 件，5 万元以上受贿案 1 件，挪用 50 万元以上 1 件。所立案件有 13 件侦查终结移送审查起诉，起诉率 100%。通过办案，挽回经济损失 320 余万元。公诉部门对 2004 年以来法院判决无罪不起诉和撤回起诉的案件进行专项复查，将应起诉不起诉、应抗诉不抗诉、滥用不起诉权、案件事实不清、适用条件错误，违法取证等问题作为复查重点，并与审判机关协调，草拟《量刑建议纠正方案》。

2006 年，受理公安机关、本院自侦部门和上级检察机关交办的各类起诉案件 328 件 489 人，经审查，提起公诉 274 件 399 人，决定不起诉 7 件 7 人，按管辖移送 18 件 36 人，积存 12 件 23 人，退回补充侦查 17 件 24 人，追诉漏犯 4 人，追诉漏罪 10 起，抗诉 2 件 2 人。公诉改革提高多媒体示证系统的利用率，普通程序简化审理方式在庭审中逐步运用，为主诉检察官解决办案津贴，审查案件全面采用综合化审理报告的方式。

2007 年，受理各类审查起诉案件 387 件 608 人，经审查提起公诉 324 件 446 人，决定不起诉 3 件 3 人。侦查监督部门介入公安机关重特大案件的侦查活动 38 件次，介入率 100%。审查批捕和审查起诉案件均在法定时限内办结，未出现超时限办案现象。批准逮捕准确率和起诉准确率、不起诉准确率保持 100%。侦查监督工作，向公安机关发出要求说明不立案理由通知书 7 份，监督公安机关立案 8 件，撤销案件 4 件；决定追捕犯罪嫌疑人 6 人，向公安机关发出“提供法庭审判所需证据材料意见书”26 份；提请上级院批准延长侦查羁押期限的案件均按规定的时限和要求进行，没有出现报送不规范或不符合延长条件而未获批准的情况。对公安机关移送审查起诉的案件改变定性 17 件，追诉漏犯 1 人，追诉漏罪 3 起，改变公安机关从重从轻情节被法院采信的 102 项；对人民法院的刑事判决提出抗诉 7 件，市人民检察院支持抗诉 5 件，撤回抗诉 1 件；对公安机关在侦查活动中的违法行为发出纠正违法通知书 16 份；适用简易程序和普通程序简化审理被告人认罪案件占提起公诉案件总数的59.2%。

2008年,侦查监督部门向公安机关发出要求说明不立案理由通知书14份,监督公安机关立案8件(批准逮捕5件5人),撤销案件2件;发出应当逮捕犯罪嫌疑人建议书18份,追捕犯罪嫌疑人21人,向公安机关发出“提供法庭审判所需证据材料意见书”32份;提请上级院批准延长侦查羁押期限的案件均按规定的时限和要求进行,没有出现报送不规范或不符合延长条件而未获批准的情况。对公安机关移送审查起诉的案件改变定性19件,审查后认定不构成犯罪的案件7件,追诉漏罪19起,减少犯罪事实5起,改变公安机关从重从轻情节68项;对人民法院的刑事判决提出抗诉9件;对公安机关在侦查活动中的违法行为发出纠正违法通知书45份;适用简易程序和普通程序简化审理被告人认罪案件占提起公诉案件总数的60.3%。

2009年,侦查监督部门向公安机关发出《要求说明不立案理由通知书》10份,监督公安机关主动立案10件12人,发出《应当逮捕犯罪嫌疑人建议书》22份,追捕犯罪嫌疑人37人,向公安机关发出《提供法庭审判所需证据材料意见书》53份;提请上级院批准延长侦查羁押期限的案件均按规定的时限和要求进行,没有出现报送不规范或不符合延长条件而未获批准的情况。对公安机关移送审查起诉的案件改变定性5件,追诉漏犯2人,追诉漏罪9起,对人民法院的刑事判决提出抗诉4件;对公安机关在侦查活动中的违法行为发出纠正违法通知书4份;适用简易程序和普通程序简化审理被告人认罪案件占提起公诉案件总数的33.8%。

2010年,受理公安机关提请审查批捕和本院自侦部门移送审查批捕的案件303件494人,批准逮捕276件425人,不批准逮捕27件69人。监督公安机关主动立案8件11人,发出《应当逮捕犯罪嫌疑人意见书》10份,追捕犯罪嫌疑人14人,向公安机关发出《提供法庭审判所需证据材料意见书》18份;提请上级院批准延长侦查羁押期限的案件均按规定的时限和要求进行,没有出现报送不规范或不符合延长条件而未获批准的情况。对公安机关移送审查起诉的案件改变定性8件,追诉漏犯1人,追诉漏罪27起;对人民法院的刑事判决提出抗诉3件;对公安机关在侦查活动中的违法行为发出纠正违法通知书3份。

2011年,公诉部门共受理移送审查起诉案件420件637人,经依法审查后,向法院提起公诉348件456人,决定不起诉3件6人,按管辖移送29件90人,要求公安机关作其他处理案件13件18人,全年出庭支持公诉140件。在诉讼监督活动中,追溯漏犯9人,追诉漏罪31起,均被人民法院作出有罪判决;改变公安机关移送审查起诉的20件案件的定性,改变从重从轻情节84件次,全部得到人民法院的支持;对公安机关侦查活动中和人民法院审判活动中,发出检察建议书10份,对人民法院的刑事判决提出抗诉2件,上级院全部支持抗诉。

2012年，受理各类移送审查起诉案件197件246人，经依法审查后，共提起公诉178件245人，决定不起诉4件10人。受理公安机关报捕的各类刑事案件118件199人。批准逮捕案件98件154人(追捕漏犯12人)。其中，涉嫌抢劫、盗窃、故意伤害、贩卖毒品、诈骗案件较多，分别为20件47人、25件38人、15件21人、13件15人、12件13人，侵财型犯罪案件仍占多数，且团伙作案比较严重。不(予)批捕案件20件45人。其中，事实不清、证据不足不捕12件32人，无逮捕必要不捕6件10人，不构成犯罪不捕2件3人，对需要通知补查的案件，向公安机关发出《补充侦查提纲》及《不捕理由说明书》，并督促公安机关及时补充证据。

2013年，受理移送审查起诉各类案件437件，经依法审查后，提起公诉384件，决定不起诉9件9人。受理公安机关提请批准逮捕的各类刑事案件323件433人，法定时间办结率为100%。向公安机关发《提供法庭审判所需证据材料意见书》39份、《纠正违法意见书》18份，追捕犯罪嫌疑人9人。无捕后撤案案件，无捕后不起诉案件，无捕后判无罪案件。批准逮捕案件261件327人，不(予)批捕案件62件106人。加强与公安机关的联系与沟通，发挥提前介入机制的优势，推进侦查监督工作的两个“向前延伸”。因事实不清、证据不足和轻微刑事案件避免进入批捕程序，提前介入公安机关立案侦查的刑事案件24件31人；因公安机关提请批准逮捕的案件不符合法律规定或因管辖问题，不予受理的案件有9件17人。召开检委会10次，提交检委会研究案件19件。督查办严格执行案件审查制度，重点对不捕、撤销案件及不予立案的案件进行审查，复核各部门案件75件。

2014年，受理移送审查起诉各类案件516件698人。经依法审查后，提起公诉457件546人，决定不起诉8件28人。受理公安机关提请批准逮捕的各类刑事案件342件421人，院公诉部门移送决定逮捕案件3件3人，经审查，批准逮捕案件255件308人，不批准逮捕案件90件116人，向公安机关建议撤回案件2件2人。

2015年，批准逮捕犯罪嫌疑人286人，提起公诉593人。不批准逮捕76人，不起诉9人。全年监督公安机关刑事案件立案21件21人，发出《要求说明不立案理由通知书》21份，全年受理办结各类民事、行政监督案件40件，其中控告、申诉案件7件；执行监督案件27件，依职权发现行政机关履职不当案件6件。设立刑事执行检察科，建立辖区社区矫正人员刑事执行检察台账，开展清理整顿漏管、脱管专项工作，查证辖区漏管人员21人，发出检察建议2份，纠正18人，配合上级部门查办涉及刑罚执行中的职务犯罪，立案2人。

2017年，受理移送审查起诉案件416件494人，提起公诉383件453人。受理公安机关提请批准逮捕的各类刑事案件216件268人。其中批准逮捕156件187人，不批准逮捕81人。

2001—2017 年新城区人民检察院侦监案件统计表

表 15-4-1 单位:件

年份	2001	2002	2003	2004	2005	2006	2007	2008	2010	2011	2012	2013	2014	2015	2016	2017
批捕	205	213	305	337	314	466	248	48	712	1017	206	251	371	229	1018	585
不捕	22	8	14	24	32	20	10	12	189	153	51	67	132	52	190	126

2001—2017 年新城区人民检察院公诉案件统计表

表 15-4-2 单位:件

年份	2001	2002	2003	2004	2005	2006	2007	2008	2010	2011	2012	2013	2014	2015	2016	2017
起诉	184	275	301	186	336	384	359	58	712	1017	263	378	1153	1168	870	505
不诉	12	6	12	20	40	15	9	13	80	111	55	14	45	32	120	54

第十一节 未成年公诉

2009 年 4 月,设立未成年人犯罪案件公诉科,与内蒙古工业大学人文学院联合成立未成年人矫治中心,为未成年人提供心理咨询和帮助。

2010 年,未成年人犯罪案件公诉科与新城区委宣传部、教育局联合下文,在新城区所属各中小学开展“保护自我、远离犯罪”专项宣传教育活动,经与审判机关沟通,制定《呼和浩特市新城区人民检察院以“普通程序简易审”工作方式办理未成年人认罪案件的具体操作规程》,与新城区司法局联合下发《关于未成年人犯罪案件法律援助工作的实施意见》。

2011 年,未成年人犯罪案件公诉科办理案件 31 件 93 人,其中抢劫 13 件 40 人,盗窃 6 件 13 人,抢夺 2 件 7 人,伤害案件 4 件 5 人,强奸 2 件 5 人,寻衅滋事 3 件 11 人,贩毒 1 件 3 人。发出检察建议 5 份,口头纠正违法 3 次,增加量刑情节认定 39 人次,改变定性 8 人次,追漏犯 1 人,承担自治区重点课题 1 个。

2013 年,受理未成年人犯罪案件 25 件 61 人,其中起诉 21 件 46 人,法院均作有罪判决;附条件不起诉 1 件 1 人,相对不起诉 1 件 1 人。为 48 名未成年犯罪嫌疑人、3 名未成年被害人提供法律援助。针对 4 案 6 人不构成犯罪的人员,发出《检察建议书》4 份,建议予以适当行政处罚,对超期羁押的发出《纠正违法通知书》7 份。

2016 年,建立对涉及未成年人刑事案件“捕诉监防一体”的工作模式,受理涉及未成年人刑事案件 37 件 70 人,办结 36 件 64 人,推行区、市、自治区三级法律援助机构当事人任选模式,有 19 名未成年犯罪嫌疑人及被害人接受法律援助。开展未成年人犯罪预防工作,参与法制宣传教育活动,与教育局联合开展为期一年的“禁毒教育走进学校”活动。

2017 年,受理未成年人公诉案件 8 件 14 人,起诉 7 件 8 人。受理未成年人批捕案件 13 件 16 人,批准逮捕 10 人,为 7 名涉案未成年人提供法律援助。

第五章 法 院

第一节 机 构

2002 年 7 月，根据自治区党委办公厅《盟市、旗县（市、区）人民法院机构改革指导意见》，《新城区人民法院机关机构改革方案》经新城区机构编制委员会审核批准，设立内设机构 12 个，包括办公室、政治处、立案庭、刑事审判庭、民事审判庭、经济审判庭、行政审判庭、审判监督庭、执行局、研究室（社会治安综合治理办公室）、监察室（与纪检组合署办公）、司法警察大队。

2003 年，成立毫沁营法庭。2004 年，撤销民事审判庭、经济审判庭，设立民事审判第一庭、民事审判第二庭、民事审判第三庭、速裁庭。2005 年，设立未成年人案件综合审判庭，撤销立案庭，设立立案第一庭、立案第二庭，增设执行监督庭。

2010 年，设立司法技术鉴定室，主要负责审判、执行部门委托的鉴定、评估和拍卖、变卖工作。2011 年，设立机关事务服务中心，主要承担法院机关后勤服务、安全保卫、车辆管理、审判信息网络的管理维护、机关物业管理及其他事务性工作。

2012 年，设立交通事故纠纷巡回法庭和审判管理办公室。

2014 年 12 月，保和少镇政府和古路板村巡回审判工作站挂牌，呼和浩特市首家巡回审判工作站正式成立。

2017 年底，全院干警 155 人。其中院长 1 人，副院长 3 人，纪检组长 1 人，政治处主任 1 人，员额法官 45 人，法官助理 46 人，一线审判岗位工作人员共 132 人。设有办公室、机关事务中心、研究室、政治处、审判管理办公室、监察室、立案第一庭、立案第二庭、民事审判第一庭、民事审判第二庭、民事审判第三庭、速裁庭、行政审判庭、刑事审判庭、未成年人案件综合审判庭、交通事故法庭、执行局、执行监督庭司法鉴定室、审判监督庭、毫沁营法庭、司法警察大队等 22 个机构。

第二节 审判制度改革

2001 年，新城区人民法院以“三个代表”重要思想为指导，认真落实《人民法院五年改革纲要》,推进和深化法院改革,建立健全监督机制,自觉接受区委的领导,人大的监督。

2002 年,中共十六大提出推进司法体制改革的总体目标,新城区人民法院完善符合审判工作规律和特点的诉讼程序制度;完善公正高效的审判工作机制;完善权责明确、分工合理、运转高效、保障有力的法院管理体系;深化机构改革,人事制度改革,实行"一聘双选";建立公开、公平、公正的法官队伍。

2003 年,新城区人民法院全面贯彻落实《人民法院五年改革纲要》的精神,以公开审判为重心,不断深化审判方式改革;以机构调整为基础,推进审判机制创新;推行法院人事管理制度改革。

2004 年,新城区人民法院根据上级法院司法为民的要求,结合实际工作和司法改革的实际,改革完善审判方式,便利人民群众诉讼,减轻当事人诉累。

2008 年,新城区人民法院为落实法院工作机制的改革,完善审判制度,紧紧抓住关键环节和重点部位,加强对审判权和执行权运行的制约监督。完善案件管理制度,实施案件流程管理和案件质量监督评查办法;探索未成年人司法制度,完善少年法庭工作机制;完善审判委员会制度,提高审判委员会总结审判经验的能力。

中共十八大以来,以习近平同志为核心的党中央推进政治体制改革,加快建设公正高效权威的社会主义司法制度,推动新一轮司法改革开展。新城区人民法院坚持监督和放权相结合,采取制度化和信息化措施,构建全院全员全过程的监督管理机制。建立专业法官会议,完善审委会制度,为主审法官、合议庭提供审判业务指导。推行院、庭长直接办案,建立院、庭长办案落实情况考评机制,加强院、庭长审判职能。制定"权力清单""责任清单",完善法官业绩评价,出台关于办案质量瑕疵、团队错案追究、严格审限管理等若干制度,明确审判责任的形式和对应具体追究方式,解决责任不清、责任不明、责任不实等难点问题。

2013 年,在中国裁判文书网上传文书 24544 件。通过微信、微博等自媒体平台和主要路口大屏幕滚动播放的方式发布执行线索悬赏公告 141 条、公开失信被执行人 254 人,接听执行线索举报电话 53 次,后台收到网友问询留言 177 条,多位被执行人迫于压力主动履行。

2014 年,新城区人民法院践行司法为民,助推法治新城建设为重点工作,加强立案"窗口"建设;推行小额诉讼和简易案件速裁。

2015 年起,推行立案登记制改革,降低立案"门槛",受理案件数逐年递增,受理各类案件 8096 件。为应对案件激增态势,完善诉讼服务中心建设,推广预约立案、诉讼引导、电子查询、法律援助等服务项目,为当事人提供"多渠道、一站式、综合性"服务。

2016 年,新城区人民法院以司法改革为重点,促进司法公正。推进审判权运行机制改革;落实员额制改革。

2017年，大幅度限缩审判委员会讨论决定案件范围，突出审委会在法律适用、监督指导、总结经验等方面的作用。制定办案瑕疵、错案追究、审(执)限管理，解决责任不清、责任不明、责任不实等难点问题。围绕上级法院的安排部署，落实法官员额制改革，通过考试考核产生首批员额法官46名，为优化审判资源配置，制定《审判执行团队设置相关规定(试行)》，组建以法官为中心，以审判辅助人员为支撑的22个新型审判执行团队。遵循谁办案、谁签发的原则，制定《审判团队文书签发规定》，减少文书签发审批环节，提升审判质效。全年受理各类案件16675件，同比增长41.06%，办结14271件，同比增长39.38%，结案率85.58%，获得市级以上集体奖励5项，市级以上个人奖励7项。

第三节　基础设施

2001年，新城区人民法院审判办公楼位于大学东路，建筑面积5015.81平方米。楼内分办公区、审判区、服务区，有大、中、小审判法庭15个及4间羁押室，设有办公室、会议室、休息室、资料室、荣誉室、贵宾室、接待室、宿舍、餐厅、洗衣房、健身房、舞厅等，楼内装有电视闭路监控、微机局域网等设备。

2012年，新城区人民法院搬入新建审判办公楼，建筑面积1.74万平方米。楼内有诉讼服务中心、15个数字化法庭，数字化审委会会议室、院史馆、廉政馆、健身房、会议室、休息室、党员活动中心、档案室、健身房等。

2017年，新城区人民法院在办公楼西北侧新建三层楼，建筑面积3148平方米，内设档案室、执行局办公室和员工食堂。完善诉讼服务中心的各项功能，通过电子公告屏、触屏查询机、展板、诉讼指南，向当事人公开立案条件、立案流程、法律文书样式等信息。

第四节　队伍建设

2001年，新城区人民法院在职干警114人，其中大学本科25人，占总人数21.93%，专科78人，占总人数68.42%，在学历教育上实现了最高人民法院“7、8、9”规划要求。三级高级法官1人，四级高级法官7人，一级法官8人，二级法官9人，三级法官11人，四级法官24人，五级法官2人。审判员30人，助理审判员35人，书记员21人，其他人员27人。

2001—2017年，新城区人民法院按照政治过硬、业务过硬、责任过硬、纪律过硬、作风过硬的要求，努力建设一支忠诚、干净、担当的法院队伍。

2001年，新城区人民法院按照自治区高级人民法院和市中级人民法院《关于开展“一教育、三整顿”活动实施方案》的精神，开展“三个代表”重要思想的学习教育活动，加强干警的职业道德和“争创”双满意活动。

2002年，新城区人民法院党组根据自治区高院《关于加强和改进思想政治工作的决定》的要求，制定政治学习计划，坚持用邓小平理论和“三个代表”重要思想武装头脑；在开展“审判作风年”活动中，不断加强法官职业道德建设和纪律作风建设；狠抓法院的廉政建设，经常不断地开展反腐倡廉教育，加强纪检监察工作，坚决查处违法违纪人员；加强教育培训工作；开展争创“双满意”活动，维护司法公正，倡导文明执法。

2003年，新城区人民法院围绕确保司法公正，加强队伍建设，提高法官整体素质。加强思想政治工作，提高法官的政治素质；加强法官教育培训工作，切实提高法官的业务素质；推进党风廉政建设，严肃查处违法违纪人员。

2004年，新城区人民法院开展“执政为民，加快发展”教育培训活动，全面提高执政能力；开展建造“学习型法院”的活动，全面提升队伍整体素质；开展多种形式的教育活动，促进队伍整体素质的提高；做好涉诉上访工作；发挥制度的作用，强化管理；以保障审判工作为目的，坚持科技强院，加强物质装备建设。

2005年，新城区人民法院开展“规范司法行为，促进司法公正”专项整改活动；加强队伍的思想、政治作风教育；开展“岗位大练兵”活动，加强对干警的业务、政治学习培训教育，提高干警的整体素质；营造法院文化建设氛围，开展法学理论及职业道德建设内容的大讨论活动。

2006年，新城区人民法院贯彻落实自治区高院“司法规范化建设年”的各项工作安排，加强法官队伍建设，着力解决人民群众反映强烈的问题，加强领导班子建设；加强法官队伍的思想政治建设；加强法官队伍的职业水平和职业能力建设；加强审判作风和廉政建设。

2008年，新城区人民法院从确保司法公正，增强司法公信力的高度，坚持一手抓审判和其他各项工作，一手抓队伍建设，打造政治坚定、业务精通、作风优良、司法公正的法院队伍。以深入开展社会主义法治理念教育为主线，加强思想政治建设；以全面提高法官素质为重点，加强教育培训和业务建设；以密切联系群众为核心，加强作风建设；以公正高效权威为目标，加强廉政建设。

2009—2013年，新城区人民法院整顿工作作风，开展“回顾过去、开拓未来”“公正与效率”司法大检查、“大力解放思想、优化开放环境”“建造学习型法院”“规范司法行为、促进司法公正”等一系列活动，确保队伍素质逐年提高。

2014年，新城区人民法院提升司法公信力，开展党的群众路线教育实践活动；强化审判管理；认真落实司法公开和司法民主；加强司法廉洁建设；加强思想政治和司法能力建设。

2015年，开展“三严三实”专题教育，确保把党中央的各项要求贯彻到人民法院工作各方面，增强干警自我净化、自我完善、自我革新、自我提高的能力。完善党组中心组学习、网上在线学习、干警自主学习等机制，采用微信、互联网、手机短信等现代化信息手段，实行“智能式”教育。

2016年，新城区人民法院以公正司法为准绳，全面加强队伍建设。落实全面从严治党，强化责任意识和担当意识，把全面从严治党与审判工作同谋划、同部署、同实施；严肃纪律监督问责，重点整顿庭审程序不严格，着装不规范，举止不文明等现象；着力提升业务素质，开展业务培训，法官论坛等活动，提升干警在适用法律、化解矛盾和服务群众等方面的能力；持续加强文化建设。开展“雁过拔毛”式腐败问题专项整治活动和以“忠诚、干净、担当”为主题的队伍整顿建设工作，以制度强化纪律约束，树立司法为民的良好形象。新城区人民法院3名法官被评为新城区2013—2015年度“优秀法治副校长”。

2017年，新城区人民法院从严管理队伍，培养干警信仰法治、坚守法治的职业情怀和职业精神。坚持把党建工作列入党组重要议事日程，落实党风廉政责任制建设，严格执行《审判人员违法审判责任追究办法》《违反审判纪律处分办法》《司法人员违法办案责任追究》，加强纪检、监督追究错案的力度。制定《关于严格案件审（执）限管理的规定》《关于干警问责的十二条规定》《纪律作风管理规范》等制度，全覆盖、无死角杜绝庭审程序不规范、执法行为不文明等现象。至年底，在编干警155人，其中大学本科学历117人，硕士研究生学历26人。三级高级法官1人，四级高级法官7人，一级法官14人，二级法官12人，三级法官11人。

第五节 刑事案件审判

2001年，受理各类刑事案件302件，审结298件，结案率达98.7%。新城区人民法院依法严惩各类犯罪，遏制犯罪的上升势头。

2002年，受理各类刑事案件263件，加旧存4件，共267件，判处被告人377人，审结364件，结案率为98.88%。在坚持“严打”的同时，力求快审快结，争取良好的社会效果，审限内结案率为100%，公审率为100%。受理扰乱社会稳定的犯罪案件2件，判处犯罪5人；受理严重影响群众安全的多发性犯罪案件59件，判处犯罪92人；受理未成年人犯罪案件27件。受理贪污、贿赂、挪用公款和渎职犯罪案件7件，判处犯罪8人；受理破坏市场经济秩序犯罪案件18件，判处犯罪26人，挽回直接经济损失10万余元。

2003年，受理各类刑事案件315件，审结315件，结案率为100%。严厉打击刑事犯罪，维护国家安全，确保社会稳定，规范市场秩序。

2004年，受理各类刑事案件328件，比2003年多收13件，案件上升4.1%。审结328件，判处犯罪分子438人，审结率为100%。新城区人民法院依法从重、从快惩处故意伤害、抢劫、强奸、绑架、贩毒、拐卖妇女、儿童等严重影响群众安全的多发性犯罪。依法严惩破坏社会主义市场经济秩序犯罪,重点打击金融诈骗、合同诈骗、票据诈骗、虚报注册资本、非法出售制造发票等犯罪,共受理此类案件 10 件,审结 10 件,判处犯罪分子 12 人。加强对贪污、贿赂、挪用公款等职务犯罪案件,共受理 6 件,判处犯罪 6 人,挽回直接经济损失 11.92 万元。对未成年人犯罪案件采取“寓教于审”的原则,受理未成年人案件 36 件 36 人,其中给予刑事处罚的 34 人,免予刑事处罚的 2 人。

2005 年,受理各类刑事案件 374 件,比上年多 46 件,案件上升 14%,审结 374 件,判处犯罪 542 人,审结率为 100%。在刑事审判工作中,新城区人民法院依法严惩危害社会治安的犯罪,依法从重、从快惩处故意伤害、抢劫、强奸、贩毒、盗窃等严重影响群众安全的多发性犯罪;加大严惩贪污、贿赂、挪用公款等经济犯罪力度,推动反腐败斗争的深入开展;针对交通肇事案件增多的新情况、新问题,加大审理力度,共受理此类案件 42 件,判处犯罪 42 人;对青少年犯罪案件采取教育、感化、挽救的特殊审判方式,促进青少年犯罪人员的思想改造;坚持“打、教、防、改”相结合的方针。

2006 年,受理各类刑事案件 345 件,同比下降 7.75%,审结 338 件,结案率为97.97%,判处犯罪 397 人。在刑事审判工作中,新城区人民法院充分发挥刑法的威力,坚决贯彻罪刑法定和罪行相适应原则,全年生效判决中适用主刑判处犯罪 363 人。

2007 年,发挥惩罚刑事犯罪,维护国家安全和社会稳定的职能作用。严厉打击严重影响群众安全的抢劫、强奸、贩毒、盗窃多发性犯罪,审结刑事案件 372 件。

2008 年,受理各类刑事案件 375 件,审结 360 件,同比下降 4.3%,判处 514 人。共审结非法制造爆炸物、故意伤害、强奸和抢劫、抢夺、盗窃“两抢一盗”等案件 299 件,判处 413 人。依法惩罚各类毒品犯罪,共审结贩卖、非法持有毒品等案件 17 件,判处 23 人。审结贪污贿赂、渎职案件 15 件,判处 16 人。

2009 年,严厉打击严重影响群众安全的多发性犯罪以及严重破坏社会秩序的犯罪,审结刑事案件 401 件。

2010 年,全年审结刑事案件 405 件。

2011 年,审结刑事案件 421 件。“醉驾”入刑以后,危险驾驶罪案件明显增多,至 2017 年,共审理此类案件 585 件。

2012—2013 年,分别审结刑事案件 429 件、415 件。

2014 年,受理刑事案件 509 件,审结 483 件。严厉打击严重危害社会治安及市场经济秩序的犯罪,对 411 名被告人依法判处实体刑;审结涉外刑事案件 5 件 12 人;受理刑事附带民事案件 66 件,调节 58 件;审理未成年人犯罪案件 18 件 45 人。

2015 年,依法严厉打击危害群众人身财产安全的犯罪,全年审结刑事案件 492 件。

2016 年,受理刑事案件 576 件,同比上升 12.06%,审结 538 件,结案率为 93.40%。受理危害社会治安犯罪案件 186 件 237 人;受理未成年人犯罪案件 13 件 20 人。

2017 年,受理刑事案件 464 件,审结 426 件,结案率 91.81%。审理故意伤害、绑架、“两抢一盗”、诈骗、毒品犯罪等案件 170 件 196 人。完善未成年人保护机制,开展心理干预、档案封存、结对帮教等工作。

自 2001 年,新城区社会治安状况日趋良好,刑事案件增幅较小。新城区人民法院持续开展“严打整治”“打击电信诈骗”“打击毒品犯罪”等专项活动,审理故意伤害、抢劫、抢夺、绑架、盗窃、强奸等暴力犯罪 3341 件。推动党风廉政建设深入开展,审理贪污贿赂、渎职侵权等职务犯罪案件 134 件。自 2006 年成立未成年人案件综合审判庭,审结未成年人犯罪案件 294 件,案件数量整体呈逐年下降趋势。

第六节　民商事案件审判

2001 年以来,随着我国加入世贸组织,改革开放进入快车道,经济体制和社会结构的深刻变革,形成许多新矛盾和问题,民商事案件呈现大幅增长态势。

2001 年,受理各类民事案件 1349 件,加旧存 17 件,共 1356 件,审结件 1346 件,结案率为 99.3%。随着案件数量的增多,新类型案件、群体性案件也呈上升趋势,受理著作权、名誉权纠纷等案件 7 件,劳动争议 20 件。

2002 年,在围绕大局重点抓好审判工作的同时,新城区人民法院全面开展各项审判工作,通过依法审判大量案件,平等保持各类民事主体的财产权利和人身权利,促进经济发展和社会全面进步。各类民事案件 1343 件,加旧存 10 件,共 1353 件,审结 1338 件,结案率为 98.89%。依法正确审理著作权、名誉纠纷案 7 件,劳动争议案 21 件;审理婚姻家庭案 478 件。

2003 年,是企业改革、劳动保障制度改革、住房制度改革和金融体制改革等各项改革的攻坚时期。新城区人民法院依法调节民商事和行政法律关系,化解矛盾,促进经济发展和社会进步。

2004 年,各类民商事案件 2101 件,同期相比多收 580 件,案件上升 38.1%,审结2097 件,审结率为 99.8%。共受理婚姻家庭纠纷案 38 件,审结 38 件。

2005 年,新城区人民法院充分发挥民事审判保护,调节的职能,坚持司法为民宗旨,依法及时审理各类民商事案件,平等保护各类民事主体的财产和人身权利。共受理民商事案件 2367 件,审结 2356 件,结案率为 99.3%。在依法开展审判工作的过程中,辨法析理,定纷止争,加强民商事案件的诉讼调解工作,做到案结事了,民商案件调撤率为54.5%,比上年提高了 4.5 个百分点。

2006 年,新城区人民法院依法平等保护公民、法人和其他组织的民事权利,维护社会主义市场经济秩序和人民群众生产生活秩序。共受理民商事案件1911件，同比下降19.26%;共审结1872件，结案率为97.96%。审理人格权纠纷案735件;审理各类合同纠纷案1176件;受理农民诉讼案286件;全年调解、撤诉结案1002件，调撤率达53.53%。

2007年，新城区人民法院依法平等保护自然人、法人和其他组织的民事权利，促进经济发展和社会和谐。审结民商事案件2037件。

2008年，受理民事案件2643件，审结2431件，比去年多结512件，同比上升26.7%。审理家庭婚姻纠纷案498件;审理人格权纠纷案174件;审理劳动争议纠纷案216件;审理合同纠纷案1376件。民事案件调解和撤诉率达52.7%。

2009—2012年，新城区人民法院年均审结2000余件。2013年以来，经济下行压力增大，民商事案件激增，新城区人民法院主动适应经济发展新常态，依法保障供给侧结构性改革顺利进行。审结房屋买卖、租赁、建设工程等案件3034件，保障人民群众居住权益和房地产市场平稳健康发展。审理互联网金融、金融借款、民间借贷等案件3267件，标的额30.93亿元，引导民间资本、投资融资秩序理性回归。注重产权保护，秉持谦抑理念，对成长型企业审慎采取查封、扣押等强制措施，护航企业发展。

2014年，新城区人民法院化解民商事纠纷，增强人民群众幸福感。受理民商事案件3016件，审结2877件。审理婚姻家庭纠纷案357件;人身损害、相邻关系案件314件;劳动争议案件82件;审结运输、买卖、房地产等案件799件。民事案件的调撤率为55.2%。调判结合解决民事纠纷，促进和谐新城建设。

2016年，受理民商事案件7602件，同比上升39%，审结6308件，结案率为82.98%，诉讼标的额14.58亿元，调撤3293件，调撤率为52.2%。审结房屋买卖、租赁合同纠纷类案件2273件;审理涉小额借贷公司案件标的额达1.32亿元。新城区人民法院设立家事案件审判团队，探索家事审判专业化模式。审结离婚、继承、抚养、赡养等家事案件6265件，向遭受家庭暴力侵害的妇女发出人身保护令14份。

2017年，审结民商事8138件。围绕深化经济体制改革、“西部大开发”“一带一路”建设等重大举措，依法开展民商事审判工作。审结各类合同案件14102件，依法平等保护各类市场主体的财产、契约和信用关系，维护公平诚信的市场经济秩序。审结劳动争议案件549件，保护劳动者合法权益。

第七节　行政案件审判

2001—2017年，新城区人民法院审理各类行政诉讼案件1906件，审查非诉执行案件931件。

2001年，新城区人民法院受理各类行政案件27件，审结27件，结案率为100%。在行政审判工作中，新城区法院始终坚持保障行政机关依法行政，对具体行政行为合法的给予支持，对滥用职权违法行政的行为坚决不予支持。

2002 年，新城区人民法院受理各类行政诉讼和行政赔偿案件 41 件，审结 41 件，结案率为 100%。依法审理涉及工商、土地、城建、环保、公安等领域的行政案件。在审理案件的过程中，严把事实证据程序和法律关，加大司法领域的人权保障力度，既支持行政机关依法行政，又保护公民、法人和其他组织的合法权益。

2003 年，新城区人民法院依法开展行政审判工作，通过审查具体行政行为的合法性，监督和支持行政机关依法行政，依法保护公民、法人和其他组织的合法权益。

2004 年，新城区人民法院受理各类行政案件 38 件，同期相比多收 11 件，案件上升 40.7%，审结 38 件，审结率为 100%。强化行政审判的保护，监督职能，维护公民法人和其他组织的合法权益，保护和监督行政机关依法行政。

2005 年，新城区人民法院受理各类行政案件 60 件，审结 59 件，结案率为 98.3%，同比多收 21 件，案件上升率为 58%。2005 年 7 月，行政审判庭被自治区高级人民法院评为“全区行政审判工作先进集体”。

2006 年，新城区人民法院受理各类行政案件 53 件，同比下降 11.67%，审结 53 件，结案率为 100%。其中，因纠正损害群众利益的行政行为，判决撤销、确认行政行为违法或无效 19 件，判令行政机关履行法定职责 3 件，行政赔偿 1 件；因支持行政机关依法行政，保障行政机关依法履行社会管理职能，判决维持行政机关行政行为 3 件；充分尊重当事人的诉讼权利，准予原告因行政机关改变其具体行政行为而撤诉 11 件。

2007 年，新城区人民法院加大对征地拆迁、城管执法、棚户区改造等案件的协调力度，审结行政案件 163 件。

2008 年，新城区人民法院受理各类行政案件 404 件，审结 402 件，同比上升538.2%。

2009—2015 年，严格执行《中华人民共和国行政许可法》、新修订的《中华人民共和国行政诉讼法》，监督行政机关依法履职，审结行政案件 580 件。

2016 年，新城区人民法院受理各类行政诉讼案件 57 件，同比上升 26.67%，审结 57 件，结案率为 100%。受理行政非诉案件 33 件，经协调撤诉 33 件。

2017 年，新城区人民法院受理各类行政诉讼案件 185 件，确认行政违法 24 件，行政案件经和解后原告撤诉 44 件。推动落实行政机关负责人出庭应诉制度，行政机关负责人出庭应诉 5 人次。

第八节 执行案件

2001 年，新城区人民法院贯彻中央 11 号文件精神，同地方和部门保护主义作斗争，加强和改善执行工作。受理各类案件524件,加旧存53件,共577件,执结550件,执结率为95.3%,执行标的额达2342.25万元。建立统一管理协调的执行工作新机制;集中开展清理积案行动,分成几个执行小组;规范执行活动,依法文明执行,贯彻最高法院《关于人民法院执行工作若干问题的规定》。

2002年,新城区人民法院贯彻中央11号文件精神,强化执行措施,建立统一管理,统一协调的工作新机制,成立执行局。受理执行案件653件,加旧存27件,共计680件,执结585件,执结率为86.03%,旧案归档率为100%。

2003年,新城区人民法院贯彻落实中央11号文件精神,坚决抵制、反对地方和部门保护主义,进一步加强和改善执行工作,完善统一管理、统一协调的执行工作新机制,全面提高执行效率。与有关部门配合,严肃查处暴力抗法行为,健全执行监督制约机制,及时纠正执行错误。受理执行案件630件,结案率为98.6%。

2004年,新城区人民法院落实中共十六大关于解决"执行难"的要求和全国人大常委会的立法解释,加大执行力度,重点加强直接关系人民群众切身利益案件的执行。制裁拒不执行人民法院生效裁判50件70人及暴力抗法人员4人。

2005年,新城区人民法院履行"让打赢官司的人民群众及时实现权利"的承诺,建立执行工作流程管理运行机制。受理执行案件775件,执结各类案件733件,执结率为93.6%;执行结案标的额4713万余元,执行兑现标的额4059万余元,兑现率为86.1%。完善执行机制,加强内部管理,规范执行行为;完善执行措施,采取集中执行,加大执行力度。

2006年,受理执行案件655件,同比下降15.49%,执结627件,执结率为95.73%,执行标的总金额3985.6万元,兑现标的金额为3423.2万元,兑现率为85.35%。

2008年,新城区人民法院开展集中清理执行积案活动,加大执行力度,通过摸清积案底数,逐案分析原因,制定工作方案,采取有效措施,把办案的法律效果与社会效果、政治效果有机地统一起来。受理执行案件700件,执结660件,比2007年多结84件,同比上升14.6%,执行到位金额3355.1万元。

2009—2013年,执结3175件。2014年,新城区人民法院受理执行案件981件,执结691件,执行到位总金额8.79亿元,同比上升120%,其中自动履行160件,执行和解261件,对103名被执行人采取惩戒措施。2015年以来,随着民商事案件逐年增多,执行案件亦呈现大幅增长态势。

2016年,受理各类执行案件3294件,执结2906件,执结率为88.22%,执结标的额18.33亿元。新城区人民法院采取日常执行工作与执行会战相结合的方式,开展3次执行会战专项行动;完善失信被执行人名单信息公布查询平台,对列入黑名单的113名失信被执行人采取"一报两屏两微"措施。按照最高人民法院提出"用两到三年时间基本解决执行难”的目标，新城区人民法院加强执行信息化、规范化、制度化建设和执行体制改革、执行队伍建设，在解决“执行难”问题方面取得突破。实现三级法院互联互通，统一调度。拓展网络查控覆盖面，有效破解“人难找”“钱难查”难题，查询被执行人银行存款、车辆、房产、土地、工商登记等执行信息28万余条。组织开展“草原雷霆”“百日会战”“亮剑金秋”等打击拒执行为专项行动13次，执结涉腐、涉民生、涉弱势群体案件1302件，标的额1.43亿元。

2017年，新城区人民法院加大执行工作力度，破解“执行难”，围绕最高人民法院提出的“用两到三年时间基本解决执行难”目标。受理各类执行案件6182件，执结5119件，结案率82.80%。开展“端午节”专项执行活动、“草原雷霆”集中执行行动等，运用“集中执行、快速反应、假日执行、夜间执行”等方法，重点打击有能力履行却拒不履行的失信被执行人。

2013—2017年，共执结案件13065件，标的额51.67亿元，执结率为79.16%。新城区人民法院完善执行联动，构建“一处失信，处处受限”惩戒机制，采取限制出境8人次、限制高消费10人次、司法拘留237人，将1246名失信被执行人纳入最高人民法院“失信黑名单”。

第九节 审 监

新城区人民法院审理本院院长提交审判委员会讨论决定的再审案件；当事人申诉申请再审案件的立案审查及审判；上级法院指令再审和检察院抗诉案件的审理；对本院审结的案件和上级法院发回重审案件的评查等。

2001年以来，新城区人民法院发挥审判监督职能，提升案件质效，建立发还改判案件通报评析制度。定期对发还改判案件进行重点评查。加强内部工作监督，从建立健全工作台账、明确专人跟踪督办、按时报告案件审理进度、实行每季度点评等方式，完善案件办理工作机制和案件评查制度，从根本上提升办案质量。主动接受外部监督，争取人大代表、政协委员的理解支持，联络代表委员，认真答复代表质疑，虚心听取工作意见，自觉接受代表监督，主动征询代表意见，及时反馈工作信息。强化与检察机关的配合，对部分抗诉案件进行梳理分析，专门走访检察机关开展座谈交流，共同商讨对策。注重息诉息访工作，提升审监案件效果。针对民商事申诉、再审案件中当事人对立情绪强、矛盾易激化、息诉化解难的状况，按照“调解优先，调判结合”的工作原则，要求承办法官注重把握时机，力促案件调解结案；对双方差距较大经工作调解无望的，做到程序规范透明，裁判结果公平公正；对正在审理或裁判生效后的当事人来访的，认真接访，耐心听访，真诚劝访，稳妥处访。2001—2017年，审判监督庭审结各类案件183件。

第十六篇

军事

第一章　地方武装

第一节　机　构

一、人民武装部

2001 年，中国人民解放军呼和浩特市新城区人民武装部归建于呼和浩特市军分区，正团级，内设军事科、政工科、后勤科，人员编制 12 名。

2016 年 1 月，《中央军委关于深化国防和军队改革的意见》印发并实施后，新城区人民武装部调整改革，内设军事科、政工科、保障科，现役军人编制 4 名，文职人员编制 6 名，共 10 名。

二、基层人民武装部

2001 年，新城区有保合少乡、毫沁营镇 2 个人民武装部和海拉尔东路、锡林郭勒北路、中山东路、西街、东街、东风路、迎新路 7 个街道办事处人武部。2017 年，新城区有 1 镇、8 个街道办事处共 9 个基层人民武装部。

保合少镇人民武装部　成立于 1999 年 3 月，2001 年 6 月小井乡撤乡，人民武装部划归保合少乡。2006 年，保合少乡撤乡建镇，人民武装部改称保合少镇人民武装部。2017 年，设有部长 1 人，工作人员 2 名。

成吉思汗大街街道办事处人民武装部　1999 年 3 月，毫沁营乡人民武装部成立。2001 年，毫沁营乡撤乡建镇，改为毫沁营镇人民武装部。2006 年 6 月，毫沁营镇改为成吉思汗大街街道办事处，人民武装部改称为成吉思汗大街街道办事处人民武装部。2017 年，设部长 1 人，有工作人员 2 名。

海拉尔东路街道办事处人民武部　成立于 2001 年 9 月。2017 年，设有部长 1 人，工作人员 1 名。

锡林郭勒北路街道办事处人民武装部　成立于 2001 年 9 月。2017 年，设有部长 1人，工作人员 1 名。

中山东路街道办事处人民武装部　成立于 2001 年 9 月。2017 年，设有部长 1 人，工作人员 1 名。

西街街道办事处人民武装部　成立于 1999 年 5 月。2017 年，设有部长 1 人，工作人员1名。

东街街道办事处人民武装部 成立于2001年10月。2017年,设有部长1人,工作人员1名。

东风路街道办事处人民武装部 成立于2000年3月。2017年,设有部长1人,工作人员2名。

迎新路街道办事处人民武装部 成立于2001年9月。2017年,设有部长1人,工作人员1名。

第二节 民 兵

一、组织建设

2001年,新城区民兵组织编入单位41个,编有基干民兵、普通民兵。其中根据驻区14个单位的特殊职能职责,抽调具有专业技能和特长的民兵骨干,编入民兵应急和专业分队。

2002—2010年,随着结合城市建设和经济发展,在民兵建制上有所调整。

2011年,全国民兵工作会议在北京召开。新城区民兵工作重点向着民兵应急分队建设,及时修订各类抢险救灾应急预案,认真落实人员、车辆和物质的统一调配使用,确保在第一时间拉得出、用得上,保障救急工作稳步推进。

2012—2015年,落实全国民兵工作会议精神,在强化应急、实践能上下功夫,调整民兵编排在实际工作中提高效率。

2016年,人民武装部正式划归国防动员部领导,民兵工作有专门的组建机构和管理。新城区按照编实、编精、实用、管用的目标,调整民兵工作。

二、政治教育

2001—2017年,新城区人民武装部坚持党管武装原则,持续开展宣传教育,研究机关制度,加强政治工作,确保党对民兵的绝对领导,确保民兵履行使命。

强化民兵党的建设,按照营建党委,连建支部,排有小组,班有党员的要求,排以上基干民兵队伍党组织覆盖率达100%,基干民兵党员比例达30%。严格按设置程序建立和调整民兵,便于普遍开展政治教育。

组织开展"理论大学习",人武干部、民兵干部和关键岗位人员进行理论学习,利用组织整顿、军事训练和执行任务等时机,开展即时政治教育,针对民兵思想活跃,兴趣广泛和理解接受能力参差不齐的实际,采取演讲、辅导、个人自学等形式开展教育活动。充分发挥爱国主义教育基地,青年民兵之家,国防教育展示,革命传统教育阵地的作用,利用影视、网络、微信、微博等大众传媒,开展专题政治教育。基干民兵思想政治教育每年不少于163课时,受教育面达85%,民兵集中训练期间接受思想教育100%以上。

三、军事训练

民兵的军事训练，主要是对民兵进行军事知识教育和作战技能训练。包括技术、战术、共同科目等训练。训练的重点是民兵干部、民兵应急分队和基干民兵。具体组织由新城区人民武装部负责。

2001—2017 年，新任职的民兵干部，在一年内完成 30 天的训练（含政治教育 3天），其中参加干部集训 10 天，主要进行军事理论、基本技能、动员工作业务和组织指挥训练。

每年按照上级民兵训练任务开展基干民兵训练，训练时间为 30 天（含政治教育 2天）。专业技术分队的训练，由新城区人民武装部和对口单位共同组织，主要进行军事基础和专业技术技能训练。

四、主要活动

2001—2017 年，新城区民兵组织全面参与全区经济建设和社会发展各项事业，累计创造经济收益 8000 多万元，为新城区经济建设发展作出贡献。

2001—2017 年，新城区民兵担负着战备勤务，维护社会治安等重要任务。参与自治区、呼和浩特市“两会”、大型体育赛事、公益演出及社区治安事件的现场秩序维护任务 100 余次。2007 年年底，200 名民兵参加自治区 60 周年纪念活动安保工作。2008 年，有 100 名应急分队民兵参加奥运火炬传递安保工作。2017 年，150 名民兵参加自治区 70 周年庆祝活动安保工作。

新城区民兵是执行非军事任务的基本力量，参与维护社会稳定，处置突发事件，打击分裂主义和刑事犯罪，巩固基层政权，增进民族团结作用。执行城市排涝、抗洪、抢险、草原森林防火、处置公共卫生突发事件等任务。2001—2017 年，累计动员民兵 1 万人次，挽救财产损失 1000 余万元。

第二章　兵役工作

第一节　征　兵

2001 年，新城区义务征兵工作，根据国务院、中央军委发布的《征兵工作条例》和《中华人民共和国兵役法》及上级下达的征兵命令，由区人民武装部负责，各乡镇、街道人武部及有关单位配合。按照“组织计划、宣传发动、初检初考、确定预征、体格检查、政治考核、役前集训、审批定兵、初装发放、交接运输、新兵回访、总结上报”的程序进行。城镇义务兵实行安置卡，农村义务兵家属享受每年1000元优待政策。

2003—2010年，城镇义务兵执行安置卡政策，农村义务兵优待标准提高到每年1500元。各基层武装部针对外地大学生家庭、困难家庭，协调区政府按时足额下拨优待和退役补助金。开展新兵家长座谈会，发放光荣军属牌，困难军属慰问和喜报送发活动，营造参军报国的氛围。

2011年，按照《中华人民共和国兵役法》，取消义务兵安置卡制度，改为货币安置，并执行秋季征兵。新城区建立健全征兵工作责任制，区主要领导与区公安分局、教育局和各乡镇街道办事处主要负责人签订征兵工作责任状，严把体检，政考、审批定兵3个关口，做到征兵政策公开，征兵程序透明、征兵结果公开。各基层武装部把报名、体检、政考、定兵的每个阶段进行公示，公布三级廉洁征兵举报电话，聘请5名来自不同行业的廉洁征兵监督员，全程监督，对应征青年的身高、体重、视力、学历、政治表现等条件进行初查审验，不合格人员坚决清退，严把第一道关。对应征人员进行调查问卷并填写考核表，举行政治考核和审批定兵工作会，全程录音录像。征兵工作领导小组成员、基层武装部和廉洁征兵监督员参加发表意见，确定定兵名单。进行役前训练，让预定新兵感受部队的氛围环境。提前与接兵干部、新兵家长建立联系，掌握新兵入营后身体和思想状况，带着问题进行回访，避免因沟通不及时等人为因素造成退兵。

2012—2017年，城镇、农村义务兵均改为货币安置，优待标准提高为8000元。2017年，新城区退役义务兵，两年内人均可领取15万元。随着国防建设和教育水平的提高，兵员素质也在同步上升，兵员结构由高中生为主体转变为大学生为主体。组织成立退役优秀大学生士兵宣讲团，到辖区9所高等院校，开展“大学生兵役巡回演讲”，把征兵初审初检站设在辖区院校，登记率达100%，优质兵员网上报名参加初审初检91%。

第二节　国防教育

2001—2017年，新城区人民武装部适应归军队建制后的新变化，围绕“发扬爱国主义精神，自觉维护祖国统一和社会稳定”等专题进行教育，在每年征兵工作中，进行爱国戍边教育和《中华人民共和国国防法》《中华人民共和国兵役法》等国防法规的宣传教育，调动社会广大适龄青年投身军营报效祖国的热情，把牢固树立国防意识和爱国主义教育融合到具体工作中。

2003年6月，呼和浩特国防教育中心随同新城区人民武装部迁至新城区党政大楼西配楼，基础设施得到改善。中心是呼和浩特市正式挂牌命名的爱国主义教育基地。由展览室、电教室、演示室和荣誉室4部分组成。展室面积4100平方米(其中展览室225平米，电教室80平方米，演艺室56平方米，荣誉室31平方米，走廊18平方米）。中心收集有大量的图片实物资料，图文并茂，影视结合，动静兼备，具有较强的思想性、知识性和趣味性，可容纳观众250余人。

2004—2008年，组织全区中小学生开展国防教育活动8次，受教育学生达5万多人次；组织社区居民、适龄青年、企事业单位干部、职工，开展国防教育进社区、单位及征兵宣传大型活动8次，受教育和参观人数达6万多人次。

2009—2014年，利用新城区青少年素质教育基地、国防教育中心，对中小学生和驻区的大中专院校师生开展国防教育活动6次，受教育学生达8万多人次，组织大型宣传活动5次，学习、咨询和受教育人达2万多人次。

2015年，在街道、社区设立由主要领导挂帅的国防教育领导小组，机关、团体、学校和有党组织的私营企业、合资企业设立国防教育宣传小组，村民（社区）小组设立国防教育宣传点。新城区人民武装部与国防教育办公室牵头，成立以复员退伍军人为主体的国防教育宣讲团，利用学生军训之机，专项开展针对学生国防教育讲座、观摩等活动。各学校利用部分复员退伍安置到教育系统工作的教师为广大学生讲解国防知识和开展军事训练，使全区教育系统的国防教育工作落到实处。新城区人民武装部在“九一八”通过散发传单、播放录像、现场讲解的形式，宣讲国防知识，提高人民群众国防意识。

2017年，成立优秀退役大学生士兵国防教育宣讲团，3次到辖区内9所高校进行宣讲活动。

第三章　人民防空

第一节　机　构

新城区人民防空办公室既是区国防动员委员会的成员单位，也是区人民政府人防工作的主管部门。2001年，为归口区政府办公室管理的科级单位。2008年，转至城建局挂牌，下设二级事业单位人防工程维护管理所。2017年，为城乡住房建设局挂牌单位，独立行使工作职责，设主任1人，副主任1人，有7名工作人员，负责新城区的人民防空工作。

第二节　人防工程

新城区管理的人防工程属于小型地下工程。2001 年,受城区建设需求大幅度提升的影响,地下工程设施基本处于关闭状态。2008 年,作为战时人员掩蔽工程,平时用于仓储开发使用。2017 年,某商城地下工程由于存在不同程度的安全隐患,经批准暂停开放使用,封闭待修。

第三节　防空警报和演练

2001 年,新城区地域内设有 7 处警报点,随着城市建设的变化,到 2017 年安装有 31 台电声警报器,均为无线警报统一控制,总控室由市人防办管理。每年进行警报试鸣,警报鸣响率 100%。按照“战时防空、平时服务、应急资源”原则,新城区与驻区企、事业单位配合,组建完成抢险、交通运输、通信、消防、治安 5 个专业队,10 支小分队的整组和训练工作,人员设施全部编册建档。每年有 11 个单位,748 人和 148 辆的各种车辆,参加防空演练和执行急、难、险、重任务,具备防空袭和应急支援的能力。

第四节　宣传教育

2001 年,开展人防宣传进学校,在新城区属公办 5 所初中进行“三防”教育,到 2017 年,逐渐覆盖到 7 所初中、2 所高中、27 所小学,各学校都成立人防工作分站,人防教育列入教学计划,集中上课,组织军训和演练,并进行考试、考核,每年发放 1.2 万册教材和试卷,合格率达到 100%。每年的新学期、利用素质教育基地,强化军训教育,培养爱国主义精神,增强中小学生的人防意识和自我防护、应急自救、互救的能力。

2001 年,人防工作进社区,在每个街道办事处建 1 个试点社区。2017 年,8 个街道办事处的所有社区都成立人防工作站。联络有机构、工作有站牌、办公有场所、宣传有阵地、组建有 45 支共 850 人的社区志愿队伍,落实社区居民疏散掩蔽场所 50 余处。每年的“九一八”人防宣传周,各街道办事处和社区利用宣传展板、发放宣传册、LED 屏播等开展防空和防灾、救灾知识宣传;利用讲座、社区课堂、文艺汇演进行人民防空法律法规,应急救护及爱国主义思想教育和国防知识教育,与驻区单位、学校、消防队联合进行疏散掩蔽和应急演练,推进人防宣传教育全民化、制度化、规范化。

第四章　消　防

第一节　机　构

2006 年 9 月，新城区公安消防大队成立，辖一个中队，归口市消防支队。2017 年，有消防官兵 52 人，设大队长、教导员、副大队长各 1 名，有消防监督员 12 人（男干部 6 人，女干部 6 人），中队干部 4 人，士兵 33 人。

第二节　装　备

2009—2017 年，新城区公安消防大队为新城区一中队购置 4 辆消防水罐车和 2 辆高喷消防车。

2013 年，投入经费 49.3 万元为中队购置 1 辆监督检查车和一批消防装备。营区安装视频监控系统。

2016 年，消防大队为中队购置远重型泡沫消防车及随车装备、农牧区微型消防站装备。完成 2 个专职消防队站的建设工作，分别是新城二中队和保合少镇专职消防队（新城区二中队位于北二环以北、铁木真小区以西、110 国道以南，建筑面积 3852 平方米，占地面积 7800 平方米。保合少镇消防专职队位于恼包村城发物流园区，建筑面积 2500 平方米，占地面积 2000 平方米）。

2017 年 6 月，根据辖区内灾害事故特点，新城区人民政府为每个消防中队配备 2 套相应攻坚组装备器材；配齐每个中队官兵的个人防护和抢险救援装备，确保配备数量达标。每个中队购置 1 套 GPS/ 北斗两用定位系统，改造一间充气室（配备空气充填泵）。

第三节　消防监督管理

2001 年，消防部门结合城中村改造和创建安全文明小区活动，会同派出所、街道办事处、社区居委会、物业管理等有关部门和单位，加强消防基础设施检查力度，整改消防安全隐患。

2002 年,开展冬春季消防安全检查和夏季消防防控工作,组织开展对易燃易爆场所的消防专项整改行动,新城分局消防科、派出所对易燃易爆单位和场所进行检查,督促整改存在隐患。

2003 年,根据公安部、国家安全生产监管局的统一部署和上级公安机关的要求,分局消防科集中开展消防专项检查,对人员密集场所消防安全通道、安全出口的专项检查,整改消除火灾隐患。

2006 年,在上级公安机关的统一部署下,开展对大专院校及周边出租房屋的消防专项整治,公共娱乐场所消防专项整治集中行动,加大检查整治的力度。

2007 年,消防大队以火灾隐患大排查为主线,推动区人民政府建立定期对本辖区重大火灾隐患实施指挥督办的长效机制。召开重大火灾隐患挂牌督办单位专家组认定会,确定荣星批发市场、鼓楼新世纪商厦、雅典皇宫休闲会馆存在重大火灾隐患,责令在自治区 60 周年庆祝活动前整改完毕。检查单位 136 家,下发限期整改通知书 109 份,发现火灾隐患 207 条。

2008—2010 年,消防大队开展建筑消防设施,校舍安全专项整治和"清剿火患"战役等专项治理行动,排查实行"白加黑" "五加二"的工作方式,开展"网络化"户籍化,对城区、乡镇、农村消防安全进行综合治理,检查单位 2004 家(次),发现火灾隐患 71.58 万处,警告 10 人次,罚款 90.5 万元,拘留 21 人,责令"三停"(停止施工、停止使用或停产停业)140 家,临时查封 272 处,对新城区 128 家存在重大火灾隐患的重点单位挂牌督办。

2011 年,建立政府督办、部门联动、行业督导、单位负责的火灾预防和重大火灾隐患挂牌督办的整改机制。成立联合检查组,对辖区商场、洗浴、KTV、网吧、宾馆、饭店等人员密集场所和加油站、烟花爆竹销售点等易燃易爆场所进行消防安全大检查、大排查,抽查单位 4612 家(次),发现火灾隐患 8986 处,督促整改隐患 8607 处,警告 64 人次,罚款 167.6 万元,拘留 68 人,责令"三停"102 家,临时查封 213 处。

2012—2013 年,消防大队贯彻落实国务院《关于加强和改进消防工作的意见》,推进"防火墙"工程建设,集中开展"除火患,保平安"冬春专项行动,"守护生命安全,消除火灾隐患"和消防安全大排查大整治等专项行动。联合政法委、安监、商务、文化、卫生、工商等部门,采取"白加黑"的工作模式,对新城区劝业场及周边、八一市场、红旗街周边的市场、商场和宗教场所开展消防安全集中排查整治。由新城分局牵头,联系消防、检察院对新城区的网吧进行专项治理,检查单位 2823 家,火灾隐患等违法行为 4089 处,督促整改火灾隐患或违法行为 3973 处,下发责令整改通知书 1825 份,下发处罚决定书 72 份,下发临时查封决定书 55 份,责令"三停"单位 38 家,罚款 89.75 万元,拘留 23 人,有效净化新城区消防安全环境。完成 240 个重点单位"户籍化"建档管理,对北京华联、劝业场、KTV 等 100 多家重点单位,进行户籍化管理系统培训,完善单位消防安全"户籍化"管理工作。

2014 年，消防大队围绕“瞄准全市一流、实现新城区消防又好又快、率先发展”的目标，坚持“清剿火患”扎实推进“重大隐患集中整治”专项行动，严格行政许可制度，加强火灾隐患普查整治，检查单位 1707 家，发现火灾隐患或违法行为 1615 处，督促整改火灾隐患或违法行为 158 处，下发责令整改通知书 1141 份，下发行政处罚决定书 52 份，责令“三停”18 家，罚款 766 万元，拘留 3 人。

2015 年，贯彻落实新城区“二十横二十纵”工作机制，由区委书记带队，联合工商、安监、市容、经信、卫生、教育局、公安派出所，分别对辖区商贸市场、公共娱乐场所、学校等进行联合检查，对塞外宫市场、中盈粮油市场等农贸市场进行彻底整改，对劳动密集型企业、商贸市场、酒店宾馆及鸿盛工业园区进行全面排查，检查单位 3473 家，发现火灾隐患 1653 处，整改火灾隐患 1572 处，临时查封 12 家，“三停”6 家，拘留 2 人，罚款 75.6 万元。结合元旦、春节和“两会”期间，增派警力执勤。对中国足球甲级联赛呼和浩特赛场重点布控，派消防车现场执勤，在内蒙古第十二届草原文化节、抗战胜利 70 周年和首届中国—蒙古博览会期间，召开 1 次“一把手”专题消防工作会，2 次动员部署工作和 1 次辖区现场分析会，2 次约谈易燃易爆场所的负责人、管理人，派驻工作组 11 家。

2016 年，消防大队将“每日一查”工作同摸排一、二级重点单位工作相结合，摸清一、二级重点单位的底数。在夏季消防检查工作中，与行业主管部门联系，开展电动自行车专项整治活动。消防监督员到派出所、街道，对社区消防工作进行督促指导，规范电动自行车存放，彻底消除辖区电动车安全隐患。在冬防工作中，提请新城区人民政府召开会议，推进微型消防站的建设工作。由新城区人民政府主要领导亲自带队，各行业部门一把手参加，分 5 个检查组，对新城区的商贸市场、宾馆饭店、物流、仓储、冷库、加油加气站等开展联合整治，检查单位 5009 家，发现火灾隐患 5342 处，整治隐患 5331 处，“三停”12 家，临时查封 6 家，下发行政处罚决定书 114 份，罚款 95.08 万元，拘留 1 人。在推进“二十横二十纵”工作，集中开展燃气、弱势群体、人员密集场所专项整治行动，联合新城区安监局对 110 国道以北及周边的小作坊进行专项检查，检查 20 家，查封 12 家。由新城区民政局牵头，对民政服务机构专项治理，4 家养老院排查整顿合格。依托铁甲护卫，建立火车站及周边商业区、鼓楼立交桥及周边商业区、元福物流园区等 6 个区域建立联防试点，铁甲护卫 24 小时巡查。依托居民小区及警务室、辖区单位形成联动机制，由新城区人民政府投资为 46 个“微型消防站”配备消防器材及个人防护装备，对设有消防控制室的 138 家单位以检促练，推动微型消防站的建立与使用。

2016 年，消防大队接各类安保任务 30 余次，为自治区、市“两会”，全国立体化社会治安防控体系建立推进会、党代会及各类文体活动的顺利进行，提供安全保障。

2017 年，消防大队全面加强火灾防控工作，在夏季消防检查中，把“每日一查”与一、二级重点单位相结合，加大对社区消防工作的指导、督促，规范电动车的充电存放等问题，遏制电动自行车的隐患。在冬防中，查处重点场所、单位和高风险区域，结合夏季防工作，检查单位733家，发现火灾隐患9645处，整改隐患9529处，“三停”17家，临时查封26家，下发行政处罚决定书67份，罚款95.3万元，拘留10人。与新城区教育局、民政局、卫计局、食药局、工信局等12个行业协作，开展电气火灾、高层建筑、人员密集场所、易燃易爆、医疗卫生和民政福利机构的专项整治，检查单位2.6万家，消除一大批火灾隐患。实施“二十横二十纵”工作机制，创新推广“路长制”消防工作机制，把14条重要街道划为“主线”，由新城区委、区政府主要领导担任路长，构筑“党政主导、行业管理、部门监管、单位负责、群众参与”的消防安全管控体系，设置一级路长8个，二级路长70个，三级路长80个，四级路长3560个，各级路长成员达4200人，组织检查单位场所1.58万家，居民楼1588栋，发现隐患3544处，整改隐患3.32万处，区委、区政府协调解决突出隐患19处。

第四节　消防宣传

2001—2007年，消防部门本着“安全第一，预防为主，消防结合”的工作方针，树立“隐患险于明火，防范胜于救灾，责任重于泰山”的思想，加强消防宣传工作的领导，成立消防安全宣传工作组，充分利用春季、冬季开展宣传活动，利用“119”消防宣传日，举行消防宣传活动，普及消防常识。

2008年，在加强春季、消防宣传工作的同时，结合迎接北京奥运会的消防安全氛围，开展进社区、进学校、进企业、进农村、进家庭的“五进”宣传活动。

2009—2010年，在新城区古路板村举行“春季防火宣传周消防进农村”启动仪式，并将古路板村确定为消防安全示范村，全面铺开对农村的防火宣传工作。结合冬季防火、“119”消防日 “110”活动日，举办高层建筑、重点人群场所消防应急演练和宣传，提高群众应急避险逃生的能力。

2011—2012年，消防大队贯彻《全民消防安全常识普及纲要》，在新闻媒体开设固定消防宣传专栏，在主流媒体设固定消防宣传专栏，在主流媒体的黄金时段安排一定比例的消防知识宣传节目和消防常识公益广告。通过制作宣传手册、挂图、卡片和开设移动QQ群、新浪微博等向辖区居民进行消防安全宣传，借助“119”消防宣传日，在土默特中学拍摄中、小学校舍消防整改典型专题宣传片，在丁香小学、市第三十八中学、九州商厦、居然之家、蒙达宾馆等场所进行消防宣传演习，在博物馆、呼和佳地等路口设置宣传点，发放消防宣传资料，开展多层次、全方位的消防安全宣传。

2013—2014年，为提高居民消防安全意识，自防自救能力，进社区、单位开展消防安全知识培训。利用消防宣传车，在新华广场、主要街道和辖区人口密集的区域张贴悬挂宣传标语，发送消防安全资料，进行流动和固定点的宣传。在胜利街小学举办“关注身边消防安全，远离火灾事故危害”为主题的校园消防公益宣传行动，小学生演练消防疏散校操，举行消防主题班队会等系列活动。在内蒙古法制报开设“平安校园”专栏，形成“教育一个孩子，影响一个家庭，辐射整个社会”的效应。

2014 年，消防大队成立女子消防安全宣讲团，到辖区家庭、社区、学校、农村、人员密集场所开展消防宣传活动，营造浓厚的消防宣传氛围。

2015—2016 年，加强冬春夏季消防安全宣传，发挥“女子宣讲团”的主力军作用，全面普及消防安全知识，增强全民消防安全意识，到街道、社区、学校、家庭开展消防常识“大宣讲”、消防安全“大培训”、火灾自救“大演练”。利用辖区各校开学之际，联合教育局印发消防安全知识读本，在大、中、小学开展消防安全培训活动，宣传培训 253 次，受教育人数达 7100 余人次。

2017 年，消防大队依靠“女子宣讲团”，结合“大宣传、大检查、大培训、大练兵、大演练”“高层建筑专项治理”“电动车火灾治理”等工作方案，充分利用安全生产活动月、“119”宣传日、“110”宣传日，进门入户发放《消防安全家庭手册》《电动车安全知识》《消防安全十清理》《电气使用安全常识》宣传手册，普及消防火灾知识，借助楼宇电视、户外 LED 屏和微博、微信等平台，滚动播发火灾防范提示，火灾案例警示教育片，营造全民参与消防宣传氛围，开展消防宣传培训 526 次，其中大型活动 5 次；高层建筑、电器火灾专项宣传培训 29 次，到党政机关 21 次，医院学校 21 次，养老院 8 次，劳动密集型企业 36 次，易燃易爆场所 15 次，社会单位 391 次，受教育人数达 1.17 万人次，发放宣传资料 6100 份，微信公众号推送 365 条，关注量 57 万人次，注册量 1.06 万人。

第五节　火灾统计

2009 年，新城区共发生火灾 398 起，死亡 1 人，直接财产损失 26.4 万元，过火面积 1587.1 平方米。与 2008 年相比，火灾起数上升 55%，死亡人数和伤人数与上一年持平，直接财产损失与上年相当。从统计数据来看，火灾超数明显上升，在日常检查和工作中，更应该注意灭早灭小。

2010 年，新城区共发生火灾 485 起，死亡 1 人，受伤 1 人，直接财产损失 267.95 万元，过火面积 1865.5 平方米，受灾户数 6 户。同比上一年，火灾超数上升 18%，死亡人数和受伤人数与上年持平，直接财产损失同比上年上升 90%，从统计数据来看，直接财产损失上升。

2011 年，新城区共发生火灾 489 起，死亡 4 人，伤 2 人，火灾直接财产损失约 33.7 万元，受灾 2 户，过火面积 1656 平方米。与 2010 年相比，火灾起数上升 0.5%；死亡人数比上年增加 3 人。火灾直接财产损失下降 77.62%。通过对 2011 年火灾情况分析,火灾直接财产损失、起数、死亡人数、受伤人数 4 项指标呈“一降三升”趋势,新城区未发生较大火灾、重大火灾、特别重大火灾和有影响的火灾事故。吸烟引发火灾 157 起,占总数的 32.1%;电气线路故障引发火灾 192 起,占总数的 39.2%。生活用火不慎引发火灾 26 起,占总数的 5.3%;玩火引发火灾 95 起,占总数的 19.4%;生产作业类火灾 7 起,占总数的 1.4%;吸烟、玩火、电气线路故障是引起火灾的主要原因,其他引发火灾 11 起,占总数的 2.2%;不明确火灾原因 1 起,占总数的 0.2%。据统计,2011 年新城区一、二级重点单位发生火灾 2 起,占总数 0.4%,直接财产损失 250 元,无伤亡人员,与上年相比火灾起数上升 0.5%;直接财产损失上升 67%;死亡率下降 100%。派出所列管单位发生火灾 482 起,占火灾总起数的 98.5%,死 4 人,直接财产损失 33.5 万元。与 2010 年同期相比,火灾起数上升 0.7%,死亡人数上升 60%,火灾直接财产损失下降 77.7%。

2012 年,新城区共发生火灾 413 起,死亡 1 人,直接财产损失 1.66 万元,过火面积 1264.7 平方米。同比上年,火灾起数下降 15%,死亡人数下降 75%,直接财产损失下降 50%,从统计数据来看,火灾形势趋于平稳。

2013 年,新城区共发生火灾 450 起,受伤 1 人,直接财产损失 37.72 万元。同比上年,火灾超数上升 10.29%,死亡人数下降 100%,伤人数上升 100%,直接财产损失上升 127.11%。从统计数据来看,消防安全形势严峻。

2014 年,新城区共发生火灾 418 起,死亡 1 人,直接财产损失 755.32 万元,过火面积 4451.5 平方米,受灾户数 41 户,受灾人数 40 人。同比上年,火灾超数下降 7%,亡人数上升 100%,伤人数下降 100%,直接财产损失呈上升态势,从统计数据看,财产损失较大。

2015 年,新城区共发生火灾 387 起,死亡 1 人,受伤 4 人,直接财产损失 116.43 万元,过火面积 2758 平方米,受灾户数 1 户。同比上年,火灾超数下降 7%,亡人数同上年持平,伤人数上升 100%,直接财产损失呈下降趋势,从统计数据来看,财产损失较上年同幅下降。灭火救援力度应加强。

2016 年,新城区共发生火灾 432 超,死亡 1 人,直接财产损失 7.64 万元,过火面积 1980.5 平方米。同比上年,火灾起数上升 12%,亡人数持平。直接财产操作呈大幅下降,从统计数据来看,应加强消防安全意识的宣传。

2017 年度,新城区共发生火灾 262 起,死亡 1 人,直接经济损失 9.69 万元。接警 289 起,出动车辆 557 辆。出动警力 3105 人,抢救被困人员 58 人,疏散被困人员 64 人,抢救财产价值 46 万元。同比 2016 年,火灾起数下降 34.01%,发生 1 起亡人火灾,伤人数与上年持平,直接财产损失上升 35.82%。

从数据来看,2017 年新城区火灾形势比较平稳,未发生重特大火灾事故,但火灾形势仍然严峻。尤其在进入冬季以来,新城区小火发生频率较高,冬季用电量明显上升,电器类火灾频发。从火灾原因分类来看，生活用火不慎占全年火灾总数31.85%，电气火灾占29.64%，吸烟引发火灾占14.6%，玩火占11.94%，生产作业类占5.75%。从以上数据可以看出，辖区居民群众，社会单位员工防火意识淡薄是引发火灾的主要原因。从季节特点分析来看，冬春季节时间长且风大物燥，加之春节、元宵期间燃放烟花爆竹。第一季度是全年火灾起数量多的时间段，发生火灾82起。夏季局部地区高温，全年降水量偏少，加之各类致灾因素总量较大，火灾风险等级高，第二季度发生火灾84起。从发生火灾场所分析，发生火灾的场所绝大多数是小单位、小场所以及居民小区。

第五章　双拥共建

第一节　拥军优属

2001年，新城区调整以区委书记为组长的双拥工作领导小组，各乡镇、街道办事处相应成立以党(工)委书记为组长的双拥工作机构，各相关部门或单位是双拥工作领导小组的成员单位，展开工作，巩固"双拥模范区"成果。区劳动局在年底解决4名现役随军家属就业，开展安排下岗就业工作，优先安排现役军人家属。区双拥办解决2～3个优抚对象的住房，协调解决二等乙级以上在乡镇伤残军人的公费医疗待遇，督促检查各单位的双拥工作，并搞好慰问工作。区教育局适当放宽现役军人子女入学条件。区环卫局继续落实军警免费如厕制度。区卫生局开展优抚对象送温暖活动，落实优抚对象就医优惠政策。各乡镇街道办事处拓宽服务领域，开展"双立功""双三好""爱心献功医"活动，切实解决优抚对象问题。

2003年，新城区人民政府迁址，区人民武装部新建的办公大楼也一并交工投入使用，改善人民武装部的办公环境，扩大办公区域和使用面积，密切军地关系，国防基础设施得到加强。

2004—2010年，新城区委、区政府，每逢元旦、春节、八一和国庆节等重要节日，都要举行驻区部队的军政军民座谈会，走访慰问军烈属和重点优抚对象，及时送去慰问品和慰问金，并形成惯例严格执行。各乡镇、街道办事处相应组织召开座谈会、文艺演出、消夏晚会、军民联欢、知识竞赛等活动，慰问驻区部队官兵，融洽军民关系。

2011年，海拉尔东路街道办事处与驻区部队举办"颂歌献给党"文艺会演和"庆八一促双拥”消夏晚会，迎新路街道办事处与武警内蒙古总队合办“庆八一，促和谐，军民一家”消夏晚会。

2012 年，新城区委、区政府慰问驻区部队官兵，送去价值 2 万元的慰问品。

2013 年，为迎接建军 86 周年，新城区举办“军民共筑共建”文艺活动和军事大比武活动，驻区部队和单位 500 多人参加活动。

2014 年，在全国第一个烈士纪念日前夕，自治区民政厅厅长兰恩华、市委副书记、市长秦义，分别慰问新城区 4 户重点优抚对象，送去慰问金每户 3000 元。

2015 年，自治区党委副书记、政府主席巴特尔代表自治区党委、政府慰问新城区抗日老战士。市委书记那顺孟和慰问 2 户抗日老战士，并分别送去慰问金 5000 元，体现党和政府的关怀与温暖。新城区双拥办、民政局、婚姻登记站和内蒙古广播电台“爱在线”栏目联手举办“牵手盛夏、情定新城”相亲联谊会，有 113 名女青年和驻区部队 101 名官兵参加活动，并为 30 名军校录取考生的家庭发放军属光荣牌。

2016 年，为迎接建军 89 周年，新城区举办“两学一做”学习教育和知识竞赛暨庆“八一”红色邮展活动；慰问参加野营拉练的武警官兵部队，彰显融洽的军民军政关系，促进双拥工作顺利进行。

2017 年，新城区委、区政府召开“军爱民、民拥军”共建和谐新城的军政座谈会，各街道办事处和有关部门均组织专题活动。

第二节　拥政爱民

2001—2017 年，新城区人民武装部及驻军拥护政府、爱护人民、全心全意为人民服务，参加新城区经济建设，开展精神文明共建，经常组织开展国防教育、参与脱贫攻坚、生态建设等重点工作，为新城区经济社会的发展作出了贡献。建立 2 个军警民共建点。

2006—2010 年，新城区人民武装部与保合少镇黄花村结对帮扶，投入 30 多万元，购买 2000 只雏鸡，育肥牛 41 头，驴 20 头，并协同有关部门进行棚圈改造和畜种服务站建设，帮扶 34 户贫困户 116 人，帮扶项目受到警备区和有关方面的好评。

2011—2015 年，驻区部队和民兵参加新城区大青山前坡生态治理。会同林业、消防等部门参加森林防火等应急演练 5 次，参加近万人次。

2016—2017 年，新城区人民武装部对口帮扶成吉思汗街道办事处红山口村。该村有 9 户贫困户，通过两年跟踪帮扶，有 8 户稳定脱贫。

第十七篇

人事 劳动 社会保障

第一章　人事管理

第一节　机　构

一、行政机构

2002 年，新城区人事局、新城区劳动局组建成立新城区人事劳动和社会保障局，是区政府负责人事工作和劳动保障工作的职能部门。

2012 年，新城区人事劳动和社会保障局更名为人力资源和社会保障局，是区政府负责人力资源和社会保障工作的职能部门。2017 年，共有 4 个科室，6 个二级单位，

二、事业单位

新城区劳动就业中心　2000 年，按照新城区委、区政府的要求，将原劳动局所属的劳资就业股划出，设立劳动就业中心，属副科级事业单位，财政全额拨款，共有人员 24人。

新城区劳动保障监察队　2008 年成立，为新城区人力资源和社会保障局所属副科级事业单位，有编制 24 人。

新城区人力资源服务中心　2009 年成立，为新城区人力资源和社会保障局所属副科级事业单位，编制 24 人，财政全额拨款。

新城区劳动争议仲裁院　2010 年成立，为新城区人力资源和社会保障局所属股级事业单位，编制 4 人，财政全额拨款。

新城区社会保险服务中心　2010 年成立，为新城区人力资源和社会保障局所属副科级事业单位，财政全额拨款，编制 24 人。

新城区机关事业单位人事档案管理中心　2016 年成立，为新城区人力资源和社会保障局所属股级事业单位，财政全额拨款，编制 6 人。

第二节　公务员管理

2001 年年初，新城区国家行政干部共计4134 人。

2006 年，实施《中华人民共和国公务员法》，新城区政府系统有 381 名公务员进行过渡登记。根据上级人社局文件要求，将法律、法规授权的具有公共事务管理职能的事业单位列入参照管理范围。

2012年,建立公务员管理信息系统,完成全区公务员(含参照公务员法管理人员)信息采集工作。

2013年,对公务员信息库实施动态管理,及时对机构、人员信息进行修改和更正;开展“公务员素质建设年”系列活动,推动公务员素质道德建设。

2014年,通过自治区公务员考试新招录公务员11人,其中新城区人民法院5人,人民检察院6人。

2015年,根据《内蒙古自治区人力资源和社会保障厅等五部门印发关于旗县(市、区)以下机关建立公务员职务与职级并行制度实施意见的通知》和《关于转发内蒙古自治区人力资源和社会保障厅等五部门关于印发关于旗县(市、区)以下机关建立公务员职务与职级并行制度的实施意见的通知》文件精神,贯彻落实职务职级并行制度,共有157人进行职务职级晋升。

截至2017年年底,新城区人力资源和社会保障局管理公务员428人(包括参照公务员法管理人员)。公务员年龄结构为:35岁以下55人,占总数的12.85%;35至45岁153人,占总数的35.75%;46至55岁198人,占总数的46.26%;56岁以上22人,占总数的5.14%。

第三节　事业单位工作人员管理

2000年,中央批准下发《干部人事制度改革纲要》,明确事业单位人事制度改革方向。

2002年,国务院办公厅转发人事部关于在事业单位实行聘用制度的意见,事业单位人事制度改革开始推行。

2008年,根据《呼和浩特市事业单位岗位设置管理工作实施意见》文件精神,开始实施事业单位岗位设置管理。

2012年,对全区188个事业单位完成岗位设置,实行总量、结构比例和最高等级控制,并签订聘用合同。

2013年,建立事业单位人事人才综合数据库,对全区6748名事业单位人员信息进行填报、核对,全部录入人事人才数据库。

2014年,全区事业单位工作人员共计7332人,离退休2918人。

2016年,新城区进行第二轮岗位设置和聘用工作,新成立的事业单位按照核定编制数结合单位性质报送岗位设置方案,经过审批后进行首次岗位设置和聘用。其中专业技术人员3699人,管理人员1698人,工勤人员702人。

截至2017年,新城区共有事业单位221个,实有人数为6663人。其中,管理岗位人员1759人,专业技术岗位人员4159人,工勤技能岗位人员745人。专业技术岗位人员中,取得高级职称923人,占总数的22.19%;中级职称1751人,占总数的42.10%。

第四节　工资管理

2001年，新城区全面调整机关、事业单位工作人员工资标准；增加离退休人员离退休费；调整机关行政人员工资标准，适当调整机关工人的岗位工资和技术等级（职务）工资标准。起执行发放年终一次性奖金的规定，发放对象是年度考核为称职及以上的人员，奖金标准为当年12月份本人的基本工资。

2006年，新城区推行机关事业单位工资制度改革。此次改革按照公务员制度管理和经批准参照公务员法管理的单位，除工勤人员以外的工作人员实行职级工资制，工人实行岗位技术等级（岗位）工资，经各级机构编制部门批准成立的事业单位（不包括参照公务员管理的单位）实行岗位绩效工资制。职级工资由职务工资、级别工资、规范后津贴补贴、其他津贴补贴4部分组成；岗位技术等级工资由岗位工资、技术等级工资、绩效工资、津贴补贴4部分组成；岗位绩效工资由岗位工资、薪级工资、绩效工资、津贴补贴4部分组成。三类工资的前两部分为基本工资，基本工资执行国家统一的政策和标准。

2015年，新城区调整机关、事业单位工作人员基本工资标准和增加机关事业单位离退休人员离退休费，从2014年10月起执行。此次调资共涉及新城区机关事业单位人员7580人，月人均增资1148元；公务员（参公人员）津贴补贴及事业单位工作人员绩效工资减少涉及7580人，人均月减少285元。养老保险及职业年金个人部分共缴纳12%，月人均缴纳540元。

2016年，新城区根据事业单位工作人员年度考核结果和机关单位两年及五年考核情况，完成机关事业单位正常晋升的工资审批工作。共涉及7108人，每月增加工资支出41.68万元。根据呼和浩特市人力资源和社会保障局、呼和浩特市财政局关于《转发内蒙古自治区人力资源和社会保障厅、财政厅转发人力资源和社会保障部、财政部关于调整艰苦边远地区津贴标准的通知》要求，从2015年1月1日起，调整艰苦边远地区一至三类区津贴标准。新城区参照一类区标准调整艰苦边远地区津贴。此次艰苦边远地区津贴调标，新城区共有10970人的艰苦边远津贴实行调标。其中，在职人员7885人，离休干部41人，退休人员3044人。每月增加工资支出31.45万元。同年，依据《内蒙古自治区人民政府办公厅印发关于调整机关事业单位工作人员基本工资标准和增加机关事业单位离休人员离休费三个实施方案的通知》要求，从2016年7月1日起，调整公务员基本工资标准，将部分规范津贴补贴纳入基本工资，规范津贴补贴标准相应降低，严格按纳入基本工资后剩余的额度执行。

截至2017年底，区内机关工作人员月人均工资为6674元，事业单位工作人员月人均工资5204元。

第五节　离退休人员管理

一、离休退休工资待遇

2001 年初,新城区机关事业单位办理离退休人员共计 2790 人。其中,办理退休手续的干部 2706 人,办理离休手续的干部 84 人。

2012 年,新城区属各单位 112 名普通干部办理退休手续。其中教育系统 74 人,卫生系统 7 人。2013 年,全区普通干部退休 130 人。2014 年,新城区普通干部退休 136 人。2015 年,全区普通干部退休 102 人。2016 年,全区普通干部退休 128 人。2017 年,全区普通干部退休 115 人。

至 2017 年年底,新城区机关事业单位离退休人员共计 3182 人。其中,行政机关离休人员由 2008 年的 50 人减少到 2017 年的 12 人,离休工资由 3540 元 / 月增加到 6806 元 / 月;退休人员由 2008 年的 357 人增加到 2017 年 459 人,退休工资由 2690 元 / 月增加到 4648 元 / 月。事业单位离休人员由 2008 年的 50 人减少到 2017 年的 15 人,离休工资由 2792 元 / 月增加到 6272 元 / 月;退休人员由 2008 年的 2519 人增加到 2017 年的2696 人,退休工资由 1924 元 / 月增加到 4108 元 / 月。

二、遗属待遇

2001 年,全区离退休人员遗属按照户籍区分发放生活困难补助。

2002 年，遗属生活困难补助由死者生前所在单位按照当地上年度职工月平均工资标准的一定比例确定。因公死亡和离退休干部死亡后,其遗属生活困难补助标准按上年度职工月平均工资的 35%确定,每人每月 254 元;非因公死亡后,其遗属生活困难补助标准,按上年度职工月平均工资的 25%确定,每人每月 182 元。

2003 年起,按规定逐年调整遗属生活困难补助标准。至 2017 年,因公死亡和离退休人员遗属困难生活补助费调整为每人每月 1640 元，非因公死亡调整为每人每月 1171. 5 元。

三、抚恤费待遇

2011 年,新城区对一次性抚恤金发放标准进行调整。国家机关工作人员及离退休人员死亡,一次性抚恤金发放标准调整为:烈士和因公牺牲的,为上一年度全国城镇居民人均可支配收入的 20 倍加本人生前 40 个月基本工资或基本离退休费;病故的,为上一年度全国城镇居民人均可支配收入的 2 倍加本人生前 40 个月基本工资或基本离退休费。事业单位工作人员和离退休人员死亡一次性抚恤金标准调整为：因公牺牲为本人生前 40 个月基本工资或基本离退休费，病故为本人生前 20 个月基本工资或基本离退休费。烈士的抚恤待遇,按国家有关规定执行。参加统筹地区工伤保险的事业单位工作人员属于因公死亡的，一次性工伤补助金标准按当地工伤保险规定执行；已参加企业职工基本养老保险事业单位工作人员和离退休人员，属于病故的，一次性抚恤待遇仍按当地规定执行。

第六节　专业技术人员管理

2002年，新城区有各类专业技术职称的知识分子2444人，其中高级职称98人，中级职称842人，助理职称1504人。

2012年，新城区对事业单位专业技术人员进行公共课培训，培训内容为《专业技术人员道德与创新能力教程》。

2013年，新城区为区属企事业单位完成职称评审初审申报工作，符合申报高级、中级、初级专业技术资格的人数分别为17名、81名、194名。组织全区专业技术人员参加继续教育公开课培训，参加人数共3500余人。

2014年，新城区对申报专业技术职称人员进行初审，完成高级29人、中级76人、初级42人的初审。开展专业技术人员继续教育公开课培训，采用在线学习模式进行，并在线进行考试。

2015年，新城区对申报专业技术职称人员进行初审，完成高级29人、中级70人、初级61人的初审。

2016年，新城区根据《内蒙古自治区深化中小学教师职称制度改革的指导意见》文件精神和要求，开展中小学教师职称制度改革。改革要求全面实行中小学教师岗位管理和聘用制度，中小学教师职称评审要在核定的岗位结构比例内进行，不再进行与岗位聘用相脱离的资格评审。按照上级业务主管部门要求，卫生系统和其他专业共计初审上报高级10人，中级19人，初级14人，初次认定115人。

2017年，根据《2017年呼和浩特市职称改革工作安排意见》文件精神，在全市范围内实行职称改革工作，将旗县区及以下单位初级职称（包括初次认定）评审权下放至旗县区人力资源和社会保障局。新城区作为试点下放中级职称自主评审权。新城区职称改革领导小组组织专家进行严格评审、认定，完成职称评审、认定工作。评审通过人数122人，其中初级75人，中级47人；认定通过人数140人，其中初级132人，中级8人。

第七节　人才开发

一、人才储备、就业见习

2013年，为进一步引导高校毕业生到中小企业和非公有制企业就业，加大对中小企业和非公有制企业的扶持力度,新城区人力资源服务中心招募储备人才和就业见习人员到中小企业和非公有制企业进行基层服务。2013—2017 年,储备人才和就业见习人员分别招募 680 人和 610 人。

2013—2017 年新城区人才储备、就业见习情况一览表

表 17-1-1　　单位:人

年度	2013 年	2014 年	2015 年	2016 年	2017 年
人才储备	70	80	150	100	110
就业见习	90	90	100	110	110

二、高校毕业生就业工作计划

2013 年起,新城区人力资源服务中心接收社区民生志愿者从事人力资源和社会保障、法律志愿服务、社区矫正工作、社区禁毒等民生工作。2013 年—2016 年,共接收社区民生志愿者 487 人,期满 272 人。2017 年,社区民生志愿者共招募 143 人,在岗人数 107 人。

2013 年,新城区实施高校毕业生人才市场就业计划,创业计划和创业培训计划。2013 年—2017 年,实施人才市场就业计划 2691 人,创业计划 561 人,高校毕业生培训计划 173 人。

2013—2017 年新城区实施高校毕业生人才市场就业计划、创业计划、创业培训计划一览表

表 17-1-2　　单位:人

年度	2013 年	2014 年	2015 年	2016 年	2017 年
人才市场就业计划	680	260	451	700	600
创业计划	42	30	159	150	180
创业培训计划	45	34	34	30	30

第八节　干部调配与培训

2012 年,新城区开展以《公务员职业道德读本》为主要内容的公务员培训班,参训人员共 184 人。

2013 年,新城区对在职公务员开展网络培训,108 名公务员(参照管理人员)报名参加,区属各委办局科级以下公务员学习率不低于 30%,乡镇和街道办事处不低于 20%。

2014 年,新城区深化公务员在线学习,130 名公务员(参照管理人员)报名参加,区属各委办局科级以下公务员学习率不低于 50%,乡镇和街道办事处不低于 40%。组织全区政府系统科级以下公务员，开展“中共十八届四中全会政策解析”培训，参加人员400余人。

2015年，新城区开展公务员在线学习培训，133人报名参加，区属各委办局科级以下公务员学习率不低于50%，乡镇和街道办事处不低于40%。

2014—2015年，新城区参加公务员网络在线学习的公务员（含参照管理人员）年均150余人，占政府系统公务员的50%以上。

2017年，参加公务员更新知识培训的公务员（含参照管理人员）428人，参学率达到100%。

第九节　任免奖惩

2001—2005年，新城区对年度考核为合格的公务员，采取“两年晋档、五年晋级”的工资晋升办法。

2006年起，新城区实行一次性奖励，年度考核被确定为优秀等次的奖励500元；连续3年被确定为优秀等次的奖励800元，记三等功一次。

2008年开始，新城区按上级规定，一次性奖金工资提高到800元；连续3年被确定为优秀等次的奖励1500元，记三等功一次。

2011年，新城区考核备案公务员、参照管理人员共计501人，其中优秀78人，占全区考核备案人数的15.6%。

2012年，新城区共6698人参加考核，优秀等次1004人，称职等次5694人。其中考核备案公务员、参照管理人员共计501人，优秀86人，占全区考核备案人数的17%。连续3年被评为优秀等次公务员16人，上报市人力资源和社会保障局记三等功一次。

2013年，新城区共7128人参加考核，优秀等次1098人，称职等次5702人。其中，考核备案公务员、参照管理人员共计467人，优秀78人，占全区考核备案人数的17%。连续3年评为优秀等次公务员8人，上报市人力资源和社会保障局予以记三等功一次。

2014年，新城区区共6954人参加考核，优秀等次1064人，称职等次5364人。其中考核备案公务员、参照管理人员共计464人，优秀86人，占全区考核备案人数的17%。连续3年评为优秀等次公务员5人。

2015年，新城区考核备案公务员、参照管理人员共计468人，其中优秀73人，占全区考核备案人数的17%。事业单位工作人员参加考核6486人，优秀等次991人，称职等次5495人。

2016年，新城区考核备案公务员、参照管理人员共计494人，其中优秀84人，占全区考核备案人数的17%。事业单位考核优秀等次1076人，其中办事处173人，卫生系统41人，教育系统569人，机关293人。

2017 年,新城区考核备案公务员、参照管理人员共计 566 人,其中优秀 82 人,占全区考核备案人数的 14.4%。

第十节　复转军人安置

2006—2017 年,新城区接收安置退役军人 586 人,安置随军家属 9 人。

2006—2017 年新城区复转军人接收安置一览表

表 17-1-3　　　　单位:人

年份	接收	安置		年份	接收	安置	
		退役军人	随军家属			退役军人	随军家属
2006	53	53	—	2012	52	52	—
2007	41	41	—	2013	71	71	4
2008	39	39	—	2014	54	54	—
2009	41	41	—	2015	73	73	5
2010	48	48	—	2016	—	—	—
2011	74	74	—	2017	40	40	—

第二章　劳动保障

第一节　就业安置

2002 年,新城区劳动就业部门关注下岗失业人员和困难群众生活,全年培训下岗失业人员 1758 人次,安置 2512 人。

2003 年,拓宽就业渠道,公益性岗位优先安置“4050”(男 50 周岁、女 40 周岁)人员 1560 人,安置下岗职工 5213 人。

2005 年,新办社区就业服务实体 87 个、再就业基地 3 个,新增就业岗位 4678 个,累计就业再就业 6126 人,城镇登记失业率控制在 4.2%以内。安置残疾人就业 60 人。

2006 年,新办社区服务实体 83 个,累计实现就业再就业 5678 人,城镇登记失业率控制在 4%以内。发放医疗、教育、廉租房等专项救助资金 106 万元。

2007 年，新办社区服务实体 65 个，累计实现就业再就业 3549 人，城镇登记失业率控制在 4%以内。

2008 年，城镇新增就业岗位 1.1 万个，新增就业 6200 人，实现再就业 3760 人，其中安排“4050”人员 864 人。在呼和浩特职业学院挂牌成立新城区公共就业培训基地。城镇登记失业率控制在 3.8%以内。

2009 年，城镇新增就业 2900 余人，实现再就业 2300 余人，农村劳动力转移就业 2100 余人，城镇登记失业率控制在 3.8%以内。

2010 年，新城区公开招聘教师、卫生工作人员、社区工作人员共计 280 名，在农村复转军人中招聘 15 名工作人员，从事护林防火工作。全区城镇新增就业 5000 余人；安置下岗失业人员再就业 3200 余人；安置就业困难人员1200 余人；转移农村劳动力 2600 余人，城镇登记失业率控制在 3%以内。

2011 年，城镇新增就业 5300 余人，实现再就业 3700 余人，农村劳动力转移就业2800 余人，城镇登记失业率控制在 3%以内。

2012 年，城镇新增就业 3.2 万人，农村劳动力转移就业 2.2 万人(次)，城镇登记失业率控制在 3.9%以内。

2013 年，城镇新增就业 7748 人，农村劳动力转移就业 6563 人，开发公益性岗位 230 个，安置就业困难人员 1887 名，城镇登记失业率控制在 3.8%以内。出台《大青山前坡农民就业指导意见》。

2014 年，开展就业指导、就业扶持，帮助谋划产业转型。实施创业就业工程，推动政校企合作，内蒙古大学生创业园成为大学生创业的重要平台，38 个团队、500 余名大学生实现创业梦。发放创业小额担保贷款 1132 万元。城镇新增就业 9000 人，农村劳动力转移就业 6552 人，城镇登记失业率控制在 3%以内。

2015 年，城镇新增就业 7544 人，安置失业人员再就业 2360 人，安置就业困难对象 1677 人，城镇登记失业率控制在 3%以内。转移农村劳动力 1.67 万人。在内蒙古就业服务局 9 项实名制动态管理系统累计录入 4.52 万人，发放“就业失业登记证”7369 本。完成创业培训 62 期 1543 人，城镇技能培训 2005 人，农村转移技能培训 1650 人。发放小额担保贷款 1720 万元。通过购买服务的方式新增就业岗位 80 个，全部用于安置农民和城镇就业困难人员。

2016 年，城镇新增就业 7735 人，再就业 1313 人，农村劳动力转移就业 1.7 万人。城镇登记失业率控制在 3%以内。

2017 年，新城区推动创业就业，自治区、市、区三级大学生创业就业综合服务中心投入运营，推进呼和浩特公共实训基地建设。全年城镇新增就业 7613 人，实现再就业 2034 人，农村劳动力转移就业 1.3 万人。

第二节　劳动力培训

进入新世纪,新城区劳动力培训主要针对城镇登记失业人员、就业困难人员、复员转业退役军人、刑满释放人员、化解过剩产能企业职工和失业人员等群体。

2001—2009年,新城区劳动就业中心依托街道(乡镇)社区(行政村)劳动保障平台,充分掌握城乡劳动者的需求,完善就业培训管理制度,对定点培训机构的开班申请、培训过程、培训结果进行严格的审核。利用各类培训资源,"围绕就业抓培训、抓好培训促就业"的理念,及时开展多种类型培训。鼓励定点培训机构与企业合作,企业与培训机构共同挑选学员,共同制定教学计划,利用企业工作场地进行实际操作的培训,提高参训学员的实战操作能力,培训学员实现"零距离"就业,真正做到培训一人,就业一人。

2010—2017年,新城区对农村转移就业劳动者、毕业年度大学生、城镇登记失业人员等就业困难人群进行及时有效的就业培训,涉及网络工程、母婴护理(月嫂)、货车驾驶(B2)、保洁、美容美发、化妆摄影、中西面点、汽车修理、创业培训等专业,累计培训1.93万人,参训学员就业率均能达到90%以上。

2010—2017年新城区开展就业培训人员数量统计表

表17-2-1　　　　单位:人

年　度	技能培训	创业培训
2010年	715	市级部门开展
2011年	1627	224
2012年	4219	1372
2013年	1624	1494
2014年	452	911
2015年	712	1537
2016年	495	1500
2017年	1175	1263

第三节　劳动保障监察

新城区劳动保障监察工作主要是宣传劳动保障法律、法规和国家其他有关规定;受理对违反劳动保障法律、法规或者国家其他有关规定的行为的举报、投诉;依法查处和纠正违反劳动保障法律法规或国家其他有关规定的行为。

2001年,开展全区劳动用工执法大检查,规范劳动用工市场。

2002—2005年，依法开展劳动维权和清欠农民工工资工作。

2006年，依法开展劳动维权工作，妥善解决清欠农民工工资案件101起。

2007年，依法开展劳动维权工作，妥善解决清欠农民工工资案件38起，涉及资金36万元。

2008年，为4500多名农民工清欠工资2000余万元。

2010年，检查用人单位1350家，涉及人数3.58万人；新签、补签劳动合同1.56万人；办理劳动用工年检671家；年检覆盖人数2.2万人；受理投诉案件233件，涉及1956人，涉及金额1198.23万元，解决226件，涉及1647人，涉及金额1148.29万元，结案率97%。

2011年，检查用人单位1539家，涉及人数7.44万人；年检1815家，涉及覆盖职工人数8.99万人，催办劳动合同人数15 123人；受理投诉案件225件，涉及2276人，涉及金额2186.05万元；解决216件，涉及2204人，涉及金额2169.37万元，结案率96%。

2012年，检查用人单位1080家，涉及人数2.68万人；年检1953家、涉及覆盖职工人数8.86万人；催办劳动合同人数1.3万人；受理投诉案件282件、涉及4210人、涉及金额6451.75万元；解决247件、涉及3614人、涉及金额4878.24万元。

2013年，检查用人单位2908家，涉及人数12.67万人；年检1954家，涉及覆盖职工人数9.66万人，催办劳动合同人数1.4万人；受理投诉案件277件、涉及2632人、涉及金额2555.88万元；解决242件、涉及2199人、涉及金额2074.59万元，结案率87%。

2014年，检查用人单位402家，涉及人数2.03万人；年检1954家，涉及覆盖职工人数9.05万人，受理投诉案件236件、涉及6422人、涉及金额1.69万万元；解决230件、涉及3234人、涉及金额9737.27万元。

2015年，新城区劳动监察大队以日常巡视的形式主动到用人单位劳动场所进行检查。加大监察力度，扩大劳动监察覆盖面，促用人单位增强法律意识，增强劳动者的维权意识。检查用人单位697家，涉及人2.14万人；年检1953家，涉及覆盖职工人数8.66万人，受理投诉案件76件，涉及7865人，涉及金额约2.13亿元；全部结案或支付部分工人工资案件68件，涉及农民工5882人，解决农民工工资约1.7亿元。对3715家用人单位进行信息采集，涉及人数9.67万人。

2016年，以日常巡视的形式进入用人单位劳动场所进行检查。检查用人单位1007家，涉及3.07万人；年检1960家，涉及覆盖职工人数8.65万人，受理投诉案件137件，涉及2752人，涉及金额约4923.51万元；全部结案或支付部分工人工资案件121件，涉及农民工2016人，解决农民工工资约3360.14万元。对5352家用人单位进行信息采集，涉及人数12.88万人。

2017年，检查用人单位1076家，涉及3.47万人；年检2205家，涉及覆盖职工人数8.77万人，受理投诉案件17件，涉及887人，涉及金额1628万元；全部结案或支付部分工人工资案件17件,涉及农民工887人,解决农民工工资1628万元。对4886家用人单位进行信息采集,涉及人数13.47万人。

第四节　劳动争议仲裁

劳动仲裁是由劳动争议仲裁委员会对当事人申请仲裁的劳动争议居中公断与裁决。劳动仲裁是劳动争议当事人向人民法院提起诉讼的必经程序。

2001—2003年,新城区劳动仲裁委员会预防和及时化解劳动纠纷,维护职工的合法权益,维护劳动关系的和谐稳定。受理劳动争议案件共75件,审结75件,结案率为100%。

2004—2006年,新城区劳动争议仲裁委员会依法审理涉及劳动报酬、经济补偿、赔偿金、社会保险、劳动关系、工伤待遇的劳动争议案件。仲裁委在审理案件当中,严格按照相关法律法规,保护当事人的合法权益。受理劳动争议案件101件,审结101件,结案率为100%。

2007—2009年,新城区劳动仲裁委员会受理涉及劳动报酬争议案件344件,结案344件。2009年,在新城区东风路街道办事处和中山东路街道办事处成立劳动争议调解委员会。

2010年,新城区劳动仲裁委员会加强基层调解力量,成立海拉尔东路街道办事处劳动争议调解委员会。受理劳动争议案件61件,结案61件,结案率为100%。

2011年,新城区劳动仲裁委员会受理劳动争议案件92件,审结92件,结案率为100%。裁决结案54件,经过仲裁工作人员调解、撤诉结案34件。

2012年,成立"呼和浩特鸿盛工业园区管委会人事劳动争议调解委员会",维护用人单位和劳动者的合法权益。仲裁受理案件整体呈上升趋势,新城区劳动仲裁委员会受理劳动争议案件105件,审结105件,结案率为100%。

2013年,新城区劳动仲裁委员会受理劳动争议案件228件,审结228件,结案率为100%。其中调解结案44件,裁决结案86件,决定(含撤诉、驳回)结案98件,涉案金额801万元。案件涉及单一案由包含劳动报酬23件,经济补偿1件,工伤待遇4件,劳动关系21件。案外调解1件。

2014年,新城区劳动仲裁委员会受理劳动争议案件213件,审结213件,结案率为100%。其中调解结案30件,裁决结案170件,决定(含撤诉、驳回)结案29件,涉案金额1267.34万元。由于不符合劳动仲裁受理范围出具不予受理书5件。案件涉及单一案由包含劳动报酬19件,经济补偿2件,工伤待遇9件,劳动关系12件。

2015年,西街街道办事处调整劳动争议仲裁调解委员会组织机构设立专职工作人员,及时调解处理用工单位与劳动者之间发生的劳动争议。新城区劳动仲裁委员会受理劳动争议案件254件,审结254件,结案率为100%。其中调解结案35件,裁决结案172

件，决定（含撤诉、驳回）结案 47 件，涉案金额 1197.47 万元。案件涉及单一案由包含劳动报酬 30 件，社会保险 8 件，经济补偿 6 件，赔偿金 1 件，劳动关系 12 件。案外调解 10 件，由于不符合劳动仲裁受理范围出具不予受理书 4 件。

2016 年，在中山东路街道办事处成立劳动争议调解组织机构。新城区劳动仲裁委员会受理劳动争议案件 332 件，审结 332 件，结案率为 100%。其中调解结案 43 件，裁决结案 239 件，决定（含撤诉、驳回）结案 50 件，涉案金额 2393.35 万元。案件涉及单一案由包含劳动报酬 35 件，社会保险 5 件，经济补偿 7 件，工伤待遇 1 件，劳动关系 17 件。由于不符合劳动仲裁受理范围出具不予受理书 15 件。

2017 年，新城区劳动仲裁委员会完善服务功能，改进办案方式、强化责任意识，提高劳动仲裁办案质量和办案效率，调整新城区所属街道办事处劳动争议调解委员会。仲裁受理案件呈现大幅增长态势，新城区劳动仲裁委员会受理劳动争议案件 462 件，审结 462 件，结案率为 100%。其中调解结案 42 件、裁决结案 296 件、决定（含撤诉）124 件、涉案金额 3397.39 万元。

第五节　劳动用工备案

建立劳动用工备案制度，是社会主义市场经济条件下政府劳动保障行政部门履行社会管理和市场监管职能，加强对用人单位劳动用工宏观管理的重要措施，是规范劳动用工秩序，全面实施劳动合同制度，维护劳动者和用人单位双方合法权益的重要手段。2008 年，新城区加强对用人单位劳动宏观管理，规范劳动用工秩序，全面实施劳动合同制度，建立劳动用工备案制度。

2009—2013 年，新城区完成新增劳动用工登记、劳动合同续订、终止、解除等劳动用工备案业务。

2014 年，新城区根据《关于印发内蒙古自治区劳动用工备案管理办法的通知》，新城区提高劳动合同签订率，规范用人单位用工行为，维护劳动者合法权益，促进劳动关系和谐稳定。

2016 年，变更劳动用工网上自助备案登录方式，新的登录备案方式采取“单位申请、动态生成”的办法，以“同意社会信用代码”作为用人单位自助登录系统的用户名，通过短信定向推送登录密码的方式，用人单位执行登录备案系统。街道办事处开展劳动用工夯实劳动保障监察责任网格专项行动。合同备案 309 家企业，其中新签 3328 人，续签 287 人，解除 238 人。

2017 年，开展劳动关系和谐单位认定活动，建立完善科学规范的评价标准，激发广大企业与职工参加和谐劳动关系创建的积极性和热情。普遍建立企业劳动合同制度，扩大集体合同制度覆盖面,实现企业劳动用工守法规范。完成和谐劳动关系认定45家,集体合同签订42家。合同备案企业682家,新签9612人,续签1040人,解除746人。

第三章　社会保障

第一节　社会保险核定

2012年,新城区社会保险资金管理中心成立,负责全区城乡居民养老保险、机关事业单位养老保险的缴费核定和退休人员养老金发放工作。

一、养老保险

(一)城乡居民养老保险

新城区辖区内城镇或农村户籍,年满16周岁,未参加城镇职工养老保险的城镇非从业居民均可参保。缴费档次分为每年100元至3000元,多缴多得。缴费金额对应的缴费补贴为30元至85元,缴费100元补贴为30元,缴费200元补贴35元,缴费300元补贴40元,以此类推直到85元封顶。对于重度残疾人和城乡低保户由政府每人每月按100元标准代缴养老费,也允许个人增加缴费。年满60周岁且自2012年至退休到龄日期内连续缴费具备养老金领取条件。养老金由基础养老金和个人账户养老金组成,其中基础养老金为每人每月140元(每增加10岁增加10元),个人账户养老金由个人缴费金额加政府补贴除以养老金计发月数(计发月数一般为139)。

(二)城镇灵活就业人员养老保险

自2012年起,灵活就业人员社会保险缴费参数如下表:

灵活就业人员缴费参数一览表

表17-3-1　　单位:元

费率	缴费基数		月缴费额	年缴费金额
20%	50%	2411.5	482.3	5787.6
	60%	2893.8	578.76	6945.12
	100%	4823	964.6	11575.2
	200%	9646	1929.2	23150.4
	300%	14469	2893.8	34725.6

(三)机关事业单位养老保险

2014 年 10 月起，机关事业单位工作人员开始缴纳养老保险，缴费比例为单位承担个人月工资总额的 16%，个人承担 8%；同时，实施职业年金制度，单位承担个人月工资总额的 8%，个人承担 4%。

(四)失地农民养老保险

2005 年 7 月起，新城区为被征地农民办理养老保险。参保登记分为男年满 60 周岁、女年满 50 周岁及以上人员；男年满 50 周岁不满 60 周岁，女年满 40 周岁不满 50 周岁人员；男年满 40 周岁不满 50 周岁人员；男女年满 30 周岁不满 40 周岁人员；男女年满 16 周岁不满 30 周岁人员等 5 类人员；分别按 3.3 万元、3.3 万元、2.86 万元、2.2 万元、1.1 万元缴费。个人承担 30%，村集体承担 30%，市土地收购储备拍卖机构承担 40%。

(五)老年人生活补贴

凡具有呼和浩特市城镇户籍满 5 年及以上；未享受城镇企业职工基本养老保险金、遗属生活费和机关事业单位退休金的年满 70 周岁及以上老年人可享受。补贴金额每人每月 100 元。

二、失业保险

2001 年，新城区失业保险缴费比例为单位承担个人月工资总额的 2%，个人承担 1%。2012 年，灵活就业人员按缴费基数 2684.9 元的 2%缴费，月缴费额 53.7 元，年缴费额 644.4 元。

三、医疗保险

2006 年，新城区建立全区干部职工基本医疗保险制度。实施城镇职工医疗保险缴费比例为单位承担个人月工资总额的 6.7%，个人承担 2%，单位承担公务员医疗补助 1.6%。

新城区城镇职工基本医疗保险缴费参数一览表

表 17-3-2　　单位：元

费率	缴费基数		月缴费额	年缴费金额
8%缴费	100%	4474.8	357.98	4295.76
4.8%缴费	100%	4474.8	214.79	2577.48
大额医疗保险				
100/年				

四、工伤保险

缴费比例为个人月工资总额的0.6%,全部由单位承担。

五、生育保险

缴费比例为个人月工资总额的0.7%,全部由单位承担。

第二节　社会保障制度改革

2005年7月,呼和浩特市人民政府印发《呼和浩特市被征地农转非人员养老保险暂行办法》,新城区为土地全部被依法征用并办理农转非登记的被征地农转非人员办理养老保险。

2009年10月1日,实施呼和浩特市人民政府印发的《呼和浩特市农村社会基本养老保险暂行办法》《呼和浩特市城镇居民社会基本养老保险暂行办法》,新城区辖区内农村户籍,年满18周岁以上(不含在校学生),未参加城镇职工养老保险和被征地农民养老保险的农村居民均可参加农村社会基本养老保险;辖区内城镇户籍,年满18周岁的无业居民,参加城镇居民社会养老保险。

2012年1月1日,实施呼和浩特市人民政府印发的《呼和浩特市城镇和农村居民社会养老保险实施意见》,新城区向统一的城乡居民养老保险制度过渡,实现城乡居民养老保险制度全覆盖。

2014年10月,新城区进行机关事业单位工作人员养老保险制度改革工作,机关事业单位工作人员开始缴纳养老保险,机关事业单位工作人员退休人员进入社会化管理。

2016年,呼和浩特市委将新城区失地农民养老保险的办理列为全市深化改革重点推进的试点,新城区将剩余未参加失地农民养老保险的哈拉更、上新营、水泉、庄子、大窑、面铺窑、保合少、水磨等8个村全部纳入失地农民养老保险范畴。

第三节　养老保险征缴与发放

2001年,养老保险新增参保3500人,失业保险新增参保2700人。

2002年,社会养老保险新增参保2600人,失业保险新增参保5004人。

2003年,为6100人办理失业保险。

2005年,养老保险新增参保2600人。

2006年7月,新城区为被征地农民办理养老保险,麻花板村累计参保2016人;府兴营村累计参保1489人。累计为全区4000余名在职职工办理失业保险。

2007年,新城区为被征地农民办理养老保险,一家村累计参保共1148人;三合村累计参保429人。全区被征地农民养老保险,参保10319人,退休人员月领取养老金418元/月。

2008年,为460名失地农民办理养老保险,养老金由每人每月418元提高到了480元。

2009年,新城区为南店村2379名失地农民办理养老保险,全区失地农民参保人数达到7400余人。实施城乡居民养老保险工作。提高城乡低保、五保供养、农村70周岁以上老年人生活补贴标准,降低移民村老年人生活补贴发放年龄。

2010年,新城区符合参加城镇居民养老保险条件人员共有10067人,参保人员4197人,覆盖率达到41.7%。城镇居民缴费人员共计2961人,缴费金额3810万元。符合参加农村居民养老保险条件人员共有23997人,参保居民7885人,覆盖率达到32.8%。缴费人员6896人,缴费金额204万元。新城区为城乡居民养老保险工作匹配居民缴费补贴和基础养老金2034万元,率先在市四区具备发放城镇和农村75岁以上居民养老金条件,举行城镇和农村居民养老保险金的首发仪式。分别为1236名75周岁以上城镇居民和989名农村居民发放2009年10月至2010年12月共15个月的养老金。

2011年,城镇居民参保登记4291人,覆盖率达到42.6%;农村居民参保登记11039人,覆盖率达到52.5%。符合领取城乡居民养老保险养老金条件人员共计7323人,上半年累计发放金额1668.5万元。为122名灵活就业人员办理养老、医疗保险的核定缴费工作。为全区5191名"五七工"、未参保"集体工"办理企业职工养老保险的补缴工作。"五七工"指曾经在"五七厂"工作过的职工,后因企业倒闭养老保险没有及时进行缴纳的人员。"集体工"指曾经在集体所有制企业工作过的职工,后因企业倒闭养老保险没有及时进行缴纳的人员。为被征地农民办理养老保险,毫沁营村累计参保2546人;代洲营村累计参保312人。

2012年,全区城镇居民参保登记5123人;农村居民参保登记17365人。享受待遇人员共计8737人,其中城镇4212人,农村4525人;累计发放养老金1729万元,其中城镇1082万元,农村647万元。新城区投入专项资金935.2万元,其中城镇655.7万元,农村279.5万元。对700余名办理"五七工"和"集体工"人员进行审核、归档和上报工作。为207名享受"五七工"待遇人员办理退还居民养老保险个人账户业务。为656名70岁以上老年人累计发放12个月老年补贴共计80.9万元。为1326名灵活就业人员核定各项社会保险,核定金额677万元。在保合少镇举行"自治区城镇和农村牧区居民社会养老保险制度全覆盖宣传活动"。按照《呼和浩特市人民政府关于被征地农民参加城镇职工基本养老保险问题的通知》,被征地农民养老保险纳入城镇职工养老保险。

2013年,全区城乡居民养老保险参保人数达到25366人,为8649名老年居民累计发放养老金2145万元,其中城镇1372万元,农村773万元。完成缴费9338人,缴费金额

398万元。对全区享受待遇人员进行生存情况认证,查处冒领养老金153人,直接为国家挽回社保基金损失19.7万元。对318名“五七工”和“集体工”进行档案审核、上报和退还居民养老保险个人账户工作。为537名70岁以上老年人累计发放12个月老年补贴64.4万元。为245名职教、幼教退休教师进行认证并发放养老金银行卡。对大青山前坡生态治理工程范围内的2.5万名农村居民进行全面摸底统计,分别按村对缴纳社会保险费进行预算和前期参保准备工作。为灵活就业人员核定3892项社会保险,核定金额986万元。

2014年,全区城乡居民养老保险参保人数累计达到25518人,为8962名老年居民累计发放养老金1907.8万元,其中城镇868.8万元,农村1039万元;完成缴费1418人,缴费金额189万元。完成对大青山前坡18个村共2.1万名失地农民参加被征地养老保险的参保审核工作。为503名70周岁以上老年人发放生活补贴47.5万元。为全区22个单位的31名“文化大革命”伤残人员核定、缴纳医疗保险费7.4万元。

2015年开始,为新城区24个行政村办理被征地农民养老保险,参保2.8万人,领取待遇9152人,人均月养老金1210元。城乡居民养老保险参保人数累计达到1.7万人,本年度累计发放1598万元。社会保险补贴先缴后返共计1.1万人次,资金4485.5万元。原国有集体企业大龄下岗失业人员社会保险缴费救助1746人共707万元,新审批538人。

2016年,为5361名享受待遇人员累计发放养老金1420万元,其中城镇848万元,农村572万元。为甲兰板、古路板、讨思浩、哈拉沁、奎素、三卜树6个村2156名退休人员发放养老金银行卡。机关事业单位养老保险工作进入实施阶段,采集352名在职人员和152名退休人员数据信息。为431名70周岁及以上无退休金老年人发放生活补贴53万元。

2017年,全年为5320名享受城乡居民养老保险待遇人员发放养老金976万元。机关事业单位养老保险信息采集工作完成,在职职工7600余人,退休人员3200余人,为部分单位退休职工进行养老金的代发,新城区退休人员正式进入社会化管理阶段。完成从企业流动到机关事业单位人员补缴养老保险费补缴工作,报送单位90家,涉及人员750人。农村居民养老保险退还个人账户154万元。为大青山前坡7个村2200名到龄村民发放被征地农民养老保险金,平均每人每月达到1000元,至此,全区24个行政村男60周岁和女55周岁以上村民全部享受到被征地农民养老金,实现老有所养、老有所依。

新城区城乡居民养老保险历年发放情况一览表

表 17-3-3 单位:元

时 间	险种名称	金 额
2010 年 8 月至 2011 年 12 月	城乡居民养老保险	23571916.92
2009 年 10 月至 2011 年 12 月	城乡居民养老保险	9232868.97
2012 年	城乡居民养老保险	10867047.64
2013 年	城镇和农村养老保险	21606050.23
2014 年	城镇和农村养老保险	22212279.35
2015 年	城镇和农村养老保险	19679484.12
2016 年	城镇和农村养老保险	16884824.5
2017 年	城镇和农村养老保险	13570827.91

第四节 医疗保险

一、城镇居民基本医疗保险

2006 年,新城区建立全区干部职工基本医疗保险制度。

2009 年,城镇居民基本医疗保险参保达到 11.1 万人。

2011 年,城镇居民基本医疗保险参保 12 万余人,参保率达 90%。

2012 年,城镇居民基本医疗保险参保率达到 95%。

2013 年,城镇居民基本医疗保险参保 2.8 万人。

2014 年,城镇居民基本医疗保险参保 10 万人。

2015 年,城镇居民基本医疗保险参保 12.7 万人,报销结算医疗费 2560 人(次),支付保险金约 1561.6 万元,人均领取报销金达 6099.9 元。

2016 年,城乡居民基本医疗保险参保 17.7 万人。

2017 年,城乡居民基本医疗保险参保 13.03 万人。

二、农村合作医疗

农村合作医疗保险是指由政府组织、引导、支持,农民自愿参加,个人、集体和政府多方筹资,以大病统筹为主的农民医疗互助共济制度。采取个人缴费、集体扶持和政府资助的方式筹集资金。农村合作医疗是由我国农民自己创造的互助共济的医疗保障制度,在保障农民获得基本卫生服务、缓解农民因病致贫和因病返贫方面发挥重要的作用。

2002 年 10 月 19 日,《中共中央、国务院关于进一步加强农村卫生工作的决定》下发,要求逐步建立以大病统筹为主的新型农村合作医疗制度。

2003 年,新城区开始建立新型农村合作医疗制度。

2006年,新城区农民参合率达到90.7%。

2008年6月12日,为做好城乡医疗救助工作,健全城乡社会救助体系,解决城乡困难群众“就医难”问题,根据上级相关部门的有关规定,结合实际情况,新城区人民政府办公室印发《新城区城乡医疗救助工作实施方案(试行)》。

2009年,新城区参合总人数37272人,参合率96%。

2011年,新城区参合农民44465人,参合率为99%。各级财政补助标准人均202元。其中,中央财政124元,自治区财政38元,市、区财政各20元,农民个人40元,成吉思汗大街街道办事处所属村委会为参合农民资助20元,保合少镇所属村委会为参合农民资助10元。全区共筹集新农合基金1152万元,人均筹资标准达到259元。

2012年,新型农村合作医疗保险参合率98.5%。农民人均筹资标准达到298元,农民住院补偿封顶线提高至8万元,政策范围内住院费用报销比例达到75%。蒙中医定点机构住院报销起付线降低50%,报销比例提高15%。全面推开尿毒症、儿童白血病、儿童先心病等8类大病保障,将肺癌、食道癌、胃癌等12类大病纳入保障和救助试点范围。

2013年,新型农村合作医疗保险参保3.9万人。

2014年,“新农合”参合率99.5%。

2015年,新城区参合农民42746人,参合率99.9%。新农合人均筹资标准达到504元。

2016年,新农合参保4.5万人。

2017年,新城区参合农民为45586人,参合率为99.9%。人均筹资标准达到570元。

第十八篇

民政 扶贫

第一章　民　政

第一节　机　构

一、管理机构

新城区民政局　2001年，新城区民政局内设机构有综合办公室、社救优抚股、基政股，下设婚姻登记站。机关行政编制7名。

2002年6月，新城区民政局最低生活保障办公室成立。2005年7月，新增农村低保工作和城市低保专项救助工作。2009年，率先在全市开展农村社区建设试点工作，建成三卜树、哈拉更、奎素3个农村社区服务中心。2013年9月，成立社会救助家庭经济状况核对信息中心。

2010年，民政局内设机构调整为综合办公室、优抚救济股、社会福利事务股、基层政权建设办公室、区划地名办公室。

2012年6月，成立新城区城乡医疗救助办公室。

2013年9月，成立新城区综合养老服务中心。

2017年，民政局内设机构调整为办公室、财务室、救灾救济科、优抚科、双拥办、社会事务科。局属单位有最低生活保障办公室、城乡医疗救助办公室、婚姻登记处及综合养老服务中心。机关行政编制为7名。

二、二级单位

新城区婚姻登记处　2001年，新城区婚姻登记站内设结婚登记室、离婚登记室和档案室。2002年，增设财务室和主任室。2003年，婚姻登记站更名为婚姻登记处，增设照相室。2008年，新增宣誓大厅。2016年，增设婚姻家庭辅导室。2017年，新增婚姻登记诚信承诺室，设有6室1厅。婚姻登记处是全国4A级婚姻登记机关。办公地址位于新城区市民服务中心二楼大厅，主要负责办理新城区辖区内的婚姻登记。

新城区最低生活保障办公室　2002年6月成立。2017年，有工作人员4名。

新城区社会救助家庭经济状况核对信息中心　2013年9月成立，属民政局低保办公室挂牌机构，核定事业编制5名。2017年，有工作人员1名。

新城区城乡医疗办公室　2012年6月成立，属民政局股级事业单位，编制6人。2015年5月，增加3名编制，核定事业编制6名。2017年，有工作人员1名。

新城区综合养老服务中心 2013年9月,经新城区编制委员会批准成立,为民政局所属全额拨款事业单位,完成事业单位法人登记,配备3名工作人员。2017年,有工作人员10名。位于新城区保合少镇保合少村(原名新城区保合少敬老院)。2017年,在全市率先被自治区民政厅授予"三星级"特困人员供养服务机构。共有床位200张,60张床位是为特困人员、城乡孤老优抚对象、区属有意愿在中心生活的失独家庭成员提供,140张床为医疗养护床。

第二节 生活保障 社会救助

一、城乡最低生活保障

2001年,按照《内蒙古党委办公厅、政府办公厅关于进一步做好城市居民最低生活保障工作的紧急通知》通知精神,开展城市低保工作,对享受城市低保人员发放低保金。经过核查新城区共有7835户、17224人符合低保标准。年底完成发放任务,发放111.9万元。

2002年,按照《呼和浩特市实施城市居民最低生活保障制度办法》,新城区民政局对低保对象进行全面的排查摸底,及时纠正"虚拟收入"做法。城市居民最低生活保障补助标准170元/人/月。

2003年,按照《关于下达提高城市居民最低生活保障补助标准的通知》,新城区提高城市居民最低生活保障补助标准至180元/人/月。

2004年,按照《呼和浩特市城市居民最低生活保障制度实施细则》,新城区城市低保工作实现应保尽保,低保金全部实现社会化发放。

2005年,按照《呼和浩特市农村居民最低生活保障办法(试行)》,制定《新城区农村居民最低生活保障实施办法(试行)》,将最低生活保障制度范围延伸到农村,新增农村低保工作。

2006年,城市低保标准210元/人/月,农村低保标准720元/人/年。

2007年,按照《呼和浩特市民政局关于提高城乡居民最低生活保障补助水平和五保供养标准有关事宜的通知》精神,将城市低保标准提高至230元/人/月,农村低保标准提高1000元/人/年。

2008年,按照《呼和浩特市民政局关于提高城市居民最低生活保障补助水平的通知》,城市低保标准提高至260元/人/月,农村低保标准提高至1200元/人/年。

2009年,按照全区民政工作会议要求,提高城市低保标准至300元/人/月,农村低保标准至1400元/人/年。

2010年,按照《呼和浩特市人民政府办公厅关于提高城乡低保、五保供养及孤儿供养标准的通知》,城市低保标准提高至340元/人/月,农村低保标准提高至1900元/

人／年。

2011 年，按照《呼和浩特市人民政府办公厅关于提高城乡低保、五保供养及孤儿供养标准的通知》，城市低保标准提高至 380 元／人／月，农村低保标准提高至 2200 元／人／年。

2012 年，城市低保标准提高至 430 元／人／月，农村低保标准提高至 2800 元／人／年。

2013—2014 年，按照《呼和浩特市人民政府办公厅关于提高城乡低保、五保、城镇“三无”人员、孤儿供养标准的通知》，城市低保标准提高至 550 元／人／月，农村低保标准提高至 3500 元／人／年。

2015 年，城市低保标准提高至 565 元／人／月，农村低保标准提高至 3644 元／人／年。按照《呼和浩特市人民政府关于印发呼和浩特市最低生活保障对象认定办法（试行）的通知》，对新城区的低保家庭重新认定。停发 2187 人，超标比例占原低保人数的28%。其中：城市减少 1162 人，减少比例为 24%；农村减少 1025 人，减少比例为 35%。

2016 年，按照《呼和浩特市人民政府办公厅关于提高 2016 年城乡社会救助标准的通知》，城市低保标准 565 元／人／月，农村低保标准 3744 元／人／年。及时落实农村低保、五保调标政策。

2017 年，城市低保标准提高至 620 元／人／月，农村低保提高至 5200 元／人／年。3 月 31 日，新城区开展领取失地养老农民低保渐退工作。

2001—2017 年新城区城乡最低生活保障资金发放情况一览表

表 18-1-1　　　　单位：万元

年度	城市低保保障人次	全年累计发放	农村低保保障人次	全年累计发放
2001	7835 户 17224 人	111.9		
2002	11497 户 25372 人	195.3		
2003	1447 户 3121 人	343.2		
2004	1545 户 3373 人	392		
2005	2327 户 4795 人	511	394 户 694 人	13.1
2006	2696 户 5582 人	816	817 户 1328 人	68.6
2007	3269 户 6764 人	1073	1790 户 2273 人	118
2008	3936 户 8119 人	1635	2065 户 2527 人	192
2009	4234 户 8466 人	2450	2081 户 2527 人	241
2010	4171 户 8313 人	2794	2198 户 2527 人	295
2011	4205 户 8313 人	3293	2193 户 2527 人	345
2012	3253 户 6300 人	2937	2230 户 2539 人	395
2013	2861 户 5309 人	3269	2328 户 2610 人	743
2014	2601 户 4662 人	2644	2655 户 2940 人	788
2015	2153 户 3780 人	2114	1725 户 2901 人	737
2016	1842 户 3108 人	1531	1168 户 2027 人	388
2017	1449 户 2336 人	1542	419 户 733 人	425

二、社会救济

新城区社会救济工作主要包括临时救助和医疗救助两大块工作。

(一)临时救助

2011年,临时性生活救助对象(简称临时救助对象)为具有本市城乡户籍的常住居民,且符合下列条件之一的:

1. 已纳入城乡居民最低生活保障(以下简称低保)、农村五保供养范围,但由于特殊原因导致家庭基本生活暂时出现较大困难的;

2. 家庭月人均收入高于当地低保标准但低于低保标准1.5倍且家庭实际生活水平低于享受专项救助后的低保家庭的城乡低收入家庭(简称低保边缘人员),因重病、大病、重度残疾或遭受突发性灾害等原因以及其他不可抗拒因素造成家庭生活暂时困难的;

3. 当地政府认定的其他特殊困难家庭。

2011—2017年,新城区执行临时救助政策,按照临时性生活救助对象标准,对1531人次进行临时救助,发放临时救助金253.16万元。

(二)医疗救助

2005年,新城区全面启动并开展医疗救助工作。新城区民政局起草《新城区农村救助工作实施方案》,以区政府的名义下发到各乡镇、区属各有关部门,明确医疗救助的对象,救助办法,申请、审核程序,医疗救助资金的筹集、管理与救助服务。成立"新城区医疗救助工作协调领导小组",对1乡1镇需医疗救助情况分类进行详细的摸底调查。

2008年,制定出台《新城区城乡医疗救助工作实施方案(试行)》并与定点医院签订合作协议。截至2017年,进行医疗救助64万余人次,发放医疗救助金3161.42万元。

三、突发性救灾

2004年,新城区民政局为锡林郭勒盟地震灾区筹集救助款9.8万元,衣服近800件。

2005年4月,新城区民政局对区属的1乡1镇春荒灾民进行摸底调查,新城区受灾群众1518户、2871人,其中毫沁营镇885户、1799人,保合少乡633户、1072人。5月31日下拨毫沁营镇2万元,下拨保合少乡3万元。

2007年,新城区农村遭受严重旱灾,民政局下拨救灾款46万元(含救灾物资)。

2008年,开展"捐助汶川地震灾区"捐助活动,收集捐款151.7万元,捐物万余件。

2012年7月25日,新城区发生洪涝灾害,针对灾情新城区民政局及时查灾、核灾、报灾,下拨救灾款物138.8万元。

2015年7月28日,保合少镇遭受冰雹和大风等自然灾害,受灾范围涉及6个村(庄子、水泉、保合少、水磨、面铺窑、恼包村),受害农作物304.5公顷,受灾人口990人。根据受灾情况,新城区民政局下拨保合少镇救灾款18.64万元。

2016年9月22日,新城区成吉思汗大街街道办事处塔利村遭受风雹灾害,有34户

95 人受灾。2017 年初，根据受灾情况，新城区民政局下拨成吉思汗大街街道办事处塔利村救灾款 1.87 万元。

第三节　优　抚

2001—2017 年，新城区按照《军人抚恤优待条例》和国家制定的抚恤标准，开展优抚工作。每年元旦、春节、八一期间，区委、区政府召开驻区部队军政座谈会，区四大班子领导组成慰问组对驻区部队，军烈属及重点优抚对象进行走访慰问，各乡镇、街道、驻区单位和社会团体也相应开展形式多样的拥军优属活动，强化优抚工作。2001—2007 年，有优抚对象 2442 人和 150 户重点户，每户 200 元的标准优抚。2007—2010 年，有优抚对象 2235 人和 200 户重点户，每户 300 元的标准优抚。2011—2017 年，有优抚对象 5725 人和 700 户重点户，每户 500 元的标准优抚。

第四节　社会福利

一、农村五保供养

(一)农村五保供养

2006 年，新城区按照上级民政部门的要求，组织开展农村五保户摸底调查工作，并按五保供养标准，开始落实五保供养资金。

2008 年，贯彻《内蒙古自治区农村五保供养工作条例》，推进五保供养和敬老院建设。

2010 年 1 月 1 日起，农村五保供养标准由 1800 元 / 人 / 年提高到 3000 元 / 人 / 年，分散供养标准由 1500 元 / 人 / 年提高到 2000 元 / 人 / 年。截至 2017 年，有 1467 人次得到供养，享受供养经费 509 万元。

(二)农村老人特殊生活补贴

2008 年，根据新城区委、区政府印发《新城区 2008 年改善民生工作安排》，对新城区 60 周岁以上移民村居民及 70 周岁以上农村居民无社保老人发放特殊生活补贴。2013—2017 年，有 6207 人得到 648.09 万元的特殊生活补贴。

二、城镇孤寡老人(孤儿)供养

(一)城镇“三无”人员供养

2010 年，自治区民政厅出台《内蒙古自治区城镇“三无”人员认定办法》。2011 年，新城区按照文件要求组织开展城镇“三无”人员(无收入、无劳动能力、无赡养人)摸底调查及供养工作。

2011—2012 年，有 68 人得到每人每月 800 元补助，共计 5.44 万元的供养金。2013—

2016年,有180人得到每人每月1200元补助,共计21.6万元的供养金。

(二)文化大革命"三民"人员保障

新城区按照上级要求从2013年执行"文化大革命"时期"三民"("文化大革命"期间因"内人党"事件被打致残的无工作的城镇居民、农民和牧民)人员的供给保障。2013—2017年,有179人得到122.08万元的保障金。

(三)孤儿(事实无人抚养)保障

2008年,按照呼和浩特市民政局《关于转发国家民政部、自治区民政厅〈关于制定孤儿最低养育标准的通知〉的通知》,为社会散居孤儿发放生活补助金,最低养育标准为每人每月600元。2008—2017年,为96名孤儿,发放124.02万元的保障金。

(四)"重度残疾人"护理补贴

新城区民政局"重度残疾人"护理补贴自2017年由残联移交民政局开始执行。2017年,为3063名重残人员发放395.13万元的护理补贴。

(五)高龄老人保障

高龄老人保障津贴是按照呼和浩特市政府的要求,凡年满80周岁以上,户籍地在新城区的均可享受,2012—2017年,新城区有18891人,享受2171.01万元的补贴。

(六)流浪乞讨人员

2001—2012年,生活无着落流浪人员由呼和浩特市民政局救助站负责救助。2013年,市民政局下拨资金要求各地区做好乞讨人员救助工作。2013—2017年,新城区救助流浪乞讨人员72人次,共计金额5223元。

三、敬老院

新城区综合养老服务中心位于新城区保合少镇保合少村(原名新城区保合少敬老院),始建于20世纪80年代初期。原建筑面积不足1000平方米的土坯房。

2005年,筹集资金40万元,新建保合少敬老院二层院民生活小楼及沼气池、塑料大棚。

2006年,新城区综合养老服务中心(保合少敬老院)被自治区民政厅命为"先进敬老院"。

2013年,新建2号楼、厨房、门房、办公室,改造1号楼、3号楼、4号楼。

2014年,新建5、6号楼、锅炉房、大棚、消防井、绿化硬化院内环境。新城区综合养老服务中心在原有基础上,新征0.4公顷土地用于中心种养殖和建设功能配套设施。在全市率先晋级自治区"二星级敬老院"行列。

2015年,新城区综合养老服务中心被自治区老龄委授予第一届全国"敬老文明号"。

2016年,2、5、6号楼竣工。

2017年,建设5、6号楼配套设施及电梯。阳光医院入驻中心,完成信息平台建设。占地面积1.3万平方米,建筑面积4500平方米,正式职工1人,聘用护工和临时工作人员

8人。被自治区质监局列为全自治区综合养老管理和公共服务综合标准化试点单位。

四、慈善事业

2002年,按照民政部《关于"社区老年福利服务星光计划"实施方案》的要求,新城区被确定为自治区首批"星光计划"城区,新城区总投资1488万元,建成"星光计划"老年之家项目点30余个,总面积12625平方米。以"星光计划"为契机,新城区社区基础设施建设得到改善。7个街道办事处以"星光计划"项目为依托建起30个社区老年人活动中心,新城区被民政部命名为"全国社区建设示范区"。

2006年,新城区开展社会捐赠工作,利用新城区51个捐赠网点和7个爱心超市,为灾区募集资金19.5万元,推动扶贫济困送温暖活动。

2008年,依托"星光计划"网点,开展为老助老活动,促进老龄事业的发展。

2009年,利用新城区42个捐赠网点和7个爱心超市,为灾区募集衣物1万多件。

2013年,新城区民政局加大扶持民办养老院建设。为呼和浩特市德林老来乐老年公寓(一所民办养老院)申请床位补贴1.8万元。投入5万元在迎新路地区改建1所70平方米左右的区级爱心慈善超市。

2014年,迎新路慈善超市被自治区民政厅列为慈善超市试点。参与"救急难"工作,为2名重病儿童协调资金3.8万元。

2016年,发放养老机构床位补贴3.89万元,为新城区3家社会办养老机构的150张床位购买养老机构责任保险2.4万元。

2016年11月22日,正式成立新城区慈善总会。

2017年,为2家民办养老机构发放床位补贴4.8万元。完善慈善总会内设机构,接收社会捐款10.8万元,开展慰问活动3次。

第五节　社会事务

一、婚姻登记

2008年8月,呼和浩特市婚姻登记工作重新下放至各旗县区,新城区在做好结离婚登记的同时,新增照相、宣誓的服务。2013年,新增出具婚姻记录证明事项,婚姻登记进入规范化渠道。

2001—2017年新城区婚姻登记情况一览表

表 18-1-2

项目/数量/年度	结婚登记（对）	离婚登记（对）	补发结婚证（对）	补发离婚证（对）	出具结婚证明（份）	归档情况
2001	1269	516	119	12	—	全部归档
2002	1145	384	88	10	—	全部归档
2003	1284	444	67	10	—	全部归档
2004	2242	577	104	7	—	全部归档
2005	2432	843	146	8	—	全部归档
2006	3253	712	136	7	—	全部归档
2007	3217	735	208	9	—	全部归档
2008	3352	783	259	23	—	全部归档
2009	3742	809	448	46	—	全部归档
2010	3180	843	768	39	—	全部归档
2011	3767	927	1485	69	—	全部归档
2012	3705	947	1792	73	—	全部归档
2013	3765	1094	1904	139	8492	全部归档
2014	3832	1107	1837	137	9334	全部归档
2015	3686	1198	1867	104	7407	全部归档
2016	3436	1314	1797	108	3	全部归档
2017	3382	1469	1610	134	8	全部归档

二、殡葬

2001年，新城区抓紧对“三沿”(铁路边沿，通信设施边沿、水库河流边沿)“六区”(水资源保护区、文物保护区、风景名胜区、旅游区、经济技术区、林地耕地及城市公园地区)范围内的平迁坟工作，平迁坟1090处。

2002年，平迁坟1600座。审批公益性公墓5处。

2010年，印发《新城区推广树葬工作实施方案》，倡导生态葬法，重点加大推广树葬工作力度，各公墓内设立树葬区，在乌兰不浪村北建立树葬育苗基地。

2013年，按照国家《殡葬管理条例》，配合大青山重点项目进行迁坟工作，农历清明节、农历“七月十五”“十月一”期间组织迁坟1758座。

2014年，按照中共中央办公厅、国务院办公厅《关于党员干部带头推动殡葬改革的意见》的要求，印发《新城区2014年清明节工作实施方案》，与辖区各大公墓签订《安全管理责任书》，围绕大青山前坡改造项目，在“清明节”“七月十五”前迁坟1419座。为城乡低保、农村五保、城镇“三无”人员，重点优抚对象办理免除基本殡葬服务费手续22件。

2015 年，推进大青山前坡公益性墓地改造工程。对 5 个行政村的零散墓地进行改造和绿化遮挡，红山口公墓完成外围围墙建设。迁坟 177 座。

2016 年，辖区内保合少镇、成吉思汗大街街道办事处在清明节、农历“七月十五”期间迁坟 477 座。

三、基层政权建设

2001 年，按照《中华人民共和国城市居民委员会组织法》相关规定，对新城区 59 个社区居民委员会进行换届选举，选举产生居委会主任 59 人，副主任 59 人，委员 178 人。

2003 年，按照《中华人民共和国村民委员会组织法》相关规定，对 1 乡 1 镇 30 个村委会进行第五届换届选举工作，选举产生村委会主任 30 人，副主任 16 人，委员 76 人。

2004 年，按照《中华人民共和国城市居民委员会组织法》相关规定，对新城区 60 个社区居民委员会进行第五届换届选举，选举产生居委会主任 60 人，副主任 14 人，委员 117 人。

2006 年，按照《中华人民共和国村民委员会组织法》相关规定，对 1 乡 1 镇 26 个村委会进行第六届换届选举工作，选举产生村委会主任 26 人，副主任 14 人，委员 66 人。

2007 年，按照《中华人民共和国城市居民委员会组织法》相关规定，对新城区 51 个社区居民委员会进行第六届换届选举，选举产生居委会主任 51 人，副主任 14 人，委员 190 人。

2009 年，按照《中华人民共和国村民委员会组织法》相关规定，对保合少镇、成吉思汗大街街道办事处 26 个村委会进行第七届换届选举工作，选举产生村委会主任 26 人，副主任 14 人，委员 62 人。

2010 年，按照《中华人民共和国城市居民委员会组织法》相关规定，对新城区 46 个社区居民委员会进行第七届换届选举，选举产生居委会主任 46 人，副主任 32 人，委员 272 人。

2012 年，按照《中华人民共和国村民委员会组织法》相关规定，对保合少镇、成吉思汗街大街道办事处 24 个村委会进行第八届换届选举工作，选举产生村委会主任 24 人，副主任 11 人，委员 59 人。

2013 年，按照《中华人民共和国城市居民委员会组织法》相关规定，对新城区 48 个社区居民委员会进行第七届换届选举，选举产生居委会主任 47 人，副主任 27 人，委员 259 人。府兴营社区由于历史遗留问题暂停选举。

2015 年，按照《中华人民共和国村民委员会组织法》相关规定，对保合少镇、成吉思汗大街街道办事处 24 个村委会进行第九届换届选举工作，选举产生村委会主任 24 人，委员 48人。

2016 年，按照《中华人民共和国城市居民委员会组织法》相关规定，对新城区 48 个社区居民委员会进行第九届换届选举，选举产生居委会主任47人，副主任27人，委员总数231人。一家村社区由于历史遗留问题暂停选举。

2018年，按照《中华人民共和国村民委员会组织法》《中华人民共和国城市居民委员会组织法》相关规定及上级有关文件精神，新城区村委会、社区居委会同时进行第十届换届选举工作，24个村选举产生主任24人，副主任4人，委员50人。53个社区居委会选举产生主任53人，副主任39人，委员189人。

四、地名管理

2005—2007年，按照在全国城市设置标准地名标志的工作要求，新城区对104条街路巷的标准单位门牌进行摸底普查，设置标准地名标志(标准单位门牌)635块。

2008年，对辖区内新形成的8条无名街巷进行命名。

2014年12月16日，新城区召开第二次全国地名普查动员大会，全面部署新城区第二次全国地名普查工作。制定下发《呼和浩特市新城区第二次全国地名普查工作实施方案》。2015年1月，全面启动新城区第二次全国地名普查工作。新城区确定具有地名意义的地名3084条，普查地名3084条。其中行政区域地名12条，非行政区域地名7条，群众自治组织地名72条，居民点地名846条，陆地水系类地名52条，陆地地形类地名30条，交通运输设备地名634条，水利、电力、通信设施地名301条，纪念地、旅游景点地名121条，建筑物地名106条，单位类地名903条，历史地名68条。3084条地名中蒙古语地名258条。

2017年，对辖区内新形成的38条无名街巷进行命名。

第二章　社区服务

第一节　机　构

2002年，新城区社区建设指导委员会成立。下设办公室(社区办)，设主任1名，常务副主任1名，副主任2名。

2006年，经新城区编委会研究并上报市编委会批准，决定将新城区社区建设指导委员会机构规格定为准科级事业单位，归民政局管理，核定科级领导职数2名，人员编制7人。2010年3月，呼和浩特市政府下发《关于四市区分别成立社区工作办公室的通知》，撤销新城区社区建设指导委员会办公室，成立社区工作办公室，是新城区政府的科级事业单位，增设正科级领导职数。2017年，新城区社区工作办公室有工作人员8人，其中主任1名，副主任2名。

第二节　服务工作

一、社区基础设施

社区基础设施是搞好社区服务工作的重要一环，主要是社区居委会办公用房、居民休闲娱乐活动场所、医疗卫生和养老为老服务中心建设等。2002—2007年，新城区主要对已建成的居委会办公用房进行改造，维修和调整使用。

2008年，按照市政府的要求，新建社区居委会标准为300平方米以上，区委、区政府加大筹资和协调力度，投入300万元用于社区基础设施建设，采取资源整合、易地新建、就地扩建、开发商提供、购买等办法，加强以社区办公和服务用房为重点的基础设施建设。新建7个社区居委会办公用房，解决13个社区居委会的办公用房问题。

2009年，完成中山路街道中山社区，西街街道艺南社区、西落凤社区3个扩建社区办公用房和锡林郭勒北路街道三角线社区、中山里社区、车站西街社区，成吉思汗大街街道铁路小区社区4个自建社区办公用房的建设。购买、改建、扩建西街街道艺南社区服务中心、迎新路街道如意社区服务中心、锡林郭勒路街道三角线社区服务中心、中山东路街道中山社区服务中心、东风路街道兴安北路社区服务中心、海拉尔东路街道体校巷社区服务中心、成吉思汗大街街道铁路小区社区服务中心、东街街道党委社区服务中心等8个300平方米以上社区服务(活动)中心。

2010年，重点抓社区服务(活动)用房的建设和改善，新城区所有社区公共服务用房达到420平方米以上。新建海拉尔东路街道办事处气象局东社区、哲里木社区，东风路街道办事处光华街社区、海拉尔东路社区，东街街道办事处党委社区、东库街社区，迎新路街道办事处新春社区、展北社区，西街街道办事处护城河社区，锡林郭勒北路街道办事处中山里社区等10个300平方米以上社区活动中心。改扩建办公和活动用房57处。完善市民服务中心和社区公共服务站配套设施，新建11个城区公共服务站，2个乡镇公共服务中心和3个农村社区服务中心，统一配备LED显示屏、电脑、打印机等办公设备和3辆工作专用车，推动政务公开标准和现代化建设。

2011年，改扩建锡林郭勒北路街道车站西街社区、车站东街社区、电前社区，海拉尔东路街道气象局东社区、八一路社区，东风路街道海拉尔东路社区、光华街社区、兴安北路社区，东街街道东库街社区，中山东路街道新华社区，迎新路街道展北社区、新春社区、如意社区，成吉思汗大街街道呼哈路社区等社区活动中心14个。社区办组织各街道办事处主任召开社区工作协调会。每半月对各街道社区工作进行一次走访,督促指导各街道办事处,协调解决社区服务用房建设改造工作。

2012年,完成迎新路街道人和社区,东风路街道东影北街社区、海东路社区、芳汀社区,东街街道老缸房社区,中山东路街道新华社区,锡林郭勒北路街道车站东街社区、海拉尔东路街道气东社区、哲里木社区,成吉思汗大街街道呼哈路社区活动中心及西街街道为老服务中心共11处改扩建。

2013年,新城区累计有9个社区通过购买、改扩建等形式改善社区活动用房,其中锡林郭勒北路街道三角线社区、车站东街社区,海拉尔东路街道哲里木社区、八一路社区,东风路街道海东路社区,西街西落凤社区、迎新路街道人和社区,成吉思汗大街街道铁路小区社区8个社区完成改扩建并投入使用。呼哈路精品社区进行内部装修。东风路街道东影北街社区增设老年人日间照料中心,设置床位,完善为老服务设施。新城区新增床位近60张,新增面积约1000平方米。有老年人休息床位200余张。

2014年,长海社区、如意社区、艺南社区、芳汀社区、团结社区、呼哈路社区等6处办公用房投入使用;河西社区、丽苑社区等8处社区完成改扩建社区办公活动用房及为老服务用房。打造以为老服务为特色的西落凤社区"温馨家园"和专门设置蒙古语交流服务窗口的如意社区特色服务社区,满足社区居民服务的多元需求。完善呼哈路5000平方米精品社区的建设,成为社区老年人日间照料中心、残疾人康复、文化活动、居民议事等多功能服务为一体的社区。

2015年,改扩建社区办公活动用房11处,其中新建1200平方米的河西社区为老服务中心,改扩建的车东社区、车西社区、党委社区、团结小区社区、迎宾南社区和中山社区投入使用。新建公主府社区完成选址和平整场地等开工前期准备工作。

2016年,新城区制定《2016年新城区社区建设工作任务书》下发到各街道办事处。3600平方米公主府社区主体建设完工,团结小区社区、党委社区、工大社区、公安厅社区等14处社区办公活动用房改扩建完工入住使用。各街道在改扩建规划社区办公活动用房时,本着"小办公、大活动"的原则,缩小办公用房面积,大部分用房用于社区居民活动,开设多种服务项目,居民在家门口就可参加图书阅览、棋牌、健身娱乐、日间照料等休闲活动。

2017年,新建社区办公用房标准提高为500平方米以上,新城区新建、扩建8个面积不达标社区办公服务用房。新城区所有社区居委会均有300平方米以上的办公用房。全区27个服务创新示范社区办公服务环境、为民服务水平明显提高。

从2012年始,新城区明确社区居委会办公用房的权属,防止产权流失。对8个街道办事处59个社区居委会办公用房产权进行逐一确认,按照有施工图纸、买卖合同、购房协议及办公用房平面图等资料,按存期为永久和30年两种,确认登记。2017年,有46个社区的49件确权资料，以文书类档案移交档案局管理。

二、社区居家养老服务

2010年，新城区在每个街道办事处确定1个社区作为试点开展社区为老服务工作。海拉尔东路街道的体校巷社区、锡林郭勒北路街道的三角线社区、巴山东路街道的中山社区、西街街道的西落凤社区、东街街道的老缸房社区、东风路街道的海东路社区、迎新路街道的展北社区、成吉思汗大街街道的铁路小区社区等8个社区，依托社区活动中心或社区卫生服务站，为所在社区的老年人提供日间照料、家政服务、订餐送餐、送医送药等服务。

2011年，新城区新建、扩建社区养老服务中心5处，推进社区养老服务。开设老年人综合活动场所、日间照料室、老友聚所、托老所等为老服务机构，进一步丰富服务内容和形式，为社区老年人提供基本的生活日间照料及文化、休闲、娱乐为一体的老年服务。成吉思汗大街街道铁路小区社区居委会依托社区卫生服务中心率先开设日间照料室，设置15张床位。其他社区新建、扩建社区养老服务中心5处；锡林郭勒北路街道、海拉尔东路街道整合资源，汇集力量，建设多功能服务场所，解决老年人服务需求；迎新路街道、西街街道协同相关部门利用旧小区改造时机，开工新建社区老年服务中心；东街街道依托老缸房社区卫生服务站推进社区养老服务。

2012年，新建300平方米以上社区规划设置老年人综合活动场所、日间照料室等为老服务机构。新建成投入试运营的气东社区、锡林路街道、车站西街社区、老缸房社区、新春社区、新华社区、人和社区7处日间照料中心都开展不同形式的为老服务工作，新增床位近80张。西街街道新建成的养老服务中心投入使用，逐步扩大养老服务工作开展规模和服务范围。

2013年，人和社区、西落凤社区、三角线社区、东影北街社区、团结社区相继建成社区老年人日间照料中心，新增床位近60张，新增面积约1000平方米。西落凤社区“温馨家园”成为西街地区乃至新城区面积最大、服务功能最为完善、设施最为齐全的综合性社区服务中心。

2014年，在长海社区、如意社区、团结社区、芳汀社区、呼伦路社区设置老年人综合活动场所，方便社区老年人的养老服务需求。新城区为创新服务方式，开展为老服务工作的5个社区拨付专项工作经费5万元，以点带面，激励更多社区拓宽为老服务工作思路，开展内容新颖、服务多元的为老服务工作。

2015年，车东社区、党委社区、中山社区、迎宾南社区、团结小区社区设置老年人日间照料中心，方便社区老年人的养老服务需求。河西社区1200平方米为老服务中心建成投入使用，设置有日间照料室、老年活动室、书画室、阅览室、棋牌室等功能，为老年人生活、娱乐、健康提供便利条件。

2016年,利用社区公共服务信息平台,推进社区为老服务工作。实施信息惠民工程,民政部、发改委、工信部、财政部、公安部、卫计委六部委组织专家组进行评审,新城区被确定为“智慧社区建设试点”,新城区锡林郭勒北路街道办事处确定为“居家养老和社区养老服务信息惠民试点”,锡林郭勒北路办事处智慧城区二级平台完成居家和养老服务信息平台建设,在街道办事处服务大厅设立便民服务窗口,为辖区居民提供“一站式”缴费服务、老年人基本信息采集等工作。依托12349便民为老服务平台,各街道社区针对老年人开展家政服务、订餐送餐、商品配送等服务;为各街道社区老年人免费发放绿手环1000余套,一键通手机500余部,关护通救助设备300余套。各社区以为老服务为切入点,协调辖区企业或个体工商户、志愿者,在服务内容和项目上创新,开展日间照料、家政服务、订餐送餐、送医送药等针对老年人的服务工作,方便社区老年人生活。社区从民生保障金中拿出5万元的经费用于开展政府购买服务工作。西街街道为200名特困老年人购买人身保险;西落凤社区开设餐饮中心为老年人订餐配餐,为100户70岁以上老年人配发就餐卡,开展低偿、无偿订餐配餐就餐服务;新华社区联系福源信息中心,为社区75岁以上部分老人和所有90岁以上共16位老年人免费发放“一键通”电子保姆和每户价值400元的便民服务卡,为老人提供应急服务、助餐服务、助医服务、家政服务等8项日常服务;新春社区为辖区55岁以上有腰腿疼等关节疾病的老人及有其他理疗需求的340位老人购买每人300元的理疗卡,免费接受6次理疗服务,切实为老年人提供实惠和便利。车东社区为辖区老年人创办老年平价食堂。

2017年,新城区通过招投标,引进专业的居家养老服务规划设计公司,制定《新城区智慧居家养老工作实施方案》。建立智慧居家养老信息平台,利用多网融合手段,通过APP客户端、呼叫中心等方式,从社区老年人生活需求出发,引导社会力量及个体工商户等服务商家参与社区居家养老服务事业,为老年人提供周到、便捷、高效、体贴的专业化居家养老服务,满足老年人个性化需求。依托“智慧居家养老服务信息平台”及“试点社区老年卡”等载体,投资668.26万元,在丽苑社区、呼哈路社区、公主府社区、党委社区4个试点社区开展居家养老服务工作。试点社区年满65周岁的老年人每人每年可享受200元的养老服务补贴。丽苑社区、呼哈路社区居家养老服务信息平台启动智慧居家养老服务,其中丽苑社区为308名65岁以上老年人发放每人200元共6.16万元的居家养老服务补贴,结合社区卫生服务中心,打造成医养结合为特色的居家养老服务试点社区;呼哈路社区为300名65岁以上老年人发放每人200元共6万元的居家养老服务补贴,开设老年人就餐中心,可口的饭菜、良好的就餐环境及低廉的饭菜价格切实方便辖区众多老年人。新城区对老年人的居家养老服务补贴全面推广,惠及所有65岁以上老年人。

三、社会公益性服务

社区公益性活动是文体活动进社区的扩展和延伸。新城区社区办成立后,每年都会组织举办丰富多彩的社区文体活动，提升社区居民的精神境界，形成互敬互爱、互帮互助、和谐共处的社区文化氛围。2002—2007 年，开展文体活动进社区，主要是文艺会演、歌咏比赛、体育竞赛和节日庆祝活动等，共举办区级以上大型活动 10 余场，涉及驻区企事业单位、部队、社区居民和文艺团体，共有 20 余万人次参与。

2003 年，新城区社区办在呼铁少年宫组织举办乒乓球公开赛；在玛拉沁酒店举办“康乐”乒乓球俱乐部成立仪式；在内蒙古科技大厦组织全区社区干部演讲会；在新华广场组织参加全市大型中老年广场舞文艺晚会，新城区参赛作品《大姑娘美、大姑娘浪》荣获金奖。

2004 年，新城区举办“伊利”情系社区 2004 年大型盛夏文化活动象棋比赛。

2005 年，在呼铁少年宫举办新城区社区第二届“伊利液态奶杯”乒乓球公开赛。

2006 年，新城区建设指导委员会办公室和新城区文体局共同在内蒙古工业大学举行《2006 年“东鸽杯”新城区职工暨驻区单位篮球赛》，200 多名来自新城区各社区居民及驻区单位的运动员参与。新城区社区建设指导委员会主办，内蒙古润宇装饰市场有限公司承办“新城区 2006 年‘润宇之夜’社区文艺晚会”在新华广场上演，聚集 4 万多观众。

2007 年，新城区社区建设指导委员会主办，内蒙古东鸽电器有限公司承办“新城区 2007 年‘东鸽杯’崇尚科学、送文化进社区文艺演出”。社区建设指导委员会和新城区全民健身工作委员会共同举办“‘东鸽杯’新城区驻区单位职工篮球赛”，100 多名运动员参与。

2010 年，文体活动进社区引申扩展为社会公益性服务活动，涉及社区生活的方方面面。新城区开展文体活动进社区，弘扬传统文化、廉政文化，各街道社区组织开展文化体育活动 120 余场。

2011 年，各街道社区组织开展文化体育活动 100 余场，中山东路街道办事处迎宾南社区举办的“喜迎建党 90 周年、共促社区文明和谐”大型书法笔会，西街街道办事处西落凤社区举办“关爱空巢老人，共建和谐家园”为主题的厨艺大赛暨首届老年艺术节活动。

2016 年，开展“谁不说咱社区美”语言大赛，全区 8 个街道办事处的 40 个社区推选出 40 个节目参加语言大赛初选。

2017 年，新城区及各街道和社区共举行社区公益性活动 300 多项。其中获市级以上奖励项目 77 个，获奖金额 47 万元，营造共建和谐美好社区的良好氛围。

四、农村社区

2009 年，新城区初步摸索出适合本地特点的农村社区建设模式，以“多村一社区”模式，建成三卜树、哈拉更、奎素 3 个农村社区服务中心，为社区范围内提供服务。

2010 年，投入资金为奎素农村社区安装办公面积近 1000 平方米的暖气和 1 吨的取暖锅炉 1 台，解决职工的冬季取暖问题；建设职工餐厅、厨房和休息室，解决职工的中午用餐和休息问题。针对农村社区工作人员不足、年龄偏大、知识层次偏低的情况，从农村社区周边的农村户籍大学生中招考聘用15名优秀大学毕业生充实到3个农村社区开展工作，为农村社区增添有知识的年轻骨干工作人员，解决农村社区工作人员不足，无专业人员运用现代化信息网络开展工作的问题。

2011年，建设三卜树、哈拉更、奎素3个农村社区服务网络建设。为社区连接安装社区信息管理系统，建立社区人口信息数据库，整合社区资源，减轻社区工作负担。逐步形成政策配套、措施配套、运行配套的农村社会保障网，为农村社区居民提供全方位、多功能的综合服务，满足生产、生活需要。

2012年，利用农村社区服务大厅等公共信息服务平台引导农民开展种养殖、加工服务和文体活动服务。

2014—2015年9月，社区办对红山口村村民进行全面的基础信息采集，采集村民信息305户、680人，为村民的全民社保医保提供可靠数据。

2015年9月，社区办与交通局协助保合少镇水泉村开展整村改造工作，对全村涉及的95户改建院落集中进行入户动员拆迁，并签订改建协议书。完成拆除39户，协议签订39份。

2016年，帮助水泉村整理完善档案资料，收集村史整理资料。通过政府集中采购形式，为水泉村购置会议室用投影仪、幕布、笔记本电脑、台式电脑、会议室桌椅、复印机等办公设备，改善水泉村村委会办公条件。

五、社区业务培训

为适应新形势下社区服务和社区建设工作的要求，提高社区干部的理论素养、业务能力、服务质量和理论联系实际的工作水平，推进和谐社区建设进程，新城区开展形式多样的社区干部培训工作。2010年，对社区干部进行综合业务知识培训，提升解决社区突出问题的能力。针对社区工作繁重和女性干部居多的实际情况，举办女性健康知识培训。对新招考的大学生进行社区业务知识培训。

2011年，举办“关注民生、服务社区”专题培训班，对我国“十二五”期间社区建设与发展的走向，社区建设的相关法律知识，新形势下社区建设中存在的热点问题和难点内容进行讲解，社区干部320多人参加培训。征集210多名社区干部的社区建设与管理方面的论文，印制《新城区青年社区干部论文集》，供社区干部参考借鉴。

2012年，举办两次社区干部培训。各街道办事处社区工作负责人及社区干部270多人参加培训。

2013年，组织办事处负责人赴武汉、杭州、南京等地学习考察社区建设、社区服务管理及社区为老服务等工作。举办社区干部培训班，就社区及社会工作知识、服务意识进行业务培训，街道及社区从事社区工作的200多人参加培训。

2014年，新城区举办3次社区干部培训班，围绕国际社工日主题、社区建设发展趋势、社区管理向服务转型、社区为老服务工作怎样开展等相关主题进行培训学习。

2015 年，组织街道办事处主任参加民政部举办的街道办事处主任培训班、全国农村社区建设工作培训班。

2016 年，通过集中培训、以会代训等方式对街道、社区干部进行多方面、多业务培训。组织街道办事处主任参加民政厅举办的街道主任示范培训班；协调新城区质监局专业技术人员，就如何安全使用瓶装液化气及突发液化气安全隐患如何应对、处理等知识对社区干部进行集中培训讲解，360 余名社区干部参加培训。

2006—2017 年，共组织培训社区干部 21 次。分别邀请社区建设方面的领导、专家、教授，进行系统、专业化的培训，采取走出去请进来和培训观摩相结合的方式，强化培训工作。拓宽社区干部工作思路，取长补短，增强社区干部的服务意识和工作能力，促进社区服务工作。

第三章　扶　贫

第一节　机　构

2002 年 5 月，新城区扶贫开发领导小组办公室(简称扶贫办)成立。设有办公室、项目室 2 个职能部门。有事业编制人员 4 名，正科级领导 1 名。2004 年 9 月，设立扶贫开发培训中心。2017 年，有 3 个职能部门，有工作人员 8 名，领导班子成员 2 名，主任科员 1 名，在编在岗工作人员 2 名，借调人员 3 名。

第二节　贫困人口

2002 年，新城区农区辖 1 乡 1 镇共 30 个行政村，有农业人口 5.23 万人，其中贫困人口 1.09 万余人。新城区解决温饱人口任务为 1200 人，实际完成 1300 人。

2003 年，全年任务为 1200 人，实际完成 1350 人。

2004 年，全年任务为 1200 人，实际完成 1250 人。

2006 年，新城区有农业人口 5.1 万人，其中贫困人口 5760 人。

2007 年,按照国务院确定的新标准,人均收入在 1500 元以下的为贫困人口。新城区有 11 个村确定为重点贫困村,有贫困人口 7946 人。

2009 年,新城区人均收入在 1500 元以下的农业人口即贫困人口有 7700 人,占全区农业总人口的 14.9%。

2014 年,新城区实施精准扶贫,贯彻落实习近平总书记对扶贫开发工作的重要指示,按照中共中央办公厅、国务院办公厅《关于创新机制扎实推进农村扶贫开发工作的意见》,国务院扶贫办《建立精准扶贫工作机制实施方案》《扶贫开发建档立卡工作方案》精神,开展为贫困人口建档立卡工作,经动态识别,全区建档立卡贫困人口共有 842 户,1766 人,全部在重点贫困村。

2014—2015 年,共脱贫 443 户,1000 人;实现水磨、恼包、野马图、古路板、甲兰板 5 个村的整村脱贫。

2016 年,新城区实施“五个一批”一批工程,一是发展生产脱贫一批;二是搬迁脱贫一批;三是生态补偿脱贫一批;四是发展教育脱贫一批;五是社会保障兜底一批。全区脱贫 399 户,766 人。

2017 年 11 月,对新城区所辖常住农户以家庭为单位,逐户进行核实,摸排范围共涉及 24 个行政村,摸底清查常住农户 9437 户、24540 人,其中含已脱贫建档立卡贫困户 842 户 1766 人;经审核研判全区无新识别贫困户、返贫户,将其中的 25 户 59 人(因病致困 22 户 51 人,因缺劳动力致困 3 户 8 人)纳为贫困边缘户。

截至 2017 年,新城区建档立卡贫困人口全部脱贫,无返贫现象,稳定实现了农村贫困人口不愁吃、不愁穿,义务教育、基本医疗、住房安全有保障的“两不愁、三保障”目标。

第三节　专项扶贫

一、千村扶贫开发工程

2002—2006 年,新城区在奎素、古路板、什字、小井 4 个村实施“千村扶贫开发工程”。投入资金 155.3 万元,其中财政扶贫资金 82 万元,农民自筹、信贷及社会扶贫资金 73.3 万元,建设农田水利设施,打机电井、架设高压线路、开展寒羊养殖和移民搬迁,贫困人口人均增收 680 元,累计解决温饱 1700 余人,新发展水浇地 66.67 公顷,解决 1000 余人、2000 头只生畜饮水困难。

二、整村推进

2005—2013 年,新城区在 16 个村实施整村推进工程。主要围绕鸡、驴、育肥牛、奶山羊和猪的养殖,农田水利设施、蔬菜大棚、智能温室和农家乐项目建设及通水、通电、修路等基础设施建设进行扶贫攻坚。投入资金 4330 万元,其中财政扶贫资金 1113 万元。新打机电井3眼，修建200立方米蓄水池1处，铺设节水管道4700延长米，有效解决2600人、2000头只的生畜饮水困难。购买900只基础奶山羊，217头基础母猪和6头种公猪，41头育肥牛和20头驴及2000余羽笨鸡，分散到贫困户或集中饲养，扩大养殖规模。兴建蔬菜中棚159栋，温室大棚76栋，智能温室4.3万平方米。配套完善入村、进棚的路和水电基础设施。

三、劳动力转移培训

新城区以贫困村为重点，着重培训18～45岁以下初高中毕业生、退伍军人和有转移愿望的青壮年。培训内容包括生猪、笨鸡、奶牛等养殖技术，蔬菜、林果等种植技术和餐饮、家政、建筑、汽车维修、驾驶等实用技能，以及扶贫政策、法规、行为准则等。2004—2011年，通过呼和浩特市琦浦技术学校、职业技术学院等培训部门，举办各类技术技能培训班18期(班)，培训农村劳动力2650人次，经过培训的外出务工人员保持85%以上。结合实施的整村推进、产业化扶贫等项目，基本实现稳定就业。

四、产业化扶贫

2004—2012年，新城区实施产业化扶贫项目7个，投入财政扶贫资金324.4万元。新打机电井4眼，新增水浇地140公顷；新建温室大棚90栋、中棚30栋，全部承包给贫困户；购买优质小尾寒羊基础母羊909只，扶持贫困户228户792人。

五、金融扶贫

2004—2015年，争取到世行贷款和英国赠款项目1个，世行贷款19.8万元，自治区扶贫办配套24.91万元。农科教项目1个，扶贫资金10万元。贴息贷款项目补贴1笔，贴息资金23万元，用于种养殖、危旧房改造和购买饲料、农机贷款项目补贴。争取到互助资金8个试点项目，分别在奎素、甲兰板、恼包、面铺窑、生盖营、保合少、大窑、水泉8个村进行试点工作，每户最高可享受5000元贷款。2014年，实施煤补项目，通过农户自主申请、民主评议、公示公告和逐级审核的方式，至2015年共有17780户，每户600元标准得到补贴。保合少镇11个行政村和成吉思汗大街街道办事处的18个行政村的贫困户享受补贴。补贴资金通过财政部门直接打入农户“一卡通”账户。

第四节　社会扶贫

2003年，新城区全面启动社会扶贫工作，既发挥区属各部门各单位的力量，也注意发挥区位优势，促进扶贫开发。

2003—2009年，新城区有31名处级领导干部、66个区属职能部门、200余名科级干部分别对26个贫困村进行对口帮扶，投入资金约799万元，重点协助解决贫困村民人畜饮水、乡村道路建设、农业基础设施及种养殖业方面存在的困难和问题。对1000余名贫困人口进行实用技术和专业技能的培训,对 330 户重特困户进行重点帮扶,解决生产生活中存在的困难。

2011—2012 年，呼和浩特市社会扶贫促进会和革命老区建设促进会筹集资金 3.5 万元,解决新城区 15 名贫困大学生的学费、路费和生活费;呼和浩特市社促会为讨思浩村、恼包村 2 所革命老区小学捐赠价值 2 万元的各类图书 2000 余册，受益学生 380 余人;联系自治区公益基金会为老区村资助 2 万元的残疾人用品。

2013 年，呼和浩特市物业处和白塔国际机场有限责任公司分别提供 3 万元和 2.4 万元,对口帮扶哈拉更村移民的饮水用电项目。

2011—2015 年,新城区各包扶单位共协调社会扶贫资金 433 万元,对 270 户重点贫困户进行重点扶持,解决他们在生产生活中存在的困难,对 800 余名贫困人口进行实用技术和专业技能的培训。

2014 年,内蒙古自治区按照中央要求,提出扶贫工作规划、项目、干部到村到户,实现规划、项目、干部与扶贫对象无缝对接的“三到村三到户”的精准扶贫工作意见。呼和浩特市在此基础上,又增加领导到村到户,实现“四到村四到户”的工作目标。据此,新城区相应制定年度工作计划和目标工作计划，由新城区直 95 个部门,35 名处级、343 名科级领导干部,一对一结对帮扶全区 13 个行政村,1766 名贫困户,按照“精准扶贫、精准脱贫、不落一户”的原则,每一个帮扶干部对一户贫困户提出具体方案、措施和办法。

2016—2017 年,新城区开展驻区企业、部队帮扶。创维集团内蒙古分公司举办“扶贫惠农”活动;内蒙古洪泽服饰有限公司对贫困妇女进行手工艺品制作、缝纫技术培训,解决 30 余名贫困妇女的就业问题。中国人民解放军 93502 部队确定保合少镇奎素村为定点帮扶预选贫困村,有 15 户 30 人贫困户与 12 家驻区部队建立长效帮扶机制,确保贫困户稳定脱贫。根据《内蒙古自治区关于创新扶贫工作机制扎实推进扶贫攻坚工程的意见》，新城区实施精准扶贫。有 97 户享受土坯房改造，每户最高可享受补贴 4 万元;有 128 户享受院落整治,每户最高可享受 2 万元补贴。乌兰不浪村整村享受新农村改造。全区农业人口男满 60 周岁、女满 55 周岁的全部进入新型农村社会养老保险。结合大青山前坡生态保护综合治理工程,流转土地绿化 6666.67 公顷,每亩土地流转补贴 1000 元。按自治区要求完成精准扶贫图。

第十九篇

教育 科技

第一章 教 育

第一节 机 构

一、管理机构

2001年，呼和浩特市新城区教育局驻关帝庙街27号。内设党委办公室、行政办公室、人事股、基础教育股、民办教育管理办公室、校园安全管理办公室、项目办公室、招生办公室、勤工俭学办公室等机构。2009年3月，德育科成立。2014年8月，体育卫生艺术科成立。2015年，新城区教育局搬迁至成吉思汗大街29号。

2017年，教育局设党委办公室、行政办公室、人事股、基础教育股、德育科、体卫艺科、民办教育管理办公室、校园安全管理办公室、项目办公室、招生办公室、纪委监察室11个科室，5个二级单位。区属有33所小学、中学，6所幼儿园和1所中、小学生素质教育基地。

二、二级单位

新城区教科研中心 前身为新城区教育局教科研室，副科级单位。秉承"勤于研究、善于指导、精于管理、乐于服务"的教研、科研工作理念，引领全区规范课程管理、创新教研模式、完善教学质量评价、强化教师培训，不断深化课程改革，为全区教育教学质量发展与提升保驾护航。所在地址为新城区海拉尔东路海新小学东配楼一楼。

呼和浩特市新城区教师进修学校 1979年9月成立。是新城区中小学、幼儿园教师和学校管理者的培训基地。2004年，教师进修学校升格为正科级事业单位。2008年9月，学校由新城区书院西街迁至新城区海东路34号。

新城区教育督导室 1995年成立。2001年，督导室有主任1人。2013年12月，聘任12名专职督学。2014年，启动责任督学挂牌督导工作。以年终综合督导和重点工作的专项督导相结合的方式，督促并指导公办校（园）依法依规办学，富有特色的发展。依据《呼和浩特市民办中小学办学水平评估标准》等标准对区属持证民办校（园）、中职院校、培训机构进行重点工作的专项督导和年终综合督导评估工作。

新城区教育局勤工俭学办公室（简称勤工办） 为新城区教育局所属事业单位，主要是服务学校后勤管理。管理运行素质教育基地。1999年，成立教育贸易公司，2007年，教育贸易公司注销。2007年前，勤工办办公地为新城区东落凤街小学，同年，迁往八一市场

(海拉尔路小学旁)。2015 年,迁至新城区教育局驻地。

新城区教育信息中心 原名新城区电教中心,成立于 1997 年。2015 年,更名为教育信息中心,负责全区中小学教育信息化的常规管理工作。

第二节 教育改革

2001 年,《国务院关于基础教育改革与发展的决定》明确 21 世纪初叶基础教育改革与发展任务,强调包括幼儿教育在内的基础教育的基础性、全局性和先导性作用,它是指导我国新世纪初基础教育改革与发展的纲领性文件。

2002 年 3 月,呼和浩特市委、市政府召开全市基础教育工作会议,就落实"以县为主"的义务教育管理体制问题进行部署。10 月,新城区实行"以县为主"的管理体制,基本做到统筹教育发展规划,统筹教育经费投入,统筹师资队伍建设。对九年义务教育阶段的"择校生"进行坚决制止,转印发《呼和浩特市教育局关于规范义务教育阶段办学行为的通知》,杜绝"校中校"的出现。

2003 年,国务院办公厅转发教育部等 10 部门《关于幼儿教育改革与发展的指导意见》,提出"今后 5 年,全国幼儿教育事业发展的总目标是:学前三年儿童受教育率达到 55%,学前一年儿童受教育率达到 80%;大中城市普及学前三年教育;全面提高 0~6 岁儿童家长及看护人员的科学育儿能力"。根据《中华人民共和国教育法》关于"地方各级人民政府根据分级管理、分工负责的原则,领导和管理教育工作"的要求,新城区按照《关于幼儿教育改革与发展的指导意见》,把学前教育纳入基础教育体系,整体规划,分类要求,确立教育行政部门主管、有关部门分工负责的学前教育管理体制。先后转发《关于加快呼和浩特市幼儿教育改革和发展的意见》和《呼和浩特市关于加快发展农村幼儿教育的意见》,推进学前教育改革。加快学前教育一体化建设,城区实现普及学前三年教育,农村基本普及学前一年教育。开展以社区为学前教育基础网络、教办园为骨干的学前教育试点工作,探索公办与民办相结合的多种形式办园体制,深化学前教育改革,构建并完善 0~6 岁托幼一体化的学前教育体系。

2006 年 9 月,新城区按照市委、市政府出台的《关于进一步加快教育改革与发展的决定》,明确"十一五"全区教育工作的目标和任务。下发《呼和浩特市农村综合改革义务教育体制改革的实施方案》和《呼和浩特市关于农村义务教育体制改革专项指导工作培训提纲》,调整教育结构布局,提高办学效益。为进一步巩固提高"普九"成果,全面贯彻党和国家教育方针,规范学籍管理制度,强化学籍管理力度,全面提高学校内部管理水平。严格执行《呼和浩特市中、小学学生学籍管理办法》,凡属辖区内居住的适龄儿童(包括流动人员子女、盲聋哑、弱智等残疾儿童),新城区人民政府及教育局和学校均按《中华人民共和国义务教育法》规定的入学年龄给其发放入学通知书或动员其入学，保证盲聋哑、弱智等残疾儿童进入新城区培智学校接受规定年限的义务教育。

2007年，新城区遵照《呼和浩特市九年义务教育学校标准》，加强义务教育基础设施建设，有计划、分阶段地改善城乡中小学的办学条件，盘活重组教育资源，缩小校际差距。

2008年，新城区教育系统围绕落实"城乡教育三年规划"，加大工作力度。该规划的总体目标是，充分发挥城区学校管理、师资、设备的优势，发挥引领、示范作用，帮扶农村学校提高管理水平；发挥农村学校的地缘优势，为城区学校干部锻炼、教师实习、学生活动提供场所和条件；加强城乡教育交流，实现教育资源优势互补，通过3年努力，实现新城区教育均衡、健康、协调发展的新格局。实施"城乡教育三年规划"主要从干部挂职、师资培训、送教下乡、对口教研、职校共建、成立教学大讲堂等6个方面入手开展城乡教育共建活动。同年，新城区通过自治区复查验收，评为全国"两基"巩固提高先进区。

2010年，为加强学校安全工作，新城区教育局转印发《关于开展学校安全工作大检查的紧急通知》《关于加强学校安全防范工作的紧急通知》《关于进一步加强中小学、幼儿园和校外活动场所安全防范工作的紧急通知》等系列文件，要求各级各类学校进一步健全和完善校园安全管理制度和措施，切实加强人防、技防，重点抓好学校保安员的配备工作，集中开展安全隐患再排查再整改活动，努力把安全事故隐患消灭在萌芽状态。

2011年，是新城区教育局精细化管理践行年，开展以"六精"践行教学工作的精细化，引导教师将"精通教材、精心备课、精准讲课、精简练习、精批作业、精确评价"融入教学全过程中，以促进学生发展、提高课堂实效为目标，新城区构建有效教学、高效课堂模式不断推进。提高课堂教学质量，从长期以来以"教"为中心的课堂教学模式中解放出来，大胆进行课堂教学改革，改革的核心是变"教"为"学"，变"教案"为"学案"。新城区课改工作最见实效的学校是市第三十八中学，该校的"导学案"教学就是变"教"为"学"，变"教案"为"学案"，变"课堂"为"学堂"的典型案例。课堂教学改革后，由原来的相对薄弱校变成新城区年度考核目标先进学校。课堂教学改革成为薄弱学校改变薄弱面貌和由弱变强的有效途径，只有弱校变强，强校更强，"教育强区"的目标才能实现。实验中学是新城区的名校强校，实验中学的课堂教学改革使教学成绩不断提升。11月2日—6日，在北京举办的第二届"世界数学团体锦标赛"中，在来自6个国家、中国23个城市及港澳地区的65支学生代表队共计390人的比赛中，实验中学赢得团体金奖。8名学生代表分别获得一枚金奖、两枚银奖、四枚铜奖，郑清源同学获得世界第二，中国第一的好成绩，捧回一块金牌。

2012年，新城区教育局在新城教育信息网上开辟"名师工作室"，9个学科13个工作室正式运行，发挥名教师的示范、指导和引领作用，使教师的教育教学思想、教学经验及成果的交流有新的平台，为师资整体发展提供更好的契机。为解决教师教学任务重，课时多,除上课还要批改作业,跟班辅导学生,空余时间极少的问题,各校大胆探索培训方式,通过建立校园网站、手机短信平台、QQ 群、飞信群、微信群等教育载体,加强教师的教育培训。

2013 年 3 月,新城区教育局转发市政府办公厅关于进一步规范办学行为的实施意见。教育局与各中小学、幼儿园、二级单位签订《规范办学责任书》,规范办学行为。教育局下发《新城区 2013 年小学升初中工作实施方案》《新城区教育局关于做好 2013 年中小学一年级新生招生工作的通知》及《新城区教育局关于严格控制中小学班容量的实施办法》,明确规定小学升初中仍采取电脑派位、对口入学相结合的办法。对于小学新生入学,教育局通过深入调研,重新调整划片范围。在招生工作中,严格执行市教育局有关文件精神,严格控制择校生比例,严格执行片内生不低于 90%。在健全制度,落实措施后,教育局加大对中小学招生工作的监管,严格控制班容量。从 2013 年秋季起,小学班额不得超过 55 人,初中班额不得超过 60 人。做好监控和督查,确保班容量严格控制在规定人数内,保证正常的教育教学秩序。

2014 年,新城区优化校园布局,开展区域内教育合作交流。推广名校集团化办学模式,推动“名校建分校”“名校领新校”“名校带弱校”,通过资源整合、委托管理、结对帮扶等方式,促进学校之间教育理念、管理手段、校园文化、师资力量的融合提升,扩大优质教育资源覆盖面。启动实验中学北校区办学,解决 110 国道以北农村学校学生上优质中学问题。发挥优质学校的辐射作用,正式确定向阳小学为北垣小学公主府校区。整合教育教学资源,将原东街小学和东落凤小学合并为落凤街小学。

2015 年,新城区成立学校安全领导小组,落实《安全生产“党政同责、一岗双责”实施细则》,完善各类安全制度建设,层层签订目标责任书,做到责任到人。通过主题班会、国旗下讲话、校园广播等方式全方位、无缝式宣传安全工作,把安全教育列入学校教学计划,加大安全宣传力度。进一步加大对区属 38 所公办学校,103 所民办校安全监督管理,将校园安全工作做到全覆盖。通过专项检查、学校自查、教育局综治干部包片督查、对校园安全重点内容进行拉网式排查,下发整改通知单 347 份,发现安全隐患 805 件,落实整改 554 件。举办全区中小学、幼儿园政教主任、综治干部培训班,安全培训工作做到制度化、常态化。全区公办中小学、幼儿园全部配备专职校园铁甲护卫,配齐专用警用器材。编写新城区中小学《安全教育教材》和“年度校园安全综合治理工作流程”,推进校园安全标准化建设。全区各校园逐步纳入新城区校园安全网络监控系统,校园的网络监控设备接入教育局域网网络监控平台。

2016 年,新城区围绕迎接市、自治区和国家三级义务教育发展基本均衡区评估认定工作,推进义务教育均衡发展进程,强化“以区为主、整体筹划、层层落实”的领导体系。成立新城区义务教育均衡发展推进工作领导小组,制定出台《新城区推进义务教育均衡发展专项工作实施方案》《新城区人民政府办公室关于实行义务教育均衡发展责任监督机制和问责机制》等相关文件，与各职能部门签订责任状，明确各部门在推进义务教育均衡发展工作的职责和任务。加大教育投入，实施义务教育薄弱学校改造计划，各类学校硬件建设和校容校貌发生明显改变，办学水平得到明显提升，城乡间、学校间差距进一步缩小，全区义务教育阶段基本实现均衡发展，通过国家义务教育发展基本均衡区评估认定。

2017 年，新城区教育局成立法治工作领导小组，制定下发《新城区教育系统 2017 年法治宣传教育工作计划》，开展学习各类教育法规活动，聘请法治副校长，开展普法知识讲座。制定《新城区教育系统 2017 年平安综治工作计划》《2017 年度平安校园创建工作实施方案》《新城区教育局 2017 年校园周边环境综合治理工作方案》《新城区教育系统 2017 年法制宣传教育工作计划》等一系列计划方案，召开各级安全综治法治工作会议 7 次，加强工作安排与部署。强化校园安全的“红线意识”和“底线思维”，以“一岗双责、党政同责”为原则，层层签订校园安全综治法治工作目标责任状，落实责任，做到校园安全人人参与，人人有责。组织开展各类安全教育治理活动，组织各校园进行安全疏散逃生演练体验活动 9 次。组织各学校(园)进行防震减灾知识讲座和新城区消防大队专业人员消防安全知识讲座 39 次。开展全区中小学生安全教育日、安全教育周、安全教育月主题教育活动。

第三节　学前教育

一、机构

新城区在公办幼儿园中，既有政府投资、政府部门举办的幼儿园，也有驻区机关部队事业单位举办的幼儿园，2001 年，新城区有公办幼儿园 12 所。在民办幼儿园中，有个人独资兴办的幼儿园、实行股份制的幼儿园，也有大型财团兴办的幼教集团，还有部分公有民助的幼儿园。在办学层次上，新城区的幼儿教育呈现出多元发展的格局，即新城区办示范性幼儿园、乡镇办中心幼儿园、规模村办简易幼儿园。

2001 年，新城区有公办幼儿园 5 所，即新城区第一幼儿园、第二幼儿园、第三幼儿园、蒙古族幼儿园、满族幼儿园。2003 年，铁路第一幼儿园、第六幼儿园归属地管理，教办幼儿园数增加到 7 所。2004 年，由于周边环境因素停办新城区第三幼儿园。2006 年，拆建铁路第一幼儿园，新城区教办幼儿园为 5 所。

2001 年，驻区机关公办幼儿园 7 所，即内蒙古自治区党委机关幼儿园、内蒙古自治区机关事务管理局政府机关幼儿园、内蒙古自治区公安厅机关幼儿园、内蒙古军区八一幼儿园、中国人民解放军第 253 医院幼儿园(2017 年 11 月更名为中国人民解放军联勤保障部队第九六九医院幼儿园)、内蒙古工业大学幼儿园、内蒙古武警幼儿园。2011 年 3

月,内蒙古武警幼儿园搬迁至赛罕区,新城区属地机关办园成为 6 所。

2005 年,呼和浩特市召开幼儿园收费听证会,新城区属幼儿园执行并规范幼儿园收费标准,杜绝乱收费现象。民办幼儿园整体办学行为较为规范,均按照国家政策法规开展教育教学活动。同年,经自治区教育厅组织评估验收,新城区曙光幼儿园被评为“内蒙古自治区民办示范性幼儿园”,爱之舟幼稚园被评为“呼和浩特市民办教育先进单位”,爱德堡幼儿园连续三年被评为“新城区民办德育先进单位”。

2006 年,新城区扶持农村学前教育,将农村乡镇幼儿园全部纳入统一管理。多渠道解决新城区低收入家庭和部分流动人口学龄前儿童入园问题。

2007 年,经内蒙古教育厅考核验收,新城区满族幼儿园、第一幼儿园晋级为自治区级示范幼儿园。

2010 年,新城区转印发《呼和浩特市教育事业发展“十一五”规划》《呼和浩特市人民政府关于加快呼和浩特市幼儿教育事业发展的实施意见》,提出“深化学前教育办学体制改革,建立和完善以公办幼儿园为骨干和示范,以民办幼儿园为主体,公办与民办相结合,以社区为基础的学前教育服务网络”。加快农村学前教育发展,每个乡镇都要办一所中心幼儿园的奋斗目标。严格执行《呼和浩特市中小学、幼儿园规划建设条例》,新城区幼儿园用地规划和建设、安全管理逐步走上规范化,法制化的轨道。新城区安排专项资金,加大区内公办幼儿园新建力度,加快农村地区乡镇中心幼儿园的建设力度,改善乡镇中心幼儿园条件、扩大办园规模。由于投资主体的不同,幼儿教育的具体办学形式更是呈多元化的格局。

2016 年,随着新城区城市建设的快速发展和全面二孩政策的实施,人民群众对学前教育的需求与办学不足的矛盾日益凸显。为更好地促进学前教育健康有序发展,让居民能够享受更优质、高效、便捷的学前教育服务,新城区政府决定新建第一幼儿园讨思浩分园。

2017 年 3 月,新城区第一幼儿园讨思浩分园建成并开始招生。2017 年年底,新城区公办园增加为 6 所幼儿园,驻区机关部队事业单位举办的幼儿园 6 所。

二、教学活动与管理

2001 年,教育部颁布《幼儿园教育指导纲要(试行)》,新城区教育局严格落实指导纲要,保教并重,利用区角、户外活动,满足幼儿多方面发展的需求,在童年生活中获得有益于身心健康发展的经验。新城区教研室幼教教研员代表内蒙古参加教育部组织的《幼儿园教育指导纲要》一级培训,深化全区幼教课程改革。

2005 年,成立幼教学研小组(名师工作室前身),组成幼儿教育专业学研共同体,进行教学研讨活动。

2006 年,学研小组开展青年教师风采大赛活动。此后,每学年举办一次,成就一大批青年教师。2006—2007 年,新城区各级各类幼儿园根据国家《幼儿园工作规程》《幼儿园管理条例》《幼儿园教育指导纲要》，以及呼和浩特市下发的《呼和浩特市幼儿居综合评估指标体系》《教职工岗位责任制》《幼儿一日生活制度》《消毒制度》《安全管理制度》《幼儿国家长联系制度》《呼和浩特市民办幼儿园评估标准》等学前教育政策、法规，进行规范管理确保幼儿在安全、舒适的环境中成长，保教质量得到稳步提高。加强对0～3岁早期教育的研究和开发，形成有特色的幼儿教育和早期教育指导方案，逐步实施学龄前儿童0～6岁一体化教育。

2010年10月29日，新城区教研室在党委幼儿园进行《蒙台梭利教育环境创设》的主题教研活动，随即生成"幼儿合作画"的教研活动。

2011年，新城区按照国家、自治区《中长期教育事业改革和发展纲要(2010—2020年)》和《内蒙古自治区教育事业"十二五"发展规划》要求，贯彻呼和浩特市《关于"十二五"期间加快呼和浩特市教育改革和发展的决定》及《关于加快发展呼和浩特市学前教育的实施意见》《呼和浩特市教育事业"十二五"发展规划》及任务分工方案，新城区根据呼和浩特市制定出台《呼和浩特市学前教育发展指导规划意见》及系列考核办法，切实加强幼儿园规范科学管理。同年4月，区属各幼儿园教师到内蒙古政府幼儿园参与"绿色食品，健康饮食"实践活动课程的观摩研讨；参加研讨党委幼儿园的"合作画"主题教研活动。7月，学研小组进行教学风采展示活动，从理论上提升教研效果。实施分组教研活动，让学研小组成员参与到有效的教育科研活动中来，各小组借用视频录像、问题展板、书面材料和真实情境展示等形式带领与会者走进教研活动现场，展示高质量的教研成效。9月，尝试在同一主题下开展多个领域的活动内容，进行教育科研实践。通过跨园资源共享，进行教师技能基本功培训、练习，提高教师唱、讲、演、画等教学专业技能。以现场演示的形式检测教师基本功的提升情况和培训成效，激活培训的形式和运作模式。

2012年，新城区结合《幼儿园教育指导纲要》，实施《3～6岁儿童学习与发展指南》，对防止和克服学前教育"小学化"现象提供具体方法和建议。3月，组织区属各幼儿园在公安厅幼儿园开展以秋天为主题的环创主题展板活动。

2013年，新城区学前教育代表内蒙古参加教育部组织的《3～6岁儿童学习与发展指南》一级培训。区属公办园开展《3～6岁儿童学习与发展指南》的学习与实践，全区幼儿园室内、户外游戏活动改革进一步深化。4月，第六届、第七届青年教师风采展示分别在新城区第二幼儿园和八一幼儿园进行，风采展示加入说课选课环节。

2014年9月，学研小组更名为学前教育名师工作室。新城区教研室组织各幼儿园教师在新城区蒙古族幼儿园开展玩教具制作和展示活动。

2015年，新城区属各幼儿园全面贯彻落实《3～6岁儿童学习与发展指南》，加强幼儿园教育教学指导。按照《呼和浩特市校园足球发展三年行动计划(2015—2017年)》，在幼儿园广泛开展足球兴趣活动，以游戏形式为主，培养幼儿足球爱好。开展示范幼儿园创建工作,新城区第六幼儿园晋级为市级示范幼儿园。新城区5所公办幼儿园全部晋级为示范性幼儿园,引领辐射全市乃至自治区学前教育。新城区教育局加强对区属幼儿园园长、教师的全员培训,新城区学前教育更加趋向专业化和规范化。12月,名师工作室组织工作室成员赴上海参加"幼儿园游戏理论与实践"的参观学习。

2016年4月,组织开展新城区第七批中小学、幼儿园教学能手暨教学基本功比赛,幼儿园36名教师参加比赛,集中展示新城区幼儿的教学基本功。组织教师参加呼和浩特市教学能手比赛,新城区选手取得优异成绩。

2017年新城区幼儿园情况统计表

表 19-1-1

园名	创建年份	园址	办学等级	班级数(个)	幼儿数(人)	少数民族		教职工数(人)	少数民族	
						蒙古族	其他		蒙古族	其他
第一幼儿园	1947年	新城区八一北路19号	自治区级示范幼儿园	15	637	117	39	54	14	1
第一幼儿园讨思浩分园	2017年	新城区毫沁营镇讨思浩村		4	97	16	5	8	2	0
第二幼儿园	1949年	新城区关帝庙街16号	自治区级示范幼儿园	15	523	122	38	63	13	3
第六幼儿园	1998年	新城区呼伦北路赛马场铁路小区院内	市级示范园	6	207	24	2	33	6	2
满族幼儿园	1950年	新城区元贞永街15号	自治区级示范幼儿园	13	560	100	151	75	7	3
蒙古族幼儿园	1956年	新城区艺术厅南街60号	自治区级示范幼儿园	22	1042	789	253	73	54	19
内蒙古自治区党委机关幼儿园	1954年	新城区青城巷2号	自治区级示范幼儿园	15	542	167	39	106	19	6
内蒙古自治区机关事务管理局政府机关幼儿园	1979年	新城区新华大街迎宾北路63号	自治区级示范幼儿园	9	276	90	18	63	16	2
内蒙古自治区公安厅机关幼儿园	1952年	新城区海东路51号	自治区级示范幼儿园	11	492	150	31	61	7	1
内蒙古工业大学幼儿园	1951年	爱民街49号	市级示范幼儿园	9	286	62	20	46	7	1
内蒙古军区八一幼儿园	1990年	新城区海拉尔大街36号	自治区级示范幼儿园	9	261	68	0	55	7	48
中国人民解放军联勤保障部队第九六九医院幼儿园	1976年	新城区爱民街1号	一类甲级幼儿园	6	217	36	7	34	2	32

2017 年新城区幼儿园园所面积、建筑面积统计表

表 19-1-2　　单位:平方米

园名	校园面积	建筑面积
第一幼儿园	7500	4141
第一幼儿园讨思浩分园	7245.17	2304.4
第二幼儿园	8800	4400
第六幼儿园	3913	1713
满族幼儿园	3872	2710
蒙古族幼儿园	62656	6980
内蒙古自治区党委机关幼儿园	9990.8	5291.6
内蒙古自治区机关事务管理局政府机关幼儿园	7250	3490
内蒙古自治区公安厅机关幼儿园	7149	5732
内蒙古工业大学幼儿园	4032	1982
内蒙古军区八一幼儿园	12323	3198
中国人民解放军联勤保障部队第九六九医院幼儿园	4362	1098

第四节　义务教育

一、机构

2001 年,新城区义务教育总体工作以精细化管理为抓手,巩固提高“两基”工作,贯彻落实科学发展观和构建和谐社会,多措并举,创先争优。开展县域义务教育均衡发展评估认定工作,各学校基础设施等“硬件”的标准化建设均达到相关标准要求,城乡间、校际办学条件和水平均达到《内蒙古自治区义务教育学校办学条件基本标准》。

2006 年 7 月,根据《国务院办公厅关于第二批中央企业分离办社会职能工作有关问题的通知》的精神,按照“移交资产无偿划转”的原则,隶属于中化地质矿山总局内蒙古化工地质勘查院,原名“化工地质勘查院小学”的子弟小学,一次性与原单位分离,学校按属地管理的原则成建制移交市新城区人民政府管理,隶属于新城区教育局,学校更名为“呼和浩特市新城区东兴小学”。

2010 年,新城区全部实现小学 6 周岁入学的过渡工作,小学适龄儿童入学率达到 99.78%。

2012 年 9 月,新城区教育局被国务院授予“全国两基工作先进单位”,并于 2016 年通过国家义务教育发展基本均衡区评估认定。

2013 年,新城区委、区政府加快区域融合的速度、广度和深度,深化教育领域综合改革,促进校际的快速融合,缩小校际办学质量差异,推动新城教育优质均衡发展。结合全区教育的实际情况和发展需要,推进集团化办学,根据区域推进原则、主体激发原则、机制创新原则、稳妥推进原则,区教育局实施教育综合改革,加强集团化办学的顶层设计和设点布局。各教育集团创造性地制定集团化办学章程,优化内部管理结构,明确发展规划,理顺决策、执行、主督、保障等各个环节,建立以共同愿景为灵魂、以制度体系为框架、以规则程序为纽带的集团运行机制,从而打破校际壁垒,缩小校际差距,实现共同体内优质教育资源的辐射推广与合成再造,形成稳定的合作机制。

2014 年 6 月,为促进义务教育的均衡发展,发挥优质资源的辐射带动作用,新城区实验中学成立察哈尔校区。9 月,有着 80 多年建校史的新城区东落凤小学和历史上曾为教会学校的新城区东街小学正式合并,更名为新城区落凤街小学。是均衡学校布局,整合教育资源的一次教育革新。

2015 年,依据《城市普通中小学校校舍建设标准》等相关规范,新城区在学校优化布局中,本着新建学校向城区周边发展的原则,逐步扩大服务半径,本着满足人民对优质教育教学资源迫切需求的原则,推进学校建设,加大投资力度,以更高标准,服务社会。在满足规划要求的情况下,因地制宜,合理布局场地和外界关系,方便居民,利于疏散。

2017 年年底,全区共有义务教育阶段学校 33 所,其中完全小学 27 所、初级中学 3 所、完全中学初中部 3 所,在校学生 6.3 万多人。其中,小学在校生 4.1 万多人、初中在校生 2.2 万多人。义务教育阶段入学率 100%,巩固率均达到 100%。义务教育学校教职工总数为 3705 名,其中专任教师 2867 名,学科教师配备基本齐全。

2017 年新城区中、小学情况统计表

表 19-1-3

园名	创建年份	校址	班级数(个)	学生数(人)	教职工数(人)	少数民族	
						蒙古族	其他
实验中学	1955	呼和浩特市新城南街 75 号	89	4830	417	60	13
第十五中学	1984	新城区光华街	18	856	90	10	3
第十九中学	1968	新城区新城东街 103 号	50	2589	241	32	10
第二十一中学	1968	新城区兴安北路与京包路交会处西 100 米	18	972	196	22	3
第三十四中学	1979	新城区哲里木路 112 号	49	2503	209	29	2
第三十八中学	1986	新城区迎新东路三巷 1 号	18	911	196	34	5
八一路小学	1971	新城区团结巷	16	844	49	10	2
海拉尔路小学	1957	新城区八一路 17 号	36	1859	99	16	5
车站小学	1912	新城区车站西马路 67 号	12	319	46	11	2
新华小学	1961	新城区呼伦北路 81 号	23	1248	74	11	2
北垣小学	1963	新城区北垣街星火巷	66	3512	198	23	10
苏虎街实验小学	1932	新城区苏虎街 3 号	52	3002	146	29	8
青山小学	1968	新城区海拉尔路 17 号	46	2613	139	21	6
呼哈路小学	1993	新城区呼哈路 678 号	28	1547	76	17	2

续表

园名	创建年份	校址	班级数(个)	学生数(人)	教职工数(人)	少数民族	
						蒙古族	其他
落凤街小学	1925	新城区东落凤街13号,	45	2161	137	24	12
东门外小学	1964	新城区新华大街十四中西巷14号	24	1184	78	21	4
光华小学	1982	新城区光华街3号	23	1059	56	14	7
关帝庙街小学	1911	新城区关帝庙街19号	25	1410	81	15	7
满族小学	1957	新城南街关帝庙街13号	39	2192	116	19	17
业余体育学校	1982	新城区万通路西东河校区院内	0	0	12	2	1
胜利街小学	2007	新城区胜利西街32号	32	1682	109	6	8
海新小学	2007	新城区海东路34号	23	1127	59	10	8
东兴小学	1973	呼和浩特市机场路4.5公里处	6	326	30		
成吉思汗街小学	2008	新城区大牛名座西侧	25	1326	89	19	2
山水小学	2008	新城区山水路北口	24	1290	68	15	6
爱民街小学	1951	新城区爱民街	15	690	45	7	2
区团结小学	1986	新城区迎新路3号	24	1135	71	6	3
名都小学	2009	新城区爱民街东口100米	20	934	55	8	4
丁香路小学	2007	新城区海东路巨华聚泽园路东	24	1275	63	7	3
讨思浩小学	1934	新城区讨思浩村红保线附近	6	160	26	1	1
毫沁营小学	1928	新城区110国道南200米	16	638	50	6	2
新营小学	1956	新城区兴安北路公交五公司北	22	1031	49	9	1
塔利小学	1960	新城区塔利村	0	0	5	0	0
保合少中心小学	1933	新城区保合少镇保合少村	6	96	42	8	0

二、教学工作

(一)学制课程

2001年6月8日,教育部印发《基础教育课程改革纲要(试行)》,对中小学课程设置、教材内容、教法学法、教学目标和评价标准进行改革。这次课改被称为"牵动整个基础教育改革的系统工程"。新课改在教学方面变化最大的除"三维目标"(知识与能力目标、过程与方法目标、情感态度与价值观目标),就是"学习方式"的变革,即自主、合作、探究。新城区全体教研员分学科全员参与国家级、自治区级培训。

2002年,新城区各中小学开始执行自治区义务教育课程设置。义务教育课程设有品德与生活(一、二年级)、品德与社会(三至六年级)、思想品德(七九年级,均简称"品德")、历史与社会(或选择历史、地理)、科学(七至九年级可选择生物、物理、化学)、语文、数学、第二语言、体育(一至六年级)、体育与健康(七至九年级,均简称"体育")、艺术(或选择音乐美术)、综合实践活动。自治区开设的地方课程有手工制作(一至三年级)、阅览(一至三年级)、科技小制作(四至六年级)、工艺品制作(七年级)、科技制作(八年级选修)、再生能源(八年级选修)、生态与经济(九年级选修)、民族团结与法制教育(九年级选修)、第三语言(七至九年级选修)。城市小学从三年级起减去语文、自治区地方课、体育锻炼各一课时,这三课时上英语课。2002—2017年,全区各级中小学校均按照本校实际,开设电脑课、英语课、阅读课、科学课、综合实践课、环保课等;部分学校开设校本课,如阅读指导、趣味数学、书法、礼仪、心理健康等,以及体育类、艺术类、科技类、技能类和特色类选修课。

2016年3月,新城区教育局组织1～5年教龄青年教师针对教材教法开展培训。9月,小学一年级初中一年级开始使用语文、道德、历史国家统编版新教材。

2017年9月1日起,新城区所有小学一年级和初中一年级使用国家统编教材,包括义务教育道德与法治、语文、历史3门学科。

(二)教学活动

2001年,新城区教育局推进义务教育学制改革,严格执行市教委《关于在全市小学起始年级实施"五·四"学制的通知》,并制定有关措施予以保证。2001年3月1日,新城区小学一年级全部实行"五·四"学制。同时,推进基础教育课程改革和考试评价制度改革。

2003年,新城区成为课改实验区(县),启动"五科三考"的中考改革。

2006年,新城区全面推进中小学德育课程改革。全区小学一年级全部开设《品德与生活》课,小学三年级全部开设《品德与社会》课,初中一年级全部开设《思想品德》课。全区中小学校普遍开展中小学生心理健康教育、青春期教育、远离毒品教育和安全教育。针对新课改和高考改革要求,对下一年度中考分值进行适当调整,政治考试分值减少20分,加试体育,体育分值15分计入中考总分,调整后的分值从2007年中考开始执行。

2008年,为提高学生体质,新城区把中考体育测试成绩比重由15分提高到30分。

2010—2012年,是新城区教育局启动音体美和科技教育"2+1+1"教育教学活动的3年,音体美教学和科技教育逐步规范,在各校形成特色,教育成果得到彰显。

2013年,新城区教育局把"聚焦课堂、服务学生、精细管理"作为重心,解决传统课堂上以老师讲解为主,学生被动接受的局面。

2014年,在全区义务教育阶段中小学开展特色学校建设活动,以学生发展需求为依据,按照年龄特点精心编制序列方案,开设体育类、书法类、艺术类、武术类和环保类等课程。

2015—2017年,新城区编写中小学《安全教育教材》和"年度校园安全综合治理工作流程",把安全教育列入学校教学计划,推进校园安全标准化建设。

(三)交流评比

2002年,新城区教育局首次举行"学科带头人"评比活动。此后,每年举行一次全区中小学幼儿园"教学基本功"比赛,每两年举行一次"教学能手""学科带头人"评比活动。

2015 年 10 月，全国第 12 届小学数学青年教师教学大赛优质课展示活动中，新城区张敏老师在区教研员指导下荣获一等奖。11 月 17 日，新城区召开“实施有效教学，创建高效课堂”现场展示会。展示包括课堂教学，教研活动现场展示和校长论坛两个部分，分别在苏虎街实验小学，实验中学和市第三十八中学进行。

2017 年 11 月，进行全区中小学教研组集体备课检查。

2001—2017 年新城区中小学幼儿园教师教学荣誉统计表

表 19-1-4　　单位：人

级别	内蒙古自治区			呼和浩特市			新城区		
	带头人	能手	基本功	带头人	能手	基本功	带头人	能手	基本功
中学	3	10	47	53	79	126	108	165	212
小学	6	15	54	57	85	141	214	280	510

三、素质教育

2001 年 3 月 1 日，新城区教育局在教育系统开展“校园拒绝邪教”宣传教育活动，向各中小学发出“校园拒绝邪教”倡议书，揭批邪教本质及其危害。在庆祝建党 80 周年期间，区教育系统参加市教委在全市教育系统举办党的基本知识竞赛，师生书法、美术、摄影、手抄报展览。

2003 年 3 月，面对“非典型肺炎”疫情，新城区教育局采取多种防控措施，有效地阻止非典疫情在学校的传播和扩散。9 月，新城区中小学全面启动课改实验工作，新城区教育局狠抓新教材选用、师资培训，改变教学观念、改革教学方法和考试评价体系等环节。

2004 年，《中共中央国务院关于进一步加强和改进未成年人思想道德建设的若干意见》下发后，呼和浩特市制定并印发《关于进一步加强和改进未成年人思想道德建设实施意见》，新城区中小学生开展多项教育活动。

2007 年，新城区中小学贯彻《中共中央国务院关于进一步加强和改进未成年人思想道德建设的若干意见》《呼和浩特市中小学、幼儿园德育工作常规》和《呼和浩特市中小学、幼儿园分年级段德育工作实施要点》，对学生的习惯养成教育及社会实践活动作出详细规定和要求，德育工作的实效性得到加强。4 月 29 日，教育部、国家体育总局、共青团中央在全国范围内全面启动“阳光体育运动”。

2008 年，新城区坚持推进“阳光体育运动”，吸引广大青少年学生参加体育锻炼，促进学生全面发展。

2009 年，新城区实施“德育提效工程”，坚持德育为先，把社会主义核心价值体系贯彻于学校教育教学过程中。开展“校歌、校徽、校训”的征集活动，召开全区校园文化建设交流研讨。组织学校参加呼和浩特市教育局、体育局举办的 2009 年“飞向北京、飞向太空”全市中小学生航空航天模型教育竞赛活动，并取得好成绩。开展以“加强内涵式发展，推进校园文化建设”为题的活动。

2010年,新城区实施“德育提效工程”,下发《新城区教育局德育工作评估考核细则》。组织实施常规性、节庆性、校本性、创新性等各项德育活动,落实德育工作载体,增强德育工作的实效性。召开德育管理网络及落实岗位德育职责制的德育干部研讨交流会,促进“全员育人、全过程育人、全方位育人”的德育教育模式。参加第五届全国青少年艺术展评活动及“全能王杯”青少年综合能力展示系列活动,新城区16名参赛选手获得全国一等奖、5名选手获得全国二等奖。新城区教育局获“青春中国•第五届全国青少年艺术展评活动”最佳组织奖。新城区教育局启动体音美和科技教育“2+1+1”工程。

2011年,教育局出台“2+1+1”工程实施方案和科普年度考核措施,于5月17日—6月3日,举办各中小学科技进校园活动。组织中小学生参加“全市科技创新大赛”活动。新城区成立新城区中小学心理健康教育指导中心、新城区中小学心理健康教育指导委员会,制定《新城区中小学心理健康教育实施意见》,规范和加强学校心理健康教育。教育局召开“中小学‘三全育人’经验交流会”,组织全区各校开展科普宣传周、科普日、世界环境日、科技创新大赛。

2012年,新城区教育局在年初出台《新城区教育局中小学心理健康教育三年规划》《新城区中小学心理健康咨询(辅导)室建设标准》,各校按照相关要求运作本校心理健康教育工作室,发挥学校心理咨询室应有的功能。完成市教育局提出的“年底城中各中小学校全部要有心理咨询师(辅导室)”的建设标准。举办新城区中小学心理健康教育指导委员会扩大会议暨专业培训。联合内蒙古心理医生协会(被自治区劳动技能鉴定指导中心指定为心理咨询师国家职业资格认证定点报名培训机构)进行培训,参加国家心理咨询师考试。接受市教育局心理健康教育专项检查,光华小学、青山小学被评为“市级心理健康教育示范学校”。

2013年,新城区开展“做一个有道德的人”系列教育活动,坚持立德树人。推进“一小时校园体育活动”,开展群众性体育活动,组织新城区青少年参加全市中学生田径运动会、集体跳绳、集体毽球、中学生足球、篮球和全市少数民族传统体育运动会等大型活动。

2014年,教育局下发《新城区教育局关于进一步推进志愿服务活动的工作方案》,成立新城区教育局志愿者分会,下设中小学志愿者服务队41个,组织志愿者报名并进行网上注册2610人,学生志愿者6742人(未进行网上注册)。教育局志愿者分会组织广大青年志愿者利用节假日、课余时间开展尊老敬老、扶贫帮困、社区服务、环境保护等多类志愿服务活动。

2015年,新城区开展阳光体育和各类比赛活动。中小学生每天一小时体育活动,开展全区中小学生阳光体育三项比赛。共有435名学生参加355场足球、篮球、乒乓球三项比赛,推进“校园足球”运动,开展足球活动和比赛。其中,海拉尔路小学、成吉思汗街小学、山水小学女队、实验中学代表呼和浩特市教育局参加“主席杯”校园足球联赛并获得优异成绩。海拉尔路小学、成吉思汗街小学、苏虎街实验小学足球队在“市长杯”校园足球小学组比赛中获得第一名、第二名和第四名，实验中学获得中学组第二名。开展新城区校园科技竞赛活动，围绕“科学生活，创新圆梦”的主题，开展科普宣传周、科普日等系列活动。其中，在成吉思汗街小学开展的“乐高创意模型课的展示研讨活动”、苏虎街小学开展的“科技就在我们身边——科技展示现场会”深受好评。市第二十一中学、苏虎街小学、成吉思汗街小学、山水小学被评为“内蒙古科技示范校”。成吉思汗街小学、山水小学、实验中学成为“内蒙古青少年科学调查体验活动试点学校”。苏虎街实验小学王志刚老师荣获第十六届“我爱祖国海疆”全国青少年航海航模教育竞赛全国优秀辅导员称号，王觉等4名学生包揽乘风号项目优胜奖和一、二、三等奖。市第二十一中学3名学生获得内蒙古第三十届青少年创新大赛二、三等奖，科技辅导员获得一等奖。实验中学学生在“FLL 无界课堂”和全国机器人大赛“能力风暴”中荣获三等奖。海新小学两名学生获“第十七届飞向北京 飞向太空”全国青少年航空航天模型教育竞赛活动总决赛一等奖。

2016年，新城区推动德育工作向品牌化、特色化发展，践行立德树人的教育理念。举办以“立德树人，从心开始——新城区心理健康教育现场展示活动”，全市200多名教育界人士参观现场会。按照《教育系统深入开展爱国主义教育的实施意见》，各学校开展“我的中国梦 教育梦”“经典诵读”“我们的节日”“书香校园”“讲好青城故事”等主题教育活动。举办2016年“内蒙古青少年足球日”校园公益活动暨自治区级校园足球特色学校选拔工作揭幕赛活动，开展“校长杯”足球联赛，主办“区长杯”校园足球联赛，参加“市长杯”和“主席杯”校园足球联赛。

2017年，新城区把“立德树人”作为根本任务，遵循中小学生身心特点和成长规律，开展各项主题教育活动，增强德育工作的针对性、实效性。获“全市德育品牌示范区”，光华小学、落凤街小学、青山小学、北垣小学、市第十九中学获得“呼和浩特市特色建设示范校”。苏虎街小学、落凤街小学等8所学校的8名班主任获“呼和浩特市教育系统班主任工作能手”称号。实验中学德育校本教材等31套教材分别获得市级一、二等奖。苏虎街实验小学等18家单位获“呼和浩特市中小学优秀德育校本教材先进单位”称号。实验中学团委获得“自治区五四红旗团委”，市第十九中学团委、市第二十一中学团委获得“呼和浩特市五四红旗团组织”。

四、校园整合与建设

2001—2009年，新建新城区第三十四中学东校区、丁香路小学、名都小学、山水小学、成吉思汗街小学。

2009年4月8日，国务院办公厅下发《关于印发全国中小学校舍安全工程实施方案的通知》。新城区成立校安工程领导小组，结合新城区校安工程实际，制定相应的线路图和时间表,把各项任务落到实处。

2009—2012 年,新城区校安工程共投入资金 3.2 亿多元,完成 15 所学校重建项目(毫沁营小学、苏虎街实验小学、满族小学、市第十五中学、十九中学、三十四中学、三十八中学、光华小学、新营小学、讨思浩小学、青山小学、北垣小学、东落凤小学、实验中学、海拉尔路小学)和 11 所学校加固项目(新华小学、向阳小学、团结小学、爱民街小学、东门外小学、车站小学、关帝庙街小学、市第三中学业余体校、八一路小学、保合少小学、呼哈路小学),建筑面积达到 16 万平方米,为城乡教育的均衡发展提供保障。

2014 年,新华小学进行教学楼扩建工程项目,新建教学综合楼 4730 平方米,增加 4 个教学班,建设音乐室、合唱室、器乐训练室、舞蹈房、美术室、机器人工作室、陶吧、书屋等 15 间专用功能室,改善学校办学条件,让更多学生享受优质教育资源。

2015 年,新城区通过政府购买形式,收购实验中学察哈尔校区,并于当年投入使用。该校区占地面积 7.9 公顷,建筑面积 5.86 万平方米,运动场馆面积 8070 平方米,生均用房建筑面积均达标。

2017 年,新城区新建实验中学东河校区。学校占地 7.6 公顷,总建筑面积 2.01 万平方米。其中小学教学楼 1 栋,建筑面积 7504 平方米;中学教学楼 1 栋,建筑面积 9969 平方米;风雨操场 1 栋,建筑面积 346 平方米;400 米环形跑道塑胶操场 1 个。项目建成后,设立小学部和初中部,小学部于 2017 年 9 月投入使用,设置 24 个教学班。新城区辖区内中小学图书馆面积 7032.31 平方米,阅览室面积 3929.61 平方米,电子阅览室面积 140.8 平方米。馆藏纸质图书 108.59 万册,生均册数 24 册。音、体、美、劳技仪器设备配备全部达到国家规定的标准,仪器设备总值 6590 万元,生均仪器设备值 1470 元。辖区学校的所有班级全部配备班级多媒体,多媒体数量达 900 个,辖区学校学生用电脑 6129 台,教师用电脑 930 台。实验室建筑面积 2.53 万平方米,实验开出率达 100%。各校均有专职或兼职卫生保健老师,且配有卫生保健室。

2017 年新城区义务教育校园面积、建筑面积统计表

表 19-1-5　　单位:平方米

校名	校园面积	建筑面积
实验中学	21198	21548
第十五中学	4452	7151
第十九中学	4452	23285
第二十一中学	87246	22772
第三十四中学	11608	16154
第三十八中学	31598	16615
八一路小学	4145	3323

续表

校名	校园面积	建筑面积
海拉尔路小学	13413	8221
车站小学	3500	4201
新华小学	8488	8100
北垣小学	13087	13177
苏虎街实验小学	13451	10750
青山小学	9747	10646
呼哈路小学	13950	6799
落凤街小学	12098	25358
东门外小学	8287	5515
光华小学	11700	6794
关帝庙街小学	8570	3945
满族小学	7088	8934
胜利街小学	13090	8040
海新小学	9410	6172
成吉思汗街小学	20000	7001
山水小学	25740	5970
爱民街小学	9707	4165
团结小学	9271	4362
名都小学	20000	7021
丁香路小学	22816	6388
讨思浩小学	20272	4979
毫沁营小学	15722	5724
新营小学	13343	6600
保合少中心小学	8000	1700

第五节　普通高中教育

1999 年，呼和浩特市对部分公办高中学校下放到区属管理。2001 年，新城区区属公办高中有呼和浩特市第三十八中学、第二十一中学、第十九中学。

2003 年，新城区根据《呼和浩特市关于普通高中招生考试改革的决定》，改革高中招生办法和内容，实行统一的“九科五考”，充分发挥考试的评价和选拔功能。

2005 年，在新城区成吉思汗大街东部新建一所高起点的优质高中——二中分校。

2006—2008 年，新城区加大对区属高中阶段教育投入和政策扶持力度，改善办学条件,提高教学质量,扩大优质高中资源。逐步取消规模小、质量差、效益低,有戴帽高中班的学校。

2009 年秋季,按照自治区规定,新城区普通高中学校一年级起始全部进入高中新课程改革实验。根据教育部《普通高中课程改革方案(实验)》和自治区教育厅《普通高中课程改革实施方案》,区教育局开展普通高中新课程培训工作。培训以校本研修为基础,研修与培训相结合,“不培训、不上岗、先培训、后上岗”,统筹安排新课程管理者与教师全员培训。培训采取自主学习、专题讲座、互动研讨、合作交流、实例分析、现场观摩与远程学习指导等方式进行,把培训贯穿在新课程实验的全过程中,对教师进行跟踪指导,以提高在新课程改革实践中的专业化水平和实施新课程的质量。

2010 年,根据财政部教育部《关于建立普通高中家庭经济困难学生国家资助制度的意见》文件精神,建立普通高中家庭经济困难学生国家资助制度,国家助学金平均资助标准为每生每年 1500 元。截至 2017 年,为新城区属普通高中 15260 名学生发放国家助学金 1193 万元。

2010 年 5 月,由市教委主办,呼和浩特市第三十八中学承办自主课堂教学模式展示及研讨活动,300 多名教师代表介绍学校的课改经验。7 月,新城区属高中参加呼和浩特市基础教育课改经验交流会和高中课改培训会。新城区的高中入学率达到 90%,逐步形成农村地区高中阶段教育以集中办学和寄宿制办学为主的办学格局。

2011—2012 年,为进一步提高新城区高中教育质量,发挥优质资源作用,满足老百姓“有学上”“上好学”的需求,根据呼和浩特市高中布局发展规划及集团办学指导思想,新城区对部分公办、民办高中进行整合撤并。

2013 年,经过 3 年的研究、论证和充分准备,呼和浩特市教育局批准,在新城区成立内蒙古自治区唯一的一所军民共建学校“剑桥中学”并开始招生。

2014 年,对新城区公办初高中进行整合分离。市第三十八中学逐步扩大高中办学规模,到 2016 年高一招生达到 10 个班。

2017 年,新城区义务教育阶段“双高普九”在自治区达标。市教育局加强对高中薄弱学校的帮扶,组织市区 8 所自治区示范高中和 4 家市直属二级单位,共同对市第二十一中学从学校管理、教育教学、教师专业发展、学校文化建设等方面进行帮扶,打造高中教育均衡化发展。三十八中学完成自治区示范性高中评估验收工作,填补新城区没有区属示范性高中的空白。

第六节　民族教育

2001—2017 年,新城区有民族小学 1 所、幼儿园 2 所,分别是满族小学、满族幼儿园、蒙古族幼儿园。3 所民族校园都被评为呼和浩特市 AAAAA 级民族校(园),其中两所幼儿园是自治区级示范性幼儿园。3 所校园既是新城区民族教育的亮点,也是呼和浩特市民族校园的窗口单位。

新城区贯彻落实民族教育政策,体现“优先重点”发展方针,新城区根据市政府出台的学前教育免保教费的政策,凡具有呼和浩特市户籍,并在新城区蒙古族幼儿园接受纯蒙古语授课的蒙古族幼儿,享受免保育费待遇。

2011 年 9 月,满族小学校安工程落成,正式搬迁新教学楼。

2014 年,蒙古族幼儿园完成重建,占地面积 6000 平方米,总建筑面积 5860 平方米,设有幼儿班 18 个,可接纳幼儿 540 人。

2017 年,满族小学、蒙古族幼儿园、满族幼儿园 3 所民族校(园)少数民族在校学生所占比例适度高于其人口所占比例,满族小学和满族幼儿园用汉语授课,蒙古族幼儿园实施纯蒙古语和加授蒙古语教学。

第七节　职业教育

2001 年,由于普通高校扩招和人才重心上移等多种因素的影响,职业教育出现大范围滑坡倾向。新城区及时调整职业高中办学方向,把原来主要为当地经济建设培养人才的单一目标转向既为当地经济建设培养人才,又为高等院校输送合格新生的双重目标,普职高中相互融通,双轨运行,变招生难为招生热,进一步扩大职教中心的规模,整合优化职教资源。

驻新城区中等职业技术学校共 10 所,分别是:内蒙古汽车工程职业学校、内蒙古环城职业技术学校、内蒙古卫生职业技术学校、内蒙古交通职业技术学校、内蒙古西部民间艺术学校、内蒙古杨氏中等职业学校、内蒙古建筑职业技术学校、内蒙古现代交通职业学校、内蒙古城市现代中等职业技术学校、呼和浩特市电力交通职业学校。

2009 年,国家针对中职院校实行“一助”即助学金。2010 年开始实行“两免”即免书费免学费。

2011 年,根据呼和浩特市人民政府办公厅转发《关于中等职业学校学生和高中阶段蒙古族授课学生家庭经济困难学生“两免”政策实施方案的通知》精神,新城区对中等职业学校“两免”资助,免收学费和免费提供教科书。“两免”政策的实施,极大地减轻贫困家庭学生的上学负担,加快中等职业教育的普及。同年,对中等职业学校全日制学历教育正式学籍的一、二年级所有农村牧区(含乡镇)在校学生以及城市涉农专业学生和家庭经济困难学生实施国家助学金政策,资助标准为每生每年 2000 元。截至 2017 年,为 39551 名学生发放中职国家助学金 3131 余万元。

2012年，根据《内蒙古自治区财政厅、教育厅、人力资源和社会保障厅关于下达中等职业学校寄宿生住宿费补助资金预算的通知》精神，从秋季学期起，对全区所有具有内蒙古自治区户籍的中等职业学生(含民办)全日制正式学籍的一、二、三年级寄宿生(不包括实行工学交替的成人中专学生)补助住宿费，每生每年补助500元。2017年，为17889名学生发放中职住宿生补助资金940余万元。

2017年，内蒙古城市现代中等职业技术学校迁出新城区，驻新城区中等职业技术学校为9所。

呼和浩特市现代交通职业学校

呼和浩特市现代交通职业学校于2005年4月5日成立，2017年3月16日迁入新城区辖区，是经上级教育主管部门批准成立的一所综合类的具有独立颁发学历证书资格的职业院校，列入国家计划内招生。学校教书育人成绩显著，为社会培养数万名专业技术人才。

2017年，学校开设金融事务、汽车制造与检修、建筑工程施工、工程造价、客户信息服务、航空服务、铁道运输管理、旅游服务与管理、电气技术应用、学前教育、火电厂集控运行、电气化铁道供电、城市轨道交通运营管理等专业；教师65人，在籍学生1874人，在校学生1123人。学校始终坚持以市场需求为导向，以培养职业技能为中心，实施“校企合作”，保证学生就业率100%，实行“订单式”培养模式，为北京、天津、上海、石家庄、山西、银川、兰州、南昌、郑州、青岛及内蒙古自治区各大航空公司、铁路系统、各大银行、中国邮政、中国电信、中国移动、各类幼儿园、高速公路收费站、各类汽修、机电、电子等大型中外企事业单位，输送数万名涉及九大行业十几个专业的优秀技术人才。

内蒙古卫生职业技术学校

内蒙古卫生职业技术学校成立于2008年，是由自治区教育厅、卫生厅批准成立的全日制医学类中等职业学校。2010年，学校荣获“民办教育教学先进单位”。2013年，学校被评为“自治区重点中等职业学校”。2014年，学校护理专业被自治区教育厅、人社厅评为“自治区级骨干专业”。2014年，学校与呼和浩特市第三职业中等专业学校联合，全面进行集团化办学，共同打造自治区最大规模的家政服务、养老康复、母婴护理实训基地。2016年6月，学校进入首批全国职业院校养老服务类示范专业点名单。2017年，学校被呼和浩特市教育局评为标准化学校。康复技术专业为学校特色专业，经过10年的发展，学校办学规模不断扩大，办学实力不断增强，向社会输送医学护理及各类人才2800余人。

2017年，学校有在校生800余人，教师23人，设有护理学、助产学、中医康复保健、口腔修复工艺学、中医学、药物制剂、医学影像学、农村医学、蒙医传统正骨等专业。学生在校期间可报考相关专业的执业资格证书和职业技能等级证书的考试，毕业后持双证上岗，也可以直接升入3+2联办学院。继续深造的学生可报考对口专业院校(内蒙古医科大学、包头医学院等）。

内蒙古杨氏中等职业学校

内蒙古杨氏中等职业学校创办于2004年11月，是经内蒙古自治区教育厅批准成立的一所高层次、高起点、适应性强的美容美发化妆类专业技术学校。学校创办以来，始终把“使无业者有业，使有业者乐业”作为办学理念，并且坚持以理论引导实践，实践检验理论为指导思想，为社会培养一大批高、精、尖的实用型且动手能力强的专业技术人才。2013年，获得商界3位著名企业家蒙牛集团牛根生、巨人集团史玉柱、汇源集团朱新礼的联合投资，开始向全国扩张，在全国10个省市发展12家直营连锁学校。2016年8月8号，APP2.0版本上线，通过对全球美业教育资源的整合，用录播的方式形成超过30万分钟的具有自主知识产权的视频课程；“美课堂”吸引超过150万的注册用户，形成最具相当品质的美业从业用户社群，并提供系统化、专业化的美业教学服务。学校主要开设专业有：美发与形象设计（美发）、美容美体专业（国际美容）、美发与形象设计（化妆）及艺术美甲4大特色课程。办学以来，始终坚持学生“进得来、学得会、出得去、用得上”的培训原则，为社会培养万余名合格的美发、美容、化妆、美甲类专业技术人才，就业率达100%。采取双证教学，毕业颁发内蒙古自治区教育厅和呼和浩特市教育局签发的中专学历证书，同时考核颁发由人力资源和社会保障部门签发的全国统一职业资格证书。

第八节　特殊教育

新城区唯一一所特殊学校是新城区培智学校，成立于1992年，坐落在新城区东落凤小学院内，建校以来，始终与普通义务教育小学开展融合办学。2014年9月，原东落凤小学和东街小学合并，更名为落凤街小学。依旧在原址保持独立编制，与落凤街小学属同一法人。

培智学校按国家教委调整的弱智学校教学计划进行教学，实行九年义务教育。所学课程有语文、数学、常识、音乐、体育、美术及劳动课。在校生程度不同地学会一定的文化知识，掌握一定的劳动技能（从简单的生活自理发展到能清理卫生，会洗衣服，做饭炒菜等）同时，形成较健康的心理素质，不同程度地改变性格上的孤僻、任性、妒忌、自私等不良倾向，提高思想觉悟，养成良好的行为习惯。

2001—2017年，学校的办学效果逐年显现，得到社会的认可和家长的好评。乒乓球运动分别获得亚太地区（上海）乒乓球比赛1银1铜；第三届特奥会乒乓球比赛1银3铜；第四届特奥会乒乓球比赛2金1银1铜的好成绩。2001—2017年期间毕业的学生，从事保安、快餐店的服务生、成品制作流水线上的工人，一部分被残联吸收为和林格尔“阳光家园”的成员，从事服务工作。在特奥会的乒乓球赛场上，培智学校的葛根夫以优异的成绩被选为奥运火炬手。

2016年，教育部基础教育司出台《盲、聋和培智三类特殊教育学校义务教育课程标准》，新城区培智学校主要坚持三个基本原则：即坚持全面贯彻党的教育方针，落实立德树人根本要求，有机融入社会主义核心价值观，着力促进培智学生全面发展；坚持一般性和特殊性相结合，妥善处理好特殊教育课程标准与普通学校课程标准的关系，既与普通学校课程标准相衔接，又充分体现特殊教育特点和独立性；坚持遵循残疾学生的身心特点和学习发展规律，充分考虑不同类型残疾学生的多重需要，突出残疾学生的潜能开发和功能补偿，着力促进残疾学生更好融入社会。

2016—2017年，为接收有特殊儿童的名都小学、亳沁营小学普通学校建设资源教室，加强融合教育。

2001—2017年新城区培智学校师生基本情况统计表

表 19-1-6

年度	班数(个)	学生数(人)	教职工数(人)
2001	2	10	6
2010	2	12	6
2014	3	18	8
2015	3	18	8
2016	3	20	9
2017	3	23	9

第九节 驻区大专院校

2017年，驻新城区普通高校有6所，即内蒙古工业大学、内蒙古大学艺术学院、内蒙古财税职业学院、呼和浩特职业学院机电学院、内蒙古警察职业学院、内蒙古武警指挥学校；新建的大学城里的学校共6所，即呼和浩特职业学院、内蒙古化工职业学院、内蒙古商贸职业学院、内蒙古科技职业学院、内蒙古电子信息职业学院、内蒙古机电职业学院。成人高等学校1所，即内蒙古广播电视大学。

内蒙古工业大学

内蒙古工业大学坐落在呼和浩特市新城区爱民街49号，前身是始建于1951年的绥远省高级工业学校。1958年，在清华大学等著名院校的支援下，成立内蒙古工学院，曾隶属机械工业部、农业机械部，1983年划归内蒙古自治区，1993年更名为内蒙古工业大学。2017年，学校在新城校区、金川校区、准格尔校区办学。

经过68年的发展，学校已建设成为一所以工为主，工、理、文、经、管、法、艺术相结合，具有博士、硕士、本科完整人才培养体系的特色鲜明的多科性大学。设有22个教学单位，拥有62个研究院（所）；有博士后流动站1个，博士学位授权一级学科3个，博士学位授权二级学科（不含一级学科覆盖点）1个；硕士学位授权一级学科18个，硕士学位二级学科（不含一级学科覆盖点）10个，具有工程硕士（13个授权领域）、工商管理硕士（MBA）、工程管理硕士（MEM）、建筑学硕士、社会工作硕士、翻译硕士等6个专业学位授予类别；有本科专业73个，具有推荐优秀本科生免试攻读硕士研究生资格；有自治区级"双一流"资助学科2个。学校有本专科学生2.37万余人，博士、硕士研究生4800余人。有教职工2027人，专任教师1378人，其中教授184人，副教授455人，博士生导师70人，硕士生导师585人。专任教师中有88.09%获得博士、硕士学位。82人次享受国务院政府特殊津贴或被授予国家和自治区"有突出贡献中青年专家"称号，11位教师获得"内蒙古杰出人才奖"，12人入选教育部"新世纪优秀人才支持计划"，62人入选自治区"草原英才"工程，46人入选自治区"新世纪321人才工程"一、二层次，11人入选自治区高等教育人才培养"111工程"一、二层次，24人入选自治区"高等学校科技英才支持计划"。学校聘请一批国内外知名学者担任兼职教授。

学校有5个教育部特色专业建设点，4个教育部卓越工程师培养计划试点专业，1个国家级校外大学生工程实践基地，1个国家级实验教学示范中心，1个国家级专业综合改革试点专业，1个自治区级专业综合改革试点专业，4个自治区级重点建设专业，25个自治区级品牌专业，8个自治区级实验教学示范中心，19个自治区级教学团队，18名自治区教学名师。

至2017年，学校培养17万余名优秀人才，许多成为大中型企业的领军人物和技术骨干、高校或科研院所的专家学者、党、政部门的领导干部。站在新的历史起点上，学校秉承"博学躬行，尚志明德"的校训，弘扬"唯实尚行"的校风，坚持创新、特色、内涵、区域、开放的发展理念，努力建设国内知名、民族地区一流的教学研究型大学。

内蒙古艺术学院

1957年，内蒙古艺术学校成立。1987年，经内蒙古自治区人民政府报请国家教委批准，在内蒙古艺术学校的基础上成立内蒙古大学艺术学院，开始培养大学专科、本科学生及硕士研究生。2015年，在内蒙古大学艺术学院基础上成立内蒙古艺术学院。

2017年，学院设有13个艺术类本科专业，37个本科专业方向。学院有音乐学、舞蹈学、美术学、艺术设计学、艺术学、文艺学、民族学、广播电视艺术学、戏剧戏曲学、公共管理学（文化产业管理）10个二级学科；有民族学一级学科中的少数民族艺术专业博士学位授权点和艺术学一级学科硕士学位授权点，有文艺学、艺术学、音乐学、美术学、设计学5个二级学科硕士学位点。学院逐步发展成为内蒙古自治区艺术教育和研究的中心、全国蒙古族艺术人才的培养基地。

学院占地 4.04 万平方米，总建筑面积 4.66 万平方米，其中教学用房和辅助用房 2.74 万平方米。有在校生 4000 多人，教职工近 600 人，专任教师占 76%，其中专任教师和科研人员中正、副教授 122 人，国内外客座教授 30 多名，国家和自治区有突出贡献的中青年专家 4 人，享受国务院政府特殊津贴专家 3 人。教师在民族音乐理论、蒙古族乐器改革、文艺学等研究领域取得丰硕成果，学院师生在国内外专业比赛中屡获大奖，并多次参加国内外各种文艺演出和展览，赢得社会广泛赞誉。

呼和浩特职业学院

呼和浩特职业学院是 2002 年经内蒙古自治区人民政府批准成立的全日制综合类高等职业学院，也是呼和浩特市举办的唯一一所高等院校。学院的办学历史可追溯到 1907 年的归绥学堂，至 2017 年，已有 100 年历史，其中职业教育办学历经 50 多年，形成以高等职业教育为主体，成人教育、远程教育、岗位与职业培训教育等并举，综合发展的高职院校，成为呼和浩特市及自治区经济和社会发展的人才摇篮。

呼和浩特职业学院与内蒙古师范大学、内蒙古农业大学合作试办“3+2”专科起点应用型本科专业，联合培养应用型本科层次高技能型人才。2017 年，有专任教师 636 人，高级职称 223 人，其中教授 10 人、博士 11 人、各类硕士 255 人；专任教师硕士 222 人；具有“双师素质”的专业教师 433 人，聘请企业实践指导教师 422 人，外籍专家 8 名。学院教师发表学术论文 1100 多篇，出版教材、专著 40 余部，完成国家专利 1 项，国家级、省部级科研课题 52 项，获得各级各类奖励 102 项，完成应用技术研究 13 项，实现技术转化 6 项。中共中央政治局委员、书记处书记、中宣部部长刘云山为学院题词：“百年老校逢盛世，千秋伟业铸辉煌”。

第十节　教育科研

一、科研机构及项目

2001 年 7 月，新城区教育局正式向总课题组(多元智能与教育改革国际研讨暨 DIC 国际合作项目)申请，以实验区的形式参加该课题的实践研究。得到总课题组领导小组的正式批复书。批准为该课题的实验区，新城区正式引进“借鉴多元智能理论，开发学生潜能的实践研究”课题。该课题的实验校多次获得呼和浩特市教育科研优秀成果奖，课题参与教师及其论文多次获得呼和浩特市教育科研先进工作者及优秀论文奖。该课题也获得内蒙古自治区首届教育科学研究优秀成果奖。

2002 年，在新教材启用之后，新城区率先在呼和浩特市开展校本教学研究模式的探索。新城区教研室作为行动的组织者与策划者，区域性推进校本教学研究制度，开展教育部基础教育课程教材发展中心的重点课题“区域性推进校本教学研究制度的实践研究”。

2004年年底，新城区成为全国首批教育部《面向21世纪教育振兴行动计划》基础教育课程改革项目中的“创建以校为本教研制度的建设基地”。探索在区域内如何推进校本教研制度，走出适合实际又具有鲜明特色的道路。该课题的实验校、参与教师及其论文多次获得呼和浩特市教育科研优秀成果奖、先进工作者及优秀论文奖。

2005年，新城区开展“新城区骨干教师专业化成长个案跟踪研究”的课题研究。作为呼和浩特市重点课题，通过扎实严谨的研究，发挥重点课题的引领和示范作用，推动全区基础教育领域中教育教学研究水平的整体提升，并结合课程改革优秀成果展示活动，产生一批有价值、有影响、上水平的科研教研成果，推进全区的素质教育和优质教师队伍建设。

2009年，新城区参与呼和浩特市教科所德育课题研究的实验校，在第十二届全国和谐德育年会上，有4所学校获得先进实验校称号，6人次获得先进个人称号，8人获得先进教师称号；有168篇案例、论文等作品获得国家级奖，34件论文等作品获得市级奖。参加全国首届校园文化活动，新城区有38件作品获国家级奖。

2010年，新城区16所中小学幼儿园参与“借鉴多元智能理论对学生学习、评价和发展的实践研究”第二轮课题研究，以“问题连续体”为支点开展课堂教学的改革。课题参与教师及其论文多次获得呼和浩特市教育科研先进工作者及优秀论文奖，并获得呼和浩特市“十一五”教育科学研究优秀成果奖。

2011年，新城区就基础教育改革和发展面临的问题和挑战，参与内蒙古自治区教研室“提升地区整体课堂教学质量”项目，旨在推进素质教育与基础教育课程改革，尤其是课堂教学改革的研究项目。新城区作为项目实施的合作单位，着手进行项目研究与实施，通过转变教师教学观念、提高教师教学能力来促进教师改变教学方式、提高课堂教学效率，从而实现地区整体课堂教学转型。新城区在内蒙古教研室的统一部署下，按照项目整体实施方案，确定研究的重点学校，开展自治区级重点课题“提升新城区整体课堂教学质量实践研究”的研究。该课题的实验校获得呼和浩特市教育科研优秀成果奖，课题参与教师及其论文多次获得呼和浩特市教育科研先进工作者及优秀论文奖，并获得呼和浩特市“十一五”教育科学研究优秀成果奖。

2015年，推出教材分析新模式，变教研员培训为学校教师作培训，教研员指导研磨，教师由被培训变为培训者，教师成为教研主体。同时将所辖23所城区学校分成3组，将教研员分成3组，分别有重点地管理7～8所学校，提升服务水平和质量。

2016年年底，新城区参与由北京海淀区教师进修学校组织实施的全国教育科学“十三五”规划。2016—2017年，教育部重点课题“基于核心素养发展的区域教研转型实践研究”课题的研究，以区域推进的方式进行其子课题“基于核心素养发展到教与学方式变革实践研究”。

新城区教研室课题研究成果

表 19-1-7

研究课题	奖项	获奖年份
区域性推进校本教学研究制度的实践研究	全国“创建以校为本教研制度的建设基地”奖	2004
借鉴多元智能理论，开发学生潜能的实践研究	内蒙古自治区首届教育科学研究优秀成果奖	2006
借鉴多元智能理论，开发学生潜能的实践研究	呼和浩特市“十一五” 教育科学研究优秀成果奖	2005 2006 2007
借鉴多元智能理论对学生学习、评价和发展的实践研究	呼和浩特市教育科学研究优秀成果奖	2010 2011

二、教科研活动

2001—2009 年，新城区组织部分学校开展 DIC 国际合作项目多元智能科研课题研究。

2002 年 4 月，新城区召开课程改革大型培训会，正式启动新课程改革。

2003 年，新城区成为课程改革国家级校本教研实验区。

2004 年 10 月，新城区承办自治区校本教研现场会，全区多所学校进行现场展示。

2005 年，新城区教育局、教研室领导带领实验学校教师赴北京参加多元智能与教育改革国际研讨会。

2008 年 10 月，新城区教研室被评为内蒙古自治区先进教研室。

2014 年，教育局加大教研员外出培训力度，组织全体教研员赴上海华东师范大学进行为期 8 天的全员化培训，启动“名师工程”。“名师工程”的核心在于成就教师发展，最终目标是使新城区逐步形成以名师为引领，名师带骨干、骨干带新人的可持续发展三级人才链，从而提升全区教师整体质量。选拔全区 415 名骨干教师、253 名“教学能手”、116 名“学科带头人”、7 名“专家型教师”进行分层、周期制培养，使教师的专业发展向着更高层次迈进。遵循“规范化—个性化—核心化”的专业成长轨迹，依托呼和浩特市“名师工程”所提供的培训资源，以培养教师形成独特教学风格为切入点，以提高教师课堂教学能力与教科研能力为重点，开展多层次、科学化研究，培养教师逐步形成自己的教育教学思想，促进专业向更高层次发展，提升课程建设力，促进名师实现由“经验型教师”向“专家型教师”转型，帮助名师尽快成长为在新城区、全市乃至全自治区有影响力的教育与学术领军人才。

2015 年，针对青年教师教材不熟的实际情况，组织教龄 1～5 年新教师进行教材培训。

2016 年，组织优秀教师到成都、北京培训。

2017 年，组织骨干教师到上海跟岗培训。

2015—2017 年，通过 3 年的培养，呼和浩特市教研室认定新城区专家级教师 7 人，学科带头人 115 人，市级教学能手 258 人，市级骨干教师 412 人。

第十一节　教师队伍

一、师资

2001 年，大学和中专毕业生按照国家计划指标进行统一分配，师范类毕业生分配至各校就业。

2003 年，新城区开始进行教师公开招聘，成为补充教师队伍的主要途径。由呼和浩特市教育局统一组织笔试，新城区教育局组织面试进行招聘。

2006 年，新城区教育系统教职工总数为 2366 名，其中女教师 1706 名，专任教师 1839 名，专科及以上学历的教师 785 名，取得高级职称的教师为 61 名。

2012 年，新城区教育系统教职工总数为 3113 名，其中女教师 2291 名，专任教师 2509 名，专科及以上学历的教师 1309 名，取得高级职称的教师为 339 名。

2013 年，新城区开始吸纳教育部六所直属师范大学的免费师范生（公费师范生），提升教师队伍的整体素质。

2014 年起，新城区教育局不再组织参与教师招聘的面试工作，而由新城区教师招聘领导小组委托第三方组织面试。当年完成 147 名新教师招聘工作，其中小学 111 名（单独为农村学校补充 10 名教师），中学 26 名，幼师 10 名。通过吸纳和引进优秀人才的方式，为新城区引进 6 名具有高级职称和市级以上教学能手、学科带头人称号的教师。为实验中学北校区单独招聘 15 名教师。

2015 年，完成 178 名新教师招聘和 11 名免费师范生引进工作，依据学校班级数和教师数按需分配，初步达到师资的合理平衡与优化配置。

2016 年，新城区政府以购买服务的形式，招聘编制外劳动合同制教师，进一步增强区内师资力量。根据《呼和浩特市 2016 年公开招聘教师工作实施方案》及新城区中小学教职工编制数，结合区属各中小学、幼儿园教师缺口的实际情况，招聘教育部直属六所师范院校 2016 届毕业生 24 名。通过政府购买服务的形式招聘 97 名编制外合同制教师（计划招聘 100 名），121 名新教师全部充实到教学一线。与教育部直属的六所师范院校签订三方协议的免费师范生 30 余名。

2017 年，新城区教育系统教职工总数为 3676 名，其中女教师 2861 名，专任教师 3137 名，专科及以上学历的教师 3078 名，取得高级职称的教师为 549 名。

2001年新城区教职工情况统计表

表 19-1-8　　　　单位:人

单位名称	教职工	教职工总数中					
	总数	女职工	专任教师	党员	团员	蒙古族	其他少数民族
实验中学	117	86	72	40	21	19	6
第十五中学	80	52	58	16	6	11	0
第十九中学	183	111	132	34	24	28	8
第二十一中学	130	66	82	20	3	12	1
第三十四中学	186	118	128	35	25	19	6
第三十八中学	128	66	73	20	22	18	7
八一路小学	41	29	34	9	15	8	1
海拉尔路小学	73	60	65	11	7	9	2
车站小学	50	36	39	13	9	6	4
新华小学	65	53	62	16	18	2	1
北垣小学	100	82	89	41	20	7	6
苏虎街实验小学	94	68	94	27	32	6	3
青山小学	67	58	60	4	28	1	3
呼哈路小学	53	37	48	10	19	10	2
东门外小学	46	381	43	12	17	9	2
光华小学	64	50	54	12	23	7	8
关帝庙街小学	70	62	63	13	17	9	4
满族小学	84	68	74	21	5	13	11
业余体育学校	27	17	27	9	8	3	1
团结小学	67	57	56	16	31	12	1
毫沁营小学	30	22	28	2	9	1	1
塔利小学	8	4	7	4	0	0	0
保合少中心小学	77	35	59	21	8	12	1
第一幼儿园	61	53	33	6	18	10	1
第二幼儿园	60	56	35	15		9	3
满族幼儿园	59	58	46	5	10	3	6
蒙古族幼儿园	57	54	45	11	14	47	2
合计	2077	1839	1606	443	409	291	91

2006年新城区教职工情况统计表

表 19-1-9　　单位：人

单位名称	教职工	教职工总数中					
	总数	女职工	专任教师	党员	团员	蒙古族	其他少数民族
实验中学	191	137	124	72	33	24	7
第十五中学	78	53	59	19	8	8	1
第十九中学	210	138	152	44	17	27	10
第二十一中学	119	56	75	22	4	9	1
第三十四中学	193	125	140	40	32	23	6
第三十八中学	130	71	72	30	8	15	1
八一路小学	41	23	38	16	10	9	2
海拉尔路小学	78	67	69	15	13	13	2
车站小学	53	37	42	14	21	5	5
新华小学	57	46	54	25	15	4	2
北垣小学	114	95	103	47	20	7	7
苏虎街实验小学	93	72	93	23	27	8	4
青山小学	74	59	67	20	31	3	3
呼哈路小学	57	39	50	17	12	13	3
东门外小学	45	37	41	16	14	10	4
光华小学	60	46	55	20	11	8	3
关帝庙街小学	71	63	64	15	8	10	4
满族小学	91	74	80	26	4	19	12
业余体育学校	25	13	25	10	3	4	2
海新小学	28	19	24	11	2	5	1
山水小学	56	44	51	12	9	6	4
爱民街小学	33	20	33	4	9	6	0
团结小学	66	51	54	22	14	6	4
毫沁营小学	26	19	25	5	5	0	1
塔利小学	7	4	6	3	0	0	0
保合少中心小学	90	37	64	26	9	13	1
第一幼儿园	67	57	38	14	15	9	2
第二幼儿园	60	57	37	15	13	11	2
第六幼儿园	35	32	16	8	6	2	0
满族幼儿园	57	57	41	8	18	2	5
蒙古族幼儿园	61	58	47	12	12	48	1
合计	2366	1706	1839	631	403	327	100

2012 年新城区教职工情况统计表

表 19-1-10　　　　单位:人

单位名称	教职工	教职工总数中					
	总数	女职工	专任教师	党员	团员	蒙古族	其他少数民族
实验中学	347	247	256	109	24	68	25
第十五中学	89	62	67	29	6	12	2
第十九中学	221	149	144	60	11	28	11
第二十一中学	197	96	121	36	2	17	1
第三十四中学	207	142	168	52	8	27	8
第三十八中学	166	95	96	36	13	26	4
八一路小学	45	30	36	18	13	8	1
海拉尔路小学	82	65	71	35	20	15	4
车站小学	51	36	39	18	12	12	3
新华小学	61	47	58	29	11	9	1
北垣小学	134	112	122	65	21	14	10
苏虎街实验小学	134	115	126	48	32	20	8
青山小学	100	80	91	46	37	14	4
呼哈路小学	65	48	59	27	7	10	3
东门外小学	64	50	59	20	13	17	4
光华小学	55	46	48	26	12	6	6
关帝庙街小学	69	62	62	22	5	8	7
满族小学	104	89	96	29	3	18	16
业余体育学校	22	14	22	12	3	4	2
胜利街小学	95	74	90	29	18	6	8
海新小学	51	35	48	17	13	9	3
成吉思汗街小学	60	48	50	19	0	8	1
山水小学	58	48	51	12	9	11	5
爱民街小学	35	29	35	13	8	7	0
团结小学	69	54	60	24	9	6	4
名都小学	28	20	20	13	5	4	2
丁香路小学	44	34	34	13	11	9	3
讨思浩小学	30	16	30	5	17	3	0
毫沁营小学	37	22	35	16	3	7	2
新营小学	38	29	37	15	7	5	2
塔利小学	5	3	4	3	0	0	0
保合少中心小学	76	36	55	24	6	10	0
第一幼儿园	58	52	44	19	16	14	3
第二幼儿园	58	55	44	13	21	5	2
第六幼儿园	34	32	22	14	5	4	1
满族幼儿园	55	55	47	14	18	7	4
蒙古族幼儿园	69	64	62	13	16	53	3
合计	3113	2291	2509	993	435	501	163

2017年新城区教职工情况统计表

表 19-1-11 单位：人

单位名称	教职工总数	教职工总数中					
		女职工	专任教师	党员	团员	蒙古族	其他少数民族
实验中学	417	299	336	129	59	60	13
第十五中学	90	65	61	31	4	10	3
第十九中学	241	174	169	78	20	32	10
第二十一中学	196	96	125	46	3	22	3
第三十四中学	209	150	182	59	17	29	2
第三十八中学	196	134	144	47	13	34	5
八一路小学	49	35	44	18	5	10	2
海拉尔路小学	99	81	90	50		16	5
车站小学	46	36	36	15		11	2
新华小学	74	65	72	39	5	11	2
北垣小学	198	167	176	91	12	23	10
苏虎街实验小学	146	129	144	59	18	29	8
青山小学	139	112	125	61	6	21	6
呼哈路小学	76	59	75	32	10	17	2
落凤街小学	137	123	130	52	9	24	12
东门外小学	78	61	71	23	11	21	4
光华小学	66	57	63	27	6	14	7
关帝庙街小学	81	73	75	39	5	15	7
满族小学	116	103	115	40	7	19	17
业余体育学校	12	6	12	8		2	1
胜利街小学	109	86	107	39	20	6	8
海新小学	59	45	56	27	4	10	8
成吉思汗街小学	89	71	81	40	3	19	2
山水小学	68	61	57	28	4	15	6
爱民街小学	45	36	45	16	9	7	2
团结小学	71	60	63	26	9	6	3
名都小学	55	42	45	29	3	8	4
丁香路小学	63	46	59	26	5	7	3
讨思浩小学	26	18	26	10	5	1	1
毫沁营小学	50	37	39	16	4	6	2
新营小学	49	39	48	24	10	9	1
塔利小学	5	3	4	3	0	0	0
保合少中心小学	42	27	20	19	3	8	0
第一幼儿园	62	58	53	21	8	14	2
第二幼儿园	62	60	52	26	5	14	4
第六幼儿园	33	31	24	12	3	6	2
满族幼儿园	50	50	47	19	5	6	2
蒙古族幼儿园	72	66	66	18	4	52	3
合计	3676	2861	3137	1343	314	614	174

2017 年新城区专任教师职称情况表

表 19-1-12　　　　单位:人

学校分类	合计	高级教师	一级教师	二级教师	三级教师	未评职称
总计	3112	554	1212	923	175	248
普通中学	988	320	292	291	0	85
小学	1865	218	860	527	122	138
幼儿园	250	11	56	105	53	25
特殊学校	9	5	4	0	0	0

2017 年专任教师年龄结构情况表

表 19-1-13　　　　单位:人

学校分类	合计	30 岁以下	31-40 岁	41-50 岁	51-60 岁	60 以上
总计	3111	599	1394	835	283	0
普通中学	988	200	353	306	129	0
小学	1865	323	950	468	124	0
幼儿园	250	76	90	57	27	0
特殊学校	8	0	1	4	3	0

2017 年专任教师学历情况表

表 19-1-14　　　　单位:人

学校分类	合计	研究生毕业	大学本科毕业	大学专科毕业	高中(中专)阶段毕业	高中阶段以下毕业
总计	3111	221	2396	469	25	0
普通中学	988	109	822	57	0	0
小学	1865	101	1423	317	24	0
幼儿园	250	9	149	91	1	0
特殊学校	8	2	2	4	0	0

二、师资培训

2001—2009 年,新城区教师进修学校负责新城区教育局所属公办、民办办学机构人员在职培训。主要开展师训(包括全员培训、骨干教师培训、青年教师培训、新上岗教师培训)、干训(包括正副校园长、教导主任、政教主任培训)、特色培训(农村教师、小科目教师、卫生保健教师、心理健康教师培训)、教师专业基础知识达标测试、“国培计划”教师培训工作、新城区语言文字工作、新城区扫盲工作。

2010 年,在对教职工的各类培训中,坚持“制度化、系列化、层次化、专题化”的思路,突出科研引领、课题引领的特色,系统培训各级各类教育人员,促进教师专业化发展、提高学校干部管理水平、促进学校管理科学化、推动学校文化建设的主要阵地。

2011 年,新城区教育局构建“学习—教学—教研—反思”为一体的教师培养模式,坚持基本功训练和骨干教师培养方式。协办"全国小学语文、数学有效教学高校课堂名师展示及研讨会"和"全国第六届'名师之路'中学语文名师经典课堂教学观摩研讨会"。11月,组织德育干部赴上海参加"全国德育工作创新实效性高层论坛暨上海市特色德育名校观摩考察"活动。

2012年,组织各校骨干教师赴清华大学、北京大学、北京师范大学、首都师范大学、国家行政学院,东北师范大学,华东师范大学等地完成国培任务。各中小学100余名教师参加全国"千人万课"活动,200多人参加"名师之路"全国中小学名师经典课堂教学观摩研讨会。教育局及各中小学、幼儿园、二级单位投入近200万元,2562人次参加各类培训。4位教师在国家级说课比赛中获奖,近30名教师获得呼和浩特市学科带头人称号,3位教师以全市最高分数分别获"呼和浩特市班主任专业能力大赛"中小学一等奖。

2013年,对全区校园长、班主任进行培训,为学校管理工作注入新思路、提供新思考。对新上岗160位教师在教育、教学方面进行培训和辅导,保证新教师迅速适应新岗位、尽快进入教师角色。实施"国培计划"培训工作,采取网络远程教育方式组织远程培训和短期集中培训两种方式,555位教师参与"国培计划"的培训。全区各科任课教师进行全员培训,强化处理重点、难点、关键点、训练点、拓展点等知识技能。组织各小学教师参加为期2天的"第十三届名师之路全国'新理念新课标'小学语文、数学生态课堂教学研讨会",各中小学50余名教师参加全国"千人万课"活动。

2014年,参与"国培计划"集中学习11人次,远程培训78人次。组织各小学参加"第14届名师之路全国'新理念新课标'小学语文、数学生态课堂教学研讨会"活动。组织全体教研员及各校教学领导赴北京师范大学研修。组织全体教研员赴上海华东师大参加教研员专业培训。

2016年,受自治区教育厅委托,通过"影子校长""特岗教师"'班主任"培训等,完成自治区乡村教师振兴计划培训。

2017年,组织2016年教师节受表彰的256名优秀教师赴山东、吉林、四川、重庆等省、市进行为期一周的培训学习。专项开展民办幼儿园管理者培训班.针对民办学校安全、财务、审计方面存在的问题召开民办学校规范办学工作会议,聘请专业人员进行培训。各学校按照年初培训工作要求,组织开展教师分类别、按层次和学科分批外派培训活动。

三、教师待遇

2006年,根据《内蒙古自治区人民政府关于印发内蒙古自治区事业单位工作人员收入分配制度改革实施细则的通知》要求,进行工资套改。

2009年,教育系统开始实行事业单位绩效工资。2011年,全系统兑现90%教师的职称待遇。2013年,开始实行全系统岗位设置及聘用管理,2016年,执行中小学教师职称制度改革。2014年、2016年进行岗位工资、薪级工资的调标工作,艰苦边远地区补贴等津补贴逐步提高。

第十二节　管　理

一、行政管理

2001年，根据自治区党委、自治区人民政府《关于印发呼和浩特市党政机构改革方案的通知》及《呼和浩特市党政机关机构改革、事业单位机构改革两个实施意见》，按照精简、统一、效能的原则，新城区教育局主管全区教育工作，统筹各类教育，实行宏观管理。从偏重“办教育”，逐步向“办管”结合以“管教育”为主过渡。重点抓基础教育、高中教育，加强民办教育、职业等教育，对各类教育工作进行指导和管理。

二、督导

20世纪90年代初，为全面推行素质教育，新城区建立教育督导机构，以九年制义务教育为重点，围绕实施素质教育，依法开展督导、检查、评估工作。并重点指导、验收“两基”达标，促进义务教育的全面实施。

2001—2013年，新城区教育督导室对公办校(园)依据《新城区中小学综合督导评估指标体系1000分》对校(园)的年度工作进行综合评估。依据《呼和浩特市民办中小学办学水平评估标准》等标准，对区属持证民办校(园)、中职院校、培训机构进行重点工作的专项督导和年终综合督导评估工作。

2005年，新城区教育局督导室加大对全区教育热点、难点问题的专项督导和实施素质教育的督导检查力度，开展教育工作的督导评估。

2006年，新城区教育督导团会同有关部门开展专项督导。对区教师培训机构(进修学校)进行评估和检查；对民办学校示范校进行专项评估和验收。通过专项督导，推动学校依法治校，规范办学行为，促进各级各类教育协调、和谐发展。

2008年，全区教育督导工作围绕率先实现基本教育现代化，推进素质教育，严格履行督政和督学的基本职责，坚持督政与督学相结合，坚持监督与指导相结合，发挥教育督导机构和督学的作用，开创教育督导工作的新局面。

2010年7月，《国家中长期教育改革和发展规划纲要(2010—2020年)》颁布实施。区教育局严格规范办学行为督查通报和月报制度，全面加强规范办学行为的督查，加强对辖区内中小学幼儿园的管理，并定期开展本辖区内规范办学行为情况检查。

2014年，启动中小学责任督学挂牌督导，各督学全面落实责任督学挂牌督导工作安排，把月督导主题与教育局的重点工作相结合，强化对学校的“经常性督导”，助推学校各项工作的落实。

2016年，通过国家教育督导团对新城区“义务教育发展基本均衡区”的督导评估认定。

2017年11月，新城区教育督导委员会办公室组织开展责任区学校经验交流活动，改变单一的督学总结学校典型经验进行推广的形式，尝试责任区学校典型经验的交流分享。各校相关人员亲自参与，亲身感受，更加直观有效，利于学校扬长补短，促进全区教育教学质量的整体提升。

2017 年年底，新城区教育督导室为督学设计“学校工作评价细则”，把教育督学日常督导的评价，纳入对学校的年终整体评价中，使综合督导评估工作更加全面客观。

三、经费

2001—2017 年，财政对教育的拨款数逐年增长。2001—2010 年财政拨款数从 4423.98 万元增长到 3.25 亿元，增幅为634.38%，平均增长率为 70.49%。2011—2017 年财政拨款数从 4.1 亿元增长到 7.02 亿元，增幅为 71.21%，平均增长率为 11.87%。

2007—2017 年，中小学生均教育事业费和生均公用经费逐年增长。小学生均教育事业费从 1538.72 元增长到 8474.8 元，增幅为 450.77%；初中生均教育事业费从 2549.85 元增长到 12513.31 元，增幅为 390.75%。小学生均公用经费从 112.98 元增长到 1009.62 元，增幅为 793.63%；初中生均公用经费从 430.46 元增长到 2371.13 元，增幅为450.84%。

全面贯彻落实城乡义务教育经费保障机制，确保各项资金及时足额拨付到学校。城乡义务教育学校生均公用经费基准定额为：每生每年小学 600 元、初中 800 元。在此基础上，对寄宿制学校按照寄宿生年生均 200 元标准增加公用经费补助；农村学校不足 100 人的规模较小学校按 100 人核定公用经费补助政策，特殊教育学校和随班就读残疾学生按每生每年 6000 元标准补助公用经费。统一城乡义务教育学校取暖费补助政策，将取暖费补助政策扩大到所有城市义务教育学校按照年生均 215 元补助取暖费。家庭经济困难寄宿生生活补助按照每生每年小学 1000 元，初中每生每年 1250 元足额拨付。

2007—2017 年中小学生均公用经费情况表

表 19-1-15　　　　单位：元

年份	初中			小学		
	生均公用经费	比上年增长数	增长率%	生均公用经费	比上年增长数	增长率%
2007 年	430.46	—	—	112.98	—	—
2008 年	397.47	-32.99	-7.66	269.61	156.63	138.64
2009 年	1648.94	1251.47	314.86	2046.81	1777.2	659.17
2010 年	2500	851.06	51.61	1352.1	-694.71	-33.94
2011 年	2502.74	2.74	0.11	2437.96	1085.86	80.31
2012 年	2306.66	-196.08	-7.83	638.57	-1799.39	-73.81
2013 年	3636.51	1329.85	57.65	813.31	174.74	27.36
2014 年	2801.07	-835.44	-22.97	861.61	48.3	5.94
2015 年	2618.2	-182.87	-6.53	1443.01	581.4	67.48
2016 年	8281.97	5663.77	216.32	1890.65	447.64	31.02
2017 年	2371.13	-5910.84	-71.37	1009.62	-881.03	-46.60

四、素质教育基地

2000年3月,经新城区教育局研究,开始建设新城区教育局素质教育基地,所需资金采取股筹募资方式,每股3000元,每所学校最少购买1股,多者不限,共募集到资金22.5万元,完成教育基地筹建初期经费募集。购置小井沟人民解放军某部驻地,并着手进行改造,具备初步接待能力,每批次接待学生300人左右,后逐年进行完善提高。2007年,投资353.32万元建成科技楼。2009年,投资1182.31万元,建成可容纳1000余名学生就餐住宿的餐厅和公寓楼。2015年,投资94万元完成山体滑坡防护工程建设。2016年,开始陆续完成消防、防雷等工程。

新城区教育局素质教育基地地处小井沟腹地,距市区26公里,占地2.5万平方米,建有1000个床位的学生公寓楼、可同时容纳1000人用餐的学生餐厅,爱国主义展厅、廉政展室、中小学生艺术作品展室、禁毒展室、学生室内实践课堂、综合科技楼,拥有劳动实践基地"勇敢者之路"、知识大道拓展训练场等活动场所与设施。

基地开展的各项实践活动由全区各中小学校具体组织落实。基地日常运行、人员配备、基础设施建设等,由新城区财政全额保障。基地日常教育教学活动组织本着公益性原则,学生只承担个人必须支出的吃、住、行、活动等部分费用,做到最大限度地减轻学生和家长负担,最大限度突出活动地实效性。学生活动期间,由基地教育教学、食堂餐饮、安全保卫、劳动实践、后勤保障等各部门密切配合,采用校园管理模式。

基地秉承"实践育人、完善人格、自我提高、快乐成长"办学理念,立足实际,深挖内涵,拓展深化,逐年完善,形成独具特色的全方位生动育人体系。课外社会实践活动方面,开设医疗急救、彩陶、标本制作、木工制作、蹦蹦杆、射箭等10多项室内室外活动类课程,学校可自主选择课程,各校体现校本特色,组织晚间艺术节等,搭建学生才艺展示平台。国防教育实践活动,聘请国防教育课外辅导员,按照准军事化管理,进行队列训练、军事技能、军事讲座、学唱军歌、内务管理等系列教育活动,普遍增强学生爱国主义思想。基地每年接待近2万名中小学生开展课外社会实践和国防教育实践活动,累计共接待近30万名中小学生。

第二章　科　技

第一节　机　构

一、管理机构

2001年，科学技术委员会是新城区人民政府的科技管理机构。2002年，科学技术委员会更名为科学技术局，内设办公室、农村社会发展股、高新技术产业及发展股。下设3个二级单位，分别为农业科技服务中心、科技信息中心、生产力促进中心。到2017年，内设机构及二级单位无变化，共有在职人员11人，其中研究生2人，本科以上8人，初级以上职称2人。配备正科级职数1名，副科级职数2名(1名兼职)。

二、二级单位

新城区科技信息中心　1996年，组建科技信息中心。2011年，重新核定设立新城区科技信息中心，为科技局所属股级事业单位，财政全额拨款，核定事业编制4名，股级职数1名。主要职责为负责收集、筛选、整理和发布科技信息，为群众提供先进实用技术，负责信息技术项目的推广工作；负责企业信息技术培训、服务工作，负责新城区科技信息网站的建设和维护工作，负责其他信息工作。

新城区生产力促进中心　2010年5月，设立新城区生产力促进中心，为科技局所属股级事业单位，事业编制2名，财政全额拨款。主要职责为开展技术转让、中介服务活动、引进新技术、新产品工作；承办会展中心任务，负责科技项目的咨询论证，承担科技发展规划研究，发布科技信息及农业生产技术转让、推广工作。

新城区农业科技服务中心　2013年，设置新城区农业科技服务中心，为科技局所属股级事业单位，财政全额拨款。核定事业编制3名，股级职数1名。主要职责为负责农业新品种的引进、示范、展示、先进适用技术和推广应用；指导农村农业产业结构调整和农业产业发展；组织开展农业适用技术的培训和技术指导；农村信息化服务特别是农业物联网建设和应用推广等科技服务。

第二节　科技队伍

2001年，新城区科技干部主要分布在文教卫生和农林系统等行业，具有初高级专业技术职称的有2863人，其中：高级职称102人，中级职称869人，初级职称1892人。

2004—2010年，科技干部队伍稳定在科教文卫系统，农业和鸿盛科技园区的科技干部队伍逐渐加强。

2012年，新城区在农村、农业科技园和农业产业化基地，实施科技特派员制度。按照市科技局制定的《科技特派员考核细则》及有关规定，结合新城区实际，成立新城区科技特派员工作分团。围绕解决“三农”问题，按照市场需求和农民的实际需求，选派具有一定的科技专业理论、技术工作经验，专家教授、研究人员和农民技术员等中青年知识分子，到一线建立利益与风险共担的机制，将科技服务渗透到产前、产中、产后的各个环节，使生产、技术与市场有机连接，公益性和经营性服务相互推动，为农民提供多方面多环节的综合性科技服务。

科技特派员由市科技局负责人员选聘，任务分配、考核等管理服务工作，依据每月考核和年度考核结果，定时发放给特派员专项服务补贴。2012年，新城区获聘市级科技特派员3人，区级科技特派员3人，均在农业生产一线服务农业生产。

2013年，按照市科技局的要求，获聘市级科技特派员3人，区级科技特派员10人。

2014年，新城区获聘市级科技特派员49人。到2017年，共获聘市级科技特派员60人，集中在各大农业基地、农民专业合作社、果园、养殖基地，进行农业生产、培训、技术指导等服务。

2017年新城区各类专业技术人员分布统计表

表 19-2-1　　　　单位：人

系统单位	专业技术人员	2017专业技术职务人数		
		高级	中级	初级
农业	2		2	
林业	11	1	8	2
畜牧业	1		1	
教育	3712	874	1562	1276
卫生	289	58	80	151
文体	15	3	11	1
水利	2		2	
其他	101	16	47	38
合计	4133	952	1713	1468

第三节　科普宣传

2001—2003 年，新城区以弘扬科学精神，传播科学思想、普及科学知识、学习科学方法为重点，在农民群众、社区居民和青少年中广泛开展科普宣传，举办“科技周”“科普宣传月”等大型活动 4 次，悬挂横幅标语 922 条（幅），制作宣传展板 147 块，发放宣传资料 16.96 万份，参观咨询人数 2700 余人次，组织培训 16 次，受益人数 1200 人次。新城区被科技部评为全国科技进步城区和中国科协命名的全国科普示范城区称号。

2004—2008 年，按照《全民科学素质行动规划纲要》进一步开展科普进校园、进社区活动。开展科普咨询、现场解答，解决群众在生产、生活中遇到的问题，共举办各类宣传活动 100 余场（次），制作展板 126 块，发放宣传资料 1.1 万册（份）。制作科普宣传橱窗 5 处，170 延长米，受益人达 1.08 万人次。组织培训 226 场（次），培训人数达 1.62 万人次。编印《健康教育》《绿色环保》《社区法律》等科普手册 6000 册，免费发放到各村和社区。

2004 年，开展各类科技普宣传活动 32 次，举办培训 93 次，发放宣传资料 400 余份，受益人达 1.07 万人（次）。

2005 年，开展大型科普宣传活动 2 次，举办培训 38 次，发放宣传资料 1100 余份，受益人达 4026 人次。素质教育基地进行建设和改善，增加天文台、德育教育展室、劳动教育基地和文体设施，建成青少年科技培训中心，投入科普经费 28.6 万元。

2006 年，承办呼和浩特市科技活动周启动仪式，开展各类科普宣传活动 30 次，举办培训 55 次，制作科普展板 60 块，受益人达 6250 人次。

2007 年，开展科普宣传活动 36 次，举办培训 40 期，制作科普展板 66 块，发放各类科普资料 500 多份，受益人达 5020 人次。投入 113 万元，重点建设西街街道办事处、东街街道办事处科技信息网络和区政府与成吉思汗大街街道办事处的视频会议系统，为科普信息向农村、社区延伸覆盖奠定基础。完成区机关办公大楼中心广场的 LED 电子屏制作，为开展科普活动创造便利条件。

2008 年，新城区连续获得科技部评定的全国科技进步先进城区称号。

2009 年，承办呼和浩特市科技周活动启动仪式，举行大型科普宣传活动 1 次，制作展板 24 块，科普橱窗 4 处，发放各类宣传资料 1.24 万多份，开展培训 45 次，受益人6355 人次。

2010 年，承办呼和浩特市科技周活动启动仪式并举办大型宣传活动 2 次，制作展板 200 块，科普橱窗 4 处，悬挂横幅 11 条，发放宣传资料 4000 余份，参观咨询人数 2000 多人次，举办培训 53 次，培训人数 1500 人次。

2011 年，开展大型科普宣传活动 3 次，制作展板 200 块，悬挂横幅 11 条，发放科普宣传品400多份,参观咨询达2000多人次,举办培训6次,受益人达1500人次。

2012—2013年,举办大型科普宣传活动4次,制作展板160块,悬挂横幅30条,发放宣传资料2000余份,举办各类培训49次,受益人3360人次。

2014年,举办科普宣传活动4次,制作科普橱窗2处,发放宣传资料5300份,参观咨询的受益人3000多人次。

2015年,以呼和浩特市科技节为契机,举办大型宣传活动2次,制作科普橱窗9处,150多延长米,组织培训13次,培训人员127人。

2016年,利用科技节举办2次大型科普宣传活动,制作展板100余块,举办培训班1期,培训70多人,发放科普材料200余份。建成科普e站平台,并在新华社区、丽苑社区、祥园社区、团结小区社区、敕勒林海农业园区、鑫冠种养殖农民专业合作社举办专题讲座,辐射带动周围群众,下载"科普中国"APP,普及科技知识和科学常识。在市二十一中、实验中学、呼哈路小学、山水小学、成吉思汗街小学和落凤街小学成立6所校园科技馆,促进青少年科普活动开展,在水磨村安装LED电子大屏幕,提高科普信息化宣传。

2017年,利用科技周开展2次大型科普宣传活动,发放宣传材料、科普读物8200余份(册),举办培训1次,受益人1600人次。在党委社区、护北社区安装LED电子大屏幕,配备各种科普图书和投影器材,便利科普活动的开展。

第四节　科技推广

2001—2017年,新城区共实施各类项目500多项,重点项目主要涉及农业、工业、民用航天等领域。科技经费占本级财政预算支出的1%以上,2005年,地方应用技术研究与开发资金为200万元,2008年,增长至472万元,2013年达到1100万元,到2017年累计拨付地方应用技术研究与开发资金1个亿元,所支出的资金,有效保障各类项目的实施。

一、农牧业科技

2001—2010年,新城区加大对农业科技的投入,共推广农牧业科技项目30多项,投入资金2500多万元。

2001年,在毫沁营镇一家村、南店村实施百亩蔬菜大棚建设项目;府兴营村高档盆花和美国早熟草坪项目。组织实施保合少村舍饲圈羊推广项目,野马图村实施大青山前坡冲积扇地百亩旱作水保经济林建设推广项目。在毫沁营镇、保合少乡实施由山西引进的4种仁用杏项目。

2002年,实施毫沁营镇府兴营村F1花草系列产品和丁香新品种项目;在一家村实施新能源生态"四位一体"推广项目;保合少乡恼包村奶牛暖棚、青贮窖推广项目;引进推广优质玉米承3395号、西单19号玉米、西农11号玉米和金皇后、草木栖、沙打旺及优质甜瓜、西瓜新品种。

2003年，在春季造林期，聘请内蒙古、呼和浩特市和区农委的技术人员，到沿山各村进行现场培训卡氏种植树法，覆膜栽培技术。在沙梁村推广奶牛基地配套青储项目；一家村绿色科技园新能源生态“四位一体”推广项目；在保合少村推广舍饲养羊、特种养殖、新城无公害蔬菜基地和优质牧草项目。在毫沁营镇、保合少乡养牛重点村引进推广冬凌白青储玉米、蒙丰88、粮草兼用型玉米和紫花苜蓿等品种，红山口村重点引进秋红李、大杏等果树品种1.2万棵并完成种植；保合少乡引进仁用杏、欧李1万棵，在沿山各村推广种植。

2004年，在毫沁营镇南店村温室蔬菜基地，一家村军民共建绿色科技示范园区，保合少乡新城无公害蔬菜基地引进树莓、天香速生草、旱地粮饲兼用的攸麦1.2.3号及冬凌白、蒙丰88等19个新品种推广种植。配合禁牧在保合少乡推广舍饲圈养羊，并支持种植优质牧草，引进秋红杏、大李子、苹果、山樱桃在沿山各村试种。

2005年，重点推广农业部微生物肥料质检中心鉴定为非病原菌的“高原”牌微生物固氮肥。该肥料可提高作物的产量并改善其品质，减少化肥使用，提高土壤肥力，减少或降低病虫害的发生。在红山口村新建10栋大棚，推广新能源生态“四位一体”青贮窖及生物菌项目。

2006年，推广“四位一体”蔬菜基地应用技术，投入22万元，配套建设44个沼气池，引进内蒙古祥源生态有机肥养殖有限责任公司、呼和浩特市绿丰达农牧业有限公司在保合少镇大窑村、恼包村兴建2个占地6.67公顷的绿色蔬菜种植基地和獭兔、肉羊、生猪养殖基地。

2007年，扩大推广应用“四位一体”沼气使用技术延伸到农户家中使用，投入6万元，在讨思浩村21户农户家中建沼气池，并投入使用，产气率达100%。在奶牛养殖户及肉羊养殖户中推广使用青贮窖，鼓励使用青贮式微贮草料。配合青贮料的推广工作，春季对奶户用量较大的青贮玉米籽种实行补贴政策，补贴金额近2万元。

2008—2010年，引进蒙牛生物有限公司奶牛性控精液冷冻技术，在保合少镇和成吉思汗大街街道办事处的5个村选500头奶牛，开展优质奶牛性控冻精推广，投入经费22.5万元，其中：市政府科技专项资助15万元，区配套科技经费4万元，村委会和农民自筹3.5万元。在甲兰板、奎素两个村开展枣树的推广种植，建大棚51栋，科技局投资68.7万元，安装大棚及滴灌系统，解决种植技术和灌溉施肥问题。在野马图、讨思浩等示范基地，推广樱桃、草莓等果类品种在保护地种植，投入资金2万元，建43棚草莓，3棚樱桃，5棚油桃和2棚葡萄，收入可达296万元。在古路板林场管辖的大窑、面铺窑林区实施林业防虫项目，防治面积达266.67公顷，投入经费10万元，采取人工缠绕塑料胶带和杀虫灯诱杀成虫的方法，防治效果明显。

2011—2015 年，引进农业新品种，重点推广红颜、章姬、隋珠、甘露等品种 10 个，稳定种植达 120 温室。在野马图、讨思浩种植基地推广春丽、蟠桃、秋菊、中华寿桃树品种 6 个，推广种植 260 栋温室，在塔利基地推广种植百合、蝴蝶兰、剑兰、玫瑰、多肉、朱顶红、红掌 20 多个品种，种植达 70 栋温室，支持樱桃、葡萄、火龙果、枣等新品果树的栽培种植。

2016—2017 年，围绕服务“三农”，推广内蒙古佳农生物有限责任公司的生物菌肥产品项目，“高原”牌生物固氮肥。实施水资源利用支撑体系推广肥水农田灌溉技术。提高农业生产的效果，推广农业物联网技术。农业物联网技术，“基于物联网技术的设施农业智能管理系统”主要试验点为新城区智能农业大棚，以物联网共性平台为基础，采用模块化设计，搭建物联网监控系统，系统对温室大棚内的空气温湿度、土壤温湿度、二氧化碳、光照度等数据进行集中监控，及时发现问题，及时预警，及时加温、加湿、补光，使农作物的生长环境处于一个相对理想的状态。

农业物联网技术主要包括农业物联网、组织培养、工厂化育苗、嫁接育苗、高垄覆膜、膜下滴灌、银色膜、水肥一体化、反光膜、黄板蓝板防虫、蜜蜂授粉、硫黄熏蒸器防治白粉病、熊蜂授粉、气肥袋补充 CO_2 施肥、秸秆反应堆、植物补光灯补光、杀虫灯诱蛾类等成虫、棉隆消毒土壤消毒、石灰氮土壤消毒等技术。

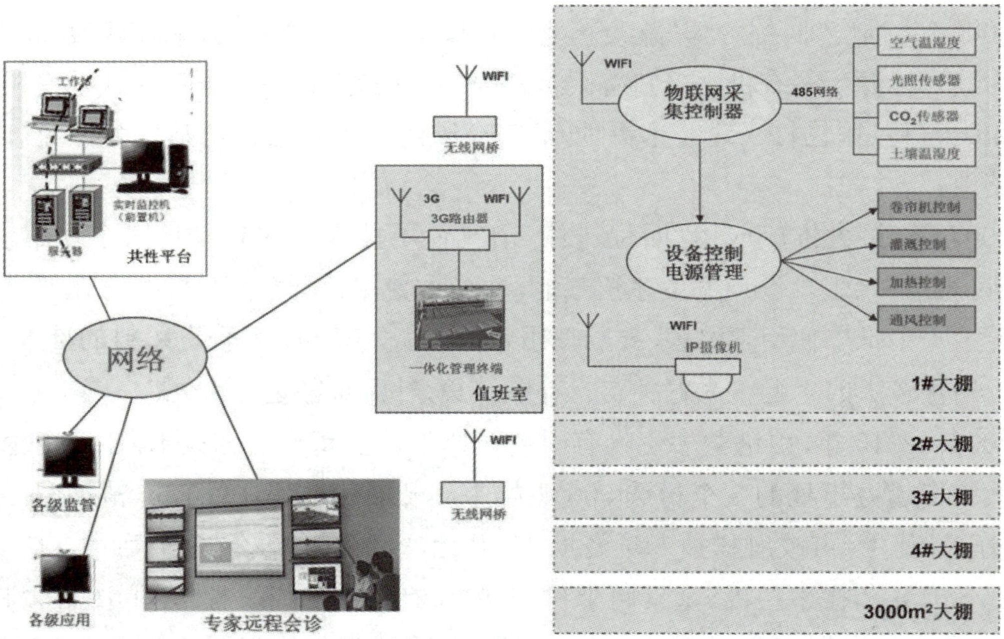

农业物联网技术示范图

二、工业信息科技

2001年,组织实施金鼎防盗门窗有限公司开发的新型防火门窗项目,完成由内蒙古山源非金属物料开发有限公司研制的BY—1环保节型锅炉防垢除垢污剂,BY—2新产品项目。

2003年,完成新城区长城汽车修配厂研制的获国家专利的"双伟"牌立式燃油液化加温器。呼和浩特市牧业机械厂新建的EPS系列产品生产线项目。呼和浩特市弘盛达砖厂的空心砖项目。

2005年,呼和浩特美商物高科技环保有限公司投资1.2亿元,在一家村西、成吉思汗大街北建立的日处理600吨生产垃圾厂项目。重点支持内蒙古机电研究所研制的地源热原空调系统应用项目和吉远干粉外墙外保温系统中的应用项目。

2008年,实施内蒙古光太铝业有限承担的年产1亿吨新型铝材生产线绿色环保节能项目。

2009年,获国家项目"煤制富勒烯产业化开发"等42项,争取资金190万元;获自治区项目"社会应急指挥平台"等5项,争取资金490万元。

2010年,实施学校多媒体网络建设项目及软课题项目,投入290万元,在全区各校覆盖"班班多媒体"的网络教学工程。

2011—2014年,以打造"两化融合"基地为基础,建设高新技术开发园区,把新能源、新材料、高端、高级、高辐射作为择商工作思路,以生态创新、可持续办企业引入标准,走依靠高科技产业化、非资源依赖型的发展路子,引进填补国家空白的、拥有自主知识产权的3项高新技术产业化项目及两项填补自治区空白的自主知识产权项目。这5个项目分别为:

塑料光纤项目,由北京东方光集团和中科院理化技术研究所合作研发的高科技项目,主要进行"三网融合"应用材料的研发。由内蒙古金三角光纤科技有限公司生产,总投资35.2亿。

富勒烯生产项目,由内蒙古京蒙碳纳米材料高科技有限公司与中科院合作研究开发,以煤为原料生产富勒烯,总投资8518万元,项目投产后,产值达2.9亿元,实现利税近千万元。

F-12高强度有机纤维产业化项目,由航天六院投资3.27亿元开发建设,产品材料主要应用于航天航空、防弹服的制作,产值达2亿元,税收1000万元。

博远风电装备项目,由内蒙古工业大学研究开发,拥有自主知识产权,项目总投资19670万元,产值6000万元,税收可达400万元。

通用电梯生产项目,由内蒙古通用电梯有限公司负责实施,投资1.2亿元,企业是一家集电梯研发制造、销售、安装、改造及维护保养为一体AAA级资质的整体梯生产企业。

2016年,实施少数民族优秀文化遗产数字化传承和发展创作孵化项目。项目大量收集蒙古族优秀文化遗产与特征表达形式,集成数字化采集处理、内容制作、视听觉、虚拟现实、多媒体等视频传播展示方法和技术,构建高清晰度展示内容云服务平台,形成符合国际表达的数字化展示系列资源,并用多种语言向全球开展国际化网络传播,填补了蒙古族文化遗产创意产业的空白,对研究和开发蒙古族优秀文化遗产的保护、传承、创新发展具有重要意义。

2017年,实施内蒙古智慧消防大数据信息平台开发与应用项目。平台以互联网+现代服务理念为宗旨,以物联网及云数据为支撑,接入重点防火单位的自动消防设施进行实时的远程检测和管理,整合优质社会资源提供及时、高效的消防实施维护保养的社会服务。平台覆盖消防安全管理、地理信息管理、消防设施管理、远程监控管理等全面消防现代管理。项目的实施极大程度地提高全区消防工作的反应速度,合理应用各种消防资源推进全区消防工作迈上新台阶。

第五节　科技成果

一、农业科技成果

2001—2017年,新城区人民政府实施大青山前坡生态保护综合治理工程,累计投入6000多万元科技资金,建成农业科技博览园、百草园、鑫冠农业科技园林等高档次的特色观光项目和呼和塔拉草原、5万亩森林公园等生态项目,大青山前坡成为首府的观光休闲旅游度假基地和对外交流的平台。引进新品种、新技术,支持优势特色产业,建立较完善的农业科技服务体系,和新农村科技示范点,共引进扶持农业企业12家,成立农民专业合作社35家。

2006年,内蒙古奈伦农业科技股份有限公司的马铃薯系列变形淀粉获呼和浩特市科技进步三等奖。

2007年,内蒙古奈伦农业科技股份有限公司的马铃薯淀粉工业废水生物固定化技术处理农田肥水应用技术获呼和浩特市科技进步三等奖。

2012年, 内蒙古国讯富通科技有限公司的基于物联网技术的设施农业自动化控制系统技术获自治区科技进步二等奖。

2017年,呼和浩特市首届草莓文化节,新城区15个单位和个人选送41份草莓样品参加,荣获金奖2个,银奖6个,优秀奖20个,新城区小贾果蔬种植专业合作社获全市唯一的最受市民欢迎奖。在全市科技特派员科果博览会,新城区参展25家,展出果蔬、花卉新品种54个。

二、高新科技成果

2001—2017年,新城区坚持以企业为主体,加快实施创新活动发展战略,制定《新城区人民政府关于支持创新创业工作的实施意见》为企业创新工作提供政策支撑，地区生产总值不断增长，到2015年，区本级科技经费累计投入5160万元，科技经费支出占到本级财政预算支出1.1%以上，争取市级以上科技资金7800万元，支持北京大学内蒙古矿业研究院、国家大学科技园等重点科技项目及成果转化，引进中国联通（呼和浩特）基地，银宏干细胞生命科技等国内知名企业，2017年，新城区有国家高新技术企业42家，高新企业居全市总数第一。以大众创业、万众创新为契机，着力提高科技新能力，建成内蒙古自治区大学科技园、内蒙古自治区大学生创业园，组建内蒙古大学高校创业联盟和自治区首家互联网众创园。累计获得市级以上科技进步奖31项，市长特别奖1人，专利申请量达685件，占全市26.2%，居全市第一，授权量375件，占全市23.2%，居全市前列。国家高新技术企业总数居全市第一。

F-12高性能纤维　2012年，内蒙古航天新材料科技有限公司研发的F-12高性能纤维产业项目，是历经20年技术攻关，具有完全自主知识产权并满足市场需求的多种规格的F-12纤维及其制品，年产50吨F-12纤维和年加工10万延米高性能纤维织物。其技术在同类产品中达到国内领先、国际先进的水平，填补国内空白，打破美、日、俄等发达国家对高性能芳纶的技术封锁和产品垄断。先后申请并承担科技部等20多项科研项目和课题的技术攻关工作，申请、获批13项国家技术发明专利，实现成果转化19项，项目建设和研制经费累计达2.73亿元；“年产50吨的F-12纤维产业化技术”获得呼和浩特市、内蒙古自治区科技进步一等奖和中国纺织工业联合会“纺织之光”科技进步二等奖，F-12纤维获得“国家重点新产品”证书。

银宏干细胞　2012年，内蒙古银宏生命科技健康产业园是中国首座以生命科技为驱动，以民族医学、生物技术及医、康、养体闭合产业链相结合为特点，以细胞基因储存业务、细胞研发与制备业务、诊断与检测业务、医疗业务、养老业务及其他综合配套业务为内容的健康产业综合体。内蒙古干细胞生物资源储存库是西北地区最大的细胞生物资源储存库，设计储存量为30万份，储存业务包括造血干细胞、脐带间充质干细胞、胎盘亚全能干细胞和脊髓干细胞等细胞资源。细胞研发与制备业务以市级企业研发中心为平台，联合内蒙古干细胞生命科技产业化基地院士专家工作站、2007年诺贝尔医学奖获得者马丁伊文思爵士合作的内蒙古中英干细胞与再生医学联合实验室为主体机构，进行科技创新工作。诊断与检测业务主要开展包括临床生化、临床免疫、临床微生物等医学检验业务和食品、药品检测、保健品检测等业务。医疗业务主要以生物技术为特色的功能医学检验、抗衰老医学、辅助高端生殖、肿瘤肝病综合治疗、旅游医疗等五大业务体系。

民航机场登机口旅客信息服务云平台　2016年，由内蒙古民航信息科技有限公司承担，该项目是在满足登机口基本业务功能的同时，可根据用户的不同需求，提供方便、快捷的显示查询功能，易于管理的控制功能以及全面而准确的数据统计功能。过站登机旅客出登机口时扫描前站登机牌确认是否过站旅客，记录过站旅客的详细信息和人数，不再需要发放过站登机牌；登机时过站旅客直接出示前站登机牌登机，系统显示已登机过站旅客和未登机过站旅客详细信息。本站始发登机旅客出示登机牌，在登机口进行登机牌扫描比对，该处比对的数据为旅客值机数据，如能查找出数据则放行，系统显示已登机本站旅客和未登机本站旅客详细信息。

高导热柔性薄膜石墨材料研发技术开发成果 2017年，由内蒙古矿业石墨烯与储能技术研究院承担，本项目采用石墨烯粉体材料自堆垛和自组装的方式形成高导热柔性石墨薄膜材料(石墨烯复合材料)。该产品具有轻质、高效、安全、节能、低碳、环保等优势，从而应用于热管理、电采暖领域。该项目重点解决两个方面的研发任务，一是新型高导热柔性石墨薄膜的产业化制备技术研发，重点是材料配方和工艺技术参数；二是高导热柔性薄膜石墨材料的产业化生产全套技术装备的设计，保障高导热柔性薄膜石墨材料生产的高品质化、低成本化、批量化。实现高导热柔性薄膜石墨材料的产业化应用，真正在产品上进行规模应用，极大地提升内蒙古自治区在新材料领域的学术水平和应用水平，提高产品附加值，增加就业，增加地方财政收入，社会效益显著。

三、软课题成果

2001—2017年，新城区在教育科研的投入超过500万元，实施教育软课题研究项目96次，在全市率先建成教育微官网，城乡网络教学实现同频互动。市第三十四中学的“三四”分层教学法的研究，获市科技进步二等奖。实验中学的“构建素质教育德育模体质研究”，自由组合双向选择简化学校管理、内涵双层研究和市第三十八中的“一二五”自主课堂“导学案”教学模式，均获市级科技进步三等奖。北垣小学、成吉思汗街小学和苏虎街小学获得市创新型学校称号，市第二十一中学、苏虎街小学、成吉思汗街小学和山水小学获得内蒙古青少年科普示范学校，新城区青少年素质教育基地获得内蒙古青少年科普示范基地。新城区便民医疗呼叫中心投入使用。在全市率先建成智慧城区信息指挥平台，实现区、街道、社区三级联动互通，解决热点难点问题25万件。

2001年—2017年度新城区各级科技进步奖(科技成果)

表 19-2-2

项目	年份	项目名称	承担单位	奖项类别
1	2001	环保节能型锅炉防垢除垢剂	内蒙古山源非金属物料开发有限公司	自治区科技进步三等奖
2	2003	构建素质教育德育模式体质实验研究	呼市实验中学	市科技进步三等奖
3	2006	马铃薯系列变形淀粉	内蒙古奈伦农业科技股份有限公司	市科技进步二等奖
4	2006	吉远膨胀聚苯板薄抹灰外墙保温系统	内蒙古吉远炮塑有限责任公司	市科技进步二等奖
5	2006	社会化应急联动与综合服务系统	内蒙古国讯富通科技有限公司	市科技进步三等奖
6	2007	马铃薯淀粉工业废水生物固定化技术处理农田肥水应用	内蒙古奈伦农业科技股份有限公司	市科技进步三等奖
7	2008	环保产能隔热断桥铝合金塑材研发生产	内蒙古光大铝业有限责任公司	市科技进步三等奖
8	2009	社会应急联动与综合服务系统	内蒙古国富讯通科技有限公司	市科技进步三等奖
9	2012	F—12纤维产业化技术	内蒙古航天新材料科技有限公司	市科技进步一等奖
10	2012	聚氯乙烯生产关键技术改造与优化	内蒙古三联化工股份有限公司	市科技进步二等奖
11	2012	新型GRCGRC弧形外墙板设计、制作、安装成套技术	内蒙古巨华集团大华建筑安装有限公司	市科技进步二等奖
12	2012	通过实施素质教育,培养小学生创新能力的研究	呼和浩特市新城区苏虎街实验小学	市科技进步二等奖
13	2012	基于物联网技术的设施农业自动化控制系统	内蒙古国讯富通科技有限公司	自治区科技进步二等奖
14	2012	工厂化育苗项目的研究与开发	内蒙古香岛生态农业开发有限公司	市科技进步三等奖
15	2013	F—12纤维产业化技术	内蒙古航天新材料科技有限公司	内蒙古科技进步一等奖
16	2013	烟道除尘器	内蒙古光太铝业有限公司	市科技进步二等奖
17	2013	电梯安全运行信息化监督管理系统	内蒙古通用电梯有限公司	市科技进步三等奖
18	2013	节能铝棒加热炉	内蒙古光大铝业有限公司	市科技进步二等奖
19	2013	通信用突变型塑料光纤连续化工业生产技术研究	内蒙古金三角光纤科技有限公司	市科技进步二等奖
20	2013	建筑工程中高强度高性能混凝土的技术研究与应用	内蒙古巨华集团大华建筑安装有限公司	市科技进步三等奖
21	2016	“三四”分层教学法的实践研究	呼和浩特市第三十四中学	市科技进步二等奖
22	2016	“自由组合双向选择”简化学校管理,内涵式发展研究	呼和浩特市实验中学	市科技进步三等奖
23	2016	流动人口治安管理信息系统	华动泰越科技有限责任公司	市科技进步三等奖
24	2016	载人移动式缠绕胶管成型机	内蒙古立诚橡塑机械有限公司	市科技进步三等奖
25	2017	“双载体四导型”自主课堂模式的实践与研究	呼和浩特市第十九中学	市科技进步二等奖
26	2017	“一二五”自主课堂“导学案”教学模式,促进学生学习发展的实践研究	呼和浩特市第三十八中学	市科技进步三等奖
27	2017	互联网+社区020便民服务平台	内蒙古国讯富通科技有限公司	市科技进步二等奖

新城区“十二五”期间专利数据情况统计表

表 19-2-3　　单位:个

专利申请情况				
年份	发明	实用新型	外观设计	合计
2011 年	62	82	15	159
2012 年	94	118	44	256
2013 年	135	159	25	319
2014 年	138	162	25	325
2015 年	129	401	155	685
合计	558	922	264	1744
授 权 情 况				
年份	发明	实用新型	外观设计	合计
2011 年	16	81	24	121
2012 年	34	100	36	170
2013 年	23	127	18	168
2014 年	30	126	17	173
2015 年	65	184	126	375
合计	168	618	221	1007

第六节　驻区科研单位

2001—2017 年，新城区驻有市级以上企业研发中心、工程技术中心 20 个、高新技术企业 15 个、银宏干细胞院士站和碳化硅院士工作站 2 个。

新城区驻区企业研究开发(工程技术)中心一览表

表 19-2-4

序号	企业名称	依托单位	技术领域	认定时间
1	内蒙古熙源生物工程有限公司生物技术研究开发中心	内蒙古熙源生物工程有限公司	生物技术与制药	2012 年
2	呼和浩特市海日瀚生物技术有限公司研发中心	呼和浩特市海日瀚生物技术有限公司	生物技术与制药	2012 年
3	内蒙古硕方水电设备研究开发中心	内蒙古硕方水电设备有限公司	机械设备制造	2010 年
4	内蒙古通用电梯研究开发中心	内蒙古通用电梯有限公司	机械设备制造	2011 年
5	呼和浩特市博海流体节能加热技术及控制系统研发中心	内蒙古博海电子科技有限公司	电子信息	2012 年
6	内蒙古山源非金属物料科技研究开发中心	内蒙古山源非金属物料开发有限公司	化工	2011 年
7	际华五三零三服装有限公司技术研究开发中心	际华五三零三服装有限公司	纺织服装	2013 年

续表

序号	企业名称	依托单位	技术领域	认定时间
8	内蒙古奈伦农业科技公司薯类淀粉工业技术研究开发中心	内蒙古奈伦农业科技股份公司	农产品加工	2007年
9	内蒙古华昕立合科技公司软件工程技术研究开发中心	内蒙古华昕立合科技有限公司	电子信息	2013年
10	内蒙古和美科盛生物技术公司乳酸菌微生态制剂研发中心	内蒙古和美科盛生物技术有限公司	生物技术与制药	2015年
11	内蒙古新创环境科技有限公司研究开发中心	内蒙古新创环境科技有限公司	化工	2015年
12	内蒙古航天新材料科技有限公司工程技术中心	内蒙古航天新材料科技有限公司	新材料	2012年
13	内蒙古中生物联网商贸有限责任公司工程技术中心	内蒙古中生物联网商贸有限责任公司	农产品	2012年
14	内蒙古金三角光纤科技有限公司工程技术中心	内蒙古金三角光纤科技有限公司	新材料	2012年
15	内蒙古恒新消防科技有限公司研发中心	内蒙古恒新消防科技有限公司	电子信息	2016年
16	内蒙古德利海信技术有限公司研发中心	内蒙古德利海信技术有限公司	电子信息	2016年
17	华动泰跃科技有限公司研究开发中心	华动泰跃科技有限公司	电子信息	2016年
18	内蒙古和美科盛生物技术有限公司研发中心	内蒙古和美科盛生物技术有限公司	生物技术	2016年
19	内蒙古新创环境科技有限公司研发中心	内蒙古新创环境科技有限公司	环境监测	2016年
20	内蒙古盛仁电子有限责任公司研究开发中心	内蒙古盛仁电子有限责任公司	电子信息	2016年

新城区驻区高新技术企业一览表

表 19-2-5

序号	企业名称	领域	认定及复审时间
1	内蒙古国讯富通科技有限公司	电子信息技术	2009年认定、2012年通过复审、2015年重新认定
2	内蒙古华动泰越科技网络有限责任公司	电子信息技术	201[illegible]年认定、2014年通过复审
3	内蒙古华昕立合科技有限公司	电子信息技术	2012年认定、2015年通过复审
4	内蒙古北青信息技术有限公司	电子信息技术	2012年认定、2015年通过复审
5	内蒙古灵奕高科技(集团)有限责任公司	电子信息技术	2013年认定
6	内蒙古华强通讯技术有限公司	电子信息技术	2013年认定
7	中网支付服务股限有限公司	电子信息技术	2014年认定
8	内蒙古慧瑞系统集成有限公司	电子信息技术	2014年认定
9	内蒙古宝亮信息技术有限公司	电子信息技术	2015年认定
10	内蒙古新创环境科技有限公司	电子信息技术	2015年认定
11	内蒙古德力海信息技术有限公司	电子信息技术	2015年认定
12	内蒙古呼日太文化科技有限公司	电子信息技术	2015年认定
13	内蒙古和美科盛生物技术有限公司	生物与新医药技术	2015年认定
14	内蒙古信元信息安全评测有限责任公司(已上市)	高新技术服务业	2015年认定
15	内蒙古航天新材料科技有限公司	新材料技术	2014年认定

第二十篇

文化 体育

第一章 文 化

第一节 机 构

一、管理机构

新城区文化体育广播电视局 2002年，根据《呼和浩特市委、市政府关于新城区党政机构改革方案的通知》和《新城区党政机构改革实施意见》文件精神，设置新城区文化体育局。同年，撤销新城区少儿艺术团，新城区体育场与文化体育局的体育科合并。2008年9月，更名为文化体育广播电视局。2011年11月，更名为新城区文化体育和广播电影电视局。2014年12月29日，更名为新城区文化体育广播电视局。2017年，新城区文化体育广播电视局内设办公室、文化文物股、体育股、广播电影电视股、新闻出版文化市场股。在职职工57人，机关行政编制5名。

二、二级单位

新城区文化市场综合执法大队 2001年7月，呼和浩特市文化市场工作实行属地管理，成立新城区文化市场管理办公室。2012年6月，更名为新城区文化市场综合执法大队，设副科级职数1人，核定编制25名。

新城区文化馆 建于1960年，为新城区文化体育广播电视局所属股级单位。2017年，核定事业编制10名。

新城区图书馆 1980年10月，新城区图书馆正式成立。为新城区文化体育广播电视局所属股级单位。2017年，核定事业编制10名。

新城区文物管理所 2014年12月底成立，为新城区文化体育广播电视局所属股级单位。2017年，核定编制2名。

新城区体育市场管理办公室 2004年2月成立，事业单位，核定编制6名。下设体育市场稽查队，依照《内蒙古自治区体育市场管理条例》对新城区体育市场进行监督管理。有稽查队员3名，均持有执法证。

第二节 文化场馆

2002年，新城区文化经营单位437个，其中网吧73家，音像制品经营户121家、书刊经营户 80 家,酒吧、茶吧 134 家,歌舞厅 7 家、夜总会 6 家,游戏厅 3 家,歌城 1 家,放映厅 12 家,从业人员 1747 人。截至 2017 年,共有各类文化经营单位 387 家,包含图书音像 137 家、歌舞娱乐 79 家、网吧 118 家、演出市场 6 家、印刷企业 43 家、游艺娱乐场所 4家。

一、社区、农村文化场馆

2001 年,新城区在 1 乡 1 镇和 7 个街道办事处建有文化站。有东街街道办事处文化站、西街街道办事处文化站 2 所达标文化站,为西街街道办事处配备 1 套室内健身器材。

2002 年 8 月,保合少乡 600 平方米二层楼房结构的综合文化站全面竣工,并投入使用。

2007 年,重点加强农村文化设施和文化阵地建设,讨思浩村、哈拉更村、三合村、保合少村、水磨村 5 个行政村配套建设图书室,各获赠中央代表团“万村书库”,8 个品种价值 28 万余元的文化设施。

2009 年,海拉尔东路街道办事处建成 300 平方米综合文化站。新建 5 处基层文化服务中心,海拉尔东路街道办事处长海社区,东街街道办事处老缸房社区,成吉思汗大街街道办事处麻花板社区、南苑社区、三卜树村。协调自治区新闻出版局在三卜树村、代州营村、上新营村、甲兰板村、大窑村建设草原书屋,每村配备价值 2 万元图书,总计 10 万元。

2010 年,海拉尔东路街道办事处体校巷社区新建 200 平方米基层综合文化服务中心。

2012 年,中山东路街道办事处建成 300 平方米综合文化站。新建基层综合文化服务中心 3 处,分别为迎新路街道办事处展北社区、人和社区,东风路街道办事处芳汀社区。

2013 年,新建综合文化站 5 所,西街街道办事处、迎新路街道办事处、成吉思汗大街街道办事处、保合少镇。新建基层综合文化服务中心 7 处,中山东路街道办事处新华社区,海拉尔东路街道办事处哲里木路社区、八一社区、军区社区、气东社区,东风路街道办事处东影北街社区,成吉思汗大街街道办事处红山口村。

2014 年,新建基层综合文化服务中心 2 处,东风路街道办事处海东路社区、成吉思汗大街街道办事处下新营子村。

2015 年,东街街道办事处建成 300 平方米综合文化站。新建基层综合文化服务中心 13 处,中山东路街道办事处中山社区、迎宾南社区,迎新路街道办事处团结小区社区,东风路街道办事处丽苑社区,成吉思汗大街街道办事处呼哈路社区、一家村社区、哈拉沁社区、讨思浩村,保合少镇面铺窑村、保合少村、古路板村、奎素村、甲兰板村。

2016 年,新建综合文化站 2 所,锡林郭勒北路街道办事处、东风路街道办事处。新建基层综合文化服务中心 10 处,中山东路街道办事处团结社区,海拉尔东路街道办事处公安厅社区,东街街道办事处党委社区、河西社区,锡林郭勒北路街道办事处车站西街社区,成吉思汗大街街道办事处生盖营村,保合少镇水磨村、水泉村、大窑村。

2017 年,建成综合文化服务中心 60 个。保合少镇恼包村建成面积 1600 平方米文化大院,文化大院包括书画室、图书室、培训教室、健身广场和村史馆。截至 2017 年年底,新城区公共文化服务体系建设形成“覆盖城乡、功能齐备”的三级文化服务格局，综合文化站覆盖率100%，每个社区（村）都建有综合文化服务中心。

二、博物馆

2017年，新城区辖区内有博物馆4个。

将军衙署博物院　位于呼和浩特市新城区鼓楼西侧，始建于乾隆二年（1737年），一品封疆大吏规格建造，砖木构制，占地面积约3万平方米，共有132间房屋。2003年6月30日，正式向社会开放。

内蒙古博物院　位于呼和浩特东二环与新华东街交汇处西北侧，与内蒙古乌兰恰特建筑毗邻，主体建筑面积6.4万平方米，展厅面积1.5万平方米，国家一级博物馆，内蒙古自治区最大的集文物收藏、研究、展示于一体的综合性博物馆，以收藏古生物化石、契丹历史文物、蒙古族文物为特色，收藏有古生物化石、历史文物、民族民俗文物15万余件组，其中珍贵文物5600余件套，国家一级文物650件套。2007年建成开放。

呼和浩特市博物馆　位于呼和浩特市新华大街2号。2010年，由固伦恪靖公主府搬迁至原内蒙古自治区博物馆，2013年12月22日，呼和浩特市博物馆对外开放。

新城区满族文化博物馆　位于呼和浩特市新城区东河东岸、成吉思汗东街北侧。建筑面积1700平方米，内设办公区、满族文化展厅和多功能展厅，主要展出满族民俗及用品、满文档案、清代服装、清代系列酒、清代瓷器、元青花瓷、清代名人字画、当代书画家作品以及应邀前来助展的云南腾冲翡翠玉石展览。2017年8月15日建成开馆。

三、图书馆

2017年，新城区有区属公共图书馆1个、文化馆1个、驻区公共图书馆8个。

新城区图书馆　位于新城区艺术厅北街星火巷20号，主馆建筑面积约3000平方米，馆藏14.03万册。主馆外建有10个分馆、11个馆外流动服务点和13个文化信息资源共享工程基层服务站。实行敞开办证、开架借阅、代借代还、预约购书、送书上门等服务举措。是新城区唯一的综合性公共图书馆，所有服务窗口全部免费开放，每周开馆时间60小时。2017年，建立保合少中心小学少儿流动图书站，成立中山东路新华社区等4个社区分馆；图书馆新增电子书借阅机、智能报刊阅读机、手机扫码阅读、移动图书馆。在政府大厅安装电子图书借阅机，24小时自助借阅电子书。持证读者5815人。在全国第六次县级公共图书馆评估定级中被文化部评定为国家二级公共图书馆。

呼和浩特民族学院图书馆　位于新城区通道北路56号，图书馆有纸质图书68万册，电子图书18.37万册，期刊1300余种，电子阅览室和图书检索系统完善。

内蒙古工业大学图书馆　位于呼和浩特市新城区爱民街49号。由新城校区图书馆和金川校区逸夫图书馆组成，总建筑面积2.8万平方米，其中新城校区图书馆约1万平方米。馆藏以工程技术类书刊为主，兼有基础科学、哲学社会科学和综合类书刊，是自治区收藏工程技术类文献资料多、品种全的现代化高校图书馆。

内蒙古财经大学图书馆 位于新城区海拉尔大街47号,始建于1960年,是学校的文献信息中心,为学校教学和科研服务的学术性机构。图书馆面积3.17万平方米,馆舍面积为4700多平方米。设有阅览室、借书处及书库和自习室,阅览座位300个。各阅览室全部实行开架借阅,周开放时间达84小时,图书馆网络服务全年全天24小时开通。

内蒙古大学艺术学院图书馆 新城区新华大街101号,内蒙古艺术学院图书馆前身是始建于1957年的内蒙古艺术学校图书馆。总建筑面积2500余平方米。馆藏文献37万余册(件),艺术专业图书1.82万种7.99万册,综合图书4.37万种27.09万册,合订期刊995种1.89万册,合订报纸65种4402册,视听资料897种1369件,中外文期刊451种。

内蒙古师范大学鸿德学院图书馆 位于新城区机场路29号。

呼和浩特市职业学院图书馆 位于新城区通道北路58号,图书馆藏书93万册,其中电子类图书50万册,配备电子阅览室,实现计算机网络化管理。

内蒙古警察职业学院图书馆 位于新城区兴安北路11号, 总面积1400平方米,设有综合文献书库、专业文献书库、资料室、期刊室、阅览室;阅览座位100个,馆藏文献18万余册(件),中文书刊15.16万册、外文书刊1444册、善本195册、蒙古文书刊1628册、工具书3070册、电子图书9000册。

内蒙古体育职业学院图书馆 位于新城区成吉思汗大街19号, 总面积为1500平方米,阅览座位400个,藏书容量达15万册,分为两层,三楼为图书室,四楼为阅览室,图书室及其阅览室共入藏纸质文献10万余册。

四、文化馆、科技馆

2017年,新城区有区属文化馆1个、驻区科技馆1个。

新城区文化馆 位于新城西街星火巷20号,馆舍面积3087平方米,功能室齐备,有排练厅2个,多功能教室5个,创作室4个,多功能大厅1个,健身房1个,非遗展厅1个,剧场1个,数字体验馆2个,办公室5个,每周免费对外开放时间56小时以上,最大限度地满足广大群众参与文化活动的需求,开展各类文化活动。

内蒙古自治区科学技术馆 2016年9月20日建成,对外免费开放,是综合性科普场馆,2009年10月立项,2010年8月18日开工奠基,总建筑面积4.83万平方米,展览教育面积2.88万平方米,建筑总投资6.08亿元。主要功能包括展览教育、公共服务、业务研究、管理保障等。

五、影院

2017年,新城区电影放映有中影国际影城、横店电影城、新华影院、环球数字影院、CGV星聚汇、星维国际影城、凯诺星空国际影城、万达影城(喜悦广场店)、内蒙古乌兰恰特等9家影院。

2017 年新城区影剧院、影城一览表

表 20-1-1

单位名称	地址
中影国际影城	新城区兴安北路润宇对面华联超市 4 楼
横店电影城	新城区车站东街维多利新时尚 3 楼
新华影院	新城区新华大街 56 号招商银行 3 楼
环球数字影院(鼓楼店)	新城区新华东街 24 号
CGV 星聚汇	新城区丰泰金翡丽广场南侧
星维国际影城	新城区新华东街 8 号维多利国际广场 5 楼
凯诺星空国际影城	新城区新华东街 8 号维多利国际广场 5 楼
万达影城(喜悦广场店)	新城区兴安北路与北二环交口西南角
内蒙古乌兰恰特	东二环与新华东街交叉点西北角

第三节　文化管理

新城区文化市场综合执法大队依据《文化市场管理条例》，实行文化市场横向归口、纵向分级的管理体制，对文化经营场所实施许可证制度。

2001 年 7 月，新城区文化市场工作实行属地管理。文化市场办制定《新城区文化市场管理部门管理人员廉政建设若干规定》《新城区文化市场管理办“扫黄打非”工作制度》等 5 项管理制度，向社会公布举报电话，主动实行政务公开制，向社会公布收费项目、收费标准及办证程序。

2002 年，联合公安、工商对新城区的音像、书刊市场进行清理，查处盗版光碟 1600 余盘，图书杂志 100 余册打击非法出版物市场，对火车站、长途汽车站人流量大的地区进行集中整顿，收缴音像、书刊 6000 余盘(册)。8 月 12 日，在自治区图书馆门前集中销毁非法出版物 3.9 万册(盘)。

2003 年，查缴盗版图书 6140 册、卡通书 2564 册、盗版音像制品 8171 盘(盒)、盗版软件 2.22 万张、录音带 550 盒、调音台 1 台、话筒 16 个、电脑主机 119 台、影碟机 45 台、游戏板 26 块、电脑交换器 5 台、功放机 23 台、电视机 12 台、音箱 5 台。“非典”期间，在全市率先采取关闭网吧、娱乐场所的行动，并以此为契机，对全区文化经营场所进行拉网式排查。

2006 年，集中开展反盗版百日行动和“扫黄、打非”专项行动。

2007 年，在辖区内歌舞娱乐场所规定位置悬挂“禁止未成年人入内”警示牌。

2008 年，制定下发《关于加快文化建设的决定》《新城区文化大区建设规划纲要(2008—

2020)》《关于成立新城区文化大区建设工作领导小组的通知》《网吧专项整治活动方案》。向全区网吧传达《网吧专项整治活动方案》,依据《互联网上网服务营业场所管理条例》,对接纳未成年人、超时经营、经营非网络游戏等违规经营行为予以严厉查处。违规经营被处罚2次以上的网吧,列为重点治理对象。按照《无照经营查处取缔办法》的规定,对2家黑网吧进行较高额度的行政处罚并予以取缔。大规模、地毯式清查辖区音像经营场所,加大突击检查力度,收缴盗版音像制品、非法电子出版物、压缩DVD光碟两万余张。查处无证经营游戏厅6家,查扣游戏机板74块,投币机28台。

2009年,举办图书、音像、网吧、歌舞娱乐场所经营法人法律法规培训班,结合区安委会工作要求,结合市创建国家卫生城市的安排,邀请区安监局、卫生局进行专题讲座。邀请自治区稽查队为全体执法人员进行法律法规培训。年检320余家文化场所,收缴盗版音像制品、非法电子出版物、压缩DVD光碟2万余张。

2010年,建立网吧长效管理机制,把违规接纳未成年人2次以上的网吧列为重点治理对象。审批演出团体5家。及时登记举报案件,接自治区稽查队转办案件1起,处理12318举报29起。检查各类文化经营场所违规行为,立案47起、结案45起。清理地摊6家,查缴盗版音像制品2.5万余张。严格查处违法经营卡拉OK歌曲行为,对未经许可擅自从事经营的3家歌舞娱乐场所给予处罚。查处超时营业和不按规定进行上网登记网吧20家,取缔无证网吧2家、无证游戏厅3家,扣留电脑主机80台,收缴游戏机主板23块。联合公安、工商、消防等部门开展网吧式旅店专项整治行动,清理涉嫌经营网吧式旅店3家。打击无证演出,清理无证演出1家。

2011年,收缴盗版音像制品、非法电子出版物、压缩DVD光碟2.5万张。查处违规网吧47家,重罚接纳未成年网吧3家。查处无证游戏厅7家。

2012年,收缴盗版音像制品、非法电子出版物、压缩DVD光碟2.5万张,查缴非法图书2000余册,扣留游戏机板20块,查处无证黑网吧2家。

2013年,检查经营场所1800家次,取缔无证经营网吧3家、游戏厅7家,查处29家存在安全隐患娱乐场所。

2014年,新城区贯彻落实文化部、自治区文化厅、呼和浩特市文化市场综合执法局《关于推动互联网上网服务行业转型升级的意见》精神。自治区文化厅将呼和浩特市列为网吧和歌舞娱乐行业免费向中老年人开放的试点城市,多次与辖区内网吧经营业主洽谈商讨转型升级的方式方法,吸取经济发达省市新型网吧的先进经验,推进互联网上网服务等文化行业转型升级。在辖区互联网上网服务营业场所安装"净网先锋"管理软件,以科技手段对网吧经营行为进行有效监控。开展"净网2014""清源2014""秋风2014"等专项行动,检查辖区123家场所,立案查处15家,取缔违法经营摊点6个。

2015年,推行政务公开、执法公示制度,建立错案追究制度和执法证件管理制度。简政放权，承接自治区、呼和浩特市下发行政审批项目2项，审批网吧10家、歌舞娱乐场2家、网吧变更2家。开展“净网2015”“清源2015”“秋风2015”“护苗2015”“固边2015”等专项行动，采取错时检查、节假日突击检查等方式对辖区各文化经营场所进行检查，检查2600余家次。违法违规经营单位立案调查58起，结案45起。

2016年，对全区文化企业进行摸底，推荐20家文化企业申报自治区文化产业发展专项资金，会同区审计局、财政局对自治区2014、2015年文化产业扶持资金使用情况进行审计。与区教育局联合开展文化市场与中小学校联运机制，遏制未成年人进入网吧现象。新审批网吧15家，KTV3家，网吧变更备案5家，KTV变更备案2家，营业性演出备案58家，艺术品备案3家。开展“净网2016”“清源2016”“秋风2016”“固边2016”等专项行动，检查各类文化经营场所563余家次，收缴盗版图2000余本（册），查处违法违规经营单位立案调查20起、警告62家、当场处罚53家。

2017年，开展“净网2017”“清源2017”“秋风2017”“固边2017”等专项行动，开展“扫黄打非”行动，出动执法人员8530余人次，检查各类文化经营场所3360余家次，收缴盗版图书2000余本（册），违法违规经营单位立案调查9起、警告37家、当场处罚30家。开展安全生产大检查大排查专项行动，排查人员密集的文化娱乐经营场所1608家（次）。完善网格化管理体系，在各街道办事处设立网格管理员。完善全区文化企业数据库，天堂草原等4家入库企业共争取自治区文化产业发展专项资金220万元。

第四节　文化创作

2001年，宣传部编纂收集《首府丛书》《首府城市建设年大型画册》《中国地志》《开放的呼和浩特》资料、图片收集整理拍摄工作。安排《建党80周年大型图片展》展出，组织8000余人次观看《环境》展览。把《中国公民道德建设实施纲要》学习与“我是呼和浩特市民”主题活动相结合，广泛开展征文活动，向市文明办选送5篇优秀文章。

2002年初，宣传部制订精神文明建设“五个一”工程创作规划，开展“五个一工程”作品创作及收集。举办“书法、美术创作培训班”培训创作人员。创建特色文化村（社区）工作，部分办事处（社区）、乡镇（村）创建自己的特色。毫沁营镇上新营村的剪纸艺术，昭君文化节获得剪纸作品三等奖。

2003年，宣传部评选出优秀歌曲《呼市实验中学校歌》，舞蹈《巴依热》，书画作品《八骏图》《春满人间》《关于新城区教育改革和发展的调查报告》《实施科教兴区战略、全面推动经济社会发展》等作品上报参评“五个一”工程。东街街道办事处干部自编自唱“抗非典、讲文明、树新风”快板、东风路社区居民自编防非典型性肺炎“三字经”、保合少乡村民自编“讲文明、除陋习”蛮汉调。

2006 年，呼和浩特第七届昭君文化节和第五届国际民间艺术节，宣传部推荐优秀文艺作品，参加自治区“五个一”工程作品评选，被评为优秀组织单位，1 件作品入选。

2008 年，在全区范围内开展纪念改革开放三十周年论文征集活动，对优秀的论文上报市委宣传部参加评比活动。

2010 年，编排满族歌舞《踏歌送吉祥》，参加呼和浩特市 2010 年国际民间艺术节开幕式文艺表演。组建“四季新城”摄影采风团和“中国•呼和浩特‘茶叶之路’万里摄影采风团”。“四季新城”摄影采风团，对丁香节、古路板村二月二龙抬头民俗节、正月十五元宵节、大青山革命老区、首届红山口村杏花节进行 5 次大规模摄影采风。“中国•呼和浩特茶叶之路’万里摄影采风团”采访新城区的哈拉沁沟、小井沟、大窑文化遗址等，撰写《绥远城与茶叶之路》报告。

2013 年，新城区上报“五个一”工程重点文艺创作作品，获得市委宣传部 2013 年“五个一”工程创作重点扶持资金 4 万元，被列为第 12 届自治区“五个一”工程重点剧目。

2014 年，新城区重大节庆日举办特色品牌文化活动，开展“满韵青城”系列活动，编排、演出原创大型歌舞剧《青城满韵》并被列入自治区文化厅“购买公共文化‘深入生活，扎根人民’演出服务季”采购名单。

2015 年，全市培育和践行社会主义核心价值观文艺作品展演暨颁奖晚会上，新城区选送作品获奖面大、获奖数量最多，新城区文明办获得最佳组织奖。作家陈刚所著的《消失的故乡》荣获自治区文学最高荣誉索伦嘎奖。

2016 年，新城区原创大型满族歌舞剧《青城满韵》荣获全市“五个一”工程奖。

2017 年，新城区团结小区改造为原型创作大型二人台现代戏《万家灯火团结梦》，自治区巡演。原创晋剧《青山生态梦》在自治区文化厅、自治区文联主办娜仁花艺术节荣获第三名。

截至 2017 年，新城区参评“五个一”工程的作品有歌曲《呼市实验中学校歌》、舞蹈《巴依热》、书画作品《八骏图》、论文《关于新城区教育改革和发展的调查报告》《实施科教兴区战略、全面推动经济社会发展》等。

第五节　艺术团体

内蒙古艺术学院　是教育部于 2015 年批准设立的本科类高等艺术学校，设音乐学院、舞蹈系、影视戏剧系、美术系、艺术设计系、新媒体艺术系、文化艺术管理系等。表演以声乐、器乐、戏剧、舞蹈、朗诵表演为主。

呼和浩特市艺术学校　1979 年建校，校区占地面积共 4.2 万平方米。有在校学生600人，开设专业有舞蹈、声乐、器乐、影视表演、美术、现代音乐、戏曲(晋剧、二人台)、学前教育(幼儿艺术教育)。

内蒙古民族艺术剧院　2014年整合,有在校学生928人。创作、演出、推广具有草原文化特色的艺术作品,繁荣发展舞剧、蒙古剧、歌剧、音乐剧、交响乐、民乐、歌舞、曲艺、二人台等艺术形式,完成国家和自治区重大文艺活动、公益性演出和对外文化交流任务,在艺术创作、演出经营、剧场管理、人才培训、舞美服务等方面发挥引领和示范作用。

呼和浩特市阿佈日古文化传媒有限责任公司　1980年成立,有演职人员50人。从事综合文艺表演。

新城区同乐演出服务部　2010年成立,有演职人员12人。围绕蒙古族相声、好来宝、叙事诗等原生态蒙古族艺术形式为主的表演。

呼和浩特市艺术学校乌兰牧骑演出团　1979年成立,有演职人员500人。从事声乐、舞蹈、二人台、晋剧等节目形式的演出。

新城区西部民间二人台艺术团　1985年成立,有演职人员60人。以戏剧、声乐、舞蹈为主,并培养专业学员。

呼和浩特市豪情圣水文化演艺有限责任公司　2012年成立,有演职人员60人。创作编排戏剧、舞蹈类节目,承接新城区的惠民演出服务。

第六节　文化活动

新城区每年不定期选拔优秀的农牧民文艺节目参加文艺会演,农民自编自导的小戏小品、快板、三句半等文艺节目并将节目搬上舞台。在社区、农村各类文艺活动,大多在中华传统节日(春节、元宵节、清明节、端午节、七夕节、中秋节、重阳节)开展。主要形式为举办二月二龙灯节,讨思浩天苍节,六月六野马图祈水节等民俗文化系列活动;不定期地在各地举办书画展、摄影展、书画印章作品展、“迎佳节•送春联”、元宵节系列活动;开展“青山圣水、活力新城”“筑梦新城、坚定文化自信”消夏文化节系列活动;儿童剧展演、少儿才艺比赛、中老年歌舞大赛、小戏小品展演等活动,定期在各行政村举办“文化、科技、卫生三下乡”活动、在各社区、村举办文化惠民演出和主题放映月活动、民间文艺队伍展演、举办大型灯展等一系列活动。

2001年,举办“庆八一军民文艺演出”“办事处广场消夏文艺演出”大型灯展、迎新春文艺大巡游、“庆元宵、迎新春”大型焰火晚会等活动。

2003年,举办春节、元宵节、正月初八、正月十五文艺大巡游及元宵灯展、元宵焰火晚会等大型活动。

2004—2007年,组织一年一度的春节、元宵节文化庆祝活动。组织大巡游活动及元宵节焰火晚会。每年正月十五,在区政广场举办大型灯展。“昭君”文化节期间,组织各类表演队伍进行大型歌舞表演。

2008年,举办西街地区满都海公园赈灾文艺演出、西街地区书画展、锡林郭勒北路街道办事处廉政文艺演出、毫沁营镇"迎奥运、庆七一"干部学生书画展和知识竞赛、东街地区第二届廉政书画展和"迎奥运,讲文明,促和谐"消夏文艺演出等活动。

2009年,开展各类文艺演出51场,参演人数达500余人(次)。文化馆老朋友艺术团与内蒙古第二监狱共同举办帮教文艺演出。协调市群艺馆开展惠民演出,组织文艺小分队赴保合少村、奎素村、乌兰不浪村开展为期3天的文艺演出。举办"庆国庆、颂祖国、扬正气、促和谐"消夏文艺演出、新城区第二届中老年歌舞大赛等活动。

2010年,制定文化进社区方案,举办2010年文化体育进社区启动仪式,组织专场文艺会演。组织办事处、社区完成60场消夏文艺演出、举办各类书画展6场。举办新城区第三届中老年歌舞大赛、首届全区少儿才艺大赛等活动。

2011年,举办春节元宵节系列文化活动、面铺窑村二人转专场文艺演出、首届"嘻哈欢乐逗"街舞大赛、新城区第四届中老年歌舞大赛、新城区人代会文艺演出、新城区第十届党代会文艺演出等活动。协办并参加全区庆祝建党九十周年红歌大赛,获一等奖。

2012年,举办"欢乐新城"文化惠民月春节、元宵节等活动。

2013年,举办首届"青山圣水·活力新城"消夏文化节、第三届红山口生态杏花节、"展文化大区风采,享文化饕餮盛宴"全区优秀文艺节目展演、"颂歌喜迎十八大,欢舞盛开团结花"中老年歌舞大赛、"舞动青城"街舞大赛、"我爱大青山"旅游摄影大赛等活动。文化进社区集中展演12场、各街道办事处演出50余场。

2014年,举办第二届"欢乐新城"文化惠民月春节元宵节系列文化活动、第二届"青山圣水·活力新城"文化节、中老年歌舞大赛、"重走茶叶之路,引扬新城文化"呼和浩特站系列活动、新城区第四届杏花节暨大青山文艺巡演、呼和浩特市丁香文化旅游艺术节开幕式演出活动,组织各街道办事处业余文艺团体文化进社区演出50场。

2015年,新城区举办第三届"欢乐新城"文化惠民月春节、元宵节系列文化活动、"欢乐新城·传递文明"农村社区惠民演出、第三届"青山圣水·活力新城"文化节暨新城区首届"爱我新城·盛业幸福杯"广场舞大赛,新城区"新世纪广场杯"第四届街舞大赛、新城区第三届少儿才艺比赛、新城区第八届中老年歌舞大赛等活动。组织街道办事处(社区)为辖区居民演出100余场,完成"建设新农村·共筑中国梦"公益演出50余场。

2016年,举办第四届"青山圣水·活力新城"文化惠民月春节、元宵节系列文化活动、第四届"青山圣水·活力新城"消夏文化节、新城区东方舞(肚皮舞)公开赛、"百姓大舞台"全市优秀民间文艺团体新城区专场演出、"水墨丹青颂长征·文化服务进乡村"名家书画笔会、新城区第五届生态杏花节、"我们的节日——九九重阳"生盖营村文艺演出等活动。

2017年,举办"欢乐新城"文化惠民系列活动、第五届"青山圣水·活力新城"文化节、京蒙名家书画展和文化“三下乡”活动、“魅力红山口•青山杏花村”新城区第六届生态杏花节、“弘扬端午文化•传我浓情粽香”“坚定文化自信•共圆伟大中国梦”、第十届中老年歌舞大赛和大学生街舞挑战赛等系列文化活动。

第七节　图书阅览

2001—2017 年间，新城区举办“优秀小读者”“优秀征文”“庆祝建党 80 周年知识竞赛”“文化、科技、卫生三下乡”系列活动、“少儿读书小报展评”“假期优秀小读者”“假期优秀征文”“科技下社区”“我喜爱的书”“爱祖国、爱家乡诗歌朗诵比赛”“少儿流动图书站”“暑假少年儿童优秀动漫展播”“我为奥运喝彩”“图书服务宣传周”“心系灾区、从我做起”“读书兴村，知识就是力量”“亲子共读，点亮童心”“青山圣水美好家园，书香新城传递文明”“数字文化惠万家”“书香溢满人生”“数字阅读进机关”“守望相助•亮丽北疆——悦读在路上”等各项阅读、征文活动。

第八节　广播电视

2010 年，呼和浩特市广播电视局将直播卫星“村村通”“户户通”安装、调试、维护工作下放至市四区。新城区争取 30 万元电视接收设备，免费为保合少镇面铺窑村、水磨村、大窑村 360 余户村民安装电视接收设备。

2012 年，为辖区村民免费安装“村村通”广播电视设备 1360 套，“户户通”设备 1830 套。实施农村广播大喇叭覆盖工程。

2014 年，为辖区村民免费安装“户户通”广播电视设备 1000 余户。呼和浩特市广播电视局将“村村响”安装、调试、维护工作下放至市四区。

2015 年，为辖区村民免费安装“户户通”广播电视设备 2500 户。安装 18 个村“村村响”设备。

2016 年，安装“户户通”广播电视设备 1300 户。安装 7 个村“村村响”大喇叭设备。

截至 2017 年，共计安装“户户通”地面直播卫星接收设备 13560 套，在 32 个行政村、自然村安装“村村响”大喇叭接收设备。

第九节　电影放映

2007 年，新城区成立电影放映队，为农村、社区放映电影 100 余场。

2008 年，新城区开展电影进农村、进社区活动，将电影延伸进学校，让更多的孩子们看到优秀儿童剧和电影。

2012 年,呼和浩特市电影公司将电影放映权限下放至市四区,同时提供 2 部数码电影放映机,开展农村数字电影公益放映。新城区在全区 25 个行政村公益放映故事片 293 场、科教片 52 场。

2013—2015 年,每年在农村公益放映数字电影 300 余场。

2014 年,新城区与北京河马 3D 放映队举办“3D 电影进校园”活动,为呼哈路小学、讨思浩小学、保和少小学、名都小学、毫沁营小学的农村儿童及进城务工人员子女免费放映优秀 3D 影片。

2016 年,建设农村、社区影院 20 家。开展“欢乐迎新年•影音伴佳节”主题放映月活动、“共享文化•和谐村风”数字文化农村行主题活动,为辖区 21 个村文化室、草原书屋、数字书屋赠送数字资源,放映经典影片。开展“红色记忆•代代相传”党的教育主题放映和“纪念伟大领袖,传承革命精神”毛泽东诞辰主题放映等活动。放映电影、纪录片、讲座等 150 余场。

2017 年,每月根据不同主题,举办周末放映 89 场。在农村公益放映数字电影 300 余场。

第十节　文物古迹

一、文物保护单位

2014 年 8 月,市文广局文物处正式向新城区移交文物管理工作和相关文物资料。截至 2017 年,新城区有 67 处不可移动文物,国家级重点文物保护单位 4 处、自治区级重点文物保护单位 15 处、市级重点文物保护单位 2 处、未定级文物单位 46 处。

国家级重点文物保护单位　大窑遗址、清和硕恪靖公主府、绥远城墙、清将军衙署。

自治区级重点文物保护单位　多松年烈士故居、华北第五十九军抗日阵亡将士公墓、塔布陀罗亥汉墓、塔布陀罗亥汉墓古城、高凤英故居、内蒙古自治区政府一号办公楼、绥远省政府礼堂旧址、内蒙古自治区博物馆展厅大楼、蒙古国驻呼和浩特总领馆旧址、佐领衙署、甲兰板古庙、红山口摩崖石刻及庙址、古长城、乌力格尔艺术宫、内蒙古赛马场。

市级重点文物保护单位　太清宫、哈拉更遗址。

未定级文物保护单位　古路板戏台、奎素庙址、保合少庙、蟠龙山塔、水泉遗址、姚家湾连氏墓、塔利墓葬、八道沟遗址、保合少东北遗址、古路板龙王庙址、东大滩遗址、榆树沟遗址、哈拉沁关帝庙、红山口村北遗址、红山口村东遗址、奎素沟口遗址、奎素西遗址、奎素遗址、李占窑遗址、碌碡沟遗址、面铺窑子南遗址、野马图东北遗址、丈房遗址、恼包北遗址、坡底村西北遗址、坡根底遗址、坡底村西庙址、破庙子东北遗址、庄子遗址、姚家湾北遗址、姚家湾西遗址、姚家湾遗址、庄子南遗址、庄子西遗址、讨思浩遗址、小坝遗址、小东沟遗址、杨四窑子遗址、水泉南遗址、北水泉遗址、南水泉遗址、水泉北遗址、水泉东遗址、水泉西北遗址、大窑村影壁和大窑小学大门、水泉西南遗址。

二、其他古迹遗址

界台村烽燧、奎素塞墙、面铺窑子塞墙、小井沟塞墙、赵长城野马图段。

三、文物古迹保护

2004 年，新城区开展旅游文化建设，重点挖掘大青山太伟休闲度假村、将军衙署、和硕恪靖公主府等旅游景点文化内涵，修扩建大窑文化遗址。

2010 年，新城区宣传部在将军衙署举办第二届新城区“丁香花开”旅游节，以“弘扬和谐文化，保护文化遗产，守护精神家园”为主题开展一系列活动。组织人员考察境内大青山的“蟠龙山”的苍龙洞、小白塔遗址、杨六郎箭•洞、龙泉寺等历史遗迹遗址，撰写《新城区著名蟠龙山历史文化考》。为区政府开发蟠龙山历史文化项目提供依据。宣传部考察塔利村西汉建“武泉城”遗址，外城墙基本清晰，内城墙遗址墙基尚在，是呼和浩特地区历史上规模最大土城(外城东西 1500 米；南北 1500 米)，可将新城区建城历史上推 1600 余年。考察新城区大青山秦、赵长城、边墙、边壕，沟内寺庙遗址，在新城区政府网以视频、图片、文字等形式进行宣传保护。

2011 年，组织开展对塔利村西汉“武泉城”、红山口摩崖石刻等遗址的保护工作。

2015 年 3 月，新城区人民政府按照《中华人民共和国文物保护法》的规定，编制完成《塔布陀罗亥汉墓及古城遗址保护规划》，新城区人民政府实施百草园项目一期工程，在遗址区域浅表性种草。10 月，新城区向自治区提出修缮秦汉长城坡根底村段长城立项和方案编制申请。

2016 年，向自治区文物局上报《呼和浩特市新城区长城—秦汉长城坡根底村段—第 1 段修缮工程设计方案》和《呼和浩特市新城区长城—秦汉长城坡根底村段—第 2、3 段修缮工程设计方案》，根据国家文物局及专家评估意见，自治区文物局对修缮方案进行批复，同意所报修缮设计方案。本次修缮分为 3 段，总长 4160 米，烽燧 2 处。区文化体育广电局编制完成《甲兰板古庙抢险加固工程设计方案》，通过自治区文物局审核，抢险加固工程经费概算为 359.64 万元。内蒙古春秋文物保护工程有限公司通过施工招投标，实施修缮。

2017 年，开展文物消防安全大检查，完善《文物保护管理制度》《文物消防安全制度》等规章制度。充实完善辖区内区级以上文物保护单位的档案资料。完善长城保护站建设，完成区秦汉长城 - 坡根底村段修缮申报工作，修缮方案通过国家文物局、自治区文物局审核，修缮经费预算上报国家文物局审核。完成自治区级重点文物保护单位甲兰板古庙保护修缮工程的招标工作，开工建设。基本完成自治区级重点文物保护单位佐领衙署保护修缮方案编制工作。编纂完成可移动文物和不可移动文物画册，通过图文并茂的形式讲述文物的历史。

第十一节　非物质文化遗产

一、非物质文化遗产项目

新城区共申报非物质文化遗产 22 项，项目内容涵盖民间音乐、舞蹈、文学、美术、手工技艺、民俗、医药等各个方面，其中自治区级 9 项，市级 7 项，区级 7 项。初步形成以满族文化为主体的多元非物质文化遗产项目体系。

传统口头文学类项目：蟠龙山传说故事。

传统美术类项目：毫沁营剪纸、毫沁营炕箱画。

传统曲艺类项目：满族八角鼓戏。

传统手工技艺类项目：蛋雕、满族服饰、满族火锅、青城刻瓷、讨思浩花馍、微型工艺。

传统体育竞技类项目：满族珍珠球。

传统舞蹈类项目：满族太平鼓舞。

传统医药类项目：付氏整体辨证推拿疗法、蒙医传统放血疗法、忠惠堂葛氏膏药。

民俗类项目：古路板龙灯节、满族婚礼、讨思浩天仓节、野马图六月六庆水节。

二、非物质文化遗产保护

2007 年 4 月，呼和浩特市旗县区级非物质文化遗产代表性项目、代表性传承人普查，满族八角鼓戏、满族婚俗入选第一批旗县区级非物质文化遗产代表性项目，满族八角鼓戏传承人关润霞、王运天、刘银萍入选第一批传承人。

2008 年 4 月，满族太平鼓舞、满族服饰、古路板龙灯节入选第二批旗县区级非物质文化遗产代表性项目。

2010 年 4 月，毫沁营剪纸、青城面塑、野马图六月六庆水节入选第三批旗县区级非物质文化遗产代表性项目；蟠龙山传说故事、毫沁营炕箱画、仿真微型工艺制作、付氏整体推拿疗法入选第四批旗县区级非物质文化遗产代表性项目。同年，新城区调查研究古路板村二月二龙抬头民俗文化；对新城区农区的大青山文化、民俗文化、红色文化、远古文化、旅游文化进行调研。撰写《新城区二月二龙抬头民俗活动》《新城区著名蟠龙山历史文化考》等文稿。内蒙古电视台据古路板村二月二龙抬头民俗文化等报告拍摄 15 分钟的专题片，在经济生活和新闻综合频道播出。古路板村二月二龙抬头民俗文化申报成为市级非遗名录，并向自治区文化厅申报自治区级的非物质遗产。

2011 年，推荐“青城面塑”申报非物质文化遗产，并促成其与草原动漫公司合作。

2013 年，编撰呼和浩特市首本《新城区非物质文化遗产集萃》。对麻花板村养驼户和驼夫的后代进行历史文化的采集工作。成立呼和浩特满族文化促进会，招募会员 92 人。

2014 年 4 月，新城蛋雕、青城刻瓷、讨思浩天仓节入选第五批旗县区级非物质文化遗产代表性项目。新城区建设非遗文化长廊和非遗展厅，在水磨等4个村建立非遗传承基地，形象化和立体化地展示新城区的非物质文化遗产普查保护成果，免费向社会开放。在全市9个旗县区范围内率先编辑出版《新城区非物质文化遗产集萃》。宣传部推荐《新城区非物质文化遗产集萃》等6个项目参评全市“五个一”工程，并荣获优秀组织奖。

2015年，宣传部依托新城区特有民族文化优势，开展“满韵青城”、《爱新觉罗画派暨京津蒙书画名家作品联展》和《满族文化·和谐价值观·传承发展》系列活动和全国性文化论坛。

2016年，新城区建立5个非遗传承基地，非遗展示文化长廊、传习所全年接待近万人参观。“讨思号天仓节”“青城刻瓷”进入市级非遗保护名录，6位非遗传承人进入市级传承人名录，其中4位成为自治区级传承人。

2017年，举办讨思浩村天仓节、古路板村龙灯节等活动，申报呼和浩特满族文化博物馆为非遗文化传习所、敕勒林海主题公园基地为非遗文化传习基地。

第二章　体　育

第一节　体育设施

一、体育设施建设

2001—2007年，辖区内新建内蒙古体育馆、呼和浩特市体育场、高尔夫球场、游泳馆、室外人工滑雪场、室外人工攀岩场、篮球场、健身路径等体育设施112处。对外开放设施54处，半开放设施13处，不开放设施45处，总面积179.95万平方米。中小学在校学生体育锻炼达标率分别达到和超过全市平均水平。

2008—2013年，辖区内新建体育设施222处。对外开放设施79处，半开放设施18处，不开放设施125处，总面积53.94万平方米。

2014年，内蒙古自治区成为首个全国足球改革试点省区，新城区落实《中国足球改革发展总体方案》，建立足球改革工作领导小组。

2015年起，开始在街道、公园、社区等人口密集且运动需求旺盛的地区建立笼式足球场，形成足球运动的网格化布局，为居民参与足球运动提供便利条件。

截至2017年，新城区建有笼式足球场地182块，健身路径125套，各类体育场馆、室外篮球场、室外门球场等场馆410个。全区人均拥有公共体育场地面积达2.58平方米，基本满足广大群众健身运动的需求。全区1镇8个街道建立5个社区全民健身指导站，传授科学健身知识，实现居民出门10分钟有健身设施的便民服务。

二、体育场馆简介

内蒙古体育馆 2007年7月建成，位于成吉思汗大街新城区党政办公大楼斜对面路南，占地面积6.9万平方米，建筑面积3.73万平方米(包括2.83万平方米的主馆和附馆、3500多平方米的网球馆和5500平方米的加建地下一层)，绿化面积2.2万平方米。体育馆外围一楼南侧有室外网球场2片，近1600平方米。北门设有大型音乐喷泉，东南角设有直燃机房，馆外围及草坪均设有大型景观灯系统。体育馆主馆建筑面积6500平方米，可容纳观众近6000人，活动座椅收回的场地面积2400平方米，地板为NBA专用篮球木地板，场地配有灯光、音响、LED大屏幕及计时计分等专用设施，可进行篮球、排球、羽毛球、乒乓球、手球、摔跤、拳击等多种体育比赛和文艺演出、展览、大型集会、庆典等活动。主馆设有更衣室、新闻媒体室、药剂检查室等比赛配套用房；贵宾休息厅、大小会议室、贵宾物品存放处、贵宾包箱等配套的附属用房等。附属馆分四层，一层设有2608平方米的会展中心；二层设有厨房、餐厅、洗浴中心；三层设有1338平方米的羽毛球A馆、1420平方米的羽毛球B馆、299平方米的健身房及129平方米的体质健康指导中心；四层设有201平方米的舞蹈房、88平方米健美操房、385平方米的健身大厅及室内空中环形跑道。

呼和浩特市体育场 位于成吉思汗大街南，2007年7月6日完工并投入使用。占地约12.2公顷，建筑面积5.77万平方米，场内为双层看台，总观众席位共51632个。体育场周边布置30米宽环形道路，作为主要人流组织通道。呼和浩特体育场根据比赛和训练使用要求，主要功能分区为竞赛区、观众区、运动员区、竞赛管理区、新闻媒体区、贵宾区、场馆运营区等。场内有105米×68米标准足球场，8分道的400米标准跑道和跳远、三级跳远、跳高、铅球、铁饼、链球、标枪、撑竿跳等比赛场地。呼和浩特体育场下部采用框架结构，罩棚部分采用钢架结构。框架结构高耸挺拔，充满力量，象征着蒙古族坚强的个性和粗犷的精神；东西罩棚利用18根象征成吉思汗神矛的钢柱悬挑空中，展示出雄鹰展翅高飞的宏伟气势。

呼和浩特市乒乓球训练中心 2009年12月26日落成。位于展览馆东路5号，占地2.23公顷，建筑面积近1.6万平方米，设施齐全，功能完备。设有大型训练馆、健身馆、贵宾馆及比赛馆，比赛馆1488平方米，能放置16张球台，容纳822名观众，先进的场馆设备更可满足国内外乒乓球赛事的需求。中心配套设施齐备，拥有50间客房及大、中、小餐厅，能接待百余人的住宿、餐饮。大、小多功能会议室能召开各类会议、举办讲座及培训。医务室、阅览室等设施一应俱全。中心是内蒙古自治区最大的乒乓球运动场馆，可承接国内外大型乒乓球赛事，同时也是开展健身休闲、组织培训和大型商务活动的综合性理想场所。

呼和浩特市网球保龄球馆　2011 年 12 月 24 日落成，位于展览馆东路 5 号。建筑面积 7256 平方米，总投资 5600 万元。网球保龄球馆共两层，一层的保龄球馆设施设备先进，设有 24 道 AMF 木质保龄球球道，二楼的网球馆拥有 2 片高规格塑胶标准网球场地。同时，该馆与市乒乓球、羽毛球训练中心连为一体，形成功能齐备、设施完善的呼和浩特市民体育中心。

大青山国家登山健身步道　2013 年投入使用，位于呼和浩特市新城区东北部的大青山腹地，距呼和浩特约 45 公里，步道各出入口由 S101 公路、青山大道、生态公路等辖区内主要公路连接，通行便利。大青山国家登山健身步道总长超过 100 公里，设有 8 个主出入口、3 个大型基地式营地和 3 个中转营地，以及水磨村、野马图、李占窑、圣水梁等 4 个核心服务区。登山步道与并行建设的 125 公里户外骑行路线、50 公里越野车体验路线、70 公里自驾车观光路线以及多个户外运动功能区、景区构成国内最大的多功能景观型慢行系统，也是中国第一条百公里国家登山健身步道。2013 年，获“中国体育旅游精品线路”称号。2014 年，获得“2014 年中国体育旅游十佳精品线路”荣誉称号。它为广大市民、游客及户外爱好者提供科学、安全、环保、优美的全民健身和运动休闲游憩地。

内蒙古少数民族群众文化体育运动中心　2017 年建成，位于呼和浩特市新城区保合少镇，内蒙古自治区成立 70 周年庆祝活动的主会场，总占地 139.57 公顷，总建筑面积 7.29 万平方米，项目总投资 7.3 亿元，以自然景观为主，以体育事业和旅游业为基础，结合蒙古族特色的地域性文化，打造以体育文化、特色文化、旅游文化为核心的民族体育基地和综合性旅游基地，建筑风格融合草原风情以及现代元素，设有标准赛道、马厩及停车广场等，其中看台主建筑内具备国际赛马标准的所有设施，包含演艺大厅、搏击馆、马文化博物馆、射箭馆等。

第二节　群众体育

一、学校体育

2001 年，新城区车站小学（武术）项、苏虎街小学（足球），北垣小学（田径）为自治区级体育传统学校；海拉尔路小学（田径）、光华小学（足球）、东门外小学（足球）、新华小学（足球）、第三十八中学（键球）为市级体育传统学校。同年，新城区举办全区小学生足球赛、小学生跳绳比赛。

2006 年，参加呼和浩特市“全民健身日”中小学生广播操、自编操表演赛比赛。

2010 年，组织新城区中小学生“阳光体育”暨职工、农民综合运动会。35 所中小学校、12 支职工代表队，两支农民代表队的 1100 名运动员参加三大组别 87 项比赛。22 所学校参加新城区小学生跳绳比赛、12 所学校参加新城区中小学生三人篮球比赛、23 所学校参加新城区中小学生足球比赛、30 所学校参加新城区小学生乒乓球比赛。

2011 年,新城区举办小学生跳绳比赛、小学生三人制篮球比赛、乒乓球比赛和五人制足球比赛等活动。

2012 年,新城区举办学生阳光体育运动会、新城区学生三人篮球、足球、跳绳、乒乓球等传统体育赛事。

2013 年,新城区举办中小学生"阳光体育"运动会。面向学生开展普及型竞赛和活动,打造"一校一品"校园特色品牌,新城区山水小学荣获自治区"一带一路"足球国际邀请赛亚军。

2014 年,内蒙古自治区成为首个全国足球改革试点省区。新城区按照《中国足球改革发展总体方案》,将足球运动作为体育教学工作的重点,推进校园足球发展。

2015 年,在新城区 31 所中小学开设足球课程,开展培训、交流活动,提高足球教练、体育教师的水平和专业足球技能,促进校园足球发展。

2017 年,新城区建成校园足球特色学校 34 所,国家级 24 所、自治区级 10 所。特色学校校队成立率达到 100%。中小学普遍把足球列入体育课教学内容,加大学时比重。在特色学校中开设足球课,设立足球校队,组织学校内班级、年级之间足球联赛。开展校园足球活动,落实"校园足球校长杯、区长杯、市长杯、主席杯四级联赛"。1 万多名学生参加到足球的竞赛中,3 万余人参与到足球活动中。基本实现中小学校赛事全覆盖。

二、全民健身活动

新城区每年在重大节假日期间,组织开展主题鲜明、内容丰富、群众喜闻乐见、具有地方特色的全民健身活动。

2001 年,参加呼和浩特市昭君文化节体育表演、健身健美操、武术表演。

2003 年,组织参加呼和浩特市健身操比赛、老年人秧歌舞表演赛、全民健身路径比赛。

2004—2006 年,贯彻落实《全民健身计划纲要》,开展一年一度"全民健身日""4•30"呼和浩特市体育日,"全民健身周""全民健身月"活动。2006 年,在毫沁营镇举办新城区首届农民运动会。

2007 年,在阿尔泰游乐园举办新城区社区运动会,设置适合老年、青年、少年儿童不同年龄段的趣味性项目,促进各社区之间、社区干部、居民之间的交流和沟通,丰富社区业余生活,倡导科学健身、文明健康的生活方式。

2008 年,在全区机关、社区、农村、学校开展"全民健身迎奥运"全民健身活动。组织 200 多人参加全市"千人迎奥运"自行车环城骑活动。在阿尔泰游乐园举办"阿尔泰杯"新城区职工、居民趣味运动会。组织新城区机关干部"大众广播体操"比赛,45 个单位的机关干部组成 30 个代表队参加比赛。

2009 年，组织 200 多名区属职工参加“2009 年呼和浩特市自行车环城骑活动”。组织 1000 人在内蒙古青少年生态园参加呼和浩特市体育日万人“登山探宝”活动。组织 8 个街道办事处的 6 个表演项目 260 人，在新华广场参加内蒙古自治区暨呼和浩特市全民健身月活动启动仪式大型健身球操表演。2000 余名区属职工、居民学生在新华广场参加内蒙古自治区“全民健身日”启动仪式和全民健身活动。

2010 年，在全民健身日、体育日、全民健身周（月）、奥运全民健身日和“十二运”火种采集暨火炬传递活动期间，举办全民健身宣传活动和各类全民健身活动。举办首届冰雪趣味运动会，19 支队伍参加。

2011 年，新城区在大型全民健身日举办宣传及趣味活动。举办第二届冰雪趣味运动会。开展健康知识讲座、国民体质测试、体育表演展示、趣味体育活动，向社区捐赠 5 张乒乓球桌。

2012 年，举办新城区干部职工第九套广播体操比赛。

2013 年，参加全市万人登山活动、全市趣味运动会获优秀组织奖。举办区属职工第九套广播体操、新城区篮球大赛等 20 余项赛事。举办三级社会体育指导员、社区居民“沙罐操”等培训活动。举办“安泰杯”农民运动会。新城区 17 个行政村代表队参加比赛，运动员全部都是来自各个村的普通农民。比赛安排推轮胎、头顶南瓜往返跑、捡蔬菜、螃蟹跑等 10 个个人比赛项目和三人篮球、男女混合拔河等 4 个集体比赛项目。

2014 年，举办全国群众登山健身大会暨呼和浩特市第十届万人登山活动和首届步道文化节。举办新城区第三届冰雪趣味运动会，160 余名运动员参加雪上拔河比赛、雪上趣味活动。举办呼和浩特市新城区第三届自行车家庭骑游活动，参加活动有 8 个自行车协会及其他团体的 300 余名自行车骑行爱好者。举办新城区第四届社区亲子趣味运动会，300 余名家长和孩子参加 7 个项目的比赛。举办第三届呼和浩特“毅行者”城市徒步活动。全国百城健身气功交流展示系列活动，组织 300 名健身气功爱好者和 20 余名自编广场操队伍参加活动。举办新城区“文化体育志愿服务基层行”暨“全民健身日”活动，来自保合少镇、各街道办事处共 9 个代表队 600 多名干部职工和社区居民参加表演和趣味运动会。举办“中峰杯”第二届农民运动会，20 个行政村 1000 余名运动员参加 10 个单项和 4 个集体项目的比赛。

2015 年，举办新城区第四届“冰雪庆盛世，和谐共分享”冰雪趣味运动会；大青山步道全国登山赛暨呼和浩特市第十一届万人登山大会和户外帐篷音乐节；全国全民健身日暨我爱新城“阿茹涵杯”民族民间广场舞大赛；新城区第五届社区亲子趣味运动会；新城区第四届自行车骑游活动；新城区社会体育指导员体育舞蹈培训班。组织参加内蒙古自治区健身气功“百城千村”交流展示启动仪式暨呼和浩特市四城区站点联赛，获“健身气功•易筋经”“健身气功•五禽戏”两项第一名和“健身气功•马王堆导引术”第三名。参加全市第二届民族民间健身操比赛获得集体一等奖、集体三等奖和优秀组织奖。

2016年，举办全民健身日全国登山步道系列赛一呼和浩特站活动，活动包括全国登山步道呼和浩特市“纽崔莱”杯第十二届万人登山活动、全国登山步道赛、“青山圣水•活力新城”第五届自行车骑游活动、“青山圣水•活力新城”首届户届帐篷露营节、“魅力新城区•放飞中国梦”风筝邀请赛。举办新城区第五届“冰雪情韵•体彩杯”冰雪户外运动艺术节、趣味保龄球赛、“大手牵小手”亲子趣味运动会；“体彩杯”首届钓鱼比赛、新城区“斯柯达杯”捷安特 & 禧玛诺自行车联赛。举办新城区“足球啦啦操”培训班、“青山圣水•活力新城”足球节系列活动；组织参加呼和浩特市健身广场操比赛暨百城千村健身气功系列展示活动，荣获按摩球韵律操金奖和健身气功十二法、太极扇优秀展示奖。

2017年，新城区为社区安装13套室外健身路径、室外篮球架8套、室内乒乓球台21个、室外乒乓球台2个；建设笼式足球场地182个。举办内蒙古青少年冰雪冬令营暨区第六届“冰雪情韵”体育旅游文化节、市“魅力新城区•放飞中国梦”敕勒林海风筝节。举办市第三届捷安特自行车嘉年华暨区第七届“大手牵小手”亲子趣味运动会。开展区三级社会体育指导员广场舞暨职工健身操培训。截至2017年，冰雪节趣味运动会、自行车骑游活动和社区亲子趣味运动会已成为新城区的三项自治区特色品牌活动。新城区连续举办七届以“冰雪情韵、和谐新城”为主题的新城区冰雪节趣味运动会；六届以“快乐骑行、健康生活、青山圣水、活力青城”为主题的新城区自行车骑游活动，每年吸引500余名自行车爱好者的参与；七届新城区社区亲子趣味运动会，每年有来自各街道办事处社区的家长和孩子们500余人参加。在大青山国家登山健身步道，成功举办3届全国登山步道赛和首届全国自行车联赛等系列重大赛事活动，连续举办13届万人登山活动。

第三节　竞技体育

2001年，举办新城区职工学生运动会、新城区职工篮球赛、新城区职工象棋比赛等活动。

2003年，筹备新城区运动会。组织参加呼和浩特市自行车拉力赛。

2008年，举办新城区青年篮球赛，有11支代表队参加比赛。

2009年，举办新城区职工、农民、学生运动会，有71支代表队参加，来自新城区属、驻区、学校的213名运动员参加121个项目的比赛。组织200余人的职工学生运动员队伍，参加全市第二届运动会，取得金牌、团体总分双第一。

2010年，新城区举办大小赛事20余项，举办新城区职工乒乓球友谊联赛，13个区属单位的80余名运动员参加。举办新城区“新城杯”职工篮球大赛，14支代表队参加。举办健美操大赛，10 支代表队参加、举办职工羽毛球比赛，10 支代表队参加。

2011 年，新城区举办各类赛事活动 10 余项，参与人数 5000 余人。举办以弘扬“和谐团结、拼搏”精神为主题的新城区运动会。有 81 支代表队，近 5 万人参加开幕式。设 117 个比赛项目，81 个单位的学生、职工、居民、农民共 2670 名运动员参加比赛。

2012 年，举办新城区干部职工篮球、跳绳、拔河、乒乓球、羽毛球、中国竞技麻将等体育赛事。

2013 年，参加全市健身气功展示及特色自编操比赛，获第一名。

2015 年，在内蒙古体育职业学院组织举办新城区运动会，近 5 万人参加 16 个项目的竞赛。组织参加呼和浩特市地区“市长杯”足球联赛。打造呼和浩特业余足球联赛品牌，因地制宜开展 5 人制、11 人制、“体彩杯”“阿吉奈”杯女子足球邀请赛等赛事，举办“主席杯”“市长杯”“区长杯”“校长杯”系列赛事，共举办各级各类赛事 10 余项。

2016 年，组织参加全市首届“足球啦啦操”大赛。15 支代表队参赛第二届“区长杯”足球联赛等。笼式足球场承接运动 31 场，运动人数 2 万人。

2017 年，举办新城区职工、农民、学生运动会，辖区的 90 支代表队参加 99 项的竞技比赛。组队参加由国开行内蒙古分行组织的首届“开行杯——银政合作，携手共赢”篮球邀请赛，获得亚军。

第二十一篇

媒体 档案 史志

第一章　新闻网络

第一节　刊　物

2001 年，全年共编印《新城宣传》44 期，完成《首府丛书》新城区 1 乡 1 镇 7 个街道办事处 42 个行政村、59 个居委会资料的收集以及《首府城市建设年大型画册》《中国地志》《开放的呼和浩特》新城区有关资料、图片的收集整理拍摄工作。

2002 年，编印《新城宣传》27 期，筹备创刊《新城社区》报，共出版两期，免费发放到各居委会，共发放 10 份。

2004 年，全年出《新城宣传》24 期。

2008 年 8 月底，区委宣传部创办的内部刊《新城月报》正式开办。2010 年，《新城月报》共办 12 期。

第二节　新闻单位

2001 年，新城区有驻区新闻单位 19 家，报社 5 家，新闻分社 1 家，记者站 13 家。2017 年，新城区有驻区新闻单位 39 家。

新华社内蒙古分社　是新华社的派出机构。位于呼和浩特市新城区中山东路 5 号。前身为新华社绥蒙分社，组建于 1945 年 11 月，地点在归绥市的陶卜齐镇。其后随着内蒙古军事政治活动中心的迁移和内蒙古自治区地理区划的变动，先后更名为新华社绥远分社、新华社王爷庙支社，新华社蒙绥分社，1954 年 3 月 6 日在呼和浩特市正式挂牌为新华社内蒙古分社。主要从事内蒙古自治区的新闻信息报道工作，分社为正厅级事业单位。

内蒙古商报　1992 年 11 月 20 日创刊，1993 年 1 月 1 日在内蒙古地区公开发行，位于呼和浩特市新城区兴安北路 64 号。是内蒙古地区最大的综合性经济日报，每周七刊，四开十六版彩色印刷。

北方新报　2001 年 3 月 20 日创刊。前身是 1989 年 9 月创刊的《周末报》。《北方新报》是由内蒙古日报社主办主管的都市类综合性大众报纸，日报规格，四开加长报型，全彩印刷，48 版，全国发行，平均期印数 11 万份。创办北方新闻网、《北方新报手机报》、多媒体视频阅报栏、《新周末》周刊。北方新报社有北方新闻网络公司、北方传媒公司和北方新报编辑部，其中北方新报编辑部有管理中心、经营中心、编辑中心、采访中心和出报中心5大部门。日发行量达到10.3万份。

媒体驻新城区记者站一览表

表21-1-1

名称	经营项目	地址
人民政协报社内蒙古记者站	新闻采访	新华大街32号
人民日报驻内蒙古记者站	新闻采编	党委大院22号楼
经济日报内蒙古记者站	宣传报道、报刊发行、调查研究、交流信息、反映政治经济情况	新华大街1号
人民日报社市场报内蒙古记者站	新闻采编	党委人民日报楼
经济消息报社驻内蒙古记者站	采访、发行	新城东街75号
人民日报时代潮内蒙古记者站	采编、发行	呼伦南路248号
工人日报内蒙古记者站	宣传报道	中山东路25号
医药养生保健报社驻内蒙古记者站	采编	新城东街9号
新华通讯社内蒙古信息社	信息服务、信息刊物的编辑、出版、发行、轻印刷、承印内部文复印、打字、摄像、书刊、挂历等	中山东路5号
中国消费者报内蒙古记者站		术厅南街1号
沿海画报社内蒙古记者站	新闻采访、广告	呼伦贝尔市北路甲2号
中国检察报社驻内蒙古记者站	新闻报道、广告业务	呼伦贝尔北路甲2号
中国经济导报内蒙古记者站	新闻采编	新华大街58号
中国经营报内蒙古古记者站	广告发行	锡林郭勒北路52号
中国物资报社内蒙古记者站	采编、建立管理通讯网	呼伦贝尔南路9号
沿海信息报内蒙古记者站	文稿采编、报刊发行	乌兰察布路计生委宣教中心四楼
中国建设报社内蒙古记者站		新华大街1号院3号楼
中国电子报社内蒙古记者站	新闻采编	东街59号
中国工商报社内蒙古记者站	提供采访、报道	锡林郭勒北路15号
中国信息报驻内蒙古记者站	报刊发行	内蒙古政府大院3号楼
中国质量报内蒙古自治区记者站	组织通讯队伍，进行采访撰写文稿，组织报纸发行，负责站通讯员培训	新华大街1号
中华工商时报内蒙古记者站	采编	内蒙古体委招待所
新华通讯社内蒙古分社	新闻	中山东路101号
中国环境报社内蒙古记者站	采访全区环境保护素材	西街统建5号楼
中国食品质量报内蒙古记者站	采访、组稿、发行	人民巷1号
中国改革报社内蒙古记者站	新闻、宣传报道发行	内蒙古政府大院3号楼
科技日报社内蒙古记者站	采编、发行、通联	西街13号内蒙古科技大厦906室
中国引进报驻内蒙古记者站	采访、组稿	新华大街1号院4号楼

第三节　网络信息

一、机构

2008年，新城区筹建网络信息管理办公室。2011年6月，正式成立新城区网络信息管理办公室，为全额拨款股级事业单位，配置人数10人。2015年6月，成立电子政务外网管理办公室，挂牌到新城区网络信息管理办公室，增加电子政务外网规划、建设和管理工作的职能。2015年12月，新城区网络信息管理办公室更名为新城区政务公开办公室。

二、门户网站

新城区政府门户网站（呼和浩特·新城）由区政府办公室主办，是新城区委、人大、政府、政协统一的对外官方门户，连接全区各单位的自办网站。

2002年12月，新城区在自治区旗县区中首家开通政府门户网站。

2006年，《国务院办公厅关于加强政府网站建设和管理工作的意见》指出，政府网站要着力加强政府信息发布。

2008年5月，新城区政府网络开始建设，总投资近300万元，对原门户网站进行第一次全面改版。

2009年1月，新城区政府门户网站正式上线运行[呼和浩特·新城（www.hhxc.gov.cn）]。

2011年底，新城区被确定为“全国开展依托电子政务平台加强县级政府政务公开和政务服务百家试点”之一。

2012年，按照“试点”工作的要求，自治区和新城区共投入200万元，第二次改版区门户网站（“呼和浩特·新城”网站群），新建政务服务和电子监察系统、网上办事系统、自动化办公系统等九大系统。开通自治区首家政务服务热线，在全市率先实现政务服务和电子监察全覆盖，将政务网络延伸至46个社区。由中国社会科学院信息化研究中心和国脉互联政府网站评测研究中心主办的“第四届中国政府网站绩效评估暨第七届特色政府网站评选结果发布会”，全国100家试点县（市、区）政府网站绩效评估结果，新城区排名第8位，为西部地区唯一一家闯进前10名的试点单位。

2017年5月，新城区第三次改版政府门户网站。改版后的政府门户网站全面融入微博、微信、手机APP等新媒体形式，加入智能问答、无障碍浏览等功能，设置“便民服务”等特色栏目，提高群众知晓率和满意度，将政务公开与政务服务有机结合，实现政务服务高效便捷。新城区政府门户网站设19个一级栏目、近200个二级栏目。门户网站文章发布总量9万余条，静态页面数10万余张。网站首页累计访问2.6亿人次、页面访问6.2亿页次。

三、政务网络

2008年5月,新城区电子政务平台始建,8月正式完成,总投资200万元,项目建设机房1处,区党政办公区各楼宇之间布放光缆,西配楼进行综合布线,全网共有交换机50台,路由器1台,防火墙2台,行为审计设备1台。通过逻辑隔离的方式分为OA办公网和互联网,网络向上连接呼和浩特市政务专线,向下连接区党政办公区主楼,东西配楼的所有单位和部门,并通过租用联通公司裸光纤的方式,与鸿盛工业园区、保合少镇、8个街道办事处、教育局、环保局、建设局、检察院实现互联互通,网络主干带宽达到1000兆。电子政务平台除为各单位部门提供互联网访问服务(互联网出口带宽100兆)外,试运行新城区自主研发的OA办公系统,初步实现政府办公电子化,提升工作效率,计算机网络开始应用于新城区工作的方方面面。

2011年,对区电子政务平台实施扩容。将网络以裸光纤方式延伸到全区46个社区,实现电子政务平台数据、视频、语音的多业务通信。增加交换机48台,入侵防御、网闸等网络安全设备4台,监控摄像头138个及存储设备4台。扩容改造后新城区在呼和浩特市乃至全自治区率先实现从市到区(旗县)到办事处到社区的全光纤网络互联。

2015年6月,电子政务外网管理办公室,正式挂牌到新城区网络信息管理办公室。在呼和浩特市率先将电子政务外网延伸至社区,实现从市级直达社区的数据快速传输和相关应用的部署。

2017年,“全国基层政务公开标准化规范化试点”工作在新城区开展。新城区实施“新城区电子政务平台升级改造项目”,项目总投资300万元,25台接入交换机,2台防火墙、2台入侵防御。增加网络管理系统、堡垒机、管理交换机、监控大屏幕等设备。对电子政务平台系统构架进行重新规划,扩大数据承载能力,提高网络兼容性和安全等级。项目实施后,区电子政务平台主干网络带宽达万兆、桌面电脑带宽千兆,互联网出口带宽达到1000兆,核心层支持100G以太网。

截至2017年,电子政务外网覆盖新城区保合少镇、8个街道办事处、43个社区和所有单位和部门,近40个单位和部门在电子政务外网上开通业务系统,实现数据的实时报送、审核、传输。

第二章　档　案

第一节　机　构

2001年，新城区档案局和档案馆两个牌子一套人马，列入政府编制序列。2003年，档案局（馆）下设办公室和业务指导室2个科室，有库房、现行文件服务中心、视听室3个功能用房。2012年6月15日，增设新城区地方志编纂委员会办公室。2017年，档案局（馆）为全额拨款正科级单位，列入参照公务员管理序列。下设地方志编纂委员会办公室，是全额拨款股级单位。有工作人员14人。

第二节　档案管理

一、馆藏档案与资料

新城区档案馆馆藏档案主要通过收集、交流、订购等方式和按规定定期接收现行机关的档案，包括区属各部、委、局，各人民团体，镇（村），街道办事处（社区），中小学幼儿园，企事业单位等形成的档案，机构改革中撤销、合并、转制的机关、团体企业事业单位形成的档案。根据《新城区档案馆接收细则》，接收31家区属机关，乡、镇和企事业单位形成的档案。2001—2017年，共接收档案39040卷14360件，包括文书、人事、业务、科技、声像、会计（报表、工资表、账簿、凭证）档案。征集资料1359件，其中公共图书类824册、文件汇编类535册。

2001年，共保存档案资料46387卷（册）；其中：人防工程档案资料46卷，地名普查档案14卷，人口普查档案34卷，照片档案7卷（册），文书档案5359卷，会计档案2361卷，婚姻档案35171卷，保存各种图书、刊物和有关资料2895册。以及文书材料3446件。接收小井乡撤乡并镇档案206卷。

2003年，接收防治"非典和禽流感"档案591件。

2004年，接收名人档案1卷。

2009年，接收新城区公证处公证档案12301件。

2011年，接收整理建党90周年专题栏案4卷85件。参与整理日本侵华时期石黑部队大营房遗址照片档案 1 卷。

2011-2013 年,接收民政局婚姻档案 35040 卷。

2015 年,接收校安办科技档案 200 卷。

2016 年,接收区委办文书档案 772 件。

2017 年,接收机关党工委文书档案 127 卷。

2001—2017 年档案接收情况表

表 21-2-1　　单位:卷

接收时间	全宗号	单位	门类	起止日期	保管期限				
					永久	长期	短期	25 年	15 年
2001	65	新城区国税局	文书	1978-1994	77	205			
			科技	1994-1994	7				
	68	小井乡	文书	1982-2001	40	36	27		
			科技		3				
		新城区纪委、监察局	文书	1988-1994	34				
2002	51	新城区环卫局	文书	1990-19911989-1991	3	9			
2003	66	新城区保合少乡政府	文书	1986-1993	49	33			
2004		名人《草原恋》词作者			1				
2005	21	新城区民政局	文书	1965-1995	67	240			
	36	新城区东风路街道办事处	文书	1985-1996	59	61			
			财会		24	20			
	37	新城区东街街道办事处	文书	1992-1996		18			
			财会	1986-1996	14	17			
	54	新城区委办办公室	文书	1991-1996	183	227			
	70	新城区迎新路街道办事处	文书	1987-19961988-1996	50	61			
			现金银行	1987-1996		10			
			年报	1987-1996	10				
			工资表	1987-1996	7				
2006	14	新城区政府办公室	文书	1988-1996	145	49			
	18	新城区经贸局	文书	1993-1997	110				
	34	新城区西街街道办事处	文书	1989-19961979-1996	28	105			
	77	新城区体改办	文书	1997-2000	20	3	1		
			文书	2001-2005	56 件	11 件			
			业务	1993-2000	26				
			业务	2001-2005	27 件				
		供暖所	文书	1988-2003		32	219		

续表1

接收时间	全宗号	单位	门类	起止日期	保管期限				
					永久	长期	短期	25年	15年
2007	11	团委	文书	1992-1997	32	21			
2008	14	新城区政府办公室	文书	1979-1998	22	21	279		
	18	新城区经贸局(原名)	财会	1973-1998	74	53	197		
			工资表	1985-1995	9				
			银行账	1985-1991		5			
			分类账	1993-1996			10		
			凭证	1995			11		
			人事	1951-1997	28				
	24	统计局	文书	1989-1998	93	72			
	30	新城区人大常委会	文书	1992-1998	197				
	无	呼和浩特市新型建筑装修材料厂	账簿	1985-1991				5	
			账簿	1985-1996					10
	无	呼和浩特市建华仿瓷材料厂	工资表	1985-1995	9				
			凭证	1985-1995					11
	无	新城区商业局	工资表	1981-1993	13				
			账簿	1981-1994				28	
			凭证	1981-1994					25
			账簿	1981-1995					12
	无	红星电器厂	工资表	1973-1997	52				
			账簿	1974-1997				22	
			凭证	1973-1997					73
			账簿	1972-1994					13
	无	满都海服装厂	工资表	1987-1998	9				
			账簿	1991、1992、1998				3	
			凭证	1989-1998					72
			账簿	1992、1998					2
2009	107	新城区公证处	公证档案	2003-2005			12301件		
2010	23	新城区科技局	文书	1982-2000	150	196			
	110	新城区学习实践活动办公室		2009-2009	365件	87件			
	112	内蒙古康齐工贸股份有限公司	文书	1956-1976	69件				

续表 2

接收时间	全宗号	单位	门类	起止日期	保管期限				
					永久	长期	短期	25 年	15 年
2011	22	计生局	科技	2007-2012	4				
	90	新城区民政局婚姻登记处	结婚	2000-2003	4305				
			离婚	2000-2003	1610				
2012	18	新城区发展和改革局(现名)	文书	1998-2002	57	5			
			文书	1998-2002	398 件	17 件			
	115	社区办	文书	2012-2012	33	13			
2012	90	新城区民政局婚姻登记处	结婚	2004-2008	14496				
			离婚	2004-2008	2807				
2013			结婚	2000-2010	9361				
			离婚	2000-2010	2461				
2015	118	新城区校安办	科技	2009-2013	200				
2016	54	新城区委办公室	文书	2001-2005	577 件	195 件			
2017	59	新城区机关党工委	文书	1982-2000	113	14			

2017 年,新城区档案馆馆藏档案共 121 个全宗,95813 卷 9719 件。馆藏档案门类 6 种,包括文书档案、会计档案、声像档案、科技档案、名人档案、专门档案。专门档案有婚姻档案、公证档案、企业人事档案、知青档案、重大活动档案、重要会议档案;其余为文书档案、会计档案、声像档案、科技档案。其中,馆藏民国 37 年(1948 年)城防工事卷、26 册少数民族语言图书被内蒙古非物质文化遗产领导小组鉴定为非物质文化遗产。

馆藏资料共 4428 件,分公共图书、文件汇编、报纸、期刊、特种载体资料 5 个基本大类。其中公共图书共 37 个小类 1367 册,有清朝末年民国初期《少数民族语言图书》等珍贵资料。文件汇编 17 个小类 672 册,有各时期政策汇编,组织、宣传、统战等基本情况统计资料。有报纸合订本 580 册,含《人民日报》《内蒙古日报》。期刊 24 个小类 1805 册,含《新华月报》《新华文摘》《红旗》《档案工作》《档案学通讯》《内蒙古档案工作》等,特种载体资料 1 种。重要资料满、汉两种文字《论语》《四书》《孟子》《清文接字》《清文注语》等内容的教科书共 20 余册。图片有石黑部队在 1939 年建设的日式军营照片若干张。

新城区档案馆馆藏资料目录表(摘要)

表 21-2-2

类别	资料名称	编印出版者	编印出叛时间	数量
公共图书	《乌兰夫纪念文集》	内蒙古人民出版社	1989 年	2 辑
	《马克思传》	人民出版社	1965 年	2 册
	《中共中央文件选集》	中央党校出版社	1989 年	9 册
	《三中全会以来重要文献选编》(上、下)	人民出版社	1982 年	2 册
	《马克思民族理论与党的民族政策》	内蒙古人民出版社	1987 年	3 册
	《广州市支成秀区志》	广东出版社	2000 年	1 册
文件汇编	《全国统战工作四级干部会议文件选编 1—7 册》	中共中央统战部	1953 年	7 册
	《新城区十三届人代会第一次会议文件汇编》	新城区人大	1992 年	1 册
	《呼和浩特市新城区“八五”时期国民经济和社会发展情况统计资料》	新城区统计局	1995 年	3 册
	《全国科学技术档案工作会议文件汇编》	国家档案局	1980 年	6 册
	《档案工作文件汇编》	包头档案处	1984	1 册
	《内蒙古档案局学会首届年会学术讨论会议文集》	内蒙古档案学会	1984 年	2 册
报纸	《人民日报》	人民日报社	1975—2002 年	331 册
	《内蒙古日报》	内蒙古日报社	1980—2002 年	249 册
期刊	《红旗》	红旗杂志编辑社	1981—1982 年	47 册
	《新华月报》	人民出版社	1974—1982 年	92 册
	《新华文摘》	新华文摘社	1981—1985 年	44 册
	《档案工作》	《档案工作》编辑部	1980—1990 年	97 册
	《档案学通讯》	档案学通讯编辑部	1980—2002 年	102 册
	《内蒙古档案工作》	内蒙古档案工作编辑部	1981—1988 年	75 册
特种载体	《香港政权交接与台前幕后》(上、下)	新华通讯社	1997 年	2 辑
	《百年盛典》	新华音像中心	1997 年	1 辑
	《新城区发展纪实》	新城区政府	1997 年	1 辑

二、业务指导

2001 年,新城区档案局共监管 40 家单位,自治区特级 6 家、自治区一级 8 家、自治区二级 24 家、自治区三级 1 家。2001 年后,大幅度开展档案指导晋级工作,全区档案规范化管理范围进一步扩大。政府办公室、教育局、中山东路街道办事处、锡林郭勒北路街道办事处、西街街道办事处、迎新路街道办事处、东风路街道办事处、东街街道办事处、海拉尔东路街道办事处、农业委员会、城管大队、民政局、科学技术委员会、档案馆、市第三中学、市第十五中学、市第十九中学、市第三十四中学、市第三十八中学、满族小学、东落凤小学、苏虎街小学、北垣街小学、区医院晋升自治区一级档案室;光华小学、经济协作办公室、人民防空办公室、商务办公室、街道企业局、土地局、地矿局、保合少镇晋升自治区二级档案室;民族局、体制改革办公室晋升自治区三级档案室。

2002年,区委办公室、区人大常委会、工商分局、档案局晋升自治区特级档案室;信访局、海拉尔东路街道办事处、进修学校、关帝庙小学、海拉尔路小学、车站小学、团结小学、第一幼儿园、满族幼儿园晋升自治区一级档案室;毫沁营镇司法所、西街司法所晋升自治区三级档案室。

2003年,青山小学、蒙古族幼儿园晋升自治区一级档案室;组织部、锡林郭勒北路街道办事处、海拉尔东路街道办事处晋升档案利用优秀级单位。

2004年,区统计局晋升内蒙古自治区特级档案室;环境卫生管理局、防疫站晋升内蒙古自治区一级档案室;区医院、工商分局晋升档案利用优秀级单位。

2005年,毫沁营镇三合村晋升内蒙古自治区一级档案室;铭鼎律师事务所、鸿威律师事务所、泽铭律师事务所晋升内蒙古自治区二级档案室;迎新路街道办事处晋升档案利用优秀级单位。

2006年,中山东路街道办事处晋升档案利用优秀级单位。

2007年,府兴社区、第二幼儿园晋升内蒙古自治区特级档案室。

2008年,第二幼儿园、防疫站晋升档案利用优秀级单位;区人民检察院、第二幼儿园、国家税务局、成吉思汗大街街道办事处、防疫站创建示范档案室。

2009年,区环保局晋升内蒙古自治区特级档案室;环境保护管理局晋升档案利用优秀级单位;区司法局、蒙古族幼儿园、环境保护管理局、区人民法院、政府办公室创建示范档案室。

2010年,鸿盛园区晋升内蒙古自治区特级档案室;地方税务局、统计局晋升档案利用优秀级单位;区委办公室、锡林郭勒北路街道办事处、地方税务局、工商分局、统计局创建示范档案室。

2011年,满族幼儿园、人力资源和社会保障局、政协、财政局、交通局晋升内蒙古自治区特级档案室;满族幼儿园、人力资源和社会保障局、政协、人大、财政局、交通局晋升档案利用优秀级单位;满族幼儿园、人力资源和社会保障局、政协、人大、财政局、交通局创建示范档案室。

2012年,海拉尔东路街道办事处、西街街道办事处、中山东路街道办事处、组织部、市第二十一中学晋升内蒙古自治区特级档案室;海拉尔东路街道办事处、西街街道办事处、中山东路街道办事处、组织部创建示范档案室。

2013年,市容管理局、卫生局、安全监察管理局、东风路街道办事处、东街街道办事处、迎新路街道办事处、区人民检察院、山水社区晋升内蒙古自治区机关档案工作测评一级单位。

2014年，胜利路小学、食品药品质量监督管理局、环境卫生管理局、住房建设局、光华小学、护城河南巷社区晋升内蒙古自治区机关档案工作测评一级单位。

2015年，区民政局、旅游局、教育局、东门外小学、八一路小学、塔利村晋升内蒙古自治区机关档案工作测评一级单位。

2016年，红山口村、三卜树村、社区管理办公室、人民防空办公室、关帝庙小学、满族小学、第二幼儿园晋升内蒙古自治区机关档案工作测评一级单位。

2017年，市第十五中学、市第二十一中学、呼和浩特市宏盛公司晋升内蒙古自治区机关档案工作测评一级单位。

截至2017年底，新城区档案局共监管205家单位。160余家单位晋升自治区、呼和浩特市目标管理不同等级档案室，晋级率达78%。其中29家单位晋升自治区利用服务不同等级；25家单位晋升为呼和浩特市示范档案室。30家单位晋升为内蒙古自治区机关档案工作测评一级档案室。新城区麻花板村（山水社区）档案室成为自治区行政村中首家晋升内蒙古自治区机关档案工作测评一级先进单位。区人民法院、毫沁营镇（成吉思汗街道办事处）、人大常委会、第二幼儿园率先进入各自系统的利用服务先进单位。按照《内蒙古自治区盟市、旗县（市、区）直属机关档案工作目标管理考评标准》晋升为自治区特级档案室26家、一级档案室38家、二级档案室24家、三级档案室4家。按照《内蒙古自治区机关、企事业单位档案利用服务考核办法》晋升利用服务优秀等级27家，良好等级2家。按照《呼和浩特市机关事业单位创建示范档案室活动办法》创建呼和浩特市示范档案室27家。按照《呼和浩特市社区档案工作目标管理考评标准》，43家社区全部晋升为呼和浩特市一级档案室；按照《呼和浩特市行政村档案工作目标管理考评标准》，26家行政村全部晋升为自治区、呼和浩特市不同等级先进档案室行列，晋升率达100%。2017年年底，按照《内蒙古自治区机关档案工作测评办法》，晋升测评一级单位达30家。

三、法治

新城区档案局（馆）主要依据《中华人民共和国档案法》《中华人民共和国档案法实施办法》《内蒙古自治区档案条例》以及《档案管理违法违纪行为处分规定》（国家档案局第30号令）执法。执行呼和浩特市档案局制定的《关于呼和浩特市机构改革中对撤并转部门档案处置问题的通知》《关于进一步加强个体、私营企业档案工作的通知》《呼和浩特市社区档案工作目标管理考核办法》《呼和浩特市行政村档案工作目标管理考核办法》及《关于实施档案行政许可有关事项的通告》等相关规定。

新城区档案局没有单独的执法科室。2001—2014年，有2名执法人员。2017年，增至6名执法人员。档案局有计划、有组织的培训执法人员，每年定期组织全区档案工作人员参加市、区两级部门举办的法治培训与档案业务培训。

2002—2017年，采取同区委办公室、人大法工委、区政府法制办、区政协办公室和司法局等部门组成联合执法检查组进行联合检查的方式，对全区机关、团体、企事业单位贯彻落实《中华人民共和国档案法》《中华人民共和国档案法实施办法》《内蒙古自治区档案条例》及配套法规、规章情况进行全面检查。2013年始，由原先只检查档案晋级单位扩大到检查区属所有单位(含二级单位)，做到检查全覆盖，对存在问题的单位下发整改通书，并进行二次复查，检查结束后下发检查通报，促进全区档案事业的健康发展。

四、对外查询服务

2001—2017年，平均每年接待婚姻、知青、招工档案查阅人数900余人(次)、调取案卷2000余卷，提供各种复印检索3000余张，为广大群众财产分配、遗嘱公证、出国签证、办案取证、晋升工资等提供必要依据和有力证据。

五、现行文件服务中心

2004年，新城区档案局成立现行文件服务中心，是新城区首家公开面向社会的文件资料的服务机构和窗口，可查阅非涉密文件和资料。利用者可通过上门、信函、电话进行目录查阅、文件咨询、阅览、摘录、复制等。2017年，现行文件服务利用中心共保管各单位现行文件资料579份。

六、档案数字化

2009年，新城区档案局按照《内蒙古自治区电子政务建设总体方案》与《新城区电子政务建设实施方案》的要求，制定档案信息化建设实施方案，逐步建立电子档案信息资源库。2014年，呼和浩特市档案局下发《关于加快推进档案数字化建设的通知》，要求在3年内完成档案馆馆存档案数字化加工工作。2017年，完成馆藏档案90%的数字化加工工作，录入12万余条，扫描54万余页，将电子数据与电子档案目录数据进行系统挂接。涉密计算机均采取专门的防范措施，与互联网完全进行物理隔离，实行内、外网分网处理，对涉密计算机实行单机单用，移动存储介质避免交叉混用，确保档案、文件的规范存储。安装刻录软件，配备移动刻录机，对移动存储介质包括U盘、光盘等进行统一管理。除档案馆对馆藏档案进行数字化处理外，全区安装档案专业管理软件的单位，均开展档案数字化加工。

七、宣传

新城区档案局加强档案宣传工作，开展多种形式的档案宣传。每年借助《中华人民共和国档案法》、《内蒙古自治区档案条例》等档案法律法规颁布纪念日和“6•9国际档案日”等为契机，采取多种形式，组织大规模的宣传活动。协调驻区企事业单位、街道办事处(社区)悬挂档案宣传横幅、标语，利用新城区政府大屏幕滚动播放《中华人民共和国档案法》《内蒙古自治区档案条例》；新城区政府网站和新城区档案网站设置“国际档案日”专栏等方式宣传档案工作；为全区科级以上领导发送档案工作宣传短信；在新华广场、大召广场、新城区政府广场、赛罕区政府广场等公共场地进行集中主题宣传，通过展板展示、播放录音和发放档案工作宣传单、宣传手册、宣传挂图、宣传纪念品向社会各界宣传档案法律法规。2001—2017 年，共组织集中宣传 17 次。

2001 年 8 月，举办“发展中的新城区档案事业”展览。

2002 年，举办《中华人民共和国档案法》宣传展览。

2004 年 3 月，内蒙古博物馆前举办《内蒙古自治区档案条例》颁布实施 5 周年纪念日宣传活动。

2005 年，主动到各单位进行宣传，用《新城区档案馆档案、文件资料为老百姓提供利用服务》从文书、婚姻、资料的馆藏利用情况进行宣传介绍。

2006 年，与呼和浩特市档案局深入社区宣传档案工作。

2008 年 3 月、6 月，2 次在新华广场举办宣传展览。

2009 年 3 月、9 月，2 次利用区政府大屏幕宣传档案法律法规。

2010 年 3 月、9 月，2 次在新华广场举办宣传展览。

2012 年 9 月，在新华广场举办大型宣传展览。

2013 年 6 月 9 日“国际档案日”，在赛罕区政府广场举办档案大型宣传展览。

2014 年 6 月 9 日“国际档案日”，在大召广场举办大型宣传展览。

2015 年 6 月 9 日“国际档案日”，在新华广场举办大型宣传展览。

2016 年 6 月 9 日“国际档案日”，在满都海公园举办大型宣传展览。

2017 年 6 月 9 日“国际档案日”，在满都海公园举办“档案—我们共同的记忆”主题大型宣传展览。

第三章　史　志

第一节　地方志编纂

1986 年 3 月，新城区启动第一次修志工作。1992 年 5 月，第一部《新城区志》（简装本）内部出版。全志 47.6 万字，设 7 编、34 章、170 节。

2000 年 5 月，根据内蒙古自治区、呼和浩特市地方志工作会议精神和要求，新城区开始第二次修志工作。目标任务是在原《新城区志》基础上，编写出版呼和浩特市调整市辖区行政区划后新的《呼和浩特市新城区志》。第二次修志从 2000 年 5 月开始，历时 4 年，于 2004 年 5 月完成 160 余万字的《呼和浩特市新城区志》（送审稿），由呼和浩特市、新城区有关领导以及自治区、呼和浩特市两级志办有关领导和专家学者组成的28人评审委员会,对《呼和浩特市新城区志》(送审稿)进行评审。地方志办公室根据评审会要求,充实篇章资料,调整个别章节,突出地域特色和民族特色的记述,规范语言文字和图表,精炼志文,反复核对资料和数据。2005年7月,《新城区志》定稿。2006年7月,经呼和浩特市人民政府审查验收后,《呼和浩特市新城区志》正式出版。志书由述、记、志、传、图、表、录组成。设概述、大事记,专志设建置区划、自然环境、人口民族宗教、农牧林水、工商财税、城建环保、党政群团、劳动人事民政、公检法司、军事、教育科技、文体卫生、人物等13篇。后设附录、编纂始末。全志共计144万字,分上、下两册设。该志是新城区历史上第一部正式出版的区志,系统地记述了新城地区上到远古,下至2000年的自然、经济、政治、社会、文化等方面的历史与现状,是一部观点正确、体例完备、资料丰富、特点突出的区志,为人们了解和认识新城区提供了信息宝库。

2012年10月16日,按照市政府《呼和浩特市人民政府转发自治区人民政府关于加快推进全区第二轮修志工作的通知》。区委、区人民政府决定续修《呼和浩特市新城区志》(2001—2015),成立新城区志编撰领导小组,召开地方志工作动员会议,正式启动编纂工作。2017年,根据新城区的实际情况,经请示市地方志办公室,将志书记载下限从2015年调整到2017年。2017年年底,完成试写志稿95万余字。按编修大纲,全书设概述、大事记,专志设政区、自然环境、人口民族宗教、经济总情、农业畜牧业水利、林业、工业、商贸旅游、财税金融、经济管理、交通信息、城建环保、政党社团、政权政协、政法、军事、人事劳动社会保障、民政扶贫、教育科技、文化体育、档案史志、卫生22篇,后设人物、附录、修志始末。

第二节 乡镇志编纂

2009年3月,新城区成吉思汗大街街道办事处经研究并报新城区委批准后,成立《毫沁营镇志》编纂领导小组,下设编辑小组和资料收集小组。同年6月,召开修志启动大会,编纂工作正式启动。2009年7月—2010年8月,收集提交资料60余份约200万字,对部分革命前辈、老干部和老领导进行走访调查,获得大量调查笔录,对名胜古迹进行实地考察拍摄照片,召开各种类型的座谈会20余次。2012年12月,完成80余万字初稿。2013年,以定稿70余万字印刷,内部发行。设概述,建置沿革、自然地理、人口民族民政、农业林业畜牧业水利电力、工商财税金融邮电、镇村建设、党政机构和群众团体、劳动报酬物价、综治政法、军事、教育科技文化卫生、毫沁营镇所属行政村、人物、民风民俗、大事记等15篇。后设编纂始末。该志是新城区乡镇第一部内部出版的志书。

第二十二篇

卫生

第一章　机　构

第一节　行政管理机构

2014年，新城区制定《新城区人民政府职能转变和机构改革方案》，不再保留区卫生局、区人口和计划生育局，组建区卫生和计划生育局，从6月开始正式组织实施，至2015年4月，进行机构整合，改革基本完成，区卫生和计划生育局成立。

2017年，区卫生和计划生育局内设办公室、党办（人事股）、财务股、规划与信息股、基层指导股、家庭发展股、流动人口股、卫生应急股、妇幼健康股、基层卫生股、业务一股、业务二股、行政审批股、宣传股等14个职能部门。下辖区医院、疾病预防控制中心、妇幼保健计划生育服务中心、卫生计生综合执法局、健康教育所、保合少镇卫生院、成吉思汗街道社区卫生服务中心（毫沁营卫生院）、迎新路社区卫生服务中心、东风路社区卫生服务中心、锡林郭勒北路社区卫生服务中心、海拉尔东路社区卫生服务中心、东西街社区卫生服务中心、东西街妇女儿童防疫保健站、中山东路妇女儿童防疫保健站等14个事业单位。在编工作人员356名，专业技术人员289名。

第二节　专职管理机构

疾病预防控制中心　2006年，根据呼和浩特市编制管理办公室批复，新城区防疫站正式更名为呼和浩特市新城区疾病预防控制中心，机构规格为正科级。2009年1月，新城区疾控中心正式挂牌成立，设2个职能科室和7个业务科室，编制54人，2017年有在职职工41人。

卫生计生综合执法局　其前身为新城区卫生监督所，1996年成立，2013年改制为“参公”单位，是新城区卫生和计划生育局委托行使卫生监督执法职能的执行机构，2017年，新城区卫生监督所更名为新城区卫生计生综合执法局。下设公共场所卫生监督科、学校卫生监督科、饮用水卫生监督科、医疗机构传染病监督科、证照科、财务科、法制稽查科、办公室等9个职能科室，有监督员38人。

健康教育所　新城区健康教育所为新城区卫生和计划生育局属二级单位，编制数8人。

第二章 体制改革

第一节 基本药物制度改革

2009年8月18日,根据国家发改委、卫生部等9部委发布的《关于建立国家基本药物制度的实施意见》《国家基本药物目录管理办法(暂行)》《国家基本药物目录(基层医疗卫生机构配备使用部分)》,新城区对医疗单位、药店药物的采购进一步规范,药物流通、管理职责更加明确。

2012年9月21日,卫生部发布《国家基本药物目录》。2013年5月1日起,新城区施行国家基本药品目录制度。将基本药物全部纳入基本医疗保障药品目录,报销比例高于非基本药物,降低个人付费比例。2015年,药品全部零差价销售。

第二节 基层医疗卫生服务体系建设

2001年,新城区有38个社区卫生服务站。

2006年,新建讨思浩村标准化卫生室。

2007年,建成4个社区卫生服务中心、保合少、毫沁营中心卫生院和25个标准化村卫生室。

2008年,投资300万元,建成启用毫沁营和保合少卫生院。新建、改建社区卫生服务中心3个。投资100万元,改善城乡医疗站(所)的医疗条件。城乡医疗服务网络实现全覆盖。

2009年,投资790万元,启动建设成吉思汗大街街道社区卫生服务中心,改扩建东西街社区卫生服务中心。

2010年,续建成吉思汗大街街道办事社区卫生服务中心,改扩建东西街卫生服务中心,新建海拉尔东路、迎新路、锡林郭勒北路3个街道社区卫生服务中心,改善为群众提供医疗服务的基础条件。

2011年,续建海拉尔东路、迎新路、锡林郭勒北路等3个社区卫生服务中心。

2012年,新建、改扩建5个社区卫生服务中心和2个乡(镇)卫生院。

2013 年，建成奎素等 4 个村卫生室，启用成吉思汗大街街道等 3 个社区卫生服务中心。新城区有东西街、锡林郭勒北路、东风路、海拉尔东路、迎新路等 5 个政府举办的社区卫生服务中心，43 个社区卫生服务站。社区医疗机构医师总数 209 人，护士 166 人，蒙中医师 105 人，社区卫生服务全覆盖、形成“十五分钟健康服务圈”。农区设有 2 个卫生院、28 个村卫生室，实现农村基层医疗卫生机构的全覆盖。

2014 年，5 家社区卫生服务中心与内蒙古医院、国际蒙医院等三甲医院建立合作关系。

2015 年，根据呼和浩特市人民政府《关于印发呼和浩特市城市公立医院综合改革方案》《呼和浩特市公立医院事业单位法人治理结构试点工作实施方案》文件精神，建立《新城区医院理事会章程》《新城区医院监事会章程》。根据医改要求，新城区医院制定《岗位设置聘用管理办法》，人员实行全院聘任制。开展 5 个专业 20 个病种的临床路径管理工作。优化门急诊环境和流程，方便患者就诊。落实家庭医生签约服务。优质医疗资源向基层延伸，保合少卫生院与内蒙古医院建立医疗联合体。建成的村卫生室建筑面积均达到 120 平方米以上。迎新东社区卫生服务中心通过与国际蒙医院合作，引进具有国际特色的蒙医诊疗服务团队为辖区居民服务，建立儿童脑瘫康复病房。建立“名医工作室”，锡林郭勒北路社区卫生服务中心与内蒙古中医院联合建立“康复理疗名医工作室”。成吉思汗大街社区卫生服务中心与内蒙古自治区人民医院联合建立“心血管内科和眼科名医工作室”。东西街社区卫生服务中心与自治区医科大学附属医院联合建立“外科和妇科名医工作室”。名医工作室坐诊专家共有 17 名，受益群众 1 万余人。印发新城区《医疗联合体建设试点工作方案》和《医疗联合体工作推进方案》，启动医疗联合体建设试点。

2016 年，新城区推进自治区妇幼保健医院、精神卫生中心和蒙中医院外科大楼建设。迎新路社区卫生服务中心等 3 家医疗卫生机构与自治区三甲医院建立“医疗联合体”。东风路社区卫生服务中心被确定为自治区“医养结合”服务试点。

2017 年，新建社区卫生服务中心 5 处，标准化卫生室 23 处，基层医疗服务体系实现全覆盖。分级诊疗格局初步形成，设置名医工作室 13 个，7 家医疗卫生机构加入以三甲医院为核心医院的医疗联合体。家庭医生签约服务 2603 人。

第三章　医　疗

第一节　医院及设备

2017年,新城区有各类医疗机构481家,一级医疗机构18家,二级医疗机构6家,三级医疗机构6家,门诊部21家,厂矿医务所室24家,个体中医诊所74家,西医诊所80家,口腔诊所63家,社区卫生服务中心11家,服务站43家,卫生院2家。村卫生室28家,村卫生所105家。

内蒙古自治区第三医院(内蒙古精神卫生中心)　始建于1960年,是自治区建院最早、规模最大、人才聚集、设备最先进的三级甲等精神疾病专科医院。为集精神(心理)疾病预防、治疗、康复、教学、科研为一体的综合性医疗机构。是内蒙古医科大学精神病学与精神卫生学的临床医疗、人才培训与科学研究基地。2017年,正式增名为内蒙古医科大学附属精神卫生中心。为第二批国家级住培基地和内蒙古医科大学附属医院全科医师协同基地。

医院共有2个院区和1个康复中心,总占地面积近20万平方米,总院占地3.16万平方米,康复中心占地1.5万平方米,在建新址占地14.7万平方米。职工852人,专业技术人员794人,高级职称112人,开放床位820张。内设临床科室21个,医技辅助科室13个,职能后勤科室26个。医院门诊设有精神科、睡眠障碍科、中医科、蒙西医科、神经内科、老年科、记忆门诊等,同时设有妇科、眼科、耳鼻喉科、口腔科等综合诊室,提供精神疾病司法鉴定、心理咨询等服务项目。设有15个病区,精神科病区7个,老年病区2个、神经内科病区2个、心理病区、心身病区、急诊病区以及睡眠医学中心等。

医院拥有全新的高科技设备和先进的医疗仪器,医院的睡眠医学中心、心身健康体检保健中心、临床心理中心、老年心理卫生医疗中心、抑郁症治疗中心、神经内科疾病治疗与康复中心、药物依赖治疗与康复中心、重性精神疾病治疗与康复中心及儿童青少年心理卫生医疗中心是自治区特色专科。医院年门诊量20余万人次,年住院患者5500余人次,服务范围覆盖内蒙古自治区全区,辐射西北、华北以及蒙古国部分地区。

内蒙古自治区第四医院(内蒙古胸科医院)　暨内蒙古自治区突发公共卫生事件医疗救治中心,前身是内蒙古自治区结核病院。成立于1953年,占地面积33.47万平方米,是集传染病医疗、预防、科研、教学、培训、技术指导以及突发公共卫生事件医疗救治为一体的省级专科医院。

医院主要业务范围是以传染病防治为主，防治结合，主要负责结核病、SRAS、人禽流感和不明原因肺炎等呼吸道传染病，肝炎、痢疾等消化道传染病，虫媒传染病以及经血液和性传播的各类传染病的防治工作；负责重大食物中毒、职业中毒、群体不明原因疾病、各种自然灾害、突发事件所引发疾病等的医疗救治工作。同时，医院设置综合医疗科室以满足周边居民的医疗、保健需求，有胸外科、心外科、肿瘤科、骨科、妇科、急诊科、ICU 等，形成以传染病防治、突发事件救治为主，同时提供常规医疗服务的"大专科、小综合"的医疗格局。为内蒙古自治区首家与国家级传染病医疗机构开展合作的医疗单位。

内蒙古自治区第四医院采用 HIS、LIS、PACS 数字化管理系统。主楼和三座辅楼按国际标准传染病房设计，全部为负压通气病房，设有国内先进的中央控制和监测系统以及物流传输系统。医院拥有的大型医疗设备有 64 排 CT、核磁共振、数字平板血管造影机(DSA)、带导航系统的中型 C 型臂 X 光机、DR、CR、大型 X 光机、电子内窥镜系统、关节镜、腹腔镜、全身彩色超声扫描系统、高压氧舱、动态心电分析系统、肌电图诱发电位仪、肺功能体容积测试仪、全自动微生物分析系统、大型全自动生化检验系统、病理冰冻切片机、病理脱水机、床旁血液净化系统等。筹备 P3 级生物安全实验室。

内蒙古自治区中医医院　与内蒙古自治区中医药研究所合署办公，其前身为内蒙古自治区中蒙医医院(始建于 1958 年)和内蒙古自治区中蒙医研究所(始建于 1956 年)。2013 年，正式更名为内蒙古自治区中医医院。内蒙古地区唯一一所集医疗、教学、科研、康复、保健、制剂、养生于一体的自治区级三级甲等综合性中医医院，是广州中医药大学附属内蒙古中医医院和内蒙古医科大学中医附属医院、内蒙古医科大学中医临床医学院，并入选国家中医药传承创新工程项目建设单位。是内蒙古自治区唯一一家国家中医住院医师规范化培训基地、中药临床药师培训基地及国家中医药优势特色教育培训基地。

医院占地面积 2.5 万平方米，总建筑面积达 8 万平方米，业务用房面积达 7.6 万平方米，编制床位 1000 张，职工 878 人，专业技术人员 737 人，中高级职称 389 人；博士学位 12 人，硕士学位 125 人。

有院士专家工作站 1 个；国家名老中医传承工作室 6 个；全国老中医学术经验继承工作导师 6 名；国医大师提名人 1 名；全国名中医提名人 1 名；自治区名中医 15 名；自治区老中医学术经验继承工作导师 18 名；全国卫生计生系统先进工作者 1 名；自治区"突出贡献专家"2 名；自治区"五一劳动奖章"获得者 2 名；自治区"草原英才"9 名；享受政府特殊津贴人员 6 名。

医院设有临床科室 45 个，医技科室 9 个，病区 26 个。卫生部临床重点专科 2 个(肛肠科、肾病科)，国家中医药管理局重点学科 2 个(急诊科、肛肠科)，国家中医药管理局重点专科4个(内分泌科、肾病科、肛肠科、心病科),国家三级实验室1个(中药分析实验室),内蒙古自治区领先学科1个(心病科),内蒙古自治区临床重点专科2个(肛肠科、肾病科),内蒙古自治区卫生计生委领先学科7个(肺病科、肛肠科、骨伤科、急诊科、内分泌科、肾病科、心病科),内蒙古自治区卫生计生委重点学科3个(护理部、脑病科、肿瘤科),内蒙古自治区重点实验室1个(道地药材种植标准化与质量评价工程实验室),内蒙古自治区卫生计生委重点实验室1个(中药鉴定学),内蒙古自治区蒙中医药管理局中医特色重点专科6个(脾胃科、肺病科、脑病科、肿瘤科、骨伤科、ICU)。

医院有1.5T核磁、双板DR、64排螺旋CT、移动DR、超高档心脏彩超、高档动脉血管检查彩超、高档腹部彩超、超清奥林巴斯胃肠镜、全自动检验流水线、血液透析机、多功能红外线治疗仪、动静态平衡检测评估训练系统、智能红外艾灸治疗仪、磁振热治疗仪、冲击波治疗仪、全身药物熏蒸治疗仪等大型先进医疗设备及中医特色诊疗设备。

解放军第二五三医院 占地面积33万平方米,设有临床科室30多个、医技科室10余个,开展专业50多个,为集医疗、教学、科研和战备为一体的现代化综合医院。有全军重点学科中医科、原北京军区免疫检测研究中心、原北京军区烧伤研究诊疗中心、原北京军区骨科研究诊疗中心、原北京军区优生优育技术中心、原北京军区部队网络医疗服务中心等重点学科5个;内蒙古自治区防盲治盲中心、内蒙古自治区烧烫伤整形治疗中心、内蒙古自治区残畸矫治康复中心等内蒙古自治区中心3个;普通外科、心胸外科、心肾内科、神经科等医院重点科室4个。

医院购进美国瓦里安图像引导医用直线加速器、美国通用医疗1.5T超导核磁共振(MR)、64排螺旋CT、菲立普双排螺旋CT、C形臂、数字减影仪、彩色多普勒超声诊断机、直接数字化X线摄影(DR)、血液透析机、腹腔镜、宫腔镜、关节镜、椎间盘镜、全自动生化分析仪、电子胃镜及内窥镜下电子多探头超声系统、癫痫精确定位系统、数字化体外碎石机、膀胱镜、前列腺汽化电切刀、前列腺腔内场效消融仪、大型热疗仪、医用空气加压氧舱、德国Drager麻醉机、动态心电图机及ICU、CCU病房监护设备、奥洛克系统、凝固刀、利普刀、瑞士共振吸脂减肥仪、以色列飞顿II号激光等大型新设备。

新城区医院 1958年成立,位于呼和浩特市新城区哲里木路77号,是一所集医疗与护理、医学教学与研究、卫生医疗人员培训、卫生技术人员继续教育、保健与健康教育为一体的综合性公立医院。1992年,评定为国家"二级乙等医院",1997年,评定为"二级甲等医院"。2007年,在二级医院复审时由于硬件条件所限重新评定为"二级乙等医院"。兼有新城区东西街社区卫生服务中心职能,为辖区内10万多社区居民提供健康服务。

新城区医院用地面积3500平方米,建筑面积为6600平方米。编制床位100张,开放床位100张。2017年,全院在编职工104名,其中卫技人员95人,医师44人,护士32人,医技19人。外聘人员88人。设有内科、外科、妇产科、儿科、眼科、耳鼻喉科、口腔科、中医康复科、中医科、急诊科、麻醉科、检验科、医学影像科、社区科、药局、药械科、体检科、感染性疾病科、预防保健科、无痛门诊、肛肠门诊、病案室、供应室 23 个临床及辅助科室。年门诊量平均 4.28 万人次，年住院量平均 1424 人次，年手术平均 276 例，年住院平均分娩 223 例，年抢救危重病人平均 12 人次，治愈好转率 70%，病床使用率 38%。

医疗设备有进口全自动生化分析仪、数字化摄影系统 DR、进口 B 超机、彩超机、脑彩超、心电遥测监护仪、TCT 分析仪、彩色多普勒诊断仪、电动手术床、电磁波谱治疗仪、吞咽言语康复仪、红光治疗仪、可视人流系统、数码电子阴道镜、非接触式眼压计、A/B 超声诊断仪、CO_2 激光治疗仪、除颤监护仪、全自动免疫分析仪、细菌鉴定药敏分析仪等大型全面的康复设备。

第二节　医疗队伍

2001 年，新城区卫生系统有职工 455 人，卫生技术人员 401 人，占总人数 88.13%，初级技术人员 246 人，占总人数 54.1%，中高级技术人员 155 人，占总人数的 34.1%。

2001 年以来，新城区坚持每年选派 20 多名医疗技术骨干到新城区内外各大医院长期进修学习或短期培训，提高医疗卫生技术人员的专业水平和综合能力。开展各类培训班、技能比赛提高理论水平及实际操作能力。创建名医工作室，聘请知名专家进行坐诊，提供优质的医疗服务。

2009 年，新城区公开招聘卫生技术人员 40 名，基层医疗队伍得到充实。

2011 年，通过公开选调方式，招考卫生技术人员 19 名。

2013—2015 年，通过全市公开招聘的方式，面向全社会招聘 81 名卫生专业技术人员。2015 年分配定单定向医学毕业生 3 名。

2015 年 1 月，7 家基层医疗卫生服务机构分别与内蒙古自治区人民医院、内蒙古自治区医科大学附属医院、内蒙古自治区中医医院签订名医工作室合作协议。名医工作室落户新城区，实现大医院名医优质资源下沉基层，方便老百姓就近寻名医看病，有效分流缓解大医院患者拥挤局面。同时带动培养基层医务人员诊疗水平，提升卫生服务能力。9 月，新城区医院建立与内蒙古自治区人民医院联盟院远程会诊。

2016 年 5 月，新城区医院建立与呼和浩特市第一医院远程会诊。医院与内蒙古自治区人民医院、内蒙古中蒙医院、内蒙古第三医院、呼和浩特市第一医院等多所医院签订医疗联合体。

2017 年 11 月，新城区医院与新城区毫沁营镇、保合少镇卫生院、东风路社区卫生服务中心、海拉尔东路社区卫生服务中心、锡林郭勒北路社区卫生服务中心、东西街社区卫生服务中心结为医共体。确保患者医疗安全和全程治疗的“双方转诊协议书”。开辟与多家医院的“绿色通道”,使医院危重患者可直接转诊入住签约上级医院病房、而上级医院的康复患者,可直接转回医院接受进一步康复治疗,做到资源共享。

截至2017年,新城区各类医疗机构有3793人。有执业助理医师1026人,执业医师932人,全科医生3人,注册护士1249人,药师(士)203人,技师(士)143人,检验师(士)107人,其他336人。研究生学历104人,本科学历968人,大专学历1564人,中专学历864人,技校14人,高中及以下学历279人。基础医学11人,预防医学61人,临床医学360人,医学技术111人,口腔医学35人,中医学196人,护理学776人,药学161人,卫生管理33人。正高职称141人,副高职称375人,中级职称637人,助理(师)级职称870人,员(士)级职称812人。乡村医生有61人,其中高中及以下学历14人,中专学历40人,大专学历7人;有乡村医生证52人,有执业助理医师证7人,有执业医师证2人。

第四章　疾病防治

新城区疾病预防控制中心位于新城区110国道北侧,2009年,由区政府投入3300余万元开工建设,2012年,建成投入使用。占地面积约0.96公顷,建筑面积为7730平方米,中心使用面积为5212平方米。中心大楼一楼为办证大厅、X光室、冷链室,二、三楼为办公室,六楼为中心实验室。2016年6月,启动内部办公和中心网站,文书工作可通过网络平台进行传输,彻底实行无纸化办公。2017年,实验室通过省级计量认证,开展水质检验项目17项,投入使用3个负压生物安全2级实验室。

第一节　计划免疫

进入新世纪,新城区完善和健全疫苗使用和管理相关制度,规范疫苗流通和强化疫苗管理。统一疫苗渠道,统一冷链无缝对接配送,保证疫苗的有效供应。严格疫苗的储存与运输。保障疫苗的效价,完善疫苗领发和保管制度,指定专人负责管理。每月对辖区社区卫生服务部和乡镇进行免疫规划工作指导和检查,定期对接种单位进行预防接种情况调查,入户调查。建立脊髓灰质炎、麻疹、新生儿破伤风疫情监测哨点,在3家综合医院建立监测哨点,每月上、中、下旬对3家综合医院AFP病例和麻疹、新生儿破伤风疑似病例进行主动监测。

2017年，新城区预防接种单位配备疫苗储存专用冰箱28台和智能温度监测系统13套，实现温控系统全覆盖。辖区目标儿童接种率达到99%以上。无重大免疫规划事件发生。

2001—2008年新城区一类疫苗接种情况表

表22-4-1

年份	疫苗名称	卡介苗	脊灰	百白破	麻疹	乙肝
2001	应种数	2426	10842	11171	3720	5921
	实种数	2426	10806	11124	3692	5921
	接种率%	100.00%	99.66%	99.57%	99.24%	100.00%
2002	应种数	3012	11035	11259	3672	7535
	实种数	2991	10912	11129	3616	7498
	接种率%	99.30%	98.88%	98.84%	98.47%	99.50%
2003	应种数	2050	14552	12218	3578	6231
	实种数	2046	14336	11998	3541	6216
	接种率%	99.80%	98.51%	98.19%	98.96%	99.75%
2004	应种数	3519	10722	10222	2714	10430
	实种数	3517	10601	10043	2638	10400
	接种率%	100.00%	98.87%	98.24%	97.19%	99.71%
2005	应种数	3154	10791	11337	4157	10511
	实种数	3150	10690	11268	4126	10569
	接种率%	99.87%	99.06%	99.39%	99.25%	99.60%
2006	应种数	3776	13058	12699	3941	15570
	实种数	3748	12959	12639	3883	15533
	接种率%	99.25%	99.24%	99.52%	98.52%	99.76%
2007	应种数	4547	14900	15389	5200	14924
	实种数	4538	14807	15226	5132	14899
	接种率%	99.80%	99.37%	98.94%	98.69%	99.83%
2008	应种数	5403	17865	18314	5780	16535
	实种数	5403	17783	18232	5733	16470
	接种率%	100.00%	99.54%	99.55%	99.18%	99.60%

2009—2011 年新城区一类疫苗接种情况表

表 22-4-2

年份 疫苗名称	2009			2010			2011		
	应种数	实种数	接种率%	应种数	实种数	接种率%	应种数	实种数	接种率%
卡介苗	6259	6259	100.00%	4411	4410	99.90%	7096	7096	100.00%
脊灰	16320	16113	98.73%	14769	14275	96.90%	22677	22546	99.42%
百白破	17913	17671	98.64%	14448	13813	95.60%	23983	23821	99.32%
麻疹	5575	5486	98.40%	5701	5505	96.50%	5550	5513	99.33%
乙肝	3377	3286	97.30%	14348	14083	98.10%	21426	21413	99.93%
流脑	5916	5916	100%	1464	1456	99.40%	11379	11363	99.85%
乙脑	3943	3929	99.64%	2202	2202	100.00%	6449	6442	99.89%
甲肝	2843	2843	100%	1975	1948	98.60%	9193	3193	100%

2012—2016 年新城区一类疫苗接种情况表

表 22-4-3

年份 疫苗名称		卡介苗	脊灰	百白破	麻风	乙肝	乙肝 1	流脑	乙脑	甲肝
2012	应种数	6897	25494	26305	5835	21105	8755	12390	4603	7627
	实种数	6897	25382	26172	5785	21103	8748	12371	4497	7610
	接种率%	100.00%	99.60%	99.50%	99.10%	99.90%	99.9%(及时率:99.8%)	99.80%	97.60%	99.80%
2013	应种数	6635	26280	27495	7431	21258	6688	13377	9929	5690
	实种数	6635	26198	27367	7384	21253	6688	13347	9918	5680
	接种率%	100.00%	99.68%	99.53%	99.36%	99.97%	100.00%	99.77%	99.88%	99.82%
2014	应种数	7470	27445	28864	7046	21812	7476	14567	11142	7475
	实种数	7470	27350	28761	7013	21792	7476	14550	11119	7466
	接种率%	100.00%	99.65%	99.64%	99.53%	99.90%	100.00%	99.88	99.79%	99.87 %
2015	应种数	5525	27525	28355	8786	18516	5541	18662	13037	7158
	实种数	5525	27491	28319	8786	18508	5541	18650	13028	7153
	接种率%	100.00%	99.87%	99.87%	100.00%	99.95%	100.00%	99.93%	99.93%	99.93%
2016	应种数	6462	25128	25186	5394	18610	6467	19118	11590	7434
	实种数	6462	25022	25028	5366	18602	6467	19086	11576	7432
	接种率%	100.00%	99.57%	99.37%	99.48%	99.95%	100.00%	99.83%	99.87%	99.97%

2017 年一类疫苗接种情况表

表 22-4-4

疫苗名称	应种数	实种数	接种率%
乙肝	15440	15433	99.90%
	4784	4764	(及时率)99.58%
卡介苗	4764	4762	99.90%
脊灰	20125	20047	99.60%
百白破	20360	20272	99.60%
麻类	9780	9748	99.60%
流脑(A 群)	9428	9422	99.9%
流脑(A+C)	8247	8240	99.90%
乙脑(基础)	6671	6657	99.80%
甲肝	2619	2615	99.9%
白破	1785	1785	100%

第二节　传染病防治

2001 年，新城区传染病发病率为 68.98/10 万。病毒性肝炎 12.66/10 万；淋病发病率 4.33/10 万；猩红热发病率 0.33/10 万；痢疾发病率 24.65/10 万；梅毒发病率 0.61/10 万。对主要传染病的访视率达到 100%。

2002 年，新城区开展单位卫生达标与卫生示范区建设，提高人民群众的健康水平。

2003 年 3 月下旬，出现输入性“非典型性肺炎”病例，“非典”疫情开始爆发，4 月 10 日，根据市、区两级卫生局的指示，新城区防疫站成立 20 人的流调队伍和 12 人的消毒队，开展 24 小时疫情值班，密切监视疫情动态，落实防治预案，加强疫情监测，做到常抓不懈，杜绝“非典”疫情的再次发生。

2004 年，结核病控制项目启动，成立《新城区结核病项目规划领导小组》，明确把结核病控制列入区、乡两级政府和村民委员会的扶贫工程，并对肺结核患者进行归口管理。

2005 年，新城区针对赛罕区发生的疑似人禽流感病例，从主动监测、摸清底数、保护职业暴露等方面着手，启动禽流感防治工作预案，保证防控禽流感疫情的有效实施。

2006 年，市编办批复新城区防疫站正式更名为呼和浩特市新城区疾病预防控制中心，机构规格为正科级。全球基金第五轮艾滋病项目正式启动。

2007 年，为提升新城区处置突发公共卫生事件能力，组织 2 次卫生应急演练。

2008 年，为加强新城区社区卫生工作的检查指导，成立慢性病防治科，完成疾控大楼建设的图纸设计、地质勘探、地形图设计、可行性研究报告、环境保护评估、大楼立项等工作，开展奥运会期间卫生防疫保障工作。

2009 年，新城区卫生局卫生监督所对辖区一级以上医院和大型社区卫生服务结构进行传染病管理检查，对“创百日平安医院”活动进行检查。新城区医院组织应对传染病(人禽流感)应急演练。提高突发性公共卫生事件的应对能力，增强医务人员的防范意识，通过实地演练，医务人员熟悉操作流程，锻炼技术技能，发现存在的问题及时整改。

2011 年，新城区疾控中心进行模拟报卡演练，提高传染病网络直报能力。辖区 13 家传染病网络直报单位参加演练。举办防控传染病知识培训班，提高农区医疗卫生机构传染病防治水平。

2012 年，新城区保合少镇、成吉思汗大街街道遭受洪涝灾害，新城区卫生局启动应急预案，医疗监督科对受灾的村落传染病防控工作进行监督检查，对区疾病预防控制中心下达卫生监督意见书，要求区疾控中心储备足量的应急药品和消杀药品，做好对受灾村落的消杀工作，宣传和指导两个中心卫生院做好传染病防控工作。对中心卫生院下达卫生监督意见书，要求卫生院按照区疾控指导做好传染病防控管理工作，协助区疾控中心做好受灾村落的消杀灭菌工作，对医疗废弃物应规范回收、合理处置，进行无害化处理，同时做好对卫生专业技术人员传染病防控知识培训，确保受灾村落大灾之后无大疫。疾控中心紧急采取应对措施，出动救灾防病车辆 136 车次，出动工作人员 323 人次。指导进行灾区饮用水及内外环境消毒面积累计达 13.19 万平方米，免费发放消毒药品 1700 公斤，防止灾后传染病的发生。发放灾后防病救灾常识宣传单 5 万余份，出动宣传车 36 车次，开展灾后防病救灾知识宣传。采样受灾地区饮用水检验，对 3 个井水反清行政村的生活饮用水井进行采样检验，确保居民喝上放心水。

2013 年，各级疫情责任报告单位未出现传染病疫情及突发公共卫生事件的瞒报、缓报、谎报等情况，传染病疫情及突发公共卫生事件报告及时率、处理率均达 100%。疾控机构均具有健全的传染病网报系统，实行 24 小时疫情值班制度。

2014 年 2 月，埃博拉病毒疫情开始爆发于西非，是大规模病毒疫情。疾控中心按照上级部门部署要求，采取应对措施，在第一时间做出应急反应，储备防控所需的应急物资，组织全体职工进行埃博拉出血热防控知识培训，对 2 名西非入境和归国人员进行医学观察。截至世界卫生组织宣布疫情结束，辖区内无疫情发生。

2016 年，根据市卫生计生委《关于做好卫生应急综合规范县(区)创建工作的通知》精神，区疾控中心制定各类应急预案和应急处置技术方案 41 个，涉及传染病、重大自然灾害、群体性不明原因疾病、食品安全和职业危害等四大类。规范应急处置程序，投入 35 万余元，装备相关的应急服装、一次性防护服和消杀药品。

2017 年，新城区完成传染病流调访视病例 1275 人次，处理传染病预警 89 起，处理率及处理及时率均达到 100%。在辖区综合医院、各社区卫生服务中心建立艾滋病自愿咨询检测点,完成咨询检测 1279 人份。城市居民艾滋病防治知识知晓率为 86.5%,农村居民知晓率为 80.5%。传染病发病报告发生乙、丙类 17 种 2198 例,报告发疾率 359.07/10 万,无甲类传染病发生,无人感染高致病性禽流感、传染性非典型肺炎发生和突发公共卫生事件发生。发病到前 5 位的依次是乙肝 623 例,发病率为 101.17/10 万;梅毒 309 例,发病率 50.48/10 万;其他感染性腹泻 287 例,发病率 46.88/10 万;手足匚病 215 例,发病率 35.12/10 万;流行性腮腺炎 211 例,发病率 34.47/10 万。

2010—2017 年度新城区乙丙类传染病发病数与发病数前 5 位传染病统计表

表 22-4-5

年份	全年发病	发病率/十万	全年发病前 5 传染病															
			名称	发病数/例	发病率/十万	名称	发病数/例	发病率/十万	名称	发病数/例	发病率/十万	名称	发病数/例	发病率/十万	名称	发疾数/例	发病率/十万
2010	1520	367.73	乙肝	462	111.77	手足口病	297	71.85	肺结核	192	46.45	梅毒	165	39.31	丙肝	92	22.25
2011	2457	433.13	手足口病	771	135.91	乙肝	508	89.55	猩红热	189	33.31	肺结核	187	32.96	其他感染性腹泻	169	29.79
2012	1962	345.53	乙肝	548	96.51	手足口病	346	60.93	梅毒	274	48.25	肺结核	196	34.51	流行性腮腺炎	135	23.77
2013	1895	333.27	乙肝	410	72.11	手足口病	392	68.94	梅毒	286	50.29	流行性腮腺炎	195	34.29	丙肝	168	29.54
2014	2114	366.99	乙肝	585	101.55	手足口病	410	71.17	梅毒	332	57.63	丙肝	172	29.85	其他感染性腹泻	141	24.47
2015	2092	362.15	乙肝	646	111.83	手足口病	343	59.37	梅毒	293	50.72	丙肝	229	39.64	其他感染性腹泻	179	30.98
2016	2002	330.15	乙肝	592	97.62	手足口病	403	66.46	梅毒	288	47.49	丙肝	177	29.18	其他感染性腹泻	161	26.55
2017	2198	359.06	乙肝	623	101.77	梅毒	309	50.47	其他感染性腹泻	287	46.88	手足口病	215	35.12	流行性腮腺炎	211	34.47

第三节　重点传染病预防控制

艾滋病防控　2001—2007 年,疾病预防控制中心工作人员定期前往艾滋病感染高危人群活动场所,开展主动宣传干预工作,改变高危人群行为方式,达到防控艾滋病的目的。

2008 年,外展干预暗娼 739 人次、男男性接触者 1102 人次、流动人群 711 人次。接受艾滋病咨询 559 人次,其中进行 HIV 检测 486 人,发放安全套 7504 只,发放宣传材料 2500 余份,发放艾滋病咨询检测卡 2552 张。

2009 年,外展干预暗娼 1550 人次、流动人群 1880 人次。接受艾滋病自愿咨询 213 人次(包括咨询电话),其中进行 HIV 检测 192 人,结果均为阴性;发放安全套 8690 只;发放宣传材料 3430 余份(暗娼 1550 份,流动人群 1880 份);发放艾滋病自愿咨询检测卡 3430 张(暗娼 1550 张,流动人群 1880 张)。

2010 年,进行外展干预暗娼 598 人,干预注射吸毒人群 100 人,自愿咨询检测(VCT) 667 人,发放安全套 2995 只(暗娼 2495 只,吸毒人群 500 只),发放宣传材料 599 份(暗娼 499 份,吸毒人群 100 份)。

2011 年,辖区接受 HIV 抗病毒治疗的感染者 9 例,服药依存率为 100%。外展干预暗娼 909 人,发放安全套 4545 只,宣传材料 1000 余份。开展自愿咨询检查服务 800 余人,其中有 780 人进行 HIV 抗体筛查和梅毒检测,均为阴性。发放各类 VCT 宣传材料 800 余份。对各类医疗工作人员进行性病艾滋病防治知识培训,累计培训 400 余人次。

2012 年,外展干预暗娼 1614 人次,自愿咨询检测(VCT)633 人,发放安全套 1.25 万只,发放宣传材料 2000 余份。随访 51 例 HIV 感染者和病人,为 13 例艾滋病病人发放药品(新治疗 3 例艾滋病患者),在辖区建筑工地开展艾滋病哨点的监测工作,调查问卷400 份,采集血样 400 份,发放宣传材料 400 余份。完成 300 份城市居民梅毒知晓率调查工作和 200 份大众人群健康调查问卷工作。

2013 年,外展干预暗娼 1614 人次,自愿咨询检测(VCT)662 人,发放安全套 1.61 万只,发放宣传材料 2000 余份。在建筑工地开展艾滋病哨点的监测工作,完成调查问卷 400 份,采集血样 400 份,发放宣传材料 400 余份,经检验艾滋病、梅毒、丙肝抗体阴性。调查城镇居民艾滋病健康 200 人,及时随访 71 例 HIV 感染者和病人,为 25 例艾滋病病人发放药品(新治疗 11 例艾滋病患者),完成所有服药患者的随访及 CD4 检测。

2014 年,外展干预暗娼 956 人次,自愿咨询检测(VCT)654 人,发放安全套 9560 只,发放宣传材料 1500 余份。辖区建筑工地开展艾滋病哨点的监测工作,完成调查问卷 400 份,采集血样 400 份,发放宣传材料 400 余份,经检验丙肝阳性 1 人,艾滋病、梅毒均为阴性。城镇居民艾滋病健康调查 200 份,流动人群艾滋病健康调查 200 份。辖区 HIV 感染者

114例，呈上升趋势。为54例艾滋病病人发放药品(新治疗24例艾滋病患者)。对所有服药患者进行随访及部分患者的病毒载量和CD4检测工作。

2015年，按照《第三轮全国艾滋病综合防治示范区工作实施方案》要求，4月7日启动项目。在各社区卫生服务中心(站)开展免费艾滋病检测咨询服务。印制艾滋病、性病、丙肝宣传画1000余套，宣传折页3000余份，在辖区300余家各类公共场所、医疗机构进行发放、张贴，制作小礼品1500余份并发放。开展艾滋病的宣传干预工作，到各初高中、大、中专院校，发放艾滋病防治宣传知识光碟，艾滋病、性病、丙肝防治知识宣传画以及宣传折页，使辖区大中专院校、中学学生掌握艾滋病防治知识。累计报告住址在新城区的艾滋病感染者和病人147例，对71人进行CD4检测，对29例服药患者进行病毒载量检测，对所有感染者和病人进行随访，按照上级业务部门的安排全部将服药患者转诊到呼和浩特市第二医院。发放宣传材料500余份，完成调查问卷400份，采集血样400份，对血样进行HIV、梅毒、丙肝检验，检验结果均为阴性。外展干预暗娼837人次，自愿咨询检测(VCT)852人，发放安全套1000余只，发放宣传材料1000余份。完成200份城镇居民艾滋病健康调查。对各医疗机构开展性病、艾滋病报告管理情况检查指导。

2016年，辖区内艾滋病感染者和病人205例，132人进行CD4检测和结核病筛查，147人进行结核病筛查。外展干预暗娼911人次，自愿咨询检测(VCT)157人，发放安全套9000余只，发放宣传材料900余份1300人份自愿咨询检测，HIV和梅毒均为阴性。开展2次艾滋病宣传活动，发放宣传册1000余份，500余人进行咨询。

截至2017年，累计报告住址在辖区内艾滋病感染者和病人280例。CD4检测和结核病筛查237人，结核病筛查213人。外展干预暗娼786人次，自愿咨询检测(VCT)226人，发放安全套8000余只，发放宣传材料500余份。安排各社区卫生服务中心和两家综合医院开展免费的艾滋病咨询检测，1300人自愿咨询检测，HIV和梅毒均为阴性。利用工地工人中午休息时间进行调查问卷的填写和采集血样，发放宣传材料400余份，完成调查问卷400份，采集血样400份。

结核病防控　通过与定点医院紧密联系，及时接诊并收治新城区辖内肺结核病患。主动发现病人，并进行免费服药、免费诊疗，从而达到控制结核病流行的目的。

2008年，初治涂阳病人124例，复治涂阳病人2例。

2009年，发现涂阳病例95例，涂阴17例，对结核病患者进行全面督导27次，督导结核病患者44人次，及时发放结核病药品。

2010年，接诊患者912例，涂阳88例，复治涂阳4例，涂阴52例，全面督导病患147次。

2011年，接诊初诊结核病患者930例，发现新涂阳病人95例，同时发现复治涂阳病人1例，涂阴病人48例。完成1300人次的结核病患者和可疑症状者的痰涂片检查工作。

制作宣传笔2万支并且发放完毕。全面督导辖区结核病患者108次,随访病人80人次。

2012年,接诊初诊病人1062人,发现病人160例,复治涂阳1例,完成1400余人次痰涂片检查。督导病患108次,随访病人140人次。规范结核日志的使用,指导病人正规填写服药卡,解答病患因服用抗痨药引起的不适出现的疑问。

2013年,接诊初诊病人651人,发现病人70例,涂阳15例。对内蒙古工大3名结核病患病学生开展流调、隔离治疗72名密切接触者。指导学校加强传染病管理,防止传染病发生。举办新城区卡介苗接种培训班,辖区卫生院、街道防保站的负责人和接种人员共86人参加培训。

2014年,按照8月15日市卫生局结核病防治工作会议精神,从9月1日起,执行定点医院的结核病防治新模式。接诊结核病可疑症状者205人,发现结核病患者41例,其中涂阳患者9例,涂阴病人32例,追踪病人和肺结核病可疑症状者47例,到位42例,因死亡或其他原因未到位5例,追踪率100%,追踪到位率90%,筛查涂阳肺结核病人密切接触者26例,实验室查痰初诊病人203人次,随访查痰225人次。

2015年,有4名延长疗程的患者在中心治疗。追踪病人15例。处理结核病疫情2起,呼和浩特市民族教育学院1例外地涂阳患者入学,经痰检检测出其痰标本仍为阳性;1起呼和浩特市精神卫生康复医院合并肺结核患者的报告诊治问题,经与市结防所和医院协商并结合工作实际进行妥善处理。管理病人23例。

2016年,由定点医院(呼和浩特市第二医院)发现并治疗的辖区结核病患者18例,涂阳患者2例,均为复发病例,涂阴患者6例,胸膜炎患者1例,未痰检患者10例。网报结核病可疑患者99例,16例在院治疗。

截至2017年12月1日,辖区医院网报肺结核病人及可疑症状者111人,均开展追踪工作,除2例追未到和部分住院治疗的患者外,有67例病人到位治疗或排除,总体到位率97%。

手足口病防控　每年安排专人至学校和托幼机构主动指导手足口病等肠道传染病的防控工作,发生两例以上病例的学校和托幼机构及时停班和停园。

2010年,累计诊断病例292例,较2009年发病率同期下降480.82%。仅1例重症病例,无死亡病例。指导托幼机构和学校20家次,停园或班级1次。

2011年,病例626例,较2010年同期上升114.35%。经随访痊愈626例,26例重症病例,无死亡病例,其中11例为新城区病例。其余15例为外地住内蒙古第四医院病例。因手足口病例关闭23所幼儿园(班)。

2012年,采集100份咽拭子,检测100份样本,其中EV71阳性0份、CVA16阳性5份、其他肠道病毒阳性7份,其余均为阴性。病例272例,较2011年同期下降56.54%。经随访痊愈272例,26例重症病例,无死亡病例,其中11例为新城区病例。其余15例为外地住内蒙古第四医院病例，因手足口病例停课 3 个班。

2014 年，手足口病疫情 318 例，因手足口病例关闭 9 所幼儿园(班)。调查处理 33 例重症手足口病病例，其中 11 例为本区病例，其余 22 例为外地住内蒙古第四医院病例。采集手足口病咽拭子 150 份。

2015 年，采集手足口病咽拭子 128 例，发生手足口病 92 例，其中重症手足口病例 28例。

2016 年，发生手足口病 55 例，和 2015 年同期相比下降 40.22%，重症 5 例，日常监测采样 120 份。

2017 年，手足口病日常监测采样 120 例，辖区发生手足口病 215 例，无报告手足口病重症。

布鲁氏菌防治　需要多部门联防联控、综合防治、协调配合，有效控制布病疫情的发生和发展，与区畜牧部门沟通，共同开展布病的防治工作。按照有关规定对疫情进行报告，向相关部门通报人间布病疫情信息，共同调查处理畜间疫情暴发点。畜牧部门根据卫生部门提供的人间布病病例分布情况，开展灭点查源工作。

2010 年，布病病例 97 例，较 2009 年同期相比，发病率明显升高。为控制布病的发生和发展，中心对每例病例都进行流行病学调查。定期下到发病率较高的村庄，进行布病防治知识的宣传教育，免费发放消毒药品在全区农区开展布病发病人群基线调查，调查170余人。

2011 年，确诊患者 79 例，其中农民 75 例，占发病率的 94.94%。城区居民 4 例，占发病率的 5.06%。男性患者 58 人，占发病率的 73.42%。女性患者 21 人，占发病率的26.58%。中心对确诊的布病患者进行逐一入户流调督导，进行建档管理，组建区、乡、村三级督导网络，对病人进行全程督导治疗。印制 5000 余份宣传手册，在 26 个行政村制作并悬挂 52 套宣传栏，粉刷 52 条墙体宣传标语，为养殖户发放 1000 多公斤消毒药品。

2012 年起，对所有确诊的布病患者全部进行入户流调督导建档管理，每年提供发病患者家庭约 100 公斤消毒药品，并指导其对牲畜饲养场所和居家进行消毒。新发布病 53 例，所有布病患者建立区、乡、村三级督导网络，在乡村医生中选定责任心较强的医务人员作为布病督导员，其所在区域的布病患者进行日常督导管理及宣传干预，利用流动宣传车在保合少镇、成吉思汗大街街道办事处的 26 个行政村中开展布病防治知识的宣传和干预工作，对 1000 名布病高危人群开展筛查工作，阳性率为 0.2%。

2013 年，新增布病病例 27 例。在保合少镇和成吉思汗大街街道办事处对 500 名布病高危人群开展布病筛查，采集血样 500 份，经检验阳性 14 名。印制宣传布病雨伞 3000 把，印制布病宣传手册 5000 册，辖区 26 个行政村中开展布病防治知识的宣传，举办 2 期乡村医生培训班，对所有确诊的布病患者进行入户流调督导，并全部进行建档管理，为发病患者家庭免费发放消毒药品200多公斤，指导其对牲畜饲养场所和居家环境进行彻底的消毒。

2014年,新发布病37例,在保合少镇对450名布病高危人群开展布病筛查,采集血样450份,经检验阳性2例。对所有确诊的布病患者进行入户流调督导建档管理,提供给发病患者家庭消毒药品100多公斤,指导其对牲畜饲养场所和居家进行消毒。

2015年,报告病例27例,新发病例26例,规范治疗26例,采集血样500余份。对保合少镇和成吉思汗大街街道办事处从事饲养、放牧、屠宰、畜产品加工等布病高危人群逐村逐户开展布病采血筛查工作,开展健康宣传教育、发放防治宣传册、发放消毒药品和防护用品等工作,逐步提高高危人群的防护意识。

2016年,报告布病新发病例17例,发病率明显低于往年。对25名布病职业人群开展布病宣传与行为干预工作,发放宣传品100余册,干预包25个。采取地毯式的布病高危人群筛查监测,采集血样314份,出动流动宣传车25台次,发放防治宣传册1000余册、发放消毒药品90瓶、布病防治干预包300个。

2017年,布病新发病例17例,发病率与2016年持平,走访90户重点养殖户,出动40台次流动宣传车,发放1500余册防治宣传册、发放140余个宣传干预包,筛查保合少镇和成吉思汗大街街道办事处高危人群,共采集血样500份,琥红平板凝集试验阳性10人,SAT滴度1∶100++及以上3人,其中新发病例2例。

禽流感防控 每年对辖区禽类养殖场和宰杀禽类的农贸市场进行养殖、宰杀禽类的工作人员血采样、禽类的粪便采样、禽类的食品采样、环境采样,送市疾控中心检验。

2010年,采集养殖、宰杀禽类的工作人员血样50份、禽类的粪便120份、禽类的食品样120份,环境120份。

2011年,选取两个家禽规模养殖场(户)作为日常监测哨点,进行常规疫情监测,没有发现发热病人、家禽大量死亡现象。

2012年,采集鸡粪及鸡笼表面共计120份、采集养鸡人养鸽人员血样100份。

2013年3月,在上海市、安徽省、浙江省等地发现H7N9人禽流感,为有效防范H7N9人禽流感救治及疫情传播工作,保障人民群众健康和生命安全,有序地开展H7N9人禽流感的预防控制工作,根据《中华人民共和国传染病防治法》《突发公共卫生事件应急条例》《全国不明原因肺炎病例监测、排查和管理方案》和《人感染H7N9禽流感诊疗方案(2013年第1版)》等国家相关法律、法规要求,新城区疾控中心下发H7N9禽流感控制预案,成立人感染H7N9禽流感防控工作领导小组,加强疫情监测,做好技术储备、物资储备和设备运行等各项工作,开展防控禽流感的各项工作。区疾控中心工作人员到养鸡场和家禽屠宰场,指导从业人员防控H7N9禽流感,走访养鸡场15家,下发消毒药品,对辖区21家养鸡场开展甲型H7N9人禽流感监测，每周电话询问养鸡场职工身体健康状况。检查12

家网报医疗机构，要求设立预检分诊台和发热门诊，确保人感染 H7N9 禽流感病例的及时发现、规范报告、准确诊断和有效治疗，切实保障人民群众的身体健康。加强 H7N9 禽流感防控知识宣传，中心印制专题宣传画 5 万余张，发放张贴到辖区人群密集场所，宣传 H7N9 禽流感防控知识，提高居民防病综合能力。通过各项措施的落实，新城区无 H7N9 禽流感病例发生。

2015 年，选取新城区医院和 2 个家禽规模养殖场（户）作为日常监测哨点，进行常态疫情监测。对辖区 21 家养鸡场开展人禽流感监测工作，每周电话询问养鸡场职工身体健康状况。采样环境标本 62 份，采血 1 份。未报告人禽流感病例。

2016 年，监测辖区 21 家养鸡场人禽流感，未发现人禽流感病例。

2017 年 5 月 31 日，自治区发生 H7N9 病例情况，区疾控中心迅速行动，做好应急物资储备，在原有的应急物资储备基础上，增加储备 14 万余元的应急物资。免费发放 11 万余元防护用品至辖区各街道办事处、卫生服务中心和辖区养鸡场。密切关注国内、区内人感染 H7N9 的疫情动态，及时发现辖区各级各类医疗机构报告的疑似人感染 H7N9 病例和不明原因肺炎病例。针对疫情，组织中心所有业务人员进行 H7N9 防控知识培训，进行针对此次疫情的专项桌面推演。发放各类宣传图册 5000 余册，提高居民个人防病能力。截至 2017 年年底，新城区无 H7N9 禽流感病例发生。

第四节 地方病防治

每年进行辖区内居民食用盐、饮用水进行检测，历年各项指标均在正常范围内。每年对基层鼠疫防治人员进行培训，推进慢性非传染性疾病防控。

一、鼠疫防控

2008 年，探查 18 个行政村鼠密度，经探查除一家村铁路沿线沙土鼠密度较高外，其余均较低。在成吉思汗大街街道生盖营村捕家鼠 53 只送市疾控中心流行性出血热抗体检验，结果均为阴性。捕鼠工作结束后，对生盖营村的灭鼠工作进行业务指导。

2010 年，在野马图村和奎素村捕鼠 52 只送市疾控中心做流行性出血热抗体检验，结果均为阴性。捕鼠工作结束后，对两个村的灭鼠工作进行业务指导。

2011 年，制定《新城区疾控中心鼠疫应急预案》，并完善补充鼠疫应急装备，开展模拟实战的鼠疫应急演练，在保合少镇的 8 个村完成鼠疫监测的野外探查工作。

2013 年，对辖区基层鼠疫防治人员进行培训，在保合少镇和成吉思汗大街街道进行鼠密度调查。

2014 年，对辖区基层鼠疫防治人员进行培训，保合少镇和成吉思汗大街街道 15 个行政村的大青山沿线进行鼠迹探查，布样方 30 个，探查到鼠洞 2 个，野鼠密度低。

二、碘盐监测

掌握辖区居民碘盐食用情况，及时发现问题并采取相应的干预措施。

2008年，全区采集碘盐288份，定量检验全部合格。全区范围内56家商店采集食用盐，半定量检验均合格。对辖区8～10岁小学生进行碘缺乏病甲状腺肿大率调查，共调查270名学生，甲肿率按《全国碘缺乏病防治监测方案》中触诊法进行，小学生甲肿率270名小学生Ⅰ度甲肿2名，肿大率0.74%，未检出Ⅱ度和Ⅲ度肿大的病人。

2010年，采集碘盐288份，定量检验全部合格。

2011年，辖区内8个街道办事处和1个镇，采集居民食用碘盐288份，合格碘盐为285份，3份无碘盐，合格率为98.96%，完成金太阳、毫沁营、保合少、春雷、新民5所小学8～10岁学生尿碘和甲状腺监测工作。

2012年，对8个办事处和1镇，按照东西南北中抽取5个镇、办事处，采集300户居民食用碘盐，每个办事处采集60份，查出4份非碘盐，其余均为合格碘盐，合格率98.67%。

2013年，对辖区8个办事处和1个镇按照东西南北中抽取，采集300户居民食用碘盐，合格率达98.96%。

2014年，对辖区8个办事处和1乡镇按照东西南北中抽取5个镇办事处采集300户居民食用碘盐(每个办事处采集60份)，合格盐293份，合格率98.77%。

2015年，区疾控中心就新城区碘缺乏病防治工作进行自查评估，结果表明新城区完成消除碘缺乏病的工作目标。对东街街道办事处、中山东路街道办事处、海拉尔东路街道办事处、成吉思汗大街街道办事处和保合少镇的5个居委会(村)的300户居民的食用碘盐进行抽样监测。居民碘盐食用率为100%，抽查的300份盐样中，合格碘盐286份，12份盐样碘含量为5～18mg/kg，2份盐样碘含量为≥33mg/kg，碘盐覆盖率为100%。按东、南、西、北、中5个方位，在辖区内抽取5所小学校，对200名8～10岁男女各半儿童尿样进行监测，经检测尿碘中位数为187.3，低于50ug/L的结果12份，占6%，尿碘中位数均达到国家消除碘缺乏病标准，按照《全国碘缺乏病防治监测方案》采取触诊法进行甲肿率监测，无甲状腺肿大。

2016年，对辖区5所小学完成8-10岁儿童碘缺乏病监测工作，采集尿样200人份，碘盐200份，发放宣传材料300份，尿碘中位数为178.4，低于50ug/L的结果17份，占8.5%，达到国家消除碘缺乏病标准。碘盐食用率100%，合格碘盐185份，15份盐样碘含量为5～18mg/kg。甲状腺肿检查按照《全国碘缺乏病防治监测方案》进行甲肿率监测，B超检查200人，无甲状腺肿大。辖区各街道办事处随机抽检采集100名孕妇尿样，采集孕妇食用盐样品，定量检测盐碘含量。尿碘中位数152.3，低于50ug/L的结果9份，占9%；碘盐食用率100%，合格碘盐100份，盐样碘含量均大于18mg/kg。

2017 年，监测辖区 5 所小学完成 8～10 岁儿童碘缺乏病，采集尿样 200 人份，碘盐 200 份。随机抽检采集 100 名孕妇尿样和孕妇食用盐进行检验。

三、生活饮用水监测

2013 年起，新城区为保障居民生活饮用水安全，开始在辖区内进行水质监测。采集水样 52 家，菌落总数超标 18 家，总大肠菌群阳性 8 家，将检验结果反馈卫生监督部门和检测单位。

2014 年，对辖区各行政村、二次供水单位、中小学校和托幼机构采集水样 89 家，经检验菌落总数超标 27 家、总大肠菌群阳性 5 家、游离余氯均低于国标、浑浊度超标 1 家，其余各项指标均在正常范围。

2015 年，采集水样 60 家，82 份。幼儿园采水 20 份，符合国家标准的生活饮用水 18 份，合格率 90%，中小学校采水 5 份，符合国家标准的生活饮用水 4 份，合格率为 80%；二次供水单位及其他采水 20 份，符合国家标准的生活饮用水是 15 份，合格率为 75%，农村采水 6 份，符合国家标准的生活饮用水是 0，合格率为 0。呼和浩特市下达的任务水样 16 家，共采集水样 31 份，符合国家标准的是 12 家，合格率为 75%。区疾控中心及时将检验结果通报卫生监督单位和受检单位。

2016 年，生活饮用水水质监测检测 145 家，呼和浩特市下达的任务水样 31 份（包括出厂水，末梢水，二次供水），31 份全部合格，合格率 100%。中小学校 43 份，38 份合格，合格率 88.4%。幼儿园 10 份，6 份合格， 合格率 60%。农村水样 29 份，23 份合格， 合格率 79%。二次供水 25 份，18 份合格，合格率 72%；其他水样 7 份，2 份合格，合格率 28.6%。菌落总数超标 24 家，总大肠菌群超标 7 家，耐热大肠菌群超标 6 家、大肠埃希氏菌超标 3 家，游离余氯不符合标准的 76 家，氨氮超标 1 家，其余指标均正常。出具检验报告 115 家 345 份。

2017 年，采集生活饮用水水样 215 份，出具检验报告单 215 份。178 份水样合格，28 份不合格，总合格率为 86.9%。农村水样 78 份，61 份合格，合格率为 78.2%，中小学校水样 56 份，53 份合格，合格率为 94.6%，幼儿园水样 49 份，43 份合格，合格率为 87.8%，呼和浩特市任务水样 32 份，30 份合格，合格率 93.8%。

第五节　慢性病防治

慢性非传染性疾病，简称慢性病，是相对于感染性疾病和急性病而提出来的一组疾病的总称，主要是指高血压、心脑血管疾病、恶性肿瘤、糖尿病、精神及神经性疾病等。为减少慢性病并发症、提高居民健康期望寿命，区疾控中心规范社区慢性病相关基本公共卫生服务，基于信息化的综合、连续、全程的健康管理，促进分级诊疗。

2010 年,通过社区就诊和入户调查等对社区 18 岁以上人口进行慢病流行病学调查,调查 1240 人,建立人群健康档案 1240 份,建档率 98.6%。发现高血压患者 419 例,患病率为 33.84%,建立社区高血压患者管理卡 419 份。按照高血压患者危险分层情况进行分级管理,采取就诊随访、电话随访和入户随访的形式开展随访工作,随访 3284 人次,随访率达 87%以上。同时对辖区糖尿病患者、慢阻肺患者等进行随访管理,管理率达 83%以上。落实 35 岁以上首诊患者测血压制度,首诊测血压 320 余人,发现高血压患者 3 例。

2011 年,对 7 个社区卫生服务中心进行指导检查,及时下发 2011 年社区慢病防治指导检查通知。

2013 年,上报重性精神疾病排查病例 710 人,6 月 18—21 日内蒙古精神卫生中心 4 名专家会诊 92 人,其中确诊重性精神病 70 人、待查 6 人、排除 16 人。建立健康档案 30.77 万人,管理高血压病人 2.01 万人,有效管理 1.72 万人,管理糖尿病病人 7527 人,有效管理 6136 人;管理重性精神病 365 人。

2014 年 6 月 13 日,区疾控中心举办 2014 年慢性病管理培训班。辖区各医疗机构、社区卫生服务中心(站)负责人和慢性病专职人员 83 人参加。截至 2014 年,共管理高血压病人 2.08 万人,管理有效数 1.6 万人,糖尿病病人 6995 人,管理有效数 5347 人,重性精神病病人 414 人,远低于 3‰国家重性精神病平均发病率,网报 310 例,未报原因主要为无病情诊断书。报告死亡病例 784 例。对辖区 87 个社区卫生服务中心和 1 个镇卫生院慢性病防治工作进行督导检查。

2015 年,辖区共报告死亡病例 850 例。管理重性精神疾病患者 506 例,规范管理 462 例,远低于 4‰国家重性精神病平均发病率。管理高血压病人 2.28 万人,规范管理 1.97 万人;糖尿病病人 7675 人,规范管理 6549 人。举办慢性病管理培训班,从肿瘤登记、慢性病管理规范及死亡报告等内容进行培训,121 人参加此次培训。

截至 2017 年,新城区累计高血压病人建档 5.3 万人,管理 3.45 万人,糖尿病病人建档 1.9 万人,管理 1.19 万人,重性精神病人在册患者 2190 人,在管 1709 人,管理率 73.29%,服药患者 1220 人,服药率 55.71%。

第六节　宣传培训

为提高辖区人群的传染病防治知识水平,新城区采取多种形式,利用联合国、国家的法定的“3.24 世界结核病宣传日”“4.25 全国免疫接种宣传日”“5.15 碘缺乏病宣传日”“7.28 世界肝炎日宣传”卫生宣传日等时机开展大型宣传活动,开展对辖区大众人群和相关人员宣传工作。进行基层的业务培训工作,提高基层卫生机构应急处置能力。

2008 年,开展大型宣传活动 10 余次,制作摆放展板 40 余块,发放各类宣传资料 4

万多份,接受现场咨询近 2 万人次。开展培训 8 次,培训 1 万余人次。

2009 年,开展大型宣传活动 2 次,制作摆放展板 10 块,发放各类宣传资料 1000 多份,接受现场咨询近 500 人次。开展培训 3 次,培训 900 余人次。

2010 年,开展大型宣传活动 6 次,制作摆放展板 26 块,发放各类宣传资料 8600 多份,接受现场咨询近 5400 人次。开展培训 23 次,培训 520 余人次。

2011 年,各社区卫生服务部、各托幼机构及中小学校医、乡医举办培训班 11 次,参加人次约为 320 人次,组织 40 余名工作人员参加宣传活动,制作 12 条横幅,37 块展板,印发宣传资料 1.25 万余份,接待咨询群众 6200 余人。

2012 年,编印发放宣传单 5 万余份,宣传展板 60 余块,横幅 40 余条,宣传图册 1 万余份。举办各类培训班 34 个,培训 1460 人。

2013 年,编印发放宣传单 2 万余份,宣传展板 30 余块,横幅 10 余条,宣传图册 10 000 余份,刻录语音宣传光碟 10 张,出动流动宣传车 50 余台次,开展多种形式的宣传活动。举办基层疾控人员传染病、慢性病防治知识培训班 7 个,培训人员包括乡镇卫生院工作人员、乡村医生、社区防保站工作人员 1000 余人次,举办辖区中小学校分管校长、保健医培训班 2 次,培训内容包括查验预防接种、学校日常传染病管理以及校医务所室的设置要求,培训 500 余人。

2014 年,编印发放宣传单 1.8 万余份,宣传展板 40 余块,横幅 10 余条,宣传图册 1 万余份,刻录宣传视频光碟 1000 张,印制宣传纸杯 2 万个,出动流动宣传车 50 余台次。举办基层疾控人员传染病、免疫规划、慢性病防治知识培训班 16 个,培训人员包括乡镇卫生院工作人员、乡村医生、社区防保站工作人员 2300 余人次,举办辖区中小学校分管校长、保健医培训班 3 次,培训内容包括查验预防接种证、学校日常传染病管理,培训 630 余人。

2015 年,编印并发放宣传单 2 万余份,宣传展板 40 余块,横幅 10 余条,宣传图册 1 万余份,刻录宣传视频光碟 1000 张,印制宣传纸杯 2 万个,出动流动宣传车 50 余台次。

2016 年,编印发放宣传单 9000 份,宣传展板 16 块,横幅 7 条,宣传图册 3000 份,出动流动宣传车 10 余台次。举办内部培训班 21 个,参加自治区、市、区直培训班 28 次,培训 50 余人次。

2017 年,编印发放宣传单 1.5 万份,宣传展板 27 块,横幅 37 条,宣传图册 8000 份,出动流动宣传车 40 余台次。举办内部培训班 12 个,参加自治区、市、区直培训班 11 次,培训 680 余人次。

第五章　妇幼保健

第一节　妇女保健

2001—2017年,新城区妇幼保健所出台“高危孕产妇管理”“高危儿和高危孕产妇追踪随访”“两癌随访”“孕产妇及新生儿死亡评审”等一系列制度,全区孕产妇系统管理走上制度化轨道。开展早期普查,早孕健卡;高危筛查,制定高危产妇管理方案;落实孕产妇全程服务制度,即产前检查、产中护理、产后访视。每年至少举办2期大型乡村两级妇幼医生培训班,每期培训60～70人。各项妇幼相关指标均有提高,住院分娩率从2003年的48%达到2017年的100%,母乳喂养率由90%提高到93%。孕产妇和儿童系统管理率大幅度提高,孕产妇和5岁以下儿童死亡均有所下降。2004年,新婚姻管理条例实行后,婚前健康检查列为自愿项目,婚检率由2004年的不足10%提高到2017年的70%以上。2017年始,为新城区户籍的产妇所做的产前筛查项目、新生儿遗传代谢性疾病筛查项目、新生儿听力筛查进行一定比例的报销。

第二节　婴幼儿保健

2001—2017年,新城区针对儿童不同时期生理特点,开展系统的卫生保健服务。防治儿童常见病、多发病,制定防治措施,降低发病率,提高治愈率。重点开展7岁以下儿童保健工作,实行婴幼儿保健系统管理,降低新生儿、婴幼儿死亡率。推广科学接生、科学育儿,推行母乳喂养。妇幼保健所每年至少对全区托幼机构进行一次卫生管理检查,把卫生管理列为儿童保健的重要工作。免费服用小剂量叶酸预防出生缺陷项目实施之后,对全区孕妇采取孕前3个月及孕后前3个月普服叶酸措施,有效降低神经管畸形出生缺陷的发生率。

2003—2017年妇幼保健项目实施过程主要数据对照

表22-5-1

年度	总人口数（万）	产妇数	活产数	孕产妇管理			高危管理		孕产妇死亡数	新生儿破伤风		儿童数			5岁以下儿童死亡数				7岁以下保健数		5岁以下营养检查		母乳喂养率%
				建卡人数	系管人数	住院分娩人数	高危产妇人数	高危住院人数		发病数	死亡数	7岁以下	5岁以下	3岁以下	7天内	新生儿	婴儿	1—4岁	保健管理数	3岁以下系数	测体重人数	中重度营养不良	
2003	26.5	754	1475	754	273	711	152	152	0	0	0	17304	12715	6413	7	20	2[illegible]	3	14701	4800	9002	114	90%
2004	42.7	2091	2089	2075	1838	2086	379	379	1	0	0	15143	11335	5527	17	19	22	1	13486	4946	10358	117	90%
2005	35.5	2303	2305	2262	2076	2299	278	278	0	0	0	15704	11304	5836	13	16	19	1	15057	4633	11017	46	87%
2006	35.5	2255	2267	2169	2041	2253	368	368	2	0	0	15595	11145	6736	21	23	24	0	15147	5788	10737	90	88%
2007	42.8	2687	2701	2647	2577	2685	751	751	0	0	0	16068	11822	7506	9	11	16	1	15737	6803	1151[illegible]	150	86%
2008	41.2	3365	3398	3314	3206	3396	864	864	1	0	0	17358	13250	8616	11	12	18	21	16985	8118	12911	94	89%
2009	59.3	3090	3115	3055	2928	3114	997	997	1	0	0	17920	14040	8642	15	15	19	20	17403	7988	13544	115	90%
2010	41.8	3045	3079	2938	2850	3078	1065	1065	1	0	0	20502	15426	9260	12	12	15	16	20082	8587	15015	117	89%
2011	54.3	3801	3830	3628	3556	3830	1243	1243	0	0	0	20459	16161	9717	22	24	28	29	20108	9197	15826	190	90%
2012	40.9	3966	4012	3863	3821	4010	1521	1521	1	0	0	21260	16393	10098	15	16	20	23	21012	9611	16156	188	90%
2013	61.6	3728	3775	3679	3624	3773	1480	1480	0	0	0	21567	16593	10473	21	24	32	35	21366	10089	16393	167	91%
2014	39.3	4361	4411	4317	4244	4409	1502	1502	1	0	0	23933	18930	12148	30	33	34	39	23691	11543	18689	194	91%
2015	45	3732	3781	3688	3653	3780	1496	1496	0	0	0	24262	19515	12190	11	13	18	21	24028	11709	19258	171	93%
2016	61.8	4681	4720	4587	4545	4719	2145	2145	0	0	0	24804	20173	12882	16	22	26	29	24272	12355	19752	153	93%
2017	57.8	5164	5218	5066	4957	5218	3072	3072	1	0	0	26690	21060	13702	20	24	33	35	26165	13101	20615	151	93%

第六章　公共卫生

第一节　病媒生物防治

2001—2017年,新城区开展除“四害”工作,在每年春季对各办事处下发《春季灭蟑活动实施方案》,控制的蟑螂的密度。共举办爱卫月大型宣传活动及全区公益劳动300余次,发放宣传材料35.6万册,宣传单90万份,受教育人数60余万人。在自治区成立60周年和70周年庆祝活动期间,主会场投入技术人员526人次,工程车辆166车次,喷洒灭蚊蝇药剂1458公斤,投放灭蚊蝇药剂1156公斤,投放鼠药2826公斤,投放灭蟑药120公斤,灭蟑针剂3万支,布放毒饵站1.6万个,悬挂捕蝇袋1625个,累计消杀2300万平方米。为有效控制城市鼠害密度,2014年始,为辖区所有居民小区安放毒饵站。至2017年,共安放毒饵站3万个,鼠害密度控制在国家标准内。

第二节　健康教育

2001—2017年,新城区健康教育所开展医疗卫生、公共场所卫生、社区卫生、学校卫生和大众传媒等方面的健康教育,每年进行“亿万农民健康促进行动”相关宣传,宣传结核病、艾滋病、扩大计划免疫、地方病、禽流感、甲型H1N1流感、碘缺乏病等相关知识。每年针对大中专院校、中小学校、托幼机构与教育局共同进行专业培训1次,培训人员160余人次,健康教育普及率98%以上。全区中小学健康教育开课率均达到100%。

2017年,开展网络健康教育和健康教育进社区巡讲活动。在大中专院校、托幼机构开展健康教育、青少年心理问题辅导和控烟工作培训,举办培训、讲座6期。推进“亿万农民健康促进行动”,落实农村初级卫生保健工作,开展农村健康教育。结合创建全国文明城市工作,开展控烟和健康教育督导检查,开展创建无烟医疗机构和公共场所工作。发放健康宣传手册2万余份,出展板150余块、横幅200余条,问卷调查居民健康素养知识水平达到60%。截至2017年年底,共举办健康教育集中培训180余期,培训专兼职工作人员1.65万人,发放健康宣传资料、光碟、宣传折页60万余份。

人物

一、烈士英名录

姓名	性别	民族	政治面貌	出生时间	籍贯	牺牲时所在单位、职务	牺牲时间及地点	评定为烈士时间
王超	男	汉		1989年6月	江西省东乡县	内蒙古铁路职工第一小学学生	2002年12月，呼和浩特市青城公园三角湖	2003年1月28
包力特格尔	男	蒙古	中共党员	1942年10月	内蒙古自治区科右前旗	内蒙古自治区公安厅副厅长	2001年3月17日，在指挥部署缉捕罪犯工作中，因劳累过度突发脑溢血牺牲	2003年10月28日
王志平	男	蒙古	中共党员	1953年6月	吉林省	中共呼和浩特市委员会市委副书记	2008年2月，在市党政办公大楼623室	2008年2月15日

二、荣获市级以上劳动模范、先进工作者名录

姓名	性别	民族	政治面貌	工作单位	受誉时间	称号	授奖单位
袁忠荣	男	汉	中共党员	新城区交管大队	2001年1月	人民满意警察	内蒙古自治区公安厅
李玲生	女	汉	中共党员	新城区交管大队	2001年8月	2001年度呼和浩特市青年岗位能手	呼和浩特市人民政府
李　睿	男	汉	中共党员	新城区房屋征收办	2001年12月	“首府城市建设年”先进工作者	呼和浩特市人民政府
贺希格	男	蒙古	中共党员	新城区人民法院	2001年	个人二等功	内蒙古自治区高级人民法院
贺希格	男	蒙古	中共党员	新城区人民法院	2001年	民族团结进步先进个人	呼和浩特市委、市政府
王继先	男	汉	中共党员	新城区委统一战线工作部	2002年	2002年度内蒙古自治区统战刊物宣传工作先进工作者	内蒙古自治区委员会统一战线工作部
乌日娜	女	蒙古	中共党员	新城区人民法院	2002年	全区法院系统争创“双满意”活动先进个人	内蒙古自治区高级人民法院
关　娜	女	满	中共党员	新城区教育局	2002年	内蒙古自治区第六次民族团结进步模范个人	内蒙古自治区党委、政府
张晓学	男	蒙古	中共党员	新城区人民法院	2002年	全市政法系统先进个人	呼和浩特市委、市政府
白晓宇	女	蒙古	中共党员	名都小学	2002年	教学能手	内蒙古自治区教育厅
张亚萍	女	汉	中共党员	成吉思汗街小学	2002年	教学能手	内蒙古自治区教育厅
陈雁萍	女	蒙古	中共党员	丁香路小学	2002年	教学能手	内蒙古自治区教育厅

续表 1

姓名	性别	民族	政治面貌	工作单位	受誉时间	称号	授奖单位
哈 斯	女	蒙古	中共党员	新城区委统一战线工作部	2003 年	信息工作先进个人	内蒙古自治区党委办公厅
瞿晓春	女	汉	中共党员	实验中学	2003 年	教学能手	内蒙古自治区教育厅
邱春燕	女	汉	中共党员	市第十九中学	2003 年	教学能手	内蒙古自治区教育厅
荆 楠	女	蒙古	群众	市第十九中学	2003 年	教学能手	内蒙古自治区教育厅
兰 琼	女	汉	中共党员	市第三十四中学	2003 年	教学能手	内蒙古自治区教育厅
韩效军	男	汉	中共党员	新城区交管大队	2003 年	抗击“非典”先进工作者	呼和浩特市人民政府
郭雅健	男	汉	民革成员	新城区医院	2003 年	抗击“非典”先进个人	中国国民党革命委员会中央委员会
白晓宇	女	蒙古	中共党员	名都小学	2004 年	全国模范教师	中华人民共和国教育部、人事部
李燕军	男	汉	民革成员	新城区法院	2004 年	内蒙古自治区区指导人民调解工作先进个人	内蒙古自治区人民政府
银利英	女	汉	群众	市第二十一中学	2005 年	教学能手	内蒙古自治区教育厅
陈 融	女	汉	群众	满族小学	2005 年	全国先进实验工作者	中华人民共和国教育部
关 娜	女	满	中共党员	新城区委统一战线工作部	2005 年	2005 年度内蒙古自治区区统战刊物宣传工作先进个人	内蒙古自治区委员会统一战线工作部
乔彦君	男	汉	中共党员	新城区交管大队	2006 年 1 月	个人一等功	内蒙古自治区党委、政府
成 林	男	蒙古	中共党员	麻花板村	2006 年	呼和浩特市第十次民族团结进步模范个人	呼和浩特市委、政府
方玉顺	男	维吾尔	中共党员	保合少镇	2006 年	呼和浩特市第十次民族团结进步模范个人	呼和浩特市委、政府
勇 夫	男	蒙古	中共党员	新城区民族宗教局	2006 年	呼和浩特市第十次民族团结进步模范个人	呼和浩特市委、市政府
李 欣	男	汉	中共党员	新城区地税局	2006 年	呼和浩特市第十次民族团结进步模范个人	呼和浩特市委、市政府
贾 宏	男	汉	中共党员	东街街道办事处	2006 年	呼和浩特市第十次民族团结进步模范个人	呼和浩特市委、市政府
戴彩霞	女	满	中共党员	新城区社区办	2006 年	呼和浩特市第十次民族团结进步模范个人	呼和浩特市委、市政府
关建平	男	满	中共党员	新城区卫生局	2006 年	呼和浩特市第十次民族团结进步模范个人	呼和浩特市委、市政府

续表 2

姓名	性别	民族	政治面貌	工作单位	受誉时间	称号	授奖单位
云 霄	男	蒙古	中共党员	锡林郭勒北路街道办事处	2006 年	呼和浩特市第十次民族团结进步模范个人	呼和浩特市委、市政府
陈丽霞	女	汉	中共党员	实验中学	2006 年	教学能手	内蒙古自治区教育厅
张 炜	女	汉	群众	市第十九中学	2006 年	教学能手	内蒙古自治区教育厅
蒯国楗	男	汉	中共党员	市第三十四中学	2006 年	教学能手	内蒙古自治区教育厅
韩林维	男	汉	中共党员	市第十九中学	2006 年	“五一”劳动奖章	内蒙古自治区总工会
斯琴毕力格	女	蒙古	群众	蒙古族幼儿园	2006 年	学习使用蒙古语文先进个人	呼和浩特市人民政府
图布申	男	蒙古	中共党员	新城区人民法院	2006 年	2005 年度全市群众体育先进个人	呼和浩特市人民政府
徐胜利	男	蒙古	中共党员	保合少镇	2007 年	内蒙古自治区第七次民族团结进步模范个人	内蒙古自治区党委、政府
任真平	男	蒙古	中共党员	新城区建设局	2007 年 8 月	迎接 60 年大庆先进个人	呼和浩特市委、市政府
马永俊	男	汉	中共党员	实验中学	2007 年	内蒙古自治区 60 年大庆先进工作个人	呼和浩特市人民政府
崔 莉	女	汉	中共党员	光华小学	2007 年	优秀党员	呼和浩特市政府
王克宁	男	汉	中共党员	苏虎街实验小学	2007 年	优秀校长	呼和浩特市人民政府
田七十四	男	汉	中共党员	恼包村	2007 年	呼和浩特市劳动模范	呼和浩特市委、市政府
李少军	男	汉	中共党员	新城区卫生局卫生监督所	2007 年	全国卫生监督先进个人	中华人民共和国卫生部
乔彦君	男	汉	中共党员	新城区交管大队	2008 年 8 月	二等功	内蒙古自治区公安厅
聂春明	男	汉	中共党员	新城区关工委	2008 年 11 月 12 日	优秀通讯员	内蒙古自治区关工委
哈 斯	女	蒙古	中共党员	新城区委统一战线工作部	2008 年	信息工作先进个人	内蒙古自治区党委办公厅
卢士峰	男	汉	中共党员	新城区交管大队	2008 年 12 月	“穿越东方”国际马拉松安保工作先进个人	内蒙古自治区公安厅
杨 涛	女	汉	中共党员	青山小学	2008 年	教学能手	内蒙古自治区教育厅
郭建平	男	汉	中共党员	讨思浩村	2008 年	农村科普带头人	中国科学技术协会

续表 3

姓名	性别	民族	政治面貌	工作单位	受誉时间	称号	授奖单位
吕浩杰	男	汉	中共党员	新城区人民法院	2008 年	内蒙古自治区指导人民调解工作先进个人	内蒙古自治区人民政府
胡振江	男	汉	中共党员	新城区人民法院	2008 年	全市人民调解工作先进个人	呼和浩特市人民政府
云海燕	女	蒙古		成吉思汗大街街道办事处	2008 年	内蒙古自治区“三八”红旗手	内蒙古自治区妇女联合会
梁育秀	女	汉		新城区关工委	2009 年 10 月 15 日	关心下一代工作优秀工作者	内蒙古自治区关工委
聂春明	男	汉	中共党员	新城区关工委	2009 年 10 月 15 日	关心下一代工作优秀工作者	内蒙古自治区关工委
银　峰	男	汉	中共党员	退休干部	2009 年 10 月 15 日	关心下一代工作优秀工作者	内蒙古自治区关工委
武俊梅	女	汉		新城区关工委	2009 年 10 月 15 日	关心下一代工作优秀工作者	内蒙古自治区关工委
杨宝瑞	男	汉	中共党员	退休干部	2009 年 10 月 16 日	关心下一代工作突出贡献奖	内蒙古自治区党委、政府
王晓平	男	汉	中共党员	新城区交管大队	2009 年 10 月	个人二等功	内蒙古自治区公安厅
王利明	男	汉	中共党员	新城区交管大队	2009 年 12 月	2009 年度规范交通治理先进个人	呼和浩特市人民政府
杨轶倩	女	汉	民革	新营小学	2009 年	教学能手	内蒙古自治区教育厅
屈惠华	女	汉	中共党员	实验中学	2009 年	优秀教育工作者	内蒙古自治区教育厅 内蒙古自治区人事厅
张艳丽	女	汉	群众	实验中学	2009 年	全市道德建设先进个人	呼和浩特市人民政府
张艳丽	女	汉	群众	实验中学	2009 年	内蒙古自治区“五一”劳动奖章	内蒙古自治区总工会
袁晓丽	女	汉	中共党员	市第三十八中学	2009 年	优秀青年教师	呼和浩特市人民政府
陈金拴	男	汉	中共党员	呼哈路小学	2009 年	劳动模范	呼和浩特市人民政府
刘　佳	女	蒙古	中共党员	蒙古族幼儿园	2009 年	优秀青年教师	呼和浩特市人民政府
云锡林	男	蒙古	中共党员	新城区人民法院	2009 年	内蒙古自治区法院涉诉信访工作先进个人	自治区高级人民法院
张振华	男	汉	中共党员	新城区卫生局卫生监督所	2009 年	卫生监督工作先进个人	内蒙古自治区卫生厅
王连格	女	汉	民革成员	中国国民党革命委员会呼和浩特市委员会	2009 年	基层工作先进个人	中国国民党革命委员会 内蒙古自治区委员会

续表 4

姓名	性别	民族	政治面貌	工作单位	受誉时间	称号	授奖单位
杜金梅	女	汉	民革成员	呼和浩特市人民政府法制办	2009 年	热爱本职工作者	中国国民党革命委员会内蒙古自治区委员会
丛永敏	女	汉	中共党员	新城区审计局	2010 年 1 月	审计工作先进个人	内蒙古自治区审计厅
包青山	男	蒙古	中共党员	新城区交管大队	2010 年 1 月	全国交警系统执法标兵	中华人民共和国公安部交管局
唐志平	男	蒙古	中共党员	新城区环境保护局	2010 年 3 月 19 日	第一次污染源普查先进个人	国务院第一次全国污染源普查办公室、中华人民共和国环境保护部、统计局、农业部
高爱梅	女	汉	中共党员	东街街道办事处	2010 年 4 月	内蒙古自治区第二次经济普查先进个人	内蒙古自治区第二次经济普查领导小组
张雪梅	女	满	中共党员	新城区环境保护局	2010 年 5 月	第一次污染源普查先进个人	内蒙古自治区第一次全国污染源普查办公室、自治区环境保护厅、统计局、自治区农业
乔彦君	男	汉	中共党员	新城区交管大队	2010 年 7 月	个人一等功	内蒙古自治区公安厅
聂春明	男	汉	中共党员	新城区关工委	2010 年 12 月	优秀通讯员	内蒙古自治区关工委
段远东	男	汉	中共党员	实验中学	2010 年	教学能手	内蒙古自治区教育厅
毛跃飞	男	汉	中共党员	实验中学	2010 年	教学能手	内蒙古自治区教育厅
张艳丽	女	汉	群众	实验中学	2010 年	呼和浩特市劳动模范	呼和浩特市人民政府
						内蒙古自治区劳动模范	内蒙古自治区总工会
刘潇潇	女	汉	中共党员	关帝庙街小学	2010 年	优秀青年教师	呼和浩特市人民政府
焦　鸿	女	汉	中共党员	新城区委宣传部	2010 年	自治区宣传思想工作先进个人	内蒙古自治区党委宣传部
王　芳	女	汉	中共党员	新城区委宣传部	2010 年	自治区精神文明工作先进个人	内蒙古自治区党委宣传部
徐桂娟	女	蒙古	群众	新城区人民法院	2010 年	全区集中清理执行积案活动先进个人	自治区党委政法委、自治区高级法院

续表 5

姓名	性别	民族	政治面貌	工作单位	受誉时间	称号	授奖单位
王　兵	男	汉	中共党员	新城区人民法院	2010 年	优秀审判员	自治区高级人民法院、自治区高级人民检察院、自治区司法厅
梁利平	男	汉	中共党员	新城区人民法院	2010 年	2009 年度全市政法系统先进个人	呼和浩特市委、市政府
云彩琴	女	蒙古	中共党员	新城区人民法院	2010 年	呼和浩特市第二届“维护妇女儿童权益贡献奖”	呼和浩特市维护妇女儿童合法权益协调组
张振华	男	汉	中共党员	新城区卫生局卫生监督所	2010 年	呼和浩特市劳动模范(先进工作者)	呼和浩特市人民政府
屈惠华	女	汉	中共党员	实验中学	2010 年	全国“三八”红旗手	中华全国妇女联合会
石艳秋	女	汉	中共党员	新城区财政局	2010 年	内蒙古自治区“三八”红旗手	内蒙古自治区妇女联合会
杜　力	女	汉	民革党员	政协呼和浩特市委员会	2010 年	2009 年度优秀女党员	中国国民党革命委员会内蒙古自治区委员会
库　霞	女	汉		新城区妇女联合会	2010 年	内蒙古自治区“三八”红旗手	内蒙古自治区妇女联合会
田文军	男	汉	中共党员	新城区文化体育广电局	2010 年	行政执法先进个人	内蒙古自治区文化厅
马丽萍	女	汉	中共党员	新城区文化体育广电局	2010 年	“扫黄打非”先进个人	内蒙古自治区“扫黄打非”工作领导小组
安瑞卿	男	汉	中共党员	新城区工商分局	2011 年	全国工商行政管理系统打击侵犯知识产权和制售假冒伪劣商品专项行动先进个人	国家工商行政管理总局
白　荣	女	汉	中共党员	新华小学	2011 年	教学能手	内蒙古自治区教育厅
李俊青	女	汉	群众	光华小学	2011 年	优秀青年教师	呼和浩特市人民政府
王娜莎	女	汉	中共党员	丁香路小学	2011 年	优秀青年教师	呼和浩特市人民政府
毛跃飞	男	汉	中共党员	实验中学	2011 年	呼和浩特市“五四”青年奖章	呼和浩特市人民政府
屈惠华	女	汉	中共党员	实验中学	2011 年	“五一”劳动奖章	内蒙古自治区总工会
红　梅	女	蒙古	中共党员	蒙古族幼儿园	2011 年	优秀青年教师	呼和浩特市人民政府

续表 6

姓名	性别	民族	政治面貌	工作单位	受誉时间	称号	授奖单位
冯　彬	女	汉	中共党员	新城区委宣传部	2011 年	2011 年度全市调研舆情信息工作优秀信息员	内蒙古自治区党委宣传部
胡　兰	女	蒙古	中共党员	新城区人民检察院	2011 年	全国“五一”帼国标兵	中华全国总工会
胡　兰	女	蒙古	中共党员	新城区人民检察院	2011 年	“五一”劳动奖章	内蒙古自治区总工会
陈宏远	男	蒙古	中共党员	新城区人民检察院	2011 年	个人二等功	内蒙古自治区纪检委、组织部、监察厅、劳动与社会保障局
金瑞森	男	蒙古	中共党员	新城区人民检察院	2011 年	个人二等功	内蒙古自治区高级人民检察院
郝文霞	女	汉	中共党员	新城区人民检察院	2011 年	呼和浩特市未成人思想道德建设工作先进工作者	呼和浩特市委、市政府
荣永平	男	蒙古	中共党员	新城区人民检察院	2011 年	征地拆迁工作“十佳个人”	呼和浩特市人民政府
张治钢	男	汉	中共党员	新城区人民法院	2011 年	个人二等功	内蒙古自治区高级人民法院
领　小	女	蒙古	中共党员	蒙古族幼儿园	2012 年	内蒙古自治区第八次民族团结进步模范个人	内蒙古自治区党委、政府
丛永敏	女	汉	中共党员	新城区审计局	2012 年 3 月 23 日	2011 年度审计信息工作先进个人	内蒙古自治区审计厅
李晓燕	女	汉	中共党员	新城区委组织部	2012 年 12 月 7 日	呼和浩特市党政领导重视支持关工委工作先进个人	呼和浩特市委、政府
杨宝瑞	男	汉	中共党员	退休干部	2012 年 12 月 7 日	呼和浩特市关心下一代工作先进个人	呼和浩特市委、政府
聂春明	男	汉	中共党员	关工委	2012 年 12 月 7 日	呼和浩特市关心下一代工作先进个人	呼和浩特市委、政府
罗丽飞	女	汉			2012 年 12 月 7 日	呼和浩特市关心下一代工作先进个人	呼和浩特市委、政府
武善华	男	汉	中共党员	退休干部	2012 年 12 月 7 日	呼和浩特市关心下一代工作先进个人	呼和浩特市委、政府
尹国才	男	汉	中共党员	退休干部	2012 年 12 月 7 日	呼和浩特市关心下一代工作先进个人	呼和浩特市委、政府
石建慧	男	汉	民盟	新城区环境保护局	2012 年 12 月	中国经济社会发展 2012 年优秀成果交流会优秀成果获得者	中国社会发展研究会

续表 7

姓名	性别	民族	政治面貌	工作单位	受誉时间	称号	授奖单位
田七十四	男	汉	中共党员	恼包村	2012 年	优秀共产党员	中共内蒙古自治区委员会
屈惠华	女	汉	中共党员	实验中学	2012 年	全国“五一”劳动奖章	中华全国总工会
白　雪	女	满	中共党员	新华小学	2012 年	全国优秀辅导员	中华人民共和国教育部
领　小	女	蒙古	中共党员	蒙古族幼儿园	2012 年	内蒙古自治区民族团结进步模范个人	中共内蒙古自治区委员会、内蒙古自治区人民政府
霍卫国	男	汉	中共党员	新城区人民法院	2012 年	全国法院“政法干警核心价值观”知识竞赛优秀个人	中华人民共和国最高人民法院
王经霞	女	汉	中共党员	新城区卫生和计划生育局	2012 年	人口计生委宣传报道先进个人	内蒙古自治区人口计划生育委员会
李少军	男	汉	中共党员	新城区卫生局卫生监督所	2012 年	食品安全与卫生监督先进个人	内蒙古自治区卫生厅
陶伟庆	男	蒙古	中共党员	新城区卫生局卫生监督所	2012 年	食品安全与卫生监督先进个人	内蒙古自治区卫生厅
范　斌	男	汉	中共党员	新城区卫生局卫生监督所	2012 年	食品安全与卫生监督先进个人	内蒙古自治区卫生厅
云汉林	男	蒙古	中共党员	新城区信访局	2012 年	2011 年度呼和浩特市信访工作先进个人	呼和浩特市委、市政府
屈惠华	女	汉	中共党员	呼和浩特市实验中学	2012 年	自治区“三八”红旗手	内蒙古自治区妇女联合会
王忠明	男	汉	中共党员	呼和浩特市铁路局	2012 年 12 月	荣立个人二等功	中国人民解放军内蒙古军区政治部
包青山	男	蒙古	中共党员	新城区交管大队	2013 年 8 月	公安厅优秀法制员	内蒙古自治区公安厅
李　静	女	汉	群众	实验中学	2013 年	教育系统劳动模范	呼和浩特市人民政府
张建华	男	汉	中共党员	实验中学	2013 年	内蒙古“五一”劳动奖章	内蒙古自治区总工会
通拉嘎	女	蒙古	中共党员	蒙古族幼儿园	2013 年	优秀青年教师	呼和浩特市人民政府
敖登花	女	蒙古	中共党员	蒙古族幼儿园	2013 年	普法教育先进个人	内蒙古自治区关工委、教育厅、司法厅

续表 8

姓名	性别	民族	政治面貌	工作单位	受誉时间	称号	授奖单位
李淑清	女	汉	中共党员	新城区人民法院	2013 年	全国优秀法官	中华人民共和国最高人民法院
李淑清	女	汉	中共党员	新城区人民法院	2013 年	全国维护妇女儿童权益先进个人	中华全国妇女联合会、全国维护妇女儿童权益暨平安家庭创建协调组
王　芳	女	汉	中共党员	新城区人民法院	2013 年	办案标兵	内蒙古自治区高级人民法院
刘艳涛	男	汉	中共党员	新城区人民法院	2013 年	办案标兵	内蒙古自治区高级人民法院
韩　杰	男	汉	中共党员	新城区人民法院	2013 年	"百日攻坚"及十八大信访维稳工作先进个人	内蒙古自治区高级人民法院
张晓飞	男	满	中共党员	新城区人民法院	2013 年	刑事审判工作先进个人	内蒙古自治区高级人民法院
段玉凤	女	汉	中共党员	新城区文化体育广电局	2013 年	全国体育先进个人	国家体育总局
云　霄	男	蒙古	中共党员	新城区民族宗教局	2014 年	呼和浩特市第十一次民族团结进步模范个人	呼和浩特市委、政府
黄玉红	女	满	中共党员	满族小学	2014 年	呼和浩特市第十一次民族团结进步模范个人	呼和浩特市委、政府
李刚	男	汉	中共党员	成吉思汗大街街道办事处	2014 年	呼和浩特市第十一次民族团结进步模范个人	呼和浩特市委、政府
张建华	男	汉	中共党员	实验中学	2014 年	先进工作者	呼和浩特市人民政府
白　荣	女	汉	中共党员	新华小学	2014 年	内蒙古自治区优秀教师	内蒙古自治区教育厅
屈克姗	女	汉	群众	苏虎街实验小学	2014 年	优秀班主任	内蒙古自治区教育厅
李春霞	女	汉	中共党员	内蒙古蒙羊羊业有限公司	2014 年	国家农村科普带头人	中国科学技术协会
郝文霞	女	汉	中共党员	新城区人民检察院	2014 年	最美基层检察官	内蒙古自治区高级人民检察院
李淑清	女	汉	中共党员	新城区人民法院	2014 年	全国"三八"红旗手	中华全国妇女联合会
薛翠英	女	汉	中共党员	新城区人民法院	2014 年	全国法院人民法庭工作先进个人	中华人民共和国最高人民法院
刘艳涛	男	汉	中共党员	新城区人民法院	2014 年	个人二等功	内蒙古自治区高级人民法院
段玉凤	女	汉	中共党员	新城区文化体育广电局	2014 年	全国体育先进个人	国家体育总局

续表 9

姓名	性别	民族	政治面貌	工作单位	受誉时间	称号	授奖单位
张　敬	男	汉	中共党员	中山东路街道办事处	2015 年 1 月	安全生产监管督查先进个人	国家安全生产监督管理总局、煤矿安全监察局
李文普	男	汉	中共党员	新城区交管大队	2015 年 3 月	内蒙古自治区岗位雷锋标兵	内蒙古自治区党委宣传部
萨如拉	女	蒙古	中共党员	中山东路街道办事处	2015 年 11 月	2015 年优秀社区消防宣传大使	公安部消防局
刘寅虎	男	汉	民革成员	内蒙古添意文化传媒(集团)有限公司	2015 年 12 月 1 日	中国十大策划专家	中国品牌策划大会、中央电视台、中国策划专家网、中国生产力学会
徐　琰	女	汉	中共党员	落凤街小学	2015 年	优秀青年教师	呼和浩特市人民政府
何佳俐	女	满	中共党员	满族小学	2015 年	先进工作者	呼和浩特市人民政府
郝文霞	女	汉	中共党员	新城区人民检察院	2015 年	2014 年度优秀通讯员	内蒙古自治区人民检察院
李淑清	女	汉	中共党员	新城区人民法院	2015 年	华北五省(市、自治区)涉军维权工作先进个人	华北五省(市、自治区)
王　芳	女	汉	中共党员	新城区人民法院	2015 年	优秀法官	内蒙古自治区高级人民法院
段玉凤	女	汉	中共党员	新城区文化体育广电局	2015 年	全国体育先进个人	国家体育总局
陈翠华	女	汉	中共党员	新城区司法局	2016 年 5 月	2011-2015 年自治区普法先进个人	内蒙古自治区党委、政府
孙海丽	女	汉	中共党员	东街街道办事处	2016 年 6 月	优秀党务工作者	呼和浩特市委
郭选华	女	汉	群众	市第十九中学	2016 年	优秀班主任	内蒙古自治区教育厅
陈月明	男	汉	中共党员	甲兰板村	2016 年	呼和浩特市劳动模范	呼和浩特市人民政府
郭俊红	男	汉	中共党员	保合少镇	2016 年	全市文化科技卫生“三下乡”活动先进个人	中共呼和浩特市委宣传部、市文化新闻出版广电局、市科学技术局、市卫生和计划生育委员会
王永明	男	汉	中共党员	新城区交管大队	2016 年	公安宣传优秀通讯员	内蒙古自治区公安厅
郝文霞		汉	中共党员	新城区人民检察院	2016 年	未成年人检察工作先进个人	中华人民共和国最高人民检察院

续表 10

姓名	性别	民族	政治面貌	工作单位	受誉时间	称号	授奖单位
修仕军	男	汉	中共党员	新城区人民检察院	2016 年	“两学一做”新媒百优	中华人民共和国检察日报
刘　峰	男	回	中共党员	新城区人民法院	2016 年	个人二等功	内蒙古自治区高级人民法院
杨　琳	女	汉	中共党员	新城区精神文明建设指导委员会办公室	2016 年	网络文明建设工作优秀通讯员	内蒙古自治区精神文明建设指导委员会办公室
段玉凤	女	汉	中共党员	新城区文化体育广电局	2016 年	全国体育先进个人	国家体育总局
云　霄	男	蒙古	中共党员	新城区民族宗教局	2017 年	自治区第九次民族团结进步模范个人	内蒙古自治区党委、政府
李文普	男	汉	中共党员	新城区交管大队	2017 年 4 月	内蒙古自治区“五一”劳动奖章	内蒙古自治区总工会
吕　娟	女	汉	中共党员	关帝庙街小学	2017 年	优秀班主任	内蒙古自治区教育厅
魏凤英	女	满	中共党员	满族幼儿园	2017 年	全国中小学(幼)优秀校长	中国教师发展基金会
包图雅	女	蒙古	群众	蒙古族幼儿园	2017 年	优秀教师	内蒙古自治区教育厅、人社厅、内蒙古自治区人民教育基金会
郗瑞雪	女	汉		内蒙古农耕宝电子科技有限责任公司	2017 年	内蒙古自治区“三八”红旗手	内蒙古自治区妇女联合会
云汉林	男	蒙古	中共党员	信访局	2017 年	国家优秀接谈员	国家信访局
韩　宇	男	汉	群众	新城区人民法院	2017 年	办案标兵	内蒙古自治区高级人民法院

三、新城区复转军人获二等功以上荣誉人名录

姓名	性别	民族	政治面貌	工作单位	受誉时间	称号	授奖单位
范玉民	男	汉	中共党员	中国人民银行	2001年	二等功	内蒙古武警总队
庆格勒	男	蒙古	中共党员	包头军分区(退休)	2001年7月	二等功	内蒙古军
李洪亮	男	汉	中共党员	内蒙古自治区公安厅	2001年9月	二等功	中国人民解放军装甲某师
王家宽	男	汉	中共党员		2002年	二等功	武警内蒙古总队
李兆辉	男	汉	中共党员	天衢科贸有限公司	2002年	二等功	内蒙古军区政治部
郭跃军	男	汉	中共党员	内蒙古自治区公安厅	2002年9月	二等功	内蒙古自治区森林总队
苏庆军	男	汉	中共党员	内蒙古国土资源厅	2002年12月	二等功	内蒙古军区装备处
余海滨	男	汉	中共党员		2002年12月	二等功	内蒙古军区司令部
赵　刚	男	汉	中共党员		2004年	二等功	内蒙古军区政治部文工团
甄耀东	男	汉	中共党员		2005年	二等功	内蒙古军区政治部
张　彦	男	汉	中共党员		2005年1月	二等功	内蒙古军区兴安军分区
德　喜	男	汉	中共党员	内蒙古自治区统计局	2006年	抗洪抢险个人二等功	锡盟阿巴嘎旗
王建军	男	汉	中共党员	呼和浩特市公安局	2006年1月	一等功	内蒙古自治区党委、政府
马　龙	男	汉	中共党员	内蒙古医科大学	2007年	三级和平荣誉勋章; 二等功	联合国; 内蒙古军区
贾东全	男	汉	中共党员	呼和浩特市公安局	2007年12月	二等功	解放军某集团军政治部
石志东	男	汉	中共党员		2008年7月	一等功	公安部
马为明	男	汉	中共党员	内蒙古自治区药品监督管理局	2009年	二等功	内蒙古军区
李洪伟	男	汉	中共党员	内蒙古人防办	2009年	二等功	北京军区联勤部
周俊平	男	汉	中共党员	内蒙古自治区纪委监察委员会	2009年9月	二等功	内蒙古军区政治部
耿建立	男	汉	中共党员	内蒙古自治区人防办	2009年1月	二等功	内蒙古军区后勤部
					2014年9月	优秀参谋长	内蒙古军区
鲁亚东	男	汉	中共党员	内蒙古自治区公安厅	2010年	二等功	内蒙古军区政治部
徐　军	男	汉	中共党员	内蒙古军区呼伦贝尔军分区	2010年3月	二等功	内蒙古军区
郭俊飞	男	汉	中共党员	武川县食药局	2011年	二等功	内蒙古军区
王忠明	男	汉	中共党员	呼和浩特市铁路局	2012年	二等功	内蒙古军区
赵天华	男	汉	中共党员	内蒙古银保监局	2012年4月	二等功	内蒙古军区
刘国栋	男	汉	中共党员		2013年	二等功	北京军区政治部
黄玉成	男	汉	中共党员	自治区国家安全厅	2013年11月	二等功	中国人民解放军陆军某集团军政治部
张　博	男	汉	中共党员	自由职业	2015年	二等功	北京军区空军

四、中共新城区委员会、人大常委会、人民政府、政协历届领导名录

中共新城区委员会历届领导名录

届次	职　务	姓　名	性别	民族	政治面貌	任期
第八届委员会	书记	吕景瑞	男	汉	中共党员	2001.11—2005.5
	副书记	刘菊茹	女	汉	中共党员	2000.12—2002
		巴　图	男	蒙古	中共党员	2000.12—2005.5
		列　夫	男	蒙古	中共党员	2000.12—2006.8
		闫泽林	男	汉	中共党员	2001.11—2004.2
		武志强	男	汉	中共党员	2003.12—2006.8
	常委	卢子祥	男	汉	中共党员	2000.12—2002.12
		刘　锦	男	回	中共党员	2000.12—2003.11
		苏新春	男	蒙古	中共党员	2000.12—2006.8
		翟旭昌	男	汉	中共党员	2000.12—2006.8
		焦　鸿	女	汉	中共党员	2000.12—2006.8
		吴维平	男	蒙古	中共党员	2002.7—2006.8
		郭双福	男	汉	中共党员	2003.12—2006.8
		关　娜	女	满	中共党员	2004.5—2006.8
第九届委员会	书记	刘　惠	男	汉	中共党员	2010.10—2011.6
	副书记	武志强	男	汉	中共党员	2006.8—2007.11
		薛燕群	男	满	中共党员	2007.3—2011.6
		孙　德	男	汉	中共党员	2008.2—2011.6
	常委	关　娜	女	满	中共党员	2006.8—2007.11
		吴维平	男	蒙古	中共党员	2006.8—2008.6
		王　斌	男	汉	中共党员	2006.8—2011.6
		王义平	男	汉	中共党员	2006.8—2011.6
		苏新春	男	蒙古	中共党员	2006.8—2011.6
		郭双福	男	汉	中共党员	2006.8—2011.6
		焦　鸿	女	汉	中共党员	2006.8—2011.6
		银小平	男	汉	中共党员	2008.6—2011.6
		焦瑞河	男	汉	中共党员	2008.6-2011.6
		聂世闻	男	汉	中共党员	2007.11-2011.6
		云玉明	男	蒙古	中共党员	2010.11-2011.6
		尹彦民	男	汉	中共党员	2010.12-2011.6

续表 1

届次	职　务	姓　名	性别	民族	政治面貌	任期
第十届委员会	书记	刘　惠	男	汉	中共党员	2011.6—2014.1
		张　锐	男	满	中共党员	2014.1—2016.8
	副书记	薛燕群	男	满	中共党员	2011.6—2013.1
		孙　德	男	汉	中共党员	2011.6—2016.8
		范志忠	男	汉	中共党员	2014.9—2016.8
		云玉明	男	蒙古	中共党员	2014.1—2015.8
	常委	尹彦民	男	汉	中共党员	2011.6—2012.5
		银小平	男	汉	中共党员	2011.6—2012.10
		刘金库	男	汉	中共党员	2011.6—2012.10
		聂世闻	男	汉	中共党员	2011.6—2013.2
		焦瑞河	男	汉	中共党员	2011.6—2013.3
		王志强	男	蒙古	中共党员	2011.6—2015.4
		云玉明	男	蒙古	中共党员	2011.6—2016.8
		李晓燕	女	汉	中共党员	2011.6—2016.8
		田志刚	男	汉	中共党员	2012.10—2016.8
		韩　轶	男	汉	中共党员	2012.10—2016.8
		要喜平	男	汉	中共党员	2013.3—2016.8
		张忠仁	男	汉	中共党员	2013.4—2016.8
		杨祥麟	男	汉	中共党员	2015.4—2016.8
第十一届委员会	副书记	范志忠	男	汉	中共党员	2016.8—
		李晓燕	女	汉	中共党员	2016.8—
	常委	高启东	男	汉	中共党员	2016.8—2017.10
		田志刚	男	汉	中共党员	2016.8—
		李玉蛟	男	蒙古	中共党员	2016.8—
		要喜平	男	汉	中共党员	2016.8—
		杨祥麟	男	汉	中共党员	2016.8—2017.10
		李　强	男	汉	中共党员	2016.8—
		徐相军	男	汉	中共党员	2017.10—
		张鹏志	男	汉	中共党员	2017.10—

新城区人大常委会历届领导名录

届次	职务	姓名	性别	民族	政治面貌	任期
第十三届	主任	刘志新	男	汉	中共党员	1999.1—2004.1
	副主任	乌和生	男	满	中共党员	1999.1—2004.1
		杜　禄	男	汉	中共党员	1999.1—2004.1
		云公义	男	蒙古	中共党员	1999.1—2004.1
		何志清	男	满		1999.1—2004.1
		吴文清	男	汉	中共党员	2001.1—2004.1
		范爱荣	女	汉	中共党员	2002.1—2004.1
第十四届	主任	阎泽林	男	汉	中共党员	2004.1—2007.12
	副主任	云公义	男	蒙古	中共党员	2004.1—2007.12
		何志清	男	满		2004.1—2007.12
		范爱荣	女	汉	中共党员	2004.1—2007.12
		朱建国	男	汉	中共党员	2004.1—2007.12
第十五届	主任	武志强	男	汉	中共党员	2007.12—2012.1
	副主任	云公义	男	蒙古	中共党员	2007.12—2012.1
		云　涛	女	蒙古		2007.12—2012.1
		范爱荣	女	汉	中共党员	2007.12—2012.1
		朱建国	男	汉	中共党员	2007.12—2012.1
第十六届	主任	武志强	男	汉	中共党员	2012.1—2017.12
	副主任	范爱荣	女	汉	中共党员	2012.1—2017.12
		武素清	女	汉	中共党员	2012.1—2017.12
		杨　燕	女	汉	中共党员	2012.1—2017.12
		云海峰	男	蒙古	中共党员	2014.1—2017.12
第十七届	主任	高启东	男	汉	中共党员	2017.12—
	副主任	云海峰	男	蒙古	中共党员	2017.12—
		武素清	女	汉	中共党员	2017.12—
		杨　燕	女	汉	中共党员	2017.12—
		秦贵智	男	汉	中共党员	2017.12—

新城区人民政府历届领导名录

届次	职务	姓名	性别	民族	政治面貌	任期
新城区人民政府(第十三届人民代表大会选举)	区长	刘菊茹	女	汉	中共党员	2000.1—2001.11
	副区长	阎泽林	男	汉	中共党员	1999.1—2004.1
		吴文清	男	汉	中共党员	2000.11—2004.1
		郭秋召	男	汉	中共党员	1999.1—2004.1
		薛燕群	男	满	中共党员	2000.11—2004.1
		云　涛	女	蒙古		1999.1—2004.1
		朱祥福	男	汉	中共党员	1999.1—2004.1
		银小平	男	汉	中共党员	2001.12—2004.1
	助理调研员	石艳秋	女	汉	中共党员	2001.11—2004.1
		程金锁	男	汉	中共党员	2000.11—2004.1
新城区人民政府(第十四届人民代表大会选举)	副区长	云　涛	女	蒙古		2004.1—2007.11
		薛燕群	男	满	中共党员	2004.1—2007.11
		银小平	男	汉	中共党员	2004.1—2007.11
		王　斌	男	汉	中共党员	2004.1—2007.11
		格尔图	男	蒙古	中共党员	2007.3—2007.11
	科技副区长	刘金库	男	汉	中共党员	2004.1—2007.11
	助理调研员	程金锁	男	汉	中共党员	2004.1—2007.11
		杨志民	男	汉	中共党员	2006—2011.11
新城区人民政府(第十五届人民代表大会选举)	区长	薛燕群	男	满	中共党员	2008.2—2012.11
	副区长	王　斌	男	汉	中共党员	2007.11—2010.12
		格尔图	男	蒙古	中共党员	2007.11—2008.2
		云玉明	男	蒙古	中共党员	2010.11—2012.11
		银小平	男	汉	中共党员	2007.11—2012.11
		张国平	男	蒙古	中共党员	2007.11—2012.11
		吴维平	男	蒙古	中共党员	2008.7—2012.11
		刘金库	男	汉	中共党员	2007.11—2012.11
		冯小红	女	汉	九三学社成员	2007.11—2012.11
		田志刚	男	汉	中共党员	2011.5—2012.11
	调研员	石艳秋	女	汉	中共党员	2007.11—2012.11
		云　涛	女	蒙古		2007.11—2012.11
	副调研员	程金锁	男	汉	中共党员	2007.11—2012.11
		杨志民	男	汉	中共党员	2007.11—2011
		嘎达莎	女	达斡尔	中共党员	2007.11—2008

续表1

届次	职务	姓名	性别	民族	政治面貌	任期
新城区人民政府(第十六届人民代表大会选举)	区长	薛燕群	男	满	中共党员	2012.11—2014.1
		云玉明	男	蒙古	中共党员	2014.1—2015.8
		范志忠	男	汉	中共党员	2017.12—
	代区长	范志忠	男	汉	中共党员	2016.7—2017.12
	副区长	云玉明	男	蒙古	中共党员	2012.11.1—2014.1
		冯小红	女	汉	九三学社成员	2012.11—2016.9
		张志平	男	汉	中共党员	2012.11—2017.12
		南　男	男	蒙古	中共党员	2012.10—2017.1
		杨祥麟	男	汉	中共党员	2012.11—2015.5
		胡晓宁	男	汉	中共党员	2013.6—2017.12
		范志忠	男	汉	中共党员	2015.04—2016.01
		徐相军	男	汉	中共党员	2015.12—2017.12
		要喜平	男	汉	中共党员	2016.7—2017.12
		赵燕茹	女	汉	中共党员	2017.1—2017.12
	副调研员	石艳秋	女	汉	中共党员	2012 11—2017.12
		程金锁	男	汉	中共党员	2012.11—2017.12
		李建平	男	汉	中共党员	2012.12—2017.12
		谢　展	男	汉	中共党员	2013.1—2017.12

政协呼和浩特市新城区委员会历届领导名录

届次	职　务	姓　名	性别	民族	政治面貌	任期
第五届委员会	主席	张秉义	男	汉	中共党员	1999.1—2002.1
		马喜超	男	回	中共党员	2002.1—2004.1
	副主席	白承志	男	蒙古	民革成员	1999.1—2004.1
		祖凤云	女	汉	民盟成员	1999.1—2004.1
		马　凯	男	满	中共党员	1999.1—2002.1
		王继先	男	汉	中共党员	2001.1—2004.1
		杨渊明	男	汉	中共党员	2002.1—2004.1
		锡晓云	女	蒙古	中共党员	2002.1—2004.1
第六届委员会	主席	朱祥福	男	汉	中共党员	2004.1—2007.11
	副主席	祖凤云	女	汉	民盟成员	2004.1—2007.11
		杨渊明	男	汉	中共党员	2004.1—2007.11
		锡晓云	女	蒙古	中共党员	2004.1—2007.11
		张立军	女	满	无党派	2004.1—2007.11
第七届委员会	主席	朱祥福	男	汉	中共党员	2007.11—2012.11
	副主席	杨渊明	男	汉	中共党员	2007.11—2009.9
		张立军	女	满	无党派	2007.11—2012.11
		张月厚	男	汉	中共党员	2007.11—2012.11
		刘向东	女	汉	民革成员	2007.11—2012.11
		张志平	男	汉	中共党员	2010.1—2012.11
第八届委员会	主席	郭双福	男	汉	中共党员	2012.11—2017.12
	副主席	张立军	女	满	无党派	2012.11—2017.12
		刘向东	女	汉	民革成员	2012.11—2017.12
		刘智利	女	汉	中共党员	2012.11—2017.12
		杨　军	男	蒙古	中共党员	2012.11—2017.12
第九届委员会	主席	杨祥麟	男	汉	中共党员	2017.12—
	副主席	刘智利	女	汉	中共党员	2017.12—
		杨　军	男	蒙古	中共党员	2017.12—
		白　静	女	蒙古	无党派	2017.12—
		康秀婷	女	汉	民建成员	2017.12—

五、中共新城区纪律检查委员会、新城区监察委员会历任领导名录

中共新城区纪律检查委员会历任领导名录

职 务	姓 名	性别	民族	政治面貌	任期
书 记	卢子祥	男	汉	中共党员	2000.12—2003.12
	武志强	男	汉	中共党员	2003.12—2007.11
	聂世闻	男	汉	中共党员	2007.11—2013.2
	李玉蛟	男	蒙古	中共党员	2016.7—
副书记	吕美杰	女	蒙古	中共党员	2000.11—2002.5
	吴秀英	女	汉	中共党员	2000.1—2006.9
	张文娟	女	蒙古	中共党员	2000.1—2010.1
	马晓霞	女	汉	中共党员	2006.04—2015.08
	党礼义	男	汉	中共党员	2010.01—
	冯国战	男	汉	中共党员	2013.03—

新城区监察委员会领导名录

职务	姓名	性别	民族	政治面貌	任期
主 任	李玉蛟	男	蒙古	中共党员	2017.12—
副主任	党礼义	男	汉	中共党员	2017.12—
	冯国战	男	汉	中共党员	2017.12—

六、人民武装部、人民检察院、人民法院历任领导名录

新城区人民武装部历任领导名录

职　务	姓　名	性别	民族	政治面貌	任期
第一书记	吕景瑞	男	汉	中共党员	2001.9—2005.4
	刘　惠	男	汉	中共党员	2010.9—2014.1
	张　锐	男	满	中共党员	2014.1—2016.7
部长	王义平	男	汉	中共党员	2000.4—2010.9
	尹彦民	男	汉	中共党员	2010.9—2012.5
	郝占成	男	汉	中共党员	2012.5—2016.5
	孟树涛	男	汉	中共党员	2017.6—
政治委员	翟旭昌	男	汉	中共党员	1996.4—2004.3
	赵文智	男	汉	中共党员	2004.3—2008.4
	尹彦民	男	汉	中共党员	2008.4—2010.9
	高小更	男	汉	中共党员	2010.9—2013.4
	张忠仁	男	汉	中共党员	2013.4—2016.5
	任东东	男	汉	中共党员	2017.6—

新城区人民检察院历任领导名录

职　务	姓　名	性别	民族	政治面貌	任期
检察长	乔青山	男	汉	中共党员	1997.11—2002.3
	夏伟林	男	汉	中共党员	2002.7—2006.3
	胡　兰	女	蒙古	中共党员	2006.3—2012.10
	修仕军	男	汉	中共党员	2012—
副检察长	赵行钧	男	汉	中共党员	1999.3—2002.7
	杨月厚	男	汉	中共党员	2000.12—2006.7
	徐建斌	男	汉	中共党员	2000.12—2009.7
	云占胜	男	蒙古	中共党员	2003.3—2015.3
	梁　群	女	汉	中共党员	2003.3—2015.3
	付凯东	男	满	中共党员	2006.4—
	云力平	男	蒙古	中共党员	2009.11—
	荣永平	男	蒙古	中共党员	2009.11—
	孟玉平	男	汉	中共党员	2006.4—2013.5
	武建军	男	汉	中共党员	2013.5—

新城区人民法院历任领导名录

职　务	姓　名	性别	民族	政治面貌	任期
院长	贺希格	男	蒙古	中共党员	1998.11—2002.8
	李淑清	女	汉	中共党员	2012.11—2016.6
	苏虎生	男	汉	中共党员	2016.6—
副院长	多凌云	男	蒙古	中共党员	1999.3—2006.3
	李世华	男	汉	中共党员	1999.3—2006.1
	赵惠玲	女	汉	中共党员	2000.12—2006.3
	梁利平	男	汉	中共党员	2001.9—2013.3
	邢连珠	男	汉	民盟	2001.9—2003.9(挂职)
	杨月厚	男	汉	中共党员	2006.3—2013.3
	赵九刚	男	蒙古	中共党员	2006.3—
	江海瑄	女	满	中共党员	2009.10—2010.10(挂职)
	孟春燕	女	汉	中共党员	2013.6—
	张爱忠	男	汉	中共党员	2016.4—2017.4(挂职)

七、中国好人

2015 年 9 月,新城区税务局刘金龙入选中国好人敬业奉献榜。

2015 年 12 月,呼和浩特铁路局李峻屹入选中国好人敬业奉献榜。

2016 年 4 月,新城区交管大队包青山入选中国好人敬业奉献榜。

2016 年 11 月,呼和浩特铁路局罗琦入选中国好人助人为乐榜。

2017 年,新城区交管大队李文普入选中国好人敬业奉献榜。

八、内蒙古自治区道德模范

2016 年,新城区税务局刘金龙、呼铁局李峻屹、魏明、纺织科学研究所副处级离休干部张景樵入选内蒙古自治区第五届助人为乐道德模范。

九、内蒙古好人

2016 年,新城区交管包青山入选内蒙古好人榜。呼和浩特铁路局罗琦、魏明、团结小学刘玉敏、实验中学王补平、内蒙古创新教育培训学校范英、内蒙古自治区中医医院药剂科中药库席晓东、内蒙古纺织科学研究所副处级离休干部张景樵入选内蒙古好人助人为乐榜。新城区交管大队李文普、市行政审批和政务服务局李少莉、苏虎街实验小学邢炜琦、呼和浩特铁路局沈明辉、内蒙古中医医院高原、新城区环境保护局赵亚军入选内蒙古好人敬业奉献榜。内蒙古刘氏口腔医院刘江恩入选内蒙古好人诚实守信榜。

2017 年,内蒙古师范大学鸿德学院学生孟佳澍入选内蒙古好人见义勇为榜、内蒙古阿茹涵化妆品销售有限公司阿日根其其格、呼和浩特供电局邸宇乐入选内蒙古好人助人为乐榜。

十、青城好人榜

2016 年，新城区东风路街道海东路社区残疾人协会副主席周梦秋、呼和浩特市新城区志愿者穆永俊、内蒙古中医医院药剂科职工席晓冬、呼和浩特市内三建退休职工张堃、呼和浩特市橡塑厂退休职工庄秀兰、呼和浩特市第十九中学年级组长郭选华、新城区西落凤街社区公益性岗位王倩、新城区综合养老服务中心主任于兵、新城区海拉尔路小学校长尹宏瑞、长海社区党支部委员、关工委委员武善华、呼和浩特市德泽公益事业服务中心理事长刘惠贤、新城区个体发廊老板范雨英、呼和浩特市天使公益协会后勤部部长秦华、内蒙古蒙农生态发展(集团)有限公司／巴蜀板凳宽餐饮管理有限公司总经理葛文慧、内蒙古国电电力有限公司会计师李俊峰、新城区环卫局清扫队队长张春年、摩尔城售货员杨景艳、新城区交管大队李文普、内蒙古纺织科学研究所副处级离休干部张景樵、团结小学刘玉敏、实验中学王补平、苏虎街实验小学那炜筠、内蒙古刘氏口腔医院刘江恩、内蒙古中医医院高原、新城区环境保护局赵亚军等 25 人入选青城好人榜。

2017 年，新城区东街老缸房社区工作人员李政、新城区城市管理行政执法局六中队队长王琦、内蒙古阿茹涵化妆品销售有限公司董事长阿日根其其格、内蒙古师范大学鸿德学院学生孟佳澎、呼和浩特市公安局新城分局锡林派出所协警赵俊杰、新城区古路板林场护林大队长闫建兵、新城区讨思浩村党委员会委员刘明忠、呼和浩特交管支队新城区大队一中队交警白雄宇等 8 人入选青城好人榜。

十一、最美青城人、呼和浩特市道德模范

2011 年，:呼和浩特市公安局交管支队新城大队民警刘攀入选第一届“最美青城人”暨 2011 年度呼和浩特市道德模范。

2012 年，新城区范英办公文化印务部经理范英入选第二届“最美青城人”暨 2012 年度呼和浩特市道德模范。

2013 年，内蒙古医科大学附属人民医院检验科工作人员谢明、内蒙古医科大学附属医院医生呼日勒特木尔、呼和浩特市实验中学教师毛跃飞、呼和浩特市卫生局审批办副主任李少莉、新城区交管大队大队长魏天星、呼和浩特市公安局公交分局刑警一大队三中队中队长李宇飞、呼和浩特铁路局恒诺房建段健身活动中心职工温长利、呼和浩特铁路局恒诺集团职工罗琦、新城区人民路邮电 3 号院业主委员会主任包利华等 9 人入选入选第三届“最美青城人”暨 2013 年度呼和浩特市道德模范。

2014 年，呼和浩特市第二中学原教师张许、乌兰夫纪念馆外联部主任孟巍、呼和浩特市新城区医院原医生刘永红、呼和浩特市新城区人民法院法警武恒宇等 4 人入选第四届“最美青城人”暨 2014 年度呼和浩特市道德模范。呼和浩特市第三十四中学教师戴艳

萍、呼和浩特市新城区落凤街小学退休教师侯其佑等 2 人入选第四届“最美青城人”暨 2014 年度呼和浩特市道德模范提名奖。

2015 年，呼和浩特市实验中学教师王补平、呼和浩特市公安局交通管理支队新城大队三中队中队长包青山、新城区苏虎街实验小学教师那炜筠、呼和浩特市公安局交通管理支队新城区大队一中队指导员李文普、呼和浩特铁路局呼和浩特站客运车间客运值班员李骏屹、内蒙古医科大学附属医院外科教研室主任董培德等 6 人入选第五届“最美青城人”暨 2015 年度呼和浩特市道德模范名单。呼和浩特市实验中学教师王补平、新城区人民法院司法鉴定技术室主任王娟、呼和浩特市新城区团结小学副校长刘玉敏、呼和浩特供电局培训中心副主任何志雨等 3 人入选第五届“最美青城人”暨 2015 年度呼和浩特市道德模范提名奖。

2016 年，新城区团结小学副校长刘玉敏、呼和浩特车站客运车间客运值班员沈明辉、内蒙古师范大学鸿德学院学生孟佳澍、内蒙古中医医院肛肠一科副主任医师高原等 4 人入选第六届“最美青城人”暨 2016 年度呼和浩特市道德模范提名奖。

2017 年，新城区讨思浩村党支部委员刘明忠、新城区城市管理行政执法局八中队队员王洋等 2 人入选第七届“最美青城人”暨 2017 年度呼和浩特市道德模范提名奖。

附录

荣　誉

一、新城区获得市级以上荣誉

新城区获得市级以上荣誉一览表

获誉时间	称号	授奖单位
2001 年	全国先进文化区	中华人民共和国文化和旅游部
2002 年	全国先进文化区	中华人民共和国文化和旅游部
	全国创建文明城市工作先进城区	中华人民共和国文化和旅游部
	全国社区建设示范区	中华人民共和国民政部
	全国科普示范城区	中国科学技术协会
2003 年	全国残疾人工作先进示范区	中国残疾人联合会
	全国先进文化区	中华人民共和国文化和旅游部
2004 年	全国科普示范城区	中国科学技术协会
	全国先进文化区	中华人民共和国文化和旅游部
2005 年	2003—2004 年度全国科技进步先进市(县、区)	中华人民共和国科技部
	全国先进文化区	中华人民共和国文化和旅游部
	创建全国中医药特色社区卫生服务示范区	中华人民共和国卫生部
	创建全国社区卫生服务示范区	中华人民共和国卫生部
2006 年	全国先进文化区	中华人民共和国文化和旅游部
	2001—2005 年度全国法制宣传教育先进县(市区)	中共中央宣传部、司法部
	2005—2006 年度 全国科技进步先进城区	中华人民共和国科技部
2007 年	全国先进文化区	中华人民共和国文化和旅游部
	创建“十星级文明城市(区)工作先进单位、自治区九星级文明区”	内蒙古自治区党委、政府
2008 年	平安建设先进区	内蒙古自治区人民政府
	全国先进文化区	中华人民共和国文化和旅游部
2009 年	自治区创建首届文明城区工作先进城区、全区“十佳”创建文明城市工作先进城市(区)	内蒙古自治区党委、政府
	自治区未成年人思想道德建设先进区先进单位	内蒙古自治区党委、政府
	全国先进文化区	中华人民共和国文化和旅游部
2010 年	未成年人思想道德建设工作先进旗县(市区)	内蒙古自治区党委、政府
	全国先进文化区	中华人民共和国文化和旅游部
2011 年	2011—2015 年度全国科普示范县(市、区)	中国科学技术协会
	自治区基层讲堂建设优秀集体	内蒙古自治区人民政府
	自治区未成年人思想道德建设工作先进市区	内蒙古自治区党委、政府
	全国先进文化区	中华人民共和国文化和旅游部

续表

获誉时间	称号	授奖单位
2012 年	全国社区服务先进区	中国社区发展基金管理委员会
	全国精神文明创建工作先进单位	中央文明委
	全国先进文化区	中华人民共和国文化和旅游部
	全国科普示范社区	中国科学技术协会
2013 年	2013 年全国县(市)科技进步考核先进县(市)	中华人民共和国科技部
	全国先进文化区	中华人民共和国文化和旅游部
2014 年	全国生态文明先进区	全国文明生态先进县推介委员会、全国生态文明建设发展论坛组委会
	全国先进文化区	中华人民共和国文化和旅游部
2016 年	2016—2020 年度全国科普示范县(市、区)	中国科学技术协会
	全国法制宣传教育先进旗县区	中共中央宣传部、司法部

二、各地区、单位、部门获得市级以上荣誉

新城区各地区、单位部门获得市级以上荣誉一览表

获誉时间	获誉单位	称号	授奖单位
2001 年	新城区人民检察院	全国人民满意检察院	中华人民共和国最高人民检察院
		全国青年文明号信用建设示范创建单位	全国青年文明号活动组委会
		年度自治区级文明单位	内蒙古自治区党委、政府、内蒙古军区
	新城区环境保护局	“三五”普法依法治理先进单位	呼和浩特市委、市政府
		环境保护监理工作先进集体	内蒙古自治区环境保护局
		内蒙古自治区环保系统、标准化建设先进环境监测站	内蒙古自治区环境保护局
	新城区人民武装部	先进人武部	北京军区
		军分区人武部后勤建设先进单位	北京军区
		先进人武部党委	内蒙古军区
		收归部队五年来先进人武部	内蒙古军区
		财务管理先进人武部	内蒙古军区
		收归军队建制五年来工作成绩突出奖	内蒙古军区
	新城区委统一战线工作部	全区统战刊物宣传工作先进集体	内蒙古自治区委员会统一战线工作部
	新城区人民法院刑事审判庭	打击假币犯罪先进集体	中华人民共和国最高人民法院
	新城区文化体育广电局体育股	全区暨呼市地区全民健身活动周启动仪式先进单位	呼和浩特市人民政府

续表 1

获誉时间	获誉单位	称号	授奖单位
2001 年	市第十九中学	内蒙古自治区“红旗大队部”	内蒙古自治区共青团委员会
	苏虎街实验小学	全国少年儿童“心中有祖国、心中有他人”主题教育活动优秀组织工作奖	教育部基础教育司、共青团中央少年部、全国妇联儿童工作部和中国儿童中心
	青山小学	内蒙古教育厅现代化教育技术优秀学校	内蒙古自治区教育厅
	蒙古族幼儿园	呼和浩特市幼儿教育先进集体	呼和浩特市教委
2002 年	东街街道办事处	机关档案工作目标管理自治区一级先进单位	内蒙古自治区档案局
	新城区人民检察院	全国模范检察院	中华人民共和国最高人民检察院
		全国计划财务装备工作先进集体	中华人民共和国最高人民检察院
		全国检察宣传先进单位	中华人民共和国检察日报
	新城区统计局	第二次基本单位普查自治区级先进集体	内蒙古自治区第二次基本单位普查领导小组
	新城区人民武装部	第六次全区团结进步先进集体	内蒙古自治区人民政府
		基层民兵预备役工作先进单位	内蒙古军区
		生态工程建设先进单位	内蒙古军区
		双拥模范单位	呼和浩特市委、市政府、军分区
		人民防空作战演习先进参演分队	呼和浩特市委、市政府、军分区
		人民防空作战演习优秀演示科目奖	呼和浩特市委、市政府、军分区
		人民防空工作先进集体	呼和浩特市政府、呼和浩特军分区
	新城区委统一战线工作部	全区统战刊物宣传工作先进集体	内蒙古自治区委员会统一战线工作部
	新城区人民法院	双拥模范单位	呼和浩特市委、市政府、呼和浩特军分区
	新城区档案局(馆)	特级先进单位	内蒙古自治区档案局
	新城区文化体育广电局体育股	呼和浩特市全民健身活动大型表演组织奖	呼和浩特市人民政府
	新城区土地管理局	年度国土资源管理优良单位	呼和浩特市人民政府
	团结小学	自治区机关档案工作目标管理一级先进单位	内蒙古自治区档案局
2003 年	新城区发展改革局	固定资产投资责任目标完成任务奖、招商引资工作先进单位和全市工业经济快速发展先进地区	呼和浩特市人民政府
	新城区委统一战线工作部	全区统战刊物宣传工作先进集体	内蒙古自治区委员会统一战线工作部
	新城区人民法院	全区防治“非典型肺炎”工作先进基层党组织	内蒙古自治区党委
	新城区图书馆	读书自学先进集体	内蒙古自治区总工会
	实验中学	全国名校 600 家	教育部基础教育司
		内蒙古自治区现代教育技术优秀学校	内蒙古自治区教育厅

续表 2

获誉时间	获誉单位	称号	授奖单位
2004 年	新城区发展和改革委员会	固定资产投资贡献奖,国内招商引资优秀奖和安全生产工作先进集体	呼和浩特市人民政府
	新城区人民武装部	先进人武部	内蒙古军区
		基层建设先进团级单位	内蒙古军区
		拥军优属拥政爱民模范单位	呼和浩特市委、市政府、警备区
	新城区委统一战线工作部	全市统战信息先进集体	呼和浩特市委统一战线工作部
		全市统一战线课题调研成果二等奖	呼和浩特市委统一战线工作部
		全区统战刊物宣传工作先进集体三等奖	内蒙古自治区委员会统一战线工作部
	新城区人民法院	内蒙古自治区模范职工之家	内蒙古自治区总工会
	新城区建设局	2002—2003 年度城市建设先进集体	呼和浩特市委、市政府
	市第十九中学	文明单位	呼和浩特市人民政府
	北垣小学	现代教育技术优秀学校	内蒙古自治区教育厅
	苏虎街实验小学	全国中小学优秀自编操评选活动二等奖	教育部体育卫生与艺术教育司
2005 年	新城区人民检察院	全国文明接待示范窗口单位	中华人民共和国最高人民检察院
		先进检察院	内蒙古自治区高级人民检察院
		先进检察院	呼和浩特市人民检察院
		集体三等功	呼和浩特市人民检察院
	新城区建设局	2004 年全民义务植树绿化工作先进单位	内蒙古自治区绿化委员会
		2004 年度自治区义务植树绿化工作先进集体	内蒙古自治区人民政府
	东街街道河西社区	全国社会服务先进社区	全国社区服务工作者协会
	新城区人民武装部	全区先进基层武装部(2004 年度)	内蒙古军区
		“十五期间”生态工程建设先进单位	内蒙古军区
		生态建设先进单位	内蒙古军区
		先进人武部	内蒙古军区
		征兵工作先进单位	呼和浩特市政府、警备区
	新城区委统一战线工作部	全市统战信息“先进集体”	呼和浩特市委统一战线工作部
		全市统一战线课题调研成果二等奖	呼和浩特市委统一战线工作部
		全区统战刊物宣传工作先进集体三等奖	内蒙古自治区委员会统一战线工作部
	新城区统计局	2004 年度全区统计系统先进集体	内蒙古自治区人事厅、统计局
	海拉尔东路街道长海社区	全国社区志愿者先进单位、全国社区服务示范社区	中华人民共和国民政部
	新城区社区办公室	全国优秀社区服务中心	中国社会工作协会、社区服务工作委员会
	中山东路街道办事处	全国社区服务示范街道	中国社会工作协会、社区服务工作委员会
	新城区人民法院	支持城市建设拆迁工作先进单位	呼和浩特市委、市政府

续表 3

获誉时间	获誉单位	称号	授奖单位
2005 年	新城区文化体育广电局体育股	呼和浩特市万人登山活动优秀组织奖	呼和浩特市人民政府
		呼和浩特市全民健身活动先进单位	呼和浩特市人民政府
		呼和浩特市第一届运动会旗县区组金牌总数第一名	呼和浩特市人民政府
	新城区发展和改革委员会	地区生产总值考评第一名、第三产业增加值考评第一名、安全生产工作先进集体和招商引资先进集体	呼和浩特市人民政府
	实验中学	教育教学管理先进集体	呼和浩特市人民政府
		自治区文明单位	内蒙古自治区党委、政府、内蒙古军区
	北垣小学	自治区级绿色学校	内蒙古自治区环境保护局、内蒙古自治区教育厅
	市第十九中学	自治区级绿色学校	内蒙古自治区环境保护局、内蒙古自治区教育厅
2006 年	海拉尔东路街道办事处	全市人口和计划生育工作先进集体	呼和浩特市委、政府
	新城区西街街道艺术厅北街社区	全国社区商业示范社区	中华人民共和国商务部
	海拉尔东路街道长海社区	自治区级"绿色社区"	内蒙古自治区文明办、环保局、民政厅
	海拉尔路街道工业大学社区	全国社区服务示范社区	中华人民共和国民政部
	新城区环境保护局	全国环境保护工作先进集体	中华人民共和国人事部、环保总局
	新城区人民武装部	军事训练一级单位	内蒙古军区
		新闻报道先进单位	内蒙古军区
	新城区委统一战线工作部	全区统战刊物宣传工作先进集体	内蒙古自治区委员会统一战线工作部
	组织部	民族团结进步先进集体	呼和浩特市委、政府
	经济贸易局		
	教育局		
	民族宗教局		
	海拉尔东路街道办事处		
	中山东路街道办事处		
	新城区统计局	第一次全国经济普查自治区级先进集体	内蒙古自治区第一次经济普查领导小组
		2005 年度全国 1%人口抽样调查先进集体	国家统计局
	科学技术协会	全国科普日活动先进单位	中国科学技术协会
	新城区人民法院	全国法院文化建设工作先进单位	中华人民共和国最高人民法院政治部
		社会扶贫先进单位	呼和浩特市委、政府
		2005 年度呼和浩特市政法系统先进集体	呼和浩特市委、政府

续表 4

获誉时间	获誉单位	称号	授奖单位
2006 年	新城区人民法院司法警察大队	全区法院司法警察先进集体	内蒙古自治区高级人民法院
	新城区文化体育广电局体育股	呼和浩特市全民健身日优秀表演奖	呼和浩特市人民政府
	新城区发展和改革委员会	地区生产总值考评第一名和第三产业增加值考评第一名	呼和浩特市人民政府
	新城区档案局(馆)	“十五”期间全市档案工作先进集体	呼和浩特市委、市政府
	北垣小学	少年儿童消防教育活动示范学校	全国少工委办公室、公安部消防局、中国少年军校总校办公室
2007 年	新城区人民检察院	全区先进检察院	内蒙古自治区高级人民检察院
		控申科集体二等功	内蒙古自治区高级人民检察院
	新城区建筑安全监督站	2004—2006 年度自治区安全生产先进集体	内蒙古自治区人民政府
	新城交通管理大队	2005 年—2006 年度全国优秀公安基层单位	中华人民共和国公安部
	新城区社区办公室	全国社区服务优秀项目	中国社会工作协会、社区服务工作委员会
	新城区人民武装部	国防知识竞赛组织奖	内蒙古自治区国防教育办公室
	新城区委统一战线工作部	内蒙古统战理论研究优秀成果一等奖	内蒙古自治区委员会统一战线工作部
	东街街道河西社区	敬老社区	全国老龄委
	新城区文化体育广播电影电视局	自治区基层文化单位十佳文化馆	内蒙古自治区人民政府
	新城区档案局(馆)	内蒙古自治区综合档案馆功能建设一级单位	内蒙古自治区文明办、自治区档案局
	新城区发展改革局	地区生产总值考评第一名和第三产业增加值考评第一名	呼和浩特市人民政府
	实验中学	内蒙古教育教学先进集体	内蒙古自治区人事厅、教育厅、内蒙古教育基金会
	市第十九中学	教育教学管理先进集体	呼和浩特市人民政府
	蒙古族幼儿园	先进集体	内蒙古自治区教育厅
	满族幼儿园	德育科研先进实验校	中央教科所
	民族宗教局	民族团结先进单位	内蒙古自治区党委、自治区人民政府
2008 年	新城区人民检察院	全区先进检察院	内蒙古自治区高级人民检察院
	新城区关心下一代工作委员会	宣传工作先进单位	内蒙古自治区关心下一代工作委员会
	新城区人民武装部	信息化建设先进单位	内蒙古军区
		基层建设先进团级单位	内蒙古军区

续表 5

获誉时间	获誉单位	称号	授奖单位
2008 年	新城区委统一战线工作部	全区统战刊物宣传工作先进集体	内蒙古自治区委员会统一战线工作部
	新城区统计局	第二次全国农业普查先进单位	国务院第二次全国农业普查领导小组
	科学技术协会	内蒙古自治区科协系统先进集体	内蒙古自治区人事厅、科协
	新城区文化体育广电局	自治区基层文化单位十佳文化馆	内蒙古自治区人民政府
	新城区妇女联合会	自治区妇联系统信访工作先进集体	内蒙古自治区妇女联合会
	市第十九中学	教育教学管理先进集体	呼和浩特市人民政府
2009 年	新城交管大队	2007 年度“平安畅通旗县区”创建工作成绩突出单位	内蒙古自治区公安厅
	东街街道办事处	内蒙古自治区模范基层关工委	内蒙古自治区关心下一代工作委员会
	海拉尔东路街道长海社区关心下一代工作委员会	全区模范基层关工委	内蒙古自治区关心下一代工作委员会
	东街街道办事处关心下一代工作委员会	全区模范基层关工委	内蒙古自治区关心下一代工作委员会
	教育局关心下一代工作委员会	全区模范基层关工委	内蒙古自治区关心下一代工作委员会
	新城区社区办公室	全国和谐社区建设示范社区	中华人民共和国民政部
		全国社区服务实务建设典型单位	中国社工协会社区服务委员会
	新城交管大队	规范交通秩序专项整治工作先进集体	呼和浩特市人民政府
	新城区社会治安综合治理委员会办公室	内蒙古综合治理长安杯奖	内蒙古自治区人民政府
		呼和浩特市综合治理特别奖	呼和浩特市人民政府
	新城区环境保护局	自治区机关档案工作目标管理特级先进单位	内蒙古自治区档案局
		全区档案利用服务考核优秀单位	内蒙古自治区档案局
	新城区人民武装部	民族团结先进单位	呼和浩特市委、市政府
	新城区困难职工帮扶中心	全区工会旗县级示范帮扶中心	内蒙古自治区总工会
	新城区政务服务中心	呼和浩特市政务服务工作先进服务集体	呼和浩特市委、市政府
		呼和浩特市三级公共服务体系建设先进集体	呼和浩特市委、市政府
	市第十九中学	教育教学管理先进集体	呼和浩特市人民政府
	苏虎街实验小学	中国教育部现代教育技术实验学校	中华人民共和国教育部
	第二幼儿园	自治区级绿色幼儿园	内蒙古自治区环境保护厅
	蒙古族幼儿园	全国“三八”红旗集体	中华全国妇女联合会

续表 6

获誉时间	获誉单位	称号	授奖单位
2010 年	新城区环境保护局	第一次全国污染源普查先进集体	国务院第一次全国污染源普查领导小组、环境保护部、国家统计局、农业部
	成吉思汗大街街道麻花板社区	2010 全国社区服务先进社区	中国社会福利教育基金会
	中山东路街道办事处	2010 全国社区服务先进街道	中国社会福利教育基金会
	东街街道办事处	内蒙古自治区妇联基层组织建设示范街道	内蒙古自治区妇女联合会
	新城区人民武装部	基层建设先进团级单位	内蒙古军区
	新城区统计局	第二次经济普查国家级先进集体	第二次经济普查领导小组
		第二次经济普查自治区级先进集体	内蒙古自治区第二次经济普查领导小组
		统计系统先进集体	内蒙古自治区统计局
	海拉尔东路街道体校巷社区	文明社区	呼和浩特市委、市政府
	新城区人民检察院控告申诉科	全国文明接待示范窗口	中华人民共和国最高人民检察院
	新城区人民法院	全区集中清理执行积案活动先进集体	内蒙古自治区党委政法委、自治区高级人民法院
	新城区政务服务中心	政务服务工作先进服务集体	呼和浩特市委、市政府
	蒙古族幼儿园	全国“三八”红旗集体	中华全国妇女联合会
	新城区土地局	全区国土资源执法监察工作先进集体	内蒙古自治区国土资源厅
	新城区纪律检查委员会	宣传教育工作先进单位	内蒙古自治区纪律检查委员会、监察厅
	车站小学	内蒙古少先队活动最佳支持单位	内蒙古自治区少工委
	青山小学	呼和浩特市精神文明单位标兵	呼和浩特市人民政府
	满族小学	内蒙古少先队活动最佳支持单位	内蒙古自治区少工委
	市第十五中学	德育研究先进学校	中央教科所德育研究室
	苏虎街实验小学	内蒙古自治区义务教育示范学校	内蒙古自治区教育厅
	第二幼儿园	内蒙古自治区礼仪品格素质教育先进集体	全国青少年文明礼仪普及活动内蒙古办公室
		优秀幼儿园	中国幼儿教育协会
2011 年	中山东路街道中山社区	全国先进社区服务中心	中国福基会社区发展基金
	新城区社区办公室	全国先进基层党组织	中共中央组织部
	东风路街道海东路社区	全国社区服务先进社区	中国福基会社区发展基金
	新城区司法局	呼和浩特市 2006—2010 年全市普法依法先进单位	呼和浩特市人民政府
	新城区环境保护局	2011 年度全市精神文明建设工作先进集体	呼和浩特市委、市政府

续表 7

获誉时间	获誉单位	称号	授奖单位
2011 年	新城区人民武装部	基层建设先进团级单位	内蒙古军区
	新城区统计局	全区档案利用服务考核优秀单位	内蒙古自治区档案局
		统计基层基础建设三星级达标单位	内蒙古自治区统计局
		三星级统计基层基础建设先进集体	内蒙古自治区统计局
		第六次人口普查自治区级先进集体	内蒙古自治区第六次人口普查领导小组
	东街街道办事处河西社区	全国科普示范社区	中国科学技术协会
	新城区人民检察院	自治区级文明单位	内蒙古自治区党委、政府
		先进基层党组织	自治区高级人民检察院
	新城区人民法院速裁庭	集体二等功	内蒙古自治区高级人民法院
	新城区图书馆	内蒙古自治区文化信息资源共享工程示范县级支中心一等奖	内蒙古自治区文化厅
	新城区纪律检查委员会	全区纪检监察宣传教育工作先进单位	内蒙古自治区纪律检查委员会、监察厅
	新城区政务服务中心	政务服务工作先进服务集体	呼和浩特市委、市政府
	新华小学	内蒙古自治区中小学教师培训研修基地	内蒙古自治区教育厅
	青山小学	内蒙古自治区中华经典诵读特色学校	内蒙古自治区教育厅
	实验中学	巾帼示范岗	内蒙古自治区妇联
		中小学教师培训研修基地	内蒙古自治区教育厅
		防震减灾科普示范学校	内蒙古自治区人民政府
		内蒙古自治区红旗大队	内蒙古自治区少工委
		全国青少年普法教育先进单位	中华人民共和国司法部、中央社会治安综合治理委员会、全国关工委
	苏虎街实验小学	自治区青少年普法先进集体	内蒙古自治区关工委、司法厅、教育厅、综治办、妇联
	成吉思汗街小学	第 26 届全国青少年科技创新大赛特别贡献奖	第 26 届全国青少年科技创新大赛组委会
	胜利街小学	全国消防安全教育示范校	中华人民共和国教育部基础教育司
2012 年	新城区地税局第一办税区	全区地税系统文明优质服务办税厅(税务所)	内蒙古自治区地税局
	新城区审计局	2011 年度审计信息工作先进集体	内蒙古自治区审计厅
	中山东路街道新华社区	全国科普示范社区	中国科协、财政部
	新城区社区办公室	全国社区服务先进区	中国福基会社区发展基金
	新城区地税局	全区地税系统“创先争优”活动先进基层党组织	内蒙古自治区地税局
	海拉尔东路街道体校巷社区	年度科普示范社区	内蒙古自治区人民政府
		自治区“示范讲堂”	内蒙古自治区党委宣传部

续表 8

获誉时间	获誉单位	称号	授奖单位
2012 年	中山东路街道迎宾南路社区	2012 年“金谷情”呼和浩特市第八届“文化进社区”大型公益活动十佳社区文化活动奖	呼和浩特市委、市政府
	西街街道办事处关心下一代工作委员会	呼和浩特市关心下一代工作先进集体	呼和浩特市委、市政府
	新城区委组织部	呼和浩特市支持配合关工委先进单位	呼和浩特市委、市政府
	新城区关心下一代工作委员会	呼和浩特市关心下一代工作先进集体	呼和浩特市委、市政府
	新城区教育局关心下一代工作委员会	呼和浩特市关心下一代工作先进集体	呼和浩特市委、市政府
	东风路街道兴安北路社区	全国综合减灾示范社区	国家减灾委员会、民政部
	新城区人民武装部	基层建设先进团级单位	内蒙古军区
		2011 年度新闻报道工作先进单位	内蒙古军区
	新城区统计局	全国统计系统先进集体	国家统计局
	中山东路街道新华社区	全国科普益民先进单位	中国科学技术协会
	保合少镇	生态乡镇	内蒙古自治区环保厅
	新城区人民检察院	“两房”建设先进集体	中华人民共和国最高人民检察院政治部
	新城区国税局	全区窗口单位“文明杯”规范服务竞赛活动优秀质服务窗口单位	内蒙古自治区国税局
	新城区妇女联合会	内蒙古第三期中国妇女社会地位调查优秀组织奖	内蒙古自治区妇女联合会
	新城区土地局	党建工作先进单位	内蒙古自治区国土资源厅
	新城区信访局	2011 年度全市信访工作先进单位	呼和浩特市委、市政府
	西街街道办事处	自治区“三八”红旗集体	内蒙古自治区妇女联合会
		全自治区维稳典型示范地区(单位)	内蒙古自治区人民政府
	新城区图书馆	全国公共电子阅览室示范点	中华人民共和国文化和旅游部
	民族宗教事务局	民族团结模范单位	内蒙古自治区党委、自治区人民政府
	新城区政务服务中心	呼和浩特市政务服务工作先进服务集体	呼和浩特市委、市政府
	新城区纪律检查委员会	全区纪检监察系统先进集体	内蒙古自治区纪律检查委员会、自治区人力资源和社会保障厅、监察厅
	成吉思汗大街街道麻花板社区	全自治区维稳典型示范地区(单位)	内蒙古自治区人民政府
	东风路街道办事处	全自治区维稳典型示范地区(单位)	内蒙古自治区人民政府
	实验中学	全国妇女“创先争优”先进集体	中华全国妇女联合会
		内蒙古自治区红旗大队	内蒙古自治区少工委

续表 9

获誉时间	获誉单位	称号	授奖单位
2012 年	市第二十一中学	档案管理先进单位	内蒙古自治区档案局
	苏虎街实验小学	呼和浩特市 2012 年科技进步奖	呼和浩特市人民政府
	团结小学	呼和浩特市教育科研先进学集体	呼和浩特市教育局
	关帝庙街小学	中小学模型教育竞赛活动、科普主题竞赛活动一等奖	呼和浩特市体育局、呼和浩特市教育局、呼和浩特科学技术协会
2013 年	新城交管大队	2011—2012 年度青年文明号	团中央、公安部
	新城区地税局	工人先锋号	内蒙古自治区人民政府
	中山东路街道办事处	自治区级先进基层党组织	中共内蒙古自治区委员会
	海拉尔路街道体校巷社区	国家级科普益民示范社区	中国科协、财政部
	中山东路街道新华社区	内蒙古自治区环境友好社区	内蒙古自治区环境保护厅、自治区精神文明建设委员会办公室、自治区民政厅
		2013 年度自治区妇女之家示范点	内蒙古自治区妇女联合会
	海拉尔路街道军区社区	全国社区服务优秀项目奖	中国福基会社区发展基金
	新城区维护稳定办公室	全市综合治理工作第三名	呼和浩特市委、市政府
		全市维护稳定工作特别奖	呼和浩特市委、市政府
	东风路街道芳汀花园社区	国家地震安全示范社区	中国地震局
	新城区人民武装部	全区民兵预备役高炮分队实弹射击协同考核第三名	内蒙古军区
		全区民兵预备役高炮分队实弹射击考核第一名	内蒙古军区
		全面建设先进团级单位	内蒙古军区
		军事训练先进单位	内蒙古军区
		全区民兵预备役高炮分队战地野炊考核优胜奖	内蒙古军区
		全区民兵预备役高炮分队疏散隐蔽考核第一名	内蒙古军区
	海拉尔路街道办事处	综治工作中心先进单位	内蒙古自治区人民政府
	东街街道河西社区	全国科普示范社区	中国科学技术协会
	东街街道办事处	内蒙古自治区机关档案工作测评自治区一级	内蒙古自治区档案局
	保合少镇	国家级重点乡镇	内蒙古自治区村镇建设委员会

续表 10

获誉时间	获誉单位	称号	授奖单位
2013 年	新城区人民检察院	自治区机关档案工作测评一级单位	内蒙古自治区档案局
	新城区图书馆	2011—2012 年度自治区十佳图书馆	内蒙古自治区文化厅
	新城区人民法院	全区法院财务工作先进集体	内蒙古自治区高级人民法院
	新城区人民法院毫沁营法庭	全区法院先进集体	内蒙古自治区高级人民法院
	新城区困难职工帮扶中心	工人先锋号	内蒙古自治区总工会
	实验中学	第七届“地球小博士”全国地理科技大赛优秀组织奖	中国地理学会
		内蒙古自治区中小学生大赛优秀组织奖	内蒙古自治区教育厅
	车站小学	普法教育先进单位	内蒙古自治区教育厅
	青山小学	“红领巾相约中国梦”主题队日活动先进集体	共青团内蒙古自治区委员会、少先队内蒙古自治区工作委员会
	东门外小学	“红领巾相约中国梦”主题队日活动先进集体	共青团内蒙古自治区委员会、少先队内蒙古自治区工作委员会
	关帝庙街小学	内蒙古自治区汉语文文字规范化示范校	内蒙古自治区教育厅、内蒙古自治区汉语言文字工作委员会
		“红领巾相约中国梦”主题队会先进集体奖	共青团内蒙古自治区委员会和少先队自治区工作委员会
	海拉尔路小学	推进素质教育先进集体	呼和浩特市人民政府、呼和浩特市教育局
	苏虎街实验小学	内蒙古自治区少先队优秀集体	内蒙古自治区少工委
	成吉思汗街小学	普法先进单位	内蒙古自治区法制办
	爱民街小学	全国少儿美术示范单位	中国少年儿童美术教育学会
2014 年	新城区地税局	工人先锋号	中华全国总工会
	新城区交通管理大队	工人先锋号	内蒙古自治区总工会
	中山东路街道新华社区	全国综合减灾示范社区	国家减灾委员会、民政部
	新城区人民武装部	民兵情报信息成果奖	内蒙古军区
	东街街道东护南社区	内蒙古自治区机关档案工作测评自治区一级	内蒙古自治区档案局
	教育局	民族团结进步模范集体	呼和浩特市委、市政府
	中山东路街道办事处		
	恼包村		

续表 11

获誉时间	获誉单位	称号	授奖单位
2014 年	东街街道河西社区	全国科普示范社区	中国科学技术协会
	东风路街道兴安北路社区	全国科普示范社区	中国科学技术协会
	东风路街道办事处	自治区一级档案管理	内蒙古自治区档案局
	保合少镇	卫生镇	内蒙古自治区爱国卫生委员会
	新城区人民检察院申诉科	文明接待示范窗口	中华人民共和国最高人民检察院
	新城区人民检察院未成年人案件公诉科	内蒙古自治区第三届“维护妇女儿童权益贡献奖”先进集体	内蒙古自治区人民政府
	新城区人民检察院法警大队	全区检察机关司法警察编队管理示范单位	内蒙古自治区高级人民检察院
	新城区人民法院毫沁营法庭	全国法院先进集体	中华人民共和国最高人民法院
	新城区人民法院未成年人案件综合审判庭	全国法院少年法庭工作先进集体	中华人民共和国最高人民法院
	新城区人民法院机关事务中心	全国法院司法行政工作先进集体	中华人民共和国最高人民法院
	新城区人民法院刑事审判庭	集体二等功	内蒙古自治区高级人民法院
	新城区文物管理所	全区“扫黄打非”工作先进集体	内蒙古自治区“扫黄打非”工作领导小组
	新城区食品药品监督管理局	内蒙古自治区机关档案工作测评自治区一级	内蒙古自治区档案局
	新城区总工会	全国职工教育培训示范点	中华全国总工会
		劳动竞赛先进集体	内蒙古自治区总工会
		重视支持《五月风》办刊工作先进集体	内蒙古自治区总工会
	新城区妇女联合会	自治区维护妇女儿童权益贡献奖先进集体。	内蒙古自治区妇女联合会
	实验中学	内蒙古第六届草原儿童艺术节·全区中小学生书画摄影大赛优秀组织奖	内蒙古自治区教育厅、内蒙古自治区团委
	光华小学	机关档案工作测评自治区一级	内蒙古自治区档案局
	胜利街小学	全区教育系统先进集体	内蒙古自治区教育厅
	山水小学	国家级校园足球特色学校	中华人民共和国体育总局、教育部
2015 年	新城区社区办	全国和谐社区建设示范社区	中华人民共和国民政部
	中山东路街道新华社区	内蒙古自治区“德润草原·文明之行”学雷锋志愿服务优秀社区	内蒙古自治区精神文明建设委员会办公室
	新城区旅游局	内蒙古自治区机关档案工作测评自治区一级	内蒙古自治区档案局
	苏虎街实验小学	呼和浩特市教育系统先进集体	呼和浩特市人民政府

续表 12

获誉时间	获誉单位	称号	授奖单位
2015 年	苏虎街实验小学	呼和浩特市教育系统先进集体	呼和浩特市人民政府
	海拉尔东路街道哲里木路社区	内蒙古自治区科普示范社区	内蒙古自治区科学技术协会
	新城区委中心组	中心组学习典型	内蒙古自治区党委宣传部、呼和浩特市委
	西街街道办事处	学习型党组织	呼和浩特市委
	新城区人民武装部	基层建设先进团级单位	内蒙古军区
	东街街道老缸房社区	全国科普示范社区	中国科学技术协会
	东街街道河西社区	全国科普示范社区	中国科学技术协会
	恼包村	全国文明村镇	中央精神文明建设指导委员会
	新城区人民检察院	内蒙古自治区基层检察院“八化”建设示范院	内蒙古自治区高级人民检察院
	新城区人民检察院法警大队	内蒙古自治区检察机关司法警察编队管理示范单位	内蒙古自治区高级人民检察院
	新城区人民法院	内蒙古自治区优秀法院	内蒙古自治区高级人民法院
		内蒙古自治区多元化纠纷解决机制改革示范法院	内蒙古自治区高级人民法院
	新城区人民法院办公室	全国法院信息工作先进集体	中华人民共和国最高人民法院
	新城区人民法院司法警察大队	集体三等功	呼和浩特市中级人民法院
	新城区文物管理所	行政处罚案卷优秀案卷奖	内蒙古文化市场办公室
	新城区图书馆	自治区 2010—2014 年度先进集体	内蒙古自治区图书馆学会
		2015 年度全民阅读先进集体	内蒙古自治区新闻出版广电局
	新城区工商联	全国“五好”县级工商联	全国工商联办公厅
	实验中学	自治区体育工作示范校	教育部
		世界数学团体锦标赛少年组团体赛优秀奖	世界数学团体锦标赛组委会
		世界数学团体锦标赛儿童组团体赛优秀奖	世界数学团体锦标赛组委会
		呼和浩特市教育系统先进集体	呼和浩特市人民政府
		国家级青少年体育俱乐部	国家体育总局青少司
	市第十九中学	校园安全先进集体	内蒙古自治区教育厅
	市第二十一中学	青少年科技师范学校	内蒙古自治区教育厅
	青山小学	自治区心理健康教育示范校	内蒙古自治区教育厅
	东门外小学	全国中小学生足球特色学校	国家体育总局
	海拉尔路小学	全国青少年校园足球特色校	教育部
	落凤街小学	教育系统先进基层党组织	中共呼和浩特市委员会
	第二幼儿园	中华优秀传统文化教育百佳实验幼儿园	教育部(国家语委)语文文字报刊社
		内蒙古自治区机关档案工作测评自治区一级	内蒙古自治区档案局

续表 13

获誉时间	获誉单位	称号	授奖单位
2015 年	光华小学	全国中小学心理健康教育特色学校	教育部
	满族小学	全国优秀少先队集体	教育部、共青团中央
	毫沁营小学	乡村学校少年宫	内蒙古自治区教育厅
	第六幼儿园	先进实验学校	全国和谐德育研究与实验总课题组
2016 年	新城区创新创业服务中心	国家级科技企业孵化器	科技部火炬中心
	东街街道河西社区	全国宣传思想文化工作示范点	中共中央宣传部办公厅
	新城交管大队车管所	二等县级车管所	内蒙古自治区公安厅
	新城区地税局	内蒙古自治区地税系统法治税务示范基地	内蒙古自治区地税局
	新城区社区办公室	内蒙古自治区机关档案工作测评自治区一级	内蒙古自治区档案局
	新城区创新创业服务中心	内蒙古自治区服务业集聚区	内蒙古自治区发改委
	东街街道河西社区	全国社区宣传思想文化工作示范点	中共中央宣传部
	区委中心组	全市中心组学习典型	呼和浩特市委
	新城区委宣传部	“活力新城”党政客户端获中国最具时效性县域政务新媒体	中共中央宣传部
	新城区创新创业服务中心	全国创业孵化示范基地	中华人民共和国人力资源和社会保障部
	迎新路街道团结小区社区	全国科普示范社区	中国科学技术协会
	海拉尔东路街道军区社区	全国综合减灾示范社区	国家减灾委员会、民政部
	新城区人民检察院	全国先进基层检察院	中华人民共和国最高人民检察院
		全国检察宣传先进单位	检察日报社
	新城区人民检察院未成年人案件公诉科	全国未检工作先进集体	中华人民共和国最高人民检察院
	新城区图书馆	自治区第三届服务基层服务农牧民服务基层文化建设先进集体	内蒙古自治区党委宣传部、文化厅、新闻出版广电局
	新城区总工会	重视支持《五月风》办刊工作先进集体	内蒙古自治区总工会
	新城区文明办	“呼和浩特市创建全国文明城市、国家卫生城市知识竞赛”最佳组织奖	呼和浩特市人民政府
		内蒙古自治区网络文明建设工作优秀单位	内蒙古自治区文明办
	新城区工商联	全国“五好”县级工商联	全国工商联办公厅
	实验中学	科技进步奖三等奖	呼和浩特市人民政府
	落凤街小学	“关爱明天，普法先行”普法教育先进单位	内蒙古自治区教育厅、关工委、普法办
	关帝庙街小学	内蒙古自治区机关档案工作测评自治区一级	内蒙古自治区档案局

续表 14

获誉时间	获誉单位	称号	授奖单位
2017 年	东街街道办事处	“雷锋号”青年志愿者服务站	共青团内蒙古自治区委员会、自治区青年志愿者协会
	新城区创新创业服务中心	内蒙古自治区创新创业示范基地	内蒙古自治区发改委、科技厅
	新城区创新创业服务中心	国家级众创空间	科技部
	东风路街道丽苑社区	全区新家庭计划师范单位	内蒙古自治区卫生和计划生育委员会
		第四届自治区维护妇女儿童权益先进单位	内蒙古自治区妇女联合会
	东街街道河西社区	全区新家庭计划试点单位	内蒙古自治区卫生和计划生育委员会
	苏虎街实验小学	全国中小学先进后勤学校	中国教师发展基金会、中国教育后勤协会中小学后勤分会
		国家级校园足球特色学校	国家体委
		自治区“文明学校”	内蒙古自治区精神文明建设委员会办公室
	交管新城大队	全区公安机关执法示范单位	内蒙古自治区公安厅
	保合少镇	第五届全国文明村镇	中共中央宣传部、中央文明办
	新城区人民武装部	新闻宣传工作先进单位	内蒙古军区
	科学技术协会	2017 年全国科普日活动优秀组织单位	中国科学技术协会
	保合少镇	内蒙古自治区文明村镇	内蒙古自治区党委、政府
		全国文明村镇	中共精神文明建设指导委员会
	面铺窑行政村	自治区卫生村	内蒙古自治区爱卫会
	新城区妇女联合会	全国巾帼建功先进集体	中华全国妇女联合会
	新城区工商联	全国“五好”县级工商联	全国工商联办公厅
	新城区土地局	年度先进党支部	内蒙古自治区国土资源厅
	新城区食品药品监督管理局	2016 年度食品药品安全工作考核优秀旗县区	呼和浩特市人民政府
	新城区图书馆	2016—2017 年度先进集体	内蒙古自治区图书馆学会
		公共数字文化服务工作先进集体	全国文化信息资源共享工程内蒙古自治区分中心
		“青山圣水美好家园，书香新城传递文明”全民阅读季系列活动获 2017 年草原阅读季全民阅读优秀项目	内蒙古自治区新闻出版局
	新城区文化体育广电局体育股	内蒙古大青山国家登山健身步道获得中国体育旅游十佳精品线路	内蒙古自治区文化和旅游厅
	新城区人民法院	全区法院“执行年”专项工作先进集体	内蒙古自治区高级人民法院
		涉诉信访工作先进集体	内蒙古自治区高级人民法院
		内蒙古法律文化研究基地	内蒙古自治区法学会法律文化研究会、内蒙古土默特博物馆

续表 15

获誉时间	获誉单位	称号	授奖单位
2017 年	新城区人民法院未成年人案件综合审判庭	集体二等功	内蒙古自治区高级人民法院
	实验中学	《团前教育》全国少先队展示课优秀奖	国家少工委办公室
	市第十九中学	科学技术进步奖二等奖	呼和浩特市人民政府
	满族小学	国家级校园足球特色学校	教育部
		自治区第九次民族团结进步模范集体	内蒙古自治区党委、政府
	丁香路小学	内蒙级足球师范学校	内蒙古自治区体育局
	爱民街小学	和谐校园	内蒙古自治区青少年普法活动办公室
		国家级校园足球特色学校	教育部
	北垣小学	内蒙古交通安全示范学校	内蒙古自治区公安厅、教育厅
	落凤街小学	美育特色学校	内蒙古自治区教育厅
	成吉思汗街小学	“关爱明天·普法先行”青少年普法教育活动和谐校园	内蒙古青少年普法活动办公室
	新营小学	校园足球特色学校	内蒙古自治区教育厅
	毫沁营小学	校园足球特色学校	内蒙古自治区教育厅
	满族幼儿园	全国中小学(幼)先进后勤学校	中国教师发展基金会、中国教育后勤协会中小学后勤分会
	蒙古族幼儿园	内蒙古自治区文明单位	内蒙古自治区党委、自治区人民政府

《新城区志(2001—2017)》编纂始末

盛世修志，志载盛世。地方志书是全面系统记述一个地区行政区域内政治、经济、文化、自然和社会的历史与现状的资料性文献，对于传承时代文明、总结历史经验、提升文化实力等方面具有深远的历史意义。自古以来，修志是中华民族的优良传统。2012 年 10 月，按照市政府《呼和浩特市人民政府转发自治区人民政府关于加快推进全区第二轮修志工作的通知》，新城区启动了第二轮修志工作。

新城区第二轮修志工作开展后，新城区及时成立《新城区志(2001-2015)》编纂领导小组，下设办公室(档案局内设股级)具体负责地方志的编纂工作，新城区区委书记、区长亲自担任编纂领导小组组长。由于历时较长，编纂领导小组虽历经数次调整，但历任区委、政府主要领导都高度重视地方志工作，亲自过问，多次对地方志编纂工作作出批示指示，组织指导修志工作开展。区委、政府分管领导，在各项工作任务较重的情况下，不间断的督促指导地方志工作。时任政府副区长田志刚、南南、赵艳茹、副处级干部谢展、区委常委、办公室主任李强、张博文为地方志工作都倾注了较大精力。由于领导对地方志工作的重视和支持，及时解决区志办公室的困难和问题，使修志工作能得到顺畅的开展。

编纂地方志是一项系统工程，涉及新城区工作的方方面面。区属各单位、各部门把此项工作列入了议事日程，确定了分管领导和资料提供人员，一把手亲自挂帅，组织领导上统筹兼顾，同其他工作一样同部署、同安排、同落实，形成了组织有序，上下联动，紧密联系的工作格局，支持推进编纂工作的如期完成。

2012 年以来，新城区续志的编纂工作大致经历了四个阶段。

第一阶段，筹备启动阶段。这个阶段，主要完成 6 项工作。一是成立新城区地方志编纂领导小组办公室，抽调工作人员，健全组织。2012 年 10 月，由时任政府副区长田志刚、政府办公室主任李强组织地方志工作机构的建立和联系指导修志工作。指定区政协办公室杨志峰兼任地方志编纂领导小组办公室主任，组织修志具体工作，在全区协调挑选了乌恩夫、高金贵、高铁军等 3 位综合素质高、有一定修志经验的人员担任编辑，借调刘畅同志成为工作人员。协调区财政拨付启动经费，区政府提供了办公地点，区志工作机构、人员、经费得到保障。二是学习地方志工作业务知识和了解掌握上级部门相关要求，得到上级部门的支持和指导，为下一步开展工作奠定基础。三是编制《新城区志(2001 年—2015 年)编修大纲》，广泛征求上级地方志部门和区属各单位的意见并逐步调整。四是召开编纂工作动员会议，部署全区修志工作，各单位、各部门选定了近百名搜集资料人员。五是与各单位、部门签订责任状，明确资料收集的时限和相关要求；地志办编辑作了较明确的分工。六是邀请自治区和呼和浩特市地方志专家对编辑人员和资料搜集人员进行培训。地方志编辑人员按编辑篇目，各自联系资料提供单位举办小型培训和研讨会议，并且多次到办事处、机关单位部门去辅导收集资料工作。通过面对面、微信、电话等多种形式的辅导与研讨。一系列地业务培训辅导，使编辑和绝大多数提供基础资料人员掌握了资料的来源和收集的方法等业务知识。

第二阶段，收集资料阶段，从 2013 年 1 月延续 2016 年 12 月。在这个阶段，按《新城区志(2001—2015 志)》编写方案，2013 年，各单位主要收集、编写本单位 2001—2013 年的地方志基础资料，2014 年初提供给区志办；2014—2015 年，收集、编写本单位 2014—2015 年的地方志基础资料，并按区志办要求，对 2001—2013 年的地方志基础资料进行补充、修改和完善，2016 年初，提供本单位 2014—2015 年的地方志基础资料。由于志书下限定在 2015 年，时间下限定的晚，工作启动又较早，资料收集过程比较长，期间出现收集整理基础资料疲沓现象，至 2016 年底，区属各单位、各部门提供基础资料工作基本完成。这个阶段，共搜集到 100 余万字的资料。

第三阶段，梳理整理资料阶段，2017 年 1 月至 2018 年 6 月底，从收集的资料质量上看，内容充实合格的并不多，有的还相差甚远，补充整理交上来的资料耗时耗力，这段时间地志办对基层交来的资料稿严把质量关，内容不全面和断档的，退回去再补充，有的修改了几稿，仍然过不了关。2018 年初，根据新城区的实际情况，经请示市地方志办公室，将志书记载下限从 2015 年调整到 2017 年。为加快二轮修志进度，如期在 2020 年前完成编修工作，新城区重新调整新城区续志编修方案。召开地方志工作会议进行动员部署，明确区属各单位、部门提供基础材料的主体责任，明确资料提供单位分管领导、编辑人员和资料员的工作责任，动员全区各单位和部门的相关人员，弘扬“修志问道、执笔著史”的精神，确保 2018 年 6 月，按期保质完成基础资料收集整理任务。

第四阶段，撰写区志稿阶段，2018 年 7 月至 2019 年 9 月，这个阶段的主要工作是：区地志办按照编写大纲要求，整理图片资料，编写初稿；在各地区、各单位协调配合下核实数据、补充完善资料工作，2019 年 9 月完成志书初稿。在撰写初稿阶段，组织 4 名编纂人员进一步明确分工，提出按时完成初稿的要求。由杨志峰承担大事记、概述、第一至第六篇的编写，高金贵同志负责第七至第十四篇的编写，乌恩夫同志负责第十五至第十八篇，高铁军负责第十九至第二十二篇的编写；2019 年 4 月，按照区长办公会议纪要(2017 年 58 号)，聘请 1 名专业人员参与工作，由邓庆荣同志负责第七至第十四篇的编写，9 月，刘畅同志参加第十九至第二十二篇的编写，至 2019 年底，在领导的关怀支持下，编纂人员勤奋工作，认真核实资料稿件，查漏补缺，在人员少，编纂经验不足的情况下，完成

《新城区志(2001—2017)》的评审稿。志稿全面记载新城区2001—2017年的自然、经济、政治、社会、人文等各方面历史与现状的资料性著述。设置概述、大事记、专志、人物、附录5个部分。专志分22篇，横排门类，纵述史实。基本体现了新城区改革开放及经济转型时期出现的新变化，突出时代特色和满族聚居区和经济、文化大区的地方特色。2020年4月，呈报给了自治区地方志办公室和市史志办公室。

2020年5月12日，召开《新城区志(2001—2017)》评审会，参加评审的各位领导和专家以高度负责的态度，在充分肯定新城区修志工作成绩的同时，对《新城区志(稿)》进行了认真讨论和审议，提出了许多宝贵的意见和中肯的建议，自治区地方志办公室副主任查干浪涛提出相关要求，市史志办主任王珺就《新城区志(2001—2017)》评审工作进行客观总结，多位专家就做好《新城区志(2001—2017)》修改定稿工作、确保志书质量提出了殷切的希望和进一步的要求。

评审会后，为把志书编成一本高质量、上水平、有价值的权威信史，新城区召开专门会议，研究评审过程中提出的问题和建议，安排部署下一阶段的具体工作。虚心汲取各位领导和专家学者提出的宝贵意见，按照评审意见认真进行修改和完善，对《新城区志(2001—2017)》篇目进行调整个别章节，全书设概述、大事记，专志设政区、自然环境、人口民族宗教、经济总情、农牧水利、林业、工业、商贸旅游、财税金融、经济管理、交通通信、城建环保、政党社团、政权政协、政法、军事、人力劳动社会保障、民政扶贫、教育科技、文化体育、媒体档案史志、卫生等二十二篇，成书始末及索引。修改期间，由于部分编纂人员下沉到社区参与防治新冠肺炎疫情，对修改核实和校对等工作有一定影响，但全体编纂人员不畏劳苦，心存牵挂，疫情期间昼夜伏案，努力提高编纂的时效和质量，按期完成了志书编纂的各项任务。

《新城区志(2001—2017)》的顺利出版，离不开中共新城区委的高度重视和区人民政府的有力支持；离不开全区各有关部门和社会力量的紧密配合和热心帮助；离不开自治区志办、市史志办王珺、谢勇等领导和新城区档案史志馆馆长巴秀成等有关同志以及专家学者的精心指导；可以说这部志书凝聚了领导、专家学者、修志人员以及众多参与这项工作同志们的心血和智慧，在此，谨表示衷心的感谢！修史之难，莫过于志。编纂者尽管尽心竭力，精心编纂，但终因资料缺乏，水平有限，弊漏和差错仍属难免，恳请专家学者、广大读者惠赐意见，批评指正。

新城区志——条目索引

A

B

C

D

E

F

G

H

J

K

L

M

N

P

Q

R

S

W

X

Y

附　录